‘दशद्वार’ से ‘सोपान’ तक

(सन् 1983-85 में लिखित)

‘दशद्वार’ से ‘सोपान’ तक

‘बच्चन’

राजपाल

बच्चन की आत्मकथा

चार खंडों में संपूर्ण

क्या भूलूँ क्या याद करूँ	-	खंड-1
नीड़ का निर्माण फिर	-	खंड-2
बसेरे से दूर	-	खंड-3
'दशद्वार' से 'सोपान' तक	-	खंड-4

₹ 850

ISBN : 9788170281177

DASHDWAR SE SOPAN TAK (Autobiography)
by Harivanshrai Bachchan

मुद्रक : जी.एस. ऑफसेट, दिल्ली

राजपाल एण्ड सन्ज़

1590, मदरसा रोड, कश्मीरी गेट, दिल्ली-110006

फोन : 011-23869812, 23865483, 23867791

e-mail : sales@rajpalpublishing.com

www.rajpalpublishing.com

www.facebook.com/rajpalandsons

बेटों, बहुओं, पोते-पोतियों के भरे-पूरे
परिवार
को—
जिससे दूर रहने का दंश
पल-पल अनुभव करते हुए
मैंने
यह स्मृति-यात्रा की।

अपने पाठकों से

"यह 'दशद्वार' क्या है?"

"यह 'सोपान' क्या है?"

तो शीर्षक ने आपकी जिज्ञासा जगाई।

शाब्दिक अर्थ तो सभी जानते होंगे—'दशद्वार'—जिसमें दस दरवाजे हों; 'सोपान'— सीढ़ी।

पर इनके ऊपर दोनों ओर लगे उलटे-सीधे कॉमाओं ने आभास दिया होगा कि इनसे मैं किसी विशिष्ट अर्थ की ओर संकेत कर रहा हूँ।

निश्चय।

'दशद्वार' और 'सोपान' मेरे द्वारा दिये गये दो घरों के नाम हैं।

इलाहाबाद में क्लाइव रोड पर मैं जिस किराये के मकान में रहता था, उसे मैंने 'दशद्वार' नाम दिया था। शायद आप यह भी जानना चाहें, क्यों? मकान बहुत रोशन और हवादार था। उसमें रहते हुए एक दिन अचानक मेरा ध्यान इस ओर गया कि उसके हर कमरे में दरवाज़ों, खिड़कियों, रोशनदानों को मिलाकर दस-दस खुली जगह हैं, जिनसे रोशनी और हवा आती है। क्या मकान बनवाने वाले ने जानबूझकर ऐसी व्यवस्था कराई है? बहुत सम्भव है। ब्रजमोहन व्यास साहित्यिक सुरुचि के संस्कारवान नागरिक हैं। क्या कमरे बनवाते हुए कबीर के इस दोहे को वे घर में भी मूर्तिमान देखना चाहते थे?

> दस द्वारे का पींजरा, तामें पंछी पौन,
> रहबे को आचरज है, जाय तो अचरज कौन।

मौत हमें प्राय: अचरज में डाल देती है। कबीर कहते हैं, अचरज करने की चीज़ ज़िन्दगी है। शरीर-पिंजर दस दरवाज़ों का है—गीता और श्वेताश्वतर उपनिषद के 'नवद्वारपुरे' को उन्होंने 'दस द्वारे' का बना दिया है, सम्भवत: अनुप्रास मोह से अथवा नाभिकुण्ड या ब्रह्मरन्ध्र को दसवां खुला स्थान मानकर; वैसे दोनों को खुला स्थान मानकर कठोपनिषद की कल्पना 'पुरमेकादशद्वारम्' की भी है। उसमें प्राण-रूप पवन-पंछी रहता है। रहता है, यह आश्चर्य है, निकल जाना स्वाभाविक है।

एक दिन व्यासजी से कहीं मिलने पर मैंने अपनी सूझ उन्हें बताई।

बोले, "खूब पकड़ा!"

मैंने कहा, "क्या आपने कभी कल्पना की थी कि इस दशद्वार-पिंजर में एक दिन कोई 'गीत-विहंग' सचमुच आकर बसेरा लेगा?" घर को, आप मानेंगे, मैंने 'दशद्वार' नाम सटीक दिया था। प्रसंगवश बता दूँ कि व्यासजी ने, अपनी पत्नी ललिता के नाम पर, इसको पहले 'ललिताश्रम' नाम दिया था।

और 'सोपान'?

सातवें दशक में जब नयी दिल्ली का विस्तार हो रहा था, उस समय एक सहकारी समिति लेखकों और पत्रकारों की बनी और उसने एक कॉलोनी अपने नाम कराई, जिसे बाद में 'गुलमोहर पार्क' कहा गया। इस समिति का सदस्य होने के नाते एक प्लाट हमें भी मिला।

बरसों यह प्लाट खाली पड़ा रहा।

जब बेटों ने उस पर मकान बनवाया, तो मुझसे कहा, इसका नामकरण करिये। मेरे दिये हुए नाम उन्हें पसन्द आते हैं और वे उन्हें मान देते हैं। उनके बेटों-बेटियों के नाम मेरे दिये हुए हैं। बम्बई के घर का नाम 'प्रतीक्षा' मेरा ही दिया हुआ है। बम्बई में ही जो दूसरा मकान रूप ले रहा है, उसको मैं 'मनसा' कहना चाहूँगा—अपने वंश के एक महनीय पुरखा के नाम पर।

गुलमोहर पार्क के मकान को मैंने 'सोपान' नाम दिया है। यह तिमंज़िला है। और तीनों मंज़िलों को एक लम्बी सीढ़ी जोड़ती है, जो नीचे से ऊपर तक एक साथ देखी जा सकती है। घर में प्रवेश करने पर यह सबसे पहले आपका ध्यान आकर्षित करती है।

'सोपान' शब्द मेरी साहित्यिक कृतियों से भी जुड़ा है। अपनी सर्वश्रेष्ठ कविताओं का जो पहला संकलन मैंने प्रकाशित कराया था, उसे मैंने 'सोपान' कहा था। दस बरस बाद जब उसमें इस अवधि की और उसी कोटि की कविताएँ जोड़ी गयीं, तो मैंने उसका नाम 'अभिनव सोपान' रखा।

कल्पना यह थी कि जैसे इन कविताओं में मेरे कवि की उठान का क्रम सीढ़ी-दर- सीढ़ी—संग्रह-दर-संग्रह—प्रस्तुत किया जा रहा है, मकान को 'सोपान' नाम देकर मानो मैं यह कामना करता हूँ कि उसमें बसनेवाला बच्चन-परिवार क्रम-क्रम से अभ्युदय- अभ्युत्थान की ओर अग्रसर हो। पीढ़ी-दर-पीढ़ी की साधना आवश्यक होगी।

नामकरण की सटीकता तो भविष्य ही सिद्ध कर सकेगा।

इस नाम से एक और सूक्ष्म संकेत मैं कर रहा हूँ, विशेषकर अपने लिए, जिसे कल्पनाप्रवण लोग समझेंगे—'जनु सुरपुर सोपान सुहाई'।

दिल्ली के बुलावे पर 'दशद्वार' से मैं फरवरी 1956 में निकला।

दस बरस विदेश मन्त्रालय में हिन्दी विशेषाधिकारी के पद पर रहा, छः वर्ष राज्यसभा के मनोनीत सदस्य के रूप में, दो वर्ष बम्बई में बड़े बेटे अमिताभ और छोटे बेटे अजिताभ के साथ, चार वर्ष फिर दिल्ली में, चार वर्ष फिर बम्बई में अमिताभ के साथ रहा।

और एक बार फिर दिल्ली के बुलावे पर ही फरवरी 1983 में मैंने 'सोपान' के अभिनव भवन में प्रवेश किया।

इन सत्ताईस वर्षों में कितना पानी मेरी सुधियों की सरिता में बह चुका है।

निश्चय ही, उसके चेतन और अवचेतन तटों पर अपने बहुविधि प्रवाह की कितनी-कितनी निशानियाँ छोड़ते हुए—कहीं चटक, कहीं फीकी, कहीं चमकीली,

कहीं धुँधली, कहीं साफ-सुथरी, कहीं धूमिल।

बेटों, बहुओं, पोते-पोतियों के अपने भरे-पूरे परिवार से दूर, बहुत दूर—अकेले, एकान्त में 'सोपान' के एक कक्ष में बैठे हुए अक्सर बीते दिनों की ये निशानियाँ बहती-तिरती मेरे दिमाग में आ उभरी हैं और मैं उनके सहारे कल्पना की उस यात्रा पर निकल पड़ा हूँ, जो अभी कुछ ही समय पहले कितनी स्थूल, कितनी वास्तविक, कितनी सत्य थी।

प्रस्तुत पुस्तक इसी काल्पनिक यात्रा को शब्द-सचित्र और अर्थ-जीवन्त करने का मेरा प्रयास है।

इस यात्रा में आप मेरे सहयात्री होकर चलना चाहेंगे?

आपको आमन्त्रण है।

कभी बताएँगे कि मेरे साथ सफ़र करना आपको कैसा लगा?

'सोपान'
बी-8, गुलमोहर पार्क
नयी दिल्ली-49

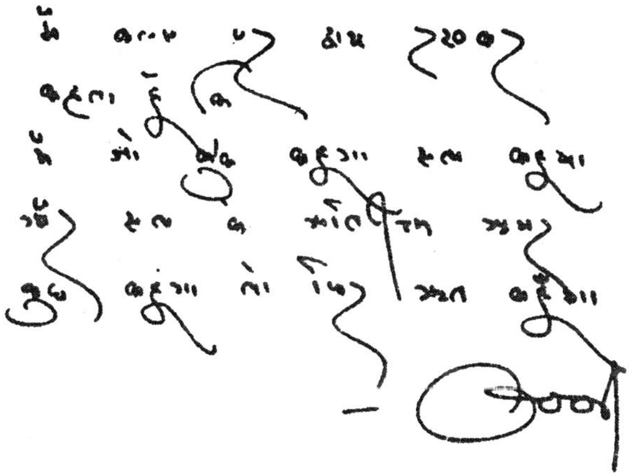

पहला पड़ाव

1956—1971

"Of all that is written, I love what a person hath written with his blood. Write with blood and thou wilt find that blood is spirit.

It is no easy task to understand unfamiliar blood; I hate the reading idlers."

—Nietzsche

(Thus Spoke Zarathustra)

''जितना कुछ भी लिखा जाता है, उसमें से मैं उसकी कद्र करता हूँ, जो किसी ने अपने रक्त से लिखा है। रक्त से लिखो, और तुम देखोगे कि तुम्हारे रक्त में तुम्हारी आत्मा बोलती है।

किसी नव-प्रस्तुत आत्मा को समझना आसान काम तो नहीं है। सिर्फ वक्त काटने के लिए किताबें पढ़नेवालों से मुझे घृणा है।''

—नीत्शे

(दस स्पोक ज़राथुस्ट्रा)

दिल्ली से बुलावे की मैं उसी अधीरता से प्रतीक्षा कर रहा था, जैसे विद्यार्थी परीक्षा देकर परिणाम की प्रतीक्षा करता है।

इलाहाबाद विश्वविद्यालय ने जिन रूपों में मेरी उपेक्षा की थी, उनमें सबसे ओछा शायद यह था कि केम्ब्रिज से लौटने के बाद मेरी वेतन-वृद्धि प्राय: न कुछ के बराबर की गयी थी, मुझे यह मर्मांतक अनुभूति कराने को कि, बेटा, तुमने बहुत बड़ा खर्च उठाया, बड़ी मेहनत की, तुम्हारे परिवार ने शारीरिक कष्टों और मानसिक तनावों के दिन बिताये, पर आर्थिक दृष्टि से तुम्हारा मूल्य कानी कौड़ी भी नहीं बढ़ा।

और यह नपुंसक सन्तोष होता अगर मैं आदर्शवाद की दुहाई देकर अपनी पीठ ठोंकता कि मेरी योग्यता तो बढ़ी।

मेरे विद्वेषी निम्न स्तर पर उतर पड़े थे। और मैं उन्हीं के स्तर पर उतरकर उनको चुनौती देना चाहता था।

इसलिए जब आकाशवाणी ने विश्वविद्यालय से ड्योढ़ा वेतन देकर मुझे इलाहाबाद केन्द्र पर प्रोड्यूसर का पद संभालने को बुलाया, तो मैंने उसे फौरन स्वीकार कर लिया।

तुम जानो कि आर्थिक दृष्टि से भी मेरा मूल्य बढ़ा है। मैं क्यों मान बैठूँ कि शिक्षक का पेशा ही आदर्श पेशा है; पिताजी जीवन-भर पछताते रहे कि वे शिक्षक न बन सके और इसका परिष्कार उन्होंने इस रूप में देखा कि वे अपने एक बेटे को

तो कम-से-कम शिक्षक बना छोड़ें।

अगर कोई आदर्श पेशा अपनाने की बात थी, तो मेरा मन कोई दूसरा अपना चुका था, जिसे पेशा कहना भी उसकी अवमानना होती, और जिससे वह इतना आबद्ध, एकस्थ, एकात्म हो चुका था कि उसे किसी प्रकार के कार्य अथवा क्रिया-कलाप से विकृत-विदूषित नहीं किया जा सकता था।

आप उसे जानते हैं।

जिन्होंने जीवन-मूल्यों को अर्थाधारित कर रखा है—और वे जमाने की हवा के साथ हैं—उन्हें इससे भी ईर्ष्या तो हुई होगी, जलन का अनुभव तो हुआ होगा, पर छाती में कुछ ठण्ड से उसका शमन भी हो गया होगा कि मैं उनके रास्ते से हट गया; क्योंकि मैं भविष्य में भी तो उनके लिए अवरोध सिद्ध हो सकता था।

इलाहाबाद युनिवर्सिटी छोड़कर मेरा सन्तोष केवल आधा था।

मैं तो इलाहाबाद नगर छोड़ना चाहता था, जहाँ मेरी अनुपस्थिति में मेरे परिवार को निन्दित-लांछित किया गया था, उस पर मनगढ़ंत कलंक लगाये गये थे, उसे व्यंग्य, उपहास और अपमान का पात्र समझा गया था और उसने एक अशान्त और भयाक्रान्त स्थिति में रहकर अपने दिन और रातें काटी थीं।

अपनी किशोरावस्था में भी मैं उसकी अंगुश्तनुमाई का शिकार बना था, पर तब लोगों की ज़बानें इतनी नहीं खुली थीं और मैं था क्या कि मुझे कुत्सित चर्चा का भी विषय बनाया जाता। जो जाने-पहचाने हैं, जिन्होंने किसी क्षेत्र में प्रमुखता पा ली है, जिन्होंने कहीं कोई ऊँचाई छुई है, उन्हीं को गिराने में समाज की विकृत प्रवृत्तियाँ अपने श्रम की सार्थकता देखती हैं।

चढ़ती जवानी में, सम्भवत: सामयिक सुधारवादी आन्दोलनों से प्रभावित होकर खान-पान, छुआ-छूत सम्बन्धी अपने उदार विचारों को जो व्यावहारिक रूप मैंने दिया था, उससे चिढ़कर, नाराज़ होकर मेरे खानदानी चाचा लोगों ने भी मुझे और मेरे परिवार को जाति-बहिष्कृत कर दिया था; साथ खान-पान, शादी-ब्याह में शिरकत बन्द कर ही दी गयी थी। मेरी पहली पत्नी श्यामा की लाश को कांधा देने को भी न आकर उन्होंने अपने बाईकाट को ऐसा कटु रूप दिया था, जो मुझे और मेरे परिवार के सदस्यों को सालों सालता रहा।

फिर भी जब जाति-धर्म-प्रान्त-भाषा—सब से बाहर जाकर मैंने दूसरी शादी की, तो मैंने उन्हें, यानी अपने नज़दीकी रिश्तेदारों को याद किया। सम्मिलित उन्हें कहाँ होना था। 'ऐट होम' में उन्होंने अपने घर के बच्चे भेज दिये थे, जिससे वे मुझसे सम्बद्ध होने के दायित्व से बचे रहें, और छोटे बच्चे लौटकर उन्हें समाचार दें कि जो नयी बहुरिया मैं लाया हूँ, वह कैसी है और 'ऐट होम' में कौन-कौन शामिल हुए।

शुक्रिया, कि मेरे बारे में कुछ कौतूहल उनमें अब भी शेष था।

मेरी एक खानदानी चाची को मुझसे बड़ा स्नेह था। परिवार के किसी मौके पर उन्होंने मुझे निमन्त्रित कर लिया। मैं तेजी को लेकर गया। शायद पुराना विरोध धीरे-धीरे खत्म हो रहा है।

पर चाची भी संस्कारों से जकड़ी थीं; बिरादरी से भयभीत भी होंगी।

सबको सुनाकर उन्होंने कह दिया, 'ई लोग पंगत में न खइहैं।'। मैं उसका मतलब समझ गया। हम दोनों को अलग बैठाकर खिलाया गया।

तेजी को मैंने बताया, तो उन्होंने बहुत अपमानित अनुभव किया। तुम मुझे लेकर गये ही क्यों?

पंजाब की एक सुन्दरी कन्या से मेरे अप्रत्याशित, अचानक ब्याह पर ही क्या-क्या नहीं कहा गया, क्या-क्या फबतियाँ नहीं कसी गयीं। लोगों में शर्तें लगी थीं कि साल-भर में यह सम्बन्ध टूट न जाये, तो... (हमारी 43वीं विवाह-जयन्ती पर उनकी छातियों पर—अगर वे भगवान् की कृपा से जीवन भोग रहे होंगे, तो कैसे-कैसे साँप लोटे होंगे।)। याद है, ऐसा बहुत कुछ कहा ही नहीं गया, लिखा भी गया, छापे में भी आया। एक समय मैंने तैश में आकर ऐसे लिखने वालों पर मुकदमा दायर करने की बात सोची थी, लेकिन एक अनुभवी वकील ने मुझे सलाह दी कि ऐसी बातें केवल उपेक्षा से मर जाती हैं, क्यों उनसे टक्कर लेकर उनको महत्त्व दिया जाये—वे ठीक ही थे।

उनकी ज़बानें और कलमें तेजी और मुझ पर ही नहीं चलीं, नवजात शिशु अमिताभ पर भी चलीं। एक दोहा प्रचलित किया गया, शायद कहीं छपा भी :

'बच्चन के बच्चा हुआ नाम हो बच्चू सूर,
माँ और बाप के नाम की छाप रहे भरपूर।'

लिखने वाले ने तेजी के खानदान की ओर भी संकेत किया था—वे 'सूरी' सिक्खों के परिवार की थीं। सूरी से सूर—पूर्वी उत्तर प्रदेश में बच्चू सूर नामक एक अन्धे कवि हो गये हैं। सुनकर तेजी के क्रुद्ध तेवर की याद मुझे अब भी है।

मुझे लिखते हुए बड़ा अफसोस हो रहा है कि इस दोहे को प्रचलित करने वाले एक स्वनामधन्य साहित्य-पुरोधा थे—अभी मौजूद हैं। पता नहीं अपने तीक्ष्ण-व्यंग्य के अबोध शिकार को आज अमिताभ बच्चन के रूप में 'सूर' नहीं 'सूर्य'-सा चमकते देखकर—अगर उनमें हया होगी, तो—किस घुप्प अंधेरी गुहा में उलूक-शरण लेने की सोच रहे होंगे।

मेरा विदेश जाना भी मेरे सम्बन्धियों को पारिवारिक चलन की अवहेलना लगी थी।

और इलाहाबादी साहित्यकारों ने, जब मैं 'मधुशाला' लेकर काव्य-क्षेत्र में उतरा था, मेरा किस तरह स्वागत किया था।

'घूरन के लत्ता कनातन से ब्योंत बांधै' शीर्षक लेख 'अभ्युदय' में छपा था। बच्चन चला है खैयाम बनने!

और भी कितने लेख छपे थे।

और जो ज़बानें चलीं, उनका साक्ष्य कैसे दूँ। कान पक गये थे।

जो दमदार आवाज़ें मेरे पक्ष में उठ सकती थीं, इस पर आंतरिक प्रसन्नता अनुभव करती मौन रहीं।

'अच्छी पड़ रही है!'

मेरे पक्ष में इलाहाबाद से स्वर नहीं उठा था—कलकत्ता से उठा था—'विशाल भारत' का—पण्डित बनारसीदास चतुर्वेदी का।

खैर, जैसे-जैसे समय बीत रहा था, मैं इन कटु आलोचनाओं-अपमानों को भूल रहा था, परन्तु जब मैं अपने घर-परिवार से दूर सात-समुंदर पार पड़ा था, उस समय उसके प्रति जो दुर्व्यवहार इन नगर में किया गया, उसके बारे में जो मिथ्यापवाद फैलाये गये, उससे सारी पुरानी बातें मुझे फिर याद आ गयीं, पुराने घाव ताजा हो गये—मुझे इस नगर में नहीं रहना है। मुझसे बहुत बड़े लोग अपने जन्म-नगरों को छोड़कर चले जाने को विवश हुए हैं।

और इसीलिए मैं मना रहा था कि कब मौका लगे और कब मैं इस नगर को छोड़कर चला जाऊँ। अपने प्रति किये गये अपमान को मनुष्य भले ही सह ले, पर अपने प्रियजनों के प्रति किये गये तिरस्कार को भूलना उसके लिए बहुत कठिन होता है।

ऐसा मौका तीन महीने तक न आया, और मैं इलाहाबाद रेडियो स्टेशन पर हिन्दी प्रोड्यूसर की हैसियत से काम करता रहा। स्टेशन डायरेक्टर बाबू गोपाल दास थे, स्वभाव से गम्भीर, पर यदा-कदा अपनी व्यंग्य-विनोदी वृत्ति का भी संयत संकेत देते हुए; साहित्यकारों के प्रति उनके मन में बड़ा सम्मान था। जब कभी पंतजी या मैं उनके कमरे में जाते, वे अपनी कुर्सी से उठकर खड़े हो जाते। साथ ही औरों की योग्यता-क्षमता आँकने में उनकी आँखें अचूक थीं। अच्छा गद्य लिखते थे। उनके कई लेख 'धर्मयुग' में छपे थे, रोचक और सुपाठ्य थे। संस्मरणात्मक गद्य की उनकी एकाधिक पुस्तकें प्रकाशित भी हुई थीं।

प्रोड्यूसरी की अवधि के केवल दो अवसरों की मुझे याद है—एक था, दिल्ली में आयोजित प्रोड्यूसरों का एक सेमिनार, जिसकी चर्चा मैं पहले कभी कर चुका हूँ। दूसरा था, महोबे का एक वार्षिक मेला, जिसकी रेडियो-रिपोर्ट तैयार करने को मेरे साथ तीन-चार सहयोगियों की एक टीम भेजी गयी थी। महोबा सामंती युग में अपने अकड़बाज, धाकड़ लड़ैतों के लिए मशहूर था, जिनके सिरमौर थे आल्हा-ऊदल—अश्विनीकुमारों से—जो आज भी समस्त उत्तर भारत के ग्रामीण क्षेत्रों में वीरता और शौर्य के प्रतीक माने जाते हैं और जिनकी कीर्तिगाथा आल्ह-खण्ड के लोक महाकाव्य के रूप में गाँव-गाँव में गायी-सुनी जाती है, शायद तुलसी के रामचरितमानस से अधिक। पुरा-प्रख्यात 'अश्वत्थामा बलिर्व्यासो...सप्तेते चिरजीविनः' में लोक-विश्वास ने आल्हा-ऊदल को भी जोड़ दिया है। बुन्देलखण्ड में किंवदंती है कि आल्हा-ऊदल अब भी जिन्दा हैं और हर आधी रात को अपनी उपास्या मैहर की देवी का दर्शन-पूजन करने आते हैं—प्रसंगवश बता दूँ कि मैहर की देवी भारत-विख्यात संगीतज्ञ और विशिष्ट सरोदवादक अलाऊद्दीन खाँ की भी उपास्या थीं। और भी न जाने कितने बल-वैभव के किस्से लोक-कल्पना ने गढ़-गढ़कर आल्हा-ऊदल के साथ जोड़ दिये हैं कि वे लोहे के मुग्दर भांजा करते थे, सोने की गुल्ली और चाँदी के डण्डे से गुल्ली-डण्डा खेला करते थे, जिन्हें एक दिन किसी

बात पर ताव में आकर उन्होंने एक तालाब में फेंक दिया था। क्या आप मानेंगे कि उनकी खोज में लोग अब भी यदा-कदा तालाब में डुबकियाँ लगाते हैं?

उस मेले में भी कई जगह आल्हा गाया जा रहा था, जिसकी रिकार्डिंग हमने की थी—जैसे अल्हैतों में प्रतियोगिता हो रही हो कि कौन अपने पास अधिक-से-अधिक भीड़ आकर्षित कर सकता है।

महोबा बांदा होकर जाते हैं। लौटते समय मैं एक रात के लिए बांदा रुक गया था, जहाँ जगदीश राजन ने अपने पिता बाबू गया प्रसाद की देख-रेख में अपनी नयी-नयी वकालत शुरू की थी। चिर-विधुर वृद्ध गया प्रसाद की अब एकमात्र लालसा अपने पुत्र को विवाहित देखने की थी। उनका दर्शन मेरे लिए देवता के दर्शन के समान होता था। मेरे स्व० पिता के इने-गिने अभिन्न मित्रों में वे थे। मेरे छोटे भाई शालिग्राम की असामयिक मृत्यु पर जब राजन ने अपने स्नेह, समादर, समर्पण से मुझे अपना बड़ा भाई माना, तब बाबू गया प्रसाद ने भी मुझे बड़े बेटे का स्थान दिया। केम्ब्रिज से सफलता प्राप्त कर लौटने पर सबसे पहले मैं उनके पाँव छूने बाँदा गया था। मेरे पिता जीवित होते, तो उस अवसर पर क्या उनसे अधिक प्रसन्न होते? राजन की शादी के लिए कई जगहों से प्रस्ताव आ रहे थे। मैं पूछ बैठा, 'कहाँ शादी करना चाहेंगे?' बोले, 'जहाँ तुम कह दोगे।' यह उनका क्षणिक आवेश अथवा औपचारिकता मात्र न थी। इस सम्बन्ध में जब अन्तिम निर्णय का समय आया, तब उन्होंने पूरा अधिकार मुझे सौंप दिया।

इलाहाबाद रेडियो-स्टेशन पर काम करते तीन महीने पूरे होने को थे, पर दिल्ली से कोई खबर न थी, जिसकी मैं प्रतिदिन प्रतीक्षा कर रहा था। साल समाप्त होने को था, मुझे कुछ छुट्टी प्राप्य थी, जो पुराने साल के भीतर ही ली जा सकती थी। बनारस और इन्दौर में कवि सम्मेलन थे, जहाँ के लिए बड़े आग्रहपूर्ण निमन्त्रण थे। मैं छुट्टी लेकर उनमें भाग लेने के लिए निकल पड़ा।

बनारस होकर सुबह इन्दौर पहुँचा था; दिन को तेजी का फोन आ गया—विदेश मन्त्रालय से नियुक्ति पत्र आ गया है। तेजी का आदेश था कि मैं जल्दी-से-जल्दी दिल्ली पहुँचकर मन्त्रालय में अपने को प्रस्तुत कर दूँ। बहुत दिनों के और बहुत बार के अनुभव से मैंने यह देखा है कि जीवन में जब कभी विकल्प की स्थिति आती है—यह करूँ कि व करूँ?—तब तेजी की प्रत्युत्पन्न मति एक निश्चित संकेत करती है। जब-जब मैंने उसका अनुसरण किया है, तब-तब परिणाम अच्छा हुआ है, और जब नहीं किया, तब मुझे अपने किये पर पश्चात्ताप ही करना पड़ा है। मेरे बेटों-बहुओं के सामने जब ऐसी स्थितियाँ आती हैं और वे परिवार में बैठकर सलाह-मशविरा करना चाहते हैं तो मैं हमेशा कहता हूँ कि माँ से पूछ लो, जो वे कहें, करते जाओ, तुम्हें पछताना नहीं पड़ेगा।

इसका श्रेय वे अपने को नहीं देतीं। नानके की ओर से वे सोडी सिक्खों के परिवार की हैं, जो गुरुओं का परिवार माना जाता है। उनका ऐसा विश्वास है कि जिस पर गुरु-कृपा हो जाये, उसकी प्रत्युत्पन्न मति सही दिशा-निर्देश करने लगती है। उन्होंने स्वयं अपने जीवन के बहुत महत्त्वपूर्ण निर्णय इसी आधार पर लिये हैं

और उन्हें धोखा नहीं खाना पड़ा। उनका ऐसा ख़याल है कि अमिताभ में भी यह शक्ति उद्‌बुद्ध हो रही है। उनके निर्णय तर्कसम्मत न हों, पर अपने दूरगामी परिणामों से वे गलत नहीं साबित होते।

'प्रतीक्षा' में खाना खाने के लिए एक गोल टेबल है—सहज ही अमित, जया, तेजी और मैंने एक-एक जगह अपने लिए चुन ली और उस पर रोज बैठने लगे।

एक दिन मैंने महाभारत में पढ़ा, जो पूर्व की ओर मुँह करके भोजन करता है, उसे आयुष्य मिलता है; जो पश्चिम की ओर, उसे लक्ष्मी मिलती है; जो दक्षिण की ओर, उसे कीर्ति; और जो उत्तर की ओर, उसे सत्य मिलता है।

कौतूहलवश मेरे मन में आया, ज़रा देखें कि हम लोग टेबल पर किस-किस दिशा की ओर मुँह करके बैठते हैं—मेरा मुँह पूर्व की ओर होता है, आयुष्य तो मिला है, 77 पार कर गया हूँ; जया का पश्चिम की ओर, धन की उसके पास कमी नहीं; तेजी का दक्षिण की ओर—कीर्ति उन्हें कम मिली है?—तेजी बोलीं, मुझे क्या कीर्ति मिली है। मैंने कहा, तुम एक बड़े कवि की पत्नी, एक बड़े अभिनेता की माँ के रूप में जानी जाती हो, अब और क्या प्रसिद्धि चाहती हो?—और अमिताभ का मुँह उत्तर की ओर होता है, क्या इसी से वह सत्य देखता है?

'काला पत्थर' चित्रपट में कोयले की खान में कई दिन तक गन्दे पानी में आकण्ठ डूबकर शूटिंग करने के कारण जब अमित को पीलिया हो गया, जिससे उसे बड़े उपचार-परहेज के बाद राहत मिली, तो मैंने उससे कहा, अब तुम मेरी जगह पर बैठा करो और मैं तुम्हारी जगह बैठूँ; क्योंकि तुम्हें आयुष्य की आवश्यकता है और मुझे चौथेपन में सत्य-प्राप्ति की। अमित ने कहा, 'मैं सत्य की कीमत पर आयुष्य न चाहूँगा।'

तेजी की बात मैं मानना चाहता था, पर दूसरे ही दिन दिल्ली पहुँचने के रास्ते में बहुत-सी कठिनाइयाँ थीं।

इन्दौर कवि-सम्मेलन के संयोजक डॉ० शिवमंगल सिंह 'सुमन' ने कठिनाइयों के बीच राह निकाली।

रात को कवि सम्मेलन था, उन्होंने शुरू-शुरू में ही उद्‌घाटन रूप में मेरी कविता का पाठ करा दिया, खड़े-खड़े चार पूरियाँ भी खिला दीं, और एक मोटर का प्रबन्ध कर दिया, जो मुझे दो घण्टे में रतलाम पहुँचा दे, जहाँ से एक गाड़ी मिलती थी, जिससे मैं दूसरे दिन दफ्तर के पहले दिल्ली पहुँच सकता था।

किस्मत कभी-कभी बड़ा इन्तज़ार कराती है—लम्बा—आप इंतज़ार करते-करते थक जाते हैं, ऊब जाते हैं, घड़ियाँ काटे नहीं कटतीं; और जब किस्मत बदलती है, तब कितनी तेज़ी से बदलती है, कितनी तेज़ी से आप अपने लक्ष्य की ओर बढ़ते हैं। पाँवों में पर लग जाते हैं, मुहावरा है; पर परों से भी कितना तेज़ उड़ा जा सकता है। मैं मोटर की रफ्तार से और फिर मेल ट्रेन की चाल से अपने मंज़िले-मकजूद की ओर खिंचा चला जा रहा था।

'खींचती तुम कौन ऐसे बन्धनों से
जो कि रुक सकता नहीं मैं'

तेजी ने विदेश मन्त्रालय का पत्र फोन पर पढ़कर सुना दिया था; मुझे Officer on Special Duty (Hindi) के पद पर बुलाया गया था। मेरा काम होगा विदेश मन्त्रालय में उत्तरोत्तर हिन्दी के प्रयोग में सहायता देना।

रतलाम से मेल में एक खाली कूपे फर्स्ट क्लास में मिल गया था—

नीचे की बर्थ पर बिस्तर लगाकर लेट गया हूँ।

नींद नहीं आ रही है।

रेल भकाभक-भकाभक चली जा रही है।

और दिमाग में एक विचारों की रेल भी चल रही है।

यथार्थ का घेरा खड़ा कर दिया गया हो, तो कल्पना के घोड़े को छोड़ दो; भाग-दौड़कर अन्दर-का-अन्दर।

नौकरी हाथ में—जैसे नौकरी न हो, मिलकियत हो।

वेतन, रेडियो-वेतन से ढाई सौ अधिक।

विश्वविद्यालय के ईर्ष्या-द्वेष से परे।

शहर के चबाव-चर्चा से दूर।

चहारदीवारी पक्की, पुश्ता-पुश्ता पुख्ता।

कल्पना का घोड़ा बे-खौफोखतर दौड़े...

अपने आपसे एक वार्तालाप शुरू हो जाता है।

बच्चन बाबू! (दफ्तर में तो बाबू, यानी क्लार्क ही हूँगा; यूनिवर्सिटी में बच्चन साहब था—जैसे झा साहब, देव साहब, दस्तूर साहब; कवि सम्मेलन में बच्चनजी, जैसे—पंतजी, निरालाजी) हाँ, तो बच्चन बाबू, आपकी किस्मत ने भी आपके साथ क्या खूब खेल किया है!

आपने केम्ब्रिज में दो बरस, तीन महीने, चार दिन रहकर—क्या नम्बरों का सिलसिला जमा है—अंग्रेज़ी में डाक्टरेट ली—केम्ब्रिज से ऐसे डिग्री लेने वाले आप दूसरे हिन्दुस्तानी हैं—शुद्ध हिन्दुस्तानी तो पहले; पहले डाक्टर, बी० राजन की माँ आइरिश थीं—कोई छोटी उपलब्धि नहीं। आपको तो किसी यूनिवर्सिटी के अंग्रेज़ी विभाग का अध्यक्ष होना था—प्रोफेसर बच्चन। लगभग पचास की उम्र है आपकी—ऐसे पद के लिए शिक्षा-अनुभव-परिपक्व।

और आप जा रहे हैं हिन्दी अफ़सर बनकर। क्या काम आयेगी वहाँ आपकी अंग्रेज़ी युनिवर्सिटी की अंग्रेज़ी डाक्टरेट?

अगर अंग्रेज़ी अध्यापन से आपका लगाव नहीं था, तो आपने धन, श्रम, समय लगाकर क्यों यह डिग्री प्राप्त की?

क्या सिर्फ अंग्रेज़ी की अपनी समझ-बूझ और योग्यता सिद्ध करने के लिए?

हो सकता है।

जब युनिवर्सिटी के अंग्रेज़ी विभाग में आपको लिया गया, तो आपके सहयोगियों ने कहा था, आप हिन्दी के चोर दरवाजे से अंग्रेज़ी विभाग में घुस आये।

और आपने प्रतिज्ञा की थी।

एक दिन मैं तुमसे यह मनवाऊँगा कि अंग्रेज़ी साहित्य में भी तुममें से किसी

से मेरी गति कम नहीं है।

'जौ मैं राम त कुल सहित...।'

और राम ने कुल सहित रावण का वध करके सीता से कह दिया था कि रावण ने रघुकुल की नारी का अपहरण कर उसकी जो अवहेलना की थी, उसका बदला मैंने ले लिया, रघुवंश की मान-मर्यादा पुनरस्थापित कर दी, अब तुममें मेरी रुचि नहीं; तुम जहाँ चाहो, जा सकती हो—नास्ति मे त्वय्यभिष्वंगो यथेष्टं गम्यतामिति—वाल्मीकि साक्षी हैं।

क्या आपने अंग्रेज़ी विभाग से ऐसा ही कुछ नहीं कह दिया?

मैं दस-बारह बरस अंग्रेज़ी पढ़ाकर ही कौन बड़ी लाट खड़ी कर लेता।

पर दस-बारह बरस जो मैं हिन्दी का काम करूँगा, वह महत्त्व का होगा। एक बड़ा स्वप्न है, संदर्शन है—Vision, जो इस देश की महामनीषा ने देखा है कि एक दिन हिन्द-राष्ट्र की अखण्डता और एकता के हित में शिक्षा, प्रशासन, न्याय, उद्योग, शोध सभी क्षेत्रों में हिन्दी के माध्यम से काम हो सकेगा। अभी तो सारा काम, प्राय: सभी महत्त्व के क्षेत्रों में, अंग्रेज़ी के माध्यम से होता है। ऐसे दर्जे पर जब अंग्रेज़ी को धीरे-धीरे अपदस्थ कर हिन्दी को उसकी जगह प्रस्थापित करना है, ऐसे लोग, जो हिन्दी के साथ अंग्रेज़ी का भी समुचित ज्ञान रखते हैं, काम के साबित हो सकते हैं।

अंग्रेज़ी में कहावत है, 'Well begun is half done.'

मैं इस विश्वास के साथ जा रहा हूँ कि मैं ठीक शुरुआत कर सकूँगा।

निश्चय ही पण्डितजी ने इस काम के योग्य मुझे समझा होगा, तभी तो मुझे बुलाया है।

नियति ने मेरे साथ खिलवाड़ नहीं किया। क्या वास्तव में उसने सही वक्त पर, सही काम के लिए, सही आदमी को नहीं चुना है?

डिग्री का पुछल्ला बेमानी है।

पर मुझमें जो शोध-वृत्ति जागी है, क्या वह उस क्षेत्र के लिए भी उपयोगी न होगी, जिसमें काम करने मैं जा रहा हूँ? मेरे कवि-कर्म के लिए भी क्या यह सहायक नहीं सिद्ध हुई थी?

पण्डितजी की पूर्व-सूचना के अनुसार अगर मुझे अंग्रेज़ी के राजनयिक दस्तावेज़ों-पत्रों का अनुवाद ही करना हुआ, तो क्या अंग्रेज़ी की जगह पर सही हिन्दी शब्दों-मुहावरों का शोध अत्यधिक महत्त्वपूर्ण न होगा?

सही शब्दों का शोध न तो सरल काम है और न छोटी उपलब्धि—सच पूछो, तो बहुत बड़ी उपलब्धि है। अपने अनुभवों की अभिव्यक्ति के लिए सही शब्दों के शोध से ही कविता का आरम्भ होता है। और अन्त होता है शब्दों के माध्यम से—सुन्दरम्, शिवम्, सत्यम् के शोध से।

नहीं, मैं इस विवशता और पराभव की मन:स्थिति में अपने नये काम पर नहीं जा रहा हूँ कि योग्यता कुछ और काम करने की मैंने प्राप्त की थी और करने जा रहा हूँ कुछ और काम।

मैं अपनी योग्यता-क्षमता से वह सिद्ध हो सकूँ, जिसकी मुझसे प्रत्याशा की जा रही है—सम्भव हो, तो उससे कुछ अधिक।

पता नहीं पण्डितजी की प्रत्याशा मुझसे क्या होगी?

कब कल्पना से स्वप्न में, स्वप्न से नींद में खो गया, कुछ पता नहीं—जागता हूँ, दिल्ली नज़दीक आ रही है—कभी लगा था, 'हनोज़ दिल्ली दूरस्त!'

स्वप्न देखना कितना सहज-सुखद होता है, पर उसे साकार करने में कितना पित्ता-पानी एक करना पड़ता है। और साकार होते ही वास्तविकता से उसकी टक्कर शुरू हो जाती है।

जिस काम की सुखद अनुभूति की कल्पना करता हूँ, वह जब सामने आयेगा, तब आयेगा, अभी तो यह सोचता हूँ कि दिल्ली पहुँचकर ठहरूँगा कहाँ। यथार्थ की पहली हलकी-सी टक्कर दिमाग में!...

अविनाश और उनके घर की तस्वीर आँखों के सामने खड़ी हो गयी। मेजर अविनाश चन्द्र से हमारा परिचय तेजी के धर्म-बन्धु मेजर रमेशचन्द्र पण्डित ने कराया था। वे उनके फौजी विभाग—आर्टिलरी (तोपखाना)—के सहयोगी थे। दो भाई थे। छोटे भाई का नाम कुलदीप था, जिन्होंने कनाट सर्कस में न्यू बुक डिपो के नाम से किताबों की एक अच्छी-बड़ी दुकान खोली थी। पिता—सात फुटे—अपनी प्रौढ़ावस्था से विधुर—दिल्ली में मजिस्ट्रेट थे; अविनाश ने बताया था, गाँधीजी के हत्यारे नाथूराम गोडसे का पहला हलफी बयान उन्हीं के सामने हुआ था। दोनों भाई इलाहाबाद आकर अक्सर हमारे यहाँ ठहरे थे—हमारे बक रोड वाले मकान में। हमारी आत्मीयता इतनी बढ़ गयी थी कि जब अविनाश की शादी के लिए लड़की देखने का अवसर आया, तो वे अपने साथ किसी सम्बन्धी को न ले जाकर हम दोनों को ले गये थे। उनकी शादी में तो किसी वजह से हम शामिल न हो सके थे, पर उनके छोटे भाई की शादी में हम दोनों कई दिनों तक जाकर उनके घर पर ठहरे थे। उनका बंगला हार्डिज रोड पर था—खासा बड़ा, खूबसूरत, सामने मझोला लान; बगल में शरणार्थी बच्चों का एक तम्बूवाला स्कूल, जहाँ से सुबह-सुबह उनकी प्रार्थना का सामूहिक स्वर सुनाई देता था—'शरणागत पाल कृपाल प्रभो हमको इक आस तुम्हारी है'!...

स्टेशन से तांगा लेकर उनके बंगले पर पहुँचा। मन में बड़ा संकोच था, बिना किसी प्रकार की सूचना दिये आ गया हूँ—हिन्दुस्तानी अतिथि के समान—'अतिथि'—जिसके आने की तिथि न हो। पर मन में कहीं विश्वास भी था कि 'अतिथिदेव' का स्वागत होगा ही। दोनों भाई घर पर ही थे, मुझे देखकर खुश हुए, मिठासभरी शिकायत के साथ, 'अरे यार तार दे देते, कार लेकर स्टेशन आ जाता।'

'पूछोगे भी कि कहाँ से आया हूँ, कैसे आया हूँ?'

छोटे मेरा सामान तांगे से उतार रहा था—उनका नौकर नहीं, उनके घर का सदस्य-सा ही। दस बरस पहले जब उनके यहाँ पहले-पहले आया था, तब भी छोटे उनके यहाँ काम कर रहा था और अठारह बरस बाद जब अविनाश के लड़के की

शादी में गया, तब भी छोटे को वहीं काम करते पाया। आज के जमाने में ऐसे नौकर अकल्पनीय हैं। परिवार का होकर रहना और परिवार का बनाकर रखना—दोनों ही नौकर-मालिक से एक विशिष्ट गुण-स्वभाव की माँग करते हैं। निश्चय ही छोटे अगर अच्छा नौकर था तो अविनाश अच्छे मालिक भी थे।

नाश्ता-पानी होने के बाद वे मुझे विदेश मन्त्रालय के मुख्य द्वार तक अपनी कार से छोड़ गये, उन्हें कहीं आगे जाना था। मन्त्रालय में प्रवेश करने के पूर्व मैं कुछ पल उसकी सीढ़ियों पर ठिठका रहा और उतनी देर में न जाने कितने विचार मेरे दिमाग में आकर चले गये।

मेरे आने के पूर्व ही हिन्दी अनुभाग का गठन हो चुका था और उसे प्रशासन प्रभाग के अन्तर्गत रखा गया था। पहले दिन मुझे प्रभाग के उपसचिव मि० कक्कड़ के पास भेजा गया, जहाँ उन्होंने मुझसे कुछ कागज़ों पर हस्ताक्षर कराये। मैंने तो पढ़ा भी नहीं कि उन कागज़ों पर क्या लिखा था—ये कुछ दफ्तरी औपचारिकताएँ थीं, जो हर नवनियुक्त अफसर को निभानी पड़ती थीं। फिर वे मुझे प्रभाग के सह-सचिव श्री टी० एन० कौल के कमरे में ले गये। उनसे औपचारिक परिचय कराने की आवश्यकता न पड़ी। कौल इलाहाबाद यूनिवर्सिटी के पूर्व-स्नातक थे—प्रायः मेरे समकालीन। एक बार जब वे उन्नाव में कलक्टर थे, तब उन्होंने कोई समारोह आयोजित किया था, जिसमें पण्डित अमरनाथ झा को मुख्य अतिथि के रूप में बुलाया गया था और मुझे उस अवसर पर होने वाले कवि सम्मेलन में भाग लेने के लिए। मुझे याद है, किसी ने श्री कौल का परिचय देते हुए उन्नाव जिले में उनके द्वारा कई शालाएँ खुलवाने की चर्चा की थी। मैं जब कविता पढ़ने के लिए खड़ा हुआ, तो मैंने कहा कि अभी सुना कि कौल साहब ने यहाँ यह शाला खोली, वहाँ वह शाला खोली, तो मैंने सोचा कि मैं भी यहाँ एक शाला खोल दूँ, यानी मधुशाला—और मैंने 'मधुशाला' की रुबाइयों का पाठ शुरू कर दिया था। कौल साहब को उस अवसर का स्मरण था और उन्होंने बड़ी प्रसन्नता से मेरा स्वागत किया। बोले, 'कल 11 बजे कॉफी ब्रेक के समय कॉमन रूम में आइयेगा, वहीं मन्त्रालय के अन्य अफसरों से आपका परिचय करा दिया जायेगा।' कौल साहब से विदा हुआ, तो कक्कड़ साहब ने कहा, 'लगे हाथों हिन्दी सेक्शन को भी देखते चलिये।' पास ही था। देखकर गहरी निराशा हुई। नामपट अंग्रेज़ी में था, कम-से-कम हिन्दी अनुभाग का नामपट तो हिन्दी में होना चाहिए था! ज़ीने के नज़दीक एक बहुत छोटा-सा कमरा था, कमरा नहीं, 'किचनेट'—चाय आदि बनाने के लिए छोटी-सी कोठरी—पत्थर के कोयले का एक खड़ा चूल्हा कोने में अब भी मौजूद, ऊपर धुआँदान। उसी में किसी तरह तीन-चार लोगों के बैठने के लिए टेबल-कुर्सियाँ लगा दी गयी थीं—एक सेक्शन आफिसर श्री राधेश्याम शर्मा के लिए, एक हिन्दी स्टेनोग्राफर मि० चतुर्वेदी के लिए, एक लोअर डिवीजन क्लार्क मि० जैन के लिए; शायद एक सीट और थी अपर डिवीजन क्लार्क के लिए। इसके बाद वहाँ चलने-फिरने की कोई जगह नहीं बचती थी; किसी को निकलना हो, तो दूसरों को उठाकर रास्ता देना पड़े। कक्कड़ साहब ने मेरे चेहरे की निराशा भांपी होगी; बोले, 'आपके

बैठने का कमरा अलग होगा।' मैंने कहा, 'लगे हाथों उसे भी देखते चलें।'

मन्त्रालयों में सबसे बड़ा अफसर सचिव (सेक्रेटरी) होता है, उसके नीचे सह-सचिव (ज्वाइंट सेक्रेटरी), उसके नीचे उपसचिव (डेपुटी सेक्रेटरी), उसके नीचे अवर सचिव (अण्डर सेक्रेटरी)। सुना, जब सेक्रेटरियों का हिन्दी नामकरण किया जा रहा था, तब अंडर सेक्रेटरी के लिए 'नीच सचिव' भी सुझाया गया था, शायद हिन्दी की शब्दावली का मज़ाक उड़ाने के लिए। सेक्रेटरियों के पद की ऊँचाई-नीचाई के अनुसार उनके कमरे, कमरे के फर्नीचर—मेज, कुर्सी, दरी, परदे आदि में अन्तर रखा जाता है—सेक्रेटरी के लिए बड़ा स्वतन्त्र कमरा, बड़ी मेज; उसके कमरे में छोटी-मोटी मीटिंग के लिए मेज-कुर्सियाँ या सोफा सेट वगैरह; सह-सचिव के लिए कुछ छोटा, पर स्वतन्त्र कमरा, कुछ छोटी मेज, एकाध सोफा सेट—स्वयं कभी आराम करने के लिए या किसी संभ्रान्त आगंतुक को बैठाने के लिए; उपसचिव के लिए और छोटा पर स्वतन्त्र कमरा, और छोटी मेज, पर सोफा सेट वगैरह नहीं। अवर सचिव को स्वतन्त्र कमरा नहीं दिया जाता; एक बड़े कमरे में क्यूबिकल बनाकर—पखवाइयों (स्क्रीन) से कमरे का विभाजन करके—दो या तीन अवर सचिवों को अलग-अलग बैठने, काम करने को मेज-कुर्सियाँ लगा दी जाती हैं। कक्कड़ साहब ने बताया, मेरा दर्जा अवर सचिव का होगा, अभी मेरे बैठने की जगह निर्धारित नहीं हुई।

फिर भी मेरे मन में आया, अवर सचिवों के किसी कमरे में झांककर मालूम कर लें कि अपने-अपने 'दड़बों' में—क्यूबिकल के लिए शायद यही हिन्दी शब्द ठीक जँचे—बैठे हुए वे लोग कैसे अपना काम कर रहे हैं। एक अवर सचिव फोन पर किसी से बात कर रहे थे, दूसरे अपने स्टेनो को कुछ डिक्टेट कर रहे थे, तीसरे किसी क्लार्क या सेक्शन आफिसर को डाँट रहे थे—एक-दूसरे से बिना किसी प्रकार के व्याघात का अनुभव करते हुए। मैंने भीतर-ही-भीतर अपने को सम्बोधित किया, बच्चन बाबू, कल से आपको ऐसे ही बैठकर काम करना पड़ेगा। बुरे फंसे! जिस प्रकार का काम करने के लिए आप आये हैं, उसके लिए यह परिस्थिति कितनी अनुकूल पड़ेगी; शायद बिल्कुल नहीं। आपको तो कम-से-कम उपसचिव का दर्जा मिलना चाहिए था कि आपको बैठने के लिए एक स्वतन्त्र कमरा मिलता। पर आते ही ऐसी माँग करना कहाँ तक उचित होगा। पूरी भी कौन करेगा? फिर मैंने यहाँ आने के लिए किसी प्रकार की शर्त न रखने का पण्डितजी से वादा किया था। काम के लिए सुविधा माँगना कहीं छद्म रूप में मेरी महत्त्वाकांक्षा ही न समझी जाय। प्रतिकूल परिस्थितियों में क्या काम नहीं किया जा सकता? मैंने अपने आदर्शवादी को जगाया, बच्चनजी, जब आपने कोई काम करना चाहा है, कठिन से कठिन, तब आपने अनुकूल परिस्थितियों की प्रतीक्षा कब की है? आप ही ने तो लिखा था—

हैं लिखे मधुगीत मैंने
हो खड़े जीवन-समर में।

तो क्या यहाँ सृजन से कहीं सरल, अनुवादों का काम आपसे सचिवालयी शोरगुल

के बीच न हो सकेगा? कल से आइये और काम शुरू कीजिये। टेढ़े आँगन की शिकायत नाच न जानने वाले करते हैं।

कौल साहब के आदेशनुसार दूसरे दिन मैं 11 बजे कॉमन रूम में उपस्थित हो गया।

बहुत बड़े अफसरों को छोड़कर प्रायः सभी सूट-बूट से लैस वहाँ आ रहे हैं—बड़े साहब अपने कमरों में ही कॉफी पीते होंगे।

और उनकी बातचीत शुद्ध अंग्रेज़ी में हो रही है।

आँख मूंद लें, तो ऐसा लगे, जैसे केम्ब्रिज या ऑक्सफर्ड की किसी कॉकटेल पार्टी में चल रही बातचीत की आवाज़ कानों में पड़ रही हो।

उत्तर और मध्य भारत के प्रायः सभी लोग मुझे कवि रूप में जानते थे, या मेरा नाम सुन चुके थे। विदेश मन्त्रालय में मेरी नियुक्ति पर उनकी आँखों में संदेहात्मक प्रश्न था कि इस दफ्तर में मेरे कवि का क्या उपयोग हो सकेगा? उन्हें शायद विश्वास नहीं था कि मुझमें और भी गुण हो सकते हैं और साधारण स्तर के नहीं।

'सब जगह असमर्थ हूँ मैं
इसलिए तो नहीं तेरा हुआ हूँ।'

—कविता इस मजबूरी में तो नहीं लिखी कि और कुछ करने लायक नहीं हूँ।

दक्षिण भारत वालों से, और जो मुझे नहीं जानते थे, उनसे मेर परिचय कराया गया।

मैं किस उद्देश्य से बुलाया गया हूँ, यह भी बताया गया, पर किसी अफसर की आँखों में मुझे इस विश्वास की छाया भी न दिखी कि उस मन्त्रालय में कभी निकट या सुदूर भविष्य में भी उत्तरोत्तर हिन्दी का प्रयोग होगा। मैं कई दिनों लगातार कॉमन रूम में जाता रहा।

मैंने कहीं पढ़ा या किसी से सुना था कि हर नये सार्थक आन्दोलन को क्रमानुसार तीन तरह की प्रतिक्रियाओं से गुज़रना पड़ता है। पहले लोग उसका मज़ाक उड़ाते हैं,

फिर लोग उसका विरोध करते हैं,
और अन्त में उसे स्वीकार कर लेते हैं।

हिन्दी अंग्रेज़ीदां अफसरों के बीच अभी मज़ाक की ही चीज़ थी। अण्डर सेक्रेटरी को 'नीच सचिव' कहकर हँसने की बात पहले लिख चुका हूँ। कोई पूछता रेडियो को क्या कहेंगे?—विद्युत प्रसारण यन्त्र? तोले भर अंग्रेज़ी शब्द के लिए सेर भर का हिन्दी शब्द!—वस्तुतः पण्डित बालकृष्ण शर्मा 'नवीन' ने कुछ दिन पहले रेडियो से अपने काव्य-पाठ में इस शब्दावली का प्रयोग किया था!—रेल को क्या कहेंगे?—'लौहपथगामिनी'? डॉ० रघुवीर—उस समय राज्यसभा के सदस्य—तकनीकी शब्दों के लिए विशुद्ध संस्कृत की ओर जाने के पक्ष में थे। क्लिष्ट हिन्दी उन दिनों रघुवीरी हिन्दी के नाम से अभिहित की जाने लगी थी। ईमानदारी की बात तो यह है कि तकनीकी शब्दावली पर डॉ० रघुवीर ने गम्भीर चिन्तन किया था, और वे जिन परिणामों पर पहुँचे थे, वे बहुत तर्कसम्मत भी थे, पर बड़ी विचित्र बात है

कि भाषा का विकास सदा तर्क के आधार पर नहीं होता। उनके सम्पादित शब्दकोश से लाभान्वित हुआ जा सकता था, पर उस पर सर्वथा निर्भर नहीं हुआ जा सकता था। फिर लोग उनके सिद्धान्तों को अति तक ले जाकर ऐसे-ऐसे शब्द गढ़ते थे, जो शायद डॉ० रघुवीर को भी न सूझते—निश्चय ही उनकी अव्यावहारिकता सिद्ध करने के लिए या उनका मज़ाक बनाने के लिए—जैसे 'टाई' के लिए 'कण्ठ-लंगोट'!

हिन्दी अपने विकास-क्रम में कैसा रूप ग्रहण करेगी यह बाद की बात थी। पहली बात और सबसे ज़रूरी बात थी हिन्दी को पूरे मन से स्वीकार करने की—और उसका सर्वथा अभाव मैंने विदेश मन्त्रालय के अफसरों में पाया।

बीजारोपण की दृष्टि से मैंने एक छोटा-सा सुझाव उनके सामने रखा—आप लोग कामन रूम में आकर केवल हिन्दी में बात करें, जैसी भी टूटी-फूटी—सही-गलत आप बोल सकें—अंग्रेज़ी अथवा अन्य भाषाओं के शब्दों-मुहावरों से मिली-जुली—दोगली—कोई मुज़ायका नहीं। मुझे याद आया श्रीमती सरोजिनी नायडू के निमन्त्रण पर जब तेजी को साथ लेकर पहले-पहल मैं नेहरूओं के प्रयाग निवास 'आनन्द भवन' में गया था, तब श्रीमती विजयलक्ष्मी के पतिदेव श्री रणजीत पण्डित ने—जो उस समय अपनी ससुराल में ठहरे थे—हमसे कहा था कि हमने ऐसा नियम बनाया है कि हमारे गोल कमरे में केवल हिन्दी में बातचीत की जाय और जो इस नियम का उल्लंघन करे, चाहे भूल से ही, उस पर जुर्माना लगे। श्रीमती सरोजिनी नायडू से ऐसा जुर्माना कई बार वसूल किया गया था। प्रसंगवश बता दूँ कि रणजीत पण्डित की मातृभाषा मराठी थी और वे संस्कृत के प्रकाण्ड विद्वान थे; उन्होंने कल्हण की 'राजतरंगिणी' का अंग्रेज़ी में बहुत सुन्दर अनुवाद किया था। पर वे हिन्दी के कट्टर हिमायती थे और संभ्रांत समाज में हिन्दी को प्रतिष्ठित करने के महत्त्व को बखूबी समझते थे। किसी समय बंगाल में हिन्दी की अवमानना 'बाजारेर भाषा' कहकर की जाती थी। और आज भी अंग्रेज़ी-दां साहब लोग हिन्दी को इसी योग्य समझते हैं कि उसमें नौकर-चाकर-चपरासियों से बात की जा सके। क्या अंग्रेज़ी से इसीलिए नहीं चिपका जा रहा है कि वह वर्गाभिमान और वर्ग-विशेषाधिकार की प्रतीक बन गयी है—अपने भूतपूर्व गौर स्वामियों एवं शासकों से दाय के रूप में प्राप्त। हिन्दी को स्वीकार करने में हिन्दी की अविकसित अवस्था उतनी बाधक नहीं, जितनी अंग्रेज़ी के प्रति आसक्ति, जिससे एक अल्पसंख्यक विशिष्ट वर्ग का स्वार्थ भी सिद्ध होता है, और जिससे एक बहुसंख्यक सामान्य वर्ग वंचित ही रह सकता है। सामान्य वर्ग के कितने लोग अपने बच्चों को कान्वेन्ट स्कूल में भेज सकते हैं? पण्डित जवाहरलाल नेहरू को लिखे अपने एक पत्र में महात्मा गांधी ने लिखा था कि हिन्दी अपनाने से गरीबों का भला होगा। और मैं पूछता हूँ कि अगर हिन्दी अविकसित है तो उसको विकसित करने की ज़िम्मेदारी किसकी है?—ऐसा हर एक व्यक्ति जो हिन्दी बोलता, पढ़ता या लिखता है, हिन्दी के विकास में अपना योगदान देता है, और सबसे अधिक वह जो हिन्दी में सोचता है—और सचिवालय की कुर्सियों पर बैठे ये बुद्धि-विलक्षण इतना दावा तो करते ही

थे कि वे देश-विदेश की उलझी समस्याओं पर गम्भीर और सूक्ष्म चिन्तन कर सुलझे विचार प्रस्तुत करते हैं।

मेरा सुझाव कहाँ माना जाने को था! जो सुझाव 'नीच सचिव' के पद से आया था, उसमें विनम्र प्रार्थना से अधिक का बल नहीं हो सकता था। हाँ, किसी ऊँचे पद से आता, तो उसमें आधिकारिक आज्ञा की शक्ति होती। गुलामी के संस्कारों में पले लोगों में प्रार्थना मान्य नहीं होती, आज्ञा का पालन किया जाता है। और गुलामी के संस्कार सात पीढ़ियों तक पिण्ड नहीं छोड़ते। अभी तो हम मुसलमानों की गुलामी के संस्कार से भी अपने को मुक्त नहीं कर सके। कभी आपने सोचा है कि किसी बड़े मुसलमान से विदा लेते हुए हम 'नमस्ते' कहने में क्यों हिचकते हैं! क्यों आदाब-अर्ज़ पर उतर आते हैं। गुलामी बहुत बड़ा अभिशाप है, मानसिक गुलामी उससे बड़ा।

दस बरस बाद जब मैंने विदेश मन्त्रालय से अवकाश प्राप्त किया, कॉमन रूम की बातचीत अंग्रेज़ी में हो रही थी, और तब से सोलह साल बाद आज अगर मैं वहाँ पहुँच जाऊँ, तो अफसरों में बातचीत शायद ही हिन्दी में होती पाऊँ।

तीन-चार रोज़ बाद 1956 का नया वर्ष आरम्भ होने को था और मन्त्रालय में जगह-ब-जगह 'हैपी न्यू इयर' ध्वनित-प्रतिध्वनित हो रहा था। सोचता हूँ, जो लोग नये साल की बधाई, शुभकामना भी अपनी भाषा में नहीं दे सकते वे राजनयिक कामकाज क्या अपनी भाषा में करेंगे। पारसी लोग कहते हैं 'साल मुबारक'। मैं कहता हूँ 'वर्ष नव, हर्ष नव'। जवाब मिलता है 'हैपी न्यू इयर टु यु आलसो'। मैं समझ रहा हूँ कि मुझे कहाँ से शुरू करना है। हिन्दी की मानसिक स्वीकृति सबसे पहले करानी होगी। और यह काम सबसे मुश्किल होगा। देखूँ कहाँ तक कामयाब होता हूँ। बच्चन बाबू, आपने जीवन को सदा चुनौती के रूप में लिया है। तो एक चुनौती और स्वीकार कीजिये। मंजूर है?

मुझे कमरे में बैठने की जगह मिल गयी है। एक तरफ दूसरे अवर सचिव हैं। सुनता हूँ कि एक तीसरे की भी मेज़-कुर्सी आगे चलकर लगेगी।

नियति जब कोई काम कराना चाहती है, तव उसके लिए सारी गोंटें ठीक जगह पर बिठा देती हैं।

मुझे दिल्ली आये एक सप्ताह भी नहीं हुआ था कि बाबू गया प्रसाद का पत्र आया—इलाहाबाद होकर—कि प्रताप बहादुर चौधरी जगदीश से अपनी लड़की के रिश्ते के लिए बहुत ज़ोर दे रहे हैं, शायद तुम उनके परिवार से परिचित हो, तुम्हारी क्या राय है। मैं उत्तर दे भी नहीं पाया था कि उनका दूसरा पत्र सीधे दिल्ली आया—अब तक तेजी के द्वारा मेरे दिल्ली पहुँचने का समाचार उन्हें मिल चुका था—संयोग से तुम दिल्ली पहुँच गये हो, प्रताप बहादुर सपरिवार इस समय दिल्ली में हैं, उनसे मिलकर, उनकी लड़की को देखकर अपनी राय लिखो, वे तुमसे स्वयं मिलकर सारी बातें बतायेंगे।

प्रताप बहादुर उन दिनों कांस्टीट्यूशन हाउस में रह रहे थे। उनसे मेरा उन दिनों का परिचय था, जब वे इलाहाबाद युनिवर्सिटी के छात्र थे—मेरी 'मधुशाला' पर

फिदा थे। मुझे याद है, हिन्दू बोर्डिंग हाउस में जाड़े की एक रात को फर्श पर रजाई ओढ़कर बैठे हुए उन्हें और उनके मित्रों को मैंने 'मधुशाला' सुनाई थी—मित्रों में सिर्फ दो के नाम मुझे याद हैं, देशदीपक और चन्द्रिका प्रसाद के। एक बार उनकी पोस्टिंग बरेली के निकट तिलहर में हुई थी—बरेली उन दिनों मेरा आना-जाना अक्सर होता था—तब प्रताप बहादुर ने मुझे तिलहर बुलाया था। इन्दिरा, उनकी बड़ी बेटी, उस समय दो-तीन साल की होगी—गोल-मटोल; पान खाकर मुँह लाल किये हँसती इधर-उधर दौड़ती उसकी तस्वीर अब भी मेरी आँखों में है। कांस्टीट्यूशन हाउस में जब मैंने इन्दिरा को देखा, वह बी० ए० कर चुकी थी। यौवन की ड्योढ़ी पर पाँव रखती शर्मीली कुमारी अब मुझे कुछ गम्भीर लगी। मेरे मन ने तुरन्त कहा, यह लड़की जगदीश राजन के लिए अति उपयुक्त होगी। मैंने बाबू गया प्रसाद को लिखा कि फौरन शादी कर दें।

मेरी पसन्द गलत साबित नहीं हुई। राजन-इन्दिरा दो साल हुए अपने विवाह की रजतजयन्ती मना चुके हैं। तीन लड़के हैं—अभिजित, शोभित, हर्षित—सुन्दर, स्वस्थ, होनहार। अभिजित सब से बड़े इलाहाबाद से हायर सेकैण्ड्री कर के बी० काम० करने के लिए बम्बई मेरे लड़कों के पास आये, जैसे जगदीश राजन इंटर करने के बाद बी० ए०-लॉ करने के लिए मेरे पास आये थे। अब वह बी० काम० करने के बाद अजिताभ—मेरे छोटे लड़के के साथ उद्योग-धन्धे के प्रबन्ध में हाथ बटा रहे हैं। अपनी ग्रहणशील अवस्था में हमारे परिवार के सम्पर्क से श्रम-सक्षमता, कार्यकुशलता, चारित्रिक दृढ़ता और वैचारिक स्वतन्त्रता एवं सहिष्णुता के संस्कार उन्होंने संजोए हैं। मुझे विश्वास है, इससे राजन-इन्दिरा को सन्तोष ही नहीं, प्रसन्नता भी है।

विवाह के बाद इन्दिरा ने एम० ए० किया, बी० टी० भी, और बाद को बाबू गया प्रसादजी द्वारा स्थापित आर्य कन्या पाठशाला हाई स्कूल, बाँदा, की मुख्याध्यापिका बनीं। उनके सुप्रबन्ध में हाई स्कूल इंटर कॉलेज हुआ और उन्होंने उसके प्रिंसिपल का पद संभाला, जिस पर वे आज तक बनी हुई हैं। तीन वर्ष हुए कॉलेज ने अपनी हीरक जयन्ती मनाई, जिस समारोह में तेजी और अमिताभ के साथ मैं भी सम्मिलित हुआ था।

जगदीश राजन ने बाँदा कचहरी में अपने पिता के निर्देशन में वकालत शुरू की थी। उनकी कारगुजारी और ईमानदारी की इतनी शोहरत फैली कि कुछ ही वर्षों में वे गवर्नमेंट एडवोकेट बना दिये गये। जिस पद पर रहते हुए, बाँदा के लोगों ने मुझसे बताया, वे निर्भीकतापूर्वक न्याय पक्ष का समर्थन करते रहे। दो साल हुए, वे उत्तर प्रदेश लोक सेवा आयोग के सदस्य बनाकर इलाहाबाद भेज दिये गये हैं *। बाबू गया प्रसाद स्वर्गवासी हो चुके हैं। अपने पुत्र और पुत्रवधू को उन्नति-प्रगति के पथ पर आरूढ़ देखते हुए पूर्णायु भोग जीवन से विदा हुए। पिता के लिए इससे बड़ा सौभाग्य क्या हो सकता है।

---

* अब वे केन्द्रीय सेवा आयोग के सदस्य के रूप में दिल्ली आ गये हैं।

तेजी ने अपने पहले पत्र से ही मुझसे आग्रह करना शुरू कर दिया था कि जल्दी-से-जल्दी अपने लिए मकान एलाट कराने की कोशिश करूँ, जिससे वे इलाहाबाद के घर के सब सरो-सामान के साथ बच्चों को लेकर दिल्ली चली आएँ। मेरे इंग्लैंड प्रवास के समय उनके साथ जो अघटित घटा था, उसके बाद वे अकेले रहने में बहुत घबराती थीं और मैं भी उन्हें ज़्यादा दिनों के लिए अकेली छोड़ना नहीं चाहता था। आखिर, जिन लोगों ने उन्हें परेशान किया था, वे शहर छोड़कर कहीं चले तो नहीं गये थे; वे किसी समय कुछ भी कर सकते थे। फिर भी उस दिशा में यदि मैं कुछ निश्चिन्त था तो अपने मित्र सुशील कुमार बोस के कारण।

सुशील से मेरा परिचय आदित्य प्रकाश जौहरी ने कराया था, मेरे बनारस ट्रेनिंग कॉलेज के दिनों में। सुशील बनारस के रहने वाले थे, अभी युनिवर्सिटी के विद्यार्थी ही थे; भेलूपुरा में अपनी दो छोटी अविवाहित बहनों और माँ के साथ रहते थे। पिता उनके सुभाष बोस के मित्रों में थे और उन्हीं की सलाह से अपने कुछ मित्रों के साथ बरमा में रहने लगे थे, जहाँ से कुछ दिनों तो उनकी चिट्ठी-पत्री आती रही और फिर उन्होंने लिख दिया कि वे अज्ञातवास में रहेंगे, उनसे पत्र-व्यवहार न किया जाय; वे उचित समय पर भारत लौटेंगे। माताजी के चेहरे पर पति-वियोग की उदासी की झाईं तो थी, पर उनकी आँखों में 'उचित समय' की प्रतीक्षा की एक चमक भी थी जो उनके माथे पर सदा लगी सुहाग-बिंदी में भी देखी जा सकती थी। सुशील किसी-किसी इतवार को मुझे अपने घर बुलाते। माताजी स्वादिष्ट भोजन बनाती थीं और बड़े प्रेम से खिलाती थीं।

बनारस से इलाहाबाद आ जाने पर भी सुशील से मेरे सम्बन्ध बने रहे। सुशील ने अपनी शिक्षा पूरी की और कई तरह की प्रतियोगिताओं, प्रशिक्षणों से गुज़रते हुए वे उत्तर प्रदेश की अग्नि-शामक पुलिस सेवा में वरिष्ठ पद पर पहुँचे। कभी-कभी वे अपनी अग्नि-शामक ट्रक में सवार होकर हमारे घर भी आते और बाल अमित को वह भारी भरकम लाल गाड़ी देखकर बड़ा कौतूहल होता। एक बार वे अपनी ऐसी ही ट्रक से अमित, तेजी को और मुझे बनारस ले गये थे। उस समय वे अविवाहित थे और उनका एक मुसलमान अर्दली हमें सादा पर बहुत स्वादिष्ट भोजन बनाकर खिलाता था। तभी सुशील ने हमें बनारस भर के सभी दर्शनीय स्थानों को दिखाया था; अमित को तो उन जगहों की क्या याद होगी, पर तेजी को उस यात्रा की बड़ी मनोज्ञ और सुखद यादें बनी हैं। पंजाब के सिक्ख वातावरण में पली-बढ़ी, शिक्षित-दीक्षित तेजी के लिए हिन्दुओं के उस गढ़ का सफर बड़ा ही आश्चर्यजनक और आह्लादकारी था। आगे चलकर तो वह बड़ा संस्कारी भी सिद्ध हुआ।

सुशील ने अपने जीवन के दायित्व को बड़े धीरज और संयम से निबाहा।

दूसरे विश्व युद्ध के पूर्वी मोर्चे पर जो हो रहा था, उससे माताजी की पति-प्रतीक्षा जुड़ी हुई थी, या उन्होंने किसी कल्पना से जोड़ रखी थी। उसकी घटनाओं से माताजी की आशाओं में कितने ज्वार-भाटे आये, उन्हें कौन बताये। अन्ततोगत्वा जब पूर्वी मोर्चे पर धुरी शक्तियों की पराजय हो गयी, पश्चिमी मोर्चे पर भी युद्ध

समाप्त हो गया, कई महीने बीत गये और उन्हें पति की खोज-खबर न मिली, तो 'उचित समय' की जिस डोर से उनके प्राण बंधे थे वह क्षीण होकर टूट गयी और उन्होंने अपना शरीर छोड़ दिया।

सुशील ने अपनी दोनों बहनों का ब्याह योग्य वरों के साथ भले घरों में किया। वे स्वस्थ, सुन्दर, कद्दावर युवक थे, मुझसे दस बरस छोटे होंगे। कसरत-कुश्ती का उन्हें शौक था। लंगोट कसकर अखाड़े में उतर पड़ें, तो एक बार अच्छे-से-अच्छे पहलवान को उनसे हाथ मिलाने की हिम्मत न पड़े। उनकी माता के जीवनकाल में ही उनके लिए समृद्ध-संभ्रांत बंगाली परिवारों के रिश्ते आने शुरू हो गये थे, पर उन्होंने अगर उन्हें मानने से साफ इनकार कर दिया था, तो कारण समझा जा सकता था; वे अपनी बहनों की शादी किये बगैर अपनी शादी की बात नहीं सोच सकते थे।

नियति ने अपना चक्र चला दिया था।

इसी समय सुशील की पोस्टिंग लखनऊ में हो गयी। किसये के मकान में रहना था। उन्हें एक मुस्लिम-बहुल मुहल्ले में एक पक्का मकान मिल गया। मकान की मालकिन एक मुस्लिम विधवा थीं, जो अपनी पढ़ी-लिखी जवान बेटी के साथ मकान के आधे हिस्से में रहती थीं और आधा किराये पर उठा दिया था। बेटी का नाम शायद मुमताज था, जिसे उसने प्यार में मूमू कर दिया था और उसी नाम से उसे पुकारती थीं। मूमू बहुत सुन्दर तो न थी, पर नवयौवना आकर्षण के लिए सौन्दर्य की मुहताज कब रही है! सम्भव न था कि इस मकान में रहते हुए मूमू सुशील को और सुशील मूमू को न देखें और एक-दूसरे के प्रति आकर्षित न हों।

परम्परागत मर्यादाओं में बँधी भारतीय नारी की बड़ी मुसीबत है। किसी पुरुष के प्रति यदि उसमें प्रेम जागे, तो वह सीधे-साफ शब्दों में यह नहीं कह पाती कि मैं तुमसे प्रेम करती हूँ। प्राय: वह उसे अपना भाई बनाती है। उसकी कलाई पर राखी बाँधती है और इस प्रकार उससे किसी सम्बन्ध से जुड़ उसे अपना सखा, साथी, मित्र, प्रेमी बना पति के रूप में भी पाने की कामना करती है। साहित्य की दुनिया से दो उदाहरण मुझे याद आते हैं। सुनता हूँ कि पुष्पा ने भी भारती के हाथ में पहले राखी ही बाँधी थी; आज वे उनसे एक पुत्र, एक पुत्री की माँ हैं। नंदिताजी को आज प्राय: सभी लोग भगवतीचरण वर्मा की पत्नी के रूप में जानते हैं। उन्होंने भी पहले वर्माजी के हाथ में राखी ही बाँधकर उनसे बहन का रिश्ता कायम किया था। भगवती बाबू ने अपना काव्य संग्रह 'मानव' (1940) नंदिताजी को समर्पित करते हुए लिखा था—"असीम ममता और भावना की प्रतिमूर्ति जीवन की कोमलता व चेतना जिसमें प्रतिबिम्बित है—ऐसी परम करुणामयी **बहन** नंदिता को यह कविताओं का संग्रह सादर समर्पित।"

कभी सोचता हूँ, आर्य संस्कृति से अनभिज्ञ, राक्षस-संस्कृति में पली शूर्पणखा नारी कूटनीति में कितनी अनाड़ी थी। यदि वह बहन बनकर राम के हाथ में राखी बाँधने के लिए आयी होती, तो राम शायद ही उसे निराश कर सकते। ध्यान देने की बात है कि राम के कोई बहन न थी, वे बड़े पुलकित तन और प्रफुल्लित मन से राखी बँधवाने के लिए उसके सामने हाथ बढ़ा देते, और फिर यदि शूर्पणखा में

हमारी आधुनिक बहनावरणी प्रेमिकाओं की आधी भी अक्ल होती, तो अरण्य काण्ड के बाद रामायण की कथा कुछ और ही तरह लिखी जाती।

मूमू ने एक रक्षा-बन्धन के दिन सुशील की कलाई पर राखी बाँध दी।

कब यह भाई-बहन का स्नेह विकसित होकर प्रेयसी-प्रियतम के प्रेम में परिवर्तित हो गया, मैं नहीं जानता।

कल्पना कर सकता हूँ कि यह प्रसंग मूमू की माँ से छिपा न होगा—शायद मूमू ने ही किसी दिन दबी ज़बान से अपनी माँ से कह दिया होगा, वह सुशील से इस हद तक प्यार करती है कि उनसे विवाह करना चाहेगी।

उसका जो विरोध उसकी माँ के द्वारा, नाते-रिश्तेदारों, पास-पड़ोस, मुहल्ले टोलेवालों द्वारा किया गया होगा उसका सहज अनुमान लगाया जा सकता है। ऐसे मामलों में अजनबी मुसलमान भी, केवल धर्म के नाते, रिश्तेदार का चचा बनकर विरोध क्या, लड़ने-मरने पर आमादा हो जाता है।

सुशील विरोध-विद्रोह के बीच नहीं, स्नेह-सद्भावना के वातावरण में विवाह करना चाहते थे और उसकी कोई सूरत नज़र नहीं आ रही थी। उन पर तरह-तरह के आरोप लगाये जा रहे थे; मूमू की माँ ने उन्हें घर छोड़ने की नोटिस भी दे दी थी।

सुशील ने अपनी नौकरी से साल-भर की छुट्टी ले ली। बनारस का अपना पैतृक मकान बेच दिया और आग बुझाने का विशेष प्रशिक्षण प्राप्त करने के लिए इंग्लैड चले गये। यह वही समय था जब मैं अपनी डाक्टरेट करने के लिए केम्ब्रिज में शोध-कार्य कर रहा था।

सुशील ने लौटने पर पाया कि मूमू न उनको भूली थी और न उसने विवाह किया था। प्रण करके बैठी थी—'बरौं संभु न त रहौं कुआँरी।'

मूमू की माँ ने हार मान ली थी। इजाज़त दे दी थी, लखनऊ में तो नहीं, कहीं और जाकर शादी कर ले और अपने पति से आग्रह करे कि वे अपनी पोस्टिंग कहीं लखनऊ से बाहर करा लें।

सुशील की एक बहन लीला उन दिनों इलाहाबाद में थी। सुशील ने सोचा था बहन अपने घर से शादी करा देने को राज़ी हो जायेगी। कन्या--वर के धर्म की विभिन्नता के कारण वैध विवाह-पूर्व कन्या का धर्म-परिरवर्तन भी होना था, जिसके लिए मूमू सहर्ष तैयार थी। पर ऐन वक्त पर, धर्म-परिवर्तन से विवाह में कुछ झगड़े-झंझट की आंशका से डरकर लीला मुकर गयी। मूमू को सुशील ने बुलवा लिया था। वह अकेली इलाहाबाद आ पहुँची थी।

सुशील मेरे पास आये। उनके चेहरे पर हवाइयाँ उड़ रही थीं। मैंने सारी स्थिति समझी, तेजी से सलाह ली। हमने कहा, ''सुशील भाई, तुम्हारा विवाह मेरे घर से होगा और आज ही।'' सुशील को जैसे डूबते थाह मिली। तेजी के और मेरे पाँव पकड़ लिये।

मैं आर्य समाज मन्दिर, चौक, जाकर शुद्धि और विवाह संस्कार सम्पन्न कराने के लिए आर्य-पुरोहित को आमन्त्रित कर आया।

तेजी सुशील को कार में बिठलाकर विवाह-सम्बन्धी सामान आदि लाने के

लिए निकल पड़ीं।

शुद्धि संस्कार हो जाने के बाद मूमू का नाम बदलने की बात आयी; मैंने 'वरौं संभु न त रहौं कुआँरी' का स्मरण कर उन्हें उमा नाम दिया, मूमू से मिलता-जुलता।

कन्यादान की समस्या उठी। पुरोहित ने कहा—पिता के न रहने पर बड़ा भाई भी कर सकता है। उमा ने अपनी साड़ी का एक किनारा फाड़कर मेरी कलाई पर बाँध दिया। मैंने और तेजी ने गाँठ जोड़कर कन्यादान किया। हमारे कोई पुत्री न थी। हमने अद्‌भुत पुलक से यह कार्य सम्पन्न किया। कन्यादान देते समय हमारी अवधी में एक गीत गया जाता है—

कांपइ गेडुआ, कांपइ पानी,
कांपइ कुसा कर पांती, जी रम जी,
मड़ये के नीचे कांपइ (यहाँ) बच्चन रामा
देत कुआँरी का दान, जी रम जी।

कम्पन का क्या मार्मिक अवसर और चित्र है! न जाने किन भावनाओं में बहते हुए यह कन्यादान करते हुए मैं भी काँप उठा!

विवाह-यज्ञ सम्पन्न हुआ।

तेजी ने सुशील और उमा की सुहागरात के लिए एक कमरा सजा दिया।

सुबह वे दोनों मेल से लखनऊ चले गये।

उमा जाते समय तेजी से लिपटकर इतना रोई, जैसे अपनी माँ से ही विदा हो रही हो। तेजी भी अपने आँसू न रोक सकीं और न मैं ही, न सुशील ही। भाषा सर्वथैव पराजित होकर आँसुओं की ही शरण लेती है।

विदा के समय तेजी ने उमा की गोद भरी चावल, गुड़ और रुपये से।

सुशील और उमा कुछ कहना चाहते थे, पर उनके मुँह से एक शब्द नहीं निकला।

उस दिन मैंने कृतज्ञता को मूर्तिमान देखा था।

उमा विदा हो गयी तो तेजी ने गाने का एक रिकार्ड लगा दिया।

हिन्दू संस्कार, तुझमें कितनी जिजीविषा है, कितना जीवट, कि तेरी सूखी डाल पर भी कोई दो बूंद गंगाजल छिड़क दे, तो उसमें कोंपले फूट पड़ेंगी।

सुशील को अपना तबादला कराने में कई मास लग गये। इलाहाबाद का किराया, मकान क्लाइव रोड पर ही लिया; हमारे मकान से चार कदम पर।

उनके घर के निकट रहने पर मैंने बहुत आश्वस्त अनुभव किया। दो-दो, चार-चार दिनों के लिए मेरा बाहर जाना तो लगा ही रहता था, मैंने अपनी आशंका सुशील को बता दी थी और उन्होंने विश्वास दिलाया था कि 'दादा, जब तक सुशील जिन्दा है, कोई भाभी और बच्चों का बाल बांका नहीं कर सकेगा।' और मुझे सुशील के शब्दों और सामर्थ्य पर पूरा भरोसा था।

इधर मकान एलाट कराने में बड़ी कठिनाइयाँ थीं। उन दिनों यह काम एस्टेट आफिस करता था। अर्ज़ी देकर मैं एस्टेट आफिस के चक्कर लगाता। जल्दी मकान

मिलने की कोई उम्मीद नहीं थी। मुझसे बड़े और मुझसे बहुत पहले काम पर आये अफसरों को भी मकान नहीं मिल सके थे। इंतज़ार करने वालों की बड़ी लम्बी सूची में आखिर में मेरा नाम भी दर्ज कर लिया गया था।

एस्टेट आफिस में एक पहाड़ी सज्जन थे। काफी ऊँचे पद पर होंगे। कवि रूप में मुझे जानते थे। मेरी परेशानी देखकर एक दिन उन्होंने मेरे कान में कहा, आप एक अर्ज़ी दे दें, जिसमें लिखें कि आपकी पत्नी बहुत बीमार हैं, उन्हें अकेले नहीं छोड़ा जा सकता, इलाज के लिए दिल्ली लाना ज़रूरी है, वगैरह-वगैरह। मैंने कहा, पत्नी बीमार तो नहीं है। आँख मार और सिर झुकाकर बोले, किसी डॉक्टर से सर्टीफिकेट ले लीजिये, पत्नी बीमार हो जायेंगी। किसी मिनिस्टर से सिफारिश करा दीजिये। फिर मैं आपको मकान दिलाने का कोई रास्ता निकाल लूँगा। रहीम के वक्त से हमारी दुनिया कितनी कम बदली है--

'अब रहीम मुस्किल परी, टेढ़े दो काम,
सांचे से तो जग नहीं, झूठे मिलैं न राम।'

उस समय राम से ज़्यादा ज़रूरत थी जग की—जगह की—सिर छिपाने के लिए सिर पर छत की। सोच-विचार में पड़ गया—अब पहले छुट्टी मंजूर कराऊँ—चार दिन काम करते नहीं हुए और छुट्टी माँग रहा हूँ, कितना अजीब लगेगा—फिर इलाहाबाद जाऊँ, वहाँ किसी डॉक्टर को पटाऊँ, पत्नी की बीमारी का सर्टीफिकेट बनवाऊँ, लौटकर यहाँ अर्ज़ी दूँ—इसमें तो दस-बारह दिन लग जायेंगे। पहाड़ी बाबू ने मुझे असमंजस में देखा, बोले अरे भाई, जब मर्ज़ झूठ, सर्टीफिकेट झूठ, तब इलाहाबाद तक दौड़ने की क्या ज़रूरत है; झूठे मरीज़ के लिए झूठा डॉक्टर दिल्ली में ही मिल जायेगा। मैंने उनका इशारा समझा। अर्ज़ी दे दी, मेरी पत्नी दमे से बीमार हैं—मुझे क्या मालूम था कि मैं उनके लिए भविष्यवाणी कर रहा हूँ—उनके इलाज के लिए मुझे उन्हें दिल्ली लाना है, इसलिए मुझे 'बारी के बिना' (out cf turn) मकान दिया जाये। मेरे मेज़बान मेजर अविनाश चन्द्र ने अपने एक डॉक्टर मित्र से सर्टीफिकेट बनवा दिया--मेरे मकान के लिए वे मुझसे कम चिन्तित नहीं थे।

उसी समय एक दिन पण्डित नरेन्द्र शर्मा से मेरी भेंट हो गयी। वे उन दिनों आल इंडिया रेडियो के नई दिल्ली केन्द्र पर सुगम संगीत के प्रोड्यूसर थे। शर्माजी साउथ एवेन्यू के एक एम० पी० फ्लैट में रहते थे। अपने दफ्तर जाते हुए, विदेश मन्त्रालय के सामने से गुज़रते वे दूर से ही पहचाने जा सकते थे। वजह यह थी कि दिल्ली के हड़कंप जाड़े से बचने के लिए शर्माजी ने कश्मीरे का एक ऐसा भारी-भरकम कोट सिलवाया था कि उसके अन्दर एक रुईदार फतुही के अलावा दो-तीन ऊनी पुलोवर बड़ी आसानी से पहने जा सकते थे। अपने कोट की प्रशस्ति में उन्होंने दो पंक्तियाँ भी लिखी थीं जो उन्हीं के मुखारविन्द से सुनी हुई मुझे अब तक याद हैं--

शर्मा जी का कोट सत्य ही कोट है,
या कि कोट पर कोट, कोट पर कोट है।

मेरी एक आदत है, पता नहीं अच्छी या बुरी। कभी मैंने पढ़ा होगा या किसी ने मुझे सिखाया होगा—'one thing at a time' एक वक्त पर एक ही काम—और यह कहावत जैसे मेरे दिमाग पर खोद दी गयी है। सोच-विचारकर या गलती से या कोई आवेश में ही अगर कुछ करने की बात मेरे दिमाग में आ गयी है तो उसी में मैं अपने पूरेपन से पिल पड़ा हूँ और बाकी सब कुछ भूल गया हूँ—'कार्यं वा साधयामि शरीरं वा पातयामि' (Do or die) से कभी उसे बल मिला होगा। उन दिनों मुझे मकान की धुन सवार थी। जिससे भी मिलता, मकान की चर्चा चला बैठता; आपको मकान कहाँ, कैसे मिला; किसके अधिकार में है मकान देना; किस आधार पर मकान देता है; जल्दी मकान मिलने के लिए क्या करना चाहिए, क्या तरकीब लड़ानी चाहिए, वगैरह-वगैरह।

नरेन्द्र ने बताया कि उन्हें तो मकान बड़ी आसानी से मिल गया। राजेश्वर बाबू ने दिला दिया। संसद-सदस्य मुज़फ्फरपुर के बाबू राजेश्वर प्रसाद नारायण सिंह पार्लियामेन्ट की हाउसिंग कमेटी के चेयरमैन हैं, जो संसद सदस्यों को मकान एलाट करती है। चेयरमैन को यह विशेषाधिकार मिला है कि वह चाहे, तो दो-एक मकान गैर-संसद-सदस्यों को भी एलाट कर दे। आशा की किरण दिखाई दी। मैं कई बार मुज़फ्फरपुर के कवि- सम्मेलनों में भाग ले चुका था। राजेश्वर बाबू मुझसे परिचित ही नहीं थे, मेरी कविता के प्रेमी भी थे। मैं उनके घर पर हाज़िर हुआ। प्रेम से मिले, मेरी समस्या सुनी, बोले अर्ज़ी दे दो, उम्मीद बँधी। मैंने उनके घर पर ही प्रार्थना-पत्र लिखकर उनके हाथ में रख दिया। एक अर्ज़ी एस्टेट आफिस में लगी ही थी। आशंका—कि दोनों ही नामंजूर कर दी जायें; आशा—कि दोनों ही मंजूर हो सकती हैं—ऐसे किस्मत के साँड़ कहाँ!

राजन के प्रस्तावित रिश्ते के सम्बन्ध में मेरी स्वीकृति मिलते ही दोनों पक्षों ने विवाह की तैयारियाँ शुरू कर दीं। तय हुआ कि विवाह फरवरी के प्रथम सप्ताह में होगा, इलाहाबाद में, प्रताप बहादुर के बड़े भाई श्री राधाकृष्ण चौधरी के घर से, जो उन दिनों इलाहाबाद हाईकोर्ट में जज थे।

बाबू गया प्रसाद राजन को लेकर इलाहाबाद आये और तेजी की सुरुचि-सलाह से शादी के लिए गहने-कपड़े खरीदकर जब बाँदा जाने लगे, तो अमित-बंटी को साथ ले गये बारात के साथ वापस आने को।

24 जनवरी को हमारी विवाह जयन्ती पड़ती है। यह दिन हम लोग बड़े उत्साह से मनाते हैं। घर पर कुछ मित्रों को भोज के लिए बुलाते हैं, मैं अपनी कुछ कविताएँ सुनाता हूँ, तेजी एकाध गाना सुनाती हैं, कभी मैं और तेजी साथ भी गाते हैं—'डूएट'—जो प्राय: मेरे गीतों का होता है। अतिथियों में कोई मधुर-कण्ठ हुए या हुई तो हम उनसे कुछ सुनाने का आग्रह करते हैं। यह कार्यक्रम काफी रात तक चलता है और मित्रगण हमें दीर्घकालिक रस-मंगलमय वैवाहिक जीवन की शुभ-कामनाएँ देकर विदा होते हैं।

उस साल हमारे विवाहित जीवन की चौदहवीं जयन्ती होने वाली थी। बच्चे

बाँदा चले गये थे। वे वहाँ अकेली, मैं यहाँ अकेला। क्या यह दिन इस वर्ष हमारा उदासी में बीतेगा? मैंने एक दिन के लिए तेजी को दिल्ली बुला लेना चाहा, वे भी एक दिन के लिए आने की योजना बनाये हुए थीं। मन के तार मिल गये। तेजी आ गयीं। उस रात हमने 'गेलार्ड' में एक भोज दिया। अविनाश और उनके भाई सपत्नीक शामिल हुए, उनके निकटस्थ दो-चार मित्र भी।

रात को हम पति-पत्नी ने सलाह की। मुझे अविनाश के घर रहते लगभग एक महीना हो गया था। इतने दिन किसी के यहाँ मेहमान बनकर रहना ठीक नहीं। संकोचवश अविनाश कुछ न कहते हों, पर भीतर-भीतर इतने लम्बे समय तक मेरा वहाँ रहना उन्हें अखरने तो लगा होगा। हमारे ही यहाँ कोई इतने दिनों तक आकर टिक जाये, तो हमें कैसा लगेगा। खर्च का भार तो सिर पर पड़ता ही है; फिर आदमी अपने रहन-सहन में आज़ादी चाहता है, जो मेहमान के घर में रहने से किसी हद तक महदूद हो जाती है। मेज़बानी के अनुभव से क्या हम नहीं जानते कि मेहमान के लिहाज से हमें कितनी ही बातें करनी और कितनी ही बातें नहीं करनी होतीं जो हम अन्यथा न करते या करते। अपनी तरफ एक कहावत प्रचलित है—

एक दिन मेहमान,
दूसरे दिन बेईमान,
तीसरे दिन शैतान...
और तीसवें दिन !!

दिन को मैं तो दफ्तर चला गया। तेजी फोन पर सम्पर्क कर इन्दिराजी से मिल आयीं।

शाम को मैं लौटा, तो उन्होंने कहा, 'तुम्हारे लिए एक खुशखबरी है।'

'मतलब?'

'तुम्हारे लिए Constitution House में एक कमरा रिज़र्व्ड है, अभी चलो और कुंजी हाथ में लो। देर करने से मुमकिन है किसी दूसरे को दे दिया जाये। इन्दुजी ने किसी को फोन कराके दिलाया है।'

अविनाश को हमने बहुत-बहुत धन्यवाद दिया, इतने दिनों उन्हें कष्ट देने के लिए क्षमा माँगी और उनसे विदा चाही।

हम जा ही रहे हैं तो उनका मुझे घर पर ही रखने का आग्रह कुछ अधिक प्रदर्शनपूर्ण हो उठा। मैं ताँगे में बैठने लगा तो औपचारिकता के स्वर में उन्होंने कहा, 'यहाँ कोई तकलीफ हुई हो तो माफ करना, घर तुम्हारा है, कांस्टीट्यूशन हाउस में किसी प्रकार की असुविधा हो तो निःसंकोच यहाँ चले आना।'

तेजी उस रात को इलाहाबाद लौट गयीं।

कांस्टीट्यूशन हाउस को यह नाम किस आधार पर दिया गया था, मुझे नहीं मालूम। दूसरे विश्व युद्ध के समय आवास की फौरी आवश्यकताएँ पूरी करने के लिए बैरेकनुमा कमरों की लाइन की लाइन बनाई गयी थी—हर कमरे के साथ या दो कमरों के बीच एक बाथरूम। कमरे में एक या दो खाटें (बिस्तर अपना लाना

होता था), एक मेज-कुर्सी, एक आराम कुर्सी, डेक-चेयर, जिसे बाहर निकालकर आगे के बरामदे में बैठा जा सकता था, एक कपड़े रखने-टाँगने की अलमारी। कोई दो सौ आदमी तो रहते होंगे कांस्टीट्यूशन हाउस में—कुछ अच्छी हैसियत और तनख्वाहों वाले भी, जिनकी अपनी कारें भी थीं। बीचोंबीच में एक बड़ा डाइनिंग हॉल था, जिसमें 60-70 आदमी एक साथ बैठकर खाना खा सकते थे। प्राय: लोग सवेरे का नाश्ता और रात का खाना लेते, दिन का खाना लोग दफ्तरों में बने कैफिटेरिया में लेते होंगे। प्रबन्ध अर्ध सरकारी-सा लगता था। कमरों की रखरखाव सी०पी०डब्लू०डी० की ओर से होता था। खाने वगैरह का इंतजाम करने का ठेका किसी और का निजी था। रहने और खाने का खर्च प्रतिदिन प्रति व्यक्ति 10 और 15 रुपये के बीच आता था। दिल्ली में इससे सस्ती जगह शायद ही कहीं होती।

कांस्टीट्यूशन हाउस कर्जन रोड पर भारतीय विद्या भवन की इमारत के पीछे था। अब तो उसे पूरी तरह गिरा-ढहाकर उसकी जगह नये माडल के बहुमंजिले फ्लैट्स खड़े कर दिये गये हैं, जिन्हें शायद कर्जन रोड एपार्टमेन्ट्स कहा जाता है।

कांस्टीट्यूशन हाउस के दिनों की याद करता हूँ, तो सिर्फ दो चेहरे मेरी आँखों के सामने आते हैं—एक, श्रीमती उमा नेहरू का, दूसरा सत्येन्द्र शरद् का। उमाजी संसद सदस्या थीं—राज्यसभा की कि लोकसभा की, मुझे नहीं मालूम—कांस्टीट्यूशन हाउस के एक कमरे में रहती थीं।

उमा नेहरू पण्डित मोती लाल नेहरू के चचेरे भाई पण्डित श्याम लाल नेहरू की पत्नी थीं। एक बेटे, एक बेटी की माँ थीं। बेटा आई० सी० एस० में आकर संयुक्त प्रान्त (आज का उत्तर प्रदेश) के कई जिलों में कलक्टर के पद पर रहा। जिन दिनों मैं 'पायनियर' के गश्ती एजेन्ट के रूप में काम कर रहा था वे शाहजहाँपुर के कलक्टर थे। बाद को सुना था, उन पर लकवे का आक्रमण हुआ था और कमर के नीचे का उनका सब अंग बेकार हो गया था। श्री अरुण नेहरू उन्हीं के पुत्र हैं, राजीव गाँधी के सहयोगी के रूप में जिनकी चर्चा अक्सर अखबारों में आती है। बेटी श्याम कुमारी नेहरू इलाहाबाद युनिवर्सिटी की स्नातिका थीं, मेरे युनिवर्सिटी में दाखिल होने के पूर्व वे युनिवर्सिटी छोड़ चुकी थीं, पर उनकी चर्चा तब भी यदा-कदा सुनी जाती थी।

श्याम कुमारी नेहरू की शादी नवाब रामपुर के खानदानी जमील अहमद खाँ से हुई, जो संयुक्त प्रान्त पुलिस सेवा में किसी ऊँचे पद पर थे। वे श्याम कुमारी नेहरू से श्याम कुमारी खान बन गयीं। कई साल तक उन्होंने सर तेजबहादुर सप्रू के निर्देशन में इलाहाबाद हाई कोर्ट में वकालत की, फिर स्वतन्त्र रूप से। आज़ादी की लड़ाई की हर मुहिम से वे जुड़ी रहीं और जिन दिनों मैं मनोनीत होकर राज्यसभा में आया, उन दिनों वे भी उत्तर प्रदेश की ओर से राज्यसभा की सदस्या थीं। अब उनका देहावसान हो चुका है।

वास्तव में, मेरा परिचय उमा नेहरू से श्याम कुमारी नेहरू के द्वारा हुआ था। यह उन दिनों की बात है, जब क्रान्तिकारी यशपाल इलाहाबाद में गिरफ्तार किये जाकर नैनी जेल में रखे गये थे और उन पर सरकार की ओर से मुकदमा चलाया जा

रहा था। श्री कृष्ण सूरी ने, जिनका क्रान्तिकारी दल से सम्पर्क था, गुप्त रूप से एक सरदार हरबंस सिंह को मेरे पास भेजा था कि हम दोनों जाकर श्याम कुमारीजी से प्रार्थना करें कि वे यशपाल की डिफेंस काउंसेल के रूप में काम करें। श्याम कुमारीजी ने सहर्ष यह दायित्व लिया था और फीस के रूप में एक पाई न ली थी—सरदार कचहरी सम्बन्धी दीगर खर्चों के लिए कुछ रुपये भी लेकर आये थे, पर श्याम कुमारीजी ने उसे भी लेने से इनकार कर दिया और सारे मुकदमे का खर्च अपने ऊपर ले लिया। सरदार दो-चार दिन के बाद इलाहाबाद से गायब हो गये। लगभग पचीस वर्षों बाद एक दिन सरदार से मेरी भेंट दिल्ली के खादी भण्डार में हो गयी थी, जहाँ वे सेल्समैन के रूप में काम करते थे, और उन्होंने देखते ही मुझे पहचान लिया था।

जेल में यशपाल के लिए कुछ किताब भिजवानी होतीं या उनके पास से कुछ कागद-पत्तर लाने होते—यह काम यशपाल के वकील के द्वारा ही सम्भव था। औपचारिकता निभाने के लिए श्याम कुमारीजी ने मुझे अपने क्लार्क का दर्जा दे दिया था गो मैं था नहीं। एक सुविधा और थी—श्याम कुमारीजी प्रयाग स्ट्रीट पर रहती थीं, धुर उत्तर में, जेल नैनी में था, धुर दक्षिण में, बीच में मुट्ठी गंज में मेरा मकान पड़ता था। तभी उनके घर अक्सर मेरा आना-जाना होता था। श्याम कुमारीजी अपने माता-पिता के साथ ही रहती थीं।

परिवार को लहीम-शहीम शरीर का पुश्तैनी वरदान मिला था। उमाजी और शम्मीजी में बस 19-20 का फर्क होगा। तेजी की धर्मबहन सुखवर्षा पण्डित (अब सूरी) शम्मीजी को 'सेहते इलाहाबाद' कहकर उन पर व्यंग्य करती थीं।

उमाजी 1920 के असहयोग आन्दोलन के समय से ही स्वाधीनता संग्राम में उतरी थीं; इलाहाबाद के कांग्रेसी नेताओं में उनका स्थान तीसरा समझा जाता था; जब मोतीलाल या जवाहरलाल जेल में होते या नगर से बाहर, तब सब प्रकार की राजनीतिक सभाओं का नेतृत्व वे ही करतीं। मेरे प्रति वे बहुत ममतालु-कृपालु थीं। जब उनसे मेरा प्रथम परिचय हुआ, तब उन्होंने मुझे जीवन-संघर्ष की निम्नतम सीढ़ियों पर देखा था : क्रम- क्रम से मुझे ऊपर उठते देखकर वे मेरी प्रशंसिका हो गयी थीं। कवि रूप में उनसे मेरा परिचय पण्डित कृष्णकांत मालवीय ने कराया था, जो उनके मित्रों में थे और उनके घर अक्सर आया करते थे। मेरी काव्य-भाषा की सरलता से वे बहुत प्रभावित थीं। उन्हें इस बात की बड़ी प्रसन्नता थी कि हिन्दी का काम करने के लिए जवाहरलालजी ने मुझे दिल्ली बुला लिया।

कांस्टीट्यूशन हाउस के डाइनिंग हॉल में बीचोंबीच की टेबल पर वे बैठतीं—उनके साथ बैठतीं शिवराजवती नेहरू, वे भी संसद-सदस्या थीं और कांस्टीट्यूशन हाउस में ही रहती थीं; उनके बारे में मुझे और कुछ नहीं मालूम था। उमाजी भारी-भरकम, शिवराजवती दुबली-पतली—दोनों मादा लारेल-हार्डी के जोड़े जैसी लगतीं। मैं समय से पहुँच जाता, तो उमाजी मुझे अपने ही टेबल पर बुला लेतीं। एक तो स्त्री, फिर कश्मीरिन, तिस पर वृद्धा और सबके ऊपर सांसद—उमाजी को बोलने का बड़ा शौक था! दशकों की राजनीतिक हलचलों और देश-भर के दर्जनों नेताओं

के न जाने कितने अजीबो-गरीब और दिलचस्प किस्से उनकी ज़बान पर होते। उनके साथ गुज़री कोई शाम ऐसी न होती, जिसे नीरस या डल कह सकते।

सत्येन्द्र शरत् जब रेडियो से जल्दी फुरसत पा जाते, मेरे पास होते हुए अपने घर जाते। मैं भी विदेश मन्त्रालय से सीधे कांस्टीट्यूशन हाउस, अपने कमरे आता। चिट्ठियाँ जो आयी होतीं, उनके जवाब लिखता या कुछ पढ़ता।

सत्येन्द्र शरत् मेरे सम्पर्क में अपने विद्यार्थी जीवन में आये जब वे इलाहाबाद युनिवर्सिटी में बी० ए० में पढ़ते थे—मेरे ही अंग्रेज़ी लेक्चर-क्लास में थे। मेरी आत्मकथा में पहले भी एकाधिक बार उनकी चर्चा आ चुकी है। तब वे सत्येन्द्र पाल शर्मा के नाम से जाने जाते थे, शायद सर्टीफिकेट पर उनका पूरा यही नाम हो। हिन्दी लेकर एम० ए० किया। प्रयाग के साहित्यिक वातावरण से प्रेरणा पाकर उनमें सृजनशील लेखन की प्रवृत्ति जागी, कहानियाँ लिखने लगे। शरत्चन्द चट्टोपाध्याय में अपना आदर्श कथाकार पाकर उन्होंने अपना नाम सत्येन्द्र शरत् ही रख लिया; 'पाल शर्मा' सदा के लिए छोड़ दिया। अपने विद्यार्थियों को नाम के साथ जाति न जोड़ने को मैं प्राय: प्रेरित करता था। शायद उसका भी प्रभाव हो। अब 'शरत्' उनका पारिवारिक नाम हो गया। उनका लड़का अपने को अनुराग शरत् लिखता है, जैसे मेरा कलमी नाम (pen name) 'बच्चन' मेरा पारिवारिक नाम हो गया है—मेरे दोनों बेटे अपने को अमिताभ बच्चन, अजिताभ बच्चन लिखते हैं—उनके बेटों के नाम स्कूल में अभिषेक बच्चन, भीमकर्मा बच्चन लिखाये गये हैं।

सत्येन्द्र देहरादून के रहने वाले हैं। उन्हें और उनसे छोटे तीन भाइयों को छोड़कर उनके पिता-माता उनकी अल्पावस्था में ही स्वर्ग सिधारे। उनका पालन-पोषण-शिक्षण उनके मौसी-मौसिया ने किया। दोनों को देखने का मुझे अवसर मिला था। मौसिया कम बोलने वाले, गम्भीर स्वभाव के हैं; मौसी उनके बिलकुल विपरीत, बहुत भोली, बहुत खुली, अपने निश्छल मनोभावों को अपनी सरल बोली में सब पर व्यक्त करने को आतुर। सत्येन्द्र ने मुझसे बताया था कि मौसी ने कभी किसी से सुन लिया कि रेडियो स्टेशन का सबसे बड़ा अफसर डायरेक्टर होता है। बस वे अपनी पड़ोसिनों से सत्येन्द्र की चर्चा आने पर उन्हें रेडियो में डायरेक्टर ही बतातीं; और तनख्वाह अगर पहली मुलाकात में कोई काल्पनिक अमुक राशि बतातीं, तो दूसरी-तीसरी मुलाकात में वह दुगनी-तिगुनी हो जाती और वे बिलकुल भूल जातीं कि अभी कुछ दिन पहले उन्होंने क्या कहा था। सत्येन्द्र अपने मौसा-मौसी के प्रति बड़े आदर की भावना रखते हैं और उनके प्रति बहुत ऋणी अनुभव करते हैं।

इलाहाबाद युनिवर्सिटी में अपनी पढ़ाई समाप्त करने के बाद कुछ दिनों तक सत्येन्द्र ने वहीं अपने को लेखक रूप में व्यवस्थित करने का प्रयत्न किया, पर वांछित सफलता न मिलने पर फिल्म निर्देशन का काम सीखने-करने के लिए बम्बई चले गये। फिल्म क्षेत्र में उस समय भी स्थान बनाने में कम संघर्ष नहीं करना पड़ता था। वहीं से, मेरा ऐसा अनुमान है, उन्होंने रेडियो के नाट्य विभाग में काम पाने का प्रयत्न किया और कुछ समय बाद बम्बई से स्थनान्तरित हो दिल्ली आ गये। अपने विद्यार्थी जीवन से ही सत्येन्द्र, शायद मेरी कविता के प्रेमी होने के

कारण, मेरी ओर अधिक आकर्षित हुए, और मैं भी उनके सौम्य स्वभाव और शालीन व्यवहार से उनसे कम प्रभावित नहीं हुआ; साथ ही मैंने उनमें भविष्य के एक अच्छे कथाकार के शुभ लक्षण भी देखे। लड़कपन में जिसे अपने माता-पिता का वात्सल्य नहीं मिलता, वह उसका प्रतिरूप जीवन-भर खोजता रहता है। यदा-कदा वे तेजी से भी मिले थे और उनसे उन्हें जो यत्किंचित ममत्व मिला उससे वे उन्हें किसी समय माँ कहने लगे और शायद उसी नाते मुझे डैड। मुझसे उनके प्रति पिता का दायित्व क्या निभता, पर उन्होंने पुत्र का कर्तव्य, अपनी सीमाओं में, हर मौके पर निभाया, और बिना किसी प्रकार का प्रतिदान चाहे।

जब मैं दिल्ली आया, सत्येन्द्र अभी अविवाहित, एक पंजाबी कपूर-खत्री परिवार के साथ रहते थे, या परिवार उनके साथ रहता था, नयी दिल्ली स्टेशन के समीप एक छोटे-से मकान में। परिवार में दो लड़कियाँ थीं, एक लड़का और उनकी विधवा माता। सम्भवत: परिवार देश-विभाजन के समय सरहदी सूबे से शरणार्थी के रूप में दिल्ली आया था। परिवार और सत्येन्द्र एक-दूसरे के सम्पर्क में कैसे आये और कैसे एक ने दूसरे को अपना लिया, इसके बारे में मैं कुछ नहीं जानता। उषा गौर-वर्णी, सुनहरे बालों वाली, सुन्दर, पर सुकुमार नहीं, स्वस्थ पठानी लड़की, यौवन की देहरी छूती हुई, उम्र सोलह के आसपास होगी; किसी ऊँचे दर्जे में पढ़ती थी; छोटी बेटी आशा, सात-आठ साल की होगी, रंग में थोड़ी दबी, वैसे स्वभाव में भी, पर बुद्धि से चेतन्त, कभी भी कुछ ऐसा करने में समर्थ, जो उससे अप्रत्याशित हो और जो सबको चौंका दे। स्कूल जाती थी। भाई त्रिलोक बीच का था, थोड़ा साँवला, स्वस्थ, ग्यारह-बारह का होगा, बहुत कुशाग्र और बहुत आत्मविश्वास के स्वर में बोलने वाला; अक्सर रेडियो से प्रसारित बच्चों के प्रोग्राम में बेझिझक भाग लेता था। वह भी छठी या सातवीं में पढ़ता था। पर उस परिवार में सबसे आकर्षक व्यक्तित्व था माताजी का—गोरी, काले घने बालों की, मझोले कद की, शरीर से भरी, पर मोटी किसी माने में नहीं। बोली में सुस्पष्टता के साथ मिठास और आँखों में मुलायमियत जो किसी गहरे दु:ख को संयत होकर झेलने से ही आती है, होंठों पर दबी-दबी-सी मुस्कान, जो मानो कह रही हो कि उल्लास के आधार तो खिसक गये, 'पर अथिरता पर समय का मुस्कराना कब मना है', और जो शायद इसलिए भी आरोपित की गयी हो कि उनके बच्चे आशवस्त रहें कि बहुत कुछ बिगड़ा हो, पर सब कुछ नहीं बिगड़ा है, और वे अच्छे आने वाले दिनों की उम्मीद लगाये हुए जीवन में आगे बढ़ें। उस परिवार में अभाव का आभास चाहे होता हो, पर उदासी की छाया उस पर कभी नहीं दिखाई देती थी। और इसका श्रेय मैं माताजी के व्यक्तित्व को देना चाहूँगा जिसमें जीवन का अवसाद एक पावन गरिमा में रूपान्तरित हो गया था। उन्हें देखकर मुझे 'निराला' जी की 'भारत की विधवा' शीर्षक कविता की याद आ जाती थी—

'वह इष्ट देव के मन्दिर की पूजा-सी,
वह दीप-शिखा-सी शान्त, भाव में लीन,
वह क्रूर काल-ताण्डव की स्मृति रेखा-सी,

वह टूटे तरु की छूटी लता-सी दीन—
दलित भारत की ही विधवा है।'

पर वह विधवा जो अपनी सन्तान के उज्ज्वल भविष्य का दृढ़ विश्वास अपने रोम-रोम में बसाये हो।

ऐसा लगता था कि माताजी ने सत्येन्द्र को अपने बच्चों की गार्जियनशिप का पद और दायित्व दे रखा है। बच्चे भी उनका सम्मान करते थे, उनके अनुशासन में रहते थे और उन्हें 'भाई जी' कहते थे। सत्येन्द्र अपने रेडियो के काम की व्यस्तता के बावजूद उनके शिक्षण, विकास, व्यवहार पर पूरी नज़र रखते थे। कपूर परिवार में सत्येन्द्र को देखकर कोई नहीं कह सकता था कि वे उसी परिवार के सदस्य नहीं हैं। बड़ी पैनी और अन्तर्भेदी दृष्टि रखने वाला ही यह भाँप सकता था कि उनके और उषा के बीच प्रेम का एक मसृण-सूक्ष्म सूत्र फैल चुका है, पर दोनों ही उससे अनभिज्ञ रहने का, कहना चाहिए, सफल अभिनय करते हैं।

जनवरी और फरवरी की बहुत-बहुत ठण्डी शामों में जब सत्येन्द्र जल्दी आ जाते, तो हम साथ चाय पीते, देर से आते तो कभी मैं उनको साथ खाना खाने को रोक लेता और कभी वे बस सलाम-दुआ कर चले जाते—विलम्ब हो जाने पर कहीं घर के लोग चिन्तित न हों। कभी-कभी सत्येन्द्र खाना खाने को मुझे अपने साथ ले जाते। माताजी कितना सादा, पर कितना स्वादिष्ट खाना बनातीं पर कितने संकोच से खिलातीं... जैसे वह मेरे योग्य न हो।

सत्येन्द्र को बम्बई के फिल्मी क्षेत्र के अपने संघर्ष एवं रूमानी और यथार्थी अनुभवों के बारे में बहुत कुछ कहना था—बहुत कुछ जो उनकी कहानियों और उपन्यासों में प्रतिबिम्बित हुआ, और बहुत कुछ ऐसा भी, जो वे केवल मुझसे कह सकते थे। मेरे पास भी इंग्लैंड प्रवास के अपने खट्टे-मीठे, कड़वे-तीखे अनुभवों के बारे में कहने को कम नहीं था—बहुत कुछ जो मैंने बाद को 'बसेरे से दूर' में लिखा, पर बहुत कुछ ऐसा भी, जो लिख देने का साहस मैं नहीं जुटा सका या जिसे मैंने कला की माँग अथवा लोक-मर्यादा की दृष्टि से अंकित कर देना उचित नहीं समझा।

यहाँ एक प्रश्न उठता है कि जीवन का कितना यथार्थ साहित्य में समाहित हो सकता है या किया जाना चाहिए? साहित्यकारों और साहित्य समालोचकों में धुर अतीत से इस विषय पर विचार-विवाद हुआ है। फिलासफ़रों ने भी इस पर रायज़नी की है। प्राचीन यूनानी फिलासफ़र प्लेटो का नाम तो आपने सुना होगा। उसे हिन्दुस्तान में अफलातून कहा गया। अफलातून का नाम तो हमारे गाँवों तक पहुँच चुका है। लोग किसी घमण्डी या जबरा की भर्त्सना करते हुए कहेंगे, 'बड़ा कहीं का अफलातून आया है।' पर प्लेटो न तो घमण्डी था, न जबरा; वह बड़ा संयत और तर्क-विचक्षण दार्शनिक था, लेकिन नाम के ध्वनि-धमाके ने सम्भवत: उसे यह कल्पित-विकृत विशेषण दे दिया। मैं लोकमत से नहीं झगड़ता, प्लेटो से मेरा काम चल जायेगा। प्लेटो ने आदर्श राज्य की रूपरेखा बनाकर एक पुस्तक लिखी, जो 'रिपब्लिक' के नाम से संसार में विख्यात है; और उसने उसमें कवि-प्रवेश

वर्जित कर दिया या कवि को उससे निर्वासित कर दिया। क्यों? प्लेटो के अनुसार सत्य या तथ्य का कहीं एक आदर्श-सूक्ष्म रूप है; हमारा यह संसार, जिसे हम देखते, जिसमें हम विचरते हैं, उसी का एक स्थूल अनुरूप है, और कवि उस संसार की अनुकृति में एक शब्द-संसार बनाता है। इस प्रकार वह मूल सत्य तथा यथार्थ से दुगना दूर हो जाता है—Twice removed from reality यानी करीब-करीब एक झूठा संसार बनाता है। आदर्श राज्य में झूठ का क्या काम? मैं स्वीकार करना चाहूँगा कि कभी-कभी मुझे स्वयं अपने झूठे संसार से वितृष्णा हुई है और मैं अपने सृजनशील लेखन से पराङ्मुख हो गया हूँ। 'बसेरे से दूर' समाप्त करते हुए मैं कुछ ऐसी ही मन:स्थिति में था।

आदर्श राज्य से कवि को देश-निकाला देने के पीछे कुछ भौगोलिक और ऐतिहासिक कारण भी रहे होंगे, मेरा ऐसा अनुमान है। यूनान भर में फैली पर्वत शृंखलाओं ने उसे कई छोटे-छोटे भूभागों में विभाजित कर दिया था, जिनमें कालान्तर में स्वतन्त्र नगर-राज्यों (सिटी-स्टेट्स) का विकास हुआ जो परस्पर ईर्ष्या-द्वेष रखते थे और यदा-कदा एक- दूसरे के विरुद्ध युद्धोन्मुख भी होते थे। ऐसे नगर-राज्यों में राज्य के प्रति असंदिग्ध निष्ठा की माँग प्रजा से सर्वप्रथम की जाती थी; और कवि, जो वास्तव में कवि कहलाने का अधिकारी है, और सम्पूर्ण मानवता से प्रतिबद्ध है, शायद ही ऐसी एकदेशीय निष्ठा दे सकता।

'विभाजित करती मानव जाति
धरा पर देशों की दीवार,
ज़रा ऊपर तो उठाकर देख
वही जीवन है उस-इस पार।'

ऐसी उदार दृष्टि रखने वाले की राज्य-निष्ठा सन्देहास्पद ही हो सकती थी। नगर राज्य के नमूने पर कल्पित आदर्श राज्य में अगर प्लेटो ने कवि को पाँव नहीं रखने दिया तो उसे सहज ही समझा जा सकता है। पर यह तो कवि को आदर्श राज्य-बदर करने का उप-कारण होगा। वास्तविक बात तो मूल कारण में थी कि शब्द-संसार यथार्थ-संसार की अनुकृति या नकल है। और उस पर सबसे पहले उँगली रखी अरस्तू ने।

शब्द-संसार यथार्थ-संसार की अनुकृति नहीं है। पहली बात, अनुकृति प्रस्तुत करना असम्भव है, दूसरी बात, अनुकृति कर भी ली जाये, तो अनावश्यक है; जब यथार्थ संसार मौजूद है, तो उसकी नकल की ही क्यों जाये। कला (शब्द-कला भी) जीवन की अनुकृति (इमीटेशन) नहीं, जीवन की विवृत्ति (रिप्रेजेंटेशन) या व्याख्या (इंटरप्रिटेशन) है। और यहाँ जीवन से चुनाव (सेलेक्शन) आवश्यक हो जाता है। कवि या लेखक जीवन की जो व्याख्या देना चाहता है, उसके अनुसार जीवन से चुनाव करता है। यानी वह जीवन के बहुत से सत्य को छोड़ता है, उसकी उपेक्षा करता है या उसे दबाता है कि उसकी धारणा को मूर्तिमान करने वाले जीवन का रूप प्रमुख हो, उभरे, उजागर हो। इस प्रकार कलाकार कला की माँग पर सत्य

के किसी अंश को गोपन रखने का विशेषाधिकार रखता है।

वस्तुतः उच्च कोटि का कलाकार कला के माध्यम से जीवन की जो व्याख्या देता है, वह एक प्रकार से उसका जीवन-दर्शन ही होता है। मैं कभी-कभी सोचता हूँ कि प्लेटो ने अपने आदर्श राज्य में कवि को इसलिए भी तो नहीं टिकने दिया कि कहीं वह उसका प्रतिद्वन्द्वी बनकर न खड़ा हो जाय। फिर वह यह भी सोचता होगा कि कवि जो दर्शन प्रस्तुत करेगा वह खण्ड सत्य पर आधारित होगा। परिपूर्ण दर्शन तो परिपूर्ण सत्य पर ही आधारित होना चाहिए; और उसे देने का अधिकारी उसकी दृष्टि में केवल विशुद्ध दार्शनिक होगा, कवि नहीं। पर अब यह सर्वमान्य है कि कवि के दर्शन की भी अपनी विशिष्टता है, उपयोगिता है, औचित्य है। शेली ने तो उसे विश्व विधायक (लेजिसलेटर) का दर्जा दिया था।[1]

मैंने पहले कहा है कि कलाकार लोक-मर्यादा की दृष्टि से भी कुछ सत्य को दबा सकता है। यहाँ एक दूसरा प्रश्न उठता है--लिखना किसलिए? तुलसीदास ने यह लिख कर कि--

कीरति, भनिति, भूति भलि सोई
सुरसरि सम सब कहँ हित होई।

लिखने का आदर्श अन्तिम रूप से स्थापित कर दिया है। जीवन या संसार में जो कुछ घटित होता है, उसे ज्यों-का-त्यों कह या लिख देने से अगर लोकहित सम्भव होता तो साहित्य समाचार-पत्र का स्फीतीकृत, यानी फूला-फैला रूप होता। साहित्य, लोकमंगल को दृष्टि में रखकर यथार्थ से यथेष्ट को चुनता है। इस प्रकार फिर कलाकार या साहित्यकार को अपने ध्येय में सफल होने के लिए यह अधिकार देना होगा कि वह अवांछित सत्य को छिपा रखे।

एक और बात, और बहुत विशिष्ट बात। स्वाभाविक है कि सर्वांग सत्य से अंश सत्य को निकालने, अलग करने में सर्वांग सत्य क्षत-विक्षत होगा, वैसे ही अंश सत्य भी; जैसे शरीर से किसी अंग को काटकर अलग कर देने में--कटा शरीर भी, कटा अंग भी। और यहाँ कलाकार या साहित्यकार को एक और अधिकार देना होगा--कि वह उन क्षत-विक्षत अंगों पर कल्पना का मरहम लगा सके, कल्पना की प्लास्टिक सर्जरी कर सके। यानी उसे कुछ ऐसा सत्य भी जोड़ने का हक होगा, जो वास्तव में घटित नहीं हुआ, जो उसकी ईजाद है, शर्त केवल यह है कि वह खण्ड सत्य और काल्पनिक सत्य का इस प्रकार समीकरण करेगा कि वह सर्वांगीण सत्य से भी अधिक स्वाभाविक, सम्पूर्ण और सजीव प्रतीत हो। साथ ही वह समाज की परिष्कृत कलाभिरुचि को परितुष्ट करता हुआ उसके मंगल को भी साधेगा। सचाई तो यह है कि सत्य से स्वतन्त्रता लेने का मूल्य कवि-कलाकार या साहित्यकार को अपने रक्त से चुकाना पड़ता है--सृजन के रक्त से, जो बड़ी साधना, बड़े तप से बनता है।

तप बल रचइ प्रपंच विधाता--

1. Poets are the unacknowledged ligislators of the world.—Shelley

तप अधार सब सृष्टि भवानी—

में 'रचइ' और 'सृष्टि' को मैं रेखांकित करना चाहूँगा। इसी से सफलताभिलाषी साहित्यकार का आवाहन करते हुए नीत्शे ने कहा कि अपने रक्त से लिखो। कलाकार जब अपने रक्त से नहीं लिखता तब वह स्रष्टा या रचयिता नहीं, महज संयोजक या सम्पादक बनकर रह जाता है।

सत्येन्द्र के साथ कांस्टीट्यूशन हाउस में जो शामें बीतीं शायद वे ही 'बसेरे से दूर' की पूर्वाभास थीं।

विदेश मन्त्रालय से जो पत्र मेरी नियुक्ति के सम्बन्ध में आया था, उसमें लिखा था कि मेरा काम होगा—to help and assist in the progressive use of Hindi in the Ministry of External Affairs, अर्थात् विदेश मन्त्रालय में उत्तरोत्तर हिन्दी के प्रयोग में सहायता-सहयोग प्रदान करना। इसके लिए मुझे अपने में और साथ ही अपने सहयोगियों में, विशेषकर हिन्दी अनुभाग के कर्मचारियों में, एक विश्वास, एक आस्था सुनिश्चित, सुदृढ़ करनी थी। मैंने एक मोटो बनाया—

"इस मन्त्रालय में जो काम अंग्रेज़ी के माध्यम से किया जाता है, वह सब हिन्दी के माध्यम से भी किया जा सकता है, ठीक उसी तरह, और कहीं-कहीं उससे ज़्यादा अच्छी तरह।"

इसे एक बड़े ब्लैक बोर्ड पर बड़े-बड़े अक्षरों में लिखाकर मैंने हिन्दी अनुभाग में टँगा दिया। सम्भव है यह वहाँ आज भी टँगा हो। यह इसलिए कि जब भी ललित साहित्य से इतर विषयों के लिए हिन्दी प्रयुक्त करने की बात उठाई जाती है तो विरोधियों की ओर से एक वक्तव्य उछाला जाता है कि हिन्दी अभी विकसित भाषा नहीं है। सवाल उठता है कि जब आपने प्रशासन, न्याय, उच्च शिक्षा के लिए हिन्दी को अयोग्य ठहरा दिया है, तब वह कहाँ प्रयुक्त होकर अपना विकास करे? ललित साहित्य के क्षेत्र में? और वहाँ के लिए मैं दावा करना चाहूँगा कि हिन्दी अविकसित भाषा नहीं है। और वहाँ आगे जो विकास होना है, स्वाभाविक गति से होता रहेगा। प्रयत्नतः हिन्दी जहाँ विकसित की जाने को है, वे वही क्षेत्र हैं, जहाँ से आपने हिन्दी को वर्जित कर रखा है। वहाँ हिन्दी प्रयोग से—केवल प्रयोग से—विकसित होगी। प्रारम्भिक परिणाम असन्तोषजनक हो सकते हैं, परन्तु जिस कोटि के मस्तिष्क उन प्रयोगों में लगे, उनसे मेरा दृढ़ विश्वास है कि हिन्दी उनके सुस्पष्ट, सुसम्बद्ध, तर्कसंगत विचारों की मौलिक वाहिका बनकर बहुत जल्दी अपनी सक्षमता का सबूत दे सकेगी। गलत हिन्दी से चलकर हम सही हिन्दी पर पहुँच सकते हैं, पर अहिन्दी से हिन्दी की ओर कोई रास्ता नहीं बनाया जा सकता। भाषा वह बैल है, जिस पर जितना अधिक बोझा लादा जाये वह उतना ही मज़बूत होता जाता है। भाषा की शक्ति उसकी सम्भावना से आंकी जानी चाहिए, न कि उसकी अविकसित स्थिति से। और हिन्दी की प्रकृति-प्रवृत्ति को जैसा मैंने समझा है, उससे मैं निःसंकोच कहना चाहूँगा कि हिन्दी के विकास की सम्भावनाएँ असीमित

हैं। आवश्यकता है केवल प्रयोग आरम्भ करने की और जल्दी-से-जल्दी।

इस सम्बन्ध में मैंने एक किस्सा सुना था। जब कमाल अतातुर्क ने तुर्की को अपने देश की राजभाषा बनाने का निश्चय किया, तो उसने विद्वानों से पूछा, तुर्की कितने दिनों में इस योग्य हो सकेगी? विद्वानों ने कहा, पन्द्रह वर्षों में। कमाल पाशा ने कहा, समझो कि पन्द्रह वर्ष आज समाप्त हो गये, कल से तुर्की में काम शुरू कर दो। काश, हमारे संविधान निर्माताओं ने भी ऐसा ही कोई हिम्मती कदम उठाया होता!

विदेश मन्त्रालय में जो काम मुझे सबसे पहले दिया गया, वह था...वह क्या था? इस पर मैं बाद को आऊँगा।

तब तक Ministry of External Affairs को हिन्दी में क्या कहा जाये, इस पर ही अन्तिम निर्णय नहीं हुआ था। शुरू-शुरू में तकनीकी शब्दों के हिन्दीकरण का काम शिक्षा-मन्त्रालय को सौंपा गया था। एक यूनिट बनाई गयी थी, जिसके अध्यक्ष डा० सिद्धेश्वर वर्मा थे; उपाध्यक्ष थे डा० यदुवंशी और डा० आर० डी० शर्मा; आगे चलकर उनके साथ श्री गोपाल शर्मा भी सम्बद्ध हुए। उनके नीचे पन्द्रह-बीस भाषा विशेषज्ञ प्रायः हिन्दी अथवा अन्य भारतीय भाषाओं में एम० ए०—उनके सहायक के रूप में काम करते थे। सिद्धेश्वर वर्मा अपने समय के प्रख्यात भाषाविदों में थे, उस समय भी वयोवृद्ध—हाल में ही मैंने उनका चित्र कहीं देखा, 95 वर्ष की अवस्था में अभी जीवित हैं। डा० यदुवंशी भाषा सम्बन्धी क्या विशिष्ट ज्ञान रखते थे, मैं नहीं जानता। उन्होंने शैव मत पर अपना शोध प्रबन्ध लिखा था, जो प्रकाशित हो चुका था; दिवंगत हो चुके हैं। शर्माजी संस्कृत के विद्वान् के रूप में जाने-माने थे। इस कार्यकारी संगठन के अतिरिक्त, 5-5, 7-7 सदस्यों की लगभग दो दर्जन विषय-विशेषज्ञ समितियाँ बनाई गयी थीं, जिनमें एक राजनय (डिप्लोमेसी) समिति थी, जिसके संचालक पण्डित उदयशंकर भट्ट थे—संस्कृत अध्यापक, कवि, उपन्यासकार, नाटककार रूप में प्रसिद्ध। बाद में उस समिति का एक सदस्य मैं भी बनाया गया।

विशेषज्ञ समितियों का काम था अपने विषय के पारिभाषिक शब्दों की सूची कार्यकारी समिति को भेजना और उसके द्वारा उनके हिन्दी-पर्याय सुझाये जाने पर उनकी परीक्षा करना और उन्हें अन्तिम रूप देना।

समितियों में सदस्य चाहे जितने हों, काम करने वाले एक-दो व्यक्ति ही होते हैं। राजनय समिति से केवल मैं ऐसे शब्दों की सूची भेजता था। मुझे पता नहीं और समितियाँ किस प्रकार काम करती थीं। पर्याय-परीक्षण के समय भी पं० उदयशंकर भट्ट आते थे, विदेश मन्त्रालय के उपसचिव श्री भसीन के साथ मैं जाता था; 5-6 वर्ष की ऐसी बैठकों में किसी और के सम्मिलित होने की मुझे याद नहीं, यद्यपि राजनय समिति में तीन और सदस्य थे।

श्रीगणेश के लिए Ministry of External Affairs को हिन्दी में क्या कहा जाये, इसकी चर्चा रोचक होगी। कार्यकारी यूनिट का सुझाव था 'परराष्ट्र मन्त्रालय' या 'परराष्ट्र कार्य मन्त्रालय'। 'परराष्ट्र' शब्द के उच्चारण में रकार की

रकार से जो भिड़न्त होती थी, वह मुझे कर्णप्रिय न थी। 'कार्य' तो affairs का अर्थ देने को उपयुक्त समझा गया था। पर्यायों को खोजने में, प्रवृत्ति प्राय: शब्दानुयायी होने की थी और मैं स्वतन्त्रता और मौलिकता के पक्ष में था। मैंने 'विदेश मन्त्रालय' को सुझाव दिया। मेरी चलती तो Ministry of Home Affairs को 'देश मन्त्रालय' का नाम देता—मेरे दिमाग में नज़ीर की एक पंक्ति गूंजती थी—'टुक हिर्स-हवा को छोड़ मियां, मत देस-विदेस फिरे मारा'। 'विदेश मन्त्रालय' जो विदेश के मामलों को देखे, 'देश मन्त्रालय' जो देश के मामलों को देखे। इस पर कहा गया—देश मन्त्रालय तो देश के सब मन्त्रालय होंगे। मैंने बारहा कहा कि देश मन्त्रालय को जिस अर्थ से आप अभिहित करेंगे, वही बाद में रूढ़ होगा, मगर मेरी बात नहीं मानी गयी; Minisrty of Home Affairs को 'गृह मन्त्रालय' कहा गया। अगर किसी तर्क पर चला जाता तो 'परराष्ट्र मन्त्रालय' के जोड़ पर उसे 'स्वराष्ट्र मन्त्रालय' कहना चाहिए था। 'Home' ने जो अर्थ-सन्दर्भ ग्रहण किया है, वह 'गृह' से व्यक्त नहीं होता।

खैर, 'विदेश मन्त्रालय' के बारे में मैं आग्रहशील था, यद्यपि समिति का समर्थन 'परराष्ट्र' के लिए था।

मैंने उस पर एक दिन पण्डितजी से चर्चा की और उन्होंने मेरा समर्थन किया और मैं मन्त्रालय के सब दस्तावेज़ों में विदेश मन्त्रालय का उपयोग करने लगा, और तरह के पत्र-व्यवहार में भी; और मेरा शब्द अब प्रचलित हो गया है। फिर भी 1967 में जो Consolidated Glossary of Technical Terms प्रकाशित की गयी, उसमें Ministry of External Affairs के लिए 'परराष्ट्र मन्त्रालय' ही दिया गया है और विकल्प के रूप में भी 'विदेश मन्त्रालय' नहीं दिया गया।

पारिभाषिक शब्दों की चर्चा चल पड़ी है, तो उनके विषय में दो-एक बातें इसी स्थान पर बता देना चाहता हूँ। Technical terms के हिन्दीकरण के पीछे एक और लक्ष्य भी था कि हिन्दी के राष्ट्रभाषा रूप में स्वीकृति होने के साथ ही ये शब्द प्रान्तीय भाषाओं में भी स्वीकार कर लिये जायेंगे। परन्तु उनके लिए प्रान्तीय भाषाओं की सहमति भी आवश्यक थी। दो समितियाँ बनाई गयीं—एक डा० डी० एस० कोठारी की अध्यक्षता में वैज्ञानिक शब्दों के लिए और दूसरी श्री रामधारी सिंह 'दिनकर' की अध्यक्षता में विज्ञानेतर शब्दों के लिए। दूसरी समिति का एक सदस्य मैं भी था। वैज्ञानिक समिति ने क्या काम किया या कैसे, मैं नहीं जानता। विज्ञानेतर शब्द समिति की बैठकों में भाग लेने पर एक बात तो यह बहुत स्पष्ट हुई कि संस्कृत आधारित शब्दावली ही समस्त प्रान्तों में आसानी से स्वीकृत होती है; अस्वीकृत आती थी, तो प्राय: तमिल से। अब लगता है कि उसके पीछे एक सुनिश्चित हिन्दी-विरोधी प्रवृत्ति थी, जो आगे-आगे अधिकाधिक उग्र होती गयी और हाल में राष्ट्रीय प्रसारण में 'आकाशवाणी' के प्रयोग पर इतना बावेला मचाया गया कि प्रधानमन्त्री को हस्तक्षेप करके उसे पूर्व-प्रयुक्त 'आल इंडिया रेडियो' रखने का आश्वासन देना पड़ा। वस्तुत: तमिल नीति हिन्दी-विरोधी ही नहीं, संस्कृत-विरोधी भी थी और अब भी है—'आकाशवाणी' में तो दोनों शब्द संस्कृत

के हैं। मेरी ऐसी धारणा है कि इस हेय प्रवृत्ति के परिणाम शेष भारत से कहीं अधिक तमिलनाडु के लिए अहितकर सिद्ध होंगे, पर इस समय हिन्दी-संस्कृत विरोध तमिल राजनीति का अनिवार्य अंग बना हुआ है। और राजनीति तमिल जनजीवन पर बुरी तरह हावी है। दूसरी यह, कि उर्दू का हिन्दी से कोई तालमेल नहीं बैठ सकता। उर्दू तकनीकी शब्दों के लिए फारसी-अरबी की ओर ताकती है, व्यावहारिक रूप में पाकिस्तान में बनी शब्दावली का अनुसरण करना चाहती है।

इस प्रसंग में एक मनोरंजक बात भी याद आ गयी है। 'Custom' के लिए 'सीमा शुल्क' बना, 'Custom House' के लिए 'सीमा शुल्क सदन', 'Custom House Officer' के लिए 'सीमा शुल्क सदन अधिकारी' बना। दिनकर बोल पड़े, यह तो तुलसीदास की एक 'चौपाई' ही हो गयी!

इस प्रक्रिया से पारिभाषिक शब्दों का जो हिन्दी पर्याय अन्तिम रूप से निश्चित किया गया, वह प्रान्तीय भाषाओं में कितना स्वीकृत हुआ, मैं नहीं कह सकता। कोई बाध्यता तो थी नहीं। हिन्दी भाषी प्रान्तों में भी बहुत-से शब्द स्वीकृत नहीं हुए। उदाहरण के लिए 'Secretariat' के लिए 'सचिवालय' निश्चित हुआ था। मध्य प्रदेश में ही 'संचालनालय'—कितना उच्चारण-दुरूह शब्द—चलाया गया। 'प्रधानमन्त्री' के लिए मराठी में 'पंत प्रधान' प्रयुक्त होता है। मैंने सुना है कि प्रान्तीय भाषाओं में अपनी-अपनी प्रवृत्ति के अनुरूप पर्याय बनाने के लिए अलग-अलग समितियाँ बनीं। इसके अर्थ क्या हैं? स्पष्ट है, प्रान्तीय भाषाओं की यह सांकेतिक घोषणा है कि हिन्दी शब्दावली के माध्यम से तकनीकी शब्दों की जो सार्वदेशिक एकरूपता नियोजित की गयी है, वह हमें मान्य नहीं है। अपनी-अपनी ढपली, अपना-अपना राग के जो दूरगामी परिणाम होंगे वे देश की एकता और अखण्डता पर कितना बड़ा आघात करेंगे, इसे शायद अभी हम नहीं समझ रहे हैं। कुछ बातें हमें सूत्र रूप में जान लेनी चाहिए—विविधताओं से भरे इस देश में केवल भाषा ही ऐसा माध्यम है जो हमें एकसूत्रता में बाँध सकता है; और अगर भाषा में भी हम एकमत हो, सुसंगठित न हो सके तो हमारे बिखराव को कोई रोक नहीं सकता।

विदेश मन्त्रालय में जो सबसे पहला काम मुझे दिया गया, वह था 10-12 ऐसे दस्तावेज़ों के अनुवाद का जो औपचारिक रीति से भारत सरकार की ओर से विदेशी सरकारों को भेजे जाते हैं।

उस समय तक राजनयिक शब्दावली नहीं बनी थी।

मैंने दस्तावेज़ों का शब्दानुवाद न करके स्वतन्त्र, पर मूल-अर्थ-बोधक अनुवाद किया, जो नेहरूजी को पसन्द आया।

इन दस्तावेज़ों में देश, व्यक्ति के नाम और तारीखें भी प्रसंगानुसार बदल दी जाती थीं। शायद उन दस्तावेज़ों का वही रूप तब से आज तक इस्तेमाल हो रहा है।

अभी मैं दस्तावेज़ों के अनुवाद पर लगा ही था कि राजन की शादी का निमन्त्रण आ गया। मैं दो दिन की छुट्टी लेकर इलाहाबाद गया। बारात बाँदा से बस से आयी थी। अमित-अजित बारात के साथ ही आये थे। जाड़े के दिन, बस में

लगती तेज़ ठण्डी हवा, अजित काँपने लगा; अमित ने अपना कोट उतारकर उसकी पीठ पर डाल दिया और उसको अपने सामने बिठा लिया कि इस प्रकार उसकी छाती को ठण्ड न लगे, पर ठण्ड अमित को लग ही गयी और वह इलाहाबाद आकर बीमार पड़ गया। अपने छोटे भाई से अमित को बहुत प्यार है। छुटपन में दोनों भाई ब्वायज़ हाई स्कूल में पढ़ते थे, हमारे क्लाइव रोड वाले घर से स्कूल दूर न था। दोनों भाई पैदल जाते। स्कूल से जब छुट्टी होती, अजित अमित से कहता, 'दा, मैं थक गया हूँ, पैदल घर नहीं जा सकूँगा' और अमित अक्सर अपने छोटे भाई को अपनी पीठ पर बैठाकर घर लाता। बहुत बार अजित जब कोई कसूर करता और माँ उसको सज़ा देना चाहती तो अमित कह देता, 'कसूर मैंने किया है।' और अजित की जगह वह सज़ा भुगत लेता। जिस विवाह को देखने के लिए वह इतना उत्सुक था, उसमें वह शामिल न हो सका।

विवाह बहुत मेल-मिलाप के वातावरण में सम्पन्न हुआ। एक खास बात याद है। राजन जब विदा कराने के लिए गये तो वहाँ अपनी सास और सालियों को रोते देखकर खुद भी रोने लगे। राजन बहुत कोमल-हृदय हैं। विदा कराके बाँदा के लिए प्रस्थान करने के पूर्व राजन इन्दिरा को मेरे घर लाये, और उन्हें अमित से मिलाया जो अब भी बुखार में पड़ा था।

तेजी दिल्ली आने के लिए इतनी उतावली हो रही थीं कि अभी मकान मिलने के कोई आसार न थे और उन्होंने सामान बाँधना शुरू कर दिया था। मेरी किताबें पेटियों में बन्द हो चुकी थीं। गिरिस्ती भी उन्होंने बहुत संक्षिप्त कर ली थी, बोलीं, 'बस मुझे 24 घण्टे की नोटिस देना और बाकी चीजें मैं समेट लूँगी। घर खाली-सा लगा, जैसे कुछ उदास भी, मानो कह रहा हो, 'मुझे इतनी निर्ममता से छोड़े जा रहे हो, मैं तुम सब लोगों को बहुत-बहुत याद करूँगा। आठ बरस का साथ कम नहीं होता। तुम्हारी पत्नी ने मुझे सुरुचि से सँवारा, तुम्हारे बच्चों ने मुझे अपने हासोल्लास से गुँजाया, तुमने अपने स्वाध्याय-सृजन-श्रम से मुझे संस्कारा—हर हालत में शालीनता, सौम्यता, गरिमा का वातावरण भीतर-बाहर बनाये हुए। पता नहीं यहाँ अब कौन आयेगा...'

हमने यह तय किया था कि फर्नीचर हम कोई साथ न ले जायेंगे—मेज़, कुर्सियाँ, सोफे, अलमारियाँ, पलंग वगैरह—मकान मिलेगा, तो दिल्ली में ज़रूरी फर्नीचर किराये पर ले लिया जायेगा। अपना फर्नीचर बेचने का प्रबन्ध भी तेजी ने कर लिया था, शायद ग्राहक से दाम भी वसूल कर लिया था, शर्त यह थी कि जिस दिन हम जायें, उस दिन वह अपना सामान घर से उठवा ले।

यों तो हर चीज़ जो हम इस्तेमाल करते हैं, उससे हमारा एक मानसिक सम्बन्ध बन जाता है और उससे अलग होना हमें अखरता है, पर मेरे विशेष लगाव की चीज़ थी मेरी स्टडी की मेज़ और स्टूल—हाँ, कुर्सी नहीं, स्टूल। मैंने एक बहुत बड़ी मेज़ बनवाई थी, जिस पर मेरी किताबें, कापियाँ, लिखने-पढ़ने के दीगर सामान आसानी से फैले रह सकें। और इतनी बड़ी मेज़ के पीछे मैं कुर्सी रखकर नहीं बैठता था; लकड़ी का स्टूल रखकर बैठता था, जिस पर न हाथ टेकने की सुविधा, न पीठ

टेकने की--मेज़ पर बैठो तो मुस्तैदी से, चुस्ती से, काम करने के लिए, न कि आराम करने के लिए। उस मेज़ के सामने बैठकर मैंने कितनी किताबें पढ़ीं; कितने लेख, कविताएँ लिखीं; कितना अमित-राजन को पढ़ाया।

अपनी मेज़ देखता तो ऐसी और न जाने कितनी बातें मुझे याद आतीं—न जाने कितनी रातों को, मुझे याद है, सारा घर सो जाता और मैं उस मेज़ के सामने बैठा कुछ करता रहता। वह मेरे श्रम, मेरी लगन, मेरे अधिकार की प्रतीक हो गयी थी, जैसे उसके सामने बैठकर जो मैं कह दूँगा, वह किया ही जाना चाहिए और अगर किसी बात पर ज़ोर देने के लिए मैंने उस मेज़ पर मुक्का मार दिया तो जैसे उस पर मेरी पक्की मुहर लग गयी। उन दो दिनों में जब भी मैं बरामदे में बैठता घूम फिर कर मेरी नज़र किनारे पर मेरी स्टडी में खाली पड़ी उस मेज़ पर जा टिकती...

दिल्ली मैं बहुत भारी मन से लौटा। राजन की शादी हम बड़ी हंसी-खुशी से करना चाहते थे। अमित की बीमारी से हमारा उत्साह ठण्डा पड़ गया। जिस समय मैं चला, उस समय भी उसे तेज़ बुखार था और उसके सारे बदन में दर्द था—उसे फ्लू हो गया था। तसल्ली सिर्फ इतनी थी कि डा० मेहता का इलाज शुरू हो गया था और उन पर मुझे बहुत भरोसा था।

डा० मेहता पेशे से डॉक्टर न थे। युनिवर्सिटी में इकोनोमिक्स डिपार्टमेन्ट के अध्यक्ष थे। होमियोपैथी में उन्हें रुचि थी, जिसका उन्होंने निजी रीति से विस्तृत अध्ययन किया था; हर शाम एक घण्टे अपने बंगले के बरामदे में बैठकर तरह-तरह के मरीज़ों को देखते और मुफ्त दवा दिया करते थे। लोगों का कहना था कि उनके हाथ में बड़ा जस है। सबूत मुझे भी मिला था।

ऐसा हुआ कि अमित जब आठ वर्ष का था, उसके बदन पर एक बड़ा फोड़ा निकल आया। पहले कुछ सूजन हुई, फिर जगह लाल हो गयी। उन दिनों डा० जानकी प्रसाद गुप्त इलाहाबाद में सिविल सर्जन थे, मेरे मित्रों में थे। मैंने उन्हें अमित को दिखाया। उन्होंने राय दी, ऑपरेशन कराना होगा; अमित को सिविल हास्पिटल में दाखिल करा दिया जाये; वे खुद ऑपरेशन करेंगे।

हम हिन्दुस्तानी ऑपरेशन के नाम से डरते हैं; तेजी ज़्यादा ही डरीं, घबरायीं। उन्हें क्या पता था कि बड़े होकर इस बच्चे को एक-से-एक खतरनाक ऑपरेशनों को झेलना पड़ेगा। एकाएक उन्होंने डा० मेहता को याद किया। डा० मेहता आये। उन्होंने कहा वे तो खाने की दवाएँ देंगे, उनसे फोड़ा दब भी सकता है और फूट भी सकता है, समय ज़्यादा लगेगा, धीरज रखना होगा। साथ उन्होंने यह भी जोड़ दिया कि अगर आप लोगों का होमियोपैथी या मुझमें विश्वास न हो, तो सिविल सर्जन की ही राय पर चलें। तेजी ने डा० मेहता से एक सवाल कर दिया, 'अगर आपके बेटे का मामला होता, तो आप क्या करते?'

मेहताजी बोले, 'मैं तो अपना ही होमियोपैथी का इलाज करता।'

'तो आप अपना ही बेटा समझकर मुन्ना का इलाज करें,' तेजी बोलीं।

मेहता साहब ने इलाज शुरू किया और आठ रोज़ के अन्दर फोड़ा फूटकर बह गया और चार--पांच रोज में घाव सूख गया।

इलाहाबाद से रवाना होने के पहले मैं मि० मेहता से मिलकर आया था। उन्होंने मुझे आश्वस्त किया था कि अमित आठ-दस रोज में ठीक हो जायेगा। विशेष चिन्ता मुझे इस बात की थी कि अमित-अजित दोनों को फरवरी के अन्त अथवा मार्च के प्रारम्भ में शेरवुड कॉलेज, नैनीताल के लिए रवाना होना था, जहाँ वे बोर्डिंग हाउस में रहेंगे और घर की-सी देख-रेख वहाँ नहीं हो सकेगी। हम चाहते थे कि जाने के पहले दोनों खूब चुस्त-तन्दुरुस्त रहें। पहाड़ की आबोहवा में रहने का उनके लिए पहला मौका होगा।

दिल्ली में मेरे दिन मानसिक तनाव में बीत रहे थे। अमित-अजित के शेरवुड जाने के दिन नजदीक आ रहे थे। हमने उन्हें दिल्ली पार्टी के साथ भेजने के लिए प्रिंसिपल को लिखा था। मकान मिलने की कोई सूरत नज़र नहीं आ रही थी। अगर मार्च तक मकान नहीं मिला, तो उन्हें इलाहाबाद पार्टी के साथ भेजना होगा, अन्तिम समय पर प्रबन्ध में परिवर्तन न हुआ, तो शायद उन्हें निजी तौर से नैनीताल भेजना पड़े। सुशील बोस से कह तो आया था कि अगर ऐसी स्थिति आ जाये, तो वे अपने किसी भरोसे के अर्दली के साथ अमित-अजित को शेरवुड पहुँचवा दें। शायद तेजी स्वयं बच्चों को वहाँ तक छोड़ आयें। फिर भी कोई मर्द साथ रहे तो अच्छा। पर समस्या का अन्त यहीं नहीं था। बच्चों के चले जाने पर तेजी इलाहाबाद में बिलकुल अकेली हो जायेंगी। पहली बार दोनों बच्चों से एक साथ अलग होने की ममतासिक्त पीड़ा जो वे झेलेंगी, सो तो झेलेंगी ही, वे अपने को असुरक्षित भी अनुभव करेंगी। उमा और सुशील ने मुझे आश्वस्त किया था, 'हम भाभी का मन बहला लेंगे, आप बेफिक्र रहें।' सुशील ने मुझसे कहा था, 'मुझे दो अर्दली मिलते हैं, मैं एक की ड्यूटी 'दशद्वार' पर लगा दूँगा, इसमें मुझे कोई दिक्कत नहीं होगी, आप निश्चिन्त रहें।'

और मैं एक तरह से निश्चिन्त होकर भी चिन्ताग्रस्त था।

जीवन में हम जिन चीज़ों को पाने की कामना करते हैं, जिनका सुख-सपना देखते हैं, जिन्हें साकार करने को सौ मुसीबतें उठाते हैं, जब वे संयोगवशात् मिल जाती हैं, तो उनके मिलने का सुख कितना क्षणस्थायी होता है! मिलने के साथ ही मिलने का सुख समाप्त हो जाता है।

'मिलने का आनन्द न देती मिलकर के भी मधुशाला।'

दिल्ली में काम मिलने की कल्पना कितनी मनमोहक थी, और काम मिलते ही मन को कुरेदने वाली चिन्ता साथ लग गयी है। कारण शायद यह है कि हम सपनों को अलग करके देखते हैं और भूल जाते हैं कि हर सपने के साथ कुछ कटु सत्य भी अनिवार्य रूप से लगे रहते हैं। मानव जीवन ही ऐसा है कि यहाँ एक चिन्ता से छुटकारा नहीं मिला कि दूसरी पीछे लग जाती है।

उन दिनों अपनी माँ से सुनी एक कहावत मैंने बार-बार याद की—

'तब मैं झंखेउं राम जनम, अब झंखउं राम बियाह।' और

'तब मैं झंखेउं राम बियाह, अब झंखउं सिय कै कोख।'

अवधी में 'झंखना' का अर्थ होता है—चिन्तित या परेशान होना; उसके साथ कभी-कभी उसका निकटवर्ती बन्धु 'झराना' भी जोड़ा जाता है—सूखना। कोई स्त्री कहती है कि पहले मैं इसके लिए झंखती-झुराती थी कि मेरे कोई लड़का नहीं है, लड़का हुआ, बढ़ा तो उसके विवाह की फिक्र लगी, विवाह हो गया तो चिन्ता शुरू हुई कि पतोह की गोद नहीं भरी—यानी मानव जीवन में चिन्ता का क्रम अटूट है।

बच्चन-बाबू, पहले आपको दिल्ली में नौकरी पाने की चिन्ता थी, नौकरी मिल गयी, तो मकान पाने की चिन्ता आपको घेरे है, और मकान मिल गया, तो आप समझते हैं कि आप चिन्तामुक्त हो जायेंगे। जी नहीं, तब आपको कोई दूसरी चिन्ता घेरेगी, देखते जाइये।

आप अपने जीवन में मुड़कर देखिये—था कोई वक्त ऐसा जब आपको कोई चिन्ता नहीं थी? आपने लिखा ज़रूर है :

'क्या घड़ी थी एक भी चिन्ता नहीं थी पास आई!'

पहले तो यह आपकी कविता है, कल्पना है, उड़ान है—बीता सब कुछ सुखद ही मामूल होता है और, मान भी लें कि ऐसी घड़ी थी, तो ज़रा सोचिये वह कितनी छोटी थी!

मैं इन्हीं विचारों में उलझा एक दिन मन्त्रालय के कारीडोर से जा रहा था कि देखता हूँ सामने से पण्डितजी आ रहे हैं।

मैं प्रणाम करके उन्हें रास्ता देने के लिए एक तरफ खड़ा हो गया, मुँह लटकाये...

पण्डितजी रुके, एक नज़र मुझ पर डाली, पूछा, 'फेमिली को लाये?'

मैंने दबी ज़बान से कहा, 'मकान अभी कहाँ मिला।'

सुनकर पण्डितजी चले गये।

मुझसे कई लोगों ने कहा था कि पण्डितजी आपको इतना मानते हैं, एक बार उनसे कह दीजिये, आपको मकान दिला देंगे। और मैं सोचता इतने व्यस्त बड़े आदमी से इतने छोटे काम के लिए क्या कहना। पर 'मकान अभी कहाँ मिला' कहते हुए यह विचार अवश्य मेरे मन में रहा होगा कि 'अगर आप इशारा कर दें, तो मिल जाये' और यह मेरे चेहरे पर बिम्बित भी हो गया होगा, और पण्डितजी ने उसे पढ़ भी लिया होगा। चेहरे का भाव पढ़ने में वे माहिर थे।

एक दिन बीच में गुज़रा।

दूसरे दिन मेरे पास एस्टेट आफिस से पत्र आ गया—मोती बाग में फलां नम्बर का मकान आपको एलाट हुआ है।

क्या पण्डितजी ने इशारा कर दिया था?

मैंने दो दिन की छुट्टी ली। 20 फरवरी की रात की गाड़ी से चलकर 21 को सवेरे अप्रत्याशित 'दशद्वार' पर दस्तक दी। आश्चर्यचकित तेजी बोलीं, 'कैसे!'

मैंने कहा, 'तुमने कहा था न, 24 घण्टे की नोटिस देना, और मैं सब सामान समेट चलने को तैयार रहूँगी। मुझे सरकारी फ्लैट एलाट हो गया है। आज शाम ट्रक

से सब सामान रवाना करा दो और कल तड़के हम लोग अपनी मोटर से दिल्ली के लिए निकल पड़ें—शाम तक पहुँच जायेंगे। आगे-पीछे ट्रक भी पहुँच जायेगा। मैं सिर्फ दो दिन की छुट्टी लेकर आया हूँ।'

मैंने सुशील को बुला लिया और उनके साथ बैठकर प्रस्थान के सारे ब्यौरे तय कर लिये।

किचन अब अपने यहाँ का बन्द। खाना-पीना सब का सुशील के घर होगा। खाने के साथ कितना सामान—कितना काम जुड़ा है। अब सिर्फ पैकिंग होने लगी। सुशील ने ट्रक का इंतज़ाम करा दिया। पुलिस का काम आनन-फानन होता दो बजे ट्रक आ गया। दो घण्टे लदवाने में लगे। महराजिन—खाना बनाने वाली है।—और मेवा, घर का नौकर—ट्रक के साथ रवाना कर दिये गये। थोड़ा-बहुत सामान जो डिकी में जाने को था बच रहा।

बैंक से पैसे निकलवाने और एकाउंट बन्द कराने का काम मैं दिन को ही कर आया था। अपराह्न में किराया-अदायगी के लिए मकान-मालिक, पंचायती अखाड़ा के महन्त के पास मुझे जाना था। लौटकर आया, तो ट्रक जा चुका था। अमित-अजित अपने पड़ोस के मित्रों से विदा लेने को चले गये थे। घर एकदम शान्त था, सन्ध्या ढल चली थी और तेजी बरामदे में कुर्सी पर चुपचाप बैठी सामने खिली गुलाबों की कतारों को अपलक देख रही थीं। नजदीक गया तो देखा उनकी आँखों में मोटे-मोटे आँसू ढुलक रहे हैं। तेजी को गुलाबों से बहुत प्रेम था। उन्होंने कहाँ-कहाँ से मँगा, चुन-चुनकर अच्छे गुलाबों की लगभग सौ किस्में सामने की क्यारियों में लगवाई थीं। सुबह कुछ फूलों को काटकर गुलदानों में लगाना—कलापूर्ण ढंग से सजाना—उनका नित्य नैमित्तिक काम था। कुछ दिनों से उन्होंने फूलों को तोड़ना बन्द कर दिया था। फूलों को जैसे पता लग गया था कि उनका शैदा अब यहाँ से विदा होने वाला है और उन्होंने दिल खोलकर अपना सारा आन्तरिक सौन्दर्य बाहर उडेल दिया था। उस सन्ध्या को गुलाब की क्यारियाँ अपने पूरे यौवन पर थीं—जाड़े के अस्तंगमित सूर्य की सुनहरी-सिन्दूरी किरणों से झीनी-झीनी आलोकित।...

कुछ बातें न पूछने की होती हैं, न बताने की होती हैं; सिर्फ समझने की होती हैं, और समझकर चुप रहने की होती हैं।

जीवन में आँसुओं के इतने रूपों से मेरा परिचय, मेरी निकटता, घनिष्टता रही है कि उनका साक्षात्कार होते ही मैं उनकी अभिव्यंजना का रहस्य आत्मसात कर लेता हूँ।

इन आँसुओं में दिल्ली जाने की खुशी भी थी।
इलाहाबाद छोड़ने का रंज भी था।
फूल तो माध्यम थे—प्रतीक थे।
फूलों में उनका पिछला चौदह वर्षीय इलाहाबादी जीवन झलक रहा था।
फूलों में कितनी कोमल पंखुरियाँ थीं—

कितने रूपों की, कितने रंगों की,
कितने रसों की, कितनी गंधों की।

कितने तीखे काँटे थे,

कितने आकार के,
कितनी धार के,
कितनी मार के,
कितने चीत्कार के,

फूलों में उनका आगामी अनजाना जीवन था,

उसकी सम्भावनाएँ थीं,
उसकी आशंकाएँ थीं।

फूलों में परिचित से विदा भी थी,
(अपरिचित का स्वागत भी था;)

विगत की स्मृतियाँ भी थीं,
अनागत के सपने भी थे;

और कुछ परस्पर विरोधी स्थितियों-मन:स्थितियों के बीच एक पतली रेखा पर प्रकंपित, अज्ञेय, अपरिभाषेय भी।

कुछ देर मैं उनके पास चुपचाप खड़ा रहा।

फिर मैंने कहा, उठो, अभी हमारे पास कुछ समय है, बच्चों को बुला लें और प्रयाग की एक परिक्रमा कर आयें। वे तैयार हो गयीं, जैसे वे भी यही चाहती हों।

'दशद्वार' से कार से निकलकर—

सेंट मैरीज़ कान्वेंट, (यहाँ अमिताभ-अजिताभ ने अपनी प्रारम्भिक शिक्षा शुरू की थी),
बरार नर्सिंग होम, (यहाँ अमिताभ पैदा हुए थे),
पुरानी कायस्थ पाठशाला, (यहाँ छठे दर्जे से आरम्भ करके मैंने हाई स्कूल तक की परीक्षा पास की थी),
मुहल्ला चक, (जन्म से लेकर प्रथम विवाह तक की मेरी क्रिया-कलाप भूमि),
चकेश्वरी देवी मन्दिर, (इलाहाबाद में हमारे पुरखा मनसा का प्रथम शरणस्थल),
मुट्ठीगंज, (यहाँ मेरे पिताजी का बनवाया गया मकान जिसमें मैंने 'प्रारम्भिक रचनाएँ' से लेकर 'एकान्त संगीत' तक की रचना की थी। बीच में उल्लास-अवसाद के कितने-कितने प्रसंग।)'
जमुना पुल, (जिस पर सैंकड़ों बार घूमा-फिरा था—तरह-तरह के मूड में),
बाई का बाग, (मेरी प्रथम पत्नी श्यामा का मायका),
राम बाग, (जहाँ मेरे परबाबा मिट्ठूलाल का बनवाया शिव मन्दिर),
गवर्नमेंट कॉलेज, (जहाँ से मैंने इंटर की परीक्षा दी थी),
जतन-तारन-स्कूल, (जहाँ तेजी ने कुछ समय अध्यापन का काम किया था),

कमला नेहरू अस्पताल, (जहाँ अजिताभ पैदा हुए थे),

आनन्द भवन, (जहाँ सरोजिनी नायडू ने नेहरू-परिवार से हमारी मैत्री कराई थी),

इलाहाबाद युनिवर्सिटी, (जहाँ मैंने सालों पढ़ा-पढ़ाया था),

कुंडू बाग, (जहाँ के एक मकान में तेजी लाहौर से पहली बार आकर ठहरी थीं और जहाँ से हमारा विवाह हुआ था और जहाँ पास के एक दूसरे मकान में हमने अपने वैवाहिक जीवन का प्रथम वर्ष बिताया था),

एडेल्फी, (जहाँ रहते हुए हमने प्रथम स्वाधीनता दिवस मनाया था; जहाँ विभाजन के फलस्वरूप तेजी के कितने ही सम्बन्धियों ने पंजाब से भागकर शरण ली थी; जहाँ महात्मा गाँधी की हत्या का हृदय विदारक समाचार हमने सुना था; और जहाँ मैंने उनके बलिदान से सम्बद्ध 'सूत की माला' और 'खादी के फूल' की रचना की थी),

पायोनियर प्रेस बिल्डिंग, (जहाँ मेरे पिताजी ने 16 वर्ष की उम्र से लेकर 60 वर्ष की अवस्था तक क्लर्की में बिताई थी—सबसे नीचे पद-वेतन से शुरू कर सबसे ऊँचे पद-वेतन तक),

8-ए, बैंक रोड, (जहाँ पंतजी पहले-पहल तेजी के और मेरे साथ रहने को आये थे—और जहाँ अमित ने अपने जीवन के प्रथम दो वर्ष देखे थे—यहाँ उनकी एक गम्भीर बीमारी में मैंने आजीवन मदिरा न छूने का व्रत लिया था),

दिलकुशा, (जहाँ कुछ समय मैं कविवर नरेन्द्र शर्मा के साथ रहा था—हम दोनों के लिए वे कितने अवसाद के दिन थे!),

बेली रोड, (जहाँ 'वसुधा' में मैं महाकवि सुमित्रानन्दन पंत के साथ कुछ समय ठहरा था, और जहाँ रहते हुए इलाहाबाद युनिवर्सिटी में मेरा अध्यापकीय जीवन आरम्भ हुआ था; जिसके पास के ही एक दूसरे मकान में मेरे पिताजी की मृत्यु हुई थी),

फाफामऊ पुल, (जिस पर से न जाने कितनी बार मैंने गंगा के ऊपर सूर्योदय और सूर्यास्त का दृश्य देखा था, यदा-कदा आधी रातों को चाँद-तारों की छाया में गंगा की लहरों का झलमल विलास भी। विवाह के प्रथम वर्ष में तेजी के साथ उस पुल पर बिताई कई वासंती शामें—तेजी भावी मातृत्व के स्वप्न में आगुंठित।),

ब्वायज़ हाई स्कूल, (जहाँ अभी कुछ दिन पहले अमित-अजित पढ़ रहे थे),

स्ट्रेची रोड, (जहाँ अमित ने अपनी तीसरी-चौथी वर्षगाँठ मनाई थी—तीसरी पर बच्चों के फैंसी ड्रेस में इन्दिरा जी राजीव को धोबी की पोशाक में लायी थीं। जहाँ मैंने 'सतरंगिनी' के कई गीत

लिखे--'नागिन'. की खास याद, जिसके लिए तेजी ने एक विचित्र नृत्य किया था। यहीं रहते मेरी माताजी की मृत्यु; तेजी के पिताजी की मृत्यु का समाचार डिगरी (सिंध) से।)

और आल इंडिया रेडियो, (जहाँ दो महीने पहले मैं पंतजी के साथ बैठ कर केन्द्र के हिन्दी प्रोड्यूसर के रूप में काम करता था)

होते हुए, अतीत की स्मृतियाँ संजोते, हम 'दशद्वार' लौट आये, बिना किसी जगह कार से उतरे; और हाथ-मुँह धो सुशील के बंगले पर चले गये।

उमा और सुशील हमरा इंतज़ार कर रहे थे। खाना उन्हीं के यहाँ था। लौकिक मुहावरे में जिसे कहते हैं 56 प्रकार का भोजन, उमा ने हमारे लिए अपने हाथों से बनाया था—अपने पाक-शास्त्र ज्ञान का खुलकर प्रदर्शन करते हुए। सूर सागर के दशम स्कन्ध का श्रीकृष्ण ज्योनार याद आ गया और 'पद्मावत' का रत्न-सेन-पद्मावती-विवाह खण्ड भी--

जेवन अधिक सुवासिक मुँह मंह परत बिलाइ,
सहस सवाद सो पावै एक कवर जो खाइ।

आज तो मथुरा के चौबे का पेट पाना था--'ऊधो उदर न भए दस-बीस!'

हम तो खाना खाकर 'दशद्वार' चले आये, जहाँ सुशील ने अपने अर्दलियों के द्वारा हमारे लिए दो बिस्तर—अपने यहाँ से गद्दे, कम्बल, तकिये आदि भिजवाकर—तैयार करा दिये थे। और उधर उमा यात्रा में हमारे लिए साथ ले जाने को कीमे और गोभी के भरवाँ परांठे, तरकारियाँ आदि बनाने में देर रात तक लगी रही होगी।

हम लोग चार बजे उठे। सर्दी कड़ाके की पड़ रही थी। उमा ने हमारे लिए गरम पानी की दो बाल्टियाँ और गरम चाय भिजवा दी थी। हम जल्दी-जल्दी तैयार हुए। कार में सामान रखवाया। सुशील ने ऐसा प्रबन्ध कर दिया था कि उनका एक बन्दूकधारी अर्दली हमारे साथ कार में दिल्ली तक जाये—वह अच्छा ड्राइवर भी था। रवाना होने के पहले उमा-सुशील आ गये—बड़ी-सी टोकरी लिये रास्ते में खाने के लिए, ठसाठस व्यंजनों से भरी—दो बड़े थरमस चाय और कॉफी के। दोनों की आँखें बता रही थीं कि उस रात शायद ही वे घड़ी-आधी घड़ी के लिए सोये हों।

दोनों ने हमसे कृतज्ञता भीनी विदा ली।

विदा 'दशद्वार'!

विदा 17, क्लाइव रोड!

विदा इलाहाबाद!

तेजी ने ड्राइवर की सीट संभाली। मैं साथ बगल में बैठा; अर्दली, अमित-अजित पीछे की सीट पर बैठे और हमारी नील-नवेली छोटी-सी फोर्ड प्रिफेक्ट कार पहली बार दिल्ली तक की चार सौ मील लम्बी यात्रा पर हुंकार देकर चली...पीछे उड़ते धूलि-कणों में जैसे मेरे जीवन के पिछले अड़तालीस वर्षों की स्मृतियाँ ही मुझे

पिछुआने का असफल प्रयत्न करती हुई। हमने ग्रैंड ट्रंक रोड पकड़ ली थी—उस समय प्राय: सूनी। कहते हैं, शेरशाह सूरी ने पहले-पहल इसे बनवाया था। कई सदी पहले हमारे पूर्वज मनसा और उनकी पत्नी सम्भवत: इसी राह से तिलहर से इलाहाबाद चक तक भूखे-प्यासे, पाँव-पियादे आये होंगे। आज उन्हीं का एक वंशज उससे विपरीत दिशा में मोटरकार में बैठा चला जा रहा था...

खुल्दाबाद में लबे सड़क पर एक छोटा-सा गुरुद्वारा है। उस समय वहाँ शायद लाउडस्पीकर लगाकर 'आसा दी वार' का कर्णमधुर मंगल-पाठ हो रहा था जिसे हमने कार में बैठे-बैठे भी सुना। तेजी के मन में कहीं बीज-रूप से बैठा संस्कार जागा और वे बोलीं, हम गुरुद्वारे में मत्था टेकते चलें। मैंने कहा, ज़रूर। हम सबने कार से उतरकर गुरु ग्रन्थ साहब के सामने मत्था टेका, नामे चढ़ाए और ग्रन्थीजी का आशीष ले आगे बढ़े—'वाह गुरु आप लोगों को खैरियत से दिल्ली पहुँचाए।'

शायद यह पहली बार था, जब मैंने तेजी को गुरुद्वारे जाते देखा; वैसे जहाँ तक मुझे मालूम है, इलाहाबाद में कोई प्रसिद्ध या बड़े गुरुद्वारे थे भी नहीं; एक छोटा-सा गली के भीतर जाकर मुट्ठीगंज में था, जहाँ के गुरु महाराज से, ऐसा मैंने सुना था, विधवा होने पर, मेरी दादी ने कान फुंकवाया था। मेरे पिताजी अपनी माँ की स्मृति में हर असाढ़ी यानी गुरु पूजा के दिन उस गुरुद्वारे जाते और गुरु ग्रन्थ साहब के सामने मत्था टेकते और कुछ भेंट चढ़ाते। लड़कपन में अपने पिता और छोटे भाई के साथ वहाँ जाने की मुझे याद है, कड़ाह-प्रसाद पाने की भी। थोड़ा कड़ाह-प्रसाद हम घर भी लाते। वहाँ मत्था टेकने और प्रसाद लेने और भी लोग जाते। मेरी माँ बतातीं, जब तक सफेद अचला कड़ाह पर पड़ा रहे, तब तक चाहे जितने लोग आयें, सबको प्रसाद बराबर दिया जा सकता है और वह चुकता नहीं! ऐसे न जाने कितने झूठे-सच्चे विश्वासों से हिन्दू मस्तिष्क लड़कपन से भरा जाने लगता है। बहुत-से लोग उनसे धोखा खाते हुए भी उनसे आजीवन चिपके रहते हैं। पर जो अपने आपको अधिकाधिक वैज्ञानिक होते युग में तर्क संगत बनाना चाहते हैं, उन्हें अपने से कठिन संघर्ष करना पड़ता है। कम-से-कम मुझे करना पड़ा था।

साथ ही यह हिन्दुत्व की ही देन है कि उसके संस्कारों में पला किसी भी आस्था, विश्वास, मान्यता के प्रति असहिष्णु नहीं होता, भले ही उनको वह अपना समर्थन देने में असमर्थ हो। यह तो नकारात्मक बात हुई; इसका एक सकारात्मक और सम्भवत: अधिक उदात्त पक्ष भी है कि वह उनके प्रति आदर भाव रखता है; उनके साथ लगी भावना को अपनी श्रद्धा देता है। मुझे याद आता है, मुहल्ला चक के पूर्व में मस्जिद थी, उत्तर में इमामबाड़ा था, बीच में दो देवियों के थान थे, शहीद मर्द की कब्र थी, शिवाला था ही, दक्षिण में राधा-कृष्ण मन्दिर थे, पश्चिम में, महाजनी टोले में, जैनियों के मन्दिर थे। राधा-बुआ-परदादी की उँगली पकड़े जा रहा हूँ, जहाँ कोई मस्जिद, शिवाला या मन्दिर दिखा, वे मुझसे कहतीं 'सिरदा परल्या'—'हस्तिना ताड्य मानेपि न गच्छेत जैन मन्दिरे', यह तो मैंने बाद को सुना, पर वह कौतुहल की तरह ही मस्तिष्क की ऊपरी सतह पर रह गया है। (और यह 'सिरदा' भी शायद अरबी 'सिजदा' से आया है, पर मैंने तो उसे 'सिर' से सम्बद्ध

कर लिया था—'सिरदा'—यानी सिर दो—सिर झुकाओ) और बड़े होने पर माँ के साथ कभी गंगा या यमुना नहाने जाता हूँ, माँ के हाथ में एक डोलची लटकी है, उसमें गंगाजली है, फूल हैं, अक्षत हैं। रास्ते में जिस किसी भी पेड़-पाथर पर फूल चढ़े हैं, माँ वहाँ क्षण-भर रुकती हैं और एक आचमनी गंगाजल, दो फूल, चार दाने अक्षत चढ़ा देती हैं। बाद में सोचा, यह क्या है; यह उन अज्ञात देवी-देवताओं की पूजा नहीं है; यह वास्तव में उन पर चढ़ी श्रद्धा की पूजा है। अपनी एक कविता लिखते हुए यह दृश्य मेरी स्मृति में कौंध गया था। 'मिलनयामिनी' की है। एक पद सुना दूँ?—

जो भेंट चला था मैं लेकर
हाथों में कब की कुम्हलाई,
नयनों ने सींचा उसे बहुत
लेकिन वह फिर भी मुरझाई,
तब से पथ-पुष्पों से निर्मित
कितनी मालाएँ सूख चुकीं,
जिस मग से मैं आया उस पर
पाओगे बिखरी-बिखराई;
कुम्हला न सकी, मुरझा न सकी
लेकिन अर्चन की अभिलाषा;
मैं चुनता हूँ हर फूल अटल विश्वास लिये
ये पूज न पाएँ प्रेय चरण लेकिन दुनिया
इनकी श्रद्धा को एक समय पूजेगी ही।

मेरी समझ में किसी की श्रद्धा को पूजना शायद किसी देवी-देवता को पूजने से बड़ी पूजा है। ऐसी पूजा अन्धविश्वास नहीं—दिव्य-दृष्टि विश्वास है।

तेजी से जब मेरा विवाह हुआ, वे सिक्ख धर्म के संस्कारों में पली-पगी थीं। उनके पास एक गुटका रहता था, गुरुमुखी लिपि में, जिसमें सम्भवतः जपुजी, सुखमनी साहब आदि संग्रहीत थे, जिन्हें वे सस्वर पढ़ती थीं। मुझे याद है जब अमित-अजित हुए तो उनको टब में नहलाते समय वे अपने मधुर स्वर से गुटका पाठ करतीं जो उन्हें कण्ठस्थ था। संयोगवश दोनों समय पंतजी हमारे साथ रहते थे; वे तेजी से कहते, जब आप पाठ करती हैं, मुझे बहुत अच्छा लगता है और मैं सब कार्य छोड़ आपको सुनता रहता हूँ। साथ ही तेजी पर हिन्दू सहेलियों के संग-साथ से हिन्दू संस्कार भी पड़ने लगे थे। दशहरा, दीवाली, होली तो हम परम्परागत रीति से मनाते ही थे। अपनी सहेलियों के साथ तेजी शिवरात्रि, जन्माष्टमी, रामनवमी के व्रत भी रख लेतीं, मन्दिर भी चली जातीं। बड़ा विचित्र है, इलाहाबाद में किसी प्रसिद्ध राममन्दिर की मुझे स्मृति नहीं। और एक जो राममन्दिर था भी, वहाँ से दशहरे पर रामलीला के लिए राम-लक्ष्मण-सीता की सवारी निकलती थी, वहाँ रामजी की कोई मूर्ति नहीं थी। मुझे याद है, एक बार मैंने अपने पिताजी से इसकी

शिकायत भी की थी—उन्होंने कहा था कि रामजी तो शिवजी और हनुमानजी के हृदय में रहते हैं और मैंने सहज भाव से उनकी बात मान ली थी। 13 विलिंगडन क्रिसेंट में अपने बाग की राकेरी (क्रीड़ा शैल) पर ज़ब मैंने एक क्रीड़ा मन्दिर भी बनाया था तब उसमें सिर्फ शिवलिंग और हनुमान की मूर्ति रखी थी; पिताजी की बात कहीं मेरे स्मृति में रही होगी। हिन्दू संस्कार इसी तरह पड़ते और अपना सूक्ष्म प्रभाव दिखाते रहते हैं। आज तो तेजी को हनुमानजी का इष्ट है। और यह बात कुछ प्रसिद्धि भी पा गयी है। यह कैसे सम्भव हुआ, इसकी कथा बड़ी रोचक है, मैं फिर कभी सुनाऊँगा। अभी तो 'जिमि अमोघ रघुपति कर बाना, एही भांति...' हमारी फोर्ड प्रिफेक्ट 'वाह गुरु की फतह' को सार्थक करती हुई फतेहपुर पहुँच रही है।

फतेहपुर में एक जगह रुककर हमने नाश्ता किया, उमा को खूब-खूब याद करके—क्या-क्या उसने नाश्ते के लिए नहीं रखा था—उबले अण्डे, सलामी, चिकेन और टमाटो की सैंडविचिज़ वगैरह-वगैरह। गाड़ी का तेल, पानी, हवा चेक कराई और फिर चले। तेजी फिर ड्राइवर की सीट पर बैठीं, अभी वे थकी न थीं।

उत्तर भारत में 'फतेह' से सम्बद्ध कई नगर-कस्बे हैं, जैसे फतेहपुर, फतेहगढ़, फतेहाबाद आदि। निश्चय ही ये नाम मुसलमान आक्रमणकारियों द्वारा इन स्थानों की विजय के बाद दिये गये होंगे। उनके पूर्व नाम क्या थे, शायद ही कोई जानता हो। हिन्दू अपनी रीति-रस्म, प्रथा-कथा की लीक पीटते हुए भी अपने इतिहास को बड़े सहज भाव से भूलते चलते हैं। हिन्दुओं की इस प्रवृत्ति ने उनके जातिगत चरित्र को एक विचित्र विशिष्टता दी है। एक ओर तो हिन्दू के मन में अतीत की सफलताओं का दम्भ नहीं होता, और दूसरी ओर वह विगत की असफलताओं के दैन्य से भी अछूता रहता है। अतीत के गौरव को याद रखना यदि किसी अंश में लाभकर है तो किसी अंश में हानिकर भी हो सकता है, और हमें उस उपहासास्पद स्थिति पर भी पहुँचा सकता है, जहाँ हम कहते फिरें, 'हमारे पुरखों ने घी खाया था, हमारी हथेली सूँघो'। शायद वह कहावत हमें उस हास्यास्पद स्थिति से आगाह करने के लिए ही रची गयी है। इसी प्रकार विगत के अपमान को भूलना यदि किसी अंश में हमें हीन भावना से मुक्त रख सकता है तो उसे याद रखना हमें उसका निराकरण करने को प्रेरित भी कर सकता है। शायद निम्न उक्ति उसी ओर संकेत करती है—

'पुत्ते जाएं कवन गुण अवगुण कवन मुयेण,
जा बप्पी की भुंइहड़ी चंप्पज्जिय अवरेण।'

मतलब, ऐसे पुत्र के जन्मने का क्या लाभ और मरने से क्या हानि, जिसके पिता की भूमि पर दूसरे कब्जा किये रहें। यानी सुपुत्र वह है, जो पिता की पराजय का निराकरण कर सके। आल्हा इसी को और खुलकर कहता है—

'बाप के बैरी जे नहिं मार्‌यो तेकर जनम अकारथ जाय'

यानी जिसने बाप के बैरी को नहीं मारा, उसका जन्म व्यर्थ गया।

प्रवृत्ति के पक्ष-विपक्ष में एक लम्बी बहस हो सकती है। इस पर फिर कभी फ़ुरसत से सोचियेगा। अभी तो फतेहपुर के बारे में मुझे कुछ और कहना है।

फतेहपुर पहले-पहल मैं श्याम गोपाल शिवली की शादी में आया था। उस समय मैं इण्टर में पढ़ता था। शिवली मेरे समवयस्क मित्रों में थे—उनसे मैंने कर्कल के अभाव की कुछ पूर्ति की थी। उनके विवाह के अवसर पर मैंने अपने एक उर्दू शायर-सहपाठी 'सरोश' मछलीशहरी से एक सेहरा लिखवाया था। शिवली के पिता का भी विवाह फतेहपुर में हुआ था। मेरे परिवार में भी पहली लड़की की शादी फतेहपुर में ही की गयी थी। उन दिनों फतेहपुर के कायस्थों का बड़ा ऊँचा दर्जा माना जाता था और उनमें शादी-ब्याह करना गौरव की बात समझी जाती थी—उनमें से कई सरकारी नौकरियों में उच्च पदों पर पहुँचे थे, कुछ सामाजिक संस्थाओं के प्रमुख अधिकारियों में थे—मेजर रंजीत सिंह कई वर्षों तक एक कायस्थ पाठशाला के प्रेसिडेंट थे। विशेषता इन कायस्थ परिवारों की यह थी कि उन्होंने मुसलमानों की अमलदारी में इस्लाम और हिन्दुत्व का बड़ा कूटनीतिक समन्वय कर रखा था—निश्चय ही अपने मुसलमान मालिकों को प्रसन्न रखकर, उनकी कृपा प्राप्त करने के लिए। उनके लड़कों के नाम होते थे उलफत राय, खुशवक्त राय, हशमत राय; फारसी के विद्वान् होते थे, उर्दू के छोटे-मोटे शायर भी, कपड़े मुसलमानी पहनते—अचकन-पाजामे; बड़े-बूढ़े पट्टे-दाढ़ी रखाते। उनके घरों की स्त्रियाँ भी उर्दू पढ़ती थीं और ऐसे फर्राटे से बोलती थीं कि उनके सामने हमारे घरों की स्त्रियाँ दबी-दबी-सी रहें। शायरों में इकबाल वर्मा 'सेहर' का नाम मुझे याद है। करीमा का अनुवाद उन्होंने हिन्दी में किया था, रुबाइयत उमर खैयाम का भी—सीधे फारसी से—ऐसा शायर हिन्दी में अकेला अनुवाद—अब तो अप्राप्य—इंडियन प्रेस प्रकाशन था। कहा जाता था, फतेहपुर श्रीवास्तव कायस्थों का काबा है, जैसे दिल्ली माथुरों का। शादी के मौके पर इकट्ठे कायस्थ-समाज में उर्दू का जो बोलबाला मैंने देखा था, उसकी छाप मेरे दिमाग पर आज भी साफ है। बाद को अनुभव हुआ कि ऐसे ही समाज को देखकर भारतेन्दु ने कुछ पश्चात्ताप भरे स्वर में कहा होगा, 'भाषा भई उर्दू जग की...'

सात बरस बाद पायोनियर प्रेस के एजेन्ट के रूप में कोर्ट नोटिसें प्राप्त करने के लिए मैं फतेहपुर की कचहरियों में भटका था और अभ्युदय प्रेस के एजेन्ट के रूप में, स्कूलों में उसके प्रकाशनों को कोर्स में लगवाने के लिए।

बारह बरस बाद अपने मित्र रामगोपाल संड के निमन्त्रण पर वहाँ एक कवि सम्मेलन में मैंने भाग लिया था। तब साफ देखा था कि उर्दू के उस गढ़ में हिन्दी साधिकार प्रतिष्ट हो चुकी है। कुछ मील पर बिंदकी में पं० सोहनलाल द्विवेदी हिन्दी के राष्ट्रकवि के नाम से विख्यात हो रहे थे। श्यामा के देहावसान के तुरन्त बाद डूबे-डूबे मन से वह फतेहपुर की मेरी अन्तिम यात्रा थी—और आज उसके बीस बरस बाद मैं तेजी और अपने दो पुत्रों के साथ कार में बैठा खुशी-खुशी उसकी सड़कों से गुज़र रहा हूँ। समय तेरी बलिहारी!

उत्तर प्रदेश का यह इलाका बहुत उपजाऊ है। दूर-दूर तक सड़कों के दोनों

ओर हरे-भरे खेत दिखाई देते हैं—आजकल चने और मटर की फसल पक रही है, गन्ना उठ रहा है, फूली सरसों के पीले-पीले खेत मीलों लम्बे दिखाई देते हैं। शीत ऋतु का यह अन्तिम भाग है। वृक्षों से पत्तियाँ झड़ने लगी हैं और पेड़ों की अधनंगी डालें वसंत के अँखुओं की प्रतीक्षा में हैं। फलों में सबसे गरीब फल बेर की ऋतु है—कहीं-कहीं कत्थई, कहीं हरी बेर से लदे पेड़ दिखाई देते हैं। अवधी में एक कहावत प्रसिद्ध है—

'भूखे बेर—अघाने गांड़ा'

यानी भूखे का फल बेर है, तृप्त का गन्ना। शायद बेर की यह लघुता, यह अकिंचनता ही है, जिससे उसे ऐसी पौराणिक महिमा मिली जैसी किसी और फल को नहीं मिली—भीलनी के बेर के रूप में नैवेद्य समर्पित होकर जब भगवान राम के सामने आया, तो वे उसे अस्वीकार न कर सके। 'भीलनी का बेर' मुहावरा ही हो गया है। और कितनी जगहों पर श्रद्धा से जुड़ी यह हल्की-छोटी बेर कितनी गुरुगरिमामयी हो जाती है!

और लो, कहीं हो रहा—हरा चना, हरी मटर की फलियाँ, और कहीं बेर का स्वाद लेते हम कानपुर आ पहुँचे हैं। दोपहर हो गयी है।

कानपुर की पहली स्मृति पिताजी के साथ वहाँ की यात्रा से जुड़ी है। पिताजी की बुआ के लड़के बाबू हरनारायण लाल तब वहाँ 'बर्ड एण्ड कम्पनी' में काम करते थे—दफ्तर और रहने का मकान साथ। हम उन्हीं के यहाँ ठहरे थे। इतनी अंग्रेज़ी तब सीख ली थी कि 'बर्ड' माने चिड़िया होता है। और कुछ कौतुहल हुआ था कि यह चिड़िया कम्पनी क्या काम करती है। शब्दों से कुछ खिलवाड़ शुरू हो गया था। दो पंक्तियाँ उस समय की जोड़ी, अब तक स्मृति में अटकी हैं :

'चिड़िया और कम्पनी' में चाचा जी करते काम,
बाबू हरनारायण लाल है चाचा जी का नाम।'

चाचाजी का अपने ममिऔरे यानी मेरे पितामह, पिता और मेरे परिवार से बड़ा लगाव था। मेरे पिताजी के जीवनकाल तक वे अक्सर हमारे घर आते रहते थे, उनके बाद भी अपने गाँव अकोढ़िया (रायबरेली) में बैठे वे हमारी गतिविधियों पर नज़र रखते थे—यदा-कदा पत्रों से हमारी खोज-खबर लेते। विशेष उत्सुकता उनकी हमारे प्रति जागी, जब सिने कलाकार के रूप में मेरे बेटे अमिताभ बच्चन की ख्याति उनके कानों तक पहुँची। लम्बी उमर पाई थी उन्होंने। 93 वर्ष की अवस्था में उन्होंने अमिताभ की एक फिल्म देखी, और 96 वर्ष की अवस्था में एक नौकर को साथ ले वे ट्रेन से रायबरेली से बम्बई पहुँचे, सिर्फ अमिताभ को अपनी आँखों से देखने के लिए। अभी दो वर्ष हुए 102 वर्ष की अवस्था में दिवंगत हुए।

और बड़े हो, और बड़े दर्जों में पहुँचने और स्वतन्त्रता आन्दोलन में रुचि होने से मेरा परिचय 'प्रताप' (साप्ताहिक) से हुआ, जो गणेश शंकर विद्यार्थी के संपादकत्व में कानपुर से निकलता था। किसी समय कानपुर का नाम आने पर

सबसे पहले 'प्रताप' और उसके निर्भीक, देशभक्त सम्पादक का नाम याद आता। नाम की ध्वनि से मैं कल्पना करता था कि गणेश शंकर विद्यार्थी शरीर से भारी-भरकम होंगे; देखा तो उन्हें कितना लघु-रूप, क्षीणकाय पाया, परन्तु अंगार की तरह तेजोद्दीप्त! और एक दिन यह बौना-सा इंसान साम्प्रदाकिता की दावाग्नि को बुझाने में खुद बुझकर इतना महान् हो गया कि उसकी शहादत पर महात्मा गाँधी को कहना पड़ा कि मुझे गणेश शंकर से ईर्ष्या होती है। ईर्ष्या फली भी तो।

इस हुतात्मा की कर्मभूमि और बलि-भूमि को नमन किये बगैर यहाँ से गुज़र जाना अशिष्टता होगी। उनसे कहीं कुछ सम्बन्ध जोड़कर गर्व करने का मोह ही होगा कि याद करता हूँ कि वे कायस्थ थे, और इलाहाबाद में जन्मे थे।

काश, गणेश शंकर विद्यार्थी का शरीर जिस जगह गिरा था वहाँ उनसे दुगने-तिगुने कद की एक कांस्य प्रतिमा खड़ी की जाती और हर वर्ष उनके बलिदान दिवस पर हज़ार-हा हिन्दू और मुसलमान एकत्र होकर देश में सम्प्रदायिक एकता बनाये रखने की सौगन्ध उठाते।

'मुसलमान और हिन्दू हैं दो एक मगर उनका प्याला'

हम बाल-दिवस, नारी-दिवस, अध्यापक-दिवस और न जाने क्या-क्या दिवस मनाते हैं। हम साम्प्रदायिक एकता के लिए गणेश शंकर विद्यार्थी-दिवस क्यों नहीं मनाते? हिन्दू-मुस्लिम एकता के लिए हमने उनसे पवित्र बलि नहीं चढ़ाई। अपने शहीदों को भूलने की कीमत देश को मंहगी पड़ेगी। पण्डित बनारसीदास चतुर्वेदी 'शहीदों का श्राद्ध' करने के लिए जो बारम्बार हमारा आवाहन करते हैं, उसके पीछे बड़ी गहरी सूझ है, बड़ी दूरनज़री है। देश और जाति के लिए बलिदान होने की बेला जब-जब आयेगी, प्रेरणा इन्हीं शहीदों से मिलेगी, चन्द्रशेखर आज़ाद से, भगतसिंह से, अशफ़ाकुल्ला से, न कि अनतुले, धनतुले से।

आज तो कानपुर के ऊपर औद्योगिकता हावी हो गयी है, पर सदी के चौथे और पाँचवें दशक में कानपुर उद्योग का ही नहीं, राजनीति, और उससे बढ़कर साहित्य का महत्त्वपूर्ण केन्द्र था।

राय देवी प्रसाद 'पूर्ण' और प्रताप नारायण मिश्र द्वारा संस्थापित नागरिक-साहित्यिक परम्परा को आगे बढ़ाने वाले गया प्रसाद शुक्ल 'सनेही'—'त्रिशूल', जगदम्बा प्रसाद 'हितैषी', बालकृष्ण शर्मा 'नवीन', भगवतीचरण वर्मा, विश्वम्भर नाथ शर्मा 'कौशिक', प्रताप नारायण श्रीवास्तव, रमाशंकर अवस्थी (वर्तमान सम्पादक) के नाम सहसा स्मृति में चमक उठते हैं; साथ ही समय के समर्पित हिन्दी अध्यापक अयोध्यानाथ शर्मा और सद्‌गुरुशरण अवस्थी भी नहीं भुलाये जा सकते। कहीं पढ़ा था प्रेमचन्द भी कुछ समय के लिए किसी शिक्षा संस्था से सम्बद्ध होकर कानपुर में थे। समय की अवधि कितनी थी, इसका संकेत मुझे नहीं मिला, लेकिन जितने भी समय वे वहाँ रहे हों, उन्होंने कानपुर औद्योगिक नगर के जन-जीवन और उनकी समस्याओं का सम्यक जायज़ा लिया था। प्रेमचन्द के कतिपय उपन्यासों में कानपुर की पृष्ठभूमि साफ मुझे नज़र आयी है। कोई प्रयत्न

करे, तो 'प्रेमचन्द के उपन्यासों में कानपुर' विषय पर एक छोटा-मोटा रोचक निबन्ध लिख सकता है।

खड़ी बोली को हिन्दी कविता का सक्षम माध्यम बनकर उभरने के लिए जो संघर्ष करना पड़ा, उसमें कानपुर ने बड़ी अहम भूमिका निभाई थी। कवियों के सामने बड़ी जटिल समस्या थी कि खड़ी बोली को किन छन्दों में बाँधा जाये—खड़ी बोली उस समय बिलकुल जंगली घोड़ी के समान थी, जो किसी भी प्रचलित छन्द-बन्ध के समीप आते ही बिदकती थी। हरिऔध—शायद अपने प्रयत्न में एकाकी—आजमगढ़ में बैठे उसे शार्दूलविक्रीड़ित, मन्दाक्रांता और उपेन्द्रवज्रा आदि जैसे गणबद्ध मात्रिक छन्दों में जकड़ने की कोशिश कर रहे थे—'प्रियप्रवास' याद करें; और 'सनेही' उसे रीतिकालीन वर्णवृत्तिक कवित्त, सवैया, घनाक्षरी में। 'सनेही' जी ने अधिक संगठित रीति से काम किया। उन्होंने 'सुकवि' नाम की पत्रिका निकाली और ऐसे सैकड़ों कवि तैयार किये जो हर मास इन छन्दों में खड़ी बोली की समस्यापूर्तियाँ करते। 'हरिऔध' का प्रयोग केवल बौद्धिक व्यायाम था। पर 'सनेही' स्कूल के प्रयोगों ने नयी-नयी कड़ी खड़ी बोली को रीति काल के बहु प्रयुक्त छन्दों में बाँध-बाँधकर बहुत लचीली बनाया। एक तीसरा प्रयोग द्विवेदी स्कूल के कवि कर रहे थे जिनमें प्रमुख थे मैथिलीशरण गुप्त, जो गणमुक्त मात्रिक छन्दों में खड़ी बोली को छाँदने का प्रयास कर रहे थे। इन्हीं दो भाषा-छन्द प्रयोगों से लाभान्वित हो छायावादी कवियों ने—पंत और निराला ने गुप्त और 'सनेही' के प्रति अपने को ऋणी माना है—अपने भावों को तदनुरूप नवीन मात्रिक छन्दों में ढाला, छन्दों में मिलावट की, और कहीं-कहीं इतनी स्वतन्त्रता ली कि उनके प्रयोगों को व्यंग्य से 'रबड़ छन्द' कहा गया, जिसे आज के मुक्त छन्द का पूर्वज या अग्रज माना जा सकता है। शास्त्रीय संगीत के रागों में भी खड़ी बोली के कुछ गीतों को बाँधने का प्रयोग किया गया।

कानपुर ने बालकृष्ण शर्मा 'नवीन' और भगवतीचरण वर्मा के रूप में हमें दो फक्कड़ी अंदाज़ के कवि भी दिये।

आप एक वाक्य में 'फक्कड़' की परिभाषा जानना चाहेंगे? फक्कड़ वह है, जो अपने को, यानी अपने स्वभाव को, दुनिया के आम आदमियों के स्वभाव से अलग पाता है, और उस अलगाव को जीने की हिम्मत रखता है, जुर्रत करता है। और फक्कड़ी अंदाज़ का कवि वह है, जो अपने फक्कड़ीपन को अभिव्यक्त करना भी जानता है। ज़ाहिर है कि ऐसा आदमी इस पुरानी दुनिया में अपने को नया और अजनबी पाता है—'नहीं जगह कहीं जहाँ न अजनबी गिना गया'—कुछ इस नयेपन की चेतना ने ही बालकृष्ण शर्मा को 'नवीन' उपनाम रखने को प्रेरित किया होगा। ताज्जुब है कि भगवतीचरण वर्मा ने अपना कोई उपनाम नहीं चुना। दुनिया से अपने को अलग-थलग पाने की अनुभूति उन्हें कम नहीं थी—'चहल-पहल की इस नगरी में हम तो निपट विराने हैं'। शायद यह भी एक फक्कड़ी अदा है कि हम किसी नाम से अपने को अभिहित नहीं करते, 'हम तो रमते राम सदा से, दोस्त, हमारो नाम न पूछो'। हमारा नाम क्या, हमारी हस्ती क्या—'हम दीवानों की क्या

हस्ती, हैं आज यहाँ, कल वहाँ चले।' 'नवीन' जी कहते हैं :

'हम अनिकेतन, हम अनिकेतन!

'हम तो रमते राम हमारा क्या घर? क्या दर? कैसा वतन?'

व्यावहारिक संसार ऐसे लोगों को विक्षिप्त या सिरफिरा समझता है, कहता भी है, पर ये उसके पहले ही अपने को 'पागल', 'मतवाला', 'मदमाता', 'दीवाना', 'मस्ताना', 'अलमस्त', 'मस्तमौला', 'मस्त फकीर' ('सखी री हम हैं मस्त फकीर'—'नवीन'। 'हम फकीर युग-युग के हमको बन्धन से क्या यहाँ काम'—वर्मा) आदि घोषित कर देते हैं। और 'नवीन' तो अपनी मतवाली नज़रों से दुनिया को ही नहीं देखते, दुनिया की तथाकथित समझदार आँखों से अपने को भी देखते हैं और अपने को 'सिड़ी', 'बेढब', 'बीहड़', 'बौड़म', 'अजब खोपड़ी का', 'घोंघा', 'पोंगा', 'चोंगा', 'चूतिया'—'रहे न काहू काम के तुम चूतिया नवीन'—कहने में नहीं झिझकते। और यह हम पर छोड़ देते हैं कि जो दुनिया उनकी-जैसी शाही तबीयतवालों को ऐसा समझती है, उसको हम क्या समझें। वास्तव में, वे फक्कड़ विप्लवी हैं, विद्रोही हैं, क्रान्तिकारी हैं, और उन सारे संयम, नियम, उप-नियमों, रीति-रिवाज़ों, रस्मों, विश्वासों, परम्पराओं, मान्यताओं को तोड़-फोड़ डालना चाहते हैं, जो अपनी उपयोगिता समाप्त कर चुकी हैं, जड़-जर्जर हो चुकी हैं, सड़-गल चुकी हैं मगर फिर भी हमसे चिपकी हमारे स्वस्थ विकास को अवरुद्ध कर रही हैं। वे जानते हैं कि इन बन्धनों को काटने पर दुनिया उनको क्या कहेगी, उनके साथ कैसा बर्ताव करेगी, उनको क्या-क्या मुसीबतें उठानी पड़ेंगी, पर वे दुनिया की परवाह नहीं करते, वे अपने ध्येय से विचलित नहीं होते और अपनी धुन में, अपनी लगन से आगे बढ़ते चले जाते हैं। वे अपने अस्तित्व को, अपने अलबेले, अनूठे और अनोखे स्वभाव को चरितार्थ करते हैं और उसकी कीमत चुकाते हैं।

और यहाँ यह भी समझ लेना चाहिए कि इन फक्कड़ों की मस्ती का अर्थ क्या है? एक बात तो सबसे पहले स्पष्ट हो जानी चाहिए कि उनकी 'मस्ती' का अर्थ नशेबाजी नहीं है—मयनोशी की मदहोशी, बदहोशी, बदहवासी नहीं है—वे आगाह करते हैं :

'ऐसी मस्ती नहीं कि जिससे मदहोशी-सी आ जाये,
वह मस्ती भी नहीं कि हिय में अलस शिथिलता छा जाये,

ऐसी नहीं कि जिससे हो यह जीवन 'मद्यप-रूप निरा' वगैरह-वगैरह। वे पूछते हैं—

'विस्मरण दे जागरण के साथ मधुबाला कहाँ है?
जो डुबा तो ले मगर दे पार कर हाला कहाँ है?'

उनकी मस्ती का अर्थ है जागृति, जागरूकता, जीवन्तता, निर्भीकता, साहसिकता, खतरा उठाने का जिगरा, कुछ कर गुज़रने की ललक, और परिणाम के प्रति नितान्त बेफिक्री; 'कर्मण्येवाधिकारस्ते, मा फलेषु कदाचन' की ही जैसी मनोवृत्ति वे 'पाग

बैंजनी जामा नीला' पहनकर मधुशाला में बैठते हैं और सिर पर कफन बाँधकर बलिवेदी पर भी चढ़ जाते हैं। 'नवीन' जैसे प्रेमोन्माद में अपनी प्रेयसी के कोमल अंगों को सहलाते हैं, वैसी ही मुस्तैदी से कैदी के रूप में जेल में बान-कूटते हैं, कोल्हू चलाते हैं। वर्माजी साकी से मनुहार करते हैं, 'बस मत कह देना अरे पिलानेवाले' और अपने स्वाभिमान की टेक पर राजाओं, पूंजीपतियों और राजनेताओं को ठेंगा दिखा आते हैं—'अमृत भी मुझको अस्वीकार अगर कुण्ठित हो मेरा मान।'

ये फक्कड़ अक्सर अपने को तृषार्त-प्यासे के रूप में देखते हैं, पर अपनी प्यास बुझाने को हाला की ही ओर नहीं लपकते। 'नवीन' पुकार-पुकारकर कहते हैं :

'पीनेवालों की भाषा में,
अमिय-गरल का भेद नहीं;

'सुधा-हलाहल एक रूप है
कौल यही मस्तानों का!'

भगवती बाबू की स्वीकारोक्ति है—

लगातार मैं पीता जाता...
मैं क्या जानूं क्या है अमृत?
क्या मधु है? क्या यहाँ हलाहल?
खारा पानी है सागर का
मीठा-मीठा या गंगाजल।

वास्तव में यह तृषा जिजीविषा है—भरपूर जीने की इच्छा, हर रूप, हर रंग में जीने की इच्छा—'शमा हर रंग में जलती है सहर होने तक'—जो न अमृत से अघाती है, न विष से घबराती है। और इसे मैं रेखांकित करना चाहूँगा कि यह खड़ी बोली हिन्दी कविता की अपनी विशिष्ट मुद्रा है, अपने काल, देश, परिवेश से संपृक्त, सम्बद्ध, प्रतिबद्ध।

जब सागरो-मीना और साकी के प्रतीक हाला, प्याला, मधुबाला के रूप में हिन्दी में आये, तो आलोचकों ने एक स्वर से अललाना शुरू कर दिया कि यह उर्दू या फारसी की काव्य-परम्परा की नकल है—उसकी जूठन है, अभारतीय है, अपावन है आदि-आदि। इसे तो हम मानेंगे कि ये प्रतीक फारसी-उर्दू से आये हैं, पर हिन्दी ने उन्हें और किन सन्दर्भों से जोड़ा है, जोड़कर किस तरह खास अपना बनाया है, इसे शायद ही किसी ने देखा हो। प्रसंगत: एक छोटी-सी बात की ओर यहाँ संकेत करना चाहूँगा—उर्दू-फारसी शायरी में शराब के प्याले पर प्याले नहीं, घड़ों के घड़े मिलेंगे, शायद चश्मे जिनमें आप डुबकियाँ लगा सकें, पर अमृत और विष की प्याली के लिए आपको चिराग लेकर ढूँढ़ना पड़ेगा। शराब के एक प्याले के पास विष की एक प्याली रख दीजिये, उसका रंग बदल जायेगा। आप इस बदलाव से बेखबर हैं, तो आपने अभी हिन्दी मधु-काव्य को नहीं समझा।

अपनी तरुणाई के प्रथम उभार पर जब मुझे अपने फक्कड़ी स्वभाव का आभास हुआ और कुछ मीठे-तीखे अनुभवों से गुज़र जब मन में कुछ 'धुआँ-सा' छाया, और भीतर कुछ 'खुट-खुट' हुई—मुहावरा 'नवीन' का है—कि कुछ लिखूँ तो मैंने अपने इन फक्कड़ अग्रजों से काफी साहस बटोरा, पर्याप्त बल संचित किया। बाद में एक बड़े समालोचक ने इन दो फक्कड़ों के साथ मुझे भी जोड़ दिया। हमारे मिजाज, हमारे तेवर, हमारे प्रतीक-प्रयोग में एक सतही समानता होते हुए भी हम एक-दूसरे से किन्हीं अर्थों में भिन्न भी हैं, पर उसका विश्लेषण तो कोई दूसरा करे।

आगे चलकर अपने यत्किंचित स्वाध्याय-चिन्तन से मैंने जाना कि इस देश में तो कवियों की फक्कड़ी प्रवृत्ति की एक लम्बी परम्परा है।

किसी राजा के राज में कोई बड़ा कवि रहता होगा। राजा को बड़ा गुमान होगा कि उसके राज में उसकी जैसी पूजा-प्रतिष्ठा होती है वैसी किसी दूसरे की नहीं। बड़े कवि ने एक दिन मन में कहा होगा, 'ओ राजे, तेरे गुमान की सीमा कितनी है, अभी बताये देता हूँ।' और वह उठकर किसी दूसरे राज्य में चला गया होगा, जहाँ आदर-सत्कार पाकर उसने राजा को लिखा होगा—'स्वदेशे पूज्यते राजा कवि सर्वत्र पूज्यते'। पढ़कर राजा का मान-मद उतर गया होगा।

मेरा अनुमान है कि इस देश में राजाओं और कवियों में सदा से होड़ा-होड़ी रही है। राजा अपने को बड़ा समझता होगा कि उसके पास भूमि है, माल-खजाना है, फौज-फाटा है और वह सारी प्रजा का अधिपति है। कवि कहता होगा, यह सब तो सीमित धन-ऐश्वर्य है—'अपारे काव्य संसारे कविरेक: प्रजापति:' या 'सुकविता यद्यस्ति राज्येन किम्' यानी सुकविता पर यदि मेरा अधिकार है, तो राज्य मेरे लिए क्या है, कुछ नहीं, कौड़ी बराबर नहीं। तभी तो ऐसी अकड़ के कवियों की आज भी प्रतिध्वनियाँ आती हैं—

मुझको न सके ले धन-कुबेर
दिखलाकर अपना ठाट-बाट,
मुझको न सके ले नृपति मोल
दे माल-खजाना राज-पाट!

यह ज़रूर है कि ऐसे फक्कड़ बिरले ही होंगे। 'सिंहों के नहिं लेंहड़े'।

संस्कृत का ज्ञान मेरा सीमित है। मुझे नहीं मालूम कि संस्कृत के किन कवियों में यह फक्कड़ी प्रवृत्ति पायी जाती है। हाँ, एक नाम मुझे मालूम है, पण्डितराज जगन्नाथ का, जिन पर मैंने एक कविता लिखी थी, 'आरती और अंगारे' में है। कहिये, तो अन्तिम पद सुना दूँ?

'ठीक, उन्होंने एक सुनयनी यवनी को अपनाया था,
धर्म, समाज, प्रथा का सारा बन्धन काट हटाया था,
प्यार किया करते हैं पौरुष वाले, कीमत देते हैं।
जिस कारण काशी के पंडों ने उनको ठुकराया था,

ठीक उसी कारण मैं उनको बीच सभा अपनाता हूँ।
पण्डितराजा जगन्नाथ की तुमको याद दिलाता हूँ।
फक्कड़, फक्कड़ का गुन नहीं बखानेगा तो कौन बखानेगा?

भाषा के कवियों की ओर आयें, तो सबसे पहले कबीर की तरफ नज़र जाती है—फक्कड़ों के दादा-गुरु या फक्कड़ों के बादशाह। कबीर फक्कड़ भी हैं और अक्खड़ भी। दोनों का अन्तर समझ लेना चाहिए। फक्कड़ वह है, जो अपनी-सी करने में किसी की परवाह न करे और अक्खड़ वह, जो अपनी-सी कहने में किसी का लिहाज़ न रखे। मध्य युग में जिसमें कबीर का आविर्भाव हुआ, मनुष्य जाति, सम्प्रदाय, धर्म, समाज, शासन—सबके द्वारा लगाये बन्धनों से पोर-पोर जकड़ा था और कबीर ने एक-एक को कसकर झिंझोड़ा—तोड़ा गो नहीं—वरना आज भी हम कैसे उनसे कसे-बँधे होते, पर उनके झिंझोड़ने का परिणाम यह हुआ कि तब से जो उन्हें तोड़ना चाहते हैं, वे अपना काम आसान पाते हैं। उनकी करनी और कथनी इतनी उजागर और जग-जाहिर है कि उदाहरण-उद्धरण देना हिमाकत ही कही जायेगी। चार-पाँच सौ बरस पहले कबीर ने हमारी कितनी-कितनी अर्थहीन प्रथाओं, तर्कहीन मान्यताओं, मिथ्यांध विश्वासों, विसंगतियों, विडम्बनाओं पर कितनी निर्ममता, निर्भीकता से, कितने घरेलू, खुले और बेपर्द मुहावरों से प्रहार किया कि उनको लिखना या कहना तथाकथित सभ्य समाज में अश्लीलता और अशालीनता समझी जायेगी।

जो तैं तुरुक-तुरकिनी जाया।
पेटहि काहे न सुनत कराया?
जो तैं बाम्हन बाम्हनी जाया
आन बाट काहे नहिं आया?

मन ना रँगाए रँगाए जोगी कपड़ा।
कनवा फड़ाय जोगी जटवा बढ़ौले,
काम ज़राय जोगी होय गैलें हिंजड़ा।
और
कहैं कबीर जमाना खोटा
धौवें ... मटिआवैं लोटा।
मूत के तुम भी मूत के हम भी।

कबीर की ऐसी कुछ उक्तियाँ अब केवल ज़बानों पर रह गयी हैं, शायद उन्हें लिखित रूप में रखने की हिम्मत लोग नहीं कर सके; क्या यह सम्भव नहीं कि उनकी बहुत कुछ 'भनिति भदेस' को संभ्रांत (भ्रांत ही) ममेसिया और यथास्थितिवादी समाज ने जान-बूझकर भुला दिया हो।

और तुलसीदासजी महाराज का जो रूप मेरी कल्पना में है, उनके यत्किंचित जीवनवृत्त को जानकर या उनके साहित्य को पढ़कर, उससे लगता है कि वे अव्वल

नम्बर के फक्कड़ी रहे होंगे, कम-से-कम अपनी जवानी में।

विवाह हो गया था, पर पत्नी उनकी अनुपस्थिति में, बिना उनकी अनुमति के मायके भाग गयी थी।

बरसात के दिन हैं। आधी रात को तुलसीदास को पत्नी की याद सताती है–पत्नी अनिंद्य सुन्दरी, अनन्य यौवना 'रत्नावली' नाम के अनुरूप ही आकर्षक।

'मेघालोक भवति सुखिनोऽप्यन्यथावृत्ति चेत:
कण्ठाश्लेषप्रणयिनि जने किं पुनर्दूरसस्थे।'

'भगवान किसी को वर्षा में मत बिलगाए।'

चारपाई से उठकर चल पड़ते हैं ससुराल की तरफ़। ससुराल नदी पार है, नदी बाढ़ पर है, घाट पर न नाव, न बेड़ा, कैसे पार करें। एक मुर्दा बहता चला आ रहा है, उसी के सहारे तैरते पहुँच जाते हैं उस पार। भीगते-भागते आ जाते हैं ससुर के घर के सामने। अँधेरा है, पर कई बार आये-गये हैं, घर का जुग़राफिया जानते हैं। शायद पत्नी अक्सर मायके भाग जाती होगी और वे उसे लिवा ले जाने के लिए आते होंगे। जानते हैं कोठे पर पत्नी किस कमरे में सोती होगी। बारजे से एक लम्बा साँप लटक रहा है, उसी को पकड़ कर ऊपर चढ़ जाते हैं और पहुँच जाते हैं रत्नावली के कमरे में। अगर आप समझते हैं कि ऐसी दु:साहसी यात्रा बिना फकड़मस्ती के की जा सकती है, तो आप बहुत भोले हैं।

कहा तो यह जाता है कि ऐसे मोहासक्त तुलसीदास को देखकर रत्नावली ने कहा कि जैसी प्रीति आपको मेरे हाड़-माँस के शरीर से है, वैसी प्रीति यदि आप रघुनाथजी से करते, तो आपका जन्म-जन्मान्तर सुधर जाता, और उसके इन शब्दों से तुलसीदास की मोहनिद्रा टूट गयी और उन्हें वैराग्य हो गया।

क्षमा करेंगे, इस विषय में मेरी अलग ही कल्पना है। अधिक सम्भावना इसकी है कि उस रात तुलसीदास ने रत्नावली को किसी और के साथ देखा। उस रात उनकी मोहनिद्रा नहीं टूटी। नारी के प्रति उनका मोह भंग हुआ–'Frailty thy name is woman' (नारी तेरा नाम छिनरपन)। फलस्वरूप एक ओर तो उन्होंने सीता के रूप में आदर्श नारी की कल्पना की और दूसरी ओर, जहाँ भी मौका मिला, नारी की निन्दा करते रहे, प्राय: उसकी कामुकता की ओर संकेत करते हुए। निम्न पंक्तियाँ लिखते हुए तो शायद उपर्युक्त अघट घटना ही उनकी स्मृति में होगी–

भ्राता पिता पुत्र उरगारी।
पुरुष मनोहर निरखत नारी॥
होई विकल सक मनहिं न रोकी।
जिमि रविमनि द्रव रविहिं बिलोकी॥

तुलसीदास की पत्नी का नाम तो आपको याद है न? 'मनि' से कवि शिरोमणि कोई विशिष्ठ अर्थ संकेत तो नहीं कर रहे हैं? कृपया 'हिन्दी शब्द सागर' में 'मणि' के और अर्थ भी देख लें। और महाकवि की शब्द-शक्ति के यदि आप

क़ायल हैं, तो एक बार फिर उन्हें नमन करें।

मेरी ऐसी धारणा है कि तुलसीदास की फक्कड़ी प्रवृत्ति को मर्यादा-पुरुषोत्तम रामचन्द्र की निर्भरा भक्ति ने काफ़ी साधा होगा; और कहीं-कहीं तो इस निर्भरता के बल पर ही वे फक्कड़ी अंदाज़ में बोलते हैं—

हम चाकर रघुनाथ के, पटौ लिखौ दरबार,
अब तुलसी का होंहिंगे नर के मनसबदार।
या
बनै तो रघुपति से बनै, कै बिगड़ै भरपूर,
तुलसी बनै तो आन ते ता बनिबे पे धूर।

और उनकी करनी, कथनी पर दुनिया क्या कहती है, उसकी ओर उनकी लापरवाही की घोषणा करने वाली इससे सुस्पष्ट और सशक्त पंक्तियाँ कहाँ मिलेंगी?—

धूत कहौ, अवधूत कहौ, रजपूत कहौ, जोलहा कहौ कोऊ,
काहू की बेटी सौं बेटा न ब्याहब, काहू की जाति बिगार न सोऊ,
तुलसी सरनाम गुलाम है राम को, जाको रुचै सौ कहौ कुछ कोऊ,
माँगि कै खैबो मसीत को सोइबो, लेबे को एक न देबे को दोऊ।

पण्डे-पुजारी मन्दिर में तुलसीदास को नहीं सोने देते होंगे, तो जाकर मस्जिद में सो रहे—यह है फक्कड़ीपन।

सूरदास नेत्रविहीन होने के कारण पग-पग पर निर्भर व्यक्तिगत जीवन में फक्कड़ी अंदाज़ तो नहीं अपना सकते थे, पर अपने कृष्ण और गोपियों की फक्कड़ी लीलाओं और अक्खड़ी उलाहनों का वर्णन उन्होंने मज़ा ले-लेकर किया है। कृष्ण की लीलाओं से आप अपरिचित न होंगे। आइये गोपियों से मिलें—

आये जोग सिखावन पांड़े।
परमारथी पुराननि लादे, ज्यों बनजारे टांड़े।
हमरे गति-मति कमल नयन की, जोग सिखैं ते रांड़े।

ऊधो बेहया ही होंगे, जो ऐसी मुँहफट व्यंग्योक्ति सुनकर भी जोग सिखाने की आशा संजोए होंगे; और उनको और उनके कृष्ण को गोपियाँ क्या समझती हैं, यह सुनकर तो उनके देवता ही कूच कर गये होंगे।

घर-घर माखन चोरत डोलत, तिनके सखा तुम ऊधो।
सूर परेखो काकौ कीजे बाप किये जिन दूजौ॥

और शाक्तों के राजघराने में वैष्णवी भक्ति अपनाकर मीरा उद्घोष करती हैं—

अब तो बात फैल गयी जानै सब कोई,
मीरा प्रभु लगन लगी होनी हो सो होई।

'होनी हो सो होई' यानी परिणाम की कोई परवाह उनको नहीं है, और उनको डर भी

नहीं है राजा का–

'सीसोद्यो रूठ्यो तो म्हाराँ काईं कर लेसी।'

रानी रूठेंगी अपना सुहाग लेंगी, राजा रूठेंगे अपना राज लेंगे, मेरा क्या कर लेंगे। यह मीरा की फक्कड़ी मुद्रा नहीं है तो क्या है, जिसमें एक तरह से गोपियों की ही मुद्रा प्रतिबिम्बित है–

'होनो होउ होउ सो अबहीं यहि ब्रज अन्न न खाऊँ,
सूरदास नंदनंदन सौं रति लोगन कहा डराऊँ।'

और याद आती हैं भारतेन्दु की ये पंक्तियाँ–

सूधेन सों सूधे महा बांके हम बांकेन सों
हरीचंद नगद दमाद अभिमानी के।

'नगद' का निहितार्थ तो समझते होंगे? भारतेन्दु हरिश्चन्द में फक्कड़ी प्रवृत्ति कम थी?

भक्ति काव्य के बाद आधुनिक युग में जो यह फक्कड़ी प्रवृत्ति कवियों में सहसा उभरी है, उसके कारणों पर हिन्दी के समालोचक विचार करें, मैं तो कानपुर से गुज़रते उसके दो फक्कड़ी कवियों की चर्चा में कहाँ-से-कहाँ बहक गया था।

शहर से बाहर एक घने पेड़ के नीचे गाड़ी खड़ी कर हमने लंच किया। तेजी कुछ थक गयी थीं। अर्दली साहब ने आराम ही नहीं किया था, एक लम्बी नींद भी खींच ली थी। बच्चे ज़रूर जागते रहे, रास्ते भर उनको देखने-दिखलाने को बहुत-सी अजीबोग़रीब चीजें मिलती गयीं। बताया गया था कि अर्दली साहब अच्छे ड्राइवर हैं। तय हुआ अब तेजी पीछे बैठकर आराम करें और अर्दली साहब ड्राइवर की जगह लें। गाड़ी चलाना मैं भी जानता था, मेरे पास लाइसेंस भी था, लेकिन जब से मैंने एक बार कार-एक्सीडेंट कर लिया था, शायद अपनी ही ग़लती से, तब से तेजी जहाँ तक हो सके, मुझे गाड़ी नहीं चलाने देती थीं; फिर भी मैं रिज़र्व में था कि अगर दोनों किसी वजह से गाड़ी न चला सकें, तो मैं चलाऊँ। रास्ते भर ऐसी नौबत न आयी।

रास्ता यह खूब चलता है। हथठेलों से लेकर बड़े-बड़े ट्रकों तक सभी तरह की गाड़ियों से आपका सामना होता है, सामान ढोने वाले ट्रकों से सबसे अधिक। ट्रकों में एक-दूसरे से आगे निकलने की होड़ भी खूब होती है और अगर कोई ट्रक आपके आगे हो गया तो आपको धूल से नहलाता चलता है। बचने के लिए इसके अलावा कोई चारा नहीं कि आप अपनी कार आगे निकाल ले जायें, गो ट्रकवाले जल्दी रास्ता देते नहीं। हमारी कार में चूंकि एक वर्दीधारी पुलिसमैन था, इससे हमारा कुछ रोब पड़ता था और हमें जल्दी आगे निकल जाने की राह मिल जाती थी।

एक विचित्र अनुभव हुआ। फ़ायर ब्रिगेड का अग्निशामक बड़ा ट्रक चलाने

का अभ्यासी छोटी गाड़ी को वांछित दक्षता से नहीं चला सकता। रहीम ने ठीक ही कहा था :

रहिमन देख बड़ेन को लघु न दीजिये डार,
जहाँ काम आवै सुई कहा करै तरवार।

एक-दो बार उसने कुछ ऐसी जल्दबाज़ी, ऐसी गलती की कि दुर्घटना होते-होते बची। एटा से तेजी ने फिर ड्राइवर की सीट संभाली—मुझसे धीमे-से बोलीं, मेरा पूरा परिवार इसमें बैठा है, मैं किसी प्रकार का खतरा नहीं उठा सकती। और एटा से जो गाड़ी उन्होंने अपने चार्ज में ली, तो बिना कहीं रुके दिल्ली तक चलती ही चली गयीं। अर्दली साहब भी आश्चर्यचकित रह गये, बोले, बड़ी हिम्मत है मेम साहब में!

हम उम्मीद कर रहे थे कि हमारा ट्रक हमसे पहले घर पहुँच चुका होगा, हमसे 12 घण्टे पहले चला था। महराजिन को आदेश था कि किचन का सामान, जो सबसे बाद में लादा गया था, सबसे पहले उतरवाकर खाना बनाना शुरू कर दे। हम सोच रहे थे कि हम घर पहुँचेंगे और महराजिन के हाथ का बना गरमा-गरम खाना खायेंगे—नये घर में पहली बार!

हम करीब नौ बजे रात को मोती बाग पहुँचे। क्या देखते हैं कि घर अँधेरा पड़ा है। ट्रक वहाँ पहुँचा ही नहीं था! ट्रक कहाँ रह गया? तरह-तरह की आशंकाएँ मन में उठने लगीं। रास्ता आने का एक ही—रास्ते में तो हमें मिला नहीं—हमसे पहले निश्चय दिल्ली पहुँचा होगा, यहाँ क्यों नहीं पहुँचा? अब क्या किया जाये? दिल्ली में ट्रक ट्रेवेल एजेंसी का पता-फ़ोन हमारे पास था, पर अपरिचित बस्ती में इतनी रात फ़ोन करने के लिए किसका दरवाज़ा खटकाएँ। और न अब ताब कि भर दिन कार से चलकर थके-माँदे दो बच्चों को साथ लिये, शहर की अनजानी सड़कों पर ट्रेवेल एजेंसी के दफ्तर का पता लगाते फिरें। तेजी ने अपनी दूरदर्शिता से नेताजी सुभाष मार्ग पर हलवाई की एक दुकान से कुछ पूड़ी-सब्जी खरीदकर कार में रख ली थी। तय हुआ जो कुछ अपने पास है, उसी को खा-पीकर एक कमरे में ज़मीन पर सोया जाये। गाड़ी में पाँवों पर डालने के लिए हमने दो कम्बल साथ रख लिये थे। उस वक्त बड़े काम आये। एक कम्बल बिछा लिया गया और एक ओढ़कर हम चारों जो कपड़े पहने थे, उन्हीं में लेट रहे। अर्दली गाड़ी में पिछली सीट पर लेट रहा। जाड़े की वह हड़कम्पी रात हमें कभी न भूलेगी।

सवेरे सब लोग मेरे साथ ही विदेश मन्त्रालय के दफ्तर आये। वहीं से मैंने ट्रेवेल एजेंसी से फ़ोन सम्पर्क किया। मालूम हुआ कल रात हमारे पहुँचने के कुछ ही देर पहले ट्रक मोती बाग पहुँचा था, पर नये-नये बने फ्लैट का ठीक पता न लगने पर स्टैण्ड चला गया। मैंने एजेंसी वालों से कहा, अब आप ट्रक वहीं रोके रहें, हमारी गाड़ी पहुँच रही है, वह ट्रक को साथ लायेगी। मैं तो मन्त्रालय में ही रुक गया। तेजी बच्चों और अर्दली को लेकर ट्रक स्टैण्ड चली गयीं।

मैंने मकान के लिए दो जगहों पर अर्ज़ी लगा दी थी—एस्टेट आफिस और

पार्लियामेंटरी हाउसिंग कमेटी में, पर इस आशंका के साथ कि शायद दोनों जगहों से निराशा ही न मेरे हाथ लगे। और कभी-कभार अगर इस सम्भावना पर ध्यान जाता था कि कहीं दोनों संस्थान ही न मुझे मकान एलाट कर दें, तो कोई भीतर से कहता था, 'बच्चू, तुम ऐसे किस्मत के सांड कहाँ!'

पर इस बार तो मैं किस्मत का सांड ही साबित हुआ। अपने कमरे में जाकर कुर्सी पर बैठा, तो देखता हूँ कि मेरी टेबल पर पार्लियामेंटरी हाउसिंग कमेटी से आया एक लिफ़ाफ़ा मेरे लिए रखा है। मुझे साउथ एवेन्यू में 77 नम्बर का फ्लैट एलाट कर दिया गया था। कहते हैं कि जब भगवान देता है, तो छप्पर फाड़कर देता है। दिन-भर मैं सोचता रहा कि मोती बाग वाला फ्लैट लूँ कि साउथ एवेन्यू वाला, और किसी निर्णय पर नहीं पहुँच सका था। कहाँ तो एक मकान के लिए तरस रहा था और कहाँ अब दो-दो सामने हैं कि जो चाहूँ लूँ।

शाम को, जैसा कि हमने आपस में तय कर रखा था, साढ़े पांच बजे तेजी मुझे लेने के लिए विदेश मन्त्रालय आयीं। मैं ठीक वक्त पर नीचे उतरकर उनका इंजतार कर रहा था। वे पहुँची, तो मैंने कहा, 'तुम्हारे लिए एक खुशखबरी है।'

'मतलब?'

'मेरे लिए एक और मकान एलाट हो गया है, कि एक में तुम रहो, एक में मैं रहूँ!'

'मज़ाक मत करो; कहाँ?'

'चलें। पास के एनक्वायरी आफिस से चाबी लें और देखते चलें; फिर दोनों में जो पसन्द हो वह लें।'

जगहियत के हिसाब से दोनों मकानों में विशेष अन्तर न था। साउथ एवेन्यू वाले फ्लैट में लगे हुए बाथरूम के साथ दो बेडरूम थे, एक बड़ा डाइनिंग-कम-ड्राइंग रूम, कुशादा किचन-पैंट्री, आगे-पीछे बरामदे और एक छोटा-सा आंगन भी, जिसका दरवाज़ा पीछे की बाईलेन में खुलता था; पार गेराजों की लाइन, जिनमें से एक कोशिश करने पर हमें मिल सकता था। सामने अच्छा-खासा लॉन, पर लबे सड़क; प्राइवेसी उसमें नहीं हो सकती थी। फिर मकान पूरी तरह फ़रनिशड था। बेडरूम में खाटें, अलमारियाँ, ड्राइंग रूम में सोफे, कुर्सियाँ, डाइनिंग टेबल आदि—अपनी रस-रुचि के तो नहीं, पर आरामदेह- कामचलाऊ; मोती बाग के फ्लैट में फ़रनिश करने में काफी झंझट उठानी पड़ती। स्थिति के लिहाज से भी इस फ्लैट को मोती बाग के फ्लैट पर तरजीह दी जा सकती थी। मेरा दफ्तर 77, साउथ एवेन्यू से सिर्फ दो फ़र्लांग पर था, जबकि मोती बाग चार मील पर, और दो ही फ़र्लांग पर दूसरी ओर था तीन मूर्ति हाउस—प्रधानमन्त्री निवास—जिसके निकट रहने का आकर्षण तेजी के लिए और मेरे लिए भी कम न था। हमने वहीं खड़े-खड़े निश्चय किया कि हम 77, साउथ एवेन्यू के फ्लैट में आकर रहेंगे। अमित-अजित ने भी साउथ एवेन्यू का फ्लैट पसन्द किया, गो उनको रहना भी कितने दिन था। आठ-दस दिन में दोनों शेरवुड नैनीताल चले जाने वाले थे।

बस एक रात और हम मोती बाग के फ्लैट में रहे। सामान जैसा ट्रक से

उतारकर रखा गया था, वैस ही रखा रहा। महराजिन ने मामूली खाना बनाने भर का सामान खोला। खाना खाकर फिर हम ज़मीन पर ही सो रहे—सिर्फ महराजिन अपनी चारपाई पर सोई, जो वह इलाहाबाद से ट्रक में चढ़ाकर लायी थी।

तेजी ने दूसरे दिन मुझे तो दफ्तर में छोड़ा, और खुद ट्रक का इंतज़ाम कर मोती बाग से सारा सामान साउथ एवेन्यू लिवा लायीं। महराजिन, मेवा, अर्दली और दोनों बेटों की सहायता से उन्होंने दिन-भर में सारा सामान खुलवाया और घर में सब कुछ यथास्थान लगा दिया। किताबों की कुछ पेटियाँ ज़रूर बरामदे में पड़ी रहीं क्योंकि उनके लिए काफ़ी अलमारियाँ नहीं थीं। शाम को लौटा, तो घर घर-जैसा लगा।

अब शुरू हुआ हमारे यहाँ 'बाल-सप्ताह'। सात-आठ दिन बाद दोनों बच्चे 9 महीने के लिए शेरवुड—नैनीताल जाने वाले थे। तो बच्चों का खास खयाल रखा जाने लगा, उनकी खास खातिरदारी की जाने लगी। हर माँग उनकी पूरी की जाती, हर जिद उनकी रखी जाती और उनका जो भी नटखटपन, उनकी जो भी गलती हो, सब नज़रअंदाज कर दी जाती। घुमाने-फिराने के लिए उन्हें बाहर ले जाया जाता, सिनेमा या और कोई शो—जैसे मैजिक शो या कठपुतली शो—दिखाये जाते, जो आये दिन दिल्ली में होते रहते हैं। खास ख्वाहिश होती बच्चों की बंगाली मार्केट की चाट खाने की, जो बड़ी खुशी से पूरी की जाती; क्योंकि तेजी की ज़बान भी चाट के लिए काफ़ी चटोरी है। घर पर भी खाने-पीने की उनकी पसन्द की चीजें बनवाई जातीं। मुझे याद आता, जब मैं ट्रेनिंग करने के लिए बनारस जाने वाला था, तब मेरी माँ भी हर दिन मुझे तरह-तरह के स्वादिष्ट व्यंजन बनाकर खिलाती थीं। माँयें हर देश, हर युग में एक ही तरह की होती हैं। जब राम-लक्ष्मण विश्वामित्र के साथ उनके आश्रम जाने वाले होंगे, तो दशरथजी के यहाँ भी 'बाल-सप्ताह' मनाया गया होगा और कौसल्या और सुमित्रा ने दिनों तक भांति- भांति के पकवान बनाकर अपने बेटों को खिलाये होंगे, और उसी तरह द्वापर में जब कृष्ण-बलराम अक्रूर के साथ मथुरा जाने वाले होंगे, तो शायद यशोदा और रोहिणी ने उन्हें कितने प्रकार के व्यंजन बना-बनाकर न खिलायें होंगे।

व्यास और वाल्मीकि ने, जहाँ तक मेरा ध्यान गया है, भोजन की अधिक विधियों की चर्चा नहीं की है। तुलसी ने भी व्यंजनों के प्रकार का वर्णन नहीं किया। प्रसंग आने पर इतना कहकर सन्तोष कर लेते हैं, 'विंजन विविध नाम को जाना।' या 'विविध भांति भोजन करवाया'। मंगन कुल जाये तुलसी की जिह्वा को, जिसने अपने बारे में लिखा—

'बारे में ललात बिललात द्वार-द्वार दीन
जानत हौं चारि फल चारि ही चनक को'

स्वादिष्ट व्यंजनों का आनन्द लेने का अवसर शायद ही कभी मिला हो। क्या करते उनकी चर्चा बेचारे। पर जायसी और सूर तो चटखारे ले-लेकर व्यंजनों का वर्णन करते हैं।

पहले जायसी की व्यंजन-सूची देखिये—

पहिले भात परोसे आना।
जनहुं सुबास कपूर-बसाना॥
झालर माँडे आये पोई।
देखत उजर पाग जस धोई॥
लुचुई और सोहारी धरी।
एक तौ ताती औ 'सुठि कोंवरी॥
खंडरा बचका औ' डुमकौरी।
बरी एकोतर सौ कोहंड़ौरी॥
पुनि संधाने आये बसांधे।
दूध दही के मुरंडा बांधे॥
पुनि जाउरि पछि आउरि आई।
धिरित खाँड़ कै बनी मिठाई॥

जायसी जिन व्यंजनों का जिक्र करते हैं, उनमें बहुत-से के नाम-रूप अब हम भूल चुके हैं, अवध के ठेठ गाँवों में शायद लोग अब भी उन्हें बनाते, उनका स्वाद लेते हों।

सूर भी 'इतने व्यंजन जसोदा कीन्हें' कहकर उन्हें रस ले-लेकर गिना चलते हैं–

पूरी पूरि कचौरी कौरी।
सदल सउज्जल सुन्दर सौरी॥
लुचुई ललित लापसी सोहै।
स्वाद सुवास सहज मन मोहै॥
मालपुआ माखन मथि कीन्हें।
ग्राह ग्रसित रवि सम रंग लीन्हे॥
लावन लाडू लागत नीके।
सेव सुहारी घेवर घी के॥
गोझा गूधे गाल मसूरी।
मेवा मिलै कपूरनि पूरी॥
ससि सम सुन्दर सरस अंदरसे।
ऊपर कनी अभी जनु बरसे॥ आदि

सूर ने जिन व्यंजनों की चर्चा की है, उनका प्रचलन सम्भवत: अब भी ब्रज में है। रसराज की लीला भूमि ब्रज में और रसों के साथ जिह्वा-रस का सेवन भी बड़ी रुचि से किया जाता है। कुछ दिन पहले ब्रज-संस्कृति पर गोपाल प्रसाद व्यास की लिखी एक पुस्तक मैंने पढ़ी थी–'मोहि ब्रज बिसरत नाहीं'। उसमें ब्रज की देन के रूप में रसना-तृप्ति के लिए विशिष्ट व्यंजनों और उनके आस्वादन का बड़ा रोचक वर्णन है।

मैं अपने को जिह्वा-लोलुप तो नहीं कहूँगा, पर उन दिनों बच्चों के लिए जो

स्वादिष्ट भोजन बनता, उसका मैं पूरा आनन्द लेता; जिन चीज़ों को बच्चे खाकर खुश हों, उनका स्वाद लेने में कुछ उनकी खुशी का ज़ायका भी जैसे मेरे मुँह को मिलता। बच्चे जब न होते, तो वे ही व्यंजन उतने स्वादिष्ट न लगते। कभी-कभी तो यह सोचकर कि हम खा रहे हैं और वे उनसे वंचित हैं, वे अस्वादिष्ट भी लगते।

पण्डितजी ने एक दिन मुझसे पूछा था, 'फेमिली को लाये?'

अब जब फेमिली आ गयी है, तब मैंने सोचा, पण्डितजी को उसकी सूचना दे दूँ। मैंने उनके लिए एक पत्र लिखकर उनके निजी सचिव मि० मथाई को दे दिया। पत्र का आशय यही था कि आपकी कृपा से मुझे मकान मिल गया है। तेजी और मेरे दोनों बेटे दिल्ली आ गये हैं। हम लोग किसी दिन आपका दर्शन करना चाहेंगे, सुविधा से समय दें।

दफ्तर में ही मि० मथाई ने अपने कमरे से मुझे फ़ोन किया कि पण्डितजी चाहते हैं कि कल सुबह आप सपरिवार नाश्ते पर आयें।

पण्डितजी ठीक आठ बजे नाश्ते पर बैठ जाते थे। आधे घण्टे में नाश्ता खत्म करके नीचे उतरते और खड़े-खड़े ही मिलने के लिए आये लोगों से एक-एक दो-दो मिनट बात करके नौ बजे के लगभग विदेश मन्त्रालय के लिए चल पड़ते। दफ्तर का समय दस से पाँच तक था, पर पण्डितजी दस से बहुत पहले दफ्तर पहुँचते और पांच के बहुत बाद दफ्तर छोड़ते। मुझे ऐसे कम ही अवसर याद हैं, जब मैं दफ्तर पहुँचा हूँ और नहीं देखता कि पण्डितजी की गाड़ी खड़ी है। जिन दिनों संसद के सत्र चालू रहते उन दिनों मुझे भी प्रायः देर तक दफ्तर में बैठना पड़ता, पर जब-जब लौटते समय मैं देखता कि पण्डितजी की गाड़ी खड़ी है, तब-तब भीतर कहीं मैं लज्जित अनुभव करता कि देखो मैं तो जा रहा हूँ और पण्डितजी अभी बैठ काम कर रहे हैं। 'आराम हराम है' का नारा शायद उन्होंने दूसरों से अधिक अपने लिए दिया था।

हम लोग ठीक समय पर तीन मूर्ति भवन पहुँच गये। वहाँ भी 'बाल-सप्ताह' मनाया जा रहा था, यानी इन्दिराजी के दोनों बेटे—राजीव और संजय हफ्ता-दस दिन में दून स्कूल के लिए रवाना होने वाले थे; और उनका भी मातृत्वसिक्त रुचि-रस-रखाव किया जा रहा था। राजीव अमिताभ से कुछ मास छोटे और संजय अजिताभ से कुछ मास बड़े थे। उस दिन नाश्ते पर पण्डितजी, इन्दिराजी, राजीव-संजय और हम लोगों के अतिरिक्त वहाँ और कोई न था।

जब माता-पिताओं को अपने छोटे बेटे-बेटियों को किसी बड़े आदमी से मिलाना होता है, तो बच्चों से ज़्यादा माता-पिता नर्वस होते हैं। हमारे बच्चे वैसे तो शालीन और सुशील थे और थोड़ा-बहुत 'टेबल मैनर्स' भी जानते थे, पर हम उनको बहुत सिखा-पढ़ाकर लिवा ले गये थे। पण्डितजी को हाथ जोड़कर नमस्ते करना और इन्दु आंटी को भी, और खाने की मेज पर ऐसे बैठना, ऐसे चीज़ों को उठाना,

पण्डितजी जब तक टेबल पर से न उठें, तब तक तुम लोग चाहे खाना खत्म कर चुके हो, बैठे रहना और यह न करना और वह न करना वगैरह।

पण्डितजी अंग्रेज़ी किस्म का नाश्ता लेते थे—पहले दूध के साथ पारिज या कार्न फ्लेक, फिर अण्डा टोस्ट और उसके बाद चाय या कॉफी, पर चूंकि राजीव-संजय और मेरे बच्चे भी साथ नाश्ता लेने वाले थे, इससे कुछ उनकी रुचि के स्वादिष्ट देसी व्यंजन भी टेबल पर लगे थे—हलवा, जलेबी और कुछ अन्य मिठाइयाँ—पण्डितजी को भी मिठाइयाँ, विशेषकर इलाहाबाद के लोकनाथ की, बहुत पसन्द थीं।

दिन बच्चों का था। पण्डितजी ने बंटी और संजय को अपने दाहिने तरफ बिठलाया और अमित-राजीव को बाईं तरफ—जैसे उन्होंने भांप लिया कि बंटी के साथ संजय की जोड़ी ठीक रहेगी और अमित के साथ राजीव की। टेबल की दूसरी ओर इन्दुजी बीच में बैठीं और तेजी-मैं उनके इधर-उधर। उस दिन पण्डितजी की मुद्रा, उनका व्यवहार देखकर मुझे तो यही लग रहा था कि जैसे चार बच्चों के बीच एक बड़ा बच्चा बैठ गया है—बच्चे-सा ही सरल, निश्छल, विनोदप्रिय, हंसमुख। यह मानव स्वभाव का चमत्कार ही था कि ऐसा व्यक्ति, जो देश-दुनिया की गम्भीर और जटिलतम समस्याओं को सुलझाने में उलझा रहता था, कैसे जब चाहता था बच्चे-सा बन जाता था। पण्डितजी का यह विशेष गुण था और उनकी महानता का एक लक्षण भी कि वह अपनी बाल्य, युवा और वृद्धावस्था को बड़े सहज भाव से एक साथ लेकर चल सकते थे—बाल्यावस्था का भोला नटखटपन, यौवन का ऊर्जस्वल उत्साह और वार्धक्य का गरिमामण्डित विवेक। स्वतन्त्रता आन्दोलन के नेता के रूप में वे देश की जवानी के प्रतीक थे। जब उनके चेहरे पर आयु-क्रम में वृद्धता के चिह्न दृष्टिगोचर हुए, तो कविवर 'सुमन' ने लिखा—

तुम बूढ़े हो चले? जवानी जिस पर होती रही निछावर।
तुम बूढ़े हो चले? राष्ट्र की धड़कन जिन सांसों पर निर्भर!
तुम बूढ़े, जिसके कन्धों पर चालिस कोटि जनों की आशा!
तुम बूढ़े तो हमें बदलनी होगी, यौवन की परिभाषा।

परन्तु उनके बालवत् स्वभाव की अभिव्यक्ति जो हल्के-फुल्के विनोद से लेकर क्षणिक आवेश या क्रोधोक्ति तक जा सकती थी, लोगों को मोह लेती थी। जनमानस ने शायद इस बाल-प्रवृत्ति का स्मरण और सन्मान करने के लिए ही उनके जन्मदिवस को बाल-दिवस के रूप में मनाना आरम्भ किया है।

लोग कहते हैं कि इस बालवत् स्वभाव की झाँकी गाँधीजी में भी मिलती थी। मैं उनके निकट सम्पर्क में नहीं आ सका। लोक मानस में गाँधीजी वृद्ध ही बनकर आये—बड़ों के भी 'बापू' बनकर—ग्रामीण जनता ने तो उन्हें शुरू से आखिर तक 'गाँधी बाबा' के रूप में जाना—'बाबा'—बापू के भी बापू।

यों तो कहा जाता है कि Old age is second childhood अर्थात् वार्धक्य बालपन का पुनरागमन है, पर मैंने किसी वृद्ध में बालपन को शोभन होकर झाँकते नहीं देखा—असमर्थता, पर-निर्भरता, सुध-बुध-हीनता बालपन के बहुत आकर्षक

पहलू तो नहीं।

अलबत्ता, जवानी को बुढ़ापे तक खींच ले जाने वाले मैंने कम नहीं देखे; बुढ़ाई में जवानी को जीने का अरमान रखने वाले तो बहुत देखे, प्राय: यौन स्तर पर, कभी-कभी मनोविकृति की सीमा तक भी। कितने बूढ़ों को यह दावा करते आपने न सुना होगा।

अभी तो मैं जवान हूँ।
वो काली-काली बदलियाँ
उफक पे हो गयीं अयां,
वो इक हुजूमे--मैकशां
है सूए--मैकदा रवां,
ये क्या गुमाँ है बदगुमाँ, समझ न मुझको नातवां,
खयाले--जुह्द अभी कहाँ?
अभी तो मैं जवान हूँ।

और मुझे पूरा विश्वास है कि हफ़ीज़ जालंधरी ने यह गीत अपनी नातवानी में ही लिखा होगा। जवान जवानी जीता है, वह उसकी घोषणा नहीं करता।

अपनी ओर तटस्थ होकर देखूँ, तो मुझे स्वीकार करना चाहिए कि जवानी को उम्र के सफर में ज़्यादा-से-ज़्यादा दूर खींच ले जाने का अरमान मुझमें कम नहीं था। चालीस से ऊपर की आयु में, जब शेक्सपियर के अनुसार बुढ़ापा जवानी के ऊपर आक्रमण कर देता है—

When forty winters shall besiege thy brow
And dig deep trenches in thy beauty's field,
Thy youth's proud livery, so gazed on now,
Will be a tatter'd weed...

(जब चालीस शरद तेरी भौहों के चारों
ओर डालकर घेरा तेरी सुन्दरता के
प्रांगण में खोदेंगे खाई गहरी-गहरी,
तब तेरे यौवन का, यह गर्वीला जामा,
जिसे देखते, अभी नहीं थकती हैं आँखें,
चिथड़े-चिथड़े रह जायेगा.......)

तब मैं लिख रहा था—

'प्यार, जवानी, जीवन—इनका जादू मैंने सब दिन जाना।
मन के राजा हो तो मुझसे
लो वरदान अमर यौवन का;
नहीं जवानी उसने जानी
जिसने पर का बंधन जाना।

प्यार, जवानी, जीवन—इनका जादू मैंने सब दिन जाना।'

और

'मैं गाता हूँ, इसलिए जवानी मेरी है।
यौवन जिसका है तान वही भर सकता है
लेकिन मैं तो कुछ उलटी कर दिखलाता हूँ—
मैं गाता हूँ, इसलिए जवानी मेरी है।'

खैरियत है कि मेरी जवानी 'परवाज़ी' और 'गलेबाज़ी' तक ही सीमित रही।

सचाई यह है कि वार्धक्य में जवानी का जोशोजमाल तभी खूबसूरत लगता है, जब वह बालपन की निर्दोष नादानियत को भी साथ संजोए चले—मानव जीवनावधि की तीनों अवस्थाओं को उसकी परिपूर्णता में भोगते हुए। परिपूर्णता सदा ही सुन्दर है, कुरूपता तो खण्डता में है। साथ ही यह सहज साध्य हो, प्रयत्न-साध्य नहीं; वरदान की तरह मिली हो, जैसे पण्डितजी को मिली थी।

एक बार मैं फिर स्वीकार करना चाहूँगा कि जीवन को परिपूर्णता में जीने का प्रयास मैंने भी किया था, पर मुझे खेद के साथ लिखना पड़ता है कि मैं कैशोर्य या कच्ची जवानी (Adulthood) के पीछे नहीं जा सका; और अन्त में इसी परिणाम पर पहुँचा कि यह भी कम सन्तोष की बात नहीं है कि हम जिस अवस्था में हैं, उसी को प्रसन्नता से, सुन्दरता से, शालीनता से जियें।

नाश्ता खत्म हुआ, तो पण्डितजी बच्चों को लेकर नीचे पीछे के लॉन में चले गये—उनको फूलों की क्यारियाँ दिखायीं, फूलों के नाम पूछे-बताये।

फिर राजीव-संजय अपने कुत्तों को लेकर आ जाते हैं। पण्डितजी उनसे दो-चार मिनट खेलते हैं, कहते हैं, 'देखो, इन कुत्तों ने भी मेरी शेरवानी के रंग की ऊनी शेरवानी पहन रखी है!' कुत्ते झबरे-सुनहरे-बादामी रंग के बालों वाले हैं।

फिर बच्चों को पंडे के जोड़े दिखाने के लिए ले जाते हैं।

पीछे के लॉन में एक तरफ बहुत बड़ा-सा पिंजरा बनाया गया है—इतना बड़ा कि उसके अन्दर एक पेड़ भी है। उसमें दो पंडे रहते हैं। पंडा काले-घने बालों वाला छोटा-सा जानवर होता है—छोटे भालू-जैसा, पर मुँह लम्बा थूथन वाला नहीं—गोल—बिल्ली या बन्दर के बीच का-सा, आँखें गोल छोटी-छोटी खरगोश की-सी—नाक जैसे चेहरे पर उभर ही नहीं पायी—कान छोटे-छोटे गोलाई लिये। बड़ा ही मासूम जानवर मालूम होता है। पता नहीं बोलता कैसे है, बोलता भी है या नहीं। पेड़ की डाल पर धीरे-धीरे संभलकर चलता है। एक तश्तरी में कुछ फलों के टुकड़े लाये जाते हैं। पिंजरा खोला जाता है और पण्डितजी भीतर जाकर पंडों को अपने हाथ से खिलाते हैं। जो असमर्थ हैं, बेजबान हैं, निरीह हैं, उनके लिए इस आदमी के हृदय में कितनी करुणा है।...

तेजी और मुझसे भी उस दिन पण्डितजी ने कम ही बातें कीं। मुझे अब नहीं याद कि और क्या बातें हुईं, पर इतनी बात ज़रूर याद है कि दफ्तर के काम के बारे में उन्होंने एक शब्द न कहा, न पूछा। यानी जिसे अंग्रेज़ी में कहते हैं Shop talk

नहीं की। निश्चय ही उनके ऐसा पूछते ही मैं इसके प्रति सचेत हो ही जाता कि वे मेरे 'बॉस' हैं और मैं उनका नौकर। पर इसका आभास वे मुझे नहीं कराना चाहते थे। उन्होंने मुझे मेहमान की तरह बुलाया था और मेहमान-सा ही व्यवहार उन्होंने रखा—इसी को कहते हैं संस्कृति या शिष्टता या शराफत, जिससे पण्डितजी का रोम-रोम ओत-प्रोत था।

अमित-बंटी को राजीव-संजय साथ खेलने के लिए रोक लेते हैं।

तेजी इन्दुजी के पास रुक जाती हैं।

पण्डितजी दफ्तर चले जाते हैं।

पीछे-पीछे मैं भी जाता हूँ।

संसद का बजट सत्र चल रहा है। थोड़े दिनों में संसद में विदेश मन्त्रालय का भी बजट पेश किया जाने को है। मन्त्रालय की वार्षिक रिपोर्ट तैयार की जा रही है। इस साल निर्णय लिया गया है कि संसद में जब वार्षिक रिपोर्ट अंग्रेज़ी में पेश की जाये, तो साथ ही हिन्दी में भी प्रस्तुत की जाये। कुछ मन्त्रालयों की वार्षिक रिपोर्टें अंग्रेज़ी के साथ हिन्दी में भी प्रस्तुत की जाती हैं, पर ऐसी कृत्रिम, क्लिष्ट, अजनबी भाषा में कि अगर सिर्फ उनको पढ़ें, तो उनका सिर-पैर कुछ भी समझ में न आये। पण्डितजी ने दो-एक रिपोर्टें देखी हैं, और वे उनसे बहुत असन्तुष्ट हैं। वे चाहते हैं कि विदेश मन्त्रालय की रिपोर्ट ऐसी छपे कि वह आसानी से पढ़ी और समझी जा सके। उनका आदेश आया है कि हमारी रिपोर्ट ऐसी हो कि वह और मन्त्रालयों के लिए एक आदर्श उपस्थित कर सके। अनुवादक के रूप में बच्चन बाबू की योग्यता की यह पहली परख होगी।

अब देखिये, हिन्दी को किन कठिनाइयों के बीच काम करना पड़ता है।

विदेश मन्त्रालय के अलग-अलग प्रभागों ने अपने साल-भर के क्रिया-कलाप का ब्यौरा तैयार किया, फिर किसी विशिष्ट सचिव ने सबका सम्पादन कर एक सम्यक रिपोर्ट तैयार की, उसे मुख्य सचिव ने पास किया, विदेश मन्त्री ने पास किया और वह छपने के लिए फर्स्ट क्लास अंग्रेज़ी प्रेस में भेज दी गयी—पन्द्रह दिन बाद मन्त्रालय का बजट पेश किया जाने वाला है और दो-एक दिन पहले वह रिपोर्ट छपकर आ जायेगी।

जब वह रिपोर्ट प्रेस भेज दी गयी, तब उसकी एक टाइप-प्रतिलिपि हिन्दी सेक्शन को भेजी गयी कि वह इसका अनुवाद करे—रिपोर्ट फुलस्केप के सौ पेजों से अधिक की है—छपाए और अंग्रेज़ी रिपोर्ट के साथ ही संसद में प्रस्तुत करने के लिए तैयार करें!

दिन-रात एक करके मैंने रिपोर्ट का अनुवाद किया, कुछ सहायता सेक्शन-आफिसर श्री राधेश्याम शर्मा ने दी; उनका हिन्दी और अंग्रेज़ी का भी ज्ञान सीमित था, उन्होंने अर्थशास्त्र लेकर एम०ए० किया था, हिन्दी उनका विषय किस कक्षा तक था, मुझे नहीं मालूम, पर शाब्दिक अनुवाद करने में वे हिचकते न थे, गो उनके अनुवाद को मुझे आमूल सुधारना पड़ता था। अन्तिम जवाबदेही तो मेरी ही थी।

समय से रिपोर्ट प्रकाशित करने का ध्यान रखते हुए इधर अनुवाद करता जाता,

उधर प्रेस को भेजता जाता। प्रेस फ़रीदाबाद में था। देर शाम को प्रूफ आये, रात-भर दफ्तर में पड़ा रहे, दिन को देखा जाये और प्रेस को भेजते-भेजते शाम हो जाये। एक दिन बरबाद हो गया। ऐसा करने से रिपोर्ट समय पर प्रकाशित न होती—विलम्ब के लिए समुचित कारण दिये जा सकते थे। पर पण्डितजी का एक आदेश लकड़ी के बोर्ड पर लिखा हर कमरे में टंगा रहता—

'I am not interested in the excuses for the delay,
I am only interested in the work done in time.'
—Jawaharlal Nehru

'मेरी दिलचस्पी इस में नहीं है कि देरी के लिए क्या सफाई दी जाती है। मेरी दिलचस्पी सिर्फ इस बात में है कि काम वक्त पर पूरा हो।'

—जवाहरलाल नेहरू

शर्माजी और मैं दिन भर अनुवाद का काम करते और उसकी टाइप कापी बनवाकर शाम को प्रेस चले जाते—गाड़ी मन्त्रालय की ओर से मिल जाती—प्रेस-कापी देते, और वहीं प्रेस में बैठकर हम दिन का तैयार किया हुआ प्रूफ देखते, प्रिंट आर्डर देते और धुर रात को 11-12 बजे घर लौटते ! प्रेस भी ओवरटाइम काम करता।

रिपोर्ट समय से छपकर आयी और अंग्रेज़ी रिपोर्ट के साथ ही संसद में प्रस्तुत की गयी।

पण्डितजी ने रिपोर्ट उलट-पलट कर देखी : असन्तुष्ट नहीं हुए, और किन कठिनाइयों के बीच हमने उसे तैयार किया, इसे जानकार—उन्हें दफ्तर में जो कुछ हो रहा है, उसकी पूरी-पूरी जानकारी रहती थी—हमारी पीठ भी ठोंकी। पण्डितजी का सन्तोष, उनकी प्रसन्नता हमको अपनी उपलब्धि लगती।

मार्च के प्रथम सप्ताह में—ठीक तारीख मुझे याद नहीं—अमित-बंटी के शेरवुड जाने का दिन आ गया। तेजी-मैं बच्चों को स्टेशन छोड़ने गये। और भी बच्चे उसी ट्रेन से जा रहे थे, बहुत-से माता-पिता अपने-अपने बच्चों को छोड़ने आये थे। बच्चे 9 महीने के लिए जा रहे थे। प्राय: माओं की आँखें नम, कुछ छोटे बच्चों की भी। तेजी तो अपना दिल मजबूत किये रहीं। बंटी की आँखों में आँसू आ गये, पर बंटी चालाक है, यह नहीं दिखाना चाहता कि माँ-बाप से अलग होने की वजह से उसकी आँख गीली है—कहता है मेरी आँखों में इंजन का धुआँ लग रहा है। हम समझ जाते हैं, अमित बंटी को पास बिठा लेता है। हम आश्वस्त होते हैं, अमित बड़ा है, समझदार है, छोटे भाई को संभाल लेगा। गाड़ी चल पड़ती है, बच्चे खिड़की से सिर निकालकर देखते रहते हैं, हाथ हिलाते हैं। हम भी हिलाते हैं, और फिर गाड़ी आँखों से ओझल हो जाती है। तेजी जो बच्चों के सामने अपने दिल की कमज़ोरी नहीं दिखाना चाहती थीं, अब फूट पड़ती हैं, मैं भी उदास हो जाता हूँ। मनुष्य इस बात से कितना धैर्य धरता है, साहस संजोता है कि उसकी-सी हालत में और लोग भी हैं। स्टेशन पर आये माता-पिता प्राय: सभी गाड़ी चले जाने के बाद अन्यमनस्क।

पर हम स्टेशन पर क्या उदास थे, जो घर पर आकर होते हैं। घर भी जैसे बच्चों के चले जाने से उदास हो गया है। बिलकुल सूना-सूना-सा लगता है। हम दोनों चुपचाप कुर्सियों पर बैठ जाते हैं—बड़ी देर तक बैठे रहते हैं—कल्पना करते—गाड़ी चली जा रही होगी—शायद बंटी फूट-फूटकर रो रहा होगा, और अमित उसको बहलाने की कोशिश कर रहा होगा। हम क्यों न सोचें कि बच्चों ने डिब्बे में कोई खेल शुरू कर दिया होगा और सब हंस-खेल रहे होंगे। इस घर से तो उनके क्रिया-कलाप बहुत सम्बद्ध नहीं हो सके थे। हमें याद आता है क्लाइव रोड, इलाहाबाद का अपना 'दशद्वार'—पीछे बच्चों का कमरा, जहाँ वे पढ़ते-लिखते थे, सामने का लॉन, जहाँ वे अपने साथियों के साथ खेलते थे, पार मुकर्जी का कम्पाउंड, जहाँ वे अमरूद के पेड़ों पर चढ़ते थे और हम उन्हें मना करते थे, क्रिश्चियन ट्रैक्ट एण्ड बुक सोसाइटी, जहाँ उनके दोस्त नरेश पाल रहते थे, जिसके पीछे के कम्पाउंड की चहारदीवारी फाँद वे रानी बेतिया के बंगले के फाटक तक पहुँच जाते थे, ताक-झाँक करते रानी बेतिया की एक झलक पाने को, जो एक रहस्य की तरह उस बड़ी-सी कोठी में अकेली रहती थीं। उनके हास-उल्लास, शोर-गुल की ध्वनियाँ-प्रतिध्वनियाँ घर-बाहर सब जगह गूँजती थीं। अमित-बंटी का हास कितना उन्मुक्त होता था। उसे तो केम्ब्रिज में भी बैठे मैंने याद किया था 'डैफ़ोडिल' पर कविता लिखते हुए:

इंग्लैण्ड में है वसंत—है एप्रिल।
इनका देख के उल्लास
तुलना को आता है याद
मुझे अजित और अमित का हास,
जो गूंजता है आध-आध मील—
मेरा भर आता है दिल—
डैफ़ोडिल, डैफ़ोडिल, डैफ़ोडिल—
जो गूंजता है हज़ारों मील,
मैं उसे सुनता हूँ यहाँ,
हँस रहे हैं वे कहाँ—अरे, दूर वहाँ!

और जब कल्पना टूटती है, तो घर—सुनसान, शान्त, भंभाता-सा लगता है।

तेजी के लिए मैं विशेष चिन्तित होता हूँ। इलाहाबाद का सुन्दर-सजा घर छूट गया, गुलाबों का रंग-रंगीला सुहाना बाग छूट गया—'वह गुलाब-गर्वीली नगरी इरम कहाँ है।' बच्चे आँख से दूर चले गये, नया-नया घर, नया-नया पड़ोस—चारों ओर सब कुछ अपरिचित, अजनबी, अनचीन्हा। मैं तो दिन-भर के लिए दफ्तर चला जाता हूँ। वे अकेली घर बैठी क्या करेंगी—छूटे हुए की सौ-सौ बातें सोचेंगी, बिसूरेंगी, खोई-खोई रहेंगी।

ये वही दिन थे, जब मैं मन्त्रालय की वार्षिक रिपोर्ट तैयार कराने में हद से ज़्यादा व्यस्त था। सुबह जल्दी दफ्तर जाता, दिन को थोड़ी देर को लंच लेने के लिए आता, तेजी टेबल पर बैठतीं, पर खातीं क्या—अक्सर कह पड़तीं, पता नहीं

बच्चों को खाने-पीने को ठीक से मिलता होगा कि नहीं, किससे माँगेंगे, किससे शिकायत करेंगे। मैं रात को देर से लौटता, थका-माँदा; उनकी ओर समुचित ध्यान न दे सकता। बहुत अपराधी-सा अनुभव करता। उन्हें एक नयी तकलीफ शुरू हो गयी—अचानक उनके बदन पर जगह-ब-जगह लाल चकत्ते उभरते। कुछ खुजली होती और घण्टे दो घण्टे बाद चकत्ते बैठ जाते। डॉक्टर को दिखाया गया, तो उसने कहा यह एक तरह की एलर्जी है, कारण इसका किसी तरह की दिमागी बेचैनी या परेशानी है। दिमागी परेशानी उन्हें कम थी! डॉक्टर शायद उन्हें सोने की कोई दवा देते रहे। मैं सोचता, दफ्तर का काम हल्का हो तो इनका माकूल इलाज कराऊँ। रिपोर्ट तैयार कराने का काम इतना ज़रूरी और ज़िम्मेदारी का था कि मैं उसमें किसी तरह की ढील नहीं दे सकता था।

काम नया था, पर कठिन नहीं। अंग्रेज़ी से अनुवाद मैंने बहुत किये थे, पर वे सब कविताओं के थे; मुझे नहीं याद आता कि कभी मैंने अंग्रेज़ी गद्य का अनुवाद किया हो—कुछ दस्तावेज़ों को छोड़कर, पर उसे भी मैंने दिल्ली आने के बाद किया था।

मुझे अनुवाद के सम्बन्ध में कुछ नीति बनानी थी। भाषा सरल-सुबोध रखनी थी, जिसके लिए ऊपर से भी आदेश था, पर जब सरल-सुबोध से बोलचाल की भाषा माँगी जाती थी, तब मेरे कान खड़े हो जाते थे। हमारी बोलचाल की भाषा का स्तर क्या है? हम उस भाषा में हाट-बाज़ार कर आते हैं, नौकर-चाकरों को हुकुम दे लेते हैं, उनको डाँट-डपट देते हैं, और हद-से-हद सिनेमा के अभिनेताओं के कथोपकथन समझ लेते हैं। ऐसे कितने अवसर होते हैं, जब कुछ पढ़े-लिखे लोग गम्भीर विषयों पर, देश-विदेश की राजनीति पर, आर्थिक समस्याओं पर, कला-साहित्य पर वार्तालाप करते हों। करें—बहुत लोग करें—तो बोलचाल की भाषा का भी एक स्तर बने। अंग्रेज़ी का अनुवाद आप हाट-बाज़ार वाले स्तर की हिन्दी में माँगते हैं तो आप हिन्दी के साथ अन्याय करते हैं; और जब वह अंग्रेज़ी के स्तर तक उठने का प्रयत्न करती है तब आप उस पर कठिनता, क्लिष्टता और संस्कृतनिष्ठता का दोष लगाते हैं, उसे अक्षम, अपरिपक्व भाषा बताते हैं। इसीलिए मैंने आपसे कहा था, प्रार्थना की थी कि आप हिन्दी में बातचीत करें, कम-से-कम कॉमन रूम में। विद्वान्, बुद्धिमान्, बुद्धिजीवी लोग हिन्दी बोलेंगे, तो हिन्दी बोलचाल का स्तर भी ऊँचा होगा। और तब वह अंग्रेज़ी बोलचाल का मुकाबला आसानी से कर सकेगी। पर यहाँ की दुनिया में कोई अपने गरेबाँ में हाथ डालकर देखने को तैयार नहीं।

तो मेरी अनुवाद-सम्बन्धी भाषा नीति यह रही—

> भाषा सरल-सुबोध होगी
> पर बोलचाल के स्तर पर गिरकर नहीं
> लिखित भाषा के स्तर पर उठकर, अगर अनुवाद को
> सही भी होना है।

और मेरा दावा है कि लिखित हिन्दी अंग्रेज़ी के ऊँचे-से-ऊँचे स्तर को छूने

की क्षमता आज भी रखती है।

अंग्रेज़ी रिपोर्ट में बहुत-से विशिष्ट और तकनीकी शब्द थे। हिन्दी पर्याय अभी उनके बने नहीं थे। कुछ कोशों की सहायता से, कुछ अपनी सूझ-बूझ से मैंने कुछ पर्याय गढ़े, पर उनके प्रचलित न होने से मैंने यह किया कि जहाँ वे प्रयुक्त हुए साथ ही ब्रेकेट में मूल अंग्रेज़ी शब्द भी नागरी लिपि में दे दिये। इस प्रकार मन्त्रालय का जो वार्षिक विवरण तैयार हुआ, उस पर किसी को यह शिकायत नहीं हुई कि वह समझ में नहीं आया।

भाषा की शब्दराशि (वाकेबुलेरी) के सम्बन्ध में मैंने यह उदार नीति रखी कि वह संस्कृत, फारसी, अरबी, प्रान्तीय भाषाओं, लोक-बोलियों—यहाँ तक कि अंग्रेज़ी से भी—शब्द लेने में संकोच न करेगी, बशर्ते कि वे शब्द वांछित अर्थ व्यक्त करने में समर्थ हों, उच्चारण-सुलभ हों और हिन्दी की समय-स्वीकृत ध्वनि-धारा के साथ सहज गति से प्रवहमान हो सकें। मैं इसके प्रति सचेत करना चाहूँगा कि हिन्दी की ध्वनि-धारा के साथ अन्य भाषाओं के शब्द को खपाना साधारण कला नहीं है। यह कण्ठ और कानों की बड़ी बारीक परख-शक्ति माँगती है। मेरा अनुभव है, जिससे शायद दूसरे भी लाभ उठा सकें, कि कानों में बसने और ज़बान पर चढ़ने वाली जितनी ही पंक्तियों, उक्तियों और अभिव्यक्तियों से परिचय प्राप्त किया जाये उतनी ही यह परख-शक्ति परवान चढ़ती है। बिना इस परख पर खरे उतरे जो भी शब्द आयातित किये जायेंगे, वे हिन्दी को विकृत ही नहीं, उसके प्रवाह को अवरुद्ध भी करेंगे।

यह लिखते हुए मुझे बड़ा अफ़सोस है, और शायद मेरा ऐसा कहना मेरी धृष्ठता ही समझी जाये, कि पण्डितजी को भी यह भ्रम था कि विशुद्ध हिन्दी और ख़ालिस उर्दू के बीच एक 'आमफ़हम' या 'रोज़मर्रा' की ज़बान—'ज़बाने-मुश्तरका' है या बनाई जा सकती है जिसमें हमारा हर तरह का काम किया जा सके, और शायद उनके मन में दबी-छिपी गाँधीजी की यह कल्पना भी थी कि जिसे नागरी और अरबी दोनों लिपियों में लिखा भी जा सके। हिन्दी साहित्य सम्मेलन के किसी सत्र में गाँधीजी ने हिन्दी को ऐसा परिभाषित करा भी लिया था, जिसका बाद में पुरुषोत्तम दास टण्डन द्वारा निराकरण किया गया। हिन्दी-उर्दू के विरोध को मिटाने और दोनों को एक-दूसरे के निकट लाने, एक करने का यह बड़ा सुन्दर सपना है, पर सपना ही है; और उसे यथार्थ की भूमि पर नहीं उतारा जा सकता।

इसे मानने में किसी को आपत्ति नहीं हो सकती कि हिन्दी और उर्दू दोनों का एक सरल-सहल स्तर है, जो दोनों में प्राय: एक है और जिसे आसानी से किसी एक लिपि में निबद्ध किया जा सकता है, परन्तु—और यह बहुत बड़ा 'परन्तु' है—उससे हर तरह का काम नहीं लिया जा सकता। चिन्तन-मनन, विश्लेषण-विवेचन के जिस स्तर पर हमें आज भी जाना पड़ता है, उस तक हिन्दी या उर्दू का सरल-सहल रूप हमें नहीं पहुँचा सकता। आगे चलकर जब हमारे चिन्तन-मनन का क्षेत्र और व्यापक होगा, और ऊँचाइयाँ छुयेगा, तब या तो यह भाषा हमारे लिए बेकार हो जायेगी या यह भाषा—अगर हम उससे चिपके रहे—तो न हमें आगे बढ़ने देगी, न

ऊपर उठने देगी। आज भी जहाँ हम सामान्य स्तर से ऊपर उठे, हिन्दी संस्कृत की ओर झुक जाती है और उर्दू फारसी-अरबी की ओर। मैंने पण्डितजी के साथ आठ बरस काम किया। इस बीच बहुत बार भाषा के प्रश्न को लेकर मेरी उनसे बातचीत हुई। मैं, शायद यह मेरी ही कमज़ोरी थी, पण्डितजी की आस्था को उनके 'स्वप्न' से न डिगा सका। अपनी मृत्यु के दो वर्ष पूर्व उन्होंने तत्कालीन शिक्षा मन्त्री डॉ० के० एल० श्रीमाली को एक पत्र के द्वारा यह आदेश दिया कि वे लगभग 5000 शब्दों का एक कोश तैयार करायें—ऐसे शब्दों का, जो हिन्दी-उर्दू दोनों भाषाओं में समान रूप से प्रयुक्त होते हैं। उनका ख़याल था कि उस आधारभूत (Basic) शब्दावली को स्वीकार कर लेने के बाद विशिष्ट और तकनीकी शब्दों के प्रायः एक ही रूप दोनों भाषाओं में सहज स्वीकृत हो जायेंगे। कोश पण्डितजी के जीवन-काल में प्रकाशित नहीं हो सका; उनकी मृत्यु के दो वर्ष बाद हुआ—केन्द्रीय हिन्दी निदेशालय द्वारा। यह न तो कोई नया कदम था, न मौलिक, और जैसी कि मुझे आशंका थी, इसका कोई परिणाम उस दिशा में नहीं हुआ, जिसकी उससे प्रत्याशा की गयी थी। अठारह वर्षों में, जहाँ तक मुझे मालूम है, उसका दूसरा संस्करण भी ज़रूरी नहीं हुआ। सुना, प्रथम संस्करण की 10,000 प्रतियाँ छपी थीं। मुझे आश्चर्य नहीं होगा, अगर बहुत बड़ी संख्या में उसकी अनबिकी प्रतियाँ किसी गो-डाउन में पड़ी दीमकों का भोजन बन रही हों।

इस बात को उर्दू के विद्वान भी मानते हैं, भाषाविदों ने माना ही है, और पण्डितजी ने तो एक जगह साफ लिखा है कि उर्दू हिन्दी की एक शैली है (Urdu is a variation of Hindi.), पर यह बात उर्दू के आरम्भिक रूप के बारे में जितनी सच है, उतनी आज नहीं है। अपने विकास-क्रम में ऐतिहासिक, सांस्कृतिक और धार्मिक कारणों से उर्दू हिन्दी से इतनी दूर चली गयी है कि उसकी अपनी अलग सत्ता है, इयत्ता है, विशिष्टता है। 'धार्मिक' मैंने बहुत हिचकते-हिचकते लिखा है क्योंकि प्रायः यह कहा जाता है कि 'भाषा' का 'धर्म से कोई सम्बन्ध नहीं है। पर मैं ऐसा नहीं मानता, कम-से-कम उर्दू के सम्बन्ध में। उर्दू को हिन्दी से दूर ले जाने में मुसलमानी मनोवृत्ति ने एक सूक्ष्म, किन्तु विशिष्ट भूमिका अदा की है। आरम्भ से ही—और यह प्रवृत्ति दिनों-दिन बढ़ती गयी है—मुसलमानों ने उर्दू को अपनी खास भाषा माना। अरब, जहाँ से मुसलमान अपना धर्म लाये, फ़ारस, जहाँ से मुसलमान अपनी संस्कृति लाये, उर्दू के वातावरण में छाये-रसे-बसे हुए हैं। और अगर भारतीय सांस्कृतिक सम्पदा से कुछ लिया गया है तो दाल में नमक बराबर। सर अब्दुल हक ने, जिन्हें 'बाबा-ए-उर्दू' के नाम से याद किया जाता है, कहा था कि पाकिस्तान को न जिन्ना ने बनाया, न इक़बाल ने, पाकिस्तान को बनाया है उर्दू ने। हिन्दी और उर्दू का प्रश्न जो प्रायः हिन्दू और मुसलमान से जुड़ जाता है, उसके पीछे कोई प्रबल कारण न देखना सच्चाई से आँख मूँदना है। बहरहाल, यहाँ मैं केवल यह कहना चाहता हूँ कि हिन्दी और उर्दू अलग भाषाओं के रूप में विकसित हो चुकी हैं और अलग ही वे भविष्य में अपने विकास की दिशाएँ देखती हैं। ऐसी हालत में उन्हें एक समझना या उनके एक होने की सम्भावना देखना fool's paradise में रहना या शेखचिल्ली का ख़्वाब देखना है।

मैं पहले भी कह चुका हूँ, और फिर दोहराना चाहता हूँ कि उर्दू में आये फ़ारसी-अरबी या तुर्की शब्दों को हिन्दी में लेने में मुझे कोई संकोच नहीं था, पर यह मनोवृत्ति मेरी समझ में नहीं आती थी कि ऐसे शब्दों की बहुलता को सरल हिन्दी समझा जाये। खैर, वार्षिक रिपोर्ट तो साल-भर में एक बार बनती थी, पर संसदीय प्रश्नोत्तरों के रूप में मेरे अनुवाद अक्सर पण्डितजी के सामने आते थे। मुझे नहीं याद कि कभी उन्होंने मेरी भाषा को कठिन बताया हो या उसे अधिक सरल बनाने का कोई सुझाव दिया हो सिर्फ एक बार के। आप उस अवसर के बारे में जानना चाहेंगे?

संसदीय कार्यक्रमों में साल में एक बार बजट-सत्र आरम्भ होने से पहले राष्ट्रपति दोनों सदनों—राज्यसभा और लोकसभा—की सम्मिलित बैठक को सम्बोधित करते थे। यदि राष्ट्रपति अपना भाषण हिन्दी में देते थे, तो उपराष्ट्रपति उसका अनुवाद अंग्रेज़ी में सुनाते थे; जब राष्ट्रपति अंग्रेज़ी में, तो उपराष्ट्रपति हिन्दी में। यह उस साल की बात है, जब राष्ट्रपति डॉ० राधाकृष्णन अपना भाषण अंग्रेज़ी में देने वाले थे। यों तो राष्ट्रपति के भाषण की रूपरेखा प्राय: विदेश मन्त्रालय में प्रधानमन्त्री की देखरेख में तैयार की जाती थी, पर डॉ० राधाकृष्णन के अपने मौलिक विचार थे, देश-दुनिया और युगीन स्थितियों के सम्बन्ध में उनकी अपनी धारणाएँ-मान्यताएँ थीं; वे विश्वविख्यात दार्शनिक थे, अंग्रेज़ी पर उनका विशिष्ट अधिकार था—मैंने 1953 में केम्ब्रिज यूनिवर्सिटी के सेनेट हॉल में, कामनवेल्थ एजुकेशनल कान्फ्रेंस के समय उनका भाषण सुना था, और वह केम्ब्रिज और आक्सफ़र्ड के वाइस चांसलरों के भाषण से किसी हालत में उन्नीस नहीं था, शायद इक्कीस ही था—वे मन्त्रालय और प्रधानमन्त्री के सुझावों को ध्यान में रखते हुए भी संसद के अपने भाषण का प्रारूप स्वयं तैयार करते थे। जैसा कि हमेशा होता था, जब अंग्रेज़ी भाषण का अन्तिम रूप दिया जा चुका, तब उसकी एक टाइप प्रति हिन्दी सेक्शन के पास भेजी गयी—उसका हिन्दी अनुवाद तैयार करने को—24 घण्टे के अन्दर। दुर्भाग्य से उन दिनों मैं बीमार था, प्लूरिसी के आक्रमण से उबरा ही उबरा था, पर बुखार ने मुझे नहीं छोड़ा था और मन्त्रालय का ज़रूरी काम मैं घर पर मँगाकर लेटे-लेटे भी किया करता था।

डॉ० राधाकृष्णन का भाषण आया तो मेरा मन हुआ कि उसका अनुवाद मैं खुद करूँ। भाषण का क्या कहना, बढ़िया, शानदार; शब्द-शब्द अपनी जगह, वाक्य से वाक्य गुंफित, पारा-पारा में सामंजस्य, विचारों में श्रृंखलता, सुस्पष्टता और सन्तुलन, यथार्थपरक बातों को भी आभामण्डित कर प्रस्तुत करने का उदाहरण स्वरूप, और अन्त में सांसदों को आवाहन, प्रस्तावित और संकेतित लक्ष्यों को प्राप्त करने के लिए मनसावाचा-कर्मणा नियोजित होने का।

मैंने पूरा प्रयत्न किया—अपनी योग्यता-क्षमता की सीमा में—कि अनुवाद यथासम्भव मूल के स्तर का हो। अपने काम के विषय में मुझे और कुछ नहीं कहना चाहिए।

ठीक समय पर अनुवाद टाइप करके पण्डितजी के पास भेज दिया गया—ऐसे सब वक्तव्यों, भाषणों को पहले वे स्वयं देख लिया करते थे।

उन्होंने 9 बजे रात को मुझे तीन मूर्ति भवन में बुलाया। शायद खाना खाकर अपनी स्टडी में आ बैठे थे। मेज पर मेरा अनुवाद रखा था। बोले, 'अनुवाद तो तुमने अच्छा किया है, लेकिन शुद्ध हिन्दी के फेर में तुमने भाषा बहुत कठिन कर दी है।'

'पण्डितजी! आखिर डॉ० राधाकृष्णन का भाषण है, अंग्रेज़ी तो आपने देखी है, हिन्दी को कुछ तो उसके अनुरूप रखना था।'

'मगर, तुमको मालूम है यह भाषण पढ़ेगा कौन? डॉ० ज़ाकिर हुसैन; उनको इसके कई शब्दों का उच्चारण करना भी मुश्किल होगा।'

मेरे मुँह से कुछ ऐसी बात निकल गयी थी, जो मुझे नहीं कहनी थी और जिसके निहितार्थ (implication) को मैंने पूरी तरह नहीं समझा था। उस ज़बाँदराज़ी के लिए मुझे आज भी अफ़सोस है। मैंने कहा,

'पण्डितजी, एक आदमी की उच्चारण-सुविधा के लिए भाषा तो नहीं बदली जाती; आप इसका अनुवाद उर्दू में क्यों न करा लें...'

पण्डितजी का चेहरा गुस्से से लाल हो गया। वे खड़े हो गये। ऊँची आवाज़ में बोले, 'There is enough trouble in this country.' (इस मुल्क में काफी मुसीबतें हैं!) अगर उर्दू में भी अनुवाद कराया जायेगा तो उसे हिन्दी ही कहना होगा, क्या फर्क है उर्दू-हिन्दी में?...'

मैं सकते में आ गया।

मुझे अपनी भूल मालूम हो गयी। संविधान के अन्तर्गत अनुवाद हिन्दी में ही प्रस्तुत किया जा सकता था, उर्दू में नहीं, चाहे उसमें कितने ही उर्दू शब्द प्रयुक्त किये गये हों। साथ ही उर्दू-हिन्दी में फ़र्क नहीं है, इसे मेरा मन स्वीकार नहीं कर रहा था, मेरी आँखों के सामने मौलाना अबुल कलाम आज़ाद का 'गुबारे ख़ातिर' और पं० रामचन्द्र शुक्ल का निबन्ध-संग्रह—'चिन्तामणि'—नाच रहे थे। फिर उस ओर भी मेरा ध्यान गया कि डॉ० ज़ाकिर हुसैन 'कोई' आदमी तो नहीं, भारत के उपराष्ट्रपति हैं, उनकी सुविधा के लिए हमने भाषा कुछ बदल ही दी, तो क्या। मेरा अनुवाद कोई साहित्यिक कृति नहीं होने जा रहा है।

मैं बिना एक शब्द बोले, मूर्तिवत् खड़ा रहा, पर पण्डितजी ने ये सारे भाव मेरे चेहरे पर उभरते-दबते देखे होंगे।

फिर उनका वही बालवत् स्वभाव।

एक क्षण में उनकी मुख-मुद्रा बदल गयी। बादल में बिजली चमककर गायब हो गयी थी। लगा, जैसे अपने क्षणिक क्रोध पर ही मन्द-मुसकरा रहे हों।

'मुझे मालूम है तुम्हें उर्दू बहुत अच्छी नहीं आती...रेडियो के उर्दू न्यूज रीडर हैं मि० पुरी, उनको तुम्हारे पास भिजवाता हूँ, उनकी मदद से जहाँ भी हिन्दी के कठिन शब्द आये हैं, वहाँ उर्दू के आसान शब्द रख दो। पर यह काम रात ही रात हो जाना चाहिए—कल सुबह 11 बजे यह भाषण पढ़ा जाने को है।'

मैं चलने लगा तो वे अपनी कुर्सी से उठकर दरवाज़े तक मुझे छोड़ने आये—

जैसे उनकी डाँट से मेरे मन पर जो आघात लगा था, उस पर खेद प्रकट कर रहे हों। अपनी ऐसी ही अदाओं से तो यह शख्स दूसरों का मन जीत लेता था।

रात-भर मेरे घर के बरामदे में दफ्तर-सा लगा रहा। मिस्टर पुरी आये; गाड़ी भेजकर स्टेनो-टाइपिस्ट को बुलाया गया, सेक्शन आफिसर श्री राधेश्याम शर्मा को बुलाया गया, हिन्दी सेक्शन रात को खुलवाकर टाइपिंग मशीन मँगाई गयी। अनुवाद वाक्य-दर-वाक्य पढ़ा गया, और मि० पुरी के सुझाव पर उसमें परिवर्तन कर दिया गया। सुबह भाषण का प्राय: उर्दूकृत रूप पण्डितजी को भेज दिया गया, जो उन्होंने पसन्द ही किया होगा।

अनुवाद के सम्बन्ध में पण्डितजी से एक मीठे टकराव की भी मुझे याद है। संसद में हिन्दी में पूछे गये किसी प्रश्न के उत्तर में उन्हें संविधान की कोई धारा उद्धृत करनी थी; जिसे अनुवाद के लिए उन्होंने मेरे पास भेज दिया था। मेरे अनुवाद पर उन्होंने फोन से अपनी प्रतिक्रिया दी...तुम्हारा अनुवाद पढ़ने में तो अच्छा लगता है, पर मूल से कुछ दूर चला गया है। मैंने अनुवाद के सम्बन्ध में एक अंग्रेज़ी लेखक का कथन उन्हें लिखकर भेज दिया...Translation, most often, is like a woman who when beautiful is not faithful and when faithful is not beautiful...पण्डितजी ने मेरा अनुवाद स्वीकार कर लिया था और उनके निजी सचिव मि० मथाई ने मुझे बताया था कि पण्डितजी ने मेरी चिट संभालकर रखवा दी थी। संविधान का जो अनुवाद पहले किया गया था, उससे वे सन्तुष्ट न थे और उसे संशोधित कराना चाहते थे। उसके लिए वे एक नयी समिति गठित करने की बात सोच रहे थे, जिसमें मुझे भी रखना चाहते थे, पर किसी कारण वह काम आगे न बढ़ा।

इस प्रसंग को समाप्त करने के पूर्व मैं उर्दू, और हिन्दी से उसके सम्बन्ध पर अपने विचार संक्षेप में रख देना चाहता हूँ। उर्दू जिस प्रकार विकसित हुई है, वह एक स्वतन्त्र, समृद्ध भाषा हो गयी है और आगे-आगे विकास में वह फारसी और अरबी का दामन ज़्यादा जोरों से पकड़ेगी। पाकिस्तान में उर्दू जिस रूप में विकसित होगी—और निश्चित है कि वह हिन्दी से बिलकुल अछूती रहने का प्रयत्न करेगी—उससे वह अप्रभावित न रह सकेगी—हम दोनों देशों के रेडियो से प्रसारित होने वाली उर्दू खबरों की तुलना करके आज भी देख सकते हैं। उर्दू किसी हालत में अरबी लिपि नहीं छोड़ेगी और यह हिन्दी से उसके अलगाव को बराबर रेखांकित करती रहेगी।

हिन्दी—खड़ी बोली हिन्दी—जिस प्रकार विकसित हुई है, वह अपने संस्कृत मूल से अपने सम्बन्धों के प्रति सचेत होकर आगे अपने विकास में उस स्रोत से और अधिक सम्बद्ध, सिंचित, समन्वित होने का प्रयत्न करेगी। पर उसका यह रूप उसके गम्भीर, विशिष्ट और शास्त्रीय साहित्य तक सीमित रहेगा। अपने सूचनापरक और ललित साहित्य के लिए वह अधिक उदार नीति बरतेगी। अपनी संस्कृत-सम्पदा को भरपूर भोगने का अधिकार रखते हुए वह देश की अन्य भाषाओं—विशेषकर उर्दू से, यानी उसमें आयातित फ़ारसी-अरबी शब्दों, मुहावरों, तेवरों, अन्दाज़ों से, जो भी

अपनी ध्वनि-धारा के अनुकूल पायेगी, उसे लेने के लिए तत्पर रहेगी। वह यह भी कह सकेगी :

'**किंकर्तव्यविमूढ़** मुझे कर दूर खड़ी है मधुशाला'

और यह भी :

'अब तो कर देती है केवल **फर्ज़अदाई** मधुशाला'

(उर्दू 'कर्तव्य' नहीं ले सकेगी; लेगी तो 'करतब' करके और 'करतब' और 'कर्तव्य' में ज़मीन आसमान का अन्तर आ गया है)
वह यह भी कह सकेगी :

'**मैं अर्थ** ध्येय में रख चलता, मुझसे हो जाता है अनर्थ'

और यह भी–

–'**बा मतलब** था उनका हर काम ज़माने में'

सैकड़ों उदाहरण दिये जा सकते हैं।

आदर्श हिन्दी के लिए मेरी एक धारणा है कि वह संस्कृत-फ़ारसी **प्रभाव** से युक्त और संस्कृत-फ़ारसी **दबाव** से मुक्त होगी। फ़ारसी में अरबी-तुर्की को भी मैं शामिल समझूँगा। सफल हिन्दी लेखक से मैं आशा करूँगा कि हिन्दी के साथ उसे उर्दू का वाजबी और संस्कृत का समुचित ज्ञान हो। और ऐसी प्रत्याशा मैं किसी अंश में हिन्दी पाठक से भी करूँगा।

जिन दिनों मैं मन्त्रालय की वार्षिक रिपोर्ट हिन्दी में तैयार करने में व्यस्त था, तेजी किसी दिन इन्दुजी से मिल आयीं–वहाँ बातचीत के दरमियान कुछ ऐसी योजना बन गयी, जिसने तेजी को दो-तीन सप्ताह के लिए ऐसे काम में व्यस्त रखा, जो उनके मन के अनुकूल था, और जिससे मैंने बड़ी राहत की साँस ली। खालीपन उनकी दिमागी बीमारी बन गयी थी।

इलाहाबाद में नाटकों की एक लम्बी परम्परा है–मेरा मतलब नाटक देखने की रुचि से नहीं, नाटक खेलने की प्रवृत्ति से है। महामना मालवीयजी के जीनवचरित में मैंने कहीं पढ़ा था कि अपने स्कूली दिनों में उन्होंने किसी नाटक में लड़की का पार्ट किया था। मेरे लड़कपन में, मुझे याद है, पारसी थियेट्रिकल कम्पनियाँ इलाहाबाद आती थीं और लम्बे अर्से तक उनके खेल होते रहते थे। उनसे प्रेरणा ले कई मुहल्लों में शौकिया नाटक मण्डलियाँ बनी थीं–एक तो मेरे मुहल्ला चक के निकट बादशाही मण्डी में ही थी और जब-तब उसके खेल होते थे। धनी-मानी व्यक्तियों के यहाँ शादी-ब्याह के अवसर पर स्थानीय नाटक मण्डलियाँ अपना कोई खेल प्रस्तुत करने को आमन्त्रित की जाती थीं। इलाहाबाद में बंगालियों की काफ़ी बड़ी बस्ती है; दुर्गा पूजा के दिनों में शहर में कई जगह बंगला नाटक

खेले जाते; स्कूल-कॉलेजों के वार्षिकोत्सवों में नाटकों की खास भूमिका होती; कायस्थ पाठशाला में, जहाँ का मैं विद्यार्थी था—छठी से हाईस्कूल तक—हर साल नाटक खेले जाते थे।

तेजी में नाट्य प्रतिभा ज़रूर थी। अपने कॉलेजी दिनों में लाहौर में खेले नाटकों में उन्होंने प्रमुख भूमिकाएँ निभाई थीं—एक नाटक में वे आम्रपाली बनी थीं, जिसका फोटो मेरे पास सुरक्षित है। जिस समय तेजी इलाहाबाद आयीं, उस समय भी सिविल लाइन, जार्ज टाउन, यूनिवर्सिटी-कैम्पस में बसे कुछ युवक-युवतियों की एक टोली थी जो अभिनय कला में रुचि रखती थी और समय-समय पर अपने नाटक प्रस्तुत करती थी—रेलवे कॉलोनी में तो एक स्थायी नाटकघर ही था जिसमें 'इप्टा' वाले अपने नाटक खेलते थे।

कहते हैं, चिड़ियों का झुण्ड अपने-से पर वाली को खोज लेता है या चिड़िया अपने-से पर वालियों के झुण्ड में जा मिलती है। अभिनय-प्रेमियों के साथ भी कुछ ऐसी ही बात है। कुछ ही समय में तेजी का सम्पर्क इलाहाबादी नाटक-टोली से हो गया और उनके द्वारा प्रस्तुत खेलों में वे कोई-न-कोई भूमिका अदा करने लगीं—एक नाटक में उन्हें अनारकली का पार्ट दिया गया था जिसे उन्होंने सफलतापूर्वक निभाया था।

इस नाटक टोली को अधिक प्रोत्साहन तब मिला जब श्रीमती विमला रैना इलाहाबाद आयीं। एक मिस्टर रैना—उनका पूरा नाम मुझे नहीं मालूम—इलाहाबाद में डी० एम० यानी जिलाधीश के पद पर आये, कहीं से स्थानांतरित होकर। विमला रैना उनकी पत्नी थीं। वे इलाहाबाद युनिवर्सिटी की पूर्व स्नातिका थीं, विद्यार्थी जीवन से ही उनमें सृजन-प्रतिभा थी। जब वे इलाहाबाद आयीं, वे प्रौढ़ावस्था प्राप्त कर चुकी थीं; 10-12 वर्ष का एक लड़का था; 17-18 वर्ष की एक लड़की थी। सृजन-प्रतिभा और नाट्य-अभिरुचि उनमें अब भी सजग थी। इलाहाबाद जैसे विद्या और संस्कृति के केन्द्र में आकर वह अधिक सक्रिय हुईं। देश की स्वतन्त्रता के आरम्भिक वर्ष थे, जिनमें लोगों में एक प्रकार का उत्साह-उल्लास तो था ही; रचनाधर्मियों, कवि, कलाकारों, साहित्यकारों के मन में भी देश के भविष्य के निर्माण में अपना योगदान देने, अपनी भूमिका प्रक्षिप्त करने की लालसा थी। ऐसी ही किसी प्रेरणा से श्रीमती विमला रैना ने एक नाटक लिखा, 'सवेरा'। विषय था—पुरानी रूढ़ि-रीतियों के घनांधकार में फंसे हुए लोगों, विशेषकर अपढ़ ग्रामीणों को युग के नये प्रभात के नव प्रकाश का बोध कैसे कराया जाये। अभिनीत करने के लिए नाट्य-रुचि-सम्पन्न युवक-युवतियों को अपने चारों ओर एकत्र करने में विमलाजी को देर न लगी—'रंगशाला' संस्था के अन्तर्गत। शौकिया नाट्य समितियों के लिए सबसे बड़ी बाधा खड़ी होती है, अभिनय-सम्बन्धी खर्चों के लिए धन की, यहाँ उसकी कोई कमी न थी। रिहर्सल के लिए जिलाधीश का बंगला, अन्य आवश्यकताएँ पूरी करने को लोग दायें-बायें प्रस्तुत। नाटक पहले-पहले फूलपुर में, पण्डित जवाहरलाल नेहरू के चुनाव क्षेत्र में खेला गया। इसमें तेजी ने लखिया ठकुराइन—ठाकुर शेरसिंह की पत्नी—की भूमिका अदा की—बंटी ने उनके मूक

पुत्र बचुआ की। किसी कारण मैं यह नाटक न देख सका था। बाद में मैंने सुना कि नाटक सफल था, विशेषकर तेजी ने अपने कथोपकथन की अवधी ऐसे स्वाभाविक लहजे में बोली कि दर्शकों ने समझा कि गाँव की किसी ठकुराइन ही से यह पार्ट कराया गया है। नाटक समाप्त हुआ तो गाँव की स्त्रियों ने स्टेज घेर लिया--'हमें ठकुराइन से मिलाय द्या।'

तेजी जब उस दिन इन्दुजी से मिलने गयीं, तो बात-बात में उन्होंने विमला रैना के उस नाटक और उसके मंचन के विषय में विस्तार से उन्हें बताया। इन्दुजी उस नाटक की कथावस्तु और उसके मंचन की सफलता से इतनी प्रभावित हुईं कि जब तेजी चलने लगीं, तो उन्होंने पूछा, अगर हम विमला रैना के ट्रुप को दिल्ली बुलायें, तो क्या वे यहाँ आकर अपने नाटक का मंचन कर सकेंगी?

तेजी ने कह दिया, 'क्यों नहीं?'

पण्डितजी उन दिनों बहुत व्यस्त थे--संसद का बजट-सत्र चल रहा था। इन्दुजी ने सोचा होगा, अगर इस नाटक के मंचन का प्रबन्ध तीन मूर्ति हाउस में कराया जाये तो पापू भी देखने में रुचि लेंगे, और उनका थोड़ा मनोरंजन होगा, जिसकी उन्हें बड़ी आवश्यकता थी। इन्दुजी ने जब पण्डितजी से सलाह की होगी तो उन्होंने प्रसन्नता से इस प्रस्ताव का स्वागत किया होगा। दूसरे ही दिन इन्दुजी का फोन तेजी के लिए आ गया कि वे श्रीमती विमला रैना को आमन्त्रित कर दें कि वे 15 दिन के अन्दर अपना ट्रुप लेकर दिल्ली आयें। ट्रुप के आने-जाने, यहाँ ठहरने का सारा खर्च सरकार की तरफ से उठाया जायेगा।

प्रधानमन्त्री के निवास स्थान पर नाटक खेलने का बोलौआ! विमलाजी तो खुशी से उछल पड़ी होंगी। खेल की तिथि निश्चित हो गयी। विमलाजी लगभग पन्द्रह युवक-युवतियों का ट्रुप लेकर आ गयीं। तेजी को उनकी देख-रेख का काम सौंपा गया। साउथ एवेन्यू में कुछ एम० पी० फ्लैट्स खाली थे, वहीं उनको ठहराया गया, हमारे फ्लैट के बिलकुल सामने सड़क पार। उनके खाने-पीने का इंतज़ाम साउथ एवेन्यू कैंटीन में कर दिया गया, जो पास ही थी। दो दिन फ्लैट में रिहर्सल हुए। तीसरे दिन स्टेज रिहर्सल हुआ। चौथे दिन शाम को आमन्त्रित दर्शकों के सामने 'सवेरा' नाटक खेला गया।

उन दिनों एक कर्नल गुप्ते हुआ करते थे। सूचना और प्रसारण मन्त्रालय के सांग एण्ड ड्रामा डिवीजन में किसी ऊँचे पद पर थे। फौज के कर्नल पद से संगीत-नाटक की क्या विशिष्ट अर्हता उन्होंने प्राप्त की थी कि उन्हें इस प्रभाग में लाकर बिठला दिया गया था, मैं नहीं जानता। रंगमंच उन्हीं के निदेशन में तीन मूर्ति भवन के लॉन में दाहिनी तरफ बनाया गया था। कहना चाहिए अच्छा बना था। सामने खुले में दर्शकों के लिए 400 कुर्सियाँ लगायी गयी थीं। उस अवसर पर एक स्मारिका भी छपाई गयी थी जिसमें नाटक की संक्षिप्त कथा दी गयी थी, पात्रों और अभिनेताओं की सूची और नाम दिये गये थे। यहाँ फिर तेजी अपनी पुरानी ठकुराइन की भूमिका में उतरी थीं। नाटक का निदेशन श्रीमती विमला रैना ने किया था।

स्मारिका की एक प्रति मेरे कागज-पत्रों में कहीं रखी होगी।

दर्शकों में पण्डितजी, इन्दु-फ़ीरोजजी तो थे ही, महामहिम राष्ट्रपति डॉ० राजेन्द्र प्रसाद भी पधारे थे। कई मन्त्री, बहुत से संसद-सदस्य, सचिवालय, मन्त्रालयों के अनेक उच्च अधिकारी भी दर्शकों में थे। नाटक रुचि से देखा गया था और सफल कहा गया था। अभिनेता-अभिनेत्रियों में 'ठकुराइन' उभरकर आगे आयी थीं। उनके बारे में मैं कुछ और कहूँगा, तो लोग कहेंगे कि ठाकुर अपनी घरवाली का गुनगान कर रहा है। नाटक समाप्त होने पर राजेन्द्र बाबू और पण्डितजी स्टेज पर आये थे और उन्होंने अभिनेता- अभिनेत्रियों को बधाई दी थी और उनके साथ चित्र खिंचवाया था। चित्र मेरे अलबम में सुरक्षित है।

कुछ समय बाद मि० रैना इलाहाबाद से स्थानांतरित होकर दिल्ली आ गये, किस पद पर, इसकी मुझे याद नहीं। तेजी के साथ एक बार उनके दिल्ली निवास पर जाने की मुझे स्मृति है। उनके घर पर हनुमानजी का उनका निजी मन्दिर था। दिल्ली आने पर विमलाजी के नाट्य सम्बन्धी क्रियाकलाप के बारे में मैंने कोई चर्चा नहीं सुनी।

'सवेरा' मंचन की सबसे बड़ी उपलब्धि मेरे लिए यह थी कि उससे कुछ दिनों के लिए तेजी का मन बहल गया था, उनके सामने कुछ काम आ गया था, जिसको दक्षता से सम्पादित करने में वे तन-मन से लग गयी थीं और वह जिस सफलता के साथ सम्पन्न हुआ था उस पर कुछ प्रसन्नता और कुछ सन्तोष का अनुभव कर सकती थीं। अन्यथा वे खाली-खाली बैठी प्राय: उदास रहा करती थीं। और यह देखकर तो मैं आश्चर्यचकित ही रह गया कि उन दिनों उन पर एक बार भी एलर्जी का आक्रमण नहीं हुआ।

बच्चे भी शुरू-शुरू में शेरवुड जाकर पहले तो बहुत घबराये। पहाड़ी प्रदेश के रहन-सहन, जीवन से पहले-पहल उनका साबका पड़ा था—नये स्कूल, नये अध्यापक, नये-नये सहपाठी, नये तरह की पढ़ाई, नये प्रकार का अनुशासन-नियमन, भोजन-छादन आदि सभी में। बंटी तो वहाँ पहुँचकर बहुत रोया, बीमार पड़ गया, अमित ने अपने को ज़ब्त में रखा, अपने पर अपने से अधिक बड़े होने की कम-से-कम दिखावटी मनोवृत्ति आरोपित करके, कि वह छोटे भाई को धैर्य बँधाने, उसकी देख-संभाल करने के लिए सक्षम है। पर अमित अपने पत्रों में अपनी और बंटी की भी मनोदशा का जो सुस्पष्ट और सजीव वर्णन भेजता, वह हमें रुला देता। धीरे-धीरे बच्चे नयी परिस्थितियों के अभ्यस्त हो गये, अपने को व्यवस्थित पाने लगे और एक प्रकार से खुश भी रहने लगे। बच्चों में, हम सहसा मानने को तैयार नहीं होते, नये, अपरिचित, अजनबी से अपना अनुकूलन करने की बड़ी अद्भुत शक्ति होती है।

मन्त्रालय की पहली हिन्दी वार्षिक रिपोर्ट तैयार करने के बारे में मैंने विस्तार से बताया है। मैं मन्त्रालय में दस बरस रहा। हर साल मार्च-अप्रैल के महीनों में रिपोर्ट को अंग्रेज़ी से हिन्दी में अनूदित करने और सीमित समय के अन्दर छपाकर तैयार कराने का काम उसी हफड़ा-दफड़ी में होता। दूसरे वर्ष से मेरे लिए काम कुछ हल्का हो गया था। मन्त्रालय में हिन्दी के बढ़ते हुए काम को देखकर मैंने

हिन्दी अनुभाग में एक सहायक-अनुवादक की नियुक्ति करा ली थी।

श्री अजित शंकर चौधरी—जो अब हिन्दी संसार में अजित कुमार के नाम से विख्यात हैं—उस समय दिल्ली के किरोड़ीमल कॉलेज में नये-नये हिन्दी लेक्चरर के पद पर नियुक्त हुए थे। दिल्ली में मुझसे मिलते रहते थे। एक दिन बात-बात में जब मैंने उनसे जिक्र किया कि हिन्दी अनुभाग में एक सहायक अनुवादक की नियुक्ति की जाने वाली है और मैं योग्य व्यक्ति की तलाश में हूँ, तो उन्होंने उस पद पर आने की अभिलाषा प्रकट की। मैं स्वयं उनको या श्री ओंकारनाथ श्रीवास्तव को लेना चाहता था, जो उन दिनों ऑल इंडिया रेडियो के दिल्ली केन्द्र पर हिन्दी समाचार विभाग में काम कर रहे थे।

जिन दिनों मैं इलाहाबाद युनिवर्सिटी में अंग्रेज़ी का लेक्चरर था, अजित और ओंकार इंटर पास कर बी० ए० करने के लिए इलाहाबाद आये थे। वे दोनों ही मेरे लेक्चर क्लास में थे और सेमिनार में भी—बुद्धि से कुशाग्र और चरित्र से शालीन-शिष्ट; कल्पनाशील पर संयत; हिन्दी साहित्य में उनकी विशेष रुचि थी और भविष्य में कुछ सृजनात्मक लिखने के सपने भी उनकी आँखों में थे। अजित उत्तर-छायावादी काल की सर्वप्रमुख कवयित्री श्रीमती सुमित्रा कुमारी सिन्हा के सुपुत्र थे, और लड़कपन में उन पर महाकवि सूर्यकान्त त्रिपाठी 'निराला' की छाया भी पड़ी थी, जब वे कुछ समय के लिए उनके माता-पिता के साथ रहने को उन्नाव आये थे। प्रसंगवश बता दूँ कि उन्हीं के साथ रहते हुए 'निराला' ने अपनी प्रसिद्ध व्यंग्य कृति 'कुकुरमुत्ता' लिखी थी और अजित के पिता राजेन्द्र शंकर चौधरी ने ही उसे युगमन्दिर उन्नाव से सर्वप्रथम प्रकाशित किया था। ओंकार के साथ कोई ऐसी साहित्यिक पारिवारिक पृष्ठभूमि न थी, फिर भी साहित्यिक सुरुचि और सूझ-बूझ उनमें अजित से कम न थी। दोनों घनिष्ठ मित्र थे, होस्टल में दोनों एक ही कमरे में रहते थे, प्राय: एक ही कद-काठी के, गो अजित कुछ भरे, ओंकार कुछ दुबले, एक से ही कपड़े पहनते, एक साथ ही जहाँ-तहाँ देखे जाते। महाकवि सुमित्रानन्दन पन्त ने उन्हें 'अश्विनी कुमारों' की संज्ञा दे रखी थी। अजित ने हिन्दी में एम० ए० किया, ओंकार ने अर्थशास्त्र में और फिर एकाधिक जगहों पर काम करते-छोड़ते अन्त में दोनों दिल्ली आ पहुँचे।

सहायक अनुवादक के रूप में अजित कुमार को लेकर मुझे खुशी हुई, और वे भी सम्भवत: मेरे साथ काम करने का अवसर पाकर प्रसन्न हुए। विदेश मन्त्रालय में किरोड़ीमल कॉलेज से वेतन भी अधिक था—मगर काम भी अधिक। अब बाहर के दौड़-धूप वाले काम पर मैं उन्हें लगा देता और वे दिये काम को जवाबदेही के साथ पूरा करते। हिन्दी गद्य लेखन पर उनका यथेष्ट अधिकार था। मेरी हमेशा से यह धारणा रही है कि अच्छा अनुवादक वही हो सकता है जो अच्छा मौलिक लेखक भी हो। अनुवाद के कार्य में मुझे उनसे पर्याप्त सहायता मिलती। उनके अनुवाद में संशोधन करने की शायद ही मुझे कभी आवश्यकता पड़ती। फिर भी अनुभाग में किये हर काम को अन्तिम रूप देने का दायित्व मैं अपना ही समझता।

हिन्दी अनुभाग का काम कई तरह का था। कुछ ऐसा नियम बन गया था कि

संसद में हिन्दी में पूछे गये प्रश्नों का उत्तर हिन्दी में दिया जाये। जब संसद का सत्र चालू रहता, तब ऐसे प्रश्नों के उत्तर निश्चय ही अंग्रेज़ी में तैयार किये जाते। कभी-कभी प्रश्नोत्तरों के साथ लम्बी-लम्बी पूरक वार्ताएँ (supplementaries) होतीं। उनका भी अनुवाद करना होता। हिन्दी अनुभाग की सबसे बड़ी मुसीबत यह होती कि जब किसी काम को अंग्रेज़ी में अन्तिम रूप दे दिया जा चुकता, तब हमारे पास भेजा जाता उसका अनुवाद करने को, पर प्रस्तुत करना होता उसको अंग्रेज़ी के साथ ही। कभी-कभी तो शर्माजी, अजित और मैं तीनों ही कुछ-कुछ हिस्सों का अनुवाद करते, तब काम समय से खत्म हो पाता। और फिर सबको एकरूपता देने का काम मेरा होता।

मन्त्रालय में अन्य देशों के साथ विभिन्न विषयों पर जो क़रारनामे-समझौते किये जाते, वे होते सम्बद्ध देश की अपनी भाषा में, अंग्रेज़ी में और हिन्दी में—हिन्दी में केवल यह औपचारिकता निभाने के लिए कि भारत की अपनी 'राष्ट्रभाषा' भी है और उसमें क़रारनामे का प्रारूप प्रस्तुत है, पर वस्तुत: वह अंग्रेज़ी का अनुवाद ही होता। और इस औपचारिकता का मुखौटा भी तब उतर जाता, जब अंग्रेज़ी प्रारूप के अन्त में यह टिप्पणी जोड़ दी जाती कि दोनों देशों में किसी प्रकार का विवाद उठने पर न्यायालय में केवल अंग्रेज़ी का प्रारूप प्रामाणिक माना जायेगा। हमें जो चीज़ सबसे ज़्यादा अखरती वह यह कि अनुवाद का यह काम हमारे सिर पर तलवार लटकाकर कराया जाता—इतनी देर के अन्दर अनुवाद साफ़ टाइप होकर हाज़िर कर दिया जाना चाहिए; क्योंकि मसौदों पर परस्पर हस्ताक्षर का आदान-प्रदान करने का फ़लां समय निश्चित है।

जब विदेशों से विशिष्ट राजनयिक हस्तियाँ या विशिष्ट व्यक्ति आते, तो लाल किले में उनका सार्वजनिक स्वागत किया जाता। उत्तर में जो भाषण वे देने वाले होते, वह लिखित रूप में विदेश मन्त्रालय को भेज दिया जाता, प्राय: अंग्रेज़ी अनुवाद के साथ। हिन्दी अनुभाग को उसका हिन्दी रूप तैयार करना पड़ता। विशिष्ट राजपुरुष अपने भाषण का आदि और अन्त अपनी भाषा में पढ़ता, पर पूरा भाषण उसकी ओर से अनुवाद के रूप में जनता के सामने प्रस्तुत किया जाता; यह काम सदा मैं ही करता। यहाँ भी प्राय: अंग्रेज़ी प्रारूप इतनी देर से मिलता कि अनुवाद करने के लिए पर्याप्त समय न होता और स्वागत भाषण का समय तो टल न सकता। एक बार की मुझे याद है, शायद रूसी नेता ब्रेज़नेव पहली बार भारत पधारे थे, उनके स्वागत-भाषण का समय लाल किले में निश्चित था। उनके भाषण का अंग्रेज़ी रूप इतनी देर से मिला कि अनुवाद करने को समय ही नहीं था। अब क्या किया जाये? उनको राष्ट्रपति भवन से लाल किले तक जुलूस में जाना था। मैंने अधिकारियों से आज्ञा लेकर विदेश मन्त्रालय की एक मोटर भी जुलूस के कार-क़ाफ़िले में लगवा ली। मेरे स्टेनो ने मोटर में बैठकर टाइपिंग मशीन अपने घुटनों पर रखी। मैं बगल में बैठा। रास्ते में तमाम शोरगुल के बीच मैं अनुवाद करता रहा, जिसे मेरा स्टेनो टाइप करता गया और जब तक जुलूस लाल किले पहुँचा मेरा अनुवाद तैयार हो गया था जिसे मैंने ही पढ़कर सुनाया। प्रथम अन्तरिक्ष यात्री

गगारिन के स्वागत के समय भी कुछ ऐसी ही परिस्थिति में अनुवाद किया गया था, पर तब मैं अंग्रेज़ी प्रारूप के नीचे अपना अनुवाद लिखता गया था—मुझे ही पढ़ना था, इससे कोई दिक्कत नहीं हुई।

एक और तरह का अनुवाद कार्य होता, पत्रों को अनूदित करने का। पण्डितजी ने मन्त्रालय में यह आदेश दे रखा था कि जहाँ तक हो सके हिन्दी में आये पत्रों का उत्तर हिन्दी में ही दिया जाये। अब देखिये, उस आदेश का पालन किस तरह किया जाता था। जब मन्त्रालय में कोई पत्र हिन्दी में आता तो सम्बद्ध अधिकारी उस पर एक चिट लगाकर हिन्दी अनुभाग को भेज देता—Kindly translate it into English. हिन्दी अनुभाग उसका अनुवाद कर सम्बद्ध अधिकारी को वापस कर देता। तब वह उसका उत्तर अंग्रेज़ी में लिखता। उस पर फिर एक चिट लगकर आती—Kindly translate it into Hindi. जब उसका हिन्दी अनुवाद उसके पास पहुँचता तो वह उसके नीचे शायद अपना हस्ताक्षर अंग्रेज़ी में ही करके पत्रोत्तर पोस्ट कराता। इस दीर्घ-विलम्बित कार्य को द्रुत-विलम्बित में तभी परिवर्तित किया जा सकता था, जब मन्त्रालय का प्रत्येक अधिकारी हिन्दी जानता हो, साथ ही उसके अनुभाग में एक हिन्दी स्टेनो-टाइपिस्ट हो। जब तक मैं मन्त्रालय में था, तब तक हिन्दी अनुभाग के अतिरिक्त न किसी और अनुभाग में हिन्दी स्टेनो-टाइपिस्ट नियुक्त किया गया था, न किसी में हिन्दी टाइपिंग की मशीन थी, और न कोई अधिकारी, हिन्दी जानने वाला भी हिन्दी में काम करने की जहमत उठाने को तैयार न था। मुझे पता नहीं मेरे मन्त्रालय छोड़ने के लगभग बीस वर्ष बाद क्या स्थिति है—शायद वही, जो मेरे समय में थी। हम हिन्दुस्तानी जल्दी कोई परिवर्तन लाने में विश्वास नहीं करते। हिन्दी पत्र पहले भी काफ़ी आते थे; अब ज़्यादा ही आते होंगे। और हिन्दी में काम न करने की कसम खाये बैठे हमारे अंग्रेज़ीपरस्त अधिकारियों ने काम निबटाने का यह आसान तरीका निकाला होगा—चलो, हिन्दी अनुभाग में एक-दो या तीन अनुवादक और नियुक्त किये देते हैं। सरकार का काम नहीं रुकना चाहिए।

तकनीकी और विशिष्ट शब्दों के हिन्दी पर्याय बनाने के सम्बन्ध में जो काम हो रहा था, उस पर मैं पहले भी लिख चुका हूँ; मेरे दिनानुदिन के काम में जो राजनयिक विशिष्ट शब्द आते उनकी सूची मैं बनाता जाता और समय-समय पर उसे हिन्दी यूनिट को भेजता रहता। पर्यायों को अन्तिम रूप देने को जब बैठक बुलाई जाती, तब उनमें उपस्थित होता। तकनीकी शब्दों के जो हिन्दी पर्याय बने थे उन्हें सब प्रान्तीय भाषाओं में स्वीकृत कराने के सम्बन्ध में जो समिति बनी थी, उसकी चर्चा भी मैं पहले कर चुका हूँ। कुछ ही बैठकों के बाद समिति के अध्यक्ष 'दिनकर' जी को और मुझे भी यह अनुभूति हो गयी थी कि इस दर्जे पर सारे देश के लिए एक ही तकनीकी शब्दावली मनवाने में हम सफल नहीं हो सकेंगे। अन्त में यही निर्णय करके समिति विसर्जित कर दी गयी थी कि हम पारिभाषिक शब्द संग्रह (A Consolidated Glossary of Technical Terms) प्रकाशित करके प्रान्तीय भाषाओं को यह सुझाव भर दे दें कि वे अपनी भाषिक-शब्दावली यथासम्भव

हिन्दी शब्दावली के निकट रखें। मेरी दृष्टि में यह दुर्भाग्यपूर्ण था। प्रान्तीय भाषा विशेषज्ञों की उक्त समिति में बैठे हुए मुझे निरन्तर यह दु:खद अनुभूति होती थी कि प्रान्तीय भाषाओं ने हिन्दी को पूरे मन से स्वीकार नहीं किया था। स्वीकार किया होता तो अपनी-अपनी भाषा की कुछ विभाजक विशिष्टताओं को छोड़कर भी वे हिन्दी की संयोजक विशिष्टताओं को सहज स्वीकार कर लेते—आखिर जब हिन्दी को राष्ट्रभाषा माना गया था, तो उसे कुछ विशेषाधिकार भी देना था, कम-से-कम देश-भर को एक ही प्रकार की तकनीकी शब्दावली से जोड़ने के उसके प्रयत्न को तो मान्यता देनी ही थी, अगर देश की एकता कोई ऐसी चीज है जो किसी भी मूल्य पर हमें बनाये रखनी है। कुछ शब्दों का मूल्य कुछ अधिक तो नहीं।

इन रुटीन कामों के अतिरिक्त कुछ और राजनयिक पुस्तिकाओं के अनुवाद करने का काम भी मुझे सौंपा गया था, जिनमें कुछ संयुक्त राष्ट्र के प्रकाशन थे—उनमें 'युद्धबन्दी संहिता' के अनुवाद करने की मुझे याद है—कुछ विदेश मन्त्रालय 'मैनुएल्स' (नियमावलियाँ कहें उन्हें); इनके लिए समय का कोई प्रतिबन्ध न था। इन्हें खुद अनूदित करने का मैंने निश्चय किया। काम स्थायी महत्त्व का था, और सुचारु रूप से करने के लिए शान्त-एकान्त वातावरण की माँग करता था। एक ही कमरे में तीन और अवर सचिवों के साथ बैठ, उनकी 'गिट-पिट' के बीच यह काम मुश्किल से ही हो सकता। पांच-साढ़े पांच के बाद जब वे सब चले जाते तब अकेले कमरे में बैठकर मैं यह काम शुरू करता। आठ-साढ़े आठ रात के पहले शायद ही किसी दिन घर लौटता।

इधर तेजी ने भी अपनी शामों के लिए कुछ शुगल निकाल लिया था। 'सवेरा' की ट्रुप के विदा होने के बाद कुछ अरसे तो ज़रूर उनके दिन फिर खाली-खाली, उदास-उदास बीतने लगे थे। पर मुझे यह देखकर खुशी हुई कि उससे राहत देने वाली एक सूरत निकल आयी। 'सवेरा' का मंचन एक तरह से निजी था, प्रेस भी नहीं बुलाया गया था, इससे उसकी कोई आलोचना-टिप्पणी आदि पत्रों में तो नहीं हुई थी, फिर भी नाटक प्रधानमन्त्री के निवास पर खेला गया था, चार-पांच सौ आदमियों ने उसे देखा था, उसकी कुछ चर्चा तो शहर में होनी ही थी, जिसके बीच सफल अभिनेत्री के रूप में तेजी का जिक्र आना भी स्वाभाविक था।

उन दिनों नयी दिल्ली में एक मि० आनन्द रहते थे, बंगाली मार्केट के करीब कहीं; मुझे नहीं मालूम कि क्या काम करते थे, पर रहन-सहन से सम्पन्न, शिक्षित, सुसंस्कृत व्यक्ति मालूम होते थे। नाटक लिखने और खेलने में भी उनकी दिलचस्पी थी। उन्होंने कोई नया नाटक लिख रखा था और उसे खेलने के लिए अभिनेताओं की खोज में थे। तेजी की चर्चा उनके कानों तक पहुँची, तो एक दिन वे सपत्नीक मेरे घर पधारे। उन्होंने तेजी के सामने प्रस्ताव रखा कि उन्होंने फलां नाटक लिखा है, मंच पर प्रस्तुत करना चाहते हैं, क्या तेजीजी फलां पात्री की भूमिका में उतरना चाहेंगी? तेजी के चेहरे से स्वीकृति की मुद्रा का कुछ आभास पाकर उन्होंने वहीं बैठे-बेठे नाटक का पूरा कथानक सुना दिया। कहानी तेजी को पसन्द आयी और उन्होंने मि० आनन्द का प्रस्ताव स्वीकार कर लिया। नाटक सामाजिक था, शायद

उसका शीर्षक 'तलाक' था। कुछ दिनों के रिहर्सल के बाद नाटक सप्रू हाउस में खेला गया था—दो-तीन शो हुए थे। उनके नाटकों के लिए टिकट बिकते थे, पर दर्शकों में 75 प्रतिशत आमन्त्रित संभ्रांत-सुप्रसिद्ध लोग हुआ करते थे। नाटक के मंचन का सारा खर्च मि० आनन्द उठाते। टिकटों की बिक्री से क्या आमदनी होती है, इसकी उन्हें कुछ परवाह नहीं थी। टिकट सिर्फ प्रवेश को नियन्त्रित करने की गरज से रखे जाते थे। खर्च का सौवाँ हिस्सा भी शायद ही टिकटों से न आता होगा। पर नाटक खेलना मि० आनन्द के लिए कोई व्यवसाय नहीं था, व्यक्तिगत शुगल था। नाटक सफलता से खेलकर वे खुश होते थे और अपने घर पर अभिनेताओं को बुलाकर एक शानदार दावत देते थे। तेजी ने शायद उनके एक और नाटक में काम किया।

'तलाक' नाटक की एक मनोरंजक घटना मुझे याद आ गयी। उसके रिहर्सल कुछ दिन हमारे घर पर यानी 77, साउथ एवेन्यू में भी हुए थे।

नाटक में एक स्थान पर तेजी अपनी भूमिका में चिल्ला-चिल्लाकर कहती हैं—

'मैं तलाक लेकर रहूँगी,
मैं तलाक लेकर दिखा दूँगी!'

मेजर अविनाश चन्द्र महीनों से मुझसे न मिले थे। एक दिन अचानक कहीं हमारी मुलाकात हो गयी, तो मैंने कहा, 'यार क्या बात है, मैं तो अपने नये-नये काम में व्यस्त हूँ, पर तुम तो हमसे कभी मिलने आते।'

'गया था, तुम्हारे घर तक।'

'फिर अन्दर क्यों नहीं आये?'

'कुछ वजह थी कि दबे पाँव लौट आया।'

'क्यों, भाई क्यों?'

'अरे भाई, पति-पत्नी में हर घर में झगड़े होते हैं, मैंने सोचा, उस वक्त तुम्हारे घर आना तुम्हारे लिए बड़ा embarrassing होगा।'

'पर हमारा तो कोई ऐसा झगड़ा नहीं।'

'हमसे न छिपाओ। उस दिन तेजी बहन की आवाज हमने सुनी थी—गुस्से में आदमी क्या-क्या बक जाता है—वह कह रही थीं मैं तलाक लेकर रहूँगी।'

मैंने कहा, 'अरे बुद्धू, हमारे घर में एक ड्रामे का रिहर्सल हो रहा था; यह तेजी नहीं बोल रही थीं, नाटक की एक पात्री बोल रही थी।'

हिन्दी के लिए मुझमें और अजित कुमार में भी उत्साह था। हमने सोचा कि दिये हुए काम के अतिरिक्त हमें कुछ हिन्दी सम्बन्धी काम अपने आप भी करना चाहिए। उस समय तक हिन्दी न जानने वाले अफ़सरों के लिए हिन्दी प्रशिक्षण की योजना न बनी थी, या अगर बनी भी थी, तो कार्य रूप में परिणत न हुई थी। हमने सोचा विदेश मन्त्रालय के ऐसे अफ़सरों के लिए हिन्दी क्लास चलाये जाये। अंग्रेज़ी में उच्च शिक्षा प्राप्त लोगों को हिन्दी उसी तरह नहीं पढ़ाई जा सकती, जिस प्रकार

छोटे बच्चों को। हम लोगों ने बहुत सोच-विचार कर ऐसे लोगों के लिए एक विशिष्ट पाठ्यक्रम तैयार किया। यह स्मरण करते हुए मुझे बड़ी प्रसन्नता हो रही है कि सबसे पहले जो अफ़सर हिन्दी सीखने को आगे बढ़े, वे तमिलभाषी थे—उनमें श्री कन्नम पिल्ले का नाम मुझे अब तक स्मरण है। थोड़े ही दिनों बाद अफ़सरों को प्रशिक्षित करने की सरकारी योजना आ गयी—उनके लिए अध्यापक नियुक्त हो गये, पर प्रशिक्षण विधि वही पुरानी परम्परागत रखी गयी और हमें अपना प्रयोग बन्द कर देना पड़ा। एक तरह से हमसे कह दिया गया कि यह हमारा क्षेत्र नहीं, हम लोग अपने को अनुवाद कार्य तक ही सीमित रखें।

एक और नयी बात मैंने सोची। क्यों न उन फाइलों पर हिन्दी में नोटिंग शुरू की जाय जिनका सम्बन्ध हिन्दी काम से और हिन्दी-अनुभाग से हो। एक फाइल पर मैंने हिन्दी में नोट लिख भी दिया। पर उसे ऐसा ही समझा गया जैसे ब्राह्मण-समाज में कोई अछूत घुस आया हो। दूसरे ही दिन उस पर एक बड़े आफ़िसर की चिट लगकर आ गयी, जिस पर लिखा था—Please translate it into English.—प्रथम चुंबने ओष्टभंग:—अब मैं ही हिन्दी में नोट लिखूँ, मैं ही उसका अंग्रेज़ी अनुवाद करूँ, इससे अधिक बेतुकी बात क्या हो सकती थी। जहाँ तक मुझे मालूम है, अफ़सर महोदय हिन्दी से इतने अनभिज्ञ न रहे होंगे कि उस साधारण-सी नोटिंग की बात न समझ सकें, पर उनके व्यवहार से यह स्पष्ट हो गया कि अफ़सरों की मनोवृत्ति हिन्दी की ओर विरोधात्मक है, और इस बात की पूरी सतर्कता है कि उसे कदम रखने को कोई जगह न दी जाये; संविधान के कुछ प्रावधानों के प्रति फ़र्ज-अदाई करने के लिए उसे एक कोने में बैठने से तो नहीं रोका जा सकता, पर हिन्दी अनुभाग से आगे उसे किसी तरफ हाथ बढ़ाने न दिया जाये। कुछ दिनों के बाद तो मैंने साफ़ देख लिया था कि यह हिन्दी सेक्शन नौकरशाही की—'ब्यूरोक्रेसी' के लिए यह शब्द तिलक महाराज ने दिया था, जिसे अब वे दफ्तरशाही या अफ़सरशाही कहना चाहते हैं—गहरी कूटनीतिक चाल है। हिन्दी सेक्शन जब तक है, तब तक किसी को हिन्दी सीखने की ज़रूरत नहीं। आप जो कुछ लिखना-कहना चाहते हैं, हिन्दी में कहिये-लिखिये, हम उसका जवाब हिन्दी में देंगे, बगैर हिन्दी का एक अक्षर जाने। हिन्दी अनुभाग जिन्दाबाद! अन्त में तो मेरी दृढ़ धारणा हो गयी थी कि अगर हिन्दी को दफ्तरों में लाना है, तो हिन्दी सेक्शनों को तोड़ देना चाहिए और अफ़सरों को अपने जैसे-तैसे हिन्दी ज्ञान के बल पर जो काम हिन्दी का आये उसे निपटाना चाहिए—तभी हिन्दी कुछ प्रगति कर सकेगी। हिन्दी सेक्शन जब तक रहेगा, हिन्दी की प्रगति--प्रचार में सबसे बड़ी बाधा बनकर खड़ा रहेगा।

ओष्ठभंग हुआ था, पर मनभंग नहीं हुआ था। मन्त्रालय में हिन्दी प्रयोग को बढ़ावा देने के लिए मैंने कुछ छोटे-मोटे सुझाव दिये, जैसे जो अधिकारी हिन्दी जानते हैं—और निश्चय कुछ लोग ऐसे हैं—उनके सम्बद्ध अनुभागों में एक हिन्दी स्टेनो-टाइपिस्ट की नियुक्ति की जाये और एक पोर्टेबल हिन्दी टाइपिंग मशीन रख दी जाये कि उनसे सम्बद्ध जो पत्रादि आयें उनका निपटान वे अपने यहाँ ही कर दें, मन्त्रालय में जितने भी साइनबोर्ड हैं, वे हिन्दी में करा दिये जायें, चतुर्थ श्रेणी के

कर्मचारियों से सम्बद्ध जितने भी कागद-पत्तर चलते हैं, सब हिन्दी में करा दिये जायें—उनमें अंग्रेज़ी जानने वाले शायद 1 प्रतिशत से भी कम हों। मन्त्रालय के स्वागत-कक्ष का जितना काम है, वह सब हिन्दी में हो—हिन्दी कहीं-न-कहीं से तो शुरुआत करे, और अच्छा है नीची-से-नीची जगह से। जड़ नीचे से मजबूत होकर ही वृक्ष को सीधा तना रखती है, पल्लवित-पुष्पित करती है।

उन दिनों मन्त्रालय में मुख्य सचिव श्री सुबिमल दत्त थे—दुबले-पतले, मझोले कद के, सिर शरीर के अन्य अंगों के अनुपात से कुछ बड़ा; आँखें बड़ी-बड़ी, चश्मा लगाते थे; स्वभाव से गम्भीर, कम बोलते थे, पद जब बोलते थे, मीठा। मुझे याद है जब मैं नया-नया मन्त्रालय में आया था, एक दिन पण्डितजी ने मुझे अपने कमरे में बुलाकर उनसे मेरा परिचय कराया था, साथ ही सेक्रेटरी-जनरल मि० पिल्ले से—वे अपने पद को शोभित करने वाले अन्तिम व्यक्ति थे—नाटे, साँवले, गठे-भरे शरीर के, कॉलर-टाई से टिप-टॉप सूट में—उनके बाद वह पद निरस्त कर दिये गये, और श्री बेग से जो उस समय चीफ़-ऑफ़-प्रोटोकोल थे—औसत से ऊँचे कद के, शरीर से कुछ भारी, सदा हँसमुख। बातचीत के दौरान पण्डितजी ने जोड़ दिया था, तुम्हारा काम मि० बेग से अक्सर पड़ेगा, मि० दत्त से कभी-कभी और मि० पिल्ले से शायद ही कभी। राजदूतों की नियुक्ति, स्थानांतरण, वापसी आदि से सम्बद्ध पत्र चीफ़-ऑफ़-प्रोटोकोल के विभाग से जाते थे। उन्हीं का विभाग विदेश से आने वाले राज-पुरुषों के स्वागत, निवास, भोज, भ्रमण आदि का प्रबन्ध करता था।

एक दिन श्री सुबिमल दत्त ने मुझे अपने कमरे में बुलाया, प्रेम से मिले, अनौपचारिक वातावरण रखने के लिए चाय भी मँगा ली, बोले, 'डॉ० साहब, मैं अफ़सरों में initiative (पहल-प्रवृत्ति) की कद्र करता हूँ, जो आप में, मुझे देखकर खुशी होती है, खूब है, पर हम जो bureaucracy (नौकरशाही) के लोग हैं, हमें संयत होकर काम करना पड़ता है, हम over-enthusiastic (उत्साहातिरेक-ग्रस्त) नहीं हो सकते। हमारे कार्यों को दिशा-निर्देशित करने वाले राष्ट्रपति हैं, प्रधान मन्त्री हैं, संसद है। हमारा कर्तव्य है कि हमें जो आदेश दिये जायें, उनका हम भली-भांति पालन करें, जो काम बताया जाये, उसे खूबी के साथ अन्जाम दें और समय से। पण्डितजी आपके काम से बहुत सन्तुष्ट हैं। जो भी काम आपको दिया गया है, वह आपने दिल से, लगन से किया है। सरकारी दफ्तरों में हिन्दी प्रयोग की नयी दिशाएँ क्या हों, उसके लिए आदेश निकट भविष्य में आने वाले हैं। आपको तो मालूम ही होगा, संविधान की धारा 344 के तहत श्री बी० जी० खेर की अध्यक्षता में सरकारी भाषा आयोग की नियुक्ति हो चुकी है। अब तो वे अपनी रिपोर्ट भी प्रस्तुत करने वाले होंगे। फिर एक संसदीय समिति उस पर विचार करेगी, जिस पर राष्ट्रपति आदेश देंगे कि हिन्दी का काम आगे किस-किस दिशा में होने को है। आपके सुझाव बहुत अच्छे हैं, राष्ट्रपति के आदेश आने दीजिये, फिर हम देखेंगे कि उनके अन्तर्गत आपके सुझावों को कहाँ-कैसे स्थान दिया जा सकता है। मैं आशा करता हूँ आप मुझे गलत नहीं समझते। इस मन्त्रालय में हिन्दी के काम में आप जैसे विद्वान् से सहयोग-सहायता पाना हमारे लिए बड़े सौभाग्य की बात है। अभी जैसा

चल रहा है, चलने दीजिये।'...

सुबिमल दत्त अनुभवी और मझे अधिकारी थे–पुराने आई० सी० एस०, कूटनीतिदक्ष। कोई मुँहफट, जो मूल बात उन्होंने कही, उसको एक वाक्य में यों रख देता, 'आपको जो काम दिया जाता है, उसे करिये और अपने सुझावों को अपने पास रखिये।'

मैं अपनी सीमाएँ समझ गया।

इसके बाद कई दिन मैं गहन विचारों में पड़ा रहा। मैं जिस आशा, विश्वास, उल्लास से विदेश मन्त्रालय में आया था, वह मेरा भ्रम था। पण्डितजी ने तो पहले ही कह दिया था कि मेरा काम अनुवादक का होगा। अपने मौलिक चिन्तक-विचारक को मुझे यहाँ सुला देना पड़ेगा। पर क्या यह आसान होगा? उससे बड़ा प्रश्न, क्या यह वांछित होगा? मैंने इलाहाबाद छोड़ने के उतावलेपन में इस अनुवादक की नौकरी के निहितार्थ को पूरी तरह नहीं समझा था। और अनुवाद भी यहाँ किस कोटि का करना पड़ता है। इस काम में मेरे बुद्धि-बल के शायद पांच प्रतिशत का उपयोग होता हो। समय की जिन सीमाओं में, जिस जल्दबाज़ी से यहाँ काम पूरा करना होता है, उसमें बौद्धिक तनाव और बौद्धिक श्रम तो मैं जानता हूँ; बौद्धिक सुख या शान्ति मैं नहीं जानता--बौद्धिक सन्तोष, जो किसी समय मौलिक कविता या मौलिक लेख लिखकर मैं पाता था, या कभी- कभी युनिवर्सिटी में अपने विद्यार्थियों के सामने किसी विषय पर अच्छा लेक्चर देकर या किसी कविता का सौन्दर्य सुस्पष्ट करके। मैंने दिल्ली आने के लिए बहुत बड़ी कीमत अदा कर दी, अनुवादक बनने के लिए अपने कवि, अपने अध्यापक की उपेक्षा करके। मैं विदेश मन्त्रालय में गिरवी नहीं रखा। क्या मैं अपने पुराने कवि-अध्यापकीय जीवन में नहीं लौट सकता। साल-भर की छुट्टी पर ही तो हूँ अभी। फिर याद करता हूँ–

'जिन कपाटों की तरफ मैं पीठ करता
फिर न उनकी ओर अपनी दीठ करता।'

इलाहाबाद के अतिरिक्त भी तो विश्वविद्यालय हैं। कहीं और भी जगह होने पर मैं प्रार्थना-पत्र दे सकता हूँ, लिया भी जा सकता हूँ। जीवन प्रयोग है। यहाँ आना एक प्रयोग ही था। सफल नहीं हुआ। क्या दूसरा प्रयोग करने को मैं स्वतन्त्र नहीं हूँ?

मैंने अपना ऊहापोह, अपनी उद्विग्नता तेजी को भी नहीं बताई, वे समझती रहीं दफ्तर में काम बहुत है, मैं बहुत थक जाता हूँ। क्या बताता उनसे। वे कम उखड़ी-उखड़ी नहीं थीं। नाटक की चहल-पहल एक बार खत्म हुई तो फिर वही खालीपन, वही उदासी, वही बच्चों की याद, वही उनके लिए हुड़क, वही बीमारी, वही एलर्जी का उभार। मैंने उनसे कहा, मैं तो न जा सकूँगा, तुम नैनीताल जाकर बच्चों को देख आओ; चाहो तो बंटी का जन्मदिन मनाकर लौटो। दिल्ली में गरमी बहुत पड़ रही है, नैनीताल का परिवर्तन तुम्हारे स्वास्थ्य के लिए भी अच्छा रहेगा, मैं तो इलाहाबाद की गरमी का सिझा हूँ। सच तो यह है कि गरमी में मैं खुश रहता हूँ।

इस मामले में मैं वैशाखनन्दन हूँ, तुम्हारी पंजाबी में 'खोता'—जब जी चाहा नहाया, ठण्डे शर्बतों से जी जुड़ाया, खुले आसमान के नीचे सोये, किसी नदी-तलाब में नहाने या तैरने को मिल जाये, तो स्वर्ग सुख। सुना है राष्ट्रपति भवन में एक swimming pool (तरण-ताल) है। किसी से कह-कहलाकर मुझे भी उसमें नहाने-तैरने की आज्ञा मिल सकती है। उधर तुम्हारे जाने से बच्चे भी खुश हो जायेंगे। चिट्ठी में पढ़ती ही हो, कितना तुम्हें याद करते हैं। अक्टूबर में हम दोनों चलेंगे। अमित का जन्मदिन हम वहीं मनायेंगे। उसी समय बच्चों के स्कूल का वार्षिकोत्सव होता है। दिसम्बर में तो वे छुट्टियों में घर आ ही जायेंगे।

तेजी का मन भी बच्चों को देखने के लिए व्याकुल हो रहा था। मेरी बात मान गयीं। मैं कुछ समय के लिए अकेलापन चाहता था। मुझे अपने विषय में कुछ गम्भीर चिन्तन करना था। वार्षिक रिपोर्ट छप चुकी थी। दैनिक काम भी हल्के-फुल्के थे। अनुवाद के जो लम्बे काम मुझ पर थे, उनकी कोई जल्दी न थी। दफ्तर बन्द होने के बाद अपने कमरे में बैठकर जो काम मैं किया करता था, उसे फिलहाल मैंने रोक दिया। पांच बजे घर वापस आ जाता। तेजी नैनीताल चली गयी थीं। घर खाली। न मुझे किसी से मिलने जाना, न किसी को मुझसे मिलने आना। मुझे अपने बारे में सोचने का निर्बाध अवसर मिला।

अपनी पढ़ाई समाप्त करने के बाद यों तो मैंने रोटी-रोजी की तलाश में कई तरह के काम किये थे, पर मुख्य रूप से मैंने अध्यापन और सृजन किया था। अपने कई समकालीनों के अनुभव से मैंने यह तो समझ लिया था कि सृजन—विशेषकर हिन्दी में—सुविधाजनक जीवन का साधन नहीं बन सकता, पर किसी ऐसे काम को सृजन का सहयोगी बनाने से भी हिचकता था जो उसके बिलकुल प्रतिकूल पड़े। कच्ची जवानी थी, जिसमें आदर्शवादिता मन पर इतनी हावी थी कि कभी-कभी लगता था विशुद्ध कवि बनकर जीना भी सम्भव है। पर ऐसा नशा ज़्यादा दिन नहीं ठहरा; क्योंकि जब यथार्थ ने आदर्श के चारों ओर अपना घेरा डालना शुरू किया, तब यह मानना पड़ा कि मन की भूख तो मन-मोदक से मिट जायेगी, पर तन की भूख—'मेरा मन भूखा, तन भूखा'—जिन टुकड़ों से शान्त होगी उन्हें अर्जित करने को कुछ और करना होगा, और तब काव्य-सृजन के साथ का सबसे अहानिकार पेशा अध्यापन ही लगा था। और इन दोनों को साथ जीते हुए, जिलाने की साधना करते हुए—उनके पारस्परिक विरोध कभी-कभी उभरते ही थे—चौथाई सदी बिता दी थी, कहना चाहिए आधा जीवन।

इससे एक व्यक्तित्व बना था—द्वन्द्वात्मक पर सहयोगात्मक भी—एक पक्ष सौन्दर्य का निर्माता तो दूसरा सौन्दर्य का पारखी; एक पक्ष भावना में प्रवहमान, तो दूसरा विचार से नियन्त्रक या दिशा-निर्देशक, एक पक्ष सर्वतन्त्र-स्वतन्त्र, तो दूसरा उस पर मर्यादा का अंकुश—पर दोनों सम्मिलित—एक प्रभुसत्तात्मक अस्तित्व।

आधुनिक युग की माँगों ने विशुद्ध कवि का जीवन असम्भव नहीं तो कठिन अवश्य कर दिया है। जिन्होंने विशुद्ध कवि का जीवन जीना चाहा, उन्होंने बहुत बड़े खतरे उठाये—मेरी आँखों के सामने खतरों से पलायन करने वाले और खतरों से टूटने

वालो दोनों तरह के लोग हैं। पर उनकी इस प्रवृत्ति ने उन्हें एंक विशिष्टता तो दी ही। कवि और पत्रकार, कवि और राजनीतिज्ञ, कवि और व्यापारी, कवि और वकील आदि—ऐसे युग्मों की कल्पना करने पर साहित्य-संसार की जानी-पहचानी कई शक्लें आपके सामने आयेंगी। मैंने कवि को अध्यापक से जोड़ा, मेरे कतिपय और समकालीनों ने भी। हर जोड़ ने कवि को एक विशिष्टता दी है। मैं कैसे कहूँ कि कवि को अध्यापक के साथ जोड़ना ही आदर्श जोड़ है। मेरे सामने जो प्रश्न था, वह दूसरा था। एक जोड़ को एक युग तक जीने के बाद क्या उसे तोड़ना सम्भव, हितकर या प्रियकर था? जीवन की कुछ कटु परिस्थितियों में मैंने किसी आवेश में इस जोड़ को तोड़ने का दु:साहस किया था। जल्दी ही मुझे यह अनुभूति होने लगी थी कि मैं कोई बड़ी गलती कर बैठा। पर मैंने अपने कवि को जिस नये से जोड़ा था, या जोड़ना चाहा था, उससे उसकी अनुकूलता नहीं, प्रतिकूलता थी। नौकरशाही में पनपे किसी कवि की शक्ल मेरे दिमाग में नहीं उभर रही थी। मैं नौकरशाही के गढ़ में आया था, पर अपने को जैसे उसके ऊपर उठा हुआ समझता। पर अब मुझे यह अनुभूति कराई जा रही थी कि मैं नौकरशाही का अंग हूँ, कोई महत्त्वपूर्ण अंग भी नहीं, एक सबसे छोटी श्रेणी का, प्राय: नगण्य। मेरे कवि को, और शायद मेरे अध्यापक को भी यह स्थिति सह्य नहीं लगी। कवि के रूप में मैं शाही परम्परा का हूँ—'काम शाहंशाह का है या फ़कीरों का बनाना गीत, गाना' ('आरती और अंगारे')—जिसे गर्व से स्मरण करता हुआ मैं इलाहाबाद से दिल्ली तक आया था। और अध्यापक के रूप में भी बादशाही परम्परा का ही कहा जाऊँगा। बदलने की एक उम्र होती है। मैंने 50 की उम्र में क्या बदलने की बात सोची! ठीक है, इलाहाबाद छोड़ना था, कहीं और अध्यापकी की जा सकती थी। दिल्ली आने पर मुझे जो अपना मानसिक परिवर्तन करना पड़ेगा उसकी तस्वीर मेरे सामने साफ़ नहीं थी। खैर, अभी इतनी दूर नहीं आया कि वापस न जा सकूँ। तेजी से भी राय लेनी है। पर मुझे अपने मन में स्पष्ट होना चाहिए कि मैं क्या होकर सन्तुष्ट रह सकूँगा। बच्चन बाबू, अब यह ख़ामख़याली आप छोड़ें कि आप जो चाहें, हो सकते हैं।

महात्मा गाँधी ने कहीं लिखा है, 'जब मेरे सामने कोई समस्या खड़ी होती है, तब मैं गीता उठाता हूँ, और उसमें कहीं-न-कहीं मुझे कुछ ऐसी ज्योति मिलती है, जो मुझे घनान्धकार में भी रास्ता दिखा देती है।'

मैंने भी गीता उठाई—बड़ी आशा से कि मुझे भी कुछ संकेत मिलेगा। दूसरों के संकेतों पर मैं कम ही चला हूँ। इसलिए भला-बुरा जो भी मेरे सामने आया है, उसके लिए मैंने अपने को ही उत्तरदायी समझा है। सच्चाई तो शायद यह है कि हम दूसरों के संकेत की ओर भी तभी ध्यान देते हैं, जब उससे कहीं हमारे मन के तार जुड़े हों। इस प्रकार दूसरों के संकेत चाहे वे किसी पवित्र पुस्तक से आयें, चाहे किसी महापुरुष से, अन्तिम रूप में अपने ही होते हैं, अपने ही मन की किसी परत में दबे; दूसरों के संकेत केवल उन्हें उभार देते हैं।

इस बार गीता पढ़ते हुए मैं दो स्थलों पर रुका। एक तो जब भगवान् कृष्ण अर्जुन से कहते हैं—

'आत्मवान भवार्जुन'

और दूसरी जगह, जब वे कहते हैं—

'स्वधर्मे निधनं श्रेय: पर धर्मे भयावह'

मेरे सोचने की दिशा कुछ इस प्रकार थी। 'आत्म' से भगवान् कृष्ण का संकेत 'आत्मा' से नहीं हो सकता, जो सबमें समान मानी जाती है। सब 'आत्मवान' हैं; अर्जुन भी हैं। तब 'आत्मवान हो' कहने का क्या तात्पर्य? 'आत्म' से भगवान् कुछ और संकेत कर रहे हैं, शायद उस व्यक्तित्व का, उस स्वभाव का, जो मनुष्य अपने संस्कार से, शिक्षण से, अनुभव से, साधना से विनिर्मित-विकसित करता है। अर्जुन ने तो क्षात्र व्यक्तित्व, क्षात्र-गुण-स्वभाव विकसित किया था न? और अब उसी को वह नकार रहा था, उसी से भाग रहा था। भगवान् कह रहे हैं, अर्जुन क्षात्र-गुण-स्वभाव पर आ, वही तेरी आत्मा है, उसको छोड़कर तू निरात्म हो जायेगा। यहाँ मेरे अपने लिए कुछ सोचने को था, 'बच्चनजी, क्या तुमने कोई गुण-स्वभाव-व्यक्तित्व विकसित नहीं किया है? किया है, तो क्या उसे छोड़ सकते हो? फिर पचास वर्ष की अवस्था में? अर्जुन की अवस्था क्या थी, जब महाभारत का युद्ध हुआ था? अर्जुन मोहाविष्ट हुआ था। तुम द्रोहाविष्ट हुए हो। दोनों एक ही सिक्के के दो पहलू हैं। अर्जुन नहीं जानता था, पर भगवान् जानते थे, अर्जुन अपना गुण-स्वभाव, अपनी प्रकृति नहीं बदल सकेगा। इसीलिए अन्त में कह दिया था कि तू जो कहता है कि तू समर नहीं कर सकेगा, वह तेरा भ्रम है, तेरा गुण-स्वभाव, तेरी प्रकृति तुझसे युद्ध कराके छोड़ेगी।

यदहंकारमाश्रित्य न योत्स्य इति मन्यसे,
मिथ्यैष व्यवसायस्ते प्रकृतिस्त्वां नियोक्ष्यति।
अहंकार धरि तै मन माहीं, कहसि जो 'समर करब मैं नाहीं,'
तै निस्चय नहिं तोर फुराई, प्रकृति कराइहि, तोहि वरियाई।

—(जनगीता)

'बच्चनजी, तुम भी आत्मवान बनो, अपने गुण-स्वभाव व्यक्तित्व की ओर लौट जाओ, अपने कवि अध्यापक व्यक्तित्व को फिर अपना लो। नहीं लौटोगे, नहीं अपनाओगे, तो तुम कहीं भी रहो, मूल रूप में कवि-अध्यापक ही रहोगे। यह जो विदेश मन्त्रालय में तुमने हिन्दी टीचिंग-क्लास चलाया था, क्या उसमें तुम्हारा अध्यापक ही उभरने को नहीं कसमसा रहा था? कवि भी किसी दिन उभरेगा। तुम विदेश मन्त्रालय की नौकरशाही में समेकित नहीं हो सकोगे। तुम यहाँ कवि की— निरंकुशा: कवय:—निरंकुशता से रहना चाहोगे। तुम यहाँ के—कवय: किं न जल्पंति—जल्पने के अधिकार को लेकर रहना चाहोगे। यहाँ कदम-कदम पर अंकुश होगा। यहाँ बोलने का अधिकार—His Master's Voice में होगा—मालिक यानी व्यवस्था के स्वर में स्वर मिलाकर। यहाँ तुम्हारे लिए कठिन मानसिक संघर्ष

होगा। मौका पाते ही भागो।'

'पर मौका खिड़की-दरवाज़े पर तो नहीं बैठा है।'

'मौके की ताक में रहो।'

'रहूँगा। मौका बनाना तो अपने वश में न होगा। नियति कुछ सहायता करे तभी...'

भगवान् कृष्ण के दूसरे कथन की ओर ध्यान जाता है—

'स्वधर्मे निधनं श्रेय: परधर्मे भयावह'

धर्म से भगवान् का तात्पर्य क्या है? हिन्दू या आर्य या ब्राह्मण धर्म नहीं; 'धर्म' के पहले 'स्व' लगा है। 'घृति: क्षमा दमोऽस्तेयं...' भी नहीं; ये धर्म-लक्षण तो सबके लिए हैं। फिर 'स्व' क्यों? 'स्व धर्म' से भगवान् का तात्पर्य शायद वही है जो वे गुण-स्वभाव, प्रवृत्ति, प्रकृति से व्यक्त करते हैं। भगवान् महावीर का भी कथन है—'वस्तु: स्वभावो धम्मो'। धर्म को अपनी तरह परिभाषित करने में शायद मैं गलत नहीं हूँ। पर यदि ठीक हूँ, तो भगवान् बड़ी कड़ी माँग करते हैं। पहला तो—'आत्मवान भव' आदेश था। और अब कहते हैं आत्मवान किस हद तक हो। प्रण कराते हैं, कठिन-साध्य व्रत लेने को कहते हैं—मर जा, लेकिन अपना 'धर्म', अपना गुण-स्वभाव मत छोड़।

अपने गुण-स्वभाव से परिचित तो पहले से भी था।

इतना दृढ़ होता तो उनको छोड़कर यदि नहीं, तो उनकी उपेक्षा करके यहाँ आता ही क्यों। कहीं कमज़ोरी तो थी ही। और वह कमज़ोरी क्या आज भी नहीं है? क्या आज भी 'स्वधर्म' पालन करने के लिए तुम 'निधन' की सीमा तक जाने को तैयार हो? कहो, नहीं हो। मुझसे क्या संकोच? जानता हूँ, जीवन जीना प्यारा होता है। आदर्शों के लिए बिरले मरते हैं। यह कमज़ोरी भी तो तुम्हारा स्वभाव है। उसको जीने के लिए मैं तुम्हारी भर्त्सना न करूँगा। तुम अकेले होते तो शायद 'निधन' की हद तक जाने को उद्यत होते—अपने लिए जीना कौन बड़ा सुख है? मान लो नियति तुम्हारी सहायता नहीं करती। तुम्हें अपना स्वभाव जीने का अवसर नहीं देती तो क्या तुम मरना चाहोगे; अपने चारों ओर देखो, नहीं चाहोगे। कुछ ऐसे हैं, जिनके लिए तुम जीना चाहोगे, जीना किसी कीमत पर चाहोगे, स्वधर्म त्यागकर भी, परधर्म अपनाकर भी, भयावह स्थिति में रहकर भी। मैं खुश हूँ कि तुमने अपने दिल की सच्चाई बोल दी, अपनी कमज़ोरी स्वीकार कर ली, अपनी कमज़ोरी स्वीकार करना कमज़ोरी नहीं, बड़ी भारी ताकत है। किसी के लिए—किन्हीं के लिए—भयावह स्थिति को झेलना कोई छोटी बात नहीं, बहुत बड़ी बात है। मरना तो शायद एक क्षण का आवेश है, पर भयावह स्थिति को झेलना हर क्षण को युग बनाना है। कहीं 'स्वधर्म' स्वार्थ भी हो सकता है, कहीं परधर्म त्याग भी।

मैं सन्तुष्ट हूँ, शान्त हूँ। तुम्हें स्वेच्छा से स्वधर्म साधकर जीना पड़ा तो, या तुम्हें विवशता से परधर्म भोगकर जीना पड़ा तो भी, तुम दोनों में एक गरिमामय स्थिति में रहोगे। पर तुमसे मैं एक और बड़ी प्रत्याशा करूँगा कि अगर तुमको

स्वधर्म और परधर्म साथ जीना पड़े, तो भी तुम एक सन्तुलन बनाकर सुस्थिर रह सकोगे।

पर ओ मेरी नियति! अभी से मुझे ऐसी कठिन परिस्थितियों में मत डाल। अभी से मेरी ऐसी कठिन परीक्षा मत ले। मुझे अवसर दे, मैं अपने धर्म, अपने गुण-स्वभाव की ओर लौटने को तैयार हूँ।

और मुझे लगा मेरी नियति कोने में खड़ी मेरी पुकार सुन रही है—काश तभी उसके ओठों के कोने पर उसकी वक्र मुसकान का व्यंग्य भी मैं देख पाता।

रात बड़ी निर्विघ्न निद्रा में सोता हूँ—मन का ऊहापोह समाप्त हो गया है। एक बिजली-सी चमकी है। उसमें यही नहीं देख सका हूँ कि गलत रास्ते पर आ गया हूँ, बल्कि यह भी कि सही रास्ता किधर को जाता है।

सुबह अखबार खोलता हूँ। अनायास wanted column पर नज़र चली जाती है। चमत्कृत हो उठता हूँ। जो देखता हूँ उस पर सहसा विश्वास नहीं होता।

Technological Institute, Kharagpur में Professor of Humanities की आवश्यकता है। पे-स्केल 1200-50-1500 का है। योग्यता जो माँगी गयी है, उस पर मैं शत-प्रतिशत पूरा उतरता हूँ। किसी यूनिवर्सिटी में कम-से-कम दस वर्ष अंग्रेज़ी साहित्य पढ़ाने का अनुभव चाहिए, प्रार्थी की अवस्था चालीस से कम न हो। विदेशी डिग्री अतिरिक्त योग्यता मानी जायेगी।

सामान्य परिस्थिति में मैं तेजी से सलाह लेता। पर तेजी नैनीताल में बैठी थीं, आठ-दस दिन उनको लौटने में लग सकते थे। पत्र से भी उनकी राय जानना चाहता तो उससे कम दिन न लगते। प्रार्थना-पत्र भेजने में मैं उतनी देर करना नहीं चाहता था। फिर सोचा, वे मुझे इस स्थान के लिए प्रार्थना-पत्र भेजने से क्यों रोकेंगी। काम मेरे मन का होगा, वेतन यहाँ से ज़्यादा मिलेगा, धन-मोह मुझे नहीं, तेजी को भी नहीं, पर अच्छी आर्थिक स्थिति में मैं अपने बेटों, अपने भतीजे को अच्छी शिक्षा दिला सकूँगा। इलाहाबाद छूटा, तो फिर जैसे दिल्ली वैसे कलकत्ता, दिल्ली में ही कौन मेरी नाड़ गड़ी है। सबसे बड़ी बात, शिक्षक रूप में मुझे अपने सृजन के लिए पर्याप्त अवकाश मिलेगा, स्वतन्त्रता मिलेगी अपने मन का कुछ करने को। युनिवर्सिटी में तीन-चार घण्टे के लिए जाता था, शेष समय सब अपना; यहाँ आठ-दस घण्टे रोज़ पिसना पड़ता है, जब से आया हूँ, कविता की एक पंक्ति नहीं लिखी, तेजी को भी कितना कम समय दे सका हूँ, जबकि ज़रूरत थी कि मैं उनको अधिक-से-अधिक समय देता। युनिवर्सिटी में छुट्टियाँ कितनी मिलती थीं, जिनका स्वाध्याय-चिन्तन-मनन के लिए उपयोग हो सकता था। यहाँ तो थककर आओ और थकान मिटाने को जो कर सकते हो, करो—और थकान मिटाने को ये दफ्तरिया लोग कितने घटिया मनोविनोदों पर उतर आते हैं। मैं ऐसे जीवन की कल्पना से काँपता हूँ और अगर उससे मैं बच सकता हूँ, तो एक बार प्रयत्न करके क्यों न देख लूँ। तेजी निश्चय मुझसे सहमत होंगी कि दफ्तरी जीवन से शिक्षण-संस्था की जीवन मुझे अधिक अनुकूल पड़ेगा।

मैंने प्रार्थना-पत्र भेज दिया। प्रार्थना-पत्र उचित माध्यम से (through proper channel) भेजना था, यहाँ से विदेश मन्त्रालय के सचिव के मार्फ़त। पर मैं इस बात को विदेश मन्त्रालय से या पण्डितजी से गोपनीय रखना चाहता था कि मैं यहाँ से कहीं और जाने के लिए कोशिश कर रहा हूँ--मेरा ऐसा करना शायद ही पसन्द किया जाता। एक बात सूझी—यहाँ तो मैं अस्थायी तौर पर हूँ, मेरा lien (हिन्दी में धारणाधिकार कहें) तो अब भी इलाहाबाद युनिवर्सिटी से है, क्यों न वहाँ के अंग्रेज़ी विभागाध्यक्ष के मार्फ़त प्रार्थना- पत्र भेज दूँ। मैंने वैसा ही किया, पर एक बेईमानी की। प्रार्थना-पत्र में वर्तमान वेतन भी दिखाना था, वह मैंने विदेश मन्त्रालय का दिखाया 1000 रु०, जबकि युनिवर्सिटी का वेतन लिखता, मुझे 520 रु० लिखना पड़ता। मन में आशंका थी, कहीं मेरा कम वेतन मेरी कम योग्यता-क्षमता का आभास न दे, जैसा कि प्रायः होता है। और फिर यह भी डर कि पद के लिए अर्हता पूरी होने पर भी 520 रु० से लम्बी कूद लेकर 1200 रु० मुझे देना किसी संस्था के लिए पक्षपातपूर्ण नहीं तो उदारतापूर्ण दु:साहस ही समझा जायेगा। ऐसा प्रार्थना-पत्र भेजने में उस समय मैंने कुछ भी अनैतिक नहीं देखा था, देखी तो बस अपनी जातिगत चालाकी। और अर्ज़ी रजिस्ट्री से पोस्ट कर देने पर निश्चय किया था कि अब 'मुझे चुप रहकर इन्तज़ार करना चाहिए। मुझे इन्तज़ार करते हुए चुप रहना चाहिए।'

इन्तज़ार के दिन बड़ी मुश्किल के होते हैं, पर बड़े मज़ेदार भी होते हैं—इन्तज़ार चाहे महबूबा का हो, चाहे इम्तहान के नतीजे का, चाहे नौकरी पर नियुक्ति का; कल्पना को पर लग जाते हैं और वह आदमी को कैसे-कैसे सब्ज़बाग़ों की सैर कराती है।

आठ-दस दिन बाद तेजी नैनीताल से लौटीं—खुश-खुश। बच्चों से मिलकर आयी थीं—देखकर आयी थीं, बच्चे वहाँ खुश थे, नये स्कूल, नयी पढ़ाई, नये रहन-सहन के अभ्यस्त हो गये थे। उनकी देख-रेख क़ायदे से हो रही थी। उन्हें कोई खास तकलीफ़ नहीं थी। मैं यह सब सुनकर बहुत प्रसन्न हुआ। चिन्ता की बात सिर्फ़ यह थी कि पहाड़ पर तेजी को साँस की कुछ तकलीफ़ हो गयी थी। उन्होंने तो यही समझा कि पहाड़ों की चढ़ाई-उतराई इसका कारण थी, पर वास्तव में उन्हें दमे की शुरुआत हो गयी थी। मैंने पश्चात्ताप के साथ इसे याद किया कि आउट-आफ़-टर्न मकान लेने के लिए मैंने उनकी इसी कथित बीमारी को कारण बनाया था। क्या मेरी बात सच ही हो जायेगी।

तेजी ने मुझे भी तनावमुक्त देखा होगा। सोचा होगा दफ्तर का ज़रूरी-भारी काम पूरा हो गया है, इसी से मैं हल्का-हल्का अनुभव कर रहा हूँ। समय से दफ्तर जाता, समय से आ जाता। एक शाम को हम नरेन्द्र के यहाँ गये, दूसरी शाम को 'दिनकर' के यहाँ; वे उन दिनों हिन्दी 'आजकल' का सम्पादन करते थे और पटौदी हाउस में रहते थे। याद है, उस दिन उनके यहाँ प्रसिद्ध फिल्म अभिनेता बलराज साहनी और अलकाज़ी भी आये हुए थे; अलकाज़ी निकट भविष्य में खुलने वाले नेशनल स्कूल ऑफ़ ड्रामा में निदेशक-पद के प्रत्याशी थे। मुझे पता नहीं नाटक-मंचन-निर्देशन की विशिष्ट शिक्षा उन्होंने कहाँ ली थी। बलराज मेरी कविता के प्रेमी थे,

अपने किसी लेख में अपने प्रिय कवियों में उन्होंने गालिब के साथ 'बच्चन' का नाम भी लिया था। सुनते ही मेरा कविता का जो समाघात (impact) मन पर पड़ता है, उसके वे बड़े प्रशंसक थे और उसे मेरी कविता की विशिष्टता समझते थे। बातों-बातों में उन्होंने मुझसे कहा, अगर आप नाटक लिखें, तो बहुत सफल होंगे; क्योंकि नाटक के लिए ऐसी भाषा चाहिए, जो कान में पड़ते ही दिमाग पर चढ़ जाये, दिल में उतर जाये। आपके पास ऐसी भाषा है। फिर उन्होंने कहा, आप शेक्सपियर के किसी नाटक का अनुवाद क्यों नहीं करते। अंग्रेज़ी के आप विद्वान् हैं, हिन्दी के आप लोकप्रिय कवि हैं। अगर आप अनुवाद करें, उन्होंने जोड़ दिया, तो मैं उसमें अभिनय करूँगा। अलकाज़ी बोले, मैं उसका निर्देशन करूँगा। मुझे कुछ मनुहाता देख बलराज बोले, आइये बच्चनजी, हम तीनों हाथ मिलाकर आज वादा करें कि हम शेक्सपियर को हिन्दी रंगमंच पर लायेंगे। और हम तीनों ने खड़े होकर एक-दूसरे से हाथ मिलाकर एक त्रिकोण बनाया और ज़ोरों से एक-दूसरे का हाथ दबाया, जैसे प्रण लिया कि हम एक-दूसरे के सहयोग से ज़रूर ही इस काम को पूरा करेंगे। चन्द्रगुप्तजी की पत्नी स्वर्णजी के साथ एक ओर खड़ी तेजी अपनी अर्थपूर्ण मुसकान से हमारी योजना से अपनी सहज सहमति व्यक्त कर रही थीं।

बात आयी-गयी हो गयी।

दो-चार दिनों के बाद मैं दफ्तर से लौटा तो तेजी ने यों ही मुझसे पूछा, 'क्या तुमने इलाहाबाद युनिवर्सिटी के अंग्रेज़ी विभाग के अध्यक्ष को कोई रजिस्ट्री पत्र भेजा था? एकनालेजमेंट ड्यू की रसीद डाक से आयी है। अचानक मेरी नज़र पड़ गयी।'

तेजी सामान्यतया मेरी डाक नहीं देखतीं। खोलती-पढ़ती तो कभी नहीं। पर आज कम-से-कम ए० डी० की रसीद तो उन्होंने देख ही ली थी।

मुझे कहना ही था कि 'भेजा था'।

तेजी न भी पूछतीं 'क्यों?' तो भी मुझे बताना ही था कि मैंने पत्र क्यों भेजा था। 'भेजा था' कहकर चुप रह जाने का स्पष्ट अर्थ होता कि जिस सम्बन्ध में मैंने अंग्रेज़ी विभागाध्यक्ष को पत्र लिखा था, उसे उन्हें नहीं बताना चाहता। पर आज तेजी के मुँह से निकल गया, 'कोई खास बात?'

वह 'खास बात' मैंने तेजी से अभी तक छिपा रखी थी। कहीं मन में आशा थी कि यह पद तो मुझे मिला ही हुआ है। जिस दिन नियुक्ति का पत्र आयेगा उस दिन तेजी को बताकर उन्हें साह्लाद-चकित कर दूँगा।

पर इस छोटी-सी रसीद ने सब गड़बड़ कर दिया था।

हम पति-पत्नी एक-दूसरे के अपने निजी (private) जीवन रखने का अधिकार मानते हैं। हम एक-दूसरे का पत्र-व्यवहार न देखते हैं, न उसके बारे में पूछते हैं। हम एक-दूसरे से मिलने वाले या एक-दूसरे के सुहृद-सहेलियों के विषय में जितना एक-दूसरे को बता दें, उससे अधिक न जानने की इच्छा प्रकट करते हैं, न जानने की कोशिश करते हैं। आने-जाने के विषय में भी हम किसी हद तक अपनी-अपनी स्वतन्त्रता रखते हैं—'किसी हद तक' इस माने में कि कोई

बहुत देर से लौटे, तो दूसरे को चिन्ता होती है और पूछना पड़ता है कि इतनी देर कहाँ हो गयी?--कहाँ गये थे? किस काम से गये थे? किससे मिलने? क्यों?—ऐसे सवाल हम एक-दूसरे से नहीं पूछते। लेकिन हमारे बीच एक बहुत ज़बरदस्त क़रार है, जब कभी हममें से एक कोई सीधा और सुनिश्चित प्रश्न पूछेगा, तब दूसरा उसका सीधा और सच्चा जवाब देगा। हमारे इस क़रार ने हमारे व्यवहार और हमारे सम्बन्ध को क्या शक्ल दी है, इस पर आप स्वयं सोचें। और बड़े होने पर हमने ऐसा ही क़रार अपने बेटों से किया है। हमारे बीच गलतफ़हमी की कोई गुंजाइश नहीं।

मैंने तेजी को 'खास बात' विस्तार से बता दी।

मुझे लगा जो कुछ मैंने किया, उससे वे खुश नहीं हुईं। उन्होंने इस बात को तो माना कि अगर मन्त्रालय के वातावरण में मुझे घुटन मालूम हो रही है, तो मुझे उससे निकलने का अधिकार है, पर यह काम बिना पण्डितजी को बताये, उनसे छिपाकर करना चाहा, यह मैंने ठीक नहीं किया। उन्होंने कहा, 'पण्डितजी ने तुम में व्यक्तिगत रुचि ली है, तुम्हारा due (प्राप्य) तुम्हें दिलवाने की उन्होंने हर तरह कोशिश की है। तुम अगर उनसे सलाह लेते, तो यह देखकर कि तुम्हारी उन्नति-प्रगति का द्वार कहीं और खुलने की सम्भावना है, वे तुम्हें यहाँ न रोकते। फिर भी मैं सोचती हूँ कि अगर तुम्हारे काम से पण्डितजी को कुछ सन्तोष, कुछ प्रसन्नता, उनको किसी तरह की राहत मिलती थी तो तुम्हें यहाँ से जाने की बात नहीं सोचनी थी। तुम्हें खरगपुर की जगह मिल भी गयी, तो जिस दिन तुम उनसे छुट्टी माँगने जाओगे, वे यही समझेंगे कि तुमने उनके साथ धोखा किया। तुमने विदेश मन्त्रालय की सेवा नहीं की, तुमने उसे सिर्फ अपने लिए jumping board बनाया—एक सीढ़ी, कि उस पर चढ़कर तुम और ऊपर निकल जाओ। यहाँ आने से पहले ही सोच लेना था कि जिस तरह का काम यहाँ होगा, वह तुम कर सकोगे कि नहीं। पण्डितजी ने तो स्पष्ट कह दिया था कि काम यहाँ सिर्फ अनुवाद का होगा। और उस समय केवल पण्डितजी के लिए तुम कुछ भी करने को तैयार थे। और अब जब तुमने यहाँ से जाने को सोचा, तो पण्डितजी को खबर तक नहीं की!' मुझे अब तो याद नहीं कि उन्होंने और क्या-क्या कहा। उन्होंने अन्त में एक कहावत कही थी—

सुना, 'तेरी माँ ने खसम किया।'
कहा, 'बुरा किया।'
सुना, 'करके छोड़ दिया।'
कहा, 'और बुरा किया।'

मैंने वातावरण को हल्का करने के लिए कहा कि अभी तेरी माँ ने खसम किया ही है। छोड़ा तो नहीं। कौन जाने शायद छोड़ने की नौबत न भी आये। ऐसा मुक़द्दर का सिकन्दर मैं कभी नहीं रहा कि एक के बाद दूसरी मुहिम फ़तह करता मैं उन्नति के शिखर पर पहुँच जाऊँ। 'सरलता से कुछ नहीं मुझको मिला है।' अपने भविष्य के बारे में सोचते हुए मैंने अपने आपको इसलिए भी तैयार किया था कि शायद मुझे अपनी अस्मिता या 'अस्मियत' के साथ यह 'खसमियत' भी जीनी पड़े। तेजी इस 'खसमियत' पर हँस दीं।

अन्त में मैंने यह जोड़ दिया, 'प्रार्थनापत्र भेजते समय तो मैंने तुमसे नहीं पूछा था, पर अगर यह 'जाब' मुझे मिल गया तो मैं तुमसे पूछूँगा कि स्वीकार करूँ कि न करूँ, और अगर तुमने कह दिया कि अस्वीकार कर दो, तो मैं बड़ी खुशी से तुम्हारी बात मान लूँगा।'

विदेश मन्त्रालय में केवल उसी से सम्बद्ध काम मैं नहीं करता था। प्रायः राष्ट्रपति भवन, सूचना एवं प्रसारण मन्त्रालय, शिक्षा मन्त्रालय, साहित्य अकादमी, पासपोर्ट आफ़िस, प्रतिरक्षा मन्त्रालय में भी काम मेरे पास भेज दिये जाते थे। कुछ काम रोचक होते थे, पर प्रायः शुष्क; अनुवाद का काम कितना रोचक हो सकता था। मेरे जो भी अनुवाद किसी भी रूप में लोगों के सामने आये थे उनसे यह सामान्य धारणा बन गयी थी कि मेरे अनुवाद प्रामाणिक और सरल-सुबोध होते हैं; इस कारण जो भी काम कुछ महत्त्व के या कठिन होते वे मेरे पास भेज दिये जाते। ऐसे सारे काम, जिनको पण्डितजी द्वारा देखे जाने की सम्भावना होती, मुझसे करा लिये जाते। लोगों को ऐसा विश्वास हो गया था कि जो काम मैं कर दूँगा उसको पण्डितजी की स्वीकृति मिल ही जायेगी। मेरे पूर्व हिन्दी अनुवादों से पण्डितजी का असन्तोष और कभी-कभी उन पर उनका गुस्सा सर्वविदित था। इसका मौक़ा ही न आये, इसलिए ज़रूरी अनुवाद सम्बन्धी कामों से मुझे सम्बद्ध कर लिया जाता था।

बाहर से मिले एक रोचक काम के विषय में कुछ विस्तार से कहना चाहूँगा। रोचक ही नहीं, यह काम एक तरह से मुझे तल्लीन करने वाला था। 1956 की वैशाख पूर्णिमा को भगवान् बुद्ध के महापरिनिर्वाण की ढाई हज़ारवीं जयन्ती पड़ी, जो पण्डितजी की प्रेरणा से राजकीय स्तर पर मनाई गयी। पण्डितजी बुद्ध और बौद्ध धर्म के अनुयायी सम्राट अशोक के व्यक्तित्व से अभिभूत थे। लड़कपन में ही अपने थियोसोफिस्ट अध्यापक एफ़० टी० ब्रुक्स द्वारा वे 'धम्मपद' से परिचित हो चुके थे। विद्यार्थी जीवन में एडविन आरनाल्ड की 'लाइट ऑफ़ एशिया' उनकी प्रिय पुस्तक थी, विश्व इतिहास के स्वाध्याय से वे सम्राट अशोक के परम प्रशंसक हो गये थे। उनके पुत्री हुई तो उन्होंने उसका नाम 'प्रियदर्शनी' इन्दिरा रखा—अशोक प्रव्रज्या लेने के बाद 'प्रियदस्सी' (प्रियदर्शी) नाम से विख्यात थे। पता नहीं इन्दिराजी ने अपने नाम का यह प्रिय भाग क्यों छोड़ दिया। स्वराज मिलने के बाद तो बौद्ध प्रतीक, निश्चय ही उनके सुझाव पर, हमारे राष्ट्रीय झण्डे और सरकारी मुहर पर आ गये—सेना के 'बैजों' पर भी। उत्कृष्ट शौर्य का पुरस्कार अशोक चक्र है। राष्ट्रपति भवन के दरबार हाल में राष्ट्रपति के बैठने की जगह के ठीक पीछे-ऊपर बुद्ध की खड़ी प्रतिमा प्रतिष्ठित कराने की कल्पना किसकी थी, मैं नहीं जानता; पण्डितजी की ही हो तो कोई आश्चर्य नहीं। धार्मिक पंचशील को पण्डितजी ने राजनैतिक पंचशील में परिवर्तित कर दिया। अपनी देश-विदेश की अनेकानेक यात्राओं में बुद्ध से सम्बद्ध तीर्थों, मठ-मन्दिरों, चैत्य-गुफाओं, स्तूपों, स्मारकों, संघारामों को देखने से शायद ही वे कभी चूकते। मैंने पद्मजा नायडू के पास पण्डितजी का एक चित्र देखा था, जिसमें किसी बौद्ध मठ में उन्हें बौद्ध भिक्षुओं का

चीवर भेंट किया गया था और उन्होंने विनोद-विनोद से उसे धारण कर लिया था। तभी बौद्ध भिक्षुओं के साथ उनका एक चित्र भी लिया गया था। उस चित्र को देखने से लगता था कि इतने भिक्षुओं में उन-सा सौम्य भिक्षु कोई भी नहीं था। इसी प्रकार मैंने एक और चित्र देखा था, किसी बौद्ध स्मारक के खण्डहर के किसी द्वार का, जिसके बीच पण्डितजी विनोद से बुद्ध-आसन में बैठ गये थे। अपने देश में आदि शंकराचार्य को 'प्रच्छन्न बौद्ध' कहा गया था, गो साथ ही यह भी माना जाता है कि बौद्ध धर्म को भारत बदर करने में कुमारिल भट्ट के साथ उन्होंने विशेष भूमिका अदा की थी। मैंने पण्डितजी के बारे में जो कुछ देखा-सुना, पढ़ा और उससे मैं समझता हूँ कि 'प्रच्छन्न बौद्ध' के विशेषण के जितने अधिकारी वे थे, उतना शायद कोई दूसरा नहीं।

भगवान् बुद्ध के पट्ट शिष्य सारिपुत्र और महामौद्ग्लायन की अस्थि-पेटिकाएँ जब भारत आयीं—पता नहीं किस विदेश से—तब उनका राजकीय स्वागत किया गया। ढाई हज़ारवीं बुद्ध जयन्ती के लिए पण्डितजी के मन में अद्भुत उल्लास था। कुछ समय पहले अशोक होटल बनना शुरू हो गया था, सम्भवत: इस विचार से कि जयन्ती तक वह बनकर तैयार हो जायेगा, गो हुआ नहीं। राजधानी में बुद्ध जयन्ती पार्क बनवाया गया—उसके मध्य में श्रीलंका से मँगाकर बोधि वृक्ष की एक शाखा रोपित की गयी। भारतवर्ष में तो बोधिवृक्ष की कोई निशानी रहने नहीं दी गयी थी। पर इतिहास साक्षी है, सम्राट अशोक ने अपने पुत्र महेन्द्र और अपनी पुत्री संघमित्रा को गया के बोधिवृक्ष की शाखा के साथ श्रीलंका भेजा था, जहाँ वह पावन पुरातन वृक्ष के रूप में अब भी सुरक्षित-पूजित है। उसी समय राजधानी की एकाध बस्तियों को भी अशोक के नाम से सम्बद्ध किया गया। यह पण्डितजी का ही करिश्मा था कि एक धर्म-निरपेक्ष राज्य द्वारा उन्होंने एक महान् धर्म-संस्थापक की जयन्ती बिना किसी प्रकार की धार्मिक रूढ़ियों से आबद्ध हुए मनवा दी। वस्तुत: पण्डितजी ने इस पर्व को पूर्वी एशियायी देशों के साथ, जिनमें बौद्ध-धर्म अब भी जन-जीवन से जुड़ा है, भारत की भावनात्मक एकता रेखांकित करने का एक अवसर बनाया। बर्मा से ऊ नू आये, चीन से चो-एन-लाई, यद्यपि वहाँ माओत्सेतुंगी साम्यवाद आने के बाद बौद्ध प्रभाव घट रहा था, तिब्बत से दलाई लामा (The Living Buddha) आये और उनसे छोटे पणछेन लामा तथा और भी पूर्वी एशिया के कई प्रख्यात राजपुरुष।

जयन्ती समारोहों के सिलसिले में भगवान् बुद्ध पर एक विस्तृत वृत्तचित्र तैयार करने की योजना बनी और यह काम सूचना एवं प्रसारण मन्त्रालय को सौंपा गया। अंग्रेज़ी कमेन्ट्री के साथ यह वृत्तचित्र भी राजबंस खन्ना से बनवाया गया। राजबंस खन्ना के बारे में मैं अधिक नहीं जानता। वृत्तचित्र बनाने का अनुभव उन्हें पर्याप्त होगा। बाद में मैंने कहीं पढ़ा उन्होंने एक वृत्तचित्र 'कश्मीर' पर बनाया था। जब वृत्तचित्र पर कमेन्ट्री हिन्दी में करने की बात उठी, तब मुझे याद किया गया। सूचना एवं प्रसारण मन्त्रालय ने कुछ समय के लिए मेरी सेवाएँ माँगीं। बाहर के कामों के लिए जब मुझे बुलाया जाता था, पण्डितजी मुझे बुलाकर पूछ लेते थे, क्या काम मेरी

रुचि का होगा? क्या मैं करना चाहूँगा? वे मेरे 'बॉस' थे, मुझे आज्ञा दे सकते थे और मुझे करना ही होता। पर बड़े लोग ऐसी ही छोटी-छोटी बातों से अपने बड़प्पन का सबूत देते हैं और अपने से छोटों का मन जीत लेते हैं।

इस बार भी जब उन्होंने मुझसे पूछा, तो मैंने कहा, इस काम में अपना यत्किंचित सहयोग देकर मुझे प्रसन्नता होगी। मैं जानता था काम पण्डितजी की रुचि का है और वे चाहेंगे कि उसे कुशलता से सम्पन्न किया जाये। उन्होंने मुझे मि० लाड के पास भेजा। मि० लाड उस समय सूचना एवं प्रसारण मन्त्रालय में सचिव के पद पर थे। बुद्ध वृत्तचित्र उन्हीं की देख-रेख में बना था। मि० लाड अवस्था से प्रौढ़, महाराष्ट्रीय, साँवले, मझोले क़द-काठी के, पुराने आई० सी० एस० के आदमी होते हुए भी स्वभाव से खुले और मिलनसार थे। थोड़ी-सी बातचीत से ही मुझे पता लग गया कि वे पाली के विद्वान् हैं—पाली ग्रन्थों से कई उद्धरण उन्होंने ज़बानी दिये—और बौद्ध साहित्य भी उन्होंने काफ़ी पढ़ रखा था। लाड की विद्धत्ता से मैं बहुत प्रभावित हुआ। राजबंस खन्ना की लिखी अंग्रेज़ी कमेन्ट्री मेरे सामने थी। मुझे उसका अनुवाद हिन्दी में करना था। पर लाड जानते थे कि अनुवाद प्राय: नकली, निर्जीव, नीरस और जड़ प्रतीत होता है। उन्होंने वृत्तचित्र अंग्रेज़ी कमेन्ट्री के साथ मेरे लिए स्क्रीन कराया, कहा, आप आधार तो इसी कमेन्ट्री को बनाएँ, इसके विषय-विचार से दूर न जाएँ, पर अनुवाद में शाब्दिक होने की ज़रूरत नहीं; बल्कि अनूदित कमेन्ट्री ऐसी हो कि लगे कि वह मूल रूप से हिन्दी में ही लिखी गयी है। मैंने उन्हें बताया कि बौद्ध धर्म सम्बन्धी मूल ग्रन्थ या उनके हिन्दी अनुवाद भी जो उपलब्ध हैं मैंने नहीं पढ़े, बुद्ध या बौद्ध धर्म के विषय में जो मेरा ज्ञान है, वह अंग्रेज़ी पुस्तकों से सँजोया गया है। उनका कहना था कि बुद्ध, उनकी विचारधारा, बौद्ध कर्मकाण्ड और दर्शन से कुछ विशिष्ट शब्द जुड़े हैं। अंग्रेज़ी कमेन्ट्री में उनका उपयोग नहीं हो सकता था, पर हिन्दी कमेन्ट्री में उन्हीं का उपयोग करना आवश्यक भी होगा और उचित भी। उदाहरण के लिए, अंग्रेज़ी के in tiate को 'दीक्षित करना' कहना ठीक न होगा। उसके लिए बौद्ध सन्दर्भ में कहना होगा, 'प्रव्रज्या देना'। ऐसे ही और भी कुछ विशिष्ट शब्द उन्होंने बताये। फिर अपने पुस्तकालय से निकालकर मुझे एक किताब दी, राहुल सांकृत्यायन लिखित 'बुद्धचर्या'—शायद पुस्तक उनकी नहीं थी, पुस्तक में एक जगह पर काका कालेलकर का नाम लिखा था, उन्होंने कभी उनसे उधार ली होगी। कहा, 'अनुवाद का काम अभी आप न करें, आठ दिन में यह पुस्तक पूरी पढ़ जाएँ।'

मैंने ऐसी कम ही किताबें पढ़ी हैं, जिन्होंने मुझे इतना तल्लीन कर लिया हो। उससे मैंने बहुत कुछ सीखा-जाना जो मेरे लिए नया था, जो जीवन-भर के लिए सँजोने योग्य था। हिन्दी कमेन्ट्री तैयार करने में निश्चय इस पुस्तक ने मेरी बड़ी सहायता की। मुझे चाहिए कि वृत्तचित्र सम्बन्धी काम समाप्त होने पर मैं पुस्तक लौटा देता, पर मैं उसे फिर पढ़ना चाहता था, मैंने लाड़ साहब से कुछ और समय तक पुस्तक अपने पास रखने की अनुमति ले ली और इस कुछ समय की अवधि मैं बढ़ाता ही गया। लाड साहब ने भी कभी पुस्तक के लिए तगादा न किया।

कालान्तर में उनकी मृत्यु हो गयी। पुस्तक उनकी स्मृति में मैंने अपने पुस्तकालय में रख ली। पुस्तक का आकर्षण मेरे लिए आज भी बना है और आज भी उसे मैं कहीं से खोलूँ, वह मुझे तल्लीन कर लेती है, उसे मैं एक पृष्ठ पढ़ने के लिए भी उठाऊँ तो वह मुझे 10-12 पृष्ठ तक खींच ले जाती है। 'बुद्धचर्या'—जिसके विषय में आचार्य नरेन्द्र देव ने कहा था कि 'इस पुस्तक के लिए यदि कहा जाये कि त्रिपिटक का सार है तो अत्युक्ति न होगी...बुद्ध धर्म के सबसे प्रामाणिक आधार त्रिपिटक ही हैं'—मेरे पुस्तकालय की अमूल्य निधि है। कभी-कभी मैं सोचता हूँ कि अगर मेरे पुस्तकालय में आग लग जाये और मुझे केवल दस पुस्तकें लेकर भागना पड़े, तो निश्चय 'बुद्धचर्या' एक होगी। और 9 पुस्तकें कौन होंगी?—यह जानने के लिए आपको कुतूहल हो सकता है। बता दूँ?—ये होंगी—भगवद्गीता, गीतगोविन्द, कालिदास ग्रन्थावली, रामचरितमानस, बाइबिल (न्यू टेस्टामेंट), कम्प्लीट शेक्सपियर, पोएटिकल वर्क्स ऑफ़ ईट्स, दीवाने ग़ालिब, रोबाइयात उमरख़ैयाम। दो और किताबों की गुंजाइश हुई, तो टाल्सटाय की 'वार एण्ड पीस' और रोमें रोलां की 'जां क्रिस्तोफ़' भी उठा लूँगा।

आठ-दस दिन में मैंने राजबंस खन्ना की अंग्रेज़ी कमेन्ट्री का मूलरूपी हिन्दी अनुवाद किया। मुझे प्रसन्नता हुई कि मुझसे लाड साहब की प्रत्याशा पूरी हुई और उन्होंने मेरा अनुवाद पसन्द किया। पर अभी यह मेरे काम का केवल आधा भाग था। अगर वह किसी पुस्तिका के रूप में छपकर पढ़े जाने के लिए होता, तो उस दर्जे पर मेरा काम समाप्त हो गया होता। पर उसे तो चलते चित्रों के साथ बोलकर सुना जाने को था। यहाँ हिन्दी के लिए मुश्किल खड़ी हुई। किसी विषय पर अंग्रेज़ी कमेन्ट्री जितनी देर बोली जाने को थी तत्सम्बन्धी चलचित्र उतनी ही देर स्क्रीन पर रखे गये थे। जैसे अगर बुद्ध के जन्मस्थान लुम्बिनी के सम्बन्ध में अंग्रेज़ी कमेंटेटर को तीन मिनट तक बोलना था तो लुम्बिनी सम्बन्धी चित्र, स्मारक, शिलालेख आदि तीन मिनट के लिए फलक पर चलाये-दिखाये गये थे। हिन्दी को उल्टा काम करना था। जितनी देर तक लुम्बिनी सम्बन्धी चित्र फलक पर रहे थे, उतनी देर में हिन्दी कमेन्ट्री पूरी कर देनी थी—न उससे ज़्यादा समय में, न कम समय में। अनुवाद के सम्बन्ध में मेरा अनुभव यह था कि अंग्रेज़ी जितना एक पंक्ति में कहती थी, हिन्दी उतना कहने के लिए कम-से-कम डेढ़ पंक्ति माँगती थी। और भी, चूँकि मुझे अनुवादों को बोलने का भी अनुभव था, इसलिए मैंने देखा कि अंग्रेज़ी की एक पंक्ति पढ़ने में ड्योढ़ा समय। बोली हुई कमेन्ट्री को चलते हुए चित्र के साथ तुल्यकालिक (सिनक्रोनाइज़) बनाने के लिए मुझे बम्बई भेजा गया, वहाँ के फिल्म डिवीज़न की सहायता से यह काम पूरा करने के लिए।

कमेन्ट्री को चलचित्र के साथ तुल्यकालिक करने का काम मेरे लिए नया था, कठिन भी। फिल्मस डिवीज़न में एक छोटी-सी मशीन पर यह काम किया जाता, जिसे 'विज़ुओला' कहते हैं; उस पर छोटे आकार में चलचित्र चलता जिसे इच्छानुसार रोका या आगे-पीछे किया जा सकता था। डिवीज़न के एक कर्मचारी पण्डित नीलकण्ठ तिवारी मेरी सहायता के लिए दिये गये—तिवारीजी इंदौर के रहने वाले

थे, हिन्दी में कविता करते थे, उनके एकाधिक संग्रह निकले भी थे। उच्चारण उनका शुद्ध, आवाज़ उनकी टकसाली थी; उनके स्वर का उपयोग डिवीज़न के विविध वृत्तचित्रों में किया जाता था। विज़ुओला पर काम करने में वे निष्णात थे। जैसी कि मुझे आशंका थी, सम्बद्ध विषय पर चलचित्र समाप्त हो जाता और वार्ता चलती जाती। आप मेरी मुसीबत समझ सकते हैं। मुझे हर विषय पर हिन्दी कमेन्ट्री संक्षिप्त करके प्राय: आधी करनी पड़ती, तब कहीं चलचित्र के साथ वह क़दम-ब-क़दम चल पाती। पन्द्रह दिन के श्रम-संघर्ष के बाद यह काम समाप्त हुआ। साल बाद सरकार को फिर एक अंग्रेज़ी डाक्युमेन्ट्री को हिन्दी वृत्तचित्र में परिवर्तित कराना पड़ा। बुद्ध वृत्तचित्र में मेरी यत्किंचित सफलता के कारण फिर यह काम मुझे सौंपा गया—वह वृत्तचित्र था 'डान ओवर इण्डिया'—इसे रूसी सरकार ने भारत सरकार को भेंट किया था—मूल कमेन्ट्री रूसी में थी, उसकी अंग्रेज़ी की गयी, उसकी हिन्दी; कमेन्ट्री का अनुवाद करा के मुझे फिर बम्बई भेजा गया, पर अब मैं काम समझ गया था, ज़्यादा मुश्किल नहीं हुई, विषय भी ऐसा नहीं था कि उसमें काटा-कूटी करने में मुझे कुछ दर्द हो। फिल्म्स डिवीज़न के पास हिन्दी की कुछ अच्छी आवाज़ों के लोग थे। मुझे पता नहीं किसकी आवाज़ में बुद्ध हिन्दी कमेन्ट्री रिकार्ड की गयी। जब वह वृत्तचित्र ट्रायल के लिए दिल्ली आया, तो मि० केसकर (सूचना एवं प्रसारण मन्त्री) और मि० लाड के साथ मैंने भी उसे देखा; थोड़ी देर के लिए पण्डितजी भी उसमें आये, अंग्रेज़ी वृत्तचित्र वे पूरा देख चुके थे। सभी लोगों ने हिन्दी कमेन्ट्री पसन्द की; मैं ही सन्तुष्ट नहीं हुआ। समय की सीमा में रहने के लिए अनिच्छा से मुझे कितना कुछ काट देना पड़ा था। मेरी धारणा है कि अगर मूल हिन्दी वार्ता के अनुरूप वृत्तचित्र बनाया जाता, तो इससे कहीं अच्छा होता। कुछ लम्बा ज़रूर हो जाता। पिछलगुई होकर हिन्दी अपनी कितनी आभा-अस्मिता खोती है।

बुद्ध जयन्ती के सम्बन्ध में राजधानी में जो उत्सव-समारोह हुए उनमें से न किसी में मैं सम्मिलित हो सका, न किसी को देख सका। उस समय तो मैं बम्बई में 'विज़ुओला' से जूझ रहा था। हाँ, इतना याद है कि लौटने पर किसी पार्टी में पण्डितजी ने चो-एन-लाई से मुझे मिलवाया था और उससे मैंने हाथ मिलाया था—कसकर—'हिन्दी-चीनी भाई-भाई' का भरम उन दिनों खूब फैला था। जब चीन ने भारत पर आक्रमण किया, तो चाऊ से मिलाये हाथ पर मुझे कुछ गन्दे धब्बे नज़र आने लगे और मैंने पिड़ोर मिट्टी से मलकर तीन बार अपना हाथ गंगाजल से धोया।

जयन्ती के समय किसी विशेष प्रेरणा की मुझे याद नहीं। 'बुद्ध और नाचघर' पर मैंने एक कविता केम्ब्रिज-प्रवास में लिखी थी, जिसके सम्बन्ध में 'प्रवास की डायरी' में भी कुछ टिप्पणी है। वही कविता 'साप्ताहिक हिन्दुस्तान' में छपी। बाद में इसी नाम से मेरी मुक्तछन्द की कविताओं का एक संग्रह निकला। एक लेख मैंने अवश्य लिखा, 'आधुनिक हिन्दी कविता में बुद्ध' जो तभी आकाशवाणी से प्रसारित हुआ और बाद में मेरे निबन्ध-संग्रह 'नये-पुराने झरोखे' में सम्मिलित किया गया। मैंने आगे चलकर अपनी दो-तीन और कविताओं में बुद्ध को याद किया—'महागदभ'

(त्रिभंगिमा), 'बुद्ध के साथ एक शाम' (चार खेमे चौंसठ खूंटे), 'युगनाद' (कटती प्रतिमाओं की आवाज़) में। बुद्ध में मेरी रुचि का सृजनशील परिणाम इतना ही।

बम्बई से लौटने के थोड़े दिन बाद खरगपुर की पोस्ट के लिए साक्षात्कार का बुलावा आ गया। उसके लिए तेजी की असहमति से मेरा उल्लास प्रायः समाप्त हो गया था। मुझे कोई ख़ुशी नहीं हुई। फिर भी जब मैंने उनसे पूछा कि साक्षात्कार के लिए जाऊँ कि न जाऊँ, तब उन्होंने जाने के लिए ही कहा और अपनी शुभकामना दी, गो दिल्ली से फिर उठकर किसी दूसरी जगह जाने की कल्पना से उनके चेहरे पर मैंने एक तनाव की रेखा ही देखी।

साक्षात्कार लेने वाला सेलेक्शन बोर्ड तीन सज्जनों का था। अध्यक्ष पद पर जो सज्जन बैठे थे, कौन थे, मैं नहीं जानता था। दूसरे सज्जन खरगपुर इंस्टीट्यूट के प्रिंसिपल थे और तीसरे विशेषज्ञ (एक्सपर्ट) के रूप में श्री डी० पी० मुकर्जी थे। डी० पी० मुकर्जी किसी समय लखनऊ यूनिवर्सिटी के अंग्रेज़ी विभाग के अध्यक्ष थे; शायद उस समय अवकाश प्राप्त कर चुके थे। डी० पी० की—वे अपने परिचितों-मित्रों में इसी नाम से जाने जाते थे—अकादमीवी उपलब्धियाँ क्या थीं मुझे नहीं मालूम, पर एक समय उत्तर प्रदेश में अंग्रेज़ी के जिन तीन विद्वानों की धाक जमी थी, उनमें एक प्रो० सिद्धान्त थे, दूसरे डी० पी० मुकर्जी और तीसरे थे अमरनाथ झा। ऐसा मैंने सुना था कि डी० पी० कुछ समय के लिए रवि बाबू के निजी सचिव रहे थे और बंगला साहित्य पर भी उनका विशेष अधिकार था। अंग्रेज़ी के बाद, वे संसार की नहीं, तो एशिया की भाषाओं में—भारत की भाषाओं में तो निश्चित रूप से—बंगला को सर्वश्रेष्ठ समझते थे। समुचित कारण भी थे। नोबेल पुरस्कार से अभिषिक्त होने का गौरव एकमात्र बंगला भाषा को मिला था। उस समय तक एशिया की किसी अन्य भाषा को यह विशिष्टता नहीं दी गयी थी। मेरा ऐसा ध्यान है कि डी० सी० बंगला की श्रेष्ठता की ही नहीं, बंगाली जाति की बौद्धिक वरिष्ठता की ग्रन्थि से भी प्रपीड़ित थे। अंग्रेज़ी सूट-बूट में अपने दुबले-पतले, लमछर शरीर, गौर वर्ण, अध-गंजे बड़े सिर, चमकती आँखों, पतली नाक, पतले होंठ से डी० पी० दिखते ही किसी को भी अपनी दिमागी तेज़-तर्रारी से प्रभावित करते थे। उनसे एक बार मेरी कुछ अप्रिय-सी मुलाकात हो चुकी थी। उन्हें बोर्ड में देखते ही मेरा माथा ठनका।

बात 1944-45 की होगी। मैं यू० ओ० टी० के कैम्प में भाग लेने के लिए कुकरैल (लखनऊ) गया था। जब कैम्प समाप्त हुआ, तो मेरे मित्र ज्ञान प्रकाश जौहरी ने, जो उन दिनों लखनऊ यूनिवर्सिटी में अंग्रेज़ी के लेक्चरर थे, एक शाम अपने घर पर मेरा काव्य-पाठ रखा जिसमें उन्होंने अपने कुछ चुने हुए मित्रों के साथ विभाग के प्रोफेसर डी० पी० मुकर्जी को भी बुला लिया था। इसके पूर्व जौहरी मेरी कविता 'बंगाल का काल' का कुछ अंश उन्हें सुना चुके थे और उन्होंने उस पर मुझे एक पत्र लिखा था, जिसकी चर्चा मैं 'बंगाल का काल' की भूमिका में कर चुका

हूँ।[1] उस शाम जौहरी ने फ़रमाइश की कि मैं 'बंगाल का काल' पूरा सुनाऊँ। जबकि और श्रोताओं ने कई स्थलों पर मुझे दाद दी, डी० पी० गुम-सुम बैठे रहे, अपनी एक हथेली से अपना आधा मुँह ढके, जैसे उनके सामने कोई बहुत बदज़ायका चीज़ परोसी गयी हो और उन्हें मुलाहज़े- मुलाहज़े में उसे किसी तरह निगलना पड़ रहा हो। कविता समाप्त होने पर, तो वे मुझ पर बरस ही पड़े। क्रोध की अभिव्यक्ति करने में अंग्रेज़ी बड़ी समर्थ भाषा मालूम होती है। अच्छी-भली हिन्दी में बात करते हुए लोग गुस्सा ज़ाहिर करने के लिए अक्सर अंग्रेज़ी पर उतर आते हैं। मुझे अब तो याद नहीं कि उस दिन डी० पी० ने क्या-क्या कहा। मतलब उनके क्रोधोद्गार का यही था कि तुमने एक महान् जाति को उस पर आयी विपदा के क्षण में उसके प्रति सहानुभूति-संवेदना दिखाने के स्थान पर उसे नीचा दिखाने और ओछा साबित करने का प्रयत्न किया है और ऐसे दुर्दिन में, जिसे तुमने दूर ही से देखा है, तुम कौन आये यह बतलाने वाले कि उसे क्या करना चाहिए था—क्या करना चाहिए, 'सिच्छक हौं सगरे जग कौ गुरु ताकहं तू अब देति है सिच्छा'—बंगाल ने सारे देश को प्रेरणाएँ दी हैं, और अब हिन्दी का एक तुक्कड़ उसे प्रेरित करने का दावा करने चला है।

मुझे बड़े आदर और विनम्रता के साथ यही निवेदन करना था कि ऐसे समय बंगालियों के प्रति सहानुभूति दिखलाना या उनको दया का पात्र समझना उनका सबसे बड़ा अपमान होता।

जिन्हें जल्दी क्रोध आता है, उन्हें जल्दी ही अपने क्रोध पर पश्चात्ताप भी होता है, ख़ासकर बड़े आदमियों में।

मैं अभी इलाहाबाद पहुँचा ही था कि डी० पी० की चिट्ठी मुझे मिली, जिसमें उन्होंने मुझसे अपने आवेश में किये व्यवहार के लिए क्षमा माँगी थी। पत्र पढ़कर मुझे लगा था कि डी० पी० में कहीं बड़प्पन भी मौजूद है अथवा वे मुझे ऐसा पत्र न लिखते। अन्त का उनका वाक्य बड़ा मार्मिक था 'जो अकारण दूसरों को अपमानित करता है, उसने अपनी मृत्यु की घंटियाँ सुन ली हैं'—'One who unprovoked insults another has heard his death knell.' उनकी चिट्ठी मेरे कागज़-पत्रों में कहीं सुरक्षित है। दो या तीन वर्ष बाद जब भूपेन्द्रनाथ दास कृत 'बंगाल का काल' का बंगला अनुवाद, डॉ० विनय सरकार की भूमिका के साथ, कलकत्ता से प्रकाशित हुआ था, तब मैंने उसकी एक प्रति डी० पी० को भेज दी थी, जिसकी, जहाँ तक मुझे याद है, उन्होंने प्राप्ति सूचना भी न दी थी।

बोर्ड में उन्होंने कोई ऐसा संकेत न दिया कि वे मुझसे कभी पहले मिल चुके हैं और मैंने भी याद दिलाना उचित न समझा। औपचारिक प्रश्नों के अतिरिक्त अधिकतर प्रश्न मुझसे डी० पी० ने ही किये थे। केम्ब्रिज यूनिवर्सिटी में प्रस्तुत डॉक्टरेट के लिए मेरी थीसस की चर्चा आनी ही थी, जो ईट्स पर थी, और भारतीय

---

1. 'बंगाल के काल' पर बंगला-सरस्वती के मौन पर डी०पी० ने मुझे लिखा था, ''बंगाल ने इस काल का अनुभव अपनी हड्डियों में किया, रक्त और नसों में किया और अपनी समस्त शक्ति लगाकर अपना मुँह बन्द रखा।'' इसे आज के मुहावरे में शायद 'चुप्पी की दहाड़' कहा जाता।

पढ़े-लिखों के मन में ईट्स का नाम अनिवार्य रूप से टैगोर से जुड़ा हुआ था जिनकी नोबेल प्राइज विजयिनी 'गीतांजलि' की भूमिका ईट्स ने लिखी थी। ईट्स और टैगोर की जीवन-दृष्टि की तुलना पर बात उठी तो मैंने कहा कि भारत के विद्वानों में फैले इस भ्रम को दूर किया जाना चाहिए कि ईट्स की दृष्टि जीवन के प्रति टैगोर की तरह ही रहस्यात्मक थी। अगर कभी ईट्स की ऐसी दृष्टि थी, तो कालान्तर में वह बिलकुल बदल गयी थी। इतना ही नहीं, रहस्य-दृष्टि के प्रति उनकी सहानुभूति नहीं रह गयी थी, वे उसे रुग्ण दृष्टि भी समझने लगे थे और उसके विरोधी भी हो गये थे। उन्हें टैगोर की निष्क्रियता (Passivity) से गहरा असन्तोष था। वे टैगोर को परम्परा से स्वीकृत विश्वासों और प्रगल्भ कल्पना का कवि समझते थे, जबकि अपने को जीवन के कटु अनुभवों से प्राप्त मान्यताओं और यथार्थ चित्रण का—कम-से-कम उनकी अन्तिम परिणति इसी रूप में हुई थी। वे अपनी कविता की गतिशीलता के प्रति सचेत थे और उन्हें शिकायत थी कि टैगोर की कविता स्थिरता की एकरसता से पीड़ित है और ऊब पैदा करती है। टैगोर किसी समय अपनी कविता का अनुवाद स्वयं अंग्रेज़ी में करने लगे थे और उसके कुछ नमूने ईट्स के पास भेजे थे, जिस पर ईट्स ने अपनी नापसन्दी ज़ाहिर करते हुए कह दिया था, 'Tagore does not know English. No Indian knows English.' पद के लिए आवश्यक अर्हता में अंग्रेज़ी के अतिरिक्त भारत की अन्य भाषाओं के साहित्य का ज्ञान भी सम्मिलित था। मैंने हिन्दी साहित्य की अपनी विशेष जानकारी और उर्दू-संस्कृत के सामान्य ज्ञान की बात अपने प्रार्थनापत्र में लिखी थी। डी० पी० जानना चाहते थे कि बंगला साहित्य का मुझे कितना ज्ञान है। मुझे यही कहना था कि हिन्दी में बंगला का कुछ साहित्य अनूदित हुआ है और मैं उससे अपरिचित नहीं हूँ। उनके मुँह से एक ऐसी बात निकल गयी जिससे मैंने समझ लिया कि मैं इस पद के लिए नहीं चुना जाऊँगा। 'अगर इस पद के लिए आपकी नियुक्ति होती है, तो आपके अधिकतर विद्यार्थी तो बंगाली ही होंगे।' और मेरा ध्यान साक्षात्कार के लिए बुलाये गये अन्य प्रार्थियों की ओर चला गया जिनमें अधिकतर बंगाली ही थे। अन्त में एक सवाल उन्होंने पूछा, 'आप भी कवि हैं, कवि के रूप में आप किसको अपने निकट पाते हैं, टैगोर को या ईट्स को?' मेरे मुँह से वेसाख़्ता निकल गया 'ईट्स को'। और बोर्ड के अध्यक्ष ने मुझे संकेत कर दिया कि मैं जा सकता हूँ।

तेजी जानने के लिए उत्सुक थीं कि साक्षात्कार कैसा हुआ? मैंने उन्हें बताया कि साक्षात्कार तो बुरा नहीं हुआ, पर लिया मैं नहीं जाऊँगा; किसी बंगाली की उस पद पर नियुक्ति होगी। मैंने कहा, इससे मैं निराश नहीं हूँ : तुम भी नहीं चाहती थीं कि दिल्ली से उठकर फिर कहीं जाऊँ, चलो, जो हुआ अच्छा हुआ। अब किसी से इसका ज़िक्र करने की ज़रूरत नहीं। मैं विदेश मन्त्रालय के काम से अपनी पटरी बिठलाने की कोशिश करूँगा। विपरीत परिस्थितियों को झेलते या उनसे झगड़ते मेरी उम्र ही बीती है। और अब तो शायद वे मेरी प्रेरणाएँ ही बन गयी हैं। कुछ अप्रिय, प्रतिकूल, विरोधी की चुनौती स्वीकार करने में ही सम्भवत: मैं अपने में

निहित शक्ति, सामर्थ्य, सक्षमता को जगा पाता हूँ। मैंने यह तो लिखा था कि 'सरलता से कुछ नहीं मुझको मिला है'; मुझे यह भी लिखना चाहिए था 'कठिनता से ही मुझे सब कुछ मिला है।'

कई दिन गहन चिन्तन में बीते।

और फिर एक दिन बिजली-सी चमकी और मुझे एक राह दिखाई दी। मुझे एक सन्ध्या की याद आयी जब बलराज और अलकाजी से हाथ मिलाकर मैंने शेक्सपियर के किसी नाटक को अनूदित करने का वादा किया था।

मैंने अपने मन में कहा, 'अगर मुझे यहाँ अनुवाद का ही काम करना है, तो क्यों न मैं किसी समय-सिद्ध कृति का अनुवाद करूँ जिसमें अपना कुछ शब्द सामर्थ्य, अपनी कुछ बौद्धिक कुशलता, कुछ कल्पनाशक्ति उद्‌बुद्ध करने का अवसर मिले। किसी बड़ी रचना का सफल अनुवाद करना किसी उच्च कोटि के मौलिक सृजन से न कम महत्त्व का काम है, न कम श्रम-साधना-साध्य। साथ ही इस अभ्यास से जो अनुवाद-सामर्थ्य मेरा बढ़ेगा उसका कुछ लाभ यहाँ के काम को भी मिलेगा, और मन्त्रालय के अधिकारी भी क़ायल होंगे—अगर न होना ही न चाहें, तो—कि जब शेक्सपियर ऐसा मानक साहित्य हिन्दी में सरलता से रूपान्तरित किया जा सकता है, तो विदेश मन्त्रालय में जो लिखने- लिखाने की कार्रवाई होती है, क्या वह हिन्दी में नहीं की जा सकती। मेरे अनुवाद के द्वारा हिन्दी की क्षमता का एक प्रमाण तो सामने प्रस्तुत होगा ही। और बाधाएँ जो उसके रास्ते में खड़ी की जायें, यह तो न कह सकेंगे कि हिन्दी असमर्थ, अपरिपक्व, अविकसित भाषा है।

मैंने शेक्सपियर के नाटकों को उलटा-पलटा और अन्त में मैंने निश्चय किया कि मैं सबसे पहले 'मैकबेथ' को उठाऊँगा। 'मैकबेथ' को इसीलिए कि वह मुझे सबसे कठिन लगा। लोग प्राय: सरल से शुरू करके कठिन की ओर जाते हैं। मैं कठिन से पहले टक्कर लेता हूँ। अपनी तरोताज़ा ताक़त से अगर उसको मैंने ज़ेर कर लिया, तो आगे का रास्ता मैं आसान पाता हूँ।

दो-तीन बातें मेरे मस्तिष्क में सुस्पष्ट थीं :

नाटक को अविकल हिन्दी में लाना है,
नाटक को रंगमंच के लिए प्रस्तुत करना है,
नाटक के कवित्व की रक्षा करनी है।

शेक्सपियर के नाटक मुख्यता पद्य नाटक हैं। मुझे भी अनुवाद को आयम्बिक पेंटामीटर के जोड़ के किसी ऐसे छन्द में बाँधकर देना है, जो अपने लचीलेपन से जीवन के प्रत्येक भाव-विचार को बोल-चाल के लब-लहजे में सहज उन्मुक्तता से अभिव्यक्त कर सके। पद्य के संयमन की अपनी कुछ शक्ति है, जिस पर गद्य की स्वच्छन्दता को भी ईर्ष्या हो।

मैंने शेक्सपियर के कुछ मार्मिक स्थलों के अनुवाद को विभिन्न छन्दों में बाँधकर देखा और अपने प्रयोगों से इस परिणाम पर पहुँचा कि 24 मात्राओं का रोला छन्द आयम्बिक पेंटामीटर का सबसे नज़दीकी छन्द है। छन्द-शास्त्र में विशुद्ध रोला के नियम कम कड़े नहीं हैं—मैथिलीशरण गुप्त और सियारामशरण गुप्त में विशुद्ध

रोला के कुछ अच्छे उदाहरण मिल जायेंगे। पर मैंने देखा कि उनसे स्वतन्त्रता लेने पर भी रोला का प्रवाह बना रहता है। इतना ही नहीं, आठ या सोलह मात्रा जोड़ देने पर भी रोला की गति कुण्ठित नहीं होती। दो लघु को एक दीर्घ अथवा एक दीर्घ को दो लघु में बदल देना रोला जितनी सहजता से सहन कर लेता है उतनी से कोई अन्य छन्द नहीं। शेक्सपियर के चार सर्वश्रेष्ठ नाटकों को रोला में प्रस्तुत करके मेरी यह निश्चित धारणा है कि खड़ी बोली हिन्दी के लिए रोला अंग्रेज़ी आयम्बिक पेंटामीटर के समान आधारभूत छन्द हो सकता है। हिन्दी में अभी पद्य नाटक के प्रयोग नहीं किये गये। कभी किये गये—गद्य माध्यम के बाद भी कई साहित्यों में पद्य माध्यम से नाटक लिखे गये हैं—तो उनके लिए रोला से अधिक उपयुक्त कोई और छन्द नहीं होगा, ऐसी मेरी मान्यता है।

मन्त्रालय का रुटीन काम विधिवत करते रहने के बावजूद 'मैकबेथ' का अनुवाद पूरा करने में मुझे छह महीने से अधिक नहीं लगे। 14 नवम्बर 1956 को—पण्डितजी के जन्मदिवस पर—मैंने अनुवाद की एक स्वच्छ टाइप प्रतिलिपि उन्हें समर्पित की इन शब्दों में—

श्री जवाहरलाल नेहरू को

आदरणीय,

आपने मुझे जिस प्रकार के कार्य के लिए अपने निकट बुलाया था, अपने कलाकार के मानों में, उसी का एक परिष्कृत स्वरूप आज आपके सामने रख रहा हूँ। काम के समय अपने पैर ज़मीन पर जमाये हुए भी, अवकाश के समय आकाश में अपने डैने फैलाने का जो प्रयास मैंने किया है, आशा है, उसे आप थोड़े कौतूहल और बहुत सहानुभूति के साथ देखेंगे।

आपका,

विदेश मन्त्रालय, नयी दिल्ली

बच्चन

14-11-56

आप देखेंगे कि अपनी 'खसमियत' निभाने के साथ अपनी 'अस्मियत' जीने का संकेत मैंने उस समर्पण में भी कर दिया था।

सृजन का सुख, सृजन का सुकून, सृजन की शान्ति सृजक ही जान सकता है। 'मैकबेथ' का अनुवाद करना अनुवाद से अधिक मेरे लिए सृजन था। मैंने एक लम्बे अन्तराल के बाद अपने अस्तित्व का अनुभव किया था—अस्तित्व जो निश्चय कवि या कलाकार का अस्तित्व था। राजनयिक दस्तावेज़ों का अनुवाद करते हुए मैं मनुष्य ही नहीं, मशीन लगता था। थकता तो मैं दिन के काम से था, घर आकर देर रात तक शेक्सपियर के साथ बैठे, उसके मनोजगत में विहार करते मैं तरोताज़ा हो जाता था, जैसे कहीं से भागता, पसीने से तर, धूल-धक्कड़ में सना आकर स्वच्छ-शीतल जल के नील सरोवर में स्नान कर रहा हूँ। सोने जाता, तो ऐसा लगता, जैसे मस्तिष्क की शिरायें कोई अत्यन्त कोमल-मधुर गीत बजाकर अभी-अभी मौन हो

गयी हैं—सृजक सृजन के पश्चात् ऐसी ही नींद सोता है, जैसे सधवा प्रसव के पश्चात्।

जैसे-जैसे मैं 'मैकबेथ' में डूबता गया, तेजी की बीमारी उभरती गयी। इसकी आशंका मुझे थी। जब-जब मैंने सृजन का कोई महत्त्वपूर्ण काम उठाया है, तब-तब कोई-न-कोई विघ्न-बाधा मेरे निकट आकर खड़ी हो गयी है। 'जिस जगह यज्ञ होता, राक्षस आ ही जाते।' कभी आपने सोचा है, जहाँ यज्ञ होता है, वहाँ राक्षस क्यों आ जाते हैं? प्रतीक रूप में यज्ञ करना विसंगति में संगीत, असामंजस्य में सामंजस्य, अव्यवस्थित में सुव्यवस्थित लाना ही तो है। जहाँ किसी ने यज्ञ करना शुरू किया, विघटन, विखण्डन, विशृंखलता की शक्तियाँ भिन्ना उठती हैं। जैसे ही यज्ञ का सुवासित धूम उनकी नाक में पहुँचता है, वे उद्विग्न हो उठती हैं, मचल उठती हैं और जिधर से सुगन्ध आती है, उसी ओर उसका प्रतिरोध करने को चल पड़ती है आक्रमणोद्धत—'ज्यों मधु तोरे माखी।' इन्हीं को प्रतीक रूप में राक्षस कहा गया है। ज़रूरी नहीं कि राक्षस दीर्घ नख-दन्त-दैत्य के रूप में ही आये। ये शक्तियाँ बड़ी मायाविनी होती हैं, ये रोग-शोक, चिन्ता, आधि-व्याधि किसी रूप में आ सकती हैं और यज्ञ को विध्वंस करने का उपकरण बन सकती हैं। मैंने सृजन को सदा यज्ञ ही माना है और जब-जब मुझे राक्षसों ने सताया है, मैंने सोचा है, काश मुझे ऐसे राम-लक्ष्मण मिले होते, जो उनसे निपटते और मैं अपना कार्य निर्विघ्न समाप्त कर पाता, पर सदा ही मुझे अपने राम-लक्ष्मण को अपने ही अन्दर से निकालकर खड़ा करना पड़ा है—अपने ही धैर्य, अपनी ही सहनशक्ति के रूप में।

पर धीरज और सहनशक्ति के यह अर्थ तो नहीं थे कि तेजी को बीमारी में पड़ी देखता रहता और अपना काम किये जाता। तेजी को अपनी ईमारी-बीमारी छिपाने की कला खूब आती है—इस कला में मेरी पहली पत्नी श्यामा भी निष्णात थी—यह देखकर कि मैं किसी महत्त्वपूर्ण काम में लगा हूँ और उनकी बीमारी मेरे लिए चिन्ता का विषय हो सकती है या काम में बाधा पहुँचा सकती है, यदि उनका बस चलता, तो मुझ पर यह प्रकट भी न होने देतीं कि उन्हें कोई तकलीफ़ है। पर उनकी बीमारी तो ऐसी थी, जो छिपाई भी नहीं जा सकती थी। मैं दिल्ली में किसी अच्छे डॉक्टर को न जानता था। जिस डॉक्टर ने पहले देखा था, उसने बीमारी का कारण किसी प्रकार का मानसिक तनाव बताकर सिर्फ़ सोने की दवा दी थी। आदमी नकली नींद कहाँ तक सोये। कुछ दिनों में सोना खुद एक बीमारी हो जाती है। और उससे जो मानसिक तनाव उत्पन्न होता है, फिर उसकी दवा नहीं मिलती।

इस बीच एक दिन हम दोनों बहिन रेहाना तैयबजी से मिलने चले गये। वे हमारे बगल के ऊपर वाले फ़्लैट में रहती थीं। उनसे मिलने के लिए किसी औपचारिक परिचय की आवश्यकता न थी, हम देखते थे अक्सर अजनबी लोग भी उनसे मिलने ऊपर चले जाते थे, हम तो पड़ोसी थे। उन्होंने हमारा स्वागत किया।

एक चर्म रोग होता है, जिसमें चमड़ी सफ़ेद हो जाती है, यह कोढ़ नहीं होता है, न बदन पर किसी किस्म की खुजली होती है, उम्र के साथ जिस्म पर कत्थई रंग के छोटे-छोटे दाग पड़ जाते हैं। रेहानाजी एक लम्बा चोगा-सा पहने बैठी थीं, सिर्फ़

चेहरा, हाथ और पाँव खुला, जिसकी त्वचा सफ़ेद, छोटे कत्थई दागों वाली दिखती थी; उमर सत्तर से कम क्या होगी, शरीर से भारी, सिर पर एक काला रेशमी रूमाल, बेफ़िक्री से लपेटा, बाल उनके बँधे सफ़ेद, आँखें उनकी चमकदार, लम्बी-पतली, पर एक अजीब-सी गइराई लिये। लोगों का कहना था रेहानाजी में आदमी का भूत-भविष्य देखने की सहज शक्ति है। हम कौतूहलवश उनके पास चले गये थे, उनसे कुछ पूछने-जानने के लिए नहीं।

रेहाना तैयबजी प्रख्यात स्वतन्त्रता सेनानी अब्बास तैयबजी की सुपुत्री थीं। 1930 के नमक सत्याग्रह के दिनों में सभाओं और जुलूसों में एक गीत गाया जाता था।

'हिन्द की ख़ातिर शेर जवाहर जेल की रोटी खाये,
असी बरस का अबास तैयब जेल में उमर गंवाए।'

रेहाना ने पिता से मिले संस्कारों को जीवन में पूरी तरह उतारा था, वे उदारमना मुस्लिम महिला थीं, गांधीजी के आश्रम में बरसों रही थीं, शायद अविवाहित थीं। लगता था अपनी ध्यान-साधना से उनमें कुछ रहस्यात्मक शक्तियाँ जाग्रत हो गयी थीं जिसका लाभ वे दु:ख-चिन्ता, पीड़ित इन्सानों को देना चाहती थीं। ऐसे लोग उनके पास आकर कुछ सान्त्वना, कुछ सन्तोष लेकर लौटते थे।

मौज आने पर वे लोगों का हाथ भी देखती थीं, सामान्य सामुद्रिकों के समान वे सीधी हथेली नहीं, उल्टा हाथ देखती थीं; देखती भी नहीं थी; उस पर अपनी लम्बी, पतली, सूक्ष्म--स्पर्शी उंगलियाँ फेरती थीं और कुछ बताने लगती थीं। तेजी की और मेरी हथेली की पीठ पर हाथ फेरकर उन्होंने कहा था, 'तुम दोनों सात जन्मों से पति-पत्नी होते आ रहे हो।' हम दोनों एक-दूसरे को देखकर मुसकराये थे कि अब तो कुछ परिवर्तन होना चाहिए!—मेरी अंगूठी के नीलम को देखकर वे बोली थीं, 'यह बड़ा जरतुहा नीलम है, वह शुभ न करे, पर इसे हाथ से निकालोगे, तो तुम्हारा कुछ अशुभ अवश्य कर देगा।' तेजी ने इसे गाँठ बाँध लिया है। कभी मैंने थोड़ी देर के लिए भी अँगूठी उतारी नहीं कि उनकी नज़र मेरी उँगली पर जाती है, वे पूछती हैं, 'अँगूठी कहाँ है?' जब रेहानाजी कुछ बताने पर ही आ गयी थीं, तो हम जानना चाहते थे कि तेजी अच्छी कब होंगी। बोलीं, 'बीमारी लम्बी चलेगी, डॉ० जयचन्द का इलाज करो।'

यह बात तो उनकी ठीक निकली कि बीमारी लम्बी चलेगी, चल ही रही है, पर डॉ० जयचन्द के इलाज से लाभ नहीं हुआ, हानि ही हुई।

डॉ० जयचन्द लाहौर के प्रसिद्ध होमियोपैथ थे, देश विभाजन पर दिल्ली आकर बस गये थे। उनसे मेरा परिचय मेरे मित्र पण्डित ख़ुशीराम शर्मा ने 1939 में कराया था, जो उन दिनों मोगलपुरा में रहते थे। उनसे परिचय की मुझे खास याद इसलिए है कि जब लाहौर रेडियो स्टेशन से पहली बार मेरी 'मधुशाला' की कुछ रुबाइयों और 'प्याले का परिचय' कविता का प्रसारण किया गया था, तब उसे मैंने उन्हीं के घर पर बैठकर सुना था। उस शाम उन्होंने अपने यहाँ मेरे लिए एक चाय

पार्टी दी थीं। मुझे ख़ुशीराम ने बाद को बताया था कि वे पार्टी के बहाने ब्याहने योग्य उम्र की अपनी एक भतीजी का परिचय मुझसे कराना चाहते थे। पार्टी में उसे देखने की तो मुझे याद है, पर न मैंने उसमें कोई विशेष रुचि ली थी, न उसने ही मुझ में।

मैं डॉ० जयचन्द को बुलाने गया, तो 15-16 वर्ष बाद मुझे देखने पर भी उन्होंने मुझे पहचान लिया, घर आये, तेजी की विधिवत स्वास्थ्य-परीक्षा की, पिछली बीमारियों का इतिहास पूछा, काफ़ी समय दिया, दवा बताई, जाते समय फ़ीस लेने से इनकार कर दिया—'लाहौर के पड़ोस की बेटी से फ़ीस लूँगा!' उन्होंने तेजी की बीमारी में बहुत रुचि ली, मुझे होमियोपैथी पर पढ़ने की एक किताब दी, पर दवा उन्होंने रोग को एग्रेवेट करने की दी, शायद होमियोपैथी के उपचार में किसी दर्जे पर रोग को उभारना भी होता है। इससे तेजी बहुत घबराईं और आगे उनका इलाज करने को तैयार न हुईं। मुझे याद है' 56 की पण्डितजी की वर्षगांठ पर जब अपने 'मैकबेथ' अनुवाद की टाइप प्रतिलिपि मैं उन्हें भेंट करने गया था, तेजी मेरे साथ गयी थीं—उनकी पलकें लाल दानों से सूजी थीं, और पण्डितजी ने क्वचित चिन्ता से कहा था, 'यह क्या कर लिया है तुमने अपने चेहरे को?'

मैंने सोचा, सब कहते हैं, तेजी की एलर्जी मानसिक है, तो उनके मन को बहलाने, किसी दिशा में लगाने की कोशिश क्यों न की जाये। एलर्जी उभरती, तो दमा दब जाता, एलर्जी दबती, तो दमा उभरता। डॉक्टर कभी एक को दबाते, कभी दूसरे को दबाने का प्रयत्न करते। एलर्जी एक प्रकार की एक्ज़ेमा थी। मैंने कहीं सुना था—

एक्ज़ेमा क्योर्ड
एस्थमा श्योर

यानी अगर एक्ज़ेमा अच्छा कर दिया जाये, तो निश्चय वह दमे का रूप ले लेता है। इलाज जैसे-तैसे चलता रहा। मैंने अपने 'मैकबेथ' के अनुवाद में उनकी रुचि जगाने का प्रयत्न किया। जब उनकी तबीयत कुछ ठीक रहती मैं उनको अपना अनुवाद सुनाता। नाटकों में उनकी दिलचस्पी थी। मेरा अनुवाद उन्हें बहुत पसन्द आया। कभी-कभी हम नाट्य-पाठ करते, यानी पुरुष-पात्र के डायलॉग मैं बोलता, स्त्री-पात्र के वे। टाइप-कॉपी से उन्हें पढ़ने में दिक्कत नहीं होती थी। तभी हमने अनुभव किया कि हिन्दी रूपान्तर मंच पर भी लाने योग्य है। तेजी ने एक दिन कहा, नाटक का मंचन होगा, तो मैं लेडी मैकबेथ का पार्ट करूँगी, मैंने हँसी-हँसी में कह दिया मैं मैकबेथ का। फिर तो हमने सम्भावित मंचन की तैयारी में काफ़ी रिहर्सल किये। यह हमारा पुराना शुग़ल था। मुझे याद है 1942 के 'भारत छोड़ो' आन्दोलन के समय जब इमर्जेंसी लगा दी गयी थी, और यूनिवर्सिटी दो-तीन महीने के लिए बन्द करा दी गयी थी, तो हम दोनों घर पर शेक्सपियर के नाटकों की प्ले-रीडिंग किया करते थे। अमित पेट में था। अब हमसे लोग पूछते हैं कि अभिताभ में अभिनय की प्रतिभा कहाँ से आयी। मैं उन दिनों की याद कर एक प्रति-प्रश्न उछाल देता हूँ, 'अभिमन्यु ने चक्रव्यूह भेदने की क्रिया कहाँ से सीखी?'

'मैकबेथ' अनुवाद की टाइप प्रतियाँ मैंने अपने दो-तीन मित्रों के पास भेजी

थीं, उनकी टिप्पणी के लिए, सुधार के उनके सुझावों के लिए। कुछ सुधार के सुझाव बलराज साहनी ने भेजे, कुछ पंतजी ने; रघुवंश किशोर ने अंग्रेज़ी के मूलपाठ से पंक्ति-पंक्ति मिलाई। उन सब पर विचार करके और जगह-जगह तेजी की सलाह पर मंचन की दृष्टि से अनुवाद को संशोधित कर मैंने उसे अन्तिम रूप दिया। प्रकाशित करने के लिए उसे मैंने राजपाल एण्ड सन्ज़ के स्वामी विश्वनाथ को दे दिया।

विश्वनाथजी एक दिन साउथ एवेन्यू वाले मकान में मुझसे मिलने आये थे। उनकी उदीयमान संस्था से मैं अपरिचित न था। दिनकरजी ने अपनी 'संस्कृति के चार अध्याय' उनके यहाँ से प्रकाशित कराये थे और वे उनके व्यवहार से सन्तुष्ट थे। प्रकाशन के लिए अपनी किताबें राजपाल को देने की उन्होंने सिफ़ारिश की थी। मैंने प्रयोग की तरह पहली किताब 'धार के इधर-उधर' उन्हें प्रकाशित करने को दी थी जिसे उन्होंने अपनी तरफ़ से तो सुरुचि से ही निकाला; गो मैं पूर्णतया सन्तुष्ट न था, फिर भी उन्होंने रायल्टी अच्छी दी और समय से।

सृजन-यज्ञ चलता रहा—

—मैकबेथ अनुवाद का प्रारूप तैयार हुआ।

—उसकी टाइप प्रतियाँ तैयार की गयीं।

—उसके नाट्य-पाठ से घर गुंजित रहा।

—उसके मंचन की कल्पना की गयी।

—बीच-बीच में गीत-कविताएँ उतरती रहीं जो 'आरती और अंगारे' में जुड़ती रहीं।

—'धार के इधर-उधर' प्रकाशित हुआ।

—'मैकबेथ' अनुवाद को मित्रों के सुझावों पर, नाट्य-पाठ के अनुभवों से संशोधित कर अन्तिम रूप दिया गया।

—उसकी प्रेस कॉपी तैयार की गयी।

—उसे प्रकाशित करने को राजपाल एण्ड सन्ज़ को दिया गया।

—'मैकबेथ' के बाद कौन नाटक अनुवाद के लिए उठाया जाये, इसके लिए शेक्सपियर के नाटक उलटे-पलटे गये—

—सृजन-यज्ञ में आहुति पर आहुति पड़ रही थी।

—राक्षस और भिन्ना उठे, और सक्रिय हो गये।

—उन्होंने हमें दफ़्तर और घर दोनों से उखाड़ने की योजना बनाई।

पहले बतला चुका हूँ हिन्दी-अनुभाग मन्त्रालय के किचनेट में था। पहले ही उसमें बैठने की जगह की कमी थी। अजित कुमार आये तो उसी में एक कुर्सी, एक मेज और ठूंस दिये गये। इसी को हमारी तरफ कहते हैं, 'सकेते में समधियान' करना। मैं भी जिस कमरे में बैठता था, उसमें पखवाइयाँ लगाकर चार दड़बे बना दिये गये थे, चार 'नीच' सचिवों के बैठने के लिए। मेरा काम, ज़ाहिर है, औरों के काम से अलग तरह का था। मौलिक सृजन न सही, शुद्ध और किसी दृष्टि से

सुन्दर अनुवाद करने के लिए भी मुझे कुछ एकान्त-शान्त जगह की आवश्यकता थी। बुद्ध वृत्तचित्र का अनुवाद करते समय मुझे ऐसे वातावरण की कमी विशेष खली थी। हिन्दी अनुभाग प्रबन्ध की दृष्टि से प्रशासन विभाग के अन्तर्गत आता था। मैंने सम्बद्ध सह-सचिव को एक प्रार्थनापत्र दिया, जिसमें मैंने लिखा कि अपने काम को सुचारु रूप से करने के लिए मुझे एक अलग कमरा चाहिए, साथ ही हिन्दी-अनुभाग के लिए भी एक बड़े कमरे की ज़रूरत है। हिन्दी 'नीच' सचिव और हिन्दी लिपिकों-टिपिकों की यह हिमाकत! हुक्म हुआ हिन्दी ऑफ़िसर और हिन्दी अनुभाग को मय सरो-सामान—लाक-स्टाक एण्ड बैरेल—मन्त्रालय के मुख्य भवन से हटाकर हटमेन्ट (यानी झोपड़-पट्टी) 'पी' ब्लॉक के 86-87 कमरे में पहुँचा दिया जाये, जहाँ एक स्वतन्त्र कमरा मेरे लिए होगा, एक सेक्शन के लिपिकों-टिपिकों के लिए। विगत महायुद्ध के समय उठी, जगह की आवश्यकताओं की पूर्ति ऐसे हटमेन्ट की लाइन की लाइन कई जगह बनाई गयी थीं—जहाँ भी खुली जगहें मिल गयी थीं—एकमंजिली, कामचलाऊ—सरकारी हुक्म था, हमें मानना ही था। हम 'पी' ब्लॉक में चले गये, जो मन्त्रालय के मुख्य भवन से आध मील पर तो होगा। मुझे लगा हम मन्त्रालय के ऐसे अंग नहीं समझे गये कि हमें निकट रखा जाये। वहाँ अगल-बगल, आमने-सामने और भी कई विभागों के छोटे-मोटे दफ़्तर थे, जिनसे मेरे काम में काफ़ी शोर-गुली व्याघात पहुँचता था। किस-किस बात की शिकायत की जाये। मुझे इस स्नानान्तरण में हिन्दी की अवमानना ही लगी, जो जान-बूझकर की जा रही थी। विदेश मन्त्रालय की बुलन्द इमारत में पण्डित जवाहरलाल नेहरू के बुलन्द व्यक्तित्व के सानिंध्य में हिन्द राष्ट्र की राष्ट्रभाषा हिन्दी का काम करने का यत्किंचित गर्वीला-गौरव जो हम अनुभव करते थे, उससे हम वंचित हो गये। साज़िश तो यह कुछ अग्रेज़ी-परस्त और हिन्दी-विद्वेषी अफ़सरों की थी, पर इसका 'श्रेय' मैंने राक्षस को ही दिया—वही दूसरों को उपकरण बनाकर अपना यज्ञ-भ्रंशी काम कर रहा था। लेकिन मैं पराजित होने को तैयार न था। राक्षस को ही पराजित करने की दृष्टि से मैंने युद्ध का एक और फ्रन्ट खोल दिया। अब जब मुझे मौका मिलता, मैं सृजन-सम्बन्धी कुछ काम 'झोपड़-पट्टी' के अपने किसी कदर आज़ाद कमरे में भी बैठकर करता। 'मैकबेथ' के बाद मैंने 'ओथेलो' का अनुवाद करने का इरादा किया था और मुझे याद है उसके कुछ भाग निश्चित रूप से झोपड़-पट्टी के कमरे में ही बैठकर किये गये थे। कायस्थ को लहरें गिनने के काम पर लगा दिया गया था, पर वहाँ भी उसने अपने लाभ की जुगत बैठा ली थी। जातिबद्ध संकीर्णता से सिद्धान्तया मैं अपने को ऊपर रखता हूँ, पर न जाने क्यों मुझे चुनौती दी जाती है, तो मुझे संस्कारतः अपनी जाति के अपराजेय चातुर्य का स्मरण आता है और मैं समझता हूँ मैं इस हथियार का काफ़ी सफ़ाई से इस्तेमाल कर सकता हूँ। अपने इस जातीय आत्मविश्वास पर एक मेरे सम्बन्धी ने तुलसी के प्रसिद्ध दोहे—

काह न पावक जारि सक का न समुद्र समाई।
का न करइ अबला प्रबल केहि जग कालु न खाइ॥

की एक पैरोडी लिखी थी—

काह कलम नहिं मारि सक कागद का न समाइ।
का न करै कायथ प्रबल जाहि काल नहिं खाइ॥

'कलमवीर कायथ' कहावत तो आपने सुनी होगी—शायद उसी को याद कर मैंने अपनी एक कविता में लिखा था—

'कलम से ही
मार सकता हूँ तूझे मैं;
कलम का मारा हुआ
बचता नहीं है'—

और कागद पर कुछ भी लिख दो 'समुद्र'—'आकाश'—समा गया न? अन्तिम खण्ड से आपको आपत्ति हो सकती है—क्या कायस्थ नहीं मरता? पर 'कायस्थ' माने वही है, जो गीता के इस श्लोक में—

अनादित्वान्निर्गुणत्वात्परमात्मायमव्ययः।
शरीरस्थोपि कौन्तैय न करोति न लिप्यते॥

'शरीरस्थ' वही जो 'कायस्थ'—'शरीर'='काया'।

राक्षस दफ़्तर से उखाड़कर मुझसे मात खा गया था। उसने मुझे घर से भी उखाड़ा।

शायद मैं पहले बता चुका हूँ कि 77 साउथ एवेन्यू, जिसमें साल-भर से मैं रहता था पार्लियामेन्ट्री फ़्लैट था—यानी संसद के सदस्यों के लिए था—और राजेश्वर बाबू ने अपने विशेषाधिकार से उसे मुझे दे दिया था। शायद किसी संसद-सदस्य को आवश्यकता हुई या और कोई बात हुई—उकसाया तो छद्म वेश से राक्षस ने ही होगा—हाउसिंग कमेटी से मुझे आर्डर मिला कि मैं एक सप्ताह के अन्दर उस फ़्लैट को ख़ाली कर दूँ और नये एलाट किये फ़्लैट में चला जाऊँ—219/डी-1, डिप्लोमेटिक एनक्लेव में। एक मकान से उठकर दूसरे मकान में जाने पर आदमी कितना अव्यवस्थित हो जाता है, इसे वे सब लोग जानते होंगे, जिन्हें ऐसे अनुभव से गुज़रना पड़ा होगा। बहुत-सी किताबों वाले आदमी की तो और मुसीबत होती है। महीनों पता नहीं लगता कि कौन किताब कहाँ है। मकान बदलने का नतीजा यह होता है कि महीनों के लिए मेरे लिखने-पढ़ने का काम ठप्प हो जाता है, और यह मैं किसी हालत में नहीं होने देना चाहता था। यह मेरी मात होती।

मन्त्रालय से हम तीन मील की दूरी पर फेंक दिये गये। चाणक्यपुरी के फ़्लैट नये-नये बने थे। उनके चारों और न वृक्ष, न हरी घास का एक तिनका। हम जब वहाँ गये गरमी के दिन थे, बिना पर्दे लगी खिड़कियों, जालीदार बरामदों में ढेर-की-ढेर रेत कमरों में आती। हमारा फ़्लैट सफ़दरजंग हवाई अड्डे से बिलकुल मिला था। हवाई अड्डे की निकटता मेरे लिए सबसे ज़्यादा परेशान करने वाली चीज़ थी—हवाई अड्डा क्या था घनघोर शोर का कारखाना। जब-जब कोई हवाई

जहाज़ उड़ने के लिए उठता—और दिन-रात में बीसों उठते; तब-तब हमारे फ़्लैट के दरवाज़े-खिड़कियाँ हिल जातीं, दीवारें थरथरा उठतीं और अगर टेबल पर बैठे कोई विचार-कल्पना मेरे दिमाग में होती, तो वह हवाई जहाज़ की भर्रर्रर...उड़ान के साथ उड़न-छू हो जाती।

पर सृजन-यज्ञ रुका नहीं। पहली बात तो मैंने यह की कि यज्ञ की समिधा-सामग्री-घृत-स्त्रुवा-हवनकुण्ड मैं बहुत संभालकर साउथ एवेन्यू से चाणक्यपुरी उठा लाया। अग्नि तो अन्दर ही थी। मैंने तेजी से कहा, तुम और सामान तो ट्रक से ले जाने का प्रबन्ध करो, पर मैं अपनी किताबें, अपने पढ़ने-लिखने का सामान मोटर से वहाँ पहुँचाऊँगा, चाहे मुझे पचीस चक्कर लगाने पड़ें। उन्होंने किराये की तीन अलमारियाँ, एक मेज़-कुर्सी, टेबल-लैम्प के साथ सबसे पहले नये फ़्लैट में लगावाई। और दो ही दिन के अन्दर मैं अपने 'ओथेलो' के अनुवाद पर काम करने लगा। नये फ़्लैट में बिजली अचानक आती-जाती रहती। मैंने टेबल पर दो मोमबत्तियाँ रखवा लीं—बिजली चली जाती, तो मैं मोमबत्तियाँ जला लेता और काम करता जाता।

नये फ़्लैट में धूल फाँकते-फाँकते तेजी का दमा बढ़ना ही था। पर तेजी मुझसे कम जिद्दी नहीं हैं। उन्होंने अपनी बीमारी की हालत में ही बाज़ार से लाकर बरामदे में टाट के पर्दे, खिड़कियों, दरवाज़ों पर कपड़े के सुरुचिपूर्ण पर्दे लगवाये और घर को, जैसा भी हो सकता था, सुविधापूर्ण बनाया। सोते हम थे ज़मीन पर डनलप के गद्दों पर। दफ़्तर दूर हो जाने से आने-जाने में मेरा काफ़ी वक़्त बरबाद होता, पर जो भी समय हमें मिलता उसमें मैं कुछ अपना लिखने का काम न करता होता तो तेजी का मेरा नाट्य-पाठ चलता, 'मैकबेथ' को मंचित करने की आवश्यकताओं पर सोच-विचार होता—स्टेज कैसा बनेगा, पात्रों की पोशाकें कैसी होंगी, मंच पर इस्तेमाल होने वाले साज-सामान क्या होंगे—कितनी तरह के तो दृश्य हैं—राजदरबार के, भूत-चुड़ैलों के श्मशान के, दुकेली और सामूहिक लड़ाइयों के, वगैरह-वगैरह; और उन पर खर्च कितना बैठेगा—ख़र्च का सवाल उठते ही हमारी सारी योजना हवा हो जाती। प्रकाशन अव्यवस्थित हो जाने से रायल्टी बहुत कम मिलती थी, कवि सम्मेलनों आदि से जो ऊपरी आमदनी हो जाया करती थी, वह प्राय: बन्द थी—कहाँ दफ़्तरों में इतनी छुट्टी मिलती थी दूर-दराज़ जाने की—बेटों की प्रवासी पढ़ाई पर जो ऊँची फ़ीस लगती थी, उसके बाद घर-गृहस्थी के ख़र्च के लिए वाजबी-वाजबी ही बचता था। तेजी की बढ़ती बीमारी पर दवा-दारू का ख़र्च बढ़ता ही जाता था।

नाटक-अनुवाद सम्बन्धी सृजन-यज्ञ में मेरी सहयोगिनी होने के कारण तेजी को भी रामजी की तलाश थी कि वे राक्षसों को परास्त करें तो हमारा यजन-आयोजन कुछ आगे बढ़े। मुझे तो रामजी नहीं मिले, पर तेजी ने राम-निवास, यानी राम जिसमें निवास करें, उन हनुमानजी का पता लगा लिया। एक तरह से राक्षस ने ही अपनी कुचाल से उन्हें हनुमानजी तक पहुँचाया। हनुमानजी का पता प्राय: राक्षस ही बताते हैं।

किंवदन्ती आपने सुनी होगी। बाबा तुलसीदास प्रात:काल शौच से जब

लौटते, तो लोटे में बचा हुआ जल एक पेड़ की जड़ में डाल देते। उसमें एक ब्रह्मराक्षस रहता था। एक दिन वह विप्र रूप में उनके सामने खड़ा हुआ, बोला, 'आप जो जल यहाँ डालते थे, उससे मुझ ब्रह्मराक्षस का उद्धार हो गया। बोलिये मैं आपका क्या प्रत्युपकार करूँ।' बाबा ने कहा, 'मुझे हनुमानजी का पता बता दो।' राक्षस ने बताया अमुक स्थान पर रामकथा होती है, वहाँ हनुमानजी कोढ़ी के वेश में कथा सुनने आते हैं। तुलसीदास ने कोढ़ी के पाँव पकड़ लिये, और कोढ़ीवेशी हनुमान ने उन्हें रामजी के दर्शन करने की जुगत बताई।

राक्षस ने तो हमारी यज्ञस्थली से हमें दूर फेंका था, उसे क्या पता था कि वह हमें हनुमानजी के निकट भेज रहा है। भौतिक संसार में हमारे चारों ओर जो छोटी-छोटी घटनाएँ होती हैं, उनका कभी-कभी हमारे मन पर कितना गहरा प्रभाव पड़ता है, इस पर हम जल्दी ध्यान नहीं देते। मैं इतना अवश्य मानूँगा कि ग्रहणशील मन भी होना चाहिए। एक उदाहरण मेरे सामने है।

जिस समय हम लोग 219/डी-1, चाणक्यपुरी में आये, उस समय हमारे फ़्लैट और अशोक होटल के बीच कोई मकान न था। हम अपने फ़्लैट से अशोक होटल को बनते-उठते देखा करते। हमारे फ़्लैट और अशोक होटल के बीच विनय मार्ग पर किसी जगह से प्रति ब्रह्ममुहूर्त में किसी के शुद्ध, सुस्पष्ट उच्च स्वर में विनय पत्रिका की हुनमत-स्तुति के बारह पद सुनाई देते—'जयत्यंजनी-गर्भ-अंभोधि-संभूत-विधुविबुध- कुल-कैरवानन्दकारी' से लेकर 'मंगल मूरती मारुति-नन्दन' तक। तेजी को और मुझे भी सुबह-सुबह का यह श्रद्धा-भक्तिमय मंगल पाठ बहुत अच्छा लगता। पाठ के प्रति तेजी का कौतूहल जागा, तो मैंने उन्हें विनय पत्रिका से एक-एक पद के विस्तृत व्याख्यापूर्वक अर्थ समझाये। अपनी साल-भर की बीमारी से तन-मन-जर्जर तेजी ने कुलिश-तन, वज्र-संकल्प संकटमोचन का प्रखर आह्वान सुना—

सर्वधर्मान्परित्यज्य मामेकं शरणं ब्रज।
अहं त्वा सर्व पापेभ्यो मोक्षयिष्यामि मा शुचः॥

और वे हनुमानजी की शरण में चली गयीं—पूर्ण श्रद्धा-विश्वास के साथ। नाटक-मंचन की लगन लगाये हुए क्या वे हनुमान की इस विरुदावली से भी प्रभावित हुईं?—

'महानाटक निपुन, कोटि कविकुल तिलक, गान गुण-गर्व-गन्धर्व जेता।'

और क्या उन्होंने 'कोटि कविकुल तिलक' मेरा सजातीय आदर्श भी देखा?

मैंने सुना कि जब अशोक होटल में चाणक्यपुरी तक विनय मार्ग बनने लगा तो रास्ते में बहुत-से ऊँचे-नीचे टीलों को हटाना पड़ा। तभी बीच के एक टीले की खोदाई में हनुमानजी की एक विशाल मूर्ति मिली। कहते हैं जैसे ही यह ख़बर फैली की धरती फाड़कर हनुमानजी प्रकट हुए हैं, वैसे ही हज़ारों की भीड़ वहाँ इकट्ठी को गयी। और कई दिनों तक दर्शनार्थियों का ताँता लगा रहा। तभी कहीं से एक वयस्क ब्राह्मण देवता वहाँ पहुँचे और मूर्ति के चारों ओर के कंकड़-पत्थरों को हटाकर लेटे हनुमानजी की प्रति प्रभात को जल-सेवा करने लगे। उन्हीं के

ओजस्वी स्वर में गायी हुई हनुमत-स्तुति हमें अपने फ़्लैट से सुनाई पड़ती थी। अब तो वहाँ अच्छा-खासा मन्दिर खड़ा हो गया है। तेजी जब भी कार से विनय मार्ग से गुज़रती, मूर्ति के सामने उनका माथा झुक जाता। फिर वे वहाँ एक मिनट रुक, मोटर से उतर हनुमानजी का दर्शन करने लगीं। बाद को वे हनुमानजी के पवित्र दिन मंगल को अलोना व्रत रखने लगीं, सुन्दरकाण्ड का पाठ भी करने लगीं। सास की परम्परा आहिस्ता-आहिस्ता पतोहू में उतर पड़ी। मेरी माँ भी मंगल को व्रत रखती थीं और सुन्दरकाण्ड का पाठ करती थीं। हनुमत मूर्ति ने अपना पूरा प्रभाव दिखा दिया था।

ऐतिहासिक तथ्य शायद यह है कि जब तुर्कों ने इस देश पर आक्रमण करना शुरू किया और मन्दिरों-मूर्तियों को ढहाने-तोड़ने लगे तो हिन्दुओं ने अपनी भव्य मूर्तियों को बचाने के लिए उन्हें ज़मीन में गाड़ दिया। हिन्दू मनीषा ने निश्चय यह कल्पना की होगी, कभी तो यह पाशविक हमलावरी बाढ़ रुकेगी और तब जब ये मूर्तियाँ निकलेंगी तो अपने चारों ओर सहस्रगुनी दैवी चमत्कारी आभा लिये हुए। राजस्थान से बंगाल तक, नेपाल से धुर दक्षिण तक सैकड़ों मन्दिर आपको मिलेंगे, जिनकी मूर्तियों के बारे में यह कहा जाता है कि ये 'स्वयंभू' हैं। ब्रज में तो इन मूर्तियों के लिए एक विशेष शब्द प्रयुक्त होता है, 'प्राकट्य'—वृन्दावन में निधिवन में वह स्थान दिखाया जाता है, जहाँ से श्रीनाथजी की मूर्ति का 'प्राकट्य' हुआ था। प्राकट्य के विषय में अजीब-अजीब कहानियाँ भी प्रचलित हैं। नेपाल में 'बूढ़ा नीलकण्ठ' की एक मूर्ति है—नीलकण्ठ तो शिव को कहते हैं, पर यह भव्य मूर्ति शेषशायी भगवान् विष्णु की है—संगमूसा की—आदम कद के तिगुने आकार की—मूर्ति के पाँव की एक उँगली कटी हुई है। कहा जाता है कि ज़मीन खोदते हुए किसी किसान की कुदाली किसी बड़ी चीज़ से टकाराई और उससे रक्त की धार निकलने लगी। कहने का मतलब कि मूर्ति जड़ नहीं, सजीव है। कभी सोचता हूँ कि इन मूर्तियों के बारे में वैज्ञानिक शोध की जाये, तो बड़े ऐतिहासिक तथ्य मालूम किये जा सकते हैं और हिन्दू मनस् के सोचने की प्रक्रिया का बड़ा सूक्ष्म अध्ययन भी किया जा सकता है; पर हिन्दू पुजारी शायद ही ऐसा करने दें। उद्देश्य सम्भवतः मनुष्यों में श्रद्धा जगाने का है, वह किसी विधि से हो। मेरा ऐसा ध्यान है कि अगर श्रद्धा सत्याधारित हो तो अधिक दृढ़ होगी, अधिक दिशानिर्दिष्ट। बूढ़ा नीलकण्ठ के मूर्तिकार को जो श्रद्धा मैं दे सकता हूँ, वह किसी विष्णुभक्त की श्रद्धा से न कम है, न निम्न कोटि की। श्रीनाथजी मूर्ति के गढ़िया को मैं उसी श्रद्धा-भक्ति से नमन करना चाहूँगा, जिससे लोग श्रीनाथजी को नमन करते हैं। श्रद्धेय कुछ न दे—शायद कुछ देता भी नहीं—पर मनुष्य अपनी श्रद्धा से बहुत कुछ ले लेता है। उससे सान्त्वना-शान्ति पाता है, बल-साहस सँजोता है, और उनके कारण सफल मनोरथ भी होता है। श्रेय वह श्रद्धेय को दे, पर वास्तविक श्रेय तो उसे अपनी श्रद्धा को देना चाहिए।

तेजी ने हनुमानजी के प्रति अपनी श्रद्धा से अपने इच्छा-बल को अधिक सुदृढ़ किया, आत्मविश्वास को अधिक जगाया। मनोवैज्ञानिक सत्य शायद यह है कि

अपने में इच्छा-बल और आत्मविश्वास होने के कारण ही उन्होंने हनुमान में अपना इष्ट पाया। हनुमान इच्छा-बल और आत्मविश्वास के ही देवता तो हैं। वे जो भी करना चाहें कर सकते हैं, करते हैं। इस दृष्टि से मैं हिन्दुत्व को बड़ा मनोवैज्ञानिक और बड़ा कवित्वपूर्ण धर्म मानता हूँ। हिन्दुओं ने इतने-इतने देवताओं की कल्पना इसलिए की है कि हम मनुष्य अपनी मनोवृत्ति के अनुसार अपना देवता चुन ले, चुनता ही है। और यह तो वैज्ञानिक सत्य है कि हर मनुष्य अपनी अलग प्रवृत्ति रखता है। एक ही धर्म, एक ही विश्वास, एक ही सिद्धान्त सबके लिए—कितना अवैज्ञानिक है, इसे सहज ही देखा जा सकता है। सभ्यता के विकास में अगर कभी पूर्णतया वैज्ञानिक युग आया तो उसका वैज्ञानिक धर्म हिन्दुत्व ही हो सकेगा।

तेजी ने 'दनुज वन कुशानु' को अपनाया, तो दनुजों को क्रुद्ध-क्षुब्ध होना ही था। उन्होंने और भीषण रोग बनकर उन पर आक्रमण किया। डॉ० जयचन्द का इलाज बन्द करने के बाद हम फिर एलोपैथिक इलाज पर आ गये थे। पर रोग टस-से-मस न हुआ। इस बीच तेजी की एक सहेली—इलाहाबाद की—डॉ० वत्सला सामन्त हमारे घर आयीं। वे स्त्री रोग विशेषज्ञ थीं। तेजी की हालत देखकर उन्होंने उनकी विस्तार से परीक्षा की। बड़ा विचित्र है, हर रोग-विशेषज्ञ किसी भी रोगी में अपने ही रोग का प्रकोप देखता है। डॉ० सामन्त का निदान था कि गर्भाशय में किसी प्रकार का इन्फ़ेक्शन या छूत रोग है, उसी से एलर्जी भी है और उसी को दबाने से साँस भी फूलती है। क्यों न गर्भाशय को निकलवा दिया जाये। और बच्चे पैदा करने की न तेजी जी की मंशा है, न उम्र; गर्भाशय निकलवा देने से वे रोग-मुक्त हो जाएँगी और उनका स्वास्थ्य भी सुधरेगा—डॉ० सामन्त ने इतने निश्चय और आत्मविश्वास से कहा कि उसमें सन्देह करने की हमारे लिए कोई गुंजाइश न थी। जुलाई में कमला नेहरू अस्पताल में तेजी का ऑपरेशन हुआ। ऑपरेशन सफल रहा, पर तेजी बहुत ही कमज़ोर होकर दिल्ली लौटीं। बड़े अफ़सोस के साथ कहना पड़ता है कि डॉ० सामन्त के पूरे-पक्के आश्वासनों के बावजूद ऑपरेशन के बाद भी न एलर्जी कम हुई और न दमा घटा। कटु अनुभूति हुई कि ऑपरेशन के लिए जो कष्ट, जो परेशानी उठाई गयी, सब बेकार थी। डॉ० सामन्त को दोष देना बेमतलब था। रोग था, तो उसका कुछ इलाज तो कराना ही था। किसी के सुझाव पर पुरानी दिल्ली के एक वैद्य का इलाज आरम्भ किया गया। याद है वह इतना कड़ुआ काढ़ा पीने को देता था कि तेजी कहतीं, इससे तो विष पीना अच्छा।

बच्चे मार्च में स्कूल जाते, तो दिसम्बर में लौटते। तीन-तीन महीनों पर अर्थात् जून और अक्टूबर में हम हफ़्ते-दो-हफ़्ते को नैनीताल जाकर उनसे मिल आते। ये दिन हमारे और बच्चों के लिए भी बड़ी ख़ुशी के होते। अक्टूबर में स्कूल का वार्षिकोत्सव होता, हमारे बच्चों के भी कुछ कार्यक्रम होते, हमें उन्हें कुछ विशिष्टता पाते देखकर प्रसन्नता होती और बच्चों का ही हौसला बढ़ता कि वे जो विशिष्ट कर रहे हैं, उसे देखने को, उसकी प्रशंसा करने को, उस पर ताली बजाने को उनके माता-पिता उनके सामने हैं।

उस साल अक्टूबर में नैनीताल जाने को हम विशेष उत्सुक थे। स्कूल में

वार्षिकोत्सव पर गोगोल का नाटक 'इन्सपेक्टर जनरल' मंचस्थ किया जाने को था और अमित को मेयर का पार्ट दिया गया था— 15 वर्ष की उम्र में कम-से-कम 45 वर्ष की अवस्था के पात्र की भूमिका अदा करने को! तेजी और मैं दोनों ही अपने बेटे का अभिनय देखने को उत्सुक थे, पर ऑपरेशन के बाद की कमज़ोरी और उनकी दमे की बढ़ती बीमारी से मुझे डर था कि हम नैनीताल जा भी सकेंगे कि नहीं। लेकिन तेजी तो अपना 90 प्रतिशत काम इच्छा-बल से करती हैं। अक्टूबर लगा कि वे चलने के लिए तैयार हो गयीं।

हम कॉलेज के रंगभवन में बैठे थे। नाटक आरम्भ हो गया था। अमित ने मेयर की वेशभूषा में बड़े आत्मविश्वास के साथ रंगमंच में प्रवेश किया था, पर तेजी का दिल धक-धक कर रहा था, वे नरवस हो रही थीं और पास बैठे उन्होंने मेरा हाथ ज़ोर से पकड़ लिया था। शायद कुछ-कुछ नरवस मैं भी था, पता नहीं अमित अपना अभिनय ठीक कर पायेगा या नहीं। पर अमित जिस प्रकार पात्र में डूबकर अपनी भूमिका अदा कर रहा था, उससे हमारी नरवसता ज़्यादा देर न रह सकी। नाटक के अन्त में निर्णायकों ने उसे नाटक के सर्वश्रेष्ठ अभिनेता का पुरस्कार 'केन्डल कप' प्रदान किया। हम अपनी ख़ुशी क्या बताएँ, लगा था जैसे हमें ही पुरस्कार मिला हो। पर उस समय हमने शायद ही समझा हो कि एक दिन वह लड़का फिल्म-संसार का एक सर्वप्रिय और सर्वोत्कृष्ट अभिनेता कहा जायेगा और उसकी यह शुरुआत है। अधिक-से-अधिक यही सोचा होगा कि अपनी यत्किंचित प्रतिभा से उसने वार्षिकोत्सव के एक कार्यक्रम को सफल और मनोरंजक बनाया और स्कूल के अधिकारियों ने उसे मान्यता देने को पुरस्कृत किया। हम बहुत ख़ुश लौटे। तेजी अधिक बीमार होकर लौटीं। पहाड़ पर उनका दमा हमेशा बढ़ जाता था।

डॉक्टर हो, वैद्य हो, हकीम हो, कोई कभी नहीं स्वीकार करता कि उसके निदान में किसी प्रकार की ग़लती थी या उसके उपचार में किसी प्रकार की त्रुटि। इसलिए हमारे वैद्यजी ने जब एक दिन कहा कि सम्भव है मैं रोग को ठीक नहीं पकड़ पा रहा हूँ, और इसलिए दवा लग नहीं रही है, तो हम उनकी ईमानदारी से बहुत प्रभावित हुए। उन्होंने कहा कि उनके एक वयोवृद्ध गुरु हैं जो बरेली में रहते हैं और उन्होंने न जाने कितने असाध्य रोगों को अच्छा किया है, साँस के रोगों के तो वे एक प्रकार से विशेषज्ञ हैं, चर्म रोगों के भी, और कभी-कभी तो उनकी एक ख़ुराक दवा ही रामबाण की तरह काम करती है। आते-जाते वे कहीं नहीं, उनके पास ही जाना होगा, जाने की आसान राह भी उन्होंने बात दी, 'आप लोग मोटर से बदायूँ चले जाएँ, चार-पाँच घण्टे का रास्ता है, वहाँ से फेरी सर्विस से रामगंगा पारकर आप मोटर समेत उस पार बरेली पहुँच जाते हैं। सन्ध्या को ही भिषगाचार्य को दिखाइये और रात-भर बरेली रहकर सवेरे फिर फेरी सर्विस से बदायूँ आ जाइये और दोपहर तक आप दिल्ली में होंगे।' वैद्यजी का नाम-पता भी उन्होंने बात दिया। हमने सोचा अगर हम शनिवार को आधे दिन की छुट्टी ले लें, तो उसी शाम बरेली पहुँचकर इतवार को लौट सकते हैं, सोमवार को दफ़्तर करने के लिए।

कुछ दिन पहले से इलाहाबाद के कुँवर बहादुर चौधरी हमारे साथ रहने लगे

थे। वे जगदीश राजन के श्वसुर प्रताप बहादुर चौधरी के छोटे भाई थे। डॉ० वत्सला सामन्त उनकी पत्नी थीं। वे इण्डियन एयर फोर्स में प्रथम श्रेणी के पाइलट थे, पर किसी कारण उन्होंने वहाँ से इस्तीफ़ा दे दिया था और किसी प्राइवेट फर्म में नौकरी खोजते हुए वे दिल्ली आ पहुँचे थे। उन्हें बिरला की एक बड़ी फर्म में काम मिल गया था। वे मेहमान की तरह हमारे घर आये थे, पर बाद में हमारा इतना मन मिला कि वे घर के सदस्य की तरह हमारे साथ रहने लगे। वे उमर में मुझसे एकाध साल ही बड़े होंगे, पर जगदीश राजन के नाते से तेजी और मैं उन्हें अंकिल कहते। तेजी की तबीयत संभल नहीं रही थी। एक सप्ताहांत में अंकिल और मैंने तेजी को लेकर कार से बरेली जाने का कार्यक्रम बनाया।

उस यात्रा में हम तीनों की जान बाल-बाल बची!

हम तीनों दोपहर बाद विनयमार्गी हनुमानजी के दर्शन कर रवाना हुए—प्रसंगवश बता दूँ कि अंकिल भी हनुमान के भक्त थे। अंकिल मोटर चला रहे थे, तेजी उनके बगल में बैठी थीं। मैं पीछे की सीट पर था। रास्ते में हमें याद आया कि जैसा हमें बताया गया था अन्तिम फेरी सर्विस छह बजे शाम की है, अगर हम उसके पहले रामगंगा तट पर न पहुँचे, तो हमें रात-भर इसी पार पड़ा रहना होगा। अंकिल कुछ तेज़ ही मोटर चलाते थे। ड्राइवर की सीट पर बैठे हुए भी पुरानी आदत के कारण वे समझते थे कि वे पाइलट की सीट पर बैठे हैं। समय से घाट पहुँचने की जल्दी में उन्होंने मोटर की चाल कुछ और तेज कर दी थी। शायद सत्तर मील फी घण्टे की चाल से जा रहे थे। शाम हो रही थी, पर रास्ता बिलकुल साफ़ था, साफ़ दिखाई दे रहा था कि एक भैंस सड़क पार करने को एक ओर से दूसरी ओर को भागी और पीछे बैठे मैंने एक ज़ोर की 'धड़ाक'!!! की आवाज़ सुनी और देखा कि भैंस एक बड़े-से गेंद की शक्ल में कोई पाँच गज़ ऊपर उछलकर सड़क के बायीं ओर लगभग बीस गज़ पर गिरी और मोटर चारों पहियों पर सीधी खड़ी है!—इतनी तेज़ रफ़्तार पर भैंस से टकराकर कुछ भी होना असम्भव नहीं था, मोटर उलट सकती थी, अगल-बगल के किसी पेड़ से भिड़कर चकनाचूर हो सकती थी, हम तीनों की हड्डी-पसली चूर-चूर हो सकती थी, हमारा प्राणान्त हो सकता था। उस धड़ाक की आवाज़ और धक्के से हमारे कान सुन्न हो गये थे, हमारी आँखों के सामने अँधेरा छा गया था और एक क्षण के लिए हम बिलकुल चेतना-शून्य हो गये थे। और जब हमारी चेतना लौटी, तो हमने एक-दूसरे को टटोल-टटोलकर देखा कि हम सशरीर ज़िन्दा तो हैं, या मरकर प्रेत हुए एक-दूसरे को देख रहे हैं...

हममें से किसी को खरोंच तक न लगी थी। गाड़ी आगे से पिचक गयी थी, आगे की सीट के इधर-उधर के दरवाज़े भीतर को धँस गये थे, पर उनके खुलने में कोई दिक्कत न हुई थी, शीशों पर चिटक तक न पड़ी थी, पहिये चारों दुरुस्त, इंजन को ज़रूर क्षति पहुँची थी और गाड़ी अब चलाई नहीं जा सकती थी, उसे तो किसी बड़ी मोटर या ट्रक से 'टो' करके, यानी रास्ते से बाँधकर ही कहीं ले जाया जा सकता था।

अभी हम इस भीषण दुर्घटना से निस्तब्ध और अपने चमत्कारी बचाव पर

आश्चर्यचकित मन:स्थिति से सामान्य भी न हो पाये थे कि भैंस के मालिक ने अपने दस-बारह लठैतों के साथ हमें घेर लिया—'बड़े मोटर दौड़ाने वाले आये, हमारी गाभिन मुर्रा भैंस मार दी, 500 रुपये रखाये बिना न हम तुम्हें यहाँ से जाने देंगे और न तुम्हारी गाड़ी को।' हम उनसे कह रहे थे, 'यहाँ से जो नज़दीक पुलिस थाना हो, वहाँ हम चलते हैं, हमारी रपट लिखा दें और हमें जाने दें, थानेदार या वहाँ के अफ़सर जो भी कहेंगे, हम उनकी मार्फ़त तुम्हें दिल्ली से भेजवायेंगे, साथ हम इतना रुपया तो लेकर चलते नहीं।' उनका कहना था, 'नहीं, साहब, हम थाने-वाने के चक्कर में नहीं पड़ते, मामला महीनों लटकेगा, आप देंगे भी, तो आधा तो पुलिस खायेगी, हमको क्या मिलेगा, आप अपनी घड़ी, अँगूठी, गहने, बटुआ-सटुआ जो हो यहीं हमारे सामने रखो, नहीं तो...'

अँधेरा जल्दी-जल्दी उतर रहा था; और अँधेरा बाहर क्या उतर रहा था जो हमारे अन्दर। रात हो गयी तो दुर्घटना से तो हम बच गये पर ये उजड्ड हमारा सब कुछ लूट ही न लेंगे, हमें जान से भी मार देंगे। हम इस ताक में थे कि कोई ट्रक या मोटर उधर से निकले, तो हम उसे रोककर प्रार्थना करें कि हमें बदायूँ तक पहुँचा दें। 'जैसी होय होतिबा वैसी मिलै सहाय।' मौक़े से एक ट्रक आ गया और वह हमें बदायूँ तक 'टो' कर ले जाने को तैयार भी हो गया। हम बार-बार मोटर को ट्रक से बँधवाते और बार-बार गाँव वाले रस्सी खोल देते। हम तीन वे बीस। हम उनसे सिवा प्रार्थना करने के अलावा कुछ न कर सकते थे और वे प्रार्थना-वार्थना सुनने को तैयार न थे, पास में भैंस मरी पड़ी थी और उस पर न जाने कहाँ से पचासों गिद्ध उतरकर माँस नोच-नोच खाने लगे थे। एक तरह से भैंस गिद्धों से ढक गयी थीं और अँधेरा अब पूरी तरह उतर आया था और हम लाचारी में किसी भी अनिष्ट के लिए खुले थे।...

इतने में फिर एक चमत्कार हुआ।

'आय गयउ हनुमान जिमि करुना मुँहु वीर रस'

एक सज्जन आ पहुँचे। वे गाँव की पाठशाला में अध्यापक थे, कवि बच्चन की कविता के प्रेमी, उनकी एक-दो किताबें भी पढ़ चुके थे। मैंने अपना परिचय दिया कि वे भाव विभोर हो उठे। फ़ौरन हमारा पक्ष ले वे गाँव वालों से बोले, 'ये लोग बहुत बड़े आदमी हैं, लोग इनके दर्शनों को तरसते हैं, तुम्हारा सौभाग्य है कि तुम इन्हें देख रहे हो। राम-राम, इनको तुम परेशान कर रहे हो, इनके तो पाँव छुओ। ऐसा अवसर तुमको फिर जीवन में न मिलेगा।' गाँव वालों के लड़के अध्यापक जी की पाठशाला में पढ़ते थे और उनका गाँव-भर में बड़ा मान था। उनका स्वर इतना दबंग था कि विरोध में किसी की आवाज़ न उठी। जो गाँव वाले हमारी रस्सी खोल-खोल देते थे, उन्होंने खुद हमारी मोटर को ट्रक से बाँधा। अध्यापकजी ने कहा, 'उझानी यहाँ से दूर नहीं, भैंस वाला साथ चले, ट्रक में हम भी चलते हैं, थाने में रपट लिखा दो, थानेदार जो कहेगा, ये लोग पूरा करेंगे, ज़िम्मा इनकी तरफ से मैं लेता हूँ...' मैंने उनको बहुत-बहुत धन्यवाद दिया (अन्दर-ही-अन्दर अपनी कविता

महारानी को–खूब काम आयी आज!) मैंने उनको अपनी मोटर में बिठा लिया। नाम उनका पण्डित शान्ति प्रसाद शर्मा था। वे उझानी के रहने वाले थे।

शर्माजी ने मध्यस्थता करके हमारे और भैंस वाले के बीच सुलहनामा तैयार कराया, जिसके अनुसार हमें भैंस वाले को 300 रुपये देने थे, जो हमने बाद को थानेदार, उझानी की मार्फ़त भेजे, पता नहीं भैंस वाले को कितने मिले।

शर्माजी से सालों तक हमारा पत्र-सम्पर्क बना रहा। उन्होंने अपने उपकार का प्रत्युपकार किसी रूप में भी न चाहा। मैंने ही उनको अपनी कई पुस्तकें भेजीं। इधर कई वर्षों से उनका कोई पत्र नहीं मिला। शायद वे दिवंगत हो चुके हैं।

बदायूँ के जिलाधीश श्री नरेश वर्मा थे–इलाहाबाद यूनिवर्सिटी के पूर्व छात्र; मेरे परिचितों में थे, कुँवर के भी, पर चूँकि हमें बदायूँ नहीं रुकना था, इससे हमने उन्हें सूचित न किया था। हम 'टो' की गयी गाड़ी में उनके बँगले पर पहुँचे तो वे हमें देख भौंचक रह गये। हमें अपने यहाँ ठहराया। शहर की सबसे बड़ी मोटर वर्कशाप खुलवाकर रातोंरात हमारी गाड़ी ठीक कराई और दूसरे दिन दोपहर का खाना खिलाकर हमें विदा किया। हमने रात को ही निश्चय कर लिया था कि अपशकुन हो गया है, अब हम बरेली न जाकर सीधे दिल्ली लौट जाएँगे। लौटते समय दुर्घटना के गाँव वाले कहीं हमें तंग न करें, इसलिए वर्माजी ने अपना एक बन्दूकधारी कान्स्टेबिल हमारे साथ कर दिया।

गाँव से गुज़रते हुए हमने देखा कि गिद्धों ने भैंस के मांस-मज्जा की ऐसी सफ़ाई की थी कि अब उसकी ठठरी मात्र सड़क के किनारे पड़ी हुई थी।

हमारी मुसीबतें अभी ख़त्म न हुई थीं। रास्ते में कारबोरेटर की कोई दरार खुल गयी। हमें मील-आध-मील पर रुककर उसमें पानी भरना पड़ता–कहीं नज़दीक के कुएँ से, कहीं तालाब से, तब गाड़ी चलती, वरना इंजन गरम हो जाता और गाड़ी रुक जाती। हम करीब 9 बजे रात को अलीगढ़ पहुँचे; हमने कारबोरेटर ठीक कराया। रात के ग्यारह बज गये थे। हमने यही तय किया कि अब जैसे-तैसे धीरे-धीरे दिल्ली ही चलें और घर पर पहुँचकर ही आराम करें। रात का सुनसान सफ़र, तरह-तरह की आशंकाओं से भरे-डरे हम चार बजे घर पहुँच अपने बिस्तरों पर गिर पड़े, पर नींद किसे थी, बस यही ख़याल बार-बार आता था कि अगर उस दुर्घटना में हमारी मृत्यु हो जाती, तो हमारे बच्चों का क्या होता। अंकिल की बेटी को तो फिर भी उसकी माँ पाल लेती, पर अमित-अजित तो अनाथ हो जाते, उनके आगे-पीछे कोई न था जो उनकी देख-रेख करता। हाय, वे कहाँ जाते! क्या करते! उनके भाग्य की ही कोई प्रबल रेखा होगी कि हम बच गये, वरना इतनी भीषण घटना से हमारी मृत्यु अवश्यंभावी थी।

विधि के किसी विधान से मोटर की सारी तेजी और ज़ोर को भैंस के शरीर ने जज़्ब कर लिया था–और हमें और किसी हद तक गाड़ी को भी किसी तरह की चोट या गहरी क्षति से बचा लिया था–और हमें क्या बचाया था, हमारे बच्चों को एक ऐसे दुर्भाग्य से बचा लिया था, जिसकी कल्पना से ही हमारा दिल डूबने लगता था। एक क्षण में वे सुकुमार-होनहार राजकुमार दर-दर के भिखारी हो जाते!

त्राहिमाम! त्राहिमाम!

'दनुज ने तो हमारे साथ हमारे वंश को भी निर्मूल कर देने का षड्यन्त्र रचा था; शायद उसे आभास हो गया था कि यह वंश तो भविष्य में भी सृजन की भूमिका निबाहेगा। पर 'दनुज वन कृशानु' ने उसके षड्यन्त्र को निष्फल कर दिया।

हम तो इतना ही जानते थे कि हमारा सृजन-संघर्ष बाहरी और भीतरी अवरोधों के बावजूद निरन्तर चल रहा था। 'ओथेलो' अनुवाद का कुछ अंश प्रति मास हिन्दी 'आजकल' में प्रकाशित कराने की योजना हमने बनाई थी, और मुझे याद नहीं कि किसी मास में नागा हुआ। कुछ छन्दोबद्ध और कुछ मुक्त छन्द की कविताएँ भी समय-समय पर रची जाती रहीं, और उन्हें 'आरती और अंगारे' और 'बुद्ध और नाचघर' में स्थान दिया जाता रहा। आकाशवाणी से भी समय-समय पर मेरा काव्यपाठ होता रहा या मेरी कोई वार्ता प्रसारित होती रही, जिन्हें 'नये पुराने झरोखे' में संगृहीत किया गया। मेरी नयी कविताएँ और लेख 'साप्ताहिक हिन्दुस्तान' और 'धर्मयुग' में निकलते रहे। बाहर तो अधिक जा सकना सम्भव न था, पर राजधानी की विभिन्न संस्थाओं के कवि-सम्मेलनों में मेरे काव्य-पाठ या सभा-सेमिनारों में मेरे व्याख्यान होते रहे और यथापूर्व ललक से सुने जाते रहे। ये सब सृजन-यजन में आहुतियाँ नहीं थीं तो क्या थीं? एक विशेष आहुति का अवसर 14 नवम्बर को पण्डितजी की वर्षगाँठ पर आया।

आकाशवाणी ने मेरे निवेदन में पण्डितजी के निवास-स्थान—तीन-मूर्ति भवन—में बच्चों का एक अभिनव कार्यक्रम आयोजित कराया। प्रत्येक भाषा-प्रान्त के बच्चे अपने प्रान्त की विशेष वेशभूषा में आये थे और उन्होंने अपने-अपने प्रदेश का लोकगीत सुनाया था। तभी यह अनुभूति हुई थी कि हमारी भाषाओं की लोक धुनों का भण्डार भी कितना विपुल और कितना विविध है। उर्दू लोकगीत न रखने से कुछ विवाद भी अंग्रेज़ी प्रेस में उठा और मुझे इस तर्क से उसका शमन करना पड़ा कि उर्दू तो दुर्भाग्यवश अथवा ऐतिहासिक कारणों से केवल शहरी भाषा है, उसमें लोकगीत कहाँ! एकीलीज़[1] को समझ लेना चाहिए कि उसकी एड़ियाँ उसके शरीर का सबसे कमज़ोर अंग है। मैंने बच्चों को एक हास्य गीत भी सुनाया था—'ओथेलो' से लिया—'एक बड़ा राजा था, जिसने एक सिलाया पाजामा।'

पण्डितजी के बालवत् स्वभाव की एक झाँकी, जो उस दिन भी मैंने पायी थी आपके सामने प्रस्तुत करना चाहूँगा।

बच्चे भवन के बड़े हॉल में सजे-धजे बैठे थे—कैमरे आदि चारों तरफ लगे

1. एकीलीज़—यूनानी दन्त-कथाओं का एक वज्रकाय योद्धा। जब उसका जन्म हुआ था, तब देवताओं ने उसकी माता से कहा था कि वह अपने पुत्र का जितना शरीर स्टिक्स नदी में डुबा देगी उतना शरीर अभेद्य हो जायेगा। माता ने एकीलीज़ को एड़ियों से पकड़ उसके सारे शरीर को स्टिक्स नदी में डुबकी दिला दी। परिणाम यह हुआ कि एकीलीज़ का सारा शरीर तो वज्र का-सा हो गया, पर उसकी एड़ियाँ कमज़ोर रह गयीं। होमर के महाकाव्य 'ईलियड' में वर्णित ट्रोजन-समर में एकीलीज़ के शत्रुओं ने उसकी एड़ियों को तोड़कर ही उसे धराशायी किया था। एकीलीज़ हील्स (एड़ियाँ) किसी बड़े की किसी कमज़ोरी के लिए मुहावरा बन गया।

हुए। पण्डितजी आये, तो बच्चे उनके प्रधानमन्त्रित्व से आतंकित सहम से गये। उन्होंने फौरन बच्चों के चेहरों से यह बनावटी और अप्रिय स्थिति भाँप ली। इसे दूर करने के लिए वे जूते पहने कालीन पर जा बैठे, और फिर अपना एक जूता उतारा और ज़ोर से उसे कालीन के बाहर फेंका—'यह रही बिल्ली!' और फिर दूसरा जूता उतारा और उसे धीरे से कालीन के बाहर सरका दिया—'यह रहा चूहा!' और सब बच्चे हँस पड़े और एक सहज-स्वाभाविक वातावरण बन गया जिसमें बच्चों ने खुलकर अपने गीत गाये। केरल के एक बच्चे ने एक गीत गाया था। पण्डितजी ने उसका मतलब पूछा, बच्चे ने बताया कि उसका अर्थ है कि राजा बलि के राज में न कोई दीन था न दु:खी; न कोई भूखा था न नंगा; न कोई चोर था, न झूठा। पण्डितजी चट बोले, 'तो भाई, राजा बलि को ढूँढ़ना चाहिए।'

इस अवसर के लिए मैंने एक विशेष गीत लिखा था, जिसे सब बच्चों ने साथ गाया—'भारत के कोने-कोने से हम सब बच्चे आये हैं।' बाद में एक खुले मैदान में भारत के नक्शे के आकार में भाषा-प्रान्तानुसार बच्चों के दल खड़े हुए और इस टेक से कि—

'भारत के कोने-कोने से हम सब बच्चे आये हैं,
नयी उमंगों, आशाओं का हम संदेशा लाये हैं।'

बच्चों ने अपने-अपने भू-भाग से सम्बद्ध कड़ी गायी--

हम गिरि की ऊँचाई लाये,
हम सागर की गहराई,
हम पूरब से आये, लाये
प्रात किरण की अरुणाई।

हम पच्छिम से आये, लाये
आग-राग राजस्थानी,
हम लाये हैं गंग-जमुन के
संगम का निर्मल पानी।

कल आने वाली दुनिया में
हम कुछ कर दिखलाएँगे,
भारत के ऊँचे माथे को
ऊँचा और उठाएँगे!

भारत के कोने-कोने से हम सब बच्चे आये हैं,
नयी उमंगों, आशाओं का हम संदेशा लाये हैं।

कार्यक्रम बहुत सफल रहा। पण्डितजी बहुत खुश हुए। उनके चेहरे पर प्रसन्नता देखना भारत माता के चेहरे पर प्रसन्नता देखने-जैसा था।

14 नवम्बर को पण्डितजी का जन्मदिन था,

19 नवम्बर को इन्दिराजी का,

27 नवम्बर को मेरा।

19 नवम्बर को जब मैं इन्दिराजी को जन्मदिन की बधाई देने गया तो मैंने उन्हें 27 की शाम को घर आने के लिए निमन्त्रित कर दिया–'उस दिन मैं अपने जीवन के पचास वर्ष पूरे कर रहा हूँ, ख़ैर इसकी क्या अहमियत, पर उस शाम को हम एक खास तरह का प्रोग्राम रख रहे हैं, जो हमारा अनुमान है, आपको पसन्द आयेगा। प्रोग्राम क्या है, अभी नहीं बताऊँगा, जिससे आपको कौतूहल बना रहे, आप आयें ज़रूर।' इन्दिराजी ने आने का वादा कर दिया।

मेरी कविता के कुछ प्रेमी चाहते थे मेरी पचासवीं वर्षगाँठ–साहित्यिक भाषा में कहें 'स्वर्ण जयन्ती' (टेन्ट में कौड़ी नहीं नाम करोड़ीमल)–सार्वजनिक रूप में मनाएँ। मैंने कहा, 'भैया, मेरी कविता से प्रेम है, तो घर पर बैठकर मेरी पुस्तकें पढ़ो और मुझे ऐसे प्रदर्शनों से बख्शो।' मेरे पूर्व-विद्यार्थी ओंकारनाथ श्रीवास्तव ने 'बच्चनजी की स्वर्ण जयन्ती' पर एक लेख लिखकर 'साप्ताहिक हिन्दुस्तान' में छपाया। मैंने कहा, 'जब मैं केम्ब्रिज से डाक्टरेट लेकर लौटा था, तब भी तुमने मुझ पर लेख लिखा था, मैं पचास का हो गया हूँ, तब भी तुमने मुझ पर लेख लिखा है, मैं साठ का हूँगा, तब भी तुम्हीं मुझ पर लेख लिखोगे, और मैं काठ हो जाऊँगा, तब भी तुम्हीं...।' 60 पर तो उन्होंने मुझ पर एक पुस्तक ही तैयार कर मुझे भेंट की–'बच्चन निकट से'–और काठ अभी मैं हुआ नहीं।

उस शाम को अपने पचीस-तीस मित्रों और साहित्यिक बन्धुओं को बुलाकर तेजी और मैंने हिन्दी 'मैकबेथ' के नाट्य-पाठ का एक कार्यक्रम प्रस्तुत किया। सबने एक स्वर से अनुवाद को सराहा और उसके सफलतापूर्वक अभिनीत किये जाने की सम्भावना देखी। इन्दुजी विशेष प्रभावित होकर गयीं। हमने उनको अपनी योजना बताई कि हम हिन्दी 'मैकबेथ' को रंगमंच पर लाना चाहते हैं और अगर सफल हुए, तो शेक्सपियर के अन्य नाटकों को भी; अन्ततोगत्वा हम हिन्दी में एक शेक्सपियर मंच की स्थापना का स्वप्न देखते हैं–शेक्सपियर के नाटकों में विशेष रुचि लेने और जगाने के लिए भी।

आप सोचते होंगे कि जब मैं अपने सृजनशील कामों में इतना महो था, तब मैं विदेश मन्त्रालय का क्या काम करता हूँगा। ऐसा बिलकुल नहीं था। मैं ठीक वक़्त पर दफ़्तर जाता, पूरे वक़्त दफ़्तर में रहता, जो भी काम दिया जाता, उसे पूरी निष्ठा और लगन से करता, राधेश्याम शर्मा और अजित कुमार भी जो काम करते, उसको अधिकारियों के सामने प्रस्तुत करने के पूर्व मैं शुरू से आख़िर तक दोहराता और यथा आवश्यकता परिशोधित-संशोधित करता। हाँ, जब से मुझे अपने कर्तव्य की सीमा बात दी गयी थी, तब से मैं उसे उल्लंघन करने का प्रयास नहीं करता था। अनुवाद के लिए दिये गये लम्बे कामों पर अब ज़रूर मैं दफ़्तर के समय के बाद नहीं बैठता था, पर उन पर आवश्यकता से अधिक समय लगाने का दोष मुझे कभी नहीं दिया गया, दफ़्तर का काम समाप्त कर लेने के बाद अगर मुझे समय मिलता था, तो मेज़ पर ऊँघने के बजाय यदि मैं अपना कोई सृजनात्मक कार्य कर लेता था, तो उसे मैं ग़लत नहीं समझता था। प्रभु ईसा मसीह ने कहा था–"Give back to

Caesar what is Caesar's and to God what is God's. (S. Matthew—22) (जो सीज़र का है, उसे सीज़र को दो, जो ईश्वर का है, उसे ईश्वर को)। सीज़र को उसका प्राप्य दे लेने के बाद अगर मेरे पास कुछ बचता था, तो उसे अपने ईश्वर को देने में कौन पाप था? शायद अपने ईश्वर को न देना पाप होता। क्या यह बताने की ज़रूरत है कि यहाँ मेरा ईश्वर कौन था—निःसन्देह मेरा सृजनशील लेखन, मेरा रचनात्मक कार्य। मैं समझता हूँ मैं अपनी 'खसमियत' को अपनी 'अस्मियत' के साथ निबाह ही नहीं रहा था, ख़ूबसूरती से निबाह रहा था; यहाँ तक कि अब उस सम्बन्ध को न्यायिक वैधता देने को भी तैयार था।

जब भारतीय विदेश सेवा की उपशाखा खोलकर मूलशाखा को 'क' और उपशाखा को 'ख' कहा गया, तो मैंने उपशाखा का स्थायी सदस्य होना चाहा, निश्चय ही पण्डितजी की अनुमति लेकर।

भारतीय विदेश सेवा 'क' उन लोगों के लिए थी, जो प्रतियोगिता-प्रशिक्षण के पश्चात् सेवा में लिये गये थे; 'ख' उनके लिए, जो बिना प्रतियोगिता-प्रशिक्षण के, अपनी किसी विशिष्ट योग्यता के कारण विदेश सेवा में लिए जा सकते थे। 'ख' के भी दो ग्रेड बनाये गये 'ग्रेड वन' और 'ग्रेड टू'। 'ग्रेड वन' का वेतनमान 1250-50-1500 (उपसचिव का) और 'ग्रेड टू' का 850-50-1250 (अवर सचिव का)। मैं विशिष्ट योग्यता के कारण हिन्दी विशेषाधिकारी के अस्थायी पद पर 1000 रुपये प्रति मास पर नियुक्त हुआ था। मुझे आशा थी कि पद के स्थायी बना देने पर और मेरे कार्य, योग्यता का सन्तोषजनक प्रमाण पा लेने पर मुझे 'ग्रेड वन' दिया जायेगा। पर मुझे 'ग्रेड टू' दिया गया। यह मेरे साथ बड़ी रियायत की गयी कि मेरा वेतन 1000 से घटाकर 850 रुपये नहीं किया गया, पर इस रियायत के बदले में तीन वर्ष तक मुझे सालाना तरक्की नहीं दी गयी, और उसके बाद 50 प्रतिवर्ष, जब तक मैं 1250 नहीं पाने लगा और उसके बाद तरक्की बन्द। आई० सी० एस०, आई० ए० एस० या आई० एफ० एस० का अफ़सर बौद्धिक योग्यता का मापदण्ड अपने को ही मानता है। हिन्दी का काम करने वाला व्यक्ति अवर सचिव या 'नीच' सचिव से ऊपर भला कैसे समझा जा सकता था। मुझे कुछ निराशा हुई और मैंने इसे हिन्दी का अपमान समझा। शायद मैं पण्डितजी से कहता, तो वे मुझे 'ग्रेड वन' में करा सकते थे, पर इतने छोटे काम के लिए उस बड़े आदमी को मैं कष्ट नहीं देना चाहता था। फिर मैं पण्डितजी से वचनबद्ध था कि विदेश मन्त्रालय में हिन्दी के काम के लिए मैं वेतन की कोई शर्त न रखूँगा। जो ग्रेड मुझे दिया गया था, उसे मैंने स्वीकार कर लिया और काम करता गया, अब यह भावना मन में रखकर कि दफ़्तर का काम तो मेरा गौण काम है, मेरा मुख्य काम, तो सृजन का है। मैं ईमानदारी के साथ कह सकता हूँ कि गौण काम को भी उसका देय देने में मैंने कभी कोताही नहीं की, और मुख्य काम, यानी सृजन के देय को तो कोई अपना प्राण देकर भी नहीं कह सकता कि उसने उसे पूरी तरह चुका दिया। सृजनशील मन उसके ऋण से कभी मुक्त नहीं हो पाता, अन्यथा अपनी 77 वर्ष की

अवस्था में मैं ये पंक्तियाँ क्यों लिख जाता। सृजन की अपूर्य-अपरिहार्य माँग को सम्भवतः स्रष्टा भी अभी तक पूरी नहीं कर सका, वरना वह अब भी सृष्टि को नव-नव रूप क्यों दिये जाता।

भारतीय विदेश सेवा 'ख' के लिए गये अफ़सरों की ग्रेडिंग करने का काम प्रशासन विभाग को दिया गया था। मैं एकाधिक 'ग्रेड वन' पाये अफ़सरों को जानता था। कोई अक्ल का अन्धा भी नहीं कह सकता था कि उनमें मुझसे अधिक योग्यता है। फिर मैं जिस प्रकार का काम कर रहा था, उसकी योग्यता-अयोग्यता परखने की क्षमता भी प्रशासन विभाग के किस भकुए में रही होगी। पण्डितजी को शायद पता तो लग गया होगा कि मेरे साथ न्याय नहीं हुआ; उनके एक इशारे से 'दो' 'एक' में बदला जा सकता था, पर ऐसे छोटे कामों में हस्तक्षेप करना उनके बड़प्पन के लिए अशोभन होता। मैंने इस अन्याय की शिकायत उनसे नहीं की—मेरे इस संयम से वे कम प्रभावित नहीं हुए होंगे। मुझे जो हानि या मानहानि पहुँचाई गयी थी, उसका प्रतिकार करने का उन्हें जब भी अवसर मिला, वे मुझे नहीं भूले। 13, विलिंगडन क्रिसेण्ट का बँगला जब ख़ाली हुआ, तब उसके लिए सह-सचिवों, उपसचिवों के प्रार्थी होने के बावजूद उन्होंने मुझे दिलाया, ऐसा मुझे उनके निजी सचिव श्री के० राम ने बताया था। मैंने याद किया, एक दिन उनके साथ ब्रेकफास्ट पर बैठे हुए उन्हें कुछ हलके मूड में पाकर मैंने उन्हें एक शेर सुना दिया था—

तुमने दिल्ली जो बुलाया, तो बहुत ख़ूब किया,
काश तुमने मुझे बँगला भी दिलाया होता।

बड़े-बड़े राजपुरुषों के राजभोजों में, जहाँ नौकरशाही के बड़े-बड़े अफ़सरों की छाया भी नहीं देखी जाती थी, वे तेजी को और मुझे आमन्त्रित करते—ख़ुश्चोव, माउन्टबेटेन, शाह-जारडन आदि के साथ राजभोज में बैठने की यादें हमें अब तक बनी हैं। आर्थिक दृष्टि से भी मेरी क्षतिपूर्ति करने को उन्होंने मुझे हिन्दी न्यूज़ बुलेटिनों के सरलीकरण का काम सौंपा था और मुझे इस काम के लिए 250 रुपये प्रतिमास का अतिरिक्त पारिश्रमिक भी दिलाया था कि कुल मिलाकर मेरा वेतन 1500 हो जाये—'ग्रेड वन' आफ़िसर के वेतन के बराबर!

'नवीन' जी ने मुझे एक बार बताया था कि शेक्सपियर का नाटक 'मैकबेथ' पण्डितजी का प्रिय नाटक था, और जब वे मलाका जेल में बन्दी थे, तब उन्हें और देवदास गाँधी को सहबन्दी के रूप में पण्डितजी ने 'मैकबेथ' पढ़ाया था। बाद में अपने प्रबन्ध-काव्य 'ऊर्मिला' की भूमिका में भी नवीनजी ने उस 'मैकबेथ' 'क्लास' की चर्चा की थी। मैंने 'मैकबेथ' का हिन्दी अनुवाद उन्हें समर्पित किया था। उन्होंने अवश्य उसे उलटा-पलटा होगा और निश्चय उसमें अपने प्रिय नाटक की देसी प्रतिध्वनियाँ सुनी होंगी। इन्दुजी ने मेरे जन्मदिन में मेरे घर पर 'मैकबेथ' के नाट्य-पाठ की चर्चा उनसे अवश्य की होगी और यह भी कहा होगा कि हम लोग उसे मंच पर प्रस्तुत करना चाहते हैं। पण्डितजी ने एक दिन मुझे बुलाया और

बिना मांगे 15000 का चेक मेरे हाथ में रख दिया—प्रधानमन्त्री के निजी कोष से—कहते हुए, 'सुना, तुम 'मैकबेथ' को स्टेज करना चाहते हो। इस एमाउन्ट से तुम्हें उसकी तैयारी में कुछ मदद मिलेगी। उम्मीद है इतना काफ़ी होगा। 'मैकबेथ' को स्टेज करोगे तो मैं उसे देखने आऊँगा।' चेक पाकर जहाँ ख़ुशी हुई, वहाँ यह भी लगा कि कन्धे पर बहुत बड़ा दायित्व आ गया। अब 'मैकबेथ' को ऐसे रूप में प्रस्तुत करना होगा कि उससे पण्डितजी की ऊँची रुचि को सन्तुष्ट किया जा सके। व्यक्तिगत रूप से मुझे इस बात की प्रसन्नता हुई और एक तरह के मार्मिक सन्तोष की अनुभूति कि पण्डितजी ने मेरे कलाकार, रचनाकार, सृजक को पहचाना और अपनी रीति से उसे मान दिया। स्वयं कोई उदारमना कलाकार ही दूसरे कलाकार को पहचान उसे इस भाँति प्रोत्साहित कर सकता था; और इसमें सन्देह नहीं कि पण्डितजी अपने भीतर कहीं बड़े उच्च कोटि का कलाकार छिपाये हुए थे। आश्चर्य होता है कि इस महामानव के व्यक्तित्व के कितने-कितने पहलू थे और हर एक अपनी मिसाल अपने आप बनकर।

तेजी के हाथों में मैंने चेक रखा तो वे उछल पड़ीं। 'मैकबेथ' मंचन के सपने तो वे बहुत देखती थीं, पर वे सब-के-सब अर्थाभाव की चट्टान से टकराकर चकनाचूर हो जाते थे। अब उनको आशा बँधी कि वे अपनी कल्पना किसी दिन साकार कर सकेंगी। जैसे पुराने ज़पाने में लोग बेटी के ब्याह की तैयारी में महीने-दर-महीने जुटे रहा करते थे उसी तरह वे जुट गयीं—अभिनय में रुचि रखने वालों की एक टोली तैयार करनी थी, फिर जाँचना-परखना था कि कौन, किस पात्र की भूमिका के लिए उपयुक्त होगा, निदेशन के लिए एक अनुभवी निदेशक की खोज करनी थी, रिहर्सलों के लिए ऐसी जगह मालूम करनी थी जो एक तरह से केन्द्रीय हो, जहाँ पार्ट लेने वाले आसानी से पहुँच सकें, नाट्य-युग के अनुरूप पात्रों की पोशाकों का पता लगाना था, फिर उन्हें तैयार कराना था, अभिनय के लिए ज़रूरी साज-सामान मालूम करना और उन्हें बनवाना था, दृश्य-दृश्य का अलग-अलग ध्यान रखकर; किसी विशेषज्ञ की सहायता से ऐसे रंगमंच की रूपरेखा तैयार करानी थी, जिस पर थोड़े-बहुत परिवर्तन के साथ सारे-के-सारे दृश्य आसानी से अभिनीत किये जा सकें। किसी अच्छे मेकपमैन की सेवायें निश्चित करनी थीं और उसके लिए ज़रूरी-ज़रूरी सामान मँगवाने थे। ब्रिटिश काउंसिल से सम्पर्क करके तेजी ने उसके पुस्तकालय से एलिज़ाबेथी युग नाट्यमंचन पर कई पुस्तकें ईशू करायीं और उनका विधिवत अध्ययन किया, नोट्स लिये, चित्रादि के साथ, ठीक उसी अध्यवसाय से जैसे कोई गम्भीर विद्यार्थी किसी ऊँची परीक्षा की तैयारी में लगा हो। वे ब्रिटिश काउंसिल वालों से मैकबेथ मंचन के लांगप्लेइंग रिकार्ड लायीं—रिकार्ड-प्लेयर भी लायीं—तब तो हमारे पास थे नहीं—और उन्हें बजा-सुनकर कथोपकथनों की सम-तीव्र-मन्द गति, स्वराघात, आरोह-अवरोह के नोटेशंस बनाये और उसके बाद हिन्दी अनुवादों से उनकी यथासम्भव संगति बिठाई। आदर्श यह था कि जब नाटक मंचस्थ हो, तब ऐसा ही लगे कि नाटक किसी ब्रिटिश स्टेज पर खेला जा रहा है, सिर्फ़ भाषा हिन्दी बोली जा रही है। स्वास्थ्य सन्तोषजनक न होने के बावजूद तेजी छह-

सात महीने इन कामों में लगी रहीं।

बीच में यह तय किया गया कि नाटक का संक्षिप्त रूप रेडियो से प्रसारित किया जाये। संक्षेपन का काम सत्येन्द्र शरत् ने किया। रेडियो प्रसारण में तेजी ने लेडी मैकबेथ की भूमिका अदा की; मुझे नहीं याद कि और पात्रों की भूमिका किन-किन को दी गयी। पर प्रसारण के अनुभव से अभिनय के लिए बहुत कुछ सीखा-सँजोया जा सका।

अगस्त से दिसम्बर तक प्रतिदिन शाम 6 से 9 बजे रात तक मैकबेथ के रिहर्सल होते। कनॉट प्लेस के सिंधिया हाउस में डालमिया सीमेन्ट का दफ़्तर था, जो शाम को 5.30 बजे बन्द हो जाता था। बाद को वहीं रिहर्सल करने की अनुमति हमें डालमिया सीमेन्ट वालों ने दे दी थी। साँग एण्ड ड्रामा डिवीज़न के वीरेन्द्र नारायण हमारे निदेशक थे। तेजी ने अपने लिए लेडी मैकबेथ की भूमिका चुनी। रेडियो के हिन्दी न्यूज़ रीडर अशोक रामपाल को मैकबेथ की भूमिका दी गयी। इसके अतिरिक्त 28 और लोग नाटक के अन्य पात्रों की भूमिका में उतरे। मेरा काम था पात्रों द्वारा बोले गये कथोपकथन में उच्चारण को शुद्ध करना। हमारे अधिकतर पात्र पंजाबी थे, जो हिन्दी शब्दों के उच्चारण में अजीब तरह की ग़लतियाँ करते। कुछ संयुक्ताक्षरों को वे अलग कर देते और कुछ अलग अक्षरों को संयुक्त! एक उदाहरण मनोरंजक होगा। नाटक की एक पंक्ति है—

'न्याय खड्ग उसकी गर्दन पर लटक रहा है।'

मैलकम की भूमिका में उतरने वाला दर्शन बेदी उसे यों बोलता—

'न्याय खडग उसकी गर्दन पर लट्क रहा है।'

मैं उसको समझाता, भले आदमी 'खडग' को 'लट्क' की तरह कहो और 'लट्क' को 'खडग' की तरह! उच्चारण की शुद्धता पर मेरा ज़ोर था और इसके लिए मुझे काफ़ी सिर-मगज़न करना पड़ा। नियमित रूप से रिहर्सल कराना कोई खेल न था। कभी कोई गायब, कभी कोई देर से पहुँचता; कभी किसी को जुकाम, कभी किसी का गला पड़ा; कभी किसी को शादी में शिरकत के लिए जाना, कभी किसी को मातमपुर्सी के लिए; कभी किसी को ज़रूरी काम और कभी किसी को ज़रूरी आराम! प्रायः दृश्यों में एकाधिक पात्र साथ होते, एक ग़ायब कि दृश्य का रिहर्सल असम्भव। कई दूर रहने वाले आने-जाने के लिए सवारी-ख़र्च माँगते—कुछ अपनी ज़रूरतों के लिए भी—और हमें उनको देना पड़ता। महीनों के रिहर्सल से उन्हें तैयार करके हम उन्हें किसी भी क़ीमत पर अपने साथ रखने को मजबूर थे। अभिनेताओं के बड़े नखरे होते हैं; क्योंकि वे सफल- असफल नाट्य-प्रदर्शन के लिए अपनी अनिवार्यता समझ लेते हैं; और हमें हर तरह उनकी नाज़बरदारी करनी पड़ती। मुझे उन दिनों अक्सर ईट्स की एक कविता याद आती, जो उन्होंने नाटक मंचित करने की झंझटों पर लिखी है :

जो कठिन है उसके लिए आकर्षण

(द फेस्सिनेशन ऑफ़ व्हाट इज़ डिफ़िकल्ट)

जो मुश्किल है उसके आकर्षण ने मेरी
नस-नाड़ी के सारे रस को सोख लिया है,
और हृदय का स्वाभाविक सन्तोष,
सहज आनन्द निकाल कहीं फेंका है।
कुछ कुरेदता है मेरे कल्पना-अश्व[1] को—
जैसे उसके तन में पावन रक्त नहीं है,
औ' न कभी कूदा करता था ओलिम्पस[2] पर,
बादल से बादल के ऊपर—जिससे वह चाहता
कि कोड़े खाकर काँपे, ज़ोर लगाए,
स्वेद बहाए, हचका देकर कूड़े-बोझी
गाड़ी खींचे।
जायं जहन्नुम में वे नाटक
जिनको सत्तर तरह खड़ा करना पड़ता है,
कूढ़-मूढ़ जो दिन-भर सिर खाते रहते हैं,
अभिनय-अभिनेता सम्बन्धी धंधे-पचड़े।
मैं खाता हूँ क़सम, सबेरा तो होने दो
देखूँ रखता कौन तबेले में घोड़े को।

किस्सा कोता:, हिन्दी शेक्सपियर मंच की ओर से 18, 19, 20 दिसम्बर 1958 को नयी दिल्ली के फ़ाइन आर्ट्स थियेटर में 'मैकबेथ' रंगमंच पर प्रस्तुत हुआ। पण्डितजी, जैसा कि उन्होंने वादा किया था, पहले ही दिन नाटक देखने आये, साथ इन्दुजी भी आयीं, और वे पूरे समय तक बैठे रहे। नाटक देखकर जब पण्डितजी ने कहा, 'ए रिमार्केबिल एचीवमेन्ट (प्रशंसनीय उपलब्धि), तो जैसे हमारा सब श्रम-यत्न सफल हो गया। अन्तिम दिन प्रख्यात फिल्म-फनकार और नाट्य अभिनेता श्री पृथ्वीराज कपूर ने नाटक देखा और कहा 'ए न्यू एण्ड प्रेज़वर्दी वेंचर' (नया और सराहनीय प्रयास)। राजधानी के अंग्रेज़ी पत्रों, हिन्दुस्तान टाइम्स, टाइम्स ऑफ़ इण्डिया और स्टेट्समैन ने अनुवाद और अभिनय दोनों की प्रशंसा की। अंग्रेज़ी के अख़बार हिन्दी की चीज़ों को जल्दी घास नहीं डालते, इसलिए जब उन्होंने भी प्रदर्शन की तारीफ़ की, लगा कि हमारी उपलब्धि कोई साधारण नहीं थी।

वस्तुत: जब 'मैकबेथ' रंगमंच पर खेला गया तब वह शेक्सपियर का ही सर्वप्रथम पद्यबद्ध नाटक नहीं था जो रंगमंच पर आया, बल्कि हिन्दी का भी। नाटक का पद्य भाव-संवहन करते हुए भी इतनी स्वाभाविकता से बोला गया कि शायद ही किसी ने समझा कि मंच पर पद्य बोला जा रहा है। रोला से मेरी यही प्रत्याशा थी

---

1. यूनानी दन्त-कथा के अनुसार कला की देवियों का परदार घोड़ा पैगेसस।
2. यूनानी देवताओं का निवास-स्थान।

और उसने पूरी की।

सभागार में प्रवेश पर नियन्त्रण रखने के लिए दो प्रकार के टिकटों की व्यवस्था की गयी थी—अब मुझे याद नहीं कितने-कितने के थे। सभागार तीनों रातों को खचाखच भरा था, पर टिकट बहुत कम बिके थे। हर अभिनेता को हर दिन अपने सम्बन्धियों, मित्रों, परिचितों को नाटक, नाटक से अधिक अपना अभिनय दिखाने के लिए काम्प्लीमेन्ट्री पास पर बुलाना था—कैसे उनको पास न दिये जाते। बड़ी शर्म के साथ मुझे कहना पड़ता है कि मुझे ख़बर मिली थी कि कुछ अभिनेताओं ने फ्री मिले हुए पासों को बेचकर कुछ रुपये भी खड़े किये। ग़रीब-अभावग्रस्त देश में ऐसा भ्रष्टाचार समझा तो जा सकता है, क्षमा भले ही न किया जा सके।

दूसरे दिन के लिए हमने जिन मन्त्रियों को निमन्त्रित किया था, उनमें पं० गोविन्द बल्लभ पन्त भी थे, उनके पी०ए० ने कहा कि पण्डितजी जायेंगे, किसी को भेज दें कि उन्हें बँगले से लिवा ले जाय। गृहमन्त्री थे, किसी को क्या भेजना था, मैं स्वयं गया। घण्टे से ऊपर उनके बँगले पर बैठा रहा, और नाटक आरम्भ होने का वक़्त आ गया, शुरू भी हो गया, मेरे लिए या पन्तजी के लिए ही, नाटक को रुकना तो न था। वह बाहर निकले भी, तो बोले, कुछ ज़रूरी कामों में फँस गया, अब तो देर हो चुकी है...(यानी न जा सकूँगा)। पंतजी से एकाध बार मिलने की ज़रूरत मुझे और पड़ी थी। वे बहुत बड़े नेता थे, बहुत समझदार राजनीतिज्ञ, उनकी शान के ख़िलाफ़ मुझे कुछ नहीं कहना चाहिए। इतना तो कहने के लिए आप मुझे क्षमा करें कि दूसरों का समय नष्ट करने की कला में वे पारंगत थे। आपको 8 बजे बुलाएँगे तो 10 बजे मिलेंगे और दो घण्टे आपको इन्तज़ार कराने पर उनके चेहरे पर किसी प्रकार का पश्चात्ताप न होगा। कभी सोचता हूँ पण्डितजी के साथ उनकी कैसे निभती होगी।

एक और मन्त्रीजी का—नहीं-नहीं, उनकी पत्नी का किस्सा सुनिये। दूसरे दिन शायद पत्रों में अभिनय की प्रशंसा पढ़कर उनकी इच्छा हुई कि वे नाटक देखने आयें—सपरिवार आने को थीं तो चार पास भेज दिये गये। वे नाटक आरम्भ होने के 20-25 मिनट बाद आयीं। इधर गेटकीपरों को आदेश था कि नाटक आरम्भ होते ही दरवाज़े बन्द कर दिये जायें और किसी के लिए न खोले जायें। विदेशों में इस नियम का किस कड़ाई से पालन होता है, इसे मैं देख चुका था। और अच्छा नियम था, अपने देश में भी इसका पालन करना चाहता था। मन्त्री-पत्नी के लिए दरवाज़ा नहीं खुला और दूसरे दिन फोन पर उन्होंने मुझे वह डाँट पिलाई, जैसे मैं उनका ज़रख़रीद गुलाम हूँ। आख़िर में झुँझलाकर मैंने कहा, 'आपका अपमान हुआ, मैं गुनहगार हूँ, आप माफ़ न कर सकें, तो मुझे जेल भेजवा दें...' आप मुझसे मत पूछिये किस महामन्त्री की वे महीयसी महिषी थीं।

दिल्ली के तथाकथित बड़े कहलाने वाले लोगों में एक बड़ा रोग है—वे अपनी श्रेणी के प्रति हर जगह, हर समय सचेत रहते हैं और उसमें किसी तरह का विपर्यय सहन नहीं कर सकते। किन्हीं लोगों ने हमारे निमन्त्रण इसलिए लौटा दिये; क्योंकि उन्हें फ्रन्ट रो नहीं दी जा सकी थी। ऐसों में मामा वरेरकर भी थे, जो उन

दिनों संसद-सदस्य थे।

दूसरे ही दिन हमारे निदेशक वीरेन्द्र नारायण की तुनुकमिज़ाजी ने एक अजीब गुल खिलाया। स्मारिका में साफ़ छपा था कि 'मैकबेथ' की प्रस्तुतकर्त्री तेजी बच्चन हैं, निदेशक वीरेन्द्र नारायण। किसी अंग्रेज़ी अख़बार में, शायद हिन्दी ठीक न समझने के कारण छप गया कि नाटक की निदेशिका श्रीमती बच्चन थीं। बस, वीरेन्द्र नारायणजी का पारा चढ़ गया। अभिनेता ग्रीन रूम में तैयार हो रहे हैं, उनका सन्देशा आ गया, वे बीमार हैं, निदेशन के लिए न आ सकेंगे, तेजी बच्चन निदेशन कर लें। अभिनेताओं के हाथ-पाँव ढीले हो गये। मैंने ग्रीन रूम में जाकर अभिनेताओं से कहा, 'देखो, भाइयो, हमारी साख इसी में है कि पर्दा ठीक वक़्त पर उठे, लड़ाई का क़ायदा है कि जब कप्तान मारा जाये, तब उससे जो नीचे हो, वह कमान हाथ में ले। अभिनेताओं में जो सबसे वरिष्ठ हो, वह निदेशन करे।' उधर मैंने अंकिल को, जो व्यवस्था के इंचार्ज थे, वीरेन्द्र नारायण के घर भेजा, और वे किसी तरह मना-मुनूकर उन्हें लिवा लाएँ। वे हर रात रिहर्सल ख़त्म होने पर उनको काले कोसों उनके घर कार से छोड़ने जाते थे।

मैकबेथ को प्रस्तुत करने में जो झंझटें हमें उठानी पड़ीं, उनमें से कुछ का ज़िक्र मैंने यहाँ किया। पर उनके अलावा भी हमारी बहुत-सी परेशानियाँ थीं। काम ऐसा था कि उसे एक बार उठाकर छोड़ा नहीं जा सकता था, चाहे कितनी बाधाएँ उपस्थित हों। तीसरी रात को जब नाटक समाप्त हुआ और अन्तिम बार पर्दा गिरा, तो मंच पर आकर तीन बार मैं कान पकड़कर उठा-बैठा और प्रतिज्ञा की कि नाट्य प्रदर्शन आयोजित करने का काम अब मैं कभी नहीं करूँगा! रातों-रात स्टेज से सेट उखड़वा, ग्रीन रूम से पोशाकें और दीगर सामान ठेले पर लदवा आधी रात को हमने घर भिजवाया। कबीर की उलटवासियों में बोलने को जी चाहता है। बेटी तो विदा हो गयी और घराती जनवासे से दाज-दहेज लेकर घर लौटे। मैंने कहा था न, नाटक मंचित करना बेटी के ब्याह की तैयारी करने जैसा था। नाट्य-संसार में ऐसा प्रसिद्ध है कि मैकबेथ बड़ा अशुभ नाटक है। उसके खेलने पर कुछ-न-कुछ अनिष्ट ज़रूर हो जाता है। शायद इसमें कुछ सत्य है। अंकिल जब दूसरे दिन दफ़्तर से लौटे तो बहुत गिरे-गिरे, उदास-उदास। मालूम हुआ, बिरला की फ़र्म ने बिना किसी कारण उन्हें नौकरी से हटा दिया। शायद फ़र्म वालों ने देखा कि फ़र्म से अधिक ध्यान चौधरी साहब मैकबेथ-मंचन का रख रहे हैं। स्मारिका के लिए विज्ञापन एकत्र करने में निश्चय उन्होंने अपने फ़र्म-सम्पर्क का कुछ उपयोग तो किया था। हमें बड़ा पश्चात्ताप रहा कि हमारे कारण अंकिल की नौकरी गयी। कुछ दिन बाद वे इलाहाबाद लौट गये।

अब मंचन पर आये ख़र्च के बारे में भी आपको कुछ बात दूँ। अभिनेताओं की—और वे पूरे तीस थे—पोशाकों, ढाल-तलवारी, आसा-बल्लमों, कवच-कटारों, झण्डों-बिगुलों, रंगमंच के सेटों और रंगमंच पर इस्तेमाल होने वाले साज-सामानों, मेकपमैन की फ़ीस और मेकप के सामानों, थियेटर हॉल के तीन दिन के किराये,

विज्ञापन, स्मारिका, टिकटों की छपाई, रिहर्सलों के समय चाय-पानी, अभिनेताओं के आने-जाने के किरायों तथा और ज़रूरतों पर पण्डितजी द्वारा दिये गये 15,000 रुपये तो ख़र्च हुए ही—स्मारिका-विज्ञापन से जो रुपये मिले थे, वे भी ख़र्च हुए। हमें आगाह किया गया था कि अगर नाटक दिखाने के लिए टिकट लगेगा, तो सरकार को मनोरंजन-कर भी देना होगा। अगर हम प्रदर्शन को 'चैरिटी शो' घोषित कर दें, यानी अगर हम नाट्य-प्रदर्शन किसी राहतकार्य, किसी लोक-सेवा संस्था अथवा किसी सहायता-कोष को अनुदान देने के लिए करें, तो मनोरंजन-कर माफ़ हो सकेगा। हमने एलान कर दिया कि हम प्रदर्शन प्रधानमन्त्री-कोष की वृद्धि के लिए कर रहे हैं। हमने सोचा कि टिकट-ब्रिक्री से जो आमदनी होगी, उसे हम प्रधानमन्त्री-कोष में दे देंगे। टिकटों की बिक्री से जो रुपये मिले, वह हमने न छुये, पर वे इतने कम थे—लगभग 1000 रुपये—कि उसे लेकर पण्डितजी के सामने जाने में हमें शर्म लगती थी। बहरहाल एक दिन हमने उनसे समय लेकर वे रुपये एक मखमल के बटुये में रखकर नाटक के सबसे अल्पायु अभिनेता अनिल सहगल (मैकडफ-पुत्र) के हाथों पण्डितजी के सामने रखवाये—सुदामा के तंदुल, भीलनी के बेर के समान! उन्होंने खुश होकर उसे स्वीकार किया, हमें धन्यवाद दिया, हम संकोच के मारे ज़मीन में गड़े जा रहे थे। ख़ूब अभिवृद्धि की हमने प्रधानमन्त्री-कोष की 15,000 लेकर एक हज़ार देकर—यानी उसे 14,000 का घाटा पहुँचाकर।

जब से सिनेमा चल गया है, टिकट-बिक्री के बल पर नाटक खेलने का ख़र्च निकालना भी मुश्किल हो गया है, उससे कुछ लाभ कमाना तो दूर की बात है। पारसी थियेटर कम्पनियाँ भी इस देश में तभी तक फूली-फलीं जब तक सिनेमा नहीं आया था, बल्कि पारसी थियेटरों को ख़त्म ही सिनेमा ने किया। सिनेमा और थियेटर के संघर्ष में थियेटर बुरी तरह पिटा है। फिर भी हर साहित्य में नाटक एक प्राचीन विधा है, और बड़ी गरिमामय विधा है, और सब सभ्य-संस्कृत जातियाँ चाहती हैं, सरकारें भी कि यह विधा बनी रहे, नाटक लिखे ही न जायें, खेले भी जायें। कई सरकारें अपनी-अपनी रीति से नाट्य-प्रदर्शनों को प्रोत्साहित भी करती हैं। एक बार पूर्वी जर्मनी राष्ट्रीय-नाट्य सप्ताह के अवसर पर मुझे वहाँ जाने का सौभाग्य प्राप्त हुआ था। बर्लिन में ही कई ऐसे थियेटर-हॉल हैं जिनमें प्रतिदिन कोई-न-कोई नाटक खेला जाता है। दर्शकों को आकर्षित करने के लिए टिकट-दरें प्रायः वहीं रखी जाती हैं जो सिनेमा की, पर सिनेमा घर जहाँ लाभ पर चलते हैं, वहाँ थियेटर-हॉल हानि पर। लेकिन उन्हें चलाया जाता है, सरकार चलाती है। मुझे बताया गया कि हर सीट, जिस पर दर्शक 34 पैसे ख़र्च करता है, सरकार 66 पैसे अपनी तरफ़ से ख़र्च करती है, तब नाटक खेलने का ख़र्च पूरा होता है। मैं अपने यहाँ के नेशनल स्कूल ऑफ़ ड्रामा के क्रियाकलापों से अधिक भिज्ञ नहीं। अभी शायद उसकी अधिक शक्ति कुछ लोगों को अभिनय कला सिखलाने की ओर ही लग रही है, जिसके बाद वे प्रशिक्षित सिनेमा संसार की ओर आँखें लगाये रहते हैं। राजधानी में ही नेशनल स्कूल ऑफ़ ड्रामा का कोई अपना प्रक्षागृह नहीं है, जहाँ स्कूल की तरफ़ से नियोजित नाटक होते रहें, जिनकी टिकट दरें सिनेमा-जैसी हों

और जिनमें अभिनय करने वालों का वेतनमान इतना हो कि सिनेमा का प्रलोभन उन्हें जल्दी अपनी ओर न खींच सके। मंचीय अभिनय और सिनेमाई अभिनय दोनों अपनी-अपनी दिशा में अधिक सोफिस्टिकेटेड (परिष्कृत) हों, तो शायद यह भी देखा जाये कि एक के अभिनेता दूसरे में अधिक नहीं खपते-फबते। पश्चिम में जनमत में नाटक की महत्ता इतनी है कि सिनेमा के बड़े-बड़े अभिनेता की महत्त्वाकांक्षा रहती है कि वह किसी बड़े नाटक के नायक के रूप में अपनी विशिष्टता का झण्डा गाड़ सके। चार्ल्स लाटन ने लियर की, और लारेंस ओलिवियर ने हैमलेट और ओथेलो की उच्चस्तरीय भूमिका निभाकर अपनी अभिनय कला की चरितार्थता मानी; हमारे दिलीप कुमार और अभिताभ बच्चन शायद ही कभी सोचते हों कि वे नाट्य-मंच पर चन्द्रगुप्त या स्कंदगुप्त की भूमिका में उतरकर अभिनय का एक मापदण्ड प्रस्तुत करें। दुर्भाग्य की बात है कि सिनेमा अपने डाइनामिज़्म में—गतिशीलता में—विकास से अधिक विकृति की ओर जा रहा है और नाट्य-मंच अपने शैथिल्य में विकसित होने के स्थान पर विकुण्ठित होता जा रहा है। हमें समझना चाहिए कि सिनेमा जनसामान्य का चहेता होने के कारण उसके हल्के-फुल्के मनोरंजन के लक्ष्य को उपेक्षित नहीं कर सकेगा। नाटक को अधिक सुसंस्कृत वर्ग की रुचि को सन्तुष्ट कर जीवन के अपेक्षया गम्भीर सत्यों को उद्घाटित करना चाहिए। सामाजिक जीवन की सम्पूर्णता में शायद दोनों के लिए स्थान है। सिनेमा गम्भीर और नाटक सतही होना चाहेगा, तो दोनों प्रवृत्ति और अपने स्वभाव से च्युत होंगे, और विफल-मनोरथ होंगे।

निःसन्देह तेजी के लिए सन् 1958 मैकबेथ-वर्ष था। साल के 365 दिन, दिन के चौबीसों घण्टे, सोते-जागते, खाते-पीते, चलते-फिरते उनकी एक ही चिन्ता, एक ही सोच, एक ही बात के लिए प्रयत्न-परिश्रम कि 'मैकबेथ' रंगमंच पर सफलतापूर्वक अभिनीत हो। मैं यह न कहूँगा कि अपनी बीमारी के बावजूद उन्होंने यह बहुआयामी काम उठाया और पूरा किया। मन और तन की पारस्परिक प्रतिक्रियाएँ बड़ी जटिल और अनग्रकथनीय होती हैं। कभी तो मन अपनी उलझनों में शरीर को भी लपेट लेता है। और कभी मन अपनी उधेड़बुन में इतना तल्लीन होता है कि शरीर को अछूता छोड़ देता है। मैं अपने अनुभव से बताता हूँ : कभी तो ऐसा हुआ है कि मेरी मानसिक परेशानियों ने किसी शारीरिक रोग का रूप ले लिया है। और कभी मन अपने चिन्तन-बिगूचन में इतना व्यस्त रहा है कि शरीर में अगर कोई रोग हो भी तो उस पर उसने ध्यान नहीं दिया और उसकी इस उपेक्षा का परिणाम यह हुआ कि शरीर अपेक्षया सामान्य और स्वस्थ रहा है। कभी किसी काम में मुझे बहुत व्यस्त देखकर तेजी ने कहा है, इतनी मेहनत करोगे तो बीमार पड़ जाओगे। और मैंने अक्सर यह कहा है कि जब तक काम ख़त्म नहीं होता, तब तक तो मैं बीमार नहीं पड़ूँगा, बीमार पड़ने की फुरसत मुझे नहीं है; हाँ, जब काम ख़त्म हो ज़ायेगा, तो भले ही मैं खाट पकड़ लूँ। तेजी के मामले में भी मैंने यही देखा। जब वे ख़ाली थीं, जब कुछ ख़ास करने को उनके पास न था, वे बीमार रहती थीं।

'58 में जब मैकबेथ का भूत उनके सिर पर सवार था, तब वे बहुत कम बीमार पड़ीं। लगातार इतनी सक्रिय, सोत्साह और स्वस्थ, मैंने उनको पहले भी कम देखा था, और बाद को भी। वैसे जब भी मैंने कोई काम उठाया है, उसमें अपने सहयोग का अंश उन्होंने फ़ौरन आँक लिया है और उसे देने में प्राणपण से लग गयी हैं। अपने बेटों के उठाये काम के साथ भी उनकी यही टेक है। परिवार के प्रति उनकी निष्ठा अक्षुण्ण है।

'मैकबेथ'-मंचन सम्बन्धी प्रबन्ध के प्रत्येक पक्ष को पूरी तरह देखने-संभालने के साथ ही लेडी मैकबेथ की भूमिका में अपने को परिपूर्णता से उतारने के लिए उन्होंने कम साधना नहीं की थी। नाट्य-आलोचकों ने जिन दो अभिनेताओं के अभिनय को सर्वश्रेष्ठ बताया था, उनमें एक अशोक रामपाल थे, जिन्होंने मैकबेथ का पार्ट किया था और दूसरी थीं तेजी लेडी मैकबेथ का पार्ट करने वाली। वास्तव में शेक्सपियर ने इन्हीं दो पात्रों के कन्धों पर पूरा नाटक खड़ा किया है। लेडी मैकबेथ आरम्भ में सबला और अन्त में अतिशय अबला दिखाई देती है। मैकबेथ इसके विपरीत प्रारम्भ में निर्बल और अन्त में अप्रतिहत प्रबल सिद्ध होता है। लेडी मैकबेथ का चरित्र बहुत ही जटिल और उसका अभिनय बहुत कठिन है। स्वभाव से वह बहुत सुकुमार, कोमल-हृदय और स्त्रियों में स्त्रैण है। उसका पति महत्त्वाकांक्षी तो है, पर उसमें अपनी आकांक्षा को फलीभूत करने के लिए न साहस है, न दृढ़ता, न पुरुष-प्रखरता। लेडी मैकबेथ परिपूर्ण पति-परायणा हैं। वह अपने पति में साहस, दृढ़ता और पुरुषत्व जगाने के लिए अपने स्वभाव के प्रतिकूल अभिनय करती है, सच में अभिनय ही करती है। और अन्त में अभिनय के भीतर से सचाई प्रकट होती है, उसका अभिनय उसके लिए दु:सह हो जाता है, उससे संभलता नहीं, और वह अपने दुर्बल स्वभाव के अनुरूप टूट जाती है, पागल हो जाती है, आत्महत्या कर लेती है। वास्तव में, वह अपने पति पर बलिदान हो जाती है। लेडी मैकबेथ का यही रूप मैंने तेजी के सामने रखा था। वह जीवन में अभिनय करती है। पात्री को इसी अभिनय का अभिनय करना था। कठिन काम था। तेजी को पर्याप्त सफलता मिली थी। अधिक कहना मेरे मुँह से शोभन न लगेगा।

'मैकबेथ'-मंचन के सम्बन्ध में कोई गम्भीर काम तेजी ने मुझे न सौंपा था। वे जानती थीं कि दिन में मुझे दफ़्तर का काम करना पड़ता है। सुबह नियमित रूप से मेरे सृजनशील कार्य को समर्पित थीं। शाम को दफ़्तर से लौटने पर ही मैं तेजी को यत्किंचित सहयोग दे पाता था। हाँ, जब अगस्त से रिहर्सल शुरू हो गये थे, तब से मैं ज़रूर दफ़्तर से सीधे सिंधिया हाउस पहुँच जाता; और पात्र कथोपकथन—अगर इसकी जगह 'कथनानुकथन' कहें, तो कैसा रहे—ठीक और शुद्ध बोलें, इसकी ओर सतर्क रहता था। और यह भी चाहता था कि पात्र अपना कथनानुकथन कण्ठस्थ कर लें, इतना कि प्राम्पटर की ज़रूरत ही न पड़े। केम्ब्रिज के नाट्य-प्रदर्शनों में मैंने देखा था, प्राम्पटर की कोई जगह नहीं होती थी।

नाटक के शेष पात्रों की भूमिका जिन्होंने निभाई तथा मंचन से सम्बद्ध अन्य कार्यों में जिन्होंने सहायता पहुँचाई उनका ब्यौरा 'मैकबेथ' के दूसरे संस्करण में दे

दिया गया है। कभी मैंने सोचा था कि शेक्सपियर के किसी नाटक का प्रामाणिक अनुवाद कर अगर उसे मंचस्थ किया जाये तो उसके प्रति जनरुचि जागेगी, जिसका लाभ उठाकर हिन्दी शेक्सपियर मंच की स्थापना की जा सकेगी। प्रथम प्रयोग उत्साहवर्धक नहीं रहा। नाटक सामाजिक सामूहिक कला है। अभी हम वैयक्तिक कला-साधना के दर्जे पर हैं। सामाजिक कला-साधना तक पहुँचने में समय लगेगा। अभी शायद यही हो सकता है कि मैं या मुझ जैसे कुछ लोग शेक्सपियर के नाटकों का शुद्ध, सरल, कवित्वपूर्ण, अभिनय अनुवाद प्रस्तुत करें। ओथेलो मैं करीब-करीब पूरा कर चुका था, उसके बाद शेक्सपियर की दो और त्रासदियों को हाथ में लेने का मेरा इरादा था—हैमलेट और लियर को।

अब कुछ अन्तर्मन की बात। नवंबरांत में मैंने अपने जीवन के पचास वर्ष पूरे किये—मोटे तौर पर सत्तावनांत में ही। एक तरह से, जीवन पाकर हम प्रतिक्षण बढ़ते या घटते रहते हैं—बढ़ते-बढ़ते पचास के हो गये, यानी हमने अपने जीवन के पचास वर्ष जी लिये, हमारी बदी आयु के पचास वर्ष बीत गये, घट गये, आयु से कम हो गये। एक उर्दू का सरल, किन्तु अर्थगर्भित शे'र याद आता है, पता नहीं किसका है—

'जितनी बढ़ती है, उतनी घटती है
उम्र अपने आप कटती है।'

पहली पंक्ति से असहमत कैसे हुआ जा सकता है, पर अपने जीवन के पिछले पचास वर्षों को देखता हूँ, तो यह अनुभूति तो नहीं होती कि उम्र अपने आप कट गयी। कम-से-कम जब से अपनी सत्ता-इयत्ता के प्रति सचेत हुआ दिन-प्रतिदिन उम्र कभी हँस-रोकर, कभी ख़ुश-उदास होकर, कभी मस्ती में बहकर, कभी पस्ती में घिसटकर, कभी श्रम-संघर्ष में डटकर और कभी अपने में सिमटकर काटनी पड़ी है, और कोई कारण नहीं दिखता कि शेष आयु भी इसी तरह न काटनी पड़े। अगर आयु को औसत अवधि सौ वर्ष मानें— हमारे पूर्वजों ने माना ही था, 'जीवेम शरदः शतम्'—हालाँकि आज सौ बरस कौन जीता है, जीना शायद सुखद भी न हो—तो पचास वर्ष पर यह ख्याल तो आता ही है कि बढ़ने का क्रम अब निश्चित रूप से समाप्त होता है और घटने का क्रम शुरू होता है। पूर्वार्द्ध के साथ बढ़ता हुआ बल था, पौरुष था, साहस था, उमंग थी। पर उत्तरार्द्ध के साथ वह सब क्रम-क्रम से कम होगा। फिर भी कहीं पढ़ा था कि जीवन सदा एक प्रकार का सन्तुलन रखता है, वह कुछ लेता है, तो कुछ देता भी है; वह कुछ कम करता है तो कुछ का आधिक्य भी कर देता है। और सोचने लगता हूँ कि जीवन किन चीज़ों का आधिक्य कर देगा कि उनके बल पर शेष आयु काटनी शायद कठिन न होगी—अनुभव-सम्पन्न, विवेक-समृद्ध, स्वधर्म-सिद्ध। जी चाहता है, अपने से ऐसे बड़ों की ओर, बुज़ुर्गों की ओर देखें, सत्तर-अस्सी की उम्र वालों की ओर कि वे कैसे जीवन से जूझ रहे हैं, कि जीवन से काँधा-से-काँधा मिलाकर चल रहे हैं कि जीवन को झेल रहे हैं, उसके

साथ समझौता करके। कुछ सामान्य और कुछ बड़े लोगों पर नज़र जाती है। याद आता है–'महाजनो येन गतः स पंथा'–पर रुको, महाजनों के पंथ पर जाना महाजनों का ही काम है, तुम तो लघुजन हो। बहुत ऊँचे आदर्श, बहुत बड़े उदाहरण तुम्हारे लिए उपयोगी न होंगे। फिर तुम कवि हो, 'सायर'–जन्म से वृष्णिवंशी–रामानन्दी गुरु महाराज ने लड़कपन में तुम्हें देखकर भविष्यवाणी कर दी थी, 'यह बालक लीक-लीक नहीं जायेगा'–क्या उनकी बात निन्यानवे प्रतिशत ठीक नहीं उतरी? 'सायर', 'सिंह' भी लीक-लीक नहीं जाते; 'सपूत' तुम अपने को न कहो; उसका निर्णय आने वाली पीढ़ियों पर छोड़ो। मिसालों से तुम्हारे भविष्य का रास्ता नहीं निर्णीत होगा। तुमने लिखा था–

'राह? यहाँ पर राह नहीं है, अपनी राह बनाओ!'

तुम्हें अपने जीवन के उत्तरार्द्ध की राह खुद बनानी है, अलग बनानी है। शायद अच्छी ही बना पाओगे। निराशा लेकर बहुत दिनों तक चले हो। अब आशा लेकर भी कुछ दिन चलकर देखो। ब्राउनिंग की 'रबाई बेन एज़रा' को याद करो–

Grow old along with me
The best is yet to be.

(मेरे साथ बढ़ो, बुढ़ाओ,
सबसे अच्छा समय तो अब आने को है,
आस लगाओ)

रबाई तो ऐसे कहता है जैसे 'अच्छा समय' कहीं तुम्हारी प्रतीक्षा में बैठा है। बैठा नहीं है। 'अच्छा समय' लाना होगा–बनाना होगा–मैं इसीलिए बढ़ना-बुढ़ाना चाहूँगा। प्राचीन भारतीय आर्य पचास वर्ष के पश्चात् की अवस्था को वानप्रस्थ कहते हैं। क्यों? वानप्रस्थ के शाब्दिक अर्थ हैं वन को जाने वाला। मुझे लगता है कि हमारा प्राचीन आर्य जीवन-क्षेत्र का बड़ा ही दुर्धर्ष योद्धा था। जब उसका बल-पौरुष क्षीण होने लगता था तब वह नगर की सुविधाओं को त्यागकर वन-जीवन की असुविधाओं, कठिनाइयों, कष्टों को अपने मनोबल से चुनौती देता था। मैं निश्चय करता हूँ कि मैं पचास पार कर वन को तो न जाऊँगा, पर वानप्रस्थ की मनःस्थिति को ज़रूर जीना चाहूँगा, जिलाये रखना चाहूँगा, अपने शारीरिक शौर्य-शक्ति से नहीं, तो अपनी लगन से, धुन से, ज़िद से। मैंने जीवन से लड़ने का यह क्षात्र-धर्म अपने लिए विकसित किया है। इसी को अपनाये हुए मुझे जीना है, मरना है।

मैं ब्रह्म मुहूर्त में सोकर उठ जाता हूँ, तैयार होता हूँ, घूमने जाता हूँ। मुझे काम करना है, तो मुझे स्वस्थ रहना चाहिए। सुबह के ताज़े तीन घण्टे मेरे अपने हैं। दफ़्तर का उन पर कोई अधिकार नहीं है। मैं उनका उपयोग अपने सृजनात्मक कार्यों के लिए करता हूँ।

'मिलन-यामिनी' सन् '50 में प्रकाशित हुई थी। उसके बाद 'प्रणय-पत्रिका' की योजना बनी थी, 'विनय-पत्रिका' से अंशतः प्रेरित। कल्पना थी, विनय-पत्रिका

भक्ति-वैराग्य का दर्शन प्रतिपादित करती है, तो प्रणय-पत्रिका के द्वारा मैं प्रेम-राग का दर्शन प्रस्तुत करूँगा। समय की कोई सीमा न रखी थी। 'मिलन-यामिनी' जिसमें केवल 100 गीत थे, पाँच वर्ष में पूरी हुई थी। 'प्रणय-पत्रिका' में 'विनय-पत्रिका' की पद-संख्यागत अनुकृति भी रखने के लिए 279 गीत रखने की मंशा थी, आठ-दस बरस में जब भी वह संख्या पहुँची जा सके। प्रस्तावित परिपूर्ण प्रणय-पत्रिता का खण्डमात्र 59 गीतों का, पर 'प्रणय-पत्रिका' के ही नाम से, सन् '55 में प्रकाशित कर दिया गया था। उसके बाद जो गीत लिख रहा था, उन्हें अवशिष्ट प्रणय-पत्रिका में ही जोड़ता जाता था। जब उसके सौ गीत हो चुके, तो जी में आया इनका भी एक संग्रह क्यों न प्रकाशित कर दूँ, एक अलग नाम देकर—'आरती और अंगारे' का, गो मेरी आदर्श 'प्रणय-पत्रिका' में अभी (279—159) 120 गीत और लिखे जाने को थे। सोचा था, उन्हें 'मेरे और तुम्हारे बीच' के अन्तर्गत लिखूँगा और उनका एक स्वतन्त्र संग्रह भी प्रकाशित करने के पश्चात् 'प्रणय-पत्रिका', 'आरती और अंगारे' और 'मेरे और तुम्हारे बीच' के सब मिलाकर 279 गीतों का क्रम फिर से बिठाऊँगा, तब अपनी मूल 'प्रणय-पत्रिका' को रूप दूँगा। प्रेरणात्मक सृजन पर बौद्धिक संयोजनाएँ विरल ही चल पाती हैं। ख़ैर, 100 गीतों के संग्रह की प्रेस कॉपी बनाकर तो छपने को भेज दी, पर पचास की अवस्था के बाद जो मानसिक परिवर्तन होने लगे, उनमें प्रेम की, रागात्मकता की धार कुण्ठित होने लगी, कम-से-कम उनमें वह आवेग, वह तीक्ष्णता, वह रूमानियत न रह गयी कि उससे प्रेम-गीत लिखा जा सके। 'मेरे और तुम्हारे बीच' के अन्तर्गत शायद ही कोई गीत लिखा गया। कुछ गीत मैंने लिखे ज़रूर जैसे अपने को प्रयत्नत: उकसाकर, पर उनसे मुझे सन्तोष नहीं हुआ और मैंने उन्हें नष्ट कर दिया।

'मैं बोला जो मेरी नाड़ी में डोला, जो रग में घूमा।'

मैं इसे झूठ नहीं करना चाहता था। जो अब मैं लिख रहा था, वह मेरी नाड़ी में नहीं धड़क रहा था, मेरी रगों में नहीं फड़क रहा था, वह मेरे मस्तिष्क की किसो शिरा में हरकत भर कर रहा था। मैंने अपने से कहा, 'बच्चनजी, अब आप बुड्ढनजी हो चले, आपके बालों में अब जगह-ब-जगह सफ़ेद रेखाएँ दौड़ चली हैं, आपके मुख से अब प्रेमगीत शोभन न लगेंगे।'...

इसी समय मैंने अपनी मुक्त छन्द में लिखी रचनाओं को 'बुद्ध और नाचघर' नामक संग्रह में एकत्र कर छपने के लिए भेज दिया। 'आरती और अंगारे' और 'बुद्ध और नाचघर' मेरे दोनों काव्य-संग्रह 1959 में प्रकाशित हुए।

पचास के बाद यौवन से वार्धक्य की ओर जाने के—'वार्धक्य' कहना शायद संगत न होगा, प्रौढ़ता या वय:प्राप्ति की ओर जाने के—कुछ विचित्र अनुभव हुए। वय:सन्धि काल शायद सबके लिए नाजुक, संकोचशील और असमंजसपूर्ण होता है। याद करें 12-14 की अवस्था से 16-18 की ओर पहुँचने की, लड़कपन से कैशोर की ओर बढ़ने की, फिर 16-18 की उम्र से 24-25 पर आ लगने की—कैशोर से यौवन पर। लड़कपन और कैशोर की अवधि बहुत लम्बी नहीं होती; फिर कैशोर से लड़कपन की ओर या यौवन से कैशोर की ओर लौट जाने की कामना

शायद ही किसी की होती हो। यौवन की अवधि बहुत लम्बी होती है—पूरे पच्चीस वर्ष या कुछ ज़्यादा। यौवन की कुछ समस्याएँ होती हैं तो यौवन का कुछ सुख भी होता है। शरीर में शौर्य-वीर्य होता है, समस्याओं से उलझने के लिए, सुखों के भोगने के लिए। यौवन की समाप्ति का समय आते-आते जनसामान्य की समस्याएँ प्राय: सुलझ जाती हैं—कोई अभागा ही होगा, जिसकी 50 की अवस्था में भी व्यक्तिगत समस्याएँ अनसुलझी खड़ी हों, आदमी एक तरह से व्यवस्थित हो जाता है। लेकिन सुख-भोग की कामना तृप्त नहीं होती; वह यौवन को खींचना चाहता है, वय:प्राप्ति में, वार्धक्य में भी, यदि सम्भव हो; उत्कट उदाहरण है ययाति का, जो पुत्र से भी यौवन लेकर उसे भोगने की लिप्सा रखता है। यौवन देने वाले बेटे तो बस दन्तकथाओं में मिलते हैं। वय:प्राप्त विवाहेच्छुक होते हैं, सम्भव हुआ तो कर भी लेते हैं, आधुनिक मुक्त समाज में कुछ नये प्रेम-प्रसंग आरम्भ करते हैं—हिन्दी-उर्दू के साहित्य संसार में नज़र दौड़ाएँ, आपको कुछ प्रसिद्ध कवि-कथाकारों की जानी-पहचानी शक्लें दिखाई देंगी, सिने संसार में कुछ वृद्ध-कुमारों की। पुराने ज़माने में रूढ़ियों का बन्धन तोड़कर न निकल पाने वाले अपने प्रारम्भिक वृद्धावस्था में घर में ही प्रेम-प्रसंग शुरू कर देते थे, कभी अपनी विधवा पुत्रवधू से—पुराने ज़माने में ही क्यों, आज के ज़माने के एक प्रसिद्ध हिन्दी कथाकार ने आज के ही ज़माने के एक प्रसिद्ध हिन्दी कवि के ऐसे प्रसंग की चर्चा खुलकर की है—कभी अपनी वय:प्राप्ता पत्नी से सन्तान भी पैदा कर। बेटा भी पुत्र पैदा कर रहा है, बाप भी पुत्रोत्पन्न कर रहा है। अगले वक़्तों में बेटों की सन्तानों के लिए खानदान में दो तरह के चाचे मिलते थे, जिन्हें कहते थे 'चचा बुज़ुर्गवार' और 'चचा बरखुर्दार'—स्वयं मेरे पिता के एक खानदानी चाचा उनसे उम्र में छोटे थे और मुझसे उन्हें बाबाजी कहने को कहा जाता था, जबकि उम्र में वे मेरे पिताजी की उम्र से भी कम के थे, मेरी माताजी ससुर के नाते उनके पाँव छूती थीं। ऐसे ही बाबा की ओर संकेत होगा होली पर उत्तर प्रदेश में गाये जाने वाले इस फाग में, 'फागुन में बाबा देवर लागैं!' दूर क्यों जाऊँ, अमिताभ की पत्नी जया के एक सगे चाचा हैं, उम्र में उससे छोटे, श्वेता और अभिषेक जया के बच्चे—उन्हें नानाजी कहते हैं, जबकि वे उनके पिता की उम्र से भी कम के हैं। कुछ अधिक संयत इस उम्र में अपने से काफ़ी छोटी उम्र के मित्रों, शिष्यों की शादी कराने के लिए आग्रहशील होते हैं और इस प्रकार एक, जिसे अंग्रेज़ी में कहते हैं, 'वाइकेरियस प्लेज़र' का अनुभव करते हैं—हिन्दी में क्या कहेंगे? 'स्थानापन्न सुख'। गाँधीजी ने शायद अपनी आत्मकथा में लिखा है या कहीं और कि जब उन्होंने स्वयं तीन-चार बेटे पैदा करने के बाद ब्रह्मचर्य का व्रत ले लिया था, तब अपने से छोटे सब मित्रों पर विवाह कर लेने के लिए ज़ोर डालते थे। बच्चनजी भी प्रमुख उपकरण बनते हैं सुशील बोस की शादी कराने में, जगदीश राजन की, सत्येन्द्र शरत की, अजित कुमार की। इनमें से दो की सुहागरात अपने घर मनवाते हैं—उनकी सद्‌भावना के पीछे कहीं वैयक्तिक मनोवैज्ञानिक कारण भी तो नहीं हैं?

यौवन से ही, अपने जीवन की दुर्भाग्यपूर्ण परिस्थितियों के कारण मेरी

कामक्षुत्पिपासा का 'सबलिमेशन'—परिष्करण—कविता में होता आ रहा था—

वासना जब तीव्रतम थी बन गया था संयमी मैं,
है रही मेरी क्षुधा ही सर्वदा आहार मेरा;
कह रहा जग वासनामय हो रहा उद्गार मेरा।

(मधुकलश)

न तुम होतीं तो, मानो ठीक
मिटा देता मैं अपनी प्यास,
वासना है मेरी विकराल,
अधिक पर अपने पर विश्वास।

(हलाहल)

मगर अब कविता—प्रेम कविता के लिए आवश्यक मन का आवेग, उभार, ज्वर-ज्वार उतार पर था—और मैं आरोपित प्रेरणा से ठण्डी कविताएँ नहीं लिखना चाहता था। मैं ठण्डे मन से ठण्डी कविताएँ न लिखूँ, पर सृजक ठण्डे मन से भी कुछ लिखना तो चाहता ही है—उसका क्या रूप हो, उसकी क्या दिशा हो, इसे सोचते हुए काफ़ी दिन बीते।

मेरे जीवन का यह अनुभव है कि कुछ चीज़ें, जो मेरे लिए बड़े महत्त्व की थीं, जिनकी मुझे बड़ी आवश्यकता थी, जिनको पाने के लिए मैं अपना सब कुछ दाँव पर लगा सकता था, वे मुझे प्रार्थना-अभ्यर्थना से, श्रम-संघर्ष से, ख़ून-पसीने की क़ीमत पर नहीं मिलीं, वे मुझे अनायास, अज्ञात के वरदान की तरह मिल गयी हैं।

कर परिश्रम कौन तुमको आज तक अपना सका है,
खोजकर कोई तुम्हारा कब पता भी पा सका है,
देवताओं के अनिश्चित यदि नहीं वरदान तुम हो,
कौन तुम हो?

इसी समय देवताओं के वरदान के समान मुझे राधा बाबा मिले। कई कड़ियाँ मुझे याद हो आयी हैं, जिनसे जुड़ते हुए मैं कलकत्ता के नवयुवक काव्य-प्रेमी, उद्योगपति श्री रामनिवास ढंढारिया के सम्पर्क में आया। वे कलकत्ता की प्रसिद्ध साहित्यिक संस्था भारतीय संस्कृति संसद के संस्थापक सदस्यों में थे। कई बार मुझे कभी अकेले और कभी सपरिवार संसद के समारोहों में बुला चुके थे। औपचारिक से बढ़ते-बढ़ते उनका मेरा सम्बन्ध आत्मीय और पारिवारिक भी हो गया था। उम्र में मैं उनसे कुछ बड़ा था, इस नाते उनके बेटे-बेटियाँ मुझे ताऊ कहकर सम्बोधित करते। धर्मानुरागी परिवार था, रामनिवासजी विशेष रूप से राधाभक्त थे और राधा-भाव से कृष्ण-प्रेमी बने रहना चाहते थे। पत्रों में अथवा मिलने पर प्रणाम-नमस्कार आदि के स्थान पर वे 'जय श्रीराधे' लिखते या कहते और मैं प्रत्युत्तर 'जय श्रीकृष्ण' से देता। इस सम्बन्ध में उनके प्रेरक राधा बाबा थे, जिनकी चर्चा यदा-कदा मिलने पर उन्होंने मुझसे की थी, पर उनसे मिलने या उन्हें देखने की जिज्ञासा मेरे मन में कभी

न उठी थी। 1958 के प्रारम्भ में राधा बाबा दिल्ली पधारे, रामनिवास पहले से दिल्ली में मौजूद थे या उनसे मिलने को ही कलकत्ता से दिल्ली आये थे, मैं नहीं जानता। एक दिन अचानक मेरे घर आये, बोले, संयोग से राधा बाबा दिल्ली में हैं, मैं चाहता हूँ तुम्हें उनसे मिला दूँ–'इष्टं धर्मेण योजयेत'। मैं जिस प्रकार की मानसिक समस्या में उलझा था, उसमें मैंने समझा इस समय किसी सन्त का सत्संग मेरे लिए हितकर सिद्ध हो सकता है–तुलसीदास के कई दोहे-चौपाइयाँ एक साथ स्मृति में गूँज उठीं–

बड़े भाग पाइअ सतसंगा।

अब मोहि भा भरोस हनुमंता। बिनु हरि कृपा मिलहिं नहिं संता।

पुन्य पुंज बिनु मिलहिं न संता।

मन ने कहा कि शायद हरि ने कृपा की है कि राधा बाबा के रूप में एक सन्त के दर्शन का सुयोग मुझे मिल रहा है। चलो!

राधा बाबा भगवा एक-वस्त्र में थे, आधा कमर में लपेटे, आधा कन्धे पर डाले, मझोले कद के, क्षीणकाय, मुण्डित शीश, शरीर आभामय ताम्रवर्णी, उनके भगवा वस्त्र से 'मैच' करता, भौंह घनी काली, आँखें अधमुँदी गहराई का आभास देतीं जैसे जो उनकी ओर देखे उसको अन्दर खींचती हुई–उमर में मुझसे छोटे लगते–थे ही–कोई पाँच बरस।

रामनिवास उन्हें मेरा कुछ परिचय दे चुके थे, मेरी कुछ कविताएँ सुना चुके थे जो उन्हें पसन्द आयी थीं। मुझे देखते ही उम्र में अपने से बड़ा आँककर उन्होंने 'बच्चन दादा' कहकर मेरा स्वागत किया। मैं प्रणाम कर सामने बैठा तो उन्होंने मुझसे 'मधुशाला' सुननी चाही; और उसके प्रतीकों में क्या अर्थ आरोपित-निरूपित कर वे विभोर होते रहे, वे ही जानें। दूसरे दिन पंतजी और 'दिनकरजी' के साथ मैंने राधा बाबा के दर्शन किये, पंतजी रेडियो की किसी मीटिंग के सिलसिले में दिल्ली आये थे, 'दिनकर' दिल्ली में ही थे। मैं जानता था पंतजी सन्तों से मिलने में रुचि रखते हैं। एक बार उन्होंने मुझे माता आनन्दमयी से मिलवाया था, एक बार नीम करौली बाबा से–परम हनुमान भक्त–जो प्रयाग आने पर पंतजी के घर भी आते थे; 'दिनकर' भी सन्तों से मिलने को उत्सुक रहते थे। दोनों कवियों ने जो भी प्रश्न पूछे उनका राधा बाबा ने सन्तोषजनक उत्तर दिया। पंतजी के प्रश्न मुख्यत: आध्यात्मिक थे; 'दिनकर' के प्रश्न जब वैयक्तिक स्तर पर उतर आये, तो बाबा को कहना पड़ा, 'क्षमा करें', मैं ज्योतिषी नहीं हूँ।' विशेषकर उन्होंने यह बताया कि काष्ठ मौन क्या है। वे थोड़े दिनों बाद काष्ठ मौन लेने वाले थे। बाबा से मिलने के बाद उनसे अप्रभावित रहना असम्भव था। कम-से-कम मैंने तो ऐसा ही अनुभव किया। वे मुझे बार-बार याद आते। मेरे सपनों में आते। मुझसे विचित्र-विचित्र बातें करते। उन्होंने मुझे सम्मोहित कर लिया था या मैं अपने से आत्म-सम्मोहित हो गया था, इसे कौन बताये।

बाबा अपने संन्यासपूर्ण जीवन के बारे में कुछ न बताते थे। और संन्यासोत्तर जीवन के विषय में भी नाममात्र। संस्कृत का उन्हें सम्यक ज्ञान था और धार्मिक संस्कृत वाङ्मय का शायद सभी कुछ उनके स्वाध्याय का विषय रह चुका था, अंग्रेज़ी भी वे काफ़ी अच्छी जानते थे। 1930 के नमक सत्याग्रह के आन्दोलन में वे जेल गये थे और वहीं उन्हें वैराग्य हुआ था; कहीं पढ़ा था, अरविन्द घोष को भी अलीपुर जेल में सम्बोधि प्राप्त हुई थी। जेलों की देन सभ्यता-संस्कृति के इतिहास में छोटी नहीं है। भगवान् कृष्ण मथुरा जेल में पैदा हुए थे, विश्व की कई महान् कृतियाँ जेल में लिखी गयी थीं। तिलक महाराज ने 'गीता रहस्य' माण्डले जेल में लिखा था। जवाहरलाल नेहरू ने 'डिसकवरी ऑफ़ इण्डिया' अहमदनगर जेल में लिखी थी। उनकी 'ग्लिम्पसेज़ ऑफ़ वर्ल्ड हिस्ट्री' और आत्मकथा भारत के विभिन्न जेलों में लिखी गयी थीं, डॉ० राजेन्द्र प्रसाद ने अपनी आत्मकथा का अधिकांश बांकीपुर जेल में लिखा। माखन लाल चतुर्वेदी 'भारतीय आत्मा' की कई और बालकृष्ण शर्मा 'नवीन' की बहुत-सी कविताएँ मध्य प्रदेश और उत्तर प्रदेश के जेलों में लिखी गयी थीं। यशपाल की कई प्रसिद्ध कहानियाँ नैनी जेल में लिखी गयी थीं; 'अज्ञेय' की 'शेखर : एक जीवनी' का पहला ड्राफ्ट अमृतसर जेल में तैयार किया गया था। स्पेनी लेखक सरवेंटीज़ की प्रसिद्ध कृति 'डान क्विग्ज़ोट', जान बनयन की 'पिलग्रिम्स प्रोग्रेस' और आसकर वाइल्ड की 'डि प्रोफंडिस' भी जेलों में ही लिखी गयी थीं। भाव प्रवण और बुद्धि-विचक्षण शायद जेलों के बाह्य बन्धन में अपने को अन्तर्मुक्त अनुभव करते हैं और उस अवस्था में मन की एकाग्रता सृजन-साधना के द्वार उन्मुक्त खोल देती है। जो हो मुझे तो जेल जाने का सौभाग्य कभी नहीं प्राप्त हुआ, पर जीवन में कैदख़ाने के बाहर भी कैदी की-सी मन:स्थिति से गुज़रने का दुर्भाग्य मैंने कम नहीं जाना। उनकी सृजन-देन का मूल्य क्या है, उस पर मैं कैसे मुँह खोलूँ—

प्राण प्राणों से सकें मिल किस तरह दीवार है तन
काल है घड़ियाँ न गिनता, बेड़ियों का शब्द झन-झन,
वेद-लोकाचार प्रहरी ताकते हर चाल मेरी,
बद्ध इस वातावरण में क्या करे अभिलाष यौवन
अल्पतम इच्छा यहाँ मेरी बनी बंदी पड़ी है,
विश्व क्रीड़ास्थल नहीं रे, विश्व कारागार मेरा।
कह रहा जग वासनामय हो रहा उद्गार मेरा!

प्रसंगवश बता दूँ कि मेरी कविता में वासनातिशयता का आरोप 'विशाल भारत' में पण्डित बनारसीदास चतुर्वेदी ने लगाया था। जब उसके उत्तर में मैंने 'कवि की वासना' शीर्षक कविता किसी दूसरी पत्रिका में प्रकाशित कराई, तब उन्होंने यह पूरी कविता 'विशाल भारत' में उद्धृत की, अपने आरोप पर खेद प्रकट किया, पर इस पर अपनी प्रसन्नता भी व्यक्त की कि उनकी कटु टिप्पणी ने मुझसे यह ज़ोरदार कविता लिखा ली—हिन्दी में ऐसी 'शिवलरी' और उदारता अब कहाँ!

राधा बाबा जेल से छूटकर कहाँ गये; किससे, कहाँ उन्होंने संन्यास की दीक्षा ली, कोई नहीं जानता। कई वर्षों बाद एक नवयुवक संन्यासी कलकत्ता के कोढ़ियों के बीच उनकी सेवा करता पाया गया। कहते हैं, वहीं से श्री जयदयाल गोयनका ने उन्हें पहचाना, ज्ञानमार्गी से भक्तिमार्गी बनाया, राधारूप से कृष्ण रूप की आराधना का उपदेश दिया, राधा बाबा नाम दिया और उन्हें हनुमान प्रसाद पोद्दार के सानिध्य में रहने को गीता वाटिका, गोरखपुर में छोड़ गये। उनके लिए वाटिका के पिछले भाग में एक कुटी छवा दी गयी और उसी में वे रहने लगे। पोद्दारजी के देहावसान के बाद भी वे गीता वाटिका में ही रहते हैं, पर सुना है, अब उन्होंने कुटी भी छोड़ दी है और एक वृक्ष के नीचे रहते हैं। उनकी कृष्ण आराधना का एक रूप है, प्रतिदिन गोवर्द्धन परिक्रमा। किसी खुली जगह पर अपनी गुदड़ी रख देते हैं—गोवर्द्धन रूप—और उसकी इतनी बार परिक्रमा करते हैं कि गोवर्द्धन परिक्रमा की दूरी पूरी हो जाये। एक-दो बार उन्हें परिक्रमा करते देखने का मुझे अवसर मिला है। उनके पाँच-सात भक्त पास बैठ जाते हैं और धीमे-धीमे 'कृष्ण, गोविन्द, गोपाल, नन्दलाल, कृष्ण' समवेत स्वर से जपते रहते हैं। उस समय बाबा को देखना विचित्र अनुभव होता है। उनकी आँखें कहीं दूर लगी रहती हैं, वे बड़ी उत्सुकता से, उतावली से चलते हैं—भागते-से—चाल उनकी स्त्रैण हो जाती है, लगता है जैसे राधा ही कृष्ण से मिलनातुर उनकी ओर खींची चली जा रही हैं...

वे लम्बी-लम्बी अवधि के लिए काष्ठ मौन ले लेते हैं। तब वे बस सिद्धासन में बैठे रहते हैं। जब वे मौन तोड़ते हैं तब उनके मुख से जीवन के गहन, गम्भीर, सत्य उद्घाटित होते हैं, गो वे पूछने पर ही अपना मुँह खोलते हैं और सुनने वाले बहुत कुछ सुख, शान्ति, सन्तोषप्रद पा जाते हैं। 'जाहि न चाहिय कबहुँ कछु' या 'काहू सों कछु न चहौंगो' के वे मूर्तिमान उदाहरण हैं। उन्होंने किसी को अपना शिष्य नहीं बनाया। दो-एक लोग उनकी सेवा में रहते हैं स्वेच्छा से, पर वे भी परम निरीह—अपना नाम बताने में भी उनको संकोच होता है। तुलसीदास ने भरत से पुछवाकर रामचन्द्र के मुख से सन्तों के लक्षण कहलाये हैं—

संतन के लक्षन सुनु भ्राता। अगनित श्रुति पुरान विख्याता॥
संत असंतन्हि कै असि करनी। जिमि कुठार चंदन आचरनी॥
काटै परसु मलय सुनु भाई। निज गुन देह सुगंध बसाई॥

× ×

विषय अलंपट सील गुनाकर। पर दुख दुख सुख सुख देखें पर॥
सम अभूतरिपु विमद विरागी। लोभामरष हरष भय त्यागी॥
कोमलचित दीनन पर दाया। मन वच क्रम मम भगति अमाया॥
सबहिं मान प्रद आप अमानी। भरत प्रान सम मम ते प्रानी॥
विगत काम मम नाम परायन। सांति विरति विनती मुदितायन॥
सीतलता सरलता मइत्री। द्विजपद प्रीति धर्म जनयित्री॥
ये सब लक्षन बसहिं जासु उर। जानेहु तात संत संतत फुर॥
सम दम नियम नीति नहिं डोलहिं। परुष वचन कबहूँ नहिं बोलहिं॥

निंदा अस्तुति उभय सम ममता मम पद कंज।
ते सज्जन मम प्रानप्रिय गुन मन्दिर सुख पुंज॥

राधा बाबा को अगर कोई एक-एक लक्षण पर परखे, तो उनको सौ टंच खरा पायेगा। मुझे अगर एक विशेषण से ही राधा बाबा को परिभाषित करना हो, तो मैं उनको कहूँगा 'विशुद्ध' सन्त। तुलसीदास ने भी सन्त के लिए यह विशिष्ट विशेषण शायद एक ही बार प्रयुक्त किया है—

संत विशुद्ध मिलहिं परि तेही।
चितवहिं राम कृपा करि जेही॥

राम ने अगर कभी कृपा कर मेरी ओर देखा है तो उसका एकमात्र सबूत मेरे लिए यही है कि राधा बाबा मुझे मिले। आज 27 वर्षों से मेरा उनका सम्बन्ध है, और जिस रूप में उन्होंने मुझसे अपना सम्बन्ध स्थापित किया था उसी रूप में आज तक बना है। मैं भी अब तीन कम अस्सी का हूँ, तो वे भी आठ कम अस्सी के हैं। शारीरिक स्वास्थ्य अब हम दोनों का समय-समय पर बिगड़ता रहता है। बीमार होने पर वे अपना इलाज नहीं कराते, कोई प्राकृतिक चिकित्सा करा दे, तो करा दे। मैं बीमार होता हूँ, तो उनका आशीर्वाद माँगता हूँ। वे बीमार होते हैं, तो मैं—उनका 'दादा' होने के नाते—उन्हें आशीर्वाद भेजता हूँ और वे बड़े विनोद से ग्रहण करते हैं। और यह चमत्कार ही है कि हमारी आशीष एक-दूसरे को लगा करती है। पत्र वे नहीं लिखते, पर मैं समय-समय पर अपना समाचार उन्हें देता और गीता वाटिका में किसी के द्वारा उनका समाचार लेता रहता हूँ। यात्राएँ मेरे लिए कष्टकर हो गयी हैं। उनके-मेरे परिचित प्राय: मुझसे कहते हैं एक बार राधा बाबा को जाकर मिल आयें, पर मेरा उत्तर यही होता है, बाबा से दूरी का आभास मुझे होता हो तब तो मैं उनके पास जाऊँ। उनसे मेरी मुलाकात के अवसर कम ही रहे हैं पर हर मुलाकात की स्मृति मेरे मन में ताज़ी है। जब भी मैंने उनसे पूछा है उसका उन्होंने सारगर्भित उत्तर दिया है, पर कभी इस बात का आग्रह नहीं किया कि मैं उनकी बात मानूँ ही। आत्मा, परमात्मा, पुनर्जन्म, प्रारब्ध, कर्म-स्वातन्त्र्य के विषय में मैंने उनसे प्रश्न किये हैं। वे जानते हैं कि मैंने उनके उत्तरों को अर्ध-विश्वास, अर्ध-सन्देह से ग्रहण किया है, पर उन्होंने इतना ही कहा है हृदयस्थ भगवान् ही किसी को कुछ नहीं मनवा सकेंगे तो मनुष्य क्या मनावयेगा—'सोइ जानइ जेहि देहिं जनाई।'

मुझसे प्रथम मिलन के बाद ही राधा बाबा ने काष्ठ मौन ले लिया था। बाद को उनकी स्वप्न-प्रेरणा से कैसे मैं गीता अनूदित करने को उद्यत हुआ, इसकी कथा विस्तार से मैं गीता के अपने अनुवाद 'जनगीता' की भूमिका में दे चुका हूँ। रुचि हो तो वहीं देखें। गीता मेरे लिए अपरिचित पुस्तक न थी। गीता पहली बार बहुत छोटी अवस्था में मैंने अपनी बड़ी बहिन की मृत्यु के बाद किसी हिन्दी भाष्य में पढ़ी थी, जो मेरे पिता की नित्यपाठ की पोथियों में रहती थी। बड़े होने पर तिलक का 'गीता रहस्य' और गांधी का 'अनासक्ति योग' भी मैंने देखा था, इंग्लैण्ड जाने से पूर्व मैंने डा० एनी बेसेंट और डा० राधाकृष्णन का गीता का अंग्रेजी अनुवाद भी पढ़ लिया था।

केम्ब्रिज में मैंने मोहिनी चटर्जी और पुरोहित स्वामी का अंग्रेज़ी अनुवाद पढ़ा, जिनसे ईट्स किसी-न-किसी रूप में सम्बद्ध थे। लौटकर मैंने बिनोवा भावे का 'गीता-प्रवचन' भी पढ़ा था। बाबा जब दिल्ली से लौटे थे, तब उन्होंने गीता प्रेस के प्रमुख धार्मिक प्रकाशनों को मेरे लिए भेजवा दिया था, जिनमें महाभारत, वाल्मीकि रामायण, श्रीमद्भागवत और प्रमुख उपनिषदों के अतिरिक्त शंकराचार्य और रामानुजाचार्य के गीता-भाष्य के हिन्दी अनुवाद भी थे। कहने का मतलब, मेरे अनुवाद के पीछे गीता सम्बन्धी इतने स्वाध्याय की तैयारी थी। गीता का अनुवाद करने की बात जब मैंने सोची, तब उसे मानव की अवधी में, दोहा-चौपाई छन्द में। मुझे नहीं मालूम इसके पूर्व दोहा-चौपाई में गीता का कोई अनुवाद हुआ था या नहीं। यदि हुआ भी था, तो लोक-परिचित न हुआ था, कम-से-कम मेरे निकटवर्तियों में किसी को उसका ज्ञान न था। तुकान्त खड़ी बोली पद्य में 'दिनेश' जी का और खड़ी बोली तुकान्त अनुष्टुप में सियारामशरण गुप्त का अनुवाद छप चुका था—पर दोनों ही मेरे मन को न भाये थे। अनुवाद के लिए अवधी भाषा और सोरठा-दोहा-चौपाई छन्द चुनने का मेरा एक विशेष कारण था। मैं देखता था कि बहुत से लोग प्रतिदिन 'मानस' और 'गीता' का पाठ साथ करते थे। मानस के सरस राग में बहते-बहते जब वे गीता पर आते थे, तो ऐसा लगता था जैसे हरी-भरी बनानी के शीतल-मन्द-सुगन्ध झकोरों से सूखे-सूने मरु प्रदेश के तप्त-रेतीले झड़-झपेटों में आ पड़े हों। माना कि गीता में मानस का कथा-रस नहीं, पर गीता का दर्शन सिद्धान्त इतना नीरस भी नहीं कि उसे जड़-शुष्क भाषा में ही व्याख्यायित किया जा सके। क्यों न गीता को ऐसी भाषा में गाया जाये जो उसके 'गीता' नाम को सार्थक करती हुई उसके सूक्ष्म-दर्शन सिद्धान्त को रसमय रागात्मकता में अभिसिंचित करती चले, कि जब कोई मानस से गीता की ओर जाये तो उसे ऐसा न लगे कि वह मधुवन से मरुस्थल में आ गया बल्कि एक मधुवन से दूसरे मधुवन में चला गया; जिस लय में वह मानव में बह रहा था उसी लय में वह गीता में भी बहता चला जाये। अनुवाद को मैंने एक पावन अनुष्ठान के रूप में ही आरम्भ किया। पहले मैंने पद्मावत पूरा पढ़ा। ठेठ अवधी का ठाठ तो पद्मावत में ही है। और पद्मावत के सृजन में ईश्वरीय प्रेरणा की अनुभूति जायसी को कम नहीं हुई थी—

आपुहि कागद, आपु मसि, आपुहि लेखनहार।
आपुहि लिखनी, आखर, आपुहि पंडित अपार॥

मानस का तो मैंने अखण्ड सस्वर पाठ किया—निराहार, निर्जल, अनवरत, अठारह घण्टे एकासन पर बैठकर! अवधी भाषा और दोहा-चौपाई छन्द से अपने कण्ठ-कान-मानस को पूरी तरह रसा-बसा लेने के लिए, और तब मैंने गीता का अनुवाद शुरू किया—

धर्मखेत, कुरुखेत, कहावा, जहं कौरव-पाण्डव-दल आवा;
काह करेन्हि तहं दोऊ समुदाई? संजय मोहि कहहु समुझाई।
धर्मक्षेत्रे कुरुक्षेत्रे समवेता युयुत्सवः

मामका पांडवाश्चैव किम कुर्वत संजय।

से लेकर

जहं कृष्न जोगेश्वर, जहाँ धनु साजि, अरजुन राजहीं,
तहं रहइ श्री, वैभव, विजय, ध्रुवनीति, मम संमति सही।
यत्र योगेश्वरः कृष्णो यत्र पार्थो धनुर्धरः
तत्र श्रीविजयो भूतिर्ध्रुवा नीतिर्मतिर्मम।

तक मैंने चार मास में पूरा किया।

अनुवाद के बीच में कई चमत्कारी अनुभव हुए। हैं तो बड़े रोचक, पर उनको न बताऊँ तभी अच्छा। तुलसीदास ने कहा है—

जोग जुगुति तप मंत्र प्रभाऊ
फलै तबहिं जब करिअ दुराऊ।

गीता अनुवाद सकुशल सम्पन्न हुआ तो स्वाभाविक ही मेरी इच्छा हुई कि जिनकी सत्प्रेरणा से 'धर्म-ज्ञान-रसमय जनगीता' रूपान्तरित हुई है, उन्हें यह सुनाई जाये। मैं गोरखपुर गया और मैंने 18 मई 1958 को--उस दिन मेरे छोटे बेटे अजिताभ का बारहवाँ जन्मदिन था—राधा बाबा को 'जनगीता' के अठारहों अध्याय एक साथ एकासन पर बैठकर सस्वर सुनाये। वे उन दिनों काष्ठ मौन में थे। उन्होंने भी मेरे समक्ष एकासन में बैठकर पूरी 'जनगीता' सुनी। उनके चेहरे ने कोई प्रतिक्रिया न दी। पर समाप्ति पर मैंने अपनी आँखें ऊपर उठायीं, तो उनकी मुखाम्बुज श्री मुझे बड़ी शान्तिदायिनी लगी। और मैंने मन-ही-मन अजिताभ के लिए उनके आशीष की कामना की। अजिताभ का जन्मदिन मेरे काव्य जीवन के एकाधिक प्रसंगों से जुड़ा है, गाँधी-बलिदान पर लिखी अपनी 'सूत की माला' मैंने अजिताभ के जन्मदिन पर ही समाप्त की थी—

है आज अठारह मई अजित का जन्म-दिवस,
वह तेज, अमित का, मेरा जीवन-धन-सर्बस,
उसका जन्मोत्सव आज मनाना है हमको,
मन से चिंता-दुख
आज हटाना
है हमको।

हैं दिवस एक सौ आठ आज तक बीते
जब से बापू के प्राण उड़े अम्बर में,
तब से मेरी लेखनी आज तक रोई
गीतों के छन्दों
में, पद-अक्षर-
स्वर में।

आशीष एक दे, गोद उठा दोनों को,
करता समाप्त हूँ अपने दुख के गाने,
मेरे पुत्रों की औ' पौत्रों की दुनिया
गाँधी की सत्ता
और अधिक
पहचाने!

एच.एम.वी. द्वारा प्रवर्तित मेरी 'मधुशाला' का रिकार्ड भी 18 मई को ही सर्वप्रथम 'रिलीज' किया गया था।

राधा बाबा के दर्शन और गीता अनुवाद का मेरे तन-मन पर मनोवांछित प्रभाव पड़ा। 'जनगीता' 12 अगस्त सन्' 58 को तेजी के जन्मदिन पर प्रकाशित हुई।

हिन्दी में कुछ पत्रिकाएँ ऐसी थीं, जिनमें, आप कितना ही अच्छा क्यों न लिखें, वे उसमें कुछ खोट-खराबी अदबदा कर निकाल ही देती थीं। अब तो ऐसी पत्रिकाएँ अधिक ही हैं। खैर, उनको छोड़कर प्रायः सबमें गीता-अनुवाद के इस अभिनव प्रयोग का स्वागत किया गया। मुझे विशेष सन्तोष प्रयाग की 'सम्मेलन पत्रिका' की आलोचना से मिला; क्योंकि उसमें मेरे उस विशिष्ट उद्देश्य को भली भाँति समझा गया था, जिसे मन में रखकर मैंने अवधी के दोहा-चौपाइयों में गीता को 'जनगीता' के रूप में प्रस्तुत किया था। शायद आप उसे देखना चाहें। मैं उसे यहाँ अविकल उद्धृत कर रहा हूँ—

> ''गीता और रामायण भारतीय जन-जीवन के ऐसे प्राणदायी स्रोत हैं, जिनसे हमारा राष्ट्र और समाज ही नहीं, बल्कि विश्व-साहित्य भी प्राणवान बन गया है। गीता के अनेक भाष्य और टीका ग्रन्थ मिलते हैं, किन्तु डॉ. बच्चन के 'जन गीता' ने पूरक स्थान प्राप्त किया है। अवधी भाषा में रामचरितमानस के ढंग पर गीता का सही अर्थों में रूपान्तर किया गया है। मूल से अनुवाद की पूर्ण संगति है। कविता में वही सौष्ठव है जो मानस में मिलता है। गीता जैसे आध्यात्मिक ग्रन्थ को दोहों, चौपाइयों और छन्दों में रूपान्तरित करने के लिए केवल कवि-सामर्थ्य ही नहीं, बल्कि दैवी शक्ति भी अपेक्षित है—जो डॉ. बच्चन जैसे सौभाग्यशाली जनकवि को सहज उपलब्ध हुई है। जनगीता पढ़ते समय गीता और रामचरितमानस दोनों ग्रन्थों का आनन्द एक साथ मिलता है।''

(सम्मेलन पत्रिका—आश्विन-मार्गशीर्ष 1880 शक)

'जनगीता' के सम्बन्ध में मुझे दो एक रोचक प्रसंग और याद आये हैं। आप सुनना चाहेंगे? 'जनगीता' प्रकाशित हुई तो मैंने उसकी एक प्रति राष्ट्रपति डॉ. राजेन्द्र प्रसाद को भेंट की। वह उनको इतनी पसन्द आयी कि मेरे प्रकाशक विश्वनाथजी ने बताया, राष्ट्रपति भवन से 11 प्रतियों का आर्डर गया। मुझे बाद को मालूम हुआ कि राजेन्द्र बाबू ने एक-एक प्रति अपने परिवार के सब सदस्यों को भेंट की। इतना ही नहीं, एक दिन उनके निजी सचिव का पत्र आया कि राष्ट्रपतिजी को प्रसन्नता होगी और वे आभारी होंगे अगर किसी दिन आप राष्ट्रपति भवन पधारकर

'जनगीता' उनको स्वयं सुनाएँ। तिथि निश्चित हो गयी। हम एक फूलमाला, बन्दनवारों से सजे कमरे में पहुँचाए गये—अगरु-धूप सुगन्धित; जैसे वहाँ कोई पूजा होने वाली हो। टेबल पर रथारूढ़ अर्जुन और सारथी रूप भगवान् कृष्ण का एक चित्र। फर्श पर दो आसन आमने-सामने—एक कुछ ऊँचा और दूसरा उससे नीचा, तदनुरूप उन पर बड़ी-छोटी मनसदें लगी। अगल-बगल छोटी-छोटी कालीनें बिछी, राष्ट्रपति परिवार के अन्य सदस्यों के बैठने के लिए। कक्ष में प्रवेश करते ही मैंने अनुमान किया कि नीचे बना आसन मेरे लिए और ऊँचा वाला राष्ट्रपति के लिए होगा। राजेन्द्र बाबू ने कमरे में आते ही मुझे ऊँचे आसन पर बैठने का संकेत किया। मैं कुछ संकोच कर रहा था कि बोले, आप गीता-पाठ करेंगे, आप व्यास-गद्दी पर बैठें, जिसे हमारी प्रथा के अनुसार सर्वोच्च ही होना चाहिए। राजेन्द्र बाबू हिन्दू संस्कृति परम्परा के प्रति कितने निष्ठावान थे। उन्होंने एक घण्टे से ऊपर बैठकर जनगीता का पहला, दूसरा, ग्यारहवाँ (जिसमें भगवान् कृष्ण अपना विराट स्वरूप अर्जुन को दिखाते हैं) और अठारहवाँ अध्याय सस्वर सुना। उनके अपने सामने रेहल पर संस्कृत की गीता भी खुली थी—सम्भवत: वे तुलना करते जा रहे थे कि मेरा अनुवाद कहाँ तक मूल का अनुवर्ती है। जब मैं अठारहवें अध्याय के अन्तिम छन्द पर पहुँचा, तब तो उन्होंने मेरे स्वर में स्वर मिलाकर वह छन्द पढ़ा—

श्री वेद व्यास—प्रसाद तें, यह गोप्य जोग, परम गुना,
मैं जोगपति श्री कृष्न कहं साच्छात स्वयं कहत सुना।
केसव-धनंजय मध्य यह संबाद सुभग, सुभावना,
मैं, सुमिरि बारम्बार, बारहिं बार, अति हरषितमना।
कुरु-भूप, सोइ हरि-रूप अद्भुत, सुमिरि पुनि-पुनि, धरउं;
निज दीठि पै बिसमय करउं, बपु बहुरि-बहुरि पुलक भरउं।
जहँ कृष्न जोगेसवर, जहाँ धनु साजि, अरजुन राजहीं,
तहँ रहइ श्री, वैभव, बिजय, ध्रुवनीति, मम संमति सही।

पाठ की समाप्ति पर उन्होंने गीता की आरती की और प्रसाद बँटवाया।

इसके कुछ दिन बाद ही मैं 'जनगीता' की एक प्रति उग्र जी को भेंट करने गया। उग्र साहित्य को कभी मैंने बड़े शौक से पढ़ा था। उनके साहित्य को 'घासलेटी' कहकर पण्डित बनारसीदास चतुर्वेदी ने जो आन्दोलन चलाया था, उससे भी मैं परिचित था। उनके बारे में जो अजीबोगरीब किस्से-कहानियाँ हिन्दी संसार में कही-सुनी जाती थीं उनसे मैं अनभिज्ञ न था, पर मैं उनसे मिला कभी नहीं था। किसी कवि सम्मेलन में मुझे सुनकर उन्होंने एक लेख में लिखा था कि अगर मैं प्रोड्यूसर होता तो बच्चन को किसी फ़िल्म के एक खास पात्र की भूमिका में उतारता। रेडियो पर एक बार मेरी कविता 'पपीहा और चील कौए' (बुद्ध और नाचघर) सुनकर उन्होंने एक लेख में उस कविता की गणना हिन्दी की सर्वश्रेष्ठ कविताओं में की थी। शायद उस कविता में उनके जीवन की निजी अनुभूति अभिव्यक्ति पा गयी थी। लेख की कटिंग मेरे कागज-पत्रों में कहीं सुरक्षित है। वे

उन दिनों दिल्ली के कृष्णनगर में रहते थे। एक बार उज्जैन के कवि-लेखक महेश शरण जौहरी 'ललित' दिल्ली आये और कई दिन उग्र जी के पास ठहरे। ललित उग्र के प्रशंसक थे, मेरी कविता के भी प्रेमी। ललित ने एक दिन मेरे पास आकर बताया कि उग्र जी आपकी कविताएँ बहुत पसन्द करते हैं, अगर कभी आप उनसे मिलें, तो वे बड़े खुश होंगे। 'जनगीता' प्रकाशित हुई थी, सोचा, उग्र से पहली बार मिलने जाऊँ, तो अपनी नयी कृति उन्हें भेंट करने को ले जाऊँ, पता ललित से ले लिया था, मोटर से उनसे मिलने गया। मोटर उनके घर से कुछ दूर खड़ी कर उनके घर पहुँचा।

आधुनिक हिन्दी में दो साहित्यकारों के चरित्र बड़े विचित्र, बोहड़, बेहंगम और बेढंगे थे। उनमें एक थे, 'निराला' और दूसरे थे 'उग्र'। मध्ययुगीन वर्जनाओं, निषेधों, दमनों, कुंठाओं का चरम पर पहुँचकर जहाँ विस्फोट हुआ था, वहीं इन दो विभूतियों ने अवतार लिया था। उनके प्रति मन में आदर का भाव भी उठता और उनसे डर भी लगता था। कभी-कभी उन पर क्रोध और यदा-कदा उनसे घृणा भी हो सकती थी, पर उनकी उपेक्षा किसी हालत में नहीं की जा सकती थी। वे अपने व्यक्ति-वैचित्र्य के प्रति सचेत थे और बराबर अपने किसी-न-किसी काम, बात या व्यवहार से आपको उससे ग़ाफ़िल न होने देते थे। दोनों ही बड़े प्रबल व्यक्तित्व के लोग थे, पर हर प्रबल की कोई-न-कोई कमज़ोरी होती है—एकीलीज़ की एड़ियों की दुर्बलता प्रसिद्ध है और मैंने दोनों एकलीज़ों की एड़ियाँ पहचान ली थीं।

निराला को पर-प्रतिभा—बड़े-से-बड़े की भी—सह्य न थी। हमारे युग में तो रवीन्द्रनाथ टैगोर प्रतिभा के मानदण्ड माने जाते थे। उनके लिए भी निराला ने कहीं लिखा था : जब रवीन्द्रनाथ के राजसूय यज्ञ का यश: अश्व बंगाल से छूटा तो उसे मैंने गढ़ाकोला में पकड़ा—गढ़ाकोला उन्नाव का एक गाँव, जहाँ निराला का पैतृक घर था। निराला ने अपने पागलपनी-क्रोध में एक बार मुझे कुश्ती के लिए ललकारा, मैंने कहा, मैं तो आपका चरण छूने के योग्य भी नहीं हूँ, आपसे कुश्ती क्या लड़ूँगा—अमृतलाल नागर चश्मदीद गवाह हैं—निराला पानी-पानी हो गये थे।

उग्र को पर-वैभव—समृद्ध-से-समृद्ध का—असह्य था। कलकत्ता के सम्पन्न संस्कृत विद्वान गांगेय नरोत्तम शास्त्री को, जो उद्योग धन्धे से थोड़ा बहुत धनार्जन भी कर लेते थे, उग्र जी गालियाँ दिया करते थे, चाहे वे उनके लिए कुछ उपहार ही क्यों न भेजें। ऐसा शास्त्रीजी के सुपुत्र श्री विष्णुकान्त शास्त्रीजी ने स्वयं मुझे बताया था, 'मतवाला' से सम्बद्ध सेठ महादेव प्रसाद को देखते ही उग्र गालियों से उनका स्वागत करने लगते थे, यहाँ तक कि एक दिन उन्हें कहना पड़ा था, 'महाराज, आप मुझे गाली देते हैं, मैं चुप रह जाता हूँ, आप नपुंसक हो जायेंगे।'

उग्र मुझे देखते ही बोले, 'तो सरकार हैं।' मेरी तस्वीर पत्र-पत्रिकाओं में देखी होगी, दूर से मुझे कभी देखा ही था। मुझे उनकी आँखों से लगा, जैसे वे कल्पना कर रहे हों कि 30-35 बरस पहले मैं कैसा दिखता हूँगा। सहसा बोल उठे, 'यह तो अच्छा हुआ तुम अपनी कम-उमरी में मुझे नहीं मिले, मैं तुम्हें छोड़ता नहीं।' बोलचाल में लैंगिक प्रतीकों की मुहावरेदार भाषा के उग्र उस्ताद थे। मैंने भी कुछ

उनसे सीखी।

मैंने कहा, 'मैं छोड़वाता भी नहीं।' जवाब उन्हें मिल गया था। इसका व्यंजनार्थ वे ही समझेंगे, जो इलाहाबादी-अवधी में 'छोड़वाने' का मतलब समझते होंगे।

मैंने जनगीता उनके हाथों में रखी, बोले, '...तो तुमने गीता मानस की भाषा में कर दी।' कुछ देर मौन पढ़ते रहे, फिर सस्वर पढ़ने लगे, बोले, 'तुलसी की आत्मा बोल रही है!...' फिर अपने सहज लहजे में बोले, 'साले, तुम कायस्थ हो। शूद्र! ...यह बाम्हन बहन...रोटी-पांड़े हो जाये, पानी-पाँड़े हो जाये, धर्म यह ब्राह्मण से ही स्वीकार करता है, तुम्हारी जनगीता को वह मान नहीं देगा, उसने अपने धर्म का नाम ही ब्राह्मण धर्म दे रखा है—धर्म जिसे ब्राह्मणों ने दिया, इतर श्रमण धर्म, जिसकी जड़ें उसने इस देश में जमने नहीं दीं...।'

उनसे विदा लेकर जाने लगा, तो दरवाज़े तक मुझे छोड़ने आये, बोले, कैसे आये थे, मैंने मोटर दिखाई जो मैंने उनके घर से पचास गज़ पीछे छोड़ दी थी—बोले, 'दुष्यन्त!'—संकेत था कि तुमने वही परम्परा निभाई जो दुष्यन्त ने चलाई थी—'अभिज्ञान शाकुन्तलम्' नाटक में जब वे कण्व के आश्रम में गये थे, तो अपना रथ आश्रम से दूर उन्होंने खड़ा किया था और उसी में अपने आभूषणादि उतारकर रख दिये थे 'विनीतवेषेण' प्रवेष्टव्यानि तपो वनानिनाम।' उनके घर के सामने मोटर लाकर खड़ी करना वैभव का प्रदर्शन होता, जो उग्र शायद ही सह पाते। इस एक बात से मैंने उनका मन जीत लिया था।

उग्र का चरित्र बड़ा विरोधाभासी था। उन्हें ब्राह्मण होने का अभिमान भी था—वे अपना पूरा नाम लिखते थे—पांडेय बेचन शर्मा उग्र, यानी 'बेचन' को 'पांडेय' और 'शर्मा' की उपाधियों से आगे-पीछे परिपुष्ट करते हुए—और ब्राह्मणों की संकीर्णता से उन्हें नफ़रत भी थी। भाँग डटकर पीते थे, शराब भी, मांस खाते थे कि नहीं, मैं नहीं जानता, स्वपाकी थे, यानी अपने हाथ का बनाया खाते थे। अपने चरित्र के ऐबों को वे जानते थे और खुलकर स्वीकार करते थे—मैं समझता हूँ, इस साहस से ही सब ऐब धुल जाता था। मकान के पास एक शिव मन्दिर था—मुँह अँधेरे पानी की बाल्टी और झाड़ू लेकर जाते और मन्दिर की सफ़ाई करते। उनके इस रूप को शायद ही कोई देख पाता हो। मैं उनसे कई बार मिला, मुझे अपने जीवन की उन्होंने कुछ बातें बताईं—शायद किसी कारण अधिकारी समझकर ही—जो कोई अपने घनिष्ठ-से-घनिष्ठ से शायद ही बताता हो। उनसे बात करने में मुझे कभी ऐसा नहीं लगा कि उनके मन में कुछ और है और मुँह पर कुछ और, और जब करने का अवसर मिलता, तो वही करते जो मन में होता, जो कह चुके होते। संस्कृत के किसी श्लोक की पंक्ति है—

मनस्येकं, वचस्येकं, कर्मस्येकं, महात्मनाम

इस अर्थ में वे महात्मा थे—महान्। उनके सम्बन्धियों, जाति-भाइयों, उनके मित्रों ने भी उन्हें बहुत ग़लत समझा था, उनके साथ बहुत अन्याय किया था। वे

अपने को अकेले पाते थे, पर अकेलेपन की हीनता से पीड़ित मैंने उन्हें कभी नहीं देखा, पत्र-पत्रिकाएँ, पुस्तकें वे खूब पढ़ते थे। तुलसदास और गालिब उनके प्रिय कवि थे—'ग़ालिब-उग्र' नाम से उन्होंने ग़ालिब की गज़लों का एक संग्रह अपनी 'टीका' के साथ निकलवाया था—उनके हस्ताक्षर से दी यह कृति मेरे पुस्तकालय की शोभा है। किसी से मिलने नहीं जाते थे, कोई आ गया, तो दुरदुराते न हों, पर उसके आने से बहुत खुश भी नहीं होते थे। अकेलेपन की पर्याप्तता उन्होंने खूब समझ रखी थी। उन्हें देखकर मुझे अपनी एक पंक्ति याद आती थी, 'अकेला भी बहुत बड़ा है इन्सान।' न वे किसी पर निर्भर थे, न उन्हें किसी से डर था। उनके जीवन के अन्तिम दिनों तक उनकी किताबों की रायल्टी से या उनके लेखन से जो मिलता था, वह उनके लिए काफ़ी था। एक बार उनकी बीमारी की ख़बर किसी पत्र में छपी थी और मैंने उन्हें कुछ भेजने की आज्ञा चाही थी, मेरे पत्र का उत्तर उन्होंने न दिया था। मिलने पर उन्होंने मेरे पत्र मिलने की चर्चा की थी, 'तुमसे पैसे लेकर तुम्हारे सामने कभी आने पर मुझे एहसानमन्द होना पड़ता, वह मैं किसी के सामने नहीं हुआ हूँ, एहसानमन्द मैं सिर्फ रामजी का हूँ कि उन्होंने मुझे कुछ ऐसा दिया है कि फिर मुझे किसी से कुछ न लेना पड़े।' एक दिन बात-बात में कहने लगे, 'एहसानमन्द तो मैं अपनी लाश उठाने वालों का भी न होना चाहूँगा।' बाद को उन्होंने मुझे एक पत्र लिखा था कि जब मैं मरूँ और तुमको यह ख़बर मिले, तो मेरी लाश हरिजनों से उठवाकर बस्ती से दूर किसी नदी में फेंकवा देना। पत्र परिशिष्ट में दिया जा रहा है।

उनके मरने पर ख़बर मुझे मिली थी। उनके कोई सम्बन्धी उनकी अन्तिम क्रिया करने को आ गये थे, मैंने पत्र को दिखाना उचित नहीं समझा। पर उनकी लाश को देखकर एक अनुभूति जो मुझे हुई थी, वह न पहले किसी लाश को देखकर हुई न बाद को। उनकी मृत्यु दिल के दौरे से हुई थी। मृत्यु के पश्चात् मैंने बहुतों के चेहरे देखे, लेकिन जितनी शान्ति उग्र के चेहरे पर थी, उतनी मैंने किसी मृत के चेहरे पर नहीं देखी थी। मृत्यु में सच कहूँ तो उनका चेहरा सुन्दर हो गया था—बस लग रहा था कि वे सोये ही नहीं, जागते हुए जैसे ध्यानमग्न हो गये हों। तन की चादर उन्होंने जतन से तो न ओढ़ी थी, पर चमत्कार ही था कि उन्होंने ज्यों की त्यों धर दी थी—शायद उसे कुछ सँवारकर—जैसे मैंने गांधी जी के लिए लिखा था—

> सुर, नर, मुनि इसको अपने तन पर लेते हैं।
> दुनिया ही ऐसी है—मैली कर देते हैं।
> कुछ ओढ़ जतन से ज्यों की त्यों धर देते हैं।
> दी उसे तपोधन गांधी ने तप से सँवार।

उग्र ऐसे साधक अपने बाहरी औघड़पन में अपने भीतरी तप को छिपा रखते हैं।

'उग्र और उनका साहित्य' पर डॉ. रत्नाकर पांडेय ने एक पुस्तक लिखी है।

शायद यह उनकी डाक्टरेट का शोध प्रबन्ध है। और जैसे हिन्दी में शोध प्रबन्ध होते हैं, पांडेयजी क्षमा करेंगे, उनका भी शुष्क-नीरस हे। उग्र की तो कोई जीवन्त जीवनी लिखी जानी चाहिए। उनकी अपनी छोटी-सी आत्मकथा 'अपनी खबर' इतनी विशिष्ट शैली, इतनी ईमानदारी और खुलेपन से लिखी गयी है कि हिन्दी आत्मकथाओं में उसके जोड़ की दूसरी कृति नहीं है।

उग्र से मैं जब भी मिला, दो बातों का मुझे एहसास हुआ—पहली कि मैं स्वच्छन्द, निर्बन्ध, मुक्त जीवन से रू-ब-रू मिल रहा हूँ; और दूसरी कि उसका कु छ अंश मुझमें और मेरा कुछ अंश उसमें है और शायद इसी से हम एक दूसरे की ओर आकर्षित हैं।

उग्र के देहावसान पर उनके सम्बन्ध में कई संस्मरण हिन्दी पत्रिकाओं में निकले थे। एक शिवपूजनजी का लिखा था या उनके सम्बन्ध में मुझे नहीं भूलता—उग्र और शिवपूजनजी साथ 'मतवाला' में काम कर चुके थे। वह संस्मरण दोनों के व्यक्तित्वों पर अद्‌भुत प्रकाश डालता है।

शिवपूजनजी की पत्नी सद्यःमृत पड़ी थीं। उग्र अचानक पहुँच गये थे। शिवपूजनजी को पूछना ही था, आपको कैसे पता लगा? आप उग्र जी की जगह पर होते, तो क्या कहते? उग्र ने कहा, मैं तो आपसे कुछ रुपए उधार माँगने आया था। शिवपूजनजी जानते होंगे कि उग्र किसी उत्कट संकट में ही रुपये माँगने आ सकता था। उन्होंने रुपये लाकर उग्र के हाथ में रख दिये, ज़िन्दों की ज़रूरतें मुर्दों की ज़रूरतों से पहले पूरी की जानी चाहिए। और उग्र रुपये लेकर चले गये। उग्र की सच्चाई और शिवपूजनजी की उदारता दोनों मेरे नमन-योग्य हैं, आप चाहे जो भी सोचें।

अक्टूबर निकट आ रहा था, जब हम लोग नैनीताल जाकर अपने बेटों से मिलते थे और शेरवुड कॉलेज का वार्षिकोत्सव भी देखते थे। इधर अगस्त से 'मैकबेथ' के नियमित पूर्वाभ्यास शुरू हो गये थे। तेजी आकण्ठ उसके मंचन की तैयारी में डूबी थीं, मैं भी उन्हें जो कुछ सहयोग सम्भव था, देता ही था। अगर हममें से कोई नैनीताल न जा सका, तो बेटे बहुत निराश होंगे। इस वर्ष भी अमित कॉलेज के नाटक में प्रमुख नायक की भूमिका में उतरने वाले थे। अजित भी 'रेसीटेशन' प्रतियोगिता में भाग ले रहे थे और दोनों की इच्छा थी कि हम उनका 'शो' अवश्य देखें।

'58 मेरे लिए बहुत ही व्यस्त वर्ष था, या मैंने जान-बूझकर बना लिया था। 'आरती और अंगारे' और 'बुद्ध और नाचघर' पूरे कर प्रकाशित कराये थे। 'जनगीता' का अनुवाद किया था और उसे भी निकलवाया था। 'ओथेलो' की किस्तें हर मास 'आजकल' में प्रकाशनार्थ जाती रही थीं, उनके सम्बन्ध में सुधार के जो सुझाव आते थे, उन पर भी विचार करता और उन्हें अन्तिम रूप देता था, यहाँ तक कि '58 के अन्त तक 'ओथेलो' अनुवाद की प्रेस कॉपी तैयार कर दी थी। मेरी दो-या तीन पुरानी रचनाओं के नये संस्करण निकले थे, जिनके लिए नयी भूमिकाएँ लिखी थीं,

प्रूफ़ादि मैंने खुद देखे थे। 'मैकबेथ' मंचन के सम्बन्ध में बाहर का थोड़ा-बहुत काम करता ही रहता था। और यह सारा कुछ जो कर रहा था, दफ्तर का 'रुटीन' काम पूरी तरह देखते हुए। उधर पण्डितजी नारा दे रहे थे, 'आराम हराम है'। कुछ उसका असर भी दिमाग पर होगा। तेजी ने मुझसे कहा, तुमने महीनों से बहुत काम किया है, थके हो एक हफ़्ते की छुट्टी लेकर नैनीताल हो आओ। बेटों का मन रह जायेगा और तुम्हें कुछ वांछित परिवर्तन और आराम मिल जायेगा। मैं अकेले ही जाने को तैयार हो गया।

नैनीताल पहुँचने पर पता चला कि अमित दो दिन से तेज बुख़ार में पड़े हैं और उन्हें नर्सिंग होम में रख दिया गया है। मैं अमित को मिलने के लिए नर्सिंग होम गया। अमित बिस्तर पर लेटे थे, बुख़ार उन्हें उस समय भी तेज था। कॉलेज की ओर से समुचित देखरेख उनकी हो रही थी, डॉक्टर ने उन्हें एक सप्ताह पूरे आराम की सलाह दी थी, पर इसी बीच तो उनके कॉलेज का वार्षिकोत्सव का नाटक होने को था, जिसमें उन्हें प्रमुख भूमिका निभानी थी और जिसके लिए उन्होंने हफ्तों से तैयारी की थी। प्रिंसिपल लेवलिन ने उनसे कह दिया था कि बड़ा अफ़सोस है, तुम अपना अभिनय न कर सकोगे, मैंने तुम्हारी भूमिका किसी दूसरे लड़के को दे दी है और वह तैयारी में लगा है। अमित को फिर भी उम्मीद थी कि वे नाटक खेले जाने के दिन तक ठीक हो जायेंगे और अपना पार्ट खुद करेंगे। कुछ महीने बाद अमित को केम्ब्रिज स्कूल सर्टिफिकेट की परीक्षा देनी थी और प्रिंसिपल उनकी तन्दुरुस्ती से किसी तरह का खतरा न उठाना चाहते थे। उनकी राय थी, डॉक्टर अमित को एक हफ्ते से पहले बिस्तर छोड़ने की इजाज़त न देंगे। पर अमित को अपनी बीमारी की इतनी चिन्ता न थी, जितनी नाटक में अपना पार्ट न कर सकने की। उन्होंने बड़े श्रम-संकल्प से अपना पार्ट याद किया था, पूर्वाभ्यासों में बिना नागा गये थे, और उनको पूरी आशा थी कि इस वर्ष भी उन्हें केंडल कप मिलेगा। अकस्मात और बेवक्त आयी बीमारी दुर्भाग्यपूर्ण थी, पर इससे उनका मानसिक क्लेश और उनकी निराशा सहज कल्पित की जा सकती थी।

मैं अपना ज़्यादातर वक्त अमित के बिस्तर के पास गुज़ारता। तेज़ बुखार में भी अमित के दिमाग़ में कुछ था तो बस नाटक-नाटक-नाटक! उन्हें डॉक्टर से शिकायत थी, ख़ामख़ाह मेरी छोटी-सी बीमारी को गम्भीर बना रहा है। मुझे नाटक में भाग लेने से रोक रहा है। मैं बोल सकता हूँ, अपने आप उठ बैठ सकता हूँ, चल-फिर सकता हूँ, मैं नाटक में अभिनय क्यों नहीं कर सकता। स्टेज पर कोई जिमनास्टिक थोड़ी करनी है या कुश्तिम-कुश्ता। सिर्फ दो घण्टे की बात है, जिसमें मुझे बस आधा घण्टा स्टेज पर रहना होगा। क्या ख़तरा पैदा हो जायेगा इतने से मेरी बीमारी में। उन्हें शिकायत थी प्रिंसिपल से--मुझसे पार्ट नहीं कराना था तो मुझसे इतनी मेहनत कराई क्यों, और फिर बिना मुझसे पूछे मेरा पार्ट दूसरे को दे दिया, मुझसे पूछ तो लेते कि क्या मैं अपना पार्ट इतनी बीमारी में भी कर सकूँगा; मैं कर सकूँगा। प्रिंसिपल की मेरे साथ ज़्यादती है; आप कहिये न प्रिंसिपल से कि मुझे कुछ नहीं होगा, मुझे अपना पार्ट करने दें; मुझे अपना पार्ट न करने देंगे तो ज़रूर मुझे

कुछ हो जायेगा। और सबसे ज़्यादा शिकायत थी उन्हें अपने से। वे अपना माथा ठोंकते, मैंने बीमार पड़कर कॉलेज का ड्रामा बिगाड़ दिया। पार्ट मैं करता तो कितना अच्छा करता! मैं क्यों बीमार पड़ गया। मुझे इसी वक्त बीमार पड़ना था। देखिए मुझे अपना पूरा पार्ट याद है; और वे अपना 'डायलाग' बोलने लगते, समुचित मुद्राओं के साथ।

जिस समय नाटक हो रहा था, मैं अमित के बिस्तर के पास बैठा था, वे बहुत बेचैन थे, तड़प रहे थे कि इस समय भी डॉक्टर या प्रिंसिपल उन्हें अनुमति दे दें तो वे उछलकर मंच पर पहुँच जायें और अपना पार्ट करने लगें। मन से, कल्पना से वे मंच पर ही थे। वे बार-बार घड़ी देखते।...अब नाटक शुरू हो गया होगा...अब फलाँ पात्र स्टेज पर आया होगा!...अब मुझे आना था।...अब मुझे ऐसा बोलना था। ...अब फलाँ पात्र को ऐसा करना था...और मुझे यह करना था, वग़ैरह-वग़ैरह। जब तक नाटक होता रहा, वे क्रमानुसार नाटक के दृश्यों की शाब्दिक झाँकी मेरे सामने प्रस्तुत करते रहे, जैसे किसी क्रिकेट या हॉकी मैच की कमेन्ट्री चल रही हो। मैं आश्चर्यचकित था; उन्होंने अपना पार्ट ही नहीं समझा और तैयार किया था, पूरे नाटक को, नाटक के हर पात्र को, विशेषकर उनको, जो उनके संसर्ग में रंगमंच पर प्रस्तुत होने वाले थे, समझा था। नाटक वास्तव में विविध वादकों के समूह द्वारा बनाई गयी एक 'सिम्फ़नी'—रागिनी—है जिसकी सफलतापूर्वक अदायगी तभी की जा सकती है, जब हर वादक पूरी सिम्फ़नी की गति-मति, वृत्ति, प्रभाव को आत्मसात किये हो और सबके साथ और सबके बीच अपनी भूमिका की संलग्नता के प्रति सजग-सचेत हो। शायद यही बीजांकुर थे, जो आज पल्लवित-पुष्पित हो अमिताभ के अभिनय को कुछ निजता, कुछ विशिष्टता दे रहे हैं।

अमित कहते जा रहे थे—

अब अन्तिम परदा गिरा होगा।

...अब सब पात्र एक पंक्ति में रंगमंच पर खड़े हो गये होंगे।

...अब फिर परदा उठा होगा।

...और अब दर्शकालय तालियों की गड़गड़ाहट से गूँज उठा होगा।

...पात्र बार-बार कृतज्ञता से झुक रहे होंगे।

...अब निर्णायकों ने 'बेस्ट एक्टर अवार्ड' की घोषणा की होगी।

...पता नहीं किसको मिला होगा।

....पता नहीं प्रिंसिपल ने धन्यवाद-भाषण में यह कहा कि नहीं कि नाटक में प्रमुख भूमिका अमिताभ बच्चन अदा करने वाला था; बीमारी की वजह से नहीं कर सका।

सहानुभूति प्रशंसा का स्थानापन्न तो नहीं!

नाटक की समाप्ति पर अमिताभ बहुत उदास, गिरे-गिरे थे। उन दिनों अपनी अनुभूतियों और दूसरों के उदाहरणों और अपने थोड़े-बहुत अध्ययन से मैंने अपने लिए एक फिलासफी विकसित की थी—नयी तो उसे शायद ही कह सकें, पर मैंने

उसे नये तरह से रखा था, और उस सन्ध्या को पहली बार मैंने अमित को उससे दीक्षित किया था—संक्षेप में, एक वाक्य में, मैं उसे यों रखता हूँ—

> अपने मन का हो जाये तो अच्छा,
> न हो जाये तो ज्यादा अच्छा!

कभी आप भी सोचें, इस फ़िलासफ़ी में मनुष्य को कुछ मूल्यवान्, सारवान देने की क्षमता है?

दूसरे ही दिन अमित का बुखार उतर गया। जैसे नियति का यह सारा षड्यन्त्र अमिताभ को कॉलेज के नाटक में अभिनय करने से वंचित रखने के लिए ही रचा गया था।

नियति की प्रतिक्रियाओं को अब सनकपन, अटकलपच्चू, निर्लक्ष्य अथवा निरर्थक कहने में मुझे संकोच होगा।

मनुष्य को सीखना चाहिए, और नियति अपने तरीके से सिखाती भी है, और यह कोई छोटी सीख नहीं है कि जीवन में निराशा भी होती है, और मनुष्य को इस निराशा को कैसे झेलना चाहिए, और कैसे उसका सदुपयोग कर लेना चाहिए।

अमिताभ ने निश्चय सीखा है। उन्होंने कई मौकों पर मेरे इस कथन को दुहराया है—अपने मन का हो जाये तो अच्छा, न हो जाये तो ज़्यादा अच्छा!

दो-एक दिन बाद मैं दिल्ली लौट आया और तेजी के साथ मैं भी 'मैकबेथ-मंचन' की तैयारी में डूब गया।

वर्षान्त तक अमिताभ अपनी केम्ब्रिज स्कूल सर्टिफिकेट की परीक्षा देकर लौटे—दो-एक महीने तक परीक्षा-परिणाम आ गया। उनके लिए फिर निराशा थी। उन्हें प्रथम श्रेणी पाने की आशा थी, उन्हें द्वितीय श्रेणी मिली थी।

प्रतिभा का पहला और सबसे महत्त्वपूर्ण गुण यह है कि वह अपने को पहचान लेती है। वह अपनी रुचि, अपनी प्रवृत्ति, अपना झुकाव, अपना स्वभाव, अपनी क्षमताएँ, अपनी सम्भावनाएँ, अपनी प्रगति, अपने विकास की दिशा जान लेती है, और उसी ओर अपनी सारी शक्ति लगा देती है, और देखते-देखते उन्नति का शिखर छू लेती है। शेक्सपियर ने पहचान लिया था कि उसमें नाटककार बनने की प्रतिभा है, वह नाटक लिखता गया और दुनिया का सर्वश्रेष्ठ नाटककार बन गया। नेपोलियन ने समझ लिया था कि वह एक अच्छा सैनिक, अच्छा सैन्य-संचालक हो सकता है और उसी ओर उसने अपनी प्रतिभा लगा दी। वह संसार के सर्वकुशल, सर्वसाहसी सेनानायकों में गिना जाता है। अगर शेक्सपियर सैनिक बनना चाहता तो पहली ही लड़ाई में मारा जाता और नेपोलियन अगर नाटककार बनना चाहता, तो उसका पहला नाटक ही 'हूट' हो जाता। अधिकतर लोग अपने को नहीं पहचानते; क्षमता लिये हैं क्लार्क बनने की, करने चलते हैं कविता, तुकबन्द बनकर रह जाते हैं; प्रवृत्ति है सिपहगिरी करने की, बनने चलते हैं डॉक्टर, वैद्य, नीम-हकीम बनकर बहुतों के लिए खतरे-जान बन जाते हैं। ज़्यादातर लोग जिसे अंग्रेजी में कहते हैं गोल छेद में चौखूँटी खूंटी धंसाने या चौखूंटे छेद में गोल खूंटी घुसाने में अपनी उमर

खपा देते हैं। अपनी सीमाओं या अपने आयामों को पहचान लेना, परख लेना बहुत मुश्किल काम है। इसीलिए प्रतिभाएँ विरल होती हैं।

अमिताभ ने अपने को जल्दी नहीं पहचाना, और न हमने ही, जो उसके माता-पिता थे। अमिताभ की माँ सिक्ख परिवार की थीं, विवाह हमारा दूसरे विश्वयुद्ध के दरमियान हुआ था। हमारे यहाँ अक्सर तेजी के ऐसे निकट सम्बन्धी आया करते थे, जो सेना में होते—सैनिक पोशाक-बिल्लों के साथ कद्दावर शानदार दिखते। अमिताभ जन्म के समय ही 9 पाउंड का था, बढ़ने लगा तो तेजी से, दो बरस की उम्र में चार का लगता, चार से अधिक। उस समय हमें बहुत सफ़र करना पड़ता, इलाहाबाद से लाहौर, लायलपुर, कराची; रेलवे में क़ायदा था, चार बरस से कम उम्र के बच्चों पर टिकट नहीं लगता था, हम अमित का टिकट नहीं खरीदते थे और रेलवे अधिकारियों से प्राय: हमें बहस करनी पड़ती, वे अमित को चार से ऊपर बताते, हम कसमें खाते, भाई, बच्चा चार से कम है। बाद को तो इस झगड़े से बचने के लिए हम अमित की चार की उमर से कम पर भी उसका आधा टिकट लेने लगे। अमित साल-भर का भी नहीं हुआ था कि मैं संयोग से युनिवर्सिटी ट्रेनिंग कोर में दाख़िल हो गया। शायद मेरे परबाबा के संस्कार थे, लड़कपन में स्काउट बनना चाहता था, पर विश्राम तिवारी तो मुझे बस पढ़ाकू-लिखाकू बनाना चाहते थे। सैनिक पोशाक मैंने पहनी तो, कहीं मन में उठा कि यह नवजात बालक इतना सैन्य-संस्कारी है कि उसने मुझे भी फौज में भेज दिया। हम अमित को छुटपन में फील्डमार्शल अमिताभ कहा करते थे—अपने बेटे के लिए मोहगर माता-पिता का यह सपना देखना समझा जा सकता है कि वह सैनिक बने, तो सबसे ऊँचे पद पर पहुँचे!

अमिताभ सीनियर केम्ब्रिज की परीक्षा देकर लौटे तो उनकी उमर 16 वर्ष की थी—उन्होंने अच्छी बाढ़ ली थी। उस समय हम उन्हें मिलिट्री ट्रेनिंग के लिए खड्गवासला भेजना चाहते थे। अमिताभ ने वहाँ जाने में रुचि न दिखाई तो हमने उन पर दबाव नहीं डाला। पता नहीं किस कारण उस समय, शायद किसी अध्यापक की प्रेरणा से अथवा किन्हीं स्कूली साथियों के सलाह-मशविरे से अमिताभ इंजीनियर बनने का सपना देख रहे थे। परीक्षा में द्वितीय श्रेणी पाने पर भी वे साइंस-कोर्स लेकर बी.एस-सी. करना चाहते थे। वे समझते थे कि परीक्षा-पूर्व बीमारी की वजह से उन्हें प्रथम श्रेणी नहीं मिली। बी.एस-सी. में वे अवश्य प्रथम श्रेणी पायेंगे और इस प्रकार इंजीनियरिंग कॉलेज में उनका दाखिला आसानी से हो जायेगा। इण्टर में द्वितीय श्रेणी लेकर बी.ए. में प्रथम श्रेणी लाने का उदाहरण उनके पिता का ही था। उनका नाम किरोड़ीमल कॉलेज में लिखा दिया गया।

उन्हीं दिनों हमारे इलाहाबाद के एक मित्र कर्नल हबीबुल्ला दिल्ली आये, हमसे मिलने हमारे घर आये, अमिताभ को देखते ही बोले, 'बच्चन साहब, इस लड़के को तो मुझे दीजिये, मैं इसको एक शानदार फौजी अफ़सर बना दूँगा!...

अमिताभ अपने इंजीनियर का सपना से रहे थे।

तीन वर्ष बाद कम्पार्टमेन्टल से उन्होंने बी.एस-सी. की।

इंजीनियर बनने का सपना पूरी तरह ध्वस्त हो चुका था।

तब किसी फर्म की नौकरी की तलाश में '63 में कलकत्ता गये। बर्ड और ब्लैकर्स कम्पनी में छह वर्ष रहे—शौकिया नाटक में भाग लेते रहे—पर वे फिल्म के लिये बने हैं, यह बात कभी उनके मन में न उठी।

इसके विपरीत अजिताभ शुरू से अपने को पहचानता था, अपने स्वभाव के प्रति जागरूक था। लड़कपन से उसे पैसा इकट्ठा करने का शौक था। उन दिनों एक खिलौने का लेटरबॉक्स मिलता था—जिसमें एक लम्बी दरार बनी रहती थी, जिससे उसके अन्दर रेजगारी डाली जा सकती थी। अजित जब भी रेजगारी पाता अपने खिलौने-लेटरबॉक्स में डाल देता। हम उसे परिवार का 'बनिया' कहते। वह साल में बीस-पच्चीस रुपयों की रेजगारी इकट्ठी करता। उसने आर्ट्स विषयों से सीनियर केम्ब्रिज किया—प्रथम श्रेणी में। बी.ए. (आर्ट्स) में उसने अर्थशास्त्र लिया। परीक्षा में फिर प्रथम श्रेणी लेकर उसने तीन वर्ष शा वैलेस में काम किया और एक वर्ष जर्मनी में शिपिंग प्रशिक्षण लेकर लौटने पर उसने अपना स्वतन्त्र उद्योग आरम्भ किया। और आज उसमें वह किसी कदर सफल ही कहा जा सकता है। उसने अपनी प्रतिभा को समझने में गलती नहीं की। इतना ही नहीं, उसने अमित की प्रतिभा को भी ठीक-ठाक समझा। यह अजिताभ की ही प्रेरणा थी, जिसने अमिताभ को फिल्म क्षेत्र में भेजा। उसके विषय में विस्तार से फिर कभी।

अमिताभ की सीनियर-केम्ब्रिज परीक्षा का फल आ चुका था, और उसके बाद से हमारी विशेष चिन्ता थी दिल्ली के किसी अच्छे कॉलेज में उन्हें बी. एस-सी. में दाखिला दिलाने की। उनके द्वितीय श्रेणी पाने के कारण दाखिले में कुछ कठिनाई खड़ी हो रही थी और हम उन्हें दिल्ली से बाहर के किसी कॉलेज में भेजने की तैयारी में थे। उसी समय, शायद मई का महीना था, पण्डितजी की विशेष कृपा से 13, विलिंगडन क्रिसेंट हमें एलाट हुआ। 219, डी-1, डिप्लोमेटिक एन्क्लेव में, सफदरजंग एरोड्रोम की निकटता के कारण मेरे चिन्तन, सृजन, लेखन में जो बाधा उपस्थित होती थी उसका ज़िक्र मैंने पण्डितजी से कभी किया था। मेरी वह बात कहीं उनके मन में अटकी होगी, इसलिए जब विलिंगडन क्रिसेंट का बंगला खाली हुआ, तो मुझे एक शान्त एकान्त जगह देने के विचार से उन्होंने मुझे दिलाया। मैं डिप्लोमेटिक एन्क्लेव वाले मकान में दो वर्ष रहा। पर उन दो वर्षों में कितनी-कितनी घटनाएँ उस मकान से जुड़ गयी थीं।

वहीं रहते मैंने 'ओथेलो' और 'गीता' का अनुवाद किया था;

'आरती और अंगारे', 'बुद्ध और नाचघर' (मौलिक कृतियाँ), 'जनगीता' और 'ओथेलो' (अनुवाद) प्रकाशित हुए थे;

मेरी पिछली दो-तीन रचनाओं के नये संस्करण भी;

वहीं रहते 'मैकबेथ' का मंचन हुआ था;

उसी घर में सत्येन्द्र-उषा ने अपनी सुहागरात मनाई थी—

(इस वर्ष 4 फरवरी, '84 को उन्होंने अपने विवाह की रजतजयन्ती मनाई);

वहीं रहते कुछ अप्रिय भी हुआ था—तेजी का ऑपरेशन, बरेली जाते कार-दुर्घटना और अंकिल की नौकरी से बर्ख़ास्तगी।

पर जिन दो बातों के लिए मैं डिप्लोमेटिक एन्क्लेव के मकान को आज भी याद करता हूँ, वे दूसरी ही हैं—उनमें से एक तो यह है कि उसी में रहते हुए तेजी के मन में हनुमान-भक्ति जागी थी, जो तब से निरन्तर बढ़ती रही है। तब से आज तक के पच्चीस वर्षों में उन्होंने न जाने कितने हनुमान मन्दिर देखे होंगे, और उनमें स्थापित मारुति-मूर्ति के समक्ष सिर झुकाया होगा। पर उनकी जो श्रद्धा विनयमार्गी हनुमानजी की मूर्ति के सामने जागती है, वह अन्यत्र नहीं। 'Love at first sight' आँख चार होते ही प्रेम—की बात तो आपने सुनी होगी, शायद आपको अनुभव भी हो, उसी प्रकार Devotion at first sight भी होता है—प्रथम दर्शन पर भी भक्ति। तेजी को विनयमार्गी हनुमान-मूर्ति के समक्ष आते ही कुछ ऐसा चमत्कारी अनुभव हुआ था। दूसरी बात यह कि यहीं रहते मैंने गीता का 'जनगीता' के रूप में अनुवाद किया था। आपको याद होगा, मैंने कहा था कि अनुवाद करते हुए मुझे कई अद्‌भुत अनुभव हुए थे, जिन्हें अपने तक ही सीमित रखने की मुझे सलाह दी गयी थी। पर आज एक अनुभव आपको बताना चाहता हूँ, जिसके कारण मैं उस घर को भूल नहीं पाता। अनुवाद करते हुए अक्सर मुझे ध्यान आता था कि मैं जहाँ बैठा हूँ, वहाँ कभी द्वारिका से हस्तिनापुर जाते हुए भगवान् कृष्ण का रथ खड़ा हुआ था। और कभी-कभी मुझे रथ की, रथ में जुते, थके घोड़ों की, सवार और सारथी दोनों रूपों में रथ पर बैठे श्री कृष्ण की साफ़ झलकी मिलती!—अब भी अगर कभी मैं उस घर के सामने से गुजरूँ, तो उस घर की ओर कोई बात मुझे न याद आये, वह दिव्य झलकी ज़रूर याद आ जाती है।

'जनगीता' मैं राधा बाबा को समर्पित करना चाहता था, 'त्वदीयं वस्तु गोविंद...' कहकर, पर उन्होंने संकेत से मना किया, मैंने उनकी सेवा में रहने वाले रामसनेही को समर्पित कर दिया—'राम ते अधिक राम कर दासा'। पर सुना रामसनेही समर्पण देखकर खुश नहीं हुआ—एक मेरा ही अहं जगाने को रह गया था। बड़ा शुभ लक्षण है कि नाम के लिए मरने वालों की दुनिया में अनाम जीने वाले भी कहीं-कहीं हैं।

'बुद्ध और नाचघर' मैंने अपने केम्ब्रिज के साथियों को समर्पित किया। अधिकांश कविताएँ वहीं लिखी गयी थीं और वे ही लोग उनके प्रथम श्रोता थे। उनमें, पाकिस्तान के हमीद अहमद खाँ ने Wordsworth & Paganism—वर्ड्सवर्थ और आदि प्रकृतिपूजक—पर शोध कर एम.लिट. की डिग्री ली थी; उनकी थीसस के लिए कुछ वेदमन्त्रों की प्रतिलिपि मैंने बनाई थी। बाद को लाहौर युनिवर्सिटी के वाइस चांसलर हो गये थे। ग़ालिब के बड़े प्रेमी थे। एक बार ग़ालिब के विशेष स्वाध्यायी मालकराम को खोजते हुए वे दिल्ली आये थे और मेरे ही साथ ठहरे थे। तेजी से वे ठेठ पंजाबी में बातें करते। उनकी बड़ी इच्छा थी कि एक बार तेजी और मैं लाहौर आयें और उनके मेहमान बनकर उनके साथ ठहरें। तेजी ने बड़ी मार्मिक बात कही थी, 'अपने ही घर में मेहमान बनकर आना मेरा दिल गवारा न कर सकेगा!' पाकिस्तान बनने के घाव के निशान नक्शे पर ही नहीं, पुरानी यादों के

रूप में दिलों पर भी पड़े हैं—पश्चिमी पंजाब में जन्मे रूपचन्द साहनी ने 'गैस में जीवनदायी तत्व' पर शोध कर डाक्टरेट ली थी। अमरीका के किसी शोध संस्थान में उनकी नियुक्ति हो गयी थी; सीधे केम्ब्रिज से चले गये थे; वहीं व्यवस्थित हो गये हैं। जब काम में बहुत व्यस्त हुए, तो मुझसे बोले, 'संगियाँ, अब रातोंवाली मुलाकातें ख़तम!'—रनवीर सिंह बावा के विषय में कतिपय विस्तार से 'बसेरे से दूर' में लिख चुका हूँ। अमृतसर के विश्वनाथ दत्त ने 19वीं सदी के सुधारवादी आन्दोलन पर थीसिस लिखकर एम.लिट. ली थी। कुरुक्षेत्र युनिवर्सिटी में इतिहास के प्रोफ़ेसर हैं, देश के इने-गिने इतिहासज्ञों में माने जाते हैं, कई विषयों पर प्रामाणिक पुस्तकें लिख चुके हैं। कमला, उनकी पत्नी, तब नवविवाहित, अब तीन पुत्रियों की माँ है। बड़ी पुत्री एम.ए. करने के बाद शोध कर रही है। दिल्ली अक्सर आते और हमसे मिलते रहते हैं।

'ओथेलो' अनुवाद मैंने श्रीमती इन्दिरा गाँधी को समर्पित किया, जिनके संकेत पर पण्डितजी ने 'मैकबेथ'-मंचन के लिए हमें आर्थिक सहायता दी थी—कवि के पास कृतज्ञता-ज्ञापन के रूप में देने को और क्या है—और श्रीमती तेजी बच्चन को, जिन्होंने उक्त मंचन में लेडी मैकबेथ की स्मरणीय भूमिका अदा की थी।

'आरती और अंगारे' भी तेजी को समर्पित थी, इन शब्दों के साथ, अर्पित तुमको, मेरी आशा, और निराशा और पिपासा'—'प्रणय-पत्रिका' में इसी मुखड़ से पूरी कविता है।

13 विलिंगडन क्रिसेंट! 13 का नाम सुनते ही दिमाग़ में एक खटका होता है, अशुभ संख्या है। यह अशुभ से कैसे जुड़ा? प्रभु ईसा मसीह ने अपने 12 शिष्यों के साथ एक टेबल पर बैठकर रात्रि-भोजन किया। दूसरे दिन उनको क्रास पर लटका दिया गया। योरोप में बहुत से होटलों में 13 की संख्या के कमरे नहीं होते। 13 आदमी मिलकर कोई काम नहीं उठाते; 13 की पार्टी कहीं नहीं जाती, इसी तरह और बातों में भी 13 से सम्बद्ध होने को बचाया जाता है। भारतीय सन्दर्भ में भी 13 की संख्या एक बड़े अशुभ से जुड़ी है। महाभारत का युद्ध 18 दिनों तक चला था। उसकी सबसे हृदयविदारक त्रासदी थी आठ महारथियों द्वारा मिलकर 16 वर्षीय अभिमन्यु का वध। यह युद्ध के 13वें दिन हुआ था!—परन्तु इसे स्मरण कर 13 को भारतीय मनीषा ने अशुभ से नहीं जोड़ा, बल्कि पुराणों के अनुसार धार्मिक कार्य करने के लिए त्रयोदशी या तेरस शुभ दिन माना जाता है। हिन्दू धन-तेरस को अपने यहाँ नये बर्तन आदि लाकर रखते हैं। शिवरात्रि त्रयोदशी को होती है।

सच कहूँ तो 13 मेरे मन में भी खटका—कहीं इस घर में जाना अमंगलकारी ही न हो। पर मैंने एक और बात याद की। कहते हैं गुरु नानक का मन किसी संसारी कार्य में न लगता था। पिता ने कुछ कम्बल बेचकर कुछ लाभ कमाने को दिये, तो उन्होंने ठण्ड से काँपते साधुओं को दान कर दिये। फिर पिता ने दूसरे काम पर लगाया। कहीं मज़दूरों को 15-15 सेर अनाज उनकी मज़दूरी के रूप में तोलकर देना था। नानकजी ने तौलना आरम्भ किया—तौल ठीक रखने के लिए

संख्या उच्चारित करते जाते थे–1, 2, 7, 10, 12, 13 (तेरह को सामान्य बोलचाल में तेरा भी कहते हैं)–13 पर उनका ध्यान चला गया होगा कबीर के इस दोहे पर–

मेरा मुझ में कुछ नहीं, जो कुछ है सो तोर,
तेरा तुझ को सौंपते काह लगत है मोर।

और फिर 'तेरा' 'तेरा' कहकर ही वे अनाज देते चले गये! पाने वाला तो निहाल हो गया होगा। पर किसी ने जल्द ही टोका होगा; क्योंकि नानक के लिए सब 'तेरा' था, 'मेरा' कुछ भी नहीं–'इदं न मम'।

मैं भी 'तेरह' को 'तेरा' मानकर उस घर में चला गया। उसके फलस्वरूप या संयोगवशात् उस घर में जो हुआ मंगलमय ही हुआ। थोड़ी ईमारी-बीमारी को मैं अमंगल की श्रेणी में न रखना चाहूँगा।

तेजी ने सबसे पहले उस घर में रखने को पिताजी के दैनिक पाठ का 'रामचरितमानस' भेजा।

अभी तक हमें रहने को जितने मकान मिले थे–चाहे इलाहाबाद में, चाहे दिल्ली में, उनमें यह सबसे अच्छा था। इसके चारों तरफ आगे-पीछे, दाएँ-बाएँ लम्बे-चौड़े लॉन। एक बड़ी खास बात थी उसकी स्थिति के बारे में। बँगला तो लबे सड़क था, पर सड़क के एक ऐसे छोटे-से हिस्से पर, जो 'बस रूट' न था–यानी उतने हिस्से पर बसों का आना-जाना न होता था। इस कारण बँगले में पूर्ण शान्ति रहती थी। हवाई जहाज़ों के रवाना होने और उतरने के शोर से प्रतिध्वनित-प्रकम्पित डिप्लोमेटिक एन्क्लेव के मकान के बाद इस मकान का शान्त-स्निग्ध वातावरण घोर तपस्या के बाद सुखद वरदान की तरह लगा।

मकान, मकान क्या बँगला, बहुत सोच-विचार कर बनाया गया था–एक सद्‌गृहस्थ के हर मौसम का सुविधा का ध्यान रखकर। बाईं ओर को दो छोटे दो बड़े, लम्बे ज़्यादा–चौड़े कम, कमरों में सिर्फ किचन का फैलाव था। किचन से सम्बद्ध सारी चीज़ें यहाँ रखी जा सकती थीं। उसके दाईं ओर पीछे की तरफ डाइनिंग रूम और आगे की तरफ बेड रूम–बाथरूम के साथ। उसके दायीं ओर और प्राय: बँगले के बीच में ख़ासा बड़ा ड्राइंगरूम–साथ आतशदान। ड्राइंगरूम के आगे-पीछे बरामदे। उसके दाईं ओर फिर दो बेडरूम–एक कुछ बड़ा–दोनों के साथ अलग-अलग बाथरूम। बड़े बेडरूम के साथ एक छोटा ड्रेसिंग रूम। बाहर की तरफ सब दरवाजे-खिड़कियों पर लकड़ी-शीशे के पल्लों के अतिरिक्त जाली के पल्ले कि मच्छर वगैरह अन्दर न आ सकें। कमरों में हवादानों पर भी अर्द्धगोल जाली लगी कि उधर से भी हवा तो आ सके, पर मच्छर, कीड़े-मकोड़े न आ सकें। पीछे गराज और कई सर्वेंट क्वार्टर। बँगले के रख-रखाव का काम एन्क्वायरी आफ़िस के तहत था। कुछ चीज़ बिगड़ी हो, खराब हो, फ़ोन कर दीजिए, वहाँ से मज़दूर-कारीगर आयेंगे और ठीक-ठाक कर जायेंगे। किराया तनख्वाह का 1/10वाँ हिस्सा, यानी जब मेरी तनख्वाह 1000 रुपये थी तब केवल 100 रु.।

मैंने बाईं तरफ के बेडरूम को अपना स्टडी बनाया। '58 की रायल्टी के रूप में जो राशि मुझे मिली थी उससे तेजी ने सबसे पहले मेरी स्टडी के लिए व्हाइट वुड की एक कुर्सी-मेज़—मेज़ इतनी बड़ी कि उसके एक एक किनारे पर मुंशी मेज़ रखकर उसके सामने खड़े होकर भी पढ़ा-लिखा जा सके—दो छोटी आलमारियाँ, एक आधी शीशेदार, आधी खुली, बड़ी आलमारी बनवाई थी। एक छोटी-सी स्टडी तो डिप्लोमेटिक एन्क्लेव में भी थी, पर यहाँ का कमरा काफ़ी बड़ा था। बाद को तो उस कमरे की सारी दीवालें कद्देआदम अलमारियों से ढक गयीं—किताबों से भरी—उसी में मेरा वार्डरोब और उसी में मेरा बिस्तरा भी लग गया। दाहिने तरफ़ का आगे का रूम अमित को दिया गया, पीछे वाला तेजी ने लिया। अजिताभ तो अभी तीन वर्ष शेरवुड में रहने को थे, छुट्टियों में आते तो अमिताभ के कमरे में ठहरते।

आप कहेंगे, 'बच्चन बाबू, आप दुनिया-भर के विषयों को लेकर सरपट दौड़ते हैं, पर जिस कार्य विशेष के लिए आपको इलाहाबाद से दिल्ली बुलाया गया था—यानी विदेश मन्त्रालय में क्रमानुसार हिन्दी केअधिकाधिक प्रयोग में सहयोग-सहायता देना उसके विषय में आप कुछ नहीं बोलते। मुझे उसके जवाब में सिर्फ़ इतना कहना है कि मेरी लगाम खींच दी गयी थी। शुरू-शुरू में मैंने कुछ अपना हाथ-पाँव फेंकने फैलाने की कोशिश की थी, पर मुझे विदेश सचिव के द्वारा आगाह कर दिया गया था कि जब तक भाषा आयोग की रिपोर्ट पर राष्ट्रपति के आदेश नहीं आते, तब तक हमको कुछ भी नया—कम-से-कम इस मन्त्रालय में—नहीं करना था।

भाषा आयोग का गठन 7 जून, 1955 को किया गया था। उसके बीस सदस्य थे; अध्यक्ष थे श्री बी.जी. खेर। उसे दो काम करने थे—

1. क्रमानुसार हिन्दी के अधिकाधिक प्रयोग के बारे में सुझाव पेश करना।
2. अंग्रेज़ी की जगह पर हिन्दी लाने के लिए समय-सारिणी तैयार करना।

आयोग ने 31 जुलाई 1956 को अपनी रिपोर्ट प्रस्तुत की।

रिपोर्ट संसद की टेबल पर 12 अगस्त, 1957 को रखी गयी।

मुझे यह पूछने का अधिकार नहीं है कि 378 दिन यह रिपोर्ट कहाँ, किसके पास, किस कारण अज्ञातवास सेती रही।

तब, उस पर विचार करने के लिए तीस सदस्यों की एक संसदीय समिति बनी, जिसमें बीस सदस्य लोकसभा के और दस सदस्य राज्यसभा के थे। उसके अध्यक्ष थे श्री गोविन्द वल्लभ पन्त।

संसदीय समिति ने 20 अप्रैल, 1959 को अपनी रिपोर्ट पेश की।

उस पर महामहिम राष्ट्रपति ने अपने आदेश दिये, जो अप्रैल 1960 के गज़ट में प्रकाशित हुए।

कहाँ तो व्यवस्था यह थी कि 5-5 वर्ष पर आयोग बैठेगा और उत्तरोत्तर हिन्दी के प्रयोग को बढ़ाकर प्रशासन, न्याय, शिक्षा, सभी क्षेत्रों में उसे प्रस्थापित कर

देगा—कहाँ पहले ही कमीशन के सुझावों को अन्तिम रूप देने में पाँच वर्ष लग गये। वस्तुतः पहला आयोग ही जिन परिणामों पर पहुँचा, उससे यह स्पष्ट हो गया कि आगे आयोगों की कोई आवश्यकता न होगी। सबसे दुर्भाग्यपूर्ण परिणाम था कि 15 वर्ष तक, यानी 1965 तक अंग्रेज़ी की जगह पर हिन्दी लाना न आवश्यक है, न सम्भव; सिद्धान्ततः हिन्दी राजभाषा मानी जायेगी, अंग्रेज़ी सहचरी भाषा; (व्यवहार में उसके विपरीत : अंग्रेज़ी राजभाषा, हिन्दी सहचरी—अधिक उपयुक्त होगा कहना 'अनुचरी')। सरकारी प्रयास हिन्दी के विभिन्न पक्षों को विकसित करने का होगा—प्रयोग करने का नहीं—जिसमें कितने ही 15 वर्ष लग सकते हैं। मेरी समझ में प्रयोग से विकास के सिद्धान्त की उपेक्षा कर बड़ी भारी गलती की गयी; अन्ततोगत्वा जिसका परिणाम यह होना है कि हिन्दी तैयारी ही करती रहेगी और प्रयोग में शायद ही कभी आये—'डासत ही सब निशा बीत गयी, कबहुँ न नाथ नींद भरि सोयो'।

राष्ट्रपति के आदेश के पालन के सम्बन्ध में विदेश मन्त्रालय को क्या करना था, उसको जानना आपके लिए अधिक प्रासंगिक होगा। आदेश के अन्तर्गत जिन अफ़सरों की उम्र 45 से ऊपर होगी, उन्हें हिन्दी सीखने की आवश्यकता न होगी; 45 से कम उम्र वालों के लिए हिन्दी सीखना अनिवार्य होगा, (obligatory) हिन्दी उन्हें मुफ़्त सिखाई जायेगी; अगर वे सीखने में असमर्थ हों, तो उन्हें किसी प्रकार दण्डित नहीं किया जायेगा। गुलामी में पली कौमें बिना दण्ड-भय के कोई काम करती हैं? भारत सरकार की उदारता का पूरा 'सदुपयोग' किया गया। किसी दर्जे पर यह भी आदेश आया कि नये अफ़सरों की नौकरियाँ तब तक पक्की न की जायेंगी, जब तक वे हिन्दी की परीक्षा न पास कर लें। विदेश मन्त्रालय में नये लिये गये अफसरों की परीक्षा का काम हिन्दी सेक्शन को सौंपा गया। प्रशिक्षित करने का काम शिक्षा मन्त्रालय की तरफ़ से किया जाता था—दफ़्तर के समय में से ही समय निकालकर। कुछ अफ़सर परीक्षा में सफल होते थे। कुछ नहीं भी होते थे। पर उनकी नौकरी पक्की कर दी जाती थी। 'ऊपर' से फ़ोनादेश आ जाता था—'उन्हें पास कर दीजिये। ये ऐसी जगह काम करेंगे, जहाँ हिन्दी जानने की कोई ज़रूरत न होगी।' और ताबेदार बच्चन बाबू को हुक्मबरदारी करनी पड़ती थी। आप मुझसे मत पूछें कि ये 'ऊपर' वाले कौन थे। आप पूछेंगे भी, तो मैं बताऊँगा नहीं; मैं गोपनीयता की शपथ जो लिये बैठा हूँ—दफ़्तरी मामलों में। सरकारी-तन्त्र से सम्बद्ध मेरी मज़बूरी समझेंगे। शायद जितना मैंने कह दिया, उतना भी मुझे नहीं कहना चाहिए था। पर अब तो क़लम से निकल गया। इस एक बात को छोड़ राष्ट्रपति के आदेश का विदेश मन्त्रालय के कार्यों पर कोई असर न पड़ना था। मैं छह वर्ष और विदेश मन्त्रालय में रहा। मुझे नहीं याद कि उस अवधि में हिन्दी प्रयोग की दिशा में कोई और क़दम उठाने की इच्छा प्रकट की गयी या अनुमति दी गयी। हाँ, कुछ आलतू-फालतू काम हिन्दी सेक्शन के ज़िम्मे ज़रूर कर दिये जाते थे। एक बहुत बोरिंग, उबाऊ काम के विषय में आगे कभी बताऊँगा।

ग़नीमत थी कि सरकारी तन्त्र में एक बड़नामी (glorified) क्लार्क की हैसियत रखने पर भी मेरे कवि की स्वतन्त्र सत्ता को यदा-कदा याद कर लिया जाता था। बेल्जियम में हर दूसरे वर्ष एक अन्तर्राष्ट्रीय काव्य-समारोह होता है, जिसे 'पोयट्री बाईनियल' कहते हैं—काव्य द्विवार्षिकी। 1959 में होने वाले समारोह में भाग लेने को कवियों का एक प्रतिनिधि शिष्टमण्डल भेजने के लिए भारत सरकार को आमन्त्रित किया गया था। भारत सरकार ने जिन चार कवियों को भेजा था, उनमें से एक इन पंक्तियों का लेखक भी था। शेष तीन थे श्री प्रेमेन्द्र मित्र (बंगला), श्री विजय कृष्ण गोकाक (कन्नड़), श्री रविश सिद्दीकी (उर्दू)।

प्रेमेन्द्र मित्र नाटे, साँवले, गठे शरीर के हम सब लोगों से उम्र में बड़े थे, पर यही तीन-चार साल। वे बंगला के प्रख्यात लेखक थे—मुख्य रूप से कवि, पर कहानी-उपन्यासकार भी; उन्हें 1957 में अपनी काव्यकृति 'सागर थेके फेरा' पर साहित्य अकादमी पुरस्कार मिल चुका था। उस समय तक उनकी 40 पुस्तकें तो निकल चुकी होंगी। लगभग 80 वर्ष की अवस्था में अब भी मौजूद हैं; लिखते कुछ-न-कुछ बराबर रहे हैं; अब आँखें कमज़ोर हो गयी हैं। पिछली फ़रवरी में कलकत्ता के डॉ. चन्द्रदेव सिंह ने मेरे पत्रों का एक संग्रह प्रकाशित कराया था—'बच्चन के श्रेष्ठ पत्र' के नाम से। वे चाहते थे कि उसका विमोचन मैं करूँ। उसी अवसर पर 'अनामिका' संस्था की ओर से एक कवि सम्मेलन का आयोजन भी कर लिया गया था। समारोह का उद्घाटन प्रेमेन्द्र मित्र करने वाले थे। कलकत्ता पहुँचने पर मुझे मालूम हुआ कि मित्रजी बीमार हैं और कार्यक्रम के लिए न आ सकेंगे, तो मैं स्वयं उनके घर पर उन्हें मिलने गया। उन्हें अस्वस्थ देखकर दुःख हुआ, पर मुझे देखकर वे बड़े प्रसन्न हुए। उनका साहित्य तो मैंने न पढ़ा था, पर उनके मुँह से उनकी कुछ कविताएँ सुनी थीं। उनकी एक कविता 'तीन ठि गुली'—तीन गोलियाँ—जो महात्मा गाँधी की छाती पर लगी थीं, मुझे बहुत मार्मिक लगी। वे तीन गोलियाँ गांधी के सीने पर ही नहीं लगी थीं, वे लगी थीं हमारी संस्कृति पर, हमारी सभ्यता पर, हमारी नैतिकता पर। मैं प्रेमेन्द्रजी को हमेशा 'तीन ठि गुली' के साथ याद करता हूँ।

गोकाक साँवले, लम्बे, चौखुंटे चेहरे, चौड़ी नाक, चौड़े मुँह के, उम्र में मुझसे दो साल छोटे थे; अंग्रेज़ी के एम.ए. थे, उनकी शिक्षा बम्बई और आक्सफ़र्ड युनिवर्सिटी में हुई थी। अकादमीवी योग्यता तो उनकी अंग्रेज़ी की थी, पर सृजनशील लेखन के लिए मुख्य रूप से उन्होंने अपनी मातृभाषा कन्नड़ को अपनाया था। उनके गीतों के कई संग्रह निकले थे, एक-दो नाटक भी उन्होंने लिखे थे। उनके अंग्रेज़ी गीतों का एक संग्रह भी प्रकाशित हुआ था, 'The Song of Life' ('48) अंग्रेज़ी में उनकी एक आलोचनात्मक कृति भी थी—'Poetic Approach to Language'—उन दिनों वे Central Institute of English, Hyderabad के डाइरेक्टर थे। इधर कई सालों से उनसे नहीं मिला। इंस्टीट्यूट से अवकाश प्राप्त करके कई साहित्यिक-शैक्षणिक संस्थाओं से सम्बद्ध रहे। आजकल ज्ञानपीठ पुरस्कार समिति के अध्यक्ष हैं, साहित्य अकादमी के भी। बीच में किसी गोकाक

ने—शायद वे विजय कृष्ण ही हों—कन्नड़ भाषा कमीशन की अध्यक्षता की थी, जिसकी रिपोर्ट कुछ विवादास्पद मानी गयी है। हाल में पत्रों में गोकाक कमीशन की सिफ़ारिशों की आलोचना-प्रत्यालोचना आती रही है।

रविश सिद्दीकी को जब मैं याद करता हूँ, तब नाटे क़द, गठी काठी का एक आदमी शेरवानी, चूड़ीदार पाज़ामे में मुझे नज़र आता है, जिसका सिर कुछ बड़ा, घने काले बालों का है, और जिसके चेहरे पर जीवन के कई उतार-चढ़ावों के श्रम-चिह्न तो हैं, पर जिस पर उन्हें पारकर समतल भूमि पर आ जाने की खुशी भी है। रविश सिद्दीकी का कुछ समय गुरुकुल में भी बीता था। वे कैसे वहाँ पहुँच गये थे और कैसे वहाँ से निकले, उसके विषय में मैं अधिक नहीं जानता। पर उसका प्रभाव उनके जीवन, उनके स्वभाव, उनके व्यवहार पर स्पष्ट दिखाई देता था। इस्लामी कट्टरता उन्हें छू तक नहीं गयी थी, और वे मुसलमानों की अपेक्षा अपने हिन्दू मित्रों के बीच अधिक सहज भाव से घुलमिल जाते थे। वे उन दिनों आल इण्डिया रेडियो की उर्दू शाखा से किसी रूप में सम्बद्ध थे। रेडियो कार्यक्रमों के सम्बन्ध में वहाँ आते-जाते मेरी मुलाकात अक्सर उनसे होती थी और हम कुछ समय निकाल कहीं बैठ शेरो-शायरी की चर्चा भी कर लेते थे। मुझे नहीं मालूम कि उनकी गज़लों-नज़्मों का कोई संग्रह प्रकाशित हुआ था या नहीं, पर उनसे सुने बहुत से शे'र मुझे आज तक याद हैं। शायद वे पचास के भी न हुए थे कि उनकी मृत्यु हो गयी। उनकी कविता के विषयों में विविधता थी, पर मुख्य रूप से वे हुस्नो-इश्क के शायर थे, जो उर्दू शायरी का ख़ास मिज़ाज है—

किसको मालूम है हम हुस्न-शनासाने अज़ल[1],
कितने औहाम[2] से गुज़रे तो यक़ीं तक पहुँचे।

हज़ार हुस्न दिल आराए दो जहाँ[3] होता
नसीबे इश्क न होता तो रायगाँ[4] होता।

जीवन-संघर्षों से गुज़रने और फिर भी जीवन-संघर्षों के लिए तैयार रहने के तेवर उनकी शायरी में मुझे खास पसन्द थे।

गुज़र चुकी तेरी कश्ती हज़ार तूफाँ से,
हनोज़-हसरते-तूफाँ[5] नहीं तो कुछ भी नहीं।
ज़िन्दगी नाम है तूफ़ान-हवादिस[6] का 'रविश',
नंगे-साहिल[7] है वो जिसको कोई तूफाँ न मिला।

---

1. आदिकाल से सौन्दर्य के खोजी, 2. सन्देहों
3. संसार-भर को मोहने वाला
4. व्यर्थ
5. तूफान से टक्कर लेने का अरमान
6. हादसों का तूफान
7. किनारे का कलंक

तूफ़ान और झंझावात के प्रतीकों से लिखी मेरी कविताएँ भी 'रविश' को बहुत पसन्द थीं–

'तुम तूफ़ान समझ पाओगे?' (निशा निमन्त्रण)

'प्रबल झंझावात, साथी' (निशा निमन्त्रण)
उठ पड़ा तूफ़ान, देखो,
मैं नहीं हैरान देखो,
एक झंझावात भीषण में हृदय में से चुका हूँ।
मूल्य अब मैं दे चुका हूँ। (निशा निमन्त्रण)

रविश की बेटी हुमा सिद्दीक़ी मुरादाबाद में रहती है। सिनेमा देखने की बड़ी शौकीन है। अमिताभ की ज़बरदस्त फ़ैन है। उनकी नयी तस्वीरें मंगाने को मुझे अक्सर पत्र लिखती हैं। कभी मैं उनसे पूछना चाहता हूँ, 'बिट्टो रानी, कभी अपने मरहूम वालिद माजिद की कविताएँ भी पढ़ती हो?'

हम लोग सितम्बर '59 के पहले सप्ताह में हवाई जहाज़ से ब्रुसेल्स, बेल्जियम की राजधानी पहुँचे थे, वहाँ होटल में एक दिन-रात रहकर दूसरे दिन ट्रेन से कनाके-लिज़ूते नगर पहुँचे थे, जहाँ के कैसीनो कम्यूनाल हाल में पाँच दिनों तक काव्य-द्विवार्षिकी की बैठकें हुई थीं।

ब्रुसेल्स में हमारे ठहरने का प्रबन्ध भारतीय राजदूतावास की ओर से किया गया था। वहाँ के एक कर्मचारी ने हमसे पूछा, सन्ध्या के मनोरंजन के लिए आप लोग क्या देखना चाहेंगे–सिनेमा, नाटक या यहाँ का प्रसिद्ध शो–'मौलाँ रूज'। उन्होंने बताया भारत से आने वाले लोग प्राय: 'मौलाँ रूज' ही देखते हैं–सिनेमा तो भारत में भी देखते हैं; नाटक में भाषा न समझ में आने से उसका पूरा आनन्द नहीं लिया जा सकता, 'मौलाँ रूज' में गाना-बजाना, नाचना होता है और होती है 'स्ट्रिप टीज़' यानी एक सुगठित नवयुवक एक सुन्दरी नवयौवना के एक-एक वस्त्र उतारता है और अन्त में उसे एकदम नग्न कर देता है। उस प्रदर्शन को बड़ा कलात्मक रूप दिया जाता है संगीत और रंगारंग प्रकाश के साथ! पचास के आसपास होने पर भी हम सबने मौलाँ रूज देखने की ही इच्छा प्रकट की थी और हमारे लिए टिकट मँगा दिया गया था। 'मौलाँ रूज' के अर्थ हुए 'Red Mill'–'लाल चक्की'–पता नहीं ऐसे प्रदर्शनों को यह नाम क्यों दिया गया। लन्दन में ऐसा प्रदर्शन 'Wind Mill' 'हवा चक्की' के नाम से होता है–इसका एक 'शो' देखने का ज़िक्र मैं 'प्रवास की डायरी' में कर चुका हूँ।

ब्रुसेल्स के 'मौला रूज' में हमने देखा कि गाने-बजाने-नाचने की कलापूर्ण भूमिकाएँ कृष्णवर्णियों (मैं उनको नीग्रो नहीं कहता; यह अपमानसूचक शब्द हो गया है) द्वारा निभाई गयी थी; यह तो आपको मालूम होगा कि उस समय तक अफ्रीका का कांगो प्रदेश बेल्जियम का उपनिवेश था और कृष्णवर्णी बराबर वहाँ से आकर बेल्जियम के नगरों के मनोरंजन-गृहों में काम करते थे। कृष्णवर्णी गाने-बजाने, खेल-कूद में योरोपियनों और अमरीकनों से बाज़ी मार ले जाते हैं। प्राचीन यूनानी

अपनी जाति की महानता का आधार तीन चीज़ों को मानते थे—म्यूज़िक (संगीत), मार्च (सैन्य संचरण) और मैथ्स (गणित) को, यानी स्वर-संयम, शरीर-संयम और मस्तिष्क-संयम को। कृष्णवर्णियों ने स्वर-संयम और शरीर-संयम को सहज साध लिया है; जिस दिन उन्होंने मस्तिष्क-संयम को साधा उस दिन वे संसार की महान् और श्रेष्ठ जाति बनकर उभरेंगे।

'मौलाँ रूज' का प्रदर्शन गोकाक के और मेरे लिए नया नहीं था; प्रेमेन्द्र दा गम्भीर-प्रकृति हैं, तटस्थ भाव से वह भी देख लिया; हम में सबसे कम-उम्र और किसी कदर दिल-फेक 'रविश' ने उस पर एक गज़ल लिखी थी। हमें सुनाई भी। ऐसे प्रदर्शन, यदि वे कलापूर्ण हों, कविताओं के लिए प्रेरक बन सकते हैं। मैंने स्वयं जब मास्को के बोलशोई थियेटर में पहले-पहल 'स्वान लेक बैले' देखा था, कविता लिखने के लिए प्रेरित हुआ था।

अन्तर्राष्ट्रीय काव्य समारोह की कल्पना सर्वप्रथम श्री आर्थर होलो के मस्तिष्क में आयी थी, वही इसके संस्थापक थे। पहला समारोह 1953 में हुआ था; तब से प्रति दूसरे वर्ष यह समारोह होता रहा है। हर बार यह कनाके लिज़ूते में ही हुआ है। इसको यूनेस्को, पी. ई. एन. क्लब, फ्रांस की रायल अकादेमी और बेल्जियम की साहित्य अकादेमी तथा अन्य कई साहित्यिक और सांस्कृतिक संस्थाओं की संरक्षता प्राप्त है।

चौथे समारोह में 42 देशों के लगभग 250 प्रतिनिधियों ने भाग लिया था। भाग लेने वालों में प्रायः योरोपीय देशों के तथा उनके उपनिवेशों के प्रतिनिधि थे। समारोह में सबसे अधिक लोग बेल्जियम के थे। आश्चर्य इस बात का था कि अन्तर्राष्ट्रीय कही जाने वाली इस संस्था के समारोह में भाग लेने के लिए इंग्लैण्ड से कोई कवि नहीं आया था।

समारोह की कार्रवाई की भाषा फ्रांसीसी थी, अन्य भाषाओं में जो व्याख्यान आदि होते थे, उनके अनुवाद फ्रांसीसी में कर दिये जाते थे। योरोपीय महाद्वीप में प्रायः फ्रांसीसी दूसरी भाषा के रूप में पढ़ी जाती है, इस कारण गैर-फ्रांसीसी देश के प्रतिनिधि भी प्रायः फ्रेंच में ही बोले। भारतीय प्रतिनिधि मण्डल में फ्रांसीसी जानने वाला कोई नहीं था; एक महिला दुभाषिया कभी-कभी हमारी सहायता करती थी।

समारोह के अध्यक्ष जां कासू का भाषण 'विज्ञान और कविता' विषय पर था। कविता युग-युग से अज्ञात और रहस्यमय पर पलती रही है। विज्ञान ने बहुत से रहस्यों को खोज लिया है, पर इससे कवियों को घबराने की आवश्यकता नहीं; क्योंकि विज्ञान ने जहाँ बहुत-से रहस्यों को खोला है, वहाँ बहुत-से रहस्यों को जन्म भी दिया है। इन रहस्यों में धंसने का साहस आगे भी वैज्ञानिक से पहले कवि करेंगे। फिर विज्ञान नैतिकता से निरपेक्ष है। कविता नैतिकता से निरपेक्ष नहीं हो सकती। उसे विज्ञान पर नैतिकता का नियन्त्रण बनाये रखना है।

समारोह के उपाध्यक्ष पियर लुई फ़्लूके ने भी 'विज्ञान और कविता' को अपने भाषण का विषय बनाया था। उन्होंने कहा, कवि को त्रिकालदर्शी होना चाहिए।

उसे गत और अनागत के बीच सेतु बनाना चाहिए। विज्ञान ने आज तरह-तरह की मशीनें बना दी हैं, पर मशीनें सदा मनुष्य पर निर्भर रहेंगी। कविता का काम है कि वह मशीनों के पीछे काम करने वाले मनुष्य को मानव-हितकारी मनुष्य बनाये रखे। मनुष्य कितनी ही बड़ी और सूक्ष्म मशीनें क्यों न बना ले, वह उन्हें अपना सद्-असद् विवेक का एकाधिकार कभी नहीं सौंपेगा और उसको संयत-शिक्षित-दीक्षित करना कवि का काम है। मशीनों ने जिस भय को जन्म दिया है, उससे मानव को मुक्त करने का उत्तरदायित्व कविता को लेना है। कविता मानव जीवन की अनिवार्य आवश्यकता है और उसका स्थानापन्न अभी तक तो खोजा नहीं जा सका।

इन भाषणों के पश्चात् अन्य प्रतिनिधियों ने भी इस विषय पर अपने-अपने विचार प्रकट किये।

5 सितम्बर को 'समाज और कविता' पर भाषण हुए। योरोपीय देशों में कविता समाज से दूर चली जा रही है। कविता लिखने वाले बहुत हैं, पर पढ़ने वाले कम। पढ़ने वाले प्राय: लिखने-पढ़ने के पेशे से सम्बद्ध लोग हैं। जहाँ कुछ लोगों का विचार है कि कविता को लोकप्रिय बनाना चाहिए, वहाँ कुछ लोग ऐसा भी समझते हैं कि हर समाज में कविता समझने वाले कम ही लोग होते हैं। जैसे विज्ञान की बारीकियों को कम लोग समझते हैं, पर उसका लाभ अधिक-से-अधिक लोगों को पहुँचता है, उसी प्रकार कविता भी कम लोग समझेंगे, पर कुछ ऐसा किया जा सकता है कि उसका प्रभाव व्यापक बनाया जाये। फ्रांस के लुई गियम ने तो यहाँ तक कहा कि कविता एकान्त और सूक्ष्म चिन्तन का फल है और उसका उपभोग एकान्त में ही ठीक तरह हो सकता है। आज की हलचल के जीवन में जो अपने को एकान्त में ध्यानस्थ कर सके, कविता उसकी है। ऐसे लोग अधिक नहीं होंगे। पर उनका भी ऐसा विचार था कि वह कविता भी जिसे कम लोग समझते हैं, किसी अनजानी जन-मनोविज्ञानी प्रक्रिया से साधारण जनता तक पहुँच जाती है और उसे प्रभावित करती है। अन्त में उन्होंने केसरलिंग के इस कथन को दुहराया था—आज हम जानते तो हर चीज़ को हैं, पर समझते किसी चीज़ को नहीं। विज्ञान जानने के काम में संलग्न है, कविता को समझने का काम करना है। उसे वैज्ञानिक के मस्तिष्क के जोड़ की वह शक्ति चाहिए जो उसे चीज़ों को ठीक समझने का सामर्थ्य दे।

पियर बेयार्न ने कहा था कि एटमी युग में एटमी कवि भी चाहिए। समाज को दोनों को समझने, अपनाने के लिए गतिशील होना चाहिए।

उसी दिन 'भारतीय समाज और कविता' के ऊपर मेरा व्याख्यान हुआ। मैंने कहा कि भारत में विज्ञान अभी जीवन के क्षेत्र में इतना व्यापक नहीं हुआ कि काव्य से उसके संघर्ष की बात सोची जा सके। हमारे सुधार और स्वतन्त्रता के आन्दोलन में कविता ने बराबर सहायता दी है। कविता के सम्बन्ध में दो धारणाएँ भारत में परम्परा से सुदृढ़ हैं कि कविता आनन्द के लिए है, कविता मानव-कल्याण के लिए है। इनके विरुद्ध जो भी शक्तियाँ खड़ी होंगी भारत का कवि उनका विरोध करेगा।

कविता के लिए भारतीय जनता भाव प्रणव है। जैसे-जैसे वह अधिकाधिक शिक्षित और सम्पन्न होगी वह कविता के अधिक निकट आयेगी। संसार की वैज्ञानिक, मनोवैज्ञानिक, सामाजिक प्रगति से भी भारत का कवि अनभिज्ञ नहीं है। पर यह मेरी व्यक्तिगत सम्मति है कि कवि को अपने ज्ञान के दम्भ में जनता से दूर नहीं चले जाना है। उसे उड़ना ही नहीं, औरों को पंख प्रदान करना भी है। मैं उच्च, रहस्यमय, जटिल, सूक्ष्म को सरल, बोधगम्य, आनन्ददायक बनाने को कवि की साधना का अंग मानता हूँ।

6 तारीख को कवि की स्वतन्त्रता के विषय में व्याख्यान हुए। फ्रांस के पियर इमैनुएल ने कविता की शक्ति पर ज़ोर दिया, हिटलरी पंजे से फ्रांस की मुक्ति में रेसिस्तांस आन्दोलन का हिस्सा बताया, और कहा कि कवि को अन्याय के विरुद्ध अपनी आवाज़ उठानी चाहिए और उसे ऐसा करने के लिए स्वतन्त्र होना चाहिए। इस सिलसिले में हंगरी के 62 वर्षीय कवि डेरी टाइबर का नाम विशेष रूप से लिया गया था, जो हंगरी के विद्रोह को अपनी मानसिक सहानुभूति देने के कारण 9 वर्ष की सज़ा भुगत रहे थे। पास्तरनाक का नाम भी कई बार लिया गया था। अन्त में बहुमत से यह प्रस्ताव पास हुआ था कि कवि के राजनीतिक विचार कुछ भी हों, उसे उन्हें व्यक्त करने की पूरी स्वतन्त्रता होनी चाहिए।

अपराह्न और रात्रि का समय सिनेमा, कंसर्ट, आर्केस्ट्रा, बैले नृत्य (एक बैले टैगोर की कविता पर था), कविता-पाठ आदि के लिए था। इन्हीं कार्यक्रमों के अन्तर्गत एक सन्ध्या को मारिस मेटरलिंक के प्रति श्रद्धांजलि अर्पित की गयी, जिसमें भारत की ओर से श्री गोकाक ने श्रद्धांजलि अर्पित की। मारिस मेटरलिंक के 'ब्ल्यू बर्ड' से प्रभावित होकर उन्होंने 'रत्न पक्षी' नाम से एक कविता भी लिखी थी, जिसका अंग्रेज़ी अनुवाद भी उन्होंने सुनाया।

सन्ध्या के कार्यक्रमों में कुछ ऐसे फ़िल्म दिखाये गये जो आधुनिक कविताओं के रूपकों को समझाने के लिए बनाये गये थे। सिनेमा द्वारा प्रयत्न किया गया था कि किसी कविता में कवि की कल्पना किन-किन दृश्यों का ध्यान करते हुए किन रूपकों पर पहुँचती है और उनमें ऐसा क्या होता है कि उनका उपयोग करती है। यह बहुत मनोरंजक था। कुछ वृत्तचित्र कवियों के जीवन पर भी थे।

कुछ देशों के शिष्टमण्डलों ने अपने स्टैंड बनाये थे जिस पर उनके देश के कवियों के चित्र और उनकी रचनाएँ सजाकर रखी गयी थीं। रूसी स्टैंड सबसे अच्छा था। रूसी शिष्टमण्डल ने अपने यहाँ की कविता का एक सेट और एक सीपी का सींगनुमा प्याला भी समारोह को समर्पित किया था।

भारत के कवियों से विभिन्न देशों के कवियों ने परिचय प्राप्त किया और यहाँ की काव्य सम्बन्धी समस्याओं के बारे में पूछताछ की। भाषा की कठिनता के कारण आदान-प्रदान में असुविधा का अनुभव हम बराबर करते रहे।

समारोह के अधिकारी इस बात से बहुत प्रसन्न थे कि भारत के कवि इसमें भाग लेने आये। समारोह में शिष्टमण्डल का परिचय कराया गया और उसका भव्य स्वागत हुआ।

समारोह समाप्त होने पर हम ब्रुसेल्स लौटे। मेरे तीनों साथी प्रेमेन्द्र, गोकाक और रविश भारत लौट आये। भारत से चलते समय ही मैंने ऐसी व्यवस्था कर ली थी कि समारोह के बाद मैं दो सप्ताह योरोप में ठहर सकूँ। ईट्स पर अपने शोध के सम्बन्ध में जब मैं इंग्लैण्ड गया था, तब भी मेरा इरादा था कि लौटते समय योरोप भ्रमण करते हुए भारत लौटूँगा। कहीं पढ़ा था कि एलिज़ाबेथी युग में विद्वानों की ऐसी धारणा थी कि जब तक कोई चारों धामों की यात्रा न कर ले तब तक वह मोक्षाधिकारी नहीं होता—पुरी, रामेश्वरम्, द्वारिका, बदरीनाथ की। यह बात कहीं दिमाग़ में अटकी थी। इंग्लैण्ड के विश्व-विश्रुत विश्वविद्यालय से शोध कार्य पर डाक्टरेट लेकर मैंने अपनी शिक्षा की कमी कुछ पूरी की है, क्यों न योरोप भ्रमण कर रही-सही कमी भी पूरी कर लूँ और कम-से-कम एलिज़ाबेथी अर्थ में अपने को 'परिपूर्ण' शिक्षित समझूँ। पर अन्त में पैसों की ऐसी कमी हुई कि एक मित्र से उधार लेकर भारत आने तक का टिकट खरीद सका। अब सोचा, योरोप आने का मौक़ा मिला है, तो क्यों न लगे हाथ पेरिस और रोम देखता चलूँ। पता लगा लिया था कि लौटानी हवाई टिकट पर दोनों नगरों में चार छह दिन रुकने पर अतिरिक्त किराया नहीं देना होगा। पेरिस और रोम दोनों जगह भारतीय राजदूतावास में काम करने वाले कुछ ऐसे लोग थे, जो पहले विदेश मन्त्रालय, दिल्ली में काम कर चुके थे और जिनसे मेरा थोड़ा बहुत परिचय था, और जो मुझे दो चार रोज़ के लिए अपने पास ठहरा सकते थे।

ब्रुसेल्स से मैं पेरिस के लिये रवाना होऊँ, उसके पूर्व ऐम्सटरडैम से हालैण्ड में भारत के राजदूत का फ़ोन आ गया। वे चाहते थे कि मैं दो दिन के लिए ऐम्सटरडैम आऊँ और हालैण्ड भी देखूँ। उनका निमन्त्रण इतना आग्रहपूर्ण था कि मैं इनकार न कर सका। वे स्वयं अपनी बड़ी-सी कार से ब्रुसेल्स आये और मुझे ऐम्सटरडैम लिवा ले गये। राजदूत महोदय साँवले, कद्दावर, भारी शरीर के पंजाबी सज्जन थे। उनसे मेरा व्यक्तिगत परिचय न था। बीस बरस पहले, जब शायद वे विद्यार्थी होंगे, उन्होंने लाहौर की लिटरेरी लीग में मेरा काव्य पाठ सुना था, और मुझे न भूल सके थे। बीच में मेरी कुछ कृतियाँ भी देखी थीं। उनका नाम मुझे नहीं याद आ रहा है।

हालैण्ड नाम मेरे लिए पूर्व परिचित था। इलाहाबाद युनिवर्सिटी से लगा एक होस्टल है हालैण्ड हाल, जहाँ शोध छात्र के रूप में मैं कुछ दिन रहा था। शायद वह हालैण्ड के मिशनरियों द्वारा स्थापित किया गया था। अब उन मिशनरियों के मूल देश में था। हालैण्ड, जिसे नीदरलैण्ड भी कहते हैं, उत्तरी योरोप का छोटा-सा देश है, जिसके पूर्व में जर्मनी है, दक्षिण में बेल्जियम, उत्तर-पश्चिम में उत्तरी सागर, लगभग दो सौ मील लम्बा, डेढ़ सौ मील चौड़ा, उसका प्रायः आधा भाग समुद्री सतह से नीचा है, जिसे रहने योग्य बनाने के लिए तटों पर लम्बे-चौड़े मज़बूत बाँध बाँधे गये हैं। ये बाँध हालैण्डवासियों की सुरक्षा के साधन भी हैं। जहाँ किसी विदेशी ने उनके देश पर कब्ज़ा किया, वे बाँधों को तोड़ देते हैं और दुश्मन का बेड़ा गर्क हो जाता है। उनके कई नगर कस्बों के नाम 'डैम'—बाँध से जुड़े हैं जैसे—

ऐम्सटरडैम, राटरडैम आदि। देश में तीन नदियाँ हैं, बहुत-सी नहरें हैं, जिनसे सिंचाई भी होती है और जो नावों से यातायात के मार्ग भी हैं।

हालैण्ड निवासियों को डच कहते हैं। डच शायद 'ड्यूच' या 'ड्यूश' से सम्बद्ध है, जिसके अर्थ हैं जर्मन; जर्मन अपने देश को 'ड्यूशलैंड' कहते हैं। डच जर्मन जाति की एक शाखा हो सकती है, पर डचों ने जर्मनों से अलग अपनी चारित्रिक विशिष्टता अर्जित कर ली है। अंग्रेज़ी में 'डच' कोई सम्मानसूचक शब्द ughagA I am Dutch के अर्थ हैं—मैं अपने में नहीं हूँ, शराब पीने वाले ज्यादा नशा चढ़ने पर ऐसा कहते हैं—'ओथेलो' में इयागो एक महफ़िले जाम में कहता है कि हालैण्ड वाला तो बस थोड़ी सी पी नहीं कि क़ै करने लगता है...'डच' स्वार्थी और कंजूस का भी सूचक है। Let us go Dutch के अर्थ हैं—हम साथ रहेंगे, पर सब अपना-अपना खर्च करेंगे, कोई किसी पर नहीं। Flying Dutch उसे कहते हैं जो दर-ब-दर मारा फिरे। मालूम होता है कि डचों का अतीत में कोई अपना देश नहीं था, वे योरोप के समुद्री तटों पर नावों में घूमते फिरते थे, इसी से तो शायद समुद्र तट से निचले भाग में जहाँ कोई नहीं बस सकता था, उसको उन्होंने अपनी बस्ती बनाई—समुद्र तटों पर बाँध बनाकर। प्रकृति पर उनकी यह विजय उनके चरित्र का कुछ संकेत तो देती है। कुल मिलाकर शायद डच लोगों को स्वतन्त्रताप्रिय, आत्मकेन्द्रित और संघर्षशील कहा जा सकता है।

वैज्ञानिक प्रगति और औद्योगीकरण के पहले हालैण्ड कृषिप्रधान देश होगा—लोग खेती करते थे, पशु पालते थे, विशेषकर गौ। विंड मिल्स—आटा पीसने की चक्कियाँ गाँवों में आज भी चलती हैं। गौ-पालन और दुग्ध-उत्पादन हालैण्ड का अपना विशिष्ट व्यवसाय है। वे अपनी डेरियाँ वैज्ञानिक रीति से चलाते हैं। सैकड़ों गाएँ अविश्वसनीय सफ़ाई के साथ पलती हैं। किसी होटल में आप खाने का आर्डर दें, तो बेयरा आपको टेबल पर पहले एक बोतल दूध रख जायेगा, जैसे अपने यहाँ पानी रखा जाता है। बताया गया औसतन एक-एक गाय प्रतिदिन आधा-आधा मन दूध देती है। गाएँ देखिए—मोटी ताजी स्वस्थ। गायों के विशिष्ट डॉक्टर होते हैं, जो समय-समय पर उनकी परीक्षा और आवश्यक हुआ तो उनका उपचार करते रहते हैं। वहाँ की गायों को देखकर मैं कहता था, गोपाल कृष्ण अगर फिर कभी संसार में अवतार लेंगे, तो हालैण्ड में। साथ यह भी जान लेना चाहिए भावुकता इसमें कहीं नहीं, सब कुछ व्यावहारिक; यही गाएँ, जिनकी इतनी देख रेख होती है, जब दूध नहीं दे सकतीं, बूचड़खाने भेज दी जाती हैं और उनका माँस बाज़ारों में बिकता है।

दूध से चीज़-पनीर बनाने में डच दुनिया में सबसे माहिर हैं। कितनी चीज़ बनती है, कितने तरह की यह बताना मेरे लिए सम्भव नहीं। योरोप का कोई नगर-बाज़ार आपको ऐसा नहीं मिलेगा, जहाँ हालैण्ड की चीज़ न पहुँचती हो, न बिकती हो। इस उद्योग से हालैण्ड कितना धन कमाता होगा, इसकी कल्पना ही की जा सकती है।

हालैण्ड से जो दूसरी चीज़ बहुत बड़े पैमाने पर निर्यात की जाती है वह है, ट्यूलिप के फूल। मीलों लम्बे खेतों में ट्यूलिप उगाए जाते हैं। दुर्भाग्यवश मैं जब

हालैण्ड में पहुँचा था, तब बल्बों के जमीन में लगाये जाने का समय था। फूल तीन महीने बाद आने वाले थे। ट्यूलिप के खेतों की कुछ तस्वीरें मैंने देखी हैं। अमितजी की एकाधिक फिल्मों की शूटिंग ट्यूलिप के रंगारंग खेतों में की गयी है। विश्वास नहीं होता कि धरती पर तरह तरह के रँगों की इतनी लम्बी चौड़ी चादरें बिछाई जा सकती हैं। ट्यूलिप की कोई डेढ़ सौ किस्में होती हैं। बड़े दूरदर्शी होंगे जिन्होंने इस फूल की आर्थिक महत्ता समझी होगी। कहते हैं 16वीं शताब्दी में यह फूल तुर्की कुस्तुनतुनिया से उत्तर योरोप पहुँचा था। 17वीं शताब्दी तक इस फूल के बल्बों की इतनी क़ीमत बढ़ गयी थी कि कुछ पूछिये मत। फ्रांस में इस फूल का एक बल्ब कन्या की शादी का पर्याप्त दहेज़ समझा जाता था। लोग अपने घर, ज़मीन, कारखाने गिरवी रखकर इस फूल के बल्ब खरीदते थे। फूल निकलते भी न थे कि वे कई हाथों बेचे, ख़रीदे जा चुकते थे। आज ट्यूलिप के सबसे अधिक, सबसे अधिक किस्मों के उत्पादक हालैण्डवासी हैं और यातायात के साधनों के विकसित होने के कारण वे सारे यारोप के देशों को ट्यूलिप निर्यात करते हैं, शायद अमरीका को भी।

उन्नीसवीं और बीसवीं सदी के वैज्ञानिक अनुसन्धानों और उनके तकनीकी उपयोगों से व्यावसायिक लाभ कमाने की कला हालैण्डवासियों ने ख़ूब सीखी है। खनिज पदार्थों में वे अधिक धनी नहीं हैं। उन्होंने ऐसी चीज़ें तैयार कीं जिनमें माल कम-से-कम लगे, पर दाम उनका अधिक-से-अधिक वसूल किया जा सके। अपने सीमित साधनों में असीम धन कमाने का यह गुर उन्होंने शायद स्विस लोगों से सीखा, जो घड़ियाँ बनाते हैं; मेटीरियल उनमें कितना लगता है, पर दाम उनका कितना लिया जाता है! दाम वास्तव में सूक्ष्म तकनीक का होता है। हालैण्ड वालों ने रेडियो सेट, साउंड रिकार्डर, जिसे अब टेप रिकार्डर कहते हैं, और बिजली से चलने वाले तरह-तरह के सामान बनाये। किसी समय बिजली का सामान निर्यात करने वाले देशों में वे सबसे आगे थे। उनकी बनी चीज़ें सबसे अच्छी और टिकाऊ मानी जाती थीं। हालैण्ड की फिलिप्स कम्पनी के बने बल्ब योरोप और एशिया के सभी देशों में, जहाँ बिजली थी, प्रयुक्त होते थे। अब तो प्रतियोगिता में अन्य देश भी आ गये हैं, भारत में ही बहुत-सी बिजली की चीजें बनने लगी हैं, पर फिलिप्स कम्पनी की बनी चीज़ों की साख अब भी बनी है, तुलना में किसी भी देश के बिजली के सामान बीस ही ठहरेंगे, उन्नीस नहीं। मुझे याद है मैं फिलिप्स कम्पनी का कारखाना देखने गया था, विशेषकर मैं देखना चाहता था वह यूनिट, जहाँ साउंड रिकार्डर बनते थे। अपने काव्य पाठ को रिकार्ड करने के लिए मैं एक साउंड रिकार्डर वहाँ से लाना चाहता था। डालर हमारे पास कहाँ! दूतावास के एक कर्मचारी ने सहायता की—यहाँ आप हमसे ले लें, भारत में हमारे परिवार वालों को रुपयों में अदा कर दें। शायद मैंने 500 रु. के बराबर के डालर लेकर एक फ़िलिप्स का साउंड रिकार्डर खरीदा था। काम यह एक तरह से ग़लत है, पर लोग करते हैं, और मैंने भी किया था।

अधिक समय मेरा ऐम्सटरडैम नगर देखने में ही बीता था, पर इस वक्त केवल

उसका एरोड्रोम देखने की याद मुझे बनी है। अपनी स्थिति का पूरा लाभ इस नगर को मिला है। बताया गया था कि जितने हवाई जहाज़ ऐम्सटरडैम में उतरते और वहाँ से रवाना होते हैं, उतने दुनिया के किसी और एरोड्रोम से नहीं। कुछ देर वहाँ ठहरकर यह प्रत्यक्ष देखा जा सकता था। इसी प्रकार अपनी स्थिति का पूरा लाभ राटरडैम को भी मिला है, जो दुनिया का सबसे व्यस्त बन्दरगाह माना जाता है। यहाँ माल के जितने जहाज़ लंगर डालते हैं उतने दुनिया के किसी और बन्दरगाह पर नहीं। अमरीका, इंग्लैण्ड, पश्चिमी योरोप के देश योरोप के मध्यवर्ती और पूर्वी देशों में अपना माल भेजने के लिए राटरडैम को जितना सुविधाजनक पाते हैं, उतना किसी और बन्दरगाह को नहीं। इसी प्रकार योरोप के देश इंग्लैण्ड और अमरीका को अपना माल भेजने के लिए राटरडैम को सबसे अधिक उपयुक्त पाते हैं।

ऐम्सटरडैम में मुझे प्रत्याशा से अधिक भारतीय चेहरे दिखाई पड़े। ये लोग सुरीनाम से आकर हालैण्ड के प्रमुख नगरों में बसना चाहते थे। 18वीं सदी में भारत से व्यापार करने के लिए जैसे ब्रिटिश, फ्रेंच, पोर्चुगीज़ ईस्ट इण्डिया कम्पनियाँ बनी थीं, वैसे ही डच ईस्ट इण्डिया कम्पनी भी बनी थी। अपने से सशक्त योरोपियन देशों की प्रतियोगिता में डच भारत में अपना पैर तो न जमा सके थे, पर यहाँ से—मुख्यत: बिहार से—बहुत बड़ी संख्या में मज़दूर वे अपने अन्य उपनिवेशों में काम कराने के लिए ले गये थे, सुरीनाम जिनमें खास था। 1954 में जब हालैण्ड ने सुरीनाम को आज़ाद किया, तो वहाँ के वासियों को—यदि वे चाहें तो—हालैण्ड के नागरिक होकर रहने का अधिकार भी दिया। इसका लाभ उठाकर बहुत से भारत-मूलक लोग हालैण्ड चले आये, और वहाँ बस गये। अब तो उनमें कई अमिताभजी के उग्र प्रेमी और उत्कट फैन हैं। जब अमिताभ वहाँ जाते हैं, वे उनकी बड़ी ख़ातिरबाज़ी करते हैं और उनकी हर सुविधा का ध्यान रखते हैं। कई तो प्रतिवर्ष उनसे मिलने को बम्बई पधारते हैं। पिछली बार जब अमिताभ हालैण्ड गये, तब मेरे मित्र श्री महाराजकृष्ण रसगोत्र, जिनका ज़िक्र मैं 'बसेरे से दूर' में कर चुका हूँ, वहाँ राजदूत थे और उन्होंने उनका बड़ा आत्मीयतापूर्ण स्वागत-सत्कार किया था।

मुझे हालैण्ड का एक ठेठ गाँव भी दिखाया गया था। वहाँ लोग अब भी अपनी पुरानी वेशभूषा में रहते हैं। मर्द एक तरह की काली कुर्ती और काला ही सलवारनुमा ढीला पाजामा पहनते हैं, सिर पर किश्तीनुमा काली टोपी। कानों में सोने की बालियाँ, गले में मोतियों की दुलरिया या तिलरियाँ और हाथों में चाँदी के कड़े, जैसे अपने यहाँ सिक्ख धारण करते हैं। गाँव में एक विंड मिल ज़रूर होती है। पनीर घर-घर बनता है। अतिथि सत्कार की भावना में वे भारतीय ग्रामीणों से मिलते जुलते हैं। ताज़े पनीर से मेहमान-नवाजी का आम चलन है।

एक शाम मेरा काव्य पाठ राजदूत महोदय के निवास पर हुआ था, जिसमें दूतावास के सभी कर्मचारी आमन्त्रित थे। काव्य पाठ रिकार्ड भी किया गया था, पता नहीं अब वह रिकार्ड कहाँ, किसके पास है।

तीसरे दिन मुझे कार से ब्रुसेल्स पहुँचा दिया गया था, जहाँ से हवाई जहाज़ से मैं पेरिस आया। सात वर्ष पहले बम्बई से लन्दन जाते हुए हमारा जहाज़ कुछ देर के

लिए पेरिस रुका था, पर तब से पेरिस का हवाई अड्डा इतना विकसित, इतना परिवर्तित हो गया था कि उसे पहचानना मुश्किल था। उस समय की एकमात्र पहचान, जो अब भी थी, वह थी फ्रांस की शराब और इत्रों के नमूने प्रदर्शित करने वाली जगह-जगह शीशे की आलमारियाँ।

पेरिस में मैं श्री कात्यायनी शंकर वाजपेयी के साथ ठहरा, जो उस समय भारतीय दूतावास में प्रथम सचिव के पद पर काम कर रहे थे। दिल्ली से चलते समय मैं फ्रांस के राजदूत के नाम इन्दुजी का एक पत्र लाया था। जब दूसरे दिन मैं उनसे मिला और मैंने वह पत्र दिया, तो वे बोले, 'आप मेरे साथ आकर ठहरिए', पर मैंने कहा 'वाजपेयीजी मेरे मित्र हैं, उन्हीं के साथ ठहरा हूँ, बहुत आराम से हूँ, आपको बहुत धन्यवाद, पेरिस देखने की थोड़ी बहुत सुविधा दिला सकें, यही आपकी बड़ी कृपा होगी।' और मुझे मानना चाहिए मेरी प्रत्याशा से अधिक उन्होंने दूतावास की ओर से मुझे सुविधायें दिलायीं। कहीं भी मैं पेरिस से दूर या बाहर गया दूतावास की कार मुझे मिल गयी—यों तो वाजपेयीजी ही अक्सर मेरे साथ होते और अपनी गाड़ी में मुझे ले जाते।

पेरिस फ्रांस की राजधानी है, इतना तो हर स्कूल का विद्यार्थी जानता है। पर, पेरिस फ्रांस के लिए उससे कहीं अधिक है। पेरिस फ्रांस का हृदय है। इतना ही नहीं, पेरिस संक्षिप्त फ्रांस है। फ्रांस का नक्शा बहुत दिनों से मेरी आँखों के सामने है, पर पेरिस के अलावा किसी और नगर का नाम भी मेरी स्मृति में नहीं अटका। सच्चाई तो यह है कि फ्रांस के किसी और नगर ने किसी बात में इतनी महत्ता नहीं अर्जित की कि वह पेरिस का आधा तीहा तो दूर, दशांश भी माना जाये। फ्रांस में जो कुछ भी महत्त्वपूर्ण हुआ या किया गया है, वह पेरिस में, या फिर वह किसी-न-किसी रूप में पेरिस से जुड़कर या उससे सन्दर्भित होकर। मैं कहता हूँ पेरिस में कोई मैगनेट है—चुम्बक शक्ति—जो फ्रांस की सारी प्रतिभा, सारी विद्या, सारी सक्रियता को अपनी ओर खींचती रहती है। आपने महाभारत के बारे में पुराने संस्कृत विद्वानों का एक कथन सुना होगा 'यन्न भारते तन्न भारते' अर्थात् जो महाभारत में नहीं, वह भारतवर्ष में नहीं। इसी के जोड़ पर मैं एक दूसरी बात कहता हूँ 'यन्न पेरिसे तन्न फ्रांसे', जो पेरिस में नहीं, वह फ्रांस में नहीं। राजधानी तो लन्दन भी इंग्लैण्ड की है, पर आप यह नहीं कह सकते कि जो लन्दन में नहीं वह इंग्लैण्ड में नहीं; आक्सफर्ड केम्ब्रिज कहाँ जायेंगे? या मास्को रूस की राजधानी है, पर यह नहीं कहा जा सकता कि जो मास्को में नहीं वह रूस में नहीं, लेनिनग्राद फिर कहाँ जायेगा? क्या आप कह सकते हैं कि जो दिल्ली में नहीं वह भारत में नहीं? लोग हँसेंगे आप पर। पर आप नि:संकोच घोषित कर सकते हैं कि जो पेरिस में नहीं वह फ्रांस में नहीं। और पेरिस फ्रांस के इतिहास से कब से जुड़ा है, इसे भी जान लेना चाहिए, शायद यह कहना भी अतिशयोक्ति न होगी कि पेरिस का इतिहास ही संक्षेप में फ्रांस का इतिहास है।

प्राचीन यूनान के एथेन्स-स्पार्टा और रोम को छोड़ पेरिस योरोप का सबसे प्राचीन नगर है। पर एथेन्स और स्पार्टा इतिहास के दौरान लम्बे-लम्बे समय तक

अविज्ञात रहे हैं; आज भी उनकी क्या महत्ता है? पेरिस से अगर कोई टक्कर लेता है, तो रोम; और रोम भी रेनेसाँ—पुनर्जागरण—के समय अपनी प्रतिभा को चोटी छूकर क्या नीचे ही नीचे नहीं खिसकता रहा है और अगर कभी उठा है, तो रेनेसाँ की छाया भी नहीं छू सका।

शायद आपको मालूम हो, या याद हो कि 1951 में फ्रांस ने ल्यूटेशिया (Leutetia) की 2000वीं जयन्ती मनाई—और यह ल्यूटेशिया ही पेरिस का पुराना नाम है। पेरिस नाम शायद इसलिए पड़ा कि आदिकाल में गाल जाति के एक कबीले ने, जिसका नाम पेरिसी या पेरिसाई था, इस पर शासन किया था। चौथी शताब्दी के प्रारम्भ से ही ल्यूटेशिया पेरिस के नाम से जाना जाता रहा है। और तब से आज तक निरन्तर यह फ्रांस के इतिहास में अपनी पहचान बताता रहा है। पेरिस की विशेष उन्नति तब से हुई, जब से ईसाइयत यहाँ पहुँची। पेरिस की—निश्चय ही फ्रांस भर की भी—सबसे पुरानी और सबसे महत्त्वपूर्ण इमारत नाटरडैम का कैथीड्रल है, जो गार्थिक कला का सर्वश्रेष्ठ नमूना है और जो 12वीं सदी में बनकर तैयार हो गया था। इतनी उत्कृष्ट कला के विकास में कितनी सदियाँ लगी होंगी, इसका कुछ अनुमान कैथीड्रल देखकर ही किया जा सकता है। इसके मानी यह हैं कि चौथी या पाँचवीं शताब्दी से ही पेरिस उन्नति के क्रम में अपनी स्थापत्य कला अथवा वास्तुशिल्प का विकास करता रहा है। नाटरडैम का प्रथम परिचय मुझे 'हंचबैक आफ़ नाटरडैम' उपन्यास से मिला था, जिस पर एक बहुत सुन्दर फ़िल्म भी बनाई जा चुकी है, जिसमें हंचबैक की भूमिका प्रख्यात अभिनेता चार्ल्स लाटन ने निभाई थी। मैं सबसे पहले पेरिस की यही इमारत देखने गया। कैथीड्रल सीन नदी की दो धाराओं के बीच एक द्वीप पर स्थित है। बाहर और भीतर उसके लिए एक ही शब्द प्रयुक्त किया जा सकता है, 'भव्य'!—सामने दो ऊँचे चौकोर टावरों के बीच के सिंहद्वारों पर कितने ही ईसाई सन्तों की मूर्तियाँ खचित हैं। एक मूर्ति ने मेरा विशेष ध्यान आकर्षित किया। एक पादरी खड़ा है, अपने हाथों में अपना कटा हुआ सिर लिये हुए है। कबीर याद आये—

सीस काटि भुइँ पर धरै तापर धारै पाँव।
दास कबीरा यों कहै ऐसा होऊ तो आव।

शायद सिर अहं का प्रतीक है। जब मनुष्य अपने अहं को मिटाता है, तभी वह भगवान् को पाता है। कभी-कभी दुनिया के बड़े-बड़े धर्मों की आधारभूत एकता मुझे चकित कर देती है।

कैथीड्रल के भीतर की मुख्य वेदी पर क्रास के समक्ष मोमबत्तियों की कतारें जलती रहती हैं—मन्दिर की आरती और उसमें क्या अन्तर है?

आइये अब 12वीं सदी की पत्थर की इस बुलन्द धार्मिक इमारत के बाद 19वीं सदी की लोहे की अ-धार्मिक अति-बुलन्द इमारत देखें—आइफ़ेल टावर—इस टावर को यह नाम उसकी रूपरेखा तैयार करने वाले इंजीनियर अलेक्ज़ांडर गुसटाव आइफेल (1832-1923) के नाम पर दिया गया है। यह 1889 में पेरिस प्रदर्शनी

के अवसर पर खड़ा किया गया था। इसकी ऊँचाई हज़ार फीट से अधिक ही है, इसके सामने कुतुबमीनार बच्चा लगेगी। तस्वीर उसकी आपने देखी होगी। बीच के इन्द्रधनुषी मेहराब के नीचे से चौड़ी सड़क जाती है, जिस पर ऊँची-से-ऊँची बसें बिना मेहराब को छुये आ-जा सकती हैं। उन्नीसवीं सदी के विज्ञान और लौह वास्तु शिल्प का यह मूर्त चमत्कार है। ऊपर तक जाने के लिए लिफ़्ट है, जहाँ एक रेस्टराँ भी है। ऊपर पहुँचकर नीचे पेरिस नगर गुड़ियों के घरों का एक विशाल समूह-सा जान पड़ता है। ऊपर पहुँचकर मुझे प्रेमचन्द की एक बात याद आयी। एक बार प्रेमचन्द दिल्ली आये और जैनेन्द्रजी उन्हें कुतुबमीनार दिखाने ले गये। जैनेन्द्रजी नवयुवक थे, प्रेमचन्दजी उमर में उनसे काफ़ी बड़े। जैनेन्द्रजी ने कहा, आइये सीढ़ियों से ऊपर तक चलें। प्रेमचन्दजी ने कहा, हम सीढ़ियों से ऊपर पहुँच गये तो हम ऊपर हो जायेंगे और मीनार नीचे हो जायेगी। किसी ऊँची चीज को नीची करना इन्सानियत नहीं है। प्रेमचन्दजी नीचे से ही कुतुबमीनार देखते रहे।

आइफ़ेल टावर लोहे का बना है—बहुत मज़बूत—लगभग सौ वर्ष हिम, वर्षा, शीत, ताप, झंझावात सहता यह खड़ा रहा है। पर कबीर के कथनानुसार—

'पहरौ काल सकल जग ऊपर'

संसारी सब चीज़ों पर काल का पहरा है। सबकी एक निश्चित आयु है। सबके गिरने टूटने का एक निश्चित समय है। और बड़े-बड़े इंजीनियरों का कहना है कि आइफ़ेल टावर अब अपनी उम्र भोग चुका है। अब उसे गिरा देना चाहिए, अन्यथा जर्ज़र होकर कभी वह अपने आप गिरेगा और उससे कभी बड़ी दुखद त्रासदी घटित हो सकती है।

मैंने पत्रों में पढ़ा है कि आइफ़ेल टावर जब तोड़ा जायेगा, तब उसके लोहे के टुकड़े लोग स्मृति-चिह्न की तरह रखना चाहेंगे। लोहे के टुकड़ों की फैंसी प्राइस से, अनुमान लगाया गया है, जो धन आयेगा, वह उसके बनाने के ख़र्च से कई गुना होगा।

अगर आपने मेरा 'बंगाल का काल' पढ़ा होगा, तो वरसाई (Versailles) के नाम से अपरिचित न होंगे। 1943 में बंगाल में अकाल पड़ने पर, जिसे Man-made famine कहा गया था, जब मैंने पत्रों में पढ़ा कि हज़ारों लोग कलकत्ता की सड़क-गलियों में कृमि-कीटों की तरह मर रहे हैं और आक्रोश की, विरोध की, क्रान्ति की एक उंगली भी नहीं उठ रही है, तब मैंने याद किया कि डेढ़-सौ बरस पहले पेरिस में जब रोटी का अभाव अनुभव किया गया था, तब कैसे वहाँ की जनता दल-बल के साथ फ्रांस के राजा को राजप्रसाद—शातू-दि-विरसाई—पर टूट पड़ी थी और राजा, रानी और राजकुमार को बन्दी बना पेरिस लायी थी—नारा लगाते हुए—

'अब निराश मत हो, हे मित्रो
रोटी की अब कमी न होगी,

देखो आज पकड़कर हम सब
बावर्ची, बावर्चिन लाये,
बावर्ची का बेटा
हमें बना अब देंगे रोटी
और भरेंगे पेटा'...

एक दिन मैं शातू-दि-वरसाई देखने गया। कभी-कभी कल्पना जो चित्र खींचती है, वह सत्य से कितना मिलता-जुलता है!—निश्चय 'बंगाल का काल' में वरसाई को जैसा मैंने कल्पित किया था, वह कार्लाइल के फ्रेंच रेवोल्यूशन पर आधारित था। वरसाई को जैसा मैंने देखा, उसका वर्णन करना चाहूँ तो आज भी मुझे अपनी कविता की पंक्तियों का ही सहारा लेना होगा—

ग्यारह मील दूर पेरिस से—
एक मनोहर वनस्थली में
वरसाई गर्विता बसी थी,
ऋद्धि-सिद्धि सम्पत्ति विभव से,
वभवं से सब भाँति लसी थी;
गुम्बद, कलश, धरहरे वाले
नभचुम्बी प्रासाद खड़े थे,
जिनके चारों ओर सुशोभित
हरे, घने, उद्यान बड़े थे।
झलक रहा था जहाँ-जहाँ पर
झीलों का नीलम-सा-पानी,
करते थे संगीत मनोरम
जिधर-तिधर झरने सैलानी;
शीतल-मन्द, सुगन्धित सारी
चिन्ताओं को हरनेवाला
पवन सदा उसपर बहता था—

शातू-दि-वरसाई अब टूरिस्टों के लिए बड़ा आकर्षण-केन्द्र है। शातू के चारों ओर के उद्यानों, शातू की इमारतों, उसके कमरों, सभागारों, गैलरियों, ज़ीनों, शातू के शाही चर्च—सबको पुरानी साज-सज्जा के साथ बरक़रार रखने का प्रयत्न किया गया है—झाड़-फानूस, परदों, फ़रनीचरों के साथ। शातू के एक बड़े भाग को अजायबघर का रूप दे दिया गया है, जहाँ फ्रांस के इतिहास से सम्बद्ध ऐसा अनुमान किया जाता है, 8000 से ऊपर चित्र और मूर्तियाँ हैं—कलाकारीगरी के उत्कृष्ट नमूनों के अतिरिक्त। फ्रांस के एक राजा ने ठीक ही इसे Glory of France (फ्रांस की विभूति) के नाम से अभिहित किया था। बहुत बड़ी संख्या में टूरिस्ट प्रतिदिन शातू को देखने जाते हैं। टिकट लगता है। शातू के बनने में बड़ा धन व्यय हुआ था। बहुत बड़ा भाग संगमरमर, ग्रेनाइट और उस पर विविध-रंगी पत्थरों की

पच्चीकारी से बना है। पर सालहा-साल टिकटों की बिक्री से जो आमदनी होती रही है, उससे उस पर आये खर्च से कहीं अधिक कमाया जा चुका होगा।

फ्रांसीसी क्रान्ति की महत्त्वपूर्ण घटनाएँ वरसाई से जुड़ी हैं—जिसने राजसत्ता के ऊपर प्रजा-सत्ता की मुहर लगाई और संसार को मानवाधिकार का प्रख्यात नारा दिया—Liberty, Equality, Fraternity (स्वतन्त्रता, समानता, सौहार्द) जो, जहाँ भी जन आन्दोलन होता है, आज भी उठाया जाता है। अन्तिम ऐतिहासिक घटना जिससे वरसाई जुड़ी है, वह है प्रथम विश्व युद्ध के पश्चात् मित्र राष्ट्रों और जर्मनी के बीच की सन्धि जो यहीं हस्ताक्षरित हुई थी।

फ्रांस की भूमि पर नेपोलियन की याद न आना असम्भव है। फ्रांसीसी क्रान्ति के अन्त में वह जनोल्लास का प्रतीक बनकर सशक्त नीहार के समान उठा और समग्र योरोप पर छा गया। कहते हैं संसार के पुस्तकालयों में नेपोलियन पर जितनी किताबें हैं, उतनी किसी भी एक व्यक्ति पर नहीं। बीसवीं सदी के मध्य तक उस पर दो लाख किताबें लिखी जा चुकी थीं। मैं नेपोलियन की समाधि देखने गया था। उसे फ्रांसीसी Hotel de Invalides कहते हैं। समाधि गाम्भीर्य और गरिमा की प्रतीक है। एक विशाल गुम्बद के नीचे लाल पत्थर की कब्र निम्न स्तर पर है, दर्शक-दीर्घा उच्च स्तर पर। स्वाभाविक ही दर्शक का सिर समाधि का दर्शन करते समय झुक जाता है। शायद इसी को ध्यान में रखकर समाधि का नक़्शा बनाया गया था। समाधि के चारों ओर की गोलाकार दीवार पर बड़े-बड़े अक्षरों में फ्रेंच में कुछ वाक्य लिखे हैं—शायद नेपोलियन के प्रसिद्ध कथन हैं। उसी रात को नेपोलियन की समाधि के सामने सों-ए-लुमेयर (ध्वनि-प्रकाश) का कार्यक्रम भी देखा था। ध्वनि और प्रकाश के द्वारा उस दिन का पेरिस का वातावरण प्रस्तुत किया गया था, जिस दिन नेपोलियन का शव सेंट हेलेना से लाया गया था। किसी को विश्वास नहीं होता था कि नेपोलियन शव के रूप में पेरिस आ रहा है, जनता की दबी-दबी कल्पना थी कि पेरिस की भूमि पर आते ही वह शव-पेटिका से निकलकर 'वीव ला फ्रांस' (फ्रांस राष्ट्र ज़िन्दाबाद) का नारा लगायेगा।

एक पूरा दिन मैंने लूव्र देखने में लगाया। लन्दन के ब्रिटिश म्यूज़ियम और लेनिनग्राद के हरमिताज के समान पेरिस का लूव्र संसार के सबसे बड़े संग्रहालयों में है। एक दिन में कितना देखा होगा, जबकि लूव्र को देखने के लिए शायद एक महीने का समय भी कम हो। संग्रहालय जिस इमारत में है, पहले वह राज-प्रासाद था; लुई चतुर्दश ने जब वरसाई के भव्य शातू को राजनिवास बनाया, तब उसे संग्रहालय के रूप में परिवर्तित कर दिया गया। राजभवन में संजोई कलाकृतियों से उसकी शुरुआत हुई थी और आज कई मंज़िलों के कोड़ियों कमरों में उसका विस्तार हो गया है—योरोप और पश्चिम एशिया की उत्कृष्ट कलाकृतियों, चित्रों, मूर्तियों से सज्जित-समृद्ध। आज पच्चीस वर्षों बाद जब मैं लूव्र की कला सम्पदा को अपने स्मृति-फलक पर लाना चाहता हूँ, तो दो ही चीज़ें बड़ी स्पष्टता से सामने आती हैं, एक है वीनस डि मीलो की मूर्ति और दूसरी है लियोनार्डो डा विंची का चित्र-मोनालीसा का। संग्रहालय की गैलरियों में चलते-फिरते कलाकृतियों पर नज़र डालते अथवा

किसी-किसी चित्र की मूर्ति के सामने इक्के-दुक्के खड़े लोग अक्सर पाये जायेंगे। पर ये दो कलाकृतियाँ ऐसी हैं, जिनके सामने 40-50 लोग बराबर खड़े दिखाई देंगे—उन पर आँखें गड़ाये, उनके प्रति आकर्षण का कारण बूझने का प्रयत्न करते, उनके सौन्दर्य का रहस्य जानने के लिए उत्सुक। वीनस-डि-मीलो का चित्र शायद आपने कभी देखा हो। किसी यूनानी कलाकार द्वारा गढ़ी गयी थी, जिसका नाम कोई नहीं जानता। संगमरमर की युवा नारी मूर्ति है—नाभिकुण्ड के ऊपर नग्न और नीचे वस्त्राच्छादित। हाथ उसके दोनों टूटे हैं। पारखियों का कहना है कि अगर मूर्ति बिलकुल नग्न होती तो इतनी सुन्दर न होती, जितनी अब लगती है। Half-revealed and half-concealed—अधखुला और अधमुन्दा—से कल्पना को बड़ा आयाम मिल गया है। कुछ लोग इसको ही मूर्ति का मुख्य आकर्षण मानते हैं। यों स्त्रियों की नग्न मूर्तियाँ एक-से-एक सुन्दर हैं, पर उनमें दृष्टि, अंग विशेष-संकुचित हो जाती है, किसी मनोवैज्ञानिक कारण से। मूर्ति का दूसरा रहस्य उसके टूटे हाथों में माना जाता है। इस पर भी कला-पारखियों में विवाद है। सम्यक मूर्ति में हाथों की स्थिति क्या-कैसी रही होगी। कुछ लोगों का तो कहना यह है कि मूर्तिकार ने मूर्ति के हाथ गढ़े ही नहीं थे—हाथों को भी उसने कल्पना के आयाम में डाल दिया था। मूर्ति जिस रूप में है, उसमें ही सुन्दरता की इतनी परिपूर्णता है कि उसमें कुछ जोड़ने की आवश्यकता नहीं है। विशिष्ट से विशिष्ट मूर्तिकार ने आज तक साहस नहीं किया कि मूर्ति के अनुरूप हाथों को गढ़कर उसमें जोड़ दे और तब देखे मूर्ति कैसी लगती है। लोग समझते हैं, कैसा भी हाथ, कैसी भी मुद्रा में बनाकर मूर्ति में जोड़ा जाये, उसके सौन्दर्य को बिगाड़ देगा। खण्डता, अपूर्णता, अभाव के आकर्षण, सौन्दर्य और रहस्य का एक अद्भुत नमूना यह वीनस-डि-मीलो की मूर्ति है। सुमन की सुषमा के इस अदृश्य अंश को समझने के लिए बड़ी सूक्ष्म दृष्टि, कल्पना और बुद्धि की आवश्यकता है कि अगर उसे आप छुएँ-छेड़ें तो वह हाथ उठाकर आपको बरज नहीं सकता। वीनस-डि-मीलो ऐसा ही सुमन है।

मोनालिसा का चित्र योरोपीय पुनर्जागरण के प्रसिद्ध कलाकार लियोनार्डो डा विंची की सर्वोत्कृष्ट कृतियों में माना जाता है। मोनालीसा की विशिष्टता उसकी तनावरहित, सहज स्वाभाविक सजीवता में है। वह शरीर से भरी है, पर सन्तुलन के साथ; मांसल है, पर मोटी नहीं; त्वचा उसकी सुचिक्कण है जो उसके चेहरे, वक्षस्थल के स्वल्प खुले भाग और हाथों पर देखी जा सकती है। वस्त्र जो उसे पहनाया गया है, उसे कोई विशिष्टता नहीं दी गयी; हाँ, रंग से अवश्य त्वचा के रंग का अलगाव खूब खुलकर अभिव्यंजित हुआ है। मोनालीसा को अंग-प्रदर्शन में कोई रुचि नहीं। बाँह इसकी कलाई तक ढकी है, बाल सुनहले-से सिर के बीचों-बीच कढ़ी माँग से सीधे कन्धों पर लटक रहे हैं, माथा चौड़ा है। इतना सब कुछ सामान्य होने पर पूछा जा सकता है, मोनालीसा का आकर्षण किस चीज़ में है? उसके चेहरे में कुछ अनोखापन है। उसकी पलकों में ऊपर भौंहें नहीं बनाई गयीं, जिसकी ओर सहसा ध्यान नहीं जाता। कला-पारखियों का कहना है कि भौहों का न बनाना लियोनार्डो की कलात्मकता की बड़ी सूक्ष्म सूझ है। चेहरा देखने पर

सबसे पहले ध्यान आँखों पर जाता है, और वे दर्शक का पर्याप्त ध्यान खींचती हैं। लियोनार्डो चाहता था कि दर्शक जब मोनालीसा का चेहरा देखें तो उसका सारा ध्यान आँख देखने की ओर जाय, भौहों के प्रति ध्यान से अविभाजित। और उसकी आँखें आपकी ओर ही देखती हैं आप दाएँ-बाएँ-सामने कहीं भी खड़े हों। हमारी आँख हमारे मन के भावों को अनिवार्य रूप से व्यक्त करती हैं। मोनालीसा की आँखों से लगता है कि वह मन के भावों को उनके द्वारा व्यक्त होने पर सहज नियन्त्रण रखे हुए है, पर वे होंठों की हलकी-सी मुसकान से कुछ-कुछ बिम्बित हो जाते हैं। बस यही अनबूझ पहेली है—मोनालीसा के मन में क्या है, जो वह आँखों से ज़ाहिर नहीं होने देती और जो होंठों से क्वचित झलक उठता है। लोग उसके सामने खड़े कभी उसकी नयन-कोरों से, कभी उसके अधरोष्ठ कानों से उसके मन-मानस में कूद उसकी थाह लेना चाहते हैं और न पाकर निराश लौट आते हैं। मेरी समझ में शायद यही सबसे बड़ा उस कलाकृति का आकर्षण है।

एक और विशेष बात। जब हम मन के भावों पर नियन्त्रण करते हैं, उन्हें मुख-मुद्रा से नहीं व्यक्त होने देते, तो हमारा शरीर तनावग्रस्त हो जाता है। प्रतीक रूप से हमारो पंजे बन्द हो जाते हैं या मुट्ठियाँ कस जाती हैं। लियोनार्डो दिखलाना चाहता है कि मोनालीसा के लिए यह नियन्त्रण बहुत सहज साध्य है, बिलकुल निष्प्रयत्न। वह उसके दोनों हाथों को दिखाता है एक दूसरे पर रखे, पर बड़े स्वाभाविक रूप से। एक पंजे की तो सारी उंगलियाँ खुली-फैली हैं—मानो इंगित करती हैं कि मन में कहीं कोई तनाव नहीं है। दूसरा पंजा आधा बन्द है, पर प्रयत्नत: नहीं—शायद इतना संकेत देता है कि कुछ जो मन में छिपाया गया है, वह अधखुली हथेली-जैसा है—फिर जैसे—half-revealed, half concealed—शायद उच्च कोटि की कला का यह बड़ा भारी रहस्य है। कला की दुनिया विचित्र है। वीनस-डि-मीलो में हाथों का अभाव उसके सौन्दर्य को बढ़ा देता है, मोनालीसा के हाथों का भाव उसके सौन्दर्य भेद को खोलने का फ़ार्मूला बन जाता है। मोनालीसा के हाथों को निकाल दीजिये, उसका आकर्षण आधा रह जायेगा। चेहरे के बाद उसके हाथ ही सबसे अधिक व्यंजक हैं।

एक रात पेरिस का जगत-प्रसिद्ध शो फ़ालीज़-बरजेर भी देख आया। जानते हैं उसका शाब्दिक अर्थ क्या है? 'गड़रिन का गँवरपन'। पर पेरिस की गड़रिन का गँवरपन भी संसार के बड़े-बड़े शहरों की ख़ानदानी ख़्वातीनों के बा-शराफ़त नाज़ो-अन्दाज़ को मात करे। इसके मंच पर संसार के बड़े-बड़े अभिनेता-नर्तक उतर चुके हैं—जैसे मारिस शिवेलियर, चार्ली चैपलिन, अन्ना पावलोवा—जिसने उदय शंकर को नृत्य सिखाया था। वैसे इस शो को लन्दन का 'विंड मिल' या ब्रुसेल्स के 'मौलां रूज' का वृहद रूप कह सकते हैं। शायद यह कहना ज़्यादा ठीक होगा कि लन्दन और ब्रुसेल्स के शो इसी के लघु-संस्करण हैं। इन प्रदर्शनों का लक्ष्य कला की ऊँचाइयों-गहराइयों को छूना नहीं; केवल सतही मनोविनोद प्रस्तुत करना होता है, पर तकनीकी परिपूर्णता के साथ। उन्हें आकर्षण बनाने के लिए मनुष्य की यौन सम्बन्धी जिज्ञासा, पिपासा, दुर्बलता का पूरा लाभ उठाया जाता

है या जिसे अंग्रेज़ी में कहेंगे पूरी तरह exploit किया जाता है। इसे संसार का सबसे नंगा और नटखट प्रदर्शन माना जाता है—'Nudest and naughtiest show' कुछ लोगों की राय है कि उनके द्वारा दलित-शमित यौन भावनाओं का विरेचन (catharsis) भी होता है। शायद आपा-धापी से भरे, सतत संघर्ष में लगे, अतिशय व्यस्त और तनावग्रस्त महानगरीय जीवन के लिए ऐसे खेल तमाशों की बड़ी उपयोगिता है कि उनसे लोगों के खिंचे तने, टूटते स्नायु ढीले किये जा सकें। लगभग सौ बरसों से हर शाम तीन घण्टे के लिए दो हज़ार लोग एक साथ बैठकर यह शो देखते हैं—योरोप का कोई सम्राट, कोई बड़ी हस्ती नहीं, जिसने यह शो न देखा हो—एडवर्ड सातवें ने देखा था, आइज़न-होवर और एडवर्ड आठवें ने भी। कुछ बहुत बड़ लोगों ने यह शो incognito—गुप्त वेश में—देखा है।

पेरिस से विदा होने का कार्यक्रम मैंने बनाया तो वाजपेयीजी—मेरे मेज़बान—बोले, बच्चनजी, आपने पेरिस की 'नाइट लाइफ़' तो अभी देखी ही नहीं। मैंने कहा, अब उसके लिए न उमर रह गयी है और न पॉकेट में पैसे बचे हैं—

सैर कर दुनिया की, गाफ़िल, ज़िन्दगानी फिर कहाँ,
ज़िन्दगानी भी रही तो नौजवानी फिर कहाँ।

मेरा यही हाल है कि ज़िन्दगानी में दुनिया की सैर करने का मौक़ा जब मिला है, तो नौजवानी जा चुकी है।

पेरिस से मैं रोम आया। वहाँ मैं मि. देवा के साथ ठहरा। देवा साहब रोम स्थित भारतीय राजदूतावास में फ़स्ट सैक्रेटरी थे। विदेश मन्त्रालय में काम करते हुए उनसे मेरा परिचय हुआ था।

रोम में क्या देखूँ, कैसे देखूँ? देवा साहब ने कहा, 'जिनके पास समय कम हो, जैसे आपके पास, उन्हें मोटर कोच से रोम देखना चाहिए, पाँच दिन में वे सारा रोम दिखा देती हैं।' मैंने कुछ जगहें तो मोटर कोच से देखीं, और कुछ जगहें, जहाँ मैं ज़्यादा वक्त बिताना चाहता था, दूतावास के एक कर्मचारी के साथ।

अगर पेरिस दो हज़ार बरस पुराना नगर है तो रोम लगभग तीन हज़ार बरस पुराना। कहा जाता है कि ईसा के आठ सौ बरस पहले किन्हीं पर्वत प्रदेशों से एक कबीला आया और रोम की सात पहाड़ियों में से एक पर बस गया, जो टाइबर नदी के सबसे नज़दीक था, बाद को उस कबीले ने अपने शौर्य-साहस से सातों पहाड़ियों पर अधिकार कर लिया—उसी कबीले के रोमूलस नामक सरदार ने अपने नाम पर रोम नगर की स्थापना की। पण्डित नेहरू का अनुमान है कि यह कबीला उन्हीं आर्यों की एक शाखा थी जो कभी भारत आये थे। रोमूलस और रोम से सम्बद्ध इसी कबीले ने रोमन नाम लिया।

रोमूलस के बारे में दन्तकथा है कि वह मादा भेड़िया के दूध पर पला था। वर्जिल ने अपने महाकाव्य 'एनीड' में उसकी साखी भरी। शायद रोमनों ने बाद को यह कथा गढ़ी होगी, अपनी शूरवीरता, साहसिकता, निर्भीकता और विरोधियों के प्रति निर्ममता-क्रूरता के स्रोत की खोज में—हम वंशज किसके हैं? जो भेड़िये के

दूध पर पला था। शेरनी पर ध्यान शायद नहीं गया। रोमनों ने अपने इतिहास के बहुत बड़े भाग पर अपने भेड़ियाई स्वभाव का परिचय दिया है। पर आठ शताब्दियों के युद्धों के बाद जब रोमनों ने सम्पूर्ण दक्षिणी योरोप, पश्चिमी एशिया और उत्तरी अफ्रीका पर प्रभुत्व प्राप्त कर रोमन साम्राज्य की स्थापना की तो विधि-व्यवस्था संगठित कर ऐसी शान्ति का वातावरण भी पैदा किया, जिसमें रोमनों की सृजनात्मक प्रतिभा ने उच्चता के शिखर छुये—स्थापत्य, मूर्ति, चित्रकला में, साहित्य में।

फिर शुरू होता है सिलसिला बाहरी आक्रमणों का, आन्तरिक युद्धों का और ईसाइयत के साथ संघर्ष का जिसमें अन्त में ईसाइयत विजयी होती है और चौथी शताब्दी में रोमन सम्राट कान्सटैन्टाइन ईसाई हो जाता है और राजधानी रोम से कान्सटैंटिनोपुल ले जाता है। रोम अधिकाधिक धर्मकेन्द्र बनता है, पर शासनिक सत्ता के साथ। पोप और सम्राट के अधिकारों की लड़ाई में रोमन साम्राज्य बिखर जाता है और पोप का आधिपत्य घटते-घटते वाटिकान तक सीमित रह जाता है। इसके साथ आता है रिनेसाँ का युग—योरोप के पुनर्जागरण का—जिसके प्रतिनिधि हैं दांते, लियोनार्डो-डा-विंची, राफेल, माइकेल ऐंजिलो।

रोम के नाम से जो कई कहावतें जुड़ी हैं, उनमें से एक है Rome was not built in a days; भाषा का अपना मुहावरा है, पर तात्पर्य यही है कि रोम को बनाने में सदियाँ लग गयी हैं। रोमनों ने अपने बल, बुद्धि, विद्या का जो कीर्तिमान स्थापित किया, वह इतिहास के पृष्ठों में बन्द पड़ा है, पर उन्होंने अपनी कला, कल्पना, निर्माण-प्रियता, श्रम-साधना से रोम को जो रूप दिया, जो ऊँचाई दी, जो शानो-शौकत बख़्शी वह साक्षात देखी जा सकती है। रोमनों का इतिहास कागज़ और कलमों से ही नहीं लिखा गया, पत्थर और छेनियों से लिखा गया, फलक और रंग-तूलिकाओं से लिखा गया। इतिहासकारों, विद्वानों और कवियों ने अगर इसे eternal city (नैसर्गिक नगर) के नाम से अभिहित किया तो कोई अतिशयोक्ति नहीं थी। मोटर कोच में बैठा हुआ पर्यटक भी नभचुम्बी प्रासादों, विराट गिरजाघरों, विशाल संग्रहालयों, गढ़ों, मठों, समाधियों, स्मारकों, नर-नारी मूर्तियों, पुरा देवमन्दिरों, क्रीड़ा भवनों, स्नानागारों, यहाँ तक कि काल-जर्जर गिरी टूटी दीवारों, आधे-अधूरे स्तम्भों, ध्वंसावशिष्ट चौक-चबूतरों को देखकर बरबस कह उठता है—

> 'The glory that was Greece
> And the grandeur that was Rome!'...
> (गौरव जो कभी यूनान था, वैभव जो कभी रोम था!)

रोमनों को जल से बड़ा अनुराग था। नहाने में वे बड़े सुख का अनुभव करते थे। प्राचीनकाल में रोम का एक कृत्रिम जलाशय इतना बड़ा था कि उसमें तीन हज़ार व्यक्ति एक साथ स्नान कर सकते थे, छोटे शाही स्नानागार दर्ज़नों में, सार्वजनिक हमाम सैकड़ों में थे। अब भी रोम में हज़ार डेढ़ हज़ार से कम फ़ौव्वारे नहीं होंगे—कुछ प्राकृतिक, कुछ कृत्रिम, जिन्हें उन्होंने सुन्दर और विचित्र, कहीं काँस्य, कहीं पाषाण मूर्तियों-कलाकृतियों से सजाया है। आधुनिक समय में बिजली

की रंगीन रोशनियों ने उन्हें और भी आकर्षक बना दिया है। इस माने में रोम सचमुच फ़ौव्वारों का नगर कहा जा सकता है। खेद है, सड़कों पर मोटर, बसों, ट्रकों, स्कूटरों के यातायात ने इन फ़ौव्वारों के ध्वनि-संगीत को प्राय: समाप्त कर दिया है, फिर भी यदि आप आधी रात के बाद या अलस्सुबह रोम की किसी सड़क पर होकर गुजरें, तो आप दो-चार फर्लांग नहीं जायेंगे कि आपको किसी पास के फ़ौव्वारे की सरसर-झरझर या कलकल-छलछल ध्वनि सुनाई पड़ने लगेगी।

फ़ौव्वारों में मुझे त्रेवी फौव्वारा नाम से याद है। उसके बारे में यह किंवदंती है कि अगर कोई पर्यटक फिर से रोम आने की लालसा रखता हो तो अपने कन्धे की ओर हाथ ले जाकर इस फ़ौव्वारे में एक सिक्का डाल दे। फ़ौव्वारे के सामने जो एक छिछली जलहरी-सी बनी है, उसमें प्रतिदिन बहुत से सिक्के पड़े दिखाई देते हैं। मैंने भी उसमें एक सिक्का डाल दिया था—पच्चीस बरसों में रोम फिर जाने का जोग तो लगा नहीं। रोमनों का यह फ़ौव्वारा-प्रेम कहीं मुझे अन्दर छू गया। फ़ौव्वारे के प्रति अपने आकर्षण के विषय में मैंने अपनी किसी कविता में लिखा भी है।

ऐतिहासिक इमारतों में दो ही को देखने में मैंने विशेष रुचि ली या यों कहें कि दो ही को देखने की याद मुझे अब बनी है—एक कोलीज़ियम की और दूसरी सेंट पीटर गिरजाघर की। कोलीज़ियम को फ़्लेवियन एम्फ़ीथियेटर भी कहते हैं। यह इमारत रोमन साम्राज्य के स्वर्ण-युग का प्रतीक है, जो ईसा की प्रथम शताब्दी में बनकर तैयार हो गयी थी; अब तो उसका एक खण्ड ही शेष है, पर उससे भी पूर्ण का कुछ अन्दाज़ा लगाया जा सकता है। यह अण्डाकार थी और चारों ओर चार-मंज़िली। बाहरी लम्बाई अधिक-से-अधिक 188 मीटर थी और भीतर खुले चौगान की 88 मीटर; यानी चौड़ाई में 50 मीटर की इमारत चारों ओर थी, 57 मीटर ऊँची। उसकी चौतरफ़ी चार मंज़िली दीर्घाओं में पचास हज़ार दर्शक एक साथ बैठकर चौगान के खेल-तमाशों को देख सकते थे। दीर्घाओं के बीच-बीच बहुसंख्यक ज़ीनों की ऐसी व्यवस्था थी कि खेल ख़त्म होने पर उनसे उतरकर आधे घण्टे के अन्दर सारे दर्शक कोलीज़ियम से बाहर हो सकते थे। इसके बनाने में ट्रेवरटीनो मारबल, तूफ़ा स्टोन और पक्की ईंटों का उपयोग किया गया था, जो अब रंग में आमतौर से कत्थई मालूम होती हैं। इमारत के निचले भाग में ऐसे कमरे-कोठरियाँ थीं, जिनमें खड्ग-मल्ल (ग्लेडियेटर), उम्र-कैदी, भगोड़े गुलाम, नव-ईसाई और जंगली जानवर रखे जाते थे—सब रोमनों के मनोरंजन के साधन।

जब इस इमारत की बुलन्दी, पुख्तगी, नक्शा-निगारी और उम्दगी की ओर ध्यान जाता है, तो रोमनों की प्रशंसा किये बग़ैर नहीं रहा जा सकता। इसे देखकर वेनेरेबिल बीड—एक मध्ययुगीन सन्त—इतने प्रभावित हुए थे कि उन्होंने भविष्यवाणी की थी—

> 'As long as the Coliseum will stand, Rome
> will exist; when the Colisuem will fall, Rome
> will fall and the world come to an end.'

(जब तक कोलीज़ियम खड़ा रहेगा, रोम बना रहेगा; जब कोलीज़ियम गिरेगा, रोम खड़ा नहीं रह सकेगा, और संसार का अन्त हो जायेगा।)

पर जब उसके चौगान में होने वाली निर्दय-क्रूर क्रीड़ाओं का ख्याल आता है, तो रोमनों के प्रति घृणा होती है। खड्ग-मल्लों के कई जोड़े चौगान में छोड़ दिये जाते थे कि वे एक दूसरे से लड़ें जब तक कि एक उनमें से मर न जाये। जीते हुओं के फिर जोड़े बनाकर अखाड़े में उतार दिये जाते थे। और इसी प्रकार कई बार, जब तक एक ही न बच जाता था। पता नहीं उसे क्या देकर निहाल करते थे। उमर क़ैद, भगोड़े गुलाम और नव-ईसाई—निहत्थे—भूखे शेरों के सामने छोड़ दिये जाते थे और रोमन सामन्त-सम्भ्रान्त नागरिक उनके परवश, निरीह चीथे-फाड़े जाने को देखकर खुश होते थे। शायद आपने ऐंड्रोक्लीज़ और शेर का किस्सा पढ़ा होगा। वह बन्धुआ गुलामी से किसी प्रकार बच निकला था। पकड़े जाने पर जब उसे शेर के सामने छोड़ा गया, शेर उस पर नहीं झपटा; कारण यह था कि संयोगवश यह वही शेर था जिसके पैर का काँटा ऐंड्रोक्लीज़ ने कभी निकाल दिया था। शेर उसके पाँव चाटने लगा, ऐंड्रोक्लीज़ उसके सिर पर हाथ फेरने लगा। आप समझते हैं रोमनों ने ऐंड्रोक्लीज़ को छोड़ दिया होगा। नहीं, उसे दूसरे शेर के सामने छोड़ा गया होगा। ऐसे क्रूर थे रोमन! मैंने कहीं पढ़ा था कि एक रोमन सम्राट के पास बारह सौ खड्ग-मल्ल थे, एक-दूसरे को मार कर अपने स्वामी का मनोविनोद करने के लिये। शुरू-शुरू में इतने नव-ईसाइयों का कोलीज़ियम में वध किया गया था कि बाद के किसी पोप ने उसे शहीदों के रक्त से पावन-स्थल का पद दे दिया था।

पाँचवीं सदी के भूकम्प में कोलीज़ियम का बहुत बड़ा भाग ध्वस्त हो गया, जिसका प्रयत्न करके भी जीर्णोद्धार न किया जा सका। बाद को तो उसके ईंट-पत्थर उखाड़कर लोग ले जाते अपने मकानों को बनाने के लिए। अब बचे-बचाये भाग को पर्यटक आकर्षण मानकर सुरक्षित किया गया है।

कोलीज़ियम अगर रोमन-साम्राज्य के स्वर्ण युग की देन था, तो सेंट पीटर का गिरजाघर योरोप के पुनर्जागरण काल की देन है। उसका शिलान्यास 1505 में किया गया था, बनने में 121 वर्ष लगे। गिरजे में प्रथम प्रार्थना 1626 में हुई, पर उसके सामने के चौक बनने में 40 वर्ष और लगे।

गिरजाघर की लम्बाई 186 मीटर है—कोलीज़ियम की अधिक-से-अधिक लम्बाई के बराबर—चौड़ाई 71 मीटर और ऊँचाई फर्श से गुम्बद के ऊपर लगे क्रास तक 132 मीटर। कोलीज़ियम में पचास हज़ार लोग बैठ सकते थे; गिरजाघर में एक लाख लोग खड़े हो सकते हैं, बैठने के लिए कुर्सियाँ, स्टूल, बेंच आदि वहाँ नहीं रखे गये। बाहर के पक्के चौक में और दो लाख लोग खड़े हो सकते हैं। इन संख्याओं से गिरजा की विराटता का कुछ आभास तो आपको मिला होगा।

अगर आप हेलीकाप्टर में बैठकर ऊपर उठें और काफी ऊँचे जाकर नीचे गोल चौक के साथ लम्बे गिरजाघर को देखें, तो आपको ऐसा मालूम होगा, जैसे ज़मीन पर कोई बड़ी कुंजी पड़ी है इस शक्ल की :

मालूम होता है नक्शा-निगारों ने इस कथन से प्रेरणा ली है। पीटर को देखकर महाप्रभु ईसा ने कहा था : 'Thou art Peter, and over this stone I shall build my church, and I shall give thee keys of the kingdom of heaven.'

(तू पीटर है, और तू वह चट्टान है, जिस पर मैं अपना गिरजाघर बनाऊँगा और मैं तुझे ही स्वर्ग के राज्य की कुंजियाँ सौंपूँगा।)

कुंजीनुमा गिरजाघर मानो यह संकेत करता है कि यही स्वर्ग के राज्य की कुंजी है। पीटर की मूर्ति जहाँ कहीं बनाई जाती है, उसके हाथ में कुंजी दिखाई जाती है।

जिस जगह पर गिरजाघर बना है, बताया जाता है, वही जगह है जहाँ सेंट पीटर को क्रूस पर लटकाया गया था। इस पर चौथी शताब्दी में सम्राट कान्सटैनटाइन ने एक चर्च बनवाया था, जो हज़ार बरस तक खड़ा रहा। उसके जीर्णशीर्ण हो जाने पर उसे गिराकर इस गिरजाघर की नींव रखी गयी। इसके साथ कई स्थापत्य-विशेषज्ञों के नाम सम्बद्ध हैं जिनमें राफ़ेल और माइकेल ऐंजिलो के नाम विशेष प्रसिद्ध हैं। माइकेल ऐंजिलो की प्रसिद्ध संगमरमरी कलाकृति 'पायटा' गिरजे की दाहिनी दीवार पर प्रवेश करते ही देखी जा सकती है। इसमें वर्जिन मेरी क्रास से उतारी अपने बेटे मसीह की लाश को गोद में लिये बैठी है। कहते हैं संगमरमर का यह टुकड़ा इतना चपटा-बेढंगा था कि कोई उसको ख़रीदने को तैयार नहीं होता था। ऐंजिली की कल्पना ने इतने कम चौड़े अनगढ़ पत्थर से भी दो मार्मिक भावपूर्ण मूर्तियाँ निकाल दीं। 'पायटा' ही एकमात्र मूर्ति है, जिस पर माइकेल ऐंजिलो ने अपने हस्ताक्षर उकेरे हैं। गिरजे के गुम्बद की नक्शा-निगारी भी माइकेल ऐंजिलो ने की थी। उसकी एक विशेषता है : गुम्बद भीतर से छोटा और बाहर से बड़ा है, वस्तुत: छोटे-बड़े दो गुम्बद एक-दूसरे के ऊपर बनाये गये हैं, बीच की ख़ाली जगह में सीढ़ियाँ हैं जिनसे चढ़कर गुम्बद के ऊपर तक पहुँचा जा सकता है। लिफ़्ट से छत तक जाकर, मुझे याद है, मैं भीतर-भीतर सीढ़ियों से चढ़कर गुम्बद के धुर ऊपर तक चला गया था। सीढ़ी के दोनों ओर गोलाकार झुकती दीवारों पर कोई ऐसी जगह न थी, जहाँ यात्रियों ने अपने नाम न लिख दिये हों। रोम से जुड़ी एक कहावत याद कर—'When at Rome, do as Romans do.' मैंने अपना नाम भी देवनागरी में लिख दिया।

गुम्बद की चोटी से रोम नगर अछोर विस्तृत गृह समूह-सा लगता था—दो तीन ख़ास-ख़ास इमारतें उभरती हुई—कोलीज़ियम, विक्टर इमैनुएल द्वितीय का प्रासाद, और सेंट ऐंजीलो कासिल—लाल पत्थरों का गोल किला—उस पर भी मैं गया था। उसकी सबसे ऊँची छत पर एक कैटापुल्ट रखा है—प्राचीन पत्थर का गोला फेंकने का उपकरण! उसके अन्दर पुराने फ़ौजी सरो-सामानों का संग्रहालय भी है।

सेंट पीटर गिरजाघर के बगल में पोप नगरी वैटिकान के सिसटीन चैपेल को देखने केवल इसलिए गया कि वहाँ के भित्ति चित्र माइकेल ऐंजिलो द्वारा बनाये गये थे। बाइबिल के अनुसार सृष्टि-प्रलय के जो चित्र उन्होंने बनाये हैं, उन्हें देखकर बस यही कहना पड़ता है–

केसव कहि न जाय क्या कहिये।
देखत तब रचना विचित्र हरि समुझि मनहिं मन रहिये।
सून भीति पर चित्र रंग नहिं तन बिनु लिखा चितेरे...

माइकेल ऐंजिलो ने तो उस 'तन बिनु' चितेरे को भी चित्रित कर दिया है।...किसी चर्च में उसकी कृति 'मूसा' को भी देखने की याद है–ज्ञान वृद्ध, दिव्य-दृष्टि नबी!

मैंने किताबों में पढ़ रखा था कि अंग्रेज़ी रूमानी कवि कीट्स ने अपने अन्तिम दिन रोम में ही बिताये थे, यहीं उनकी समाधि है, उनके समकालीन युवा कवि शली की भी। दोनों मेरे प्रिय कवि रहे हैं। रोम आकर उनसे सम्बद्ध स्थानों को देखने, उन्हें नमन करने की लालसा स्वाभाविक थी। रोम में एक स्थान 'स्पेनिश स्ट्रेप्स' के नाम से मशहूर है जिसके करीब सौ सीढ़ियों के उठान पर दो चौखुंटी मीनारों पर गुम्बदों वाला फ्रांसीसी चर्च है जिसे ट्रिनिटा-डिमान्टी कहते हैं। जहाँ से स्पेनिश स्टेप्स शुरू होती हैं, उसी के दाहिने ओर के एक छोटे-से मकान में कीट्स अपने जीवन के अन्तिम दिन बिताने के लिए आये थे–तपेदिक में ग्रस्त, प्रेम में असफल, समालोचकों से विनिन्दित, एकाकी, उदास, निराश, मौत का इन्तज़ार करते।

रहिये अब ऐसी जगह चलकर, जहाँ कोई न हो,
हम-सुखन कोई न हो और हम-ज़बाँ कोई न हो।
बेदरो-दीवार-सा यक घर बनाया चाहिए,
कोई हमसाय: न हो और पासबाँ कोई न हो।
पड़िये गर बीमार, तो कोई न हो तीमारदार,
और अगर मर जाइये, तो नौह:ख्वां कोई न हो।

नान-कैथोलिकों के क़ब्रगाह में उनकी समाधि है, जिस पर लगे पत्थर पर उनकी इच्छा के अनुसार लिख दिया गया है–

Here lies One
Whose Name was writ on Water.

(यहाँ पर वह अनन्त निद्रा में सोया है
जिसका नाम पानी पर लिखा गया था।)

काश, कीट्स को अपनी अन्तिम घड़ियों में यह विश्वास हो सकता कि उसका नाम

भले ही पानी पर लिखा हो, उसका काव्य मनुष्य के हृदयों पर लिखा है।

उसकी समाधि पर दो फूल, चार आँसू!

साल बाद शेली की समाधि भी इसी कब्रगाह में बनने वाली थी। उनकी मृत्यु स्पेज़िया खाड़ी में नौका डूबने की दुर्घटना में हुई थी। उन दिनों रोम में कुछ ऐसा नियम था, जिसकी मृत्यु डूबकर होती थी, उसके शव को गाड़ने की अनुमति नहीं दी जाती थी। उसे जलाना पड़ता था। कहते हैं शेली की चिता पर इतनी शराब उँडेली गयी थी, जितनी उन्होंने अपने जीवन-भर न पी होगी।

'और चिता पर जाय उँडेला पात्र न घृत का पर प्याला।'

उनकी राख-फूल को एक पात्र में रखकर ज़मीन में गाड़ दिया गया था और उस पर समाधि बना दी गयी थी।

उस पर शायद उनके नहीं, उनके प्रशंसकों के आदेशानुसार लिखा है—

Nothing of him that doth fade,
But doth suffer a sea-change
Into something rich and strange.
(नष्ट नहीं हो सका अंश भी उसके तन का
वह केवल सागर-परिवर्तित कुछ ऐसे में
जो अमूल्य है, जो अद्भुत है, जो अनुपम है।)

शायद आपको पता हो कि ये शेक्सपियर के 'टेम्पेस्ट' की पंक्तियाँ हैं—उस गीत से जो एरियल फ़रडीनैंड को सुनाता है।

Full fathom five thy father lies.

दोनों के समाधि लेखों में कितना अन्तर!—एक शोकप्रद, दूसरा सन्तोषप्रद। फिर भी दोनों अपनी असमय-अकाल मृत्यु के कारण सुन्दर-जीवन्त सृजन की कितनी-कितनी सम्भावनाएँ अपने साथ लिये चले गये।

उसकी भी समाधि पर दो फूल, चार आँसू।

योरोप के लिए मेरे पास दो-तीन दिन और थे। रोम में जो कुछ मैं देखना चाहता था, देख चुका था। मैं दो दिन के लिए अकेले ट्रेन से फ़्लोरेंस चला गया। मि. देवा ने फ़ोन से स्टेशन के निकट ही एक होटल में मेरे ठहरने का प्रबन्ध करा दिया था। फ़्लोरेंस छोटा नगर है। मैंने स्टेशन पर उतरते ही एक गाइड बुक और नगर का एक नक्शा ख़रीद लिया। होटल तक पैदल ही चला गया और वहाँ अपना हैंडबैग कमरे में रख, नगर देखने को निकल पड़ा।

आप पूछ सकते हैं कि इटली में और भी प्रसिद्ध नगर हैं, जैसे नेपिल्स या वेनिस, आपने फ़्लोरेंस ही क्यों जाना चाहा। मैंने महाकवि डान्टे की 'डिवाइन कमेडी' और उसके रचयिता का जीवनचरित पढ़ा था और मेरे मन में कौतूहल था

उस नगर को देखने का, जिसने डान्टे को जन्म दिया था और डान्टे की महान् कृति की प्रेरणा को भी। डान्टे की 'डिवाइन कमेडी' की प्रेरणा थी बीट्रिस, एक अनिंद्य सुन्दरी, जिसे डान्टे ने पहली बार तब देखा था, जब वह नौ वर्ष का था, और जिसकी सूरत वह न भूल सका था। अठारह वर्ष की अवस्था में डान्टे ने बीट्रिस को दूसरी बार देखा, जब उसने डान्टे से कुछ बात भी की और तब तो डान्टे अपनी सुध-बुध ही खो बैठा। उसके बाद प्राय: सात वर्ष वह बीट्रिस के रूप-गुण के गीत गाता रहा, जब अचानक बीट्रिस का देहावसान हो गया। इस धक्के का दुष्परिणाम यह हुआ कि कुछ दिनों तो डान्टे ने नैतिकता की दृष्टि से अति पतित जीवन जिया (morally unworthy life), पर एक दिन सहसा उसे बीट्रिस अपने दिव्य रूप में दिखी (in a splendid vision) जिसके प्रभाव में वह अपनी पतितावस्था से उबरा, सुधरा, पावन हुआ और उसने स्वर्ग की सीमाएँ छुईं। उसने अपने पतन-उद्धार-उन्मेष में अपने पति देश-काल के उद्धार और उन्मेष की दिशा देखी। यही है बीज रूप में 'डिवाइन कमेडी' की कथा। 'डिवाइन कमेडी' के तीन खण्ड हैं—नरक (Hell), सुधार-लोक (Purgatory) और स्वर्ग (Paradise)। पहले दो खण्डों में लैटिन महाकाव्यी 'एनड' का रचयिता वर्जिल डान्टे का पथ-प्रदर्शक बनता है और नरक और सुधार लोक की सैर कराता है और स्वर्ग में स्वयं बीट्रिस अपने दिव्य रूप में डान्टे को ईश्वरीय रूप (Grace) का अनुभव कराती है। डान्टे की कल्पना-प्रवणता, इतिहास-ज्ञान और उदात्त-भावमयता से सारा महाकाव्य ओतप्रोत है। इस महाकाव्य की प्रेरणा भूमि मुझे खींच रही थी।

फ़्लोरेंस में मेरे लिए एक और आकर्षण था। माइकेल ऐंजिलो की मूर्तिकला-चित्रावली में मुझे उसकी चार मूर्तियाँ सर्वश्रेष्ठ लगी थीं—'डेविड', 'पायट', 'मोज़ेज' और 'स्लेव'। 'स्लेव' में लूव्र में देख आया था, 'पायटा' और मोजेज़' रोम में। 'डेविड' की मूर्ति फ़्लोरेंस में थी; फ़्लोरस में ही माइकेल ऐंजिलो की समाधि थी, जिसे भी मैं नमन करना चाहता था।

मैंने एक गली में डान्टे का घर देखा—Casa-di-Dante—छोटा, पुराने ढंग का, स्लेटी पत्थर की कटी ईंटों का बना। पुराना नहीं लगता। मालूम होता है समय-समय पर उसका जीर्णोद्धार कराया जाता रहा है। इस समय तो उस पर ताला लगा है। पता नहीं अन्दर क्या है—सम्भव है डान्टे के जीवन से सम्बद्ध कुछ वस्तुएँ, उनकी पाण्डुलिपियाँ, उनका या उन पर कुछ साहित्य। अपने यौवनकाल के बाद वे इसमें रहे भी कितना होंगे। सामयिक राजनीति में फँस जाने के कारण, पोप और सम्राट के बीच चल रहे संघर्ष में सम्राट का पक्षधर होने पर उन्हें फ़्लोरेंस से निर्वासित कर दिया गया था; मौत की सज़ा भी सुना दी गयी थी, फ्लोरेंस में प्रवेश करने पर ज़िन्दा जलाकर! उन्होंने अपना बहुत-सा साहित्य एक नगर से दूसरे नगर में भागते-छिपते लिखा था—कभी अच्छी-से-अच्छी हालत में और कभी बुरी से बुरी दशा में। जीवन के अन्तिम भाग में वे रावेना नगर पहुँच गये थे, जहाँ 'डिवाइन कमेडी' समाप्त करते ही उनकी मृत्यु हो गयी थी—केवल पचपन वर्ष की अवस्था में।

लेकिन डेढ़ सौ बरसों के अन्दर 'डिवाइन कमेडी' को ईसाई धर्म का इतना

महत्त्वपूर्ण काव्य और उसके रचयिता को इतना महान् व्यक्ति समझा जाने लगा था कि फ़्लोरेंस के कैथीड्रल आफ़ सेंट मैरी आफ़ दि फ़्लावर की एक दीवार पर उनका चित्र बनाया गया, जो आज भी देखा जा सकता है। चित्र में डान्टे लम्बा चोगा पहनकर खड़े 'डिवाइन कमेडी' पढ़ रहे हैं—उनके बाईं ओर फ़्लोरेंस, पृष्ठभूमि में सुधारलोक (Purgatory) और दाहिनी ओर नरक चित्रित है—स्वर्ग शायद ऊपर—स्वर्ग को अदृश्य रहना ही चाहिए। कहा जाता है कि यह डान्टे का सबसे प्राचीन और प्रामाणिक चित्र है।

मैंने आरनो नदी पर पत्थर का वह पुराना पुल भी देखा, जिस पर बताया जाता है, डान्टे ने बीट्रिस को पहली बार देखा था। किसी समय उस पुल पर सोने-चाँदी के ज़ेवरों की दुकानें हुआ करती थीं; कला-कारीगरी की चीज़ों की दुकानें अब भी हैं। यहाँ से मैंने डान्टे की संगमरमर की एक छोटी आवक्ष मूर्ति ख़रीदी। शाम को पुल पर काफ़ी चहलपहल रहती है। लोकमानस के अवचेतन में शायद कहीं प्रत्याशा है कि पुल पर कोई बीट्रिस फिर दिखाई दे सकती है।

'डेविड' की मूर्ति गैलेरी आफ़ दि एकेडेमिया में है। पहले यह कहीं और रखी थी, बाद को सुरक्षा की दृष्टि से एकेडेमी में लाई गयी। डेविड, इस्राइल और जूडिया ('यहूदी' शब्द शायद इसी से बना हो) के संयुक्त राज्य के संस्थापक और प्रथम शासक थे। ऐसी कथा है उन्होंने गोफना से पत्थर फेंककर अपने सबसे बड़े शत्रु गोलियथ को मारा था। मूर्ति बारह फीट ऊँची है; डेविड अपने बाएँ कन्धे पर पड़े गोफना को अपने बाएँ हाथ से पकड़े नग्न खड़े हैं—नग्नता बिना उन्हें यहूदी नहीं सिद्ध किया जा सकता था—घूँघरदार बालों वाला सिर ऊपर उठा, थोड़ा दाएँ को घूमा, चुस्त आँखों से कहीं दूर देख रहा है। नीचे तक लटकी आजानु दाहिनी बाँह उँगलियों की मुद्रा ऐसी है, जैसे बस तैयार हैं कि गोलियथ दिखाई भर दे और वे गोफना पकड़कर पत्थर फेंक दें। पर मुख-मुद्रा या शरीर की माँसपेशियों में क्रोध या तनाव का कोई चिह्न नहीं है, जैसे यह काम उनके लिए बहुत सरल-स्वाभाविक है। डेविड की ख्याति योद्धा के ही नहीं, गायक के रूप में भी थी—

युगों से मौन हुआ दाऊद (डेविड)
कभी था जिसका सुमधुर गान

(खैयाम की मधुशाला)

डेविड की मुखमुद्रा में योद्धा की कठोरता न दिखलाने का एक कारण शायद यह भी हो कि ऐंजिलो उसमें उसके गायक रूप को भी बिम्बित करना चाहता था। डेविड के हाथों में अगर वीणा रख दी जाती तो उसकी मुख-मुद्रा बदलने की आवश्यकता शायद ही होती।

इससे सुगठित, सुन्दर, अंग-अंग सानुपातिक नर नग्न मूर्ति संसार के संग्रहालयों में दूसरी नहीं। फिर भी फ्रेंच कारडिनल ने, जिसके आदेश पर यह मूर्ति गढ़ी गयी थी, इसे देखकर कहा, नाक कुछ लम्बी है, उसे थोड़ी छोटी की जानी चाहिए। ऐंजिलो अपनी मूर्ति में तिल-भर परिवर्तन नहीं करना चाहता था, पर उसे कारडिनल

को भी सन्तुष्ट करना ही था जिससे क़ीमत मिलने वाली थी। उसने थोड़ा-सा पत्थर का चूरा अपनी मुट्ठी में लिया और छेनी-हथौड़ी ले सीढ़ियों से नाक तक चढ़ा। वह छेनी पर हथौड़ी मारता रहा, पत्थर का चूरा मुट्ठी से धीरे-धीरे गिराता रहा, बिना नाक को तनिक भी छुये। और जब वह उतरा कारडिनल खुश था कि नाक ठीक हो गयी! कला के असमझदारों से निपटना ऐंजलो खूब जानते होंगे। एक ड्यूक की उन्होंने आवक्ष मूर्ति बनाई। ड्यूक ने उसे देखकर कहा, चेहरा तो अच्छा है, पर मेरे चेहरे से कम मिलता है। ऐंजिलो ने कहा, कालान्तर में यही आपका असली चेहरा माना जायेगा। ड्यूक खुश हो गया।

फ्लोरेंस के दूसरे संग्रहालय, नेशनल म्यूज़ियम, में तो अलग एक माइकेल ऐंजिलो कक्ष है, जिसमें सबसे अच्छी मूर्ति 'बेकस' की है—नग्न, मदिरा का देवता अंगूर का गुच्छा हाथ में लिये, पर उसके अंग सानुपातिक नहीं—पेट फूला हुआ है, शायद ज़्यादा अंगूर खाने से!

अन्त में जाकर माइकेल ऐंजिलो की समाधि पर खड़ा हुआ जो सांता क्रोचे में है—आँख के सामने कभी डेविड आता है—कभी पायटा, कभी मोज़ेज—कभी सिसटोन चैपेल की भीतरी छत पर उकेरी कितनी-कितनी मानव आकृतियाँ—एक दूसरे से भिन्न—कभी चैपेल की वेदी के पीछे 'दि डे आफ जजमेंट'; और मैं ऐंजिलो की प्रतिभा से अभिभूत हो जाता हूँ। क्या हैं हम ऐसी विभूति के सामने! यह तीर्थ नहीं तो क्या है जहाँ आकर अहं धुल-पुँछ जाता है।

वहाँ खड़े-खड़े कला के बारे में एक विचित्र विचार मन में उठता है। माइकेल ऐंजिलो ने जितनी मूर्तियाँ गढ़ीं, जितने भी चित्र उरेहे दूसरों की फ़रमाइश पर, दूसरों के कमीशन पर—आर्डर पर, फिर भी अपनी प्रतिभा का, कला का कैसा उत्कृष्ट उदाहरण उन्होंने प्रस्तुत किया। हम तो दूसरों के आदेश पर कविता लिखने को बड़ा हेय समझते हैं। स्वांत: सुखाय लिखी चीज़ को ही महत्त्व देते हैं। जो अपनी प्रेरणा, अपनी उद्‌भावना से नहीं रचा गया वह उच्च कोटि का हो भी कैसे सकता है। क्या कलाकार ऐसी स्थिति पर भी पहुँच सकता है, जब दूसरों के आदेश पर की हुई रचना में भी वह अपने व्यक्तित्व को पूरी तरह समा दे? बहुत सम्भव है, ऐंजिलो ने वही आदेश-आर्डर स्वीकार किये हों, जिनमें उसने देखा हो कि वह अपने को पूरी तरह बिम्बित कर सकेगा। उसके अस्वीकार किए हुए आदेशों का किसे पता है? फिर भी एक बात याद करता हूँ; अपनी प्रेरणा से जो मूर्ति-बन्ध उसने अपनी समाधि के लिए बनाना चाहा था उसमें वह सफल नहीं हुआ। कई वर्ष तक उस पर काम करके जब वह सन्तुष्ट नहीं हुआ तो एक दिन उसने हथौड़ा उठाया और उसके टुकड़े-टुकड़े कर दिये। प्रतिभाएँ नियमों से नहीं बाँधी जा सकतीं।

फ्लोरेंस से रोम, रोम से दिल्ली। घर पर तेजी, अमित सकुशल। अमित किरोड़ीमल कॉलेज जाने लगे हैं। अजित शेरवुड कॉलेज नैनीताल में हैं; पत्र आते हैं, वे भी वहाँ सकुशल।

विदेश मन्त्रालय के हिन्दी सेक्शन का रुटीनी काम होने गया है। मन्त्रालय से असम्बद्ध काम भी हमारे पास आया करते थे। '60 में किसी समय एक ऐसा ही काम हमें सौंपा गया।

एक दिन पण्डितजी ने मुझे अपने कमरे में बुलाया। उनकी मेज़ के एक ओर बादामी कागज़ की तीन-चार मोटी-मोटी फ़ाइलें रखी थीं। उनकी ओर इशारा करके बोले, 'रूसी-हिन्दी डिक्शनरी है, हमारे मन्त्रालय में एक मि. ऋषि हैं, कई वर्ष हमारे दूतावास के कर्मचारी के रूप में रूस में रहे हैं, वहाँ उन्होंने थोड़ी-बहुत रूसी सीखी और यह रूसी-हिन्दी डिक्शनरी तैयार की, इसे छपाना चाहते हैं, पर वे चाहते हैं कि छपाने से पहले कोई हिन्दी-दाँ इसे संशोधित कर दे; तुम इस काम में रुचि लोगे?'

'मगर, पण्डितजी, मैं तो रूसी बिलकुल नहीं जानता।

'रूसी से तुम्हें मतलब नहीं; तुम उसके हिन्दी भाग को देखो; मि. ऋषि को अपनी हिन्दी पर विश्वास नहीं, पंजाबी हैं; शायद शब्दों की वर्तनी आदि तुम्हें दुरुस्त करनी पड़े...'

'पण्डितजी, अकेले डिक्शनरी बना देना डॉ. जानसन ऐसी प्रतिभा का काम है; मुझे पता नहीं ऋषिजी का रूसी ज्ञान कितना है।'

'मगर मैं ऋषि की मेहनत और लगन से प्रभावित हुआ हूँ; डिक्शनरी किसी रूसी-अंग्रेजी डिक्शनरी के आधार पर बनाई गयी है।'

'काम में आपकी रुचि है, तो मैं ज़रूर करूँगा।'

'हाँ, मेरी रुचि तो है इस काम में, काम रूसियों के प्रति हमारी सद्भावना का प्रतीक होगा; हमारे कितने साहित्य का अनुवाद वे रूसी में करा रहे हैं; हमारे लोग कभी रूसी से हिन्दी में अनुवाद करना चाहेंगे तो ऐसी डिक्शनरी उपयोगी होगी। यह शुरुआत होगी, आगे और अच्छी बन सकेगी।'

मैं चारों फ़ाइलें उठवाकर अपने कमरे लाया।

ऋषि महाराज ने किया क्या था?

उन्होंने एक प्रामाणिक रूसी-अंग्रेज़ी डिक्शनरी की दो प्रतियाँ खरीदी थीं।

कैंची से उन्होंने एक-एक शब्द को अलग-अलग काटा था। उसे सादे बादामी कागज पर लेई से चिपकाया था—और उसके आगे अंग्रेज़ी में जो उसका अर्थ दिया था, उसका अनुवाद हिन्दी में कर दिया था। यानी एक तरह से यह रूसी-अंग्रेजी डिक्शनरी का हिन्दी अनुवाद था।

इसमें सन्देह नहीं कि ऋषि ने तत्परता और सतर्कता से यह काम किया था; काम लगन और होशियारी का था, पर अक़्ल का नहीं। अंग्रेज़ी का ही उन्हें कितना ज्ञान होगा। अंग्रेज़ी शब्दों का अर्थ उन्होंने अंग्रेज़ी-हिन्दी कोश से खोजा होगा जो उस समय तक कई प्रकाशित हो चुके थे। अच्छे कोश में केवल शब्दों के अर्थ ही नहीं दिये होते, अर्थ भी कई दिये होते हैं, उनसे बनने वाले मुहावरे भी दिये होते हैं, कुछ व्याकरण सम्बन्धी तथ्य भी शब्द के बारे में होते हैं। ऋषि महाराज ने सबका अक्षरश: अनुवाद किया था—मक्षिका स्थाने मक्षिका। डिक्शनरी बनाने की योग्यता

को कितना खोखला बनाकर उन्होंने अपनी अक्ल के ऊपर चढ़ा लिया था। ऐसों के लिए ही कहा जाता है—

'Fools rush where angels fear to tread.'
(फ़रिश्ते जहाँ पाँव रखते डरते हैं, मूर्ख वहाँ दौड़ते चले जाते हैं।)

चलते समय पण्डितजी ने कह दिया था कोई जल्दी नहीं है, जब दफ़्तर के काम से फुरसत मिले तब इसको देखें। पर जब काम मैंने ले लिया, तो अरइल देने का भार ऋषि महाराज ने उठाया। दसवें-पन्द्रहवें वे मेरे पास आते, पूछते, कितना काम हुआ है। कई बार मुझे गुस्सा भी आता। वे बीच में पण्डितजी का नाम ले देते—पण्डितजी पूछ रहे थे—अब कौन पण्डितजी से पूछने जाये कि आपने पूछा कि नहीं। चालाक लोग ऐसे ही अपना काम निकालते हैं। फिर भी साल से ऊपर इस काम में लगे होंगे। ऋषिजी की हिन्दी सुधारते-सुधारते मुझे सन्देह हुआ कि ऋषिजी अंग्रेज़ी में दिये अर्थों को भी ठीक समझते हैं कि नहीं। सुनिश्चित होने के लिए मैंने वही रूसी-अंग्रेजी कोश मँगवाया जिसका हिन्दी अनुवाद किया गया था। और जैसी कि मुझे आशंका थी, ऋषि ने बहुत जगहों पर अंग्रेज़ी भी ठीक न समझी थी। बहुत जगहों पर उनके शब्द सुधारने ही नहीं पड़े, उन्हें नये रूप में लिखना भी पड़ा। बाद को ऋषि महाराज ने यह कोश साहित्य अकादमी से प्रकाशित कराया जिसकी भूमिका में मेरे भी यत्किंचित सहयोग का उल्लेख है। शेष जितने दिनों मैं विदेश मन्त्रालय में रहा, उसमें मंत्रालय के रुटीनी कामों के अतिरिक्त किसी और विशिष्ट काम की मुझे याद नहीं। तो अब जो मैं कहना चाहूँगा, वह दफ़्तर से बाहर के अपने क्रिया-कलापों के विषय में।

हम लोग जून '59 में विलिंगडन क्रिसेंट के बंगले में आये थे। गरमी के दिन, फिर बरसात के। तीन महीने घर के भीतरी हिस्सों को ठीक-ठाक करने में लग गये। फिर एक महीने के लिये योरोप गया। लौटकर आया तो बाहर की ओर ध्यान गया। अगल-बगल, पीछे खुले मैदान, जिनमें जगह-बेजगह बड़े-बड़े बबूल के पेड़ खड़े। कुछ पेड़ कटा दिये जिससे खुले लम्बे-चौड़े लॉन बनाने में सहूलियत हुई। पीछे एक कोने पर किचेन-गार्डेन बनवाया।

सामने गोलाकार पक्की-सड़क के बीच की जगह खाली थी, पीछे की ओर ऊँची हेज लगवाई कि सड़क से बँगले का बरामदा-ड्राइंगरूम न दिखाई दे। सामने एक क्रीड़ा-शैल बनाने की कल्पना मन में उठी।

कभी सोचता हूँ पर्वतों के लिए हमारे मन में आकर्षण क्यों है, इलाहाबाद के महाजनी टोले में मथुरा के गोसाइयों का जो कृष्ण मन्दिर था, उसमें सावन की झाँकियों में एक रात कृत्रिम पर्वत पर राधा-कृष्ण का झूला पड़ता था, उस दिन की झाँकी क्यों हमें सबसे अच्छी लगती थी, हमने जब अपने घर पर झाँकी बनानी शुरू की, तब क्यों एक कोने में पर्वत भी बनाते थे? क्यों और झाँकियाँ बनाने वाले भी ऐसा करते थे? तब तक तो हमने पर्वत देखा भी न था—देखा भी था तो नक्शे पर; जाना भी था तो परिभाषा से 'मिट्टी पत्थर का वह ढेर जो दो हज़ार फीट से ज्यादा

ऊँचा हो।' क्यों किसी हिल स्टेशन पर जाकर हम एक ख़ास तरह के सुकून का अनुभव करते हैं, जो सिर्फ़ ठण्डक का नहीं होता? जाड़े में मैदानों में वैसा सुकून क्यों नहीं अनुभव करते? क्यों हमने अपने बहुत-से तीर्थस्थान पर्वतों पर बनाये हैं—बदरीनाथ, केदारनाथ, पशुपतिनाथ, अमरनाथ। क्यों हमने शिव-पार्वती को कैलाश पर बिठला दिया है? क्यों हमने हिमालय को देवताओं का वासस्थान माना है—'देवात्मा हिमालय'? क्यों हमारे स्वर्ग की कल्पना हिमालय पर या उसके पार कहीं है? क्यों महाभारत के महारथी अपने जीवन का साफल्य हिमालय की ओर महाप्रस्थान करने में मानते हैं? क्या हमारा मूलस्थान कोई पर्वत प्रदेश ही था जहाँ से हम मैदानों में उतर आये? क्या वहाँ की याद हमारी नस-नाड़ी के बहते रक्त में अब भी फड़कती है? क्या हमारी मनोशिराओं में इन शैल-शिखरों की स्मृतियाँ अब भी स्फुरित होती और हमें प्रेरित करती हैं कि हम उन्हें अपनी दन्तकथाओं से लेकर अपने दिनानुदिन के जीवन में कल्पित-निरूपित करें? क्या इतिहासवेत्ताओं का यह कथन सत्य है कि आर्य मध्य एशिया की किसी ऊँची उपत्यका से निकलकर आर्यावर्त्त के निचले भागों में आये थे? हमारा शैल-प्रेम, क्रीड़ा-शैल-प्रेम शायद उसका एक सूक्ष्म अन्तर्साक्ष्य हो।

सुबह घूमने के लिये 'रिज' तक जाने लगा और वहाँ से लौटते समय कोई आकर्षक पत्थर का टुकड़ा उठाकर साथ लाता। कोई बड़ा पत्थर होता तो उसे लुढ़काता हुआ घर लाता—मिनी-सिसिफ़स की तरह थोड़ा-थोड़ा प्रतिदिन। अपनी इस धुन की बदौलत मुझे हार्निया की तकलीफ़ हुई और ऑपरेशन कराना पड़ा। पर धुन-तो-धुन, वह न छूटी। इन पत्थरों से सामने गोले पर एक चन्द्राकार क्रीड़ा-शैल बना। ऊपर एक शिवगुफा बनी, एक कोने पर एक पीपल का पेड़ लगाया गया, जो अब जैयद दरख्त हो गया है; दूसरे कोने पर एक दारुपंचक का वृक्ष, जिसकी तिकोनी डालों पर रखा गया एक मिट्टी का पात्र, चिड़ियों के दाने के लिए, दूसरा, चिड़ियों के पानी के लिए। शिवगुफा के इधर-उधर लगा दिये कैक्टस; मदार-धतूरे के प्रेमी शिव को कांटे-कूंटे से क्या परहेज। कैक्टस बढ़े तो जाड़े की रातों में फूलते। कैक्टस का फूल मेरी एक बढ़िया कविता के लिए प्रेरणा बना था। कविता 'बहुत दिन बीते' में है। पता नहीं पुस्तक आपके पास है कि नहीं। कविता तो सुनना चाहेंगे? सुना दूँ? कविता का शीर्षक है—'कोयल, कैक्टस, कवि', पर आपको केवल 'कैक्टस' वाला भाग सुना रहा हूँ :

रात
एकाएक टूटी नींद
तो क्या देखता हूँ
गगन से जैसे उतरकर
एक तारा
कैक्टस की झाड़ियों में आ गिरा है;
निकट जाकर देखता हूँ

एक अद्भुत फूल काँटों में खिला है—
"हाय, कैक्टस,
दिवस में तुम खिले होते,
रश्मियाँ कितनी
निछावर हो गयी होतीं,
तुम्हारी पँखुरियों पर,
पवन अपनी गोद में
तुमको झुलाकर धन्य होता,
गन्ध भीनी बाँटता फिरता द्रुमों में,
भृंग आते,
घेरते तुमको,
अनवरत फेरते माला सुयश की,
गुन तुम्हारा गुनगुनाते!"

धैर्य से सुन बात मेरी
कैक्टस ने कहा धीमे से,
"किसी विवशता से खिलता हूँ,
खुलने की साध तो नहीं है;
जग में अनजाना रह जाना
कोई अपराध तो नहीं है।"

ऐसे ही पत्थरों से एक महादेव मन्दिर और एक मारुति मन्दिर सड़क पार दाहिनी ओर बबूल के पेड़ के नीचे बना। उसकी तो जल-सेवा और सँझवाती भी की जाती।

सामने का बरामदा भी काफ़ी बड़ा था। उसके एक कोने पर अदन का बाग़ बना। बबूल की दो मोटी-पतली डालों से आदम-हौआ बने; गमले में लगाई नागफ़नी से 'पापों का साँप' बना। विविध जीव-जन्तुओं के आकार के जो पत्थर मिले, नीचे बिछाये गये। देखने वाली आँख चाहिए; बहुत से ऐसे पत्थर मिलते हैं।

ईट्स की एक कविता है 'Those Images'—'मरकत द्वीप का स्वर' में मैंने उसका अनुवाद किया है। उसके दो अन्तिम पद सुनें—

जाओ, प्रतिमाओं को खोजो,
जिनमें भेद भरा है भारी,
बन के चारों कोनों पर जो—
कुलटा, बालक, बाघ, कुमारी।
और गरुड़ जो उड़ता नभ में
पर फैलाये, उसको जानो;
गाओ फिर जितना जी चाहे
जो इन पाँचों को पहचानो।

मेरे मन में बहुत दिनों से था, यह मूर्तिबन्ध अपने बरामदे में लगाऊँ, जैसे ईट्स कहते हैं, शायद ये काव्य की प्रेरणाएँ बनें। उन्हीं दिनों एक बार मथुरा की यात्रा में मुझे एक पुरानी खण्डित मूर्ति मिली—विपरीत रति-रत नारी की—उसे मैंने 'कुलटा' कहा।

यह विखण्डित मूर्ति
मथुरा की सड़क पर
मिली मुझको,
शीश-हत,
जाँघें-पसारे
खुले में विपरीत-रति-रत!
अरे, यह तो पुंश्चली है!

इसी यात्रा में केशव टीले से एक सिंह मूर्ति मिली।

शेर यह—
निर्भीक-मुद्रा—
था वहाँ पर पड़ा
चरती हैं बकरियाँ तृण
संशकित जिस जगह पर,
भूलकर, वह सिंह की औलाद,
पौरुष मूर्त है,
अतिशय बली है।

बाद को अचानक मुझे 'रिज' पर बालक और कुमारी (virgin) के आकार के पत्थर मिले। कुमारी तो उतनी स्पष्ट न थी। मैंने उसके गले में एक रुद्राक्ष की माला डाल दी और चारों मूर्तियाँ बरामदे में लगा दीं। बाद को मुझे गरुड़ के आकार का एक पत्थर मिला। 'कुलटा' और 'गरुड़' के बारे में ज़रा विस्तार से बताऊँ—

'कुलटा' बाहर बरामदे में रखी थी। कभी किसी राष्ट्रीय संग्रहालय के अधिकारी की दृष्टि उस पर पड़ी। लाल पत्थर की उस पुरानी अद्‌भुत मूर्ति की ओर वे आकृष्ट हुए। विशेषज्ञ को साथ लाये, जिसने उसकी परीक्षा की, उसका चित्र लिया, नापजोख की, मूर्ति बहुत पुरानी थी, संग्रहालय के लिए ख़रीदना चाहा, दस हज़ार दाम देने को तैयार हुए, मैंने मूर्ति न बेची। झट बरामदे से उठवाकर कमरे में रखा दी। गरुड़ वाला पत्थर इण्डोनेसिया दूतावास के सामने वाली सड़क के दूसरी ओर पड़ा मुझे दिखा था, बिलकुल गरुड़ के आकार का था। आँखों की जगह के बीच नोकीला टुकड़ा चोंच की तरह बाहर उभरा। मैं उसे घर लाना चाहता था। लुढ़काकर ही लाता। किसी तरह से उसे अपनी जगह से हटाया, तो उसके नीचे साँप की केंचुल थी—गरुड़ सिद्ध हो गया। तीन-चार मन से कम वज़न का न होगा।

ओ गरुड़,

तेरी जगह तो है गगन में,
भूमि पर कैसे पड़ा है,
पोटली की भाँति गुड़मुड़।
घूरना था जिस नज़र से सूर्य को
तू मुझे अनिमिष देखता है।
बाहुओं में अब कहाँ बल,
उम्र मेरी ढल चली है।

कार से अमित को ले गया। बीस के अमित में बड़ी ताक़त थी, उन्होंने गरुड़ को उठाकर डिकी में रखा और घर लाये। घर पर डिकी से निकालकर बरामदे में रख दिया। उन दिनों पत्थरों को रँगने का भी मुझे शौक हो चला था—तैल रंगों से। मैंने गरुड़ की दो आँखें बना दीं। चोंच पर सिर्फ़ एक सफ़ेद लाइन लगा दी। बाद को मैंने इस मूर्तिबन्ध पर एक कविता लिखी—'पाँच प्रतिमाएँ' जो 'उभरते प्रतिमानों के रूप' में है। घर के कई बार के बदलाव में यह मूर्तिबन्ध बिखर गया। 'कुलटा', 'शेर' और 'गरुड़' की मूर्तियाँ 'प्रतीक्षा' बम्बई में हैं। पत्थरों को रँगने के प्रयोग में मैंने एक तिपहले पत्थर पर इयागो, ओथेलो और डेसडिमोना को चित्रित किया था। एक बगुले का भी मूर्ति-चित्र बनाया था, जिसे मैंने 'नाड़ीजंघ' नाम दिया था—महाभारत में आता है। एक शीशाकार पत्थर को केवल सफ़ेदे से रंगकर मैंने किसी ऋषि-मुनि का चित्र उभारा था। मेरी स्टडी के बाहर रखा था। उसे व्यास या वाल्मीकि कह सकते थे। भीतर महाभारत और रामायण का अध्ययन होता था। तीन पत्थरों के जोड़ से एक अहिल्या की भी मूर्ति खड़ी की थी। कुछ पेड़ और मन्दिर भी पत्थरों पर रंगे थे। एक पेड़ को 'अक्षयवट' नाम दिया था। उन्हीं दिनों मैंने सीमेंट का एक गणेश भी ढाला था—वह मूर्ति भी अब 'प्रतीक्षा' में है, गणेशोत्सव के दिनों में उसका शृंगार होता है। ये मन्दिर-मूर्तियाँ याद आती हैं तो सोचता हूँ कि मैंने कितना उन पर अपना समय लगाया था। वे कुछ ऐसी न थीं कि उन्हें कलाकृतियाँ कहा जाता। मन की कोई इच्छा या सनक पूरी करने को कुछ किया जाये, तो उसे सर्वथा निरर्थक तो नहीं कह सकते। याद है अजित कुमार ने इन मूर्तियों पर एक लेख 'धर्मयुग' के लिए लिखा था।

दिन के दस से पाँच तक दफ़्तर के समय के पूर्व और पश्चात् मेरे पास पर्याप्त समय था—आहार-निद्रा-व्यायाम के समय को बाद देकर—जिसमें मैं अपना सृजन-स्वाध्याय कर सकता था। सभी कविताएँ लिखता, कभी निबन्ध-वार्ताएँ, कभी कुछ अनुवाद कार्य करता।

1960 में कविवर सुमित्रानन्दन पन्त की हीरक जयन्ती पड़ी। वे सदी के प्रारम्भ के साथ आये थे। एक दिन बैठे-बैठे मुझे ध्यान आया, क्यों न इस अवसर पर उन पर लिखे अपने निबन्धों का संग्रह संकलित कर उन्हें समर्पित करूँ। उस समय तक उन पर मेरे चार लेख लिखे जा चुके थे; पाँच लेख मैंने नये लिखे। इस प्रकार

नौ लेख और पन्तजी द्वारा मुझको लिखे 127 पत्रों का मैंने एक संग्रह तैयार किया और उसे नाम दिया—'कवियों में सौम्य सन्त'। उनको यह विशेषण मैंने गाँधीजी के बलिदान पर लिखी एक कविता में दिया था—

तुमसे मेरी प्रार्थना, सुमित्रानन्द (न) पन्त,
सन्तों में सुमधुर कवि, कवियों में सौम्य सन्त,
आ पड़ी देश पर, बन्धु आपदा यह दुरन्त—
टूटे सत्यं, शिव, सुन्दरता के तन्तु-तन्तु।

माने क्या हैं जो हुआ देश पर यह अनर्थ,
बोलो वाणी के पुत्रों में सबसे समर्थ,

वन्दित वीणा पर गाकर अपना ज्ञान-गान
सुस्थिर कर दो भारतमाता के विकल प्राण,
ले करामलकवत् भूत, भविष्यत, वर्तमान,
ओ कविर्मनीषी, करो विश्व का समाधान।

पुस्तक पन्तजी को समर्पित करने के लिए मैंने उनके जन्मदिन पर, 20 मई, 1960 को, विलिंगडन क्रिसेंट के लॉन पर एक समारोह आयोजित किया था, जिसमें मैंने दिल्ली के जाने-माने सभी साहित्यकारों को आमन्त्रित किया था। मंच के पीछे एक वेदी पर एक बड़ी मोमबत्ती के दोनों ओर तीस-तीस छोटी मोमबत्तियाँ जलाई थीं—उनकी अवस्था के वर्षों के प्रतीक रूप में। समारोह में डॉ. केसकर, उस समय सूचना एवं प्रसारण मन्त्री और स्वनामधन्य मैथिलीशरण गुप्त के सम्मिलित होने की मुझे याद है। कृति-समर्पण के बाद काव्य-पाठ हुआ था, जिसमें राजधानी के सभी प्रख्यात कवियों ने अपनी कविताएँ सुनाई थीं। अवसर के चित्र कहीं मेरे अलबम में सुरक्षित हैं।

पन्तजी की स्वर्ण जयन्ती पर भी मैंने निजी रीति से एक उत्सव का आयोजन 'दशद्वार' (17, क्लाइव रोड, इलाहाबाद) के लॉन पर किया था। मुझे याद है, उस दिन डॉ. रामकुमार वर्मा ने अपने भाषण में कहा था, हमारी शुभकामना है कि पन्तजी सौ बरस जियें और इसी प्रकार हम उनकी शतवार्षिकी मनायें। मैंने विनोद में कहा था कि पन्तजी तो ब्रह्मचारी हैं, शायद सौ बरस जी भी जायें, पर हम उनके सौ बरस पूरे करने तक कहाँ जीने वाले हैं। काल की विडम्बना कि पन्तजी तो सात वर्ष पहले चले गये और डॉ. वर्मा के साथ इन पंक्तियों का लेखक भी अभी मौजूद है!

उसी वर्ष राजपाल एण्ड सन्ज ने काव्य-संकलनों की एक नयी सिरीज़ आरम्भ की—आज के लोकप्रिय हिन्दी कवि। पहला संकलन वे पन्तजी की चुनी हुई कविताओं का निकालना चाहते थे और उसके सम्पादन का भार उन्होंने मुझे सौंपा। मैंने उसकी रूप-रेखा बनायी। शुरू में 25-30 पृष्ठों की भूमिका हो, जिसमें कवि के युग और उसके काव्य की विशिष्टताओं को रेखांकित किया जाये; लगभग सौ पृष्ठों में कवि की श्रेष्ठ और प्रतिनिधि कवितायें हों, और अन्त में तीन

परिशिष्ट जोड़े जायें—कवि का जीवन-क्रम, कवि का रचना-क्रम और कवि पर उपलब्ध आलोचनात्मक साहित्य। यह सिरीज़ काफ़ी लोकप्रिय हुई; अब तक उसमें दस-बारह कवि लाये जा चुके हैं।

रूसी-हिन्दी कोश के महानीरस काम से बीच-बीच में कुछ राहत पाने के लिए उसके साथ मैंने एक और अनुवाद की योजना बनायी। 1959 में माइकेल ब्रीचर की 'Nehru : A Political Biography' निकली। '60 में किसी समय मैं नेहरूजी से मिलने गया, तो यह पुस्तक मैंने उनकी मेज़ पर देखी। नेहरूजी पर कुछ निकले तो उसे पढ़ने में तेजी को रुचि थी और मेरी भी। अभी हमने यह पुस्तक न पढ़ी थी। शायद बाजार में भी न आयी थी। बात-बात में मैं पूछ पड़ा, आप पर जो यह किताब निकली है, आपकी राय में, कैसी है। पण्डितजी ने कहा, लेखक ने बड़ी खोजबीन और बड़ी मेहनत से यह किताब तैयार की है, मैं नहीं समझता कि अब तक मुझ पर कोई इतनी प्रामाणिक और इतनी अच्छी किताब लिखी गयी। तभी बिजली की चमक की तरह मेरे दिमाग़ में एक ख़्याल आया, क्यों न इसका अनुवाद हिन्दी में किया जाये। मैंने अंग्रेज़ी पद्य का काफ़ी अनुवाद किया था और लोगों ने उसे अच्छा अनुवाद माना था, पर मैंने अंग्रेज़ी गद्य की कोई किताब अनूदित न की थी। क्यों न गद्य-अनुवाद के लिए यह पुस्तक उठाऊँ। विषय मेरे मन का है। इससे मेरी अनुवाद क्षमता भी बढ़ेगी, जिसका अन्तत: लाभ मेरे दफ़्तरी काम को मिलेगा। साथ ही हिन्दी के जीवनचरित साहित्य की वृद्धि होगी, फिर हिन्दी भाषियों को पण्डित नेहरू के महत्त्व और राष्ट्र की उन्नति-प्रगति-विकास में उनके योगदान को जानना ही चाहिए। पुस्तक के आकार ने काम उठाने में कुछ हिचक भी पैदा की। 640 पृष्ठों की थी, जो अनुवाद में लगभग 1000 पृष्ठ होते। इतनी बड़ी किताब अनूदित भी कर दी, तो छापेगा कौन, और छप भी गयी, तो खरीदेगा कौन। कुछ दिन इसी असमंजस में रहा, काम उठाऊँ कि न उठाऊँ। इस बीच ख़रीदकर पुस्तक पढ़ भी ली। पुस्तक रोचक भी थी और प्रेरक भी, पर उसका आकार देखकर सहसा हिम्मत न पड़ती थी कि उसे अनूदित करने को उठा लूँ। सौभाग्य से साल-भर के अन्दर पुस्तक का संक्षिप्त संस्करण बाज़ार में आ गया—254 पृष्ठों का, जिसे स्वयं लेखक ने तैयार किया था। पढ़ने पर मालूम हुआ कि मूल पुस्तक का सार उसमें रख दिया गया है, साथ ही शैली का आकर्षण बनाये हुए। मेरी समस्या को समाधान मिल गया। यह पुस्तक आसानी से अनूदित की जा सकती थी, प्रकाशित भी और मूल्य सामान्य हिन्दी-भाषियों के क्रय-सामर्थ्य की सीमा में रखा जा सकता था। काम में मैंने हाथ लगा दिया। कोश के काम से जब ऊब-थकन मालूम होने लगती, तो माइकेल ब्रीचर की किताब उठा लेता। छह महीने में अनुवाद पूरा हुआ, मोतीलाल बनारसीदास ने प्रकाशित किया, तीन महीने छपाई में लगे और पुस्तक अनुवाद के रूप में पण्डितजी को उनकी 72वीं वर्षगांठ पर भेंट की गयी—14 नवम्बर 1961 को। उस वर्ष पण्डितजी का कार्यक्रम ऐसा था कि उनका जन्मदिन प्रवास में पड़ने वाला था। मुझे याद है मैंने इन्दुजी को, जो उनके

साथ जाने वाली थीं, पुस्तक की एक प्रति सौंपी कि वे वर्षगांठ पर पण्डितजी को, जहाँ कहीं वे हों, मेरी ओर से भेंट कर दें।

जब पण्डितजी प्रवास से लौटे, तब प्रकाशन ने स्वयं पुस्तक की एक प्रति पण्डितजी को समर्पित करनी चाही। मुझे भी साथ ले गये। पुस्तक समर्पण के बाद प्रकाशक पण्डितजी के साथ एक चित्र भी खिंचाना चाहते थे। पण्डितजी तैयार हो गये। मैं अलग खड़ा हो गया।

पण्डितजी ने कहा, 'तुम भी आ जाओ।'

मैंने कहा, 'मैं तो वैसे ही छोटा आदमी हूँ, आपके साथ तस्वीर खिंचाकर और छोटा हो जाऊँगा।'

पण्डितजी कब चूकने वाले थे, बोले, 'छोटे बनने में ही खुशी हो, तो ज़्यादा ही छोटा बनना चाहिए।'

मैं उनके साथ जाकर खड़ा हो गया।

चित्र प्रकाशक के पास होगा।

मूल पुस्तक माइकेल ब्रीचर ने अपने माता-पिता को समर्पित की थी। अनुवाद मैंने समर्पित किया था—

राजीव-संजय
प्रभात
अमित-अजित
की
नयी पीढ़ी को
जिसे भावी भारत का निर्माण करना है।

इनमें सभी नामों से आप परिचित हैं—प्रभात मेरे छोटे भाई शालिग्राम का लड़का है, आजकल राउरकेला के इस्पात कारखाने में मैनेजर-मेटीरियल है। आप-मानेंगे, मेरी कवि-दृष्टि ने भविष्य का कुछ-न-कुछ आभास अवश्य पाया था।

'61 में मैंने दो काम और किये। मेरा पिछला काव्य-संग्रह 'आरती और अंगारे' सन् '58 में प्रकाशित हुआ था। इसके बाद जब-तब जो कवितायें लिखता रहता था, वे हिन्दी के पत्र-पत्रिकाओं में प्रकाशित होती रहती थीं। ये कवितायें मैंने 'त्रिभंगिमा' नाम से प्रकाशित कीं। संग्रह करने के लिए जब कवितायें एकत्र कीं, तो देखा मैंने तीन प्रकार की कवितायें लिखी हैं—कुछ छन्दोबद्ध, कुछ मुक्त छन्द में और कुछ लोक धुनों पर आधारित। सम्भवत: इसी बात को ध्यान में रखकर संग्रह का नाम 'त्रिभंगिमा' दे दिया गया। किसी भाव, विचार, प्रेरणा ने किसी विशेष छन्द, लय, धुन में बँधकर अपने को क्यों अभिव्यक्त किया, इसे तो मैं भी नहीं जानता। रचना सफल हुई हो, तो कहना पड़ेगा कि मेरी सृजन-प्रवृत्ति या रुचि का नियोजन ठीक दिशा में हुआ। न हुई हो, तो दूसरे मेरी ग़लतियों से कुछ सबक़ सीख सकते हैं।

बहरहाल, प्राय: तीन वर्षों में मेरी जिन अनुभूतियों, कल्पनाओं, भावनाओं, मेरे जिन विचारों, जिन मानसिक संवेगों, मन्थनों, चिन्तनों अथवा, एक शब्द में, मेरी जिन संवेदनाओं ने कविता का रूप लिया था, उनकी एक तालिका प्रस्तुत कर दी गयी थी। 'त्रिभंगिमा' समर्पित की थी मैंने अपने तीन अग्रजों को—

कवि-शार्दूल निराला
कवि-श्री महादेवी
और
'सन्तों में सुमधुर कवि'
सुमित्रानन्दन पन्त
को।

प्राय: पच्चीस वर्षों बाद उन कविताओं को जब मैं देखता हूँ, तो दो-तीन बातें साफ़ उभरती हैं। मेरी दृष्टि अब आन्तरिक के साथ बाह्य भी हो गयी है। बाहर जो वह देखती है, उससे न वह प्रसन्न है न सन्तुष्ट। वह यह भी देखती है कि उस स्थिति के लिए ज़िम्मेदार कौन है। और मेरे शब्द उसकी ओर उँगली उठाने से नहीं चूकते। आज तो मुझे आश्चर्य होता है कि सरकारी दफ़्तर में बैठकर मैंने ये कवितायें—'सड़ा हुआ कमल', 'यह भी देखा : वह भी देखा', '1960 की दीवाली', 'जनतन्त्र दिवस', 'खजूर', 'महागर्दभ', 'दानवों का शाप', 'अन्धा पर गूँगा-बहरा युग नहीं' लिखी कैसे। मुझे ताज्जुब है कि ऐसा लिखने के लिए मुझसे कैफ़ियत क्यों नहीं माँगी गयी। शायद शासन बिलकुल बेखबर है या बहुत उदार है, या भली-भाँति जानता है कि मेरे-जैसे तुकबन्दों के तुक्कों का असर भी क्या होना है। जो उपेक्षा के गुड़ से मर सकता हो, उसे विरोध के माहुर से क्यों मारा जाये।

सन् '61 का दूसरा काम मेरा था, हिन्दी साहित्य सम्मेलन प्रयाग के लिए 'आधुनिक कवि' ग्रन्थमाला में अपना संकलन तैयार करना। मेरे पहले छह कवि इसके लिए आमन्त्रित किये जा चुके थे—महादेवी वर्मा, सुमित्रानन्दन पन्त, रामकुमार वर्मा, गोपालशरण सिंह, अयोध्या सिंह उपाध्याय और माखनलाल चतुर्वेदी। मेरा संकलन सातवाँ था। उसके लिए मैंने भूमिका लिखी और अपनी तीन बरस की रचनाओं में से अपनी दृष्टि से प्रतिनिधि कविताओं का चुनाव किया। '61 के बाद भी मैंने बहुत कुछ लिखा है, पर आज तक उसके तीन संस्करणों के पश्चात् भी (अन्तिम '83 का है) उसे अद्यतन बनाने का प्रयत्न नहीं किया गया। इस प्रकार यह संकलन काल-सीमित हो गया है। पिछले प्राय: पच्चीस वर्षों की रचनाओं का उसमें कोई प्रतिनिधित्व नहीं है।

आपको याद होगा कि 'मैकबेथ' के मंचन में मुझे इतनी मुसीबतों का सामना करना पड़ा था कि उसके तीन 'शो' के बाद जब आखिरी बार परदा गिरा, तो मैं कान पकड़कर मंच पर उठा-बैठा था कि अब ऐसे काम में फिर हाथ नहीं डालना है, पर तेजी उस कटु अनुभव से न निरुत्साहित हुई थीं और न उन्होंने हार मानी थी।

वे 'ओथेलो' को मंचस्थ करने का सपना सँजोये बैठी थीं। बैठी थीं, कहना ग़लत होगा; सपने को साकार करने के लिए सक्रिय थीं। वे किसी-किसी सन्ध्या को नाट्य पाठ का आयोजन करतीं। पहले तो घर के हम तीन लोग ही उसमें भाग लेते—तेजी, अमित और मैं। हमारे पास एक खिलौना आ गया था। ऐम्सटरडैम से मैं फ़िलिप्स का साउंड-रिकार्डर लाया था। कुछ अभ्यास के बाद हम नाट्यपाठ या अभिनय-पाठ करते—अन्तर कहीं स्पष्ट कर चुका हूँ—तो साउंड-रिकार्डर चला दिया जाता, फिर हम उसे सुनते; सन्तुष्ट न होते तो उसे मिटाकर दुबारा-तिबारा रिकार्ड करते। कभी हम अपनी जान-पहचान के, लड़के-लड़कियों को भी नाट्य-पाठ में भाग लेने को बुलाते। वास्तव में, तेजीजी ऐसे लोगों की खोज में थीं, जिनमें अभिनय प्रतिभा हो और जो, जब 'ओथेलो' मंचस्थ हो तो विभिन्न पात्रों की भूमिका में उतर सकें। इसी क्रम में एक दिन उन्होंने कुछ बड़े पैमाने पर एक गोष्ठी का आयोजन किया जिसमें मुख्य अतिथि के रूप में श्री गोपाला रेड्डी—उस समय सूचना एवं प्रसारण मन्त्री—और श्रीमती इन्दिरा गाँधी को आमन्त्रित किया।

उस सन्ध्या को 'ओथेलो' के कुछ स्पूल बजाये गये, कुछ अंश का अभिनय-पाठ प्रस्तुत किया गया। हमारे दोनों मेहमान बहुत प्रभावित हुए। रेड्डी महोदय ने 'ओथेलो' के संक्षिप्त रूप को रेडियो से प्रसारित कराने की इच्छा प्रकट की। मैंने नाटक की स्क्रिप्ट तैयार की। रेडियो-प्रसारण में, याद है, तेजी ने डेसडिमोना की भूमिका निभायी थी। इसका एकाधिक बार प्रसारण किया गया, पर नाटक को मंच पर लाने की कोई बात न बनी। असल बात यह थी कि उसके लिए हमें अच्छी ख़ासी रक़म की ज़रूरत थी और उसका हमारे पास टोटा था।

'हिन्दी शेक्सपियर मंच' के नाम से फ़ण्ड एकत्र करने के हमारे अभियान में मित्रों के थोड़े-बहुत आर्थिक सहयोग के साथ हमें ब्रिटिश कौंसिल से एक अच्छी रक़म मिली—एक हज़ार रुपये की। इससे बड़ी राशि हमें अपने एक उद्योगपति मित्र से मिली, जो अपना नाम गुप्त रखना चाहते थे। थोड़ी-बहुत कमी पड़े तो हम पूरी करने की स्थिति में थे ही। हमने नगर के 'दि लिटिल थियेटर ग्रुप' के साथ मिलकर 'ओथेलो' को मंचस्थ करने की योजना बनायी। ग्रुप के पास कुछ अच्छे अभिनेता और अनुभवी कार्यकर्ता थे। तय हुआ व्यय का दायित्व 'हिन्दी शेक्सपियर मंच' का होगा, संगठन और प्रबन्ध का 'दि लिटिल थियेटर ग्रुप' का—यह तो कुछ ऐसा ही था—

आओ पड़ोसिन पुये पकायें
आटा-घी-गुड़ तेरा,
ईंधन-पानी-चूल्हा-कड़ाही
चकला-बेलन मेरा।

पर हम तैयार हो गये। हम जानते थे कि आटा-घी-गुड़ हो और चकला-बेलन न हो, तो पुआ नहीं पक सकता। ग्रुप के पास चकला-बेलन थे। रिहर्सल होने लगे। मुख्य नायक ओथेलो का पार्ट रवीन्द्र कपूर को दिया गया। बाद को वे फिल्मी हीरो

बनने की महत्त्वाकांक्षा लेकर बम्बई गये, पर भाग्य ने साथ नहीं दिया; आजकल 'एक्सट्राज़' के रूप में फिल्मों में काम करते हैं। नीरा कुकरेजा डेसडिमोना बनी। पहले मैकबेथ की भूमिका में उतरे अशोक रामपाल ने इयागो का पार्ट किया। अपनी साफ़ आवाज़ और शुद्ध उच्चारण के कारण वे बी.बी.सी. (लन्दन) में ले लिये गये। बाद को सुना, वे वहीं व्यवस्थित हो गये हैं। इयागो की पत्नी एमीलिया का पार्ट तेजी ने किया; ओथेलो के नायब कैसियो का अमिताभ ने। दोनों ने घर के नाटक-अभिनय पाठ में अपनी भूमिका का काफ़ी अभ्यास किया था। गोपाल कौल को निर्देशन का भार सौंपा गया। पात्रों की पोशाकें बन गयीं। मंच पर काम आने वाले जरूरी सामान खरीद लिये गये। हमारी पूरी तैयारी थी कि ओथेलो '62 के अन्त में मंच पर प्रस्तुत कर दिया जायेगा कि अचानक देश पर चीन ने आक्रमण कर दिया।

चीन से हमारे सम्बन्ध 1959 से बिगड़ने शुरू हुए, जब दलाई लामा ने अपने कुछ अनुयायियों के साथ तिब्बत से भागकर भारत में शरण ली। चीन का आरोप था कि बिना भारत सरकार की शह-सहायता के दलाई लामा लासा से नहीं निकल सकता था। चीन के प्रति इस कथित विश्वासघात का बदला लेने के लिए चीन सरकार ने भारत के लद्दाख और नेफ़ा के बहुत बड़े भू-भाग पर अपना अधिकार घोषित कर दिया। इतना ही नहीं, भारत के दस सैनिकों को चीन ने यह आरोप लगाकर मार दिया था कि वे उसकी सीमा में घुस गये थे और उनकी लाशें भारत के प्रधानमन्त्री के जन्मदिन पर भेंट की तरह वापस की थीं--14 नवम्बर '60 को। पण्डितजी ने अपनी सद्भावना में समझा कि यह संयोग होगा, पर इस देश में बहुतों ने ऐसा समझा था कि चीन ने यह जान-बूझकर किया है और इस शत्रु कर्म के द्वारा उसने मानों घोषित कर दिया है कि इसके बाद हिन्दी-चीनी भाई-भाई का युग समाप्त होता है और चीन सीमा के प्रश्न पर भारत से संघर्ष के लिए तैयार है। चीन के इस कुकृत्य से क्षुब्ध होकर मैंने 'चेतावनी' शीर्षक एक कविता लिखी थी—जो 'त्रिभंगिमा' (फरवरी '61) में है—जिसमें मैंने एक तरह से चीन के साथ युद्ध की भविष्यवाणी कर दी थी। युद्ध के लिए-नेहरूजी तैयार नहीं थे, चीन से युद्ध के लिए तो कभी नहीं। तब से समय-समय पर दोनों सरकारों के अधिकारियों की उच्चस्तरीय बैठकें कभी चीन, कभी भारत में होती रही थीं, सीमा-समस्या का समाधान निकालने के लिए, पर दोनों पक्षों के अपने-अपने दावों पर अड़े रहने के कारण कोई प्रगति न हो रही थी। चीन ने बलप्रयोग से अपना दावा सही सिद्ध करने के लिए 20 अक्टूबर '62 को पूरे दल-बल के साथ लद्दाख और नेफ़ा पर चढ़ाई कर दी। नेफ़ा के मोर्चे पर तो उसकी 20,000 की सेना ने से-ला दर्रे से घुसकर, 36,000 वर्ग किलोमीटर पर कब्ज़ा कर लिया।

चीन का यह आक्रमण इतना अप्रत्याशित था कि सारा देश स्तब्ध रह गया; इसका सबसे बड़ा धक्का निश्चय पण्डितजी को लगा; क्योंकि चीन की मैत्री उन्हीं की कल्पना थी, उन्होंने ही चीन से पंचशीली सम्बन्ध स्थापित किया था, वे ही अन्तर्राष्ट्रीय फ़ोरमों पर चीन की वकालत करते रहे थे, उन्होंने ही हिन्दी-चीनी

भाई-भाई का नारा दिया था। पर जब दुश्मन सीमा के अन्दर घुसता चला आ रहा हो, तब घबराकर बैठने का वक्त तो नहीं था। मोर्चे पर सेना जो कर सकती थी, वह कर रही थी, नागरिकों को अपना कर्तव्य निभाने के लिए आह्वान किया गया। इन्दिराजी के नेतृत्व में एक सिटीज़ेन्स कौंसिल बनी, जिसको फ़िलहाल यह काम दिया गया कि वह नगर से ऊनी कपड़े-कम्बल और खाने-पीने की चीज़ें एकत्र करें जिनके पैकेट बनाकर मोर्चे पर भेजे जायें—युद्ध हिम प्रदेश में हो रहा था। प्रधानमन्त्री निवास पर राजधानी के बुद्धिजीवियों की एक सभा हुई, जिसे इन्दिराजी ने सम्बोधित किया—इस समय लेखकों का यह कर्तव्य है कि वे अपनी लेखनी से जनता का मनोबल ऊपर उठायें, उसमें उत्साह जगायें, जो भी मुसीबत आए उसका सामना करने के लिए हिम्मत बढ़ायें, और अन्त में शत्रु को विफल-मनोरथ, पराजित और देश से खदेड़ भगाने के लिए इच्छा-बल दृढ़ायें।

देखते-ही-देखते सारे देश पर युद्ध का बुखार चढ़ गया। हमारे रिहर्सल बन्द हो गये। तेजी सिटीज़ेन्स कौंसिल की ओर से काम करने को निकल पड़ीं। हमारे नाट्य-दल के और भी सदस्य अन्यान्य युद्ध सम्बन्धी कामों में लगे। देश का संकट कटेगा, तो नाटक खेलने के लिए बहुत समय रहेगा।

पत्र-पत्रिकाओं में युद्ध सम्बन्धी कवितायें-लेख आने लगे, चीनियों के विरुद्ध और भारतीयों के शौर्य-साहस को प्रोत्साहित, प्रोत्तेजित करने वाली कई किताबें निकलीं; दिनकर की 'परशुराम की प्रतीक्षा' ने लोगों का ध्यान विशेष आकर्षित किया, जिसमें उन्होंने खुलकर हिंसा की वकालत की—

> है एक हाथ में परशु एक में कुश है,
> आ रहा नये भारत का भाग्य पुरुष है।
> है जहाँ खड्ग सब पुण्य वहीं बसते हैं।
>
> देखेंगे, कैसा प्रलय चण्ड होता है।
> असिवन्त हिन्द कितना प्रचण्ड होता है।
>
> असि पर अशोक को मुण्ड तोलना होगा,
> गौतम को जय-जयकार बोलना होगा।
>
> मधुसूदन को टेर, नहीं यह सुगत बुद्ध का काल।
>
> समर हारने से बढ़कर घातक न दूसरा पाप।

इसलिये अच्छे या बुरे उपाय का विचार छोड़ किसी तरह युद्ध जीतना चाहिए।

> सभी द्विधायें व्यर्थ समर में साध्य और साधन की।
>
> एक ही पंथ अब भी जग में जीने का।
> अभ्यास करो छागियो रक्त पीने का।

पण्डितजी ने अपनी आदर्शवादी भाषा में उस समय भी कहा था, हम लड़ें

भी, तो इन्सानों की तरह, हैवानों की तरह नहीं।

इस पर दिनकर ने एक कविता लिखी थी—

अब भी पशु मत बनो,
कहा है वीर जवाहरलाल ने
पर यह सुधा-तरंग कौन पीने देता है?
बिना हुए पशु आज कौन जीने देता है?

हमारे देश और हमारी जाति की एक कुप्रवृत्ति है कि हम किसी चीज़ को उठाते हैं तो उसकी अति ही कर देते हैं। अब जिसे देखो, वही चीनियों के विरुद्ध कवितायें लिख रहा है, जहाँ देखो वहीं चीनी-युद्ध पर कवि-सम्मेलन-मुशायरे हो रहे हैं। मैंने केवल तीन कवितायें लिखीं—पहली उस विक्षोभ पर, जो दोस्त द्वारा पीठ पर छुरा भोंकने का होता है—

अगर दुश्मन खींचकर तलवार करता वार—
उससे नित्य प्रत्याशित यही है—
चाहिये इसके लिए तैयार रहना;
यदि अपरिचित-अजनबी कर खड्ग ले आगे खड़ा हो जाये,
अचरज बड़ा होगा,
कम कठिन होगा नहीं उससे संभलना;
किन्तु युग-युग मीत अपना,
जो कि भाई की दुहाई दे दिशायें हो गुँजाता,
शीलवान जहान भर को हो जनाता,
पीठ में सहसा छुरा यदि भोंकता,
परिताप से, विक्षोभ से, आक्रोश से, आत्मा तड़पती।
नीति धुनती शीश, छाती पीट मर्यादा बिलखती,
विश्व मानस के लिए सम्भव न होता इस तरह का पाशविक आघात सहना।

दूसरी में मैंने चीनी आक्रमण के प्रति आभार प्रकट किया था—

क्योंकि अपने आपमें जो हो, हमारे लिए तो वह
ऐतिहासिक मार्मिक संकेत है, चेतावनी है।

पंचशीली पंचतही ओढ़े रज़ाई, आत्मतोषी डास तोषक;
सब्ज़बाग़ी, स्वप्नदर्शी योजना का गुलगुला तकिया लगाकर,
चिर पुरातन मान्यताओं को कलेजे से सटाये
देश मेरा सो रहा था,
बेख़बर उससे कि जो उसके सिरहाने हो रहा था।
तोप के स्वर में गरजकर,
प्रतिध्वनित कर घाटियों का स्तब्ध अन्तर

नींद आसुर अजदहे ने तोड़ दी,
तन्द्रा भगा दी।
देश मेरा उठ पड़ा है, स्वप्न झूठा पलक-पुतली से झड़ा है,
आँख फाड़े घूरता है घृण्य, नग्न यथार्थ को जो सामने आकर खड़ा है।
प्रान्त, भाषा, धर्म, अर्थ-स्वार्थ का जो वात रोग लगा हुआ है—
अंग जिससे अंग से बिलगा हुआ था—
एक उसका है लगा धक्का
कि वह गायब हुआ-सा लग रहा है,
हो रहा है प्रकट मेरे देश का अब रूप सच्चा!
अजदहे, हम किस क़दर तुझको सराहें,
दाहिना ही सिद्ध तू हमको हुआ है
गो कि चलता रहा बायें।

और अन्तिम में मैंने इस शब्द-समर के गुल-गपाड़े के प्रति अपने देश को आगाह किया था—

शब्द सबलों की सफल तलवार हैं तो
शब्द निबलों की नपुंसक ढाल भी हैं।
साथ ही यह भी समझ लो,
जीभ को जब-जब भुजा का एवज़ी माना गया है,
कण्ठ से गाया गया है।
और ऐसा अजदहा जब सामने हो कान ही जिसके न हों तो
गीत गाना—हो भले ही वीर रस का वह तराना—
गरजना, नारा लगाना, शक्ति अपनी क्षीण करना, दम घटाना।
बड़ी मोटी खाल से उसकी सकल काया ढकी है।
सिर्फ भाषा एक जो वह समझता है
सबल हाथों की करारी चोट की है।

ये तीनों कवितायें 'उधरहिं अन्त न होइ निबाहू', 'बहुरि बन्दि खलगन सति भाये' और 'सूर समर करनी करहिं...' शीर्षक से मेरे 'दो चट्टानें' काव्य संग्रह में दी गयी हैं।

महीने-भर बड़े दबे मन से दिन-प्रतिदिन हमने मोर्चे से आते युद्ध समाचार सुने—भारतीय सेना हर मुहिम पर हारती पीछे हटती जा रही थी और दुश्मन आगे बढ़ता जा रहा था कि चीनियों ने अचानक अपनी ओर से युद्ध-विराम की घोषणा कर दी। अपने मन की बात कहूँ, तो इस घोषणा से मैंने जितना लज्जित-अपमानित अनुभव किया उतना शायद ही करता यदि चीनी हमें पराजित करते हुए हमारी राजधानी तक आ जाते। इस घोषणा का निहितार्थ था, 'ओ नामर्द, नपुंसको, तुम तो इस योग्य भी नहीं कि तुमसे लड़ा जाये।'—ये भाव मेरी एकाधिक कविताओं में भी व्यक्त हुए, जो 'दो चट्टानें' में हैं।

देश में सामान्य स्थिति लौटी तो 'लिटिल थियेटर ग्रुप' वालों ने फिर इच्छा व्यक्त की, हम अपने अधूरे काम को पूरा कर डालें, अपनी योजना पर हमारे हज़ारों रुपये खर्च हो चुके हैं, अगर हमने उसे छोड़ दिया, तो यह सारा रुपया बेकार चला जायेगा। तय हुआ कि जनवरी, '63 के प्रथम सप्ताह में तीन शामों को हम अपने नाटक प्रस्तुत करें और उससे जो आमदनी हो, वह 'वार फण्ड' में दे दी जाये। रिहर्सल होने लगे और सब तैयारी पूरी कर ली गयीं।

हमारी इच्छा थी कि पण्डितजी, जैसे वे 'मैकबेथ' देखने आये थे, वैसे ही 'ओथेलो' देखने भी आयें। चीनी आक्रमण के कारण पण्डितजी को जो सदमा पहुँचा था, उसमें वे ऐसे उत्सवों में नहीं जाते थे। पर जब हम उनके पास गये और हमने कहा कि नाटक हम वार-फण्ड की सहायता के लिए कर रहे हैं तो वे तैयार हो गये; जनवरी के जाड़े की रात में तीन घण्टे बैठकर उन्होंने हमारा नाटक देखा; इन्दुजी भी साथ आयीं। हमारे प्रदर्शन से वे प्रसन्न हुए। हमें खुशी हुई कि हम उनका कुछ मन बहला सके। सुबह उन्हें कहीं जाना था, जाने से पहले उन्होंने हमारी सफलता पर बधाई स्वरूप फूलों का गुलदस्ता भेजा। उनसे यत्किंचित प्रशंसा या प्रोत्साहन पाना हमारे लिए बड़े गौरव की बात थी।

'62 के प्रारम्भ में मैंने अपने कुछ पुराने, कुछ नये निबन्धों का एक संग्रह प्रकाशित कराया—'नये-पुराने झरोखे' के नाम से जिसे मैंने समर्पित किया 'नवीन' जी की स्मृति में, जिनकी कुछ समय पूर्व मृत्यु हो चुकी थी, और श्री भगवतीचरण वर्मा को 'जिनके स्वरों ने एक दिन मेरे स्वरों को शह दी थी'।

'62 के अन्त में मैंने अपनी कविताओं का एक संग्रह प्रकाशित किया 'चार खेमे चौंसठ खूँटे'। यह मैंने काव्य-जगत के अपने अग्रजों को समर्पित किया—मैथिलीशरण गुप्त, माखनलाल चतुर्वेदी, गयाप्रसाद शुक्ल सनेही, उदयशंकर भट्ट और सियारामशरण गुप्त को। इसमें 'त्रिभंगिमा' की तीन विधाओं की कवितायें तो थीं ही, मंचगान और जोड़ दिया गया था; कुल मिलाकर 64 कवितायें थीं, इस प्रकार 'चार ख़ेमे चौंसठ खूँटे' नाम शायद कुछ सार्थक लगे।

'62 में ही मुझे हार्निया का ऑपरेशन कराना पड़ा था। उससे आयी शारीरिक दुर्बलता के कारण मानसिक दुर्बलता में जीवन के सम्बन्ध में जो शंकायें उठती हैं, उनके प्रतिबिम्ब चार खूँटे की कई कविताओं में मिलेंगे।

> जग के कीचड़-कांदो से लथपथ-मटमैली
> काल-कंटकित-झंखाड़ों में अटकी-झटकी चिथ-चिरबत्ती
> जीवन के श्रम-ताप-स्वेद से बुसी किचैली
> चादर का अब मोह निवारो
>
> ×
>
> सबल, जब दिवसांत काले
> वेणु बन से घर मुझे लौटालना हो
> तब गले में डालकर प्रश्वास-पाश कठोर

मुझको खींचना मत।

×

लौटती है लहर सागर को
अगम, गम्भीर क्षण है
शान्ति रखो
मौन धारो।

इसे किसी अर्थ में आप मेरी विशिष्ट मन:स्थिति कह सकते हैं। पर पचपन वर्ष पर किसी गम्भीर बीमारी के बाद मृत्यु की निकटता का आभास होना अस्वाभाविक नहीं कहा जा सकता। यों तो सब जानते हैं कि मौत तो आके रहेगी और वह किसी दिन किसी वक्त आ सकती है, पर उसकी पदचाप सुनने पर मानव मन में बड़ी विचित्र प्रतिक्रिया होती है। वह विश्वास जगाना चाहता है कि वह पूर्णतया नहीं मरेगा; उसका प्राण, उसकी आत्मा, अथवा जीव-रूप में वह जीता जायेगा, पर उस अवस्था में वह अपनी लघुता, अपनी सीमा, अपनी अशक्यता का बोध अवश्य करेगा और तब आवश्यकता होगी किसी महत् की, असीम की, शक्तिमान की, भगवान् की, प्रभु की, परमात्मा की शरण में जाने की, उनका हाथ पकड़ने की, उनका सहारा लेने की। 'चार ख़ेमे' की कुछ अन्तिम कविताओं में मेरी इस अनुभूति की अभिव्यक्ति स्पष्ट है। मेरी सामान्य मन:स्थिति जानने के लिए 'चार ख़ेमे' की शेष कवितायें देखनी होंगी। 'त्रिभंगिमा' के समान इन कविताओं में भी मैं साफ़ देखता हूँ कि कभी तो मेरी प्रेरणायें आभ्यान्तरिक, वैयक्तिक हैं, और कभी देश-काल-समाज की स्थितियाँ मेरी अभिव्यक्ति के लिए प्रेरक बनती हैं— वहाँ भी कहीं मेरी दृष्टि आशावादी है, कहीं आदेशात्मक, कहीं उत्साहवर्द्धक; और कहीं विक्षुब्ध, व्यंग्यात्मक और कहीं निराश-हताश।

'मंचगान', जहाँ तक मुझे मालूम है, कभी मंच पर नहीं गाया गया। मैंने भी आगे कभी नहीं लिखा।

लोकधुनों पर आधारित गीत भी इस संग्रह में आख़िरी बार लिखे गये हैं : सम्भवत: मुझे अनुभूति हो गयी है कि लोकधुनों को अपनाने से कवि लोकधुनों के लोक यानी ग्रामीण वातावरण में बरबस खिंच जाता है। गीतों का भाव क्षेत्र वैसे भी सीमित है। सामान्य कविता के लिए लोकधुनें शायद ही सहायक हो सकें। ये धुनें ऐसे समय की देन हैं, जो शान्त, स्निग्ध, सरल था। शोरगुल, संघर्ष, तनाव के युग की दूसरी धुनें होंगी। शायद कोई भविष्य का कवि उनकी खोज करे।

अमिताभ ने अपनी स्नातकीय डिग्री के लिए विज्ञान विषय लेकर अपनी मूल प्रवृत्ति को पहचानने में भूल की थी; परीक्षा-परिणाम सन्तोषजनक नहीं हुआ। विज्ञान लेकर आगे पढ़ने का रास्ता अब बन्द हो गया था। वे अपने जीवन के इक्कीस वर्ष पूरे कर चुके हैं। मैं अपनी पिछली बीमारी के कारण अपने आगे के जीवन के विषय में शंकालु हो गया हूँ। मैं चाहता हूँ अमिताभ अब किसी काम से लगें। अजिताभ इस वर्ष सीनियर केम्ब्रिज की परीक्षा दे रहे हैं। तीन-चार महीने

बाद वे दिल्ली आ जायेंगे। सफल होने पर वे डिग्री कोर्स के लिए तीन वर्ष और आगे पढ़ना चाहेंगे। ज़िन्दगी हो तो तीन वर्ष और यानी 58 होने तक मैं सरकारी नौकरी में रह सकूँगा, उसके बाद न कोई नौकरी मिलने की सम्भावना है, न मैं करना ही चाहूँगा। अगर कुछ और आयु शेष है तो स्वतन्त्र रूप से कुछ लिखना-पढ़ना चाहूँगा। आमदनी उससे बहुत अच्छी तो नहीं हो सकती। चाहता हूँ परिवार में कोई—कोई और कौन है?—अमिताभ ही अर्जन-सक्षम हो जायें कि यदि अचानक मेरा अन्त आ जाये, तो वे अपनी माँ और भाई का भरण-पोषण कर सकें, सम्भव हो तो भाई को आगे पढ़ा सकें।

नवयुवक के लिए यह बड़ा कठिन समय होता है, जब वह विद्यार्थी नहीं रह जाता और नागरिक नहीं हो पाता—जब उसे शिक्षा-संस्था के सीमित क्षेत्र से निकलकर खुले संसार का सामना करना पड़ता है, जैसे कोमल सपनों से निकल कटु वास्तविकताओं का—जब उससे प्रत्याशा की जाने लगती है कि वह कोई ऐसा काम खोजे जिससे वह कुछ कमा सके। उसे जल्दी सूझता नहीं कि वह क्या करे, कहाँ काम माँगने जाये, किस प्रकार का काम वह कर सकेगा, किस प्रकार का काम उसके मन के अनुकूल होगा। अमित को भी कुछ महीने इसी ऊहापोह में बीते।

अमिताभ की अभिनय में रुचि थी। शेरवुड में, सर्वश्रेष्ठ अभिनय के लिए उसे केंडल कप मिला था। 'ओथेलो' के नाटक में उसने कैसियो की भूमिका सफलतापूर्वक निभाई थी। फिल्म में जाने की इच्छा उसने एकाध-बार प्रकट की थी; फ़िल्मों की दुनिया में हमारा सम्पर्क सिर्फ़ पृथ्वीराज कपूर से था, जो उन दिनों संसद-सदस्य भी थे। एक बार उन्हें घर बुलाकर हमने अमित के फ़िल्म में जाने की बात चलायी थी, पर उनकी ओर से कोई प्रोत्साहन न मिला। तभी आल इण्डिया रेडियो में कुछ समाचार पढ़ने वाले लिये जाने वाले थे। अमित ने प्रार्थना-पत्र भेज दिया। उन्हें आवाज-परीक्षण के लिए बुलाया गया, पर उनकी आवाज़ ना-क़ाबिल पाई गयी। पता नहीं रेडियो वालों के पास अच्छी आवाज़ का मापदण्ड क्या था। आज तो अमिताभ के अभिनय में आवाज़ उनका ख़ास आकर्षण माना जाता है। पर अच्छा हुआ, वे रेडियो में नहीं लिये गये। वहाँ चरमोत्कर्ष पर भी पहुँच कर वे क्या बनते?—'मूस मोटाई लोढ़ा होई।' हमारी असफलता और नैराश्य में भी कभी-कभी हमारा सौभाग्य छिपा रहता है।

थोड़े दिनों बाद पता लगा कि बर्ड कम्पनी कलकत्ता में एक्ज़ेक्यूटिव पोस्ट के लिए कुछ लोग लिये जाने वाले हैं। वे कलकत्ता गये और बर्ड कम्पनी में ले लिये गये।

इधर अजिताभ सीनियर केम्ब्रिज प्रथम श्रेणी में पास हुए और इकानामिक्स (ऑनर्स) करने के लिए उनका नाम सेंट स्टीफेन्स कॉलेज में लिखा दिया गया।

सृजन की दृष्टि से '63 मेरे लिए बहुत अच्छा वर्ष नहीं रहा। पहले तो हार्निया की ऑपरेशनी कमज़ोरी से मैं न उबरा था, दूसरे अमिताभ के काम मिलने की चिन्ता जितनी उन्हें थी, उससे कम मुझे नहीं थी; साथ ही इस पर भी मैं दृढ़ था कि

मेरे प्रयत्न से काम मिले तो मिले, मेरे सम्पर्क-सम्बन्धों के अभाव से कभी नहीं; अन्यथा उन्हें रेडियो में काम दिला देने के लिए सिर्फ़ मुझे मुँह खोलने-भर की देर थी। मैं चाहता था अमिताभ जहाँ भी काम शुरू करें, अपनी योग्यता-क्षमता सिद्ध करके, किसी के कहने-सुनने, सिफ़ारिश से नहीं। बैसाखी के सहारे चलना शुरू करने वाला कभी अपने पैरों का बल नहीं जानता। मेरी दृष्टि में उन्नति-प्रगति-विकास का पहला क़दम आत्मविश्वास है।

उसी वर्ष मेरे एकमात्र मामाजी बीमार पड़े और उनकी मृत्यु हो गयी। उनका नाम विंध्येश्वरी प्रसाद था। उम्र उनकी उस समय 75 के क़रीब होगी। मामीजी बारह वर्ष पूर्व जा चुकी थीं। उनके कोई सन्तान न थी। अपने पिता के बनवाये मकान में, पुराने कटरा, इलाहाबाद में, अकेले रहते थे। मकान बड़ा था, तीन चौथाई उन्होंने किराये पर उठा दिया था और शेष में खुद रहते थे। पचपन वर्ष की अवस्था में नौकरी से अवकाश प्राप्त कर लिया था और फिर कोई नौकरी न की थी—किसके लिए करते? सस्ती का समय था, मकान से जो किराया आता था, उसी में उनका और मामीजी का भरण-पोषण हो जाता था। मामीजी की मृत्यु उनके लिए बड़ी दुखद और उनके जीवन में बड़ी परिवर्तनकारी घटना थी। वे बड़ी व्यवहारकुशल स्त्री थीं और घर-गिरिस्ती उन्हीं के बूते चल रही थी। उनके चले जाने पर मामाजी ने अपने को बिलकुल एकाकी, असमर्थ, किंकर्तव्यविमूढ़ पाया।

मैंने उन्हें अपने पास रहने को बुलाया, पर वे तैयार न हुए, आज़ाद-तबीयत, मनमानी रहने के अभ्यासी थे। बोले, 'बच्चा, रहूँगा मैं अपने घर, हाँ, ईमारी-बीमारी में मेरी खोज-ख़बर लेना और मरूँ, तो मेरी मिट्टी को पार लगा देना।'

उन्होंने घर के बर्तन-भाँडे, मामी के ज़ेवर आदि बेच दिये और रुपये बैंक में जमा कर दिये। उनके घर का सामान था एक पलंग, एक आरामकुर्सी, ज़मीन पर बिछाने की एक चटाई, कपड़े रखने के लिए एक-दो बक्से, 40-50 किताबें रखने के लिये एक छोटी आलमारी, एक क़लमदान, पानी पीने के लिए एकाध लोटा-गिलास, बस। जब से मामी मरीं तब से न उनके घर चूल्हा जला, न उन्होंने मकान की सफ़ाई-पोताई कराई। बारह बरस पहले मामी ने पूजा करके एक फूलमाला खूँटी पर टाँग दी थी, वह उसी तरह सूखी-सी टँगी हुई थी, मकान जाले-माले से भरा था, वे एक तरह से अघोरी का जीवन जी रहे थे।

मुँह अँधेरे ही घर पर ताला लगा छड़ी-छाता ले निकल पड़ते। गंगाजी की ओर चले जाते, वहीं नहाते-धोते, किनारे बसे साधु-फकीरों की संगत करते, वहीं की दुकानों से कुछ ले खा-पी लेते। शाम को नगर में कहीं कथा-कीर्तन-भजन होता, तो वहाँ जा बैठते और रात को घर लौटते। जैसे-तैसे बिस्तर पर पड़ रहते। नींद न आती, तो हरीकेन लालटेन के उजाले में कुछ पढ़ते, कुछ लिखते; धार्मिक किताबें पढ़ने और उर्दू के शे'र लिखने का उनको शौक़ था, चार-पाँच मोटी-मोटी कापियाँ भर डाली थीं। यही उनकी साल के 365 दिनों की दिनचर्या होती। ख़र्च उनका मकान के किराये से पूरा हो जाता। कुछ ख़ास ज़रूरत होती, तो बैंक से

थोड़ा-बहुत निकलवा लेते। सेहत उनकी अच्छी थी। एक दिन घर आये, तो मैंने पूछा, 'मामाजी, आपकी तन्दरुस्ती का राज क्या है?' बोले, 'पैदल चलना और बेफ़िक्री।'

वे बीमार पड़े—मेरी याद्दाशत में पहली बार—तो उनके मित्र श्री अयोध्यानाथ, अवकाशप्राप्त एक्साइज़ कमिश्नर, ने मुझे तार दिया। मैं एक सप्ताह की छुट्टी लेकर इलाहाबाद गया, पन्तजी के साथ ठहरा। मामाजी के ऊपर फ़ालिज गिरा था। नीचे किरायेदार के घर के लोग उनकी देखरेख कर रहे थे। घर में उनके इतनी गन्दगी थी कि वहाँ डॉक्टर को भी बुलाते शर्म लगती। मैंने मोतीलाल नेहरू अस्पताल में उनको भरती कराने का प्रबन्ध किया; एम्बुलेंस लेने आयी, तो अस्फुट स्वर में बोले—फ़ालिज का असर ज़बान पर भी पड़ा था—'अब लौटकर इस घर में शायद ही आऊँ।' इशारे से किसी किताब में पासबुक बताई, कहा, 'भगवान् ने तुमको बहुत दिया है, रुपये निकलवाकर दान-पुन्न कर देना।' चौथे रोज़ अस्पताल में ही उनकी मृत्यु हो गयी; मुहल्ले में ख़बर करा दी। वहीं से हम उनकी अर्थी गंगाजी ले गये और पंचाग्नि करा दी। जैसी उनकी इच्छा थी, मेरे हाथों उनकी मिट्टी पार लग गयी।

युनिवर्सिटी के नाते अपने शिष्य श्री गोपीनाथ एडवोकेट (अब हाई कोर्ट जज) से उत्तराधिकार प्रमाण-पत्र के लिए कचहरी में अर्ज़ी दिला दी। मेरे अलावा और तीन-चार लोगों ने उत्तराधिकार के लिए अर्ज़ियाँ दी थीं; जिन्होंने ज़िन्दगी में कभी बात न पूछी थी, अब रिश्ता जोड़ उनके मकान-माल के दावेदार बन आगे आ गये थे। मुकदमे के सिलसिले में मुझे इलाहाबाद कचहरी के आधे दर्जन चक्कर लगाने पड़े, अन्ततोगत्वा फ़ैसला मेरे पक्ष में हुआ। बैंक में मामाजी के लगभग दस हज़ार रुपये जमा थे। गली के उस पुराने मकान को रखकर मैं क्या करता। किरायेदार खरीदना चाहता था; मैंने मय-सरोसामान आठ हज़ार में उसे बेच दिया, केवल दो पुस्तकें मामाजी की वहाँ से लीं, जो अब भी मेरे पास सुरक्षित हैं—एक थी मेरे नाना के हाथ की लिखी फ़ारसी की 'दीवाने हाफ़िज' और दूसरी थी उनके परिवार में कई पुश्तों से चली आयी रामायण की हस्तलिखित पोथी—उर्दूलिपि में। मामाजी के लिखे शे'रों की चार-पाँच कापियाँ भी मैं लाया।

उनकी लिखावट पढ़ पाना मेरे लिए आसान न था। राजपाल द्वारा प्रकाशित उर्दू के लोकप्रिय शायर सिरीज़ के सम्पादक प्रकाश पण्डित को मैंने वे कापियाँ दिखायीं, कुछ भागों का मैंने नागरी लिप्यन्तर भी उनसे कराया। मामाजी की शायरी में कुछ भी ऐसा न था, जिसे छपाया जा सकता। उन्होंने अपना वक्त काटने के लिए क़लम-घिसाई भर की थी। फिर भी उनकी कापियाँ मेरे कागद-पत्रों में अब भी सुरक्षित हैं।

उनकी अन्तिम इच्छा के अनुसार मैंने उनकी पाई-पाई दान-पुन्न में लगा दी।

'64 का आरम्भ भी बहुत अच्छा नहीं हुआ। छुटपन से ही अमिताभ की गर्दन में बाईं तरफ़ मटर के दाने की तरह की सूजन थी। उमर के साथ वह कुछ बढ़ी थी।

जिन दिनों वे किरोड़ीमल कॉलेज में पढ़ते थे, उसमें यदा-कदा कुछ दर्द भी होता। हमने सफ़दरजंग के सर्जन डॉ. अय्यर को दिखाया। उन्होंने एक छोटा ऑपरेशन कर उसका एक अंश निकाल बायोप्सी के लिए भेजा और रिपोर्ट आने पर बताया यह कोई हानिकारक सूजन नहीं; बल्कि इसे छूने-छेड़ने से कुछ हानि हो सकती है। बात आयी-गयी हो गयी। जिन दिनों अमिताभ बर्ड कम्पनी में काम कर रहे थे, गले के दाने की सूजन फिर बढ़ने लगी और दर्द कुछ ज़्यादा ही होने लगा। कम्पनी से सम्बद्ध डॉक्टर ने देखा, तो कहा कि यह ट्यूमर है, शायद बुरे क़िस्म का नहीं, पर इसका फैलना आगे चलकर कभी गम्भीर कष्ट दे सकता है। कुछ और विशेषज्ञों की राय ली गयी। सबकी राय हुई कि ऑपरेशन करके निकलवा देना ही अच्छा होगा।

तेजी कलकत्ता गयीं। वहाँ के वुडलैण्ड नर्सिंग होम में नगर के एक प्रसिद्ध सर्जन ने अमिताभ के ट्यूमर का ऑपरेशन किया। गर्दन का ऑपरेशन नाजुक था ही। दो घण्टे ऑपरेशन में लगे। तेजी घबराई बाहर बैठी थीं पसीने-पसीने। जब डॉक्टर ऑपरेशन थियेटर से निकला, तब उसने बताया कि ट्यूमर गर्दन से चलकर कन्धे तक फैल गया था, जहाँ तक भी उसका फैलाव मिला, वह काटता गया और उसे पूरी तरह से निकाल दिया; ख़ैरियत यह थी कि ट्यूमर नीचे की ओर फैला था, ऊपर नहीं गया था, दिमाग़ की ओर जाने पर ऑपरेशन कठिन हो जाता। तेजी कई सप्ताह कलकत्ता रुकी रहीं। जब अमिताभ सामान्य हो दफ़्तर जाने लगे, तब वे लौटीं। पद्मजा नायडू उन दिनों बंगाल की गवर्नर थीं; उनसे हमारी पारिवारिक मैत्री थी; उनके कारण अमिताभ के ऑपरेशन के दौरान हमें कुछ ऐसी सुविधायें मिल गयीं, जो अन्यथा हमें सहज सुलभ न होतीं।

इक्कीस बरस तक इस ट्यूमर के कारण किसी प्रकार के कष्ट की शिकायत न की गयी। बायाँ कन्धा अमित का ज़रूर कुछ झुक गया था, पर उससे किसी प्रकार की तकलीफ़ महसूस न होती थी। अब जब उन्हें माइस्थीनिया ग्रेविस की शिकायत हुई है और वे अमरीका अपना इलाज कराने गये हैं, तब वहाँ के एक विशेषज्ञ की राय है कि ट्यूमर का ऑपरेशन करते समय कई ज़रूरी नसें कट गयीं थीं और उसी के परिणामस्वरूप अब मासंपेशियों में यह निर्बलता आयी है। शरीर एक बड़ी रहस्यात्मक मशीनरी है। डॉक्टर, वैद्य, हकीम उसके एक अंग को लाभ पहुँचाने में उसके दूसरे भाग को हानि भी पहुँचा सकते हैं। फिर हम जो शरीर विज्ञान में कोरे हैं, उन्हीं की राय पर चलने के अतिरिक्त कर भी क्या सकते हैं। आज हम ऐसे परस्पर सम्बद्ध समाज में रहते हैं कि हम अपनी ग़लतियों का ही परिणाम नहीं भोगते, दूसरे की ग़लतियों का भी, साथ ही दूसरों की सही सूझों का लाभ भी क्या हम कम उठाते हैं?

जनवरी '64 में ही ख़बर आयी कि भुवनेश्वर में पण्डित नेहरू पर लकवे का आक्रमण हुआ, जहाँ वे काँग्रेस के वार्षिक अधिवेशन में भाग लेने गये थे। चीनी आक्रमण के बाद जिन्होंने पण्डितजी को पिछले साल-भर देखा हो, उनके लिए यह

पक्षाघात बहुत अप्रत्याशित नहीं था। साल-भर से उनकी तबीयत गिरी-गिरी रहती थी, वे बराबर टूट रहे थे। चीनी आक्रमण उनके लिए देश के किसी भूमि-भाग पर आक्रमण मात्र न था; वह उनके आदर्शों, स्वप्नों, आस्थाओं-विश्वासों पर वज्राघात था। उसके बाद पण्डितजी को जैसा मैंने पाया था, हूबहू, अपनी एक कविता में चित्रित करने का प्रयत्न किया था। चीनी जिस दिन हमें पराजित, मद-मर्दित कर चले गये, जिस दिन सदियों की शान्ति परम्परा और सद्यः सम्पादित पंचशीली समझौते को तोड़कर चले गये, जिस दिन नैतिकता, मानवता और सभ्यता पर बर्बरता का नग्न नृत्य करके चले गये–

उस दिन देश का सबसे सीधा मेरुदण्ड झुक गया,
उस दिन देश का सबसे गर्वोन्नत भाल नत हो गया,
उस दिन देश का सबसे बड़ा जवान वृद्ध हो गया,
उस दिन बहुत-सी आशायें कुम्हला गयीं,
उस दिन बहुत से स्वप्न तिरोहित हो गये,
उस दिन बहुत से आदर्शों का खोखलापन सिद्ध हो गया–
तब से उस जवान के चेहरे पर झुर्रियाँ पड़ गयीं,
झाइयाँ छा गयीं!
तब से वह जवान न दिल खोलकर हँसा,
न मन से मुसकराया,
न उसने होली खेली,
न दिवाली का दीप जलाया,
(न अपना जन्मदिन मनाया)
उसने अपने रक्त की अन्तिम बूँदों तक
अपनी नसों के अन्तिम स्पन्दन तक,
अपनी छाती की अन्तिम धड़कन तक,
अपनी चौकी पर डटे रहकर
सारे देश के अपमान,
सारी जाति की लज्जा का मूल्य चुकाया।
(मूल्य चुकाने वाला–दो चट्टानें)

भुवनेश्वर से जब इन्दुजी पण्डितजी को लेकर लौटीं, मैं एक सुबह उन्हें देखने चला गया। इन्दुजी उनका हाथ पकड़कर उन्हें तीन मूर्ति हाउस के पीछे के लॉन में घुमा रही थीं। पक्षाघात का असर मुख्यतया उनके बायें अंग पर पड़ा था। लॉन की दूब पर हल्की-हल्की ओस अभी सूखी न थी, जिस पर चलने से गीले दाग़ बन जाते थे। पण्डितजी के दाहिने पाँव के दाग़ अलग-अलग उभर रहे थे और बायें पाँव की एक लम्बी गीली पट्टी बन रही थी; क्योंकि वे उसे उठा न सकते थे–घसीट रहे थे।

देखकर दु:ख हुआ।

समय ने क्या से क्या कर दिया था।

याद आया चालीस बरस पहले का जवान जवाहर। प्रयाग में अर्द्धकुम्भ पड़ा था। संगम को किसी कारण असुरक्षित समझकर सरकार ने वहाँ जाने पर रोक लगा दी थी। ऊँची-ऊँची बल्लियाँ गाड़कर मार्ग अवरुद्ध कर दिया गया था। पण्डित मदनमोहन मालवीय अपने अनुयायियों के साथ धरना देकर बैठे थे—स्नान करेंगे, तो संगम पर। उधर सरकार रोक हटाने के लिए तैयार न थी। जवाहर लाल को ख़बर लगी, आये और बात की बात में कूदकर बल्लियों पर चढ़ गये और उन्हें हिला-हिलाकर गिराने लगे, रास्ता बन गया, मालवीयजी ने जाकर स्नान किया और सरकार के सवार और सिपाही देखते ही रह गये।

वही पण्डितजी आज?...

वही पण्डितजी, जिन्हें कवीन्द्र रवीन्द्र ने ऋतुराज कहा था!...ऋतुराज से याद आया, हम उस वर्ष भी वसन्त पर पण्डितजी को मिलने गये थे। वे अपने कमरे में अकेले कुर्सी पर बैठे थे; सुबह की हल्की-सी धूप उनके ऊपर पड़ रही थी। उनके पैरों पर एक कम्बल पड़ा था—पीले रंग का—शायद इन्दुजी ने जान-बूझकर वसन्ती कम्बल आज के दिन उन्हें दिया था। तेजी ने उन्हें देखकर कहा था—

वसन्ती कम्बल! तो आज आप भी वसन्त मना रहे हैं!

पण्डितजी ने एक उदास मुसकान दी। बोले, तुमने कहा तो मेरा ध्यान इस ओर गया—आज वसन्त है?...(कमलाजी से पण्डितजी का विवाह वसन्त के दिन हुआ था।)

लेकिन मुझे वह पीलापन उन पत्तियों के पीलेपन से मिलता-जुलता लगा, जो सामने के पेड़ों से गिरकर ज़मीन पर बिखर रही थीं।

थोड़ा संभलते ही वे फिर काम करने लगे थे, कुछ ज़्यादा ही, शायद उन्हें आभास हो गया था, उनके पास समय अब कम है। 26 मई की रात को सोने जाने के पहले उन्होंने अपने निजी सचिव से कहा था, 'मैं समझता हूँ मैंने अपना सब काम ख़त्म कर दिया।'

और 27 की सुबह को उठकर जब वे सोये, तो फिर कभी नहीं जगे। उनकी मेज़ पर राबर्ट फ्रास्ट की ये पंक्तियाँ लिखी रखी थीं—

The wood are lovely dark and deep
But I have promises to keep
And miles to go before I sleep,
And miles to go before I sleep.

(गहन, सघन, मनमोहक बन-तरु मुझको आज बुलाते हैं,
किन्तु किये जो वादे मैंने, याद मुझे आ जाते हैं।
अभी कहाँ आराम बदा, यह मूक निमन्त्रण छलना है।
अरे अभी तो मीलों मुझको, मीलों मुझको चलना है।)

(भाषा अपनी भाव पराये)

शायद ये पंक्तियाँ बहुत दिनों पहले मेज़ पर रख ली गयी थीं।
तब से वे मीलों चलकर अपना सफ़र पूरा कर चुके थे।
और अब अनन्त निद्रा में सोने चले गये थे।

दो रातों तक उनका शव दर्शनार्थियों के लिए तीन मूर्ति हाउस में रखा रहा। उन रातों को फ़िराक़ की यह ग़ज़ल हम कितनी-कितनी बार दुहराते!

ग़ज़ल के साज़ उठाओ बड़ी उदास है रात,
नवा-ए-'मीर' सुनाओ बड़ी उदास है रात।

अभी तो ज़िक्रे-सहर दोस्तो है दूर की बात,
अभी तो देखते जाओ बड़ी उदास है रात।

सुना है पहले भी ऐसे में बुझ गये हैं चराग़,
दिलों की ख़ैर मनाओ बड़ी उदास है रात।

दिये रहो यूँ ही कुछ देर और हाथ में हाथ,
अभी न पास से जाओ बड़ी उदास है रात।

याद आता नेहरूजी की आँख बन्द होने के बाद, इन्दुजी का उनके ठण्डे हाथ को पकड़े उनके शव के पास बैठी रहना!...

कोई कहो ये ख़्यालों से और ख़्वाबों से,
दिलों से दूर न जाओ बड़ी उदास है रात।

समेट लो कि बड़े काम की है दौलते-ग़म,
इसे यूँ ही न गँवाओ बड़ी उदास है रात।

इसी खँडर में कहीं कुछ दिये हैं टूटे-हुए,
इन्हीं से काम चलाओ बड़ी उदास है रात।

लिये हुए हैं जो बीते ग़मों के अफ़साने,
वो ज़िन्दगी ही बुलाओ बड़ी उदास है रात।

और याद आता डंकन की मृत्यु के बाद मैकबेथ का प्रलाप—

(क्योंकि) इस घड़ी से जीवन में बड़ी चीज़ कुछ
नहीं रह गयी; सिर्फ़ रह गये गुड़िया-गुड्डे;
गौरव और गुमान उठ गया; जीवन-मदिरा
खींच ली गयी, औ' अब जग की मधुशाला में
डींग मारने को सीठी भर बची हुई है...

29 को नेहरूजी का शव अग्नि को समर्पित कर दिया गया।

उनका वसीयतनामा अंग्रेजी में प्रकाशित होता है। उसका अनुवाद करता हूँ। उनका यह अन्तिम काम है, जो मैं कर रहा हूँ। तब मुझे क्या मालूम था कि पन्द्रह वर्ष बाद यह अनुवाद अमिताभ की आवाज़ में रिकार्ड किया जायेगा और नेहरू

संग्रहालय में होने वाले सों-लुमेयर (ध्वनि-प्रकाश) में सुनाया जाया करेगा।

अस्थि-विसर्जन के लिए प्रयाग को जाने वाली गाड़ी से मैं भी जाता हूँ—हर स्टेशन पर शब्दशः जनसागर उमड़ पड़ता है। गाड़ी चलती है तो दोनों ओर लोगों को दूर तक दौड़ते चले आते देखता हूँ। नेहरू की राख में भी कितना ज़बरदस्त चुम्बक है!

इलाहाबाद में अमिताभ से भी भेंट हो जाती है। वे कलकत्ता से अस्थि-विसर्जन पर उपस्थित रहने को आ गये थे और वहीं से वापस चले गये।

दिल्ली में नेहरूजी का उत्तराधिकारी चुनने का काम शुरू हो जाता है।

श्री लालबहादुर शास्त्री हमारे नये प्रधानमन्त्री बनते हैं। श्रीमती इन्दिरा गाँधी सूचना एवं प्रसारण मन्त्री के पद पर उनके कैबिनेट में हैं।

पण्डितजी के चले जाने का सदमा सारे देश पर है। मैं पिछले दस वर्षों से उनके सम्पर्क में कुछ अधिक ही रहा था। मैं अपना ग़म अपनी कुछ कविताओं में ग़लत करता हूँ, जो मेरे संग्रह 'दो चट्टानें' में बाद को दी गयीं— '27 मई', 'गुलाब की पुकार', 'द्वीप लोप', 'गुलाब, कबूतर और बच्चा', 'दो फूल'।

'64 में भी मेरे मौलिक सृजन का कोई रूप प्रकाश में नहीं आया। पिछले कई वर्षों से समय-समय पर मैं रूसी कविताओं का अनुवाद उनके अंग्रेज़ी अनुवादों के आधार पर करता रहा था। इस वर्ष मैंने सबको एकत्र कर '64 रूसी कवितायें' के नाम से प्रकाशित कराया। संकलन मैंने रामचरितमानस के रूसी अनुवादक अलेक्सेई वरान्निकोव की पुण्य-स्मृति में उनके पुत्र प्योत्र वरान्निकोव—उस समय रूसी दूतावास में सांस्कृतिक सम्पर्क अधिकारी—और उनकी पत्नी रीमा को समर्पित किया। 'चौंसठ रूसी कवितायें' पर मुझे सन् '67 में सोवियत लैण्ड नेहरू पुरस्कार मिला। प्योत्र और रीमा दोनों हिन्दी बहुत अच्छी जानते थे; तीन वर्षों बाद रीमा ने मेरी कुछ कविताओं का अनुवाद रूसी में करके 'लिरिका' नाम से प्रकाशित कराया।

'53 में मेरी सर्वश्रेष्ठ कविताओं का संकलन 'सोपान' नाम से निकला था। वह समाप्त हो गया था। उसके बाद दस वर्षों में मैंने और बहुत-सी कवितायें लिखी थीं। मेरे प्रकाशक एक नया संकलन निकालना चाहते थे, जो अद्यतन हो। पुराने संकलन में बाद की कृतियों से श्रेष्ठ कवितायें जोड़कर मैंने एक नया संकलन तैयार किया, जो 'अभिनव सोपान' के नाम से प्रकाशित हुआ। पं. सुमित्रानन्दन पन्त ने उसके लिए एक भूमिका लिखी।

1965 का वर्ष मेरे लिए बड़े महत्त्व का था। उस वर्ष महाकवि ईट्स की जन्मशती पड़ती थी। डॉ. हेन से सम्पर्क रहने के कारण मुझे इसका पता तो था कि इंग्लैण्ड और आयरलैण्ड में इस अवसर पर कौन-कौन-से समारोह आयोजित किये जा रहे हैं। आयरलैण्ड के कुछ समारोहों में डॉ. हेन विशेष रूप से भाग लेने वाले थे। उनकी इच्छा थी कि इस अवसर पर मैं ईट्स पर कोई पेपर तैयार करूँ। स्लाइगो के एक समारोह के लिए उन्होंने मुझे आमन्त्रित करा लिया था, पर जाना मेरे लिए

सम्भव न था। मैंने उनको लिखा कि मैं भारत में ही अपनी रीति से ईट्स के प्रति अपनी श्रद्धांजलि अर्पित करूँगा। इस वर्ष मैंने केम्ब्रिज युनिवर्सिटी में डाक्टरेट के लिए प्रस्तुत अपना शोध प्रबन्ध 'W. B. Yeats & Occultism' प्रकाशित कराया— मोतीलाल बनारसीदास के यहाँ से, जिसके लिए मेरी प्रार्थना पर डॉ. हेन ने एक बड़ी सारगर्भित भूमिका लिखी।

अंग्रेज़ी कवियों में ईट्स मेरे बहुत प्रिय कवियों में रहे हैं। जीवन और काव्य सम्बन्धी उनके और अपने दृष्टिकोण में मैंने बड़ी समता देखी थी। इसी कारण उन्हें मैंने अपने विशेष शोध का विषय बनाया था। वस्तुत: उनके काव्य से मेरा सम्बन्ध दो स्तरों पर था—रागात्मक और विवेचनात्मक। विवेचनात्मक का परिणाम मेरा शोध-प्रबन्ध था; विवेचन-विश्लेषण शुष्क प्रक्रिया है, कुछ स्थापनाओं को सिद्ध करने के लिए बहुत-सा तथ्य जुटाना पड़ता है। केवल यही करना होता, तो मैं पागल हो जाता। ग़नीमत यह थी कि विवेचन के साथ मैं ईट्स के काव्य का आनन्द भी ले रहा था। ईट्स पर लिखी एक कविता में मैंने इसका संकेत किया है—कविता 'आरती और अंगारे' में है। उसका एक पद सुनें—

काव्य-सिन्धु में उतर तुम्हारे
मैंने तह को खूब थहाया,
मोती जो दो-चार निकाले
वह माँझी का फ़र्ज निभाया,
इनको जग परखे, मेरा तो
सुख सबसे बढ़कर था, उसकी
चिर-चंचर वर्तुल लहरों से क्रीड़ा की, विलसा मनमानी।
मैं नतशीश तुम्हारे आगे आयर के शायर अभिमानी।

'माँझी' से मैं संकेत कर रहा हूँ मरजीवे का, जो मोती पाने के लिए सीधे समुद्र की तह में उतरता है।

मोती उपजै सीप में, सीप समन्दर माहिं
कोई मरजीवा काढ़सी, जीवन को गम नाहिं। (कबीर)

'माँझी' यहाँ है शोधार्थी का जो कुछ सत्य-तथ्य की खोज में काव्य-सिन्धु के तह तक जाता है—उसे समुद्र की लहरों के उच्छल-उल्लास से कोई सम्बन्ध नहीं, उसे उसके कल-कल, छल-छल वीचि-विलास से कोई सरोकार नहीं, उसके नील-शीतल रोमांचकारी जल-स्पर्श से कोई मतलब नहीं। उस सबका आनन्द तैराक लेता है—काव्य-सिन्धु की सतह पर तैरने वाला। सत्य की शोध-प्रक्रिया के लिए ईट्स रेखा-सीधे प्रतीकों का उपयोग करते हैं, सौन्दर्यनन्द के लिए वर्तुल-गोलाकार प्रतीकों का। मेरी कविता में भी यह संकेतित है। माँझी सीधे रेखा की तरह नीचे उतरता है; तैराक वर्तुल लहरों से खेलता है। मैं कहना चाहता हूँ कि मैंने शोध का शुष्क कर्म करते हुए काव्यानन्द भी कम नहीं भोगा।

ईट्स को अपनी श्रद्धांजलि मैं काव्य-शोधक के रूप में ही नहीं देना चाहता था; काव्यरसिक के रूप में भी मैंने उनकी 101 कवितायें चुनीं और उनका अनुवाद हिन्दी में किया और उसे मैंने 'मरकत द्वीप का स्वर' के नाम से प्रकाशित कराया। आयरलैण्ड अपनी हरीतिमा के कारण Emerald Island कहलाता है, 'करमत द्वीप'। संकलन मैंने श्रीमती ईट्स की पुण्य-स्मृति में समर्पित किया—

जिन्होंने मेरे डबलिन-प्रवास में एक दिन ईट्स की अँगूठी
मेरे दायें हाथ की कनिष्ठा में पहना दी और जब
ठीक आई तो बोलीं,
'विलीन की कनिष्ठा बिल्कुल तुम्हारी जैसी थी!'—
इन अनुवादों की यत्किंचित सफलता का श्रेय
मैं उसी जादुई-स्पर्श को देता हूँ।

शताब्दी के अवसर पर मैंने ईट्स पर एक परिचयात्मक लेख 'धर्मयुग' के लिए लिखा, जो परिशिष्ट-1 के रूप में 'मरकत द्वीप का स्वर' के साथ छापा गया है। इसी अंक में मेरे द्वारा किये गये ईट्स की कुछ कविताओं के अनुवाद भी छपे थे।

'65 में ही मैंने अपनी कविताओं का संकलन 'दो चट्टानें' प्रकाशित किया, जिस पर '67 में मुझे साहित्य अकादमी पुरस्कार मिला।

आपको स्मरण होगा कि मैंने विदेश मन्त्रालय में हिन्दी विशेषाधिकारी के रूप में भारत सरकार की सेवा 27 दिसम्बर 1955 को आरम्भ की थी। सरकारी सेवा के संशोधित नियमों के अनुसार अवकाश प्राप्त करने की आयु 58 वर्ष रखी गयी थी—पहले 55 ही थी। 27 नवम्बर 1965 को मैंने 58 वर्ष पूरे कर लिये। उस समय तक मैं सरकारी सेवा में 9 वर्ष 11 महीने रह चुका था। अवकाश प्राप्त करने पर पेंशन का अधिकारी मैं तभी हो सकता था, जब मेरी सेवा कम-से-कम दस वर्ष की हो। चूँकि मेरी सेवा दस वर्ष से एक महीना कम थी, इसलिए मुझे पेंशन नहीं मिल सकती थी। मैं चाहता था या तो मेरी सेवा एक मास के लिए और ले ली जाये या विदेश मन्त्रालय में आने से पूर्व आल इण्डिया रेडियो की मेरी तीन महीने की सेवा मेरी सरकारी सेवा में जोड़ ली जाये और इस प्रकार मुझे पेंशन का अधिकारी बना दिया जाये। यह तो मेरे प्रति बड़ा अन्याय होगा कि केवल एक महीने की तकनीकी कमी के कारण मुझे पेंशन से वंचित किया जाये जबकि वास्तविकता यह है कि आल इण्डिया रेडियो में काम करते हुए मैं सरकारी सेवा में ही रहा हूँ। मैंने इस आशय का एक प्रार्थनापत्र प्रशासन-प्रभागीय सह-सचिव की मार्फ़त विदेश सचिव को दे दिया। पर मुझे यही उत्तर दिया गया कि विदेश मन्त्रालय में सेवा आरम्भ करने की तिथि मैंने 27 दिसम्बर दी थी—मैं उसी समय यह आग्रह करता कि मेरी सेवा अक्टूबर से समझी जाये, तो उस पर विचार किया जा सकता था (दस वर्ष आगे देखने की व्यवहार-बुद्धि कहाँ कविवर बच्चन में!) पर अब इसमें कोई

परिवर्तन करना सम्भव न होगा। और मैं किसी हालत में पेंशन का अधिकारी न समझा जा सकूँगा। इस सम्बन्ध में सरकार के नियम बहुत रूढ़ हैं। एक महीना तो बहुत होता है, एक दिन की भी छूट नहीं दी जा सकती थी।

मैंने सोचा इस मामले में एक बार विदेश मन्त्री से भी मिलकर देख लिया जाय।

मैं समय लेकर प्रधानमन्त्री श्री लालबहादुर शास्त्री से मिला, जो विदेशमन्त्री भी थे। मैंने उनके सामने सारी स्थिति रख दी। उन्होंने बड़ी सहानुभूति के साथ मेरी बातें सुनीं। उस दफ़्तर में बैठे हुए असम्भव था कि याद न आये कि यहीं मैं पण्डितजी से कितनी बार मिला था। चलते समय मेरे मुँह से निकल गया, आप पण्डितजी की कुर्सी पर बैठे हैं, मेरे सम्बन्ध में निर्णय लेते हुए मेरी प्रार्थना सिर्फ़ इतनी है कि आप एक बार सोचें कि पण्डितजी होते, तो मेरे सम्बन्ध में क्या करते।

उन्होंने दो दिन बाद मुझे बुलाया। कहा, मुझे अफ़सोस के साथ कहना पड़ता है कि आपके प्रार्थनापत्र पर जो निर्णय विदेश सचिव ने लिया है, वह नियमानुकूल है और मैं उसके विपरीत न जाना चाहूँगा। आपकी नियमित सेवा विदेश मन्त्रालय में 27 नवम्बर को समाप्त हो जायेगी। पर देश आपकी सेवा किसी और रूप में ले सकता है, अभी आप चार महीने कान्ट्रैक्ट बेसिस पर अपनी जगह पर काम करते जायें। आपको वही वेतन मिलता रहेगा, जो आपको अब मिलता है। डॉ. राधाकृष्णन—हमारे राष्ट्रपति—आपको जानते हैं? एक बार उनसे मिल लें।

मैं एक बार राष्ट्रपतिजी से मिल आया। वे मेरे नाम-काम से अपरिचित न थे, फिर भी उन्होंने मुझसे मेरा बायोडाटा माँगा, जो मैंने उन्हें भेज दिया।

मुझे कुछ आभास तो हो गया कि सम्भवत: प्रधानमन्त्री के सुझाव पर राष्ट्रपति मुझे राज्यसभा के लिए मनोनीत करने पर विचार कर रहे थे।

इस बीच देश की पृष्ठभूमि में पाक-भारत युद्ध, सुरक्षा परिषद् के प्रस्ताव पर युद्धविराम, सोवियत मध्यस्थता में ताशकन्द समझौता, शास्त्रीजी की मृत्यु, प्रधानमन्त्री के रूप में श्रीमती इन्दिरा गाँधी का चुनाव।

नये प्रधानमन्त्री की राय ली गयी होगी, तो निश्चय मेरे लिए उनका समर्थन मिला होगा।

31 मार्च के पत्रों में प्रकाशित हो गया कि राष्ट्रपति ने मुझे 2 अप्रैल से 6 वर्ष के लिए राज्यसभा का सदस्य मनोनीत कर दिया है। मैं इतना ही समझा कि यह दूसरे रूप में मेरे काम के लिए मुझे पेंशन दी गयी है।

2 अप्रैल को मैंने राज्यसभा के अध्यक्ष उपराष्ट्रपति डॉ. ज़ाकिर हुसैन के समक्ष राष्ट्र और राष्ट्र के संविधान के प्रति निष्ठा की शपथ ली। तेजी दर्शक दीर्घा में बैठी मुझे देख रही थीं।

श्री लालबहादुर शास्त्री केवल 18 महीने प्रधानमन्त्री रहे। यह छोटी-सी अवधि दो बातों के लिए विशेष रूप से याद की जायेगी। एक तो भारत-पाक युद्ध के लिये, जिसमें विजयी होकर भी भारत के हाथों कुछ नहीं लगा सिवा अपने

प्रधानमन्त्री की मृत्यु के; दूसरी, तमिलनाडु में हिन्दी-विरोधी उग्र आन्दोलन के लिए। उसकी कुछ पूर्व पीठिका संक्षेप में।

संविधान 1950 में पास हुआ, जिसमें भारत प्रजातन्त्र की राष्ट्रभाषा हिन्दी मानी गयी। हिन्दी चूँकि पर्याप्त विकसित नहीं थी, इसलिए पन्द्रह वर्ष उसके विकास के लिए रखे गये और इस अवधि के लिए अंग्रेजी को राजभाषा (Official Language) रखा गया। हिन्दी की प्रगति का लेखाजोखा लेने के लिए पाँच-पाँच वर्ष पर राजभाषा आयोग (Official Language Commission) की व्यवस्था की गयी।

प्रथम भाषा आयोग की रिपोर्ट के प्रकाशित होते ही (1957-58) तमिलनाडु में आन्दोलन शुरू हुआ कि राजभाषा के रूप में हिन्दी को लाने के लिए निश्चित अवधि न रखी जाये और अंग्रेज़ी अनिश्चित काल के लिए राजभाषा मानी जाये।

1958 के काँग्रेस अधिवेशन, गौहाटी में नेहरूजी को आश्वासन देना पड़ा कि अहिन्दी-भाषी जब तक चाहेंगे, तब तक अंग्रेजी सहचरी राजभाषा बनी रहेगी। (English would remain the associate official language for as long as the non-Hindi speaking people wished.) इस पर आन्दोलन समाप्त कर दिया गया।

नेहरूजी के आश्वासन को संविधान में राजभाषा अधिनियम 1963 का रूप दिया गया कि 1965 के बाद भी अंग्रेज़ी, हिन्दी के अतिरिक्त, केन्द्र तथा संसद के समस्त राजकाज और कार्रवाई के लिए प्रयुक्त की जा सकती है।

(English may continue to be used after 1965 in addition to Hindi for all the official purposes of the Union and for the transaction of business in Parliament.)

फिर भी तमिलनाडु का आग्रह अंग्रेज़ी के रखने पर उतना नहीं था, जितना हिन्दी के न रखने पर। उनकी माँग थी, केन्द्र और संसद के सभी कार्यों के लिए अंग्रेज़ी एकमात्र भाषा रहे और हिन्दी को प्रमुख क्या, किसी भी रूप में साथ आने न दिया जाये। हालाँकि '63 के अधिनियम के बाद भी अंग्रेज़ी ही प्रमुख भाषा थी और हिन्दी सहचरी या वस्तुतः अनुचरी या वह भी नहीं। सम्पूर्ण तमिलनाडु में तीन सप्ताह के उग्र हिंसक आन्दोलन के बाद 11 फरवरी को प्रधानमन्त्री लालबहादुर शास्त्री को राष्ट्र-व्यापक रेडियो प्रसारण के द्वारा केन्द्र की भाषा नीति इस प्रकार स्पष्ट करनी पड़ी कि—

(1) प्रत्येक प्रान्त को पूर्ण स्वतन्त्रता होगी कि वह जिस भाषा में चाहे अपना कामकाज करे।

(2) अन्तर-प्रान्तीय पत्राचार अंग्रेज़ी के माध्यम से होगा। हिन्दी या अन्य किसी भाषा माध्यम से करने पर साथ प्रामाणिक अंग्रेज़ी अनुवाद लगाना होगा।

(3) अहिन्दी-भाषी प्रान्त पहले की तरह केन्द्र से अंग्रेज़ी में पत्राचार करने के लिए स्वतन्त्र होंगे।

(4) केन्द्र के काम-काज के लिए अंग्रेज़ी प्रयुक्त की जाती रहेगी।

17 फ़रवरी को राष्ट्रपति ने संसद के दोनों सदनों के सम्मिलित बजट अधिवेशन में स्पष्ट शब्दों में यह घोषणा की कि जबकि हिन्दी केन्द्र की राजभाषा मानी गयी है, अंग्रेज़ी तब तक बनी रहेगी, जब तक अहिन्दी भाषाभाषी उसे रखना आवश्यक समझेंगे।

इस पर उत्तर भारत में, विशेषकर दिल्ली में अंग्रेज़ी-विरोधी आन्दोलन हुए। अहिन्दीभाषियों पर हिन्दी न लादी जाये, पर हिन्दीभाषियों पर अंग्रेज़ी क्यों लादी जाये। सत्ताधारी, यानी कांग्रेस पार्टी ने एक समिति का गठन किया, इस पर विचार करने के लिए कि क्या अहिन्दीभाषी प्रान्तों के अधिकारों को इस प्रकार नियन्त्रित किया जा सकता है कि वे हिन्दीभाषी प्रान्तों को अंग्रेज़ी से अधिकाधिक मुक्त होने में बाधा न बनें। इस समिति के सदस्य थे सर्वश्री मोरारजी देसाई, द्वारिकाप्रसाद मिश्र, सुब्रमण्यम, निजलिंगप्पा और ढेबर, पर उसकी सिफ़ारिशें शास्त्रीजी के आश्वासन से आगे न जा सकीं—उसकी अतिरिक्त सिफ़ारिशें थीं—शिक्षा के क्षेत्र में त्रि-भाषा फ़ार्मूला लागू हो और केन्द्रीय लोक सेवा आयोग की परीक्षाएँ अंग्रेज़ी और हिन्दी के अतिरिक्त सभी प्रान्तीय भाषाओं में हों।

जहाँ तक अतिरिक्त सुझावों का सम्बन्ध है, उनसे विदेश मन्त्रालय का सम्बन्ध नहीं था; हाँ, अगर प्रजा सोशलिस्ट पार्टी के मधु लिमये के आह्वान के अनुसार हिन्दीभाषी प्रान्त अपने यहाँ का सारा कामकाज हिन्दी में करते, केन्द्र के साथ सभी स्तरों पर अपने पत्राचार के लिए अंग्रेज़ी को त्यागकर केवल हिन्दी का प्रयोग करते तो विदेश मन्त्रालय को ऐसे अनुवादकों की आवश्यकता होती जो उनके यहाँ से आये पत्रों को अंग्रेज़ी और अधिकारियों के उत्तरों को हिन्दी में अनूदित कर सकें, पर ऐसा हुआ नहीं।

वैसे, जैसा कि मैं पहले भी कह चुका हूँ, प्रथम भाषा आयोग की रिपोर्ट के बाद ही विदेश-मन्त्रालय में हिन्दी को अग्रसर करने के लिए कोई नया क़दम नहीं उठाया गया।

जून 1966 को अजिताभ बी.ए. (ऑनर्स) प्रथम श्रेणी में पास हुए और थोड़े दिन बाद ही वे भी कलकत्ता चले गये, अमिताभ के सहयोग से कहीं कोई काम अपने लिए खोजने। उन्हें शा वेलेस में काम मिल गया और दोनों भाई वहीं साथ रहने लगे।

1959 से पहले तीन वर्ष अमिताभ हमारे साथ थे, फिर तीन वर्षों के लिए अजिताभ आ गये। अब दोनों के चले जाने से तेजी और मैं फिर अकेले हो गये।

राज्यसभा की सदस्यता मिलने के प्रथम दिन से मैंने यह निर्णय किया था कि यथासम्भव मैं राजनीति से अलग रहने का प्रयत्न करूँगा; उस क्षेत्र में सक्रिय रूप से कुछ करने की न तो मुझमें क्षमता है, न अब दो कम 60 की उम्र में विकसित की जा सकती है।

उम्र सारी तो कटी इश्के बुताँ में मोमिन,
आख़िरी वक्त में क्या ख़ाक मुसल्माँ होंगे।

तो बाक़ी ज़िन्दगी भी 'इश्के बुताँ' में ही क्यों न गुज़ारी जाये–यानी साहित्य-सृजन में, गो मैं अपनी उम्र के किसी हिस्से में केवल 'ग़मे इश्क' में मुब्तिला नहीं रहा, 'ग़मे रोज़गार' भी साथ लगा रहा। अब आख़िरी वक्त में मुझे मौक़ा मिला था कि मैं 'ग़मे रोज़गार' से मुक्त होकर 'ग़मे इश्क' को अपनाऊँ। और मैंने अपने मन में सृजनशील लेखन की कई तरह की योजनाएँ बनायीं--कवितायें मैं समय-समय पर लिखता ही रहता था; शेक्सपियर की चार प्रमुख त्रासदियों के अनुवाद मैं करना चाहता था। 'मैकबेथ' और 'ओथेलो' प्रकाशित हो चुके थे, 'हैमलेट' और 'लियर' अनूदित करना था; विशेष योजना थी मेरी अपनी आत्मकथा लिखने की।

अपने नये कामों के मंगलाचरण के रूप में मैंने 'नागर गीता' की प्रेस कॉपी तैयार की और वह जून में प्रकाशित हुई। राधा बाबा की इच्छा थी गीता का अनुवाद खड़ी बोली गद्य में भी किया जाये। 'जनगीता' अवधी में थी। मैंने गीता का अनुवाद लयात्मक खड़ी बोली में किया और जब वह प्रकाशित हुई, तब मैंने उसे अपने मामा स्व. विन्ध्येश्वरी प्रसाद की पुण्य-स्मृति में समर्पित किया–श्राद्धस्वरूप। पुत्र न होने से मरने पर उनका परम्परागत श्राद्ध नहीं किया गया था।

1967 सृजन, प्रकाशन के अतिरिक्त मेरे लिए उत्सव, विदेश-यात्रा और सम्मान का वर्ष था।

24 जनवरी को हमने अपने विवाह की रजतजयन्ती मनायी जिसके उपलक्ष्य में हमने दिल्ली के अपने 25 आत्मीयों को एक भोज दिया। अमित और बंटी इस अवसर पर कलकत्ता से आये। अजिताभ ने अमिताभ के साथ अतिथियों के सामने उपस्थित होकर एक बड़ी मनोरंजक बात कही–"माँ और डैड की 'प्रोग्रेस रिपोर्ट' तो हमीं लोग हैं!"–श्रीमती इन्दिरा गाँधी भी उस भोज में सम्मिलित हुई थीं और उन्होंने हमें उपहारस्वरूप चेकोस्लोवाकिया का एक शीशे का सुनहला कलापूर्ण वाज़ दिया था, जो हमारे डाइनिंग रूम में आज भी सुशोभित है।

भारत सरकार और साम्यवादी देशों के बीच सांस्कृतिक आदान-प्रदान कार्यक्रम के अन्तर्गत शिक्षा मन्त्रालय ने मुझे 3 अप्रैल से 31 अप्रैल तक रूस, मंगोलिया, चेकोस्लोवाकिया तथा पूर्व ज़र्मनी की यात्रा करने के लिए आमन्त्रित किया।

चूँकि उसके पूर्व लबनान की राजधानी बेरूत में तीसरा ऐफ्रो-एशियाई लेखक सम्मेलन होने को था और भारतीय शिष्टमण्डल का नेतृत्व करने के लिए मुझे निमन्त्रित किया गया था, इसलिए उपर्युक्त यात्रा पर जाने के पूर्व मैं बेरूत गया और वहाँ एक सप्ताह सम्मेलन की बैठकों में भाग लेकर वहीं से मास्को गया।

शिष्टमण्डल में प्रमुख थे मुल्कराज आनन्द और सज्जाद ज़हीर। सज्जाद ज़हीर पहले ही बेरूत पहुँच चुके थे। मुल्कराज उसी जहाज़ में थे, जिससे मैं जा रहा था। हम लोग 26 मार्च को तड़के बेरूत पहुँचे, हल्की फुहार पड़ रही थी, हवा में दिल्ली से अधिक ठण्ड थी; घड़ी कोई तीन घण्टे पीछे करनी पड़ी।

दस बजे से सम्मेलन का खुला सत्र आरम्भ होने को था। हम लोग जल्दी-जल्दी

तैयार होकर सभा-भवन में पहुँचे, जो निकट के ही एक होटल के बड़े हॉल में था। दस-बारह देशों के शिष्टमण्डल सम्मेलन में भाग लेने के लिए आये थे—चीन और पाकिस्तान, जिन्होंने पिछले सम्मेलनों में भाग लिया था, अनुपस्थित थे, कतिपय राजनैतिक कारणों से। संख्या में सबसे बड़ा शिष्टमण्डल रूसियों का था; वे मास्को से एक पूरा प्लेन चार्टर करा के आये थे। शिष्टमण्डल के नेताओं को प्रीसीडियम में स्थान दिया गया, जो एक ऊँचे डायस पर था; मुझे भी वहीं जगह मिली। उपस्थिति दो-ढाई सौ के करीब होगी; हॉल छोटा था, इसलिए अतिथियों का प्रवेश नियन्त्रित था।

फ़्लोर की भाषा अरबी थी, पर भाषणों के अंग्रेज़ी अथवा फ्रेंच अनुवाद इअर-फोन के द्वारा सुने जा सकते थे। मध्याह्न-पूर्व के सत्र शिष्टमण्डल के नेताओं के भाषण के लिए थे। उद्घाटन, स्वागत भाषण के पश्चात् पहले दिन का प्रमुख भाषण रूसी शिष्टमण्डल के नेता का था। वे रूसी में बोले और उसका अनुवाद अरबी में किया गया, साथ ही इअर-फोन द्वारा अंग्रेजी और फ्रेंच में सुना गया। उनके भाषण ने जैसे टोन सेट की, दिशा-संकेत दिया और फिर सभी नेता उलट-फेरकर उन्हीं की बातों को दुहराते रहे। दूसरे दिन मैंने अपना लिखित भाषण पढ़ा और किसी अंश में वह भी रूसी भाषण के प्रभाव से मुक्त नहीं था। मैंने अपना भाषण हिन्दी में दिया, जिसका अनुवाद मुल्कराज ने अंग्रेज़ी में किया। लबनान में तो उसका स्वागत हुआ, पर भारत के अंग्रेज़ी पत्रों में इसे मेरा हिन्दी कठमुल्लापन कहा गया—हिन्दी शावनिज़्म!

सारे सम्मेलन पर रूसी छाये रहे। कार्यकारिणी और खुले सत्र में भी उनके द्वारा प्रस्तुत सभी प्रस्ताव पास हुए। मुल्कराज के सुझाव पर चौथा सम्मेलन नयी दिल्ली में करने का प्रस्ताव मैंने पेश किया, जो स्वीकार कर लिया गया। इसके लिए अनुमति मुल्कराज श्रीमती इन्दिरा गाँधी से लेकर आये थे, और सम्भवत: रूसी शिष्टमण्डल की पूर्व-सहमति भी उन्होंने प्राप्त कर ली थी। प्राय: सभी प्रस्ताव राजनैतिक स्थितियों-परिस्थितियों-सिद्धान्तों से प्रभावित थे। राजनीति से मुक्त शायद दो ही प्रस्ताव थे—एक तो यह कि अफ्रीका-एशिया के विशिष्ट लेखन की एक त्रैमासिक पत्रिका निकाली जाये—'लोटस' नाम की। 'लोटस' (कमल) नाम किसका सुझाव था, इसका मुझे पता नहीं, पर इस पर भारतीय शिष्टमण्डल को विशेष सन्तोष हुआ था। पत्रिका का मुख्यालय क़ाहिरा में होने को था और पहले वह अंग्रेज़ी और बाद को रूसी, फ्रेंच और अरबी में निकलने को थी; मैंने हिन्दी का भी सुझाव दिया था, 'लोटस' कभी हिन्दी में नहीं निकला। दूसरा प्रस्ताव था, हर वर्ष अफ्रीका-एशिया के सर्वश्रेष्ठ प्रगतिशील लेखक को 'लोटस' पुरस्कार देने का। पुरस्कार की राशि अच्छी-ख़ासी होने को थी, गो वह निश्चित नहीं की गयी थी। कुछ लोगों का ख़्याल था कि वह नोबल-पुरस्कार-धनराशि की टक्कर की होगी; और लेखकों में भावी प्राप्तकर्ताओं के नाम की अनुमान-चर्चा चल पड़ी थी।

सम्मेलन में कवि-सम्मेलन अथवा मुशायरे का कोई कार्यक्रम नहीं था, पर

एक सन्ध्या को येवतेशेंको का काव्य-पाठ हुआ। येवतेशेंको रूस के नवयुवक कवियों में सर्वश्रेष्ठ माने जाते हैं; वे भी रूसी शिष्टमण्डल के साथ आये थे। रूसी तो मैं न समझा, पर उनके काव्य-पाठ से लगा कि बड़ी जोशो-ख़रोश की कविता है; और वे बड़ी नाटकीयता से पढ़ते हैं, हाथ-पाँव फेंकते हुए, चेहरे से विभिन्न भावों की मुद्रायें प्रदर्शित करते। शायद अभिनेता बनते, तो बहुत सफल होते—अच्छे डील-डौल के हैं; सुन्दर भी। ख़बर थी कि उन्हें काव्य-पाठ के लिए अमरीका बुलाया गया है और वे वहीं से चले गये थे।

स्वागत समिति की ओर से बाहर से आने वाले लेखकों के लिए मनोरंजन और ऐतिहासिक तथा दर्शनीय स्थानों को दिखाने का भी प्रबन्ध था। 'बिबलोस' को भूलना असम्भव है। रोमन युग के—आज से दो हज़ार वर्ष से भी अधिक समय के—दो-तीन महाकाय, नक्काशी किये दृढ़ स्तम्भ खड़े हैं। यदि ये किसी बड़े 'हाल' के अवशेष हैं, तो शेष खम्भों का क्या हुआ; उनको वहाँ से हटा ले जाना असम्भव था। एक ही सम्भावना है उनके ग़ायब हो जाने की—शायद किसी भूचाल में नीचे की धरती फटी और उन खम्भों को निगल गयी। रोमनों के समय के बन्दरगाह के अवशेष भी हमने एक समुद्र-तट पर देखे।

दर्शनीय स्थानों में विशिष्ट हमने एक पर्वत की गुफा देखी, जिसके अन्दर दर्पण-स्वच्छ पानी का एक बड़ा नाला बहता है। हमने उसमें नाव से यात्रा भी की। गुफा को कितना साफ़, बिजली की रोशनी से कितना प्रकाशमान, संगीत से गुंजायमान कर रक्खा गया है; दोनों तटों पर तथा गुफा की छत में भी ऊपर से चूने वाले पानी के साथ आती मिट्टी ने प्राकृतिक बेल-बूटों की क्या अद्‌भुत कारीगरी की है! क्या चित्रकूट की गुप्त गोदावरी को ऐसा ही नहीं बनाया जा सकता? वहाँ भी गुफा में पानी की धारा बहती है; पर वहाँ कितना अन्धकार है, कितनी बदबू, चमगादड़ों का कितना अशोभन, घृणोत्पादक जमघट।

मनोरंजन में हमने लबनानी संगीत-कला-नृत्य का कोई प्रदर्शन नहीं देखा। कैसीनो, पेरिस की 'फ़ाली बरजेर' की सफल नकल भर कहा जा सकता है। एक भाग में बहुत ऊँची बाज़ी का जुआ भी होता है। सुना, कई लाख वार्षिक आमदनी पर इन्कम-टैक्स देने वाले ही जुआघर में प्रवेश पाते हैं—एक छोटे-से सूराख से जीतने वालों की दानवी, अट्टाहसी मुद्रा और हारने वालों की नारकीय शोक संतप्त शक्ल देखी जा सकती है; और इसके लिए भी बड़ा महँगा टिकट खरीदना पड़ता है। दोनों तरह के लोगों को संभालने के लिए डॉक्टर और नर्सों का एक दस्ता वहाँ मौजूद रहता है।

एक दिन हमें सीरिया की राजधानी दमिश्क भी ले जाया गया। वहाँ हम दमिश्क की पार्लियामेन्ट में बैठे और सीरिया के प्रधानमन्त्री ने फिलिस्तीनी शरणार्थियों की समस्या पर व्याख्यान दिया। फिर हमें शरणार्थियों के शिविरों को देखने के लिए ले जाया गया—बड़ी ही दयनीय हालतों में वे रह रहे थे। छोटी-छोटी कोठरियों से औरत, मर्द, बच्चे, बूढ़े निकलते ही आते थे—हैरत होती थी कैसे, क्या करते होंगे इतने-इतने लोग उनमें बैठे, और कितने दिनों नहीं, कितने सालों से! सुना

कि दमिश्क की उमय्या मस्जिद बड़ी विराट और भव्य है। खुदा के बन्दों की माँदों को देखने के बाद—माँदों से भी बदतर थीं उनके रहने की जगहें—खुदा के रंगमहल को देखने का मेरा उत्साह जाता रहा। मुल्कराज जाकर देख आये। चमत्कृत थे!

भारतीय शिष्टमण्डल के हम कुछ लोग एक दिन लबनान स्थित भारतीय राजदूतावास गये। मि. खूबचन्द हमारे राजदूत थे वहाँ; उन्होंने बड़े आदर से हमारा स्वागत किया। बातचीत के दौरान उन्होंने इज़राइल-अरब राष्ट्र संघर्ष पर भी हमें कुछ मर्म की बातें बतायीं। अरब राष्ट्र इज़राइल से विरोध क्यों मान बैठे हैं? इसलिए कि फिलिस्तीन से निकाले हुए शरणार्थी सब अरब राष्ट्रों में फैल गये हैं और सालहा-साल संख्या में बढ़ रहे हैं, पर अरब राष्ट्र इन्हें हज़म नहीं कर पाये। सबसे बड़े दुर्भाग्य की बात है कि अरब राष्ट्रों में एकता नहीं है और न हो सकती है; यह इज़राइल के हित में है। जार्डन में इतने शरणार्थी आ गये हैं कि जार्डन की मूल आबादी के बराबर हैं और वे सल्तनत के लिए चुनौती बन गये हैं। जार्डन को उन्हें बसाने की इतनी फिक्र नहीं, जितनी उन्हें अपने देश से निकालमे की। लबनान में फिलिस्तीनियों के प्रति पूरी हमदर्दी नहीं, यहाँ की 50 प्रतिशत जनसंख्या ईसाइयों की है, जो इस समस्या के प्रति निरपेक्ष हैं। इसी तरह सीरिया, ईराक तथा अन्य अरब राष्ट्रों में तख़्ता पलटने का खेल मौसम बदलने की तरह चला करता है। सब मिलकर इज़राइल के विरुद्ध सामूहिक कार्रवाई शायद ही कभी कर सकें। क्रूर सत्य तो यह है कि अरब राष्ट्रों को यत्किंचित निकट लाने का इज़राइल-विरोध एक नकारात्मक माध्यम बना हुआ है। फिर इज़राइल को अमरीका का समर्थन प्राप्त है—राज्य का भी और अमरीकी यहूदी जनता का भी, जिनकी संख्या और शक्ति बहुत बड़ी है; जैसे अरब राष्ट्रों को रूस की सद्‌भावना और सहायता सुलभ है। लेकिन रूसी बाहरी समस्याओं को सुलझाने से अधिक रुचि आन्तरिक शासन-पद्धति को बदलने में लेते हैं। बहरहाल, फ़िलिस्तीन के प्रश्न को लेकर अमरीका और रूस निकट-संघर्ष का खतरा नहीं उठा सकते और बहुत दिनों तक यह समस्या ज्यों की त्यों खड़ी रहेगी। एक आसान-सा हल यह हो सकता था कि अरब राष्ट्र फ़िलिस्तीनी शरणार्थियों को अपने देश की राष्ट्रीयता देकर हज़म कर लें।—वे सब के सब अरब जाति (रेस)के हैं, सब मुसलमान हैं, सब अरबी भाषी हैं, पर ऐसा सुझाव देने का साहस आज कोई नहीं कर सकता।

यों तो मास्को में मेरा कार्यक्रम दो अप्रैल से आरम्भ होने को था, पर बेरूत से मास्को जाने वाले जहाज़ में तीन से पहले जगह न मिल सकी। इस परिवर्तन की सूचना मास्को को दे दी गयी थी। मैं तीन अप्रैल की सन्ध्या को मास्को पहुँचा। जहाज़ उतरने के कुछ देर पहले मास्को में बर्फ पड़ चुकी थी और जहाज़ की खिड़की से बाहर पड़ी बर्फ का दृश्य दिखायी देता था। सहसा ध्यान आया दिल्ली में लू शुरू हो गयी होगी।

हवाई अड्डे पर सोवियत राइटर्स यूनियन की ओर से मादाम मरियम ने मेरा स्वागत किया। कई बार भारत आ-जा चुकी थीं, हिन्दी बहुत अच्छी और शुद्ध

बोलती थीं। किसी हिन्दी लेखक ने, शायद 'दिनकर' ने उन्हें 'मीरा' नाम दे रखा था और इसे उन्होंने बड़ी खुशी से स्वीकार कर लिया था। मेरा उनका पूर्व परिचय भी था। औपचारिक सद्‌भावना प्रकाशन के बाद उन्होंने मेरा परिचय मादाम इरीना से कराया—भरे शरीर की सुन्दर नवयुवती—दुबली-पतली स्त्रियाँ-लड़कियाँ रूस में अपवाद ही होती हैं, जैसे स्वयं मरियम। वे मेरी दुभाषिया थीं और मेरी रूस-यात्रा के दौरान बराबर मेरे साथ रहने को थीं। वे हिन्दी-उर्दू के अतिरिक्त अंग्रेज़ी भी समझती और बोल सकती थीं। उनके बैग में हर समय दो पाकेट-कोश पड़े रहते थे—रूसी-अंग्रेजी और रूसी-हिन्दी के, जिन्हें वे जब-तब निकालकर देख लिया करती थीं। शायद ही कोई ऐसा अवसर आया, जब उन्हें मेरी बात समझने या अपनी बात मुझे समझाने में दिक्कत पेश हुई। बने हुए कार्यक्रम को पूरा कराने के लिए सब तरह का प्रबन्ध करने में वे दक्ष थीं और मेरी सुविधा और आवश्यकता का हर समय ध्यान रखती थीं।

मुझे पीकिंग होटल में ठहराया गया। सुना कि चीन की सरकार ने चीनी ढंग से सजाकर इसे मास्को वालों को भेंट किया था। सबसे नीचे तल्ले पर खाने के लिए बने दो बड़े 'हॉलों' को छोड़कर चीनी साज-सज्जा मुझे कहीं न दिखी। दस-बारह तल्लों का होटल था, जिसमें आधुनिक रहन-सहन की सभी सुविधायें प्राप्त थीं। मेरी दुभाषिया लगभग दस बजे होटल में आ जाती थीं और फिर दिन-भर के कार्यक्रम में मेरे साथ रहती थीं। मेरे लिये एक बड़ी कार का भी प्रबन्ध कर दिया गया था, जो नगर में कहीं भी आने-जाने के लिए मुझे हर समय सुलभ थी। रूस में एक बड़ी अजीब प्रथा देखी—और बाद को तो सभी साम्यवादी देशों में देखी—अतिथि को प्रतिदिन के हिसाब से सारे प्रवास के लिए निश्चित धनराशि दे दी जाती है। उसे अपने ब्रेकफास्ट, लंच, डिनर का बिल खुद उसी राशि से चुकाना पड़ता है। राशि इतनी होती है कि खाने का बिल अदा करने के बाद भी ऊपर से खर्च के लिए कुछ बच रहता है। मैं तो शाकाहारी था और शराब-सिगरेट भी नहीं पीता था। प्रतिदिन के लिए नियत राशि के आधे से ही मेरा काम चल जाता था। वापस आते समय बचाये रूबलों से मैंने कई रूसी 'सोवेनीर' (स्मारक-उपहार) खरीदे।

अफ्रो-एशियायी लेखक सम्मेलन में रूसी लेखकों का जो प्रतिनिधिमण्डल गया था, वह भी उसी जहाज़ से मास्को लौटा जिससे मैं आया। सम्मेलन में भाग लेने वाले कई पूर्वी देशों के लेखक भी मास्को आये, जैसे जापान, वियतनाम आदि के। तीन-चार दिन तक मेरा कार्यक्रम प्राय: उन्हीं लेखकों के साथ बँधा था। पहली प्रमुख सभा इस ध्येय से की गयी कि मास्को के लेखकों को उपर्युक्त सम्मेलन की उपलब्धियों से अवगत कराया जाये। दूसरी बड़ी सभा में जनता भी बुलायी गयी और उसमें अन्य कवियों के साथ मैंने भी अपनी कविता का पाठ किया। मैंने 'एकान्त संगीत' की 'अग्नि-पथ, अग्नि-पथ, अग्नि-पथ!' कविता सुनायी।

इन कार्यक्रमों के अतिरिक्त हमें कभी दिन के और कभी रात के कई भोज दिये गये। रूसी भोज कई घण्टों तक चलते हैं और बीच-बीच में मेज़बानों और

मेहमानों की तरफ़ से भाषण होते हैं और विशिष्ट लोगों के जामे-सेहत पीने के प्रस्ताव किये जाते हैं। रूसी अपनी मेहमान-नवाज़ी में अपने यहाँ की ख़ास शराब 'वोदका' पीने की प्रार्थना करते हैं, मनुहार करते हैं, आग्रह करते हैं और खुद नशे में आ गये, तो जबरदस्ती भी करते हैं! इन भोजों में मेरी तो बड़ी मुसीबत होती थी। रूसी यह समझ ही नहीं सकते थे कि मैं शराब न छूने के लिए प्रतिज्ञाबद्ध हूँ। और एकाध जगह बिना 'वोदका' के गिलास को होंठों से छुलाये मैं अपने प्राण न छुड़ा सका। मैंने इसे आपद्धर्म कहकर अपना प्रबोध कर लिया। एक काकटेल पार्टी भारतीय राजदूतावास में दी गयी। राजदूतावास की इमारत पुरानी है, ऐतिहासिक है, कुछ नये हिस्से भी उसमें जोड़े गये हैं। पुराने हिस्से में हमें एक 'बालकनी' दिखायी गयी, जहाँ से, कहते हैं, नेपोलियन ने मास्को को जलते हुए देखा था। जब उसने मास्को पर आक्रमण किया था तब, इसके पूर्व कि उसकी सेनायें नगर में घुसें, मास्को निवासियों ने स्वयं नगर खाली करके उसमें आग लगा दी थी। राजदूतावास से चलते समय फिर मुझे एक विचित्र बात मालूम हुई। एक अधिकारी ने मुझे कुछ मेरे काम की जगहों के फ़ोन नम्बर दिये, बताया, मास्को में फ़ोन तो असंख्य हैं, पर 'डायरेक्टरी' नहीं छपती, अपने काम-बात के जरूरी नम्बरों का पता आप मुख्यालय से लगा सकते हैं। इसके तो बड़े गहरे मतलब हुए। अपने देश में तो आप रिसीवर उठाइये, और प्रधानमन्त्री के यहाँ फ़ोन कर दीजिये। रूस में यह अकल्पनीय। प्रजातन्त्र और साम्यवाद का अन्तर!—ख़ैर।

तीन-चार दिन के सम्मिलित कार्यक्रम के बाद मेरा स्वतन्त्र कार्यक्रम बनाया गया। लेनिन की समाधि का दर्शन सबसे पहले याद आता है। क्रेमलिन की दीवार के बाहर रेड स्क्वायर में लेनिन की समाधि है—इमारत लाल संगमरमरी पत्थरों की बनी—सादी, सुदृढ़, गम्भीर—लेनिन के व्यक्तित्व के अनुरूप। किसी भी दिन जाइये, दर्शनार्थियों के लम्बे-लम्बे 'क्यू' आपको मौन प्रतीक्षा में खड़े मिलेंगे। लोग एक दरवाज़े से जाते हैं और बिना रुके लेनिन के शव को देखते हुए दूसरे दरवाज़े से बाहर निकल आते हैं—किसी तरह की फूल-माला भीतर ले जाने अथवा बोलने की आज्ञा नहीं है। लेनिन का शव एक शीशे के ताबूत में रखा है; उनके चेहरे पर तेज़ रोशनी पड़ती है, चेहरा प्रायः श्वेत दिखाई पड़ता है। चारों कोनों पर, जैसे बाहरी दरवाज़ों पर, नीली वर्दी के बुत-से खड़े बन्दूकधारी फौजियों का पहरा रहता है। मैं चूँकि विशिष्ट अतिथि था—राज्यसभा का सदस्य भी—इसलिए मुझे 'क्यू' में नहीं खड़ा होना पड़ा। समाधि के वातावरण का कुछ ऐसा प्रभाव मुझ पर पड़ा कि बाहर निकलकर मैं बहुत गम्भीर हो गया और बड़ी देर तक मेरे मुँह से कोई शब्द नहीं निकला!

रेड स्क्वायर में ही एक सिरे पर ईवान दि टेरिबिल का बनवाया हुआ सेंट वेसिल का चार सौ बरस पुराना गिरजा है जो अपने गुम्बदों के रंग, आकार-प्रकार, तरतीब के कारण संसार में अद्वितीय है। कहते हैं कि इसको बारमा नाम के इंजीनियर ने बनाया था। ईवान इसे देखकर इतना प्रसन्न हुआ कि उसने बारमा की आँखें निकलवा लीं, जिससे कि वह कहीं और ऐसा गिरजा न बना सके! बारमा को

इसकी आशंका पहले से हो गयी थी। उसने मेहराबों के बीच-बीच में झरोखे बना दिये थे, जिन्हें दूर से देखने से लगता है कि बारमा की आँखें ही जैसे अनेक हों इन नेत्राकार मेहराबों और पुतली-रूप झरोखों से घूर रही हैं! 'बारमा की आँखें' शीर्षक से मैंने एक कविता लिखी है, जो 'उभरते प्रतिमानों के रूप' में है।

कई दिन मैंने युनिवर्सिटी, आर्ट गैलरियाँ, पुस्तकालय, प्रसिद्ध लेखकों के भवन—जैसे तोल्सतोय, गोर्की, मायकोव्सकी, चेख़ोव आदि के—देखने में लगाये। लेखकों के भवनों में जाने के पहले जूतों के ऊपर बड़े-बड़े कैनवस-नम्दे के जूते पहनने पड़ते हैं, जिससे एक तो जूतों की रगड़ से फ़र्श न खराब हों; हज़ारों लोग प्रतिदिन दर्शनार्थी के रूप में आते हैं, दूसरे जूतों की खटर-पटर से शोर न हो। तोल्सतोय में अपने लेखन को निखारने के प्रति कितनी लगन थी, कितना श्रम उन्होंने किया! 'वार ऐंड पीस' ऐसे भीमकाय ग्रन्थ को सात-आठ बार उन्होंने अपने हाथों से लिखा! प्रतिभावानों के कैसे विचित्र-विचित्र शुग़ल भी होते हैं। लार्ड तोल्सतोय को जूते बनाने का शौक था और वे फ़ुरसत के समय जूते बनाया करते थे; जूते बनाने का उनका सारा सामान ज्यों का त्यों रखा है। क्रान्ति के बाद लेनिन ने गोर्की को रहने के लिए जो घर दिया, वह किसी सामन्त का था। सोने के कमरे का शृंगार देखकर उन्होंने कहा, इसमें तो किसी बैले डांसर को सोना चाहिए। बिस्तर के आगे दीवार में कद्दे आदम शीशा लगा था, पहली रात को तो गोर्की को नींद ही न आयी। दूसरी रात को उन्होंने शीशे की ओर अपना सिरहाना करा लिया। हर जगह गाइड हैं, जो लेखकों के भवनों, रहन-सहन, कार्य-प्रणाली आदि के बारे में मनोरंजक बातें बताते हैं।

एक सन्ध्या को मास्को की स्टेट युनिवर्सिटी में मेरा काव्य पाठ हुआ। मास्को की युनिवर्सिटी मकानियत और विद्यार्थी-अध्यापक संख्या में इतनी बड़ी है कि अगर हमारे देश की दस-बारह सर्वश्रेष्ठ युनिवर्सिटियाँ मिल जायें तो भी उसकी बराबरी शायद ही कर सकें! सभा में भारतीय विद्यार्थियों के अतिरिक्त बहुत-से रूसी भाई भी आये थे। एक और सन्ध्या को लुमुम्बा फ्रेंडशिप युनिवर्सिटी में मेरा व्याख्यान और काव्य-पाठ हुआ। यहाँ डेढ़-दो सौ भारतीय विद्यार्थी विभिन्न विषयों में शिक्षा पा रहे थे। एक दिन रूस के वयोवृद्ध लेखक और कवि ईलिया एहरेनबुर्ग से मेरी भेंट का प्रबन्ध किया गया था। साहित्य के अतिरिक्त चित्रकला में भी उनकी गहरी रुचि थी। उनके ड्राइंग-रूम में मैंने एक-दो चित्र जैमिनी राय के देखे। एहरेनबुर्ग का कहना था कि जैमिनी राय की कला पर फ्रेंच प्रभाव है। मैंने उनसे लगभग एक घण्टे आधुनिक साहित्य और काव्य के विषय में बातचीत की। अपने साहित्य सम्बन्धी विचारों में वे बहुत-से रूसी लेखकों से अलग और स्वतन्त्र लगे—निर्भीक भी। उन दिनों उनके दिमाग़ में साहित्य कला के अन्तर्राष्ट्रीय मापदण्ड की बात ज़ोरों से घूम रही थी। सोवियत राइटर्स यूनियन में एक सन्ध्या को केवल मेरा काव्य पाठ कराया गया; एहरेनबुर्ग ने सभापति का आसन ग्रहण किया; कई हिन्दी जानने वाले रूसी मित्रों ने मेरी कविता का भाव रूसी में बताया। एक रूसी भाई ने लिखकर भेजा—मेरी हिन्दी कविता, जिसकी वे केवल ध्वनि मात्र

सुनते हैं, रूसी अनुवाद से अधिक प्रभावकारी लगती है। एहरेनबुर्ग ने पढ़कर उसका मतलब मुझे समझाया और कहा, यह आपके लिए बहुत बड़ा सर्टिफ़िकेट है। उसी रात को मुझे एक भोज दिया गया, जिसमें एहरेनबुर्ग, भारत के राजदूत और कई प्रसिद्ध रूसी लेखक सम्मिलित हुए।

प्राय: प्रत्येक रात्रि को किसी-न-किसी प्रकार के मनोरंजन का प्रबन्ध रहता था—थियेटर, बैले, ओपेरा, सिनेमा; और कुछ न सही तो पपेट शो (कठपुतली का खेल) या सरकस। सरकस के लिए मास्को में स्थायी भवन हैं, जैसे सिनेमा के लिए। बोलशाई थियेटर का 'स्वान लेक बैले' भूलने की चीज़ नहीं है। उसका वर्णन नहीं किया जा सकता। उस पर कविता लिखी जा सकती है—मैंने एक लिखी भी है—स्वान-लेख बैले की प्रमुख बैलेरीना के प्रति—'हंस-मानस की नर्तकी' शीर्षक से। प्रस्तुत कर दूँ?

शब्द-बद्ध तुमको करने का
मैं दु:साहस नहीं करूँगा।
तुमने अपने अंगों से जो गीत लिखा है
विगलित लयमय, नीरव स्वरमय, सरस रंगमय, छन्द-गंधमय
उसके आगे मेरे शब्दों का संयोजन—
अर्थ-समर्थ बहुत होकर भी—मेरी क्षमता की सीमा में—
एक नयी कविता-सा केवल जान पड़ेगा—
लयविहीन, रसरिक्त, निचोड़ा, सूखा, भोंडा।
ओ माखन-सी मानस-हंसिनि, गीत तुम्हारा
जब मैं फिर सुनना चाहूँगा,
अपने चिर-परिचित शब्दों से नहीं सहारा मैं माँगूँगा।
कान मूँद लूँगा, मुख अपना बन्द करूँगा,
पलकों में पर लगा, समय-आकाश पारकर
क्षीर-सरोवर तीर तुम्हारे उतर पड़ूँगा
तुम्हें निहारूँगा नयनों से
जल मुक्ताहल तरल झड़ूँगा!

दर्शक बैले समाप्त होने पर हॉल छोड़कर घर जाने की जल्दी में नहीं रहते। वे तालियाँ बजाते हैं और नर्तकियाँ बारम्बार परदे से बाहर आ-आकर दर्शकों का अभिनन्दन स्वीकार करती हैं, और ज़ोर से तालियाँ बजती हैं, लोग 'ब्रावो', 'ब्रावो'—खूब किया—चिल्लाते हैं और यह क्रम आठ-दस मिनट तक चलता है!

मुझे दस दिन मास्को में रखने के बाद रूस के अन्य नगरों की यात्रा कराने का भी कार्यक्रम बनाया गया। 14 की रात को ट्रेन से मैं लेनिनग्राद के लिए रवाना हुआ—इस गाड़ी को 'रेड ऐरो' कहते हैं। स्टेशन पर मुझे लेने के लिए वरान्निकोव दम्पति मौजूद थे, शायद राइटर्स, यूनियन की ओर से मेरे लेनिनग्राद पहुँचने की सूचना उन्हें दे दी गयी थी। दोनों उन दिनों लेनिनग्राद की विभिन्न शिक्षा संस्थाओं

में अध्यापन का कार्य करते थे। इरीना मेरे साथ आयी ही थी। हमें 'होटल एस्टोरिया' में ठहराया गया। कहते हैं हिटलर ने लेनिनग्राद पर कब्ज़ा करने के बाद इसी होटल में भोज देने का स्वप्न देखा था; योजना तक बना डाली थी, निमन्त्रण-पत्र भी छपा लिये थे, पर उसने अपना भाग्य समझने में कितना धोखा खाया था।

पहले मुझे 1917 की क्रान्ति और पिछले महायुद्ध से सम्बद्ध स्थान-स्मारक दिखाये गये। मैंने 'अरोरा' नामक जहाज़ देखा जिससे क्रान्ति का पहला गोला दागा गया था। मुझे बताया गया कि जिस आदमी ने पहला गोला दागा था, वह अभी मौजूद है और अक्टूबर में जब क्रान्ति की स्वर्ण-जयन्ती मनायी जायेगी, तब उसे विशेष रूप से सम्मानित किया जायेगा। 'स्मालनी' वह इमारत है जिसमें क्रान्ति की सफलता के पश्चात् लेनिन रहते और काम करते थे। इस बड़ी इमारत में उन्होंने केवल दो कमरे अपने और अपनी पत्नी के लिए रक्खे थे। एक कमरे को पर्दे से दो भागों में विभाजित कर छोटा-सा सोने का कमरा बनाया गया था—बिस्तर इतने कम चौड़े थे, जितने अपने यहाँ के रेलवे के बर्थ। आधे में उनका दफ़्तर था। दूसरे कमरे में वे लोगों से मिलते थे। उसी कमरे में अब लेनिन के व्याख्यानों के रिकार्ड दर्शकों को सुनाये जाते हैं। रूसी तो मैं न समझा, पर उनकी आवाज़ में गम्भीरता, सन्तुलन, निश्चितता, ठोसपन सहज आँका जा सकता था। ये विशेषतायें गाँधीजी की आवाज़ में भी थीं। एक जगह एक रेल का डिब्बा देखने की याद है, जिसमें चढ़कर लेनिन क्रान्ति पूर्व लेनिनग्राद (पहले पीट्रोग्राद) आये थे, एक टैंक देखने की भी, जिस पर खड़े होकर क्रान्ति के पश्चात् लेनिन ने जनता को सम्बोधित किया था। पिछले महायुद्ध की गति-प्रगति प्रदर्शित करने के लिए तो एक स्थायी प्रदर्शनी लगायी गयी है। युद्ध में काम आये सैनिकों, शहीदों, नागरिकों के स्मारक पर रात-दिन अविरत आग की लपटें उठाने का प्रबन्ध है—गैस-प्रवाह के द्वारा। आप दिन में किसी वक्त जायें आपको एक भीड़ मातृभूमि के लिए प्राणों की आहुति देने वाले अपने सम्बन्धियों की याद में खड़ी दिखायी देगी।

'हरमिताज' पुराने ज़ारों का राजमहल था; अब वह रूस का सबसे बड़ा संग्रहालय है, चित्रों, मूर्तियों और नानाविध कलाकृतियों का। उसके सारे कक्षों में से होकर निकल जाने के लिए ही सारा दिन चाहिए। हम दो दिन 'हरमिताज' देखने गये और नहीं कह सकते कि हमने वहाँ की सारी चीज़ें देख लीं, गो कलाकृतियों के देखने-भर का कोई अर्थ नहीं होता। एक-एक कृति के पीछे कलाकरों के जीवन-भर का परिश्रम है; वह साधिकार माँग करती है कि उसके सामने रुको, उसके सौन्दर्य को समझो, उसके सर्जक के प्रति आदर से झुको। हर संग्रहालय से मैं यह भावना लेकर लौटता हूँ कि मैं उसके प्रति न्याय नहीं कर सका। यह सोचकर उदास भी हो जाता हूँ कि इन कलाकारों ने अपनी कल्पना, प्रतिभा, श्रम, लगन से दुनिया के एक कोने को सुन्दर बना दिया है; क्या मैं भी कभी ऐसा कर सकूँगा! इस जन्म में तो नहीं।

एक दिन रीमा बरान्निकोवा मुझे अपने स्कूल लिवा ले गयीं। वहाँ हिन्दी एक विषय के रूप में शुरू से पढ़ाई जाती थी। मुझे बताया गया कि ऐसे बहुत-से स्कूल

हैं, जहाँ विश्व की कोई-न-कोई भाषा शुरू से आख़ीर तक शिक्षा क्रम में रहती है—एक तरह से रूस में भी 'थ्री लैंग्वेज फारमूला' माना जाता है। जिनकी भाषा रूसी है, उन्हें एक योरोपीय भाषा और एक एशियाई भाषा सीखनी होती है। रूस के तीस से अधिक रिपब्लिकों की अलग-अलग भाषायें हैं। रूसी के अतिरिक्त उन्हें अपनी भाषा भी सीखनी होती है और एशिया अथवा योरोप की एक और भाषा। रूसी के सर्व-स्वीकृत होने का एक बड़ा कारण है कि अन्य रूसी भाषाओं की तुलना में यह सर्वाधिक विकसित है। हिन्दी के भारत-भर में स्वीकृत न होने की वजह यही है कि वह भारत की अन्य दर्जन-भर प्रमुख भाषाओं के समान ही विकसित अथवा अविकसित है।—मैंने स्कूल के बच्चों को कुछ कवितायें सुनायीं, उन्हें गाने की लय सिखायी। उन्होंने भी मेरी कुछ कवितायें मुझे सुनायीं।

एक शाम को प्योत्र और रीमा बरान्निकोवा ने मुझे अपने घर बुलाया, हिन्दुस्तानी खाना बनाकर खिलाया, रीमा अपने भारत-प्रवास में हिन्दुस्तानी खाना बनाना सीख गयी थी, पर सामान आदि उसने कहाँ से जुटाया, राम ही जाने!

लेनिनग्राद से मैं हवाई जहाज से किएव गया। किएव किसी समय रूस का सबसे महत्त्वपूर्ण नगर था। ईसा की दसवीं शताब्दी में जब प्रथम रूसी राजवंश की नींव डाली गयी, तो किएव को ही राजधानी बनाया गया था। किएव के धार्मिक, सांस्कृतिक और आर्थिक विकास में उसको यूनान से निकटता का बड़ा हाथ है। किएव के ही राजा ब्लादिमीर प्रथम ने सन् 989 में सर्वप्रथम ईसाई धर्म स्वीकार किया—यूनानी कट्टरपन्थी चर्च का ईसाई धर्म, जिसे ईस्टर्न चर्च भी कहा जाता है; वेस्टर्न चर्च रोम-केन्द्रित था। मुझे याद है कि पहले दिन जब मैं अपने होटल से निकल नगर देखने चला था तो सबसे पहले मुझे ब्लादिमीर प्रथम की मूर्ति के सामने ले जाया गया था, जो एक ऊँचाई पर खड़ी हो गयी है।

ईसाई-धर्म को शासकीय स्वीकृति तो दसवीं शताब्दी में मिली, पर उसके बहुत पूर्व ईसाई साधक किएव में साधना करने को आ गये थे। सम्भवत: खुले में साधना का विरोध देखकर उन्होंने ज़मीन के अन्दर-अन्दर गुफायें खोदकर, रास्ते बनाकर अपनी साधना जारी रक्खी थी। मुझे ये गुफायें दिखायी गयीं, गुफाओं के पतले रास्तों की लम्बाई ही सब मिलाकर एक मील से कम न होगी। बीच-बीच में अच्छे बड़े कमरों की चौड़ाई की गुफायें हैं जिनमें सामूहिक प्रार्थना होती होगी। अब तो इनमें बिजली का प्रकाश है, ताजी हवा भी पहुँचायी जाती है, पर सदियों पूर्व इनके भीतर जीवन की कठिनाई का अनुमान सहज ही किया जा सकता है। सन्तों के मरने पर उनकी लाशें दीवारों में जगह खोदकर रख दी जाती थीं—बहुत-सी लाशें हज़ार बरस से अधिक पुरानी हैं और सड़ी नहीं! किएव में बड़े सुन्दर और भव्य गिरजे हैं जिनमें बाईज़ैनटियम शैली की चित्रकारी की गयी है। यह दीवारों पर रंग-बिरंगे पत्थरों के छोटे-छोटे टुकड़ों को जमाकर की जाती है। साम्यवादी व्यवस्था में चर्चों में तो प्रार्थनायें नहीं होतीं पर उनकी सफ़ाई, मरम्मत और उनके जीर्णोद्धार का पूरा प्रयत्न किया जाता है। पिछले युद्ध में कई गिरजे बमबारी से ध्वस्त हो गये थे; उनका उसी तरह पुनर्निर्माण करने की योजना बनी है। रूसी अपने

अतीत के इतिहास से जुड़े रहने की महत्ता को ख़ूब समझते हैं; फिर टूरिज़्म की दृष्टि से भी इनका महत्त्व है। मनुष्य में न जाने क्या है कि चीज़ें जितनी पुरानी हों वह उतनी ही रुचि-कौतूहल से उन्हें देखता है।

किएव में मुझे एक प्लेनिटोरियम भी दिखाया गया। यहाँ एक विशेष प्रकार के डिमोन्सट्रेशन से ज़मीन के चलने का सबूत दिखाया जाता है। बड़ी ऊँची छत से एक भारी लट्टू टंगा हुआ है। उसके एक सिरे से दूसरे सिरे तक झूलने का अनुपात किसी वैज्ञानिक विधि से धरती की चाल से रक्खा गया है : लट्टू इतना भारी है कि वह अपनी चाल की सीधी रेखा नहीं बदल सकता, पर पृथ्वी के चलने से वह थोड़ा बदलता है। इसका पता यों लगता है कि लट्टू आते-जाते अपनी नोक से दोनों ओर रक्खी लकड़ी की छोटी-छोटी गोटों को टक्कर से गिरा देता है जबकि पहली झूल में वह साफ़ उसके बगल से निकल गया था।

किएव ऊँचाई और ढलानों पर जैसा बसा है, उससे मुझे वह शिमले की याद दिलाता था, आबोहवा भी उन दिनों वहाँ कुछ शिमले-जैसी थी।

किएव की भी राइटर्स यूनियन में मुझे निमन्त्रित किया गया और वहाँ बहुत-से लेखकों और कवियों से मेरा परिचय कराया गया। कुछ ने अपनी कवितायें भी सुनायीं, मैंने भी सुनायीं, उनके अनुवाद भी एक दूसरे के लिए किये गये पर ऐसे अनुवादों से कविता का कोई तत्त्व हाथ नहीं लगता।

किएव के मूल निवासी कोसक्स हैं। कोसक्स भावुक लोग हैं, मिलते-विदा होते मर्द भी मर्द का चुम्बन लेते हैं, रंगों से बड़ा शौक है। वैसे तो साधारणतया अब सब योरोपीय पोशाक पहनते हैं, खासकर बाहर; पर घरों में उन्हें अपनी पुरानी पोशाकें पसन्द हैं, जिन पर रंगीन तागों से बड़ी सुन्दर कढ़ाई की जाती है। किएव के आस-पास के पहाड़ी स्थानों में बड़े सुन्दर चिकने पत्थर पाये जाते हैं। वहाँ इन पत्थरों को कलापूर्ण शक्लों में काटने की कारीगरी विकसित की गयी है। ऐसे पत्थरों की एक दुकान पर गया, तो समझ में नहीं आता था कि किसे ख़रीदूँ किसको छोड़ूँ। विचित्र पत्थरों को इकट्ठा करने का शौक मुझे भी है, बहुत-से लोगों को होता है। मैंने ज़ाकिर हुसैन साहब के पास पत्थरों का बहुत अच्छा संग्रह देखा था। कहीं पढ़ा था जर्मन कवि गेटे को भी पत्थरों के प्रति बड़ा आकर्षण था। किएव के पत्थर एक तो भारी, दूसरे भारी क़ीमतों के, फिर मुझे हवाई जहाज़ से यात्रा करनी और रूबल अपने पास इने-गिने। केवल नमूने के तौर पर एक खरीदा; बाकियों को अपनी स्मृति में संजो लाया। अब भी कभी-कभी विचित्र शक्ल-रंग के पत्थरों की वह दुकान मेरी आँखों के आगे नाच जाती है।

तीन दिन किएव में रहकर मैं हवाई जहाज़ से बाकू गया। मुझे किसी ने बताया कि 'बाकू' का पुराना नाम 'बादेख़ूबा' था जो दो शब्दों से बना था 'बाद:' और 'ख़ूबा'; 'बाद:' का अर्थ है 'हवा' और 'ख़ूबा' का अर्थ है अधिक—यानी वह स्थान, जहाँ हवा ख़ूब चलती है। दोनों शब्द फ़ारसी के हैं। 'बादेख़ूबा' ही बिगड़कर 'बाकू' हुआ। बाकू में हवा अब भी खूब चलती है। ठण्डक भी वहाँ मुझे और जगहों से अधिक लगी। अपने यहाँ कहावत प्रसिद्ध है—'माघे जाड़ न पूसे

जाड़, जड़ बयार तबै जाड़े' और बयार बाकू में हर समय चलती थी। अब तो बाकू की प्रसिद्धि उसकी तेल उगलने वाली ज़मीन के कारण है। नगर के बाहर चप्पे-चप्पे पर तेल खींचने की मशीनें लगी हैं। जिन दिनों मैं वहाँ था, समुद्र के अन्दर से तेल निकालने का कोई बड़ा अभियान चल रहा था।

पुराना बाकू निश्चय ही रूमानी नगर था—हुस्नो-इश्क का, शेरो-शायरी का, कला-कारीगरी का, सुन्दर इमारतों का। पुराने महल-मीनारों से प्रेमी-प्रेमिकाओं की अज़ीबोग़रीब कहानियाँ जुड़ी हैं, जो अब भी दुहराई जाती हैं—फ़लाँ महल में फ़लाँ सुन्दरी क़ैद थी; फ़लाँ मीनार से फ़लाँ आशिक कूद पड़ा था। पुराने साहित्य और कला को संरक्षित रखने के बहुत अच्छे संग्रहालय हैं। आबादी में बहुतायत मुसलमानों की है। मुझे बताया गया, किसी को अपना धर्म छोड़ने को बाध्य नहीं किया जाता, पर नास्तिक, भौतिकवाद की शिक्षा स्कूल के पाठ्यक्रम का एक अंग है। एक मस्ज़िद भी देखने की याद है—निहायत साफ़, सुथरी, सुन्दर। भीतर नमाज़ केवल बूढ़े लोग पढ़ रहे थे, औरतों के नमाज़ पढ़ने की जगह पीछे थी, परदे से अलग की हुई।

पुराने बाज़ार, जिसमें पुरानी कला-कारीगरी की चीज़ें बिकती हैं, दिल्ली या लखनऊ के बाज़ार की याद दिलाते हैं। सामान बेचना और शायद ख़रीदना भी एक कला है। योरोप में तो चीज़ें रखी हैं, उन पर दाम लिखा है, आपको चीज़ पसन्द हो तो इशारा कीजिये, चीज़ पैककर आपको दे दी जायेगी, आप काउन्टर पर जाइये, दाम चुकाइये, अपनी राह लीजिये। पूर्व का विक्रेता दुकान में आपका स्वागत करता है, आपकी आँख भाँपता है, आपकी जेब आँकता है, कौन-सी चीज़ आपको पसन्द है, कौन नहीं; किस पर, कहाँ तक आप ख़र्च कर सकते हैं। कोई चीज़ आपको कम पसन्द है, उसे पूरी पसन्द करा देने में बिक्री की कला है; कोई चीज़ आपको पसन्द नहीं है, उसे आपको ख़रीदवा देना बिक्री-कला की बहुत बड़ी सफलता है। एक बाज़ार में चाँदी के बारीक काम के गहने बिक रहे थे। इरीना की नज़र एक झुमके पर पड़ी और दुकानदार ने बातों की वह झड़ी लगायी, झुमका निकालकर इरीना के कानों में ऐसे पहना दिया कि उसे लेना ही पड़ा। उस झुमके के बारे में मुझे एक मनोरंजक बात याद आ गयी। बाज़ार से गुज़रते हुए इरीना के एक कान का झुमका कहीं गिर गया; बहुत ढूँढा गया, नहीं मिला। इरीना दुखी हुई, मैंने उसका मन बहलाने को 'बरेली के बाज़ार में झुमा गिरा रे' गीत थोड़ा बदलकर सिखाया,

बाकू के बाज़ार में झुमका गिरा रे।
सास मोरी पूछे, ननद मोरी पूछे,
कहाँ गिरा रे?
बाकू के बाज़ार में झुका गिरा रे।
सइयाँ ने देखा, कान मेरा छूँछा;
कहाँ गिरा झुमका, सवाल नहीं पूछा;
चुपके से ला के नया दिया रे!
बाकू के बाज़ार में झुमका गिरा रे!

इरीना अन्त में फिर गहनों की दुकान पर गयी, इस आशा में कि शायद उसी तरह का दूसरा मिल जाये। दुकानदार ने यह कहकर कि सिर्फ़ इस झुमके के तीन पीस बने थे, बिल्कुल उसी तरह का एक झुमका लाकर दे दिया। फिर बेचने की कला का नमूना। बाद को मैं सोचने लगा कि झुमका दुकान में ही तो नहीं गिर गया था कि दुकानदार ने वही फिर पेश कर दिया; पर इरीना इस बात को मानने के लिए तैयार नहीं हुई कि रूस का दुकानदार ऐसी बेईमानी करेगा।

बाकू से मैं 22 अप्रैल को मास्को वापस आया। वह दिन मैंने ख़रीदारी करने में बिताया। मेरी 'लिरिका' की रायल्टी मुझे दे दी गयी जो कई सौ रूबल थी; इरीना के हिसाब से भारतीय सिक्कों में लगभग तीन हज़ार रुपयों के बराबर; कुछ रूबल दैनिक भत्ते के मेरे पास बचे थे। ये सब रूस के अन्दर ही खर्च करने थे। कुछ समय मैंने किताबों की दुकानों पर बिताया। रूस में सारा प्रकाशन राज्य की ओर से होता है। रूस ने अपने को वर्ल्ड कॉपीराइट कन्वेन्शन से मुक्त कर लिया है। वे दुनिया की किसी भी पुस्तक का अनुवाद बिना लेखक की अनुमति के और बिना कुछ रायल्टी दिये कर सकते हैं—करते भी हैं; कोई लेखक रूस पहुँच जाये, तो रूबलों में वे उसकी रायल्टी अदा कर देते हैं; पर रूबलों को रूस में ही खर्चना होता है। रूस की आन्तरिक भाषाओं में भी परस्पर अनुवाद खूब होते हैं। पुस्तकें सुन्दर होने के साथ सस्ती भी होती हैं और रूसी जनता में पुस्तक प्रेम बहुत है। जहाँ भी मैं पुस्तकों की दुकान पर गया, मैंने ख़रीदने वालों की भीड़ देखी। मुझे बताया गया कि भारतीय साहित्य की ही लगभग सौ किताबें रूसी में अनूदित हो चुकी हैं और कई किताबें रूसी अनुवाद में जितनी बिकी हैं, उतनी मूल भारतीय भाषा में नहीं!

रूस ऐसे बड़े देश के विषय में, जो देश नहीं दुनिया है, केवल तीन सप्ताह रहकर, और उसके सिर्फ़ चार नगरों को देखकर, और उन नगरों में वही देखकर, जो आपको दिखाया गया है, कोई सही राय बनाना असम्भव है। कुल मिलाकर मुझ पर यह असर पड़ा कि रूस ऐसे विविधतापूर्ण देश को सुगठित, सुअनुशासित करने और उसके निवासियों को समृद्धि नहीं तो खुशहाली देने और भविष्य के लिए उन्हें आशावान और कर्मशील बनाने में जो सफलता प्राप्त की गयी है, वह किसी भी शासन प्रणाली के लिए बड़ी भारी उपलब्धि है। शासन की जकड़बन्दी बड़ी चौकस है, पर उसके बदले में जनता को कुछ मिला है, जिसके कारण वह उस जकड़बन्दी को स्वेच्छया स्वीकार किये हुए है।

रूस के बाद मुझे मंगोलिया जाना था। मैं 22 अप्रैल की शाम को मास्को से हवाई जहाज़ से रवाना हुआ। ओमस्क रुकते जब हमारा जहाज़ इरकुटस्क पहुँचा तो घड़ी में मास्को समय से चार घण्टे का अन्तर आ चुका था। इरकुटस्क में हमें बताया गया, रात के दो बजे हैं, गो सूरज निकल रहा था, गरमियों में वहाँ सूरज ऐसे ही वक्त निकल आता है। वहाँ से मंगोलिया जाने वाला जहाज़ आठ बजे चलने को था। हम लोग पास के होटल में जाकर सो गये। काले परदों को खिड़कियों पर

खींचना पड़ा, तब रात होने का आभास हुआ। इरकुटस्क से आठ बजे चलकर हमारा जहाज़ क़रीब ग्यारह बजे मंगोलिया की राजधानी उलानबतोर पहुँचा। मुझे नेहरू परिवार में किसी ने बताया था कि 'उलातबतोर' के अर्थ हैं 'लाल बहादुर'–'उलान' का अर्थ है लाल, 'बतोर' वही शब्द है जो बहादुर। मुझे पता नहीं कि नगर का यह नाम पुराना है या लाल क्रान्ति के बाद यह नाम दिया गया। वहाँ मुझे पूछने की याद नहीं रही। अपने देश में दक्षिण में 'कोयमबतोर' नगर प्रसिद्ध है। क्या सम्बन्ध होगा 'कोयमबतोर' और 'उलानबतोर' के 'बतोर' में? प्रसंगवश बता दूँ कि मंगोलिया में क्रान्ति के जनक थे सूकेबतोर, जो वही है, जो सुख बहादुर। सूकेबतोर लेनिन से मिले थे और मंगोलिया में उनका वही स्थान है जो रूस में लेनिन का। उलानबतोर के रेड स्क्वायर में सूकेबतोर का स्मारक उसी तरह बना है, जिस तरह मास्को में लेनिन का। क्रान्ति के पूर्व मंगोलिया में लामा-धर्म-सामन्ती शासन था, जैसे तिब्बत में; तिब्बत से निश्चित रूप से धार्मिक- सांस्कृतिक सम्बन्ध और आदान-प्रदान था; और इस प्रकार सदियों से भारतीय बौद्ध संस्कृति का निर्यात मंगोलिया को हो रहा था। मध्ययुगीन लामा-धर्म-संस्कृति से अपने को बिलकुल काटकर नवयुग में पदार्पण करने के क्रांति के प्रयत्नों के बावजूद मंगोलिया के जन-जीवन में पुरा संस्कारों के सूक्ष्म चिह्न आज भी देखे जा सकते हैं; उदाहरणार्थ लड़कों के संजय, धनंजय नाम, लड़कियों के सूकिया (सुखिया), सुन्दरिया। प्रणाम करने में हाथों को जोड़ने की रीति; यह प्रथा तो कोरिया-जापान तक चली गयी है। ख़ैर।

उलानबतोर के हवाई अड्डे पर मंगोलिया सरकार की मिनिस्ट्री आफ़ कल्चर की ओर से मिस्टर थरवा और मिस्टर तावा ने मेरा स्वागत किया। मि० तावा मेरे दुभाषिया थे, वे अंग्रेजी बोल और समझ सकते थे। हिन्दी जानने वाला दुभाषिया उपलब्ध न था; संस्कृत जानने वाला दुभाषिया मिल सकता था, लेकिन लज्जा और दुर्भाग्य की बात कि भारत का सांस्कृतिक प्रतिनिधि मैं संस्कृत नहीं बोल सकता था। संस्कृत न जानने की लज्जा इससे अधिक शायद ही कहीं मैंने अनुभव की।

उलानबतोर में मेरा कार्यक्रम छह दिनों का था। संग्रहालय व पुस्तकालय के अतिरिक्त वहाँ मुझे कोयले की खान, चमड़े की एक फ़ैक्टरी और ऊन की बुनाई का एक कारख़ाना दिखाया गया। पुस्तकालय में तिब्बती भाषा में लिखी पाण्डुलिपियों का बहुत बड़ा संग्रह है। मन्त्रों और धार्मिक पुस्तकों को स्वर्णाक्षरों में लिखने की कला मंगोलिया के लामाओं ने विकसित की थी। बहुत-सी पाण्डुलिपियाँ सचित्र हैं। संग्रहालय में दीवारों से टाँगने के लिए कपड़े पर बने चित्रों का बहुत बड़ा संग्रह है। पत्थर, काठ, धातु की कला-कारीगरी की, पूजा के उपयोग में आने वाली अथवा जन-जीवन के दैनिक व्यवहार की जितनी भी चीज़ें हैं, सब पर तिब्बती कला की छाप है। कला के सम्बन्ध में तिब्बत की एक अपनी दृष्टि है। मुझे पता नहीं कला विशेषज्ञों ने कला में किसी विशिष्ट तिब्बती स्कूल की स्थापना की है या नहीं। यह लिखावट में, चित्रकारी में, धातु की वस्तुओं की ढलाई में, पत्थरों की गड़ाई में, लकड़ी पर की गयी नक्काशी में, भवनों की बनावट में, उन पर किये गये

रंगों की सजावट-मिलावट में, सब जगह अपनी विशिष्टता लिये हुए है। इसका ध्येय वास्तविकता से दूर ले जाना है और कल्पना को एक अर्थ-गर्भित वक्रता देना है, अर्थ जो गुह्य तन्त्रों या मन्त्रों में छिपा है। साधारण दृष्टि से देखने पर भी उनका वैचित्र्य अर्थ की जिज्ञासा तो जगाता ही है। संग्रहालय में लोहे की एक इतनी मोटी ज़ंजीर रक्खी है कि कल्पना नहीं की जाती कि किन दानवों को उसमें बाँधा जाता होगा। चंगेज़ ख़ान का झण्डा आज भी दिल में दहशत पैदा करता है। यह असंख्य बालों का बना है, कहते हैं, जब चंगेज़ ख़ान किसी का सिर काटता था, तो उसके सिर या दाढ़ी का एक बाल इस झण्डे में जोड़ देता था। एशिया और योरोप को रौंद डालने वाला चंगेज़ ख़ान बौद्ध था और मंगोलियायी उसे अपना राष्ट्रवीर मानते हैं।

मुझे ग्राम की एक सहकारी संस्था भी दिखायी गयी, जिसे मंगोल भाषा में 'नंगदल' कहते हैं। 'नंगदल' में ग्राम जीवन की आवश्यकताओं को पूरा करने वाले, विभिन्न परिवारों को एक साथ रक्खा जाता है। खेती करने वाले, कपड़ा बनाने वाले, जानवरों की देख-रेख करने वाले, डेरी का काम करने वाले, शिक्षक डॉक्टर और मेकैनिक—मशीन की संभाल-मरम्मत करने वाले—सब मिलकर एक इकाई बनाते हैं, जो आत्म पर्याय हाती है। मंगोलिया में जहाँ जनसंख्या बहुत कम है, मशीनों के अधिकाधिक उपयोग को प्रोत्साहित किया जाता है। जहाँ मशीनें भी देखी ही नहीं गयी थीं, वहाँ जनता बड़े विनोदपूर्ण कौतूहल से मशीनों को देखती, चलाती और उनकी उपयोगिता सीखती है, तोड़ती भी है, और इसलिए नंगदल में मेकैनिक का बड़ा महत्त्व है। शुरू-शुरू में विकसित साम्यवादी देशों से मेकैनिक लाकर रक्खे गये थे। अब मंगोलियायी उनकी जगह लेते जा रहे हैं।

मंगोलिया में मीलों लम्बे-चौड़े चौरस मैदान हैं जिनमें खेती नहीं हो सकती, केवल जंगली घास उगती है। वहाँ केवल भेड़ें और घोड़े पाले जा सकते हैं; घोड़ी वहाँ की गाय है, घोड़ा बैल। घोड़ी के दूध से 'क्यूमिस' बनाया जाता है जो गड़रियों का प्रिय पेय है; मादक और शक्तिवर्द्धक भी होता है। गड़रियों के परिवार नमदे के तम्बू लिये चरागाहों में एक जगह से दूसरी जगह घूमा करते हैं। भेड़-घोड़े जब एक जगह की घास चर लेते हैं, तो दूसरी जगह जाना ज़रूरी हो जाता है। उनके गोल तम्बू 'घिर' कहलाते हैं। डॉ. रघुवीर ने मुझे बताया था कि 'घिर' 'शिविर' का बिगड़ा रूप है। ये 'घिर' आधे घण्टे में उखाड़े या लगाये जा सकते हैं। मुझे बताया गया कि जाड़ों में भी, जब बर्फ पड़ रही हो, 'घिर' पक्के मकानों से अधिक गर्म रहते हैं। एक घिर में आठ-दस आदमियों का परिवार बड़े मज़े से रह सकता है। मुझे मोटर से ले जाकर एक चरागाह में 'घिर' दिखाया गया। बैट्री से चलने वाले रेडियो सेट 'घिरों' में रक्खे गये हैं, जिनसे गड़रियों को खबरें दी जाती हैं, मौसम का हाल बताया जाता है, गीत-वार्तायें सुनायी जाती हैं और शिक्षित भी किया जाता है। एक घिर में गड़रियों ने मुझे खाना खिलाया। भेड़ का मांस वे इस प्रकार पका-सुखाकर रखते हैं कि बहुत दिनों तक ख़राब न हो। शक्करपारे भी वे बनाकर रखते हैं, पर वे इतने सख्त थे कि उन्हें काटने में दाँतों को पूरी ताक़त लगानी पड़ती है। माँस तो मैंने न खाया, दूध, घी, शक्कर में पका चावल भी था, वही मैंने लिया; एकाध शक्करपारे

खाये; क्यूमिस भी चखीं; तेज़ थीं, स्वादिष्ट नहीं लगीं। मैंने मंगोली घोड़े की सवारी की और याद आया कि सम्भव है, इसी घोड़े के लक्कड़दादे के लक्कड़दादे की पीठ पर सवारी गाँठ कर चंगेज़ ख़ान या उनका कोई जांबाज़ सरदार लूट-मार के किसी साहसी-क्रूर अभियान पर गया हो।

मुझे मंगोलिया में बचा एकमात्र लामाओं का मठ दिखाया गया, जहाँ करीब सौ लामा अब सरकारी वेतन में रहकर पुरानी पाण्डुलिपियों को व्यवस्थित संरक्षित अथवा उन पर शोध का काम करते हैं। मुख्य हॉल में भगवान् बुद्ध की मंगोली मुद्रा में चमकती धातु-मूर्ति थी और उनके अगल-बगल बहुत-सी मूर्तियाँ और पूजा का सामान था जो खुली आलमारियों में सजा था। घी के बड़े-बड़े दीपक जल रहे थे, अगरबत्तियाँ जल रही थीं और उनके गन्ध और धुएँ से हाल भरा था। बीच में आमने-सामने दो पंक्तियों में पालथी मारे बैठे वृद्ध, मुण्डित शीश, स्थूलकाय, पीत-लबादा धारी एक दर्जन लामा अपने आगे पोथियाँ खोले पढ़ रहे थे और 'गें-गें-गें' शब्द हॉल में गूँज रहा था। बीच-बीच में छत से लटकती एक खंझड़ीनुमा डफली को एक लामा नीचे से घुमाकर 'डिमिक-डिमिक' बजा देता और दूसरा लामा एक बड़े झाँझ को 'झइम-झइम' और फिर वे बिना रुके, बिना हिले-डुले, बिना किसी की ओर देखे 'गें-गें-गें'—करने लग जाते। हॉल की दीवारों से लगी आलमारियों में बस्तों में बंधी सैकड़ों पोथियाँ रक्खी थीं; किसी लामा ने उनकी ओर संकेत करके कहा, 'गंजोर-तंजोर'। इसके आगे मैं कुछ न समझा। मठ के बाहर 'प्रेयर ह्वील' या प्रार्थना चक्र लगे हैं, जिन पर 'ऊँ नमो मणि पद्मे हुं' लिखा है। कुछ लोग अब भी आते हैं, इन प्रार्थना चक्रों को घुमाते हैं और मुख्य द्वार पर साष्टांग प्रणाम करते हैं।

प्रमुख लामा से भी मुझे मिलाया गया—पाठकारी लामाओं का प्रतिरूप, रक्तवर्ण, गम्भीर। मठ से लगा उनका निजी कक्ष था। मैंने झुककर प्रणाम किया तो उन्होंने मुन्न से कुछ कहा। दुभाषिया ने बताया, आपको आशीर्वाद देते हैं; वहाँ मंगोलिया के कई कवि और लेखक भी एकत्र हुए; मेरा कवितापाठ हुआ; मैंने ही अपनी कविता का भावार्थ अंग्रेज़ी में बताया, तावा ने उसको मंगोल में समझाया। वहीं मुझे दिन का भोजन दिया गया। प्रमुख लामा ने साथ खाना नहीं खाया; वे उपस्थित भर रहे। मंगोलिया में वह मेरा अन्तिम दिन था। चलते समय मंगोलियायी चित्रों का एक भारी एलबम मुझे भेंट किया गया।

मंगोलिया, जो आधी सदी पूर्व केवल गड़रियों और लामाओं और उनके संरक्षक तानाशाही सामन्तों का देश था अब साम्यवादी जनसत्तात्मक लोकतन्त्र है; हर दिशा में विज्ञान के सहारे औद्योगिक उन्नति हो रही है; नये नगर खड़े हो रहे हैं और उन्हें आधुनिक बनाने की योजनायें कार्यरूप में परिणत की जा रही हैं। रूस और चीन दोनों ही मंगोलिया को अपने प्रभाव में रखना चाहते थे, पर सफल रूस हो रहा है। मंगोलिया में चीन के प्रति इस बात पर आक्रोश है कि उसने आउटर-मंगोलिया को अपने कब्ज़े में कर रक्खा है। मंगोलिया की उन्नति-प्रगति के लिए यह आवश्यक है कि पूर्वी-समुद्र तट पर उसे कोई द्वार मिले जिससे निकलकर वह बाहरी दुनिया से स्वतन्त्र सम्बन्ध बना सके । रेड स्क्वायर में घोड़े पर सवार

सूकेबतोर की मूर्ति अपना बायाँ हाथ पूर्व दिशा की ओर बढ़ाये हुए है। क्या मंगोलियावासियों के लिए यह कोई संकेत है?

मंगोलिया से लौटकर मैं मास्को आया और मैंने पहली मई की परेड देखी जिसके लिए मुझे पहले से निमन्त्रण मिला था। भूलने की चीज़ नहीं वह। रूसी फ़ौज और उसके हथियारों का विश्व-आतंककारी प्रदर्शन! रूसियों को अडिग आश्वासन कि कोई शक्ति तुम्हारे देश का बाल बाँका नहीं कर सकती। लेनिन की समाधि की छत पर खड़े होकर रूस के राष्ट्रपति और मन्त्रिमण्डल के सदस्य सलामी लेते हैं। जिसके पाँवों में सात-आठ घण्टे खड़े रहने की ताक़त न हो, वह रेड स्क्वायर में परेड देखने न जाये। वहाँ किसी को बैठने की जगह नहीं दी जाती। जब फ़ौजी मार्च करते हुए जा रहे हैं तब किसी को आराम से बैठकर उन्हें देखने का अधिकार नहीं है। अपने देश का रिपब्लिकन डे भी याद आया! फ़ौजियों की परेड के बाद किसान, मजदूर, नागरिक हाथों में फूल की डालियाँ लेकर निकलते हैं, गाते-नाचते, हज़ारों, हज़ारों—जैसे घोषित करते हों कि वह सारी युद्ध की तैयारी इसलिए है कि देश में शान्ति के सुमन खिलते-महकते रहें।

अगला पखवाड़ा चेकोस्लोवाकिया की यात्रा के लिए था। वास्तव में, चेकोस्लोवाकिया दो देशों का सम्मिलित नाम है। किन राजनीतिक कारणों से चेक और स्लोवाक दो विभिन्न भाषा-भाषी देशों को एक कर दिया गया है, मुझे नहीं मालूम। मैं तो उसे एक ही देश समझता था। वहाँ जाने पर पता चला कि दोनों देशों की अलग-अलग राजधानियाँ भी हैं; चेक की प्राग, जिसको वहाँ वाले प्राहा कहते हैं, और स्लोवाक की ब्राटिसलावा। मैं 2 मई को मास्को से हवाई जहाज से चलकर प्राग पहुँचा। प्राग में राइटर्स यूनियन की ओर से मादाम यूनोवा ने मेरा स्वागत किया। वे स्वयं लेखिका थीं और अंग्रेजी अच्छी तरह बोल और समझ सकती थीं। उनके पति किसी समय मन्त्रिमण्डल में थे; उनकी मृत्यु हो चुकी थी और यूनोवा अपने दो बेटों के साथ रहती थीं, जिनमें से एक की शादी हो गयी थी; दूसरा कॉलेज में पढ़ता था। भारतीय राजदूतावास के सांस्कृतिक सम्पर्क अधिकारी भी हवाई अड्डे पर मुझसे मिलने आये थे। मुझे एम्बेसेडर होटल में ठहराया गया था।

तीस अप्रैल को उलानबतोर में, 1 मई को मास्को में, 2 मई को प्राहा में था। माना कि यात्रा हवाई जहाज़ से की गयी थी पर बदन थककर चूर था। मैंने यूनोवा से कहा, आज कोई प्रोग्राम नहीं; वह चली गयीं। पर शाम को कमरे में लेटे-लेटे घुटन महसूस हुई और मैंने अकेले ही बाहर निकलने का निश्चय किया। फुटपाथ पर काफ़ी चहल-पहल थी और मैं अपनी अजनबी की-सी नज़र आदमियों, मकानों, दुकानों पर डालता आगे बढ़ रहा था कि मुझे एक आदमी निर्मल वर्मा-सा दिखा और मैंने आवाज लगा ही दी। वर्मा ही थे।

'अरे आप! यहाँ कैसे? खूब पहचाना!'

'योरोपियनों की भीड़ में हिन्दुस्तानी कहीं छिपता है!'

फिर हम दोनों साथ हो गये और दो-तीन घण्टे उन्होंने मुझे पैदल और ट्राम से

प्राग की ख़ास-ख़ास सड़कें, इमारतें, बाज़ार, रेस्टराँ दिखाये; चेकोस्लोवाकिया के सिक्के समझा; नगर-नागरिकों की विशेषतायें बतायीं, फिर किसी क्लब या पब में ले गये। सवाल है, पीने वालों की संगत का मज़ा वह ज़्यादा उठाता है जो खुद पीता है या जो नहीं पीता। मैं अपना निर्णय न पीने वालों के पक्ष में देना चाहूँगा। क्लब में निर्मल ने एक नवयुवक चेक कवि से मेरा परिचय कराया; नाम था तोपिंका—सुन्दर, छरहरा, निर्मल की ही तरह नाटा, किसी क़दर 'नाटी' भी यानी नटखट; वह निर्मल से बीच-बीच में चेक में कुछ कहकर हँसता रहा। निर्मल ने मुझे बताया था और मुझे खुद भी यह भाँपने में देर न लगी कि चेकोस्लोवाकिया में साम्यवाद है, पर साम्यवाद का आतंक या दबदबा नहीं है। रूस और मंगोलिया की यात्रा के बाद चेकोस्लोवाकिया का यह खुला-खुलापन मुझे प्रियकर लगा। मुझे यह भी लगा कि चेकोस्लोवाकिया का नागरिक उतना राजनीति-प्रेरित नहीं, जितना कला अथवा सौन्दर्य-प्रेरित; सामाजिक बन्धनों को स्वीकार करते हुए वह कहीं अपनी स्वतन्त्रता के प्रति भी सचेत है।

बाद को मादाम यूनोवा के संरक्षण में कई बार राइटर्स यूनियन में चेक लेखकों और कवियों से मेरी भेंट करायी गयी; और भारतीय साहित्य और भाषा के विषय में मैंने उनकी जिज्ञासाओं का समाधान किया। ऐतिहासिक महत्त्व के स्थानों और भवनों को देखने के अतिरिक्त मैंने चार्ल्स युनिवर्सिटी में हिन्दी विभाग के विद्यार्थियों के बीच व्याख्यान दिया और कविता-पाठ किया। वहाँ डॉ. स्मेकल हिन्दी के अध्यापक थे। वे एक से अधिक बार भारत आये थे। उनका मेरा परिचय दिल्ली में हुआ था। जब वे पहली बार भारत आये थे तब भी इतनी शुद्ध, और सही उच्चारण से हिन्दी बोलते थे कि आश्चर्य होता था। मैं उनके घर भी गया, उनकी पत्नी से मिला। उनके घर के भीतर की साज-सज्जा किसी सुसंस्कृत भारतीय के घर से अधिक भारतीय लगी। उन्होंने अपने टेप रिकार्डर पर मेरी कई कवितायें रिकार्ड कीं। मेरी 'मधुशाला' के कई पदों का अनुवाद उन्होंने चेक भाषा में किया था, जो किसी चेक पत्रिका में छपा भी था; और भी कुछ कविताओं का।

प्राग में सभी क्लब-पब पीने-पिलाने, नाचने, ब्रिज-रमी खेलने के लिए नहीं हैं। कुछ क्लबों का ऊँचा सांस्कृतिक स्तर है, जहाँ बुद्धिजीवी, कवि, कलाकार, चित्रकार एकत्र होते हैं। ऐसे ही एक 'वियोला क्लब' में मेरा कविता-पाठ रखा गया; डॉ. स्मेकल ने मुझ पर और मेरी कविता पर एक परिचयात्मक व्याख्यान दिया और मेरी पठित कविताओं का अनुवाद चेक में सुनाया। वास्तव में, मैंने वही कवितायें सुनायीं, जिनका अनुवाद डॉ. स्मेकल पहले ही चेक में कर चुके थे; कविता कोई साधारण भाषण नहीं कि उसका अनुवाद तुरत-फुरत दूसरी भाषा में प्रस्तुत कर दिया जाये।

तीन दिन के लिए मुझे प्राग से ब्राटिसलाबा भेजा गया। वहाँ भी मैंने ऐतिहासिक स्थानों को देखा और राइटर्स यूनियन में व्याख्यान दिया और कवितापाठ किया। डेन्यूब के तट पर बसा ब्राटिसलाबा बड़ा रमणीक नगर है। नगर के कतिपय भागों में किसी प्रकार की सवारी गाड़ियाँ ले जाना मना है। वहाँ बड़ी

शान्ति रहती है; बूढ़े लोग निर्भय घूमने आते हैं, नगर की दौड़-धूप-तेज़ी-शोर-शराबा जैसे यहाँ आकर शान्त हो गया है। ब्राटिसलाबा में 'सिरेमिक्स' का काम बहुत अच्छा होता है—मिट्टी के बर्तनों, खिलौनों, कलाकृतियों को रंगकर पकाने का काम। 'सिरेमिक्स' का काम सिखाने के कॉलेज भी हैं—एक कॉलेज में एक भारतीय विद्यार्थी भी प्रशिक्षण ले रहा था। डेन्यूब पर मैंने मोटर लांच से यात्रा की; थोड़ी दूर पर उस पार हंगरी की सीमायें शुरू होती हैं; तटों पर बड़ी चौकसी रक्खी जाती है।

चेकोस्लोवाकिया में मैंने कई ओपेरा, बैले, नाटक भी देखे। नाट्य कला को वहाँ विशेष रूप से विकसित किया गया है—विशेषकर रंगमंच की तकनीक को। सिनेमा और रंगमंच को मिलाने के भी प्रयोग हुए हैं। सिनेमा कई जगह बीच के बड़े पर्दे के अतिरिक्त पखवाइयों पर भी दिखाया जाता है—तीन दृश्यों पर ध्यान रखने से दिमाग़ और आँख दोनों पर ज़ोर पड़ता है—शायद अभ्यास से देखना सहज और आनन्ददायक भी हो जाता हो। प्राग में एक रात को मैंने 'रूमियो ऐण्ड जूलियट' का चेक रूप देखा। रंगमंच की तकनीक नाटक पर हावी हो गयी थी। मैं शेक्सपियर के नाटकों को सादे-से-सादे रंगमंच पर देखना चाहता हूँ; तभी भाषा के सौन्दर्य और पात्रों के अभिनय-कला की पूरी परख होती है। शेक्सपीरियन नाटकों के मंचन में आधुनिकीकरण की एक सीमा माननी होगी; उसका उल्लंघन कर जाने से शेक्सपियर शेक्सपियर नहीं रह जायेगा।

कुल मिलाकर मुझको चेकोस्लोवाकिया बड़ा कल्पना-प्रवण और प्रयोगप्रिय देश लगा।

14 मई को मैं प्राग से ईस्ट बर्लिन पहुँचा। हवाई अड्डे पर मिनिस्ट्री ऑफ़ कल्चर की ओर से मेरा स्वागत किया गया और मिस कोपेल्के मुझे दुभाषिया के रूप में दी गयी। ईस्ट बर्लिन में मुझे उन्टर डिन लिन्डेन होटल में ठहराया गया। यह होटल हिन्डेनबर्ग गेट से दूर नहीं है जो वेस्ट-ईस्ट बर्लिन के बीच खिंची दीवार की सीध में है। वेस्ट बर्लिन से शायद ही कभी किसी ने ईस्ट बर्लिन आने की कोशिश की हो, पर ईस्ट बर्लिन से वेस्ट बर्लिन जाने पर सख़्त प्रतिबन्ध है और दीवार फाँदकर उस पार जाने के प्रयत्न में बहुत-से लोग पहरेदारों की गोलियों के शिकार हुए हैं। इस पर टिप्पणी करने की आवश्यकता नहीं। हिन्डेनबर्ग गेट से दीवार की सीध में चलकर कुछ दूर पर वह स्थान है, जहाँ हिटलर की चांसरी थी। उसे बिल्कुल नेस्तनाबूद कर दिया गया था; उस पर अब जंगली घास उगती है; केवल हिटलर का बंकर, जैसे किसी जानवर की माँद के रूप में, छोड़ दिया गया है, वहाँ किसी को जाने की आज्ञा नहीं है। चांसरी की सारी भूमि ईस्ट बर्लिन की ओर पड़ती है।

सबसे पहले मुझे वह स्मारक दिखाया गया जो उन लोगों की यादगार में बनाया गया है, जो हिटलरी फ़ासिज्म के शिकार हुए थे। एक बड़ा-सा हॉल है, जिसमें मानो फ़ासिज्म के प्रतीक के रूप में भारी कुरूप काला पत्थर रक्खा है। मुझे

बताया गया कि गैस-प्रवाह से यहाँ दिन-रात अग्नि-ज्वाल उठती रहने का प्रबन्ध किया जा रहा है। इमारत के आगे फ़ौजी पहरा रहता है और सप्ताह में एक दिन फ़ौज की एक टुकड़ी बैण्ड-बिगुल-झण्डे के साथ आकर शहीदों को सलाम पेश करती है।

युद्ध के समय बर्लिन पर ज़बरदस्त बममारी हुई। मलवे साफ की गयी ज़मीन पर नया बर्लिन उठ चुका है, उठ रहा है, पर नगर के बीच में कई अंशतः ध्वस्त इमारतें अब भी खड़ी हैं। शायद उन्हें न गिराया गया है, न उनकी मरम्मत करायी गयी है, इस ध्येय से कि आने वाली पीढ़ियाँ देख सकें कि युद्ध कितनी भीषण चीज होती है! और यह सभ्यता-संस्कृति की बहुमूल्य उपलब्धियों को किस निर्ममता से विनष्ट करती है।

ऐतिहासिक स्थानों की यात्रा के अतिरिक्त मैंने राज्य-पुस्तकालय, संग्रहालय और युनिवर्सिटी देखी। कुछ स्कूल भी मुझे दिखाये गये। एक स्कूल के विद्यार्थियों को मैंने अपनी कवितायें सुनायीं। बर्लिन नगर छोटी-छोटी झीलों से घिरा है; इनको नहरों द्वारा मिलाकर बड़ा मनोरम जलमार्ग बनाया गया है। मोटर लाँच द्वारा इस जलमार्ग से यात्रा करने की याद बहुत दिनों तक बनी रहेगी। इस जलमार्ग के दोनों तटों पर छोटे-छोटे कॉटेज बने हैं, जहाँ नगर के धूल-धुएँ-शोर के दमघोट वातावरण से ऊबकर ताज़गी पाने के लिए लोग छुट्टियों में आ जाते हैं। बर्लिन-जैसे व्यस्ता-विक्षिप्त नगर के लिए ऐसे स्थल कितने बड़े वरदान हैं!

चार-पाँच दिन बर्लिन में रखने के बाद मुझे कार से ड्रेसडेन, लाइपज़िग और वाइमार की यात्रा पर भेज दिया गया। ड्रेसडेन पर पिछले युद्ध के समय सबसे बर्बर और भीषण बमबारी हुई थी और बताते हैं कि लगभग अस्सी प्रतिशत इमारतें धराशायी हो गयी थीं। नया ड्रेसडेन फिर से खड़ा हो गया है। कुछ पुराने ध्वंसावशेष ज्यों के त्यों पड़े हैं, शायद जैसे बर्लिन में, युद्ध की भीषणता का बोध कराने के लिए। ड्रेसडेन में मैं वहाँ के कवि ज़िमरिन और उपन्यासकार विली माइन्क्स से मिला। माइन्क्स कई बार भारत आ चुके हैं, भारत पर कई पुस्तकें भी उन्होंने लिखी हैं। ज़िमरिन की मृत्यु हो चुकी है।

लाइपज़िग व्यावसायिक नगर है, वहाँ पर मैंने जर्मन भाषा का सबसे बड़ा पुस्तकालय देखा। संसार में जहाँ कहीं भी जर्मन में कुछ लिखा जाता है लाइपज़िग के पुस्तकालय में उसे संगृहीत करने का प्रयत्न किया जाता है। ग्राफ़िक आर्ट स्कूल भी वहाँ बहुत बड़ा है, जहाँ छपाई की कला का विकास किया जाता है। मुझे यहाँ के छपे कई सचित्र जर्मन क्लासिक्स दिखाये गये। महाकवि कालिदास के 'ऋतुसंहार' के जर्मन अनुवाद का सचित्र भव्य संस्करण मुझे भेंट किया गया, जो कभी यहीं छपा था। कालिदास की किसी कृति का मूल संस्करण भी इतने भव्य रूप में भारत में प्रस्तुत नहीं किया गया। यहाँ तो संस्कृत के उत्कृष्ट ग्रन्थों के लिए काशी की 'चौखम्बा सिरीज़' है, जिसे सस्ती बनाने के प्रयत्नों में सुरुचि का अच्छी तरह बलिदान कर दिया गया है। उसका ग्राहक गरीब ब्राह्मण इतने से ही सन्तुष्ट हो जाता है कि मूलपाठ तो उसे उपलब्ध करा दिया गया—उसके निकट पूर्वजों को तो

हाथ से प्रतिलिपियाँ बनानी पड़ती थीं। स्वतन्त्र भारत का ध्यान अपनी साहित्यिक निधि का सम्मान करने की ओर कब जायेगा? भारत सरकार ने अच्छी छपाई को प्रोत्साहन देने के लिए पुरस्कारों की एक योजना बनायी है, पर उसका लाभ प्राय: कैलेण्डरों-पोस्टरों को छपवाने वाले उठाते हैं; क्यों न आग्रह समय-सिद्ध ग्रन्थों के उत्कृष्ट-प्रस्तुतीकरण पर हो! कार्ल मार्क्स युनिवर्सिटी में मुझे जर्मन भाषा पढ़ाने की वैज्ञानिक विधि समझायी गयी। कई भारतीय विद्यार्थी वहाँ थे, जिन्होंने एक वर्ष में इतनी जर्मन सीख ली थी कि वे उसी माध्यम से उच्च कोटि का वैज्ञानिक शोध सम्बन्धी कार्य कर सकते थे। वैज्ञानिक विधियाँ किसी भाषा पर लागू हो सकती हैं। भारत सरकार, यदि वह हिन्दी के व्यापक प्रचार के प्रति गम्भीर है, तो इस वैज्ञानिक विधि को क्यों न अपनाये? शुरू-शुरू में यह कुछ महँगी पड़ सकती है, पर इससे समय की जो बचत होगी, अन्ततोगत्वा वह इसको सस्ता भी सिद्ध करेगी।

मेरी लाइपज़िग यात्रा एक और कारण विशेष से महत्त्वपूर्ण रही। जिन दिनों मैं लाइपज़िग में था, उन्हीं दिनों गेटे के सम्पूर्ण 'फ़ाउस्ट' का मंचीकरण नगर की सबसे बड़ी नाट्यशाला में हो रहा था। मुझे बताया गया कि ऐसा अवसर दस-बारह बरस के अन्तराल पर आता है। पूर्ण 'फ़ाउस्ट' के अभिनय में लगभग बारह घण्टे लगते हैं। शाम से खेल शुरू होता है और सारी रात चलता है; तीन-तीन घण्टे बाद आधे-आधे घण्टे के इण्टरवल होते हैं। इसे मैं अपना परम सौभाग्य समझता हूँ कि मैं पूर्ण 'फ़ाउस्ट' का मंचीकरण देख सका! मैं 'फ़ाउस्ट' के अनुवाद को अंग्रेज़ी में कई बार पढ़ चुका था, इस कारण नाटक को समझने में मुझे कोई विशेष कठिनाई नहीं हुई। फ़ाउस्ट का हिन्दी अनुवाद भी प्रकाशित हो चुका है। क्या अभिनय, क्या साज-सज्जा, क्या दृश्य-परिवर्तन, क्या भव्य प्रदर्शन, क्या प्रकाश-व्यवस्था—सब कुछ अद्‌भुत था। जनता का तीन-तीन घण्टे तक समाधि लगाकर बैठना, न हिलना-डुलना, न चूँ करना (किसी की छींक-खाँस भी मैंने नहीं सुनी) कम अद्‌भुत नहीं था। एक-एक सीट भरी थी। योरोप का यूनान-युग से लेकर मध्ययुग तक का सारा इतिहास ही रंगमंच पर होकर गुज़र गया। कल्पना करना कठिन है कि कितने सौ अभिनेताओं ने इस विराट प्रदर्शन में भाग लिया होगा। और हर इण्टरवल पर और नाटक की समाप्ति पर जनता ने अभिनेताओं के अभिनन्दन में जो तालियाँ बजायीं, जो हर्षध्वनि की 'हेल-हेल', जो उत्साह दिखाया, वह मेरे अनुभव में न पहले आया था, न बाद को कभी आया। ऐसी जनता के बीच होना उल्लास के समुद्र में स्नान करने जैसा था। धन्य हैं वे लोग, जो अपने कलाकारों का सम्मान करते हैं, उनके प्रति कृतज्ञ होते हैं। उनके बीच उच्च कोटि के कलाकार न जन्म लेंगे तो कहाँ लेंगे!

लाइपज़िग से कार से हम लोग वाइमार आये। मैं वाइमार में विशेष प्रभावित हुआ गेटे और शिलर के संग्रहालय और स्मारक देखकर। गेटे अभिजात वर्ग के थे, राज्य-सम्मानित, भव्य भवन में रहने वाले, भव्य जीवन बिताने वाले। वे जिस घर में रहते थे—महल ही है—उसी में अब उनका संग्रहालय है। उनके जीवन-सृजन से

सम्बद्ध छोटी से बड़ी चीज़ें तक संकलित, सुसज्जित, सुव्यवस्थित। एक स्थान पर उन विचित्र पत्थरों का भी संग्रह है, जिनका उनको शौक था। कहते हैं, गेटे लेटकर नहीं, बैठे-बैठे मरे। वह कुर्सी भी दिखायी गयी, जिस पर अपनी अन्तिम साँसों से Light, More Light कहते हुए उन्होंने अपने प्राणों का उत्सर्क किया था। गेटे और शिलर में घनिष्ठ मित्रता थी और दोनों की वसीयत के अनुसार दोनों के शव लोहे के मुहरबन्द ताबूतों में एक चबूतरे पर अगल-बगल रक्खे हैं।

वाइमार से कुछ ही दूर पर हिटलर ने बुखेनवाल्ड कन्सन्ट्रेशन कैम्प बनाया था। प्राकृतिक दृश्य यहाँ का बड़ी ही मनोरम है; धीरे-धीरे उठती ज़मीन आगे चलकर चौरस हो गयी है, कुछ दूर पर वनाली आरम्भ होती है, लम्बे, शायद देवदार के, वृक्ष हरी प्राचीर-सी उठाये हुए हैं। प्रकृति और संस्कृति की इस रंगस्थली को हिटलर ने क्यों अमानुषी अत्याचार ढाने के लिए चुना था! बताते हैं, यहाँ दो लाख यहूदी बन्दी थे, जिनमें से साठ हज़ार को जान से मार दिया गया था। फाटक पर जर्मन में एक मोटो था, जिसका अर्थ अंग्रेज़ी में होता है—to everyman his due—हर व्यक्ति को उसका प्राप्तव्य—और यहाँ के हर व्यक्ति का प्राप्तव्य था, कठिन श्रम, भूख, प्यास, गाली, मार, मृत्यु। बन्दियों को भारी पत्थरों से लदी गाड़ियाँ खींचनी पड़ती थीं, जिनको Singing Cart कहा जाता था। बन्दी खींचते-खींचते गिरते, कोड़े खाते, दम तोड़ देते थे। सामूहिक मृत्यु के गैस चेम्बर थे, सामूहिक फाँसी के हॉल थे, जिनमें बन्दियों को अपने हाथों से गले में फन्दा डाल झूल जाना पड़ता था, जो झूलने पर भी न मरते थे, उन्हें मुंगरियों से पीटा जाता था, फिर मरों-अधमरों को उतारकर बिजली की भट्ठियों में झोंक दिया जाता था, ये भट्ठियाँ आज भी मौजूद हैं और इनके निकट जाने पर जलते मनुष्य मांस की काल्पनिक चिरायँध से भी उबकायी आने लगती है। जिस दिन बुखेनवाल्ड कैम्प देखने गया था, उस दिन मुझसे खाना नहीं खाया गया था। गैस पी, गोली खा अथवा फाँसी लगा मर जाना तो निश्चय ही कैम्प का सुखद अनुभव रहा होगा। मनुष्य को दमित, पीड़ित, पराजित अपमानित करने के जिन क्रूर-से-क्रूर, पाशविक-से पाशविक कृत्यों की कल्पना की जा सके, वे सब वहाँ किये गये थे, कुछ कल्पनातीत भी। उनकी बात सुनकर आदमी हहर उठता है। अगर सभ्यता और संस्कृति में कुछ भी नैतिक बल बाकी हो तो उसे देखना चाहिए कि संसार का कोई देश अब कभी फ़ासिस्ट शिकंजे में न आने पाये।

वाइमार से लौटकर मैं फिर ईस्ट बर्लिन आया। वहाँ मिनिस्ट्री ऑफ़ कल्चर की ओर से मुझे विदा भोज दिया गया, कुछ साहित्य भी भेंट किया गया, उसमें 1924 में जर्मन में लिखी गाँधीजी पर डॉ. जाकिर हुसैन की पुस्तक की फोटो प्रतिलिपि भी थी। उस समय वे डाक्टरेट लेने के लिए बर्लिन में शोध कार्य कर रहे थे। जर्मन में गाँधीजी पर लिखी वह प्रथम पुस्तक थी।

लौटते समय एक समस्या खड़ी हो गयी। मेरा टिकट फ्रैंकफ़र्ट होकर था और वहाँ के लिए मुझे वेस्ट बर्लिन से जहाज़ पकड़ना था। मुझे ईस्ट बर्लिन से वेस्ट

बर्लिन भेजने को कोई तैयार न था, मेरा टिकट बदलवा कर वे मुझे मास्को से भेज सकते थे। एक भारतीय मित्र ने वेस्ट बर्लिन से एक टैक्सी मँगवायी और उसमें बैठकर मैंने हिन्डेनबर्ग गेट पर ईसट-वेस्ट बर्लिन के बीच विभाजन रेखा पार की। एक-एक चीज़ की तलाशी दोनों ओर हुई, पर मेरे पास कुछ आपत्तिजनक न था, सिवा एक दूरबीन के, जो ईस्ट जर्मनी में मुझे भेंटस्वरूप मिली थी। उसे रास्ते में न निकालने की शर्त पर मैं वेस्ट बर्लिन हवाई अड्डे पर भेज दिया गया। 27 मई को वेस्ट बर्लिन से फ्रैंकफ़र्ट और फ्रैंकफ़र्ट से जहाज़ बदल मैं बेरूत आया और वहाँ 3 दिन पिछली यात्रा में बने मित्र वीरेन्द्र पाल सिंह और सत्येन्द्र कुमार 'बीना' का मेहमान रहकर 31 मई को दिल्ली पहुँचा।

दिल्ली में आग बरस रही थी। पर अपना घर अपना ही घर था। तेजी सकुशल थीं, अकेली छोड़कर गया था, पर वे बहादुर हैं। बच्चे दोनों कलकत्ता में थे, पहले ही दिन उनसे ट्रंक पर बात कर ली। जी खुश हो गया। 'जो सुख छज्जू के चौबारे, वह न बलख़ न बुख़ारे। यह कहावत जब बनी होगी, तब बलख़ या बुख़ारा का वैसा ही आकर्षण होगा, जैसे आज लन्दन या पेरिस का।

जब मैं विदेश जाने लगा था, तब बंटी ने मुझसे रूस से एक ख़ास क़िस्म का कैमरा लाने के लिए कहा। जैसा मैं बता चुका हूँ, मेरी कुछ चुनी हुई कविताओं का रूसी अनुवाद 'लिरिका' मास्को से प्रकाशित हुआ था और मुझे एक अच्छी राशि रायल्टी के रूप में मिली थी। मैंने अपने दुभाषिये से कहा कि मैं अपनी रायल्टी से अमुक नाम का कैमरा खरीदना चाहता हूँ। उसने पता लगाकर बताया कि वह फ़िल्मी कैमरा है और काफ़ी महँगा है। मैंने अपनी पूरी रायल्टी देकर वह कैमरा ख़रीद लिया। बंटी की माँग थी; मैं उसे निराश नहीं करना चाहता था। फिर भी मेरा माथा ठनका था कि बंटी फ़िल्मी कैमरा लेकर क्या करेगा—यह रहस्य तो बाद को खुला कि उसी कैमरे से बंटी ने अमिताभ की कई तस्वीरें लीं और प्रसिद्ध फिल्मी अभिनेताओं की तस्वीरों के मुक़ाबले उन्हें रखकर अमित को समझाया कि तुम देखने में किस फिल्म अभिनेता से कम हो, तुम नाटकों में अच्छा अभिनय करते हो, क्यों न तुम फिल्म क्षेत्र में अपनी क़िस्मत आज़माओ। अमित में फिर भी हिचक थी। अगर बंटी ही न उन्हें फिर-फिर कुरेदता, तो अमित शायद ही फ़िल्म क्षेत्र में जाते।

इसी वर्ष मेरा नया काव्य संग्रह निकला, 'बहुत दिन बीते', जो मैंने सर्वश्री केदारनाथ अग्रवाल, जमशेर बहादुर सिंह, धर्मवीर भारती और कुँवर नारायण को समर्पित किया कि साठा होने पर पाठा कितना, मेरे पाठक देखें।

इसी वर्ष मेरे काव्य-संग्रह 'दो चट्टानें' (1965) पर मुझे साहित्य अकादमी पुरस्कार दिया गया।

'68 का आरम्भ एक मंगल-कार्य से हुआ। राजीव गाँधी की मँगेतर सोनिया इटली से आई तो उसे हमारे घर में ठहराया गया, जहाँ रहते उसने भारतीय रहन-सहन, जीवन से कुछ परिचय प्राप्त किया। हमारे आत्मीयतापूर्ण व्यवहार से सोनिया इतनी

प्रभावित हुई कि उसने तेजी से धर्म की माँ और अमित-बंटी से धर्म के भाई का नाता जोड़ लिया। फ़रवरी में राजीव की शादी हुई। विवाह सम्बन्धी कुछ रस्में 13 विलिंगडन क्रिसेंट में ही हुईं।

जनवरी में ही बंटी की बदली कलकत्ता से मद्रास हो गयी थी। राजीव की शादी में भाग लेने के लिए अमिताभ कलकत्ता से आये थे, बंटी मद्रास से।

मई में बंटी के जन्मदिन पर मैं मद्रास गया। यह बंटी का इक्कीसवाँ जन्मदिन था। जीवन में कितनी जल्दी वह व्यवस्थित हो गया था, कमाने लगा था। शा वैलेस की ओर से उसे कार भी मिली थी जो वह खुद ड्राइव करता था। उसके मन में अमित के लिए बड़ी-बड़ी कल्पनायें थीं; वह फ़िल्म में उनका भविष्य देखता था। उसने मुझे बहुत से चित्र भी दिखाये, जो उसने अमित के लिए थे, उसी कैमरे से, जो मैं रूस से लाया था। उसने मुझे बताया उसे नवम्बर में कम्पनी के काम से बम्बई जाना होगा, तब वह बम्बई के प्रोड्यूसरों से मिलेगा और अमिताभ को किसी फ़िल्म में ब्रेक दिलाने की कोशिश करेगा। मैं बंटी की बातों को कौतूहल से सुनता, पर अर्ध-अविश्वास के साथ। कहाँ अमित लगी-लगायी नौकरी छोड़कर फिल्मों में अपना भाग्य आज़माने जायेंगे। पर मैं बंटी को निरुत्साहित करना भी नहीं चाहता था। उस दर्जे पर मैं उसे रोक नहीं रहा था। कोशिश करने में क्या हर्ज है। बहुत-से बड़े कामों का आरम्भ उत्साह से हुआ है।

मद्रास की उस यात्रा में मैं अरविन्द आश्रम, पाण्डीचेरी भी देख आया। मेरे मित्र पण्डित सुमित्रानन्दन पन्त श्री अरविन्द के परम भक्त थे और अक्सर उनके, श्री माँ के और अरविन्द आश्रम के विषय में मुझसे बातें किया करते थे। उनकी प्रेरणा से मैंने उनका कुछ साहित्य भी पढ़ा था, उनकी 'सावित्री' और 'दि लाइफ़ डिवाइन' पढ़ने की मुझे याद है। 'सावित्री' के कवित्व से मैं प्रभावित हुआ था, यद्यपि वह अमूर्त विचार-विवेचन से बहुत बोझिल है। अरविन्द के दर्शन ने मुझे बिलकुल न छुआ था। पन्तजी तो उसमें डूबे थे, इतना डूबे थे कि वह उनकी कविता को ले डूबा। सच कहूँ तो मैं किसी भक्ति-भाव-श्रद्धा से नहीं गया था, कौतूहलवश गया था।

आश्रम के एक अन्तेवासी ने आश्रम की विभिन्न इमारतें दिखायीं। विशेष याद है श्री अरविन्द का पुस्तकालय देखने की—विशाल; अच्छी देखरेख उसकी हो रही थी।

फिर गया श्री अरविन्द की समाधि देखने। वृक्षों की छाया में, संगमरमरी पत्थरों की बनी चबूतरानुमा, जिसका हर दिन सुबह भक्तों द्वारा नये-नये प्रकार से फूल-श्रृंगार किया जाता है। वृक्ष के नीचे समाधि है। वृक्ष पर कौए तो आकर बैठेंगे। उन्हें क्या पता कि नीचे किस महापुरुष की शयन-शैया लगी है। वे उस पर बीट करने में क्यों संकोच करेंगे। कौओं को ऐसा नहीं करने देना चाहिए। उपाय क्या है? दिन-भर के लिए चार भक्तों की ड्यूटी लगा दी गयी कि वे तीन-तीन घण्टे हाथ में गुलेल ताने ऊर्ध्व-दृष्टि समाधि की परिक्रमा करें और अगर कौए ऊपर की किसी डाल पर बैठे दिखायी दें, तो उनको निशाना बनायें। बताया गया समाधि के

अन्दर दो तहख़ाने हैं। एक में श्री अरविन्द की शव-पेटिका सुरक्षित है और दूसरी अभी रिक्त है—जब श्री माँ स्वर्ग सिधारेंगी, तब उनकी शव-पेटिका उसमें सुरक्षित कर दी जायेगी। मैंने समाधि को नमन किया, गुलेलबाज़ को भी—'राम ते अधिक राम का दासा'—आखिर यह भी गुरु-सेवा ही है कि गुरु की समाधि को गन्दी होने से बचाया जाये। अब मैं अपने शंकालु मन को क्या करूँ, समाधि को नमन करते मुझे उमरख़ैयाम की यह रुबाई भी याद आ गयी—

स्वर्ग-जग पर करते शास्त्रार्थ
जता विद्वत्ता का अभिमान,
अरे, कल जो सब पण्डित-विज्ञ
गड़े मूढ़ों के आज समान।

गड़े दोनों ही एक समान
हुए मिट्टी दोनों के हाड़,
न कोई हो पाया वह स्वर्ण,
जिसे देखें फिर लोग उखाड़।

फिर मैंने श्री माँ के दर्शन की इच्छा प्रकट की। श्री अरविन्द के जीवनकाल में तो यहाँ आ न सका, हालाँकि आने की इच्छा करता तो भी यह निश्चय नहीं था कि उनके दर्शन मिल ही पाते। वे साल में तीन बार दर्शन देते थे—अपने जन्मदिन पर, अपने सम्बोधि-दिवस पर और गुरु पूर्णिमा पर। पहले फ़ोटो भेजनी पड़ती थी, फ़ोटो से श्री अरविन्द पता लगाते थे कि आदमी दर्शन का अधिकारी है कि नहीं। मेरी फ़ोटो देखकर शायद ही मुझे अधिकारी समझते। श्री माँ से मिलने पर ऐसा कोई प्रतिबन्ध नहीं था। श्री अरविन्द पहुँचे हुए थे तो श्री माँ कम पहुँची हुई नहीं थीं। अरविन्द के दर्शन नहीं कर सका तो माँ का ही कर लूँ। मेरी कल्पना में वे क्या थीं—उन पर लिखी अपनी एक कविता का सहारा लूँगा :

श्री माँ के बारे में मैंने
पढ़ा-सुना था जितना उससे मैंने उनको
दिव्य-शक्ति दैवी विभूति ही मान लिया था।
स्वयं पन्तजी ने मुझको यह बतलाया था—
स्वर्ग-चेतना हैं यदि श्री अरविन्द
'मदर' हैं धरा-चेतना
जो जग में साकार हुई हैं।

लेकिन बड़ी निराशा हुई जब उनके निजी सचिव ने आकर कहा कि श्री माँ के दाँतों में दर्द उठा है, कई दिनों से, मिल न सकेंगी। 'दिव्य शक्ति' और 'दैवी विभूति' और 'धरा चेतना' के दाँत में दर्द! दैव योग से उन दिनों मेरे दाँतों में भी दर्द था। मैंने उन पर एक कविता लिखी—'कटती प्रतिमाओं की आवाज़' में है। अन्तिम पंक्ति थी, 'मनुआँ, चल, तेरी-उनकी है किसी जगह पर कुछ तो समता!'

बस, श्री अरविन्द आश्रम के बारे में मुझे इतना ही याद है।

उस निराशा में सोचा, महाबलिपुरम देख आऊँ। कला कभी निराश नहीं करती। महाबलिपुरम मद्रास से 40-50 मील दक्षिण है। मोटर से गया। सीधा पक्का रास्ता है। समुद्र-तट पर स्थित काली-लाल चट्टानों को काटकर बनाये गये मन्दिरों, रथों, मण्डपों और पौराणिक देव-मूर्तियों के साथ प्राकृतिक मानव-मूर्तियों को देखकर आँखें तृप्त हो गयीं। कला की यह नगरी सातवीं-आठवीं शताब्दी में बनकर तैयार हो गयी थी। कुशल संगतराशों की एक पूरी सेना ही आयी होगी इसे बनाने के लिए। महाबलिपुरम पर मैंने एक कविता बाद को लिखी थी। वहाँ जो देखा, जो सोचा, उसे मेरी कविता के माध्यम से देखें। किसी न किसी भावाकुल क्षण में इस समुद्र-तट पर खड़े हो इन चट्टानों को देखा होगा और अपनी कल्पना से अनुमान किया होगा कि उनके अन्दर सौन्दर्य का क्या वैभव छिपा है। यह कल्पना कोमल, सुकुमार वायवी नहीं थी, वह थी सबल, प्रखर, सक्रिय—

कल्पना आयी यहाँ पर,
और उसके दृग-कटाक्षों से
लगे पाषाण कटने—
कलश, गोपुर, द्वार, दीर्घायें,
गवाक्ष, स्तम्भ, मण्डप, गर्भगृह,
मूर्तियाँ औ' फिर मूर्तियाँ, फिर मूर्तियाँ...
उन्मुक्त निकलीं
बन्द अपने में युगों से जिन्हें
चट्टानें किये थीं—
मूर्तियाँ जल-थल-गगन के जन्तु-जीवों,
मानवों की, यक्ष-युग्मों की अधर-चर,
काव्य और पुराण वर्णित
देवियों की, देवताओं की अगिनती—
स्मृति संजोती
विफल होती,
शीश धुनती।

यहाँ वामन बन त्रिविक्रम
नापते त्रैलोक्य अपने तीन डग में,
और आधे के लिए बलि
देह अपनी विनत प्रस्तुत कर रहे हैं।
यहाँ दुर्गा
महिष मर्दन कर
विजयिनी का प्रचण्डाकार धारे।
एक उँगली पर यहाँ पर

कृष्ण गोवर्धन सहज-निःश्रम उठाये
तले ब्रज के गोप-गो सब शरण पाये,
औ' भगीरथ की तपस्या यहाँ चलती है कि
सुरसरि बहे धरती पर उतरकर,
सगर के सुत मुक्ति पायें।
उग्र यह कैसी तपस्या और संक्रामक
कि वन के हिंस्र पशु भी
ध्यान की मुद्रा बनाये।...
औ' बहुत कुछ धुल गया संस्कार बनकर
जो हृदय में
शब्द वह कैसे बताये!

इस अनुपम कला-भण्डार को आश्चर्य-विस्फारित नयनों से देखते हुए ध्यान जाता है उन शिल्पियों की ओर, उन उपकरणों, उन छेनियों-हथौड़ों की ओर, जिन्हें लिये वे कभी यहाँ आये होंगे और जुटे रहे होंगे कितने-कितने दिनों तक—दिन लगन, श्रम-स्वेद के, संघर्ष के—

काटते इन मूर्तियों को
नहीं
अपने आप को ही।

संगतराशी के मुहावरे में 'काटने' का अर्थ 'निकालना', 'बनाना', 'निरूपित करना' भी होता है। कलाकृति को बनाते-बनाते कलाकार स्वयं बन जाता है—'मेरे कवित्त तो मोंहि बनावत'—शायद कुछ इससे प्रेरणा ले, कुछ अपने अनुभव से मैंने 'हलाहल' में एक पद लिखा था—

हुआ करती जब कविता पूर्ण,
हुआ करता कवि का निर्माण,
अमर हो जाता कवि का कण्ठ,
गूँजकर मिट जाता है गान।

तो सृजन-प्रक्रिया की उत्कृष्ट उपलब्धि कलाकृति नहीं है, कलाकार है। कहता हूँ—

देखने की वस्तु तो
इनसे अधिक होंगे वही
पर वे मिले
इस देश के इतिहास में
इसकी अटूट परम्परा में
और इसकी मृत्तिका में
जो कि तुम हो,

जो कि मैं हूँ।

कलाकार का अमरत्व व्यक्तिगत नहीं, जातिगत है, इतिहासगत है, परम्परागत है। वे कलाकार हमारे अस्तित्व में हैं, कभी हमें उन पर गर्व करने का अवसर देते हुए, कभी हमारी प्रेरणा बनते हुए आज की, भविष्य की कलाकृतियों के निर्माण के लिए।

मैं चाहूँगा, कभी आप यह पूरी कविता पढ़ें।

'चौंसठ रूसी कवितायें' ('64) पर 1966 में मुझे जो सोवियत लैंड नेहरू पुरस्कार मिला था उसके साथ दो सप्ताह की रूस की यात्रा भी की थी। यह यात्रा मैंने सितम्बर 1968 में की। उस यात्रा में तीन सज्जन और थे–पश्चिमी बंगाल के श्री मन्मथ रे, महाराष्ट्र के श्री एल.एन. भावे और केरल के श्री के. के. नायर। ये भी ऐसे पुरस्कार विजेता थे, जिसके साथ रूस-यात्रा जुड़ी थी। मास्को में इन लोगों के साथ मैंने प्राय: वही स्थान फिर देखे, जो मैं पहली यात्रा में देख चुका था और जिनके बारे में मैं पहले लिख चुका हूँ। बाद के तीन स्थानों की यात्रा मेरे लिए, नयी थी–यारावान, तिबलिसी और सुखूमी की।

यारावान का नाम आते ही गिरि अरारात मेरी स्मृति में खड़ा हो जाता है–सीधे शंकु (cone) के आकार का–बर्फ से ढका–जो नगर के किसी भी भाग से देखा जा सकता है। यारावान आरमीनिया की राजधानी है। गिरि अरारात जिस भू-भाग पर है, वह एक समय आरमीनिया का था, पर तुर्कों ने आरमीनियों का क़त्ले-आम कर उन्हें इस प्रदेश से नेस्त-नाबूद कर दिया। आरमीनियावासियों के हृदय में यह पर्वत जाने जितनी स्मृतियाँ जगाता है, जाने कितने सपने खड़े करता और ढहाता है। यारावान के जिस नागरिक से भी मैंने बात की, उसके दिल में अरारात की जुदाई का दर्द पाया। मैंने गिरि अरारात पर एक कविता लिखी थी। उसके कुछ पद आपको सुनाना चाहता हूँ : शायद वे कुछ अधिक निकटता से आपको इस दर्द का आभास करा सकें–

आरमीनिया के
कितने ही चित्रकार अपने फलकों पर
बेचैनी से फेर-फेरकर तूली
उसको चित्रित करने का प्रयास करते रहते हैं।

आरमीनिया के कितने ही कवि
भावों की, विकल कल्पनाओं की
दर्द-बँधे शब्दों की कलियाँ मधुमुख सुमनांजलियाँ
अरारात को अर्पित करते।

और आरमीनी सुन्दरियाँ अपने पीर-मधुर कण्ठों से
मन्द्र, मध्य औ' तारस्वर में–तीव्रस्वर में–
सौ-सौ गीत उठाकर जैसे

अरारात गिरि की चोटी छू-छू आती हैं।

आरमीनिया का जन-मानस
आशा औ' विश्वास लिये अपनी आँखों में
सेता रहता है यह सपना,
कभी समय फिर आयेगा जब अरारात गिरि होगा अपना।

यारावान में हमें वहाँ के वयोवृद्ध चित्रकार सेरियन से मिलाया गया। अवस्था उनकी करीब अस्सी के होगी; जवानी में उन्हें अंग्रेज़ों में Big built कह सकते होंगे—लम्बी-चौड़ी काठी के। अब वे घुटनों से कुछ झुक रहे थे, छोटे मुख, लम्बी-पतली नाक, सफ़ेद घनी भौहों के नीचे गहराई का आभास देती आँखों के चेहरे पर बड़ा-सा सिर हिम-श्वेत केशों से ढका वार्धक्य की गरिमा का नमूना था। भारत के लिए उनके मन में बड़ा सम्मान था। उन्होंने याद किया कि भारत ने सभ्यता के प्रभात में बुद्ध को जन्म दिया और अपने गिरे दिनों में भी गाँधी को। विनम्रता से बोले, भारत के सामने, आरमीनिया तो ऐसा ही है जैसे गरुड़ के सामने गौरेया। मैंने उनका मान रखने के लिए कहा, गरुड़ अपनी जगह पर बड़ा हो, गौरेया अपनी जगह पर छोटी नहीं है।

टहनी पर बैठी गौरेया
चहक-चहक कर कहती, भैया,
नहीं कड़कते बादल का ही, मेरा भी अस्तित्व यहाँ है।
अब घन-गर्जन गान कहाँ है।

सेरियन बोले, यह भारतवासी ही कह सकता है।

सेरियन जिस मकान में रहते थे, वह दोमंज़िला था; नीचे वे स्वयं रहते थे, ऊपर उनके चित्रों की गैलरी थी। उनके एक शिष्य के साथ ऊपर जाकर हमने सेरियन के चित्र देखे। सेरियन पचास वर्ष की अवस्था तक अपने चित्रों में रूमानी और प्रभाववादी (romantic and impressionist) थे; पचास के बाद वे यथार्थवादी हो गये थे—Realist—अपने बारे में उनकी धारणा थी कि उनकी सर्वश्रेष्ठ कृतियाँ यथार्थवादी काल की हैं। इस मामले में ईट्स और सेरियन की धारणा बिलकुल समानान्तर थी। ईट्स का भी विचार था—और ठीक ही—कि उन्होंने अपनी सर्वश्रेष्ठ कवितायें 50 और 75 वर्ष के बीच की अवस्था में दीं। सुन्दर और सशक्त में अगर हम सशक्त को तरजीह दें, तो मानना पड़ेगा कि ईट्स अपने सम्बन्ध में ग़लत नहीं थे। मैं नहीं जानता सेरियन के परवर्ती चित्रों के बारे में पारखियों की क्या राय थी, पर मुझे उनके यथार्थवादी चित्र ज़्यादा अच्छे लगे थे—शायद इसलिए कि मैं भी अब अपनी कविता में यथार्थ की ओर अधिक झुक रहा था, गो कभी-कभी पिछला रूमान भी मुझ में उभर उठता था, जिसके लिए एक अवसर यारावान में ही उपस्थित हो गया।

एक रात आरमीनिया होटल में भोजन के लिए बैठा था। पास की टेबल से मेरे

दुभाषिये को किसी ने इशारा किया। लौटकर उसने शैम्पेन की एक बोतल मेरी टेबिल पर रख दी—आरमीनिया की गायिका की ओर से भारत के कवि को तोहफ़ा। मैं आँखों से उसे धन्यवाद दूँ कि उसने मेरी टेबिल पर आकर बोतल खोल दी और वह उफनती झाग से नहा उठी...मैंने कहा, इससे मैं पहले अपने बेटे का जामे-सेहत उठाता हूँ, फिर तुम्हारा; कारण मत पूछना। (आपको याद होगा, मैंने अमिताभ की एक गम्भीर बीमारी में शराब न छूने की प्रतिज्ञा की थी)। इस पर मैंने एक कविता लिखी थी—'प्रण-भंग'। उसका अन्तिम पद आपको सुनाना चाहता हूँ—

प्रण-प्रतिज्ञा ले, निभाना भी उन्हें मैं जानता हूँ,
आत्मबल की कर परीक्षा पूर्ण उनको ठानता हूँ,
जानता हूँ, राह में मिलते प्रलोभन जो बड़े हैं,
पर निवारण के लिए निज शक्ति भी पहचानता हूँ;
कर सकूँगा मैं न समझौता कभी कमज़ोरियों से,
और तिल भर भी खिसक सकता नहीं बरजोरियों से;
किन्तु मेरे टूटने से तार जुड़ता एक हो तो?...

दो तुम्हीं निर्णय, सुकण्ठिनि; आज अपना व्रत कड़ा क्यों तोड़ आया।
मुसकरा तुमने बुलाया,
और,
अपनी साधना मैं छोड़ आया।

यारावान सोवियत रूस के बहुत प्राचीन नगरों में माना जाता है। कुछ समय पहले उसकी 2500वीं जयन्ती मनायी गयी थी। एक प्राचीन गढ़ के भग्नावशेष भी हमें दिखाये गये, जिसे तुर्कों ने 16वीं सदी में बनाया था। निश्चय जब वह बना होगा, नगर पर चढ़ बैठा-सा लगता होगा।

मतेन्दरान यारावान का पुराभिलेखागार है, जहाँ आरमीनिया की पुरानी-से-पुरानी पाण्डुलिपियाँ और प्राचीन लिपि-कला (Caligraphy) और चित्रकला के नमूने सुरक्षित हैं। जब छपाई की मशीनों का आविष्कार नहीं हुआ था, तब खुशख़त लेखन-कला साधना कितने रुचि-रस और श्रम के साथ की जाती थी। मशीन की छपाई ने इस कला को समाप्त कर दिया। इस कला की आराधना से कलाकार को जो आनन्द मिलता होगा, इससे स्वयं उसका जैसा निर्माण होता होगा, वह मशीनें कहाँ दे या कर पाती हैं। वहीं मैंने आरमीनी में पहले छपे अख़बार की प्रति देखी, जो आपको सुनकर आश्चर्य होगा, कलकत्ता से प्रकाशित हुआ था। मन्मथ रे ने बतलाया कि कलकत्ता में आरमीनियनों की एक पूरी बस्ती है, जिन्होंने कई सदी पूर्व तुर्कों के अत्याचार से भागकर वहाँ शरण ली थी। कई आरमीनी शब्द बंगला में खप गये हैं, जैसे 'बालिश' जिसके अर्थ हैं तकिया या सिरहाना।

यारावान से हम लोग तिबलिसी गये, कार से, जो वहाँ से लगभग 100 मील

उत्तर है। सड़क अच्छी है; ब्रेकफास्ट लेकर चले थे, और लंच टाइम तक तिबलिसी पहुँच गये। रास्ते में थोड़ी देर सीवान लेक पर ठहरे, जिसके एक घाट के ऊँचे चबूतरे पर एक काले पत्थर की लम्बी नारी मूर्ति खड़ी है, अपने दोनों हाथों को ऊपर उठाये, जिस पर एक दीपक रखा है।

सीवान मीठे पानी की बहुत बड़ी झील है; इतनी बड़ी कि बीच-बीच में छोटे-छोटे द्वीप भी हैं, जिन पर दस-बारह घरों की बस्तियाँ भी हैं। बहुत पुराने ज़माने की बात है, इनमें से एक द्वीप पर एक लड़की रहती थी, जिसका नाम तमारा था—अनन्य सुन्दरी। इस तट पर एक लड़का रहता था—तुख़ारा नाम था—उठती जवानी का। दोनों में प्रेम हो गया। आधी रात को तमारा द्वीप तट पर एक दीप लेकर बैठ जाती और तुखारा इस तट से तैरता उसके पास पहुँच जाता।...एक रात तमारा बिना तेल डाले दिया लेकर चली आयी। तुख़ारा को दीप की लौ न दिखायी दी और वह द्वीप के चक्कर लगा-लगाकर थककर, डूबकर मर गया। तब से तमारा सारे जीवन हर रात दीपक ले-ले द्वीप तट पर बैठती रही, पर तुख़ारा को कहाँ आना था। इस तट के लोग कहते हैं कि द्वीप तट पर रोज़ आधी रात को दीपक की लौ दिखायी देती है। द्वीप-तट के लोग कहते हैं कि रोज़ आधी रात को जब झील की लहरें द्वीप-तटों से टकराती हैं, तब तुख़ारा की आवाज़ में 'अख़ तमारह!—अख तमारह!' शब्द सुनायी पड़ता है। घाट की मूर्ति तमारा की यादगार में खड़ी की गयी है। मैंने इस प्रेम-त्रासदी पर एक कविता लिखी है, जो मेरे संग्रह 'उभरते प्रतिमानों के रूप' में है। यह सात गीतों का समुच्चय है। पहले गीत में प्रेम-कथा है, जो ऊपर संक्षेप में दी गयी है। फिर तीन गीत तमारा के हैं और तीन तुख़ारा के। तमारा का जीवनपर्यन्त-प्रतीक्षा का गीत आपको सुनाना चाहूँगा।

घर से आती,
दीप जलाती,
दीप न जलने पाता
जाता पहुँच तुखारा,
चट से हो जाता भिनसारा।
रात जले!
जब घर से आयी
दीप न लायी,
रूठ गया उस रैन तुख़ारा।
मना न फिर
गो हुई न मुझसे भूल दुबारा।

घर से आती,
दीप जलाती,
पूछ-पूछ बाती चुक जाती,
कहाँ तुख़ारा? कहाँ तुख़ारा? कहाँ तुख़ारा?

और नहीं होता भिनसारा,
और नहीं होता भिनसारा,
और नहीं होगा भिनसारा!

तमारा की जीवन रात इतनी लम्बी हो गयी कि उसका कभी प्रभात ही न हुआ। मैं चाहूँगा कभी आप यह पूरी कविता पढ़ें। मैं समझता हूँ, मैंने इससे करुण गीत नहीं लिखा।

तिबलिसी जार्जिया प्रजातन्त्र की राजधानी है। मेरी कल्पना है जार्जिया कभी आर्यों की बस्ती होगी। आर्य, आर्ज, जार्ज, जार्जिया—इस ध्वनि-परिवर्तन क्रम में नाम पड़ा हो तो कोई आश्चर्य नहीं। जार्जिया की पुरानी राजधानी मत्सखेता थी, जो हो सकता है, पहले 'मत्स्य क्षेत्र' हो। आर्य क्षेत्र से प्रदेशों का नाम रखते थे—कुरुक्षेत्र प्रसिद्ध है; शूकर क्षेत्र भी, जो बाद को 'सूकरखेत' हो गया। ('मैं पुनि निज गुरु सन सुनी कथा सो सूकरखेत')। मत्स्य क्षेत्र नाम, सम्भव है, इसलिए दिया गया हो कि उस प्रदेश में कई सर-सरोवर हों जिनमें मछलियाँ बहुतायत से पायी जाती हों। तिबलिसी नगर के बीचोंबीच जो नदी बहती है, उसका नाम 'कुरा' है। हो सकता है यह आर्यों के समय की 'क्षुरा' हो—तेज़ बहने वाली।

यों तो तिबलिसी डेढ़ हज़ार बरस पुरानी नगरी बतायी जाती है, पर वहाँ मुझे पुराने समय की कोई बड़ी इमारत न दिखायी दी सिवा सायन (Sion) कैथीड्राल के, जो पाँचवीं शताब्दी में बनना शुरू हुआ था, पर उसके साथ बाद की कई सदियों में काफ़ी जोड़-तोड़ हुए थे।

तिबलिसी में एक इमारत पर लगी स्टेलिन की बड़ी मूर्ति ने भी हमें आकर्षित किया। स्टेलिन की मृत्यु के समय तो उनका इतना दबदबा था और उनके अनुयायी इतनी ऊँची जगहों पर थे कि उनका शव लेनिन की समाधि में सुरक्षित किया गया। पर उनके उत्तराधिकारी ख्रुश्चोव की अपेक्षया उदार नीति ने स्टेलिन के सम्बन्ध में कुछ ऐसे तथ्यों का उद्‌घाटन किया कि स्टेलिन के प्रति आदर घटने लगा, अनादर की भावना फैली और अन्ततोगत्वा घृणा गें बदल गयी, जिसके फलस्वरूप स्टेलिन का शव लेनिन-समाधि से निकालकर जलाया गया (केवल उनकी राख क्रेमलिन की दीवाल में गाड़ दी गयी), उनकी मूर्तियाँ जगह-जगह से हटाई गयीं, यहाँ तक कि चित्रों में जहाँ कहीं भी वे लेनिन के साथ थे, उन्हें मिटा दिया गया। साम्यवादी व्यवस्था में जब किसी के प्रति विरोध आरम्भ होता है, तब उसे जड़-मूल से उखाड़ फेंका जाता है। रूस की अपनी दोनों यात्राओं में मैंने किसी जगह पर स्टेलिन की मूर्ति अथवा चित्र नहीं देखा था, इसलिए तिबलिसी में स्टेलिन की मूर्ति देखकर कुछ आश्चर्य हुआ। कोई विशेष कारण होगा इस मूर्ति को बख्श देने का। यह तो शायद आपको मालूम होगा कि स्टेलिन जार्जियन थे। बाद को मैंने सुना कि ब्रेज़नेव के प्रभाव से 1970 में स्टेलिन की कब्र पर उनकी मूर्ति लगा दी गयी है।

तिबलिसी की मेरी यादें, पता नहीं क्यों, वहाँ की रातों से जुड़ी हैं। एक रात को रोप-ट्राली से काकेशस की एक पहाड़ी पर जाकर हमने तिबलिसी को देखा था। उस पर मैंने एक कविता लिखी थी। उसका पहला अंश आपको सुनाना

चाहूँगा। शायद आप उससे तिबलिसी की रात की एक झाँकी पा सकें।

काकेशस पर्वतमाला पर
कनक थाल-सा चाँद उगा है।
बैठ रोप-ट्राली में अभी
पहाड़ी स्टेशन पर पहुँचा हूँ,
पर्वत के चरणों में फैली-बसी तिबलिसी
रंग-बिरंगे बिजली के लाखों बल्बों के
जिप्सी-मेले-सी लगती है,
बीच नगर से होकर कुरा नदी बहती है—'क्षुरा' कभी की—
जैसे कोई सर्प
चाँदनी-चमचम-केंचुल धार
चतुर्दिक् बहुसंख्यक बिखरी मणियों में होकर
लहरिल गति से जाता,
नहीं किसी को जैसे अपने मन की पाता,
डाल उपेक्षा भरी दृष्टि सब पर
आगे को बढ़ता जाता, बढ़ता जाता, बढ़ता जाता...
('उभरते प्रतिमानों के रूप')

तिबलिसी से हम लोग सुखूमी नगर आये—रेलवे ट्रेन से। काला-सागर तट पर बसी सुखूमी अबख़ाज़िया प्रजातन्त्र की राजधानी और उसका सुरम्य सैकतावास (सी रिसोर्ट) है। वहाँ की भाषा में सुखूमी का अर्थ है—समुद्र और सिकता। समुद्र तट मीलों लम्बा गीला-रेतीला मैदान है, जिस पर हज़ारों लोग समुद्र में नहाकर बैठे-लेटे धूप सेंकते हैं। सुखूमी के उस तट को मेरी आँखों से देखें। उस पर भी मैंने एक कविता लिखी थी।

काला सागर को
किसने काला सागर की संज्ञा दी है?
यहाँ मुझे तो कुछ भी काला नहीं दीखता;
दृष्टि जहाँ तक जाती है
सागर का पानी निलछर-निलछर,
हल्का नीला, गहरा नीला;
खड़ी हुई जो सागर घेरे पर्वतमाला
हरी-भरी है,
और यहाँ तो पीछे एक बड़ा झरना है,
पानी का या कहूँ दूध का,
मीठे पानी का,
जो आगे फैले लहराते-हहराते गहरे खारे सागर पर

मरकत-पर्वत के मधुर व्यंग्य-सा।

धुली हुई चादर-से फैले सिकता-तट पर
बहुसंख्यक गौरांग युवतियाँ, छवि-छोकरियाँ,
हृष्ट-पुष्ट गौरांग युवकगण, छल-छरहरे,
बहुरंगी कौपीन-क्षीण तैराकी वसनों में
सागर में तैर-नहाकर, क्रीड़ा करके
व्रीड़ाहीन, खुली, निश्चिन्त—विविध मुद्राओं में
अधलेटे-लेटे—
चित, पट, अरवट-करवट—
धूप सेंकते—
इतस्तत: रंगीन छतरियों के नीचे भी—
नहीं किसी की ओर देखते।

सैकतावास का दृश्य यहाँ समाप्त होता है। क्षण-भर मेरे मन के साथ भी हों—

काश, यहाँ यौवन में आते!
तब क्या
तट से दूर खड़े हो,
टिके छड़ी पर,
केवल अपनी आँख सेंकते!

सुखूमी से हम मास्को लौटे। उस वर्ष गोर्की नगर में प्रसिद्ध रूसी लेखक गोर्की की जन्मशती मनायी जा रही थी। हम लोगों को भी शती-समारोहों में भाग लेने के लिए गोर्की ले जाया गया। गोर्की नगर का पुराना नाम निज़नी नोवोगोरोड था, जो पुराने ज़माने में वृहत पशु मेले के लिए प्रसिद्ध था, आज तो वह रूस के बड़े औद्योगिक नगरों में गिना जाता है। गोर्की का जन्म निज़नी नोवोगोरोड में 1868 में हुआ था। उचित ही था कि उनकी जन्मशती उनके जन्म-नगर में मनायी जाती। निज़नी को गोर्की नाम गोर्की का सम्मान करने के लिए उनके जीवन-काल में ही दे दिया गया था, 1932 में; उनकी मृत्यु 1936 में हुई, उस साल प्रेमचन्द की भी मृत्यु हुई थी। निज़नी मास्को से 260 मील पूर्व है, जहाँ रोड, रेल, हवाई जहाज़ के अतिरिक्त वोल्गा नदी द्वारा स्टीमर से भी पहुँचा जा सकता है। हम लोग स्टीमर द्वारा 36 घण्टे की यात्रा करके गोर्की पहुँचे थे। हमारे साथ देश-विदेश से आये लगभग सौ लेखक यात्रा कर रहे थे। स्टीमर से हमें निज़नी ले जाने का विशेष कारण था। हमें बताया गया—गोर्की ने अपने लड़कपन में वोल्गा के स्टीमर पर बर्तन धोने का काम किया था, जहाँ किसी रसोइये ने उन्हें पढ़ने का शौक लगाया था। स्टीमर की किताबों से जो उनमें पढ़ने की रुचि जागी, वह फिर उनके जीवन-भर बनी रही। प्रतिभा कितनी अटपट सीढ़ियों से अपने को ऊपर उठा लेती है। स्टीमर के यात्रियों में गोर्की की लड़की और गोर्की की नातिन भी थी।

मैक्सिम गोर्की के नाम से दुनिया जिसे जानती है, उसका असली नाम अलेक्साई मैक्सिमोविच पेशकोव था। पेशकोव के पिता की मृत्यु पाँच वर्ष की अवस्था में हो गयी, माता ने दूसरा विवाह कर लिया और वह अनाथ बच्चा अपनी ननिहाल भेज दिया गया, नानी के प्यार और नाना की मार के बीच पलने को। निज़नी में उनका घर सुरक्षित है, जिसमें वह बेंच भी रखी है, जिस पर लेटाकर नाना बालक गोर्की को बेंत से पीटा करते थे। आठ वर्ष की अवस्था में जब उसकी माँ भी मर गयी, तो उन्होंने पेशकोव को अपने बूते पर कमाने-खाने को घर से निकाल दिया। सोलह वर्ष तक निम्न श्रेणी के मज़दूर वर्ग का कोई ऐसा काम नहीं जो उन्होंने न किया हो—प्राय: पैदल रूस-भर में एक जगह से दूसरी जगह भटकते। सर्वप्रथम प्रगतिवादी लेखक की शिक्षा-दीक्षा बड़े कठिन-कसाले की पाठशाला में हुई थी। चौंतीस वर्ष की अवस्था में उनकी पहली कहानी प्रकाशित हुई 'मकर चूद्रा' (1893) तिबलिसी के एक पत्र में, जिसमें उन्होंने अपना कलमी नाम दिया 'गोर्की' जिसके अर्थ हैं 'कटु', 'तिक्त'। जीवन के कटु अनुभवों के बाद यह नाम न लेते तभी आश्चर्य होता। गोर्की को विशेष ख्याति 'शेलकश' (1895) के बाद मिली—('शेलकश' का हिन्दी अनुवाद 1930 में साहित्य सदन, चिरगाँव, झाँसी से प्रकाशित हुआ था—तभी की खरीदी उसकी प्रति अब भी मेरे पुस्तकालय में है)। इसके बाद आरम्भ होता है गोर्की का चालीस वर्षीय लेखकीय जीवन, जिसमें उन्होंने कहानियाँ, उपन्यास, नाटक, आत्मकथा, संस्मरण, निबन्ध, यदा-कदा कवितायें भी लिखीं—1901 में अपनी एक क्रान्तिकारी कविता पर तो वह गिरफ़्तार भी हुए। गोर्की के लेखन में मुझे विशेष रूप से पसन्द हैं उसके आत्मकथात्मक त्रिग्रन्थ (Trilogy)—Childhood (1915) (मेरा बचपन), In the World (1917) (दुनिया के बीच) और My Universities (1924) (मेरे विश्वविद्यालय)। इन तथाकथित आत्मपरक रचनाओं में गोर्की अपने से कहीं अधिक अपने परिवेश और दूसरों के विषय में कहते हैं, उस कटु यथार्थी दुनिया के बारे में, जिससे वे अपनी सत्ता के लिए टक्कर लेते हैं, अपने श्रम, संघर्ष और लगन के बल पर। यथार्थ का चित्रण कोई नयी बात न थी, पर ऐसे यथार्थ का चित्रण और इस प्रकार कि उससे समाजवाद की सम्वर्धना हो, गोर्की की विशिष्ट देन थी।

जन्मशती समारोह तीन दिन का था। पहली सन्ध्या का उद्घाटन भाषण किसी बड़े रूसी लेखक ने किया था, शायद शोलोखोव ने। दूसरे दिन पूर्वाह्न और अपराह्न में दो सेमिनार हुए थे जिनमें कुछ लोगों ने गोर्की पर पेपर पढ़े थे, जिन पर कुछ वाद-विवाद हुआ था। तीसरे दिन रात को एक बड़े हॉल में समारोह में आये लेखकों को भोज दिया गया था। भोज के बाद विभिन्न देशों से आये शिष्टमण्डलों ने गोर्की के प्रति श्रद्धांजलि अर्पित की थी—भारतीय शिष्टमण्डल की ओर से मैंने। संक्षेप में, मैंने कहा था कि गोर्की ने जिस वर्ग का चित्रण किया है, वह वर्ग भारतीय साहित्य में, कम-से-कम हिन्दी साहित्य में, अभी पर्याप्त मुखरित नहीं हुआ। कुछ हुआ है तो प्रेमचन्द में, पर प्रेमचन्द भी स्वयं उस वर्ग से नहीं आये थे; उनका चित्रण सहानुभूति-दाता का है, भुक्तभोगी का नहीं। कुछ ऐसी ही बात फणीश्वर नाथ रेणु

के विषय में भी कही जा सकती है, गो वे प्रेमचन्द से अधिक लोक-जीवन के पास होने का आभास देते हैं। निकट भविष्य में जब वह वर्ग शिक्षित हो, मुखर होगा, तब निश्चय गोर्की उसके लिए प्रेरक सिद्ध होंगे। अंग्रेज़ी अनुवादों के द्वारा गोर्की साहित्य में भारतीयों की रुचि जाग्रत हुई है और कुछ गोर्की साहित्य हिन्दी तथा अन्य भारतीय भाषाओं में अनूदित हो चुका है। भारतीय स्वतन्त्रता-संग्राम की साहित्यिक पृष्ठभूमि में जिस प्रकार टैगोर खड़े हैं, उसी प्रकार रूसी जनक्रान्ति की साहित्यिक पृष्ठभूमि में गोर्की। हम टैगोर के देश की ओर से गोर्की के प्रति श्रद्धांजलि अर्पित करते हैं।

पर शती समारोह में सबसे प्रभावकारी चीज़ थी गोर्की प्रदर्शिनी, जिसमें रखी गयी थीं गोर्की की कृतियाँ, उनके विभिन्न संस्करण, संसार की भाषाओं में उनके अनुवाद, उन पर आलोचनात्मक पुस्तकें, पत्रिकायें, जिनमें उन पर लेखादि निकले थे; गोर्की की कतिपय पाण्डुलिपियाँ, और उनके जीवन से सम्बद्ध अनेकानेक चित्र!

कुछ वर्ष पहले हमने प्रेमचन्द की जन्मशती मनायी थी।
उस समय गोर्की की जन्मशती बहुत याद आयी थी।
कितना अन्तर! कितनी ग्लानि!

सितम्बर के अन्त में हम लोग रूस की यात्रा से वापस लौटे।

अक्टूबर '68 में मेरी कविताओं का नया संग्रह निकला—'कटती प्रतिमाओं की आवाज़'। 1967-68 में छोटी-बड़ी मिलाकर मैंने कुल 162 कवितायें लिखीं। इन कविताओं को लिखते हुए बारम्बार मेरा ध्यान उस विखण्डन, विघटन और बिखराव की ओर गया है, जो आज हमारे चारों ओर से अधिक, हमारे भीतर चल रहा है। पर उस विघटन और विखण्डन के बीच कहीं कुछ विनिर्मित भी हो रहा है, इसकी भी चेतना मुझे है। 'कटती प्रतिमाओं' के लिए मैंने 91 कवितायें ऐसी चुनीं, जिनमें मुझे लगा विघटन के प्रति मैं अधिक सचेत हूँ।

यह संग्रह मैंने स्वर्गीय राजकमल चौधरी की स्मृति में समर्पित किया।

पंक से तो
हर पंकज उठता है
तूने पंक को भी
उठाने का प्रयोग किया,
अजब नहीं
पंक में बहुत कुछ
सन गया।

राजकमल के साहित्य से जिनका परिचय है, वे देखेंगे कि वह जीवन के पंक में कितना सना है। पंक को उठाने का समय उसे नहीं मिला। पर वह बहुतों को पंक के प्रति सचेत कर गया।

नवम्बर '68 में—मेरे 61वें जन्मदिन पर—अजित कुमार और ओंकारनाथ श्रीवास्तव ने एक पुस्तक सम्पादित कर मुझे समर्पित की 'बच्चन निकट से', जिसमें चालीस से अधिक मेरे आत्मियों और निकटवर्तियों ने मुझे याद किया। योजना उनकी मेरी षष्टी-पूर्ति पर यह पुस्तक प्रकाशित करने की थी, पर लेखों के आने में देरी लगी; फिर छपाने में। कई वर्षों बाद डॉ. रमेशचन्द्र गुप्त ने सम्पादित कर उसकी पूरक कृति प्रस्तुत की 'बच्चन : निकष पर'। पहली में यदि मेरे व्यक्तित्व पर कुछ प्रकाश डाला गया है, तो दूसरी में मेरे कृतित्व पर।

नवम्बर में अजिताभ का स्थानान्तरण छह मास के लिए मद्रास से बम्बई हो गया। वहीं उनको पता लगा कि ख़्वाजा अहमद अब्बास 'सात हिन्दुस्तानी' के नाम से कोई फ़िल्म बनाना चाहते हैं और उसके लिए योग्य चेहरों की खोज में हैं। अजिताभ ने अमिताभ की तस्वीर ख़्वाजा साहब के पास भेज दी। तस्वीर से वे इतने प्रभावित हुए कि उन्होंने कहा कि जिसका चित्र है, उसे साक्षात्कार के लिए बुलाओ। अमिताभ को जब यह सूचना मिली, तो वे अपनी नौकरी से इस्तीफ़ा देकर दिल्ली आ गये। मैं इस बात से खुश नहीं हुआ कि जब फ़िल्म में लिया जाना सुनिश्चित नहीं था, तब वे लगी-लगायी नौकरी छोड़कर चले आये। 1600 रुपये प्रतिमास पा रहे थे, कम्पनी की ओर से कार भी उन्हें मिली थी। आगे उन्नति के अवसर थे। पर अमित का उत्साह देखकर मैं चुप रहा। अमित बम्बई गये और अब्बास साहब से मिले। चित्र से वे प्रभावित थे ही, उन्हें देखकर अधिक ही प्रभावित हुए। उन्होंने अमित को फ़िल्म की कहानी सुनायी और जिस पात्र की भूमिका वे अमित को देना चाहते थे, उसी को अमित ने भी अपने लिए अनुकूल पाया। गोटें बैठ रही थीं। अब्बास साहब ने अमित को अपनी फ़िल्म के लिये ले लिया और 5000 रुपये पारिश्रमिकस्वरूप देने को कहा, जो राशि वे इस फ़िल्म में काम करने वाले प्रत्येक अभिनेता को दे रहे थे।

जब अनुबन्ध-पत्र तैयार करने की बात आयी, तो अमित ने अपना पूरा नाम अमिताभ बच्चन बताया और पते के रूप में C/o डॉ. एच.आर. बच्चन...

अब्बास साहब ने कहा, 'रुक जाओ, डॉ. बच्चन मेरे दोस्त हैं, बिना उनकी इजाज़त के मैं तुमको फ़िल्म में नहीं ले सकता। बहुत-से लोग घर से भागकर फ़िल्मों के लिए आते हैं। तुम्हारी पक्की नौकरी थी; पता नहीं तुम उनकी रज़ामन्दी से आये हो कि नहीं...'

अमित ने बारहा कहा कि वे घर से भागकर नहीं आये, अपने माता-पिता की अनुमति से फ़िल्म क्षेत्र में अपनी योग्यता-क्षमता के अनुरूप काम की खोज में आये हैं; पर वे न माने।

अब्बास का ख़त मेरे पास आया, जिसमें उन्होंने पूछा था, आपके साहबज़ादे मेरी एक फिल्म में काम करना चाहते हैं, मैं उनको लेना भी चाहता हूँ; क्या इसके लिए आपकी इजाज़त है?

मैंने उन्हें तार दिया, 'मुझे कोई आपत्ति नहीं है, अगर वे आपके साथ काम कर

रहे हैं।' विस्तार से पत्र भी लिख दिया।

अमिताभ अनुबन्ध पर हस्ताक्षर करके दिल्ली वापस आ गये। उन्हें फ़रवरी में बम्बई जाना था, जब फ़िल्म की शूटिंग शुरू होने वाली थी।

प्रभावकारी उच्चाधिकारी से सम्पर्क के जहाँ कुछ लाभ हैं, वहाँ कुछ हानियाँ भी हैं। आप कुछ भी उन्नति-प्रगति-विकास करें, तो लोग कहते हैं फ़लाँ अधिकारी की सिफ़ारिश से आप आगे बढ़े हैं—जैसे आपमें कोई योग्यता, क्षमता नहीं थी, आप उसके अधिकारी नहीं थे—अपने बारे में तो मैं ऐसी बातें सुनता ही था, पण्डित अमरनाथ झा की कृपा से बच्चन इलाहाबाद युनिवर्सिटी में अंग्रेज़ी के लेक्चरर नियुक्त हुए, पण्डित जवाहरलाल नेहरू की कृपा से विदेश मन्त्रालय में हिन्दी विशेषाधिकारी बनाये गये, श्री लालबहादुर शास्त्री की कृपा से राज्यसभा के सदस्य मनोनीत हुए। अब अमिताभ के बारे में कहा जाने लगा कि श्रीमती इन्दिरा गाँधी की कृपा से उन्हें फ़िल्म क्षेत्र में प्रवेश मिला।

ख़्वाजा अहमद अब्बास साहब अपनी आत्मकथा में लिखते हैं :

It is important to clarify this at length because a lot of ugly rumours have been set afoot about Amitabh and myself. It has been said for instance, that it was the recommendation letter of the Prime Minister, Mrs. Indira Gandhi, that got him the role in my picture. I don't give roles to people who bring introductory letters. And in any case the Prime Minister did not write and communicate with me to cast Amitabh Bachchan in my picture.[1]

(यह बहुत ज़रूरी हो गया है कि मैं इस बात को खुले शब्दों में साफ़ कर दूँ : क्योंकि अमिताभ के और मेरे बारे में बहुत-सी बेहूदा अफ़वाहें उड़ायी गयी हैं। उदाहरणार्थ, यह कहा गया है कि मैंने उसे अपनी फिल्म में इसलिए लिया कि वह प्रधानमन्त्री इन्दिरा गाँधी का सिफ़ारिशी खत अपने साथ लाया था। जो लोग सिफ़ारिशी ख़त लेकर आते हैं, उन्हें मैं अपनी फ़िल्म में नहीं लेता। बहरहाल, सचाई यह है कि अमिताभ को अपनी फ़िल्म में लेने के लिए न तो प्रधानमन्त्री ने मुझे खत लिखा, न कहा या कहलाया।)

मेरी कृतियों के प्रकाशन की दृष्टि से '69 मेरे लिए सौभाग्यपूर्ण वर्ष रहा। प्रारम्भिक महीनों में 'हैमलेट' का अनुवाद प्रकाशित हुआ। उस पर काम करना मैंने '59 में ही शुरू कर दिया था—'ओथेलो' अनुवाद के प्रकाशन के बाद। दस बरस इसे पूरा करने में लगे—गो मैं उसी पर बराबर काम नहीं करता रहा। इसके साथ कुछ ऐसा अपशकुन जुड़ा था कि जब-जब उसे मैंने उठाया, मुझे कोई बीमारी लग गयी। कुछ ही दिनों मैंने उस पर काम किया था कि मुझे 'वरटिगो' हो गया—सिर की किसी हरकत से चक्कर आता। तीन वर्ष बाद जब दुबारा उसके अनुवाद में हाथ लगाया, तो मुझे हार्निया की तकलीफ़ हुई और ऑपरेशन कराना पड़ा। दो वर्ष बाद

1. देखें 'I am not an Island' by K. A. Abbas, p. 487

फिर उसे उठाया, तो प्लूरिसी हो गयी। किसी काम को अधूरा छोड़ना मेरी प्रवृत्ति नहीं। अधूरा 'हैमलेट' बुरी तरह मेरे दिमाग में करक रहा था। मैंने सोचा जब भी 'हैमलेट' उठाता हूँ, कोई बीमारी पकड़ लेती है, क्यों न इस प्रक्रिया को उलटूँ—जब किसी बीमारी से उठूँ, तो 'हैमलेट' हाथ में लूँ, पिछली बार अलसर के आक्रमण से उबरा, तो मैंने 'हैमलेट' में हाथ लगाया और उसे पूरा करके ही छोड़ा।

'हैमलेट' समष्टि के साथ व्यष्टि की टक्कर में व्यष्टि के टूटने की कथा है। हैमलेट जिस संसार में अपने को पाता है, उससे उसे असन्तोष है, घृणा है, पर वह न उस संसार को बदल पाता है, न उससे समझौता कर पाता है, न उसे छोड़ पाता है; वह उसी में जीने-मरने को अभिशप्त है। उसने दुनिया में आकर देखा—

...घड़ियाँ काली।
नियति! निकाला तूने मुझसे कब का बदला,
मुझको भेजा, इन घड़ियों को करूँ उजाली!'

और वह कुछ ऐसा-ही कहता दुनिया से चला गया होगा—

'जग में अँधियाला छाया था,
मैं ज्वाला लेकर आया था,
मैंने जलकर दी आयु बिता, पर जगती का तम हर न सका।
मैं जीवन में कुछ कर न सका।'

'हैमलेट' को मैंने अमिताभ को समर्पित किया—इन शब्दों के साथ :

अपने बेटे
अमिताभ को
जिसने मेरे हिन्दी 'ओथेलो' के प्रथम प्रदर्शन में
कैसियो की भूमिका अदा की थी,
और जो, मुझे आशा है,
किसी दिन मेरे हिन्दी हैमलेट के प्रदर्शन में
हैमलेट की भूमिका अदा करेगा।

अभी तक तो उसने की नहीं, मेरी कल्पना थी जैसे बहुत से अभिनेता अच्छे सिने-कलाकार होकर भी नाट्य-मंच पर अपना कौशल प्रदर्शित करने के अभिलाषी होते हैं, वैसे अमित भी करना चाहेगा, पर फ़िल्मी दुनिया ने उसे इस हद तक अपने मोह-पाश में जकड़ लिया है कि उसे अपने सामान्य गार्हस्थ सुख से ही वंचित होना नहीं पड़ा, बल्कि अपने स्वास्थ्य से भी।

'69 के मध्य में '67-68 में लिखी शेष कवितायें—संख्या में 71—मैंने 'उभरते प्रतिमानों के रूप' नाम से प्रकाशित कीं। एक प्रकार से यह 'कटती प्रतिमाओं की आवाज़' की पूरक कृति है। उसमें यदि मैं विघटन के स्वर के प्रति सजग हूँ, तो इसमें सृजन के संकेतों के प्रति। यह कृति मैंने सर्वेश्वर दयाल सक्सेना

को समर्पित की, इन शब्दों के साथ—

जिनकी कविता में लोक जीवन का यथार्थ
रूमानियत की छाया-छाया आया है।

जब ये पंक्तियाँ लिख रहा हूँ, सर्वेश्वर को गये कुछ ही दिन बीते हैं। मृत्यु के उपरान्त उनकी कृति 'खूँटियों पर टँगे लोग' पर साहित्य अकादमी पुरस्कार दिया गया है। 15 वर्ष पूर्व उनकी प्रतिभा का आभास पाने पर मुझे सन्तोष है।

अजिताभ छह मास बम्बई रहकर फिर मद्रास चले गये थे। 'उभरते प्रतिमानों' के प्रूफ़ देख चुका था। मई में जब संसद का सत्र समाप्त हुआ, तो मद्रास चला गया—वहीं अजिताभ का जन्मदिन मनाने के लिए।

अजिताभ स्वस्थ-सानन्द थे; उन्हें इस बात की बड़ी प्रसन्नता थी कि उन्होंने अमिताभ का प्रवेश फिल्म क्षेत्र में करा दिया; अब अगर उनमे प्रतिभा होगी और भाग्य उनका साथ देगा, तो वे वहाँ अपने लिए समुचित स्थान बना लेंगे।

इस बार दिल्ली लौटने के पूर्व मैंने कन्याकुमारी, रामेश्वरम् और तिरुपति की यात्रा की। कन्याकुमारी के बारे में बहुत कुछ सुन-पढ़ चुका था। कल्पना नक्शे पर देखकर भी की थी कि वह ऐसी जगह पर स्थित है जहाँ तीन सागरों का संगम है, पूर्व में बंगाल की खाड़ी, दक्षिण में हिन्द महासागर और पच्छिम में अरब सागर। स्वामी विवेकानन्द धुर उत्तर हिमालय की यात्रा कर धुर दक्षिण कन्याकुमारी के अन्तरीप तक पहुँचे थे, जहाँ से उन्होंने लघु-लघु द्वीपों के समान दो काली चट्टानें समुद्र में उभरी देखी थीं और तैरकर एक पर पहुँच सिद्धासन में बैठ गये थे, उत्तराभिमुख, और कहा जाता है, वे समाधिस्थ हो गये थे, उन्हें सम्बोधि प्राप्त हो गयी थी। कन्याकुमारी भारत के प्राचीनतम तीर्थों में है। महाभारत में भी उसकी चर्चा है। जब पाण्डव वन-प्रवास में थे, तब देवर्षि नारद ने उनके पास जाकर बहुत-से तीर्थों का वर्णन और उनकी महिमा का आख्यान किया था।

ततस्तीरे समुद्रस्य कन्यातीर्थमुपस्पृशेत।
तत्रोपस्पृश्य राजेन्द्र सर्वपापैः प्रमुच्यते॥

(हे युधिष्ठिर, तत्पश्चात् समुद्र के तट पर विद्यमान कन्यातीर्थ—कन्याकुमारी—में जाकर स्नान करें। इस तीर्थ में स्नान करते ही मनुष्य सब पापों से मुक्त हो जाता है।)

लगता है प्राचीनकाल में इस देश के लोग बड़े यात्रा-भीरु रहे होंगे; तभी तो उन्हें तीर्थयात्राओं पर भेजने के लिए ऐसे-ऐसे प्रलोभन दिये जाते थे, फलाँ तीर्थ करने पर—'अश्वमेघं प्राप्नोति' अथवा 'गो सहस्र फलं लभेत्' या 'परां सिद्धिं च गच्छति'।

मैं किसी ऐसी आशा-विश्वास से नहीं गया था। गया था अपने महादेश का स्थलान्त देखने, त्रिसागर संगम का भव्य दृश्य देखने और सर्वोपरि अपने आदि पूर्वजों की कल्पना-स्थली देखने।

कल्पना थी—किसी समय वाणासुर नाम का महादानव था जिसने देवताओं को संत्रस्त कर रखा था। देवताओं ने उसका विनाश करने के लिए भगवान् विष्णु से प्रार्थना की। भगवान् ने कहा, तुम लोग जाकर त्रिसागर संगम पर तपस्या करो, वहीं पराशक्ति प्रकट होगी, जो वाणासुर का वध करेगी। देवताओं की घोर तपस्या के फलस्वरूप कन्याकुमारी प्रकट हुईं। साथ आकाशवाणी हुई, जब तक यह कन्या ब्रह्मचारिणी रहेगी-उसे कोई पराजित नहीं कर सकेगा। पर शुचीन्द्रमवासी शिव ने उसे देखते ही उसे ब्याहना चाहा। अब शिव को कौन रोके। कन्या विवाहित हुई, तो उसकी शक्ति जाती रहेगी। मध्य रात्रि में विवाह का शुभ लग्न रखा गया। शिव बरात सजाकर चले। नारद ने विघ्न डालने की एक तरकीब सोची। उन्होंने मुर्गे का रूप धारण कर बोलना शुरू किया, शिवजी ने समझा, सबेरा हो गया, विवाह की लग्न तो बीत गयी। बरात वापस ले शुचीन्द्रम लौट गये। कालान्तर में कन्याकुमारी ने वाणासुर का वध किया।

हिन्दू कल्पना पर आश्चर्य होता है, जिसका वध बड़े-बड़े देवता न कर सके थे, उसका वध करने को उन्होंने कुमारी कन्या की कल्पना की! कन्यामूर्ति द्विहस्ता है और हाथों में भी कोई अस्त्र-शस्त्र नहीं, केवल एक हाथ में सुमिरनी है! महिषासुर मर्दिनी तो अष्टभुजा हैं और उनके हर हाथ में कोई-न-कोई अस्त्र-शस्त्र है। कोई पूछे ऐसी कल्पना के पीछे हिन्दू मस्तिष्क में क्या बात रही होगी।

कन्याकुमारी मन्दिर पाण्ड्य राजाओं ने बनवाया होगा 7वीं-8वीं शताब्दी में—मन्दिर भव्य है, तमिल स्थापत्य शैली का। वैसे मन्दिर तो शुचीन्द्रम का अधिक बड़ा और भव्य है—उच्च खचित पाषाण-स्तम्भों पर आधारित उसकी लम्बी दीर्घायें केवल रामेश्वरम् की दीर्घाओं से दूसरे दर्जे पर हैं, विशेष आकर्षण है उसके चार स्तम्भों का, जिनको ठोंकने से अलग-अलग घण्टे की-सी आवाज़ निकलती है। लोगों का अनुमान है उन्हें भीतर से पोला किया गया है—राम ही जानें कैसे!

मैंने त्रिसागर संगम पर स्नान भी किया--सागर स्नान का सुख अलग ही है—तट में तीन रंगों के बालुका कण मिलते हैं—काले, सफेद, लाल—तमोगुण, सतोगुण, रजोगुण के प्रतीक ही मानो।

कन्याकुमारी समुद्र तट पर जहाँ महात्मा गाँधी की अस्थियाँ विसर्जित की गयी थीं, गाँधी स्मारक मन्दिर बनाया गया है। पता नहीं किस स्थापत्यकार ने उसका नक्शा तैयार किया था; मुझे तो यह मन्दिर भद्दा-कुरूप लगा। उसकी विशेषता बतायी गयी कि ऐसा बना है कि जिस चबूतरे पर विसर्जन पूर्व अस्थिपात्र रखा गया था, उस पर दो अक्टूबर, अर्थात् महात्मा गाँधी के जन्मदिन पर दोपहर को सूर्य किरणें पड़ती हैं—छत के किसी सूराख से आकर।

कुमारी अन्तरीप के पूर्व में जो द्वीप-चट्टानें दिखायी पड़ती हैं, उन्हें स्वामी विवेकानन्द राक कहा जाता है। इनमें से जो कुछ बड़ी है, उन पर राक मेमोरियल कमेटी द्वारा विवेकानन्द मन्दिर बनाया जा रहा था जिसमें, बताया गया, स्वामीजी की नौ फ़ीट ऊँची प्रतिमा स्थापित की जायेगी। तट पर पत्थरों की कटाई-नक़्क़ाशी हो रही थी, जिन्हें बाद को फ़ेरी द्वारा चट्टान पर पहुँचाया जाता था। अब तो

सम्भवत: मन्दिर बन गया होगा। कन्याकुमारी नगर में एक स्वामी विवेकानन्द पुस्तकालय है, जिसमें धर्म पर पाँच हज़ार से अधिक पुस्तकें हैं।

दक्षिण के मन्दिरों की स्वच्छता से मैं बहुत प्रभावित हुआ।

मन्दिरों की चहारदीवारी पर बाहर की ओर ऊपर से नीचे लाल-सफ़ेद रेखा-पट्टियाँ क्यों बनायी जाती हैं, इसका रहस्य मैं नहीं समझ पाया।

मानवकृत मन्दिरों की कितनी ही प्रशंसा क्यों न की जाये—वे अभिभूत भी करते हैं—पर कन्याकुमारी तट से सायं-प्रात: प्रकृति का जो स्निग्ध-शान्त-सौन्दर्य-विभव-विस्तार अनुभव किया जाता है, उसकी तुलना में वे कुछ भी नहीं।

इतने दिनों बाद भी जब मैं कन्याकुमारी को याद करता हूँ, तो लगता है मैं किसी सन्ध्या को समुद्र तट पर खड़ा हूँ—जो सूर्य प्रात:काल बंगाल की खाड़ी से निकला था, वह सायंकाल अरब सागर में डूब रहा है—हमारे पूर्वजों ने उदयाचल-अस्ताचल की कल्पना की; उदयसिन्धु-अस्तसिन्धु की कल्पना क्यों नहीं की?—ऊपर का कोई स्वर सुन पड़ता है, तो ताड़-पात्रों में विचरती हवा का, नीचे का कोई स्वर सुन पड़ता है तो सागर-लहरों के तटीय-चट्टानों पर छहरने का!

रामेश्वरम् से अपना तो प्रथम परिचय 'रामचरितमानस' से हुआ था—

देखि सेतु अति सुन्दर रचना। बिहँसि कृपानिधि बोले बचना॥
परम रम्य उत्तम यह धरनी। महिमा अमित जाइ नहिं बरनी॥
करिहौं इहाँ सम्भु थापना। मोरे हृदय परम कल्पना॥

जे रामेस्वर दरसन करिहहिं। ते तनु तजि मम लोक सिधरिहहिं॥
जो गंगाजलु आनि चढ़ाइहि। सो सायुज्य मुक्ति नरु पाइहि॥
होइ अकाम जो छलु तजि सेइहि। भगति मोरि तेहि संकरु देइहि॥

तुलसी के अनुसार सेतु बनने पर राम ने रामेश्वर की स्थापना की थी; वाल्मीकि का आधार लिया होगा उन्होंने। रावण-वध कर जब राम लंका से अयोध्या के लिए प्रस्थान करते हैं, तब पुष्पक विमान से सीता को रामेश्वरम् दिखाते हैं :

एतत कुक्षौ समुद्रस्य स्कन्धावारनिवेशनम्।
अत्र पूर्व महादेव प्रसादमकरोद् विभुः॥

(यह समुद्र के उदर में ही विशाल टापू है, जहाँ मैंने सेना का पड़ाव डाला था। यहीं पूर्व काल में भगवान् शंकर ने मुझ पर कृपा की थी—सेतु बाँधने पर मेरे द्वारा स्थापित होकर वे यहीं विराजमान हुए थे।)

रामेश्वरम् मन्दिर निर्माताओं की कल्पना इससे भिन्न है। रावण ब्राह्मण था; रावण का वध करने से राम को ब्रह्महत्या का पाप लगा था। पाप-विमोचन के लिए अयोध्या लौटने के पूर्व राम ने रामेश्वर की स्थापना करनी चाही। हनुमान को कैलाश भेजा गया शिवलिंग लाने के लिए। स्थापना मुहूर्त तक हनुमान के न लौटने पर सीताजी ने मिट्टी-बालू का शिवलिंग बनाया जो स्थापित कर दिया गया। इतने

में हनुमान शिवलिंग लेकर पहुँच गये। क्रोध में आ उन्होंने मृत्तिका-शिवलिंग को उखाड़ना चाहा, पर जगज्जननी द्वारा स्थापित, फिर शिवलिंग, हनुमान से न उखड़ सका। हनुमान को शान्त-सन्तुष्ट करने के लिए राम ने व्यवस्था दी कि हनुमान द्वारा लाया शिवलिंग भी समीप ही स्थापित कर दिया जाये और रामेश्वर से पूर्व उसकी पूजा की जाया करे, जो प्रथा आज तक प्रचलित है। ऐसी स्थापना का चित्र एक मण्डप की भीतरी छत पर बना हुआ है और एक मूर्ति-बन्ध द्वारा भी प्रदर्शित।

इस सारी कल्पना में जो चीज़ मेरे लिए सबसे प्रियकर, तुष्टिकर है वह यह है कि मन्दिर चाहे जितना बड़ा, ऊँचा, सुदृढ़ पाषाणों से बनाया गया हो, मूर्ति मिट्टी की ही प्रतिष्ठित की गयी है—मैंने कभी लिखा था—

आज मैं सम्पूर्ण अपने को उठाकर
अवतरित ध्वनि-शब्द में करने चला हूँ...
और क्या है ख़ास मुझमें जो कि अपने
आपको साकार करना चाहता हूँ;
ख़ास यह है सब तरह की ख़ासियत से
आज मैं इनकार करना चाहता हूँ;
हूँ न सोना, हूँ न चाँदी, हूँ न मूँगा,
हूँ न मोती, हूँ न माणिक, हूँ न हीरा,
किन्तु मैं आह्वान करने जा रहा हूँ देवता का एक मिट्टी के डले से।
अंग से मेरा लगा तू अंग ऐसे आज तू ही बोल मेरे भी गले से।

मिट्टी के डले को यह महत्त्व देने से रामेश्वरम् मेरे लिए बहुत बड़ा तीर्थ हो गया है।

रामेश्वरम् एक द्वीप है, जिसका संकेत ऊपर दिये गये संस्कृत उद्धरण में भी है। मन्दिर के चारों ओर परकोटा है, जो करीब नौ सौ फीट लम्बा और इतना ही चौड़ा है—बाहर की ओर लाल-सफेद धारियों से रँगा। पूरबी और पच्छिमी परकोटे के मध्य में ऊँचे गोपुर हैं और उत्तरी-दक्षिणी में छोटे। इस मन्दिर की सबसे प्रसिद्ध वस्तु उसके लम्बे प्राकार एवं दीर्घाएँ हैं। दोनों तरफ़ पाँच फ़ीट ऊँचे बरामदे पर स्थित 30 फ़ीट ऊँचे खम्भों की कतार पर ये प्राकार बने हैं। मुख्य मन्दिर तीन चौतरफ़े प्राकारों के भीतर है। प्राकारों की कुल लम्बाई 3,850 फ़ीट बतायी जाती है। बाहरी प्राकार में 1,200 खम्भे हैं, भीतरी दोनों में क्रमशः कम। ये संख्यायें मन्दिर की विराटता का कुछ आभास तो देती हैं। स्थापत्य-कला की दृष्टि से मन्दिर जितनी लम्बाई-चौड़ाई में है, उतना अनुपातत: वांछित ऊँचाई में नहीं; मन्दिर को कोई प्लिन्थ (चबूतरा) भी नहीं दिया गया; एकदम ज़मीन की सतह से लगा ऊपर उठता है। मन्दिर की प्राकारों के 'घेरे के अन्दर घेरा है, घेरे अन्दर घेरा'—बनाने के सम्बन्ध में मेरा एक अनुमान है। मन्दिर अपने वर्तमान स्वरूप में 12वीं शताब्दी में बनना शुरू हुआ था। तब तक सोमनाथ मन्दिर के तोड़े-गिराये जाने की ख़बर रामेश्वरम् पहुँच चुकी होगी। क्या प्राकारों का निर्माण सुरक्षा को सुदृढ़ करने के

विचार से न किया होगा?

स्वामी विवेकानन्द रामेश्वरम् भी आये थे और उन्होंने वहाँ जो व्याख्यान दिया था, उसे संगमरमर की पट्टियों पर खुदवाकर प्रवेश गोपुर द्वार पर लगा दिया गया है—कुछ वाक्य ये हैं :

'It is in love that religion exists...external worship is only a symbol of internal worship, but internal worship and purity are the real things...This is the gist of all worship—to be pure and to do good to others...He who sees Shiva in the poor, in the weak, really worships Shiva. Unselfishness is the test of religion.'

(धर्म केवल प्रेम में प्रतिष्ठित है...बाह्य पूजा आन्तरिक पूजा का प्रतीक मात्र है...आन्तरिक पूजा और पवित्रता ही वास्तविक है...सब धर्मों का सार है पवित्र रहना और परहित करना...जो दीन-दुर्बलों में शिव को देखता है वही शिव की सच्ची पूजा करता है...निःस्वार्थता धर्म की कसौटी है।)

मन्दिर को व्यवस्थित रखने के प्रयास में पूजा-अर्चना अर्थाधारित हो गयी है। अधिकतम, सहस्र कलश अभिषेक के लिए एक हज़ार रुपये देने पड़ते हैं; न्यूनतम, फूल-माला चढ़ाने के लिए दस पैसे। ख़ैरियत है कि कुछ देर के लिए 'धर्म-दर्शन' कराया जाता है, जिस समय आप निःशुल्क केवल दर्शन कर सकते हैं। मैंने तो धर्म दर्शन ही किया और रजतद्वार-गर्भगृह में रजत-पूजा-पात्रों के बीच माटी के महादेव को देखकर कृतकृत्य हो गया। माटी ही सचमुच महादेवी है, महादेव है, सर्वदेव है।

इलाहाबाद में रहते हुए अपने जीवन के लगभग पचास बरसों में तीर्थों के नाम पर मैंने तिरुपति का नाम न सुना था। मुख्य तीर्थों में थे—बदरीनाथ, जगन्नाथपुरी, रामेश्वरम् और द्वारिका। उनके बाद आते थे—मथुरा, अयोध्या, काशी, उज्जयिनी। प्रयाग तो तीर्थराज ही था। इधर पच्चीस बरसों से तिरुपति का नाम अधिक सुना जाने लगा है। इसका खूब प्रचार किया गया है कि तिरुपति के बालाजी वेंकटेश्वर सब मनोकामनायें पूरी करते हैं—स्वार्थसिद्धि जिससे हो जनता उसी की पूजा करती है—'स्वारथ लाइ करहिं सब प्रीती'। बहुसंख्य लोग मनौतियाँ मानने और पूरी होने पर भेंट चढ़ाने जाते हैं। पत्रों में आता है कि भारत के मन्दिरों में सबसे अधिक धनराशि तिरुपति में चढ़ती है।

तिरुपति जाने के लिए मुझे एक मारवाड़ी उद्योगपति का साथ मिल गया। हम लोग दोपहर के बाद मोटर से गये और शाम होते-होते तिरुपति पहुँच गये। मद्रास से लगभग सौ मील होगा। सड़क अच्छी है। जिस पहाड़ी पर स्थित है, उसे शेषाचल कहते हैं, शायद उसकी चोटियों के शेष फणाकार होने के कारण; वेंकटाचल भी। इसी से उसके देवता को वेंकटेश्वर कहा गया; पर उसके पहले 'बालाजी' क्यों लगाया जाता है, यह मुझे किसी ने नहीं बताया।

रात रुकने के लिए मारवाड़ी सज्जन ने दो-तीन कमरों के एक कॉटेज का

प्रबन्ध कर लिया था। तीन बजे सबेरे उठकर हम लोग स्वामी पुष्करिणी में स्नान करने गये–दर्शनपूर्व यहाँ स्नान करना विहित है। पुष्करिणी मन्दिर की उत्तरी दीवार के निकट है। कहा जाता है कि इसी पुष्करिणी के किनारे दीमकों के बिल 'वल्मीकि' के नीचे वेंकटेश्वर का प्राकट्य हुआ था। 'प्राकट्य' पर अपना विश्वास नहीं जमता। मूर्ति काले पत्थर की–अर्थात् संगमूसा की है। कोई बड़ा कुशल शिल्पी किसी समय यह मूर्ति गढ़कर इस सरोवर के निकट छोड़ गया होगा, जिस पर कालान्तर में दीमकें चढ़ गयी होंगी। ऐसा लगता है किसी विशेष कालावधि में इस देश में काले पत्थर की मूर्तियाँ गढ़ी गयीं–किसी विशिष्ट कला शिल्पी की प्रेरणा पर। नेपाल के बूढ़ा नीलकण्ठ, नाथद्वारा के श्रीनाथ, मथुरा के बाँके बिहारी, पुरी के साक्षी गोपाल और तिरुपति के वेंकटेश्वर–ये सारी मूर्तियाँ संगमूसा की हैं और बहुत भव्य! स्नान के बाद हम लोग मन्दिर आये। पूर्वमुखी प्रवेशद्वार का गोपुर ऊँचा नहीं है। यहाँ भी तीन प्राकारों की परिक्रमा करके गर्भगृह के सामने पहुँचते हैं–जिसे आनन्द निलयम कहा जाता है, उसके ऊपर के गुम्बद को विमान, जिस पर सुनहला पत्र चढ़ा है। इस समय का दर्शन विश्वरूप दर्शन कहलाता है; इसमें श्री वेंकटेश्वर के केवल चरण दिखलायी देते हैं; शेष भाग के समक्ष एक सफ़ेद वस्त्र तना रहता है जिसके पीछे देवता का पुष्प-श्रृंगार होता रहता है। इस दर्शन के लिए टिकट नहीं होता, फिर भी हमें क्यू में जाना पड़ा था। दूसरा दर्शन हमने 8 बजे किया। इसे 'तोमाल सेवा' कहते हैं। इसके लिए तेरह रुपये का टिकट लेना पड़ा; प्रसाद रूप चन्दन-कपूर की लिफाफी मिली। इस समय फूल से सजी पूर्ण मूर्ति के दर्शन होते हैं। वेंकटेश्वर के दोनों नेत्रों पर श्वेत-मोटा चन्दन रामानुजी तिलक के रूप में लगाया जाता है। कहते हैं, देवता के नेत्रों से एक ऐसी ज्योति झरती है, जिसे दर्शक सहन नहीं कर सकते। काठमाण्डू में हनुमान ढोका के हनुमान की मूर्ति की आँखों पर भी पट्टी रखी रहती है। मथुरा में बाँकेबिहारी की मूर्ति के सामने पर्दे खुलते-बन्द होते रहते हैं। शायद इसीलिए कि देर तक बाँकेबिहारी के नेत्रों को देख सकना शायद भक्तों को सह्य न हो। अगर किसी की आँख बाँकेबिहारी से लड़ जाये, तो फिर कहते हैं वह घर नहीं लौटता, वृन्दावन में रम जाता है। एक बार अमित, तेजी के साथ मैं वृन्दावन गया था। मुझे याद है, अमित बराबर अपनी माँ को देख रहा था कि कहीं उनकी आँख बाँकेबिहारी से न लड़ जाये कि वे फिर घर ही न लौटें!...

पूजा-अर्चना यहाँ भी अर्थाधारित है–1 रु. से लेकर 2000 रु. तक की। प्रसाद बिकता है। मूर्ति पर कुछ चढ़ाने की आज्ञा नहीं है। उसके लिए एक बड़ा थैला टँगा है, जिसे 'हुण्डी' कहते हैं; उसमें लोग जो भी डालना चाहें, गुप्त रूप से डाल देते हैं। कुछ लोग यहाँ सिर मुड़ाने की मनोती मानते हैं, खासकर स्त्रियाँ। जहाँ सिर मूड़े जाते हैं, वह जगह 'कल्याण कट्ट' कहलाती है। सुना, बाल इकट्ठे किये जाते हैं और उन्हें विदेशों में बेचा जाता है, जहाँ उनके नकली जूड़े (wig) बनते हैं। मन्दिर द्वार के सामने एक विवाह-मण्डप है, कुछ लोग मण्डप में श्री वेंकटेश्वर के साक्ष्य में विवाह करते हैं। हर काम के लिए शुल्क नियत है। सुना मन्दिर की

आमदनी से कई शिक्षा संस्थायें, औषधालय, अस्पताल, अनाथालय, कुष्ठाश्रम आदि लोकहितकारी संस्थायें चलायी जाती हैं। वहाँ मुझे न कोई मनौती उतारनी थी, न मनानी थी; न स्नान-दर्शन से मुझे किसी प्रकार का आध्यात्मिक अनुभव हुआ। कौतूहलवश गया था, शान्त कर चला आया। क्षोभ इतना ज़रूर था कि मूर्ति का भी मूल-सौन्दर्य न देख सका—पुजारी मूर्ति को वस्त्राभूषण-चन्दन-पुष्प मालाओं से इतना सजाते हैं कि मूर्ति दिखलायी ही नहीं पड़ती।

दक्षिण यात्रा से लौटकर मैं अपनी आत्मकथा के प्रथम भाग—'क्या भूलूँ क्या याद करूँ' को अन्तिम रूप देने में लगा रहा। उसका आरम्भ मैंने '63 में किया था। कुछ अंश मैंने सत्येन्द्र शरत् को सुनाया। उन्हें इतना पसन्द आया कि उन्होंने सलाह दी कि उसे 'कल्पना' में भेजूँ, जो उन दिनों हैदराबाद से निकलने वाली साहित्य की उच्चस्तरीय पत्रिका मानी जाती थी। उसमें छपा, तो कई पत्रिकाओं से उसका कुछ अंश छापने की माँग आयी। जहाँ तक मुझे याद है, एक अंश 'कादम्बिनी' में भी छपा। यह तो मैं न कहूँगा कि 6 वर्ष मैंने लगातार उसी पर काम किया, पर यह मेरे दिमाग़ में बराबर बनी रही और जब भी मेरी मनःस्थिति अतीत को देखने की बनी, मैंने उसका कुछ अंश लिखा। अतीत दुःखमय तो था ही और कला में, सृजन में उसे फिर जीना और अधिक दुःखमय था। सत्येन्द्र ने उसमें बराबर रुचि ली, पूरी हुई तो उन्होंने उसका एक-एक अक्षर पढ़ा, उनके सुझावों से मैं बहुत लाभान्वित हुआ और सितम्बर में पुस्तक प्रेस में दे दी गयी। कृति मैंने पण्डित प्रफुल्ल चन्द्र ओझा 'मुक्त' और पण्डित राजनाथ पाण्डेय को समर्पित की। ये ही दो मेरे ऐसे मित्र बचे थे, जो मेरे अतीत जीवन के किसी रूप में साक्षी थे। औपचारिक समर्पण मेरे जन्मदिन पर 27 नवम्बर '69 को किया गया, जिसके लिए मेरे दोनों मित्र पटना और सुलतानपुर से दिल्ली आये। एक छोटी-सी गोष्ठी हमने घर पर आयोजित की थी। उसकी कार्रवाई की स्पूल रेकार्डिंग कर ली गयी थी। अब वह कैसेट पर उतार ली गयी है और मेरे पास रखी है।

साहित्य-संसार में 'क्या भूलूँ क्या याद करूँ' का जैसा स्वागत हुआ वह मेरी प्रत्याशा के बहुत ऊपर था। जाने-माने साहित्यकारों की सम्मतियाँ प्रकाशक द्वारा विज्ञापित की जा चुकी हैं।

एक प्रसंग पर सम्बद्ध व्यक्तियों ने कुछ आपत्ति की, पर जो मैंने लिखा था, उसके लिए मेरे पास इतने साक्ष्य थे कि वे थोड़ा शोर-गुल मचाकर शान्त हो गये।

मेरे समीप विद्वानों, समालोचकों से अधिक मेरे सामान्य पाठकों की प्रतिक्रियायें, सम्मतियाँ मूल्य रखती हैं। उनके बधाई-प्रशंसा पत्रों का ताँता लग गया। पुस्तक प्रकाशित होते ही लोकप्रिय हो गयी थी। 'मधुशाला' के बाद ऐसा बाँह-पसार स्वागत मैंने अपनी किसी कृति का न जाना था। दो वर्ष के अन्दर उसके चार संस्करण निकले—कितने-कितने के, आप चाहें तो प्रकाशक से पूछ लें। सबसे बड़ी बात यह थी कि सैकड़ों लोगों ने पुस्तक में वर्णित युग के या चरित्रों के साथ अपने युग, अपने आस-पड़ोस के लोगों की या अपनी भी एकात्मता (identity) अनुभव की थी—'मेरे बाबा भी आपके परबाबा जैसे थे', 'मेरे बाबा का स्वभाव

बिलकुल आपके परबाबा के समान था', 'मेरे पिता तो बिलकुल आपके पिता की अनुकृति थे'। संसद-सदस्य भागवत झा आज़ाद ने मुझसे कहा था कि उनके लड़कपन के अध्यापक दूसरे विश्राम तिवारी थे। इसी प्रकार लगभग एक दर्जन नवयुवकों ने मुझे लिखा था, 'मैं पूर्व जन्म का कर्कल हूँ—जाने-माने लोगों में कानपुर के कवि-लेखक 'उद्‌भ्रान्त' का नमा गिना सकता हूँ। उनके जीवन में क्या ऐसा घटित हुआ था, जिससे उनको यह प्रतीति हुई थी वही जानें। और लड़कों से अधिक लड़कियों ने मुझे लिखा था 'मैं पूर्व जन्म की श्यामा हूँ', या 'मैं पूर्व जन्म की चम्पा थी'। कुछ के नाम पते बता सकता हूँ। पर क्या ऐसा करना उचित होगा? फिर भी एक के विषय में बग़ैर नाम-पता बताये एक विशेष कारण से, कुछ विस्तार से कहना चाहूँगा, कभी आगे।

ऐसे सारे पत्रों को मैंने अपने लेखन की यत्किंचित सफलता का प्रमाण-पत्र समझा। मैंने अतीत का, अतीत के लोगों का ऐसा चित्रण किया था कि मेरे पाठकों को वे चरित्र चलते-फिरते, बोलते-चालते दिखायी पड़े या फिर किन्हीं-किन्हीं में उन्हें अपने ही गुण-स्वभाव-प्रवृत्ति, प्रसंगों और जीवन में घटित घटनाओं की इतनी प्रतिध्वनि-प्रतिच्छाया मिली कि उन्हें लगा, लगा ही नहीं, विश्वास भी हुआ कि वे वही हैं, उनकी ही आत्मा है उनमें, जो पूर्व जन्म में वैसे ही अनुभवों से गुज़र चुके हैं, और शायद इस जन्म में भी वही सब उन्हें जीना-भोगना पड़ रहा है। ख़ैर, मेरे चरित्र तो जीते-जागते वास्तविक हाड़-मांस के चरित्र थे। बड़े लेखक, महान् कलाकार, अपनी कल्पना से भी ऐसे चरित्रों का निर्माण करने में सफल हुए हैं, जिन्हें लोगों ने काल्पनिक नहीं, सत्य ही, यथार्थ, ऐतिहासिक समझा।

अगर आप आधुनिक अंग्रेज़ी साहित्य से परिचित हैं, तो आपने जान गाल्ज़वर्दी (1867-1933) का नाम अवश्य सुना होगा। वे बीसवीं सदी की पहली एक-तिहाई में अंग्रेज़ी के सर्वश्रेष्ठ उपन्यासकार, नाटककार, कहानीकारों में गिने जाते थे। उनके एकाधिक नाटकों का अनुवाद प्रेमचन्द ने हिन्दी में किया था, जो हिन्दुस्तानी अकादमी, इलाहाबाद से प्रकाशित हुए थे। उनकी सर्वाधिक लोकप्रिय और प्रतिनिधि कृति 'फ़ोरसाइट सागा' (1906-1921) थी, जिसमें उन्होंने विक्टोरियन युग के अन्तिम भाग में फूले-फले एक ऐसे वर्ग का चित्रण किया था, जो संसार में सब कुछ सुखद-सुविधाजनक से अपने को समृद्ध करने को ही जीवन का एकमात्र लक्ष्य और आदर्श समझता था और जिसकी नैतिकताविहीन मान्यतायें प्रथम विश्वयुद्ध (1914-1919) में विध्वस्त हो गयी थीं। उपन्यास के सभी पात्र काल्पनिक थे, पर इंग्लैण्ड के न जाने कितने लोगों ने गाल्ज़वर्दी को लिखा था कि फ़लाँ-फ़लाँ पात्र तो वे ही हैं या फ़ोरसाइट परिवार उनका ही परिवार है। इस पर गाल्ज़वर्दी की प्रतिक्रिया उन्हीं के शब्दों में सुनें—

"So many people have written and claimed that their families were the originals of the Forsytes, that one has been almost encouraged to believe in the typicality of that species...

'Let the dead past bury its dead' would be a better saying

if the Past ever died. The persistence of the Past is one of those tragi-comic blessings which each new age denies, coming cock-sure on to the stage to mouth its claim to a perfect novelty. But no Age is so new as that!..."[1]

(इतने सारे लोगों ने मुझे लिखा है और दावा किया है कि उनका परिवार ही मूल रूप से फ़ोरसाइट का परिवार है कि मैं यह विश्वास करने के लिए प्रोत्साहित हुआ हूँ कि मैंने जिस वर्ग का चित्रण किया है, वह बहुधा पाया जाता है–'मुर्दा अतीत को अपने मुर्दे गाड़ने का काम मुर्दा अतीत पर छोड़ो'–यह कहावत अधिक संगत होती, अगर अतीत कभी मरता होता। अतीत का दुर्निवार पुनरागमन एक ऐसा दुःख-सुखान्त वरदान है, जिसे हर नया युग नकारता है, पर जो ध्रुवतापूर्वक पुनः-पुनः रंगमंच पर उपस्थित होकर अपनी आमूल नवीनता का उद्घोष करता है। लेकिन कोई युग इतना नवीन नहीं होता, जितने का वह दावा करता है।...)

मुझे भी अपने पास आये पत्रों से यह अनुभूति हुई और मुझ पर जीवन का यह सत्य उद्घाटित हुआ कि अतीत में जो व्यक्ति अपने निकट सम्पर्क के कारण मुझे विशिष्ट और अद्वितीय लगे थे, वे इतने विशिष्ट और अद्वितीय न थे; वैसे व्यक्ति और भी जगह थे और वैसे व्यक्ति हर युग में अपना कुछ बाह्य वेश बदलकर आन्तरिक रूप से बिलकुल वैसे या उनसे बहुत कुछ मिलते-जुलते आते हैं और वैसे ही या उसी प्रकार के सुख-दुःख भोगकर चले जाते हैं। मैंने स्वयं जब रोमे रोलाँ का 'जाँ क्रिस्तोफ़' उपन्यास पढ़ा था, पहली बार बी.ए. या एम.ए. (प्रीवियस) करते समय, तो उसके मुख्य पात्र जाँ क्रिस्तोफ़ और ओटो डाइनर के नवयौवन में मिलन, परिचय, मैत्री, घनिष्ठता, आत्मीयता, एकात्मता, प्रियतम-प्रेयसी की-सी भावमयता, पारस्परिक आत्मसमर्पण, शिकवा-शिकायतें, उलाहने, मान-मनावने, मनुहारें, ग़लतफ़हमियाँ, सफ़ाइयाँ, क्षमायाचनायें, आदि-आदि के बारे में जानकर और उनके मार्मिक क्षणों के रस-रागोच्छल पत्रों के आदान-प्रदान को देखकर कर्कल के और अपने सुकुमार सम्बन्धों की स्मृतियों में डूब गया था, जो पाँच बरस बाद भी कल की-सी लगती थीं और इस परिज्ञान पर स्तम्भित था कि कर्कल और बच्चन चक पर ही नहीं होते, जर्मनी और फ्रांस में भी होते हैं।

जिन 'कर्कल', 'चम्पाओं', 'श्यामाओं' ने मुझे पत्र लिखे थे, उनके भाव-जगत को समझने का मैंने प्रयत्न किया था। उन्हें अपनी पूरी सम्वेदनायें दी थीं–कइयों को मैंने पत्र लिखकर यथेष्ट सहानुभूति के साथ इस बहस से निकालने का प्रयत्न किया था। एकाधिक आकर मुझसे मिले थे, एक ने तो चक की प्रदक्षिणा की थी। वहाँ का तो सभी कुछ बदल गया है, सिवा कुछ मन्दिरों के, जिनके चित्र उसने मुझे भेजे थे। एक 'श्यामा' ने मेरे कुछ पहने हुए वस्त्र मुझसे माँगे थे और मैंने भेज दिये थे। पता नहीं उन वस्त्रों का उसने क्या किया। एक और लड़की ने पूर्व काल की श्यामा होने के सबूत में लिखा था कि उसे इन्टेस्टाइनल टी.बी. भी है। एक लड़की

1. Preface to The Forsyte Saga—1922

'मधुबाला' नाम से मुझे अब भी पत्र लिखती है और मेरी बीसों पंक्तियाँ अपनी मन:स्थिति व्यक्त करने को उद्धृत करती है। अपना देश बड़ा भावुक है।

आपने कहीं पढ़ा या सुना होगा कि कुछ लोग तीन पाँवों की टेबल पर, कुछ लोग 'ओयजा' कार्ड पर और कुछ लोग प्लैंचेट पर मृत आत्माओं को बुलाते हैं। मुझे इस सब में कतई विश्वास नहीं। पर एक प्लैंचेट पर मुझे विश्वास है। वह है, शब्दों की प्लैंचेट; उस पर बुलायी हुई आत्मायें सबसे सजग, सचेत और सशक्त हो सकती हैं। मैंने अपनी शब्द-प्लैंचेट पर कुछ भूतों को जगा लिया था—

...graves at my command
Have waked their sleepers, oped and let em forth
By my potent art.

(Tempest)

(...मेरी आज्ञा पर कब्रों ने
अपने को खोला है, जगा-जगा मुर्दों को
बाहर भेजा है मेरी प्रभविष्णु कला से!)

(टेम्पेस्ट)

अच्छा होता वे मेरी पुस्तक की कोठरी में ही बन्द रहते; जो चाहता खोलकर उनसे मिल लेता; पर कुछ उनमें से बाहर निकल आये। और दो-एक ने तो मुझे काफ़ी परेशान किया, मेरा कुछ आर्थिक शोषण भी। शायद भूत को भूत रहने देना ही अच्छा है। भूत को जगाना कला हो, पर खतरे की कला है। जागे और उससे ज़्यादा जागे हुए का अभिनय करने वाले भूत बड़े ख़तरनाक हो सकते हैं। ख़ैर, आपको उनसे डरने की ज़रूरत नहीं; आपके पास वे नहीं जायेंगे।

'क्या भूलूँ क्या याद करूँ' की कथा श्यामा के देहावसान पर समाप्त हो गयी थी, पर जीवन की कहानी तो चलती गयी थी—वह रुकती भी कहाँ है—कवि नरेन्द्र के शब्दों में 'कहीं भी रुकती नहीं यह पालकी'—और मैं अतीत स्मृति के प्रवाह में बहता चला गया था। मेरे उजड़े 'नीड़ का निर्माण फिर' हुआ और उसमें बसेरा लेते मैंने दस बरस भी बिता दिये। कहानी पुस्तक रूप में देनी थी, तो एक बार फिर पड़ाव डालना था। '70 के मध्य तक यह काम मैंने पूरा कर लिया था।

मई में पन्तजी की 70वीं वर्षगाँठ पड़ी। मैंने उनकी स्वर्ण-जयन्ती मनायी थी; उनकी हीरक जयन्ती भी; जिस पर मैंने उन पर एक पुस्तक ही तैयार कर उन्हें समर्पित की थी; मेरे जी में आया उनकी 70वीं वर्षगाँठ पर भी कुछ यादगार के रूप में दूँ। उनके सैकड़ों पत्र मेरे पास थे। उनके सवा सौ पत्रों को मैंने 'कवियों में सौम्य सन्त' में दिया था, और जहाँ कहीं पुस्तक की आलोचना हुई थी, उन पत्रों की महत्ता को भी स्वीकार किया गया था—निश्चय उनसे पन्तजी के व्यक्तित्व की एक प्रामाणिक झाँकी मिलती थी। मैंने सोचा उनके सौ और पत्र इस अवसर पर प्रकाशित करा दूँ। 'बच्चन के नाम पन्त के सौ पत्र'

श्री सुमित्रानन्दन पन्त की सत्तरवीं वर्षगाँठ पर
उनके व्यक्तित्व और कृतित्व के

प्रेमियों को

समर्पित हुए।

इसी के साथ एक किताब और मैंने प्रेस भेजी–'भाषा अपनी भाव पराये'। जैसा कि नाम से स्पष्ट है, इसमें अहिन्दी भाषाओं की कविताओं के हिन्दी अनुवाद हैं–ग्यारह कश्मीरी से हिन्दी में हैं, दो पंजाबी से, एक गुजराती से, एक मराठी से, एक तेलुगू से, दो कन्नड़ से, दो मलयालम से, एक तमिल से, तीन अंग्रेज़ी से और एक स्पेनी से हिन्दी में है। इनमें अधिकतर कवितायें वे हैं, जो दिल्ली रेडियो पर सर्व भाषा कवि सम्मेलन ('56-'68) में पढ़ी गयी थीं। इतनी विविध भाषाओं को हिन्दी में रखकर हिन्दी कम-से-कम अपना अनुवाद-सामर्थ्य तो सिद्ध करती ही है। यह संग्रह मैंने राज्यसभा के अपने दो सहयोगियों श्री जी. शंकर कुरुप्प और श्री उमाशंकर जोशी को समर्पित किया–दोनों ज्ञानपीठ पुरस्कार से सम्मानित।

'70 के प्रारम्भिक महीनों में 'सात हिन्दुस्तानी' का विमोचन हो गया। अमिताभ की पहली तस्वीर थी। हमें अच्छी तरह याद है उसका ट्रायल शो फ़िल्म डिवीज़न आडीटोरियम में हुआ था। कितनी उमंग और आशा से भरे हुए तेजी और मैं उसे देखने गये थे। हम लोगों को अमिताभ का अभिनय सबसे अच्छा लगा था और उसी दिन तेजी ने कह दिया था कि अमिताभ ने शुरुआत उम्दा की है, सिने संसार में, देख लेना, वे बहुत आगे जायेंगे। तब मैंने तो यही समझा था कि यह माँ का बेटे के लिए मोह है। हमें तो अपने बेटे का काम अच्छा लगना ही था; शायद बुरा होता, तो भी हमें अच्छा लगता, पर जब नेशनल अवार्ड के समय उसके अभिनय की प्रशंसा की गयी, तो हमें लगा हम गलत नहीं थे और अमिताभ के काम पर हमारी राय वात्सल्य-मोहाविष्ट नहीं थी।[1] जब 'सात हिन्दुस्तानी' फ़िल्म 'शीला' सिनेमा में लगी, तो कितनी ही बार जाकर हमने उसे देखा। और हर बार हमें अमिताभ का अभिनय पिछली बार से अच्छा लगा। इस नये क्षेत्र में उनके अभ्युदय के लिए हमारे रोम-रोम से आशीर्वाद निकलता था। 'सात हिन्दुस्तानी' के बाद सुनील दत्त ने अमिताभ को अपनी फ़िल्म 'रेशमा और शेरा' के लिए अनुबद्ध किया; फ़िल्म में उनकी भूमिका छोटी-पर विचित्र थी; उन्हें शेरा के गूँगे भाई का पार्ट दिया गया था। यह एक तरह से उनकी अभिनय क्षमता की सबसे खरी परीक्षा थी, उन्हें सब कुछ, अपना सारा मनोभाव गति-मुद्रा-संकेत-से अभिव्यक्त करना था। मैं समझता हूँ अभिनय की इससे बड़ी परख नहीं हो सकती थी।

गरमियों के लिए संसद का सत्र समाप्त हुआ, तो मैं अमित-अजित को मिलने के लिए बम्बई, और वहाँ से मद्रास गया। अमित अपने काम में व्यस्त थे

1. The point is that whether 'Saat Hindustani' ran for ten weeks or ten days or ten matinee shows, Amitabh bachchan's performance in it was a thrilling one, winning for him the coveted and outstanding special mention in the National Awards.

—K. A. Abbas : I AM NOT AN ISLAND, p. 488

और जिस चीज़ से मुझे सबसे अधिक सन्तोष हुआ, वह यह था कि वे अपने काम में आनन्द ले रहे थे।

मद्रास में अजिताभ स्वस्थ-सानन्द थे, शा वैलेस के मालिक उनके काम से प्रसन्न थे और उनकी वेतन वृद्धि कर दी गयी थी; उन्हें कम्पनी की ओर से कार मिली थी, जिसका उपयोग वे कम्पनी के काम के लिए तो करते ही, निजी कामों के लिए भी कर सकते थे।

इस बार दिल्ली लौटने के पहले मैंने पुरी, कोणार्क और भुवनेश्वर की यात्रा की।

पुरी के जगन्नाथजी से मेरा परिचय लड़कपन से था। मेरी सबसे बड़ी विधवा चाची (जिन्हें हम लोग जीजी कहते थे) किसी समय जगन्नाथ यात्रा पर गयी थीं और वहाँ की निशानी के रूप में जगन्नाथजी का एक पट्ट और लाल बेंत का एक मुट्ठा लायी थीं, जो उनकी पूजा में रखा रहता था; प्रसाद रूप में लायी थीं सूखा भात। पट्ट के तीन देवताओं का चित्र किसी जाने-माने देवता से नहीं मिलता था—एक तरह से यह डरावना भी लगता था—भयानांभयं भीषणं भीषणानाम्...। बाद को पट्ट के देवताओं के बारे में बहुत-सी बातें जानीं। ये कृष्ण, बलराम, सुभद्रा हैं। एक बार नारदजी द्वारिका गये। तीनों के सामने ब्रज का वर्णन करने लगे। सुनते-सुनते वे इतने भाव-विभोर हुए कि उनके अंग गलने लगे। नारद को तीनों का विगलित रूप इतना भाया कि उन्होंने प्रार्थना की कि आप इसी रूप में स्थिर हों। वही रूप पुरी में स्थापित हुआ—मूर्तियाँ लकड़ी की हैं। फिर सुना बारह वर्ष बाद समुद्र में किसी वृक्ष का तना उतराता हुआ आता है। उसी से तीनों मूर्तियाँ बनती हैं। पुरी का एक ही दारुक परिवार है, जो इन मूर्तियों को गढ़ता-रँगता है और जो व्यक्ति मूर्तियाँ गढ़ता है, उसकी मृत्यु हो जाती है। फिर सुना साल में एक बार तीनों देवताओं की रथयात्रा निकलती है, रथ भक्तगण खींचते हैं, पुरी के राजा रथ के आगे सोने की सींक के झाड़ से रास्ता साफ़ करते चलते हैं। पुरा काल में यह विश्वास था कि जो जगन्नाथजी के रथ के नीचे दबकर मर जाये, उसे मुक्ति मिल जाती है, और जब रथ चलता था, तो बहुत से मुक्तिकामी भक्त इसके सामने लेट जाते थे और रथ उन्हें दबाता-कुचलता निकल जाता था। इस सन्दर्भ से 'जगन्नाथ' से अंग्रेजी का शब्द Juggernaut बना, जिसके अर्थ हैं ruthless. remorseless, अनिवार्य, अपरिहार्य, निर्मम।

ऐसी श्रुति-स्मृति से भरा मैं पुरी पहुँचा था, रेल से हावड़ा होते। पुरी समुद्र-तटीय तीर्थनगर है—समुद्रतट चौरस, बालुकामय, जिस पर ज्वारभाटे के साथ तरंगें आगे बढ़ती पीछे हटती रहती हैं। कहते हैं अक्षितिज सागर की नीलोच्छल तरंगों में श्रीकृष्ण को कल्पित करते चैतन्य महाप्रभु समुद्र में धँसते चले गये थे और जल-निमग्न हो गये थे।

मन्दिर, कहा जाता है, बारहवीं शताब्दी में उड़ीसा के राजा द्वारा बनवाया गया था। उसके चारों ओर लगभग साढ़े-छह सौ फ़ीट लम्बी और उतनी ही चौड़ी 20 फीट ऊँची चहारदीवारी है। मन्दिर लबे सड़क है, पर सड़क-सतह से काफ़ी ऊँची

प्लिंथ (चबूतरा) देकर मन्दिर उठाया गया है। उसकी ऊँचाई 'बड़देउल' या गर्भगृह पर लगभग सवा दो सौ फ़ीट है और बहुत दूर से देखी जा सकती है, शायद समुद्री जहाज़ों से भी। पुर्तगालियों ने समुद्र से ही मन्दिर को देखकर उसे White Pagoda कहा था, जैसे पचास मील पर कोणार्क मन्दिर को देखकर Black Pagoda। 'बड़देउल' के आगे मन्दिर के तीन खण्ड हैं—मखशाला, जगमोहन और भोग मण्डप।

16वीं शताब्दी में काला पहाड़ ने मन्दिर को लूटा और बहुत बड़े भाग को तोड़ा था और उसके बाद कई मुसलमान सेना-नायकों ने—17वीं सदी में पुरी के राजा नरसिंहदेव ने उसका पुनर्निर्माण कराया। जिस समय मैं गया था—'नवकलेवर' अर्थात् नयी मूर्तियाँ गढ़ने का वर्ष था—पट एक मास के लिए बन्द थे। मैं जगन्नाथजी के दर्शन से वंचित रहा। मन्दिर के बाहर छोटी-बड़ी मैथुन-विषयक अनेक मूर्तियाँ हैं। उनके लिए तरह-तरह की व्याख्या दी जाती है—कुछ कहते हैं काम बाहर, राम भीतर। कुछ उनमें गम्भीर तान्त्रिक रहस्य देखते हैं। कुछ कहते हैं, पुराने ज़माने में यह विश्वास था कि जिन मन्दिरों में ऐसी मूर्तियाँ हों, उन पर बिजली नहीं गिरती—बिजली उन्हें देखती है और शर्मा जाती है, दूर चली जाती है। इसमें सन्देह नहीं कि इनमें से कई कला की दृष्टि से उत्कृष्ट मूर्तियाँ हैं। ऐसा ही एक मूर्ति-बन्ध देख कर मैं विमुग्ध हो गया था। उस पर मैंने बाद को एक कविता लिखी—'एक पावन मूर्ति' (केवल वयस्कों के लिए) शीर्षक से, जो 'जाल समेटा' में है। उस मूर्ति-बन्ध में मैंने अश्लीलता नहीं, जिजीविषा देखी, सुन्दरता देखी, शुचिता भी देखी।

यदि मूर्ति देखकर
तेरी आँखें नीचे को गड़तीं,
लगती है तुझे शर्म
(जीवन के सबसे गहरे सत्य प्रतीकों में बोला करते)
तो तुझे अभी अज्ञात
कला का,
जीवन का,
धर्म का,
मूढ़मति, गूढ़ मर्म।

मैं चाहूँगा कभी वह कविता आप पूरी पढ़ें। कभी सम्भव हो तो पुरी जाकर वह मूर्ति-बन्ध देखें।

रथयात्रा जगन्नाथ मन्दिर से गुंडीचा मन्दिर तक होती है, जहाँ जगन्नाथ, बलराम, सुभद्रा आठ दिन के लिए मेहमान होते हैं। रास्ता बन रहा था। देखा, कुछ लोग रास्ते पर पत्थर लगाते हैं—किसी प्रिय के नाम पर कि जगन्नाथ का रथ उस पर होकर जायेगा, तो उसका कल्याण होगा। मैंने भी विनोद-विनोद में सात पत्थर लगा दिये—अमिताभ, अजिताभ, प्रभात, जगदीश, सत्येन्द्र, अजित और ओंकार के नाम पर। जगन्नाथ का रथ उस पर होकर गया होगा। दैववशात सबका मंगल ही हुआ।

गुंडीचा मन्दिर भी गया था। जानकीजी का मन्दिर है—राधा-रुक्मिनी का क्यों नहीं?—वहाँ पुजारी यात्री को बेंत से मारता है—मारता क्या है छूता है—क्यों मैं नहीं कह सकता—प्रथा है, निभायी जाती है। बेंत वहाँ से लोग प्रसादरूप में लाते हैं।

पुरी से बारह मील पर साखी गोपाल का मन्दिर है। यहाँ संगमूसा की वेणुधारी कृष्ण की, आदमक़द, बड़ी सुन्दर मूर्ति है। जगन्नाथजी के दर्शन कर हर तीर्थयात्री को यहाँ आना पड़ता है। आप तीर्थ करने आये थे—उसकी साक्षी गोपाल ही भरते हैं। जब तक आप गोपाल मन्दिर में हाज़िरी न दें, तब तक आपकी तीर्थयात्रा की सनद नहीं मानी जाती। सम्भवत: ऐसा विधान इसलिए किया गया होगा कि लोग जगन्नाथ के अपरूप, अपूर्ण रूप को नहीं, गोपाल के सुन्दर, सम्पूर्ण रूप का प्रभाव मन पर लेकर लौटें।

हमारा देश इतना विशाल और उसका कला वैभव इतना प्रचुर है कि अपनी काफ़ी बड़ी अवस्था तक मैंने कोणार्क का नाम नहीं सुना था। लड़कपन में पुरी की यात्रा कर लौटे कई यात्रियों को मैं जानता था, पर किसी ने कोणार्क का ज़िक्र न किया था। पहले-पहल कोणार्क के विषय में मुझे रघुवंश किशोर ने बताया; उन्होंने कुछ समय वाल्टेयर में अध्यापन कार्य किया था और वहीं से कोणार्क देखने गये थे। उनका कहना था कोणार्क के सामने खजुराहो के मन्दिर कुछ नहीं। हिन्दी पठित जनता को कोणार्क से कुछ परिचित कराया जगदीशचन्द्र माथुर ने अपने 'कोणार्क' नामक नाटक से, जो शायद '50 के आसपास निकला था। उससे पूर्व मुझे नहीं याद कि हिन्दी में कहीं कुछ कोणार्क पर लिखा गया था।

कोणार्क देखने मैं पुरी से टूरिज़्म बस द्वारा गया था, जो भुवनेश्वर होती हुई लौटी थी। कोणार्क, पुरी से, पिपली होकर जाने वाली सड़क से कोई 50 मील पर होगा, निकटतम समुद्र तट दो मील पर है।

सूर्य मन्दिर कोणार्क का निर्माण उड़ीसा के राजा नरसिंह प्रथम ने तेरहवीं शताब्दी के मध्य में कराया था। स्थान पवित्रता के लिए पुरा-प्रसिद्ध होगा। कहा जाता है, भगवान् कृष्ण के जामवन्ती से पुत्र साम्ब को कोढ़ हो गया था और इसी स्थान पर सूर्योपासना करने से वह रोगमुक्त हुआ था। मन्दिर के चारों ओर चहारदीवारी है, कोई साढ़े आठ सौ फीट लम्बी और साढ़े पाँच सौ फीट चौड़ी—चौदह फीट ऊँची—अब तो जगह-जगह से टूटी। मन्दिर सूर्य के रथ के आकार का है—दोनों ओर बारह-बारह पहिये—सामने सात घोड़े उसे खींचते हुए। रथ का रूप रखते हुए भी हिन्दू मन्दिरों के परम्परागत विभागों का ध्यान रखा गया है—गर्भगृह—जगमोहन—नटमन्दिर का। मन्दिर पूर्वमुखी है; जब मन्दिर ठीक हालत में था, तब सूर्य की प्रथम किरणें तीन विभाग द्वारों से होती सूर्यदेव पर पड़ती थीं। 'काले पेगोडा' अभिहित होने के कारण आप यह न सोचें कि मन्दिर काले पत्थर का होगा। पत्थर मन्दिर का हल्के सलेटी रंग का है, जिसमें लाल की भी छाया मिली है। मन्दिर के निकट कोई पहाड़-पहाड़ी नहीं; ऐसा अनुमान किया जाता है कि पत्थर महानदी के तट की चट्टानों से या चिलका झील के बीच खड़े पहाड़ी टीलों से लाया गया होगा—समुद्री मार्ग से। मन्दिर बारह सौ कारीगरों ने बारह बरसों में तैयार किया था, लगभग

चालीस करोड़ रुपये के खर्च पर, जो उन दिनों उड़ीसा का बारह वर्षों का राजस्व था। एक वाक्य में मन्दिर शक्ति और शृंगार के महामलिन का एक अद्वितीय उदाहरण है।

निर्माण काल से मन्दिर के साथ दुर्भाग्य जुड़ा था। गर्भगृह के सवा दो सौ फ़ीट ऊँचे शिखर पर जो पाषाण-कलश शोभित होने को था उसे यथास्थान रखने में कारीगर बार-बार असफल हो रहे थे। कहते हैं, प्रमुख स्थापत्य-विशारद मनोहरन के दस वर्षीय पुत्र धर्मपाद ने कुछ ऐसी तरकीब बतायी कि कलश अपनी जगह रख दिया गया, पर श्रेय अपने पिता को देने के लिए उसने ऊपर से कूदकर अपने प्राण दे दिये। वास्तविकता शायद यह है कि उस कार्य की वांछित सफ़लता के लिए उस बालक की बलि दी गयी थी। पुराने समय में जब कोई इमारत बार-बार बनाने पर गिर जाती थी, तब उसकी पुष्टि अथवा स्थापत्य के लिए नर-बलि दी जाती थी। मैंने ऐसा किस्सा अपने बुजुर्गों से इलाहाबाद क़िले की एक दीवार के विषय में सुना था।

ऐसा लगता है, सौ-दो सौ बरस बाद ही मन्दिर ध्वस्त होने लगा था—बिजली गिरने से या भूचाल से या भीषण समुद्र-चक्रवात से। प्रकृति के विध्वंसकारी कृत्य में जो कमी रह गयी थी, वह सोलहवीं सदी में काला पहाड़ ने पूरी की। प्रकृति और मनुष्य के अत्याचार के बाद भी जो अवशिष्ट है, वह जीवन्त है और भव्य है—सूर्यरथ के दीर्घाकार नक़्क़ाशीदार पहिये, घोड़े, हाथी, गायक, वादक, नर्तकों की आदमक़द मूर्तियाँ और मानव रूप नवग्रह। निश्चय सर्वश्रेष्ठ मूर्तियाँ हैं उदय और अस्त होते सूर्यदेव की। ये मूर्तियाँ क्वचित हरित सुचिक्कण प्रस्तर की बनी हैं। उदय मुद्रा में सूर्य भगवान् खड़े हैं आरुणि द्वारा हाँके जाने वाले सात घोड़ों के रथ पर। उनके दोनों ओर हैं खुले-खिले कमल—प्रभात के प्रतीक। अस्त मुद्रा में सूर्य भगवान् एकमात्र घोड़े पर सवार हैं—सूर्य भगवान् की आँखें मुँद रही हैं और घोड़ा भी थका गर्दन झुकाये दिखाया गया है। कमल बन्द हो रहे हैं। कला की दृष्टि से मुझे अस्तंगमित सूर्यदेव अधिक सुन्दर लगे। उनका घोड़ा मेरी एक कविता के लिए प्रेरणा बना। कविता 'बच्चन रचनावली' में है—शीर्षक है 'घोड़ा और घुड़सवार'—कविता प्रतीकात्मक है—'रचनावली' आपको शायद ही उपलब्ध हो—कविता सुना दूँ—

ओ घुड़सवार,
माना कि
भर दिन काले कोसों के सफ़र के बाद भी
तुम्हारे अन्दर है जोश
नयी चोटियों को चूमने का,
नये क्षितिजों को छूने का,
और तुम्हारे अंग-प्रत्यंग में
दौड़ रही है स्फूर्ति की लहर
दुर्निवार।

पर अपने सफ़र के साथी को भी तो देखो—
थरथरा रही हैं उसकी टाँगें,
घुटनों तक लटक गयी है उसकी गर्दन,
झुक गये हैं कान,
झँप रही हैं उसकी पलकें,
और उसके जबड़े से फेचकुर निकलकर
चू रहा है उसके खुरों पर!—
ऐसे में, उसकी लगाम खींचना,
उसको एड़ लगाना,
या उस पर कोड़े सटकाना
क्या न होगा
उस बेज़बान जानवर पर अत्याचार!
ओ घुड़सवार!

सुना इसी प्रकार की मूर्ति मध्याह्न सूर्य की थी जो किसी म्यूज़ियम में पहुँच गयी है। गर्भगृह की मूर्ति पुरी में है, पर उसे वहाँ देखने की मुझे याद नहीं।

मैथुन-मुद्रा मूर्तियाँ सैकड़ों हैं। उनके लिए तरह-तरह की सफ़ाई दी जाती है। पर मैं समझता हूँ जीवन से हमें सफ़ाई माँगने का हक़ नहीं। इन मूर्तियों का एकमात्र उद्घोष है—जीवन की मुक्ति स्वीकृति—यौन भावनाओं पर अत्यधिक बल असन्तुलन माना जा सकता है। पर क्या वह उस अप्राकृतिक यति धर्म की प्रतिक्रिया नहीं थी जिसका प्रचार बौद्ध धर्म द्वारा किया गया था। एक अति का परिहार शायद दूसरी अति द्वारा होता है। कितनी ही मुद्राओं में जटादाढ़ीधारी साधु मैथुन-प्रवृत्त हैं।

और इन अद्वितीय मूर्तियों के मूर्तिकारों ने कहीं अपना नाम नहीं दिया। कला की साधना में अहं परित्याग का इससे उदात्त उदारहण कहाँ मिलेगा? हम छोटी-सी कविता लिखते हैं, तो उसके नीचे अपना नाम देना नहीं भूलते।

कोणार्क से पिपली होते हम लोग भुवनेश्वर आये। भुवनेश्वर से कुछ मील पहले हमने उदयगिरि और खण्डगिरि की गुफायें देखीं—पहाड़ियाँ बहुत ऊँची नहीं; दोनों पहाड़ियों की गुफाओं की संख्या लगभग 50 के होगी। इनमें अधिक पुरानी ईसा पूर्व की बतायी जाती हैं, जिन्हें जैन मुनियों ने अपने रहने के लिए बनाया था; कुछ तो भद्दी हैं, पर कुछ में उच्च श्रेणी का नक़्क़ाशी का काम किया गया है, जिनमें धार्मिक से अधिक भौतिक जीवन के दृश्य हैं। पाषाण कला बहुत पहले से धार्मिक से धर्मनिरपेक्ष (secular) हो गयी थी। इसके सबसे अधिक चिह्न उड़ीसा के मन्दिरों में मिले। खजुराहो के मन्दिरों में भी यह प्रवृत्ति देखी जा सकती है। सम्भवत: नवीं शताब्दी में यह प्रवृत्ति देशव्यापी हो गयी थी। दक्षिण के मन्दिर भी इससे अछूते नही हैं।

भुवनेश्वर दो भागों में बँटा है—नया-पुराना। नया भुवनेश्वर उड़ीसा की राजधानी है। पुराना भुवनेश्वर मन्दिरों का नगर है, जहाँ सौ से अधिक मन्दिर हैं।

सबसे प्रसिद्ध मन्दिर लिंगराज का है, जो ग्यारहवीं सदी में बना था। मन्दिर 500 फीट लम्बी और उतनी ही चौड़ी मोटी दीवार से घिरा है। मन्दिर-मूर्ति भंजक मुसलमानों के आक्रमण के बाद सुरक्षा की दृष्टि से मन्दिर के चारों ओर प्राचीर, प्राकार, दीर्घायें बनाने की ओर विशेष ध्यान दिया जाता था—सोमनाथ मन्दिर, काशी-विश्वनाथ मन्दिर, अयोध्या-राम मन्दिर के और मथुरा-केशव मन्दिर के चारों ओर कोई दीवारें नहीं थीं; परिणामस्वरूप वे बहुत जल्दी और आसानी से विध्वंसक शक्तियों के शिकार बने। लिंगराज मन्दिर लगभग डेढ़ सौ फ़ीट ऊँचा है। गर्भगृह में लगभग 8 फीट व्यास का शिवलिंग है, अनगढ़ प्राकृतिक प्रस्तर का। देव-प्रतिमाओं, भौतिक जीवन की मूर्तियों, नक्काशी के काम की यहाँ भी प्रचुरता है, पर कोणार्क देखने के बाद उन पर आँख नहीं जमती। सुदृढ़ता और गरिमापूर्ण अनुपात के लिए लिंगराज का मन्दिर उड़ीसी कला का सर्वोत्कृष्ट उदाहरण माना जाता है।

यहाँ से मैंने सींग की बनी एक छड़ी और शालभंजिका की एक पाषाण मूर्ति खरीदी—निशानी की तरह, जो मेरे पास अब भी है।

भुवनेश्वर से लौटकर मैं सीधा दिल्ली आया। 'नीड़ का निर्माण फिर' को एक प्रकार से अन्तिम रूप देकर गया था। मेरी अनुपस्थिति में सत्येन्द्र ने उसे पूरा पढ़ा और यत्र-तत्र सुधार के सुझाव दिये। मैंने प्रेस कॉपी तैयार की और पुस्तक छपने भेज दी गयी। सत्येन्द्र ने प्रूफ़ आदि देखने में बड़ी मदद की। 'नीड़ का निर्माण फिर' का विमोचन मेरे जन्मदिन पर मेरे प्रकाशक विश्वनाथजी के घर पर हुआ, दिल्ली के जाने-माने साहित्यकारों की गोष्ठी में। पुस्तक मैंने समर्पित की थी श्री आदित्य प्रकाश जौहरी और श्री ब्रजमोहन गुप्त को। श्यामा के देहावसान के बाद इन दो नवयुवकों ने मुझे बड़ी सहानुभूति और समझदारी दी थी। इस अवसर पर अमित बम्बई से आये। 'रेशमा और शेरा' में उनका काम समाप्त हो चुका था और उन्हें ऋषिकेश मुकर्जी की फ़िल्म 'आनन्द' के लिए अनुबन्धित कर लिया गया था।

दिसम्बर में दिल्ली में एफ्रो-एशियन राइटर्स कान्फ्रेंस का चौथा अधिवेशन हुआ। उद्घाटन भाषण श्रीमती गाँधी ने दिया था। उन्होंने लेखक की पूर्ण स्वतन्त्रता का पक्ष लिया था, जिसकी कि हमारे प्रजातन्त्र में गारन्टी है। साथ ही उन्होंने यह भी कहा था कि प्रतिभावान लेखक शासकीय प्रतिबन्धों से कभी हतप्रभ नहीं हुए। हर तरह के निज़ाम में लेखकों ने उच्च कोटि की रचनायें दी हैं—शायद सृजक अपने लिए जिस संसार की कल्पना करता है, वह बाह्य संसार के अवरोधों से विचलित-विक्षत नहीं होता। उन्होंने कहा वे स्वयं लेखक नहीं हैं, पर लेखक होने की कामना उनके अन्दर रही है, जो अब इसी रूप में सन्तुष्ट होती है कि जब उन्हें समय मिले तो कुछ अच्छा साहित्य पढ़ें। अफ्रीका तो नया-नया उभर रहा है, पर एशिया में साहित्य-काव्य-दर्शन की पुरानी परम्परा रही है। आधुनिकता की दौड़ में दोनों ज़रूर पिछड़ गये हैं और भविष्य में उन्नति-प्रगति के लिए दोनों के सामने

प्राय: एक-सी समस्यायें हैं। लेखकों का कर्तव्य है कि वे जनजीवन से एक हों, उसे अभ्युदय-अभ्युत्थान की ओर प्रेरित करें।

इसी अधिवेशन में कतिपय और लेखकों के साथ मुझे लोटस पुरस्कार दिया गया। अपने देश में तो समालोचकों ने मेरी रचना में शायद ही कोई प्रगतिशील-तत्व देखे हों। एक तरह से यह पुरस्कार मेरे लिए भी अप्रत्याशित था। प्रगतिशीलता का दावा करने वाले बड़े-बड़े धुरन्धर पड़े हैं। मुझे तो एक तरह से प्रतिगामी या रिएक्शनरी समझा जाता है। इस पर मैंने एक शे'र भी कहा था—

काबा ने मुझे कहके मुसलमान पुकारा,
हिन्दोस्तान में मुझे काफ़िर कहा गया।

मुझे पुरस्कार देने के अनौचित्य पर कुछ कहा-लिखा भी गया था, जिससे मैं इतना क्षुब्ध हुआ कि अधिवेशन की किसी गोष्ठी में मैं कुछ नहीं बोला—केवल कवि सम्मेलन में कुछ कवितायें सुनायी थीं, जिन्हें—आप मुझे क्षमा करेंगे कहने के लिए—तथाकथित प्रगतिशीलों की रचनाओं से अधिक रुचि से सुना गया था।

'70 समाप्त हुआ।

'नीड़ का निर्माण फिर' का स्वागत इतनी सरगर्मी से न किया गया था, जितनी से 'क्या भूलूँ क्या याद करूँ' का—जो एक तरह से नीड़ के उजड़ने की कहानी थी। नीड़ के उजड़ने की कहानी नीड़ के बसने की कहानी से जनसाधारण को क्यों अधिक प्रिय होती है, इस पर बहुत कुछ कहा गया है। पर यह मानव जीवन का बड़ा दर्दीला और शायद बड़ा नाजुक सत्य है। शेली ने कहा था—Our sweetest songs are those that tell of saddest thoughts. और बच्चन ने भी—शायद इसी से प्रेरित, शायद अपने अनुभव से भी लिखा था—

जिन गीतों में शायर अपना ग़म रोते हैं।
वे उनके सबसे मीठे नग़मे होते हैं।

'सतरंगिनी', 'मिलन यामिनी' उतनी नहीं पढ़ी गयी, जितनी 'निशा-निमन्त्रण', 'एकान्त संगीत'। 'मधुशाला' भी शायद मस्ती से अधिक पस्ती का नग़मा है।'

पर जीवन की कहानी केवल ग़म की कहानी नहीं हो सकती और मैं एक साधारण से जीवन की कहानी लिख रहा था, फिर भी जीवन में रुचि लेने वालों को यह 'क्या भूलूँ क्या याद करूँ' से कम रोचक नहीं लगी।

यह देखकर कि लोगों ने मेरे सरल-स्वाभाविक गद्य को पसन्द किया है, मैंने 'प्रवास की डायरी' प्रकाशित करने का निश्चय किया। नियमित गद्य लेखन के प्रयोग में वह मेरी पहली रचना थी। यह डायरी '52 में केम्ब्रिज में लिखी गयी थी—आत्मकथा के दोनों भागों से 15 वर्ष पूर्व।

'प्रवास की डायरी' अगस्त '71 में प्रकाशित हुई।

इसे मैंने मार्जरी बोल्टन—'मधुशाला' की अंग्रेजी अनुवादिका और केम्ब्रिज में मेरी डिग में साथ रहने वाली तीन फ्रेंच लड़कियों को समर्पित किया—माद-मोज़ेल

बोआज़ेन को, मादमोज़ेल ओदेत बुए और मादाम आन्द्रे कोमे को। पेरिस जाने के पूर्व मैंने तीनों को पत्र लिखे थे, पर वे तीनों सुन्दरियाँ फ्राँस की रूमानी दुनिया में न जाने कहाँ खो गयी थीं...

मेरे लिये '71 की—मेरी संसद सदस्यता के अन्तिम वर्ष की—सबसे दुखकर और तरद्दुकर घटना थी 'पन्त के दो सौ पत्र' का प्रकशन।

पन्तजी से मेरी 30 बरस की मैत्री थी, जिस अवधि में उन्होंने मुझे लगभग 700 पत्र लिखे थे। मेरा अनुमान है, मित्रता के स्तर पर इतने पत्र न तो पन्तजी ने किसी और को लिखे होंगे और न मैंने प्राय: उतने ही किसी और को। मैंने उनके हर पत्र को सुरक्षित रखा था—यह मानकर कि पन्त ऐसे सृजक को समझने की आवश्यकता भविष्य समझेगा और उनके पत्रों के द्वारा उनके चरित्र का एक बड़ा स्वाभाविक और सच्चा रूप उद्घाटित हो सकेगा।

उनकी साठवीं वर्षगाँठ पर (1960 में) प्रकाशित अपनी पुस्तक 'कवियों में सौम्य सन्त' के साथ मैंने उनके तब तक मुझे लिखे 127 पत्र भी प्रकाशित कर दिये थे, जिसके लिए मैंने उनकी लिखित अनुमति ले ली थी।

उनकी सत्तरवीं वर्षगाँठ पर, यानी 1970 में मैंने 'पन्त के सौ पत्र' और प्रकाशित किये थे—संग्रह का नाम उन्होंने खुद सुझाया था, जैसा आगे उद्धृत एक पत्र से आप स्वयं देखेंगे।

उनकी इकहत्तरवीं वर्षगाँठ पर, यानी 1971 में मैंने 'पन्त के दो सौ पत्र' प्रकाशित किये।

इस पर पन्तजी ने मुझको लिखा था कि संकलन में से 10 पत्र या तो निकाल दिये जायें या उनमें से कुछ अंश, जो वे कहें हटा दिये जायें—पत्रों से उन अंशों को बिना निकाले पुस्तक बाज़ार में न आने दी जाये। (ये पत्र पुस्तक में पृष्ठ 134, 135, 142, 194, 197, 199, 218, 233, 242 और 265 पर हैं।)

मैं इसके लिए तैयार न था। मैंने उनको लिखा 'मेरी दृष्टि में पत्रों का महत्त्व इस बात में है कि वे जैसे लिखे गये हैं, उनको उसी रूप में छापा जाये। आप पत्रों को 'सेंसर' करके छापने के पक्ष में हैं। आइये हम असहमत होने के लिए सहमत हों। अगर आपके पास मेरे पत्र पड़े हों और आप उन्हें कभी छपाना चाहें, तो मैं कभी आप से नहीं कहूँगा कि पहले मुझे उन्हें सेंसर करने दीजिये। बच्चन के दाग, दोष, कमियाँ, त्रुटियाँ, शैतानियाँ संसार को मालूम ही हो जायेंगी, तो क्या? न देगी दुनिया जो देती रही हो, बस न। (अगर) 'सौ पत्र' की कुछ बातों से कुछ लोग नाराज़ हो गये आपसे, तो क्या बिगड़ गया आपका? और दो सौ पत्रों से भी कुछ लोग बिगड़ेंगे, तो आपका क्या बिगाड़ लेंगे। (कचहरी में दी गयी पन्तजी की अपील से उद्धृत)

इससे नाराज़ होकर पन्तजी ने अपने वकील के द्वारा, इलाहाबाद, ज़िला जज की कचहरी में मेरे ख़िलाफ मुकदमा दायर कर दिया, जिसमें उन्होंने कहा—कहा तो बहुत कुछ मेरे लिए अपमानजनक—उदाहरण के लिए वकालतनामे में मेरे नाम के आगे लिखा Father's name not known (पिता का नाम अज्ञात) जबकि

'क्या भूलूँ क्या याद करूँ' दो वर्ष पूर्व निकल चुकी थी, जिसे उन्होंने निश्चय पढ़ा था, और जिसकी प्रति उनकी आलमारी में रखी होगी। मैं मुद्दे की बातें दे रहा हूँ–

> कि 'पन्त के दो सौ पत्र' उनकी साहित्यिक कृतियाँ हैं (literary works)
> कि उन पर उनका कॉपीराइट है,
> कि ये पत्र बिना उनकी अनुमति के छापे गये हैं; उन्हें छापने की जो अनुमति उन्होंने 1960 में दी थी, वह सिर्फ़ 1960 तक के पत्रों के लिए थी,
> कि जो पत्र 'पन्त के दो सौ पत्र' में छापे गये हैं, वे '62 से '67 तक के हैं जिनके लिए पहली अनुमति लागू नहीं होती,
> कि बच्चन ने पत्रों को प्रकाशित कर अवैध लाभ (unlawful profit) उठाना चाहा है,
> कि प्रकाशन से जो लाभ हो उसके हक़दार सुमित्रानन्दन पन्त हैं, इसलिए कचहरी की ओर से संकलनकर्ता (बच्चन) और प्रकाशक (सुरेन्द्रकुमार, प्रोप्राइटर, सन्मार्ग प्रकाशन, दिल्ली) पर यह स्थायी प्रतिबन्ध लगाया जाये कि वे पुस्तक बाज़ार में न बिकने दें। (A decree of permanent injunction restraining the defendants from selling or causing to sell the book entitled Bachchan Ke Nam Pant Ke Do Sau Patra.)
>
> और, आगे वे सुमित्रानन्दन पन्त के कोई पत्र न तो प्रकाशित करें और न मूल पत्रों को किसी संग्रहालय को दें। (मैंने भूमिका में लिखा था कि 'मैं पन्तजी के मूल पत्रों को किसी अच्छे संग्रहालय को देना चाहता हूँ, यदि उनकी इसमें रुचि हो, साथ ही यदि वह उनको सुरक्षित रखने का आश्वासन दे सके)

मुक़दमा दायर करने और प्रतिबन्ध लगवाने की ख़बर पन्तजी ने अख़बारों में छपा दी–उन्होंने मुझ पर मुकदमा दायर कर दिया है, इसकी ख़बर मुझे पहले-पहल अख़बार से मिली। पढ़कर मैं बड़ा क्षुब्ध हुआ। तीसरे दिन मेरे पास कचहरी से सम्मन आ गया–इलाहाबाद ज़िला जज की कचहरी में फ़लाँ तारीख को हाज़िर होने का और वकील के द्वारा या खुद कचहरी द्वारा पूछे गये सवालों का जवाब देने का।

निश्चित तिथि के तीन दिन पहले मैं इलाहाबाद गया। वहाँ मैंने अपने पूर्व शिष्य गोपीनाथ की सलाह से एक अच्छा वकील किया–गोपीनाथ स्वयं मेरा मामला न ले सकते थे; क्योंकि अब वे हाईकोर्ट के जज नियुक्त हो गये थे। पन्तजी ने जो आरोप मुझ पर लगाये थे, उन पर मेरा कहना था कि 1960 में जो अनुमति उन्होंने दी थी, वह केवल 1960 तक के पत्रों के लिए नहीं थी, बाद के पत्रों के लिए भी थी। 1960 के बाद के पत्र तो 'पन्त के सौ पत्र' में ही थे, पर प्रकाशन के साल-भर बाद भी उन्होंने उस पर कोई आपत्ति न की थी। अगर यह मान भी लिया

जाय कि अनुमति केवल '60 तक के पत्रों के लिए थी, तो '70 के एक पत्र में उन्होंने अपनी अनुमति दुहरायी थी और दो सौ पत्र केवल '62 से '68 तक के पत्र हैं। अनुमति देते समय न तो उन्होने उन्हें संशोधित कर छपाने की शर्त लगायी थी और न अपने कॉपीराइट अधिकार से रायल्टी पाने की। फिर भी अगर वे रायल्टी चाहते हैं, तो मैं देने के लिए तैयार हूँ। संशोधित कर पत्रों को छपाने के लिए मैं तैयार नहीं हूँ और ख़ासकर तब, जब वे स्वयं अपने पत्रों को अपनी 'साहित्यिक कृति' कहते हैं। हाँ, अगर वे चाहते हैं कि आगे मैं उनके पत्र न प्रकाशित कराऊँ, तो मैं नहीं कराऊँगा, पर जब वे कहते हैं कि उसे किसी संग्रहालय को भी न दूँ, तो वे शायद अपने अधिकार के बाहर की बात करते हैं, बहरहाल अभी मेरा इरादा उन्हें किसी संग्रहालय को देने का नहीं है, और इस सम्बन्ध में मैं पन्तजी का आदेश मानने को बाध्य नहीं हूँ। ऊपर '70 के जिस पत्र का हवाला दिया गया है, वह ज्यों का त्यों इस प्रकार है—

12-2-70 18/बी-7, के० जी० मार्ग, इलाहाबाद

प्रिय बच्चन

बहुत दिनों बाद तुम्हारा पत्र पाकर प्रसन्नता हुई।

तुम मेरे पत्र जितने चाहो छपवा लो—शतपत्र से तो एक सौ एक पत्र या सौ पत्र अच्छा लगता है—या पन्तजी के सौ पत्र—पर तुम्हें जो नाम ठीक लगे, वही रखो—तुम तस्वीर खिंचवाने के बहाने ही सही, यहाँ आओगे यह जानकर प्रसन्न हूँ।

अपनी आत्मकथा का दूसरा भाग शीघ्र पूर्ण करो--वैसे जल्दी कुछ नहीं—तुम अभी मरने वाले थोड़े हो—कुण्डली में पूर्ण आयु है। यम के द्वार पर पहुँच भी जाओ, तो यम तुम्हें दुनिया में धकेल देगा—कहेगा अभी तुम दिल्ली ही में रहो—वही आधुनिक यमपुरी है।

कोट के बारे में पढ़कर हार्ट फ़ेल होते-होते बचा। आशा है तेजीजी मेरे दिल के लिए कोई उपाय शीघ्र निकालेंगी। दो जाड़े ठिठुरते हुए बीत गये हैं। आशा है तुम और तेजी प्रसन्न हो। दोनों को बहुत प्यार।

साईं-दा

मेरे वकील ने मेरे आशय का एक affidavit (हलफ़नामा) बनाकर कचहरी में दाखिल कर दिया। पन्तजी कचहरी में हाज़िर नहीं थे। Plaintiff (मुद्दईवादी) के वकील ने, शायद उनके आदेश पर, मुक़दमे की सुनवाई की तारीख़ बदलवा दी। वकीलों के लिए ऐसा करना बायें हाथ का खेल है, पर इससे defendant (मुद्दालय—प्रतिवादी) को कितनी परेशानी होती है। बड़ा दुःख होता था देखकर कि पन्तजी की करतूत ने तीस बरस के दादा-भाई को 'मुद्दई-मुद्दालय' बना दिया था! इलाहाबाद के प्रति मेरे मन में जो कटुता थी, उसमें पन्तजी के व्यवहार ने एक तीखा काँटा और जोड़ दिया था।

इलाहाबाद की पेशी से लौटा तो तेजी ने समाचार दिया, बंटी का पत्र आया है,

जिसमें उन्होंने लिखा है कि शा वैलेस कम्पनी उन्हें शिपिंग में विशिष्ट प्रशिक्षण के लिए साल-भर के कोर्स पर ब्रिमेन (जर्मनी) भेजना चाहती है, वे पानी के जहाज़ से जायेंगे और जहाज़ पर ही उनकी ट्रेनिंग शुरू हो जायेगी, अगले मास विदा लेने के लिए दिल्ली आयेंगे। हमें यह सुनकर बड़ी प्रसन्नता हुई कि बंटी के काम से उनकी कम्पनी खुश है और उन्हें इस योग्य समझती है कि वे उन्हें विदेश भेजकर उनको अपने विषय का विशिष्ट प्रशिक्षण दिलाये। इधर अमिताभ भी अपने क्षेत्र में आगे बढ़ रहे थे। 'रेशमा और शेरा' के बाद उन्हें हृषीकेश मुकर्जी ने 'आनन्द' के लिए अनुबन्धित कर लिया था और वे शूटिंग में व्यस्त थे। हमें अपने बेटों की प्रगति से बड़ा सन्तोष था।

थोड़े दिनों के बाद बंटी दिल्ली आये; उन्हें अपना बहुत-सा सामान दिल्ली छोड़ना था; विदेश के लिए कुछ ख़ास सामान ले भी जाना था। उनके जाने के साथ एक दु:खद घटना जुड़ गयी।

पिछले दस बरसों से हमारे पास एक सिडनी सिल्की कुतिया थी—छोटी-सी, झबरी, बड़ी प्यारी—उसका अपना व्यक्तित्व था। हमने उसका नाम पिस्ती रखा था। निडर इतनी कि बड़े-बड़े कुत्तों से भिड़ जाये। कोई अजनबी बंगले में पाँव भर रखे, वह भूँक-भूँककर सारा घर सिर पर उठा लेती थी। पोस्टमैन-पुलिस की ख़ाकी वर्दी से उसे ख़ास नफ़रत थी--उन्हें देखते ही उन पर टूटती थी। कभी उसका बदन सहलाना शुरू करो, तो चाहती थी आप सहलाते ही जाइये; बन्द कीजिये, तो वह मुँह से संकेत करती थी—जारी रखो। खाने-पीने की बहुत शौकीन थी। खाने की टेबल पर बैठो, तो कुर्सी के पास आकर बैठ जाती थी, पाँव चाटती थी, ख़ुशामद—मुझे भी दो!—आइसक्रीम, कुल्फ़ी, मिठाई आदि उसे बड़ी प्यारी थी--किसी को टेबल पर खाते देखती—तो आधी-खड़ी हो मुँह ऊपर उठाती माँगने के लिए, ध्यान आकर्षित करने के लिए कुछ आवाज़ भी निकालती थी। मैं उसे प्रेमचन्द की 'बूढ़ी काकी' कहता था। बंटी को वह बहुत प्यार करती थी। बंटी शेरवुड चले जाते, तो वह कई दिन अनमनी रहती—बड़े-बड़े आँसू रोती। स्कूल से वे लौटते, तो उन्हें चाट-चाटकर हैरान कर देती। बंटी तो उसे अपने पास ही सुलाते। समझदार भी बहुत थी। कभी बीमार पड़ती, तो घर से बाहर बाग में जाकर छिप रहती—जैसे चाहती कि उसकी वजह से किसी को तकलीफ़ न हो। हम उसे ढूँढ़-खोजकर घर में लाते—उसका इलाज कराते। पटाखों से बहुत डरती थी। एक दीवाली पर तो उसने हमें बहुत परेशान किया। पटाख़ों की आवाज़ से घबराकर वह भागी, हमने सोचा घर के किसी कोने में या बाग में या सर्वेन्ट क्वार्टर में जा छिपी होगी। कोना-कोना हमने छान मारा—पिस्ती का कहीं पता नहीं! दूसरे दिन जब मोटर निकाली, तो वह मोटर के अन्दर सीट के नीचे छिपी बैठी मिली। बंटी जिस दिन जाने वाले थे, तेजी ने उसके बदन पर ब्रश कर उसे साफ़-सुथरा-सुन्दर बना दिया था, गले में रिबन बाँध दिया था। बंटी जिस दिन गये, पिस्ती गायब हो गयी—फिर उसका पता न लगा। हमने घर-बाहर बहुत खोजा, पत्रों में विज्ञापन निकाला, पर वह न मिली। दस से ज्यादा बरस की थी; अपनी उमर एक तरह भोग

चुकी थी, इतनी ही उमर होती है इस जाति के कुत्तों की। पिस्ती को जैसे आभास हो गया कि अब बंटी के लौटने तक वह नहीं जीने वाली—वह अब उनको फिर न देख सकेगी—इसी ग़म में वह कहीं निकल गयी और शायद कहीं छिप अनशन कर उसने अपने प्राण दे दिये। जिस तरह पिस्ती लुप्त हुई, उसने हमें बहुत दुखी किया। उसके बाद फिर हमने कोई कुत्ता नहीं पाला।

इस बीच पन्तजी ने एक चाल चली—शायद अपने वकील की सलाह पर।

सन्मार्ग प्रकाशन के प्रोप्राइटर सुरेन्द्रकुमार के पिता प्रेमनाथ को इलाहाबाद बुलाकर उनसे एक समझौतानामा लिखा लिया, जिसके अनुसार प्रेमनाथ ने वादा कर लिया कि वे 'पन्त के दो सौ पत्र' से वे अंश निकाल देंगे, जो पन्तजी कहेंगे।

इस आधार पर पन्तजी ने मुकदमा वापस लेने की अर्ज़ी कचहरी में दे दी।

मेरे वकील ने यह आपत्ति की कि प्रतिवादी ने (यानी मैंने) अनुबन्ध सुरेन्द्रकुमार से किया था, प्रेमनाथ से नहीं, इसलिए वह समझौतानामा की शर्तें मानने के लिए बाध्य नहीं है। इस पर भी पन्तजी ने—शायद अपने पक्ष की दुर्बलता देखकर—मुकदमा वापस लेने का ही फ़ैसला किया।

फलस्वरूप 'पन्त के दो सौ पत्र' से एक अक्षर नहीं हटाया गया, वह पुस्तक जिस रूप में छपी थी, उसी रूप में बिकती रही। मेरी यह कोई विजय नहीं थी। मैं एक बहुत बड़ी चीज़ हार गया था—पन्त ऐसा आत्मीय। शायद पन्तजी को भी आभास हुआ हो कि मुक़दमे के अलावा वे कुछ और हार गये थे, जिसके लिए उन्हें मुक़दमा हारने से कहीं अधिक पश्चाताप था। ओंकारनाथ श्रीवास्तव ने मुझसे बताया था कि जब उन्होंने पन्तजी से इस विषय पर चर्चा चलायी, तो उन्होंने कहा था, 'I committed suicide.' नियत ने दो कवियों के बीच यह कैसा जुआ खेला दिया था कि दोनों हार गये थे।

अक्टूबर में इण्डियन एयरलाइन्स के एक जम्बो की पहली उड़ान पर तेजी को अतिथि रूप में आमन्त्रित किया गया। ऐसी प्रथा है कि जब इण्डियन एयरलाइन्स या एयर इण्डिया में कोई नया जहाज़ आता है, तो उसकी पहली उड़ान पर कुछ जाने-माने लोगों को निःशुल्क यात्रा करने को आमन्त्रित किया जाता है। जम्बो की यह उड़ान न्यूयार्क तक की थी। तेजी न्यूयार्क तक गयीं। लौटते समय वे थोड़े दिन के लिए लन्दन रुकीं, ओंकार-कीर्ति उस समय तक वहाँ पहुँच गये थे। उनको साथ लेकर वे केम्ब्रिज भी गयीं—वहाँ केम्ब्रिज के मेरी रिसर्च के सुपरवाइजर डॉ. हेन और उनकी पत्नी से मिलीं। लौटते समय पेरिस और रोम देखती दिल्ली लौटीं। पेरिस में बंटी ब्रिमेन से आकर उन्हें मिला, और माँ-बेटे ने साथ पेरिस देखा। रोम में सोनिया गाँधी के मायके वालों ने तेज़ी की बड़ी आवभगत की और रोम देखने में उनकी मदद की। बड़े सन्तोष से लौटीं कि दुनिया के चार बड़े नगर देख आयीं—न्यूयार्क, लन्दन, पेरिस, रोम—हफड़ा-दफड़ी की यात्रा से स्वास्थ्य खराब हो गया था—बहुत कमज़ोर लौटीं—जान बची लाखों पाये, घर के बुद्धू घर को आये।

आठवें दशक के पहले वर्ष की कुछ घटनाओं का स्मरण मैंने किया, पर शायद उसकी सबसे स्मरणीय घटना थी अमिताभ का कई फिल्मों में परदे पर आना। अब फिल्म क्षेत्र में अमिताभ की प्रगति हमारा सबसे अधिक ध्यान आकर्षित कर रही थी। परदे पर आने वाली उनकी हर तस्वीर की हम बड़ी उत्सुकता से प्रतीक्षा करते, बड़ी उमंग से देखते और बड़ी आशा से उनके भविष्य की कल्पना करते।

'सात हिन्दुस्तानी' के बाद परदे पर आने वाली उनकी दूसरी तस्वीर थी 'रेशमा और शेरा'। जैसा कि पहले कह चुका हूँ, इसमें उनकी भूमिका शेरा के सबसे छोटे भाई गूँगे भाई की थी, गो वह कहानी की दृष्टि से कम महत्त्व की न थी। उसमें बिना बोले हुए केवल मुद्राओं से अमित ने अपने अन्दर अभिनय-क्षमता का अच्छा सबूत दिया था। तस्वीर वह बहुत नहीं चली।

तीसरी फिल्म, जिसमें अमिताभ परदे पर आये, वह थी हृषीकेश मुकर्जी की 'आनन्द', जिसमें राजेश खन्ना ने हीरो का पार्ट किया था—राजेश खन्ना की गिनती उन दिनों सुपर स्टार में होती थी, पर डॉक्टर मोशाय, के रूप में अमिताभ की भूमिका हीरो के बाद सबसे अधिक महत्त्वपूर्ण थी। इस फिल्म में अमिताभ का काम इतना पसन्द किया गया कि वे जनता में 'बाबू मोशाय' के नाम से याद किये जाने लगे। सार्वजनिक स्थानों में जहाँ भी वे देखे जाते, जनता 'बाबू मोशाय' के नाम से उन्हें पुकार उठती। हमें तो वह तस्वीर इतनी अच्छी लगी—उसमें भी विशेषकर अमित का अपना व्यक्तित्व लिये अभिनय—कि वह फ़िल्म तेजी और मैंने कम-से-कम दस बार देखी—कई बार तो कई-कई मित्रों के साथ।

'प्यार की कहानी' परदे पर आने वाली अमित की चौथी तस्वीर थी, पर वह पहली तस्वीर, जिसमें अमिताभ ने नायक की भूमिका अदा की थी। उसके प्रीमियर के लिए अमित ने हमें विशेष रीति से बुलाया था और हमें सन ऐण्ड सैंड होटल में ठहराया था। दुर्भाग्यवश यह तस्वीर नहीं चली। उस समय हमने 'परवाना' और 'बाम्बे टु गोवा' के कुछ भागों का ट्रायल भी देखा था, जिनकी आंशिक सफलता के बाद अमित की असफल फिल्मों का एक सिलसिला ही चल पड़ा था ...पर वह असफलतायें नहीं थीं, वे आगे आने वाली सफलता की नींव की ईंटें थीं—

> In the lexicon of youth, which fate reserves
> For a bright manhood, there is no such word
> As Fail...
>
> —Lord Lytton
>
> (नवयौवन के शब्दकोश में, जिसे भाग्य ने
> उज्ज्वल प्रौढ़ावस्था में परिवर्तित करने
> को संरक्षित कर रखा हो, कोई ऐसा
> शब्द नहीं है--असफल (जिसका उच्चारण हो)
>
> —लार्ड लिटन

दूसरा पड़ाव

1971—1983

"Few people realise when they see a picture of mine, that it is a phial of my blood which I have poured upon the canvas while painting it.?"

—P. Picasso

"मेरा चित्र देखकर बिरले ही कल्पना कर पाते हैं कि यह मेरा एक शीशी रक्त है, जिसे फलक पर उंडेलकर मैंने इसे उरेहा है।"

–पी. पिकासो

राज्य सभा की मानद सदस्यता मुझे 2 अप्रैल को छह वर्षों के लिए दी गयी थी; वह 2 अप्रैल 1972 को समाप्त होने वाली थी। सदस्यता की सूचना मुझे देते समय राष्ट्रपति डॉ. राधाकृष्णन ने मुझसे कहा था, अवधि समाप्त होने पर तुम्हें दुबारा और छह वर्षों के लिए यह मानद सदस्यता दी जा सकती है, मैथिलीशरण गुप्त और कई लोग 12–12 वर्ष तक राज्य सभा के सदस्य रह चुके हैं....। राज्यसभा की सदस्यता के दौरान मैंने अपना विशेष ध्यान गद्य लिखने की ओर लगाया था, हालाँकि उसी बीच मैंने अपने अन्तिम चार काव्य संग्रहों की कविताएँ भी लिखी थीं और शेक्सपियर के दो नाटकों के अनुवाद भी पूरे किये थे। परिणामस्वरूप मेरी आत्मकथा के दो भाग–'क्या भूलूँ क्या याद करूँ' और 'नीड़ का निर्माण फिर' प्रकाशित हुए थे; साथ ही केम्ब्रिज में लिखी डायरी भी मैंने संशोधित, सम्पादित कर प्रकाशित कर दी थी और आगे भी आत्मकथा का शेष भाग लिखने के अतिरिक्त गद्य लेखन की कई अन्य योजनाएँ मेरे मन में थीं, जो कल्पना थी, राज्यसभा की सदस्यता दुबारा मिलने पर मैं आसानी से पूरी कर सकूँगा। मनोनीत सदस्यों से संसद की राजनैतिक हलचलों में सक्रिय भाग लेने की न तो प्रत्याशा की जाती थी और न मुझमें क्षमता थी; मेरे सहयोगी भी, जिनमें ऐसी क्षमता थी, प्राय: सदन में मूक श्रोता बनकर बैठे रहते थे; इस प्रकार सदन में हाजिरी देने के अतिरिक्त हमारा कोई दायित्व न समझा जाता था, हाँ, जब सदन में किसी महत्त्व के विषय पर वोटिंग होती थी, तब हमारा वहाँ उपस्थित रहना आवश्यक होता था। वोट चाहे हम पक्ष में दें, चाहे विपक्ष में, चाहे न भी दें। संसद सम्बन्धी कोई कार्यभार मस्तिष्क पर न होने से मैंने मुक्त भाव से सृजनात्मक लेखन का काम उठा लिया था, विशेषकर गद्य का और उसका जिस प्रकार स्वागत हो रहा था, उससे मैंने अपने आपको सन्तुष्ट कर लिया था कि मैं अपने समय और शक्ति का कुछ सदुपयोग तो कर ही रहा हूँ और मन में कहीं सरकार के प्रति कृतज्ञता का भाव भी था कि उसकी कृपा से मुझे ऐसा अवसर मिला था कि सब तरफ से निश्चिन्त होकर

मैं अपने रचनात्मक कार्य में अपने को पूरी तरह दे सकूँ। और यह 'अपना' भी कितना था? क्या देश को अच्छा साहित्य देना देश-सेवा ही नहीं है? सृजन में लगा हुआ मन भावुक कल्पनाशील और स्वप्नदर्शी हो जाता है। जैसे-जैसे मेरी राज्यसभा-सदस्यता की अवधि के समाप्त होने का समय निकट आता जाता, वैसे-वैसे मेरे मन में यह विश्वास दृढ़ होता जाता कि किसी-न-किसी स्रोत से अपनी रीति से 'देश-सेवा' का जो कार्य मैं कर रहा हूँ उसकी खबर प्रधानमन्त्री और राष्ट्रपति को मिल जायेगी और वे मुझे इस कार्य को करते जाने के लिए दुबारा राज्यसभा का सदस्य मनोनीत कर देंगे। इसके लिए उनसे प्रार्थना करने या कहने में मुझे संकोच था। शायद मैं अपने सृजन को और सर्जक के स्वाभिमान को भी आवश्यकता से अधिक महत्त्व दे रहा था। इतना मैंने अवश्य किया था कि प्रकाशित होने पर मैंने अपनी आत्मकथा के दोनों भाग और 'प्रवास की डायरी' प्रधानमन्त्री को भेंट कर दी थी, पर ऐसा तो मैं अपनी हर रचना के साथ करता था, हालाँकि मैं यह जानता था कि उन्हें अपने व्यस्त जीवन में कहाँ इतना समय मिलेगा कि वे मेरी पुस्तकों को पढ़ें या उलटें-पलटें भी। पुस्तकें उन्हें देकर मैं आश्वस्त हो गया था कि वे कम-से-कम इससे अनभिज्ञ तो न होंगी कि अपनी राज्यसभा-सदस्यता के वर्षों में मैं क्या-क्या कुछ करता रहा हूँ—उसके महत्त्व को वे न समझें तो भी।

पर भविष्य में मेरे इस सुखद स्वप्न को भारी धक्का लगना था।

दिसम्बर में प्रधानमन्त्री के निजी सचिव श्री बिशन टण्डन मेरे पास आये, बोले, आपसे कुछ गोपनीय बातें करनी हैं—चार महीने बाद आपकी राज्यसभा सदस्यता समाप्त होगी। कैबिनेट ने ऐसा निर्णय किया है कि आगे से राष्ट्रपति द्वारा मनोनीत राज्यसभा के सदस्यों को दुबारा मनोनीत न किया जायेगा। यह नियम आप पर और आपके साथ मनोनीत सभी सदस्यों पर लागू होगा।

इतना कहकर वे चुप हो गये, जैसे मेरे चेहरे से यह भाँप रहे हों कि मुझ पर इस समाचार की क्या प्रतिक्रिया होती है। स्वाभाविक है कि यह खबर मेरे लिए सुखद तो नहीं थी; निर्णय जिस रूप में मेरे सामने रखा गया था, उसके बदलवाने की सम्भावना भी नहीं थी—प्रधानमन्त्री का निर्णय होता, तो उसे बदलवाने का कुछ प्रयत्न किया जा सकता था, पर कैबिनेट का निर्णय—'विधि का लिखा'। एक ढर्रे पर चलती हुई जिन्दगी अगर एकाएक ऐसी जगह पर पहुँच जाये, जहाँ से सिर्फ रास्ता ही न बदलना हो, बल्कि सवारी भी बदलनी पड़े तो एक बार हाथ-पाँव ढीले हो ही जायेंगे। पिताजी की कही एक बात याद आयी, कुछ अप्रत्याशित घटित होने पर आदमी जिस प्रकार का व्यवहार करता है, वही उसके आत्म-बल की सच्ची परख करता है। मन कड़ा करके मैंने अपने को सम्बोधित किया, विधि के विधान को स्वीकार करो; दिल्ली अब छूटी, गुलमोहर कॉलोनी में तुमने एक प्लाट अपने नाम कराया था, पर उस पर मकान नहीं बनवा सके, आग लगने पर कुआँ नहीं खोदा जा सकता, इलाहाबाद लौट चलो, जहाँ से दिल्ली आये थे, वहाँ पिताजी का बनवाया मकान खड़ा है, सिर छिपाने के लिए। राम—अपने भांजे—के हाथ उसे बेचते हुए मैंने यह शर्त रखी थी कि अगर मुझे कभी जरूरत पड़ी, तो वे मकान मुझे

लौटा देंगे, निश्चय ही कीमत चुकाने पर या समुचित किराया देकर मैं उसके आधे हिस्से में रह सकूँगा। रायल्टी किताबों की जितनी मिलती है, उससे दो प्राणियों की गुज़र-बसर आसानी से हो सकेगी। भगवान् को धन्यवाद दो तुम्हारे कोई लड़की ब्याहने को नहीं है, प्रभात (स्वर्गीय छोटे भाई के लड़के) राउरकेला में व्यवस्थित हैं; अजिताभ का काम शा वैलेस में इतना अच्छा माना गया है कि कम्पनी की तरफ से शिपिंग में विशिष्ट ट्रेनिंग लेने के लिए उन्हें जर्मनी भेजा गया है; अमिताभ फिल्मी क्षेत्र में अपने पैर जमा रहे हैं...ये सारी बातें शायद एक मिनट से भी कम में मेरे दिमाग के पर्दे पर चमकीं और गायब हो गयीं। एक क्षण को मेरे चेहरे पर तनाव आया और फिर मैं सामान्य हो गया।

टण्डन कह रहे थे...'पर आपके लिए एक खुशखबरी भी है।'

प्रधानमन्त्री दिल्ली में ही आपको एक दूसरी तरह का काम देना चाहती हैं, जो आपकी रुचि के अधिक अनुकूल होगा, और जिसकी मासिक आय आपकी वर्तमान आय से तिगुनी नहीं तो दूनी तो अवश्य होगी; आप विदेश मन्त्रालय में दस बरस हिन्दी का काम देखते रहे हैं; अब आप केन्द्रीय हिन्दी समिति के सचिव का पद संभालें जिस पर दिनकरजी 5-6 वर्ष काम करने के बाद रिटायर किये जा रहे हैं; उन्हें आगे एक्सटेंशन नहीं दिया जायेगा। कृपया इसको अपने तक ही रखें—आप इस पद पर अगले पाँच-छः वर्षों तक रह सकते हैं, हिन्दी का काम आगे और फैलेगा और आपकी योग्यता और अनुभव से यह काम अधिक सुचारू रूप से चल सकेगा।....'

जीवन के लिए जीविका का कितना महत्त्व है, इसे बताने की जरूरत नहीं। हमारी अवधी की एक कहावत में तो जीविका को जीवन से भी अधिक महत्त्व दिया गया है—'जिउ जाय, जीविका न जाय।' एक प्रकार की जीविका की समाप्ति पर दूसरे प्रकार की जीविका के आश्वासन से मेरे मन को जो राहत मिलनी थी, वह मेरे चेहरे पर झलक उठी होगी; पर वह ज्यादा देर न ठहर सकी।

स्वार्थ अन्धा होता है। मुझे राधा बाबा की कही एक बात याद आ गयी—जब किसी मनुष्य का स्वार्थ सिद्ध होता है, तब प्रायः किसी का स्वार्थ असिद्ध होता है। जब कभी ऐसा अवसर आये, तो रुको और सोचो कि तुम्हारा स्वार्थ किसी दूसरे के स्वार्थ की कीमत पर तो नहीं सिद्ध हो रहा है। दिनकर की शक्ल मेरे सामने आ गयी। मैं एक मिनट कुछ सोचता रहा, फिर बोला, टण्डन अब भी मेरी प्रतिक्रिया जानने की प्रतीक्षा में थे।

मैंने कहा, प्रधानमन्त्रीजी को मेरी ओर से बहुत-बहुत धन्यवाद दें कि उन्होंने राज्यसभा की मेरी सदस्यता समाप्त होने पर मुझे एक अच्छा काम देने की बात सोची, पर जिस पद से दिनकर हटाये जा रहे हों, उसे स्वीकार करने में मुझे बहुत संकोच होगा। पहली बात, दिनकर मुझसे उम्र में छोटे हैं; अगर मैं उनसे उम्र में छोटा होता, तो उनके अवकाश प्राप्त करने पर उनकी जगह काम करने को बुलाए जाने को मैं अपने लिए गौरव की बात समझता। विपरीत परिस्थिति में दिनकर ही क्यों अपने पद पर बरकरार नहीं रखे जा सकते। जहाँ तक कार्य के लिए योग्यता-क्षमता

का प्रश्न है, दिनकर में मुझसे अधिक ही है, कम तो किसी हालत में नहीं। दूसरी बात, दिनकर सोच सकते हैं, और शायद और लोग भी कि बच्चन को किसी काम से लगाना था, इसलिए दिनकर को हटाया गया; दिनकर यह भी सोच सकते हैं कि उनके हटाये जाने में सम्भवतः मैंने ही कोई भूमिका अदा की हो। दिनकर के मन में इस प्रकार का सन्देह भी उठे, तो उनकी अपनी चालीस बरस की मैत्री पर मैं एक कलंक ही समझूँगा। कुछ ही दिन पहले शायद अपनी ही गलतफ़हमी से मेरे एक मित्र ने मुझसे अपना सम्बन्ध तोड़ लिया था, जिससे मैं बहुत मर्माहत हुआ था, अब दूसरे मित्र से टूटने का खतरा उठाने को मैं किसी तरह तैयार न था।

टण्डन जाते-जाते कह गये, मैं आपके विचार प्रधानमन्त्री तक पहुँचा दूँगा, पर इसे मैं आपका अन्तिम उत्तर नहीं समझता; सोचने-विचारने के लिए अभी काफी समय है।

तेजी को मैंने इस प्रसंग से अवगत किया तो उन्हें अपने से सहमत पाया, पर दिल्ली से उखड़ने की कल्पना उन्हें चिन्तित और उदास कर गयी। थोड़ी देर चुप रहकर वे बोलीं...काश हमने गुलमोहर पार्क के अपने प्लाट पर एक छोटा-सा मकान बनवा लिया होता!

मैंने कहा, 'बनवाना तो तुम्हीं को था, मैं तो शब्दों का ही मकान बनाने में लगा रहा; नहीं समझा था कि इतनी जल्दी ईंट-पत्थर के मकान की भी जरूरत आ पड़ेगी। फिर मैं एक वहम का शिकार था; प्लाट तो हमने ले लिया था, पर मुझे लगता है कि मकान तो उस पर कभी अमिताभ-अजिताभ ही बनवाएँगे। राधा से सुनी एक बात माँ ने कभी मुझ से बताई थी कि हमारे परिवार की यह परम्परा है कि एक पीढ़ी मकान बनाती है, दूसरी उसी में रहती है—तीसरी फिर मकान बनाती है—मिट्ठूलाल के बाबा ने मकान बनवाया था, पिता ने नहीं, मिट्ठूलाल ने मकान बनवाया, भोलानाथ ने नहीं, प्रताप नारायण ने मकान बनवाया, अब परम्परा के अनुसार मुझे मकान नहीं बनवाना है...

तेजी व्यंग्य से मुसकरायीं, 'पालन करने को एक यही परम्परा रह गयी थी, कितनी परम्पराएँ तो तुम तोड़ चुके हो।...'

दिल्ली में एक मकान बनाकर यहीं स्थायी रूप से रहने की मेरी कामना थी; प्लाट इसी ध्येय से लिया था। मकान न बनवा सकने की एक व्याख्या देने के लिए मैंने अपनी स्मृतियों के खण्डहर से एक ईंट भर निकाल ली थी, जिससे अधिक-से-अधिक शिलान्यास की रस्म अदा की जा सकती थी!

दिल्ली में एक अजीब आकर्षण है। कितने-कितने लोग दिल्ली आने को लालायित रहते हैं। कितने ही लोग कोशिश करके भी नहीं आ पाते। उनके लिए दिल्ली दिमाग में चक्कर लगानेवाले एक स्वप्न-सी बनकर रह जाती है। मुझे अपनी एक कविता की कुछ पंक्तियाँ याद आ गयी हैं :

"दुनिया को देखे हुए तजुर्बेकारों से
मैंने ऐसा सुन रक्खा है,
दिल्ली, मंज़िल का नाम नहीं,

वह सिर्फ मार्ग, पथ, चक्कर है
जिन पर चलकर, फेरे देकर
बहुतेरे होते लस्त-पस्त,
पर उनपर करती व्यंग्य
प्रतिध्वनि एक सुनाई देती है–
'दिलदारो दिल्ली दूर अस्त!'– "

जो आ गये फिर वे यहाँ से जाना नहीं चाहते। यहीं बस जाना चाहते हैं। जाना ही पड़ा, तो उनको यह जाना बहुत अखरता है। मैथिलीशरण गुप्त दो बार नामांकित होकर राज्यसभा के सदस्य के रूप में बारह वर्ष दिल्ली रहे। चाहते थे तीसरी बार भी उनका नामांकन हो जाये, पर नहीं हुआ। दिल्ली से जाते समय बहुत खुश नहीं थे। भगवती बाबू ने अपने खास लहजे में एक दिन मुझसे कहा, 'मैथिली बाबू दिल्ली से बहुत कलपि के गे– '। बिहार की विधान सभा से राज्यसभा के दिन दो बार चुने जाकर दिनकर भी बारह बरस दिल्ली रहे। तीसरी बार वे नहीं चुने गये, तो उन्हें दिल्ली छोड़नी पड़ी; भागलपुर यूनिवर्सिटी की वाइस-चांसलरी उन्हें मिल गयी। पर उनका मन दिल्ली के लिए उचाट रहने लगा और वे वाइस-चांसलरी छोड़ केन्द्रीय हिन्दी समिति के सलाहकार के रूप में 6 वर्ष के लिए फिर दिल्ली आ टिके। जब वह भी समाप्त हुई, तो उन्होंने सुना है, राष्ट्रपति द्वारा राज्यसभा के लिए नामांकित होने का बहुत प्रयत्न किया। किसी कारण सफलता न मिली, पर किसी-न-किसी बहाने वे रह-रहकर दिल्ली का फेरा लगाते ही रहे।

मैं कभी-कभी सोचने का प्रयत्न करता हूँ कि दिल्ली के इस आकर्षण का रहस्य क्या है।

दिल्ली देश की राजधानी है और राजधानी के प्रति सदा से सब देशों में लोगों का आकर्षण रहा है–व्यापारियों का, राजनीतिज्ञों का, कलाकारों का, साहित्यकारों का, अखबारनवीसों का, जीवन के प्रायः हर क्षेत्र में महत्त्वाकांक्षियों का। सोलहवीं शताब्दी में सन्तों ने जरूर एक अपवादी स्वर उठाया–'सन्तन को कहा सीकरी सों काम'। पर बीसवीं शताब्दी में तो सन्तों ने भी 'सीकरी' में अच्छे-खासे अड्डे जमा लिए हैं। पहले 'साधु समाज' की एक आलीशान इमारत नगर की एक सड़क पर दिखाई देती थी-सुना 'समाज' गुलजारी लाल नन्दा के संरक्षण में बना था। पर अब तो स्वामी मुक्तानन्द, सत्त साईं बाबा, भगवान रजनीश, महेश योगी, ब्रह्म कुमारी, धीरेन्द्र ब्रह्मचारी और कितनों-कितनों के मठ, आश्रम, संस्थान स्थापित हो गये हैं। इनके पीछे हमारे देश की एक मानसिकता है जो पुरानी परम्पराओं से जुड़ी है। पर पुरानी परम्पराओं से पिण्ड छुड़ा जो आधुनिक बनने के संघर्ष में हैं, उनके लिए भी दिल्ली कम आकर्षक नहीं है। आजादी मिलने के बाद दिल्ली बड़ी तेजी से एक औसत नगर से महानगर में परिवर्तित हो गयी है और दिल्ली की इस महानगरीयता ने उसके सांस्कृतिक वातावरण को बदल ही नहीं दिया, विशृंखल भी कर दिया है। जब उस्ताद ज़ौक ने कहा था, 'कौन जाए ज़ौक अब दिल्ली की गलियाँ छोड़कर',

तब दिल्ली की गलियों की एक खास तहज़ीब थी; आधुनिक दिल्ली की सड़कों की कोई तहज़ीब नहीं, कोई संस्कृति नहीं। और यह नकारात्मक वातावरण उन लोगों को बहुत अनकूल पड़ता है, जो समाज की जकड़बन्दियों से छूट युगीन स्वतन्त्रता का लाभ उठा जीवन के नये प्रयोग करना चाहते हैं। गाँवों, कस्बों, छोटे नगरों से दिल्ली जैसे महानगर की ओर बढ़ने वालों में ऐसों की संख्या कम नहीं है।

कई साल हुए मैंने रघुवीर सहाय लिखित एक पुस्तक पढ़ी थी 'दिल्ली मेरा परदेस'। शीर्षक से ऐसा लगता है, जैसे कोई देश से दूर परदेस में पड़ा अपने देश लौट जाने के लिए तड़प रहा हो। दिल्ली रहते मुझे भी लगभग तीन दशक होने को आते हैं। मुझे ऐसे लोग, कम-से-कम बुद्धिजीवियों में बिरले ही मिले हैं, जो दिल्ली का 'परदेसीपन' जीने-भोगने के बाद देश वापस जाने को लालायित हों। हमारी तरफ एक कहावत कही जाती है 'देस चोरी, परदेस भीख'। इसका मतलब समझे? यानी जो काम देस में चोरी-चोरी किया जाता है, उससे हेय काम भी परदेस में खुलकर किया जा सकता है। मेरे सामने कई उदाहरण हैं और खासे जाने-माने लोगों के, जहाँ उन्होंने दिल्ली में या दिल्ली-जैसे महानगर में आकर ऐसा कुछ किया है, जो छोटे नगर में वहाँ के पारिवेशिक दबाव के कारण शायद ही कर पाते—महानगरीय संत्रास को आधुनिक कवियों ने बहुत गाया है—मैं भी अपनी एक कविता में इसका गुनहगार हूँ—पर महानगर व्यक्ति को जो स्वतन्त्रता देता है, उसकी ओर लोगों ने कम ही ध्यान दिया है—किसको पड़ी है कि देखे, जाने, पूछे-पछोरे कि आप क्या काम करते हैं। अपनी पारिवारिक, जाति, समाजगत, संस्थागत लीकपीटू बाध्यताओं से जो मुक्ति दिल्ली-जैसे विराट नगर में आकर मिलती है उसकी महत्ता कम नहीं आँकी जानी चाहिए, विशेषकर ऐसे समय में जब हमारा देश मध्ययुगीन संस्कारों को झाड़कर आधुनिक बनने की प्रक्रिया से गुजर रहा है। यह तो ऊँचे तबके वालों की बात हुई। दिल्ली नीचे तबके वालों को भी खींचती है। मेरे एक मित्र थे जगजोतस्वरूप माथुर, दिल्ली के पुराने बाशिन्दे; उन्होंने मुझसे एक बार बताया था कि हमारे यहाँ कहा जाता है कि 'दिल्ली बड़ी गरीबपरवर है।' अगर बेरोजगारों की गणना की जाये, तो आश्चर्य नहीं होना चाहिए यह देखकर कि छोटे-छोटे नगरों की अपेक्षा दिल्ली में बेरोजगारों की संख्या अनुपातत: बहुत कम है। वजह शायद दो हैं—एक तो यह कि बहुआयामी विकासशील नगर में बहुत तरह के काम मिल सकते हैं, दूसरी यह है कि दिल्ली का जीवन-स्तर इतना मँहगा-ऊँचा है कि जो यहाँ काम नहीं पा सकेगा, वह यहाँ से भाग खड़ा होगा। बहरहाल कई सूरतों में दिल्ली का आकर्षण समझने योग्य है। अवकाशप्राप्त लोग दिल्ली आकर शायद ही बसना चाहें, पर जो दिल्ली में काम कर अवकाश प्राप्त करते हैं, वे यहीं बसे रहते हैं, प्राय: वे अपने कार्यकाल में अवकाशप्राप्त होने पर यहाँ बसने की जुगत बिठा लेते हैं। इतनी व्यावहारिक दूरदेशी कविवर बच्चन में कहाँ!

पिछले छ: वर्षों में जो सृजन सम्बन्धी काम मैंने किया था, उसने मुझे बहुत थका दिया था और अब यह चिन्ता तलवार बनकर सिर पर लटक रही थी—चार महीने बाद मुझे कहाँ जाना है, क्या करना है। कभी आँखों के सामने इलाहाबाद का

अपना घर आता; अपना अब उसे न कहना चाहिए, राम का घर और कभी बम्बई का अमित का छोटा-सा घर, जो उन्होंने किराये पर ले रखा था। इलाहाबाद लौटने का ख़्याल आते ही मेरे मन में ऐसी भावना उठती, जैसे मैं शरणार्थी की लाचारी से वहाँ जा रहा हूँ। और बम्बई जाने का ख़्याल आते ही मन में प्रश्न उठता कि अमित जब फिल्म क्षेत्र में अपने भविष्य के प्रति आशंकित जैसे-तैसे गुजारा कर रहे हैं, तब उन पर और दो प्राणियों का भार डालना कहाँ तक उचित होगा। तेजी की ओर ध्यान जाता, तो लगता न उनको इलाहाबाद का जीवन अनुकूल पड़ेगा, न बम्बई का। इलाहाबाद जाने को विवश होना पड़ा तो मैं तो फिर भी किसी तरह वहाँ के परिवेश से समझौता कर लूँगा, आखिर मेरे जीवन के पहले तीन दशक उसी वातावरण का ऊँच-नीच भोगते हुए बीते थे; पर तेजी के लिए वहाँ के पास-पड़ोस के रहन-सहन से अपने रुचि-रस की पटरी बिठलाना बहुत मुश्किल होगा। बम्बई में, बरसों से बेटे से दूर रहने के बाद, उसके साथ रहने का सुख उन्हें जरूर होगा, पर वहाँ की नम आबोहवा में उनका दमे का कष्ट बहुत बढ़ जायेगा। और अमित को माँ की बीमारी की चिन्ता ऊपर से लग जायेगी। तेजी अपने कारण अमित को चिन्तित देखना किसी हालत में बरदाश्त न कर सकेंगी, विशेषकर ऐसे समय जब अमित अपने भविष्य के प्रति संदिग्ध, प्राण-पण से एक नये क्षेत्रों में अपने को स्थापित करने के लिए संघर्षरत हों।

कभी-कभी बाह्य संसार की घटनाएँ हमारा इतना ध्यान आकर्षित करती हैं कि हम अपने निजी जीवन के विषय में सोचने से बिल्कुल उपराम हो जाते हैं। पूर्वी पाकिस्तान अथवा बांगलादेश के पश्चिमी पाकिस्तान से अलग एवं स्वतन्त्र होने का आन्दोलन, जनरल याह्या ख़ान के नेतृत्व में उस जन आन्दोलन को कुचल देने के लिए पश्चिमी पाक़िस्तान का क्रूरतम सैनिक अभियान, और अन्त में बांगलादेश का पक्ष लेकर भारत का पाकिस्तान से युद्ध, जिसमें पाकिस्तान बुरी तरह पराजित हुआ, और बांगलादेश का एक सर्वतन्त्र स्वतन्त्र प्रभुसत्तात्मक राष्ट्र के रूप में नवोदित होना, ऐसी ही घटनाएँ थी।

बांगलादेश में पाकिस्तानी सेना के बे-शर्त आत्मसमर्पण की घोषणा राज्यसभा में श्री जगजीवनराम ने तथा लोकसभा में श्रीमती गाँधी ने एक साथ की थी। मुझे याद है लोकसभा में श्रीमती गाँधी के मुख से घोषणा सुनने के लोभ में मैं अपने कुछ और सहयोगियों के साथ लोकसभा की बालकनी में जाकर बैठ गया था। घोषणा सुनते ही लोकसभा में क्या उल्लास और उमंग की तरंगें उठ पड़ी थीं! सारे सदस्य एक साथ खड़े हो प्रधानमन्त्री की जय-जयकार करने लगे थे और मेजें तो ऐसे पीटी जा रही थीं जैसे वे विजय के दमामे हों। निश्चय ही यह श्रीमती गाँधी के राजनैतिक जीवन के साफल्य का परमोज्ज्वल क्षण था। पर सदन की हर्षोत्फुल्ल और उन्मुक्त बधाई का जो संक्षिप्त उत्तर उन्होंने दिया था, वह बड़ा ही संयत और गरिमापूर्ण था। सदस्यों के प्रति आभार प्रकट करते हुए इस विजय का श्रेय उन्होंने देश की बहादुर सेना को दिया था और भारत की जनता को जिसकी सद्भावना और सहयोग के बिना यह गौरवपूर्ण उपलब्धि सम्भव न होती। अन्त में उन्होंने गीता का उद्धरण देते

हुए कहा था कि हमको अपने पूर्वजों का यह उपदेश सदा याद रखना चाहिए कि हम पराजय को बिना दैन्य के और विजय को बिना दम्भ के स्वीकार करें—'दैन्य जिते नहिं दम्भ न जीती' और इस पर एक बार फिर सदन ने हर्षध्वनि कर उन्हें धन्यवाद दिया था।

दूसरे दिन श्रीमती गाँधी को विशेष रीति से सम्मानित करने के लिए दोनों सदनों के सदस्यों की एक सभा हुई थी जिसमें एक विपक्षी दल के नेता ने तो उन्हें देश की नवदुर्गा कहा था। सभा समाप्त होने पर, मुझे याद है, चलते-चलते मैंने इन्दिराजी के पास जाकर अकबर इलाहाबादी का एक शे'र सुनाया था—जैसा वह मुझे याद था—

'उसकी बेटी ने उठा रक्खी है दुनिया सिर पर,
यह तो अच्छा हुआ अंगूर के बेटा न हुआ।'

शराब को 'अंगूर की बेटी' कहा जाता है—'दुख़्तरे रज़'—मैंने अंगूर से जवाहरलाल का संकेत कर बांगलादेश में भारत विजय का श्रेय उस महापुरुष को देना चाहा था कि जब उसकी बेटी में इतनी शक्ति थी कि पाकिस्तान के 90 हजार सैनिकों को धूल चटवाकर बे-शर्त आत्मसमर्पण करने को बाध्य कर दे तो अगर उसका बेटा होता तो न जाने क्या करता! इन्दिराजी हँस पड़ी थीं। उनके किसी काम से पण्डितजी को गौरव मिले, तो उनको सदा आत्मिक तुष्टि होती है।

इस अवसर को एक विशिष्ट स्थान देकर मैंने अपनी स्मृति में सँजो लिया था कि जब मैं नया-नया राज्यसभा में आया था, उसके कुछ ही समय पूर्व इन्दिराजी नयी-नयी प्रधानमन्त्री बनकर आयी थीं और उन्हें आमतौर से नौसिखुई और किन्हीं मानों में नारी-दौर्बल्य से पीड़ित प्रधानमन्त्री समझा जाता था। और छह वर्षों बाद जब मैं राज्यसभा से विदा होने को हूँ, तब उनको कितनी सशक्त, कितनी अनुभवसिद्ध और अपने पद पर कितनी साधिकार प्रतिष्ठित देख रहा हूँ। इन छह वर्षों से मैं भी लेखक रूप में जहाँ था क्या वहाँ से कुछ ऊपर उठा हूँ?

अधिक सम्वेदनशील और भाव-प्रणव लोगों में उनकी मानसिक चिन्ता अक्सर उनके शारीरिक रोग में परिवर्तित हो जाती है। हमारा तो सारा परिवार ही भावुक लोगों का है। मैं समझता हूँ कि इस भावुकता का सबसे बड़ा शिकार मैं हूँ। मनोवैज्ञानिक दृष्टि से मैं नारीत्व-प्रधान पुरुष हूँ, फिर कवि, शायद कवि इसी कारण। बरसों से मैं अल्सर से पीड़ित हूँ और डाक्टरों ने मुझसे कहा है कि इसका कारण मानसिक तनाव है, जिसमें जग-जीवन की या वैयक्तिक छोटी-से-छोटी अननुकूल घटनाएँ मुझे डाल देती हैं। तेजी कम भावुक नहीं हैं, पर उनमें अपने पर तार्किक अनुशासन रखने की एक अद्भुत क्षमता है। पहले भी मैं कह चुका हूँ कि एक तो वे पुरुषत्व-प्रधान नारी हैं, फिर स्वयं मनोविज्ञान की विद्यार्थी रह चुकी हैं, इसलिए वे हर स्थिति में अपना विश्लेषण कर लेती हैं और इस प्रक्रिया से उन्हें अपने को सँभालने में बड़ी सहायता मिलती है। अपना यह गुण उन्होंने अपने पुत्रों

को भी दिया है। अति भावुक है, कलाकार है, भावनाओं में बह जाता है, पर वह जल्दी चेतता भी है और जब वह व्यावहारिक होना चाहता है, तो अपनी इतनी प्रबल इच्छा शक्ति जगा लेता है कि पर्वत की तरह अटल-अडिग होकर खड़ा हो जाये, 'आइ मीन बिज़नेस'। अजित लड़कपन में बहुत भावुक था, पर धीरे-धीरे उसने भावुकों के परिवार में अपने दायित्व को समझा और उसी के अनुरूप अपने को ढाला। इस दिशा में उसके उद्योगों ने भी उसे बहुत कुछ साधा। हमारे परिवार में दूर तक आगा-पीछा देखकर चलनेवाला जितना आज वह है, उतना दूसरा नहीं--हम उसको 'प्रैक्टिकल मैन आफ़ द फैमिली' कहते हैं। मुझे 'वाइज़ मैन आफ़ फैमिली' कहा जाता है, पर मैं जानता हूँ कि मैं अपने बाबा की कितनी बड़ी अनुकृति हूँ—भोलेनाथ के भोलेनाथ। तीव्रतम और सुकुमारतम भावनाओं के बीच अपना सन्तुलन बनाये रहने में अजित जितना दक्ष है, उतना शायद ही मैंने किसी को देखा-पाया हो। अमित की पिछली भीषण दुर्घटना-घटित बीमारी में जबकि सारे परिवार के प्राण पत्ते पर धरे हुए थे, वह भाई के उपचार के छोटे-से-छोटे से लेकर बड़े-से-बड़े पक्ष पर अपनी नज़र रखता था। अमित की उस जीवन-मरण-संघर्षी बीमारी में उसके मृत्युंजयी बनकर निकल आने का श्रेय जितना डाक्टर-नर्सों को दिया जाता है, उतना ही मैं अमित के इच्छाबल को दूँगा और उतना ही अजित के सम्बद्ध-प्रबन्धतन्त्र को, जिसके प्रति वह हफ्तों क्षण-क्षण, कण-कण जागरूक रहा। मजाल है कि किसी समय, किसी जगह, किसी बात में, किसी की लापरवाही हो जाये।

पिछले छह वर्षों में लेखन सम्बन्धी मानसिक श्रम के अतिरिक्त जो शारीरिक श्रम मुझे करना पड़ा था, जो दस-दस बारह-बारह घण्टे कुर्सी से चिपककर बैठना पड़ा था, उसके फलस्वरूप मुझे किसी शारीरिक रोग से ग्रस्त होना ही था। फिर राज्यसभा की सदस्यता समाप्त होने पर भविष्य जीवन की चिन्ता मेरे लिए कोई छोटी चिन्ता न थी। जबसे मुझे इसकी सूचना दी गयी थी, तब से सोते-जागते, कोई भी काम करते, मेर दिमाग के एक कोने में एक खुट-खुट होती रहती थी—मार्च '72 के बाद क्या करोगे? कहाँ जाओगे? क्या करोगे....

मुझे एक अजीब-सी तकलीफ होने लगी—जब मैं लेटता या खड़ा रहता तो मैं सामान्य रहता पर ज्यों ही बैठता त्यों ही मुझे पेट में शूल की-सी पीड़ा होने लगती। चलता-फिरता आदमी कहाँ तक खड़ा रहे, कहाँ तक लेटा रहे। जब पीड़ा सहन से बाहर होने लगी, तब मैंने डाक्टर को दिखाया—कई तरह के परीक्षणों से पता चला कि मेरी बड़ी आँतों के निचले भाग में एक फोड़ा बन रहा है और उसमें काफी मवाद इकट्ठा हो चुका है। ऑपरेशन की सलाह दी गयी। तेजी चिन्तित हुईं, पर घबराई नहीं। गम्भीर-से-गम्भीर स्थिति आने पर मैंने उन्हें किंकर्तव्यविमूढ़ नहीं पाया। वे फौरन सोचती हैं कि अब क्या किया जाना चाहिए और वे सक्रिय हो जाती हैं। ऑपरेशन की तारीख निश्चित हो गयी। तेजी ने फोन के द्वारा अमित से सम्पर्क किया, उन्हें मेरा सब हाल-चाल बताया और उन्हें दिल्ली बुला लिया। ऑपरेशन

की तैयारी के लिए मुझे दो दिन पहले विलिंगडन नर्सिंग होम में भरती करा दिया गया।

ऑपरेशन गम्भीर था, पर जैसा कि अप्रत्याशित था, आपरेशन सफल हुआ। ऑपरेशन तो बेहोशी में हुआ था, पर दूसरे दिन की ड्रेसिंग में बस प्राण ही नहीं निकले, और सब दुर्गति हो गयी थी। मलद्वार से एक इंच हटकर 9 इंच लम्बा और काफी गहरा ऑपरेशन हुआ था। अमिताभ ने मेरे लिए दो प्राइवेट नर्सों का इन्तजाम करा दिया था—एक दिन को मेरे पास रहती, दूसरी रात को। एक महीने मैं बिस्तर से नीचे नहीं उतरा। नर्सें केरल की थीं, वयस्क, अनुभवी, बड़ी ममतालू, बड़ी ही सेवा-परायण। वे मेरा सभी तरह का काम करतीं। मुझे बड़ी शर्म आती। वह मुझसे कहतीं, तुम अपने को बच्चा समझो, हम तुम्हारी माँ की तरह हैं। मैंने तीन माएँ जानी थीं—अपनी अम्मा, चमाइन अम्मा जिसका दूध मैंने पिया था, और चम्पा, जो मुझे अपना मातृत्व रूप दिखा मुझसे सदा के लिए विदा हो गयी थी। अब मुझे चौथी-पाँचवीं माएँ मिलीं। लोग नर्सों को सिस्टर कहते हैं, मैं उनको 'मामा' कहता। मैं एक तरह से बच्चा-सा ही हो गया था—दिल मेरा कच्चा-कच्चा-सा। उनको अपनी तरह-तरह की सेवाएँ करते देखता, छोटी-छोटी बातों का ख़्याल रखते तो मेरा दिल भर आता। मेरे आँसू बहने लगते। वास्तव में आपरेशन के कारण जो मुझमे जिस्मानी कमजोरी आ गयी थी, वह मुझे मानसिक रूप से भी दुर्बल-कातर कर गयी थी। अपने से न मैं कुछ चाहता, न माँगता। कुछ चाहने पर बच्चा रोता तो है, मैं चुपचाप पड़ा रहता। जो कुछ कहा जाता कर देता, करने को बच्चे-सा तैयार हो जाता। कोई मुझे देखने आता, तो मेरी आँखें गीली हो जातीं, जैसे मेरे ऊपर इतना एहसान कर रहा है, जिसका मैं अधिकारी नहीं हूँ, और जिसका बदला किसी तरह न चुका सकूँगा—

आज हूँ ऐसा कि कर लो तुम सहज एहसान मुझ पर।
आज पथ में साथ जो होगा
सगा भाई लगेगा,
हाल भर जो पूछ लेगा
स्वर्ग सुखदायी बनेगा,
जो चुभा उसको कहूँगा,
पद पकड़कर है बिठाता,
आज हूँ ऐसा कि कर लो तुम सहज एहसान मुझ पर।

अब नहीं सँग मे प्रणय के
चाहिए बलिदान मुझको,
आज तो अभिभूत करने
को बहुत मुसकान मुझको,
आज करुणा के दृगों से
देखता कोई मुझे तो,

मैं समझता हूँ कि नजरें डालता भगवान मुझ पर।

मुझको इतना भाव-विगलित होते देखकर मेरी नर्सों ने मेरे कमरे के दरवाजे पर 'नो विजिटर्स' की तख्ती लगा दी थी। सुबह अमित सबसे पहले मुझसे मिलने आ जाते। मैं उनसे कहता मेरे सिरहाने बैठ जाओ और मुझे धीरे-धीरे मेरी आत्मकथा या मधुशाला-मधुबाला सुनाओ। और सुनते-सुनते मैं अतीत की कितनी स्मृतियों में खो जाता। मेरे ही शब्दों से मेरे लिए कितने ही नये अर्थ खुलते। कभी मैं किसी पंक्ति पर अमित को चुप करा देता और नये अर्थों में डूबता-उतराता रहता। आज भी मुझे याद है मैंने 'मधुशाला' की एक पंक्ति सुनी–

'मैं शिव की प्रतिमा बन बैठूँ,
मन्दिर हो या मधुशाला।'

और बड़ी देर तक यही सोचता रहा, अगर मैं अपनी इस एक पंक्ति को ही जी लूँ तो मेरा जीवन सार्थक हो जाये। शिव की, शिवत्व की प्रतिमा बनकर बैठना कितनी कठिन साधना, कितना तप माँगता है–क्या मैंने किया? क्या मैं कर सकूँगा? कविता अपना विशिष्ट रहस्य, विशिष्ट व्यक्तियों पर विशिष्ट क्षणों में उद्घाटित करती है। कभी तो वह जिये हुए को फिर से, अधिक सघनता से जीने में सुखद सहायक होती है और कभी आकर्षक अनजिये को जीने के लिए अप्रतिरोध्य प्रेरक बनती है। कविता को भोगना हर एक के बूते की बात नहीं। साथ ही मुझे यह भी जोड़ देना चाहिए, हरएक कविता भोग्या होती भी नहीं। जो होती है वह कभी-न-कभी, कहीं-न-कहीं अपना अधिकारी भोक्ता खोज लेती है–इसी को भवभूति ने दूसरे शब्दों में कहा था–'कालोह्म निरविधिर्विपुला च पृथ्वी'।

बम्बई में अमित की किसी फिल्म की शूटिंग चल रही थी, बड़ी मुश्किल से एक सप्ताह की छुट्टी लेकर आये थे। फिल्म शूटिंग से छुट्टी लेना आसान नहीं होता, कितने कितने लोगों के सहयोग से एक-एक दृश्य की शूटिंग होती है और एक आदमी के भी हट जाने से सबको अपना कार्यक्रम बदलना पड़ता है। वे जाने लगे, तो मैंने अपनी चिन्ता उनके सामने रखी–मार्च के अन्त में मेरी राज्यसभा सदस्यता समाप्त होगी, हमें बंगला छोड़ना पड़ेगा। हमारे सामने समस्या होगी हम कहाँ जाये–अमित ने फौरन कहा, 'आप दोनों बम्बई आ जाएँ, हमारे पास दो कमरे हैं, मकान मालिक से कहकर मैं उन्हीं के ऊपर दो कमरे और तीन महीने के अन्दर बनवाए देता हूँ, आप बिल्कुल निश्चिन्त रहें, बस बम्बई आ जायें। फिर हम सब साथ रहेंगे–मई में बन्टी भी योरोप से लौटेगा, हम कोशिश करेंगे कि उसकी पोस्टिंग भी बम्बई में हो जाये। कितना अच्छा होगा फिर हम सबका एक साथ रहना!'

अमित बम्बई लौट गये, पर हमारे सामने भविष्य के स्वप्न का एक मनोरम द्वीप छोड़कर, जिस पर पहुँचकर वर्तमान चिन्ता के सागर में डूबते-उतराते हम शरण ले सकें। अमित जब तक थे, तब तक आपरेशन के बाद की कमजोरी के बावजूद

मैं भीतर कहीं कुछ ताकत, कुछ आत्मविश्वास का अनुभव करता। वे चले गये तो जैसे वह सब अपने साथ समेट ले गये। तेजी सुबह-शाम अस्पताल आतीं, घण्टों मेरे पास बैठतीं, मेरा मन बहलाने को रोचक बातें करतीं या कोई मनोरंजक पुस्तक पढ़कर सुनातीं, न जाने क्यों उन दिनों मुझे अपनी आत्मकथा का पहला खण्ड 'क्या भूलूँ क्या याद करूँ' सुनने की बहुत इच्छा होती। उसको सुनते-सुनते मैं अपने लड़कपन के दिनों की स्मृतियों में खो जाता। रात को मुझे कर्कल के स्वप्न आते—अपनी किशोरावस्था में, और मैं भी उसी अवस्था का होकर उसके साथ न जाने कैसी अद्‌भुत और भयावनी जगहों में घूमता या उड़ता! जागता तो लगता मेरी मृत्यु समीप है। विद्यापति की पंक्तियाँ दिमाग में गूँजतीं—

सपन देखल हम सिब सिंध भूप
बतिस बरिस पर सामर रूप।
बहुत देखल गुरुजन प्राचीन
अब भेलहूँ हम आयु विहीन।
विद्यापति क आयु अवसान.....

मैं सोचता, शिवसिंह विद्यापति के मित्र थे। उनकी मृत्यु के 32 वर्ष बाद विद्यापति ने उनको स्वप्न में देखा, और कहते हैं, तभी उनको आभास हुआ कि उनकी आयु का अवसान हो गया है और उनकी मृत्यु निकट है। कर्कल बार-बार क्यों मेरे सपनों में आता है? क्या मुझे ले जाने को आता है? मैं डर के मारे काँपने लगता। संख्या-विद्या (न्यूमेरोलोजी) के विश्वासी बतलाते हैं कि 16 की संख्या बड़ी अशुभ-अमंगलकारी और भयावह होती है। शिवसिंह भूप अपनी मृत्यु के 16×2=32 वर्षों के बाद स्वप्न में आकर विद्यापति को ले गया था। कर्कल अपनी मृत्यु के 16×3=48 वर्ष बाद मुझे लेने आया है...ये लेने आया है, तो मैं क्यों डरूँ? कर्कल तो मरते समय बहुत कुछ करने का अरमान साथ लिये गया होगा...मैं तो सब कुछ जी भोग चुका, कर-धर चुका, ले-दे चुका। चोर किसी निर्धन के घर सेंध मारे, जहाँ से चुराने को कुछ न मिले, तो उसे कितनी निराशा होगी। निर्धन तो मैं नहीं था, पर अब तक तो मैं सारा धन लुटा चुका हूँ, मौत मुझसे क्या पायेगी—मौत में मुझे क्या खोना है। और ऐसा सोचते-सोचते मृत्यु का भय मेरे अन्दर से बिल्कुल निकल जाता।

तब किसी दिन लेटे-लेटे मैंने कागज-पेंसिल माँगी और एक कविता लिखी—

अब समाप्त हो चुका मेरा काम।
करना है बस आराम ही आराम।—
　　　　आ राम ही आ राम !—
अब न खुरपी न हँसिया,
न पुरवट न लढ़िया,
　　　　न रतरखाव, न हर, न हेंगा।
मेरी मिट्टी में जो कुछ निहित था

उसे मैंने जोत-बो,
अश्रु-स्वेद रक्त से सींच, निकाला,
काटा,
खलिहान का खलिहान पाटा,
अब मौत क्या ले जायेगी मेरी मिट्टी से ठेंगा!

यह कविता मैंने बाद को 'जाल समेटा' में सम्मिलित कर दी।

मैं पूरे एक महीने अस्पताल में पड़ा रहा, मेरा घाव नहीं भरा, पर मेरा मन अस्पताल से भर गया था। मैं घर चला आया और घर पर ही पूरे एक महीने तक एक प्राइवेट नर्स के द्वारा मेरी ड्रेसिंग कराई जाती रही। मैं प्रायः बिस्तर पर ही लेटा रहता, बैठने में मुझे तकलीफ होती, बैठता तो हवा भरा रबर का एक गोल तकिया बैठकी के नीचे रखकर। फरवरी के अन्त में एक सप्ताहान्त के लिए अमित मुझे देखने को दिल्ली आये। जाने लगे, तो बोले, मेरे साथ बम्बई चलिये; वायु-परिवर्तन से आपको लाभ होगा, कहते हैं ऑपरेशन के बाद समुद्र स्नान से स्वास्थ्य जल्दी सुधरता है, तेजी ने भी यही राय दी। मैं बच्चे-सा उनके साथ जाने को तैयार हो गया।

पिछले अक्टूबर में अमित के जन्मदिन पर जब तेजी के साथ मैं बम्बई गया था, उनका घर देखकर आया था। घर, नया ही बना, किसी गुजराती सज्जन का था, जिसे उन्होंने अमिताभ को किराये पर उठा दिया था। घर का नाम 'मंगल' था, जो मुझे अच्छा लगा था। डाक पता था-20, प्रेसीडेन्सी सोसायटी, उत्तर-दक्षिण रास्ता सातवाँ, जूहू-पारले स्कीम, बम्बई-56। अमित तब नये ही नये उस मकान में आये थे। बम्बई में स्वतन्त्र रूप से उनका यह पहला मकान था। अभी तक वे औरों के साथ रहे थे—पहले मंगलाबाई, शंकराबाई खेतान के साथ और बाद को प्रख्यात हास्य अभिनेता महमूद के छोटे भाई अनवर अली के साथ। दोनों ने अपनी-अपनी पहली फिल्म 'सात हिन्दुस्तानी' में एक-एक हिन्दुस्तानी की भूमिका निभाई थी, और तभी से उनकी दोस्ती हो गयी थी।

'मंगल' छोटा ही मकान था—लगे बाथरूम के साथ दो कमरे, किचेन-कम-डाइनिंग रूम और ड्राइंग-रूम था; आगे एक छोटा लान, पीछे कुछ बड़ा, जिससे लगा एक मोटर गराज और बाथरूम। अक्टूबर में जब हम लोग गये थे, अमित अपना मकान फ़रनिश करा रहे थे। मार्च में जब मैं गया, घर सुरुचिपूर्ण ढंग से फ़रनिश्ड था। एक कमरे में अमित रहते थे, एक खाली था, वही मुझे दे दिया गया। मेरे कमरे में बेड के अलावा एक कोने में एक छोटी मेज़ कुर्सी भी लगी हुई थी। मेरे कमरे की खिड़कियाँ पीछे के लान की तरफ खुलती थीं, जिसकी तार-खिंची बाउंड्री के पार मि. वालिया का लान और उसमें उनका घरेलू छोटा-सा कृष्ण मन्दिर था, जिसकी सुबह-शाम की आरती की शंख-घंटियों की ध्वनि और जिसमें जली अगरबत्तियों की सुगन्ध मेरे कमरे तक आती थी और यह सारा वातावरण मुझे बहुत सुखद और शान्तिप्रद लगता था।

जैसा कि अमिताभ कह गये थे, उन्होंने जनवरी में बम्बई लौटते ही मकान मालिक को बुलवाकर ऊपर दो कमरे और बनवा देने को कह दिया था और जब मार्च में मैं गया तो उन पर काम लगा हुआ था। मैं आश्वस्त हुआ, अमिताभ ने केवल भावुकतावश हमें बम्बई आने के लिए नहीं कह दिया, वे इस विषय में गम्भीर हैं, तभी तो हमारे बम्बई आने को निश्चित जान उन्होंने जल्दी-जल्दी कमरे बनवाने शुरू करा दिये हैं। मैं अपने कमरे में बैठे-बैठे सोचा करता। नये कमरे बन जाने पर भी मैं, तेजी नीचे के कमरों में ही रहेंगे। नीचे रहने से घर के प्रबन्ध को देखना तेजी के लिए सुविधाजनक होगा। मुझे भी अपनी कमजोर हालत में बार-बार सीढ़ी चढ़ना-उतरना कष्टकर होगा। अमित-अजित से कह दूँगा ऊपर के कमरों में रहें। ऊपर दोनों भाइयों का संग-साथ अच्छा रहेगा, नीचे हम दोनों का। कमरे बहुत बड़े नहीं थे। दिल्ली के सामान को सोचता तो घबराहट होती, कैसे वहाँ का सारा सामान यहाँ आ-समा सकेगा। बहुत कुछ वहीं छोड़ देना, दे डालना या बेच देना पड़ेगा। जीवन को बहुत संक्षिप्त करने पर ही बम्बई में निबाह हो सकेगा। मेरे कमरे में दीवाल के साथ दो-तीन आदमकद आलमारियाँ तो लग सकती थीं, जिनमें अधिक-से-अधिक 500 पुस्तकें रखी जा सकती थीं। दिल्ली की स्टडी में तो 5000 पुस्तकें होंगी—बड़ी निर्ममता के साथ पुस्तकों की छँटनी करनी पड़ेगी। तेजी की भी तीस बरस की गिरिस्ती का जोड़ा-बटोरा सामान कम नहीं है। हम हिन्दुस्तानियों को जरूरी, गैरजरूरी, शौकिया, खरीदा, भेंट किया सामान इकट्ठा करने का मर्ज है और तिनका भी अलग करने में हमारी नानी मरती है। हमारी स्त्रियों को अपनी पुरानी चीजों से बहुत लगाव-लिपटाव होता है। पिताजी बताते थे कि उनकी माता जब ललितपुर से इलाहाबाद आने लगी थीं, तब घर बुहारने की झाड़ू भी बैलगाड़ी में रखा लायी थीं। मेरी माताश्री कम जोड़-बटोरू नहीं थीं। पिताजी के मरने के बाद जब वे मेरे साथ रहने के लिए यूनिवर्सिटी एरिया में आयीं, तब अपना कितना-कितना सामान साथ लायी थीं और कितना सामान तो उन्होंने मुट्ठीगंज वाले मकान के एक कमरे में बन्द कर दिया था, जो उनके जीवनकाल में तो खोला नहीं गया। मुझे कभी उसे खुलवाने की जरूरत नहीं पड़ी और पच्चीस बरस बाद जब राम ने वह मकान खरीदा तब ताला तुड़वाकर खुलवाया। बताया था, सारा सामान दीमक खा गये थे, सिर्फ कुछ लोहे-ताँबे की चीजों को छोड़कर। भय यह है कि मेरी दादी, माँजी की परम्परा मेरी पत्नी में भी उतर रही है। अगर वे दिल्ली का तमाम ताम-झाम लदा-फँदवा कर बम्बई उतर पड़ीं, तो यहाँ बड़ी मुसीबत खड़ी हो जायेगी। उधर उनकी दुविधा होगी :

> अंगड़-खंगड़ मोह सभी से
> क्या बाँधूँ, क्या छोड़ूँ रे।
> क्या लादूँ, क्या छोड़ूँ रे।
> कण-कण करके माया जोड़ी,
> कितनी भुक्खड़ चाह निगोड़ी।

सबके प्रति मन में कमज़ोरी,
किस से नाता तोड़ूँ रे।
अंगड़-खंगड़ मोह सभी से
क्या बाँधूँ, क्या छोड़ूँ रे,
क्या लादूँ, क्या छोड़ूँ रे।
(बंजारे की समस्या—'चार खेमे चौंसठ खूँटे')

यह समस्या किसी दिन खड़ी होगी, क्या इसको मेरे कवि-मन ने दस बरस पहले जान लिया था?

अमिताभ के पास एक ही नौकर था—मोहन सिंह गढ़वाली। वही उनका खाना बनाता, वही उनके घर का ऊपर का काम करता। खाना अच्छा बनाता था और सबसे बड़ा गुण उसका यह था कि अमिताभ के प्रति बड़ा ही निष्ठावान था और उनकी छोटी-से-छोटी जरूरत का ध्यान रखता था। अमित को आग्रहपूर्वक खिलाते-पिलाते—'साहब, आपने दूध नहीं पिया', 'साहब, आपने नाश्ता ठीक नहीं किया'—और हर समय उनकी सुविधा के प्रति सचेत रहते देखकर अभिनेता महमूद उसको मजाक में मिसेज अमिताभ कहा करते थे। मैं गया, तो मेरा भी वह मान-ध्यान रखने लगा।

बम्बई रहते हुए मैंने समुद्र से लौ लगाई। थल-बद्ध नगर में रहनेवाले के लिए आक्षितिज फैले नीले सागर का आकर्षण सहज ही समझा जा सकता है, फिर अमिताभ ने मेरे कान में डाल दिया था कि ऑपरेशन के बाद समुद्र स्नान स्वास्थ्य प्राप्त करने में सहायक सिद्ध होता है। मेरी कविता के प्रेमी जानते हैं कि 'मधुकलश' से लेकर, जिस में मेरी प्रसिद्ध कविता 'तीर पर कैसे रुकूँ मैं आज लहरों में निमन्त्रण' है, अन्तिम संग्रहों तक मेरी बहुत-सी कविताओं में सिन्धु का रूपक प्रयुक्त हुआ है—निश्चय ही काल्पनिक सिन्धु का ही। सृजन-संसार का यह बड़ा विचित्र और विरोधाभासी सत्य है कि कल्पना कभी-कभी वास्तविकता से अधिक विश्वसनीय होती है; अधिक स्थूल, सुस्थिर और सजीव लगती है। वास्तविक समुद्र से प्रेरित होकर जो कविता मैंने लिखी, शायद वह मेरी समुद्र सम्बन्धी कविताओं में बहुत सशक्त न समझी जाये। आप सुनना चाहेंगे? शीर्षक है उसका 'सागर तीरे'—

अनादि अतीत से
जो लहरें
उठ उमड़, हहर, घहर, गिर,
बूँद-बूँद में छहर
सागर में लीन विलीन हो गयी—सदा को—
उनका, उन सबका
नवीन लहरों को ज्ञान है,
फिर भी नई नई लहरें

फिर-फिर
उठतीं, उमड़तीं, हहरातीं, घहरातीं, गिरतीं
बूँद-बूँद में छहरती हैं।
सागर तट पर खड़े होकर देखो—
नई-नई लहरों में कितनी होड़ा-होड़ी है!
लहरों का यह उल्लास,
हास,
विलास,
सच पूछो तो लहरों की नहीं
सागर की कमज़ोरी है।

बाद को यह कविता मैंने 'जाल समेटा' में सम्मिलित कर दी। आपको कविता सुनाते समय मैं 'कमज़ोरी' शब्द पर रुककर सोचने लगा हूँ कि उस समय तो शायद अपनी शारीरिक दुर्बलता के प्रति सचेत मैंने 'कमज़ोरी' लिख दिया था, पर अगर मैं आज लिखता होता—गो आज भी मैं तन से काफी कमज़ोर हूँ, पर मन से नहीं—तो 'कमज़ोरी' की जगह 'शहजोरी' लिखता। क्या आप नहीं समझते कि 'शहजोरी' अधिक उपयुक्त होता?

उन दिनों मैं मुँह अँधेरे उठता और जुहू बीच की तरफ चल पड़ता, पाँच-सात मिनट का रास्ता होगा 'मंगल' से। साथ एक हल्की-सी फोल्डिंग चेयर हाथ में लटकाए जाता। वहाँ पहुँच कुर्सी खोल कपड़े उतार उस पर रख देता और समुद्र किनारे बालू में खूब लोटता—सारे शरीर में बालू लिस जाती। फिर समुद्र में हिल डुबकी लगाता, बालू सब धुल जाती, मैं फिर-फिर डुबकी लेता, कभी कमर या छाती तक पानी में खड़ा रहता, लहरें आतीं और ऊपर से निकल जातीं, गरमी के दिन थे, बहुत सुख मिलता। कुछ ठण्ड लगती या थक जाता, तो कुर्सी पर आकर बैठ जाता, समुद्र का हलचल देखता रहता, जी होता तो फिर एकाध बार नहाता। काफी देर सुबह की धूप में बैठता, पूरब से उठता सूरज पीठ पर पड़ता। हरे नारियल की रेड़ियाँ इधर-उधर घूमती रहतीं, किसी पर रुककर नारियल पानी पीता और घर लौट जाता। तब तक अमिताभ तैयार होकर नाश्ते पर बैठे मिलते। उनके साथ नाश्ता करता। वे तो काम पर चले जाते और मैं अखबार पढ़ता रहता। अमिताभ के पास कोई खास किताबें न थीं। मैं अपनी कोई किताब साथ न लाया था। अखबारों की एक-एक पंक्ति पढ़ता। बारह-एक बज जाते। समुद्र के नोनखारे पानी से नहाने से बदन चिपचिपा हो जाता है। एक बार फिर घर के नलके पर नहाता। अमिताभ लंच के लिए न आते, मोहन सिंह टिफिन-कैरियर में उनका खाना सुबह-ही-सुबह बनाकर साथ कर देता, थरमस में पानी। वे अपनी कार खुद ड्राइव कर चले जाते। मैं लंच लेकर अपने कमरे में सोने की कोशिश करता—सोता क्या, ज्यादातर लेटा ही रहता, ऊपर खटर-पटर, धमा-धम होती रहती। शाम को फिर मैं अपनी फोल्डिंग चेयर उठाता और समुद्र तट पर जा बैठता। उस समय समुद्र तट पर तरह-तरह की

वेशभूषा में घूमने-फिरने वालों की काफी चहल-पहल रहती। सामने क्षितिज पर सान्ध्य-सूर्य समुद्र में धीरे-धीरे डूबता होता और बत्ती जलते-जलते मैं घर लौट आता। तट पर किसी से जान-पहचान नहीं, चुपचाप बैठा बम्बइया लोगों की बम्बइया भाषा सुनता, बम्बइया रंग-ढंग देखता। अमित प्राय: देर रात को लौटते। मैं लम्बी शामों को क्या करूँ। रेडियो चला देता—ज्यादातर प्रोग्राम मराठी में होते, आधा-तीहा पल्ले पड़ता, पर सूनेपन से तो राहत मिलती। अमित आते, तो हम खाना खाते। अमित प्राय: थके आते, चेहरे पर तनाव लिये—फिल्मी क्षेत्र में ये उनके कठिन संघर्ष के दिन थे। रात को हमें कभी अपनी, कभी किन्हीं दूसरों की फिल्म दिखाने ले जाते। मेरे बेटों ने अपने सुख-दु:ख में—'सुख तो मुहावरे में जुड़ा है, दु:ख-संकट ही कहना चाहिए—मुझे कभी साझीदार नहीं बनाया, निश्चय मुझे अतिशय भावुक समझकर मानसिक तनावों से मुक्त रखने की दृष्टि से या किसी संकोचवश। माँ से जरूर वे सब कुछ कहते थे। मैं कभी पूछता तो अमित कहते सब कुछ ठीक है—खुश दिखने का प्रयत्न करते या दिखने का अभिनय करते—इतनी कला तो उन्हें आ ही चुकी होगी, पर मैं भी इतना अनाड़ी नहीं था कि अभिनय और सचाई में फर्क न देख सकूँ। सोचता तेजी यहाँ होती तो अमित उनसे सब कुछ कहकर अपना दिल हलका करता। मैं इतना ही कर सकता था कि अपनी किसी प्रकार की चिन्ता उनके मन पर न छाने दूँ। मुझसे भी जब वे पूछते मैं कहता, 'मुझे यहाँ कोई तकलीफ नहीं, मैं आराम से हूँ, स्वास्थ्य मेरा सुधर रहा है, माँ का अभाव जरूर खलता है, उन्हें भी जल्दी आ जाने को कहो।'

मैंने कहीं पढ़ा था कि अगर किसी को सहसा समुद्र आकर्षित करने लगे, तो समझना चाहिए कि उसकी मृत्यु निकट है या स्वयं उसके अन्दर से जिजीविषा घट रही है। ऑपरेशन के बाद की कमजोरी से उबरने में कभी सफल कभी असफल मुझे लगता ये दोनों बातें ठीक हो सकती हैं। रातों को मुझे कभी यौवन, कभी लड़कपन, कभी बचपन के दिनों के सपने आते। मुझे लगता मेरा जीवन लौट रहा है उसी न-होने की ओर, जहाँ से मैं होने के प्रति सजग-सचेत हुआ था। कभी मेरे सपनों में कर्कल आता और मुझे कहीं चलने का संकेत करता—कहीं? कहाँ?...

जब मैं तेजी से दूर कहीं चला जाता, उन्हें प्रतिदिन पत्र लिखता। बम्बई से मेरा यह नियम नहीं निभ रहा था। कारण, मेरे हाथों में, ऑपरेशन के पहले से ही एक तकलीफ हो गयी थी। मेरी उंगलियों का लचीलापन धीरे-धीरे जाता रहा था, कलम या पेंसिल पकड़ने में भी कष्ट होता, चलाना मुश्किल होता। अपनी जिद से, और वह मुझमें कम नहीं है, मैं कुछ लिख भी लेता तो बाद को बहुत दर्द होता। इसको 'राइटर्स क्रैम्प' कहते हैं, हाथ से लिखनेवालों को यह बहुधा होती है। इसका मैंने बहुत तरह का इलाज किया—बिजली की सेंक कराई, गरम-पिघली मोम में हाथ डाला, नारायण, महानारायण तेल की, मघीवाला लिनामेंट की मालिश करायी, पंजों की खास तरह की हरकतें भी कीं। कोई फायदा नहीं हुआ। अन्त में एक बड़ी साधारण-सी चीज से लाभ हुआ। किसी ने बताया, अखबार का एक पूरा पेज लो, उसे सहते-से गरम पानी में भिगो लो, फिर उसे मोड़-माड़कर गोल गेंद-सा बना

लो और हाथ में लेकर उसे दबाओ, घुमाओ, उसका पानी निचोड़ो, थोड़ी देर में वह बिल्कुल कागज की गेंद की तरह हो जायेगा। चाहो तो उसको फेंक दो और दूसरे दिन फिर उसे थोड़ी देर के लिए गरम पानी में डालकर गीला कर लो और फिर उसी तरह दबा-दबाकर उसका पानी निचोड़ो। छापे की स्याही से हाथ काला भी हो सकता है। साबुन से धो लो।

जिन कारणों से मैंने लेखन से संन्यास लेने की बात सोची थी, उनमें एक यह भी था। अमित मुझसे कहते, मैं आपके लिए एक स्टेनो रखा देता हूँ, आप बोलकर लिखाइए, या डिक्टाफ़ोन खरीद देता हूँ, आप उसमें बोल दीजिये, बाद को टाइपिस्ट उसे टाइप कर देगा और आप उसमें संशोधन कर दीजिये। इसके लिए मैं तैयार न हुआ। मैं जानता था, ऐसे तरीके से मैं लेखन में सफल न हो सकूँगा। बोलकर मैंने कभी नहीं लिखाया था, दफ्तर के पत्र वगैरह की बात और थी। सृजनशील लेखन में आप लगातार लिखते ही तो नहीं रहते, बीच-बीच में रुककर सोचते भी हैं। अजीब लगेगा, आप स्टेनो के सामने बैठे चुपचाप सोच रहे हैं और वह आपका मुँह ताक रहा है कि कब आप बोलें और कब वह लिखना शुरू करे। दूसरा सामने बैठा हो तो चिन्तन भी ठीक से नहीं हो पाता, कम-से-कम गम्भीर लेखन विषयक; उसके लिए तो एकान्त चाहिए। डिक्टाफोन पर भी अजीब लगेगा। कमरे में कोई नहीं है और आप पागल की तरह एक मशीन को कुछ सुनाते जा रहे हैं। सोचने के लिए रुके, तो टेप तो चलता जायेगा, कहाँ तक बार-बार उसे रोकें-चलाएँ। नहीं, मैंने कह दिया, इस तरह मेरा लेखन नहीं हो सकेगा। मैं तो जब कागज सामने हो, पेंसिल या कलम हाथ में हो, और कमरे में कोई न हो, तभी कुछ सोच सकता हूँ, तभी कुछ लिख सकता हूँ। बाद को कभी मैंने 'जोरबा-द-ग्रीक' उपन्यास के लेखक के प्राक्कथन में पढ़ा कि 'जब मैं कागज से पेंसिल या कलम लगाता हूँ, तभी मुझे कुछ सृजनशील लेखन की प्रेरणा मिलती है।' मेरा भी यही हाल है। मैं भी अपना पहला ड्राफ्ट पेंसिल से ही बनाता हूँ। मेरी टेबिल पर पेंसिल बनाने की एक छोटी-सी मशीन लगी है, उससे तीन-चार पेंसिलें जल्दी-जल्दी बनाकर रख लेता हूँ। लिखता मैं तेजी से हूँ, जब एक पेंसिल घिस गयी, दूसरी उठा लेता हूँ। विचार जब दिमाग में दौड़ रहे हों, मैं रुकना नहीं चाहता, पेंसिल बनाने के लिए भी। बाद को मैं अपना पहला ड्राफ्ट फिर पढ़ता हूँ, और उसमें यथोचित संशोधन करता हूँ, फिर उसकी साफ कापी बनाता हूँ, अब पेंसिल से नहीं कलम से, स्याही से और साफ, जो दूसरे पढ़ सकें। मेरा पहला ड्राफ्ट पढ़ना दूसरे के लिए मुश्किल होता है, कभी-कभी तो मेरे लिए भी। आदत से आदमी मजबूर होता है : इस प्रकार लिखने की मेरी जिन्दगी-भर की आदत है, वह अब बदली नहीं जा सकती। यह संस्मरण भी इसी तरह लिखा जा रहा है—कागजी गेंद-कसरत से मेरी उँगलियाँ अब ठीक हैं और अब मैं 10-12 पेज लगातार लिख सकता हूँ।

पत्रों का अभाव फोन से पूरा होता, मैं दूसरे-तीसरे तेजी को फोन करता, वहाँ का हाल-चाल बताता, यहाँ का हाल-चाल लेता, हर बार उनसे आग्रह करता, तुम भी जल्दी बम्बई चली आओ। वे कहतीं, "आऊँगी, आऊँगी, मैं यहाँ कुछ जरूरी

कामों से रुकी हूँ।' और मैं कल्पना ही करता रहता, जरूरी काम वहाँ क्या होगा। मैं फोनों से बहुत नाराज हूँ। फोन ने पत्र-लेखन कला को ही समाप्त कर दिया है। जगदीश राजन बहुत अच्छे खत लिखा करते थे, अब बस थोड़े-थोड़े दिन पर दो-एक मिनट को फोन कर लेते हैं—बात क्या होती है, 'कैसे हैं? ठीक हूँ', 'कैसे हो? अच्छा हूँ'—बस। अमित तो हिन्दी में और अंग्रेजी में भी बहुत अच्छे खत लिखते थे, मैं तो उनके पत्र को 'पीस ऑफ़ लिटरेचर', साहित्यिक लेखन का नमूना ही कहता था, अब वे भी पत्र नहीं लिखते, जब फुरसत मिली, दो मिनट का फोन कर लेते हैं। कुशल-मंगल का समाचार मिल जाता है, मेरा उनको, उनको मेरा। मैं अमित से कहता हूँ, जब भी समय मिला करे, पत्र लिखा करो, उससे लिखने का अभ्यास बना रहेगा; पत्र-लेखन अच्छे लेखन का अभ्यास भी है। एक जीवन्त माध्यम से आप रू-ब-रू होते हैं। अगर मैं कहूँ कि मैंने जो यत्किन्चित पठनीय गद्य लिखना सीखा है, वह पत्र लिख-लिखकर, तो वह अतिशयोक्ति न होगी।

घर न मैंने कभी चलाया था, न मुझे घर चलाना आता था। जब कभी विवशता से घर चलाना ही पड़ा था तो बेशऊरी का उदाहरण ही पेश किया था 'गँउवाँ के लोगा कहैं बड़ी फुहरी'। एक बार, याद है, पन्तजी के साथ रहकर उनका घर चलाने को मजबूर हुआ था और उनसे बेशऊरी का ही प्रमाण-पत्र पाया था—उन्हें काफी बड़ी आर्थिक हानि पहुँचाकर। 'हलाहल' के प्रथम संस्करण के 'कृति-परिचय' में इस फूहड़-काण्ड का पूरा ब्यौरा दिया है। मनोरंजक है, कभी पढ़ें।

अमिताभ का घर एक तरह से बेबी आपा चलाती थीं। बेबी आपा हास्य अभिनेता महमूद की तीन बहनों में सबसे छोटी थीं। जब अमिताभ महमूद के छोटे भाई अनवर अली, उर्फ अन्नू के साथ रहते थे, तभी बेबी आपा से उनका परिचय हो गया था। अनवर के मित्र के नाते बेबी आपा ने अमिताभ को अपना धरम का भाई बना लिया था। उनकी उमर पच्चीस के आस-पास होगी, बदन से भारी—स्थूलता का वरदन 'महाकाय' ने महमूद परिवार को खुलकर दिया है—गेहुँए रंग की, गोल मुँह की, बड़ी-बोलती आँखों की, और स्वभाव से खुशमिजाज, हालाँकि वे विधवा थीं, या उनके मियाँ ने उन्हें तलाक दे दिया था; उनके एक लड़का था, जो अमिताभ को मामू जान कहता था।

बेबी आपा दूसरे-तीसरे दिन आतीं और मोहन सिंह से घर की जरूरियात पूछ, जुहू या इरला बाज़ार से खरीदकर पैन्ट्री और फ्रिजिडेयर में रखा जातीं—आटा, दाल, चावल, घी, मिर्च-मसाला, मक्खन, डबलरोटी, अण्डे, सब्जी-फल आदि-आदि। इतवार-इतवार आकर वे धोबी को धोने के कपड़े देतीं, धुले कपड़े लेतीं और हिसाब रखतीं। अमिताभ इन सब कामों के लिए उनके पास कुछ रुपये जमा कर देते होंगे। नये घर में सब कुछ शुभ हो और किसी तरह का अशुभ उस पर न उतरे इस दृष्टि से, अपनी अकीदत के मुताबिक उन्होंने कुरान पाक की एक बड़ी प्रति एक रेशमी बस्ते में डाल अमिताभ के कमरे में रख दी थी जिसे अमिताभ ने अपने नित्यपाठ की पोथियों, रामायण और जनगीता के साथ रख ली थी। बेबी आपा जब आतीं, कुरान खोलकर कुछ पढ़तीं, कहतीं, हमारे यहाँ कहा जाता है कुरान को बन्द

नहीं रहना चाहिए, उसे वक्त-वक्त पर खोलकर उसकी तिलावत की जानी चाहिए। आयतों के अर्थ वे न बता सकतीं, कहतीं, बगैर अर्थ जाने भी हमारे मुल्ला-मौलवी कहते हैं कि कुरान शरीफ पढ़ने का पुन्न होता है। मुझे याद आता है रमण महर्षि ने भी यही बात वेद-मन्त्रों के विषय में कही थी—वेद-ध्वनि मात्र से वातावरण शुद्ध हो जाता है। विभिन्न धर्मों की बाहरी, ऊपरी और सतही बातों को नज़रअन्दाज कर दें, तो उनमें बड़ी आन्तरिक एकता पायी जायेगी। इसे समझने के लिए विवेक और अन्तर्दृष्टि चाहिए—विवेक, गैरजरूरी को पहचानने को और अन्तर्दृष्टि जरूरी को आत्मसात करने को, पर दुर्भाग्य है कि जनसाधारण में इन दोनों का अभाव होता है; वे ही धर्मों के अनावश्यक को महत्त्व देकर धार्मिक विरोध-वमनस्य-घृणा को बढ़ावा देते रहते हैं।

फिल्मों की दुनिया विचित्र है। वहाँ कितने तरह की अफवाहें उड़ती हैं, जिनका सिर न पैर; पर जो जितनी अविश्वसनीय होती हैं, उनका उतना ही विश्वास किया जाता है। उन्हें बड़े शौक से सुना जाता है और उससे भी ज्यादा शौक से उन्हें दूसरों से कहा जाता है। मुँह से कान और कान से फिर मुँह तक पहुँचती अपना रूप बदलती, क्या से क्या होकर वे कहाँ से कहाँ पहुँचती हैं, आप कोई अन्दाजा नहीं लगा सकते। और फिर सिने-पत्र-पत्रिकाओं का संसार उन्हें ले उड़ता है। उन्हें सनसनीखेज अफवाहों को छापने से मतलब, सच्चाई चाहे उनमें राई बराबर न हो। राई हो तो उसे पहाड़ कर देना उनके लिए बाएँ हाथ का खेल है। कोई पूछनेवाला नहीं कि जो खबर आप छाप रहे हैं, उसका स्रोत क्या है। बस लिख दिया, 'ऐसा कहा जाता है', या ऐसा 'सुनने में आया है।' और फिर एक बार अखबार से दूसरे अखबार और एक पत्रिका से दूसरी पत्रिका में वही बात कुछ अदल-बदल नमक-मिर्च लगा, कुछ गरममसाला मिला प्रकाशित होती रहती है। लगता है ऐसी पत्रिकाओं के पाठक इस प्रकार की बातों को पढ़ने में रस लेते होंगे, तभी तो उनकी कमज़ोरी का लाभ उठा उनके प्रकाशन अपने पत्रों की बिक्री बढ़ाते, अपने मनचले-भोले पाठकों के पैसों का शोषण करते और उनकी रुचि को विकृत से विकृततर करते रहते हैं। इस देश में फिल्मी पत्रिकाएँ जितनी निकलतीं, छपतीं, बिकती और पढ़ी जाती हैं, उतनी अन्य किसी प्रकार की पत्रिकाएँ नहीं, और सबसे बड़ा आश्चर्य तो यह है कि उनमें फिल्म-कला की दृष्टि से कोई तात्विक बात नहीं कही जाती।

यह सच है कि बम्बई में तीन बरस से रहते और लगभग आधे दर्जन फिल्मों में काम करते अमिताभ ने अपने समवयस्क मित्रों की एक छोटी-मोटी टोली अपने इर्द-गिर्द इकट्ठी कर ली थी जिसमें कुछ नववय लड़कियाँ भी थीं, जो कभी उनके घर आतीं या वे उनके घर जाते या उनके साथ कार में आते-जाते या किसी होटल-रेस्ट्रों में देखे जाते। बस, फिल्मी दुनिया में उनके बारे में कहानियाँ गढ़ने के प्लाट मिल जाते, चर्चाएँ चल पड़तीं और उनकी प्रतिध्वनियाँ फिल्मी अखबारों और पत्रिकाओं में गूँजने लगतीं। आज अमिताभ का प्रेम फलाँ लड़की से चल रहा है, तो कल वे फलाँ अभिनेत्री से इश्क फरमा रहे हैं, तो परसों वे फलाँ प्रेमिका के साथ फलाँ जगह देखे गये, वगैरह-वगैरह। शुरू-शुरू में फिल्मी माहौल से अपरिचित

ऐसी बातें सुन-पढ़कर मैं और अमिताभ दोनों बहुत उद्विग्न होते। बाद को पता चला फिल्मी हस्तियाँ ऐसी बातों से नाखुश नहीं होतीं, एक तरह से उनका स्वागत करती हैं; कुछ तो, ऐसा भी सुना, ऐसी खबरें खुद उड़वाते हैं, उनके लिए पैसे तक खर्च करते हैं कि उनकी चर्चा चलती रहे, किसी रूप में, 'बदनाम अगर होंगे तो क्या नाम न होगा', और फिल्मी दुनिया में नाम के लिए बड़ी होड़ा-होड़ी है। पत्रकारों को पार्टियाँ दी जाती हैं, शराब पिलाई जाती है या और तरह से उनकी खुशामद की जाती है। कुछ तो बाकायदा तनख्वाहें देकर अपने पी.ओ. (पब्लिसिटी आफिसर) रखते हैं, जिन्हें फिल्मी मुहावरों में एक्टरों का चमचा कहा जाता है। आप भुलाए न जायें, आपका नाम, आपका चित्र अखबारों में छपता रहे, अच्छे-बुरे किसी भी सन्दर्भ में।

अमिताभ कला-साहित्य के जिस सुरुचि-संस्कारी वातावरण में पला-बढ़ा था, उससे उसके लिए ऐसी ओछी बातों पर उतरना असम्भव था। उसे ऐसे सस्ते विज्ञापन-प्रचार और ऐसी अफवाही, सनसनीखेजी पत्र-पत्रिकाओं से शुरू से घृणा थी, अब भी है और इसके कारण वह सदा से उनके कालमों में निन्दा, लाँछन और दुर्वाद का विषय बना रहा है—पर वह अपनी कला, अपने चरित्र, अपने व्यवहार, अपनी ईमानदारी से इन सबका निराकरण निष्प्रयास करता रहा है।

तभी किसी पत्रिका ने यह देखकर कि बेबी आपा अमिताभ के घर, जिसमें वह अकेला रहता है, अक्सर आती-जाती है, यह खबर छाप दी कि अमिताभ का बेबी आपा से प्रेम हो गया है और वह जल्दी उससे शादी करने वाला है या गुप्त रूप से शादी कर ली है। अमिताभ यह पढ़कर बहुत क्षुब्ध, बहुत क्रुद्ध हुआ। बेबी आपा भी बहुत दुखी हुईं। अमिताभ को महमूद और अनवर के सामने जाते भी संकोच होता—क्या सोचेंगे, क्या कहेंगे वे लोग कि जिसे भाई बनाकर घर में रखा, उसने इस तरह की बदतमीजी, बदतहजीबी की, बदसूलीकगी दिखलाई। पर फिल्मी रिसालों के तौर-तरीकों से चिरकाल-परिचित उन लोगों ने कुछ नहीं कहा। अमिताभ ने ही किसी साक्षात्कार में ऐसी झूठी-बेबुनियाद, मनगढ़न्त खबरों को छापने के लिए फिल्मी पत्रिकाओं की बड़ी भर्त्सना की, पर नहीं याद कि किसी ने भी क्षमायाचना के रूप में एक पंक्ति भी छापी। उनका मकसद ही यह था कि ऐसी झूठी खबरें छापें कि वे अमिताभ को प्रत्युत्तर देने को उकसा सकें और इस प्रकार उन्हें फिर एक बार अमिताभ के नाम को अपने प्रचार-साधन का माध्यम बनाने का मौका मिले। अमिताभ को अखबारों की यह गहरी चाल समझने में कुछ समय लगा। फिर तो वह उनकी ओर बिल्कुल उपेक्षा का भाव रखने लगा—कहें जो उनका जी चाहे—शायद उनकी स्मृति में कहीं मेरी ये पंक्तियाँ गूँजी होंगी जो मैंने किसी समय अपने आलोचकों के लिए लिखी थीं—

करे कोई निन्दा दिन-रात, सुयश का पीटे कोई ढाल,
किये अपने कानों को बन्द रही बुलबुल डालों पर बोल,
सुरा पी, मद पी, कर मधुपान।

('मधुबाला' से)

अप्रैल के प्रथम सप्ताह में राज्यसभा सचिवालय से एक संक्षिप्त पत्र मिला—'आपकी राज्यसभा-सदस्यता की अवधि समाप्त होती है, पूरी और आखिरी अदायगी के रूप में आपके वेतन-भत्ते का चेक भेजा जा रहा है, कृपया अपना 'आइडेन्टिटी कार्ड' जितनी जल्दी हो सके, लौटा दें।' यह भी यज्ञ समाप्त हुआ।

अप्रैल के अन्त में 'मंगल' में ऊपर के दो कमरे बनकर तैयार हो गये और बेबी आपा ने अपनी सुरुचि से उन्हें फरनिश कराया। ऊपर के कमरों के साथ फायदा यह था कि उनके सामने खुली हुई काफी लम्बी-चौड़ी छत भी थी। मैंने तो पहले से निश्चय कर लिया था कि मैं नीचे के अपने पुराने कमरे में ही रहूँगा। अमिताभ को भी अपना सरो-सामान ऊपर के कमरे में ले जाना-लगाना बखेड़े का काम मालूम हुआ। उन्होंने भी यही तय किया कि वे अपने नीचे वाले कमरे में ही रहेंगे। ऐसा सोचा गया कि माँ आयेंगी, तो ऊपर के एक कमरे में वे रहेंगीं और दूसरे कमरे में अजिताभ, जब वे जर्मनी से अपना शिपिंग का प्रशिक्षण समाप्त कर लौटेंगे। उनकी ओर से ऐसी सूचना दी जा चुकी थी कि वे मई के दूसरे सप्ताह में बम्बई पहुँचेंगे।

तेजी को मैं जब भी फोन करता, मेरी एक ही रट रहती—जल्दी-से-जल्दी बम्बई चली आओ। अब तो मेरी राज्यसभा की सदस्यता भी समाप्त हो गयी थी और मुझे आशंका थी कि जल्दी ही मुझे 13, विलिंगडन क्रिसेंट का बंगला खाली कर देने की नोटिस मिल जायेगी। इधर ऊपर के कमरे भी तैयार हो गये थे कि जब वे आयेंगी, उन्हें रहने की किसी प्रकार की असुविधा न रहेगी, अजिताभ भी शीघ्र आने वाले थे, हम तीनों की देखरेख के लिए भी उनका बम्बई में आकर रहना जरूरी था। और अन्त में मैं यह सोचता था कि तेजी के आ जाने से बेबी आपा के सिर से अमिताभ का घर चलाने का भार उतर जायेगा, उनका यहाँ आना-जाना कम हो जायेगा, और फिर एक वयस्क स्त्री के घर में रहने से बेबी आपा या अन्य लड़कियों को लेकर जो अफवाहें आये दिन फैला करती हैं, वे समाप्त हो जायेंगी। दिल्ली का घर छोड़ने के सम्बन्ध में तेजी के लिए जो हिचक और जो कठिनाई थी, उसे भी मैं समझता था। हम उस घर में चौदह बरस रह चुके थे। इतने लम्बे अरसे में उस घर में इतना सामान इकट्ठा हो गया था कि न उसे वहाँ से निकाल देना आसान था और न उसे यहाँ साथ लाना। मैं बार-बार यहाँ जगह की तंगी के विषय में उन्हें आगाह करता रहा था—उनकी साँप-छछूँदर की गति वाली मन:स्थिति की कल्पना कर मैं खुद घबराता था। फिर भी मेरे मन में यह स्पष्ट था कि किसी तरह भी हो, दिल्ली का घर छोड़ना पड़ेगा। सरकारी मकान छोड़ने पर हम दिल्ली में कोई दूसरा मकान लेकर भी नहीं रह सकेंगे। अमिताभ की फिल्में अच्छी नहीं जा रही थीं और फिल्मी संसार में उनकी कीमत घट रही थी। बम्बई का घर चलाने का खर्च कम नहीं था। ऐसी हालत में बम्बई के घर के अलावा दिल्ली के घर के भी चलाने का भार अमिताभ के कन्धों पर डालना उनके प्रति अन्याय होता। तेजी शायद मुझसे अधिक यह बात समझती थीं, पर वे जल्दी हार नहीं मानतीं, दिल्ली का घर न छोड़ना पड़े, इसके लिए वे कुछ दूसरे उपाय भी सोचती थीं, जिसके लिए

अमिताभ को पाई भी न खरचनी पड़े। ऑपरेशन के बाद की कमज़ोरी अभी मेरी कम न हुई थी और ये सब चिन्ताएँ मुझे मानसिक रूप से भी कमज़ोर कर रही थीं। कुछ राहत मिलती, तो इस ख्याल से कि अजिताभ विदेश से लौटें, तो शायद कोई राह निकालें।

जैसा प्रत्याशित था, मई के दूसरे सप्ताह में अजिताभ हवाई जहाज़ से सान्ताक्रुज में उतरा; गया था वह मद्रास से पानी के जहाज से। मैं और अमिताभ लेने गये थे, उसे स्वस्थ-प्रसन्न देखकर हम बहुत आनन्दित हुए। हम लोगों के मिलन के उस क्षण की परिपूर्णता में एक ही कमी खली थी कि माँ वहाँ नहीं थी।

चार-छह दिन बाद अजिताभ की वर्षगाँठ पड़ने वाली थी—पच्चीसवीं वर्षगाँठ—रजतजयन्ती वर्षगाँठ। अजिताभ ने सबसे पहले, फिर अमिताभ ने, फिर मैंने माँ को फोन किया कि अजिताभ की यह महत्वपूर्ण वर्षगाँठ मनाने के लिए हम सबको साथ होना चाहिए, आप जरूर-जरूर आयें। तेजी तैयार हो गयीं। अजिताभ के लिए दिल्ली से सुन्दर-सुन्दर पुस्तकों-कार्डों का उपहार लेकर आयीं, अमिताभ के लिए भी, मेरे लिए भी। हमने अपने यहाँ ऐसी प्रथा डाली है कि किसी का जन्मदिन हो, घर का बड़ा परिवार के सब सदस्यों को कोई-न-कोई उपहार दे—तेजी ही देती हैं—मैं नहीं देता, मैं बधाई-शुभकामना-प्यार के रूप में दो-चार पंक्तियाँ लिखकर देता हूँ। मैं कहता हूँ मेरे पास सबसे मूल्यवान वस्तुएँ तो शब्द ही हैं। अजिताभ की रजतजयन्ती वर्षगाँठ पर जो कविता मैंने लिखकर दी थी, वह मुझे अब तक याद है सुनना चाहेंगे? यह तो शायद आप जानते हों कि हम अजिताभ को प्यार के नाम 'बन्टी' से पुकारते हैं—

रजत जयन्ती
पर लो, बन्टी
शुभ आशीष हमारी;
तुम-सा बेटा
पाकर तेजी—
मैं—दोनों बलिहारी।
स्वस्थ रहो,
सानन्द रहो तुम
लक्ष्मण-से ही प्यारे।
राम सरीखे
अपने भाई
के बन सदा सहारे!

हमने सदा अनुभव किया है कि अजिताभ के कन्धे बहुत मजबूत हैं और अमिताभ बड़ा होकर भी बहुत सुकुमार है और उसे कोई अपने निकट चाहिए, जिस पर वह 'लीन' कर सके, जिसका वह सहारा ले सके। तभी वह अपने अन्दर से सर्वश्रेष्ठ निकालकर दुनिया को दे सकता है।

अजिताभ भी विदेश से माँ के लिए, भाई के लिए, मेरे लिए छोटे-मोटे उपहार लाया था। मेरे लिए जर्मनी का एक फाउन्टेनपेन लाया था, जो मेरे पास अब भी है। कलमों का मैं बड़ा गुदिया हूँ 'गुदिया' (अवधी में शौकीन के लिए प्रयुक्त होता है) और कलमों की मुझे अच्छी परख भी है। हर कलम का अपना व्यक्तित्व होता है। किसी कलम से कविता अच्छी लिखी जा सकती है, किसी कलम से गद्य। कोई कलम कामकाजी पत्र लिखने के लिए अच्छा होता है, कोई प्रेमपत्र; कोई अंग्रेज़ी लिखने के लिए, कोई हिन्दी लिखने के लिए; कोई नीली स्याही के उपयुक्त, कोई काली के, कोई लाल सही के, कोई ज्यादा लिखने के लिए, कोई कम—पत्रों पर पता आदि, कोई सिर्फ हस्ताक्षर करने के लिए। कलमों को कागजों की भी पहचान होती है। कोई मोटे कागज पर अच्छा लिखता है, कोई पतले कागज पर, कोई चिकने कागज पर। मेरे पास ऐसी निबों के कलम हैं, जो मोटे-से-मोटा भी लिख सकें और पतले-से-पतला भी। एक कलम ऐसा है कि उससे मोटा-पतला दोनों लिख सकते हैं, निब पर लगी एक पत्ती को थोड़ा ऊपर-नीचे खिसकाकर। एक कलम तिपहले निब का है। इससे हिन्दी, उर्दू, अंग्रेजी तीनों खुशखत में लिख सकते हैं—इसे ज़रा-सा दाएँ-बाएँ झुका या सीधा करके। मेरे पास एक ऐसा कलम है, जिसमें छोटा-सा बल्ब लगा है, लिखते-लिखते बिजली चली जाये तो आप स्विच दबाइए, बल्ब जल उठेगा और उसके उजाले में आप लिखते जाइए। मेरी टेबल पर 10-12 तरह के कलम रहते हैं। मैं समय-समय पर कलमों की सफाई भी करता हूँ, उनकी डाक्टरी भी, यानी अगर उनमें कोई खराबी आ जाये तो उन्हें ठीक कर सकता हूँ। कोई अच्छा कलम देखकर उसे किसी-न-किसी तरह हथियाने की मेरे मन में ललक उठती है; मोल, माँगे से न मिल सके, तो चुराने में भी मैं संकोच न करूँगा। आपके पास अच्छा कलम हो और आप मुझसे मिलने आयें, तो ज़रा होशियार रहें; आप शायद ही अपना कलम वापस लेकर घर लौटें; डॉ. जीवनप्रकाश जोशी भुक्तभोगी हैं। जोशीजी मेरे जन्मदिन पर मुझे बधाई देने आये। मुझसे किसी किताब पर आटोग्राफ कराने को उन्होंने अपना कलम निकाला। दस्तखत करते ही मुझे लगा कि इनका कलम बहुत अच्छा लिखता है। मैंने उसकी तारीफ कर दी। शिष्टाचार औपचारिकता में उन्होंने कहा, 'आप की नज़्र है।' और मैंने उन्हें शुक्रिया कहकर कलम अपने जेब में रख लिया। तेजी और पास बैठे लोगों ने समझा मैंने मज़ाक किया। पर मैं गम्भीर था। जोशीजी जाने लगे, तो तेजी ने आग्रह किया, जोशीजी का कलम तो लौटाओ। मैंने कहा, 'वह जोशीजी ने मुझे भेंट कर दिया है, भेंट की हुई चीज लौटाना जोशीजी का अपमान होगा।' जोशीजी कलम गँवाकर अन्दर-अन्दर क्या सोच रहे होंगे, पर ऊपर से उन्होंने ऐसा ही दिखाया कि जैसे मेरे भेंट स्वीकार कर लेने से वे बड़े खुश हैं। बाद को मैंने शिफ़र का एक नया कलम उन्हें भेंट कर उनसे कलम-बदल दोस्ती पक्की की, जैसे पुराने जमाने में लोग पगड़ी बदलकर दोस्ती करते थे। अस्पृश्य-चुनाव सम्बन्धी पूना-समझौते के बाद डॉ. अम्बेडकर और राजाजी ने शायद पहली कलम-बदल दोस्ती की थी। मुझे कलम उड़ाने के कुछ और तरीके भी मालूम हैं। मेरे बेटे अब ज्यादा ही विदेश

जाते हैं। मुझसे पूछते हैं, आप के लिए क्या लाऊँ, मैं कहता हूँ कोई नये तरह का कलम निकला हो तो लाना—और वे लाते हैं। मेरे पास कलमों का अच्छा भण्डार है—और मैं उसे कंजूस के धन की तरह सेता हूँ।

तेजी बम्बई आयीं, तो दिल्ली से मेरे लिए एक नयी खिचड़ी पकाकर लायीं, पर मैं खाने को तैयार न हुआ। जब भी वे दिल्ली का घर छोड़ने की बात सोचती थीं, तो कोई जैसे अन्दर से कहता था कि यह उनके लिए हितकर न होगा। मेरा अनुमान है कि ढाई महीने जब वे अकेले दिल्ली में रहीं किसी समय इन्दिराजी से मिलकर अवश्य उन्होंने कहा होगा कि यदि वे करा सकें, तो मुझे राज्यसभा की सदस्यता के लिए दुबारा नामांकित करा दें, मैं कुछ अपनी साहित्यिक योजनाएँ पूरी कर लूँगा, बेटे हमारे व्यवस्थित होने के क्रम में हैं, छह वर्ष में हो ही जायेंगे, अभी हम उन पर अपना भी भार न डालना चाहेंगे। न करा सकने की स्थिति में तेजी ने यह भी उन्हें स्पष्ट करा दिया होगा कि दिनकरजी को हटाकर खाली कराई गयी केन्द्रीय समिति के सचिव की जगह भी मैं स्वीकार न कर सकूँगा, और उसका औचित्य भी सम्भवतः इन्दिराजी ने देख लिया होगा, गो व्यावहारिक नीति में, ऐसी भावुकता को प्रश्रय देना उनके बहुत मनोनुकूल न था। मैं मानूँगा और इसके लिए उनके प्रति मैं बहुत आभारी हूँ कि वे दिल से चाहती थीं कि मेरे योग्य सरकार में कोई ऐसा काम निकाला जा सके, जिससे मुझे दिल्ली से न हटना पड़े। उनके संकेत पर ही शायद शिक्षा मन्त्रालय से एक दूसरे पद के लिए मुझे टटोला गया। उन दिनों श्री नूरुल हसन शिक्षा मन्त्री थे। उन्हें एक हिन्दी सलाहकार की आवश्यकता थी। सलाहकार की औपचारिक वेतन मात्र 1 रुपया दिया जायेगा। पर उसे रहने को बँगला दिया जायेगा, कार एलाउंस दिया जायेगा, उसे एक स्टेनो, एक चपरासी दिया जायेगा, उसे प्रतिदिन मन्त्रालय आना जरूरी न होगा, वह अपना काम चलाऊ दफ्तर अपने बँगले के किसी कमरे में रख सकेगा, फोन उसके पास होगा, यदा-कदा मन्त्रालय के काम से बाहर जाने पर उसे यात्रा-खर्च और समुचित भत्ता मिलेगा। उसका काम होगा—निश्चय ही पूछे जाने पर—हिन्दी सम्बन्धी मामलों में (हिन्दी से नितान्त अनभिज्ञ) शिक्षा मन्त्री को सलाह देना। तेजी यही प्रस्ताव साथ लेकर बम्बई आयी थीं और चाहती थीं कि मैं इस पद को स्वीकार कर लूँ—काम अधिक नहीं होगा, जो होगा मेरे मन के अनुकूल होगा और फिलहाल दिल्ली से उखड़कर बम्बई में बसने की परेशानियों से हम बच जायेंगे। बेटे हमें कुछ भेजने की स्थिति में न भी हुए, तो रायल्टी से हम दो प्राणियों का गुज़ारा हो जायेगा। उनके मन में कहीं यह भी होगा कि बम्बई की नम आबोहवा उनके दमे के लिए प्रतिकूल सिद्ध होगी और उन्हें अन्ततोगत्वा दिल्ली लौटना पड़ेगा।

नारी बहुत दूर तक देखती है, पुरुष चार कदम के आगे नहीं देख पाता।

तेजी का प्रस्ताव मेरे सिर के ऊपर से निकल गया। ऑपरेशन के बाद की कमज़ोरी ने मेरे दिमाग को भी बहुत कमजोर कर दिया था। अपने कमज़ोर दिमाग से मैंने कुछ इस प्रकार सोचा—नूरुल हसन हिन्दी के हित में कुछ खास नहीं करेंगे,

और उनका हिन्दी सलाहकार होने के नाते हिन्दी संसार इसके लिए सारी तोहमत मेरे सिर मढ़ेगा। कहा तो यही जा रहा है कि कुछ ज्यादा काम नहीं होगा, पर मैं दस बरस सरकारी दफ्तर में काम कर चुका हूँ, मैं जानता हूँ कि खानापूरी के लिए बहुत-सा ऐसा काम करना पड़ता है जिसका महत्त्व कुछ नहीं होता, पर जिसके पीछे सिर-खपाई काफ़ी करनी पड़ती है। अपनी कमज़ोर हालत में ऐसी मर-मशक्कत मुझसे न होगी। मुझे इस समय कुछ आराम चाहिए। फिर मैं चाहूँगा कि बेटे जब बम्बई में हैं, तो उनकी देखरेख के लिए तेजी बम्बई रहें—खासकर जब अमित गन्दी अफवाहों के शिकार हो रहे हैं और अपने नये क्षेत्र में हारती-सी लड़ाई लड़ रहे हैं; और अजित विदेश से लौटने के बाद इस दुविधा में हैं कि फर्म की सीमित-वेतन की नौकरी करते जायें या अपना कोई स्वतन्त्र उद्योग शुरू करें। विदेश प्रशिक्षण काल को कार्यकाल ही समझा गया था, इसलिए उन्हें शा वैलेस से एक मास की छुट्टी दी गयी थी। इस बीच दोनों भाइयों की सलाह से यह निश्चय हुआ था कि अजित अपनी नौकरी छोड़ दें और स्वयं अपनी स्वतन्त्र शिपिंग कम्पनी आरम्भ करें। अजिताभ के सामने उन दिनों शिपिंग उद्योग सम्राट ओनासिस का उदाहरण था, जिसने इस उद्योग से अरबों कमाया था और हाल ही में जैकलीन (केनेडी की विधवा) से शादी की थी। पर अपनी शिपिंग कम्पनी आरम्भ करने के लिए पूँजी के नाम पर अजिताभ के पास भूँजी-भाँग न थी। तेजी का अगर बेटों के पास रहना जरूरी होगा, तो क्या मुझसे यह प्रत्याशा की जायेगी कि मैं किसी नौकर के भरोसे अकेले दिल्ली रहूँ। मुझसे यह नहीं निभेगा। फिर मैंने समुद्र से आशनाई कर ली थी, दिल्ली में यह आक्षितिज लहरों का उच्छल विलास देखने को कहाँ मिलेगा, और सबके ऊपर बहुत-बहुत दिनों के बाद ऐसा अवसर आया था कि मैं बेटों के पास रह सकूँ—उन्हें अपनी आँखों के सामने देखने का—भले ही वे अपने संघर्ष में लगे हों—एक अभूतपूर्व सन्तोष था, सुख था। मैं सोचता, अब कितने दिन मुझे और जीना-रहना है, जो थोड़े से बचे हुए दिन मेरे पास हैं, वे बेटों के सान्निध्य में बीतें। घर के एक कोने में पड़ा रहूँगा, जो कुछ नमक-रोटी मिलेगी खा लूँगा, उनके उतारे कपड़े पहन लूँगा—बेटों के उतारे कपड़े पहनना कोई छोटे सुख-सौभाग्य की बात नहीं है। मेरा खर्च भी क्या है, जीवन में मैंने कोई खर्चीली आदतें नहीं डालीं, न तेजी ने ही; तेजी की और अपनी निजी आवश्यकता के लिए मेरी किताबों की रायल्टी पर्याप्त होगी, और जब तक बेटों की आर्थिक आय सुनिश्चित नहीं होती, तब तक शायद मैं ही अपनी रायल्टी में से घर चलाने के लिए यत्किंचित सहयोग दे सकूँ, गो, मैं स्पष्ट कर दूँ कि जब तक भी मैं बम्बई रहा, कभी भी बेटों ने मेरे बैंक एकाउन्ट या मेरी रायल्टी से एक पाई की भी माँग मुझसे नहीं की—बल्कि पूछ-पूछकर मेरे जेबखर्च के लिए मुझे ही कुछ देते रहे—तेजी को भी घर चलाने के खर्च के ऊपर कुछ देते होंगे। हमें कभी उनसे कुछ माँगने की जरूरत नहीं पड़ी।

हम चारों की कई-कई, बड़ी-बड़ी देर की बैठकें-बहसें हुईं। अमित का काम जिस गिरावट पर था, अजित जिस असमंजस की हालत में थे और मैं जिस शारीरिक और मानसिक दुर्बलता में अपनी उम्र खींच रहा था, उसमें सबकी राय

यही हुई कि इस सँकरे वर्तमान और संदिग्ध भविष्य की स्थिति में हम सब साथ रहें। जब हम सब बम्बई में रहें, तब दिल्ली का घर रखने की क्या तुक। उस पर थोड़ा भी खर्च क्यों उठाया जाये। दिल्ली से अगर ज्यादा सामान लाना ही पड़े—कहाँ तक बरसों की जोड़ी गिरिस्ती फेंकेंगे—जो इस घर में न समा सके तो कोई गोदाम या गराज किराये पर लेकर वहाँ रखा जाये—शायद कभी हमारे दिन फिरें, शायद हम कभी बड़े मकान में रहने की स्थिति में पहुँच सकें, शायद हम किसी दिन बम्बई और दिल्ली दोनों जगह मकान रखने का खर्च उठा सकें।

उसी समय मेरे मित्र रामनिवास ढँढारिया बम्बई पधारे; अपने किसी उद्योगपति मित्र के साथ ठहरे। उनका भी काम-धन्धा उन दिनों मन्दा चल रहा था और वे काफी चिन्तित थे। इसी चिन्ता में कुछ उनका स्वास्थ्य भी खराब हो गया था। ऐसी हालत में शायद अपने उद्योगपति मित्र की सलाह पर उन्होंने गणेशपुरी के बाबा मुक्तानन्द की शरण में जाकर उनसे आशीर्वाद लेने की योजना बनाई। उद्योगपति मित्र की मान्यता थी कि उनके व्यापार में जो कुछ उन्नति-प्रगति हुई थी वह बाबा मुक्तानन्द की शुभकामना-आशीष से। उन्होंने अनुरोध किया कि मैं भी उनके साथ चलूँ—शायद बाबा की कृपा से मेरे परिवार का भी मंगल हो। ऐसा कोई विश्वास लेकर नहीं, पर कौतूहलवश मैं रामनिवास के साथ गणेशपुरी जाने को तैयार हो गया।

बाबा मुक्तानन्द के नाम-रूप से मैं अपरिचित न था। सबसे पहले शायद बम्बई के मेरे मित्र वीरेन्द्र कुमार जैन ने मुझे उनके बारे में लिखा था। बाबा कुछ वर्षों से दिल्ली का चक्कर लगाने लगे थे और लोदी रोड पर अपने किसी भक्त के यहाँ ठहरते थे। वीरेन्द्रजी ने उनकी बड़ी प्रशंसा की थी, वे अपने भक्तों पर शक्तिपात करते हैं और उनकी कुण्डलिनी जगा देते हैं, जिससे आप किसी क्षेत्र में काम करते हों, आपकी प्रतिभा जाग्रत और अद्‌भुत रूप से सक्रिय हो जाती है। अपने सृजनशील लेखन में स्वयं उन्हें ऐसी अनुभूति हुई थी। मैं एक बार लोदी एस्टेट में उनके दर्शनार्थ गया था। दस-बारह लोग उनके पास बैठे थे। भगवा वस्त्र में थे—शरीर मझोला, गहरे सांवले रंग का, चेहरे पर खसखसी खिचड़ी दाढ़ी, आँखों पर काला चश्मा, उम्र लगभग मेरी-सी। उनसे मेरी कोई खास बातचीत न हुई थी और उनसे मैं विशेष प्रभावित भी न हुआ था। पर क्रम-क्रम से हर बार उनके दिल्ली आने पर भीड़ उनके चारों ओर बढ़ने लगी, शामियाने लगने लगे, उनके प्रवचन-कीर्तन होने लगे, भण्डारे आयोजित किये जाने लगे, बाबा-लिखित पुस्तकें, आश्रम-पत्रिकाएँ, बाबा के छोटे-बड़े चित्र बाहर बिकने लगे।

दिनकर की कुछ मानसिक समस्याएँ-चिन्ताएँ थीं और वे साधु-सन्तों से उनके शमन-समाधान की प्रत्याशा किया करते थे। वे महर्षि रमण के पास भी गये थे, अरविन्द आश्रम की 'मदर' के भी दर्शन किये थे और गणेशपुरी में बाबा मुक्तानन्द के आश्रम में भी कुछ दिन रह आये थे। बाबा ने उन पर शक्तिपात तो न किया था, पर दिनकर आश्रम की कार्यप्रणाली से बहुत प्रभावित होकर लौटे थे। विशेष प्रभावित वे इस बात से हुए थे कि आश्रम में कुछ योरोपियन नवयुवक-

नवयुवतियाँ सब प्रकार की सेवाएँ नितान्त विनम्र भाव से किया करते थे। उन्होंने मुझसे भी कहा था कि कभी मैं गणेशपुरी आकर बाबा का चमत्कारी प्रभाव देख जाऊँ। रामनिवास का साथ पाकर मैं जाने को तैयार हो गया। कार से हम लोग गये थे और रात को आश्रम में पहुँचे थे। वहाँ बहुतेरी कारें खड़ी थीं। विचित्र है इन बाबाओं के दरबार में धनी-मानी लोग ही जुड़ते हैं—'जनु धनिकन कर जुरा समाजा।' उन दिनों बाबा का जन्मदिन निकट था और आश्रम में अखण्ड कीर्तन चल रहा था—'हरे रामा, हरे रामा, रामा रामा हरे हरे'—हरे कृष्णा, हरे कृष्णा, कृष्ण-कृष्ण हरे हरे'। आश्रम निवासियों की दस-दस बारह-बारह की टोलियाँ बनती थीं और वे चार-चार घण्टे पर ड्यूटी बदलकर कीर्तन को अखण्ड चौबीसों घण्टे चलाये रखती थीं। उन दिनों बाबा के एक पट्ट शिष्य प्रो. जैन आश्रम के सर्वेसर्वा थे। उन्होंने रात रहने के लिए हमें एक कमरा दिला दिया। आश्रम के नियम बहुत कड़े थे। सुबह तीन बजे जगाने का घण्टा घनघनाता था और चार बजे नहा-धोकर सब आश्रमवासियों को बड़े हाल में पहुँच जाना होता था, जहाँ तीन घण्टे प्रार्थना-कीर्तन-ध्यान आदि होते थे, मुक्तानन्द के गुरु-स्वर्गीय सद्‌गुरुनाथ महाराज स्वामी नित्यानन्द की बैठी काया-मापी मूर्ति के समक्ष। सात से आठ तक स्वामी मुक्तानन्दजी महाराज अपने विशेष कक्ष के बाहर निकलकर एक ऊँचे चबूतरे पर बैठते थे और आश्रमवासी लाइन लगाकर उनका दर्शन करते थे और नीचे फर्श पर बैठ जाते थे। उस समय किसी को कुछ पूछना होता था, तो पूछता था और स्वामीजी अपनी बम्बइया-अटपटी हिन्दी में उत्तर देते थे—कुछ शब्दों से, कुछ अपने अप्रासंगिक हास्य से। 8 बजे काफी और चुरमरे का नाश्ता सबको मिलता था और फिर आश्रम के नियमित कामकाज शुरू हो जाते थे—रामनिवास ने दर्शन-वेला में अपनी कुछ चिन्ताएँ उनके सामने रखी थीं, जिसका उत्तर उन्होंने दिया था 'साब ठीक हो जायेंगा।' मुझसे उन्होंने कहा था, 'तुम हमारा आश्रम में थोड़ा काल वास करो, तुम्हारा जीवन में कुछ अद्‌भुत होयँगा।' फिर उन्होंने कुछ साहित्यकारों के नाम गिनाए थे, जो आश्रम में ठहरे थे—वीरेन्द्र कुमार का, दिनकर का, यशपाल जैन का और कुछ औरों का, और सबको बहुत लाभ हुआ था। जैसे सन्तों को जवाब दिया जाता है, मैंने कहा था, कभी आपकी कृपा होगी, तो आऊँगा। आश्रम की शिस्त, सफ़ाई, समय की पाबन्दी आदि प्रभावकारी थीं।

बाद को बाबा के विदेशों के दौरे शुरू हुए, विशेषकर अमरीका के और विदेशी शिष्यों से बाबा को आश्रम के लिए अपार धनराशि प्राप्त हुई। विदेशों में और भारत में भी नगर-नगर में उनके आश्रम की शाखाएँ खुलीं। कुछ दिन हुए बाबा ने देहोत्सर्ग किया। आश्रमों की गद्‌दी का अधिकारी दो तैलंग भाई-बहन को बना गये हैं, वे स्वयं भी तैलंग थे। सुना है एक करोड़ की लागत से तो दिल्ली में ही मुक्तानन्द आश्रम खड़ा किया गया है, पूरे का पूरा वातानुकूलित और सब तरह के आधुनिक उपकरणों से सुसज्जित—'बहु दाम सवांरहिं धाम जती, तपसी धनवन्त दरिद्र गृही'—(तुलसीदास की शाब्दिक भितरमार का कोई जवाब नहीं; 'दाम' के अर्थ 'जाल' और 'फन्दा' भी होते हैं! 'तपसी धन' में 'तपसी सीध न' की ध्वनि

का भी मुलाहजा करें)। पता नहीं आश्रमवासियों की आध्यात्मिक उपलब्धियाँ क्या होती हैं और समाज को किस रूप में प्रभावित करती हैं। कुछ दिन पहले किसी पत्रिका में एक लेख छपा था कि गणेशपुरी का आश्रम संचालक कोई अमेरिकी है, जिसके विरुद्ध हत्या, तस्करी, जालसाजी के कई मकदमे चल रहे हैं। आश्रम ही ऐसे पतितों को पावन करने का काम न करेंगे, तो कौन करेगा—'मैं हरि पतित पावन सुने!'—'हरि मैं सब पतितन कौ टीकौ'—'मो सम कौन कुटिल खल कामी'—सूर-तुलसी की वाणी को ऐसे ही पतित, कुटिल, खल तो आज सार्थक कर रहे हैं! पर उस समय स्वामी मुक्तानन्द के इस आश्वासन पर कि कुछ समय आश्रम में रहने से मेरे जीवन में कुछ अद्‌भुत होगा, मेरे मन में उठा था कि क्यों न कुछ दिन यहाँ रहकर इसकी परीक्षा की जाये; बम्बई में रहते हुए यह मुश्किल तो न होना चाहिए; पर फिर कभी वहाँ जाने का मौका न आया।

जब पूरे परिवार की यह सलाह हो चुकी थी कि हमें सब सरो-सामान के साथ दिल्ली छोड़ बम्बई आ जाना है, तो मेरा एक बार दिल्ली जाना ज़रूरी था। मैं तो जल्दी-जल्दी में बम्बई चला आया था, महीनों से न मैंने अपने कागद-पत्रों को कायदे से रखा था, न अपनी किताबों को विषय क्रम से लगाया था। कितनी किताबें तो टेबिल पर ही पड़ी थीं, अब तो जरूरी-गैरजरूरी खानों में उन्हें अलगाना था, बहुतेरी तो निकालनी थीं, दे देनी थीं या बेच देनी थीं—किन-किन को, इसका निर्णय मुझे ही करना था। सामान में तीन-चौथाई बोझ तो किताबों का होना था और उनकी मुझे निर्ममता से छँटनी करनी थी। मैं एक बार किताबों का निबटान कर आऊँ, तब तेजी जायें और बाकी सामान लेकर बम्बई चली आयें।

मेरे दिल्ली जाने के प्रस्ताव का किसी ने विरोध नहीं किया। मेरे लिए खाना बनाने और घर की देख-रेख के लिए सुलेखा का परिवार वहाँ था ही। सुलेखा हमारी नौकरानी थी जिसके भरोसे तेजी दिल्ली का घर छोड़ बम्बई आ गयी थीं! वह अपनी से कुछ ज्यादा उम्र के जमादार पति और दो 15-16 की आयु की लड़कियों के साथ हमारे सर्वेंट क्वार्टर में रहती थी। सुलेखा बोलचाल, रहन सहन और पारस्परिक व्यवहार में इतनी शिष्ट, सलीकेदार थी कि तेजी का अनुमान था कि वह किसी भले सम्पन्न घर की स्त्री थी और '47 के विभाजन की गड़बड़ी में अपने परिवार से अलग हो, किसी मुसलमान के शिकंजे से छूट इस जमादार की शरण में आ गयी थी। उसकी दोनों लड़कियाँ भी कुछ पढ़ी-लिखी, सुरुचि सम्पन्न और घर-गिरिस्ती के काम को तरीके से करना जानती थीं। जब मैं बम्बई चला गया, तो यह सोचकर कि घर में अकेली स्त्री के साथ किसी मर्द नौकर का रहना ठीक नहीं, उन्होंने प्रेम सिंह को छुट्‌टी दे दी थी और खाना बनाने का काम भी सुलेखा या उसकी लड़कियों से करा लेती थीं, वे ही घर की झाड़-पोंछ, सफाई भी करती थीं। उनकी ईमानदारी पर किसी प्रकार का सन्देह नहीं किया जा सकता था।

मैं हवाई जहाज़ से जुलाई के प्रथम सप्ताह में दिल्ली पहुँचा। दिल्ली में मानसूनी वर्षा शुरू हो गयी थी, गरमी की ताप का बल टूट चुका था, पेड़-पौधे पहली वर्षा में ही नहा-धुल कर ताजे, कुछ अधिक हरे दिखाई देते थे, खुली-खाली

जमीन पर जगह-जगह घास उगने-उगने को थी। उस दिन भी बादल छाये थे और धीमे-धीमे बूँदा-बाँदी हो रही थी।

घर में किताबें हर जगह फैली थीं—मेरी स्टडी में, ड्राइंगरूम में, खाने के कमरे में, पीछे की ओर बाहरी बरामदे में, यहाँ तक कि बाथरूम में भी—तेजी की अपनी किताबें उनके कमरे में अलग थीं, अमिताभ-अजिताभ की किताबें उनके कमरों में अलग, जो वे कलकत्ता-मद्रास से लाकर यहाँ छोड़ गये थे। तेजी-अमित-अजित की किताबों को तो मुझे नहीं छूना था, अधिक-से-अधिक उन सबको बड़े-बड़े बक्सों में बन्द करा देना था। पर अपनी बहुत-सी किताबें मुझे निकालनी थीं।

मैं नहा-धोकर काम शुरू करता—किताबों को छाँटने का। करीब आधी किताबें तो मैंने भागवत झा आजाद को दे दीं। कभी पहले उनसे बात हुई थी, मुझे अपनी बहुत-सी पुस्तकें निकालनी हैं—उन्होंने कहा था, मुझे दे दीजिए, मैं अपने चुनाव-क्षेत्र के स्कूलों-पुस्तकालयों में दे दूँगा। दिन में कई बार उनकी मोटर आती और सुलेखा की लड़कियाँ छँटीं किताबें उठा-उठा मोटर की सीटों पर रखतीं।

मेरा सारा दिन घर में ही बीतता। कभी बाहर निकलता तो बाक्स, फाइलें आदि खरीदकर लाने के लिए—पुस्तकों, चिट्ठियों, कतरनों, जरूरी कागजों को अलगा-अलगा कर रखने को।

अपने कागद-पत्रों को—और लेखकों के पास वे कितने-कितने तरह के होते हैं—निरख-परखकर सुरक्षित रखने या नष्ट करने के अलावा जो मुख्य काम मुझे करना था, वह था, ऐसी पुस्तकों के चुनाव का, जिन्हें मैं रखना चाहूँगा, जिन्हें मैं पढ़ना या फिर-फिर पढ़ना चाहूँगा। रखने के लिए सीमित स्थान और पढ़ने के लिए सीमित समय—65 के बाद मैं कितना और जिऊँगा—आँखों में कितनी शक्ति रहेगी पढ़ने की—के ध्यान ने मुझे अपने परिवार की ओर अपनी संग्रही, संजोई, सुरक्षित पुस्तकों के साथ समुचित न्याय नहीं करने दिया। मेरे पास पाँच हज़ार से कम पुस्तकें न होंगी; बम्बई ले जाने के लिए मैंने केवल 500 पुस्तकें चुनीं।

अपने परबाबा के किताब के शौक के बारे में मैंने कभी नहीं सुना। उन्हें शौक था घोड़े और बाज़ पालने का। उनकी निशानी के रूप में परिवार में सँजोई चीजें थीं—लोहे के बाज़ के अड्डे, लगाम की मुखरियाँ (जबड़-जकड़) और ज़ीन की रकाबें। उन्हें मैंने अपने बचपन में देखा था; ये कब घर से निकल या निकाल दी गयीं मुझे पता नहीं।

अपने बाबा के खारुए के बस्ते के बारे में मैंने राधा से सुना था। खारुएँ का बस्ता तो कभी का सड़-गल गया होगा। अपने लड़कपन में मैंने अपने बाबा की हाथ-बने कागज की हस्तलिखित किताबें, कुछ बेजिन्दी, कुछ चमड़े की जिल्दबन्द—सबकी सब अरबी लिपि में—एक बड़े-से लकड़ी के बक्से में देखी थीं। हर साल दीवाली पर जब कोठरियों की पुताई होती, वह बक्सा निकालकर आँगन में रखा जाता, किताबें निकालकर झाड़-पोंछकर फिर उसमें रख दी जातीं। हर साल कुछ किताबें दीमक लगी मिलतीं। बहुत दीमक लगी किताबें फेंक दी जातीं। और इस तरह एक साल बाबा का वह बक्सा खाली हो गया। उन दिनों ऐसा विश्वास था कि

अगर साँप की केंचुल किताब के अन्दर रख दी जाये, तो दीमक उन्हें नहीं खाती। कई किताबों के अन्दर साँप की केंचुलें मिलतीं—पर उस घर की दीमक बड़ी चालाक हो गयी थीं—केंचुल वाले पन्ने को छोड़ वे किताबों को ऊपर-नीचे से खाती रहतीं। मेरे बाबा की कोई किताब अब मेरे पास नहीं है।

मेरी माताजी को पढ़ने में रुचि थी, पर घर-गिरिस्ती के कामों से उन्हें कहाँ फुरसत मिलती थी कि किताबें पढ़ें। घर में उनकी अपनी चार-पाँच किताबें थीं—रामायण, सूरसागर, सुखसागर, प्रेमसागर और राधेश्याम कथावाचक की रामायण के कुछ खण्ड—उनका अब कोई पता नहीं, शायद मेरी बहनें अपनी ससुराल ले गयीं। माँ को दूसरों से सुने गीत-भजनों को लिख लेने का शौक था। उनकी वह जिल्दबंधी कापी मेरे पास है—उनकी एकमात्र निशानी। मेरी बड़ी बहन आर्यकन्या पाठशाला की पढ़ी थी। उन्होंने कुछ आर्यसमाजी साहित्य घर में इकट्ठा किया था, पर पिताजी ने किसी तरकीब से उसे घर से निकाल दिया।

मेरे पिता को किताबें पढ़ने और इकट्ठा करने का शौक था। उनके दो ही शौक थे, पढ़ने का और घूमने का—घर पर हैं, तो कोई किताब पढ़ रहे हैं, घर पर नहीं हैं, तो छड़ी-छाता ले कहीं घूमने निकल गये हैं—बड़ी छुट्टियाँ हैं, तो तीर्थयात्रा पर; उनकी तीर्थ-यात्राएँ उत्तर प्रदेश के तीर्थों तक ही सीमित थीं—काशी, विन्ध्याचल, चित्रकूट, मथुरा, वृन्दावन, गढ़मुक्तेश्वर, हरिद्वार, नैमिषारण्य, अयोध्या आदि—बद्री-केदार की ओर वे नहीं बढ़े। हाँ, तो बातें हो रही थीं उनकी किताबों की। रामायण के वे बड़े प्रेमी थे। जिसके घर रामायण न होती उसके घर का पानी न पीते थे। रामायण के जितने भी संस्करण निकलते, छोटे-बड़े वे जरूर खरीद लाते। घर में सबके लिए अलग-अलग रामायण की प्रतियाँ थीं, दो-चार ऊपर। वेलवेडियर प्रेस, इलाहाबाद से निकलने वाली सन्तवानी पुस्तकमाला की सभी पुस्तकें उनके पास थीं। स्वामी रामतीर्थ के वे भक्त थे—उनका सारा साहित्य भी उनके पास था, जो उन दिनों अंग्रेजी और अरबी लिपि में निकलता था। उर्दू शायरों के अजिंदी दीवान भी कई उनके पास थे—नजीर अकबरबादी और मीर उनके प्रिय शायर थे। फ़ारसी शायरों के कई काव्यसंग्रह उनकी पुस्तकों में थे। फ़ारसी में उमर खैयाम की रुबाइयों का एक संग्रह उन्होंने शमशेर बहादुर सिंह को भेंट किया था। वे जानते थे, उनके बेटों ने फ़ारसी नहीं पढ़ी, इस कारण अपनी बड़ी उम्र में वे अपनी फारसी की किताबें, फ़ारसी जाननेवालों में बाँटने लगे थे। अंग्रेजी की उनके पास दो-तीन सौ किताबें होंगी। चालीस बरस उन्होंने पायोनियर प्रेस में काम किया था। 'पायोनियर' में आलोचना के लिए उस समय के देसी और विलायती अंग्रेजी प्रकाशन दो-दो प्रतियों में बराबर आते रहते। किपलिंग ऐसे लोग उसके सम्पादक रह चुके थे। ज्यादा किताबें इकट्ठी हो जाने पर प्रेस उन किताबों को निकालता होगा। पिता जी अपनी रुचि की किताबें मुफ्त या नाममात्र दाम देकर घर ले आते थे। गदर पर कुछ किताबें थीं, मुझे याद है, जिनमें सिपाहियों की लड़ाइयों की कुछ तस्वीरें अब भी मेरी आँखों में बसी हैं। राजा राममोहन राय के सम्पूर्ण-लेखन का एक संग्रह था। एक चिन्तामणि द्वारा सम्पादित सर फीरोजशाह मेहता के भाषणों

का—काफी मोटा—लाल कपड़े की जिल्द का। गोखले के भाषणों के एक संग्रह की भी याद है। सामयिक राष्ट्रीय आन्दोलन में पिताजी की रुचि होगी। गाँधीजी के पत्र 'यंग इण्डिया' और 'नवजीवन' की फाइलें तो वे जिल्द बाँधकर रखते थे। ओंकार प्रेस, इलाहाबाद से निकलने वाली चारु-चरितावली की भी कई किताबें उनके पास थीं, जिनमें से कुछ मैंने पढ़ी भी थीं।

पिताजी की मृत्यु के पश्चात् मेरे पास आने पर माँ ने बहुत-सी उनकी किताबें मुट्ठीगंज के कमरे की आलमारियों में रख दी होंगी। उनमें कीड़ों और दीमकों ने अपने वर्षों के भोजन की सामग्री पायी होगी। जब मैं इलाहाबाद से दिल्ली के लिए प्रस्थान करने लगा था, तब अपने पिता की पुस्तकों की एक पूरी आलमारी अपने भाँजे राम के पास छोड़ आया था। मुझे पता नहीं उन किताबों का हश्र क्या हुआ। हिन्दुस्तानी आबोहवा में दीमक, कीड़े, एक तरह की मछलियाँ किताबों में खूब लगती हैं। पहले लोग न जानते थे कि उनको कैसे नष्ट किया जाये। किताबों की कीटभुक्त होने की नियति को उन्होंने स्वीकार कर लिया था—मेरी ही एक पंक्ति है 'हमारी तुकबन्दी के हेतु बहुत होंगे लघु-लघु कृमिकीट' (हलाहल)। अब कुछ पाउडर वगैरह निकले हैं, जिनको समय-समय पर छिड़कने से इन कीड़ों से किताबों को बचाया जा सकता है। मेरे पास इस समय पिताजी की केवल चार पुस्तकें हैं—एक उनके नित्यपाठ का रामचरितमानस, जो हमारे परिवार में एक तरह की पूजा की वस्तु-सा माना जाता है—यह तेजीजी अपने हनुमान-मन्दिर में ही रखती हैं। दूसरी है 'मीराबाई की शब्दावली' (वेलवेडियर प्रेस प्रकाशन)। तीसरी है मैथिलीशरण गुप्त की 'भारतभारती' (तृतीयावृत्ति—सम्वत् 1973 यानी सन् 1916 की—जब मैं 9 वर्ष का रहा हूँगा—प्रथमावृति सन् 1912 में हुई थी, जिस वर्ष रवीन्द्रनाथ टैगोर को नोबेल पुरस्कार मिला था)। उसके एक पृष्ठ पर मेरी उस समय की राइटिंग में हिन्दी में एक पंक्ति लिखी है—

'भारत हमारा देश है हम कुछ-न-कुछ कर जायेंगे'
'भगवान! भारतवर्ष में गूँजे हमारी भारती' के वज़न पर।

मैंने जब कभी 'भारत-भारती' की यह प्रति अपने पुस्तकालय से उठाई है, मैंने अपने पिता की स्मृति को नमन किया है। 9-10 वर्ष के 'बच्चन' की लिखी यह पंक्ति पढ़ी है—

'भारत हमारा देश है हम कुछ-न-कुछ कर जायँगे'

और अपने से पूछा है कि 'बेटा, तूने जो वादा किया था, उसको कितना पूरा किया?' तो अपने जीवन भर के किये को 'कुछ-न-कुछ' की श्रेणी में भी रखते एक तरह के असन्तोष का अनुभव करता हूँ।

और कभी इस असन्तोष से अपने को मुक्त करने के लिए ऐसा भी अपने से कहा है कि वादा मैंने 'मैं' के नाम से नहीं किया था, 'हम' के नाम से किया था। और हमारी पीढ़ी ने ऐसा तो नहीं, कि कुछ नहीं किया। कुछ-न-कुछ तो किया है,

जिसे शायद इतिहास नगण्य न मानेगा। बहुत विनम्र भी न बनना चाहिए। प्रदर्शन लगता है। मुझे अपनी एक छोटी-सी कविता याद आ गयी है। उसी को देकर यह प्रसंग समाप्त करना चाहूँगा, 'कटती प्रतिमाओं की आवाज' की है—'पैमाना' शीर्षक से :

जिसने बहुत किया
उसने कहा, मैंने कुछ नहीं किया।
जिसने कम किया
उसने कहा, मैने बहुत किया।
जिसने कुछ नहीं किया
उसने कहा, मैंने सब कुछ किया।
काम ने अपना पैमाना छिपाया,
आदमी ने बता दिया।

शायद काम को आदमी के पैमाने से नापना काम की सच्ची माप करना है।

पिताजी की चौथी किताब—छोटी-सी—वेदान्त दर्शन पर है—'आनन्दामृतवर्षिणी' स्वामी आनन्दगिरि कृत (सम्वत् 1992, शाके 1857)। दर्शन भी पिताजी की रुचि का एक क्षेत्र था।

अपने परिवार में पुस्तकों की सबसे अधिक संख्या बढ़ाई मैंने। मेरे बाद तेजी ने; पढ़ने का शौक उन्हें भी बहुत है। लाहौर से जब मैं उन्हें लाया था, तो उनकी किताबों के बक्सों को देखकर मैंने कहा था—मेरे दहेज का सबसे बड़ा और सबसे मूल्यवान हिस्सा ये किताबें हैं।

अमिताभ और अजिताभ ने भी अपने रुचि-रस की किताबें ला-लाकर परिवार के पुस्तकालय का आकार बढ़ाया है।

अपने चारों ओर किताबों को देखकर यह निर्णय लेने में मुझे घबराहट होती थी कि किस आधार पर पुस्तकों को निकालूँ, किस आधार पर रखूँ।

कुछ किताबों को देखते ही कह सकता था, उन्हें मैं अब नहीं पढ़ूँगा। पहली छँटनी में अब ऐसी किताबें मैंने 'आजाद' के नाम कर दीं।

फिर कुछ किताबें मौलिक साहित्य की थीं, कुछ उन पर आलोचनात्मक। जीवन भर मौलिक साहित्य पढ़ने के बाद अब मैं उन पर राय क़ायम करने के लिए दूसरों की आलोचनाएँ नहीं देखूँगा। दूसरी छँटनी में सब आलोचनात्मक पुस्तकें निकाल दीं। मुझे याद है, आलमारी की आलमारी ऐसी किताबों की मैने कबाड़ी के हाथों बेच दीं—और निश्चय कौड़ी के मोल। 'ले दही' और 'ला दही' का अन्तर कबाड़ी पहचानता है। मैं किताबें निकालने की जल्दी में था—मूल्य का महत्त्व नहीं था। बेचने के अलावा, उस समय जो भी मिलने आया और जिसने यह संकेत दिया कि वह कुछ किताबों के भार से मुझे मुक्त करने में रुचि रखता है उसे मैंने चार-छह किताबें दे दीं—मुझे याद है हिन्दी अलोचनात्मक पुस्तकों की एक पूरी आलमारी मैंने मुनीश पाण्डे को दे दी थी—मुनीश किसी कालेज में अध्यापक थे,

कुछ उपयोग किया होगा उन्होंने मेरी पुस्तकों का। तीन-चार वर्ष हुए किसी कारण उन्होंने आत्महत्या कर ली। मैंने उन पर एक कविता लिखी थी। पता नहीं मेरी किताबें अब कहाँ हैं।

अन्त में कुछ किताबें रह गयीं, जिन्हें क्लासिक कहते हैं—वे मेरी जानी सभी भाषाओं की थीं—अंग्रेजी की, संस्कृत की, हिन्दी की, उर्दू की—प्राय: नागरी लिपि में।

कुछ किताबें उनसे सम्बद्ध विशिष्ट प्रसंगों के कारण रखनी पड़ीं।

रखनेवाली किताबों की संख्या भी, जैसा पहले कह चुका हूँ, लगभग 500 थी—उनमें 450 बक्सों में बन्द कर दीं—सिर्फ 50 किताबें साथ बम्बई ले जाने को अलग रख लीं।

सोचा, शायद इतनी किताबों को रखने के लिए 'मंगल' के अपने कमरे में जगह बनानी मुश्किल न होगी। इनमें से दस-बारह किताबें तो वही थीं जिनके बारे में कभी लिखा कि अगर दुर्भाग्यवश मेरे पुस्तकालय में आग लग जाये, तो इन्हीं को लेकर भागना चाहूँगा। इनके अलावा मैंने 'महाभारत', 'वाल्मीकि-रामायण', 'श्रीमद्भागवत गीता', 'ईशादि नौ उपनिषद्', 'हिन्दी नवरत्न' कवियों की ग्रन्थावलियाँ (चन्दबरदायी को छोड़), 'पद्मावत', 'मीरा-माधुरी', 'विद्यापति की पदावली', वार्ड सम्पादित 'इंगलिश पोयेट्स', क्रेक सम्पादित 'इंगलिश प्रोज', अंग्रेजी-हिन्दी-संस्कृत-उर्दू कोश, ब्लेकनी सम्पादित 'क्लासिकल डिक्शनरी', डाउसन सम्पादित 'हिन्दू क्लासिकल डिक्शनरी' चुनीं। अपनी किताबों में मैंने 'अभिनव सोपान' और 'क्या भूलूँ क्या याद करूँ' तथा 'नीड़ का निर्माण फिर' को लिया। पाण्डुलिपियों में से चार फाइलें रखीं—अप्रकाशित कविताओं की, अप्रकाशित वार्ता-निबन्धों की, 'किंग लियर' और 'एन्टोनी और क्लियोपाट्रा' के अपूर्ण अनुवादों की।

इस प्रकार अपने कागद-पत्रों और किताबों के सम्बन्ध में जो काम करने मैं आया था, वह पूरा हुआ; एक मास लगा।

होमर ने अपने महाकाव्य में कहीं लिखा है—जब जहाज़ बनाने के लिए जंगल में शाह बलूत के दरख्त गिराये गये, तो आसमान बड़ा हो गया!—अन्धे कवि की यह कितनी सुस्पष्ट और चित्रात्मक कल्पना है! उसके एक छोटे-से रूप का आभास मुझे अपने घर में भी हुआ। जब किताबें और कई आलमारियाँ हटा दी गयीं, तो कमरे बड़े हो गये। पहले कमरे में बोलने पर किताबें जैसे आवाज को जज्ब कर लेती थीं, अब कमरे आवाज़ें प्रतिध्वनित करने लगे। किताबों को आलमारियों से उतारते, निरखते, परखते, अलगाते, कभी यहाँ से उठाते, कभी वहाँ पर धरते वर्ड्सवर्थ की एक पंक्ति बार-बार दिमाग में गूँजा करती थी—

''बुक्स! 'टिज़ ए डल एण्ड ऐंडलेस स्ट्राइफ़।'

(किताबें कितनी बे-रस और बेअन्त बखेड़े की चीज हैं।)

प्रकृति की रसमयता और रहस्यमयी प्रेरणाओं के समक्ष वर्ड्सवर्थ को किताबें नीरस और निरर्थक लगी हों तो कोई आश्चर्य नहीं। मानव जीवन की क्रियमाण उत्फुल्लता को देखकर अंग्रेजी निबन्धकार स्टीवेन्सन ने भी कहा था—

"बुक्स आर द ब्लडलेस सब्स्टीट्यूट्स आफ़ लाइफ़।"

(किताबें जीवन की रक्तहीन स्थानापन्न भर कही जा सकती हैं।) और अपने यहाँ के कबीर के कथन से तो सभी परिचित हैं–

पोथी पढ़ि-पढ़ि जग मुआ, पण्डित भया न कोय,
ढाई अच्छर प्रेम का पढ़े, तो पण्डित होय।

यानी प्रेम के ढाई अक्षरों से जितना सीखा जा सकता है, उतना मोटी-मोटी किताबों (पोथी शब्द की ध्वनि में ही शायद मोटी किताब का संकेत है) से नहीं सीखा जा सकता। इसमें कोई सन्देह नहीं कि प्रकृति, मानवीय-जीवन्तता और प्रेम की तुलना में जड़ पृष्ठों पर लिखी या छपी पुस्तक का कोई मूल्य नहीं। मैंने ही कभी लिखा था–

न पढ़ पाया मैं वेद-पुराण,
न पढ़ पाया इंजील-कुरान,
और ही कुछ पढ़ने की ओर
गया ग़लती से मेरा ध्यान;
नियति के हाथों से जो लेख
लिखा लाया मानव का भाल,
खपाकर अपना तन, मन, प्राण
रहा हूँ उसका अर्थ निकाल।

पर हमें क्या यह पूछने का अधिकार नहीं कि क्या पुस्तकें केवल कागज़-स्याही के खेलवाड़ हैं? खैर, आज जब कागज़-स्याही सहज सुलभ हैं और लिखने छपाने की हर एक को स्वतन्त्रता है, तब बहुत-सी किताबें केवल कागज़-स्याही के खेलवाड़ से अधिक नहीं कही जा सकतीं। पर क्या यह भी सत्य नहीं है कि कागज़ और स्याही के माध्यम से प्रेम और जीवन और प्रकृति के गम्भीरतम रहस्य भी खोले गये हैं। मनुष्य ने बहुत कठिन साधना और बहुत बड़ा मूल्य चुकाकर यह कला सीखी होगी कि अक्षरों में, शब्दों में कैसे अपनी अनुभूतियों को, उपलब्धियों को, अपने को ही अवतरित कर दे। जब यह सम्भव हुआ है–और बहुत बार सम्भव हुआ है–तब किताब जड़, शुष्क अथवा निर्जीव नहीं रह गयी है, वह जीवित ही नहीं, अमर, देवता-देवी-सी साबित हुई है। साथ ही यह भी जान लेना चाहिए कि जीवन्त से जीवन्त पुस्तक से लाभान्वित हो लेना, जितना वह दे सकती है उतना उससे ले लेना, हर एक के वश की बात नहीं है। अधिकारी लेखक चाहिए तो अधिकारी पाठक भी चाहिए। अंग्रेजी में एक कहावत है, 'ए मिल्टन इज़ रिक्वायर्ड टु अण्डरस्टैंड ए मिल्टन'। क्षमा करेंगे, अगर आप अधिकारी नहीं हैं तो अच्छी-से-अच्छी, बड़ी-से-बड़ी पुस्तक को पढ़कर आप महज बेवकूफ़ बने रह सकते हैं। किताबों से अधिक बेवकूफ़ बनानेवाली चीज़ शायद दुनिया में कोई दूसरी नहीं। बहुत-से लोग किताबें पढ़-पढ़कर सिर्फ बेवकूफ़ बन गये हैं; क्योंकि जब वे पढ़ते हैं तो सोचता उनके

लिए कोई दूसरा है। वे तो बस उसके विचारों-भावनाओं-कल्पनाओं की लीक पकड़े हुए चलते चले जाते हैं। ऐसा पढ़ना सबसे बड़ा पलायन हो सकता है। इसीलिए नीत्शे ने लिखा है कि जो सिर्फ वक़्त काटने के लिए पढ़ते हैं, उनसे मुझे घृणा है। मैं तो यहाँ तक कहूँगा कि अधिकारी पाठक बनना उतना ही मुश्किल काम है जितना अधिकारी लेखक बनना। बड़े लोगों ने भी पुस्तकों और पाठकों के विषय में जल्दबाज़ी में निर्णय दे दिया है। अगर मुझसे कोई पूछे कि तुम्हारे बौद्धिक जीवन की सारी साधना क्या रही है तो एक वाक्य में मैं इतना ही कहना चाहूँगा–अधिकारी लेखकों का अधिकारी पाठक बनना और अधिकारी पाठकों के लिए अधिकारी लेखक बनना। जब मुझे बार-बार वर्ड्सवर्थ की 'बुक्स...एन एण्डलेस स्ट्राइफ़' याद आती थी, तब मैं किताबों के गुण-मूल्य की बात नहीं सोच रहा था। सोच रहा था कि किताबों को लेकर अपनी इस उम्र में मुझे कितना बखेड़ा उठाना पड़ रहा है।

खैर, जब किताबें बक्सों में बन्द हो गयीं, घर बड़ा हो गया, आवाज़ें अपने को प्रतिध्वनित करने लगीं, तो यह कोई सुखद अनुभव न था। दिमाग़ी और जिस्मानी तनाव-मशक्कत से राहत मिली थी, पर एक गहरी उदासी के साथ। आपने कोई जगह देखी है, जहाँ मेला लगा हो, और फिर एक-दो दिन बाद वहाँ गये हों जब मेला उठ गया हो? आप संवेदनशील व्यक्ति हैं तो उस जगह को देखकर एक बार उदास ज़रूर हो गये होंगे। मैं भी उदास हो गया था। एक मेला उठ गया था। और यह मेला उस जगह पर 14 वर्ष लगा हुआ था। उस जगह से कुछ मोह होना ही था, उससे बिछुड़ने की पीड़ा अनुभव करनी ही थी। अपनी ही बरसों पहले लिखी पंक्ति मस्तिष्क में गूँजती थी–

चल बंजारे,
तुझे निमन्त्रित करती धरती नयी
नया ही आसमान
चल बंजारे।

नयी धरती, ये आसमान का किसी उम्र में आकर्षण होता है, पर 65 वर्ष की उम्र पर तो जी यही चाहता है कि जहाँ रह रहे हैं, वहीं रहते जाएँ, हालाँकि उस नयी धरती के ऊपर और उस नये आसमान के नीचे मुझे खींचनेवाली कई चीजें थीं–

नयी धरती के ऊपर अमिताभ-अजिताभ होंगे।
अमिताभ-अजिताभ का दिनानुदिन निखरता भविष्य होगा।
नये आसमान के नीचे लहराता समुद्र होगा।
मेरी 'द बेस्ट इज़ यट टु बी' की प्रतीक्षा होगी।

दिल्ली छोड़ने के पहले विदा-मिलन के लिए मैं सिर्फ़ दो व्यक्तियों के पास गया। श्रीमती गाँधी के यहाँ–उन्हें मुझे धन्यवाद देना था, उनसे क्षमा माँगनी थी–किसके लिए, आप समझ गये होंगे–उनसे मुझे विदा लेनी थी, अपने लिए उनकी शुभकामना भी, और उनके और उनके परिवार के प्रति अपनी शुभकामनाएँ

व्यक्त करनी थीं। उन्होंने अपने परिवार के सब सदस्यों को बुलाकर मुझसे मिलवाया—संजय, राजीव से, राजीव की पत्नी सोनिया से। चलने लगा तो उन्होंने कहा, 'आप बम्बई जा रहे हैं, पर इसे मैं दिल्ली से आपकी अन्तिम विदाई नहीं मानती।' उन्होंने एक तरह से भविष्यवाणी ही की थी। सत्येन्द्र शरत् के यहाँ—इतवार-इतवार को आकर मेरे कागद-पत्रों को विषयानुसार अलग कर फाइल करने में उन्होंने मेरी बड़ी सहायता की थी; मास के अन्त में उनकी लड़की के एपेन्डिक्स का ऑपरेशन हुआ था, मैं उसे देखने अस्पताल भी गया था, अब वह घर लौट आयी थी। चलते-चलते सत्येन्द्र ने मुझसे कहा था, कुछ ऐसी खबर है कि जल्दी ही मेरा स्थानान्तरण बम्बई होनेवाला है। सुनकर मैंने कहा था, मालूम होता है हम सबका ग्रह एक-सा ही पड़ा है जो हम सबको बम्बई की ओर खदेड़ रहा है। सत्येन्द्र ने कहा था कि अगर उनका स्थानान्तरण हो ही गया तो वे अकेले ही आयेंगे। उषा और दोनों बच्चे यहीं रहेंगे। उषा की स्कूल की पक्की नौकरी है, बच्चे पढ़ रहे हैं। पहले भी उनका स्थानान्तरण बम्बई हुआ था, तो वे अकेले ही गये थे। मैंने उन्हें आमन्त्रित किया था कि अगर अकेले आ रहे हैं, तो मेरे साथ, मेरे कमरे में ही ठहरें। सत्येन्द्र की निकटता मुझे प्रियकर थी और तेजी भी उन्हें पुत्रवत् मानती थीं—तेजी की सिनेमाई और मेरी साहित्यिक रुचि दोनों के साथ उन्होंने साम्य बना रखा था।

12 अगस्त को तेजी का जन्मदिन पड़ता था। मैं तीन-चार रोज़ पहले पहुँच गया था—ट्रेन से; क्योंकि मेरे साथ तीन भारी बक्से थे—किताबों के, कुछ पढ़ने-लिखने के सामान के, कुछ ज़रूरी कपड़ों के। मैंने अपना सामान अपने नीचे के कमरे में लगा लिया। तेजी के जन्मदिन पर हमने कुछ ख़ास न किया था। पर हम चारों साथ थे, यही क्या ख़ास खुशी न थी! वे दिन हमारे लिए बड़ी मानसिक चिन्ता और भारीपन के थे। 'आनन्द' में अमित ने अपने अभिनय की विशिष्टता का जो संकेत दिया था, उससे आकर्षित हो कई प्रोड्यूसरों ने उसे अपनी फ़िल्मों में 'हीरो' का रोल दे दिया था। अमित ने अपनी अनुभवहीनता में और शायद आर्थिक आवश्यकता की विवशता में कई ऐसी फ़िल्में साइन कर ली थीं, जिनके 'हिट' होने की कोई सम्भावना न थी, शायद अल्पकालिक लोकप्रियता की भी नहीं। नतीजा यह हुआ कि 'बाम्बे टु गोवा' की आंशिक सफलता के पश्चात् एक के बाद एक उसकी फ़िल्में 'फ़्लाप' होती गयीं—'प्यार की कहानी', 'संजोग', 'परवाना', 'गहरी चाल', 'बंसी बिरजू', 'एक नज़र', 'बँधे हाथ', 'रास्ते का पत्थर'। इतनी फ़िल्मों का लगातार 'फ़्लाप' होना नये-नये अभिनेता की तो बात छोड़िये किसी जमे हुए 'हीरो' को भी फ़िल्म क्षेत्र से उखाड़ फेंकने के लिए पर्याप्त है। पर अमित जमा रहा, वह श्रम-संघर्ष में लगा रहा, उसका अपनी कला-क्षमता में विश्वास बना रहा, वह अपने दिन फिरने की प्रतीक्षा करता रहा। अजिताभ अपनी नौकरी छोड़ चुके थे, पर अपने नये उद्योग की अभी रूप-रेखाएँ ही खींच रहे थे, नक्शे ही बना रहे थे। मैं एक तरह से बेकार बैठा था—महीनों से अर्जन-समर्थ लिखने के लिए क़लम तक न उठाई थी। पिछले ऑपरेशन के बाद की कमज़ोरी, किताबों, काग़द-पत्रों, पाण्डुलिपियों की हफ्तों की उठा-धर, दे-बेच-फेंक, दिल्ली-सेवन की सोलह वर्षी अभ्यस्तता

के बाद उससे अलग होने की पीड़ा, नयी धरती, नये आकाश, नये परिवेश, नये वातावरण के साथ सामंजस्य स्थापित करने का आयास-प्रयास—इन सबने अब मुझे सिर्फ़ इस योग्य रख छोड़ा था कि अपने कमरे में चुपचाप बैठकर घड़ी को घूरूँ। गरमी के दिनों में नीलोच्छल सागर का जो आकर्षण मैंने अनुभव किया उसमें भी मैं बम्बई की अँखधारा बरखा में वंचित हो गया था। पानी रुकने पर कभी समुद्र तट पर जाता, तो वह भी गँदला, मटमैला, तरंगोद्धत और भयंकर लगता!

ऐसे समय में तेजी का हमारे साथ होना बहुत बड़ा वरदान था। अमित जब हताश-निराश दिन भर का थका-माँदा घर आता तो वे उसे अपने पास बिठातीं, उसके माथे पर अपना आशीर्वादी हाथ फेरतीं, उसे ढाढ़स देतीं, धैर्य बँधातीं और अपनी करुण-मधुर पर निःसंशय वाणी से एक दिन उसकी सुनिश्चित सफलता और यशोज्ज्वल भविष्य का उसमें विश्वास जगातीं। अजिताभ को वे अपने प्रयत्नों में अधिक योजनाबद्ध, अधिक व्यावहारिक, अधिक सक्रिय होने के लिए प्रोत्साहित करतीं और मुझे कुछ लिखने-पढ़ने के लिए प्रेरित करतीं—अपने तीस बरस के वैवाहिक जीवन के अनुभव से उन्होंने यह जाना था कि मैं तभी सामान्य, स्वस्थ, सानन्द रहता हूँ, जब मैं पठन-लेखन में व्यस्त रहता हूँ। उनका स्वास्थ्य स्वयं बहुत अच्छा न था। बम्बई की बरसात और नमी ने, जिसकी उनसे यह पहली टक्कर थी, उनके दमे को दस गुना बढ़ा दिया था। पर अपने कष्ट को दबा रखने की तेज़ी में अद्‌भुत क्षमता है। उन दिनों शायद ही कभी मैंने सुना हो उनको कहते या संकेतित करते कि उन्हें कोई तकलीफ़ है। उन्हें जब दमे के दौरे आते वे अपने कमरे में चली जातीं, दरवाज़ा बन्द कर लेतीं। उन्हें कुछ पेटेंट दवाएँ मालूम थीं, जिन्हें वे हमेशा अपने पास रखतीं और उन्हें ले, कुछ राहत पा, प्रसन्नमुख बाहर आ जातीं और अगर हम तीनों से कुछ बात न करनी होती, तो घर के काम-काज-प्रबन्ध में लग जातीं। उनकी शक्ति, उनके सामर्थ्य का मूल था, उनकी अटूट आस्था में, उनकी सुदृढ़ श्रद्धा में, जो वे अपने इष्ट, अपने हनुमानजी में रखती थीं—'मंगलमूरति मारुत नन्दन, सकल अमंगल मूल निकन्दन' निश्चय हमारा मंगल करेंगे।

अमित-अजित अपनी चिन्ताएँ कभी मेरे सामने न रखते। कोशिश करते कि उसकी भनक भी मेरे कानों में न पड़े। वे जानते थे कि उनके पिता का जीवन सघन संघर्ष का रहा है, उनकी अब निश्चिन्त, निर्द्वन्द्व काल-यापन की अवस्था है। पर एक दिन मैंने सुन लिया—अपनी माँ से कह रहे थे—"'हीरो' शायद मैं नहीं बन सकूँगा"—मनुष्य को क्या दोष दें, पुरुष का भाग्य देवता भी नहीं जानते—"अब मैं 'कैरेक्टर रोल' पर उतर आना चाहता हूँ"—'कैरेक्टर रोल' फिल्मी भाषा में उन अभिनेताओं का कहा जाता है, जो 'हीरो' के साथी-सहायक के रूप में काम करते हैं। यह उन दिनों की बात है जब सत्येन्द्र शरत् भी बम्बई आ गये थे और मेरे साथ, मेरे ही कमरे में रहते थे। मैंने अमित की यह निराशा सत्येन्द्र से बताई थी। सत्येन्द्र वर्षों बम्बई में रह चुके थे, फ़िल्मी संसार और वहाँ की रीति-नीति से पूर्ण परिचित थे। उन्होंने मुझसे कहा था, अमित ऐसा करेंगे, तो अपने फ़िल्मी जीवन की सबसे बड़ी गलती करेंगे। 'कैरेक्टर रोल' करके फिर 'हीरो' के रोल में उठनेवाले फ़िल्मी

दुनिया में शायद ही मिलें। अमित में 'हीरो' बनने की पूरी क्षमता है, पर समय उनका साथ नहीं दे रहा है, उन्हें धैर्य और साहस के साथ 'हीरो' के रूप में ही अपनी फ़नकारी सिद्ध करने की कोशिश करनी चाहिए। शायद सत्येन्द्र ने किसी संध्या अमित पर अपनी राय प्रकट भी कर दी थी।

चित्रपट-संसार का मुझे कोई अनुभव न था। फ़िल्में मैंने बहुत कम देखी थीं, जब कभी किसी के आग्रह पर जाता, तो देखना मुझे अच्छा लगता था, पर मुझ पर लिखने-पढ़ने का इतना काम रहता था कि फ़िल्मों के लिए समय निकालना मेरे लिए मुश्किल था। अंग्रेज़ी फ़िल्मों की तो बात ही छोड़िए, मुझे हिन्दी फ़िल्मों के नामी-गिरामी फ़नकारों के नाम-रूप से भी रग़बत न थी। बम्बई में कुछ अधिक फ़िल्मों के सम्पर्क में आते अगर मैं चित्रपट पर देख किसी अभिनेता को पहचान लेता या उसका नाम ठीक बता देता तो तेजी और सत्येन्द्र मुझ पर व्यंग्य करते—फ़िल्मी दुनिया का आपका ज्ञान तो खूब बढ़ गया है! कभी मैं गलती करता, किसी बड़े अभिनेता का नाम किसी दूसरे का बता देता, तो मेरी खूब हँसी भी होती। एक बार, याद है, मैंने दिलीप कुमार को राजेन्द्र कुमार बता दिया और एक बार अरुणा ईरानी को जया!

फ़िल्मी दुनिया की अनुभवहीनता के कारण अमित जिस स्थिति में थे, उसमें उनकी मैं कुछ भी सहायता न कर सकता था। साहित्यिक दुनिया के नियम यहाँ न लागू होते थे; और अनुभव मुझे थोड़ा-बहुत साहित्यिक-संसार का ही था। वहाँ तो छोटी-मोटी चीज़ें लिखते-लिखते आदमी किसी दिन बड़ी और सरस चीज़ भी दे सकता था। पर यहाँ का दस्तूर यह सुना था कि अगर शुरू ही बड़ी चीज़ से न करोगे, तो फिर कभी बड़ी चीज़ न दे सकोगे। छोटी से शुरू करोगे तो हमेशा छोटी-मोटी चीज़ ही देते रहोगे। अपनी अक़्ल में यह बात कुछ जमती नहीं थी। पर सच शायद यही थी। फ़िल्म से सम्बद्ध किसी बात पर अपनी राय देते मुझे संकोच होने लगा था। जहाँ तक मुझे मालूम था, बड़े रोल में असफल होने पर प्रोड्यूसर अभी अमित को छोटा रोल देने के लिए भी तैयार न थे। मैंने ऐसा भी सुना था कि अमिताभ को फ़िल्म में नायक के रूप में लेकर, कुछ शूटिंग कर लेने के बाद भी, एकाध फ़िल्म-निर्माताओं ने, इस आशंका से कि उसके साथ उनकी फ़िल्म डूब जायेगी, उसे हटा, उसकी जगह पर किसी दूसरे को ले लिया था। इतना ही नहीं, एकाध फ़िल्मों के लिए दी अग्रिम राशि भी शायद उसे लौटाने के लिए मजबूर होना पड़ा था। मैं इन बातों के विषय में अधिकारपूर्वक नहीं लिख सकता। मुझे आशा है किसी दिन अमिताभ अपनी आत्मकथा लिखेंगे, तो निश्चय उन पर अधिक प्रामाणिक प्रकाश पड़ सकेगा। अमित अपनी बात को अपनी तरह से कहने की कला जानते हैं—उनका अंग्रेज़ी और हिन्दी पर भी समान अधिकार है। उनके लेखन-सामर्थ्य के विषय में मैं इतना आश्वस्त हूँ कि अपनी आत्मकथा का पहला भाग 'क्या भूलूँ क्या याद करूँ' की प्रति उन्हें भेंट करते हुए मैंने उस पर लिखा था, 'प्यारे बेटे अमित को, जो मुझे विश्वास है, जब अपनी आत्मकथा लिखेगा, तो लोग मेरी आत्मकथा भूल जायेंगे।' अमित का जीवन अभी भी इतना रोचक, वैविध्यपूर्ण, बहुआयामी

और अनुभव-समृद्ध है—आगे और होने की पूरी सम्भावना लिये—कि अगर उन्होंने कभी लेखनी उठाई, तो शायद मेरी भविष्यवाणी मृषा न सिद्ध हो।

अपनी पुस्तकों, काग़द-पत्रों, पाण्डुलिपियों को बक्स-बन्द एवं फ़ाइल-निबद्ध करने के लिए दिल्ली जाने से पहले ही मैंने अपने कमरे के पीछे, बगल के और मकान के सामने वाले लॉन को एक शक्ल दे दी थी। ऊपर के दो कमरे बनवाने में नीचे गिरा बहुत-सा ईंट-पत्थर-मलवा इधर-उधर पड़ा था। मकान-मालिक ने उसकी सफ़ाई न कराई थी। मैंने एक मज़दूर की सहायता से उन सब ईंट-पत्थरों को जोड़-बटोर कर तीन राकरी (क्रीड़ा-शैल) बनायीं—एक ठीक अपने कमरे के नीचे पीछे की ओर, एक बगल में, एक सामने; योजना थी जब दिल्ली के मन्दिर से मूर्तियाँ आ जायेंगी तो, एक पर एक छोटा-सा हनुमान मन्दिर बनाऊँगा, एक पर शिव मन्दिर और एक पर गणेश मन्दिर—यह नया होने को था; क्योंकि बम्बई के इष्टदेव तो गणेशजी हैं—गणपति बप्पा। मकान के चौथी तरफ़ जगह होती, तो एक और राकरी बनाता—दो छोटे-छोटे मन्दिरों के लिए—पार्वती के और कार्तिकेय के। हमारे उत्तर भारत में कहा जाता है—

पूरब में पारबती,
पच्छिम में जय गनेस।
दक्खिन में खडानना,
उत्तर में जय महेस।

शिव के परिवार ने जैसे देश की चारों दिशाओं की रक्षा का भार उठा लिया है—बंगाल (पूर्व) की इष्ट देवी दुर्गा—पार्वती रूप ही, महाराष्ट्र (पश्चिम) के इष्टदेव गणपति—कभी बम्बई का गणेशोत्सव देखें—दक्षिण में मुरुगेश के रूप में षडानन—कार्तिकेय की पूजा बहुत प्रचलित है, उत्तर में अमरनाथ, पशुपतिनाथ, केदारनाथ, विश्वनाथ—सब महेश के रूप ही। राकरी-क्रीड़ाशैल पर छोटे-छोटे मन्दिर मैं उतनी धार्मिक भावना से नहीं बनाता जितनी सौन्दर्य भावना से। क्रीड़ा पर्वत के शिखर पर मन्दिर बहुत कलापूर्ण, शोभन लगता है। सुबह मन्दिर की जल-सेवा कर रंग-बिरंगे फूल चढ़ा दिये, सन्ध्या को दीप जलाकर अगरबत्ती लगा दी। रस-रंग, ज्योति, अगरु सुगन्ध—इनसे कहीं मेरी सौन्दर्य-सुरुचि को परितृप्ति मिलती है। उसके ऊपर कुछ और धार्मिक, आध्यात्मिक, रहस्यात्मक उपलब्धि की प्रत्याशा, प्रतीक्षा मैं नहीं करता। हिन्दुओं का प्रतीकात्मक कवित्वपूर्ण धर्म मेरी आत्मा को—आन्तरिक चेतना को—मानवीय उदात्त से सम्बद्ध कर सतत सौख्य, सन्तोष, सामंजस्य और शान्ति की अनुभूति कराता है। धर्म के बाद मुझे ऐसी अनुभूति कविता—सत् कविता—कराती है।

वर्षा आयी तो मैंने राकरी के ऊपर तरह-तरह की लताएँ लगा दीं, जो जल्द ही छछड़ने लगीं। अभी उन पर बने छोटे-छोटे मन्दिर खाली ही पड़े थे। मूर्तियाँ अभी दिल्ली से न आयी थीं। हाँ, गणपति की एक नयी मूर्ति लेकर मैंने आगे बनी राकरी पर बिठा दी। सुबह मैं मन्दिर को धो—फूलों से सजा देता, आप उसे पूजा

कहना चाहें, तो मुझे कोई आपत्ति न होगी—पूजा सुन्दर न हो तो मुझे उसे पूजा कहते संकोच होगा। मेरी दृष्टि में सौन्दर्य को निरूपित करना, निखारना सबसे बड़ी पूजा है। एक बात मैं और करता। रात को एक कटोरी में एक मुट्ठी बाजरा भिगो देता। सुबह 'पूजा' के बाद बाजरा मुँडेर पर छीट देता और खाली कटोरी को चम्मच से घण्टी की तरह बजाता! थोड़े दिनों में चिड़ियाँ परच गयीं, जब घण्टी बजती है उनको खाने के लिए बाजरा फैला मिलता है। कटोरी बजाते ही झुण्ड की झुण्ड चिड़ियाँ इधर-उधर से उड़कर मुँडेर पर आ बैठतीं और बाजरा चुगने लगतीं और यह मुझे बहुत अच्छा लगता। उसे पुण्य कार्य समझना मुझे ओछापन लगेगा। सन्ध्या को वर्षा न होती रहती तो दो मोमबत्तियाँ मन्दिर के इधर-उधर जला देता। परवाने आकर उनकी परिक्रमा करते। इधर-उधर एक-एक अगरबत्ती भी जलाकर लगा देता और उस गन्ध-ज्योति से कहीं अन्तर भी सुवासित, सुप्रकाशित हो जाता।

बम्बई की बरसात शुरू होती है, तो फिर दिनों, हफ़्तों, महीनों चलती है, कुछ निश्चित नहीं होता कि किस वक्त पानी बरसने लगेगा और किस वक्त रुकेगा। शारीरिक दुर्बलता से मुझे अभी भी मुक्ति नहीं मिली थी, भीगने का खतरा मैं नहीं उठा सकता था, इससे हर समय घर में ही रहना होता, अपने कमरे से निकलो तो नीचे या ऊपर के कमरे में चले जाओ—अधिक-से-अधिक ड्राइंग रूम में आकर बैठो। मैंने कुछ पढ़ने-लिखने का कार्यक्रम बनाया। 'किंग लियर' के अनुवाद की पूर्ण पाण्डुलिपि निकाली, शेक्सपियर के सम्पूर्ण नाटक निकाले। कई घण्टे शेक्सपियर के नाटक पढ़ता, तेजी को फुरसत होती तो उनके साथ नाट्य-पाठ के रूप में, जरूरी नहीं कि 'लियर' ही; पिछले तीन नाटकों 'मैकबेथ', 'ओथेलो' और 'हैमलेट' का अनुवाद करते समय भी इन तीनों को तो मूल में पढ़ता ही, और नाटकों को पढ़ना भी उनके अनुवाद में सहायक होता। शेक्सपियर नाट्य संसार के अन्यान्य पात्रों की समझ से अनुवादगत नाट्य पात्रों को समझना आसान होता है। मैंने अनुवाद की सफलता का भेद इसी में पाया था कि पहले पात्रों को समझ लो—उनका स्वभाव, चरित्र, व्यक्तित्व, फिर उनकी अभिव्यक्ति को समझना कठिन न होगा—और न उसको अपनी भाषा में रखना। शेक्सपियर के नाटकों का अनुवाद बड़ा रोचक अनुभव हो सकता है—आप एक सजीव संसार में घूमते-फिरते, लोगों से मिलते-जुलते, उनसे रू-ब-रू बातें करने की अनुभूति करते हैं।

'किंग लियर' के अधिकांश का अनुवाद पहले ही हो चुका था, शेष मैंने जल्दी ही पूरा कर लिया। हिन्दी टाइपिंग की सुविधा बम्बई में न थी। प्रेस कापी मैंने हाथ से ही धीरे-धीरे लिखकर तैयार की। अन्तिम रूप देने के पहले 10-12 पेज तेजी को पढ़कर सुनाता। अभिनय की दृष्टि से कथोपकथन में परिवर्तन-संशोधन के उनके सुझाव बहुत उपयोगी होते; इसका अनुभव मुझे 'मैकबेथ' अनुवाद के समय से ही था। प्रेस जाने के पहले नाटक के कुछ अंश सत्येन्द्र ने भी सुने थे। अधिक के लिए उनके पास समय नहीं था। वे सुबह ही घर से चले जाते और शाम देर से आते; मेरा काम प्रायः दिन को होता। 'किंग लियर' मैंने सत्येन्द्र को समर्पित किया, इन शब्दों के साथ, 'सत्येन्द्र शरत् को इस आशा से कि उनके निर्देशन में

कभी यह रंगमंच अथवा चित्रपट पर प्रस्तुत हो।'—फिल्मों की दुनिया में आने पर अब मैं अपने शेक्सपियर के अनुवादों को रंगमंच पर ही नहीं, चित्रपट पर भी देखने का अभिलाषी था। शेक्सपियर के कई नाटक चित्रपट पर भी आ चुके हैं और बहुत सफल हुए हैं। कुछ बहुत उच्च कोटि के सिने-कलाकारों ने उनमें काम करके अपने को गौरवान्वित समझा है। शेक्सपियर के अनुवाद भी चित्रपट पर आये हैं। उनके नाटकों के अनुवाद प्राय: सभी योरोपियन भाषाओं में हुए हैं। वे रंगमंच पर भी खेले जाते हैं। मुझे कभी उन्हें देखने का मौक़ा नहीं मिला। सिर्फ रूसी में अनूदित 'ओथेलो' और 'हैमलेट' मैंने चित्रपट पर देखे हैं। योरोपीय नाट्य-समालोचकों की राय है कि शेक्सपियर के सबसे अच्छे अभिनेता रूस ने ही दिये हैं। जो दो नाटक मैंने चित्रपट पर देखे हैं मेरी दृष्टि में उनकी बहुत कलापूर्ण, कल्पनात्मक प्रस्तुति की गयी है। मेरा सपना है शेक्सपियर के नाटक हिन्दी रंगमंच पर आयें, हिन्दी चित्रपट पर आयें—आवश्यक नहीं मेरे ही अनुवाद में। कुछ दिन पहले रघुवीर सहाय ने शेक्सपियर के 'मैकबेथ' का गद्यात्मक अनुवाद 'बरनम वन' के नाम से प्रकाशित कराया था। वह मैंने पढ़ा था। मुझे अनुवाद पसन्द नहीं आया था। अपने अनुवाद के प्रति मेरा पक्षपात भी हो सकता है। सुना वह नेशनल स्कूल ऑफ़ ड्रामा द्वारा दिल्ली में अभिनीत भी हुआ था, वह मैंने नहीं देखा था, उसकी विशेष चर्चा मैंने नहीं सुनी-पढ़ी थी। वास्तविकता शायद यह है कि शेक्सपियर या योरोपीय या विदेशी नाटकों के लिए अभी हमारे देश में, कम-से-कम हिन्दी में, अभिरुचि नहीं जगी। मेरी ऐसी धारणा है, जब तक मौलिक नाटक हिन्दी रंगमंच पर प्रस्थापित-प्रतिष्ठित नहीं होगा, तब तक विदेशी नाटकों में हमारी दिलचस्पी न हो सकेगी। और यह तथ्य है कि हिन्दी नाटक अब भी रंगमंच पर आकर इस भूमि की प्राकृतिक-स्वाभाविक उपज नहीं मालूम होता है—लगता है कहीं से लाकर उसे आरोपित किया गया है। कारण शायद यह है कि हम अपने रंगमंच पर बहुत कुछ योरोपीय अनुकरणात्मक अथवा प्रयोगात्मक रीति से ला रहे हैं, जिसकी जड़ें यहाँ नहीं हैं। अगर हम अपनी प्राय: मृत-विस्मृत नाट्य-परम्परा को पुनर्जीवित करें और साथ ही उसे लोक-नाट्य से जोड़ें, जो किसी-न-किसी रूप में—भोंडे गँवारू ही सही—हमारी ग्रामीण जनता से सम्पर्क बनाए हुए हैं, तो शायद हम अपने आधुनिक नाटकों की जड़ जमाने में कुछ सफल हों। एक बार वह हमारी निजी साहित्य-कला-सस्कृति की, जीवन की, भूमि से रस खींचने लगे तो उस पर विदेशी क़लमें लगाना हमारे लिए कठिन न होगा। अभी तो हम मूल-हीन शाखाएँ ज़मीन में खोंसकर उस पर नयी-नयी क़लमें लगाने का प्रयत्न कर रहे हैं और उसके परिणाम से स्वाभाविक ही निराश-हताश हो रहे हैं। अपनी निजी भूमि पर उगे, अँकुरित, पल्लवित, विवर्धित नाट्य-वृक्ष के फल के रूप में ही हम विश्व के महान नाटकों को अपने रंगमंच पर जीवन्त रूप से प्रस्तुत कर सकेंगे, और चित्रपट पर भी। हमारी पहली ज़रूरत है कि हमारी शुरुआत सही हो।

11 अक्टूबर, 1972 को अमित की 30वीं वर्षगाँठ थी। अपनी चित्रपटी असफलताओं के बीच अमित अपनी वर्षगाँठ को कोई महत्त्व न देना चाहते थे। पर

तेजी के और मेरे लिए तो यह विशिष्ट दिन था—हमारे अमित ने अपने जीवन के तीस वर्ष पूरे कर लिये थे। हमारे मन में उसके इस साहस के लिए कम सम्मान नहीं था कि उसने छह वर्ष एक क्षेत्र में सफलतापूर्वक काम करने के बाद भी अपनी नवांकुरित प्रतिभा की पुकार पर एक नये क्षेत्र में अपनी साख जमाने के लिए अपने क़दम उठाए थे। जीवन समर में अपने बल-बुद्धि से एवं भाग्य की अनुकूलता से जो विजयी हुए हैं, उनको मैं सराहना चाहूँगा। पर जो अपने पूरे तन-मन-सामर्थ्य को बाज़ी पर लगा, नियति की प्रतिकूलता से पराजित होकर भी रणभूमि में डटे हुए हों उनको मैं अधिक बड़ा सूरमा कहूँगा। तेजी और मैं अपने बेटे को इसी रूप में देखते थे और निश्चय ही अजित भी अपने बड़े भाई को इसी रूप में। हम इस शुभ दिन की स्मृति में अमित को एक सुन्दर-सा उपहार देना चाहते थे। उपहार तो हम दो-चार दिन पहले ही लाये थे, पर उसे छिपाकर रखा था। मैंने अमित के लिए कुछ पंक्तियाँ लिखी थीं—

प्रिय अमित, हुए तुम तीस,
हमारा प्यार,
बधाई तुमको!

देने आईं आशीष
राधिका बनी
कन्हाई तुमको!

वरमाल पिन्हाए शीघ्र
तुम्हारी कीर्ति—
लुगाई तुमको!

अमिताभ उपहार स्वीकारकर, हम सबकी बधाई ले, प्रसन्न मन काम पर चले गये थे। काम के प्रति उनकी यह तत्परता हमें अच्छी लगी थी। पता नहीं, आपने नोटिस किया है या नहीं कि अमित की तीसवीं वर्षगाँठ से मेरी बधाई-कविता की एक अनुरूपता है। अभी आगे न पढ़ें, देखूँ आप अनुरूपता का कुछ अनुमान लगा पाते हैं कि नहीं। तीस में तीन ही प्रधान हैं, शेष तो शून्य है। कविता में तीन पद हैं, प्रत्येक पद में तीन पंक्तियाँ हैं और आप चाहें, तो गिनकर देखें, प्रत्येक पद में 30 मात्राएँ हैं। 30 मात्राओं का यह छन्द 'चवपैया' छन्द कहलाता है। इस छन्द से एक और अनुरूप मंगल प्रसंग जुड़ा है। तुलसी ने यह छन्द राम-जन्म वर्णन करने के लिए प्रयोग किया है—मैंने जन्मदिन—बधाई के लिए—

भए प्रगट कृपाला परम, दयाला कौसल्या हितकारी।
हरषित महतारी मुनि मन हारी अद्भुत रूप विचारी।

यति में मैंने कुछ स्वतन्त्रता ली है, पर तीनों पदों में उनकी एकरूपता है—13+8+9=30। आप क्रमानुसार पंक्तियों की मात्राएँ गिन लें। शायद आप यह भी जानना चाहें कि आशीष देने के लिए मैंने 'राधिका बनी कन्हाई' को क्यों बुलाया

है। हम अमित को देने के लिए जो उपहार लाये थे, वह एक कला-कृति है—एक मूर्ति—संगमूसा की, जिसमें राधा ने कृष्ण रूप धारण किया है। सूर के कई पदों में राधा के कृष्ण रूप और कृष्ण के राधा रूप धारण करने का मनोरंजक वर्णन है। यह शैव अर्द्धनारीश्वर की ही वैष्णवी कल्पना है। मेरी दृष्टि में वैष्णवी कल्पना अधिक कलापूर्ण, कवित्वपूर्ण, साथ ही तत्त्वात्मक और सम्यक है। अर्द्धनारीश्वर में आधी नारी और आधे ईश्वर होकर एक सत्ता बने हैं। वे अलगाए नहीं जा सकते। अलगाने पर शायद दोनों अपने-अपने विकृत रूप में दिखाई देंगे। वैष्णवी कल्पना में नारी भी परिपूर्ण है और ईश्वर भी परिपूर्ण है। यहाँ दो पूर्ण मिलकर एक पूर्ण बने हैं। पूर्ण में से पूर्ण को निकालकर आप पूर्ण को ही बचा हुआ पाएँगे।

'पूर्णस्य पूर्णमादाय पूर्णमेवावशिष्यते'

कृष्ण में से राधा को निकाल लें—कृष्ण परिपूर्ण खड़े हैं।
राधा में से कृष्ण को निकाल लें—राधा परिपूर्ण खड़ी हैं।
और यह कल्पना सैद्धान्तिक बनकर आचार्यों के ज्ञान तक सीमित नहीं है, यह लोक स्तर पर उतर आयी है। मुझे बुन्देलखण्ड के लोककवि ईसुरी के एक फ़ाग की दो पंक्तियाँ याद हैं। अपनी बात के समर्थन में उन्हें उद्धृत करना चाहूँगा—

'को कय अलख-खलक की बातें, लखी न जाएँ नज़र में
ईसुर गिरिधर रयं राधे में, राधे रायं गिरिधर में।'

स्वयं कृष्ण ने राधा को अपने में माना था। सूरदास का साक्षी हूँ? ब्रज में बिछुड़ने के बहुत वर्षों बाद श्रीकृष्ण राधा को कुरुक्षेत्र के मेले में मिले थे। रुक्मिणी अपनी उदारता में राधा को साथ-साथ रहने के लिए द्वारिका लायी थीं—

'निज मन्दिर लै गई रुकमिनी, पहुनाई विधि ठानी।
सूरदास प्रभु तहँ पग धारे, जहँ दोऊ ठकुरानी॥

पर श्रीकृष्ण को राधा को साथ रखने की आवश्यकता प्रतीत नहीं हुई; निश्चय ही साथ रखने की असंगति ही उन्होंने देखी होगी—

'माधव राधा के रंग राँचे, राधा माधव रंग रई।
विहँसि कह्यो हम तुम नहिं अन्तर, यह कहि कैउन ब्रज पठई॥'

मेरी वैष्णवी अथवा कलात्मक भावना में वह मूर्ति मुझे पूर्णता की मूर्ति लगी और पूर्णता की आशीष अमित को दिलाने को मैं उसे ले आया। कविता के अन्तिम पद में रूपात्मक भाषा में मैं कहना चाहता हूँ कि अमित को जल्दी कीर्ति-कुमारी वरे—कलाकार के रूप में उन्हें यश मिले। पर व्यंजना यह भी है कि उनका जल्दी विवाह हो—कीर्ति रूप लुगाई या कीर्ति और लुगाई। अपने तीस के पुत्र को विवाहित देखने का अरमान माता-पिता में सहज समझा जा सकता है।

वह मूर्ति मुझे इतनी अच्छी लगी कि कुछ दिनों के बाद अमिताभ से माँगकर उसे मैंने अपने कमरे में रख लिया। बम्बई से दिल्ली आया। दिल्ली से बम्बई

गया। बम्बई से फिर दिल्ली आया, मूर्ति-मोह मुझसे न छूटा—उसे भी मैंने ये सारी यात्राएँ करायीं। उस पर एक पद आपको सुनाना चाहता हूँ—

राधा स्याम रूप धरि आई।
पीत कछनियाँ कृस कटि कांछी, उर-छवि चीर छिपाई॥
मोरपखी पगिया सिर बाँधी, मुरली अधर सजाई।
पहिरि घंघरिया, ओढ़ि चुनरिया आए कुँवर कन्हाई॥
दधि-मटुकी सिर धरि ठुमकत चलि पग-पैंजनि झनकाई।
साँवरि राधा गौर स्याम लखि 'सूर' रहे मुसुकाई॥

सूरसागर आपने पढ़ा होगा तो आपको यह पद याद आ गया होगा। कहाँ है? है न? आप धोखा खा गये। यह पद सूर का नहीं है। यह पद बच्चन-रचित है। खैर, बच्चन तो ईमानदार है, उसने अपनी घृष्टता स्वीकार कर ली, पर कितने ही लोग हैं, जिन्होंने सूर के नाम से स्वयं पद लिख सूरसागर में जोड़ दिये। नन्ददुलारे वाजपेयी द्वारा सम्पादित सूरसागर में परिशिष्ट (1) में 203 पद हैं 'जिनके सूरदासजी द्वारा रचित होने में सम्पादक को सन्देह है'; परिशिष्ट (2) में 67 पद हैं 'जो सम्पादक की दृष्टि में निश्चित रूप से प्रक्षिप्त हैं'।

जवाहर लाल चतुर्वेदी द्वारा सम्पादित सूरसागर के प्रथम खण्ड में दिये गये 494 पदों में ही परिशिष्ट में दिये 61 पद ऐसे हैं, जिनके 'असल-नकल का हिसाब-किताब' सम्पादक निश्चयपूर्वक नहीं दे सकते।

चतुर्वेदीजी के सूरसागर की चर्चा चल पड़ी है, तो उसके एक पद के सम्बन्ध में अपना एक विचित्र अनुभव आपको बता दूँ। एक रात उक्त सूरसागर के 350 पृष्ठ पर एक पद पढ़ते-पढ़ते मुझे नींद आ गयी। पद था—

आज हरि देखे नंगमनंगा।
जल-सुत भूखन्ह अंग विराजत, वसनहीन छवि उठत तरंगा॥
कहा कहों अंग-अंग की सोभा, निरखत लाजत कोटि अनंगा।
कछु दध हाथ, कछु मुख लपटानों, 'सूर' हँस ब्रज-जुबतिन्ह-संगा॥

सपना देखता हूँ—
कोई मेरे कमरे के बाहर जैसे छड़ी से 'टक-टक' रास्ता टटोलता चल रहा है। फिर मेरा दरवाजा खटखटाता है। मैं उठकर दरवाजा खोलता हूँ। अरे, ये तो साक्षात् सूरदास हैं! चरण छूता हूँ, वे अन्दर आकर कमरे में फ़र्श पर बैठ जाते हैं, उजाला हो जाता है। कहते हैं, 'जो पद तुम पढ़ रहे थे, उसे मैंने ऐसे नहीं गाया था। सुननेवाले ने ठीक सुना नहीं, लिखनेवाले ने ठीक लिखा नहीं, पढ़ने वाले ने ठीक पढ़ा नहीं। अब मैं तुम्हें अपना पद ठीक गाकर सुनाता हूँ'—उनकी लकुटी उनके हाथ में एकतारा बन जाती है, जिस पर वे विभोर होकर गाते हैं—

आजु हरि देखे नंगमनंगा।

सुख-सुखमा लहराति स्याम तन जैसे जमुन तरंगा।
चरन-कमल, कर-कमल, कमल-मुख, नयन-कमल दल संगा।
रोम-रोम पर होत निछावर कोटिन-कोटि अनंगा।
'सूर' जसोमति दुहुँ कर फेरति पुलकि-पुलकि हरि अंगा॥
आजु हरि देखे नंगमनंगा।

पद समाप्त हुआ, तो सूरदास अन्तर्धान हो गये। कमरा पद की कड़ी-कड़ी प्रतिध्वनित कर रहा था। मैंने कागज़-पेंसिल उठाई और पद लिख लिया।

'नकल-असल का हिसाब-किताब' सूर जानें कि सूर के हरि। मैंने अपना यह अनुभव अपने मित्र अनन्त कुमार 'पाषाण' को लिखा, तो उन्होंने इस गीत के सम्बन्ध में एक उद्धरण भेजा--

'सूरदासजी की वार्ता'
लेखक—गोस्वामी हरिरायजी
प्रसंग—6
गोसाईं बालकों द्वारा सूरदार के ज्ञान चक्षुओं की परीक्षा।
"जैसो सिंगार श्री नवनीतप्रिय जी को होत है, तैसे ही वस्त्र आभूषन वरनन करत हैं तासों जैसो तुम सिंगार करोगे सो वैसो ही पद सूरदास जी वरनन करिके गावेंगे।...सो श्री नवनीत जी को कछु वस्त्र नहीं धराए। सो मोतीन की दोय लर मस्तक पर, मोती के बाजू पौहोंची, कटि किंकिनी, नूपुर हार सब मोतीन के, तिलक, नकबेसर, करनफूल और कछु नाहीं। सो सूरदास जी जगमोहन में बैठे हते तो उनके हृदय में अनुभव भयौ। तब सूरदास जी अपने मन में विचारे—जो आजु तौ श्री नवनीतप्रिय जी को अद्भुत सिंगार कियो है। ऐसौ सिंगार तो मैंने कबहूँ देख्यो नाहीं, और सुन्यो हू नाहीं। जो केवल मोती धराए हैं और वस्त्र कछु धराए हैं नाहीं। तासों आज मोकों कीर्तन ही अद्भुत गायौ चाहियै..."

यह पद जो ऐतिहासिक है और जो सूरदासजी की दिव्य दृष्टि का प्रमाण है, आश्चर्य है, नन्द दुलारे वाजपेयी द्वारा सम्पादित सूरसागर में है ही नहीं!

कभी सोचता हूँ सूर के नाम से लोगों ने अपने रचित पद क्यों दिये होंगे। अपने नाम-यश की कामना तो उन्हें होगी नहीं। वास्तव में, ये सूर के प्रति श्रद्धांजलियाँ हैं। लोगों को गंगाजी में खड़े हो, अंजलि में गंगाजल उठा, गंगा को ही अर्पित करते आपने कभी देखा है! बस, ये पद वैसे ही अंजलि-दान हैं सूर के सागर से सागर के सूर को। कम-से-कम मैं अपने दो पदों को सूरदास के प्रति ऐसी ही श्रद्धांजलियाँ समझता हूँ—अपने चेतन और अवचेतन की।

तेजी को मेरे बम्बई वापस आ जाने के बाद ही दिल्ली जाना था और वहाँ का ज़रूरी-ज़रूरी सामान पैक करा ट्रक से बम्बई भेज देना था—शेष दे-दिला देना था या बेच देना था। खुद ट्रेन या प्लेन से आ जाना था। पर बरसात शुरू हो गयी थी,

आँधी-पानी में तेजी कहाँ जायेंगी, ऐसे मौसम में पैक कराने की बीसों मुश्किलें खड़ी होंगी, ट्रक से आनेवाला सामान भीगेगा भी। यही तय हुआ कि बरसात ख़त्म हो जाये, तब वे दिल्ली जायें। मकान छोड़ने के लिए सरकार की ओर से कोई आग्रह नहीं किया जा रहा था। अमित का जन्मदिन (11 अक्टूबर) मनाने के बाद वे गयीं और मेरे जन्मदिन (27 नवम्बर) के पहले आ गयीं। जाते समय वे बहुत भारी मन से गयीं और उससे भी अधिक भारी मन से लौटीं। एक घर से सारा सामान बाँध-बूँध दूसरे घर ले जाना और दूसरे घर में उसे खोल-खाल फिर लगाना—इसका योग तेजी के भाग्य में कितना लिखा है! लाहौर से अपने घर का सारा सामान वे इलाहाबाद लायीं, शादी के घर से महीने बाद सारा सामान दूसरे घर ले जाना पड़ा, गरमी की छुट्टियों में फिर सारा सामान मुट्ठीगंज के घर में रखना पड़ा, छुट्टियाँ खत्म होने पर सारा सामान बैंक रोड लाना पड़ा, दो-तीन साल बाद मकान बदला गया और सारा सामान स्ट्रैची रोड गया, फिर एडल्फ़ी आया, फिर क्लाइव रोड गया, वहाँ से दिल्ली आया, वहाँ भी साल दो साल पर एक मकान से दूसरे मकान, दूसरे मकान से तीसरे मकान में जाना पड़ा—अन्तिम मकान में अवश्य हम लगातार 14 वर्ष रहे। और अब दिल्ली से सारा सामान लाद-लूद बम्बई लाना था। पर यह अन्तिम लदान न थी। अभी यह सारा सामान फिर बम्बई से दिल्ली जाना था, दिल्ली में दो वर्ष बाद ग्रेटर कैलाश से विलिंगडन क्रिसेंट, वहाँ से दो वर्ष बाद फिर बम्बई 'प्रतीक्षा' को, वहाँ से चार वर्ष बाद फिर दिल्ली 'सोपान' को। आशा है 'सोपान' से उठना हुआ, तो अब सामान ले जाने का बखेड़ा न उठाना पड़ेगा। बम्बई से जाते समय दिल्ली में उठाने वाली परेशानियाँ तेजी के चेहरे पर लिखी थीं। पर परिवार का निर्णय हो चुका था और नियति का संकेत कि हमें अभी तो दिल्ली छोड़ बम्बई आना है।

दिल्ली में इलाहाबाद से लाये और सत्रह वर्षों में वहाँ जुटाए सामान से निपटने में तेजी को क्या-क्या मुसीबतें उठानी पड़ी होंगी उसकी मैं कल्पना ही कर सकता था। मैं तो बम्बई में बैठा था। बाद को जो थोड़ी-बहुत उन्होंने बतायीं वे मुझे काफ़ी उदास करने वाली थीं। घर में निजी और अच्छे किस्म का बहुत-सा फर्नीचर था, बेचने पर उनकी क़ीमत भी क्या मिलती; पर उनके साथ जो यादें जुड़ी थीं, जो प्रसंग सम्बद्ध थे, वे बहुत बेशकीमती थे। उदाहरण के लिए, मेरी स्टडी के मेज़-कुर्सी जिस पर बैठकर पिछले पन्द्रह वर्षों में मैंने कितनी किताबें लिखी थीं, कितनी किताबें पढ़ी थीं, कितना कुछ चिन्तन-मनन किया था। उसे किसी अजनबी के हाथों बेच देने का विचार उन्हें भीतर से कँपा देता था; खाना खाने की मेज़, जिस पर बैठकर कितने किस्से-कहानियाँ, कितनी हलकी-फुलकी और गम्भीर बातें भी हमने आपस में या बेटों से की थीं, ड्राइंग रूम के सोफ़ा-सेट्स जिन पर कितने बड़े-बड़े कवि-कलाकार, लेखक, राजनेता आकर बैठे थे—उन्हें अलग करने का ख्याल ऐसा लगता, जैसे अपने जीवन-इतिहास के पन्ने फ़ाड़कर फेंकना!—मैं अपने को अधिक भावुक समझता था, तेजी को कम। पर नारी की भावुकता की शक्ति और सुकुमारता भी अलग ही क़िस्म की होती है। फ़र्नीचर उनसे नहीं बेचा

गया; उन्होंने तार देकर जगदीश राजन को दिल्ली बुलाया और सारा कुछ ट्रक से लदा बाँदा भेज दिया। मैंने सामने के बरामदे में, लान की राकरी पर, बबूल के पेड़ के नीचे शिव और हनुमान के मन्दिर के चारों ओर बहुत से विचित्र रंग-रूप-आकार के पत्थर जमा कर रखे थे। उन्हें मैंने कैसे-कैसे इकट्ठा किया था, उसके विषय में पहले विस्तार से लिख चुका हूँ। उन्हें भी यों ही छोड़ देना कि जो चाहे हमारे वहाँ से हटने के बाद उठा ले जाये, तेजी के मन को मंजूर नहीं हुआ। उन्होंने अपने एक सम्बन्धी पुलिस आफ़िसर को बुलाकर वे सब पत्थर सौंप दिये, देख चुकी थीं कि उनके बरामदे और सामने के लान में उनको रुचि से लगा देने को काफ़ी जगह थी। हमारे पास बँगले के सामने और पीछे रखने को अच्छे फूल-पत्तों के दर्जनों ग़मले भी थे। वे सब भी उन्होंने उन्हीं आफिसर को दे दिये; वे आश्वस्त होना चाहती थीं कि जहाँ भी ये ग़मले जायें, उनकी देख-रेख करने में कोई दिलचस्पी ले—जैसे उन पाले पोसों को यों ही छोड़ देना उनके प्रति कोई अन्याय होगा। अन्दर और सर्वेंट क्वार्टर के कई कमरों में रखा सामान क्रेटों, पेटियों, बक्सों में बन्द कराना था, बिजली-फ़ोन कनेक्शन काटना था, और सब कुछ करने के बाद एक दो मित्रों-सहेलियों से विदा-मिलन के लिए जाना था। घर से विदा होते समय, तेजी ने अपने शब्दों में बताया था, "मैं भी बहुत रोई—घर भी बहुत रोया!" मैंने उस दृश्य की कल्पना की, तो मैं भी अपने को रोने से न रोक सका।

फ़ोन पर उन्होंने बता दिया कि सामान कुछ अधिक ही वे ला रही हैं, बहुत कोशिश करके भी वे बहुत-सी चीजों को न छोड़ सकी थीं। हमने बान्द्रा में एक गराज किराये पर ले लिया था। सामान आया, तो बहुत थोड़ा-सा सामान ही 'मंगल' में खोला गया। शेष गराज में गाँज दिया गया। ख़ैर, हर हानि का परिहार होता है—घर छूटा, दिल्ली छूटी, दिल्ली के मित्र छूटे, तो हम चार—माँ-बाप, दो बेटे फिर साथ थे, अपना दुःख-सुख साथ जीने-भोगने को, और एक-दूसरे की सफलता-विफलता में साथ-सहारा होने को।

मई में जबसे तेजी आयी थीं, बेबी आपा का घर आना कम होते-होते प्रायः समाप्त हो गया था। अब वे यदा-कदा ही आतीं। अब एक दूसरी ही लड़की हमारे यहाँ आने लगी थी और धीरे-धीरे कुछ ज्यादा ही आने लगी थी—उसका नाम था जया भादुड़ी। मुझे नहीं मालूम अमित जया को पहले-पहले कहाँ मिले थे और एक-दूसरे के प्रति क्या प्रतिक्रिया हुई थी। ऊपरी तौर से उसके घर आने का कारण यह भी हो सकता था कि वे एकाधिक फ़िल्मों में (बंसी-बिरजू, एक नज़र में) साथ काम कर चुके, और एकाधिक फ़िल्मों में (जंज़ीर, अभिमान में) साथ काम कर रहे थे। हिन्दी फ़िल्म संसार में जया की प्रसिद्धि 'गुड्डी' के साथ हुई थी, जो शायद उसकी पहली ही फ़िल्म थी और जो हिट हो गयी थी। कुछ और बाद को आने वाली फ़िल्मों में भी उसके काम की प्रशंसा हुई थी। जया क़द में नाटी, शरीर से न पतली, न मोटी, रंग से गेहुँआँ; उसकी गणना सुन्दरियों में तो न की जा सकती थी, पर उसमें अपना एक आकर्षण था, विशेषकर उसके दीर्घ-दीप्त नेत्रों का, और उसके सुस्पष्ट मधुर कण्ठ का। एक अभाव भी उसमें साफ़ था—समान अवस्था

की लड़कियों की सहज सुलभ लज्जा का, पर फ़िल्म में काम करने वाली लड़की से उसकी प्रत्याशा भी न की जा सकती थी। वह अमित को 'लम्बू जी' कहती और अमित उसे 'गिटकी' कहते। कोई भी उन्हें देखकर कह सकता था कि उनका एक-दूसरे के प्रति लगाव केवल एक क्षेत्र में साथ काम करने का नहीं था; उससे कुछ अलग या कुछ ऊपर था; और वह दिनानुदिन अधिक घनिष्ट हो रहा था। वह निकट ही जुहू में बीच हाउस के एक फ़्लैट में रहती थी अपनी माँ और दो छोटी बहनों के साथ, जो परिवार में भाई के अभाव में अपनी बड़ी बहन को 'दीदी भाई' कहती थीं—अपनी अर्जन-क्षमता सें वह इस मर्द-पद की अधिकारिणी थीं ही। हाँ, साथ में एक और नवयुवक रहते थे, जिन्हें पुराने ज़माने की शब्दावली में 'चचा बरखुरदार' कहा जाता था, यानी चचा होकर भी उससे उमर में छोटे थे।

अजिताभ शिपिंग उद्योग आरम्भ करने की कल्पना से मुक्त हो चुके थे; उसके लिए जितनी पूँजी की आवश्यकता थी, वह हमारे पास न थी। उन्होंने अपने एक मित्र की साझेदारी में 'त्रपू एन्टरप्राइजेज़' के नाम से टिन-बाक्स बनाने का एक उद्योग शुरू कर दिया था। किसी प्रसिद्ध इण्डस्ट्रियल एरिया में उन्होंने कुछ जगह प्राप्त कर ली थी और काम शुरू हो गया था। कुछ मशीनें मँगाई गयी थीं, जिन्हें उपयुक्त स्थानों पर लगाया जा रहा था। घर का एक नौकर उन दिनों कारख़ाने में भी काम करने जाता और आकर बताता कि भारी-भारी मशीनों को मज़दूरों के साथ उठाने में अजिताभ साहब भी काँधा लगाते, मशीनों के लगने पर पहले खुद चलाकर उनका परीक्षण करते—यह सब सुनकर हमको खुशी होती—काम करने और कराने का यही तरीका है। इससे हम आश्वस्त होते कि अजिताभ अवश्य अपनी योजना में एक दिन सफल-मनोरथ होंगे। वे सुबह ही नाश्ता लेकर चले जाते, कारख़ाने में कहीं से मँगाकर लंच लेते, और शाम को देर से थके-माँदे लौटते। अमिताभ भी सुबह ही अपनी शूटिंग पर जाते और शाम को लौटते। मुझे शर्म आती लड़के दिन-भर मरते-खपते हैं और मैं दिन-भर आरामतलबी करता हूँ। 'किंग लियर' की प्रेस-कापी बनाकर मैंने प्रेस भेज दी थी; अब मैंने अपनी अप्रकाशित कविताओं का एक संग्रह तैयार करने की बात सोची। जो पाण्डुलिपियाँ मैं दिल्ली से लाया था, उसमें एक फ़ाइल ऐसी कविताओं की थी। संख्या में कविताएँ अधिक न थीं। संग्रह छोटा ही बन सकता था। प्रकाशनार्थ और कविताएँ लिखने के मूड में मैं नहीं था। सोचा जितनी हैं, उन्हें छपा दूँ और उसी के साथ कविता से विदा भी ले लूँ। कभी किसी विवशता में कुछ लिखा भी तो प्रकाशित नहीं करूँगा। इस विचार के पीछे कई कारण थे। पिछले ऑपरेशन के बाद आयी मानसिक दुर्बलता को मैं पहला कारण न मानूँगा। बल्कि उससे पहले भी मुझे कविता से वितृष्णा हो चली थी—पहली बार उसके लक्षण अपने मनस में मैंने उस समय देखे, जब 'पन्त के दो सौ पत्र' प्रकाशित करने पर पन्तजी ने मुझ पर मुक़दमा चला दिया था। व्यक्ति और कवि दोनों के रूप में मैंने पन्तजी को बहुत प्यार और सत्कार दिया था। मुक़दमा चलाने के कारण जो उन्होंने दिये थे उन पर तो मैं स्तब्ध ही रह गया था। कविता को मैंने आत्मनिर्माण का एक साधन भी माना था (मेरे कवित तो मोहि बनावत)। पन्त

के दिये कारणों से मुझे लगा, यदि सारे जीवन कविता लिखकर मनुष्य का—उनका भी और मेरा भी—यही रूप बनता है, तो कविता से मैंने ग़लत आशाएँ लगाई थीं। यह अनुभूति तो बाद को हुई कि जो लिखाया गया था वह उनकी ओर से नहीं, बल्कि वकील की ओर से, पर उसे प्रति सहमति प्रकट करना भी पन्त ऐसे व्यक्ति के लिए मैं असम्भव समझता था। इस प्रसंग ने और इसके भी पहले मेरी आत्मकथा के प्रथम खण्ड को लेकर जो विवाद चला था, उसने मुझे भीतर से कटु बना दिया था और कटुता को लेकर कविता लिखना मेरी सारी कवि-धारणा के विपरीत था। मन कहता था अभिव्यक्ति के इस माध्यम से अब छुट्टी लो।

अपनी कविताओं के अन्तिम संकलन को नाम मैंने 'जाल समेटा' दे दिया। नाम सोचने में कोई दिक़्क़त नहीं हुई। 10-12 वर्ष पहले मेरा एक काव्य-संग्रह निकला था—त्रिभंगिमा। उसमें एक कविता की—'जाल समेटा' शीर्षक—पहली पंक्ति थी :

जाल समेटा करने में भी
समय लगा करता है, माँझी,
मोह मछलियों का अब छोड़।

कहने का मतलब, कि दस-बारह साल पहले भी मेरे मन में आया था कि अब मुझे अपना काव्य-जाल समेट लेना चाहिए। उम्र मेरी होगी उस समय 55 की, जब पुराने ज़माने में लोग सरकारी सेवा से अवकाश ग्रहण करते थे। अपनी किसी बीमारी या किसी स्वजन की मृत्यु से भी ऐसा विचार मन में उठा होगा। अब कुछ विशेष याद नहीं। इस कविता को मैंने 65 की उम्र में अपनी मन:स्थिति के अधिक अनुकूल पाया। भूमिका में, जो मैं 'अपने पाठकों से' शीर्षक से देता हूँ, मैंने यह पूरी कविता उद्धृत कर दी थी। मेरे पहले काव्य संकलन का नाम था 'तेरा हार' (1932)। अब प्राय: चालीस वर्ष बाद मेरे अन्तिम संकलन का नाम होने जा रहा था 'जाल समेटा' (1973) 'हार' से 'जाल'—दोनों प्रतीक—मोह के, और मोहभंग के। जीवन के अनुरूप कविता भी मोह से शुरू हुई थी और मोहभंग पर समाप्त हो रही है। संग्रह की एक पंक्ति है—

'मोह भंग करना ही तो है काम वक़्त का'

और क्या मैं काफ़ी नहीं देख चुका था। मेरे कई साथी तो 65 पूरा करने के बहुत पहले दुनिया से जा चुके थे। मैं ही अपनी उम्र ढो रहा था, ढोना ही पड़ रहा था, तो क्या यह उचित न होगा कि मोह-मुक्त होकर उसे भोगा जाये—'तेन त्यक्तेन भुंजीथा'। अब जीवन 'हार' समझकर गले में डालने की चीज़ न थी, 'जाल' समझकर उसे तटस्थ भाव से भोगना था। मोह-भंग की इस स्थिति में ढकेलने वालों में वे लोग थे जिन्होंने 'क्या भूलूँ क्या याद करूँ' के कुछ प्रसंगों पर एक सरासर झूठा विवाद खड़ा किया था। वे बाहरी तौर पर मेरा कुछ बिगाड़ नहीं सके, यह दूसरी बात है; पर उन्होंने मेरे मन को बिगाड़ दिया था। 'जाल समेटा' की भूमिका में मैंने इसका

संकेत देने से इनकार कर दिया था कि किस या किन कविताओं में उनकी ओर इशारा है, पर अब मैं बातों को छिपाने के मूड में नहीं हूँ—'अब तो बात फैल गयी जानै सब कोई'—'कड़ुआ पाठ' में आत्मकथा का पारदर्शी द्वार खोल देने पर मेरे मन में असमर्थ ग्लानि थी—

'मेरे शब्दों के सिवा कोई नहीं है मेरा गवाह।—
मैने महसूस कर ली है अपनी भूल,
सीख लिया है कड़ुआ पाठ,
पारदर्शी द्वार नहीं खोला ज सकता है।
सत्य कविता में ही बोला जा सकता है।'

मुझे यह अनुभूति होनी बाकी थी कि कटु सत्य कविता में भी नहीं बोला जा सकता, पर इस प्रसंग से सम्बद्ध दूसरी कविता में—'उन्होंने कहा था' में—मैं आक्रामक और क्रूर-कटु भी हो गया था। कविता की अन्तिम पंक्तियाँ हैं—

सच्चाई टूटती, मनुष्य उसे सह लेता;
सपने जब टूटते, टूट वह ख़ुद जाता है—
गोकि टूटन सदा बुरा नहीं—
टूटने से भी कोई-कोई कुछ बन जाया करते।
टूटोगे तो, वत्स, बड़े दयनीय लगोगे—
पातक इससे बड़ा नहीं दुनिया के अन्दर।

लेकिन तुमसे
कहीं बड़ी दयनीय लगेगी परी,
प्रतिष्ठित हृदय-कुँज में,
जो धन-यश की लादी लादे
आज यहाँ कल वहाँ फिरेगी।
पर सबसे दयनीय, वत्स, पाषाण लगेगा,
जो मन्दिर के एक उपेक्षित कोने में
लुढ़का-पुड़का रिरियाता होगा,
मैं ही हूँ भगवान, भक्तगण,
भोग लगाओ मुझको,
मुझ पर द्रव्य चढ़ाओ!

'जाल समेटा' में पूरी कविता पढ़ेंगे तो, 'परी' (प्रकाशो) और 'पाषाण' (श्रीकृष्ण) अधिक स्पष्ट होंगे। ख़ेद के साथ लिखना पड़ रहा है कि 'पाषाण' जा चुका है, 'परी' मौजूद है, जाना उसे भी है, जैसे मुझे भी, पर हम सब सापेक्ष सत्य हैं (रिलेटिव ट्रुथ)। लेकिन साहित्य और कला का सत्य तो ऋत होता है (एब्सोल्यूट ट्रुथ), वह सदा रहेगा। मैं स्वीकार करूँगा कि मेरे बिगड़े मन की कटुता यहाँ स्पष्ट हैं, और जब यह आयी मेरे लिए आगाही बनकर आयी। अब कविता के लिए तुम्हें

लेखनी रख देनी चाहिए—कटुता से कविता लिखना ओछा काम है।

ऐसी ही कटुता उस कविता में भी स्पष्ट है, जो मैंने पन्तजी के मुझ पर मुक़दमा दायर करने पर लिखी थी—यह है 'अक्लमन्दाना इशारा'। पन्तजी भी जा चुके हैं। 'जाल समेटा' प्रकाशित हुई थी, तो मैंने एक प्रति उनको भेज दी थी। 'इशारा' उन्होंने समझा होगा, तो शायद क्रुद्ध-क्षुब्ध हुए होंगे, शायद दुखी भी। पर किसी को क्रुद्ध या दुखी करना कविता का काम नहीं है। कटुता से दो-तीन कविता लिखकर मुझे लगा कि मैं ग़लत रास्ते पर जा रहा हूँ। उसकी तीव्र प्रतिक्रिया में चलना ही बन्द करने का निर्णय लिया था। पर कविता के बारे में शायद कोई निर्णय नहीं ले सकता। वह आती रही, मुझे प्रेरित करती रही, मुझे अभिव्यक्ति देने को विवश करती रही, गो कि मुझे प्रकाशन का मोह अब नहीं रह गया था—कालान्तर में तो न प्रकाशित करने का निर्णय भी मैं न निभा सका; ऐसी सब कविताएँ 'बच्चन रचनावली' में दे दी गयीं। बाद को तो कुछ कविताएँ पत्र-पत्रिकाओं में भी आयीं, पर तब तक कटुता मन से निकल चुकी थी। फिर भी उस समय के मेरे मौन ने मुझ पर उपकार ही किया, बहुत कुछ ऐसा लिखने से मुझे रोक लिया, जिस पर बाद को शायद मुझे अफ़सोस ही होता। 'जाल समेटा' की जिन कविताओं की ओर मैंने संकेत किया है, आज भी उन्हें देखकर मुझे आत्मग्लानि होती है, पर एक सन्तोष भी होता है कि मैंने अपनी विकृतियों को अपने पाठकों से छिपाया नहीं। अपने विकारहीन होने का दावा मैंने कब किया है? मेरे विकारों ने शायद मेरी यत्किंचित निर्विकारता को अधिक उभार में देखने का अवसर दिया है।

एक अन्तिम बात। कविता से संन्यास लेने का एक और कारण, और विशेष कारण, कलागत था—मेरे भाव-संसार में परिवर्तन; परिवर्तन नहीं, मिलावट। बेटों से दूर रहते हुए चाहे कलकत्ता से, चाहे मद्रास-बम्बई से मैं अपने भाव-समुद्र में जब चाहता था अविभक्त, विशुद्ध, पूर्णरूपेण डूब सकता था और वहीं से तदनुरूप भाषा के अतल से मोतियाँ चुनकर ऊपर आ जाता था—ये मेरी कविताएँ थीं। जब तक बेटों के संसार ने कोई विशिष्टता न पा ली थी—विचारोत्तेजक, चिन्ताजनक या उत्फुल्लताप्रदायक, तब तक उनका निकट रहना भी मेरे भाव-संसार में कोई व्याघात न उत्पन्न करता था। पर अब तो मैं बम्बई आ गया था, जहाँ अमित की भी और अजित की भी दुनिया एक अपनी अलग शक्ल ले रही थी और जिसके प्रति मैं केवल तटस्थ दर्शक बनकर न रह सकता था। यह जानते हुए भी कि वे जो दुनिया बना रहे हैं, उसके रूपांकन में मेरा कोई योग या सहयोग मुश्किल से ही हो सकता था, तो भी उसे देखकर, उसका अनुमान करके या उसका आभास पाकर भाव-विह्वल, भाव-सन्तुष्ट अथवा भाव-विक्षुब्ध होने से—और तीनों की ही स्थितियाँ आती-जाती रहती थीं—अपने को न रोक सकता था। आख़िरकार वे मेरे रक्त-माँस थे, मेरे 'मनसो-जात:' थे, 'आत्मा वै जायते पुत्र' थे। इतना सब होकर भी वे मेरे सृजन-संसार की कुछ उथल-पुथल थे, मेरी सृजन-वीणा के कुछ विसंवादी स्वर थे। इतना ही कहूँगा, तो शायद मैं झूठ बोलूँगा। कभी-कभी तो मैं उनकी उथल-पुथल और उनके विसंवादी स्वर को अपने सृजन-जगत पर पूरी तरह छा जाने देता था। ऐसे में

पहले तो सृजन होता नहीं था, और अगर होता था तो वह मुझे पूर्णतया सन्तुष्ट न करता था। '72 से '82 तक लम्बे-लम्बे अरसों तक मैं अपने बेटों से दूर भी रहा और पास भी। इस अवधि में मैंने बहुत-सी कविताएँ भी लिखीं, पर 10 में से 9 कविताएँ मैंने तब लिखीं, जब मैं उनसे दूर था—और उनकी दुनिया की, सिने-जगत की या उद्योग-संसार की, रोबदाबी छाया मेरी लेखनी पर या मेरे काग़द-पत्रों पर हावी न हो सकती थी। मैं यह मानूँगा कि मेरे बेटे मेरी क़लम-स्याही की अविज्ञापित, मूक साधनालीन स्थली को पूजा की कोठरी से कम मान न देते थे। पर मैं अपने मन को क्या करता, जो मोहासक्त या कौतूहलवश ध्यानभ्रष्ट उनकी कोठी के विभिन्न भागों में चहलक़दमी करने को निकल पड़ता था। भावों की झेल तो एकान्त माँगती है, शब्दों की उद्वेल कम एकान्त नहीं माँगती—बाह्य और आन्तरिक दोनों। शब्द बड़ी भाव-प्रवण चीज़ें हैं। ईट्स उनकी तुलना 'केमिलियन' से करते थे—गिदगिदान या गिरगिट से—जो अपने चतुर्दिक परिवेश के अनुरूप रंग बदलता रहता है। ईट्स का अनुभव था कि पहाड़ी पर लिखी कविता, झील-झरनों के पास लिखी कविता, घने जंगलों में लिखी कविता, गाँव या महानगर में लिखी कविता चतुर्दिक रूप-रंग-रस-ध्वनि-गन्ध की अपनी इकाई, शब्द-शब्द में प्रतिलक्षित, अलग रखती है, पर उसे परखने को बड़ी सूक्ष्म बुद्धि चाहिए।

'73 की फ़रवरी के प्रथम सप्ताह में मेरे मित्र पं. प्रफुल्ल चन्द्र ओझा 'मुक्त' की बेटी का विवाह था। रहते वे थे पटना में, पर लड़के वाले दिल्ली के थे और उनका आग्रह था कि आप बेटी को लेकर दिल्ली आयें और वहीं से ब्याह करें। बेटे वालों की ज़िद चलती है, 'मुक्त' को सहमत होना पड़ा। 'मुक्त' की इच्छा थी कि मैं उनकी बेटी की शादी में अवश्य शामिल हूँ। कई पत्र उनके आ चुके थे, पर मैंने वादा न किया था। सोचा था कि अगर जाने की सुविधा हुई, तो ठीक विवाह के दिन पहुँच जाऊँगा। मेरे स्वागत-सत्कार की उन्हें क्या तैयारी करनी थी; ठहर जाऊँगा मैं अपने मित्र रामनिवास ढंढारिया के साथ जो उन दिनों जयदयालजी डालमिया द्वारा खाली किये गये मकान—2, तिलक मार्ग पर रहते थे। अपनी बेटी के विवाह में मुझे सम्मिलित होने के लिए बाध्य करने का 'मुक्त' का एक विशेष कारण था। जब से वह बेटी जन्मी थी 'मुक्त' की यह धारणा थी कि वह पूर्व जन्म की श्यामा है। श्यामा के पिता पुकारने के लिए अपनी बेटी को 'बिट्टी' कहते थे, वैसे 'स्यामा'। 'मुक्त' जी भी अपनी बेटी को 'बिट्टी' कहकर पुकारते, और मुख्य नाम 'स्यामा' से मिलता-जुलता उन्होंने 'सीमा' रख दिया था।

उनका कहना था कि गुण स्वभाव और रूप-रंग में भी वह बिलकुल श्यामा जैसी है। उन्होंने एक बार यह प्रस्ताव भी मेरे सामने रखा था कि उसका कन्यादान मैं ही करूँ, शायद इस कारण कि उसके ब्याह-व्यय का आधा भार उठाने का दायित्व मैंने ले लिया था—मामाजी द्वारा छोड़े दान-पुण्यार्थ धन के बल पर—जिसे गोपनीय रखना था। मैंने इनकार कर दिया, लिख दिया, शायद ही यह प्रस्ताव लड़के वालों को स्वीकार्य हो। और वे मान गये, पर इसके लिए आग्रहशील थे कि

मैं सीमा के विवाह के अवसर पर अवश्य उपस्थित रहूँ। विवाह की तिथि निकट पहुँचने पर मेरे मन में भी कहीं पूर्वजन्म की श्यामा से मिलने का कौतूहल जगा, मैंने निश्चय कर लिया मैं दिल्ली जाऊँगा।

शरीर-मुक्त आत्मा की सत्ता अथवा पुनर्जन्म का विश्वास मुझे हिन्दू संस्कार से मिले हैं। उनके प्रति सन्देह मुझे सदा से रहा है, अब भी है। राधा बाबा से मैंने सीधा सवाल पूछा था, क्या मनुष्य का पुनर्जन्म होता है? उन्होंने कहा था, होता है; पर सबूत में इतना ही कहा था, 'पुनर्जन्म तो इसी जन्म में मनुष्य का कई बार होता है।' और इससे किसको इनकार हो सकता है। पर यहाँ 'पुनर्जन्म' का अर्थ प्रवृत्ति या स्वभाव परिवर्तन है, जो प्राय: होता ही है। क्रोधी शान्त हो जाता है, या भोगी, त्यागी; या अच्छा-भला, बुरा। पर साधु-सन्त से कठहुज्जती करना मैंने ठीक न समझा था, उनके उत्तर पर मैं चुप हो गया था। मौन स्वीकृति का ही नहीं अस्वीकृति का लक्षण भी हो सकता है। पर मैं इस स्थिति में भी कभी नहीं रहा कि पुनर्जन्म को बिल्कुल नकार दूँ—शायद होता ही हो, अपने मरने के बाद अपना पुनर्जन्म हो और पूर्वजन्म की स्मृति बनी रहे, तभी कुछ पक्का सबूत मिले। विश्वासों के सम्बन्ध में एक यह भी बड़ा मनोवैज्ञानिक सत्य है कि हम बहुत-सी बातों में इसलिए विश्वास करते हैं कि हम उनमें विश्वास करना चाहते हैं। हमारा अपने प्रति और अपनों के प्रति इतना मोह होता है कि हम चाहते हैं कि हम विलुप्त न हों, हम जिन्हें चाहते हैं, जो हमारे प्रिय हैं, हम चाहते हैं वे भौतिक शरीर छोड़ देने के बाद कहीं हों, कहीं होते हुए हमें, हमारी दुनिया को भूले न हों। शायद यह मोह ही आत्मा की सत्ता और पुनर्जन्म के विश्वास के मूल में हो। पर 'मोह' क्या कोई छोटी, नगण्य या उपेक्षणीय चीज है? वह न हो, तो हम साधारण मनुष्यों के जीवन का अर्थ ही क्या रह जायेगा। जब तक मोह है, क्या मोहजनित विश्वासों से छुटकारा पाया जा सकता है?

सीमा क़द, रंग-रूप, नाक-नक़्श में श्यामा से बहुत मिलती-जुलती थी; हाँ, श्यामा शरीर से कुछ भारी थी, सीमा दुबली। गुण-स्वभाव परखने का अवसर कहाँ था। पाँव-पुजाई की रस्म में मैंने सीमा के पाँव पूजे, अगर यह पूर्वजन्म की श्यामा ही है, तो मेरी पूजा की अधिकारिणी है ही। रस्म अदा करते समय कुछ अज़ीब से भाव मेरे मन में थे। पता नहीं वहाँ बैठे लोगों ने नोटिस किया कि नहीं कि मैंने पाँव सिर्फ़ कन्या के छुए थे, वर के नहीं। 'मुक्त' जी भावुक आदमी हैं। भाभी के रूप में जिसे स्नेह-सत्कार दिया था, बेटी के रूप में उसे प्यार-दुलार दिया।

त्रिभिर्वर्षैः, त्रिभिर्मासैः, त्रिभिर्पक्षैः, त्रिभिर्दिनैः
अत्युत्कटैः पुण्यपापैश्च इहैरैव फलमश्नुते।

अर्थ सरल है—

अति उत्कट पुण्य-पाप का फल मनुष्य तीन वर्ष, तीन मास, तीन पक्ष अथवा तीन दिन के अन्दर यहीं, अर्थात् इसी लोक में पा लेता है।

मुझे पता नहीं यह श्लोक किसका लिखा है अथवा किस ग्रन्थ में है, पर लगता है किसी बड़े अनुभवी का लिखा है। लड़कपन में कहीं पढ़ा था, अभी तक याद है और अपने ही जीवन में कितने अवसरों पर इसकी सच्चाई देख चुका हूँ। प्राय: मनुष्य को अपने सुख-दु:ख का कारण अज्ञात ही रहता है, कोई अपने पूर्व जन्म के कर्म को श्रेय-दोष देकर सन्तोष कर लेता है, कोई 'इंशा अल्ला' कहकर—रामजी की मर्ज़ी—'राम कीन्ह चाहहिं सोइ होई' (तुलसी), 'राजा राम करें सो होय' (कबीर); पूर्वजन्म और रामजी, दोनों को न माननेवाले भाग्य अथवा अन्ध नियति की मन-मौज को—

किसी की लौह लेखनी भाल—
शिला पर लिख जाती कुछ लेख,
न फिर फिरती पीछे की ओर
लिखा क्या इतना तो ले देख;
न कम कर देगी आधी पंक्ति
देख सब तेरी भक्ति, विवेक,
न तेरे आँसू की ही धार
सकेगी धो लघु अक्षर एक।

(ख़ैयाम की मधुशाला)

भाग्य और नियति को कभी विधि भी कहा गया है—'विधि का लिखा को मेटन हारा'। पर विधि-ब्रह्मा की अन्ध या मनमौजी नहीं माना गया। वे किसी आधार पर ही लिखते होंगे, और मनुष्य के कर्म के अलावा और क्या आधार हो सकता है, अधिक-से-अधिक मन:कर्म—पुण्य या पाप भी हो सकता है—जो आप करते नहीं, पर करने की सोचते हैं। इसी से मिलता-जुलता विश्वास है भाग्य जन्म-समय के ग्रह-नक्षत्र निश्चित करते हैं और इसका बहुत गुह्य-गहन शास्त्र है, जिसके मर्मज्ञ महापण्डित भी मिलते हैं और जिसमें चंचु-प्रवेशी भी। एक और विश्वास है कि भाग्य हाथ की रेखाओं में अंकित रहता है और इसका 'विज्ञान' भी कम विकसित नहीं है—अमरीकी कीरो से लेकर हिन्दुस्तानी फ़कीरों तक इसके जानकार मिलेंगे। इन सबके नगड़दादा नारद मुनि थे, जिन्होंने पार्वती का भाग्य बताया था—'परी हस्त असि रेख'। इस विद्या और इसे साधने वालों को सामुद्रिक भी कहते हैं, पता नहीं किस आधार पर। साहित्यकारों में इस विद्या के गुप्तज्ञानी पं. सुमित्रानन्दन पन्त थे। मेरा हाथ देखकर दो बार उन्होंने जो भविष्यवाणी की थी, अक्षरश: सत्य निकली। तीसरी बार तो उन्होंने कमाल ही कर दिया—बालक अमित का हाथ देखकर उन्होंने कहा था कि बड़े होने पर इस लड़के को तुम से हज़ार-गुनी अधिक लोकप्रियता और कीर्ति मिलेगी। तब हमारे कीर्ति के मानदण्ड या तो राजनीति के क्षेत्र में थे या धर्म के। पर नक्षत्र और हस्तरेखायें शायद भाग्य बनाते नहीं, भाग्य बताते हैं; बनाना किसी और अविज्ञात आधार पर होता होगा। आप मेरा विश्वास जानना चाहें तो मैं कहूँगा कि अपने जीवन में समय-समय पर मैंने इनमें से हर-एक पर विश्वास

किया है और हर-एक पर सन्देह भी और दोनों के कारण मेरे सामने रहे हैं। पण्डित नेहरू का लिखा या कहा, समाचार-पत्र-प्रकाशित, कहीं मैंने पढ़ा था कि मुझे पूर्वजन्म या पश्चात जन्म में सन्देह है, पर मैं एक वैज्ञानिक के समान इसमें विश्वास करता हूँ कि अच्छे कामों का परिणाम निश्चित रूप से अच्छा होता है।—मैं इस विश्वास को अपना भी कहना चाहूँगा, सिर्फ़ इतना उसमें जोड़कर कि ज़रूरी नहीं कि अच्छे कामों का अच्छा फल उसके कर्ता को ही मिले।

सीमा के विवाह व्यय का अर्द्ध-भार उठाकर—स्वयं फिर भी कहाँ?—मैने ऐसा तो न समझा था कि मैंने कोई अति 'उत्कट पुण्य' किया है, पर जो फल सामने आये, उससे लगता है कि कहीं बैठी लेखा-जोखा करने वाली शक्तियों ने उनको इसी श्रेणी में रखा। फ़रवरी-मार्च में अमित की दो फ़िल्में 'नमक हराम' और 'सौदागर'—उनके 'हिट' के मद में न गिने जाने के बावजूद काफ़ी लोकप्रिय हुईं और उनके अभिनय की दर्शकों और पारखियों ने प्रशंसा की। मई आते-आते मेरी 'मधुशाला' की बीस रुबाइयों का रिकार्ड एच.एम.बी. द्वारा निकाला गया—जयदेव के संगीत निर्देशन में, मन्ना डे के स्वर में, पहली रुबाई मेरी आवाज़ में; और निकलते ही लोकप्रिय हो गया। मई के तीसरे सप्ताह तक अमिताभ की फ़िल्म 'जंज़ीर' के पहली बार 'हिट' होने की उद्घोषणा हुई। और चौथे सप्ताह में अमित ने हमें यह खुशखबरी दी कि उन्होंने और जया ने यथाशीघ्र परिणय की जंजीर में आबद्ध होने का निर्णय ले लिया है—संकेत हमें महीनों से मिल रहे थे—और विवाह के लिए 3 जून की तारीख़ निश्चित कर ली है। अंग्रेज़ी में एक कहावत है—'मिस्फोर्च्यून्स नेवर कम सिंगली' यानी दुर्भाग्य कभी अकेला नहीं आता, वह अपने साथ अपने सगोतियों को भी लेकर आता है। हम तर-पर आते अपने सौभाग्य को देखकर सोचने लगे, यह कहावत भी होनी चाहिए थी 'गुड लक नेवर कम्स सिंगली' अर्थात् सौभाग्य कभी अकेला नहीं आता।

परिवार ने साथ बैठकर मन्त्रणा की—विवाह यथासम्भव गुप्त रीति से किया जाय। साल के शुरू से ही अमिताभ की बढ़ती लोकप्रियता के साथ घर घेरने वाली भीड़ दिनानुदिन बढ़ रही थी। विवाह की तिथि अगर पत्रों में घोषित कर दी गयी तो इतनी भीड़ जमा हो जायेगी कि उस पर अंकुश लगाना मुश्किल हो जायेगा। कुछ मास पूर्व एक प्रसिद्ध फ़िल्म अभिनेता के विवाह के समय जो भीड़ इकट्ठी हो गयी थी—तोबा-तोबा!—उसके परिणाम हम देख चुके थे। तय हुआ हमारी ओर से विवाह में सम्मिलित होने को केवल राजन-परिवार और गाँधी परिवार को आमन्त्रित किया जाये। जया के परिवार वालों ने यह निश्चय किया कि भीड़-भाड़ से बचने के लिए वे विवाह 'बीच-हाउस' से नहीं करेंगे, जहाँ वे रहते थे, बल्कि अपने एक मित्र के यहाँ से करेंगे, जिनका निवास मलाबार हिल्स की एक ऊँची बिल्डिंग, 'स्काईलार्क' के टाप फ़्लोर पर था। वहाँ से विवाह होने की सम्भावना पर शायद ही किसी का ध्यान जाता। हमने जगदीश राजन को तार दिया 'परिवार के साथ फ़ौरन चले आओ'। तार में और कोई सूचना न थी कि किस कारण हम बुला रहे हैं। तेजी ने श्रीमती गाँधी को फोन से निमन्त्रित किया। जैसी कि प्रत्याशा थी, उन्होंने बधाई

दी, पर स्वयं आने में असमर्थता प्रकट की—वास्तव में हम चाहते भी नहीं थे कि वे आयें; क्योंकि उनके आने से गोपनीयता की बात तो खत्म हो जाती—साथ ही विश्वास दिलाया कि गाँधी परिवार की ओर से विवाह में शिरक़त करने को संजय जायेंगे।

जया के माता-पिता की इच्छा थी कि विवाह बंगाली रीति से हो। हमने कोई आपत्ति न की। पहली रस्म वर-पूजा की थी, जिसमें जया के पिता ने 'मंगल' आकर कुछ उपहार के साथ दधि-दूर्वा-गोरोचन-अक्षत से वर की पूजा की। बदले की रस्म कन्या-पूजा के लिए मैं बीच हाउस गया और कुछ उपहार के साथ मैंने भी दूब-दही-रोली-अक्षत से कन्या की पूजा की।

बीच हाउस में एक अप्रत्याशित बात दिखी। जया को छोड़ परिवार में किसी के चेहरे पर प्रसन्नता की रेखा न थी।

अब तीन जून की सन्ध्या को हमें बारात लेकर 'स्काईलार्क' पहुँचना था। वर के अतिरिक्त तीन हम अपने परिवार के थे, तीन पुत्र, पति-पत्नी-पाँच राजन परिवार के थे, सगुन के लिए मैंने सोचा पाँच बराती भी रहें—संजय गाँधी थे ही, मैंने श्री भगवतीचरण वर्मा को, जो उन दिनों बम्बई में ही थे, श्री नरेन्द्र शर्मा, श्री कृष्णकिशोर श्रीवास्तव तथा डॉ. धर्मवीर भारती को आमन्त्रित कर लिया था।

उस सन्ध्या को तेजी और इन्दिरा—जगदीश राजन की पत्नी—ने हल्दी का उबटन कर अमित को स्नान कराया। ऐसे समय तो बड़ा गाना-बजाना होता है और उल्लास को अभिव्यक्ति मिलती है, पर यहाँ तो सब चुप-चुप करना था—अवरुद्ध उल्लास कभी रोमांच कर देता, कभी आँखों में छलछला उठता, विशेषकर तेजी के अंगों में या उनके नेत्रों में। वर के वस्त्र धारण करने पर बहनें काजल लगाती हैं; घर में बहनों का अभाव खटका। यह रस्म शंकराबाई की लड़कियों ने अदा की। अमित बहुत ही सुन्दर लग रहे थे—माँ ने दुआ माँगी, हनुमानजी, मेरे लाल को बद-नज़रों से बचाना। अजिताभ द्वारा सेहरा—बेले की कलियों का—वर के माथे पर बाँधे जाने के पहले मैंने पुलकित स्वर में घोषणा की, वर का चेहरा जिसे देखना हो, भर आँख देख ले, अब सेहरा बँधने जा रहा है। उसके बाद हम बाहर खड़ी तीन मोटरों में जा बैठे। आगे की मोटर में पाँच बाराती बैठे, बीच की मोटर में राजन परिवार के पाँच सदस्य—पीछे की मोटर में वर समेत हम परिवार के चार व्यक्ति!—'मंगल' के बाहर रात को रोशनी के लिए बल्बों की लाइन की लाइन लगाई गयी थी—पड़ोसियों ने पूछताछ की कि ये सब क्यों, तो उनसे कह दिया गया था कि अमिताभ की किसी फ़िल्म की शूटिंग यहाँ आधी रात को होगी। और वे मान गये थे; किसी को कानों-कान पता न लगने दिया गया था कि अमित का विवाह हो रहा है—बारात की तीन मोटरें 'मंगल' से बाहर निकलीं, तब भी लोगों ने यही समझा कि रात की शूटिंग के लिए कुछ रिहर्सल किया जा रहा है। हमने बड़ी सफलतापूर्वक अमित के विवाह को गोपनीय रखा था।

'स्काईलार्क' की इमारत के सामने बिना बाजे-गाजे की बारात का स्वागत किया गया। आसपास के कुछ लोग देखने को आ खड़े हुए, पर भीड़-भाड़ नहीं

थी—फिर तो लिफ्ट से हम सब टाप फ्लोर पर पहुँच गये जहाँ विवाह होना था।

जया का कुछ शृंगार किया गया था, और पहली बार मैंने उसके चेहरे पर लज्जा का भी भाव देखा, जिसके अभाव का ज़िक्र मैं पहले कर चुका हूँ। लज्जा सौन्दर्य का कितना विशिष्ट अंग है, इसकी पहली बार अनुभूति हुई। कुशल अभिनेत्री होने के कारण वह लज्जा का अभिनय भी कर सकती थी, पर उस समय की उसकी लज्जा मुझे बहुत सच्ची और स्वाभाविक लगी।

एक बंगाली पण्डित ने विवाह कराया, जिसकी रस्में देर रात तक चलती रहीं। एक फ़ोटोग्राफ़र सारे समय फ़्लैश दे-दे विवाह के चित्र लेता रहा। बारातियों को पिला-खिला विदा कर दिया गया। सिर्फ़ घर के लोग रह गए। विवाह समाप्त होने पर वर-वधू के साथ दोनों के घरों के सदस्यों ने भोजन-पान किया। इसके बाद विदाई होनी थी।

तेजी और मैंने सोचा हम दोनों कुछ पहले घर पहुँचकर वहाँ दूल्हा-दुल्हन के स्वागत की तैयारी करें।

विदा लेने से पूर्व मैंने अपने समधी को गले लगाकर बधाई दी—'अमित-जैसा जामाता पाने पर आपको मेरी बहुत-बहुत बधाई!'

मेरी प्रत्याशा थी कि उत्तर में वे कहेंगे, ''जया-जैसी पुत्रवधू पाने पर आपको मेरी बहुत-बहुत बधाई!'

पर उन्होंने कहा, 'मेरा तो घर ही उजड़ गया।'

हिन्दुओं में रस्म-रिवाज़ों की विविधता का कोई अन्त नहीं। शास्त्रीय वर्ण तो चार ही माने गये हैं—ब्राह्मण, क्षत्रिय, वैश्य, शूद्र, पर इनकी जातियाँ-उपजातियाँ सैकड़ों नहीं, हज़ारों हैं; और हर एक में जन्म से लेकर मरण तक के अवसरों को मनाने के तौर-तरीके अलग-अलग हैं। जाति-उपजातियों में भी परिवार हैं, परिवारों के घर हैं, और हर परिवार, हर घर में जीवन-अवसरों को मनाने के अपने कुछ विशिष्ट विधि-विधान हैं। उदाहरण के लिए, लड़के के विवाह के बाद वधू के घर में आने के अवसर को ही लीजिये। ऐसे कई घरों के अवसर मैंने देखे हैं। बहुप्रचलित तरीक़ा यह है कि वर-वधू घर के दरवाज़े पर आकर खड़े होते हैं, वधू आगे खड़ी होती है, वर पीछे। घर की बड़ी, प्रायः सास, सास न हुई तो वर की चाची-मौसी या बुआ सूप में जल की झारी, आटे की कटोरी में घी का दिया, सिन्दूर की डिबिया, फूल-अक्षत लेकर द्वार खोलती है। जल की झारी वधू के सिर से वारकर पानी एक ओर गिराती है, यह एक प्रकार से प्राचीन काल का अर्घ्य देना ही हुआ। फिर घी के दीवे से वधू की आरती करती है, उसकी माँग में सिन्दूर लगाती है, फिर फूल-अक्षत उसके सिर पर डालती है और फिर फूल-अक्षत धरती पर बिखेरती घर के अन्दर तक चली जाती है, पीछे-पीछे वधू-वर उन्हीं फूल-अक्षतों पर पाँव रखते घर में प्रवेश करते हैं।

एक घर में मैंने देखा उपर्युक्त सब कुछ करने के बाद सास या घर की बड़ी, आटे की बेली हुई रोटियाँ—अभी कच्ची—रास्ते में गिराती है और वधू उन पर पाँव

रखती हुई चलती है, पीछे से वर उन रोटियों को एक हाथ से उठाकर दूसरे हाथ पर रखता जाता है, बाद को वे तवे पर सेंकी जाती हैं और घर के लोग भोजन करते समय सबसे पहले एक-एक रोटी या उसका एक-एक कौर खाते हैं। यह भी एक प्रकार से नव-वधू का सम्मान ही है।

एक घर में मैंने देखा कि वधू के आने पर घर के मुख्य द्वार के दोनों ओर तेल गिराया जाता है और तब वधू घर में पाँव रखती है।

कश्मीरी पण्डितों के एक परिवार में मैंने देखा कि नव-वधू के आने पर सास उसके पाँव दूध से धोती है।

एक गाँव के परिवार में मैंने एक विचित्र प्रथा देखी। वर-नववधू के दरवाजे पर आकर खड़े होते ही सास घर से निकलती है और पास के कुएँ में पाँव लटका कर बैठ जाती है—जैसे आशंका प्रकट करती है कि नयी बहू उसका आदर-सत्कार नहीं करेगी, उसकी उपेक्षा, उसका अपमान करेगी, इसके पहले ही वह कुएँ में कूदकर अपने प्राण दे देगी। नव-वधू सास को मनाती है, उसे विश्वास दिलाती है, ऐसा नहीं होगा, वह उसका मान-सम्मान करेगी, वह कुएँ से पाँव निकाले और घर चले। ऐसा वह तीन बार कहती है, तब सास पाँव निकालती है। बहू सास के पाँव पूजती है और सास को आगे-आगे कर घर में प्रवेश करती है। शायद सासों ने यह प्रथा निकाली होगी कि बहू के घर में पाँव रखने से पहले उससे तीन-तिरवाचा करा लें कि नयी बहू उनकी बेइज़्ज़ती नहीं करेगी।

मेरे परिवार में यह प्रथा थी कि नववधू के द्वार पर आने पर सास उसका हिन्दू रीति से औपचारिक सत्कार कर उसके पाँव छुयेगी—पहली और अन्तिम बार, फिर जीवन में सास बहू के पाँव कभी नहीं छुयेगी, बहू ही सास के पाँव छुआ करेगी—और उससे कहेगी—

गृह लक्ष्मी
कुल लक्ष्मी
भाग्य लक्ष्मी
बनकर घर में पाँव रखो।

उत्तर में नववधू कहेगी—

मैं
गृह लक्ष्मी
कुल लक्ष्मी
भाग्य लक्ष्मी
बनकर इस घर में पाँव रखती हूँ।
डोली चढ़कर इस घर में आई हूँ,
टिकठी चढ़कर इस घर से जाऊँगी।

तात्पर्य शायद यह था कि सुख-दु:ख, मान-अपमान किसी हालत में बहू को घर नहीं छोड़ना था—विवाह आजीवन या आमरण सम्बन्ध था। अपने पहले विवाह पर श्यामा के साथ जब मैं घर आया था, तब की इस तरह की रस्म-अदाई मुझे याद थी। श्यामा ने तो अपना वादा शब्दश: पूरा किया! तेजी जब आयीं तब भी माँ ने इसी प्रकार उनका स्वागत किया था। मैंने तेजी से नववधू वाला वचन नहीं कहलाया था।

तेजी और मैंने घर आकर तय किया कि जया नववधू के रूप में आयेगी, तो हम दोनों औपचारिक सत्कार के बाद साथ उसके पाँव छुयेंगे और कहेंगे :

गृह लक्ष्मी
भाग्य लक्ष्मी
कुल लक्ष्मी
बनकर इस घर में पाँव रखो।

नववधू वाला भाग हम उससे न कहलवाएँगे, जैसा कि तेजी ने भी नहीं कहा था।

आधी रात के बाद जब अमित जया को लेकर आये तो इसी भाँति 'मंगल' में उसका स्वागत हुआ।

मैंने तेजी से कहा, 'लरिका श्रमित उनींदवश सयन करावहु जाइ'।

विवाह जिस तरह सम्पन्न होने को था, उसमें किसी सम्बन्धी या मित्र को निमन्त्रित करने का प्रश्न ही नहीं उठता था; पर अपनी तरफ़ से उन्हें इस शुभ कार्य की सूचना तो देनी थी, गो कई पत्रों में अमित-जया के विवाह का समाचार छप गया था। मैंने एक मौलिक 'निमन्त्रण-पत्र' छपाने की योजना बनाई। ऊपर बड़े अक्षरों में दे दिया—अमिताभ-जया-परिणय'; नीचे 'मानस' की एक अर्द्धाली दे दी—'जब तें राम ब्याहि घर आए। नित नव मंगल मोद बधाए।' अन्दर सूचना की तरह लिखा, 'आपको जानकर प्रसन्नता होगी कि 3 जून 1973 को अमित-जया परिणय-सूत्र में आबद्ध हो गये। उनके सुखमय वैवाहिक जीवन के लिए अपनी शुभकामनाएँ भेजकर हमें अनुगृहीत करें।' ऐसा निमन्त्रण-पत्र छपवाकर हमने मित्र-सम्बन्धियों को भेज दिया। प्राय: सबों ने अपनी शुभकामनाएँ भेजीं, बहुतों ने छोटे-मोटे उपहार भी भेज दिये।

चार रोज़ बाद अमित-जया अपना हनीमून मनाने को एक महीने के लिए इंग्लैण्ड जाने वाले थे। पर उसके पहले एक दिन जया की किसी फ़िल्म की शूटिंग थी; वह काम पर जाने लगी, तो मैंने कहा, 'घर में तीन-तीन मर्द कमाने वाले बैठे हैं और घर नयी-नयी ब्याही आयी बहू काम करने जाये, मुझे अच्छा नहीं लगता।' ख़ैर, शूटिंग के इस कार्यक्रम के लिए जया पहले से प्रतिबद्ध थी, कैसे रुकती।

अमित-जया के अपने हनीमून पर जाने के बाद राजन परिवार के लोग बाँदा लौट गये। अजिताभ सुबह त्रपु इण्टरप्राइज कारख़ाने चले जाते और शाम को आते। मौसम साफ़ रहता, तो सुबह-शाम मैं थोड़ी देर को जुहू-बीच तक घूम आता, दिन को कुछ देर पढ़ता, कुछ देर सोता। जून में बम्बई में वर्षा आरम्भ हो जाती है, नमी

बहुत ज्यादा हो जाती है, उसी के साथ तेजी का दमा बढ़ गया था, वे अपनी पेटेंट दवाइयाँ लेतीं और कमरा बन्दकर भीतर पड़ी रहतीं। रात को जब हम खाने की मेज़ पर बैठते, अजिताभ अपने कारख़ाने की प्रगति के बारे में बताते। आठवें-दसवें दिन अमित-जया के तस्वीरी कार्ड या पत्र आते, वे इंग्लैण्ड में घूम-घाम रहे थे और ख़ुश थे। जाते समय मैंने उनसे कहा था कि केम्ब्रिज भी जाना और वहाँ मेरे शोध-गुरु डॉ. हेन के भी दर्शन करना और उनका आशीर्वाद लेना, वे तुम लोगों को देखकर बहुत खुश होंगे, उनके एकमात्र लड़के की एक दुर्घटना में मृत्यु हो गयी थी, उन पर फ़ालिज गिरा था। वे बैसाखी पर चलते थे। अमित-जया केम्ब्रिज पहुँचकर उनके घर गये थे और उनसे मिलने पर बड़ा रोचक वर्णन लिखा था, पर उन्होंने क्या लिखा था जो हेन ने लिखा था। विभोर हो गये थे अमित-जया को देखकर, लिखा था, तुम कितने भाग्यवान हो कि तुमको इतना कद्दावर, सुन्दर, सुशील पुत्र मिला है और उसकी इतनी उसके अनुरूप पत्नी—इसमें कुछ व्यंग्य भी था कि इतने लम्बे नवयुवक की इतनी ठिगनी पत्नी! अन्त में लिखा था कि यह सुख भारतीय माता-पिता के ही भाग्य में होता है कि अपने पुत्र-पुत्रवधू को अपनी वृद्धावस्था में अपने समीप देखें। योरोप में तो विवाह के बाद पुत्र अपनी पत्नी को लेकर अलग घर बसाता है और यदा-कदा ही अपने माता-पिता को मिलने आता है या उन्हें अपने पास बुलाता है। मेरा पुत्र, अगर वह जिन्दा भी होता, तो शायद ही मेरे पास आकर रहता या मुझे अपने पास रहने को बुलाता। हेन के शब्दों के बीच-बीच से उनके पुत्र की दर्दीली स्मृति झाँक रही थी!—

जुलाई के प्रथम सप्ताह में अमित-जया अपनी हनीमून-यात्रा से वापस आये। 12 जुलाई से दिल्ली में नेशनल फ़िल्म्स अवार्ड कमेटी की मीटिंगें थीं, जिसकी तेजी सदस्या थीं; मीटिंगें तीन सप्ताह तक चलने वाली थीं। तेजी ने एक मास के लिए दिल्ली जाने का कार्यक्रम बनाया, मैंने एक महीने के लिए बाँदा जाने का। जगदीश राजन अमित-जया के विवाह के अवसर पर जब आये थे, तब बड़े आग्रहपूर्वक हमसे कह गये थे, अब घर देखने को बहू आ गयी है, भाभी और आप थोड़े दिनों के लिए बाँदा आकर हमारे पास रहें। तेजी दिल्ली में मोहम्मद यूनुस के साथ ठहरी थीं, जो हमारे मित्र और 8-10 महीने पहले हमारे पड़ोसी थे; वे 12 और हम 13 विलिंगडन क्रिसेंट में थे।

बाँदा मैं कई वर्षों बाद गया था। राजन के घर को तो पहचानना ही मुश्किल था। उन्होंने अपने पुराने कच्चे-पक्के घर को गिरवाकर नया मकान बनवाना शुरू किया था। नीचे, आगे के कुछ कमरे तैयार हो गये थे, दफ़्तर, ड्राइंग-रूम, डाइनिंग-रूम, किचेन और दो बेड रूम; पीछे का हिस्सा अभी पुराना ही था, ऊपर के कमरे अभी बन रहे थे, काम लगा हुआ था। राजन-इन्दिरा और हर्षित, उनके सबसे छोटे लड़के, सिर्फ़ बाँदा रहते थे; दोनों बड़े लड़के अभिजित और शोभित इलाहाबाद में अपने नाना-नानी के साथ रहते थे, ब्वायज़ हाई स्कूल में पढ़ते थे। दो बेड-रूम में एक छोटा था, एक बड़ा; उन्होंने बड़ा वाला बेड-रूम मुझे दिया, उसका एक दरवाज़ा बाहर के बरामदे में खुलता था, एक बगल के गलियारे में, एक

छोटे बेड-रूम से जोड़ता था। उस कमरे में रहते हुए मैं घर के भीतर भी था, और बाहर भी—बाथ-रूम साथ लगा था। राजन ने मेरे कमरे में विलिंगडन क्रिसेंट वाली मेज़-कुर्सी, आलमारियाँ लगवा दीं; आलमारियों में कुछ मेरी ही किताबें; वहीं का बेड़। उस कमरे में रहते हुए मैं अनुभव करता था कि जैसे 13, विलिंगडन क्रिसेंट का एक टुकड़ा ही यहाँ आ गया है। पुराने फ़र्नीचरों के बीच बैठता तो कितनी-कितनी पुरानी यादें जागतीं। मन पीछे की ओर, बीते की ओर, जाने को कितना उत्सुक रहता है, जाना कितना आसान होता है; पिछला सब कुछ परिचित, पहचाना, जाना, तन-मन सबसे अभ्यस्त।

बहुत सुबह उठने की मेरी पुरानी आदत है। मैं साढ़े-तीन चार के बीच उठ जाता। साढ़े चार तक तैयार हो जाता। बाहर के बरामदे के दरवाज़े से निकल, उस पर ताला लगा केन नदी की तरफ़ चल पड़ता। राजन के घर से नदी दो-ढाई मील पर होगी। रास्ता सीधा है। अभी सुनसान रहता। सुनसान सड़क पर एकाकी चलना मुझे अच्छ लगता है। जब तक तट पर पहुँचता कुछ-कुछ उजाला हो जाता। चट्टानों के बीच बहती, गरमी के कारण कृश, नील-निर्मल-जला केन मुझे लुभाती, आमन्त्रित करती। समुद्र न सही, नदी ही सही; मैं कपड़े उतार नदी में स्नान करता। बड़ा सुख मिलता। प्रयाग में गंगा-जमुना स्नान करने के दिन याद आते। स्नान करके निकलते ही चन्दन घिसते पंडे माथे पर चन्दन का खौर लगाते। एक-दो पैसा हाथ में ले, कुशा की पाँती हाथ में लेनी होती, पंडा कहता, 'स्नान, ध्यान, पूजा-पाठ सर्वविधे' और कुशा के साथ पैसा अपने हाथ में ले पास रखे पानी के लोटे में डाल लेता। यहाँ कुछ भी नहीं। सब सूना-सूना। मालूम होता है बाँदा के लोगों को नदी-स्नान का शौक नहीं। शायद यह शौक हिन्दुओं को ही नहीं। गंगा-यमुना या अन्य पवित्र नदियों के स्नानार्थी, निन्यानवे प्रतिशत, 'पुण्याय, पाप प्रक्षालनार्थाय' डुबकी लगाते मिलेंगे। केन के साथ पवित्रता की भावना नहीं जुड़ सकी। जोड़ने का एक बड़ा संभाव्य कारण खोजा जा सकता था। ऐसा प्रसिद्ध करते कि केनोपनिषद केन नदी के किनारे लिखा गया था। मेरी कल्पना अब भी है कि केनोपनिषद केन नदी के किनारे लिखा गया होगा। मेरा प्रिय उपनिषद है। जैसे केन सुस्थिर, अडिग, चट्टानी तटों के बीच सुनिश्चित पथ से प्रवाहित होती है, वैसे ही केनोपनिषद की विचारधारा भी चलती है। उसके सूत्रों के दो अर्थ नहीं लगाये जा सकते। मेरी ऐसी धारणा है कि ब्रह्म सत्य और ब्रह्म ज्ञान को मानवी संचेतना की सीमा में जितना समाहित किया जा सकता है, उतना और उतना ही कहकर केनोपनिषद चुप हो जाता है। मैं दो-एक उदाहरण देना चाहता हूँ—पहले खण्ड का पहला ही सूत्र है—

माहं ब्रह्म निराकुर्यां मा मा ब्रह्म निराकरोत
(न मैं ब्रह्म को अस्वीकार करूँ, न ब्रह्म मुझे अस्वीकार करे)

इस निषेधात्मक इच्छा पर ध्यान दें। ब्रह्म शोध के यात्री का इससे सही पहला कदम नहीं हो सकता। ब्रह्म की ब्रह्म जानें। पर मानवी संचेतना निःसंशय, पूरी ईमानदारी

से इतना तो कर ही सकती है। स्वीकारने को तो अतिमानवी अथवा दिव्य संचेतना ही आवश्यक हो, निश्चय ही स्वीकार किये जाने को भी; वहाँ तक अपनी गति नहीं।

दूसरे खण्ड का दूसरा सूत्र है—

नाहं मन्ये सुवेदेति नो न वेदेति वेद च

(न मैं यही मानता हूँ कि मैं उसे जानता हूँ, न मैं यही मानता हूँ कि मैं उसे नहीं जानता।)

मानवी संचेतना की अपनी सीमा की कितनी सुस्पष्ट स्वीकृति है! वैदिक ऋषियों की गर्वोक्ति—

वेदाहमेतं पुरुषं महान्तं
आदित्यवर्णं तमसः परस्तात।

(तम से परे, ज्योतिस्वरूप उस महान पुरुष को मैं जानता हूँ)—

से औपनिषदिक ऋषियों की विनम्रोक्ति तक आने में हमने कितनी दूरी तय कर ली है। शायद मानसिक दूरी से भौतिक दूरी तक—व्यास तट से केन किनारे तक। व्यास-तट के विश्वासी का स्वर दोहराने का साहस मैं न कर सकूँगा। पर केन-किनारे के सन्देहवादी (Agnostic) की वाणी प्रतिध्वनित कर मुझे सन्तोष होगा। और अन्त में यह सार है :

अविज्ञातं विजानतां विज्ञातमविजानताम्।

(जो कहता है मैं जानता हूँ, वह नहीं जानता है, जो कहता है मैं नहीं जानता, वह जानता है)

मैं तो साफ़ कहता हूँ कि मैं नहीं जानता। उपनिषद कहे, तो मैं जानता हूँ; पर मैं नहीं जानता, तो मैं नहीं जानता। अपने प्रति ईमानदार हूँ, यह छोटे-से जीवन की कोई छोटी उपलब्धि नहीं है।

स्नान करके सुनसान किनारे पर बैठा कुछ देर यही सब सोचता रहता, फिर घर वापस आ जाता, प्रायः सूर्योदय के साथ।

नाश्ता मौसमी फल और दूध का करता। कुछ देर अख़बार पढ़ता—साथ राजन-इन्दिरा से कुछ गप-शप। आठ-साढ़े आठ बजे अपनी मेज-कुर्सी पर जा बैठता। सोचता, सुबह से उठे हुए चार-पाँच घण्टे हो गये हैं और अभी तक लिखने-पढ़ने का कोई सार्थक काम नहीं किया! कभी सोचकर सन्तोष कर लेता बहुत कुछ आलतू-फालतू करते हुए मन में भीतर-भीतर चिन्तन-मनन तो चलता रहा है। वही तो लेखन-पठन की पृष्ठभूमि बनेगा। लेखन के साथ तो चिन्तन चलता ही है, पठन के साथ भी चिन्तन न चले, तो पढ़ना सिर्फ़ वक्त काटना है।

बम्बई से चलते समय अपने अपूर्ण-अप्रकाशित विविध गद्य लेखों की फ़ाइल साथ रख ली थी। उसमें कुछ निबन्ध थे, कुछ वार्ताएँ, भाषण, पत्र-परिचर्चाएँ, साक्षात्कार और कुछ संस्मरण। सोचा था, सबको एकत्र कर एक गद्य-विविधा प्रस्तुत कर दूँगा और उसी के साथ गद्य से भी विदा ले लूँगा। एक बजे तक उन पर काम करता। फिर खाना खाता। खाना मेरा बिलकुल फीका होता। उन दिनों मैंने नमक-मीठा दोनों छोड़ दिया था—

'लवण बिना सब व्यंजन फीके',
'खाण्ड बिना सब राँड़ रसोई।'

पर फीके से मुझे कोई तकलीफ़ न होती। फिर दो घण्टे को सो जाता। शाम को या तो श्री केदारनाथ अग्रवाल—बाँदा निवासी, हिन्दी के जाने-माने प्रगतिशील कवि, हमारे यहाँ आ जाते या मैं उनके यहाँ चला जाता और घण्टे-दो-घण्टे साहित्यिक, ग़ैर-साहित्यिक विषयों पर हमारी बातचीत चलती। रात को खाना खाकर जल्दी सोने चला जाता, सुबह जल्दी उठने को—केन तक जाने-आने और केन-किनारे कुछ देर बैठने का समय सबसे अच्छा बीता समय लगता। केन किनारे छोटे-छोटे चिकने विविध रंग-आकार के पत्थर बहुतायत से मिलते हैं; चार-छह जो मुट्ठी में आते चुन लाता। न्यूटन की याद आती। अपनी उपलब्धियों के लिए उसने कहा था, ज्ञान का पारावार सामने ठाठें मार रहा था; मैंने तो तट के कुछ रंगीन पत्थर भर चुने! मैं तो एक क्षुद्र नदी के तट की कंकड़ियाँ ही बीन रहा हूँ। इस अनुपात में भी यदि न्यूटन के सामने बच्चन रहे तो वह अपने को नगण्य न समझेगा। केन अपने शजरी पत्थरों के लिए प्रसिद्ध है। पानी के भीतर पड़े पत्थरों पर किनारे के वृक्षों की छायाएँ अंकित हो जाती हैं। कुछ कारीगर इन पत्थरों को खोजते, काटते और पेपरवेट वग़ैरह बनाते हैं, जो बड़े शहरों में अच्छे दामों पर बिकते हैं। एक कारीगर के यहाँ मैंने केन में मिला एक शिवलिंग देखा—एक फुट लम्बा—सप्त रंगों में, कोई ऐसा न था जो उस पर न हो। उसे देखते ही जी में आया इसे तो ले चलूँ और कहीं 'बहुरंगी महादेव' के नाम से इसे स्थापित करूँ। पर 'चढ़ावा'—देवमूर्तियों के 'दाम' को कारीगर 'चढ़ावा' कहते हैं—सुनकर विचार हवा हो गया!

बाँदा में काम करना बहुत मुश्किल था। गरमी के दिन। बिजली तो थी, पर उसके आने-जाने के विषय में यही कहा जा सकता था—'रहवे को आचरज है, जाय तो अचरज कौन'। गद्य लेखों पर कुछ काम बम्बई में भी हो चुका था, फिर लगभग एक मास में मैंने उनकी स्वच्छ प्रतिलिपि तैयार की, उनका क्रम लगाया, उनको प्रेस कापी का रूप दिया। नाम उस गद्य-कृति का मैंने रख दिया—'टूटी-छूटी कड़ियाँ'। उसे मैंने जया को समर्पित किया—इन शब्दों के साथ :

'मैं पुनि पुत्रवधू प्रिय पाई।
रूप रासि गुन सील सुहाई॥'

'अपनी पुत्रवधू जया को

जिसके योग्य ये 'टूटी-छूटी कड़ियाँ' तो न थीं,
पर जिन्हें जोड़ना-मिलाना उसके लिए कुछ
विनोद हो सकता है–'

प्रेस कापी तैयार हो गयी तो मैं उसे लेकर दिल्ली गया, राजपाल को उसे प्रकाशित करने के लिए देने को। तेजी तब दिल्ली में ही थीं, सोचा था, लौटते समय उन्हें साथ लेकर बाँदा आ जाऊँगा और वहीं राजन-परिवार की इच्छानुसार हम सब उनका जन्मदिन मनाएँगे (12 अगस्त को) और वहीं कुछ दिन रहेंगे–बम्बई की बरसाती नमी से बचने को, जो तेजी के दमे को उभार देती थी। दिल्ली से आने वाली गाड़ी के देर से पहुँचने के कारण कानपुर से बाँदा जाने वाली गाड़ी का कनेक्शन नहीं मिला। हमने तेजी का जन्मदिन कानपुर के एक मित्र के यहाँ मनाया। कानपुर में 'ज़ंज़ीर' लगी थी, हमने सोचा, चलो आज के दिन अपने बेटे-बहू को हम पर्दे पर ही मिल लें, अजिताभ को भी अमिताभ में देख लें। मित्र के परिवार के साथ हमने शाम को 'ज़ंज़ीर' देखी और रात की गाड़ी से चलकर बाँदा पहुँचे।

राजन-इन्दिरा हमारी हर सुविधा का ध्यान रखते, हमें हर प्रकार प्रसन्न रखने का प्रयत्न करते, वे हमें बहुत अपना समझते, वैसे ही हम भी उन्हें।

अगस्त के तीसरे सप्ताह में अमित का फ़ोन आया। तेजी ने ही सुना...नाचते हुए मेरे पास आयीं...'हम लोग दादा-दादी बनने वाले हैं!' सुनकर मैंने कहा, 'हम लोग बड़भागी हैं। हमारे परिवार में तीन पीढ़ियों के बाद ऐसा अवसर आया है। मिट्ठू लाल की जब मृत्यु हुई उनके पुत्र भोलानाथ का विवाह तो हो गया था, पर उनके तब तक कोई सन्तान न थी। भोलानाथ की जब मृत्यु हुई तब उनके पुत्र प्रताप नारायण का विवाह भी नहीं हुआ था। प्रताप नारायण ने अपने छोटे बेटे की बेटी का मुँह देखा था कि उसे उसकी माँ के साथ कफ़न में लपेटना पड़ा। सब कुछ कुशल से निबटे, तो हम लोग पोते या पोती का मुँह देखने वाले चौथी पीढ़ी के लोग होंगे।' तेजी जैसे मेरी बात को कुछ महत्त्व न देकर कहे जा रही थीं–'मुन्ना ने कहा है, फ़ौरन बम्बई आ जाइये...जाना ही चाहिए...तीसरा महीना है...यही महीने तो गर्भवती के लिए नाजुक होते हैं...ऊँचे-नीचे पाँव नहीं पड़ना चाहिए...ऊपर के कमरे में रहती हैं, सीढ़ी से बहुत चढ़ना-उतरना ठीक नहीं...मैं ऊपर वाले कमरे में चली जाऊँगी, बहू को नीचे भेज दूँगी...ऐसे समय कोई सयानी स्त्री पास होनी चाहिए, कब चलोगे?'

तेजी राजन-इन्दिरा को बुलाकर खुशखबरी देती हैं। पूछती हैं, 'यहाँ कोई नज़दीक हनुमान-मन्दिर है? मुझे इसी समय जाना है।' लौटकर सबको प्रसाद बाँटती हैं।

महीने गिनती हैं। मार्च में बच्चा होगा। मौसम कैसा रहेगा? मुझसे पूछती हैं, 'अच्छा बताओ, लड़का होगा कि लड़की? मैं दोनों के कपड़े बनवाऊँगी...मैं तो चाहती हूँ लड़की हो...मेरे लड़की नहीं हुई...तुम क्या चाहते हो?'

'मैं तो चाहता हूँ लड़का हो। हिन्दू परिवार में ख़ासकर कायस्थों के यहाँ

लड़की बड़ी भारी चिन्ता बनकर आती है। ब्याह-दहेज की फिक्र में लड़की के बाप की कमर टूट जाती है...और लड़की के लिए सब कुछ करके भी लड़की के भाई-बाप लड़के वालों के सामने सिर नहीं उठा पाते।'

मैं तेजी को श्रीकृष्ण के द्वारा अपनी बहन सुभद्रा का विवाह अर्जुन के साथ करने की कथा सुनाता हूँ। मर्यादा निभाने के लिए श्रीकृष्ण को भी अपने बहनोई अर्जुन को बहुत कुछ 'धन-धान्य' देकर भी 'रंग की नाईं' विनम्र होना पड़ा। अर्जुन तो यह देखकर घबरा ही गया कि लड़की वालों को इतना झुकना पड़ता है!

इतना सुनत पाण्डुनन्दन कह्यौ, यहै वचन प्रभु दीजै।
सूरज दीनबन्धु अब इहिं कुल, कन्या जन्म न कीजै॥

अगर मुझे विश्वास होता कि प्रभु मेरी विनती सुन ही लेंगे तो मैं भी यही माँगता 'इहिं कुल कन्या जन्म न कीजै।' मुझे क्या मालूम था कि 'इहिं कुल'—बच्चन परिवार—में यके बाद दीगरे दबादब चार कन्याएँ आ धमकेंगी—श्वेता, नीलिमा, नम्रता, नयना! लगता है प्रभुजी पुरुषों की इच्छा के ऊपर स्त्रियों की इच्छा को तरजीह देते हैं। तेजी लड़की चाहती थीं न, प्रभु की उदारता पर निहाल हो गयी होंगी!

हम लोग बम्बई जाने का कार्यक्रम बनायें कि मुझे मास्को से चौथी एफ्रो-एशियायी कान्फ्रेंस के लिए निमन्त्रण मिल गया, जो सितम्बर के दूसरे सप्ताह में अलामाटा (सोवियत यूनियन) में होने वाली थी। दिल्ली से चलकर दिल्ली लौटने तक का सारा ख़र्च कान्फ्रेंस देने को थी। मैं कान्फ्रेंस में भाग लेना चाहता था। बम्बई में मेरी ख़ास ज़रूरत तो थी नहीं। तेजी ने भी आपत्ति न की। बाँदा से तेजी बम्बई चली गयीं और मैं दिल्ली—दिल्ली में बहुत-सी दफ़्तरी औपचारिकताएँ निभानी थीं—विदेश मन्त्रालय से रूस जाने के लिए अनुमति लेनी थी, उसकी सिफ़ारिश पर रिज़र्व बैंक से यात्रा-व्यय के लिए कुछ डालर लेने थे, कुछ इंजेक्शन-टीके लगवाकर दिल्ली नगर निगम के स्वास्थ्य का प्रमाणपत्र लेना था, सोवियत दूतावास से वीज़ा-टिकट लेने थे, वग़ैरह-वग़ैरह। पहले हम लोगों को दिल्ली से मास्को जाना था। भारत से कान्फ्रेंस में जाने वालों में और लोग थे—श्री सज्जाद ज़हीर, श्री सुभाष मुखोपाध्याय, श्री भीष्म साहनी और श्री सुर्वे, दलित पैंथर कवि। मास्को में हमें रशा होटल में ठहराया गया और वहाँ से दूसरे दिन रात के हवाई जहाज़ से हम लोग अलमाटा ले जाये गये।

अलमाटा कहाँ है? नक़्शे में मैंने देखा, दिल्ली से अगर एक बिलकुल सीधी रेखा उत्तर की तरफ़ खींची जाये, तो हिमालय के पार अलमाटा है। हिमालय की श्रेणियाँ अलमाटा के दक्षिण में हैं। प्रान्त के हिसाब से शायद वह कज़ाकिस्तान में है, उसकी राजधानी है। कज्ज़ाक के अर्थ हैं, लुटेरा, डाकू, दस्यु—नज़ीर अकबरावादी की पंक्ति है—'कज्ज़ाक अज़ल का लूटे है दिन-रात बजाकर नक्कारा'—हो सकता है किसी समय में इस प्रदेश के लोग लूट-मार करने के लिए घरों से निकलते हों। यहाँ के मूल निवासी कज्ज़ाकी और तातारी अब भी क़द्दावर और हृष्ट-पुष्ट दिखते

हैं, मुमकिन है उनके पूर्वज खूँखार भी हों। प्रसंगवश बता दूँ कि 'अलमाटा' के शाब्दिक अर्थ होते हैं 'बढ़िया सेब'। सेब यहाँ बहुतायत से होते हों आश्चर्य नहीं। ठण्डी हवा अनुकूल है ही। इस प्रदेश का एक प्रसिद्ध पुराना दार्शनिक अफ़ंदी माना जाता है। कहते हैं, जब अफंदी से पूछा गया कि सेब का सबसे अच्छा हिस्सा क्या होता है तो उसने कहा 'बीज'। सारगर्भित उत्तर था। सितम्बर में भी वहाँ काफ़ी सर्दी थी। आर्कटिक से जो ठण्डी हवाएँ चलती हैं, उन्हें हिमालय की श्रेणियाँ ही रोकती हैं। हिमालय हमारे लिए कितना बड़ा वरदान है। हिमालय न होता, तो आर्कटिक की सर्द हवाएँ उत्तरी हिन्दुस्तान तक चली आतीं। साथ ही हिन्द महासागर से उठे मानसून को हिमालय न रोकता, तो उत्तरी हिन्दुस्तान में वर्षा न होती। वहाँ के कुछ बूढ़ों ने बताया कि अपने लड़कपन में वे हिमालय पार कर– उनको हिमालय कितना कम ऊँचा और पार करना कितना आसान लगता होगा– हिन्दुस्तान पहुँचने का सपना देखते थे, और कभी-कभी टोली बना चल पड़ते थे, और उनके वालदैन उन्हें ढूँढ़ने को निकलते थे। उनकी बातें सुनकर शेली की 'Ode to the West Wind' की ये पंक्तियाँ याद आती थीं–

> O uncontrollable! if even
> I were as in my boyhood, and could be
> The Comrade of thy wanderings over heaven
> As then, when to outstrip thy skies-speed scarce
> seemed a vision,—

जैसे शेली अपने लड़कपन में समझता था कि वह दौड़ में तूफानों को पछाड़ देगा, वैसे ही ये कज़्ज़ाकी लड़के समझते थे कि वे हिमालय खेल-खेल में पार कर लेंगे। हिमालय की उत्तरी तराई में बसे इन लोगों में अति-साहसिकता की प्रवृत्ति देखी जा सकती थी, जिसके सबूत में उन्होंने आधी सदी के अन्दर एक मध्ययुगीन कस्बे को आधुनिकतम नगर का रूप दे दिया था।

कान्फ्रेंस में हिन्दी, उर्दू, मराठी और बँगला में प्रगतिशील साहित्य की गतिविधि का ब्यौरा साहनी, सज्जाद ज़हीर, सुर्वे और सुभाष ने दिया था। पहले दिन के बाद साहित्य से सम्बद्ध विभिन्न विषयों पर वाद-विवाद करने के लिए कान्फ्रेंस कई दलों में विभक्त हो गयी थी। मेरा नाम उस दल में डाल दिया गया था जिसे प्रगतिशील लेखक को परिभाषित करना था। जहाँ एक अति पर यह संकीर्ण दृष्टि थी कि प्रगतिशील लेखक वह है जो साम्यवाद का समर्थक है–निहितार्थ में जो सोवियत नीति का पोषक है–तर्क यह कि सोवियत नीति प्रगतिशील नीति है या प्रगतिशीलता की मापदण्ड है, वहाँ दूसरी अति पर यह दृष्टि थी कि प्रगतिशीलता सामाजिक चेतना की एक उदार मुद्रा है जो लोकहित को ध्यान में रखकर चलती है। जहाँ तक मुझे याद है; मैंने अपना विचार इस प्रकार प्रकट किया था–साहित्य को राजनीति अथवा समाज नीति के परिप्रेक्ष्य में देखना उसके साथ पूर्ण न्याय करना नहीं है। जीवन का कुछ सत्य, कुछ क्यों बहुत-सा सत्य, राज-समाज-नीति निरपेक्ष

भी हो सकता है। उसकी अभिव्यक्ति स्थूल अर्थों में लोकहित की सीमाएँ न छुए पर व्यक्ति को निर्भार, व्यक्ति का निस्तार और व्यक्ति की तुष्टि करती है, उसे सुख देती है और सूक्ष्म अर्थों में लोक के अंश का हित भी करती है। हम न भूलें कि साहित्य का सामाजिक सम्पर्क व्यक्ति के माध्यम से होता है, उसके एकान्त-शान्त क्षणों में होता है, और व्यक्ति हर समय अपने को राजनैतिक अथवा सामाजिक प्राणी के रूप में नहीं देखता न मुक्त और व्यापक-दृष्टि लेखक ही जीवन-सत्यों को सर्वदा राजनीति या समाज नीति का चश्मा लगाकर। जीवन में मेरी अपनी खोज हित की भी है और सुख की भी है, औपनिषदिक शब्दावली में श्रेय की भी और प्रेय की भी, जिन्हें अलग करके तो देखा जा सकता है, पर एक-दूसरे के पूरक के रूप में, विरोधी के रूप में नहीं। मैं समझता हूँ मैं यह परिणाम निकालने में भूल नहीं कर रहा हूँ कि जो साहित्य व्यक्ति के अनुकूल पड़ेगा वह अन्ततोगत्वा समाज के भी अनुकूल पड़ेगा। जीवन गतिशील है, तो साहित्य भी गतिशील है। इस अर्थ में मैं अपने को गतिशील लेखक तो मानूँगा, पर प्रगतिशील नहीं; क्योंकि उसे रूढ़ अर्थों में विजड़ित करने का प्रयत्न किया जाता है। मैं अपने देश में प्रगतिशील आन्दोलन से नहीं जुड़ा हूँ। मैं जानता हूँ आप लोग प्रगतिशीलता के पोषक हैं। आपने मुझे लोटस अवार्ड दिया है, मुझमें प्रगतिशीलता का क्या लक्षण देखकर, मैं नहीं जानता। आप जानें।

एक रूसी विद्वान् ने एक विचित्र बात कही थी, जो इस देश में शायद ही मानी जाये। आप अपनी भाषा के सबसे लोकप्रिय कवि हैं, हम जनभाषा की पकड़ को जनमानस पकड़ने का सबसे पहला साधन मानते हैं। प्रगतिशीलता की सीमाएँ जनमानस की सीमाओं को छोड़कर नहीं छुई जा सकतीं। सफल प्रगतिशील लेखक आपकी तरह जनभाषा को पकड़कर ही चल सकता है। हम इस देश में आपकी इस देन को प्रगतिशीलता के लिए एक बड़ी देन समझते हैं—शायद लोटस अवार्ड निश्चय करने वालों में यह बात आपके पक्ष में गयी।

कान्फ्रेंस का अन्तिम कार्यक्रम था काव्य-पाठ का, जिसमें मैंने अपनी कई कविताएँ सुनाई थीं, जिनके अनुवाद रूसी भाषा में प्रस्तुत किये गये थे। याद है, 'रूस की गुड़िया' का अनुवाद प्रसिद्ध रूसी कवि येवतेशेंको ने सुनाया था।

अलामाटा में एक दुखद घटना हो गयी। सज्जाद ज़हीर पर, जिन्हें हम बन्ने भाई कहते थे, दिल का गम्भीर दौरा पड़ गया, और उन्हें वहाँ के अस्पताल में दाखिल कर दिया गया। भेंट-मुलाक़ात उनसे मना कर दी गयी। कान्फ्रेंस के बाद भारत, पाकिस्तान, बाँगलादेश से आये शिष्टमण्डल को ताशकन्द, समरकन्द और बुखारा दिखाने का कार्यक्रम बना था। कहा गया, बन्ने भाई की बीमारी की वजह से हमारा कार्यक्रम रद्द न होगा, वे अच्छे डाक्टरों के हाथों में हैं और हम उनके लिए कुछ न कर सकेंगे।

सबसे पहले हम लोग ताशकन्द गये। ताशकन्द हम भारतवासियों के मन में भारत-पाकिस्तान युद्ध के बाद उस समझौते से जुड़ा है जो रूसियों की मध्यस्तता पर ताशकन्द में हुआ था और जिसे सम्पन्न कराने के लिए वहाँ जाकर हमारे

तत्कालीन प्रधानमत्री लालबहादुर शास्त्री फिर अपने देश न लौट सके थे, वहीं दिवंगत हो गये थे। 'ताशकन्द' (शास्त्रीजी की स्मृति में) पर मेरी एक कविता है। उसकी कुछ पंक्तियाँ आप सुनना चाहेंगे?

ताशकन्द से
एक ख़बर आई थी
जिसने भारत-भू को हिला दिया था।

यहाँ भूमि का चप्पा-चप्पा
याद तुम्हारी जगा रहा है—
खड़े हुए होंगे इस जगह,
यहाँ से होकर गुज़रे होंगे,
अन्तिम बार इन्हीं दृश्यों पर
दृष्टि विवश-एकाकी अपनी डाली होगी,
और यहीं से
अपने कल तक के दुश्मन के काँधे चढ़कर...

पर जो दुनिया छोड़ गया है
उसका कोई शत्रु नहीं है,
        मित्र नहीं है...
इस धरती का जैसे तुम पर कोई ऋण था
और यहाँ पर आकर तुमने चुका दिया था।

शास्त्रीजी की 'दृष्टि विवश-एकाकी' का सन्दर्भ शायद आपने न समझा होगा। पाकिस्तान के साथ युद्ध में भारत ने बहुत-से सैनिकों का बलिदान कर हाजीपीर पर अधिकार किया था; भारत से जाते समय वे यह वादा करके गये थे कि वे भारत द्वारा जीते भागों को नहीं लौटाएँगे, परन्तु उन्हें ताशकन्द में हाजीपीर लौटाने को 'विवश' किया गया था। कुछ लोगों का अनुमान है कि इसी सदमे में उन पर दिल का दौरा पड़ गया था और यही उनकी मृत्यु का कारण बना। कुछ लोगों ने तो यहाँ तक कहा था कि यह अच्छा हुआ कि शास्त्रीजी ज़िन्दा नहीं लौटे; हाजीपीर शत्रु को समर्पित कर देश आने पर शायद ही भारत की जनता उन्हें क्षमा करती। यह सदा के लिए एक रहस्य बना रहेगा कि किन परिस्थितियों में उन्हें यह अपमानजनक शर्त मानने को विवश होना पड़ा। 'दुश्मन के काँधे चढ़कर' में 'दुश्मन' से संकेत है पाकिस्तान के फ़ौजी डिक्टेटर अयूब खाँ की ओर, जो एक तस्वीर में शास्त्रीजी की शव-पेटी को काँधा देते दिखाई दिये थे।

रूसियों ने शास्त्रीजी की पुण्य स्मृति में एक प्रतिमा खड़ी की है, एक नगर मार्ग पर। बड़ी सूक्ष्म काल्पनिक सूझ है कि उन्होंने उनकी प्रतिमा किसी ऊँचे चबूतरे पर नहीं खड़ी की। प्राय: समतल भूमि पर उनके छोटे कद के अनुरूप उनकी प्रतिमा है कि सड़क पर चलने वाला आदमी उनके काँधे से काँधा मिलाता

नज़र आये। वे भारत की साधारण गरीब जनता से उठे-उभरे हुए प्रधानमन्त्री थे—शत-प्रतिशत जनता के आदमी। प्रतिमा इसका बोध सड़क पर चलने वाले प्रत्येक राही को सहज ही कराती है।

ताशकन्द के मूल निवासी दिखे क़द में लम्बे, काठी में हृष्ट-पुष्ट, रंग में गेहुँआ, जो पीलेपन की भी एक झाईं लिये हों। नवयुवक क्लीन-शेब्ड रहते हैं, पर वयस्क-बुजुर्ग प्राय: छोटी दाढ़ी-मूँछ रखते हैं; पोशाक योरोपियन पहनते हैं, पर टोपी गोल काले कपड़े की, जिस पर सफ़ेद कपड़े की पट्टियों से काम भी किया रहता है। ये टोपियाँ वे अपने यहाँ आने वाले मेहमानों को भेंट करते हैं। एक मुझे भी मिली थी और मेरे कपड़ों में कहीं रखी है।

सांस्कृतिक धरातल पर लगता है ताशकन्दवालों को नृत्य-संगीत से पर्याप्त प्रेम है। एकाधिक कार्यक्रमों में स्त्रियों के नृत्य देखने और पुरुषों के वाद्य-संगीत सुनने का मौका मिला था। स्त्रियाँ नाचने के लिए चटक-रंगीन-चमकीली पोशाकें पहनती हैं। उनका नृत्य गति-मुद्रा में, कश्मीरी स्त्रियों के नृत्य से मिलता-जुलता, जो शायद आपने कभी देखा हो। ताशकन्दवालों का अपना ख़ास बाजा है एक किस्म का बड़ा सन्तूर जो खड़े होकर दो कमाचियों से बजाया जाता है। सम्भव है बैठकर बजाया जाने वाला कश्मीर का छोटा सन्तूर वहीं से आया हो या कश्मीरी सन्तूर वहाँ जाकर बड़ा और खड़ा हो गया हो। आधुनिक समय में कश्मीरी सन्तूर के सर्वश्रेष्ठ वादक शिव कुमार शर्मा हैं, जिनके कई रिकार्ड एच.एम.वी. से बने हैं। मुझे शिव कुमार शर्मा के सामने बैठकर उनका सन्तूर-वादन सुनने का मौका मिला है। उनके हाथों में कमाचियाँ बस जादू की छड़ियाँ हो जाती हैं, जिनसे वे तारों को छू-छू कितनी मर्मस्पर्शी और भाव-व्यंजक राग-रागनियाँ निकालते हैं। सन्तूर के साथ का उपयुक्त बाजा—ताल देने का—घड़ा होता है। सँकरे मुँह का खाली घड़ा इन्सान की हथेली और उँगलियों का स्पर्श पाकर कितनी तालों में बोलता है, यह सुनकर ही जाना जा सकता है। घड़े जैसी काम-काजी वस्तु को वाद्य-यन्त्र की संज्ञा दे देना मनुष्य के अदम्य संगीत-मोह का एक सबूत है। ताशकन्दी सन्तूर के साथ दोयरा बजता है—एक प्रकार का डफ़। मेरी फ़रमाइश पर रूसी भाइयों ने मुझे एक 'दोयरा' भेंट किया था, जिसे मैं अपने कतिपय लोक धुनों पर आधरित गीतों के साथ बजाता था। अब यह अमिताभ के पास है। उन्होंने शास्त्रीय शिक्षा किसी बाजे की नहीं ली, पर वे अपनी स्वभावगत संगीतप्रियता से हर बाजे से कोई-न-कोई ताल-धुन निकाल लेते हैं।

ताशकन्द में एक छोटे से समारोह में मुझे मेरी कुछ चुनी हुई परवर्ती कविताओं के रूसी अनुवाद का नवप्रकाशित संकलन भेंट किया गया—उसका नाम बताया गया 'कोलेस्नीत्सा सोन्त्सा' अर्थात् सूर्य का रथ। अनुवादक थे श्री एस. सेवेरत्सेव और भूमिका लेखक डॉ. चेलीशेव। लगता है सूर्य के रथ के साथ रूसियों ने भारत की सत्ता, इयत्ता का कोई आधारभूत सम्बन्ध जोड़ रखा है। आपको स्मरण होगा कि अभी थोड़े दिन पहले जो संयुक्त भारत-सोवियत अन्तरिक्ष मिशन भेजा गया था, उसका एम्ब्लेम—प्रतीक—सूर्य का रथ था। उसका चित्र पत्रों में छपा था—त्रिनेत्री—

त्रिकालदर्शी—सूर्य छत्राच्छादित एक-चक्र रथ पर बैठा है, जिसे एक घोड़ा बादलों के ऊपर आकाश में लिये उड़ा जा रहा है। यह ऋग्वैदिक कल्पना है कि सूर्य के रथ में एक ही पहिया है और उसे एक ही अश्व खींच रहा है, जिसका नाम 'एतश:' है।

> उद्वेति प्रसवीता जनानां महान्केतुरर्णव: सूर्यस्य।
> समानं चक्रं पर्याविवृत्सन्यदेतशो वहति धूर्षु युक्त:॥
>
> (ऋग्वेद 7-63-2)

'एत' के अर्थ हैं बहुरंगी अथवा चमकीली। सूर्य के रथ के घोड़े का यह नाम उपयुक्त ही है। सूर्य की सतरंगी किरणों को कौन नहीं जानता। मुझे नहीं पता कि सेवेरत्सेव को मेरी कविताओं में ऐसा क्या मिला कि उन्होंने संकलन को नाम 'कोलेस्नीत्सा सोन्त्सा' दिया—शायद मेरी कविताएँ उन्हें विविध-रंगी लगीं—'शमा हर रंग में जलती है सहर होने तक'। शायद उन्होंने मेरी कविता में आशा की कोई उदीयमान ज्योति भी देखी हो। अपने देश में तो मुझे निराशा-तमिस्रा का कवि घोषित कर दिया गया है!

ताशकन्द नगर का कुछ भाग तो बिलकुल नया लगा और कुछ बहुत पुराना। हमें बताया गया कि सात साल पहले ताशकन्द में भीषण भूचाल आया था, जिसमें तीन लाख लोग बेघर हो गये, बड़ी-बड़ी पुरानी इमारतें गिर गयीं, उनकी जगह पर नयी इमारतें खड़ी हो गयी हैं; छोटी और नीची इमारतें नहीं गिरी थीं। नागरिकों में यह भाव भी दिखा, काश वे भी गिर गयी होतीं, तो उन्हें भी नया रूप दिया गया होता, पुनर्निर्माण के सुख से वे अनभिज्ञ न थे। मुझे ईट्स की पंक्तियाँ याद आयीं—

> All things fall and are build again
> And those that build the again are gay.
>
> (Lapiz Lazuli)

और अपनी भी—

> नाश के दुख से कभी दबता नहीं निर्माण का सुख,
> प्रलय की निस्तब्ध्ता से सृष्टि का नवगान फिर-फिर।
> नीड़ का निर्माण फिर-फिर।
>
> (सतरंगिनी)

प्रसंगवश बता दूँ कि मेरी यह कविता 'नीड़ का निर्माण फिर-फिर' पं. बनारसीदास चतुर्वेदी को बहुत प्रिय है। उन्होंने मेरी हस्तलिपि में यह कविता मुझसे मँगाई और उसका ब्लाक बनवाकर उसकी सैकड़ों प्रतियाँ छपवाईं और अपने परिचितों, प्रेमियों, मित्रों में वितरित कीं। यह कविता किस मुहूर्त और किस परिस्थिति में लिखी गयी उसका ब्यौरा भी उन्होंने मुझसे मँगाया और अपने पत्र के साथ उसे 'हिन्दी आजकल' में प्रकाशित कराया। यह पत्र-व्यवहार 'सतरंगिनी' के परिशिष्ट-1 में दिया गया है। रुचि हो, तो कभी देखें।

शिष्टमण्डल को बस से नगर से दूर ग्रामों में ले जाकर बड़े-बड़े फ़ार्म्स

दिखाए गये जिनमें वैज्ञानिक ढंग से खेती और सिंचाई होती है, फलों के बाग़ भी दिखाए गये। एक फलों के उद्यान में ही हमारा लंच रखा गया, और हमारे सामने सामान्य ग्रामीणों के भोज्य पदार्थ परोसे गये। हमें मानना चाहिए कि वे चीज़ें पौष्टिक भी थीं और स्वादिष्ट भी, प्रदर्शन गो उनमें अधिक नहीं था। हमें बताया गया कि जो चीज़ें हमारे सामने हैं, वे स्थानीय उत्पादन हैं। काश, हमारे सामान्य ग्रामीणों का भोजन भी ऐसा हो सकता!

ताशकन्द में हमें कशीदाकारी सिखाने वाला लड़कियों का एक स्कूल दिखाया गया था। यह उधर की पुरानी और खास कला है। देखकर आश्चर्य होता है कि सिर्फ़ सुई और सफ़ेद अथवा रंगीन धागों से कपड़ों पर कैसे-कैसे बेल-बूटे काढ़े जा सकते हैं। हमारे यहाँ इस तरह का काम कश्मीर में होता है, मुमकिन है कि यह कला उस तरफ़ से आयी हो। चिकन या मलमल पर सफ़ेद धागों की कशीदाकारी का काम अपने यहाँ लखनऊ का प्रसिद्ध है। एक बात ध्यान देने योग्य है कि कशीदाकारी का काम करने वाले प्राय: मुसलमान लोग हैं। कुछ लोग बताएँगे कि उनके खानदान में पुश्तों से यह काम होता आया है। स्कूल में काम सीखने वाली कई लड़कियों ने हमसे रूमाल माँगे और जब तक में हम स्कूल देखें-देखें, तब तक में उन्होंने हमारे रूमालों पर कोई फूल या कोई जानवर या किसी चिड़िया की शक्ल काढ़ दी। मेरे रूमाल पर मदिरा की सुराही और प्याला काढ़ दिया गया था। शायद मेरे दुभाषिया ने चुपचाप संकेत कर दिया होगा कि मैं 'मधुशाला' का कवि हूँ।

एक अपराह्न को ताशकन्द लेनिन स्टेट युनिवर्सिटी में हमारे शिष्टमण्डल का स्वगत किया गया था। शिष्टमण्डल के कवियों ने अपनी-अपनी कविताएँ सुनाई थीं, दुभाषिये कविताओं का सारांश रूसी में बता देते थे। मैंने 'मधुशाला' की कुछ रुबाइयाँ सुनायीं। दुभाषिया रूसी में रूपान्तर करने लगा। श्रोताओं में कई विद्यार्थी खड़े हो गये, उन्होंने कुछ कहा, जिसका मतलब था, हम मूल समझते हैं, हमें अनुवाद की ज़रूरत नहीं। तबीयत खुश हो गयी। बहुत-से लड़के-लड़कियों ने हमारे आटोग्राफ़ लिये।

हमें बताया गया था कि ताशकन्द की आबादी लगभग 15 लाख है, जिनमें आधे लोग तो उज़बेकी हैं और आधे रूसी और अन्य एशियाई। नगर की भीड़-भाड़ में भी एशियाई और योरोपीय चेहरों को अलग पहचाना जा सकता है। बड़ा मुश्किल है कहना योरोपीय चेहरे में क्या ख़ास बात है, जो उसे एशियाई चेहरे से अलग करती है। मेरा ख्याल है कि सदियों की उन्नतिशील ईसाई संस्कृति और आधुनिक विज्ञान ने योरोपीय जन को आत्म-महत्त्व-सचेत और भविष्योन्मुखी बनाया है। यह उसकी आँखों में, उसके चेहरे में, उसकी चाल-ढाल में झलकता है। इसके विपरीत एशियाई इनसे वंचित, अधोमुखी इस्लामी संस्कृति और निष्क्रिय दार्शनिक विचारों पर पला हीन-भाव-ग्रस्त और अतीतोन्मुखी हो गया है; और आधुनिक बौद्धिकता और विज्ञान का यत्किंचित सम्पर्क भी उसे बहुत नहीं बदल सका। एक और बात; यह ऐतिहासिक सत्य है कि रूसी ज़ारों ने उज़बेकियों को परास्त करके उनके प्रदेश

पर अधिकार किया था। साम्यवादी व्यवस्था ने विजयी और विजित भाव का निराकरण करने का पूरा प्रयत्न किया है। फिर भी विजेता की एक झलक रूसियों के चेहरे पर और पराजित की एक झाईं उज़बेकियों के चेहरे पर देख लेना कठिन नहीं है।

ताशकन्द से हम लोग हवाई-जहाज़ से समरकन्द आये। ताशकन्द से समरकन्द कोई डेढ़ सौ मील दक्षिण-पश्चिम है। हवाई-जहाज़ से आधे घण्टे भी न लगे होंगे। आबोहवा में कोई परिवर्तन नहीं महसूस हुआ। न हवा में ठण्ड थी और न धूप ही बर्दाश्त से बाहर। समरकन्द की कल्पना मेरे मन में एक स्वप्निल नगर की थी– हाफ़िज के इस शे'र से जुड़ी–

> अगर आँ तुर्क शीरीज़ी बदस्तारद दिले मारा,
> बख़ाले हिंदुअश बख़्शम समरकंदो बुख़ारारा।

जिसके अर्थ हैं, अगर वह शीराज़ का तुर्क यानी माशूक मेरा दिल अपने हाथ में ले ले, यानी अगर वह मेरा प्रेम स्वीकार कर ले, तो उसके गाल पर जो काला तिल है, उस पर मैं समरकन्द और बुख़ारा को निछावर कर दूँ। शायर की नज़रों में वह काला तिल इतना ख़ूबसूरत था कि उसके सामने समरकन्द और बुख़ारा की खूबसूरती हेच थी। मेरी कल्पना का समरकन्द सुन्दर नगर था, गो मैं यह जानता था कि हाफ़िज (1325-1390) के समय का सुन्दर नगर मैं न देख सकूँगा। समरकन्द साफ़ दो हिस्सों में विभाजित है जिन्हें पुराना शहर और नया नगर कह सकते हैं। पुराने शहर में 14वीं सदी की कुछ इमारतें अब भी मौजूद हैं–छह सौ बरस पहले वे निश्चय बहुत खूबसूरत होंगी–मध्य एशियाई मध्य युगीन स्थापत्य के सर्वश्रेष्ठ नमूने– 'खण्डहर बता रहे हैं इमारत बुलन्द थी'। मुसलमान चार तरह की इमारतें बनाते थे–मकान, मस्जिदें, मदरसे और मक़बरे–चारों 'म' से। 14वीं सदी की इमारतों में सर्वश्रेष्ठ हैं शाहेज़िंदाँ और रूहाबाद के मक़बरे; वे सुन्दर भी हैं और मज़बूत भी, मज़बूत तो इस ख्याल से बनाये जाते होंगे कि उनमें ताक़यामत रहना है। मकान तो छोटी-सी ज़िंदगी के लिए बनाये जाते थे, जो पीढ़ी-दर-पीढ़ी गिरते-उठते रहते थे। 15वीं सदी में बनी इमारतों में बीबी ख़ानुम (तैमूरलंग की बीबी) की मस्जिद बहुत ख़ूबसूरत है; कहते हैं उसमें जो संगमरमर लगा है, वह हिन्दुस्तान से लाया गया था। किसी इतिहासकार के अनुसार जब (1398) तैमूरलंग ने हिन्दुस्तान पर आक्रमण किया था, तब लौटते समय लूट के बहुत से सामान के साथ, 90 हाथियों पर लादकर किसी प्रसिद्ध खान के संगमरमर भी ले गया था! दूसरी दर्शनीय इमारत खुद तैमूरलंग का मक़बरा है जिसे ग़ोरे-अमीर कहते हैं, यानी अमीर तैमूर की क़ब्र; फारसी में 'ग़ोर' के अर्थ हैं क़ब्र। ग़ोरे-अमीर देखने के सम्बन्ध में एक मनोरंजक बात याद आ गयी। हमारे साथ जो पाकिस्तानी शिष्टमण्डल था, उसके एक सदस्य ने ख्वाहिश ज़ाहिर की, 'मैं यहाँ फ़ातिहा पढ़ना चहता हूँ।' मैंने कहा, 'क्या गज़ब करते हो, तैमूर निहायत बेरहम, ज़ालिम और जल्लाद क़िस्म का इन्सान नहीं, हैवान था। कहते हैं उसने हिन्दुस्तान में एक लाख नरमुण्डों की मीनार खड़ी कर दी थी

और उन नरमुण्डों में कितने ही मुसलमानों के सिर होंगे; आखिर जब उसने दिल्ली पर क़यामत बरपा की, तब दिल्ली के तख़्त पर कौन था?—एक मुसलमान सुल्तान—महमूद तुग़लक!' ख़ैर, मेरे कहने का क्या असर होना था। रूसी अधिकारियों ने कहा, 'आप यहाँ फातिहा नहीं पढ़ सकते, पढ़ना चाहें तो अपने कमरे में पढ़ें; वहाँ से ग़ोरे-अमीर दिखाई देती है।'

पुराने समरकन्द में 15वीं से लेकर 17वीं सदी तक बने कई नमाज़गाह, मदरसे, खानकाहें और मक़बरे हमें दिखाये गये। इनमें मज़बूती का ख्याल कम और खूबसूरती का ज़्यादा रखा गया है। क्या यही प्रवृत्ति तत्सामयिक भारतीय इमारतों में भी नहीं देखी जाती? नया समरकन्द किसी आधुनिक नगर-जैसा है, जिसका निर्माण 19वीं और 20वीं शताब्दी में रूसियों द्वारा किया गया है।

समरकन्द एशिया के प्राचीनतम नगरों में है। और शायद नगर सदा से समृद्ध रहा है, जिसके कारण उस पर बराबर आक्रमण होते रहे। यह जिस भूभाग के केन्द्र में है, वहाँ फल, मेवे, रुई, धान की पैदावार कसरत से होती है। प्राचीन समय से वहाँ अंगूरों से शराब बनाई जाती थी; रेशम के कीड़े जिन पेड़-पत्तों पर पलते हैं, उनके जंगल थे, और उमदा किस्म का रेशम भी खूब तैयार किया जाता था। फिर समरकन्द को अपनी स्थिति का भी लाभ मिला था। चीन और भारत से व्यापार मार्ग आकर यहाँ मिलते थे और आगे पश्चिम एशिया और योरोप को चले जाते थे। इस प्रकार समरकन्द को अपना माल निर्यात करते और उससे धन कमाने का उपयुक्त साधन मिला था। कहते हैं अपने विश्व-विजय अभियान में सिकंदर ने समरकन्द पर भी हमला किया था—गो तब यह बस्ती किसी और नाम से जानी जाती थी। मंगोल चंगेज खाँ ने भी उसे लूटा था। उस पर तुर्क, अरबों, उज़्बेकियों और फ़ारसियों के हमले भी बराबर होते रहे और लम्बे-लम्बे अरसे तक उनकी हुकूमतें उस पर रहीं। तैमूरलंग—तुर्क—ने इस भूभाग को लूटकर पहली बार समरकन्द को अपनी राजधानी बनाया था। पूरब, पश्चिम, उत्तर, दक्षिण—जहाँ तक भी उसकी सेनाएँ जा सकती थीं, वहाँ से धन-सम्पत्ति लूटकर उसने समरकन्द का भण्डार भर दिया, मगर वह अपने सैनिक अभियानों में अपने जीवन-भर इतना व्यस्त रहा कि उसे अपने साधनों से समरकन्द को बनाने-सजाने का समय ही न मिला। यह काम उसके बेटों और पोतों ने किया। विचित्र है कि तैमूर जितना बड़ा संहारक था, उसके बेटे-पोते उतने ही निर्माता थे। उन्होंने अपने बाप-दादा के द्वारा उजाड़े नगरों को बसाया, मदरसे-पुस्तकालय खोले, वैज्ञानिक शोध को प्रोत्साहन दिया। जिन दिनों हम लोग वहाँ थे, ज़मीन की खुदाई में कुछ उसी प्रकार के 'यन्त्र' मिले थे, जिस प्रकार जयपुर और दिल्ली के 'जन्तर-मन्तर' में हैं। समरकन्द पर अन्तिम आक्रमण रूसी ज़ार ने किया और रूसी राज्य में मिला लिया। ज़ारों की राजनीति थी, जितना भी बढ़ सको, पूरब की ओर बढ़ो। भारत में प्रस्थापित होते अंग्रेज़ी राज्य ने यह ख़तरा पहचाना था; और पूर्व में अपनी मौजूदगी सिद्ध करने के लिए अफ़गान युद्ध भी छेड़ा था जिसमें वे बुरी तरह पिटे थे। नये समरकन्द ने विशेष उन्नति रूस में साम्यवादी व्यवस्था आने के बाद की।

नामों के मूल तक जाने में मेरी रुचि है। कभी आपने सोचा कि 'ताशकन्द' या 'समरकन्द' नाम उन बस्तियों को क्यों दिया गया होगा। 'ताश' के माने हैं 'साझेदारी'। ताश-पत्ते का मूल भी सम्भवतः यही हो। कन्द कहते हैं बस्ती या गाँव को। लगता है, शुरू-शुरू में ताशकन्द की मिल्कियत कई कबीलों या अमीरी-खानों की साझेदारी होगी। फ़ारसी में 'समर' के अर्थ हैं 'फल'। आपको मालूम होगा कि आमों की एक क़िस्म को मुग़ल बादशाहों ने 'समर बहिश्त' का नाम दिया था, यानी 'स्वर्ग का फल'। देसी नाम चौंसा है, जो शायद आमों में सबसे स्वादिष्ट और मीठा होता है—अपना विशेष स्वाद-सुगन्ध लिये हुए; और फसल के अन्त में आता है। आरम्भ में समरकन्द को यह नाम अपने फलों के कारण दिया गया हो, तो आश्चर्य नहीं।

हम लोग अभी समरकन्द में ही थे कि हमें अलामाटा में सज्जाद ज़हीर की मृत्यु का दुखद समाचार मिला। सज्जाद ज़हीर मुझसे दो बरस बड़े थे; सर हसन ज़हीर के सुपुत्र, जो लखनऊ के चीफ़ कोर्ट के चीफ़ जस्टिस थे। उनकी शिक्षा-दीक्षा लखनऊ और आक्सफ़र्ड विश्वविद्यालय में हुई थी। अच्छा उर्दू-गद्य लिखते थे। उनके एकाधिक कहानी-संग्रह, उपन्यास, नाटक प्रकाशित हुए थे। विचारों से वे साम्यवादी थे और शायद पार्टी-मेम्बर भी थे। आश्चर्य की बात है कि भारत में साम्यवाद के प्रथम समर्थक धनी-मानी, सुशिक्षित आभिजात्य वर्ग से आये। ऐसे ही लोग साहित्य में प्रगतिशीलता के भी अलमबरदार बने। एक समय ज़हीर की कोटि के दर्जनों लोग थे जिन्होंने साम्यवाद को एक नये फ़ैशन की तरह ओढ़ लिया था। ज़हीर निश्चय अधिक गम्भीर थे और पूरी तरह समझते थे कि साम्यवादी होने के निहितार्थ क्या हैं, और जीवन, व्यवहार और दृष्टिकोण में किस प्रकार का परिवर्तन माँगते हैं। उनकी गम्भीरता का इससे बड़ा सबूत क्या होगा कि जब पाकिस्तान बना, तो वे बहैसियत एक 'पक्के' मुसलमान के पाकिस्तान में जा बसे, जबकि उनका भरा-पूरा परिवार भारत में ही बना रहा। पाकिस्तान बनने को वे इतिहास की भयंकर भूल समझते थे। वे इस भूल पर दुखी भी थे। एक बार उन्होंने मुझसे कहा था कि अब अगर कभी पाकिस्तान और भारत एक हो सकेंगे, तो साम्यवादी निज़ाम में। वास्तव में, पाकिस्तान वे बहैसियत 'पक्के' मुसलमान के नहीं, इसके छद्म वेश में गये थे। वे गये थे पाकिस्तान में साम्यवाद का प्रचार करने की दृष्टि से, वहाँ की कम्युनिस्ट पार्टी को मज़बूत करने के लिए; वहाँ फैज अहमद 'फैज' के नेतृत्व में एक कम्युनिस्ट पार्टी काम कर ही रही थी। ज़हीर का सपना पूरा नहीं हुआ। पाकिस्तान पर सैनिक अधिनायकवाद का शिकंजा इतना मज़बूत होता गया कि साम्यवाद को अपने पाँव टिकाने की कोई जगह वहाँ न दिखाई दी। 'फैज' और ज़हीर दोनों जेलों में बन्द कर दिये गये। ज़हीर के पाकिस्तानी निष्क्रमण की एकमात्र उपलब्धि थी 'नकूशे-ज़िंदा'—वे ख़त, जो उन्होंने जेल से लिखे थे और जो बाद को प्रकाशित हुए। ज़हीर भारत लौटने के लिए छटपटाने लगे; और जहाँ तक मुझे मालूम है, बड़ी उच्चस्तरीय कोशिशों के बाद वे भारत लाये जा सके।

जिस शाम को ज़हीर की मृत्यु का समाचार आया, हमने अपने होटल में ही

एक शोक सभा की और बन्ने भाई को बड़े आदर और प्रेम के साथ याद किया और एक शोक प्रस्ताव उनकी पत्नी रज़िया सज्जाद ज़हीर के नाम भेजा। शव-पेटी के साथ भारत जाने को भीष्म साहनी को नियुक्त किया गया।

नये समरकन्द में तो एशियाइयों और योरोपियों, यानी रूसियों की मिली-जुली आबादी है। सभी प्राय: योरोपीय पोशाक में दिखाई देंगे। पर पुराने समरकन्द में तुर्क, उज़बेगियों और फ़ारसियों की बहुतायत है। जिन राह-गलियों से होकर हम पुरानी इमारतों तक पहुँचते हैं, उनमें अक्सर बड़ी उम्र के ऐसे लोग मिलते हैं, जो सिर पर पगगड़ बाँधते हैं, बदन पर लम्बा चोग़ा पहनते हैं, सलवारनुमा ढीले पाजामे के साथ—शरीर से हृष्ट-पुष्ट, क़द्दावर, भरी दाढ़ी-मूछों से प्रभावी; उनको देखकर ऐसा लगता है कि उनके पूर्वज अवश्य गज़नी, गोरी, तैमूर, नादिरशाह, बाबर, दुर्रानी, अब्दाली की फ़ौजों में भरती हो हिन्दुस्तान पर हमला करने गये होंगे। अहमदशाह अब्दाली के हमलों और लूट के बारे में पंजाब में एक कहावत प्रचलित थी—'खादा-पीदा लाहे दा, बाकी अहमदशाहे दा'। ऐसे ही बूढ़े-बुजुर्ग लोग पुरानी मस्ज़िदों में देखे जाते हैं। किसी नवयुवक को मस्जिद में नमाज़ पढ़ते या मस्जिद की तरफ़ जाते भी हमने नहीं देखा। रूसी साम्यवाद ने मुसलमानों को खूब साधा है। नयी पीढ़ी के लोग धर्म के ऐतिहासिक, सांस्कृतिक महत्त्व को स्वीकार करते हुए भी उसके पारलौकिक महत्त्व को बिलकुल नहीं मानते।

समरकन्द से हम लोग बुख़ारा आये—केवल दिन-भर के लिए। हाफ़िज के समय में 'बुख़ारा' सौन्दर्य में समरकन्द से होड़ लेता होगा, तभी तो हाफ़िज ने अपने शे'र में बुख़ारा को समरकन्द के साथ जोड़ा था। बुख़ारा और उसके आसपास का प्रदेश हमने दिन-भर बस से घूमकर देखे। बस में एक लड़की हमें बुख़ारा के इतिहास, उसकी पैदावार, उसके उद्योग-धन्धे, उसके आधुनिक विकास और महत्त्व के विषय में बताती जाती थी।

इस प्रदेश पर अधिकार करने के लिए भी मध्य एशियाई कबीले सदियों तक संघर्ष करते रहे थे। प्रागैतिहासिक काल में यह प्रदेश शक और हूणों के कब्जे में भी रह चुका था और जब उनसे सबल जातियों ने उन्हें वहाँ से निष्कासित किया, तब शक और हूणों ने भारत में प्रवेश किया। विक्रमादित्य, जिनके नाम से विक्रम सम्वत चलता है, इन शकों का विरोध करने के कारण 'शकारि' कहलाए। फिर भी शकों ने कई सदियों तक पश्चिम भारत को अपने कब्जे में रखा। उनका चलाया शक सम्वत भी प्रचलित है। हूण, इतिहासकारों का कहना है, भारत के पश्चिमी मरुस्थलों में जा बसे। ये हूण ही राजस्थान के वर्तमान राजपूतों के पूर्वज थे।

मध्य युग में तुर्क, अरबी, उज़बेगी और फ़ारसी इस प्रदेश के लिए लड़ते-झगड़ते रहे। इसकी विशेष उन्नति उस समय से आरम्भ हुई जब फ़ारसियों ने बारहवीं सदी में उस पर अधिकार कर लिया। उस समय के बने पुस्तकालय, मदरसे, मीनार अब तक मौजूद हैं। 10वीं, 11वीं सदी में ही बुखारा वालों ने नीले रंग की सिरेमिक ईंटों का बनाना सीख लिया था। इन ईंटों की बनी इमारतें—नीले रंग की—अब भी भव्य हैं। सबसे पहले हम लोगों को रेगिस्तानी स्क्वायर दिखाया गया। यहाँ सबसे पहले

ध्यान आकर्षित करती है नीले सिरेमिक ईंटों की बनी 152 फ़ीट ऊँची कलयान मीनार। कहते हैं, यह मीनार तीन कामों के लिए इस्तेमाल होती थी—नमाज़ के वक्त अजान देने के लिए, हमलावर दुश्मनों की फ़ौजों पर निगाह रखने के लिए और अपराधियों को मृत्युदण्ड देने के लिए, सबसे ऊपरी मंज़िल से गिराकर। मीनार के भीतर गोल सीढ़ी है ऊपर तक पहुँचने के लिए। मीनार के पास ही प्रसिद्ध फ़ारसी दार्शनिक अबू सीना के नाम पर बना पुस्तक भवन है। अब तो भवन ही खड़ा है, पुस्तकें पता नहीं कहाँ गयीं। दूसरी ओर मदरसा है, बीच में खुला लम्बा-चौड़ा पक्का आँगन। उसके चारों ओर दुमंज़िली इमारत, जिसमें लाइन की लाइन कमरे हैं, जिनमें कम-से-कम पाँच सौ विद्यार्थी तो रह सकते होंगे। मदरसा और पुस्तकालय भी नीली सिरेमिक ईंटों के बने हैं और खुले नीले आसमान के नीचे खुली धूप में दिव्य लगते हैं। किसी समय बुख़ारा विद्या का केन्द्र माना जाता था। अब न अध्यापक हैं न विद्यार्थी, सिर्फ़ इमारतें खड़ी हैं, पर उनके बीच खड़े होकर कल्पना करने को जी चाहता है उस समय की, जब ये मदरसे विद्यार्थियों और अध्यापकों के क्रिया-कलाप से सजग सजीव थे। नवयुग की आवश्यकताओं के अनुसार नये स्कूल, कॉलेज, पुस्तकालय भी होंगे, पर हमारे पास समय नहीं था कि उन्हें देखें।

लम्बे समय तक फ़ारसी अमल में रहने के बाद भी बुख़ारा कई बार अरबी, तुर्की और उज़्बेगी अमीरों और खानों के हाथ आया-गया। चंगेज़ खाँ ने भी बुख़ारा पर हमला करके उसे लूटा था। ऐतिहासिक सच्चाई तो यह है कि रूसियों के अधिकार के पहले शायद ही कभी इस नगर ने सौ-डेढ़ सौ वर्षों की शान्तिपूर्ण व्यवस्था जानी हो।

मध्ययुगीन इमारतों में हमें एक अमीर का रंगमहल भी दिखाया गया। श्रृंगार का प्रदर्शन उसमें बहुत था, पर सुरुचि का प्रभाव बहुत कम।

हमें एक पुराना किला भी दिखाया गया। उसका भयंकर भाग था वह प्रकोष्ठ, जहाँ राजद्रोहियों को दण्ड दिया जाता था। वहाँ कई तस्वीरें लगी हैं, यह दिखाने के लिए कि मध्ययुग में किस क्रूरता से अपराधी को दण्डित किया जाता था—कोड़े लगाकर खाल खींची जाती थी। सड़सी से पकड़कर ज़बान खींची जाती थी। मोटे-नोकीले सूजे घुसेड़कर आँख फोड़ी जाती थीं या छुरे से काटकर आँख के कोए निकाले जाते थे। बड़ी-बड़ी छुरियों से गला आगे से काटा जाता था और लम्बी तलवारों से पीछे से। कुछ सजाएँ तो बड़ी ही घिनौनी थीं—जैसे मल-मूत्र के तोबड़े मुँह पर बाँधना! सज़ाओं के इन तरीकों को देखकर लगता है कि गोली से उड़ा देना तो अपराधी के प्रति दयालु बर्ताव है।

हम ऐसा सोचते है कि मध्य युग में इन्सान अधिक क्रूर था। बीसवीं सदी में भी इंसान कम क्रूर नहीं है। शायद उसने अपनी बुद्धि से आधुनिक समय में अधिक पीड़ादायक उपायों का आविष्कार कर लिया है। बड़े-बड़े सभ्य कहलाने वाले देशों के जेलखानों में भी बन्दियों से, विशेषकर राजबन्दियों से सच्चाई उगलवाने के लिए जो सज़ाएँ दी जाती हैं, वे कभी-कभी प्रकाश में आती हैं। रोंगटे खड़े हो जाते हैं उनको सुनकर। आश्चर्य होता है यह देखकर कि इन्सान में बड़ी ज़बरदस्त सहन

शक्ति है। कैसे वह ऐसी-ऐसी सज़ाएँ भुगतकर ज़िन्दा बच जाता है। सोल्जेनिटसिन ने 'गुलाग आर्किपलागो' में रूसी जेलों के बारे में और मोहन भास्कर ने 'मैं पाकिस्तान में भारत का जासूस था' में पाकिस्तान के जेलों के बारे में जो लिखा है, उसको पढ़कर दंग रह जाना पड़ता है कि मनुष्य मनुष्य के प्रति कितना निर्दय-क्रूर हो सकता है। पर शायद और सरकारें भी अपने राजबन्दियों के साथ ऐसे व्यवहार करती हैं। संयुक्त राष्ट्र संघ ने ऐसे अत्याचारों का पता लगाने के लिए एक एमनेस्टी कमीशन नियुक्त किया है, जो देश-देश में जाकर इस सम्बन्ध में खोज कर रहा है। जब उसकी रिपोर्ट छपेगी, तब सरकारों और मानवता के इस पक्ष पर भी अद्‌भुत प्रकाश पड़ेगा।

हमें बताया गया कि बुख़ारा किसी समय बड़े अच्छे किस्म की रूई पैदा करता था और उसके निर्यात से बड़ा धन कमाता था। रूई को 'व्हाइट गोल्ड' कहते थे। अब तो बुख़ारा के समीप सोने की एक बड़ी खान मिली है, जो रूस की सबसे बड़ी सोने की खानों में गिनी जाती है और जिससे बहुत बड़ी तौल में सोना निकाला जाता है। पर इससे भी बड़ी देन आज के बुख़ारा की है, उसका प्राकृतिक गैस का भण्डार। यह गैस पाइप के द्वारा यूराल पार मध्य योरोपीय रूस तक भेजी जाती है।

बस से जब हमारी टूर खत्म हुई, तब हमें अंगूरों के एक बाग़ में लंच दिया गया। इस बाग़ में भी अंगूर की जो लताएँ लगी थीं, उनमें छोटे अंगूर होते हैं, जिनसे किशमिश बनती है। हमने इन छोटे-छोटे अंगूरों को तोड़-तोड़कर खाया। इनकी मिठास का क्या कहना!

शाम के हवाई-जहाज़ से हम वापस ताशकन्द आये और फिर वहाँ से मास्को। मास्को में राइटर्स यूनियन भवन में एक जलसा हुआ, जिसमें कान्फ्रेंस में आये सारे शिष्टमण्डलों के सदस्य उपस्थित थे। यह एक तरह से विदा समारोह था। कान्फ्रेंस के स्वागताध्यक्ष ने कान्फ्रेंस की उपलब्धियों पर प्रकाश डाला और मेहमानों के प्रति आभार प्रकट कर उन्हें अलविदा कहा।

विदेश में कोई बीमार न पड़े, ख़ासकर ऐसे विदेश में, जहाँ उसकी भाषा न समझी जाये, या वह वहां की भाषा न समझे। इस दुर्भाग्य का शिकार भी मुझे होना था।

रूस जाने के पहले प्रायः दो महीने से मैं फीकी खुराक पर था; यानी मैंने नमक-चीनी दोनों छोड़ दी थी। अलसर का पुराना मरीज हूँ। नमक छोड़ देने से ऐसी बहुत-सी चीज़ों से परहेज हो जाता है, जो अलसर के लिए हानिकारक हैं। शुद्ध चीनी तो फ़ांकी नहीं जाती। प्रायः चीनी पड़ती है घी से बनी चीजों में। चीनी छोड़ने से घी की बनी चीजें भी छूट जाती हैं, जो अलसर वाले के लिए अनुकूल नहीं पड़तीं। कहने का मतलब कि नमक-चीनी छोड़ने से मुझे लाभ ही था। स्वाद के लिए लालायित मैं कभी नहीं रहा। मीठे की इच्छा ही कभी हो, तो शहद ले लेता था। पर विदेश में मेरा यह परहेज़ नहीं निभ सकता था। शाकाहारी होने के कारण ही मेरा आहार सीमित रहता था, अब नमक-मीठा छोड़ देता तो शायद मुझे फल-दूध पर निबाह करना होता और जहाँ ये न मिलते, वहाँ भूखे ही रहना होता। भारत छोड़ने

के पहले मैंने तय कर लिया था कि शाकाहारी जो भी नमकीन-मीठा मिलेगा, खाऊँगा। पन्द्रह-बीस दिन के खुराक-परिवर्तन का नतीज़ा यह हुआ कि जब कान्फ्रेंस का कार्यक्रम समाप्त हुआ, मैं बीमार पड़ गया, अलसर उभर आया, एसिडिटी बढ़ गयी। कुछ भी खाता, थोड़ी देर बाद उलटी हो जाती, कभी कत्थई और कभी काली क़ै होती, शायद अलसर से रक्त-प्रवाह शुरू हो गया था, जो जमकर कभी कत्थई, कभी काला तक हो जाता। हमारे दुभाषिये ने राइटर्स यूनियन तक ख़बर पहुँचाई, तो एक डाक्टर ने आकर मेरी परीक्षा की। दो-तीन दिन तक होटल में ही रखकर मेरे रक्त-थूक आदि की परीक्षा हुई, बेरियम मील देकर मेरा एक्स-रे लिया गया और डाक्टरों की राय पर विधिवत इलाज के लिए मुझे चार सप्ताह के लिए मास्को के गैस्ट्रो एन्ट्राइटिस हास्पिटल में दाखिल करा दिया गया। और यहीं से मेरी मुसीबतें शुरू हुईं। मेरे और साथी भारत लौट गये। मैंने तेजी को अपनी बीमारी की सूचना तार से दिला दी। अक्टूबर का आरम्भ था। दुभाषिया अब मेरे साथ रह न सकता था और उस अस्पताल में डाक्टर से लेकर नर्सों तक न कोई अंग्रेजी-हिन्दी बोलता था, न समझता था। मेरे दुभाषिये ने जाने से पहले अक्लमंदी का एक काम किया था--उसने मेरी सम्भावित आवश्यकता के कुछ वाक्य एक कागज़ पर रूसी में लिख दिये थे, उनके समानार्थ अंग्रेज़ी में, जैसे, मेरे पेट में दर्द है, मेरा जी मिचलाता है, मेरा सिर भारी है, मुझे नींद नहीं आती, मेरे लिए डाक्टर को बुलवा दीजिए, आदि-आदि। पिछले दो-तीन दिन में उसने देखा होगा कि प्राय: यही सब मुझे कहना होता है; जब जैसी मुझे शिकायत या ज़रूरत हो, मैं सम्बद्ध वाक्य रूसी में नर्स को दिखा दूँ कि वह उसके सम्बन्ध में उचित कार्रवाई करे। उसने मुझे राइटर्स यूनियन और भारतीय दूतावास के फ़ोन नम्बर भी लिखा दिये कि यथा-आवश्यकता मैं चाहूँ, तो उनसे सम्पर्क कर सकूँ। मास्को में मेरे एकमात्र परिचित-मित्र 'मधु' जी का फ़ोन नम्बर मेरे पास ही था। मास्को में या कहना चाहिए रूस भर में फ़ोन तो सब जगह है, परन्तु डायरेक्टरी नहीं छपती। आप अपनी ज़रूरत के दो-चार नम्बर अपने पास रखें, दुनिया-भर के और फ़ोन नम्बरों से आपको क्या मतलब। आपको यह स्वतन्त्रता नहीं है कि आप डायरेक्टरी खोलें और जिसको चाहें फ़ोन कर दें। फ़ोन को दुरुपयोग से बचाने के लिए रूसियों ने अच्छी तरक़ीब निकाली है। बिना डायरेक्टरी के उनका काम बखूबी चलता है।

अस्पताल की इमारत तीन-चार मंज़िली थी। मैं पहली मंज़िल पर गया था, यानी फ़र्शी मंज़िल के ऊपर वाली में। फ़र्शी मंज़िल के नीचे एक भूमिगत मंज़िल भी थी। नीचे की मंज़िलों पर तो मेरा आना-जाना हुआ, पर ऊपर मैं कभी नहीं गया। ऊपर जाने के लिए सीढ़ियाँ थीं, लिफ्ट नहीं। मेरी वाली मंज़िल पर कमरों की एक लम्बी पंक्ति थी; हर कमरे में छह-छह मरीजों के बिस्तर थे। एक सिरे के कुछ कमरे स्त्री-मरीजों के लिए सुरक्षित थे। कमरों के सामने एक लम्बा कारीडोर था और दूसरी ओर ट्वायलेट, बाथ रूम, स्टोर रूम, ट्रीटमेंट रूम, डाक्टर और नर्सों के कमरे, टेलीविजन रूम, किचेन, डाइनिंग रूम। स्त्री-पुरुषों को मिलाकर मेरी मंज़िल पर कोई सौ मरीज होंगे, सब गैस्ट्रो एन्ट्राइटिस के, अलसर के, एसिडिटी

के।

अस्पताल पहुँचते ही नीचे के एक कमरे में ले जाकर मेरे सारे कपड़े उतरवा लिये गये और मुझे अस्पताल के कपड़े दे दिये; अपनी चीज़ों में अपने पास टूथ ब्रश, शेविंग सेट, कंघी, लिखने-पढ़ने के थोड़े सामान के अतिरिक्त मुझे कुछ नहीं रखने दिया गया। बाहर से मैं जो मेडिकल रिपोर्ट लाया था, उसी के अनुसार मेरा उपचार शुरू हुआ। और कुछ न मुझसे पूछा गया, न मैंने बताया। कौन पूछता? किससे बताता? न डाक्टरों की भाषा मैं समझता था, न मेरी भाषा डाक्टर समझते थे। पहले ही दिन मुझे यह कटु आभास हुआ कि रोग और उपचार के बीच कहीं मानवी सम्बन्ध नहीं हैं। और ऐसा मेरे ही साथ नहीं था, और मरीज़ भी मुझे लगता था, ऐसा ही अनुभव करते हैं; क्योंकि डाक्टरों से उनकी कोई बातचीत नहीं होती थी। प्राथमिक परीक्षणों पर जो उनकी मेडिकल रिपोर्ट बनती थी वही उपचार का मुख्य आधार होता था, दिनानुदिन नर्सें मरीज का जो टेम्परेचर, ब्लडप्रेशर, वग़ैरह लेकर रिपोर्ट तैयार करती थीं, वह उसमें जोड़ दिया जाता था। डाक्टर जो राउण्ड पर आता था, लिखित रिपोर्ट ही देखता था, मरीज़ों से कुछ नहीं पूछता था, बस सलाम-दुआ होती थी। उपचार मेरे लिए सिर्फ़ यह था कि मुझे एक तरह की सफ़ेद टिकिया हर खाने के बाद लेनी पड़ती थी और हर शाम को एक इंजेक्शन।

सुबह के नाश्ते, दिन के लंच, शाम की चाय और रात के डिनर के लिए मरीज़ों को डाइनिंग रूम में जाना पड़ता था। चूँकि सब एक ही तरह के मरीज़ थे, इसलिए सबका एक ही प्रकार का भोजन-पान। नाश्ते में आधा-उबला अण्डा, टोस्ट और चाय मिलती थी। मैं केवल एक टोस्ट और एक प्याला दूध लेता। लंच में होती चावल की खीर, जिसमें चीनी नहीं पड़ती थी, उसके ऊपर एक टुकड़ा मक्खन का रख दिया जाता था। खीर के साथ मक्खन, मुझे कुछ विचित्र लगता था। मैं चीनी के दो-तीन क्यूब ले लेता था, पर खीर के साथ उनको पिघलाना मुश्किल होता था। मीठे के लिए सेब का स्टू यानी उबला सेब मिलता था। शाम को दो बिस्कुटों के साथ चाय—मैं चाय की जगह एक प्याली दूध ले लेता—और रात को पत्ता गोभी का सूप—यह सबको पीना पड़ता था—कहते हैं यह अलसर की एक तरह से दवा है—मांसाहारियों के लिए उबला गोश्त या मछली होती जो प्रायः सभी लेते थे। शाकाहारी तो मैं अकेला था, मैं उबले आलू ले लेता। साथ टोस्ट-मक्खन भी मिलता। मीठे के लिए कभी-कभी छेने से बनी बर्फी होती, जिसे 'तबर्रुक' कहते; शायद फ़ारसी का एक शब्द 'तबर्रुक' है, जिसके अर्थ हैं 'जिससे बरकत हो', प्रसाद, जो हम लोगों के यहाँ कथा-पूजा-पाठ के बाद बाँटा जाता है। हो सकता है यह शब्द फ़ारसी से आया हो—उज़्बेगियों के मध्य से रूसियों का फ़ारसी से सम्पर्क कम नहीं रहा है।

अस्पतालों में शान्ति वांछित है। कभी अस्पताल में रहा हूँ और इधर-उधर शोरगुल हुआ है तो बहुत झल्लाया हूँ। हमारे अस्पताल में शान्ति अति पर थी। डाक्टर या नर्स मरीजों से नहीं बोलते थे; मरीज भी आपस में नहीं बोलते थे। मेरे किसी से बोलने का सवाल ही नहीं उठता था। मरीज चुपचाप बिस्तरों में पड़े रहते

या कोई किताब पढ़ते। अख़बार वहाँ नहीं आता था, और न किसी में अख़बार देखने की उत्सुकता ही दिखाई देती थी। शाम को कुछ घण्टों के लिए टेलीविजन रूम खुलता था, जो लोग चाहते थे वहाँ जाकर बैठ जाते थे और ख़बरें सुनते या चालू प्रोग्राम देखते थे। भाषा न समझने के कारण मेरे लिए टेलीविज़न का भी कोई आकर्षण न था। हाँ, अब नाच-गाने का प्रोग्राम होता, तब कुछ रस आता था। वक्त काटने के लिए मैं भी केवल किताबें ही पढ़ सकता था, और किताबें मेरे पास थी नहीं। एक दिन मैंने भारतीय दूतावास में फ़ोन किया कि मेरे लिए कुछ हिन्दी, अंग्रेज़ी की किताबें भेज दें। मेरा ख्याल था कि दूतावास में कोई छोटा-मोटा पुस्तकालय होगा, जिसमें हिन्दी की न भी हुई तो कुछ अंग्रेज़ी की किताबें जरूर होंगी। मुझे जानकर बड़ी निराशा और बड़ा आश्चर्य हुआ कि दूतावास में कोई पुस्तकालय नहीं; हिन्दी तो दरकिनार, अंग्रेजी पुस्तकों का भी नहीं। मेरे पढ़ने के लिए कुछ अंग्रेजी की किताबें और पत्रिकाएँ मास्को की राइटर्स यूनियन ने भेजीं, कुछ हिन्दी की किताबें मैंने 'मधु' जी से मँगाई। 'मधु' जी ही दूसरे-तीसरे मुझसे मिलने आ जाते थे। मुलाकात का समय केवल शाम को एक घण्टे का होता। मिलने वाले नीचे के एक हाल में आकर बैठते थे और मरीज वहीं जाकर उनसे मिल सकते थे; किसी को मरीजों के कमरों तक आने की इजाजत नहीं थी। पढ़ने का आनन्द तभी है जब अपनी रुचि की किताबें पढ़ने को मिलें। यहाँ तो जो किताबें उपलब्ध थीं, उन्हीं को पढ़ना था; नया कुछ न मिलने पर पढ़ी हुई किताबों को ही फिर पढ़ता। क्लासिक्स हों तो पढ़े हुए को फिर पढ़ने में भी आनन्द आता है, पर मेरे पास जो किताबें थीं, वे सब सामयिक। पढ़ना कितनी बड़ी सज़ा हो सकती है यह मैंने अस्पताल में रहते हुए जाना। पर लेटे-लेटे ऊबने से कुछ सज़ा भुगतना ही बेहतर लगता।

घर के समाचार की भी चिन्ता रहती। रूस में चिट्ठी मास्को राइटर्स यूनियन के पते पर मँगाता था। जब से भारत से आया था, केवल एक पत्र टूर से लौटने के बाद रशा होटल में मिला था। मेरा ख्याल है रूस में बहुत ज़बरदस्त सेंसर है, आने-जाने वाली सभी चिट्ठियाँ, खासकर विदेशियों की, खोलकर देखी जाती हैं। मैं तीसरे-चौथे दिन तस्वीरी कार्डों पर संक्षिप्त समाचार देता रहता, कुछ नहीं कह सकता था कि वे पहुँचे कि नहीं। मेरी बीमारी और मेरे अस्पताल में दाख़िल होने का तार मिला तो तेजी और बेटों को चिन्तित होना ही था। तीसरे दिन अस्पताल में ही तेजी का फोन आया, अमित-अजित ने भी बात की। मैंने उन्हें आश्वस्त किया कि मेरी दशा में सुधार है और अक्टूबर के अन्त में मैं लौट सकूँगा। फ़ोन से आवाज साफ़ नहीं आ रही थी, शायद मेरी भी आवाज़ वे लोग साफ़ नहीं सुन रहे थे, पर बातचीत होने से दोनों ओर तसल्ली हो गई कि सब कुछ सामान्य है। बाद को मुझे पता लगा कि तेजी तो मास्को आने को तैयार थीं, उन्होंने श्रीमती गाँधी से भी सम्पर्क कर लिया था, पर उन्होंने कहा, 'भेजवा तो मैं तुम्हें आज सकती हूँ, पर वहाँ जाकर भी तुम बच्चनजी से केवल मुलाक़ात के समय मिल सकोगी, मरीज के पास रहने का वहाँ कोई प्रबन्ध नहीं होता।' तेजी ने आने का इरादा छोड़ दिया, पर

इन्दुजी ने दूतावास में कहला दिया कि मुझसे सम्पर्क किया जाये और मुझे जो कुछ सुविधा सहायता दी जा सके दी जाये। उस दिन से प्राय: हर रोज़ दूतावास से कोई-न-कोई मुझसे मिल जाता। बैग से आने वाले एकाध भारत के समाचारपत्र दे जाता। मेरी चिट्ठियाँ बैग से भारत भेज दी जातीं। इसके अतिरिक्त मेरे लिए अस्पताल में और कुछ किया भी नहीं जा सकता था।

मुझे कुछ लाभ हो रहा था, दवा-इंजेक्शन से शायद उतना नहीं जितना खुराक से, जो अलसर के मरीज़ के लिए आदर्श थी। पर कोई पन्द्रह दिन बाद मुझे एक नयी तकलीफ़ शुरू हुई—यह थी लंबेगो की, दर्द के लिए मैंने एक शब्द सीख लिया था 'बालीत', मैं डाक्टर को पीठ के नीचे की जगह दिखाता और 'बालीत-बालीत' कहता, ज्यादा दर्द के लिए जोर से 'बालीत' कहता और कैसे बताता। उसके लिए मेरे कई एक्स-रे लिये गये, मुझे लम्बी-लम्बी सुइयों के इंजेक्शन दिये गये, पीठ पर प्लास्टर लगाये गये, पाउडर से मालिश कराई गयी, बिजली की सेंक की गयी, पर मुझे लाभ नहीं हुआ। अक्टूबर का तीसरा सप्ताह आ पहुँचा और मैं भारत लौटने के लिए व्यग्र होने लगा। मुझसे पहले किसी ने गम्भीरतापूर्वक या मज़ाक-मज़ाक में कहा था कि रूसी अधिकारी अस्पताल में दाखिल होने पर मरीज़ को या तो अच्छे होने पर बाहर जाने देते हैं, या फिर उसकी लाश को। वे नहीं चाहते कि मरीज बाहर जाकर कहे कि उसका मर्ज़ रूसी डाक्टरों से अच्छा नहीं किया जा सका—इसमें वे रूसी चिकित्सा-पद्धति का अपमान समझते हैं। अगर इलाज कराते-कराते मरीज़ मर ही गया, तो बाहर जाकर कहेगा क्या!—मैंने सोचा तकलीफ़ तो मेरी कम होने को नहीं आ रही है और जब तक मैं तकलीफ़ की शिकायत करता रहूँगा, यहाँ के डाक्टर कोई-न-कोई इलाज करते ही जाएँगे, न ये मर्ज़ को छोड़ेंगे न मरीज़ को। कब तक मैं यहाँ पड़ा रहूँगा। पता नहीं मैं अपनी ठीक तकलीफ़ इनसे बता भी पा रहा हूँ या नहीं, और यह भी पता नहीं मेरा क्या इलाज ये कर रहे हैं, या आगे करते जायेंगे। अब तो यहाँ से निकलने की तरकीब यही है कि मैं कहूँ और दिखाऊँ भी कि मैं अच्छा हो गया हूँ। मैंने 'बालीत' 'बालीत' कहना बन्द कर दिया। डाक्टरों ने समझा होगा कि मेरा लंबेगो उनके इलाज से ठीक हो गया। अलसर मेरा नियन्त्रित हो ही गया था। मैंने मास्को राइटर्स यूनियन को लिखकर भेजा, मैं अब बिल्कुल ठीक हो गया हूँ, मेरे भारत लौटने का इन्तज़ाम कर दिया जाये। यूनियन को मैंने बहुत-बहुत धन्यवाद दिया कि उन्होंने मुझे कान्फ्रेंस में बुलाया, मुझे रूस के कई प्रसिद्ध नगरों का भ्रमण कराया और अन्त में मुझे एक महीना अपने यहाँ के अस्पताल में रखकर मेरा इलाज कराया। मेरी तरकीब चल गयी। यूनियन ने मेरा विश्वास कर लिया और मेरे जाने का सारा प्रबन्ध करा दिया। अस्पताल से विदा होते समय मैंने डाक्टरों-नर्सों के प्रति बहुत आभार प्रकट किया। मैं सचमुच आभारी था; उन्होंने अपनी तरफ़ से मुझे अच्छा करने को जो कुछ कर सकते थे किया ही था, अगर मैं नहीं अच्छा हुआ, तो मेरी बदक़िस्मती। मेरे विदेश में पड़े रहने की एक सीमा थी ही—आख़िर मैं कब तक वहाँ पड़ा रहता और जिस प्रकार का जीवन वहाँ जी रहा था, उससे एक ऊब, एक मानसिक तनाव होना ही था

जो मेरे अलसर के लिए हानिकारक भी हो सकता था। फिर अक्टूबर आते-आते रूसी जाड़े की ऋतु अपना प्रकोप तीव्र से तीव्रतर करती जा रही थी, हमारे कमरे तो सेन्ट्रली हीटेड थे, पर खिड़की के शीशों से जो बाहर देखता था, उससे पता चलता था कि बाहर कितनी ठण्ड बढ़ गयी होगी। पहले बाहर की तेज हवा में पेड़ों के पत्ते गिरते, उड़ते दिखाई दिये, फिर पेड़ों की डालें एकदम नंगी हो गयीं, आसमान धुंधला हो गया, फिर सुबह-शाम बर्फ भी पड़ने लगी; सवेरे उठकर देखता पेड़ की कंकाल-वत् डालों पर सफ़ेद बर्फ जमी होती। अपने देश का अक्टूबर याद आता। कैसा सुहाना मौसम होता है। बरसात खत्म हो गयी होती है। लोग अपने घरों की सफ़ाई-पुताई कराते हैं। फिर दीवाली आती है—लोग दीप-मालिका सजाते हैं, पटाखों से दिशाएँ गूँजती हैं, सरग-बान से आकाश में प्रकाश की रेखाएँ खिंचती हैं। यहाँ तो सब ठण्डा-ठण्डा, सूना, चुप-चुप! हिसाब लगाकर मैंने देखा था, अगर एक सप्ताह में मेरे जाने का प्रबन्ध करा दिया जाये तो दीपावली के दिन मैं अपने घर गर हूँगा, अपनी नयी पुत्रवधू, पुत्रों, पत्नी के साथ—नयी बहू के साथ घर की पहली दीवाली होगी। इस अवसर पर मैं न हुआ तो मेरा अभाव सबको कितना अखरेगा, और उनका अभाव तो मैं हर समय भोग ही रहा हूँ। दुर्भाग्यवश मुझे दीवाली के पहले मास्को से विदा न किया जा सका, दीवाली कब आयी, कब चली गयी, मैंने जाना भी नहीं। मैं दीवाली के दो-तीन दिन बाद दिल्ली पहुँचा। बम्बई जाने की कोई जल्दी अब न थी, सोचा दिल्ली में ही एक सप्ताह रुककर डॉ. करौली का इलाज करा लूँ, पहले भी मेरे लंबेगो को वे तीन दिन में ठीक कर चुके थे। भारत पहुँचने की सूचना फ़ोन से बम्बई दे दी और ठीक तीन दिन में डॉ. करौली ने मेरा लंबेगो का दर्द पचास प्रतिशत अच्छा कर दिया। एक सप्ताह आराम करने का आदेश किया। बम्बई पहुँचकर मैंने कहा,

जान बची लाखों पाए
घर के बुद्धू घर को आए।

हम सब परिवार के सदस्य लम्बे प्रवास से घर लौटकर यही कहते हैं।

अमित-अजित स्वस्थ-प्रसन्न दिखे। 'जंज़ीर' की सफलता के बाद अमित की क़द्र सिने संसार में बढ़ गयी थी। अजित अपने त्रपु एंटरप्राइज की प्रगति से सन्तुष्ट थे। उनके चेहरे की प्रसन्नता उद्योग-तुष्टि से कुछ ऊपर की थी। जया कुछ खिंची-खिंची सी लगी—उसका पाँचवाँ महीना चल रहा था, अभी एक महीने पहले तक वह अपनी साइन की एक-दो फ़िल्मों की शूटिंग पूरी करने में लगी थी—शायद थकी होगी। तेजी भी अस्वस्थ लगीं, कुछ अन्यमनस्क भी। अस्वस्थता बरसाती दमे-दौरों के बाद अप्रत्याशित नहीं थी।

दो-तीन दिन बाद एक शाम परिवार के सब सदस्यों के सामने अजिताभ ने यह सूचना दी कि उन्होंने रमोला चुगानी के साथ विवाह करने का निश्चय कर लिया है—अब तिथि परिवार के लोग आपस में सलाह करके निश्चित करें। एक खुशी की लहर सबके चेहरे पर दौड़ गयी। तेजी की राय थी कि विवाह जल्दी-से-

जल्दी कर दिया जाये—सम्भव हो तो महीने के अन्दर। वे अपने स्वास्थ्य के प्रति इतनी निराश थीं कि साथ ही कह गयीं, अगर इस बीच मुझे कुछ हो भी जाये, तो विवाह न रोका जाये। 'कुछ' को हम लोग उनकी बीमारी की गम्भीरता से आगे नहीं ले जा सकते थे। रमोला की माता से सलाह करनी थी। तेजी ने जिस तरह विवाह की तिथि की बात की थी, उससे वातावरण में कुछ भारीपन आ गया था। मैंने उसे हलका करने के लिए कहा, परिवार में एक पंजाबिन थी, एक बंगालिन आयी, चलो अब एक सिन्धन आ रही है। बच्चन परिवार ऐसे ही प्रगति करता गया, तो हमारी तीसरी पीढ़ी तक मराठिन, गुजरातिन, तेलगुई, कन्नड़ी, तामिली, केरली भी आ जायेंगी और तब हमारा परिवार सच्चे मानों में भारतीय परिवार कहलायेगा। मैं कहता गया, अगर मुझे हिन्दुस्तान का डिक्टेटर बना दिया जाये तो पहला हुक्मनामा मैं यह जारी करूँ कि भारत के किसी भी प्रान्त का लड़का या लड़की अपने ही प्रान्त की लड़की या लड़के से शादी न करे। इससे हमारे देश की एकता और संगठनता (गठ-बन्धनता) का लक्ष्य भी जल्दी पूरा कर लिया जायेगा। ख़ैर, तेजी की बात रखने के लिए रमोला की माँ ईशू चुगानी से सम्पर्क करके विवाह की तिथि तय कर दी गई—27 दिसम्बर। उन्हें भी बेटी के विवाह की तैयारी करने के लिए कम-से-कम एक महीने का समय तो चाहिए था और हमें भी, अजिताभ की शादी अमिताभ की शादी की तरह चुपके-चुपके तो करनी नहीं थी। यह भी तय हुआ कि ईशूजी बेटी को लेकर बम्बई आयेंगी और यहीं से विवाह करायेंगी।

रमोला से अजिताभ का परिचय तब हुआ होगा, जब वे बी.ए. करने के बाद शा वैलेस में काम करने के लिए कलकत्ता गये थे और अमिताभ के साथ रहते थे। रमोला के पिता राम चुगानी, रहने वाले तो सिन्ध के थे, पर काम की तलाश में कलकत्ता पहुँच गये थे, पहले वे बिरला फ़र्म्स से सम्बद्ध थे, पर बाद को उन्होंने कुछ अपना स्वतन्त्र उद्योग शुरू कर दिया था और पर्याप्त धन अर्जित किया था। राम चुगानी पचास से भी कम उम्र में अपनी विधवा पत्नी, चार पुत्रियाँ और दो पुत्र छोड़कर स्वर्ग सिधारे थे। रमोला उनकी सबसे बड़ी लड़की थी। मुझे नहीं मालूम कब, कैसे, कहाँ रमोला की पहली मुलाकात अमिताभ-अजिताभ से हुई। हिन्दुस्तानी लड़की तो बहन बनकर ही लड़कों से परिचय आरम्भ करती है। रमोला ने भी अमिताभ और अजिताभ के हाथों पर राखी बाँधकर अपना सम्बन्ध शुरू किया था। मेरे लड़के भी सगी बहनों के अभाव में धर्म की बहनों को अपनाने के लिए उत्सुक रहा करते थे। विवाह के बाद रमोला ने अजिताभ के हाथ पर राखी बाँधना तो बन्द कर दिया है, पर अमिताभ के हाथ पर अब भी बाँधती है—उन्हें जेठ-भाई मानकर। इसी प्रकार जया अजिताभ के हाथ पर राखी बाँधती है, उन्हें देवर-भाई बनाकर, यह तो आपको पता होगा कि जया के कोई भाई नहीं।

मैंने रमोला को कई वर्ष पहले 13 वलिंगडन क्रिसेंट दिल्ली में पहली बार देखा था। अमित-अजित किसी छुट्टी में कलकत्ता से घर आये थे और पीछे रमोला भी आ गयी थी—दिल्ली में उसकी कोई मौसी रहती थीं। रमोला दुबली-पतली, गोरी-चिट्टी, नीली पुतलियों की मुझे सुन्दर लगी थी, खटाखट अंग्रेज़ी बोलती थी

अंग्रेजों के उच्चारण में। राम चुगानी ईसाइयत और अंग्रेजियत परस्त थे; गो पारिवारिक धर्म राधास्वामी (व्यास) सम्प्रदाय का था, घर में क्रिसमस, न्यू इयर और ईस्टर उत्साह-उल्लास से मनाये जाते थे। रमोला की प्रारम्भिक शिक्षा कान्वेंट में हुई थी और बाद की सात वर्ष लन्दन में रहकर उसने अपनी पढ़ाई पूरी की थी। दूसरी भाषा के रूप में उसने जर्मन सीखी थी। लौटने पर वह बिल्कुल योरोपियन रंग में रंग गयी थी, गो जब मेरे यहाँ आयी थी, तब साड़ी पहनकर—हरे रंग की, जो उसके गोरे बदन पर खूब फ़बती थी। हिन्दी वह बिल्कुल नहीं बोल सकती थी, 'ड़' का उच्चारण उससे नहीं होता था, वह 'ड़' को 'र' कहती; और अमित-अजित इसके लिए अपनी 'धर्म बहन' का मज़ाक उड़ाया करते थे। उससे कहते कहो, 'घोड़ा सड़क पर गिर पड़ा' और वह कहती 'घोरा सरक पर गिर परा', और दोनों खूब हँसते। रमोला शर्माकर रह जाती।

एक बार रमोला की माँ भी दिल्ली आयी थीं और हमसे मिली थीं। मेरा ऐसा ख्याल है कि अजिताभ को देखकर उनके मन में अवश्य आया होगा कि रमोला की शादी इस लड़के से हो जाये तो कितना अच्छा हो। 'वर' देख लिया था, 'घर' देखने के लिए वे दिल्ली आयी थीं। हमें अनानुकूल न पाया होगा। पर उस समय रिश्ते की कोई भी बात हमारे बीच न उठी थी। बाद को सुना रमोला को ब्रिटिश एयरवेज़ में एयर होस्टेस की नौकरी मिल गयी। अजिताभ भी कलकत्ता से बम्बई-मद्रास स्थानान्तरित हो, शिपिंग में प्रशिक्षण के लिए साल-भर को जर्मनी चले गये। उनके लौटने के डेढ़ वर्ष बाद, शायद दोनों फिर मिले, 'प्रीति पुरातन' जागी और अब उन्होंने रक्षा-सूत्र को प्रणय-सूत्र में बदलने का निर्णय किया।

महीना बीतते देर न लगी। ईशूजी रमोला और अपने परिवार के सदस्यों को लेकर बम्बई आ गयीं और अपने एक सम्बन्धी के यहाँ ठहरीं। मास के मध्य में उन्होंने 'तिलक' भेजा; दूसरे दिन हमारे यहाँ से 'चढ़ावा' गया। बाहर से आने के लिए, सगुन की तरह, पाँच परिवारों को निमन्त्रित किया गया—गाँधी-राजन परिवार को, मेरे भाई के बेटे, मेरी बहन के बेटे और सत्येन्द्र शैलेन्द्र को। गाँधी परिवार से कोई न आ सका—राजीव किसी पाइलट कोर्स पर थे, संजय मारुति-संस्थान स्थापित करने में व्यस्त, केवल श्रीमती गाँधी की बधाइयाँ-शुभकामनाएँ आयीं। शेष सपरिवार आये। अमिताभ ने बड़े हौसले और उछाह के साथ छोटे भाई की शादी की। घर बाहर-भीतर सजाया गया, घर के आगे-पीछे शामियाने लगे। बारात की सन्ध्या के पहले की रात्रि को नृत्य-संगीत का कार्यक्रम रखा गया; घर के सब लोग नाचे, अमिताभ के फ़िल्म क्षेत्र के कई सहकर्मियों ने भी नृत्य-गान किया। प्राय: यह कार्यक्रम वर-पक्ष वालों का होता है, पर हमने कन्या-पक्ष वालों को भी आमन्त्रित कर लिया था—वे आये, दल-बल से आये और अप्रत्याशित बात यह हुई कि ईशूजी के साथ रमोला भी आ गयी। अन्त में अजिताभ और रमोला भी नाचे और सिन्धियों ने अपना प्रिय कोरस गाया 'हे जमालो, हे जमालो'। कभी मुझे पता लगाना है, ये जमालो कौन थीं? हमारे यहाँ एक कहावत प्रचलित है—'आग लगाकर जमालो दूर खड़ी हुईं।' पर सिन्धी जिस 'जमालो' का गुणगान करते हैं,

वह आग लगाने वाली नहीं, फूल बरसाने वाली जमालो मालूम होती है।

दूसरे दिन शाम को बारात जाने वाली थी। अपराह्न में दूल्हे को हरद-स्नान कराया गया, वस्त्र पहनाए गये, आँखों में काजल आँजा गया, सेहराबन्दी हुई, बारातियों को लाल पगड़ियाँ बाँधी गयीं। बारात में चलने के लिए अमिताभ ने अपने कुछ फ़िल्म क्षेत्र के सहयोगियों को, अजिताभ ने 'त्रपु' के सहकर्मियों को, मैंने अपने बम्बई निवासी मित्रों और पड़ोसियों को आमन्त्रित कर लिया था। दूल्हेजी सजे-सजाए घोड़े पर बैठे, पीछे लाल मखमल का कामदानी छत्र ताना गया और बाजे-गाजे, फुलवारी, आतिशबाज़ी, गैस के हंडों के साथ बारात चली—अमिताभ अपने मित्रों के साथ रास्ते भर घोड़े के आगे-आगे नाचते हुए पास के होटल होराइज़न तक गये, जहाँ से ईशूजी ने विवाह करने का प्रबन्ध किया था। हज़ारों लोग रास्ते में बारात देखने को खड़े हुए।

विवाह-वैदिक रीति से हुआ। विवाह के बाद 'होटल' के लॉन में ही 'एट होम' का प्रबन्ध था। रात को पारिवारिक रीति से नववधू का स्वागत हुआ और वर-वधू सुहाग-कक्ष में गये।

यह भी यज्ञ समाप्त हुआ। मेहमान विदा हुए। चहल-पहल, धूम-धाम के बाद एक सूनापन-खालीपन बाहर-भीतर घिरता है, फिर जीवन धीरे-धीरे सामान्य हो जाता है। 'दिन को होली रात को दिवाली रोज...' कवि-कल्पना है : हो भी तो साधारण मनुष्य शायद ही उसके तकान को बर्दाश्त कर सके। दिनानुदिन का जीवन-क्रम क्या कम आकर्षक है? वही शुरू हो गया। 'मंगल' का घर छोटा पड़ रहा था, पहले उसमें सिर्फ अमिताभ रहते थे, फिर मैं आ गया, फिर अजिताभ आ गये, फिर तेजी आ गयीं, फिर जया आ गयीं, फिर रमोला आ गयीं, तीन महीने बाद नवजात आने को था, अमिताभ के काम-नाम बढ़ने के साथ उनके सैक्रेटरी को बैठने और दफ्तरी कार्रवाइयाँ पूरी करने के लिए एक अलग कमरे की ज़रूरत महसूस होने लगी थी।

पास ही एक छोटा एकमंज़िला मकान खाली था। उसमें तीन कमरे बाथरूम के साथ थे, एक डाइनिंग-कम-ड्राइंग रूम और किचेन; बाहर ग़राज, तीन तरफ़ खुली जगह बाग़-बगीचे के लिए, ऊपर खुली छत। वह मकान किराये पर ले लिया गया। तय हुआ, अजिताभ-रमोला नये मकान में चले जायेंगे; मुझे भी वहीं भेज दिया जायेगा, एक कमरे में रहने के लिए कि अजिताभ के घर से बाहर रहने पर छोटी बहू को एक सयाने की आड़ रहे। इस प्रकार 'मंगल' के दो कमरे खाली हो जायेंगे—एक नवजात के लिए, एक सैकेटरी के लिए। रमोला अपनी आवश्यकता और रुचि के अनुसार अपने घर को व्यवस्थित करने में लग गयी और जल्दी ही उसने अपनी गृहस्थी को एक कामचलाऊ रूप दे दिया। रमोला को मैंने पाया अपने घर पर एकाधिकार के प्रति सचेत; गृह-प्रबन्ध में किसी के हस्तक्षेप के प्रति असहिष्णु। अपने कमरे के लिए 'मंगल' से मैं केवल अपना बेड लाया था। उसमें अजिताभ ने कपड़े रखने की एक आलमारी लगवा दी, उसी में मैंने अपनी थोड़ी-बहुत किताबें रख दीं। बाद को उसमें एक तरफ़ की दीवार के साथ किताबें रखने

की तीन आदमक़द आलमारियाँ, एक मेज-कुर्सी लगवा दी गयी। एक कोने में एक डिस्क-प्लेयर और स्पीकर भी रखा दिये गये। एक तरह से मेरा कमरा बेडरूम-कम-स्टडी था, हालाँकि मेरे सामने लिखने-पढ़ने की कोई योजना नहीं थी—'जाल समेटा' से मैं कविता से विदा ले चुका था, 'टूटी-छूटी कड़ियाँ' से एक तरह से गद्य से। 'ऐनटनी एण्ड क्लियोपाट्रा' के अनुवाद की फ़ाइल ज़रूर मेरे पास थी, पर उस पर मैंने शायद ही किसी दिन काम किया। हाँ, अपनी आत्मकथा का तीसरा खण्ड लिखने की मेरी इच्छा ज़रूर थी, पर यदा-कदा उसके कुछ नोट भर बनाकर रह जाता।

उन दिनों मेरा कार्यक्रम कुछ इस प्रकार होता। सुबह—उठकर मैं समुद्र तट पर घूमने निकल जाता और समुद्र स्नान कर लौटता। हल्का नाश्ता कर मैं दो-तीन घण्टे मकान के बाहर खुली ज़मीन पर बाग़ लगाने का काम करता। एक माली रख लिया गया था, उसकी सहायता से मैंने वहाँ भी एक राकरी बनाई—राकरी पर एक शिव मन्दिर बनाया। सुबह घण्टी बज़ाकर चिड़ियों को दाना देने का रुटीन मैंने यहाँ भी शुरू की। बाग़ में काम ख़त्म कर मैं फिर स्नान करता—समुद्र स्नान के बाद ताज़े पानी से नहाना ज़रूरी होता—और रमोला के साथ लंच लेता। अजिताभ नाश्ता करने के बाद अपना लंच टिफिन कैरियर में लेकर कारख़ाने चले जाते और शाम को लौटते। दिन को मैं दो घण्टे सोता। शाम को रमोला को साथ लेकर फिर समुद्र तट पर घूमने जाता—रमू को घूमने, दौड़ने, क़सरत से अपने शरीर को चुस्त रखने का शौक है—घूमते हुए रमू से मैं हिन्दी में बात करता और उसे भी हिन्दी में बात करने को प्रोत्साहित करता—इस प्रकार उसे मैं हिन्दी सिखाता—लौटते समय 'मंगल' होता आता। कुछ देर तेजी के पास बैठकर, कुछ देर जया के पास। जब तक हम लोग लौटते अजिताभ कारख़ाने से लौट आये होते। हम साथ खाना खाते और अजिताभ भाई, भाभी और माँ से मिलने को 'मंगल' चले जाते। रात को जब तक मुझे नींद न आती मैं कुछ पढ़ता रहता। इतवार-इतवार को सारे परिवार का खाना—दोनों समय—साथ होता।

इस तरह तीन महीने बीत गये। जया के प्रसव का समय निकट आया और उसे ब्रीच कैंडी में भरती करा दिया गया। 14 मार्च को उसने कन्या रत्न को जन्म दिया। बच्चन परिवार की तीसरी पीढ़ी शुरू हुई। मैं तो चाहता था कि नयी पीढ़ी का सत्प्रारम्भ पुत्र-रत्न से हो। ख़ैर, अपने मन का हो तो अच्छा, अपने मन का न हो तो ज़्यादा अच्छा। मैं नवजाता को मोटर से लेकर घर आया। याद आ गया था आज से इकतीस वर्ष पहले इस कन्या के पिता को गोद में लेकर ताँगे से नरसिंग होम से घर लाया था!

सात दिन बाद पारिवारिक प्रथा के अनुसार सत्यनारायण के साक्ष्य में कन्या का नामकरण किया गया—मैंने उसका नाम श्वेताम्बरा रखा, बाद को यह नाम बहुत लम्बा समझा गया और उसे श्वेता कहा जाने लगा और यही उसका असली नाम माना गया। 'मंगल' में अमिताभ-जया ऊपर के कमरे में रहते थे, बगल वाले में अजिताभ। जब अजिताभ का कमरा श्वेता का कमरा बना—उसके लालन-पालन

के लिए अब एक नर्स रख ली गयी, जो उसी कमरे में रहती-सोती थी।

मैं नवम्बर में रूस से लौटा था। तभी से मैंने तेजी को अस्वस्थ देखा था; और तबसे निरन्तर उनका स्वास्थ्य गिरता ही जा रहा था, मुझे लगा कि तेजी की बीमारी का कारण शारीरिक ही नहीं कुछ मानसिक भी है, जिसे वे भीतर ही भीतर पी गयी हैं। 1954 में मैं ग्वालियर पोटेरीज़ का कारख़ाना देखने गया था। वहाँ के इंजीनियर ने मुझसे कहा कि आप अपनी कविता की कोई पंक्ति एक कच्चे टाइटल पर लिख दें, हम उसे 'बेक' करके पक्का बना देंगे। मैंने लिख दिया था—

वह किसे दोषी बताए
और किसको दुख सुनाए
जबकि मिट्टी साथ मिट्टी के करे अन्याय।

—बच्चन
6-10-'54

बाद को पक्का टाइल उन्होंने मुझे भेज दिया था, जो मेरे किसी बक्से में रखा था। तेजी ने उसे निकालकर अपने बिस्तर के साथ वाली टेबल पर रख लिया था।

डाक्टरों के इलाज से फ़ायदा न हुआ, तो वैद्य की दवा शुरू की गयी। पण्डित शिव शर्मा बम्बई के, बम्बई के क्या, भारत के सर्वश्रेष्ठ वैद्यों में गिने जाते थे। विभाजन-पूर्व वे लाहौर में रहते थे। '38-'39 में लाहौर जाने पर मेरा उनसे परिचय हुआ था और वे मेरी कविता के अनन्य प्रेमी हो गये थे। उनकी चर्चा मैं अपनी आत्मकथा में पहले भी कर चुका हूँ। तेजी के लिए मैंने उन्हें बुलाया, तो बड़ी खुशी से आये; हर हफ़्ते आते, अच्छी-से-अच्छी दवा देते, न विज़िट की फ़ीस स्वीकार करते, न दवा का दाम लेते। पर उनके उपचार से भी तेजी को कोई लाभ न हुआ। एक दिन उन्होंने हार कर कह दिया, 'क्या करूँ, बम्बई की आबोहवा माफ़िक नहीं आ रही है। अब तो इनका एक ही इलाज है कि इन्हें यहाँ की नम हवा से हटाकर किसी खुश्क जगह ले जाया जाये।'

मैंने अमित-बंटी से बात की, '...माँ की हालत जैसी है तुम देख ही रहे हो। उनका स्वास्थ्य दिन-दिन गिरता जाता है। डाक्टर-वैद्य की दवा लग नहीं रही है। शिव शर्माजी की राय है कि माँ का एक ही इलाज है कि उन्हें किसी खुश्क जगह ले जाया जाये। सबसे अधिक बम्बई की आबोहवा उन्हें हानि पहुँचा रही है। मैं सोचता हूँ कि माँ को लेकर मैं दिल्ली लौट जाऊँ; दिल्ली अपेक्षया खुश्क जगह है; डॉ. करौली पुराने परिचित हैं, माँ के स्वास्थ्य से भी, रोग से भी; उनकी दवा माँ को लगती रही है, दमा का आक्रमण तो वहाँ भी होता रहा है, पर थोड़ी-बहुत दवा से काबू में आ जाता था। यहाँ तो बढ़ता ही जाता है।...तुम दोनों अब अर्थ-समर्थ हो। हमारे रहने का इन्तजाम दिल्ली में कर दो और इन्तजाम भी क्या करना है, एक सामान्य सुविधा का मकान किराये पर ले दो। अगर मकान ग्रेटर कैलाश में सत्येन्द्र के घर के पास कहीं मिल सके, तो ज़्यादा अच्छा; वक्त-ज़रूरत कोई हमारे पास

होगा। सामान जो हम दिल्ली से लाये थे, वह प्रायः सभी ज्यों का त्यों बक्सों-पेटियों में बन्द पड़ा है, वह सब वैसे ही ट्रक से भेज दिया जा सकता है। हमारी दिनानुदिन की सुविधा के लिए जो कुछ और ज़रूरी हुआ, वह माँ अच्छी होने पर जुटा लेंगी।

कभी-कभी नियति या कहें जीवन की परिस्थितियाँ हमें ऐसी जगह लाकर खड़ा कर देती हैं कि वहाँ से आगे बढ़ने का एक ही रास्ता हमारे सामने खुला होता है और दूसरे की कल्पना भी नहीं की जा सकती।

हम बड़े अरमानों के साथ बेटों के साथ रहने के लिए आये थे और हमें देखकर खुशी होती थी कि हमारी आँखों के सामने वे फल-फूल रहे थे—अमित के पैर सिने-क्षेत्र में जम गये थे, बंटी का कारख़ाना चल निकला था, दोनों के विवाह हुए, अमित पिता बने, बंटी भी कुछ मास में बनने वाले थे, पर हमारे लिए अब समय आ गया था कि हम अपने परिवार से अलग दूर जाकर एकाकी जीवन बिताएँ। तेजी की दिनोदिन गम्भीर होती हालत ने हमारे लिए कोई विकल्प न छोड़ा था।

अमित-बंटी को मेरे प्रस्ताव से सहमत होना पड़ा। कुछ ऐसा सोच लिया गया, दिल्ली के मकान में फ़ोन लगवा लिया जायेगा, समाचार दिया-लिया जाता रहेगा; हवाई-जहाज़ ने फ़ासले मिटा दिये हैं, ज़रूरत पड़ने पर डेढ़ घण्टे में दिल्ली से बम्बई या बम्बई से दिल्ली आया-जाया जा सकेगा।

अमित ने बंटी को दिल्ली भेजा और उन्होंने ग्रेटर कैलाश में हमारे लिए एक किराये का मकान तय कर दिया, जो सत्येन्द्र के घर से दूर न था, जिसमें हमने बड़ी राहत की साँस ली।

हमारी उस अवस्था में सारा सामान लदा-फंदाकर बम्बई से दिल्ली ले जाना और वहाँ एक नयी जगह पर नये सिरे से गिरिस्ती जमाना, जबकि तेजी लम्बी बीमारी से दुर्बल-जर्जर हो रही हैं!'—इसको सोचते ही हाथ-पाँव सन्न होने लगते, दिल कच्चा पड़ने लगता। पर ऐसे ही समय कहीं से मेरा इच्छा-बल जागता है और मेरी 'हिम्मते दुश्वारपसन्द' मुश्किल-से-मुश्किल काम को भी उठा लेने को तैयार हो जाती है।

मैंने तेजी को भी तैयार किया।

वे कहतीं, 'ये सारा बखेड़ा सिर्फ मेरे जीने को!'

मैं कहता, 'अगर तुम्हारा जीना दूसरों के लिए भी कुछ मानी रखता हो तो सिर्फ़ जीना भी कोई छोटा काम नहीं।'

मैं पहले आकर अपने मित्र रामनिवास ढंढारिया के साथ ठहरा, 2 तिलक मार्ग पर। तेजी यहाँ से ट्रक से सामान रवाना कर चार-पाँच रोज बाद आयीं। तेजी के आने पर हमारा इरादा अपने एक उद्योगपति मित्र के दिल्ली केन्द्र में ठहरने का था, जो ग्रेटर कैलाश के नज़दीक था। मैं तेजी को लेने के लिए एरोड्रोम गया। वे तो एकदम गिरी हालत में हवाई-जहाज़ से उतरीं। केन्द्र पर नीचे दफ़्तर था। ऊपर रिहायशी कमरा। दफ़्तर के समय तो वहाँ तीन-चार लोग रहते, बाद को केवल एक नौकर ऊपर की देखरेख, चाय-पानी देने के लिए। वहाँ पहुँचते ही तेजी पर दमे का

दौरा पड़ा। मैं घबराया, अगर यहाँ तेजी की हालत ज़्यादा खराब हुई, तो यहाँ न कोई आगे, न कोई पीछे। मैंने तय किया ढंढारिया के यहाँ चलूँ, वहाँ परिवार के चार लोग तो होंगे और उनकी हालत नाजुक होने पर मैं अपने को किंकर्तव्यविमूढ़ न पाऊँगा। उसी वक्त टैक्सी बुला मैं तेजी को ले, तिलक मार्ग आ गया। किसी तरह उन्हें उतार बिस्तर पर लेटाया, ढंढारिया की पत्नी, बेटियाँ उनकी सेवा में लग गयीं। मैंने डॉ. करौली को फ़ोन किया, वे फ़ौरन आये। तेजी की हालत गम्भीर बताई, दवा बता गये। दूसरे दिन वे दो और डाक्टरों को लेकर आये। वे उनकी राय भी लेना चाहते थे। दवा-दरमत से गम्भीरतावाली स्थिति पर ही काबू पाया जा सका। तेजी कई दिन बिस्तर पर पड़ी रहीं।

ग्रेटर कैलाश का मकान—191-बी—नया-नया बना था; उसके हम पहले किरायेदार होने वाले थे। मकान-मालिक ने वादा किया था कि वह हमें तैयार मकान 1 जून को दे देगा; पर 7 जून के पहले वह न दे सका। यह एक तरह से अच्छा ही हुआ। तेजी की तबीयत कुछ संभलने के लिए समय मिल गया। रामनिवास ने हम दोनों के लिए एक अलग कमरा दे दिया। मेरी अपनी तबीयत भी बहुत अच्छी न थी, तेजी को देखकर तो मेरी तबीयत और गिर गयी। मैं ज्यादातर उनके बिस्तर के पास बैठा या लेटा रहता। तेजी की देखरेख रामनिवास की दोनों बेटियाँ करतीं। बड़ी सेवा की उन्होंने।

तीन जून को अमिताभ-जया की पहली विवाह-जयन्ती थी। तेजी ने साल पहले के उस दिन को—उसके एक-एक क्षण को याद किया—फ़ोन से अमित-जया को उस शुभ दिन की बधाई दी, आशीर्वाद दिया।

बम्बई से ट्रक आया तो सामान उतरवाकर ग्रेटर कैलाश के मकान के गराज में रखा दिया गया। ट्रक के साथ ही बेटों ने फियेट कार के साथ एक ड्राईवर और रसोइया भी भेज दिया था।

ग्रेटर कैलाश का मकान अर्चना सिनेमा के पास था—सिनेमा भवन के उस ओर सत्येन्द्र का मकान, इस ओर हमारा। छोटे रास्ते से तीन मिनट में हमारे घर से उनके घर या उनके घर से हमारे घर आया-जाया जा सकता था।

मकान एकमंज़िला था। उसमें थे बाथरूम के साथ तीन बेडरूम; एक बड़ा कमरा था अलग जिसे स्टडी बना सकते थे; किचेन, डाइनिंग रूम, ड्राइंग रूम, एक संकरा बरामदा और एक छोटा आँगन। बगल में गराज था, गराज के ऊपर सर्वेन्ट क्वार्टर; सामने एक छोटा लान था। हमारे पास दो एअर-कंडिशनर थे; एक हमने तेजी के बेडरूम में लगवाया, दूसरा स्टडी में। पहले पर्दे वग़ैरह लगाकर तेजी के लिए एक कमरा ठीक किया गया। नये मकान में व्यवस्थित होने में सबसे अधिक हमारी सहायता सत्येन्द्र की पत्नी उषा ने की। उसी की देखरेख में नये घर में किचन चालू हुआ। उषा किसी स्कूल में पढ़ाती थी; सुबह का स्कूल कर वह हमारे घर आ जाती और दिन-भर तेजी के साथ रहती--उनकी परिचर्या के अतिरिक्त गृहस्थी के सौ तरह के काम देखती।

तेजी की हालत जल्दी न सुधरी। इस बार लगा, डॉ. करौली की दवा भी नहीं लग रही है। घर में फ़ोन लग गया था। बेटे दिन-प्रतिदिन तेजी का हाल लेते रहते। यह देखकर कि वायुपरिवर्तन और एलोपैथी के इलाज से फ़ायदा नहीं हो रहा है, अमित बम्बई के सबसे बड़े होमियोपैथ डॉ. शंकरन को लेकर दिल्ली आये। दमे के आक्रमण के अलावा तेजी की सबसे बड़ी तकलीफ़ थी कि उनको नींद नहीं आती थी; और सौ बीमारी की एक बीमारी तो वही थी; वह तो उनके लिए क्रानिक हो गयी है, जिससे वे आज तक पूर्णतया मुक्त नहीं हो सकी हैं। डाक्टर ने पूरे दिन उनकी परीक्षा की, सैकड़ों सवाल पूछे और शाम को कहा, जैसे उन्होंने कोई अनबूझ पहेली बूझी हो या कोई बड़ा रहस्य उद्घाटित किया हो, कि उन्हें जबरदस्त मेन्टल टेनशन और डिप्रेशन है। ज़ाहिर था कि बीमारी जो थी वह तो थी ही, उसके कारण घर-परिवार से बिछुड़ने का अफ़सोस कम न था, और ऊपर से ऐसी हालत में एक जगह से उखड़कर दूसरी जगह व्यवस्थित होने की चिन्ता, जबकि अठारह महीने पहले भी उन्हें ऐसी ही चिन्ता से जूझना पड़ा था।

ख़ैर, डॉ. शंकरन दवा परहेज़ बताकर चले गये। होमियोपैथी का इलाज तेजी को कभी माफ़िक नहीं आया; पर अमित का आग्रह था तो उसे एक और मौक़ा देने में क्या हर्ज़ था। इलाज उसी डाक्टर का ठीक होता है जो नज़दीक हो, जिसे जब जरूरत हो बुला सकें, मरीज़ की हालत बता सकें। अब मरीज के बारे में कुछ कहना हो तो बम्बई फ़ोन कीजिये; फोन कभी मिलता, कभी न मिलता; जो दवा है वही देते जाइये। इन असुविधाओं के बीच डॉ. शंकरन का इलाज छोड़ ही देना पड़ा, कुछ ख़ास फ़ायदा भी नहीं दिख रहा था। फिर हम डॉ. करौली के इलाज पर आ गये।

दवा तो हो ही रही थी।

दवा से ज्यादा भरोसा तेजी अपने हनुमानजी का कर रही थीं और वे थे कि उनकी सारी प्रार्थना अनसुनी किये बैठे थे। बीमारी की कमजोरी से तेजी का दिमाग़ चिड़चिड़ा हो गया था। बात-बात पर क्रोध करना उनके लिए मामूली बात हो गयी थी। अब तो वे अपने हनुमानजी पर भी क्रोध करने लगीं। पूजा घर, छोटा-सा मन्दिर उनके कमरे के कोने में ही था। एक दिन अपनी बीमारी से निराश, अपने इष्टदेव की उदासीनता से रुष्ट उन्होंने एक अप्रत्याशित काम कर डाला—उन्होंने हनुमानजी की मूर्ति उठाकर पटक दी.....

'जीवन-भर तेरी पूजा-आराधना का यही फल है कि आज मैं न जीने में हूँ न मरने में...'

हनुमानजी की टाँग टूट गयी थी।

एक अति की प्रतिक्रिया प्रायः दूसरी अति पर फेंक देती है।

जितना उत्कट आक्रोश था, उतना ही उत्कट था अब उस पर पश्चाताप।

और तेजी मूर्ति पर गिरकर फूट-फूटकर रो रही थीं—हाय, मैंने क्या कर डाला!...और फिर वे बेहोश हो गयीं।

मैंने उन्हें उठाकर बिस्तर पर लिटाया। उनका माथा तवे की तरह जल रहा था।

मैंने बर्फ़ के पानी की पट्टी की। आधे घण्टे बाद उन्हें होश आया। उन्होंने आँखें खोलीं और पूछा, 'मेरे हनुमानजी का क्या हाल है? किसी ने उनकी मरहम पट्टी की?...मैंने हनुमानजी की चीख़ सुनी थी...ओफ...बहना...तूने मेरी टाँग तोड़ दी.. मैं तो तेरा मंगल ही करता रहता हूँ...पर बहुत-सा मंगल अमंगल की राहों से आता है...' कहते-कहते तेजी फ़िर बेहोश हो गयीं। इसी प्रकार थोड़ी-थोड़ी देर बाद उन्हें होश आता और कुछ देर ऐसे ही बातें कर वे चुप हो जातीं...आँखें मूँद लेतीं।

तीन घण्टे बाद वे सामान्य हुईं।

मैंने एरलडाइट से हनुमान जी की टांग जोड़ी और फिर से उन्हें उनकी मूर्ति-पीठिका पर खड़ा कर दिया।

तेजी उठकर मूर्ति के सामने बैठ गयीं।

उनकी आँखों से आँसू की धार बराबर निकल रही थी। थोड़ी देर बाद उन्होंने मुझसे कहा, 'तुम अपने कमरे में जाओ, मैं अब ठीक हूँ...मैंने हनुमानजी की आवाज़ सुन ली...उन्होंने मुझे आश्वस्त कर दिया है...मैं अब बहुत जल्द अच्छी हो जाऊँगी ...मैंने उनसे क्षमा माँग ली...वे मुझे क्षमा करेंगे...बच्चन, यह मूर्ति सजीव है...लोग कहते हैं खण्डित मूर्ति नहीं पूजनी चाहिए...मैं तो अपनी खण्डित मूर्ति ही पूजूँगी.. यह मूर्ति है भी कहाँ...हनुमानजी की टाँग की हड्डी जुड़ जायेगी...वे फिर चलेंगे आगे-आगे—मुझे मंगल की राह दिखाते—मंगलमूर्ति के साथ अमंगल की राहें भी मंगलमयी हैं...तुम अपने कमरे में जाओ...मुझे कुछ देर अकेला रहने दो हनुमानजी के साथ...'

मुझे लगा तेजी को कुछ अद्‌भुत अनुभव हो रहा है। इस वेला उन्हें अकेला ही रहना चाहिए।

आप इसको चमत्कार ही समझिए, उस दिन से तेजी अच्छी होने लगीं।

'काटेहिं पइ कदली फरैं'—क्या यह देवताओं के लिए भी ठीक है?...

तेजी जब कुछ अच्छी भी हुईं, तो अपने बिस्तर पर निस्पन्द, निश्चेष्ट, निर्निमेष पड़ी रहतीं...

एक शाम मैंने उन्हें कुछ स्वस्थ देखा।

मेरे मन में आया इन्हें अपनी कविता की कुछ पंक्तियाँ सुनाऊँ। मैंने तेजी से कहा, मुझे अपनी कुछ पंक्तियाँ दूरागत प्रतिध्वनियों के समान सुनाई पड़ रही हैं, तुम उन्हें सुनना चाहोगी। उन्होंने सिर आगे को हिलाया। मैं बोलने लगा—

> है यह पतझड़ की शाम सखे।
> नीलम से पल्लव टूट गए,
> मरकत-से साथी छूट गए,
> अटके फिर भी दो पीत पात जीवन-डाली को थाम सखे!
> है यह पतझड़ की शाम सखे।

ये दो पीत पात कौन हैं? तेजी ने अपनी उंगली से मेरी छाती छुई, फिर अपनी।

मैं समझ गया, इस समय वे कविता के लिए ग्रहणशील मन:स्थिति में है—

वायु बहती शीत निष्ठुर।
थी न सब दिन त्रासदाता
वायु ऐसी, यह बताता,
एक जोड़ा पेड़की का डाल पर बैठा सिकुड़ा-जुड़।

मैंने पूछा, पेड़की का वह जोड़ा कहाँ है?

उन्होंने कहा, इस समय ग्रेटर कैलाश में।

मैं आश्वस्त हुआ कविता अन्दर उतर रही है। कविता अपनी सार्थकता सिद्ध करती है, जब वह समझ ली जाये और अपनी चरितार्थता जब वह भोग ली जाये। मैं सुनता गया--

कितना अकेला आज मैं
संघर्ष में टूटा हुआ,
दुर्भाग्य से लूटा हुआ,
परिवार से छूटा हुआ, कितना अकेला आज मैं।
कितना अकेला आज मैं।

तेजी बोल पड़ीं, 'गनीमत है हम अकेले नहीं हैं।'

मुझे लगा, यह अनुभूति गिरावट और उदासी से ऊपर की है। अकेलेपन की धुंध को चुनौती मिल चुकी थी। अब अन्धेरे में दीया जला देना चाहिए।

है अँधेरी रात पर दीवा जलाना कब मना है?
कल्पना के हाथ से कमनीय जो मन्दिर बना था,
भावना के हाथ ने जिसमें वितानों को तना था,
स्वप्न ने अपने करों से था जिसे रुचि से संवारा,
स्वर्ग के दुष्प्राप्य रंगों से, रसों से जो सना था,
ढह गया वह जो जुटाकर ईंट, पत्थर, कंकड़ों को
एक अपनी शान्ति की कुटिया बनाना कब मना है?
है अँधेरी रात पर दीवा जलाना कब मना है?

तेजी ने कहा, 'ख़ैरियत है कि हमें ईंट-पत्थर, कंकड़ बटोरते नहीं भटकना पड़ेगा; हमें ईंट-पत्थरों की बनी-बनाई कुटिया मिल गयी है।'

'तो फिर चलो, उसमें बैठकर हम अपनी शान्ति के लिए कुछ करें।'

'अब मुझमें न कुछ करने की ताक़त है, न हौसला है, न इच्छा है।'

और इस पर मैं अपनी कविता की कितनी पंक्तियाँ सुनाता चला गया—

मानी, देख न कर नादानी!
मातम का तम छाया माना,
अन्तिम सत्य इसे यदि जाना,
तो तूने जीवन की अब तक आधी सुनी कहानी।

मानी, देख न कर नादानी!
सुन, यदि तूने आशा छोड़ी,
तो अपनी परिभाषा छोड़ी,
तुझे मिली थी यह अमरों की केवल एक निशानी।
मानी, देख न कर नादानी!
ध्वंसों में यदि सिर न उठाया,
सिरजन का यदि गीत न गाया,
स्वर्गलोक की आशाओं पर फिर जायेगा पानी।
मानी, देख न कर नादानी!

× × ×

प्रलय का सब समाँ बाँधे
प्रलय की रात है छाई,
विनाशक शक्तियों की इस
तिमिर के बीच बन आई,
मगर निर्माण में आशा
दृढ़ाए कौन बैठा है?
अँधेरी रात में दीपक
जलाए कौन बैठा है

× × ×

नीड़ का निर्माण फिर-फिर,
नेह का आह्वान फिर-फिर।

× × ×

सोच न कर सूखे नन्दन का,
देता जा बगिया में पानी।

× × ×

अतीत याद है तुझे,
कठिन विषाद है मुझे,
मगर भविष्य से रुका
न अंखमुदौल खेलना
अजेय तू अभी बना!

× × ×

तू तिमिर में धँस चुका है,
तू तिमिर में बस चुका है,
इसलिए तेरे नयन को
ज्योति का जादू समझने का मिला अधिकार।

× × ×

दुनिया गई जलाई तेरी,

दुनिया गई मिटाई तेरी,
सोने का संसार जहाँ था,
वहाँ लगी मिट्टी की ढेरी;
क्योंकि हृदय के अन्दर तेरे
थी वह शक्ति कि जिसके द्वारा
महानाश की छाती पर तू कर सकता है नव निर्माण!

और अन्त में मैंने टेनिसन की 'युलिसीज़' से वे पंक्तियाँ सुनाईं, जो मुझे बहुत प्रिय थीं—

...You and I are old,
Old age hath yet his honour and his toil;
Death closes all : but something ere the end,
Some work of noble note, may yet be done...
... and tho'
We are not now that strength which is old days
Moved earth and heaven; that which we are, we are;
One equal temper of heroic hearts
Made weak by time and fate, but strong in will
To strive, to seek, to find and not to yield.

मैंने इन पंक्तियों का हिन्दी अनुवाद किया है, आप सुनना चाहेंगे?

...हम-तुम दोनों वृद्ध हो गए;
वृद्धावस्था की भी अपनी गरिमा होती,
अपनी ही श्रम-शक्ति; मृत्यु में सब लय होता;
किन्तु अन्त के पूर्व किया कुछ तो जा सकता,
जिसे नगण्य न समझा जाए...
माना, हम में
अब पहले का-सा बल-बूता! नहीं रह गया
जिससे हमने गए ज़माने ज़मीं-आसमाँ हिला दिया था,
फिर भी हम जो हैं सो हैं ही, अपने सीने
में सम दम-खम रखने वाले, गो कि समय ने
और भाग्य ने हमको जर्जर कर डाला है,
लेकिन हममें इच्छा-बल की कमी नहीं है—
हम दृढ़-व्रत संघर्ष करेंगे,
सतत यत्न-संलग्न रहेंगे,
लक्ष्य प्राप्त कर ही ठहरेंगे,
और कभी हम हार नहीं स्वीकार करेंगे।

कविता पढ़ने को आप सफ़े-पर-सफ़े पढ़ जाइए, पर जब उसे पंक्ति-पंक्ति जिया जाए, भोगा जाए, उनमें व्यक्त अनुभूतियों में होकर गुज़रा जाए, तब कविता बहुत भारी पड़ती है। दिमाग़ की नसें फटने लगती हैं।

मैंने जो पंक्तियाँ तेजी को सुनाई थीं बड़ी ताक़त, हिम्मत और लगन की माँग करती थीं—कल्पना में भी उन्हें जीने के लिए; और तेजी शरीर और मन से बहुत दुर्बल-कातर थीं। कमज़ोर मरीज को ज़्यादा ताक़त की दवा नहीं देनी चाहिए। शायद मैंने दे दी थी। कुछ ऐन्टीडोट—प्रतिकारक दवा—देनी चाहिए—कुछ हल्की-फुल्की बात करके। बोला, 'तुम कहती हो तुम में ताक़त नहीं, हौसला नहीं, कुछ करने की इच्छा नहीं, तो तुम्हारा लँगड़ा भाई किस दिन काम आयेगा?'

'मेरा लँगड़ा भाई!'

'हाँ, वही लँगड़े हनुमान।...तुमने कहा था न कि जब तुमने उन्हें उठाकर दे मारा था, तब उन्होंने हाय-पुकार की थी, बहना तूने मेरी टाँग तोड़ दी!...हनुमान के कोई बहन नहीं थी, उन्होंने तुममें अपनी बहन पा ली...तुम्हारे कोई भाई नहीं था, तुमने हनुमान में अपना भाई पा लिया। मगर भाई भी पाया, तो उसे लँगड़ा करके...'

'तुम हनुमानजी को लँगड़ा कहते हो!...'पंगु चढ़ै गिरिवर गहन जासु कृपा सो दयाल'...देवता से दिल्लगी अच्छी नहीं।'

'दिल्लगी का तो मेरा-उनका रिश्ता है।'

'हनुमानजी से?'

'हाँ, वे तुम्हारे भाई हुए, तो मेरे साले हुए, और साले-बहनोई में मज़ाक तो चलता ही है।'

'देवताओं के बारे में ऐसे हलकेपन से बात नहीं करते।'

'मैं गम्भीरतापूर्वक उनको अपना साला मानता हूँ। साले का महत्त्व क्या है मेरे मन में, जानती हो—'सारी खुदाई एक तरफ़ जोरू का भाई एक तरफ़'—मैं सारी खुदाई उनमें देखता हूँ और तुम कहती हो मैं उनसे मज़ाक करता हूँ...'

'मज़ाक की एक हद होती है।'

'तो यह हद मैंने नहीं छुई, मुझसे पहले कबीर छू गये हैं और कबीर तो सन्त हैं न?...क्या कहा है कबीर ने?

> मैं बहनोई
> राम मोरा सारा!'

'भूल गये राधा बाबा ने जो इसका अर्थ बताया था; कबीर कहते हैं, मैं बहने-वाला हूँ, राम मेरे 'सारा'—'सहारा' हैं।

'कविता का एक ही अर्थ थोड़ा होता है। अर्थ संघानां। हो सकता है कबीर की बीवी लोई भी राम की उपासना भाई के रूप में करती हो। 'ये यथामां प्रपद्यंते तांस्तथैव भजाम्यहम्'। जो भगवान् को भाई मानता है, भगवान् उसको बहन मानते हैं; जो भगवान् को साला मानता है, भगवान उसको बहनोई मानते हैं।'

'कब तुम श्रद्धा से बोलते हो, कब मज़ाक में, मैं तो समझ नहीं पाती।'

'यह तुमसे किसने कहा कि श्रद्धा के साथ मज़ाक नहीं चल सकता? गोपियाँ भगवान् कृष्ण के प्रति कितनी श्रद्धा रखती थीं और उनकी कितनी हँसी उड़ाती थीं, उन पर कितना व्यंग्य करती थीं। तुम समझती हो भगवान् इससे नाराज़ होते थे, भीतर-भीतर खुश होते थे। भगवान् तो अपने मुण्ड मुड़ाए, शीश झुकाए, मुँह लटकाए भक्तों से ऊब उठे होंगे। जानती हो, एक तरह के संन्यासी अपने को 'उदासी' कहते हैं, जाओ, भाई, उदास-उदास, भारी-भारी भगवान् के सामने। मुझे भगवान् के पास जाना हो, तो मैं तो हलका-हलका, हँसता-हँसता जाऊँ, प्रार्थना-व्रार्थना मुझे उनसे नहीं करनी, उन्हें जो देना है उन्होंने दे रखा है, माँगने से कुछ देते भी नहीं—मैं तो उनसे कुछ हँसी-ठिठोली करूँ, कुछ मज़ाक। उन्होंने हमारे साथ कम मज़ाक कर रखा है, यह दुनिया उनका किया अच्छा-खासा मज़ाक है। हिन्दुओं ने सम्मानजनक नाम 'लीला' दे रखा है इसे।'

'धन्य है तुम्हारी सूझ।'

'अब तुम धन्य समझो चाहे जघन्य। यह सब तो मैंने तुम्हारा जी हलका करने के लिए कह दिया। हनुमानजी में मुझे तुमसे कम श्रद्धा नहीं। चलो, अब लंगड़दीन, साढ़े तीन के सामने बैठकर अपना इच्छा-बल, अपना साहस, अपनी शक्ति जगाएँ कुछ सार्थक करने के लिए...'

'फिर तुमने हनुमानजी को लंगड़दीन-साढ़े तीन कहा—'

'लंगड़ा तो तुमने उन्हें किया है, मैंने तो उनकी मरहमपट्टी की। पर यह अच्छा है कि तुम उनके लंगड़ेपन को न भूलो। उनके लंगड़ेपन की घड़ी तुम्हारी इष्टसिद्धि की बेला थी। हनुमानजी उस दिन तुमसे बोले थे, तुम्हें आश्वस्त किया था—या तुम्हें इसका विश्वास हुआ था—विश्वासोफलदायक:। 'साढ़े तीन' मैं किसी मतलब से कहता हूँ। भगवान् जब मुरली लेकर खड़े होते हैं, तो उनकी मुद्रा त्रिभंगी कहलाती है। यानी तीन जगह से मुड़ी। हनुमान तो उनके सेवक हुए, सेवक को स्वामी से बड़ा होना ही चाहिए।

स्वामी से सेवक बड़ा चारी जुग परमान
सेतु बाँध रघुबर गए, फाँद गए हनुमान।

और तुलसीदासजी तो कह गये हैं—'राम ते अधिक राम का दासा'। भगवान् तीन जगह से मुड़कर खड़े होते हैं तो हनुमान को उनसे कुछ ज्यादा ही मुड़ा दिखना चाहिए। देखती नहीं हो, वे अपना एक पाँव मोड़कर टीले पर रखे दिखाई देते हैं—यानी वे साढ़े तीन मोड़ की मुद्रा में खड़े होते हैं—भगवान् से आधे ज़्यादा। 'यह एक तरह से हनुमान का भगवान् की त्रिभंगी मुद्रा पर विनोदी-व्यंग्य है—तुम तीन, तो हम साढ़े तीन! हनुमान अपने भगवान से कम मज़ाक नहीं करते।'

एन्टीडोट कारगर साबित हुई।

ताक़त की दवा ने यथोचित लाभ पहुँचाया।

तेजी फिर नीड़ के निर्माण में लगीं और मुझे भी लगाया।

निर्माण किसी तरह का हो, सुखकर होता है; सुखकर न भी हो, तो अपने में

लीन तो कर ही लेता है। और यह भी हमारे लिए राहत थी कि हमारे सामने कुछ करने को था, एक गृहस्थी, फिर से सुचारू रूप से खड़ी करनी थी।

फर्नीचर जो हम बम्बई से लाये थे, वह मेरी स्टडी के लिए पर्याप्त था—तीन आलमारियाँ, मेज़-कुर्सी। तेजी ने सबसे बड़ा कमरा मेरी स्टडी के लिए दिया, उसके साथ वाला छोटा कमरा मेरे बेड रूम के लिए। सबसे पहले उन्होंने किताबों की पेटियाँ खुलवाईं और किताबें आलमारियों में लगवा दीं, लिखने-पढ़ने का सामान मेज़ पर लगवा दिया, दरवाज़े, खिड़कियों पर सुरुचिपूर्ण पर्दे लगवा दिये और मुझसे बोलीं, 'तुम अब अपनी कुर्सी पर बैठो, कुछ पढ़ो, कुछ लिखो, कुछ रचो, तो घर में सृजन का एक वातावरण बने; उसमें मैं इस नयी गिरिस्ती को सजा-सँवार लूँगी।'

तेजी जब से मेरे जीवन में आयीं, बच्चों के बाद, उन्होंने सबसे पहला ध्यान मेरी सृजन-सुविधा की ओर दिया है। जिस नये मकान में गयीं, पहले यह देखा कि मेरी स्टडी कहाँ बनेगी। वहाँ के लिए जिस चीज़ की भी ज़रूरत हो वह सबसे पहले पूरी की गयी। 'सोपान' में भी आकर उन्होंने मेरे लिए एक छोटी स्टडी की व्यवस्था मेरे नीचे के बेडरूम में की और एक बड़ी स्टडी ऊपर बनवाई। यह संस्मरण लिखना मैंने नीचे की छोटी स्टडी में शुरू किया था, अब उन्होंने मुझे ऊपर भेज दिया है, जहाँ घर-गिरिस्ती के दिनानुदिन झगड़े-झंझटों से मेरे काम में कोई व्याघात न पहुँचे। उनके सहयोग के बिना मेरी यह स्मृति यात्रा शायद ही इतनी सहज शान्ति से की जा सकती।

मुझे याद नहीं कि ग्रेटर कैलाश के मकान में रहते हुए मैंने कुछ विशेष मौलिक लिखा—सिवा कुछ शे'रों के। शे'रों की संख्या भी शायद अधिक न होगी—यही पच्चीस-तीस। उन्हें मैंने कभी प्रकाशित नहीं किया; रचनावली में भी नहीं; उन दिनों जो मित्रों को पत्र लिखे उनमें एकाध शे'र लिख दिया करता था। कुछ पत्र प्रकाशित हुए हैं, जिनमें ऐसे शे'र देखे जा सकते हैं। उनको विधिवत मैंने कहीं सँजोकर रखा भी नहीं, पर मेरे कागद-पत्रों की फाइलों में कहीं पड़े हों तो पड़े हों। अगर सुविधा से मिल गये, तो 'परिशिष्ट' के रूप में इस संस्मरण के अन्त में देना चाहूँगा। इस विधा के बीज भी मुझमें थे, पर मैंने उसे विकसित नहीं किया। हिन्दी के मिज़ाज को ग़ज़लों में ढालने की सम्भावनाएँ मैं कम ही देखता हूँ। अभी तक तो ग़ज़ल में सफल होने वाले उर्दू के मिज़ाज में खिंच जाते हैं। पर हिन्दी का कवि उर्दू में ग़ज़ल लिखे, इसकी सम्भावना तो है ही—भारतेन्दु इसके पहले उदाहरण हैं।

हम लोग ग्रेटर कैलाश में जून के महीने में आये थे, जब दिल्ली में गरमी अपने चरम बिन्दु पर होती है। तेजी जिस हालत में बम्बई से आयी थीं, उसमें तो यही लगता था कि अगर वे अच्छी भी हो गयीं तो महीनों उन्हें आराम की ज़रूरत होगी, पर एक बार वे अच्छी हुयीं, तो फिर उन्होंने आराम न जाना। न उन्होंने धूप देखी, न छाया, न बरसात, न रात न दिन। वे घर को ठीक करने में लग गयीं—घर में खिड़की-दरवाज़ों पर परदे लगे, बेड-रूम में बेड, ड्राइंग रूम में सोफा सेट,

कुर्सियाँ, नीची टेबलें जमा दी गयीं; खाने के कमरे में डाइनिंग टेबल-कुर्सियाँ आ गयीं; किचन के लिए ज़रूरी सामान भी एक-एक करके ले लिये गये। और एक तरह से घर जीने-रहने की सामान्य सुविधाओं से सम्पन्न हो गया।

अकबर का एक व्यंग्यात्मक शे'र है—

'ग़म है लीडर को पर आराम के साथ'

हम अपने लिए कह सकते थे—

'आराम है लीडर को पर ग़म के साथ'

शारीरिक आराम की चीज़ें तो हमारे पास थीं, पर अपने परिवार से दूर होने का गम तो हमारे दिलों में था ही।

घूमने के लिए मैं सुबह बहुत तड़के उठता—सूर्योदय से कम-से-कम एक घण्टा पहले। ग्रेटर कैलाश से निकल कुतुब की ओर जाने वाली सड़क पकड़ लेता; कभी-कभी तो कुतुब तक जाता, जाने-आने में तीन घण्टे लगते। तेजी चिन्तित भी होतीं; कहाँ निकल गये। कभी लौटता, तो उन्हें फाटक पर टहलती पाता—झिड़की खाने को मिलती। घर पर भी बैठा-बैठा क्या करता। शाम को घूमने के लिए मन्दिर की ओर जाता। ग्रेटर कैलाश में पहाड़ी टीले पर एक मन्दिर है, जिसे शायद पश्चिमी पाकिस्तान से आये पंजाबी सम्पन्न शरणार्थियों ने बनवाया है, जो इधर क़ाफी संख्या में बसे हैं। सीढ़ियों के पास से एक चढ़ाई का रास्ता है जो मन्दिर के चारों ओर जाकर सीढ़ियों पर लौट आता है; शायद इस दृष्टि से बना है कि अगर कोई मन्दिर की परिक्रमा करना चाहे तो सीढ़ियों की तरफ़ से जा, देव दर्शन कर, मन्दिर को दाहिने करता ढलान रास्ते से उतर आये। मैं मन्दिर की तीन-चार परिक्रमाएँ करता, पर उलटी। यानी चढ़ान की तरफ़ से जाता और सीढ़ियों की तरफ़ से आता। परिक्रमा करने का लक्ष्य भी नहीं था, लोगों को क्यों धोखा देता; कुछ परिक्रमार्थी भी रास्ते पर मिलते। यहाँ तो 'जहं डोलौं तहं करौं परिक्रमा' की टेक नहीं तो परिक्रमा व्यर्थ। पेट-पूजा का समय होता तो घर लौटता—'खाउं-पिअउं सोई पूजा।' अपनी पूजा इतनी ही।

बम्बई से अपने साथ मैं एक टेपरिकार्डर लाया था। दिन में जब मेरा मूड आता, तो मैं अपनी स्टडी के सब दरवाज़े-खिड़कियाँ बन्द कर लेता और कुछ अपनी कविताएँ रिकार्ड करता। 67 वर्ष की अवस्था में आकर कविताएँ सुनाना मेरे लिए असम्भव हो गया था, पर भावनापूर्ण ढंग से पढ़ने के लिए अभी मेरी आवाज़ बची थी। 90-90 मिनटों के सात-आठ कैसेटों में मैंने अपनी कुछ प्रिय कविताएँ भरीं। ग्रेटर कैलाश निवास की यही एक स्थायी स्मृति मेरे पास है। कभी-कभी मैं इन कैसेटों को बजाता हूँ और सोचता हूँ कि तीन-कम सत्तर पर भी मेरी आवाज़ बुरी नहीं थी। अब तो अपनी कविताओं को पढ़कर सुनाने में भी मेरी साँस फूल उठती है।

अगस्त में तेजी का जन्मदिन पड़ा। मनाने का कोई उत्साह उनमें न था, पर

जया श्वेता और उसकी आया को लेकर आ गयीं, अजिताभ-रमू के सन्देश के साथ। श्वेता को देखकर तेजी दो-तीन दिन बहुत खुश रहीं।

अक्टूबर में अमिताभ को फ़िल्म 'कभी-कभी' की शूटिंग कश्मीर में होने वाली थी। उनकी इच्छा थी कि शूटिंग के दौरान पूरा बच्चन-परिवार कश्मीर में साथ रहे। बच्ची श्वेता के साथ जया आने ही वाली थी, उन्होंने अजिताभ और रमोला को भी आने के लिए तैयार किया। भीषण बीमारी, परिवार से दूर होने के मानसिक दंश, और नये घर को व्यवस्थित करने के श्रम-संघर्ष के बाद तेजी को भी कुछ परिवर्तन की आवश्यकता थी। फिर अक्टूबर में ही अमिताभ का जन्मदिन पड़ने वाला था और सबसे बड़ा आकर्षण था छह महीने की हो गयी बच्ची श्वेता को देखने-खेलाने का। तेजी और मैं दोनों ही जाने को तैयार हो गये। घर हमने सत्येन्द्र और उषा के ऊपर छोड़ दिया।

कश्मीर में हम लोग ओबेराय पैलेस होटल में ठहरे। कश्मीर हम लोगों के लिए नयी जगह नहीं थी, हम कई बार वहाँ हो आये थे। पर इस भव्य होटल में पहली बार ठहर रहे थे। वस्तुत: होटल के लिए यह इमारत बनाई ही नहीं गयी थी। यह कश्मीर के भूतपूर्व महाराजा हरी सिंह का राजभवन था जिसे ओबेराय-संस्थान ने किराये पर ले होटल में परिवर्तित कर लिया था। प्रसंगवश बता दूँ कि जिस कमरे में फ़िल्मों के प्रोड्यूसर-डायरेक्टर ठहरे थे, वह कभी महाराजा का निजी कक्ष हुआ करता था, और जिस कक्ष में कभी भारत के वाइसराय महाराजा के मेहमान बनने पर ठहरते थे, उसमें अमिताभ को ठहराया गया था। पिछली मरतबा जब वाइसराय महोदय वहाँ आकर ठहरे होंगे तब उन्होंने शायद ही इसकी कल्पना की होगी कि इसी कमरे में आज से पच्चीस वर्ष बाद मध्यवित्त परिवार में जन्मा एक 'छोरा गंगा किनारेवाला' आकर टांग पसार कर सोएगा! समय की गति कितनी अनग्रकथनीय होती है। कालोहि दुरतिक्रम:।

राजभवन की स्थिति बड़ी ही मनोज्ञ है। काफी ऊँचाई पर खड़ी है यह प्रभावकारी इमारत। पृष्ठभूमि में ऊँची पर्वतमाला है। सामने लम्बा-चौड़ा, हरा-भरा लॉन है, उससे कुछ नीची सतह पर इतना ही बड़ा दूसरा लॉन है जिसके दोनों ओर फव्वारे चलते हैं। उसके आगे सड़क है। सड़क के पार चेरी और सेब के बाग़ हैं, बाग़ के आगे गाल्फ़ खेलने का खुला-बड़ा मैदान; उसके आगे आम रास्ता और रास्ते के उस पार नील-जल-भरी डल झील, जो ऊपर के लॉन अथवा कमरों से भी दिखाई देती है, दूर सामने ही झील में एक टापू है जो 'चार चिनार' के नाम से जाना जाता है; क्योंकि उस पर चिनार के चार बहुत पुराने घने वृक्ष हैं। दाहनी ओर कुछ नीची पर्वतमालाएँ और बाईं ओर निकट की पर्वत श्रृंखला पर शंकराचार्य का शिव मन्दिर है और कुछ और बाएँ दूर पर हरि पर्वत पर खड़ा किला, जो कहा जाता है मुग़ल बादशाहों ने बनवाया था। सुबह-शाम लॉन में कुर्सी डालकर बैठना और सामने दूर तक फैले इस शान्त-स्निग्ध-मनोरम दृश्य को देखना-देखते रहना एक ऐसा अनुभव है, जिसे जब भी याद किया जाये सुखकर लगता है।

कश्मीर के इस प्रवास को जब मैं याद करता हूँ, तो सबसे पहले मेरे ध्यान में अमिताभ का जन्मदिन आता है।

हमने उसके लिए दिल्ली में ही नटराज की एक पीतल की बड़ी मूर्ति खरीदी थी, पर उसे साथ न ले गये थे; सोचा, इस भारी चीज़ को कहाँ पहले कश्मीर ले जायें, फिर उसे दिल्ली वापस लायें, अन्त में तो उसे बम्बई जाना था। कभी अमित आये तो यहीं से साथ ले जायेंगे या कोई इधर से बम्बई जाता हुआ, तो उसके साथ भेज देंगे।

परिवार में जन्मदिन मनाने का हमारा यह तरीका है कि हम सुबह नाश्ते के पहले किसी कमरे में, जो ख़ास तरह से सजाया जाता है, इकट्ठे होते हैं—उपहारादि लेकर। जिसका जन्मदिन हुआ उसे बधाई-शुभकामनाएँ देते हैं, उपहार देते हैं, फिर साथ बैठकर नाश्ता करते हैं। इस कार्यक्रम में परिवार के बाहर के किसी व्यक्ति को हम सम्मिलित नहीं करते। उस वर्ष यह कार्यक्रम अमिताभ के 'सूट' में आयोजित किया गया था—पहले का वाइसरीगल सूट, अबका प्रेसीडेंशल सूट।

अमिताभ के उस जन्मदिन के लिए मैंने एक कविता लिखी थी, एक ख़ास कविता। आप सुनना चाहेंगे?

ख़ास मैं उसे इसलिए कहता हूँ कि वह एक ऐसे छन्द में है, जिसमें न कोई कविता मैंने पहले लिखी थी, न बाद को। यह 37 मात्राओं के 'दण्डक' छन्द में है। इसे पढ़ने के लिए ज़रा लम्बी और दमदार साँस चाहिए। शायद 'भानु' के 'छन्द प्रभाकर' में मैंने यह पढ़ा था कि इस छन्द को 'दण्डक' अर्थात् दण्डकर्ता इसलिए कहते हैं कि इसको पढ़ने में दण्ड लगने का-सा श्वास-श्रम उठाना पड़ता है! तुलसीदास ने हनुमानजी की कतपय स्तुतियों में इस छन्द का उपयोग किया है—उपयुक्त ही लगता है हनुमान-स्तुति के लिए यह बलिष्ठ छन्द। कविता नीचे दे रहा हूँ। कभी आप सस्वर पढ़कर आज़माएँ कि यह आपको कितनी श्वास-शक्ति माँगता है। अन्तिम पंक्ति के पहले ही पंक्ति में मैंने कुछ स्वतन्त्रता भी ली है, मात्रा-धिक्य करके, पर छन्द की लय बरकरार रखी है।

'धन्य भाग जगती-तल तासू।
पितहिं प्रमोद चरित सुनि जासू॥'

—तुलसी

जयति तेजी सुवन,
जयति श्री जयापति,
जयति श्वेता-पिता स्नेह-जेता!

जयति अमिताभ-भ्राता-सहोदर
रमू-ज्येष्ठ
अमिताभ श्रेष्ठाभिनेता!

जयति मेरे शुभाशीष साकार

सौभाग्य-श्रृंगार
कल्याणकारी।

देश-जग कीर्ति विस्तार
रक्षक तुम्हारे रहें
मंगलामय मुरारी।

जयति शुभ जन्मदिन
बीच कश्मीर डल झील के तीर
गिरिमाल छाये।

पूर्ण परिवार यह वार
सुखसार हर साल
इसी भाँति मिलकर मनाए!

भेंट हम आज
नटराज की मूर्ति करते तुम्हें
गो उसे हम यहाँ पर न लाए।

कामना—जो कला-काल के देवता
वे तुम्हारे रहें
नित्य दाएं।

11-10-94
ओबेराय पैलेस होटल
श्रीनगर।

बहुत दिनों से मैं अपने परिवार के सदस्यों के जन्मदिन पर कोई कविता या कुछ पंक्तियाँ लिखकर देता रहा हूँ। मैं और कोई उपहार नहीं देता। मज़ाक में मैं कहता हूँ कि देखो, मेरा उपहार सबसे कीमती है। कम-से-कम जो मेरे पास सर्वश्रेष्ठ है, वह मैं तुम्हें देता हूँ। और मेरे पास सर्वश्रेष्ठ मेरे शब्द हैं। अगर तेजी, मेरे बेटों, बहुओं और मेरे पोते-पोतियों ने ये पंक्तियाँ सुरक्षित रखी होंगी, तो यह काफ़ी बड़ा शब्द-भण्डार होगा, जिसे परिवार के बाहर नहीं देखा गया। मेरी स्मृति अब भी बुरी नहीं और बहुत कुछ मुझे याद है, पर सब तो नहीं। ऐसी कुछ कविताएँ यथा-प्रसंग मैं आपको सुनाता रहा हूँ। सम्भव हुआ तो आगे भी सुनाऊँगा। आपकी रुचि तो है न मेरी ऐसी हलकी-फुलकी तुकबन्दियों को सुनने में?

'कभी-कभी' के कुछ दृश्यों की शूटिंग होटल की इमारत में ही हुई थी। शूटिंग देखने का कौतूहल बहुत लोगों को होता है। शुरू-शुरू में हम लोगों को भी था, और अमिताभ ने कभी-कभी हमें ऐसा अवसर दिया था। शूटिंग के समय अमिताभ को देखना एक विचित्र अनुभव होता था। वह अपनी भूमिका में, अपने

दृश्य में, उसकी परिस्थिति में—मानसिक और बाह्य—इतनी गहराई, इतनी तन्मयता से उतर जाता था, डूब जाता था कि हम जो उसके माता-पिता थे, लगता था, उन्हें वह पहचानता ही नहीं। अभी हमसे बात कर रहा है और अभी मेकअप-रूम में होकर दृश्य पर आया है और हम उसके लिए अजनबी हो गये हैं। अभिनय कला के प्रति अमिताभ की यह निष्ठा, यह समर्पण, अपने कार्य-क्षेत्र में उसका यह कौशल, उसकी यह उपलब्धि हमें विभोर कर देती थी। हमारा जी चाहता था हम उसकी प्रशंसा करें, बहुतों से करें, पर अपने पर संयम रखते थे। माता-पिता के मुँह से बेटे की तारीफ़ अच्छी न समझी जायेगी। हमने इन्तज़ार किया कि दूसरे उसकी प्रशंसा करें और हम सुनें; और यह सुख, यह सौभाग्य हमें अमिताभ ने बहुत-बहुत दिया। अभी जो कविता मैंने आपको सुनाई थी, उसमें पहले मैंने तुलसीदास की दो पंक्तियाँ उद्धृत की थीं—

‘धन्य भाग जगती तल तासू
पितहिं प्रमोद सुयश सुन जासू।’

इसमें कहा गया है कि वह पुत्र धन्यभागी है, जिसका सुयश उसके पिता को सुनने को मिले। मैं कहना चाहता था कि वह पिता भी धन्यभागी है, जिसको अपने पुत्र का सुयश सुनने को मिले। एक अर्द्धाली मुँह से निकल गयी—

धन्य भाग पितु सो जग जाना।
कान सुना जो पूत बखाना॥

जब-जब अमिताभ की कला का बख़ान मैं सुनता हूँ, यह अर्द्धाली मेरे दिमाग़ में गूँजती है। तेजी को शिकायत है ‘माता के धन्यभागी होने की बात न तुलसीदास ने कही, न तुमने कही।’ उनको प्रसन्न करने के लिए मैंने एक दूसरी अर्द्धाली गढ़ दी है।

धन्य भाग जननी जग सोई
जगत-प्रसिद्ध जासु सुत होई।

मैं उनको चिढ़ाने के लिए कहता हूँ कि देखो, दोनों अर्द्धालियों में एक अन्तर है। पिता उदार है; पुत्र का सुयश सुना नहीं कि वह अपने को धन्यभागी समझने लगता है। माता अपने को तब तक धन्यभागी नहीं समझती, जब तक कि उसके पुत्र का सुयश जगत-व्यापी न हो जाये। अपने को धन्यभागी समझने की माता की कसौटी बड़ी कड़ी है। पिता कोमल-हृदय होता है, माताएँ कड़े दिल की होती हैं। राम के वियोग में दशरथ मर गये थे, कौशल्या तो नहीं मरीं!

हाँ, एक बात बताना तो भूला ही जा रहा था। ‘कभी-कभी’ की शूटिंग के दौरान अपने ‘राम’ ने अपने ‘दशरथ-कौशल्या’ को एक विवाह के दृश्य में कन्या के माता-पिता के रूप में खड़ा कर दिया। जब फ़िल्म दिखाई गई तो हमारे बहुत से परिचितों-मित्रों ने हमें पहचाना और हमें लिखा, ‘अच्छा, तो अब आप फ़िल्मों में भी

काम करने लगे हैं।' फ़िल्मों में काम करने लगे तो कोई चोरी तो नहीं करने लगे।

पर कश्मीर की सबसे सुखद स्मृति है बच्ची श्वेता के साथ समय बिताने की, उसके साथ खेलने की, उसे खेलाने की। अक्टूबर में भी कश्मीर में थोड़ी-थोड़ी सर्दी पड़ने लगती है। हम लोग धूप निकलने पर श्वेता को लेकर लॉन में चले जाते, एक दरी बिछा देते। वह पेट के बल चलने की कोशिश करने लगी थी। हम कोई रंगीन खिलौना उससे थोड़ी दूर पर रख देते और वह आगे खिसकती, उसे जाकर पकड़ती—कभी-कभी बीच में थक जाती, तो सिर ज़मीन पर टिका कर रुकी रहती, थोड़ी देर बाद फिर उठती। होटल में सुबह-सुबह एक तरह की चिड़ियाँ आतीं, हमारी तरफ़ उन्हें किलहंटा कहते हैं, वे बहुत 'कायं-कायं' करती हैं। हम श्वेता की दरी के आगे रोटी के टुकड़े या आलू के चिप्स फैला देते और किलहंटों के झुण्ड के झुण्ड उन्हें खाने के लिए आते और श्वेता उन्हें देखकर बहुत खुश होती और उन्हें पकड़ने के लिए हाथ बढ़ाती। मैंने श्वेता के लिए एक लोरी बनाई—

चिड़िया ओ चिड़िया, कहाँ है तेरा घर!—
उड़-उड़ आती है जहाँ से फर फर!
उड़-उड़ जाती है जहाँ को फर-फर!
वन में खड़ा है जो बड़ा-सा तरुवर।
उसी पे बना है खर-पातों वाला घर।
उड़-उड़ आती हूँ वहीं से फर-फर।
उड़-उड़ जाती हूँ वहीं को फर-फर।

यह पहली लोरी है जो श्वेता के कानों में पड़ी। तब से मैंने बच्चों के लिए कविता लिखना शुरू किया। पर यह पहली शुरुआत न थी। अमित-अजित के छुटपन में भी उनके लिए मैंने कुछ बाल-कविताएँ लिखी थीं, कुछ उन्हें याद कराई थीं, बाद को वे भूल-भाल गये, कविताएँ कहीं खो खा गयीं। श्वेता के लिए जो कविताएँ लिखीं, उन्हें मैंने एक पुस्तिका में एकत्र किया और 'जन्मदिन की भेंट' के नाम से प्रकाशित कराईं, जिसे मैंने श्वेता के एक जन्मदिन पर उसे भेंट किया। अब तक तीन ऐसी पुस्तकें अपने तीन पोते-पोतियों को समर्पित कर चुका हूँ। तीन को और ऐसी भेंट मुझे देनी है, वरना उन्हें शिकायत रहेगी कि दादाजी ने उनकी उपेक्षा की। उधर मैं कुछ और-और कार्यों में व्यस्त हो गया हूँ कि बाल-कविताएँ लिखने की फुरसत ही नहीं मिली। यह स्मृति-यात्रा पूरी हो तो सोचता हूँ कि फिर कुछ बाल कविताएँ लिखकर अपने बाकी तीन पोते-पोतियों को खुश करूँ।

शूटिंग की अवधि समाप्त हुई तो अमित-अजित सपरिवार बम्बई चले गये, हम दोनों दिल्ली चले गये।

अजिताभ को शुरू से अपने शरीर को सुगठित रखने का शौक था। शायद शुरू जवानी में ही कसरत अधिक करने के कारण लम्बान तो उसकी रुक गयी थी, पर बदन उसका दृढ़ मांसपेशियों से युक्त था। जैसे-जैसे उसकी पत्नी का प्रसवकाल समीप आने लगा वह कल्पना करने लगा, कि वह बेटे का बाप बनने जा रहा

है—बेटा जिसका नाम वह भीम रखेगा। भीम के आगमन के विषय में वह इतना सुनिश्चित था कि हम सब परिवार के लोग भीम की प्रतीक्षा करने लगे।

8 दिसम्बर को अजिताभ का फ़ोन आया—रमोला के बिटिया हुई है; माँ-बेटी सकुशल; आप लोग दूसरे हवाई जहाज़ से आयें। अजिताभ की आवाज़ दबी-दबी थी, स्वाभाविक था, वह चाह रहा था बेटा और आ गई बेटी; पर इन बातों में कोई अपना वश तो होता नहीं, जो आ गया है, उसका स्वागत करना चाहिए। मैंने तेजी को आवाज़ देकर कहा, दूसरी पोती मुबारक; भगवान् तुम्हारी इच्छा खूब पूरी कर रहे हैं; अमित के लिए तुम बेटी चाह रही थीं, उन्होंने अजित के लिए भी बेटी दे दी। भीतर से कहीं निराश वे भी थीं, घर में एक लड़की के बाद वे दूसरा लड़का चाहती थीं; पर बाहर से उन्होंने प्रसन्नता ही दिखाई, स्त्रियाँ अभिनय करने में पटु होती हैं। दूसरे दिन हम लोग बम्बई पहुँच गये। सत्येन्द्र-उषा की वजह से हमें घर उनके भरोसे छोड़ निकल जाना बहुत आसान लगता था।

बच्ची ब्रीच कैंडी अस्पताल में हुई थी, जहाँ श्वेता भी हुई थी। ज़च्चा-बच्चा सकुशल थे। नये बच्चे को देखकर पहले-पहले अक्सर लोग यह सवाल उठाते हैं, किस पर गया है, या गयी है। किसी ने कहा अजिताभ पर, किसी ने कहा रमोला पर। मैंने बच्ची को ज़रा ग़ौर से देखकर कहा, 'न यह रमोला पर गयी है, न अजिताभ पर, यह साफ़ अपनी दादी पर गयी है।' दादी खुश हो गयी! मैंने कहा, 'अब लड्डू बाँटो।'

पाँच-सात रोज़ बाद हम ज़च्चा-बच्चा को घर लाये। मैं ही बच्ची को गोद में रखकर लाया। '47 में उसके बाप को लाया था ऐसे ही, '74 में उसे ला रहा हूँ—सन् की संख्याओं ने अपना स्थान भर बदल लिया है—और कितने वर्ष बीच में बीत गये हैं।

दो-तीन दिन बाद उसका नामकरण संस्कार हुआ। सत्यनारायण के साक्ष्य में मैंने बच्ची को नीलाम्बरा नाम दिया, अब संक्षिप्त करके 'नीलिमा' कर लिया गया है। श्वेता जब कुछ बड़ी हुई, तो उसने अपनी छोटी बहन के नाम को और भी छोटा किया यानी 'निम्मो'; और अब यही नीलिमा का पुकारने का नाम हो गया है। मैंने अपनी बाल-कविताओं का दूसरा संग्रह 'नीली चिड़िया' नीलिमा को उसके एक जन्मदिन पर समर्पित किया।

अजिताभ के पुत्र के रूप में 'भीम' के आने की आशा जैसे सबको थी, वैसे ही मुझे भी थी—मुझे शायद सबसे ज़्यादा। भीम के न आने से जानते हैं, कौन सबसे ज्यादा निराश हुआ ? न अजिताभ, न रमोला, न तेजी; न और कोई; सबसे ज्यादा मैं!

मेरी एसिडिटी बढ़ने लगी और तीन-रोज़ में बहुत बढ़ गयी। पहले फीकी क़ै होती, फिर कत्थई, फिर काली; मेरे अल्सर से रक्तस्राव होने लगा था। डाक्टर ने आकर पूछा—कोई टेन्शन ? जाहिर तो कोई टेन्शन न था, पर मेरे अवचेतन ने यह तनाव ज़रूर अनुभव किया होगा कि वंश तो आगे चलना था नर-बच्चों से और आ गयी हैं बच्चियाँ! मेरी जैसी अवस्था थी—68वाँ शुरू हो गया था—उसमें शायद मेरा अवचेतन मस्तिष्क सोचता होगा कि पता नहीं अपने जीवन काल में मैं इस वंश के

आगे बढ़ने के संकेत भी पाऊँगा कि नहीं...यह कम तनाव का कारण तो न होगा।

बहरहाल मेरी हालत काफ़ी गम्भीर हो गयी। खाना-पीना एकदम छूट गया और केवल नस से ग्लूकोज़ दे मुझे ताक़त पहुँचाई जाने लगी। कमज़ोरी में मेरी और कई तकलीफें उभरीं और एक समय डॉक्टरों ने मेरे लिए एक छोड़ दो ऑपरेशनों की आवश्यकता बताई। मैं परिवार-भर की चिन्ता का विषय बन गया। मेरी अवस्था और कमज़ोरी को देखते हुए ऑपरेशन के लिए घर में कोई तैयार न हुआ। सबसे अधिक मैं नहीं तैयार हुआ। मेरे मन में कहीं उठा कि अगर यह मानसिक बीमारी है, तो उसे मन से ही अनुशासित करना चाहिए। पता नहीं भीतर-ही-भीतर मन ने कैसे अपने आप से ही तर्क-वितर्क किया और मेरी हालत सुधरने लगी। मैं दो महीने बाद दिल्ली लौटा।

बम्बई की इस यात्रा में परिवार की यह सलाह हुई कि हम दोनों चाहे रहें दिल्ली में ही, पर होली-दिवाली, परिवार के सदस्यों के जन्मदिन सब मिलकर मनाएँ एक जगह एकत्र होकर—कभी हम लोग बम्बई जाकर, कभी अमिताभ-अजिताभ सपरिवार दिल्ली आकर। व्यावहारिक रूप में यही हुआ कि हम दोनों का बम्बई जाना ही अधिक सुविधाजनक समझा गया, हालाँकि एकाध बार बेटे भी बीवी-बच्चों के साथ दिल्ली आये।

फ़रवरी में हम बम्बई से आये थे कि मार्च में हम फिर बम्बई गये श्वेता की पहली वर्षगाँठ मनाने के लिए।

अप्रैल बीता नहीं कि मई में फिर पूरे परिवार के कश्मीर जाने का कार्यक्रम बन गया। अमिताभ को 'ग्रेट गेम्बलर' की शूटिंग के सिलसिले में योरोप जाना था, पर उन्होंने शेष परिवार का गर्मियों में कश्मीर में रहने का प्रबन्ध करा दिया था। अजिताभ हमारे साथ श्रीनगर आये और हमें ओबेराय पैलेस होटल में व्यवस्थित कर एक सप्ताह बाद वापस चले गये। उनको अपने कारखाने के सम्बन्ध में बम्बई में उपस्थित रहना ज़रूरी था। मुझ पर बड़ी जवाबदेही आ गयी थी। सात देवियाँ थीं—जया, श्वेता, उसकी आया; रमू, नीलिमा, उसकी आया और तेजी—जिनकी देखरेख का भार मुझ एकमात्र वृद्ध देवता पर। ख़ैर, कुशल से समय बीत गया। तेजी के और मेरे मनोरंजन की खास चीज थी पन्द्रह महीने की श्वेता और पाँच महीने की नीलिमा। बीच-बीच में अमिताभ के योरोप से और अजिताभ के बम्बई से फ़ोन आते रहे। और हम परस्पर कुशल-समाचार देते-लेते रहते। छोटी-छोटी बच्चियों के साथ श्रीनगर से दूर जाना तो सम्भव न था, पर कभी-कभी हम लोगों ने शालीमार, निशात, चश्माशाही और ढाची गाँव की सैर की—अक्सर सुबह या शाम शिकारों पर डल झील पर घूमे।

अभी हम कश्मीर में ही थे कि पत्रों में ऐसा समाचार आया, जिसने सारे देश को झकझोर दिया और हम श्रीमती गाँधी और उनके परिवार के साथ अपने निजी और नजदीकी सम्बन्धों के कारण विशेष विचलित हुए। इलाहाबाद हाईकोर्ट ने यह फैसला दे दिया था कि 1971 में रायबरेली से श्रीमती गाँधी का चुनाव अनियमित

और अवैध था। उनको बीस दिनों की मोहलत दे दी गयी थी कि अगर वे चाहें, तो सुप्रीम कोर्ट में अपील कर सकती हैं। मैं कानून की बारीकियाँ नहीं समझता। सवाल यह था कि क्या बीस दिनों तक प्रधानमन्त्री के पद पर रहते हुए वे सुप्रीम कोर्ट में अपील कर सकती थीं या हाईकोर्ट के फैसले के बाद उन्हें तुरन्त अपने पद से हट जाना था और एक सामान्य नागरिक के समान सुप्रीम कोर्ट से अपील करनी थी। एक पूरक प्रश्न और भी उठता था कि अगर अपने प्रधानमन्त्री के पद पर रहते हुए वे सुप्रीम कोर्ट से अपील कर सकती थीं तो क्या वे सुप्रीम कोर्ट के फ़ैसले तक प्रधानमन्त्री के पद पर बनी रह सकती थीं। न्यायिक परम्परा के अनुसार शायद श्रीमती गाँधी को इलाहाबाद के फैसले के बाद अविलम्ब अपने पद से हट जाना था और एक सामान्य नागरिक के समान सुप्रीम कोर्ट से अपील करनी थी। संसद में बहुमत वाली कांग्रेस पार्टी को अधिकार था कि वह श्रीमती गाँधी के स्थान पर दूसरा नेता चुन ले। उस समय पार्टी के जो दो सदस्य श्री चह्वाण और श्री जगजीवनराम पार्टी के नेता के रूप में चुने जा सकते थे, उन्होंने नेतृत्व सँभालने में अपना-अपना संकोच श्रीमती गाँधी के सामने प्रकट कर दिया था। वे अपनी पार्टी के सामने उपस्थित इन न्यायिक और राजनैतिक गुत्थियों को सुलझाने में लगी ही थीं कि विरोधी दलों ने न्यायिक परम्परा का आश्रय लेकर श्रीमती गाँधी को अपने पद से तुरन्त हटने के लिए जन-आन्दोलन छेड़ दिया : शासक दल के विरुद्ध एक प्रकार का जन-आन्दोलन कई रूपों में पहले से चल रहा था—श्री मोरारजी देसाई के नेतृत्व में कांग्रेस (ओ) के जनता फ्रन्ट का, जिसमें वे कुछ सफल भी हुए थे, गुजरात विधान परिषद् के चुनाव में; श्री जयप्रकाश के नेतृत्व में जनता 'सरकार' की सम्पूर्ण क्रान्ति का, जिसका कार्यक्रम अभी केवल नकारात्मक और ध्वंसात्मक था; और श्री अटलबिहारी वाजपेयी के नेतृत्व में जनसंघ का, जिसे बैंक राष्ट्रीयकरण और प्रिवी पर्स आदि के उन्मूलन से असन्तुष्ट और पूँजीपतियों के हितों की पक्षधर स्वतन्त्र पार्टी और महारानी गायत्री देवी का सहयोग प्राप्त था। अब इनमें इलाहाबाद हाई कोर्ट के मुक़दगे के विजेता श्री राजनारायण अपनी प्रजा सोशलिस्ट पार्टी को लाकर मिल गये, और सबका एकमात्र ध्येय हो गया श्रीमती गाँधी को हटाना और इस प्रकार कांग्रेस पार्टी को उखाड़ फेंकना।

यह थी देश की स्थिति जब हम लोग कश्मीर से लौटे। हम दोनों दिल्ली में रुक गये; शेष परिवार बम्बई चला गया।

इलाहाबाद हाई कोर्ट का फैसला हम लोगों ने 13 जून को अख़बारों में पढ़ा था।

19 या 20 को हम लोग कश्मीर से लौटे होंगे।

26 तारीख को रेडियो से हमें पता चला कि राष्ट्रपति ने पूरे देश में आन्तरिक आपात्कालीन स्थिति की घोषणा कर दी थी—उस दिन अखबार नहीं आये थे—रात को ही बिजली काट दी गयी थी। रातों रात सब विरोधी नेता गिरफ़्तार कर लिये गये थे। बाह्य आपात्कालीन स्थिति तो बांग्लादेश युद्ध के समय से ही लगी थी, जो किसी कारण हटाई नहीं गयी थी।

अपनी इस स्मृति-यात्रा को मैं अपने और अधिक-से-अधिक अपने परिवार

तक ही सीमित रखना चाहता हूँ और यथासम्भव सामयिक राजनीति से अपने को अलग रखना चाहता हूँ। आपात स्थिति की चर्चा मुझे इसलिए करनी पड़ी कि एक सामान्य रूप में मैं उसके साथ सम्बद्ध हुआ; और अमिताभ पर उससे सम्बद्ध होने का आरोप लगाया गया। और हम दोनों को ही उसके परिणाम भुगतने पड़े।

शासक दल ने आपात स्थिति को न्यायसंगत सिद्ध करने के लिए जिन प्रचार-साधनों का उपयोग किया, उनमें एक यह था कि उसे अपने इस क़दम में लेखकों और बुद्धिजीवियों का समर्थन प्राप्त है। एक दिन किसी ने मुझे प्रधानमन्त्री निवास से फ़ोन किया, शायद संजय ने कि क्या मेरा नाम आपात्कालीन स्थिति के समर्थकों में दिया जा सकता है? और अगर मैं सच कहूँ, तो केवल गाँधी-परिवार से अपनी मैत्री और निकटता के कारण मैंने फ़ोन पर ही हामी भर दी। बाद को कई दिनों तक रेडियो और टेलीविज़न के माध्यम से कई और लेखकों के साथ मेरा नाम भी इमर्जेंसी के समर्थकों में प्रसारित किया गया। जहाँ तक मुझे याद है, उनमें दो प्रमुख नाम थे गुरुमुख सिंह 'मुसाफिर' के और सरदार जाफ़री के। दो-चार दिनों के बाद मुझसे रेडियो के लिए एक साक्षात्कार लिया गया। बात 9 बरस पुरानी हो चुकी है। जहाँ तक मुझे याद है, मैंने कहा था कि हमारा देश इतना पुराना है कि इतिहास की शायद ही कोई परिस्थिति हो, जिससे यह न गुज़र चुका हो। और हर परिस्थिति से निपटने का इस देश ने कोई-न-कोई उपाय निकाला है। पुरा काल से इस देश में धर्म का पालन—और 'धर्म' हिन्दू परम्परा में बड़ा व्यापक अर्थ रखता है—निष्ठा और आग्रह के साथ किया गया है, फिर भी ऐसी परिस्थितियाँ आयी हैं जिनमें धर्म को छोड़ना पड़ा है और आपद्धर्म अपनाना पड़ा है। ध्यान देने की बात है कि आपात्कालिक व्यवहार को भी 'धर्म' ही माना गया है। मैंने इमर्जेंसी को आपद्धर्म के रूप में स्वीकार किया है और मैं समझता हूँ कि वर्तमान असामान्य परिस्थितियों में इसी को मानने में देश की भलाई है। बाद को विनोबा भावे ने इसे अधिक विधायक रूप देकर 'अनुशासन पर्व' कहा। जवाहरलाल नेहरू ने कभी कहा था, '...Among the definitions of democracy, the one which appealed to me most was that it was a system of self-discipline...the more the self-discipline the less is the imposed discipline.'
(प्रजातन्त्र की परिभाषाओं में जो मुझे सबसे ज़्यादा पसन्द है, वह है कि प्रजातन्त्र आत्म-अनुशासन की एक व्यवस्था है; आत्म-अनुशासन जितना अधिक होगा, आरोपित अनुशासन उतना ही कम होगा।)

मेरे कई मित्रों को इमर्जेंसी को मेरा समर्थन देना पसन्द नहीं आया। सबके अपने-अपने तर्क थे। बाद को एकाधिक साक्षात्कारों में मुझसे इस पर प्रश्न किये गये और मेरे उत्तर पत्र-पत्रिकाओं में छपे। संक्षेप में मेरा स्टैंड यह था कि मुझे श्रीमती गाँधी के नेतृत्व में विश्वास था कि देश की असाधारण परिस्थिति को देखते हुए—और इसका जितना ज्ञान उन्हें था उतना ही और किसी को हो—जो क़दम उन्होंने उठाया है वह देश के हित में है। जहाँ तक इमर्जेंसी का सम्बन्ध लेखन पर नियन्त्रण से था, मेरा विश्वास था कि सृजनशील लेखन पर इसका कोई असर नहीं

पड़ सकता। इतना ही नहीं, मेरा विश्वास यह भी था कि नियन्त्रणों के कारण सृजनशील लेखन और अच्छा हो सकेगा। कुशल नाविक विपरीत हवाओं को भी अपने अनुकूल कर सकते हैं। प्रतिभा प्रतिकूल परिस्थितियों में अपने को अधिक प्रभावकारी, सशक्त और कलापूर्ण रूप में व्यक्त करती है। प्रतिभाहीन अनुकूल परिस्थितियों में भी क्या कर दिखलाते हैं; हाँ प्रतिकूल परिस्थितियों पर शोर बहुत मचाते हैं। ऐसों के लिए किसी मित्र को एक पत्र में मैंने लिखा था—

हमने यह माना कि अब लिखने की आज़ादी नहीं,
जब थी आज़ादी तभी क्या तीर मारे आपने?

वास्तविक प्रतिभा तो कभी-कभी आज़ादी की अतिशयता से घबराती है और चाहती है कि उस पर किसी तरह का नियन्त्रण रहे। शायद ऐसी ही घबराहट में वर्ड्सवर्थ ने लिखा था—

'Me this unchartered freedom tires.'
(अनियन्त्रित आज़ादी से मैं ऊब गया हूँ।)

जहाँ तक इमर्जेंसी से मेरे अपने लेखन के प्रभावित होने की बात हो सकती थी, सवाल ही नहीं उठता था; क्योंकि उसके बहुत पहले से लेखन से—पद्य-गद्य दोनों से—मैंने एक तरह से विदा ले ली थी। अगर मैं लिखता होता तो सम्भव है मेरी लेखनी से कुछ ऐसा निकलता जिसमें सामयिक परिस्थितियों की आलोचना होती; क्योंकि अपनी आन्तरिक-वैयक्तिक समस्याओं के समाधान के पश्चात् काव्य में मेरी दृष्टि बाह्य हो गयी थी और मेरी परवर्ती कविताओं में बहुत कुछ ऐसा है जिसमें मैंने अपने चारों ओर की दुनिया और उसके कारनामों-करतूतों के प्रति अपनी प्रतिक्रिया कहीं प्रच्छन्न, कहीं संयत और कहीं कुछ खुले रूप में भी अभिव्यक्त की है।

बहरहाल, उस समय, यदा-कदा निजी पत्रों में कुछ जवाब-तलबियों और कतपय साक्षात्कारों में कुछ सफ़ाइयाँ माँगने के अतिरिक्त मुझे और किसी प्रकार से छुआ-छेड़ा नहीं गया। पर इमर्जेंसी के दौरान सिने-पत्रिकाओं पर जो सेन्सरशिप लगी, उसके लिए अमिताभ को जिम्मेदार ठहराकर उनके विरुद्ध बहुत कुछ किया गया।

हमारे देश में जैसे-जैसे सिनेमा की लोकप्रियता बढ़ी है, वैसे-वैसे सिने-पत्रिकाओं की भी बाढ़ आयी है। इनमें कुछ अंग्रेज़ी के मासिक हैं, कुछ अर्द्ध-मासिक, और कुछ हिन्दी तथा अन्य प्रान्तीय भाषाओं के मासिक अथवा अर्द्धमासिक, यहाँ तक कि साप्ताहिक भी। होना यह चाहिए था कि इन पत्र-पत्रिकाओं में फ़िल्मों की समीक्षाएँ निकलतीं—कला की दृष्टि से अथवा उनके सामाजिक महत्त्व अथवा प्रभावों की दृष्टि से, अभिनेताओं के अभिनय की आलोचना होती, उनकी खूबियाँ अथवा खराबियाँ बताइ जातीं; अच्छे अभिनेताओं की परस्पर तुलना की जाती, उनके अन्तर को स्पष्ट किया जाता और इस प्रकार जनरुचि को प्रशिक्षित-परिष्कृत किया

जाता। इसके स्थान पर न पत्रिकाओं में प्रायः अभिनेता-अभिनेत्रियों के निजी जीवन की झूठी-सच्ची ख़बर छपती हैं, अफ़वाहों पर आधारित, सनसनीखेज बनाकर—जो अभिनेता जितना ही प्रसिद्ध होता है, उतना ही वह इन अफ़वाहों और सनसनीखेज खबरों का विषय बनाया जाता है। यही अमिताभ के साथ भी हो रहा था। इतने में इमर्जेंसी के अन्तर्गत इन फ़िल्मी पत्रिकाओं पर भी सेंसर लग गया कि अभिनेता-अभिनेत्रियों के विषय में इस प्रकार की निराधार ख़बरें छापना जुर्म समझा जायेगा। सिने-पत्रिकाओं को सन्देह हुआ और फिर विश्वास ही हो गया कि हो न हो अमिताभ बच्चन ने ही, गाँधी-परिवार से अपने सम्बन्ध के कारण—संजय उनके विवाह में आये ही थे—अपने बचाव के लिए सिने-पत्रिकाओं पर यह प्रतिबन्ध लगवाया है। सिने-पत्रिकाओं ने अमिताभ से बदला लेने के लिए क्या-क्या नहीं किया। उनकी तस्वीरें छापनी बन्द कर दीं, उनका नाम भी किसी फ़िल्म के प्रसंग या सन्दर्भ में न छापा जाता; उनके अभिनय के विषय में भी अच्छा-बुरा कुछ भी न कहा जाता; यानी पत्रिकाओं ने उनका सम्पूर्ण बाइकाट कर दिया। सिने-संसार में कुछ प्रचार की भी आवश्यकता होती है। पर प्रचार का एक सीमित महत्त्व है। केवल प्रचार किसी अभिनेता को प्रस्थापित नहीं कर सकता। और विरुद्ध प्रचार या अप्रचार से किसी अभिनेता को अपदस्थ भी नहीं किया जा सकता। अमिताभ का जवाब था, मैं अपना नाम कागज़ पर छपा देखना नहीं चाहता, मैं अपना काम पर्दे पर अंकित दिखाना चाहता हूँ। और उसने अपना काम पर्दे पर अंकित करके दिखा दिया। जिन दिनों सिने-प्रेस अमिताभ के विरुद्ध था, उन्हीं दिनों अमिताभ की फ़िल्में एक के बाद दूसरी हिट होती गयीं और सिने-पत्रिकाएँ अपना-सा मुँह लेकर रह गयीं। मुझे याद है, बहुत बाद को अपने एक साक्षात्कार में अमिताभ ने कहा था कि सिने-प्रेस मुझ पर यह आरोप लगाता है कि पत्रिकाओं पर सेंसरशिप मैंने लगवाई है। अगर दिल्ली के शासन-तन्त्र पर मेरा इतना अधिकार है, तो मैं बम्बई में क्या करता हूँ, मुझे दिल्ली जाकर हुकूमत संभालनी चाहिए। कभी अमिताभ ही अपने और प्रेस के इस संघर्ष के बारे में विस्तार से लिखेगा।

तीन महीने बाद अमिताभ अपनी फिल्म 'दो अनजाने' की शूटिंग कलकत्ता में कर रहे थे। इसी बीच उनका जन्मदिन भी पड़ने को था। फिर उन्होंने सारे परिवार को आमन्त्रित किया कि उनके साथ हफ्ता-दस दिन के लिए ओबेराय ग्रैंड होटल में ठहरें। अब अमिताभ की लोकप्रियता बहुत बढ़ गयी थी। शूटिंग के लिए होटल से निकलने के घण्टों पहले फाटक पर सैकड़ों लोग जमा होते और 'गुरु-गुरु' के नारे लगाते। बंगाल में जब किसी को बहुत बड़ा सम्मान दिया जाता है, तब उसे लोग 'गुरु' कहकर पुकारते हैं। लोकेशन पर तो हज़ारों की भीड़ होती और कभी-कभी तो भीड़ के कारण शूटिंग बरखास्त करनी पड़ती। उन्हीं दिनों कलकत्ता में दुर्गा पूजा का महोत्सव मनाया जा रहा था। कितनी जगह पर और कितने वैविध्यपूर्ण साज-सिंगार के साथ दुर्गा-स्थापना होती है, कहना असम्भव है। दर्शनों के लिए जाने में सड़कों पर कन्धे छिलते हैं। अमिताभ के लिए कहीं जाना असम्भव था। बर्ड और ब्लैकर्स में छह वर्ष काम करते हुए उन्होंने जो दुर्गा-पूजाएँ देखी होंगी, देख ली होंगी; जब वे

आज़ादी से बसों और ट्रामों में सफ़र कर सकते थे और किसी को गुमान भी नहीं होता था कि एक दिन यही चेहरा इतना आकर्षक हो जायेगा कि लोग टिड्डी दल की तरह भागे आयेंगे उसकी एक झलक पाने के लिए।

कलकत्ता-प्रवास में अमिताभजी का एक व्यवहार मुझे बहुत पसन्द आया। एक शाम को उन्होंने याद कर-करके बर्ड और ब्लैकर्स के अपने पूर्व सहयोगियों को चाय पर आमन्त्रित किया और एक-एक से ऐसे मिले जैसे अब भी उनके बीच ही काम कर रहे हों। वे लोग भी अमिताभ की इस भंगिमा से बहुत प्रसन्न हुए। कई तो अपने बच्चों को साथ लाये जो अमिताभ के फैन हो गये थे और जिनकी आँखें यह विश्वास न कर पाती थीं कि यही व्यक्ति उनके पापा या डैडी के साथ बरसों काम कर चुका है। कभी उनके दफ्तर के पुराने चपरासी आदि भी आते तो वे उनको बुला लेते, खुशी से मिलते; और वे तो अपना भाग्य सराहते विदा लेते। अमिताभ की इस मानवीयता ने उनके कलाकार को कितना उठाया है, शायद स्वयं उन्हें भी अभी इसका अन्दाज़ा नहीं है।

कलकत्ता से लौटने के बाद मैं प्रायः बम्बई में ही रहा। मेरी एसिडिटी की शिकायत पुरानी थी और खान-पान में संयम बरतकर मैं उसे वश में रखता था। अब मुझे दो नये रोग शुरू हुए—आर्थराइटिस और स्पोंडुलाइटिस के। चलने में घुटने के नीचे पाँवों में बहुत दर्द होता और उठते-बैठते या लेटा हूँ तो करवट लेते मुझे चक्कर आते और दिमाग़ थोड़ी देर के लिए सुन्न हो जाता। कुछ दिन मेरा इलाज घर पर ही कराया गया। बाद को डाक्टरों की राय पर मुझे जसलोक अस्पताल में दाखिल करा दिया गया। तेजी दिल्ली से बुला ली गयीं। वहाँ बड़े विस्तार से तरह-तरह के परीक्षण हुए, बहुत से एक्स-रे वग़ैरह लिये गये, इंजेक्शन आदि लगे; आर्थराइटिस में कुछ लाभ हुआ और स्पोंडुलाइटिस के लिए गले में पट्टा पहनने की तजवीज़ कर दी गयी जिससे गर्दन उठी रहे; बड़ी असुविधा होती पट्टा पहनने पर। किसी ने यह भी कहा कि बहुत दिन पट्टा पहनने से आदमी ऐसा आदी हो जाता कि बिना पट्टा पहने उसे बराबर चक्कर आते हैं। कुछ लाभ हो गया था, मैंने पट्टा पहनना बन्द कर दिया। स्पोंडुलाइटिस जड़ से नहीं गयी थी, जब भी ज़्यादा चक्कर आते, मैं दो-चार दिन को पट्टा पहन लेता। अब भी मैं इस रोग से पूर्णतया मुक्त नहीं हूँ, पट्टा रखा है, जब भी तकलीफ बढ़ी, मैंने पट्टा लगाया और कुछ आराम हो जाता है, पर मैं आदी उसका नहीं बना।

तीन-चार महीने बीत गये। जनवरी के अन्तिम सप्ताह में—ठीक तारीख क्यों न दे दूँ—26 जनवरी के अखबार में मैंने देखा कि गणतन्त्र दिवस पर राष्ट्रपति ने जिन लोगों को पद्मभूषण से सम्मानित किया था, उनमें मेरा नाम भी था। सरकारी तरीका यह है कि जिन लोगों को उपाधि दी जाने को होती है उनसे पहले पूछ लिया जाता है कि आपका नाम फलाँ उपाधि के लिए प्रस्तावित किया जा रहा है; यदि उपाधि दी गयी तो क्या आप उसे स्वीकार करेंगे। उद्देश्य यह है कि उपाधि देने के बाद उसे कोई अस्वीकार न करे; इससे सरकार की तौहीन होती है। जब मैं विदेश मन्त्रालय में काम कर रहा था, उस समय मुझे 'पद्मश्री' देने का प्रस्ताव किया गया

था, पर मैंने लेने से इनकार कर दिया था। जिन्हें मेरा समकक्ष माना जाता है, उन्हें पद्मभूषण दिया जा चुका था, मैंने पद्मश्री से अपनी अवमानना समझी। कई वर्षों तक सरकार चुप रही। जब मैं राज्यसभा का सदस्य था, उस समय मुझे 'पद्मभूषण' देने का प्रस्ताव किया गया, पर मैंने माफी चाही। कहीं मेरे मन में था कि राज्यसभा के लिए मनोनीत किया जाना अपने आपमें बहुत बड़ा सम्मान है, अब मैं उसके नीचे का सम्मान क्या स्वीकार करूँ। इस बार मुझसे बग़ैर पूछे यह सम्मान मुझे दिया गया, तो मैंने स्वीकार कर लिया और राष्ट्रपति और गृहमन्त्री को धन्यवाद के पत्र लिखे क्योंकि गृह मन्त्रालय ही उपाधियों के लिए नामों की सिफारिश राष्ट्रपति से करता है। प्रसन्नता इस सम्मान से मुझे क्या होनी थी, कुछ खुशी हुई, तो इस पर कि मेरे कुछ आत्मीयों को सन्तोष हुआ कि एक बार फिर सरकार ने मेरी कद्र की, गो मेरे कुछ आलोचक यह कहने से नहीं चूके कि मुझे यह सम्मान इमर्जेंसी-समर्थन के पुरस्कार के रूप में दिया गया।

पर यह खुशी केवल भूमिका थी उस बड़ी खुशी की, जो घर में 10 दिन बाद आने वाली थी। जया के पाँव भारी थे और उसने 5 फ़रवरी यानी बसन्त के दिन ब्रीच कैंडी अस्पताल में पुत्र-रत्न को जन्म दिया—बच्चन परिवार की तीसरी पीढ़ी का पहला पुत्र। इसकी खुशी सबको हुई, पर सबसे ज़्यादा शायद मुझे। मेरी पिछली ईमारी-बीमारी की सारी कमज़ोरी जैसे जादू से दूर हो गयी और नव-बाल को गोद में लेकर मैंने मन में एक अभिनव स्फूर्ति का अनुभव किया। मैंने कहा, मुझे अलंकृत करने वाला, असली पद्मभूषण तो अब आया है--

फुल्ल कमल,
गोद नवल,
मोद नवल,
गेह में विनोद नवल।

बाल नवल,
लाल नवल,
दीपक में ज्वाल नवल।

दूध नवल,
पूत नवल,
वंश में विभूति नवल।

नवल दृश्य,
नवल दृष्टि,
जीवन का नव भविष्य,
जीवन की नवल दृष्टि।

चौंतीस वर्ष पहले मैंने यह कविता अमिताभ के जन्म पर लिखी थी। अब उसके पुत्र के जन्म पर वही कविता अक्षर-अक्षर प्रासंगिक सिद्ध हो रही थी। ब्रीच कैंडी

से घर लाने पर मैंने सत्यनारायण के साक्ष्य में बच्चे का नाम अभिषेक रखा। बसन्त पर जन्मने के कारण—दो नाम मुझे और सूझे थे—ऋतुराज और रसराज, पर सब लोगों ने अभिषेक को ही तरजीह दी—'जंग अभिराम राम अभिषेका'।

अलंकरण समारोह के सम्बन्ध में एक मनोरंजक घटना घटी। समारोह अप्रैल में होने वाला था। मुझसे कुछ अपना जीवन-परिचय भेजने के लिए कहा गया था, वह मैंने भेज दिया था। समारोह देखने के लिए मैं अपने परिवार के केवल दो सदस्यों को साथ ला सकता था। दरबार हाल में स्थान सीमित होने के कारण यह नियन्त्रण लगाया जाता है। तेजी आने के लिए उत्सुक थीं, पर जब अमिताभ-अजिताभ दोनों आने के लिए तैयार हुए, तो उन्होंने अपनी इच्छा दबा दी। ऐसे अवसरों पर औपचारिकता निभाने का अमिताभ बड़ा ध्यान रखते हैं। मेरे लिए उन्होंने यह निश्चय किया कि मैं बन्द कॉलर का काला कोट-पैंट पहनकर जाऊँ। फिर उन्होंने अपने और अजिताभ के लिए भी वही पोशाक उचित समझी। दर्जी बुलाकर तीनों के लिए काले सूट का आर्डर दे दिया गया और समय से सूट सिलकर आ गये। हमें जिस दिन बम्बई से आना था, रमू की तबीयत अचानक खराब हो गयी, उसको बच्चा होने वाला था, अजिताभ ने बम्बई में ही रुकना ठीक समझा। तेजी अब आ सकती थीं, पर एक तो उन्होंने कोई तैयारी न की थी, दूसरे रमू के पास इस समय उनका रहना ज़्यादा ज़रूरी था।

समारोह में जाने का समय निकट आने लगा, तो हम लोग कपड़े-वपड़े पहनने लगे। मैं तो अपना सूट पहनकर शीशे के सामने खड़ा हुआ। सब कुछ ठीक था। अमिताभ ने अपना सूट पहनना शुरू किया, तो वह छोटा पड़ा। आश्चर्यचकित! बात क्या हुई थी। हमारी पैकिंग जया ने की थी—जया थोड़ी लापरवाह है। सूट सब काले, एक तरह के थे, उसने मेरा सूट तो ठीक रखा था, पर अमिताभ के सूट की जगह अजिताभ का सूट रख दिया था। अब क्या किया जाये। अमिताभ के पास दूसरे कपड़े नहीं। वे केवल शर्ट-पैंट में बम्बई से आ गये थे। जया पर बहुत बिगड़े, पर बिगड़ने से इस समय क्या हासिल होना था, सोचना यह था कि वे क्या पहनकर समारोह में जायें या जाने का इरादा ही छोड़ दें। उन्हें एक बात सूझी, उन्होंने फ़ोन करके राजीव गाँधी से उनका एक चूड़ीदार पाजामा, कुर्ता और शाल मँगाई। शायद पहली बार उन्होंने यह पोशाक पहनी। वह भी उन पर खूब फबी, और उसी में वे समारोह में गये। अब तो वे अक्सर यही पोशाक पहनना पसन्द करते हैं।

अलंकरण काफ़ी प्रदर्शनपूर्ण होता है। एक दिन पहले उसका रिहर्सल कराया जाता है। अपनी जगह से राष्ट्रपति के सिंहासन तक जाना, पदक-प्रमाणपत्र लेना और लौटना बग़ैर राष्ट्रपति की तरफ़ पीठ किये, पेचीली कसरती प्रक्रिया होती है, और बजुज़ रिहर्सल के कई लोग ग़लतियाँ करते हैं।

अलंकरण समारोह के बाद अशोका हाल में स्वागत-समारोह था। उसमें राजीव भी आये थे, अमिताभ को बार-बार छेड़ते रहे—कह दूँ?—यानी कह दूँ कि शाल मेरी है! शाल का किस्सा तो आप जानते हैं न? नहीं जानते?

एक सज्जन के लड़के की शादी थी। चाहते थे कि स्वागत-समारोह में दूल्हा

कामदानी शाल ओढ़कर बैठे। घर में शाल थी नहीं, तो उन्होंने अपने एक धनी वणिक मित्र से शाल मँगनी माँग ली। जब समारोह में सब लोग बैठ गये, तो वणिक ने परिचय दिया—ये दूल्हे के बाप, ये दूल्हे मियाँ, शाल जो उन्होंने ओढ़ी है मेरी है। सज्जन बहुत कटे, वणिक से कहा, आप को यह नहीं कहना था कि शाल मेरी है।

सज्जन के दूसरे लड़के की शादी हुई। फिर उन्होंने वणिक मित्र से शाल मँगनी माँगी। इस बार परिचय देते हुए वणिक ने कहा—ये दूल्हे के बाप, ये दूल्हे मियाँ, मगर शाल जो उन्होंने ओढ़ी है मेरी नहीं। फिर सज्जन बहुत शर्मिन्दा हुए, वणिक मित्र से कहा, आपको यह भी नहीं कहना था कि शाल मेरी नहीं है।

सज्जन के तीसरे लड़के की शादी हुई। फिर उन्होंने वणिक मित्र से शाल मँगनी माँगी। इस बार परिचय देते हुए वणिक ने कहा—ये दूल्हे के बाप, ये दूल्हे मियाँ, मगर शाल जो उन्होंने ओढ़ी है मुझे नहीं मालूम किसकी है।

बहरहाल चतुर वणिक ने हर बार यह भेद खोल दिया कि दूल्हे की शाल मँगनी की थी। अब आप 'कह दूँ' का रहस्य समझ गये होंगे।

अमिताभ के साथ कहीं जाइये तो इसके लिए तैयार होकर कि आप उपेक्षित होंगे। 'पद्मभूषण' तो मिला था मुझे और लोग घेरे हुए थे अमिताभ को; पर यह उपेक्षित होना मुझे सुखकर लग रहा था। क्या मालूम था कि आठ वर्ष बाद अमिताभ स्वयं अलंकृत होकर इसी हाल में आयेंगे और तब भी लोग उन्हें घेरेंगे, पर निश्चय राष्ट्रपति द्वारा अलंकृत किये जाने के कारण उतना नहीं, जितना जनता जनार्दन द्वारा स्नेहार्चित, सम्मानित और प्रशंसित होने के कारण।

हमारे दिल्ली से लौटने पर 17 अप्रैल को रमोला ने अपनी दूसरी कन्या को जन्म दिया—भीम फिर हमें जुल दे गया। कन्या को नाम मैंने 'नम्रता' दिया—गर्वीले भीम की प्रतिकूलगुणा उसे मानकर। नम्रता जन्म से ही दुबली-पतली थी—अब भी सब बच्चों में सबसे क्षीणकाय है।

दो वर्ष पहले अमिताभ ने 'मंगल' के निकट एक पुराना बड़ा मकान खरीदा था। 'मंगल' उत्तर-दक्षिण रास्ता नं. 7 पर था और यह रास्ता नं. 10 पर। मुश्किल से वहाँ तक पैदल जाने में पाँच मिनट का समय लगता था। पुराना होकर भी मकान अच्छी-खासी हालत में था, फिर भी अमिताभ का इरादा था उसे अंशत: तोड़-फोड़कर अपनी रुचि और अपनी आवश्यकता के अनुसार बनवाना। मकान में रद्दोबदल कर उसे इच्छित रूपाकार देने का काम एक प्रसिद्ध आर्कीटेक्ट को सौंपा गया। उसने बड़ी नाप-जोख की, कई तरह के नक़्शे खींचे, अमिताभ-अजिताभ की राय से उसमें परिवर्तन किये गये और अन्त में उसने एक माडल तैयार किया। छोटा-सा लकड़ी का घरौंधा सामने आया तो बहुत अच्छा लगा। मकान दो हिस्सों में होने को था, एक छोटा—एक कमरे, एक बाथरूम का, जिसमें आफ़िस रखने का इरादा था; एक बड़ा, तीन तलों का होने को था; पहले तले पर बाथरूम के साथ एक कमरा, बाथरूम के साथ ड्राइंग-डाइनिंग रूम और किचेन और एक छोटा खुला बरामदा बनने को था; दूसरे तले पर बन्द बारजे, बाथरूम के साथ एक छोटा कमरा; खुले

लम्बे बारजे, बाथरूम के साथ एक दूसरा बड़ा कमरा; और बाथरूम, ड्रेसिंग रूम के साथ एक तीसरा और बड़ा कमरा; तीसरे तले पर बाथरूम के साथ एक काफ़ी बड़ा कमरा बनने को था, गो थोड़ा नीचा—इसे अमिताभ अपना म्यूज़िक रूम बनाना चाहते थे। मकान के दोनों हिस्सों को जोड़ने वाली एक लम्बी-चौड़ी छत पड़ने वाली थी, जिसका आधा ढलान एक ओर को होने को था और आधा दूसरी ओर को। छोटे हिस्से की ओर एक छोटा लॉन और बड़े हिस्से की ओर एक बड़ा लॉन रखा जाने को था, बड़े लॉन की तरफ़ का एक भाग पक्का रखा जाने को था, लॉन की सतह से थोड़ा उठा हुआ। मकान के दोनों भागों के बीच फाटक से मोटर-मार्ग पीछे बने गराज तक जाने को था। मकान के तीन तरफ काफ़ी ऊँची पत्थर की बनी चाहरदीवारी खड़ी की जाने को थी; एक ओर एक गुजराती सज्जन का मकान था। जब मकान बनकर तैयार हुआ, तब अपनी सीमेंट-फिनिश दीवालों के साथ जुहू-भर में अपनी तरह का एकमात्र मकान था—मौलिक, सुरुचिपूण, सुन्दर।

अमिताभ ने मुझसे मकान का नामकरण करने को कहा, तो मुझे तेजी का एक लेख याद आया जो उन्होंने पन्तजी की साठवीं वर्षगांठ पर 1960 में लिखा था और जिसका अन्त उन्होंने इस तरह किया था—

'बच्चनजी कहते हैं कि मैं नौकरी से रिटायर होकर पन्तजी के पास रहना चाहता हूँ। उधर पंतजी हमेशा कहते हैं कि बच्चन, जब तुम घर बनवाना तो उसमें मेरे लिए भी एक कमरा भजन-शयन का बनवाना। और मैं कल्पना करती हूँ कि किसी एकान्त-शान्त जगह पर हमारा एक छोटा-सा सुन्दर-सा घर है, चारों ओर खूब खुली जगह है, जिसमें हमने बड़ा सुहाना बाग़ लगाया है, और ये दोनों कवि साथ रहते हैं, साथ-साथ बाग़ में टहलते हैं, ज्ञान-विज्ञान की चर्चा करते हैं, और मैं दोनों की सुख-सुविधा का ध्यान रखती हुई दोनों की सेवा करती हूँ। बच्चनजी ने तो कल्पना के उस घर का नामकरण भी कर डाला है। कहते हैं उस घर का नाम होगा 'प्रतीक्षा'। और मैं कभी-कभी सोचती हूँ, प्रतीक्षा किसकी? शायद उसकी कि जिसके लिए पन्तजी ने लिखा है :

कबसे विलोकती तुमको ऊषा आ वातायन से?
संध्या उदास फिर जाती सूने गृह के आंगन से।

तुम आओगी, आशा में अपलक हैं निशि के उड्गण।
आओगी, अभिलाषा से चंचल, चिर-नव, जीवन-क्षण।

जीवन की वास्तविकताएँ मनुष्य की कल्पनाओं पर कितना व्यंग्य करती हैं! नौकरी से रिटायर हो गया हूँ, वजीफ़ाख्वारी से भी—राज्यसभा की सदस्यता क्या थी इसके सिवा, घर मैं नहीं बनवा सका, बेटे ने बनवाया है; घर न एकान्त जगह पर है न शान्त वातावरण में; चौरास्ते पर है और बसें दिन-रात अगल-बगल की सड़कों पर 'धरड़-धरड़' करती आती-जाती रहती हैं; घर के आगे-पीछे खूब खुली जगह तो नहीं, फिर भी काफी खुली जगह है; लेकिन बाग़ लगाने वाली को, बुलाए जाने

पर भी, शायद यहाँ आने में भय होगा। पन्तजी ने मित्रता तोड़ दी है। पत्र-व्यवहार बन्द कर दिया है। पता नहीं जिसके साथ उन्हें रहना पड़ रहा है, उसके सान्निध्य में प्रसन्न हैं या नहीं। फिर भी घर का नाम मैं 'प्रतीक्षा' ही रखना चाहता हूँ, और अब मैं सोचता हूँ 'प्रतीक्षा' किसकी? मैं तो इस घर में बैठकर एक ही की प्रतीक्षा कर सकता हूँ, और उस पर पन्तजी की उपर्युक्त पंक्तियाँ कितनी सटीक बैठती हैं। घर को मैंने 'प्रतीक्षा' नाम दिया, तो अमिताभ को बहुत पसन्द आया। मैंने उनसे पूछा, तुमने क्यों 'प्रतीक्षा' नाम पसन्द किया? तुम्हें किसकी प्रतीक्षा है?

बोले, 'माँ की।'

बाप-बेटे के हृदय के तार मिले हुए थे। अमिताभ ने दूसरे तले पर बन्द बारजे का छोटा कमरा माँ के लिए ही बनवाया था, पहले तले पर उसके नीचे का कमरा मेरे लिए; क्योंकि मुझे सीढ़ियाँ चढ़ने में तकलीफ़ होने लगी थी। तेजी के और मेरे नाम से प्रतीक्षा का लेटरपैड भी छपवाया था, इस आशा से कि हम दोनों आकर यहाँ रहेंगे और यहाँ के पत्राचार इन्हीं लेटर-पेपरों पर करेंगे।

गृह-प्रवेश का समय निकट आया, तो अमिताभ ने माँ को फ़ोन किया—'प्रतीक्षा' तुम्हारी प्रतीक्षा में है। आओ सबसे पहले तुम इसमें चरण रखो।

तेजी ने कहा, रहने को तो मैं वहाँ न आऊँगी। बम्बई की आबोहवा मुझे माफिक न पड़ेगी। पर तुम्हारा घर बनकर तैयार हुआ है तो उसे आशीर्वाद देने को मैं ज़रूर आऊँगी—उसमें तुम्हारा, तुम्हारी पत्नी, तुम्हारे बच्चों का हर दिन, हर क्षण मंगलमय हो।

अमित ने मुझसे पूछा, 'गृह-प्रवेश के लिए क्या करना है?' पिताजी ने जब कटघर में नया मकान बनवाया था तो उसमें रामचरितमानस का अखण्ड पाठ कराया था और मेरी माँ ने सबसे पहले उसमें एक घड़ा पानी लेकर प्रवेश किया था।

रहिमन पानी राखिए बिन पानी सब सून
पानी गए न ऊबरै मोती, मानुष, चून।

घर में भी पानी रखना चाहिए और घर का भी पानी। पानी यानी पत, इज्ज़त, आबरू (विचित्र है कि 'आबरू' भी आब से बना है, जिसके अर्थ हैं पानी)। प्रवेश-द्वार पर पिताजी ने गणपति की मूर्ति लगवाई थी। पहले माँ ने थोड़ा जल गणपति मूर्ति पर छिड़का, फिर अन्दर जाकर वही जल घर-भर में।

इसी विधि से 'प्रतीक्षा' में गृह-प्रवेश किया गया। 'मंगल' से लाई हनुमानजी की मूर्ति के समक्ष रामायण का अखण्ड पाठ हुआ। तेजी ने दिल्ली से आकर पहले प्रवेश द्वार पर श्रीगणेशाय नमः कहकर नारियल फोड़ा और फिर जल-मंगल-कलश लेकर 'प्रतीक्षा' में चरण रखे। जया ने शायद किसी से साइत पूछ ली थी। वह दिन अक्षय-तृतीया का था, अंग्रेज़ी कैलेण्डर के अनुसार 2 मई 1976 का। उसी दिन वहाँ पहली बार रसोई लगी और परिवार के सब लोगों ने फ़र्श पर बैठकर भोजन किया।

18 मई को अजिताभ का जन्मदिन मनाकर तेजी दिल्ली लौट गयीं, मुझे रोक

लिया गया 'प्रतीक्षा' में राकेरी और मन्दिर बनाने के लिए, जिस काम में अब मुझे एक्सपर्ट समझा जाने लगा था।

मैंने आफ़िस के पीछे छोटे लॉन के कोने में मन्दिर की जगह चुनी। अब मैंने राकेरी पर नहीं, दो तल के पक्के चबूतरे पर छोटा-सा मन्दिर बनवाया। मन्दिर में सात दरियाँ हैं (दरी-संस्कृत के अर्थ में), निचले तले पर दो दरियाँ हैं जिनमें दुर्गा और भैरव की मूर्तियाँ स्थापित हैं—भैरव देवताओं के कोतवाल समझे जाते हैं। ऊपर के तले की पाँच दरियों में राम-सीता, कृष्ण-राधा, गणपति, शिव और हनुमान की मूर्तियाँ हैं—गणपति की वही मूर्ति मँगाकर मैंने स्थापित की, जो कटघर (इलाहाबाद) के मकान के प्रवेश-द्वार पर लगी थी और मेरे पिता-माता द्वारा पूजित थी। गणपति के दाएँ-बाएँ मैंने सरस्वती और लक्ष्मी की मूर्तियाँ भी रखा दी हैं। तुलसीदास ने 'वन्दे वाणी विनायकौ' कहा है। 'शुभ-लाभ' के रूप में गणेश-लक्ष्मी पूजित हैं ही। शिवलिंग वही है, जो पहले 13 विलिंगडन क्रिसेंट में और बाद को 'मंगल' की राकेरी पर स्थापित था। इसमें एक विशेषता देखकर मैं उठा लाया था; पड़ा था वह दिल्ली में रिज पर। उसमें शूकर का मुख चित्रित है, जो जल चढ़ाने, विशेषकर घृत या चन्दन लेपन करने से अधिक स्पष्ट हो जाता है। शीश पर उल्टा बाल-शशि भी चिह्नित है। इनको मैंने शूकरेश्वर महादेव की संज्ञा दी है—

वसति दशनशिखरे धरणी तव लग्ना
शशिनि कलंक कलेव निमग्ना।
केशव धृत शूकर रूप जय जगदीश हरे।

(गीत गोविन्द)

(हे शूकररूप धारिन केशव, आपके दाँतों के अग्रभाग से संलग्न पृथ्वी, चन्द्र कलंक की शोभा स्वरूप दिखलाई देती है, अत: हे जगदीश, आपकी जय हो।)

अपने लिए तो जैसे केशव वैसे ही शिव—एको देव: केशवो वा शिवो वा। हनुमान की मूर्ति भी वही है, जो विलिंगडन क्रिसेंट—'मंगल' में राकेरी—स्थापित थी। मन्दिर के पीछे लताएँ लगायी गई हैं जो मन्दिर के ऊपर छाई उस पर छाया किये रहती हैं। उनमें नीले फूल बहुतायत में लगते हैं—'नील नीरद सुन्दरम्'—'नीलाम्बुजश्यामल कोमलांगं'—'नील कलेवर पीत वसन वनमाली'। मन्दिर के पीछे मैंने पीपल का वृक्ष लगाया है—'अश्वत्थ: सर्ववृक्षाणां'। अमिताभ ने बड़े लॉन में गुलमोहर का पेड़ लगाया है। मन्दिर में सुबह जल-सेवा के पश्चात् फूल-शृंगार किया जाता है, सन्ध्या समय दीप-दान के पश्चात् अगरबत्ती जलाई जाती है। जया सोमवार-सोमवार शिवजी को दुग्ध-स्नान कराती हैं। किसी ने उसे बताया है यह पुत्र के लिए मंगलकारी होता है। परिवार के लोग प्रात:-सायं मन्दिर में नमन करते हैं। कहीं जाना हुआ, तो मन्दिर होकर बाहर निकलते हैं, कहीं से आने पर मन्दिर होकर घर में पाँव रखते हैं। मन्दिर इस प्रकार घर में भी है, और घर से बाहर भी—'हरि मन्दिर तहं भिन्न बनावा'।

मन्दिर का काम समाप्त हुआ तो मैं दिल्ली चला आया। ग्रेटर कैलाश का

मकान हमने जून '74 में लिया था, केवल दो वर्ष के लिए। दो वर्ष पूरे हो गये थे और मकान मालिक मकान छोड़ देने के लिए हम पर ज़ोर डाल रहा था। अगर हमें दिल्ली में ही रहना था तो हमें कोई दूसरा मकान खोजना था।

मेरे दिमाग में सहसा यह बात उठी कि अगर हमें 13 विलिंगडन क्रिसेंट फिर से मिल जाये, तो कैसा रहे। हमारे छोड़ने के बाद वह बंगला उड़ीसा सरकार को किराये पर उठा दिया गया था, जिसने उसे अपना गेस्ट हाउस बना लिया था। चार वर्षों में उड़ीसा सरकार का अपना 'उड़ीसा भवन' बनकर तैयार हो गया था और उसे 'गेस्ट हाउस' की ज़रूरत न थी; पर दिल्ली में सरकारी मकान पाकर कोई उसे जल्दी छोड़ने के लिए तैयार नहीं होता। उड़ीसा सरकार भी मकान पर कब्जा किये बैठी थी, गो उस कब्जे का लाभ नीचे का कोई कर्मचारी उठा रहा था—दिल्ली में खाली मकान से लाभ उठाने के बहुत-से तरीके अपनाए जा सकते हैं।

मैं श्रीमती गाँधी से मिला, और उन्हें अपनी मुसीबत और ज़रूरत बताई, पूछा, क्या वे मुझे 13, विलिंगडन क्रिसेंट फिर से दिला सकती हैं? उन्होंने कहा, अगर उड़ीसा सरकार बंगला छोड़ दे, तो उसे मुझे दिलाने में उन्हें कोई मुश्किल न होगी, पर वे उड़ीसा सरकार पर बँगला छोड़ने के लिए ज़ोर न डाल सकेंगी।

उन दिनों श्रीमती नन्दिनी सत्पथी उड़ीसा की मुख्यमन्त्री थीं। अपनी राज्यसभा की सदस्यता की अवधि में, जब सत्पथीजी केन्द्र में सूचना एवं प्रसारण मन्त्री के पद पर थीं, मैंने उनसे कुछ निकटता प्राप्त कर ली थी। मैंने उन्हें पत्र लिखा कि अगर वे 13' विलिंगडन क्रिसेंट छोड़ दें, जिसकी अब उन्हें ज़रूरत नहीं है, तो मेरे साथ बड़ा उपकार करेंगी; क्योंकि यह बंगला मैं अपने नाम एलाट करा सकूँगा और इस तरह दिल्ली में अपने लिए मकान ढूँढ़ने की परेशानी से बच जाऊँगा।

सत्पथीजी ने लिख दिया कि 13' विलिंगडन क्रिसेंट को और आगे अपने पास रखने में उड़ीसा सरकार की रुचि नहीं है। फलस्वरूप वह बंगला मुझे एलाट कर दिया गया।

तेजी को और मुझे इस बात से बहुत खुशी हुई।

हमने कहा—नन्दिनी सत्पथी की जय।

इन्दिरा गांधी की जय।

और ग्रेटर कैलाश से उठकर हम विलिंगडन क्रिसेंट के बंगले में आ गये, जिसमें हम पहले '59 से '72 तक रह चुके थे—पूरे 14 वर्ष। ग्रेटर कैलाश के चारों ओर से घिरे-घिरे, बन्द-बन्द घर से खूब खुले-खुले, खिड़की-दरवाज़ों, रोशनदानों से रोशनी-हवादार, कुशादह पूर्वपरिचित कमरों के बँगले में आना हमारे लिए बड़ा रोमांचक अनुभव था। चौदह वर्षों की न जाने कितनी स्मृतियाँ—प्राय: सुखकर ही—ताज़ी हवा के झोंकों-सी तन-मन प्रफुल्लित कर गयीं। पर उस बंगले को देखकर कुछ दु:ख भी हुआ। चार बरस में उड़ीसा सरकार के कर्मचारियों ने उस सुन्दर बंगले का कबाड़ा कर दिया था। कुरुचि कितने रूपों में भद्दापन, गंद-गलाज़त फैला सकती है, उसका वह बंगला नमूना बना था। बाहर लानों में जगह-ब-जगह गड्ढे—ऊबड़-खाबड़, जंगली घास उन पर उगी; झाड़ी-वाड़ियाँ सालों से बेकटी-

छंटी; पीछे की किचेन-गार्डेन एक बड़ा कूड़ाखाना बना दिया गया था। कुरुचि ने यदि स्वर्ग को नरक बना दिया था, तो सुरुचि अब नरक को स्वर्ग बनाने में लगी।

तेजी ने एक महीने सारे-सारे दिन खड़े होकर अपने सामने बंगले की सफाई-पोताई कराई, दरवाज़े-खिड़कियों पर नयी पालिश चढ़वाई। सरकारी माली जो दिये गये, उनके अलावा चार-छह मालियों को लगाकर उन्होंने झाड़ियाँ करीने से कटाईं, लॉन बराबर कराये, दूब लगवाई, किचेन गार्डेन का कूड़ा हटवाया, ज़मीन बराबर कराई, खाद डलाई, क्यारियाँ बनवाईं कि आगामी जाड़ों में उनमें कुछ साग-सब्ज़ी उगाई जा सके। मैंने बंगले के एक ओर बबूल के पेड़ के नीचे जहाँ पहले राकेरी और शिव-हनुमन मन्दिर थे, वहाँ तीन दरों का छोटा मन्दिर बनवाया। बीच में शिवलिंग और नन्दी रखा गया, एक ओर हनुमान की मूर्ति, दूसरी ओर गणेश की मूर्ति रखी गयी—गणेश की मूर्ति मैंने अपनी कल्पना से नये तरह की बनवाई—वे लड्डू-गणेश की जगह महाभारत के लिपिक के रूप में थे—एक हाथ में क़लम, एक में कागज़ लिये हुए—चूहे की जगह मैंने काली स्याही की दवात रखा दी—लड्डू नहीं, तो चूहे के लिए क्या आकर्षण! उनकी संगिनियों के रूप में मैंने सरस्वती, लक्ष्मी के साथ, दुर्गा की मूर्ति भी रखा दी—Simple, ornate and grotesque—सरल, शोभन और कराल के प्रतीक के रूप में!

ग्रेटर कैलाश से जब सामान लाया जाकर कमरों में लगाया गया, तब घर-घर लगा—पुरानी साज-सज्जा का कुछ आभास देता हुआ। सबसे विचित्र बात हुई कि जब मैं अपनी स्टडी में बैठा—उसी स्टडी में, जिसमें मैंने कम-से-कम दो दर्जन किताब तो लिखी-सम्पादित की होंगी—तो मुझे कुछ लिखने की जबरदस्त प्रेरणा हुई। मैंने अपने मन से बहुत कहा, तूने कविता से संन्यास ले लिया है, गद्य से भी विदा ले ली है, अब क़लम मत उठा। पढ़ने को बहुत है, पढ़-चिन्तन कर, लिख मत। पर मन नहीं माना, तो नहीं माना। मैंने पहले कुछ कविताएँ लिखीं। उनके लिए एक विशिष्ट कारण था, जिसका संकेत तो मैं पहले भी कर चुका हूँ; आगे कुछ विस्तार से उसे बताऊँगा।

विशेष योजना बनाई मैंने गद्य लिखने की—अपनी आत्मकथा का तीसरा भाग पूरा करने की। उस पर कुछ काम '71-72 में किया गया था, बीच में कई बार कई जगहों पर मैंने उसमें हाथ लगाया पर कुछ ऐसे व्याघात पड़ते गये कि कोई ख़ास प्रगति न हुई। मेरा स्वास्थ्य सुधर गया था। मौसम अच्छा था, बरसात ख़त्म हो गयी थी, जाड़े आने वाले थे, वातावरण अनुकूल था। मैं 8-9 महीने नियमित रूप से काम कर सका। आत्मकथा का तीसरा भाग पूरा हुआ—उसे मैंने 'बसेरे से दूर' का नाम दिया। सत्येन्द्र शरत् ने, पहले दोनों भागों की तरह, तीसरा भाग भी पूरा पढ़ा, कुछ टिप्पणियाँ कीं, कुछ सुधार सुझाए, जिनके प्रकाश में मैंने पाण्डुलिपि को अन्तिम रूप दिया। जिस दिन यह काम समाप्त हुआ 7 जुलाई थी—अन्त में मैंने तिथि दी—7.7.77—सात के अंकों का साथ चार बार आना संयोग ही था, पर मुझे अच्छा लगा।

प्रेस कॉपी बनवाने के लिए पाण्डुलिपि को टाइप कराना ज़रूरी समझा। जो

अभ्यस्त नहीं हैं, उन्हें मेरा हस्तलेख पढ़ने में दिक़्क़त होती है। कम्पोजीटरों से हस्तलेख ठीक पढ़ने की प्रत्याशा न की जानी चाहिए। टाइपिस्ट घर पर ही आता था, जहाँ नहीं समझता था, मुझसे पूछ लेता था, फिर भी उसने काफ़ी गलतियाँ की थीं। डॉ. जीवनप्रकाश जोशी और अजित कुमार ने मेरी हस्तलिखित प्रति से टाइप कॉपी का मिलान किया और पुस्तक छपने को दे दी गयी।

मैंने अपनी बड़ी पुत्रवधू जया को अपनी एक कृति समर्पित की थी—'टूटी-छूटी कड़ियाँ'। छोटी रमोला को भी मैं एक कृति समर्पित करना चाहता था। 'बसेरे से दूर' मैंने रमोला को समर्पित की, समर्पण लिखते समय मुझे लगा रमोला चाहेगी कि उसके नाम के साथ अजिताभ का भी नाम रहे, अतः पुस्तक दोनों को समर्पित की गयी। समर्पण करने का अवसर मैंने चुना रमोला का जन्मदिन, जो 9 अक्टूबर को पड़ता है। उसके दो दिन बाद अमिताभ का जन्मदिन, 11 अक्टूबर को।

राजपाल—प्रकाशक—से मैंने वादा करा लिया था कि वे 'बसेरे से दूर' को पहली अक्टूबर तक निश्चित रूप से तैयार करा देंगे। किताब छप ही रही थी कि सितम्बर के दूसरे सप्ताह में बम्बई से बुलावा आ गया। रमोला को बच्चा होने वाला था। उन्होंने 15 सितम्बर को अपनी तीसरी कन्या को जन्म दिया। भीम फिर भी सपना ही रहा। नीलिमा, नम्रता का नाम 'न' से था, तो इसका नाम भी मैं 'न' से रखना चाहता था—मैंने दो नाम सुझाए; नवेली और नयना। नवेली मुझे ज़्यादा पसन्द था, पर घर के लोगों ने नयना पसन्द किया। वही नाम कन्या का रख दिया गया। रमोला के तरपर तीन कन्याओं के जन्म पर मेरी प्रतिक्रिया? उन दिनों 'नवनीत' के दीवाली विशेषांक के लिए कुछ लोगों से पूछा गया था कि दीप लक्ष्मी यदि आपकी एक इच्छा पूरी करना चाहें तो आप क्या वरदान मांगेंगे। मैंने लिखा था कि मेरी छोटी बहूरानी ने एक के बाद एक तीन कन्याओं को जन्म देकर परिवार में नर-नारी का सन्तुलन बिगाड़ दिया है। लक्ष्मीजी से मैं माँगूँगा कि वे छोटी बहू को अब तीन पुत्रों का वरदान दें कि हमारे घर पुरुष-स्त्री सन्तुलन फिर से बने! परिवार नियोजन आयोजकों ने पढ़कर अवश्य मुझे कोसा होगा।

हम दोनों रमू और अमित के जन्मदिन तक के लिए बम्बई में रुक गये। शुभ दिन पर तेजी के हाथों मैंने 'बसेरे से दूर' की पहली प्रति रमोला और अजिताभ को समर्पित कराई, दूसरी प्रति जया और अमिताभ को, तीसरी प्रति मैंने अपनी ओर से तेजी को समर्पित की।

'बसेरे से दूर' लेखन-काल में देश की पृष्ठभूमि भी शायद आप जानना चाहें, कम-से-कम मुझे याद हो आयी है। हम लोग '76 के अन्तिम महीनों में 13, विलिंगडन क्रिसेंट में आये थे। घर निश्चय हमें श्रीमती गाँधी की कृपा से मिला था। कृतज्ञता-ज्ञापन के लिए हम उन्हें किसी दिन खाने पर बुलाना चाहते थे। नवम्बरान्त में मेरा जन्मदिन पड़ता था। उस दिन लंच के लिए हमने उन्हें और गाँधी-परिवार को आमन्त्रित किया और उन्होंने सहर्ष स्वीकार किया। इस घर से उनके विशिष्ट सम्बन्ध थे। राजीव की मंगेतर के रूप में सोनिया इटली से आकर इसी घर में, हमारे साथ ठहरी थी, और उसके विवाह की कई रस्में इसी के लॉन में

सम्पन्न हुई थीं।

इमर्जेंसी के दिन थे। शायद ठीक कहना यह होगा कि इमर्जेंसी पक चुकी थी। शुरू-शुरू में उसका जो कुछ भी विरोध किया गया हो, कालान्तर में लोगों ने उसे स्वीकार कर लिया था—चाहे भय से ही—हालाँकि ख़ामियों के साथ इमर्जेंसी की कुछ खूबियाँ भी थीं, जिससे साधारण नागरिक अचेत न था। देश अराजकता में लुढ़कने से बच गया था; जनता आश्वस्त हो गयी थी कि मुल्क में ऐसी सुदृढ़ सरकार है, जो विधि-व्यवस्था लागू कराने में समर्थ है—कहावत है जाया और रिआया दबंग मर्द और दबंग हाकिम हुक्काम चाहती हैं—उपभोक्ता सामग्रियाँ सहज सुलभ हो गयी थीं और समुचित-नियन्त्रित मूल्यों पर; हत्या, लूट, चोरी, ठगी, दंगे-फसाद की घटनाएँ बहुत कम हो गयी थीं, गाड़ियाँ ठीक वक्त पर चलती थीं, कर्मचारी ठीक वक्त पर दफ़्तरों में आते थे, अनियमितताएँ बरतते लोग डरते थे, गैरजिम्मेदाराना बातें, अफ़वाहें नहीं सुनाई देती थीं। परिवार नियोजन की आवश्यकता अनुभव करते हुए भी अगर ज़ाहिरा विरोध किसी चीज़ का था तो ज़बरिया नसबन्दी का। संजय के चार और श्रीमती गाँधी के बीससूत्री कार्यक्रम में कुछ भी ऐसा न था, जिसे जनता के लिए अलाभकर अथवा हानिकारक कहा जाता।

इस आशा और विश्वास से कि सामान्य जनता इमर्जेंसी से सुलभ सुविधाओं के प्रति सचेत और लागू करने वाली सरकार के प्रति उपकृत है, और यदि चुनाव हुआ, तो उसी को वोट देगी, श्रीमती गाँधी ने जनवरी '77 में चुनाव की घोषणा कर दी।

आशा के आधार दृढ़ नहीं थे, विश्वास भ्रम साबित हुआ। मार्च '77 में जो चुनाव हुआ, उसमें श्रीमती गाँधी और शासक कांग्रेस पार्टी बुरी तरह पराजित हुई। पराजय के बहुत-से कारण थे, पर मेरी समझ में जिस एक खास मुद्दे पर साधारण जनता को श्रीमती गाँधी और संजय और उनकी पार्टी के विरुद्ध भड़काया गया, वह था नसबन्दी का। विपक्षी दल द्वारा भोली जनता में यह प्रचार किया गया कि नसबन्दी से आदमी नपुंसक हो जाता है। कांग्रेस का चुनाव-चिह्न था 'गाय-बछड़ा'। यह भी दु:संयोग ही था कि श्रीमती गाँधी और संजय—माँ-बेटे—अमेठी और रायबरेली--मिले-मिले चुनावक्षेत्र से खड़े हुए थे। एक नारा, जो उन दिनों सबसे अधिक सुना गया वह था—

गाय के साथ खड़ा है बछड़ा,
देइहौ वोट तो करिहै हिंजड़ा।

जहाँ की जनता अशिक्षित, निरक्षर और भोली-भाली हो, वहाँ एक नारे के बल पर चुनाव जीता या हारा जा सकता है। मुझे दिनकरजी ने एक किस्सा सुनाया था। बिहार में हिन्दू बहुमत चुनावक्षेत्र से कोई डालमिया खड़े हुए। विपक्षी दल ने प्रचार किया कि हिन्दू होकर तुम लोग 'मियाँ'—यानी मुसलमान को वोट दोगे! डालमिया ने बड़े-बड़े पोस्टरों पर लिखाकर सब जगह लगवा दिया, 'डालमिया रघुबर के दासा'—डालमिया चुनाव जीत गये।

श्रीमती गाँधी को 1, सफदरजंग का प्रधानमन्त्री निवास छोड़ना पड़ा और उन्हें रहने के लिए 12, विलिंगडन क्रिसेंट दिया गया—13' विलिंगडन क्रिसेंट से मिला हुआ बँगला।

विपक्षी दल उन्हें पराजित करके ही शान्त नहीं हुआ।

उसने उन्हें निन्दित, लांछित, अपमानित, दण्डित करने के लिए जो कुछ किया, वह काल की डायरी में अंकित है।

कुछ समय के लिए तन की थकावट, मन की गिरावट और सब कुछ के प्रति एक तरह की विरक्ति के भाव से अभिभूत होना उनके लिए स्वाभाविक था। अगर उन्हें छुआ-छेड़ा न जाता, अपने पर छोड़ दिया जाता, तो शायद उनका जीवन-क्रम कुछ और होता।

पर जब उन्हें उकसाया गया, चुनौतियाँ दी गयीं, चोट पहुँचाई गयीं, उन्हें नेस्तनाबूद करने के गोरखधन्धे रचे गये, तब वे उठीं, जागीं, चौकन्नी हुईं और उस अनथक, अनवरत श्रम-संघर्ष में धंसीं जिसने उन्हें फिर उसी प्रतिष्ठित पीठ पर लाकर आसीन कर दिया, जो उनके पाँवों के नीचे से ख़िसक गया था।

मुझे याद है अप्रैल '77 में वे कितनी गिरी-टूटी हालत में अपने नये बसेरे पर आयी थीं।

और मैं भी उन दिनों वैसी ही गिरी-टूटी मानसिक स्थिति में जी रहा था। आपको इस कथन पर आश्चर्य हुआ होगा। कुछ व्याख्या देनी होगी। यह तो मैं आपको बता चुका हूँ कि उस समय मैं 'बसेरे से दूर' लिखने में लगा हुआ था। 'बसेरे से दूर' आपने पढ़ा है तो अप्रैल में मैं उस स्थल पर था, जहाँ इंग्लैण्ड-प्रवास से लौटने पर मैंने पाया था कि मेरे घर-परिवार का बाहरी चर्बा तो खड़ा हुआ है, पर भीतर-भीतर दीमक सब कुछ चाटकर खोखला कर गयी है—मेरी पास-बुक से आख़िरी पैसा निकाला जा चुका था, मेरी पत्नी के शरीर पर आखिरी जेवर बेचा जा चुका था, मेरे भण्डारघर का आखिरी दाना पकाया जा चुका था और मेरी पत्नी और बच्चे इस तिनके के सहारे डूबने से बचे हुए थे कि मैं कुछ धन-राशि लेकर लौटा, तो उससे अगले दिन का राशन मंगाया जा सकेगा। उस दिन अगर मेरे पाँवों के नीचे से धरती नहीं खिसक गयी, मेरे बाल अचानक सफेद नहीं हो गये, तो यह चमत्कार ही हुआ। आप कहेंगे वह सब बीते तो लगभग पच्चीस बरस हो गये थे। बस, यहीं आपको लेखक-सृजक की मुश्किल, मुसीबत, साधना, तपश्चर्या की पीड़ा समझने की ज़रूरत है। जीवन में जिये हुए भावों को सृजन में, कला में जीने में उनकी सौगुनी तीव्रता-तीक्ष्णता झेलनी पड़ती है। भोगा हुआ उल्लास कवि बहुत-बहुत गुना कर जब शब्द में भोगता है, तब उसमें वह चमत्कारी शक्ति आती है कि काल-देश में दूरातिदूर भावक, प्रमाता, पाठकों को उल्लसित कर दें; इसी प्रकार झेला हुआ अवसाद भी। कर्कल और चम्पा के साथ जो उल्लास-अवसाद मैंने जिया था, उसको सौ गुना करके जिया, तब मैंने 'मधुशाला' लिखी। श्यामा के देहावसान पर जो दु:ख मैंने झेला, उससे सौ गुना अधिक झेला जब मैंने 'निशा निमन्त्रण' रचा। अब शायद आप समझ सकें कि 'बसेरे से दूर' में तेईस वर्ष पहले की मर्मांतक

स्थिति लेखन में, सृजन में जीने में मैं किस टूटे-गिरेपन की हालत से गुज़र रहा था। और उससे सँभलने के लिए मैंने जिसका सहारा लिया था, मैंने समझा और बिल्कुल ठीक समझा, उसका सहारा उस समय श्रीमती गाँधी को भी सँभाल सकेगा—मेरा संकेत किपलिंग की 'If' शीर्षक कविता की ओर है। इसकी मैंने एक प्रति टाइप कराई और उन्हें भेज दी। उन्होंने मुझे धन्यवाद का पत्र भेजा, उसकी उपयोगिता समझी और निश्चय उससे बल संचय किया। 'बसेरे से दूर' में मैंने इस कविता का हिन्दी अनुवाद दिया था, पर यहाँ मैं उसका अंग्रेज़ी रूप देना चाहता हूँ। बहुत-से लागों ने अनुवाद पढ़कर मूल पढ़ने की इच्छा प्रकट की थी, उनके हाथों यह कृति लगी, तो उनकी जिज्ञासा शान्त होगी।

If

If you can keep your head when all about you
Are losing theirs and blaming it on you,
If you can trust yourself when all men doubt you,
But make allowance for their doubting too;

If you can wait and not be tired by waiting,
Or being lied about, don't deal in lies,
Or being hated, don't give way to hating,
And yet don't look too good, nor talk too wise;

It you can dream—and not make dreams your master;
If you can think—and not make thoughts your aim;
If you can meet with Triumph and Disaster
And treat those two impostors just the same;
If you can bear to hart the truth you've spoken
Twisted by knaves to make a trap for fools,
Or watch the things you gave your life to, broken,
And stoop and build 'em up with worn-out tools :

If you can make one heap of all your winnings
And risk it on one turn of pitch-and-toss,
And lose, and start again at your beginnings
And never breathe a word about your loss;
If you can force your heart and nerve and sinew
To serve your turn long after they are gone,
And so hold on when there is nothing in you
Except the will which says to them : 'Hold on!'

If you can talk with crowds and keep your virtue,

Or walk with kings—nor lose the common touch,
If neither foes nor loving friends can hurt you,
If all men count with you, but none too much;
If you can fill the unforgiving minute
With sixty seconds' worth of distance run,
Yours is the Earth and everything that's in it,
And—which is more—you'll be a Man, my son!

आप देखेंगे कि प्रतिकूल परिस्थितियों के शिकार हुए मुझसे कहीं अधिक यह कविता श्रीमती गाँधी और उनके विरुद्ध खड़ी परिस्थितियों पर लागू होती थी और शायद उन्हीं शर्तों को पूरी करके वे उन पर विजयिनी हुईं, जो कवि ने रखी थीं। अगर उन्हें देश-दुनिया की नज़रों में अपराधी सिद्ध करने, और सज़ा का हक़दार करार देने की साज़िश न की जाती तो, उस समय उन्हें देखकर मुझे लगा था, वे कुछ काल के लिए शान्त-विश्रामपूर्ण जीवन बिताना चाहतीं। शायद कुछ लिखतीं। उन्होंने एकाधिक बार यह विचार प्रकट किया था कि अगर वे राजनीति के क्षेत्र में न चली जातीं, तो लेखक बनना चाहतीं। ऐसा ही विचार पण्डितजी ने भी प्रकट किया था। ख़ैर, उन्होंने तो राजनीति में आपादमस्तक डूबे हुए भी कितना लिखा! Glimpses of World History, Discovery of India, An Autobiography उनकी कालजयी कृतियाँ हैं। मैंने इन्दिराजी को लिखा था, अगर आपको कुछ काल के लिए राजनीति से अलग रहना पड़े—इलाहाबाद हाईकोर्ट के फ़ैसले के अनुसार वे छह वर्ष किसी चुनाव में भाग न ले सकती थीं—तो आप अपनी आत्मकथा लिखें। अंग्रेज़ी में ही वे अपने को समुचित रीति से अभिव्यक्त कर सकती थीं—मैंने यह भी लिखा था, आपकी आत्मकथा को हिन्दी में अनूदित करने में मुझे प्रसन्नता होगी। उनके विरोधियों ने उन्हें शान्ति से जीने, लिखने का अवसर नहीं दिया। और उनका पड़ोसी रहते हुए उन सारी मुहिमों का मैं साक्षी रहा, जिन पर वे औरत होकर भी एक मर्द की तरह तैनात रहीं। मैं उन्हें कोई नया विशेषण नहीं दे रहा। पुरानी काँग्रेस वर्किंग कमेटी के वयोवृद्ध, अनुभवसिद्ध, मुड्ढ मुड्ढ सदस्यों के बीच उन्हें देखकर किसी पत्रकार ने लिखा था, 'She was the only man in a group of old women' इसी को ध्यान में रखकर किपलिंग की कविता उन्हें भेजते हुए मुझे संकोच नहीं हुआ, जिसकी अन्तिम पंक्ति उनके लिए मौज़ूं न थीं :

'And—which is more—you'll be a Man!'

उनके manly गुणों का आभास निश्चय पण्डितजी को बहुत पहले मिल गया था। कम लोगों को अब यह याद है कि वे इन्दिराजी को 'भैया' कहते थे।

मिले-मिले बँगलों के कारण दोनों परिवारों के बीच आना-जाना कुछ अधिक हो गया था, जिस पर हम जानते थे गुप्तचरों की नज़र रहा करती थी। सोनिया ने तो बंगले के पीछे से ही एक रास्ता बना लिया था, जिससे कि बाहर निकले बग़ैर वह जब चाहे, हमारे यहाँ आ सके या तेजी उसके वहाँ जा सकें। इस प्रकार का आना-जाना भी सी.आई.डी. की नज़रों से बच न सका था। अमिताभ-अजिताभ

जब भी बम्बई से आते, अपनी इन्दु आन्टी और अपने मित्रों राजीव-संजय से मिलने जाते। हमारे इस सम्बन्ध को तत्सामयिक जनता सरकार द्वारा सन्देह की दृष्टि से देखा गया था, और हमारे बारे में, हमें मालूम हुआ था, बाला-बाला तफतीश और छानबीन की गयी थी, पर कुछ भी ऐसा न मिला था कि हमारे ऊपर कानून की दृष्टि से कोई आरोप लगाया जा सके। सीधी-सच्ची बात यह है कि गाँधी-परिवार से हमारी मैत्री वैयक्तिक आधार पर थी और उससे कभी किसी प्रकार का राजनीतिक अथवा आर्थिक लाभ उठाने का प्रयत्न नहीं किया गया था। फिर भी हमारा सम्बन्ध, हमारी निकटता, हमारा पड़ोसीपन सरकार की आँखों में खटक रहा था और उसने एक दिन गुल खिला ही दिया। उसकी चर्चा कभी आगे।

मैंने आपसे कहा था कि विलिंगडन क्रिसेंट में आकर मुझे लिखने की जो अनिवार्य प्रेरणा हुई थी, उसमें मैंने कुछ कविताएँ भी लिखी थीं। वास्तव में, इसका प्रारम्भ मेरे पिछले बम्बई के लम्बे प्रवास में हो गया था। एक लड़की ने मुझसे पत्राचार शुरू कर दिया था। वह अच्छे धनी परिवार की थी, उच्च शिक्षा प्राप्त थी। कविता लिखने में उसकी रुचि थी; उसने अपनी एक-दो कविताएँ मेरे पास भेजी थीं; मुझे लगा था कि उसमें प्रतिभा है, कल्पना है, पर शब्द-चेतना इतनी अधिक है कि उसके भावों पर हावी हो जाती है और इस कारण भावों का अपना जो सहज, स्वाभाविक सौन्दर्य है, वह छिप जाता है, ढक जाता है। उसके सम्बन्ध में मैंने उसे सचेत किया था। उसको पत्रोत्तर देते हुए मैंने एक छोटी-सी कविता ही लिख डाली थी और उसे भेज भी दी थी। कविता थी—अब रचनावली के तीसरे खण्ड में संकलित—'शब्द-निःशब्द' :

ओ
मेरे शब्दो,
मेरी क्वारी भावना को
इतने मोटे-मोटे वस्त्रों में लपेटकर
उनके सामने मत ले जाओ,
वे मुझे नहीं देख सकेंगे।

ओ
मेरे शब्दो,
क्षीण हो,
सूक्ष्म हो,
पारदर्शी बनो,
कि वे मेरी भावना को देख सकें,
निरावरण,
नग्न,
अकलुष,
दिव्य,

समर्पिता, माँगती शरण।

इसके बाद नियमित पत्राचार होने लगा था। मेरी आदत है कि जो भी पत्र मेरे पास आता है, उसका उत्तर दिये बग़ैर मुझसे नहीं रहा जाता। अच्छी आदत शायद नहीं है। इसके कारण मेरा बड़ा समय बर्बाद हुआ है। कुछ मुसीबतों में भी पड़ा हूँ। पर आदत तो आदत। अब छूटती भी नहीं। बहुत से पत्र आते हैं। पत्रोत्तर के लिए कम-से-कम समय उन पर लगाने के लिए मैंने एक तार-शैली का आविष्कार किया है—पत्र में न पता—न तारीख—एक या दो वाक्यों में सार-सार बात कहने का प्रयत्न करता हूँ। मैं जब अपनी बहुत-सी अच्छी-बुरी आदतों का स्रोत जानने का प्रयत्न करता हूँ, तो अक्सर वह कर्कल पर जाकर ठहरती है। यह पत्र लिखने की आदत भी उसी ने डलवाई। रहता था एक मकान के फ़ासले पर और पत्र लिखकर खिड़की से मेरे कमरे में डाल जाता था—बहुत कुछ जो वह कहने में संकोच करता था, पत्र में लिख डालता था और मुझसे उत्तर की प्रत्याशा करता था और मैं पूरी करता था। यूनिवर्सिटी में पहुँचा, तो झा साहब से सम्पर्क हुआ। पत्रोत्तर देने में वे एक ही थे, आज उन्हें आप पत्र लिखिए तीसरे दिन उनका उत्तर आ जाता था। पण्डित नेहरू का भी लिखा मैंने कहीं देखा था, 'Every letter should be acknowledged.' उन्हें स्वयं मैंने जब भी लिखा; घोर व्यस्त होते हुए भी उन्होंने उत्तर मुझे अविलम्ब दिया। घर से बाहर रहने पर मेरे माता-पिता, श्यामा, फिर तेजी—हर एक यह चाहता था कि मैं अपने दिनानुदिन का समाचार, चाहे कार्ड से ही, भेजता रहूँ। अब हालत यह है कि अगर आये पत्रों का मैं उत्तर न दूँ, तो मुझे खाना हज़म नहीं होता। कवि-लड़की प्रायः हर सप्ताह पत्र लिखने लगी, फिर दूसरे-तीसरे दिन तदनुसार मेरा उत्तर जाने लगा। एक दिन मेरे पत्र के उत्तर में वह स्वयं आ गयी। लड़की थी औसत क़द-क़ाठी की, साँवली, सुडौल, आँखें ज़रूर बड़ी भावभरी, अभिव्यंजक; उमर बीस-इक्कीस से अधिक न होगी, क्वाँरी; आकर्षक उसमें कुछ भी नहीं, सिवा यौवन के। वह आयी, सामने आँख नीची करके बैठी, कुछ क्षणों के बाद उसने एक नज़र मुझे देखा, उसकी आँखें डबडबाईं, उसके होंठ कुछ हिले और वह उठकर खड़ी हो गयी।

'आपसे कुछ कहना चाहती थी...इस समय कह नहीं पा रही हूँ, फिर आऊँगी...'

और वह चली गयी।

इस तरह के अनुभव असामान्य होते हैं और उनकी स्मृति को दिमाग़ से जल्दी निकाल पाना आसान नहीं होता।

'क्या कहना चाहती होगी वह लड़की?'...

'क्यों सहसा आ टपकी थी?'...

ऐसी प्रश्न-कल्पनाएँ प्रायः कविता की प्रेरणाएँ बन जाती हैं। किसी समय टेबल पर बैठा और क़लम उठाई, तो अनायास एक कविता लिख गयी—

भावनाएँ
किसी विवशता में
अभिव्यक्ति की शरण जाती हैं।

अभिव्यक्तियाँ
किसी विवशता में
ध्वनियों में गूँज उठती हैं।

ध्वनियाँ
किसी विवशता में
शब्दों का रूप लेती हैं।

उस दिन किसी विवशता में
मैंने तुम्हें पत्र लिख तो दिया था
पर तुम उसका उत्तर दोगे
इसकी आशा कभी नहीं लगायी थी।
पर जब मेरे पत्र के उत्तर में उस दिन
तुम मेरे सामने साक्षात आकर
खड़े हो गए
तो मैंने अपने से पूछा,
क्या मैं उस दिन अपने शब्दों से
तुम्हें पुकार सका था?
क्या मैं उस दिन अपने शब्दों में
अपने को उतार सका था?
क्या मेरे शब्दों में तुमने मुझे पाया था?
क्या मेरे शब्द तुम्हारे पास नहीं गए थे,
मैं खुद आया था?

यह कविता 'रूपान्तरित शब्द' शीर्षक से 'रचनावली' में दी गयी है।

कुछ तथ्यगत-बाह्य-घटित की झाँकी देते हुए भी कविता में जो कहा गया है, वह यह है कि कवि जब अपनी अभिव्यक्ति में सफल होता है तो अपने शब्दों में सजीव-साक्षात स्वयं होता है। क्या हम प्राय: यह कहने के बजाय कि हम शेक्सपियर की कविता पढ़ रहे हैं, यह नहीं कहते कि हम शेक्सपियर पढ़ रहे हैं। यह केवल संक्षिप्तीकरण नहीं है। हमारे कहने में यह निहित है कि कविता शेक्सपियर की शब्दावतार है—स्वयं शेक्सपियर है। शायद उसी का कवित्वमय बोध कराने को मैंने यह कविता कवि-लड़की को भेज दी थी। पता नहीं उसने उसका क्या अर्थ समझा।

वह यदा-कदा मुझे फ़ोन भी करने लगी थी।

पहले मैं यह समझा शायद लड़की मुझे माध्यम बना रही है अन्ततोगत्वा

अमिताभ से सम्पर्क करने के लिए। कई लड़के-लड़कियाँ ऐसा कर चुके थे। पर मैं अनुमान की ग़लत पगडण्डी पर था।

एक दिन एक स्वर मुझे फ़ोन पर सुनाई दिया 'हलो सफ़रिंग!...'

'क्या भूलूँ क्या याद करूँ' में पहली बार मैंने यह भेद खोला था कि श्यामा अकेले में मुझे 'सफ़रिंग' पुकारती थी और मैं उसे 'ज्वाय'। और इस बात को हम दोनों के अलावा कोई तीसरा नहीं जानता था। श्यामा के देहावसान के बाद इस नाम से मुझे किसी ने नहीं पुकारा या सम्बोधित किया था, उन आधी दर्जन लड़कियों ने भी नहीं, जिन्होंने मुझे लिखा था कि वे पूर्वजन्म की श्यामा हैं। कई तो उनमें विवाहिता थीं, एक-दो बच्चों की माँ थीं।

चालीस बरसों के दीर्घ अन्तराल के बाद कुछ दबे-से स्वर में जब 'हलो सफ़रिंग' मेरे कानों में पड़ा, तो एक अजीब-सी प्रतिक्रिया मेरे मन में हुई, जैसे एक बिजली का शाक लगा हो और मैं चालीस बरस का सब कुछ भूल गया हूँ और किसी दूरातिदूर दूसरे लोक से ही श्यामा की कुछ संकोचभरी पुकार सुन रहा हूँ 'हलो सफ़रिंग'—इस सन्देह की 'रिंग' समाहित किये कि इतनी देर बाद इतनी दूर से पहचानी भी जाऊँगी कि नहीं? और एक मशीनी-सी प्रक्रिया से मेरे मुँह से निकल पड़ा, 'हलो ज्वाय!'...

स्वर कवि-लड़की का था।

दूसरे-तीसरे दिन उसका लम्बा-सा पत्र आ गया था। आशय उसका यही—मैं पूर्वजन्म की श्यामा हूँ। सबूत कई दिये गये थे, हालाँकि वे सब 'क्या भूलूँ क्या याद करूँ' पर आधारित थे। पर जिस चीज़ ने मुझे बहुत उद्विग्न किया था, वह था पत्र का अन्तिम भाग...और मुझे खुशी है कि तुमने भी मुझे पहचान लिया है कि मैं ज्वाय हूँ...

ज्वाय मेरे मुँह से निकल भर गया था, यह बिल्कुल नहीं कि मैंने उसमें श्यामा को पहचाना था, उसे श्यामा माना था, पूर्वजन्म की या इस जन्म की।

और मैंने कई पत्रों में सफ़ाई देनी चाही, पुनर्जन्म के प्रति अपना सन्देह व्यक्त किया, तरह-तरह से समझाया कि वह यह भ्रम अपने अन्दर से निकाल दे, वह सिर्फ़ प्रभावशाली अवस्था में श्यामा के चरित्र से प्रभावित है, उसमें कवि-प्रतिभा है, कवि स्वभाव के कारण वह अतिशय भावुक है, मैं उसके कवि के विकास में योग दूँगा, वह मुझे अपना सयाना मित्र समझे, मेरी सद्‌भावना उसके साथ रहेगी, उसकी सद्‌भावना की मैं कद्र करूँगा, पर मेरे बहुत लिखने, बहुत समझाने के बाद भी वह अपने 'सफ़रिंग' के लिए अपनी 'ज्वाय' से कम दर्जे पर उतरने के लिए तैयार नहीं हुई। मैने 'ज्वाय' क्या पुकारा मानो उससे शब्द-ब्याह कर लिया—मानो मैंने उसकी माँग में शब्द-सिन्दूर भर दिया।

उसने 'निशा निमंत्रण' की एक प्रति मेरे हस्ताक्षरों के साथ माँगी—"वह तो मुझे ही समर्पित है...उस पर लिखकर भेजना...पूर्वजन्म की 'ज्वाय' को।" हस्ताक्षरित पुस्तक मैंने भेज दी, गो मैंने उस पर नहीं लिखा, जो वह चाहती थी। कई पत्रों में उसने उसकी शिकवा-शिकायत की, उस पर रोई-धोई। उसने मेरे पास एक कोरा

कैसेट भेजा 'निशा-निमन्त्रण' के कुछ गीतों को रिकार्ड कर भेजने को। मैंने उसकी यह इच्छा भी पूरी की। मेरी फ़ोटो माँगी; वह भी मैंने भेज दी—कोई ख़ास नहीं, वही जो मैं माँगने पर अपने प्रेमी पाठकों को भेजा करता था। करवा चौथ पड़ी, तो उसने व्रत रखा, शाम को मुझसे मिलने आयी। कुछ मेवे-मिठाई लायी, बोली, 'इसमें से कुछ मेरी हथेली पर रख दो, मैं उसी से व्रत तोड़ूँगी।' उसके साथ मुझे सहानुभूति थी, उस पर मुझे दया आती थी, मैं तो असमंजस में था, मैं उसके लिए क्या कर सकता था। इस ऊहापोह में मैंने एक कविता लिखी थी—

रानी,
तुम तो किसी जादुई सरोवर में
नहाकर,
नयी होकर
नवयौवना होकर
फिर आ गयी हो,
और मैं तुम्हें देख
चकित-विभ्रमित
सोच नहीं पाता हूँ
कि तुम्हें कहाँ ठहराऊँ,
तुम्हें कहाँ बिठाऊँ,
कहाँ तुम्हारी सेज सजाऊँ,
कहाँ तुम्हारा स्वागत-सत्कार करूँ,
कहाँ तुम्हें प्यार करूँ।
क्योंकि तुम्हारा पुराना रनिवास
जगह-जगह से टूटा-गिरा,
दरका, धरा-धसका,
खंडहर हो गया है,
अशोभन, दुर्दर्शन, डरावना,
और मैं कोई ऐसा शिल्पी नहीं जानता
जो अपनी जादुई शक्ति से
इन बिखरे ईंट-पत्थरों को
जुटा सके,
इनमें जीवन डाले,
इन्हें जोड़ कर खड़ा करे
और इन्हें
एक ऐसे रंगमहल का रूप दे
जो तुम्हारी सुखनिंदिया के लिए
लोरी

गा सके।

यह कविता 'असमंजस' शीर्षक से रचनावली के तीसरे खण्ड में है। उसे मैंने कवि-लड़की को भेजा नहीं था। शायद यह सोचकर कि यह उसके इस विश्वास को एक तरह से थपकी देगी कि मैंने उसे पूर्वजन्म की श्यामा मान ही लिया है।

वह मुझे तरह-तरह के उपहार देती—कुछ क़ीमती भी। मैं उसे बारहा मना करता, इन चीज़ों की मुझे ज़रूरत नहीं है। वह न मानती। मैं लेने से इनकार करता, तो वह दुखी होती, रोती, लाचार मुझे लेना पड़ता उसका मन रखने को। सुबह-शाम मैं घूमने के लिए निकलता, तो घर से कुछ दूर पर मुझे मिलती। मेरे पीछे-पीछे चलती, जैसे साथ भी है और नहीं भी। जब मैं आर्थराइटिस और स्पोंडुलाइटिस में बिजली-सेंक और उपचार के लिए पास के आरोग्यनिधि अस्पताल में जाता, वह वहाँ बैठी मिलती। उसके स्नेह, संवेदन, समादर में मुझे सन्देह नहीं था, प्रतिकार में मैं उसे कृतज्ञता का पत्र लिख देता, या एकाध कविता भेज देता। इतने से वह खुश रहती। इस प्रकार का सम्बन्ध कहीं मुझे तुष्टि देता था तो कहीं मुझे उद्विग्न भी करता था। इसको मैं बढ़ावा देना नहीं चाहता था। कहीं मुझे विश्वास था यह उस लड़की का अवस्थागत अस्थायी क्रेज़ है, जो धीरे-धीरे ख़त्म हो जायेगा, निश्चय उसके जीवन में किसी समवयस्क मित्र या प्रेमी के आने पर। साथ ही मुझे यह भी आशंका थी कहीं मैं भी न इस लड़की के प्रति मोहाविष्ट हो जाऊँ। गेटे और ईट्स लगभग सत्तर की अवस्था में मेरियेन और डोरोथी वेल्जली के प्रेम में पड़ गये थे, जो उम्र में उनसे प्रायः पचास वर्ष छोटी होंगी—जीवन में जो हो चुका है, फिर होने की सम्भावना तो लिये ही हुए है। कुछ इसी तरह की मनोवृत्ति से एक कविता लिखी थी—

तब मेरे घाव ताज़े थे,
मेरी वेदना असह्य थी,
मेरी बेचैनी दयनीय थी;
पर तब जिन्हें मुझे संवेदना देनी थी
वे मेरी उपेक्षा करते रहे,
जिन्हें मेरी पीर बटानी थी
वे मेरा उपहास करते रहे,
जिन्हें मेरे ज़ख्मों पर मरहम लगाना था
वे उन पर नमक छिड़कते रहे।
हाँ, कोई मेहरबान था मुझपर तो एक—समय;
उसने धीरे-धीरे मेरे खुले घावों पर टाँके लगाए,
उन पर मरहम लगाया,
और उन्हें पूर दिया,
छोड़ गया पीछे तो कुछ बे-दर्द निशान।

और अब इन बे-दर्द निशानों से भी
विदा लेने की वेला में तुम आये हो—
इनको अपनी उँगलियों से सहलाते,
इन पर आँसू बहाते,
इन पर फूल चढ़ाते।

और विधि की इस विडम्बना पर,
मैं समझ नहीं पाता कि हँसूँ या रोऊँ!
पर आशंकित ज़रूर हो गया हूँ—
क्या यह भी मेरे भाग्य में बदा था?—
मुझे इतनी सहानुभूति न दो
मुझ पर इतनी करुणा न बरसाओ,
मुझ पर इतना प्यार न सरसाओ,
मैं अपने घावों को जानता हूँ,
ये कवि की छाती के घाव हैं
इनके पुराने टाँके प्यार के आँसुओं में घुल सकते हैं
ये घाव फिर से खुल सकते हैं।

यह कविता 'दुर्विलंब' शीर्षक से 'रचनावली' में दी गयी है।

दिमाग़ में, ऐसा लगता है, कविता की कोई कोषिका है—cell—जब उसका इस्तेमाल न करो, तब वह 'सेल' सूख जाती है, इस्तेमाल शुरू करो तो उससे काव्य-स्राव फिर होने लगता है और जल्दी बन्द नहीं होता। जो काव्य-स्राव बम्बई में शुरू हुआ था, उसका सिलसिला दिल्ली तक चला आया। अगर मैं उसे गद्य की ओर न मोड़ता, 'बसेरे से दूर' लिखने में न लग जाता तो शायद कविता ही लिखता जाता।'

मेरे दिल्ली चले आने के बाद कवि-लड़की मुझे कुछ ज्यादा ही पत्र लिखने लगी। कभी-कभी तो दिन में आधे-आधे दर्जन पत्र लिखती। उसके सारे पत्रों का उत्तर देना मेरे लिए असम्भव हो गया। पत्रोत्तर में विलम्बन होता, तो उसका फ़ोन आ जाता। मैंने अभी तक उस लड़की की बात तेजी को न बताई थी, पर एक-सी स्टेशनरी के पत्रों की गड्डियों और फ़ोन की घण्टियों से तेजी का माथा ज़रूर ठनका होगा। वे विलिंगडन क्रिसेंट के बंगले को ठीक कराने, चीज़ों को यथास्थान रखने-रखाने, सजाने-सँवारने और वहाँ के रहन-सहन को व्यवस्थित करने में इतनी उलझी रहीं कि उन्होंने मुझसे कुछ न पूछा। शायद न भी पूछतीं, पर उस पगली ने तेजी को भी एक पत्र लिख दिया। तब तो उस लड़की को लेकर हमारी विस्तृत बातचीत हुई। तेजी की राय थी कि लड़की किसी विचित्र मनोविकृति की शिकार है, मुझे तुरन्त उससे पत्र-व्यवहार बन्द कर देना चाहिए। मेरा विश्वास था कि मैं उसे थोड़ी-संवेदना, थोड़ी समझबूझ देते हुए उसे सामान्य कर सकने में सफल हो सकूँगा—मेरे प्रति उसका आकर्षण कविता में sublimate (संयमनिष्ठ) होने की

सम्भावना लिये है। अन्त में हमारा समझौता इस बात पर हुआ कि मैं अपने पत्र को कविता-संशोधन या काव्य-सम्बन्धी प्रश्नों के उत्तर तक सीमित रखूँ। ऐसा भी कुछ दिन चला। पर तेजी ही शायद ठीक थीं; विकृत मस्तिष्क से कविता नहीं लिखी जा सकती, कविता के लिए तो सामान्य से अधिक सुलझा, परिष्कृत मस्तिष्क चाहिए।

मैं इस प्रसंग को एक साथ, एक स्थान पर समेटने, समाप्त करने के लिए समय की एक-दो लम्बी कूदें ले रहा हूँ। कुछ ऐसी परिस्थितियाँ आयीं कि साल बाद मैं दिल्ली छोड़ स्थायी रूप से रहने को बम्बई चला गया। कवि-लड़की ने लिखा, 'मेरा प्रेम तुम्हें दिल्ली से खींचकर बम्बई लाया है।' उसके व्यवहार में रत्ती-भर भी परिवर्तन नहीं हुआ था। घूमने जाता तो साथ चलने के लिए मैंने उसे मना कर दिया था। वह एक जगह खड़ी रहती, मैं सामने से निकलता, तो मेरे पाँव छूती, बात कुछ न करती, चली जाती। यदा-कदा पत्र लिखती, प्राय: अपने सपने बतलाती—वह क्या सपने देखती, इसे आपकी कल्पना के ऊपर छोड़ना चाहूँगा। आप ग़लत नहीं होंगे। कविता लिखना उसका बिलकुल छूट गया था। क्या आप विश्वास करेंगे कि यह क्रम तीन वर्ष तक चला। मैं लम्बी-लम्बी अवधि के लिए बम्बई से बाहर जाता, उसे कोई सूचना न देता, लौटकर आता, घूमने के लिए निकलता। वह लड़की उसी जगह पर खड़ी मिलती, मुझे लगता मेरी अनुपस्थिति में भी वह प्रतिदिन आती होगी, वहीं खड़ी होती होगी और निराश चली जाती होगी—मैं समझ न पाता—यह निष्ठा है, कि हठधर्मी है, कि पागलपन है, कि क्या है।

1981 में अमिताभ की एक फ़िल्म 'सिलसिला' कश्मीर में शूट हो रही थी। वे सारे परिवार को साथ ले गये थे। हम लोग ओबेराय पैलेस होटल में ठहरे थे। कवि-लड़की को न जाने कैसे इसका पता चल गया था; वह भी अकेली कश्मीर चली आयी थी और पैलेस होटल में ही ठहरी थी। जितने दिन हम लोग वहाँ ठहरे थे, वह भी ठहरी रही। मैं उसे डाइनिंग हाल में, सुबह-शाम लॉन में कुर्सी पर बैठी या घूमती पाता। वह दूर से ही मुझे देखती, मेरी नज़र भी उस पर पड़ जाती। एक शाम मुझे अकेला पाकर वह मेरे पास आकर बोली, 'मैं अपनी सुहागरात मनाने आयी हूँ।'

'किसके साथ?'

'तुम्हारे साथ।'

'मैं तो साथ नहीं रहूँगा।'

'बने ध्यान ही करते-करते जब साथी साकार सखे!'

(मधुशाला की पंक्ति है)

'तुम्हारी सुहागरात सुखमय हो।'

'सुहागरात दुखमय भी होती है।'

और उसका यह वाक्य अतीत से—पूर्वजन्म से आयी प्रतिध्वनि के समान मेरे कानों पर पड़ा—याद आ गयी वह रात, जब गौने के बाद श्यामा बुखार में पड़ी आयी थी और मैं उसकी खाट-से-खाट लगाकर लेट रहा था। क्या वह रात श्यामा

के लिए और मेरे लिए दुखदायी नहीं थी। कवि-लड़की की ऐसी बातें कभी-कभी मुझे सन्देह में डाल देतीं, क्या सचमुच वह पूर्वजन्म की श्यामा है, जिसमें पिछले जीवन की जी-भोगी स्मृतियाँ थोड़ा-बहुत परिवर्तित होकर अब भी शेष हैं। ऐसे अवसरों पर उसके प्रति मुझे प्यार भी आता, दया भी आती, कुछ उसकी, कुछ अपनी सीमाओं पर, असमर्थताओं पर गुस्सा भी आता। पूर्वजन्म अगर है, और अगर उसकी कुछ यादें भी बची रहें, तो कितनी कष्टदायी हो सकती हैं।

जब वह अपने कमरे की ओर जाने लगी, एक करुणा-मिश्रित मुस्कान मेरे अधरों पर आ गयी।

कश्मीर से लौटने के बाद मुझे कवि-लड़की का एक पत्र मिला, किसी अस्पताल से लिखा गया था, नाम नहीं बताया गया था, 'माई ज्वाय, मैंने तुम्हें एक पत्र लिखा था, पोस्ट करने जा ही रही थी कि मेरे पिता ने मुझे देख लिया, पूछा, पत्र किसको लिखा है, मैंने नहीं बताना चाहा, तो पत्र मेरे हाथ से छीन लिया, पढ़ा और मुझे बहुत मारा-पीटा...योर्स सफ़रिंग'।

अब वह मुझे 'ज्वाय' बना खुद 'सफ़रिंग' हो गयी थी—कुछ तथ्यानुभूति और कल्पनात्मक व्यंग्य तो था ही उसके पीछे।

दूसरे दिन उसके पिता का पत्र आया, समय दें, आपसे मिलना चाहता हूँ।

मैंने समय दे दिया। अंतराल में सोचता ही रहा वे क्या पूछेंगे, मैं क्या कहूँगा। निश्चित तिथि-समय पर वे नहीं आये। मुझे फ़ोन किया—'आप मेरी लड़की से पत्राचार करते रहे हैं। मैं आपको आगाह करना चाहता हूँ कि मेरी लड़की ऐबनार्मल है, साइकिक केस है, आधी पागल है। आप उसके पत्रों का उत्तर न दें, वह पत्र भेजे भी, तो आप उसे मेरे पास भेज दें। उससे मिलें भी नहीं।'

मैंने कहा, 'बहुत अच्छा।' साथ यह भी जोड़ दिया, 'लड़की को समझें, सहानुभूति से समझाएँ...आप समर्थ हैं, देश में या विदेश भेजकर किसी मनसविद से उसका उपचार कराएँ।'

दस-पन्द्रह रोज़ बाद एक सुबह वह लड़की 'प्रतीक्षा' के फाटक पर आयी। नाम की चिट भेजी। मैं बाहर निकला। उसने कुछ चीजों से भरा एक प्लास्टिक का थैला मेरे हाथों में दिया—'मेरी अमानत'। और चली गयी। उसमें झाँककर मैंने देखा—उसमें थीं उसको लिखी मेरी चिट्ठियाँ, मेरी दी पुस्तकें, मेरी आवाज़ से भरा मेरी कविताओं का कैसेट—यानी सब कुछ, जो मेरी निशानी के रूप में उसके पास था।

'81 के अन्त में उसका एक पत्र मुझे मिला था, जिसका आशय था, मैं अपने माता-पिता से अलग हो गयी हूँ...फलाँ शिक्षा-संस्थान में पढ़ाती हूँ...फलाँ होस्टल में रहती हूँ।

उसके बाद से मुझे पता नहीं वह कहाँ है, क्या करती है। कल्पना करना चाहता हूँ कि उसके जीवन में कोई स्वस्थ, सुन्दर, योग्य नवयुवक आ गया होगा, जिससे उसका विवाह हो गया होगा। शायद अब तक वह एक-दो बच्चों की माँ भी हो चुकी होगी—पिछले वर्षों को कभी याद भी करती होगी तो एक धुँधले दुःस्वप्न

के समान जो शायद आते ही उसके बच्चे या बच्चों की वात्सल्यजनक खिलखिलाहट या ममत्वजनक रुदन में विलीन हो जाता होगा!

हम हिन्दू पूर्वजन्म और पश्चात-जन्म को संस्कारतः स्वीकार कर लेते हैं। सबूत कभी-कभार हम पाते हैं तो किसी-किसी की पूर्वजन्मों की स्मृतियों में जो शत-प्रतिशत सत्य नहीं होतीं और शत-प्रतिशत सिद्ध भी नहीं होतीं। पर चूँकि हम पूर्वजन्म को अपने धर्म और अपनी संस्कृति से अनिवार्य रूप से जोड़े हुए हैं, हम आधे-तीहे सत्य और आधे-तीहे सबूत पर भी सन्तोष कर लेते हैं। जब कई लड़कों और कई लड़कियों ने पूर्व जन्म में अपने कर्कल और श्यामा-चंपा होने की बात मुझसे कही तब कुछ संस्कारतः, कुछ इस मोह से कि मैं उनकी सत्ता के पूर्णतया विलय होने को सहज नहीं कर सकता था, और कुछ इस कारण कि उन्होंने कुछ ऐसे संकेत दिये जो कर्कल और श्यामा-चंपा के पूर्व जीवन रूप की प्रकृति-प्रवृत्ति और घटनाओं से मिलते-जुलते से थे, मैंने अर्द्धसन्देह और अर्द्धविश्वास से उन्हें मान लिया। साथ ही, मुझे यह आभास भी था कि मेरी आत्मकथा, 'क्या भूलूँ क्या याद करूँ' को अतिशय सहानुभूति से पढ़ने के कारण भी समवय नवयुवक-नवयुवतियों को कर्कल या चंपा या श्यामा से अपनी एकात्मता (आईडेंटिटी) अनुभव करने की कामना जाग सकती है। पर मैं स्वीकार करना चाहूँगा कि सम्पूर्ण दृढ़ता से मैं उनकी इस कामना, इस आत्म-सम्मोहन को नकार नहीं सका। इसके कारण जो मानसिक उथल-पुथल, उद्वेलन, ऊहापोह, उद्विग्नता मैंने सही-भोगी उसकी एक संक्षिप्त व्यथा-कथा आपके सामने प्रस्तुत कर दी है।

अब कुछ तटस्थ दृष्टि से मैं उस पर विचार करना चाहता हूँ—मेरी दृष्टि न तो रुढ़िग्रस्त धार्मिक है, न तर्कसम्मत दार्शनिक। मनोवैज्ञानिक कतिपय तथ्यों को कुछ स्वाध्याय से, अधिक स्वानुभूति से जानने-समझने का दावा मैं करना चाहता हूँ। और कुछ अपनी कवि-कल्पना का बल भी मुझे है, ऐसा मैं मान लेता हूँ।

पूर्वजन्म के अस्तित्व का कोई भी विश्वसनीय प्रमाण न पाने पर भी जब मेरे सामने पूर्वजन्म का दावा किया गया, तो मैंने उसे क्यों नहीं नकारा?

पूर्व या पश्चात्-जन्म के विश्वास के साथ अपनी आत्मा या अपनत्व की चेतना का महामोह जुड़ा है, जिसका इस जन्म में स्वाद पाकर हम चाहते हैं यह कभी मिटे नहीं, नष्ट न हो, शून्य-विलीन न हो, यानी हम इसे अमर मानना चाहते हैं, जो सदा से थी, अब है और सदा रहेगी। कुछ लोग इसके लिए भी तैयार हो सकते हैं, हैं भी, जो उसकी जन्मपूर्व सत्ता न मानते हुए भी उसकी जन्म-पश्चात् सदा सत्ता का मोह बनाये रहें। दूसरे के पूर्व जन्म के दावे को नकारने का अर्थ होता अपनी आत्मा, अपने अपनत्व की चेतना को नकारना, जिसका साहस तब मैं न जुटा सका था।

अब उसे नकारने के लिए मैं थोड़े मनोवैज्ञानिक सत्य का आधार लेना चाहता हूँ।

पूर्व और पश्चात्-जन्म को जोड़ने वाली यदि कोई कड़ी हो सकती है, तो स्मृति; शेष मनुष्य की सारी प्रकृति, प्रवृत्ति, विशेषताएँ इसी जन्म की भौतिक

परिस्थितियों, पृष्ठभूमियों, संस्कारों, प्रभावों से व्याख्यायित की जा सकती हैं।

प्रश्न उठता है क्या स्मृति भौतिक, स्थूल उपकरणों के बग़ैर अपनी सत्ता बनाये रख सकती है। मनोवैज्ञानिक सत्य है—स्मृति के निर्माण, उसके स्थायित्व के लिए स्वस्थ मस्तिष्क का उपकरण चाहिए। उसकी त्रुटियाँ स्मृति को त्रुटिपूर्ण करती हैं। वृद्धावस्था में उसकी दुर्बलता विस्मृति तक पहुँचा देती है।

शरीर के साथ मास्तिष्किक उपकरण भी नष्ट होता है—'भस्मांतऽ शरीरं'। मस्तिष्क शरीर का अंग है।

पूर्वजन्म की स्मृति निराधार होने के कारण नहीं रह सकती।

अब प्रश्न रह जाता है आत्मा का।

वह स्थूल तो नहीं ही है—वह सूक्ष्म से सूक्ष्म रूप में भी होती तो अब तक विज्ञान की पकड़ से वह दूर नहीं रह सकती थी। शायद यह सिर्फ एक Concept है—परिकल्पना।

क्या जिसे हम आत्मा कहते हैं वह आत्मचेतना ही तो नहीं है जो मनुष्य में धीरे-धीरे विकसित हुई है। वह हर मनुष्य में धीरे-धीरे विकसित होती है और उसे मैं नहीं नकार सकता। पर जीवन से पूर्व और मृत्यु के पश्चात् उसकी सत्ता में विश्वास भी नहीं रख सकता।

इस आत्म-चेतना और अहं-मोह को लेकर धर्म, दर्शन, नैतिकता, कर्मकाण्डों का बहुत विस्तृत-बहुविधि तन्त्र रचा गया है। अपनी इस विचार-प्रक्रिया से मैं जिस परिणाम पर पहुँचा हूँ, उसे मैंने हंस-प्रतीक से लिखी एक कविता में बाँधा है। मैंने आपसे कहा था न, कि कुछ मनोविज्ञान, कुछ कविता के सहारे मैं इस विषय पर कुछ कहूँगा। मनोविज्ञान की बात कह दी, अब कविता पर आयें। यह कविता पिछले वर्ष 'धर्मयुग' में छप चुकी है 'अहंमोह' शीर्षक से। किसी संग्रह में अब तक नहीं आयी—

'हंसा,
तुम्हारे भोले-भाले पूर्वजों ने
अहं को, अस्मित्व को, आत्मत्व को
इतना सेया, संजोया, ढोया
कि मृत्यु में—अनिवार्य—वे
उसकी परिसमाप्ति स्वीकार न कर सके;
इनकार के सौ विकार झेले,
खड़े किये अपने लिए
सौ झंझट, सौ झमेले।

हंसा,
क्या तुम अपने पूर्वजों-से ही भोले-भाले हो?
अहं, अस्मित्व, आत्मत्व का उतना ही मोह पाले हो?'

'नहीं, बिलकुल नहीं।

अज्ञात, कल्पना के हज़ार द्वार खोलता है,
पर ज्ञात-स्वरों में ही बोलता है।

वे भोले-भाले
मृत्यु पर जीवन का ही आरोप करते रहे;
अज्ञात के फलक पर
ज्ञात का ही रंग भरते रहे।
वे
मृतकों की समाधि में
भोजन और वस्त्र धरते रहे;

वे–
कुछ ऐसे भी चालाक थे–
उनके भोलेपन का लाभ उठाते रहे;
मृतकों के लिए
भोजन, वस्त्र, छत्र, शैया का दान कराते रहे;
खुद खाते रहे, खुद आराम फ़रमाते रहे।

वे
अनेकानेक योनियों में
उन्हें फिर-फिर जन्माते रहे,
वे
मौत में केवल उन्हें लम्बी नींद में सुलाते रहे,
और फिर अनन्त काल के लिए जगाकर
शराब से नहलाते रहे,
आग में झुलसाते रहे;
यानी हर हालत में अपने अहं को सहलाते रहे।
और इन्हीं आधारों पर
धर्म, शास्त्र, नीति, रीति के ढाँचे खड़े करते रहे,
जिनमें वे घिरे-घिरे,
फँसे-फँसे,
कसे-कसे
जीते रहे, मरते रहे।

मैं तो अहं-मोह को
एकदम हटाता हूँ,
होने से न-होने में
सहज सरक जाता हूँ;
जीते जी अपने लिए मुक्त गगन पाता हूँ,

मरने पर बिन्दु-सा सिन्धु में समाता हूँ।'

आत्मा की अभिव्यक्ति सत्ता और अमरता पर इतना साहित्य है कि 'एक लख ऊँट सवा लख गाड़ी' पर भी लादा जाये, तो शायद ही समाए। जो भाषाएँ मैं जानता हूँ, mueaHkh bruk l kgR; gSfd ,d ntØ tUe µ life piled on life—में भी पढ़ सकना असम्भव होगा। फिर भी मूल-मूल पढ़ने-समझने का मैंने प्रयत्न किया है। यह नहीं कि पोथियाँ पढ़ने की सीमाएँ मैं नहीं जानता, यह भी नहीं कि तथाकथित पाए-पहुँचे हुओं की संगत मैंने कम की है, और यह भी नहीं कि चिन्तन-मनन में मैंने कम समय दिया है। इतना मैं ज़रूर कहना चाहूँगा कि शास्त्र-प्रतीति अथवा विद्वत्-प्रतीति को मैं आत्म-प्रतीति पर तरजीह नहीं दे पाता। और आत्म-प्रतीति मेरी यही है कि आत्म-चेतना से ऊपर आत्मा की सत्ता-अमरता मेरे दिमाग़ के ढाँचे में नहीं बैठती। जिसे आत्म-तत्व या अमरत्व कहा जाता है, उसे मैं इस आत्म-चेतना, कामना, कांक्षा, महत्वाकांक्षा का अन्तिम रूप समझता हूँ। मैंने अपने से बार-बार पूछा है, अपनी व्यक्तिगत सत्ता की चेतना से क्या यह अनुभूति अधिक शक्तिप्रद, सन्तोषप्रद, शान्तिप्रद नहीं कि हम उस ब्रह्माण्डीय ऊर्जा के अंश हैं जो आदि-अन्तहीन काल में कभी-कभी संयोवशात रूपाकार ले अपने प्रति सचेत हो जाता है। हमारे इस रूपाकार की चेतना अपनी पीठिका, पृष्ठभूमि, परिवार, समाज, प्रदेश, देश, पृथ्वी—अब शायद अन्तरिक्ष—के लिए भी प्रासंगिक, सार्थक, महत्त्वपूर्ण हो सकती है, पर उसके बाहर, उसके पार केवल मृत-विस्मृत नास्ति, ब्रह्माण्डीय ऊर्जा—लुप्त-गुप्त—सुप्त, अथवा जाग्रत भी तो अपने स्वल्प देश-कालगत चेतना से अनवगत।

मैं मानता हूँ आत्मचेतना की कामना सत्ता के लिए, सदा-सत्ता के लिए इतनी प्रबल है कि स्मृतिहीन आदि-काल से आज तक मनीषियों ने सबूत के लिए उमरें खपाई हैं और कोई-कोई—और उनमें बड़े-बड़े प्रतिभावान लोग हैं—बड़े उपहासास्पद प्रमाणों को पकड़कर बैठ गये हैं। मुझे याद आता है ईट्स ने एक जगह कहा है—'Individual immortality is now proved beyond doubt. There is sufficient evidence to prove it over and over again in any court of law.'

(वैयक्तिक अमरता अब सिद्ध हो चुकी है और वह सन्देह से परे है। पर्याप्त प्रमाण हैं कि उसकी सच्चाई किसी भी कानून की कचहरी में एक बार नहीं, कई बार साबित की जा सके।) जबकि एक दूसरे प्रतिभावान ने, शायद शा ने, कहीं कहा है कि दुनिया का कोई ऐसा झूठ नहीं, जो कानून की कचहरी में सच न साबित किया जा सके।

ख़ैर छोड़िए प्रतिभावानों को, साधारण मनुष्यों पर आइये, जिनमें आप हैं, मैं हूँ। आत्मा की अमरता संदिग्ध हो, पर आत्मचेतना तो असंदिग्ध है; उसकी प्रासंगिकता भी मान्य है—जीवन के लिए, समाज के लिए, साहित्य के लिए, लेखन के लिए, विचारों-अनुभूतियों के आदान-प्रदान के लिए, ऐसी स्मृति-यात्रा के लिए जिस पर हम और आप निकले हैं। तो आइये उसके दूसरे पड़ाव पर—याद होगा आपको, मैं

एक लम्बी कूद लगाकर बहुत आगे चला गया था; फलाँग कर उतना ही पीछे आना होगा।'

मध्य-सितम्बर में नयना के जन्म पर मैं बम्बई गया था। वहाँ रमोला-अजिताभ को 'बसेरे से दूर' समर्पित कर, अमिताभ को जन्म-दिन पर आशीर्वाद-बधाई दे, परिवार के साथ दिवाली मना, मध्य अक्टूबर में दिल्ली लौटा; और नवम्बरान्त में अपना जन्म-दिन मना पूना चला गया। वहाँ दिसम्बर में अमिताभ की फ़िल्म 'काला-पत्थर' की शूटिंग होने वाली थी और उन्होंने सारे परिवार को उस अवधि में अपने साथ रहने को आमन्त्रित किया था। हम लोग 'ब्लू डायमण्ड होटल' में ठहरे थे।

वहाँ का मेरा दैनिक कार्यक्रम। सुबह उठ तैयार हो मैं श्रीरजनीश का प्रवचन सुनने चला जाता, लौटकर नाश्ता करता, शूटिंग यूनिट के साथ सपरिवार राजकपूर-फार्म पहुँचता—शहर से कोई 12-15 मील के फ़ासले पर। उसी जगह 'काला पत्थर' की शूटिंग हो रही थी, वहीं लंच का प्रबन्ध होता—मैं लंच के बाद रेस्ट हाउस में घण्टे-डेढ़ घण्टे सो लेता, शाम तक शूटिंग देखता और यूनिट के साथ होटल लौटता। रात को खाना हम सब लोग साथ अमित के कमरे में खाते। कभी-कभी खाने के बाद हमारी ताश की चौकड़ी जमती और फिर सोने को सब अपने-अपने कमरों में चले जाते।

पूना मैं पहले-पहल 1946 में गया था—तेजी-अमित के साथ, तेजी के धर्म-बन्धु रमेश पण्डित के निमन्त्रण पर, जो उन दिनों निकटस्थ खड्गवासला मिलिटरी एकेडमी में ट्रेनिंग ले रहे थे। अमित उस समय 4 वर्ष के थे।

संसद-सदस्यता के आरम्भिक वर्षों में एक बार हिन्दी दिवस पर मुझे पूना आमन्त्रित किया गया था। विशेष आकर्षण वहाँ मेरे जाने का था कि उन दिनों मेहर बाबा नाम के एक पारसी संत वहाँ रहते थे। दिल्ली में उनके कुछ भक्तों ने उनका कुछ साहित्य अंग्रेज़ी में मुझे दिया था और मैंने उसे थोड़ा-बहुत देखा भी था। एक बार, याद है, कांस्टीट्यूशन हाउस में उनका जन्म-दिन भी धूम-धाम से मनाया गया था। बाबा मौन रहते थे, दर्शन देते थे, उँगलियों और मुख-मुद्राओं से कुछ संकेत करते थे, उनके एक पट्ट शिष्य उनका अर्थ बताते थे, बाबा इशारे से कहते थे अर्थ ठीक बताया जा रहा है। सन्देश कोई नया नहीं—संसार को प्रेम करने से आदमी संसार से विरक्त हो जाता है और 'सार' को प्रेम करने लगता है, जो परब्रह्म है, परमात्मा है। उनका दावा था कि अपनी मौन साधना के अन्त में वे एक शब्द बोलेंगे और उससे संसार में क्रान्ति हो जायेगी। कई साल बाद अख़बार में पढ़ा, बाबा समाधि में या सोते में—बिना वह शब्द बोले—'त्यक्त्वा देहं दिवंगत:'।

'ज़ंजीर' के बाद 'ज़मीर' की शूटिंग के समय भी एक सप्ताह के लिए हम अमिताभ के साथ पूना आये थे; 'ब्लू डायमंड' में ही ठहरे थे। शूटिंग महेन्द्रा एण्ड महेन्द्रा के स्टड फ़ार्म में हुई थी। उस शूटिंग की एक घटना मुझे याद है। फ़ार्म पर एक बहुत ही बिगड़ैल घोड़ा था। अमिताभ को उस पर सवारी करनी थी। महेन्द्रा ने

आगाह किया कि वे ऐसा दु:साहस न करें, घोड़ा उन्हें निश्चय गिरा देगा और उन्हें गहरी चोट लग सकती है। अमिताभ नहीं डरे थे और घोड़े की बहुत-उछल-कूद के बावजूद उस पर सवारी गाँठ ली थी—'अश्व' को भी पता लग गया होगा कि उस पर 'पुरुष विशेष' सवार है। महेन्द्रा आश्चर्य-स्तब्ध रह गये थे।

अश्व: वीणा वाणी नरश्च नारी च,
पुरुष विशेषं प्राप्ता भवंति योग्या अयोग्याश्च।

इस बार आया तो पूना में एक अभूतपूर्व दृश्य देखा। होटल में, होटल के आसपास, सड़कों पर, बाज़ारों में रजनीशी संन्यासी, संन्यासिनियाँ, संन्यासी बच्चे (रजनीश बच्चों को भी संन्यास देते हैं)—अधिकांश विदेशी—जोगिया रंग के कपड़ों में, लम्बे बाल बिखेरे, गले में रजनीश-चित्री-लाकेट की माला डाले इधर-उधर घूमते लोगों का ध्यान आकर्षित करते हैं। होटल के पीछे कोई दो फ़र्लांग के फ़ासले पर 17, कोरेगाँव पार्क था, जहाँ श्री रजनीश आश्रम स्थित था। आश्रम के विषय में बहुत-कुछ पढ़-सुन चुका था। एक दिन कौतूहलवश देखने पहुँच गया—लबे सड़क ऊँची चहारदीवारी के बीच एक बड़ा फाटक; दाएँ, बाएँ, पीछे भी ऐसी ही ऊँची दीवार से आश्रम घिरा होगा। फाटक पर गौरांग संन्यासी पहरेदार थे, पर उन्होंने मुझे रोका नहीं। बाईं ओर एक बड़ा कमरा, जिसमें रजनीश के तरह-तरह की पोशाकों में चित्र टँगे, उनका साहित्य प्रदर्शन के लिए रखा, बिक्री के लिए भी; दाहिनी ओर एक और कमरा—दफ़्तर की तरह. कई टेबिलों पर कहीं संन्यासी, कहीं संन्यासिनें कुछ लिखा-पढ़ी, कुछ टाइपिंग का काम करती हुईं। और आगे बढ़ा तो दाहिनी तरफ़ एक बड़ा योरोपियन रंग-ढंग का केफ़िटेरिया दिखा; बाईं तरफ़ एक वर्कशाप जिसमें कुछ संन्यासी बढ़ई का काम करते हुए, कुछ मालाएँ बनाते हुए; उसके पीछे एक लम्बा-चौड़ा चबूतरा, जिस पर शामियाना तना। सामने और दाएँ झाड़ी-बाड़ी से घिरी कुछ ऊँची-ऊँची इमारतें, पर उनमें प्रवेश वर्जित था) किसी ने बताया उसी में प्रवचन-हाल है, जिसके पीछे श्री रजनीश रहते हैं। सुबह हॉल में उनका प्रवचन होता है और सन्ध्या को वहीं वे लोगों से मिलते हैं, जिसके लिए उनकी सेक्रेटरी माँ योगालक्ष्मी से समय-तिथि निश्चित करानी पड़ती है।

आचार्य रजनीश के नाम से मेरा परिचय 1969 में हुआ था। उनके कुछ लेख या व्याख्यान औरों द्वारा प्रस्तुत 'साप्ताहिक हिन्दुस्तान' में प्रकाशित हुए थे। उनके विचारों में मौलिकता थी, अभिव्यक्ति में तर्कों का पैनापन था और लहज़ा था किसी निर्भीक क्रान्तिकारी का।

उनकी प्रारम्भिक प्रकाशित कृतियों से मेरा परिचय कराया था श्री शिवप्रताप सिंह 'शिव' ने। 'शिव' ने 1965 से मेरी कविताओं के प्रेमी के रूप में मुझसे पत्राचार आरम्भ किया था और मुझसे यत्किंचित सद्भावना पाकर मुझे अपना 'सखा, साथी, प्रेमी एवं शुभचिन्तक' मान लिया था। कविता लिखने में उनकी रुचि थी और उनकी कई कविताएँ स्तरीय पत्रिकाओं में प्रकाशित हुई थीं। रहने वाले वे परताबगढ़ के थे, जबलपुर में रेलवे के किसी विभाग में काम करते थे। साल-दो

साल बाद किसी साहित्यिक कार्यक्रम में जबलपुर जाने पर मैं उनसे और उनके परिवार से मिला था। 1968 में श्री अजितकुमार और ओंकारनाथ श्रीवास्तव के सम्पादकत्व में 'बच्चन निकट से' नाम से जो पुस्तक मुझ पर निकली थी, उसमें 'शिव' का भी एक संस्मरण था—'अपने कवि से बहुत बड़े मनुष्य'। इसके कुछ पूर्व आचार्य रजनीश सागर विश्वविद्यालय में दस वर्ष दर्शनशास्त्र के प्रोफ़ेसर रहने के बाद वहाँ से इस्तीफ़ा दे जबलपुर में आकर वहीं व्यवस्थित हो गये थे। देश में अभिनव धर्मचक्र उनकी प्रवर्तन की योजना थी, जिसकी प्रारम्भिक तैयारी में वे भारत के प्रसिद्ध नगरों में घूम-घूमकर व्याख्यान-प्रवचन देने लगे थे। शायद कुछ साधना शिविरों का भी आयोजन किया था। एक ही नगर में रहते हुए 'शिव' किसी संयोग से रजनीश जी के सम्पर्क में आये और उनके आचार-विचार-व्यक्तित्व से बहुत प्रभावित हुए। यथा-सुविधा उनके साथ उनके दौरों पर भी जाने लगे। इस बीच रजनीश रचित कुछ पुस्तकें भी प्रकाशित हो गयी थीं और उनके सन्देश के प्रचारार्थ दो पत्रिकाएँ भी निकलने लगी थीं। '69 में 'शिव' ने उनका कुछ साहित्य मेरे पास भेजा, नमूने के तौर पर पत्रिकाओं के कुछ अंकों के साथ। 'इष्टं धर्मेण योजयेत'। पुस्तकें मैंने पढ़ीं, पत्रिकाओं का नियमित ग्राहक बन गया। रजनीश के विचार और उनकी शैली मेरे लिए कम आकर्षक नहीं थी। उनसे मिलने की आकांक्षा मुझमें जगी।

उसी साल किसी समय आचार्यजी दिल्ली पधारे, मोतीलाल बनारसीदास के यहाँ जवाहरनगर में ठहरे। 'शिव' साथ आये थे, फ़ोन कर उन्होंने मुझे उनसे मिलने को बुलाया।

रजनीश औसत क़द, भरी काठी के थे; सिर शरीर के अनुपात से कुछ बड़ा; आँखें सिर के अनुपात से कुछ बड़ी, चमकदार, पैनी, गहराई लिये; रंग साँवला, काली दाढ़ी-मूँछ मण्डित चेहरा, मध्य मुण्ड गंजा, अगल-बगल पीछे से लम्बी घुंघराली काकली कन्धों पर लहराती; उम्र 35-40 के बीच होगी। लुंगी बाँधे, नंगे बदन बैठे थे, कन्धे पर एक छोटा तौलिया डाले, जिससे वे बार-बार अपना मुँह पोंछते रहे।

उन्हें देखते ही किसी असामान्य व्यक्तित्व का आभास हुआ। उनका थोड़ा-बहुत साहित्य मैं पढ़ चुका था। बातचीत में वे मुझे खुले, अमलिन दर्पण के समान लगे। मुझे लगा, सही या ग़लत, कि वे मेरे मधु-काव्य से परिचित ही नहीं, उसमें गहरे डूबे हैं; अगर उनके हृदय के दर्पण में मैंने अपना प्रतिबिम्ब देखा, तो अपने हृदय के दर्पण में मैंने उनका प्रतिबिम्ब पाया—

जिसमें मैं बिम्बित-प्रतिबिम्बित
प्रतिपल वह मेरा प्याला।

मधुकाव्य लिखने के पूर्व मुक्त-मस्त-भंजक-सृजक मानव के जिस रूप में मैंने अपने को ढाला था, या अधिक ठीक होगा कहना कि मैं ढल चुका था, रजनीश उसकी साक्षात प्रतिमा थे। अन्तर केवल यह था कि रजनीश का अगर दिमाग बोल

रहा था तो बच्चन का रक्त बोला था। बहु अधीत दार्शनिक, समाज-सुधारक, धर्म-प्रचारक, पूर्व-प्राध्यापक और कवि में यह अन्तर होना ही था। फिर भी उनके अपने विचार-साम्य से मैं अभिभूत हुआ। अपने स्वीकार किये जाने का संकट मैं भोग चुका था और रजनीश के स्वीकार किये जाने की कठिनता की कल्पना से मैं काँप उठा। मैं तो कवि था, अभिव्यक्ति पर मेरा काम समाप्त हो गया था, पर यह दार्शनिक क्रान्तिकारी तो अपने स्वीकार किये जाने के लिए आग्रहशील होगा और यह इस रूढ़िबद्ध देश में उसके लिए जान का ख़तरा भी साबित हो सकता है। अपनी यह आशंका रजनीश पर व्यक्त करते-करते मैं इतना भावुक हो गया कि अपने आँसू न रोक सका। उस समय की मेरी भावातिशयता का एक विशेष कारण यह था कि मैं उन दिनों 'क्या भूलूँ क्या याद करूँ' की स्थितियों को सृजन की सघनता-तीव्रता में जी-भोग रहा था।

रजनीश की बातों में मोहिनी थी—पकड़ थी। मुझे याद आया, एलसीबायडीज़ सुकरात का साथ छोड़कर भागा कि अगर उसने ऐसा न किया, तो सारे जीवन वह सुकरात को सुनने के अलावा और कुछ न कर सकेगा। और यह बात रजनीश के कानों में डाल मैंने उनसे विदा ली। वे दूसरे दिन भी रुकने वाले थे। दूसरे दिन फिर उनसे मिलकर मैंने उन्हें 'मधुशाला' की एक प्रति भेंट की, उन्होंने भी अपनी एक कृति मुझे; कहा, कभी आप जबलपुर आयें और कुछ समय के लिए मेरे पास ठहरें; आप अपना समय व्यर्थ गया न पायेंगे। उसी समय वे गाड़ी पकड़ने के लिए स्टेशन पर जा रहे थे। मैं भी उन्हें पहुँचाने चला गया। बाहर निकलने पर वे तहमत के ऊपर अंडी की चादर ओढ़ लेते थे, पाँव में चप्पल। उनका सामान मामूली था—एक होल्डाल, एक बक्स—साथ 'बुलवर्कर' जिसके अभ्यास की राय उन्होंने मुझे भी दी थी। जबलपुर पहुँचने के कुछ समय बाद उन्होंने मुझे एक पत्र लिखा :

'मेरे प्रिय,

प्रेम।
ऐसा कहाँ होता है कि दो व्यक्तियों में मिलन हो पाये?[1]
इस पृथ्वी पर तो नहीं ही होता है न?
संवाद असम्भव ही प्रतीत होता है।
लेकिन कभी-कभी असम्भव भी घटता है।
उस दिन ऐसा ही हुआ।
आपसे मिलकर लगा कि मिलन भी हो सकता है।
और संवाद भी। और शब्दों के बिना भी।
और आपके आँसुओं से मिला उत्तर।
उन आँसुओं के प्रति मैं अत्यन्त अनुगृहीत हूँ।
ऐसी प्रतिध्वनि तो कभी-कभी ही होती है।
मधुशाला देख गया हूँ। फिर-फिर देख गया हूँ।

---

1. 'पर जगत में दो हृदय की मिलन को आशा विफल है'—'एकांत संगीत'

गीत गा सकता तो जो मैं गाता वही उसमें गाया है।
संसार को भी आनन्द से स्वीकार कर सके ऐसे संन्यास को ही
मैं संन्यास कहता हूँ।
क्या सच ही संसार और मोक्ष एक ही नहीं हैं?
अज्ञात में द्वैत है। ज्ञान में बस एक ही है।
आह! प्रेम और आनन्द के जो गीत गा नाच न सके वह भी क्या धर्म है?

रजनीश के प्रणाम—8.8.69

पुनश्च : शिव कहता है कि आप यहाँ आने को हैं? आवें—जल्दी ही। समय का क्या भरोसा है, देखें सुबह हो गयी है और सूरज जन्म गया है? अब उसके अस्त हो जाने में देर ही कितनी है?

'69- '71 के बीच आचार्य जी कई बार दिल्ली आये, शायद ही कोई अवसर चूका हूँ मैं उनसे मिलने का। हर बार हमने अपनी-अपनी कृतियों का आदान-प्रदान किया। रजनीश जी अपने हस्ताक्षर में 'आचार्य श्री रजनीश' लिखते थे, पर कुछ ऐसी विचित्र तरह कि पढ़ा न जाये। बातें तो वे बहुत करते थे। दो बातें ख़ास याद हैं। एक तो उन्होंने कहा था कभी मैं आपकी 'मधुशाला' पर भी बोल सकता हूँ—पत्र में उसे अपना गीत मान ही लिया था—और कभी मुझे इन्दिराजी से मिलवाएँ। इन्दिराजी से मैंने प्रस्ताव किया भी था। उन्होंने यह कहकर टाल दिया था—उनके विचार अव्यावहारिक रूप से क्रान्तिकारी हैं। दो बार मैंने उनके व्याख्यान भी सुने—एक बार दिल्ली यूनिवर्सिटी में, दूसरी बार नगर में कहीं। वक्तृता भी एक कला है। हिन्दी के अच्छे वक्ताओं में, जिन्हें मुझे सुनने का अवसर मिला, मैं पण्डित मदनमोहन मालवीय, स्वामी सत्यदेव परिव्राजक, पण्डित माखन लाल चतुर्वेदी और अमरशहीद गणेशशंकर विद्यार्थी को स्मरण करना चाहूँगा। रजनीश जी को किसी से उन्नीस समझना उनके प्रति अन्याय होगा। उनके उच्चारण की कुछ त्रुटियाँ अवश्य अखरती थीं। 'श' को वे 'स' कहते थे, 'ज़' को 'ज' और कई शब्दों को सानुनासिक करके बोलते थे, 'साथ' को 'सांथ', 'बाक़ी' को 'बांकी'। एक बार तेजी को भी ले जाकर मैंने उनसे मिलाया था। वे उनके व्यक्तित्व से प्रभावित हुई थीं, पर उनके विचारों से वे पूर्णतया सहमत न हो सकती थीं, फिर भी उनके साथ उन्होंने कोई वाद-विवाद नहीं उठाया, वे साधु-सन्तों के साथ बहस-मुबाहिसों में नहीं पड़तीं; वे कहती हैं, जो वे कहते हैं सुन लो; मानने, न मानने को तुम स्वतन्त्र हो और अच्छे सन्त मानने को बाध्य करते भी नहीं।

'71 के अन्त में जबलपुर से उठकर आचार्य जी बम्बई में व्यवस्थित हो गये थे—पेपर रोड पर 'वुडलैंड' बिल्डिंग में। '72 के प्रारम्भ में अमिताभ के साथ रहने को मैं भी बम्बई चला गया था। एक शाम आचार्य जी से मिलने के लिए 'वुडलैंड' का पता लगाता वहाँ पहुँचा—'सुदामा मंदिर देखि डर्यौ'—भव्य, कई मंज़िली इमारत! लगा आचार्य जी ने कोई मोटा चेला मूंड लिया है। किताबों की रायल्टी के बल पर इस शानदार बिल्डिंग में रहना असम्भव। दूसरी मंज़िल पर उनका फ़्लैट था। दो ही कमरे देखे, सम्भव है और हों, एक बड़ा हाल-सा, जिसकी दीवारें

किताबों से भरी, क़द्दे-आदम आलमारियों से ढकी, वहीं बीच में एक डायस-सा जिस पर बैठ रजनीश जी प्रवचन करते होंगे; दूसरा उनका रिहायशी कमरा, एक ओर उनका बिस्तर लगा था, एक ओर आरामकुर्सी पर वे बैठे थे, उसी तरफ़ दो-चार कुर्सियाँ आगंतुकों के लिए लगीं। पोशाक उनकी बदल गयी थी। अब वे बढ़िया सफ़ेद कपड़े का बाँहदार एड़ी तक लम्बा चोग़ा पहने बैठे थे। बग़ल की टेबल पर फ़ोन, 5-7 नयी अंग्रेज़ी की किताबें रखीं—एक पर मेरी नज़र गयी, जो शायद जे. कृष्णमूर्ति की थी। बाह्य बहुत कुछ नवीन के बावजूद, वे पूर्व स्नेह से ही मिले। चलने लगा तो अपना निमन्त्रण फिर दुहराया—'वुडलैंड' आपकी प्रतीक्षा में है, कभी आकर यहीं ठहरें।

दूसरी बार 'वुडलैंड' में एक शाम मैं रजनीश जी से सत्येन्द्र शरत के साथ मिला। सत्येन्द्र उन दिनों मेरे साथ ही रहते थे। चालीस-पचास लोगों के समक्ष अपने नव-संन्यास के सम्बन्ध में किसी विदेशी महिला के प्रश्नों का उत्तर दे रहे थे। मुझे याद नहीं कि उसके पूर्व उन्होंने अपनी भगवत्ता घोषित कर दी थी कि नहीं—शायद कर दी थी। प्रश्नोत्तर समाप्त हुआ तो उन्होंने मुझसे कहा, बच्चनजी, अब आप अपनी कोई कविता सुनाएँ। इससे पहले एक बार और उन्होंने मुझसे कविता सुनाने को कहा था और तब मैंने सुनाया था अपना गीत—

इसीलिए खड़ा रहा
कि तुम मुझे पुकार लो।

कविता खत्म हुई, तो उनकी टिप्पणी थी, 'खड़े रहने में ही ग़लती हो गयी, प्रेमी को प्रेमास्पद के द्वार पर पहुँचकर दस्तक देनी थी।' शायद उनकी यह बात कुछ समय बाद एक कविता के लिए प्रेरणा बनी, आपको सुनाऊँ?—

ओ
मेरे शब्दो,
बड़े मुखर हो,
ध्वनिमय,
कोलाहलपूर्ण,
शोरगुल-भरे;
यों दल-बल सजा,
नारे लगाते,
मत जाओ उन तक,
जैसे बनकर आक्रामक!

उनके पास जाना ही है
तो समिधा बनो—
अगरु चन्दन—
मन्द-मौन जलो,

और किसी दिन
पवन की लहरों पर बहते-उतराते,
यज्ञ-धूम के समान,
स्नेह-गन्ध,
पहुँच जाओ उन तक,
जैसे कोई संकोची प्रेमी
आधी रात दबे पाँवों चलकर
अपनी प्रेमिका के द्वार पर
हाथों से नहीं,
साँसों से दे दस्तक।
दस्तक साँसों की कमज़ोर नहीं,
सच्चाई तो यह है
साँसों की दस्तक से
कोई दस्तक पुरज़ोर नहीं।

आपका ध्यान शायद न जाये, इसमें रजनीश जी के 'डायनेमिक मेडीटेशन' की ओर भी संकेत है, जिसमें दस मिनट तक ज़ोर-ज़ोर से साँस लेना पड़ता है।

हाँ, तो उस शाम की कविता की बात तो रह ही गयी। जैसे ही रजनीश जी के मुँह से निकला, 'बच्चन...सुनाएँ'—मैंने भावपूर्ण स्तर में अपनी कविता सुनाई—

अब मत मेरा निर्माण करो।

कुछ भी न अभी तक बन पाया,
युग-युग बीते, मैं घबराया;
भूलो मेरी विह्वलता को, निज लज्जा का तो ध्यान करो!
अब मत मेरा निर्माण करो!

इस चक्की पर खाते चक्कर
मेरा तन-मन-जीवन जर्जर;
हे कुम्भकार, मेरी मिट्टी को और न अब हैरान करो!

कहने की सीमा होती है,
सहने की सीमा होती है;
कुछ मेरे भी वश में, मेरा कुछ सोच-समझ अपमान करो!
अब मत मेरा निर्माण करो!

रजनीश जी नव-संन्यास द्वारा नव-मानस के निर्माण की बात कर रहे थे। श्रोताओं के मन में न जाने क्यों मेरी कविता उनको प्रत्युत्तर या उनको चुनौती की तरह प्रतीत हुई और उन्होंने उस पर जो अपनी आह्लादपूर्ण प्रतिक्रिया व्यक्त की, वह मुझे लगा, रजनीश जी को सुखद नहीं लगी। फिर भी उन्होंने चलते समय कहा, फिर

आइयेगा, मिलते रहियेगा।

कुछ दिनों बाद एक शाम मैं वुडलैंड पहुँचा। एक देवीजी मुझसे मिलीं—नाटी, कृश काठी की, बाल छोटे कटे, चेहरा चौकोर, आँखें पतलीं, नाक छोटी, कुछ फैली, रंग गेहुँएँ से कुछ साफ़। उमर पच्चीस-तीस के बीच होगी। उन्होंने जोगिया रंग की लुंगी और कुर्ता पहन रखा था। स्वभाव से शुष्क लगीं। बोलीं,

'मैं योगलक्ष्मी हूँ, भगवान् रजनीश की प्राइवेट सेक्रेटरी, कहिये?'

'मैं उनसे मिलने आया हूँ।'

'भगवान् आज नहीं मिल सकेंगे।'

'आप मेरा नाम उन तक पहुँचा देंगी?'

'नहीं, भगवान् नहीं मिल सकेंगे, मैंने कह दिया न?'

रजनीश जी से न मिल सकने से अधिक मैं उस स्त्री के व्यवहार से आहत हुआ। मैंने कहा, 'भगवान् ही हैं तो जैसे वुडलैंड में वैसे जुहू में।' भगवान् जोड़कर रजनीश का नाम पहली बार मेरे कान में पड़ा था। तब से मैं उनसे मिलने कभी न गया। उनके साहित्य के प्रति अवश्य मेरा आकर्षण बना रहा। यदा-कदा उनके प्रवचनों के स्पूल या कैसेट मिले तो उन्हें भी सुनता रहा।

पूना आया, तो रजनीश-आश्रम को होटल के इतने निकट पाकर मेरी इच्छा हुई कि उनके प्रवचन सुनूँ, सम्भव हो तो उनसे मिलने का प्रयत्न करूँ। मालूम हुआ श्री रजनीश 8 से साढ़े 9 तक प्रवचन करते हैं। प्रवचन सुनने के लिए 10 रु. का टिकट लेना होता है। पूना हम लोग दो सप्ताह रहे; मैंने दस-बारह दिन तो उनके प्रवचन सुने होंगे। साढ़े 7 से श्रोताओं का क्यू लगता। प्रवचन हॉल में ऊनी कपड़े पहनकर या सुगन्ध लगाकर आना मना था। बताया गया भगवान् को दमे की शिकायत है, उन्हें इन दो चीज़ों से एलर्जी है। प्रवेश द्वार पर दो लम्बी औरतें—गौरांगी—सिर सूँघतीं। जिसके सिर से सुगन्ध आती होती, उसे अन्दर न जाने देतीं, इसी प्रकार ऊनी कपड़े भी उतरवा लिये जाते। बाहर ही एक बोर्ड पर बड़े-बड़े अक्षरों में लिखा था—Leave your shoes and mind behind. ख़ैर जूते तो उतार देता, पर दिमाग़, कम-से-कम मैं, बाहर न छोड़ सकता था। पता नहीं कितने छोड़कर अन्दर जाते होंगे। कोई दो-ढाई सौ श्रोता आते होंगे। 90 प्रतिशत गौरांग, प्राय: रजनीशी संन्यासी फ़र्श पर बैठते। प्रवचन रिकार्ड होता, उसके कैसेट बनते-बिकते, वही पुस्तक रूप में छपता। एक दिन प्रवचन होता, एक दिन प्रश्नों के उत्तर दिये जाते। प्रश्न पहले से भेजने पड़ते थे, उत्तर के लिए प्रश्नों का चुनाव रजनीश जी स्वयं करते थे। प्रति-प्रश्न की आज्ञा न थी। लगभग 15 दिनों की एक प्रवचन माला अंग्रेज़ी में होती, दूसरी हिन्दी में। जिन दिनों मैं पूना में था, हिन्दी में प्रवचन माला चल रही थी। गौरांग वहाँ मौजूद हिन्दी कितनी समझते होंगे, पर सब चुपचाप बैठे सुनते रहते। शायद उनके लिए उनका उतनी देर दर्शन, उनकी ध्वनि-तरंग पर झूमना पर्याप्त होता। रजनीश ठीक आठ बजे अपने दरवाजे से निकलते—लम्बे चोगे में—प्रणाम करते, ऊँची कुर्सी पर बैठकर प्रवचन शुरू कर देते, और ठीक साढ़े 9 बजे 'आज के लिए इतना ही' कहकर उठते, प्रणाम करते और अपने कमरे में चले

जाते।

आश्रम में कुछ कार्यक्रम तो ऐसे होते थे, जिन्हें आगन्तुक देख सकते थे और कुछ बन्द कमरों में होते थे, जहाँ दर्शक नहीं जाने पाते थे। बाहर के कार्यक्रमों में मैंने केवल दो देखे। एक था सूफ़ी डांस, जिसमें क्रम से छोटे से बड़े चक्र में खड़े संन्यासी, एक दूसरे से विपरीत दिशा में घूमते थे, किसी वाद्ययन्त्रों पर एक लय में गाते हुए—

ला इलाह इल्लिल्लाह
'भगवान' रसूलल्लाह!

धीरे-धीरे स्वर और गति में तेज़ी आती जाती। फिर इतनी तेज़ी आ जाती कि गाना-घूमना असम्भव हो जाता और लोग चक्कर खाकर गिर पड़ते—उसी स्थिति में, कहा जाता, अहं विस्मृति होती है।

दूसरा कार्यक्रम था 'डाइनेमिक मे़डीटेशन' का। उसमें नव-संन्यासी गोल चक्कर में खड़े होकर पहले 10 मिनट ज़ोर-ज़ोर से साँस लेते। फिर दस मिनट उछलते-कूदते-नाचते, फिर दस मिनट आँख मूँद बैठे या खड़े रहते, फिर दस मिनट के लिए चित लेट जाते। इस स्थिति में कहा जाता, समाधि लग जाती है।

मुझे बताया गया, रजनीश जी प्रवचन और सन्ध्या-भेंट के अतिरिक्त किसी कार्यक्रम में उपस्थित नहीं होते, कार्यक्रम उनके सहायकों द्वारा चलाये जाते हैं; रिपोर्ट उनके पास पहुँचती है और उस पर जो कुछ सुझाव देना होता है, वे अपने सहायकों को दे देते हैं।

कुछ देशी और विदेशी नव-संन्यासियों से भी मैं मिला और उनसे बातें भी कीं। कई हिन्दी भाषी थे और मेरे कवि रूप से अपरिचित न थे। एक ने मुझसे कहा कि 'मधुशाला' पढ़ने के बाद उसका जो मूड बना था, उसी में उसने नव-संन्यास लिया। एक ने कहा, 'मधुशाला' की यह रुबाई तो आश्रम के फाटक पर लिख देनी चाहिए—

धर्मग्रन्थ सब जला चुकी है जिसके अन्तर की ज्वाला,
मन्दिर-मस्जिद-गिरजे सबको तोड़ चुका जो मतवाला,
पण्डित, मोमिन, पादरियों के फंदों को जो काट चुका,
कर सकती है आज उसी का स्वागत मेरी मधुशाला!

भगवान् श्री स्वयं कहते हैं कि 'मैं पियक्कड़ हूँ, यह आश्रम मेरी 'मधुशाला' है। आश्रम तो ऊपरी-बाहरी दिखावा भर है। मैं यहां ध्यान की मदिरा पीता-पिलाता हूँ, आदि।

प्रवचन में, श्रोताओं में वे मुझे देखते होंगे, पर उन्होंने कोई ऐसी मुद्रा न दी कि वे मुझे पहचान रहे हैं; दो-ढाई सौ श्रोताओं में मैं इसकी प्रत्याशा भी नहीं करता था, फिर बैठाने में ऐसा नियम था कि संन्यासियों को आगे जगह दी जाती थी, रजनीश जी की कुर्सी के निकट, अ-संन्यासियों को पीछे। मेरी इच्छा उनसे मिलने की थी,

तेजी की भी। मिलने का समय माँगने के लिए माँ योगलक्ष्मी को लिखित प्रार्थनापत्र देना होता था। मैंने दोनों की तरफ़ से दे दिया। समय-तिथि निश्चित हो गयी, कुछ छपित हिदायतें आ गयीं—मिलने के समय से पन्द्रह मिनट पहले आयें, ऊनी कपड़े न पहनें हों, सुगन्ध न लगाए हों, मिलने पर भगवान् श्री से उनके स्वास्थ्य के सम्बन्ध में कोई प्रश्न न करें, और दो-एक कुछ और ऐसी बातें जो मुझे याद नहीं। लगभग 25 लोगों को एक साथ मिलने का समय दिया गया था। कुछ उनमें से उसी शाम संन्यास लेने वाले थे। पूना में उपलब्ध कुछ अपनी नयी पुस्तकें मैं रजनीश जी को भेंट करने के लिए ले गया था। प्रवचन हॉल में जाने के पहले काफ़ी क़वायद कराई गयी। कपड़ों की परीक्षा हुई, बाल सूंघे गये, तेजी के बालों से सुगन्ध आती थी, उन्हें नहीं जाने दिया गया। जी तो चाहा विरोध में मैं भी न जाऊँ, पर फिर यह सोचकर कि जब समय माँगा है, तो न जाना अशिष्टता होगी, मैं चला गया। पुस्तकों का उपहार बाहर ही रखा लिया गया, कहा गया वे रजनीश जी को पहुँचा दी जायेंगी। प्रवचन-हॉल में ही सब लोग फ़र्श पर बैठे। रजनीश जी समय से आये और सबको प्रणाम कर कुर्सी पर बैठ गये। पहले कुछ लोगों को उन्होंने संन्यास दिया। माँ योगलक्ष्मी नाम पुकारतीं, संन्यासार्थी कुर्सी के सामने जाकर बैठ जाता। रजनीश जी उसे अपने लाकेट की माला पहनाते और संन्यासी-नाम देते; संक्षेप में, विशेषकर गौरांगों को, नाम का अर्थ बताते; वह प्रणाम कर पीछे जा बैठता। कुछ संन्यासी आश्रम से विदा हो रहे थे। किसी-किसी को उन्होंने एक काठ की डिबिया दी—जब कोई शंका-सन्देह मन में उठे और कोई समाधान न सूझे, तो इस डिबिया को सिर पर रखना और तुम्हें प्रकाश मिलेगा। विश्वासो फलदायक:। रजनीश भी इसका उपयोग कर रहे थे। फिर बारी-बारी से मिलनार्थियों के नाम पुकारते जाते; सम्बद्ध व्यक्ति कुर्सी के पास जाकर बैठता। रजनीश जी पूछते, कैसे आये? व्यक्ति कोई प्रश्न करता, रजनीश जी संक्षेप में उत्तर देते या किसी का नाम बताते—फलां से मिलिये, वे आपको सब बताएँगे, आदि। प्रश्न-उत्तर सब रिकार्ड होता रहता। मेरी बारी आयी तो मैं भी उठकर सामने गया, प्रणाम किया। रजनीश ने अपनी मुद्रा से ऐसा कुछ नहीं दिखाया कि मुझे कभी पहले मिल चुके हैं। मैंने कहा अपनी कुछ किताबें लाया था, आपके पास लाने की आज्ञा नहीं थी, बाहर छोड़ आया हूँ, शायद आपको मिल जायेंगी। मैंने पूछा, क्या सम्भव होगा कि मुझसे अलग मिलने को कुछ समय दें। उन्होंने कहा सम्भव तो होगा; आपको सूचित किया जायेगा। मुझे सूचित नहीं किया गया।

मुझे ऐसा अनुभव हुआ कि रजनीश जी की दिलचस्पी केवल उन लोगों में है, जो संन्यास लेने के लिए आते हैं, और वे छोटे-बड़े सबसे प्रत्याशा करते हैं कि जो यहाँ आये संन्यास ले। उन्होंने अपने माता-पिता को भी संन्यास दे रखा था, अपने पूर्वजन्म की माता को भी, जिसे उन्होंने खोज-पहचान लिया था, ऐसा मुझे बताया गया। शायद उन्हें आभास हो गया होगा कि मैं उनमें से नहीं हूँ, जो संन्यास के लिए किसी तरह का झुकाव दिखायें बजुज़ इसके कि मैं उनके प्रवचन में नियमित रूप से जा रहा था, उनका साहित्य खरीद रहा था, यदा-कदा आश्रम जाकर उसके

क्रिया-कलाप देख रहा था।

दो सप्ताह आश्रम में आते-जाते मैं कई देशी-विदेशी संन्यासियों से परिचित हो गया था। मैं स्वीकार करना चाहूँगा कि कइयों में मुझे मानव का वह मुक्त, मस्त, भंजक, सृजक रूप मिला, जो मधु-काव्य काल में मेरी कल्पना में आदर्श मानव का था।

प्राय: ऐसा देखा जाता है कि हर दल, पन्थ, पार्टी, समाज में कुछ ऐसे लोग होते हैं, जो उसमें सम्मिलित होकर चाहते हैं कि सारी दुनिया उसमें शामिल हो जाये। रजनीशी संन्यासियों में भी कुछ ऐसे लोग थे। आश्रम में और बाहर भी कई बार नव-संन्यासियों ने मुझसे कहा, 'बच्चनजी, आप भी संन्यास ले लें,' 'बच्चनजी, आप कब संन्यास ले रहे हैं?' 'बच्चनजी, आपको संन्यास ले लेना चाहिए', 'बच्चनजी, आप भी संन्यास लेने आये हैं? देरी क्यों कर रहे हैं, ले ही लें', आदि। मुझे लगा कहीं 'मौनं स्वीकृति लक्षणं' न समझा जाये। एक दिन तीन-चार संन्यासियों को एक साथ पाकर मैंने कहा, 'भाइयो, मुझे तो लगता है कि इस आश्रम और संन्यास की सारी कल्पना मेरे मधु काव्य से आयी है, जो रजनीश जी के जन्म से लगभग 25 वर्ष पूर्व लिखा गया था। यहाँ ध्यान कराया जाता है, ध्यान की मदिरा पिलाने की बात कही जाती है, देखें मेरी 'मधुशाला' में—

ध्यान किए जा मन में सुमधुर
सुखकर, सुन्दर साक़ी का,
और चलाचल, पथिक, न तुझको
दूर लगेगी मधुशाला!

बने ध्यान ही करते-करते
जब साक़ी साकार, सखे,
रहे न हाला, प्याला, साक़ी,
तुझे मिलेगी मधुशाला।

गाज गिरी पर ध्यान-सुरा में
मग्न रहा पीने वाला,
अभी युगों तक सिखलाएगी
ध्यान लगाना मधुशाला!

'ध्यान की शराब', 'ध्यान सुरा' यहाँ, इस आश्रम, इस मधुशाला में पिलाने की बात रजनीश जी स्वयं अपने प्रवचनों में कह चुके हैं। ज़रा अपने आश्रम को देखें, और देखें कि 'मधुशाला', 'मधुबाला' में उसकी कैसी सटीक तस्वीर मौजूद है—

सभी जाति के लोग यहाँ पर
साथ बैठ कर पीते हैं।

सब आर्य प्रवर आ सकते हैं,
सब आर्येतर आ सकते हैं,

इस मानवता के मन्दिर में
सब नारी-नर आ सकते हैं।

विभाजित करती मानव जाति
धरा पर देशों की दीवार,
ज़रा ऊपर तो उठकर देख
वही जीवन है इस-उस पार;
घृणा का देते हैं उपदेश
यहाँ धर्मों के ठेकेदार,
खुला है सबके हित सब काल
हमारी मधुशाला का द्वार।
करें, आओ, विस्मृत वे भेद
रहे जो जीवन में विष घोल,
क्रान्ति की जिह्वा बनकर आज
रही बुलबुल डालों पर डोल।

इस आश्रम में आर्य हैं, आर्येतर हैं, नर हैं, नारी हैं। सभी देशों के—गोरे और काले भी—सभी धर्मों के लोग हैं। 'मधुबाला' में 'हाला' जो कहती है, वही तो यहाँ मूर्तिमान हुआ है—

उद्दाम तरंगों से अपनी
मस्जिद, गिरजाघर, देवालय,
मैं तोड़ गिरा दूँगी पल में
मानव के बन्दीघर निश्चय;
जो कूल, किनारे, तट करते
संकुचित मनुज के जीवन को,
मैं काट सबों को डालूँगी,
किसका डर मुझ को, मैं निर्भय;
मैं ढहा-बहा दूँगी क्षण में
पाखण्डों के गुरु गढ़ दुर्जय!
फिर मैं नभ-गुम्बद के नीचे
नवल-निर्मल द्वीप बनाऊँगी
जिस पर हिल-मिल कर बसने को
सम्पूर्ण जगत को लाऊँगी;
उन्मुक्त वायुमण्डल में अब
आदर्श बनेगी मधुशाला,
प्रिय प्रकृति परी के हाथों से
ऐसा मधुपान कराऊँगी,

चिर ज़रा-जीर्ण मानव फिर से
पाएगा नूतन यौवन वय!

और मेरी आदर्श मधुशाला की कल्पना क्या थी?

मैं यहाँ हूँ और वह
आदर्श मधुशाला कहाँ है
विस्मरण दे जागरण के साथ
मधुबाला कहाँ है!

रजनीश जी के प्रवचनों का मूल मन्त्र है विस्मरण के साथ जागरण—तुम सिगरेट पिओ, शराब पिओ, काम में प्रवृत्त हो, पर होश के साथ, जागरण के साथ, awareness के साथ, और किसी दिन तुम उनसे मुक्त हो जाओगे।' अन्त में मैंने जोड़ दिया—'और तुम्हारे आश्रम में नाचने पर बहुत ज़ोर दिया जाता है। इसकी भी कल्पना 'मधुशाला' में है—

पागल बनकर नाचे वह जो
आए मेरी मधुशाला!

एक नवयुवक संन्यासी ने, शायद वह कानपुर का था, मेरी बात काटकर कहा, 'अगर यह आश्रम और संन्यास आपकी कल्पना का प्रतिरूप है, तो आपको तो सबसे पहले यहाँ रम जाना था।'

मेरा उत्तर था, 'सपना जब साकार किया जाता है तो सपने से बहुत दूर चला जाता है। यहाँ बहुत कुछ ऐसा हो रहा है जिसे मैं अपने सपनों के अनुकूल पाता हूँ तो कुछ ऐसा भी हो रहा है, जो उसके प्रतिकूल है, जो रूढ़ियाँ बना रहा है, जो प्रदर्शन मात्र है। अब इस जोगिया वस्त्र को ही लीजिये। कम-से-कम पाँच सौ बरस पहले कबीर ऐसे प्रदर्शन का विरोध कर गये—'मन न रँगाए रँगाए जोगी कपड़ा'। इसे मैं बहुत अशिष्ट समझता हूँ कि कोई ऐसा कपड़ा पहने, वेशभूषा बनाये, जो दूसरों का ध्यान आकृष्ट करे, दूसरों की दृष्टि में अजनबी लगे। मेरी दृष्टि में सामान्य बनकर रहना ही शिष्टता है। फिर यह अपने चित्र की माला गले में पहनाना। आप मेरे विचार से सहमत हैं तो मेरा चित्र माथे पर चिपकाइए, गले में लटकाये फिरिये। अपने को विश्वास दिलाने के लिए आप मेरे अनुयायी हैं? या दूसरों को बताने के लिए?—अपने लिए अनावश्यक और दूसरों के लिए अनुपयोगी। रजनीश जी के लिए अगर यह आत्म-प्रचार का ओछा और सस्ता साधन मालूम होता है, तो अनुयायियों को हीन-ग्रन्थि पीड़ित चिड़ी का गुलाम साबित करता है। ठीक है, रजनीश जी बहुत बड़े विद्वान हैं, धीमान हैं, चरित्रवान हैं, बहुत पढ़ा है उन्होंने, बहुत चिन्तन-मनन किया है, बहुत बड़े वक्ता हैं, उनके विचार ऊँचे हैं, उदार हैं, देश, समाज, शायद संसार के लिए भी उपयोगी हैं, फिर भी ज़रूरी नहीं कि मैं उनकी हर बात से सहमत हूँ कि उनसे अलग या उनके विपरीत भी मैं कुछ सोच न सकूँ। बात

यह है कि इस तथाकथित आश्रम में दो ऊँचे-नीचे स्थान हैं, ऊँचा गुरु का, नीचा शिष्य का। गुरु के स्थान पर भगवान् श्री विराजमान हैं। अब जो यहाँ आये शिष्य बनकर। तीसरे के लिए यहाँ स्थान नहीं है। वास्तव में, मेरी कल्पना का न तो यह आश्रम है, न 'मधुशाला'। यह रजनीश जी की गुरुडम है, जैसे किंग की किंगडम। मेरी कल्पना की मधुशाला में न कोई गुरु था, न कोई शिष्य; 'दीवानों' के दल में कौन गुरु, कौन शिष्य!

सबका समान सम्मान यहाँ
सबको समान वरदान यहाँ

'प्रभु तरुवर कपि डार पर ते किये आप समान'

इसके बाद किसी रजनीशी संन्यासी ने मुझसे संन्यास लेने के लिए नहीं कहा। हाँ, लौटकर आने पर फिर एक संन्यासी ने ज़रूर मुझे लिखा कि आपसे प्रत्याशा है कि आप भगवान् श्री के सन्देश का प्रचार करेंगे। मैंने उत्तर में लिखा, मैं तो भगवान् श्री के सन्देश का प्रचार उस समय से कर रहा हूँ, जब वे चन्दन के पालने में लेटे अपने पाँव का अँगूठा चूस रहे थे! रजनीश अपने प्रवचनों में 'मधुशाला' और मेरी अन्य कविताओं की सैकड़ों—मुहावरे में नहीं, अक्षरश:—पंक्तियाँ उद्धृत करते हैं। फिर भी मैं स्वीकार करना चाहूँगा कि रजनीश के अंग्रेज़ी और हिन्दी साहित्य में मेरी रुचि है। यह विचारोत्तेजक है और उससे बहुत कुछ सीखा जा सकता है। शायद आपको पता होगा कि रजनीश के अमरीकी शिष्य अब उन्हें पूना से आरेगान (अमरीका) ले गये हैं, जहाँ उन्होंने रजनीशपुरम नाम का नगर बसाया है; प्रवचन देना बन्द कर दिया है, मौन ग्रहण कर लिया है; केवल दर्शन देते हैं।[1]

कहावत आपने सुनी होगी—चोर चोरी से गया, हेरा-फेरी से तो नहीं गया। इस कहावत का स्रोत आपको मालूम है? साधुओं का एक दल तीर्थयात्रा पर था। रात के पड़ाव पर जब साधु सोकर उठते तो पाते कि एक का कमण्डल या खड़ाऊँ किसी दूसरे के पास, दूसरे का तीसरे के पास, किसी और का अपने पास। एक बूढ़ा साधु एक रात परधी लगा। उसने देखा एक नवयुवक साधु सबके सो जाने पर चुपचाप उठकर इस प्रकार की हेराफेरी करता है। बूढ़े साधु ने उसे पकड़ा। उसने हाथ जोड़कर कहा, महाराज, मैं चोर था, साधु हो गया हूँ, पुरानी आदत नहीं जाती, चोरी तो नहीं करता, हेराफेरी करके सन्तोष कर लेता हूँ। अब मेरी कुछ लेखकीय हेराफेरी की बात सुनें।

लिख-लिखकर प्रकाशित करते रहने वाले लेखक की बड़ी मुसीबत है। वह लिखना छोड़ना भी चाहे, तो छोड़ नहीं सकता। प्रकाशक छोड़ने नहीं देते। उसने कुछ अपना नाम-स्थान बनाया है, जो बिकता है। उसका उपयोग प्रकाशक सहज ही नहीं छोड़ सकता। '73 में मैंने कविता से विदा ले ली थी, '77 में गद्य से। '78 के

1. इधर ख़बर आयी है कि प्राय: डेढ़ हज़ार दिनों तक मौन रहने के पश्चात् उन्होंने फिर अंग्रेज़ी में प्रवचन देना आरम्भ कर दिया है।

आरम्भ में सरस्वती विहार और हिन्द पाकेट बुक्स प्रकाशन संस्थान के स्वामी श्री दीनानाथ मल्होत्रा मेरे पास आये एक आग्रह लेकर—आप मेरे लिए '76-'77 की प्रतिनिधि श्रेष्ठ कविताओं का संकलन तैयार कर दें। वर्षों के पुराने सम्बन्ध थे, मैं इनकार न कर सका। चोरी छोड़ी भी, मन हेराफ़ेरी करने को चुलबला उठा। साल का अधिकतर समय अवधि के प्रकाशित संकलनों को एकत्र करने, पढ़ने, चुनाव करने में लगा। काम मुझे विशेष रूप से रोचक लगा। आपको याद होगा '76-'77 का काल आपात स्थिति की घोषणा के बाद लेखन पर किसी हद तक नियन्त्रण का रहा है। जैसी कि मुझे प्रत्याशा थी, हिन्दी के समर्थ कवियों ने इस नियन्त्रक स्थिति में आत्माभिव्यक्ति के रास्ते ही नहीं निकाले थे, सुन्दर रास्ते भी निकाले थे, काव्य कला के नये आयाम खोजे थे। काव्य-समालोचना के प्रति जागरूक रहने वाले लोग जानते होंगे कि साठोत्तरी कविता को कुछ नयी शक्तिमत्ता, गतिशीलता से अभिहित करने का प्रयत्न कई सालों से चल रहा था। उस अवधि में प्रकाशित संकलनों को ध्यानपूर्वक अवलोकन करने पर मेरी धारणा बनी कि सम्भवतः साठोत्तरी कविता का सबसे लम्बा क़दम '76-'77 में उठाया गया था। कवियों का झुकाव राजनैतिक समस्याओं की ओर होना स्वाभाविक था। पर व्यापक जीवन की विविध समस्याओं की उपेक्षा उन्होंने न की थी। चुनाव में मैंने इस बात का विशेष ध्यान रखा था कि राजनैतिक दबाव के कारण संकलन एकांगी न हो। संकलन '78 के अन्तिम दिनों में मेरी संक्षिप्त भूमिका के साथ प्रकाशित हुआ—पेपरबैक में भी, हार्डकवर में भी।

लिखने-पढ़ने का किसी तरह का काम शुरू करो तो दिमाग़ में नयी योजनाएँ अंकुरित होने लगती हैं। 'बसेरे से दूर' से मैंने आत्मकथा लेखन से ही नहीं, लेखन से ही विदा लेने की बात सोची थी। पर मेरे पाठकों ने मुझे विदा नहीं दी थी। बीसों पत्र आये थे कि आत्मकथा से अभी विदा न लें, चौथा खण्ड भी दें, इलाहाबाद से दिल्ली आने के बाद भी आपके जीवन में बहुत कुछ हुआ है, जिसमें हमारी रुचि है आदि, आदि। एक देवीजी के आवेशपूर्ण पत्र की याद मुझे हो आयी है—'विदा, मेरी ठेंग, मैंने 'बसेरे से दूर' के आख़िरी पन्ने को फाड़ दिया है और आत्मकथा के चौथे खण्ड की प्रतीक्षा में रहूँगी...

कुछ ऐसे आग्रह, अनुरोधपूर्ण पत्रों के कारण और कुछ उपर्युक्त संकलन तैयार करने के दौरान कोई नयी चीज़ लिखने की सुगबुगाहट की वजह से भी एक बार जी में आया था कि चौथा खण्ड लिख ही डालूँ और उसकी कुछ तैयारी भी शुरू कर दी थी कि एस्टेट आफ़िस से हमें नोटिस मिली कि 13 विलिंगडन क्रिसेंट आपको कम किराये पर दिया गया था; 'रिट्रासपेक्टिव इफ़ेक्ट' से, यानी जब से आपने इसे किराये पर लिया, तब से अब तक का बढ़ा हुआ किराया अदा करें, जो करीब पहले का ड्योढ़ा कर दिया गया था। मकान दिये जाने की शर्तों में ऐसी व्यवस्था थी कि अगर सरकार चाहे तो किसी मकान का किराया 'रिट्रासपेक्टिव इफ़ेक्ट' से बढ़ा दे और किरायेदार उसे चुकाने को बाध्य होगा। साधारण नागरिक भी ऐसी शर्त रखना शायद अनैतिक और अतार्किक समझे, पर सरकारें तर्क और

नैतिकता के बल पर नहीं चलाई जातीं; डण्डे के ज़ोर पर चलाई जाती हैं। ख़ैर, मकान हमारे लिए सुविधाजनक था; नया मकान ढूँढ़ने, सारा सामान यहाँ से फिर लाद-फाँद कर दूसरी जगह ले जाने और वहाँ लगाने की झंझट से बचने के लिए हमने पिछला बढ़ा हुआ किराया अदा कर दिया। सबके ऊपर शायद दिमाग़ में यह बात थी कि आत्मकथा के चौथे खण्ड के लेखन की तैयारी शुरू कर दी है; इस समय यदि मकान छोड़ने का व्याघात खड़ा हुआ, तो वह योजना ठप्प हो जायेगी। सृजन-लेखन के सम्बन्ध-संस्कार इस मकान और उसके वातावरण से इतने दीर्घ-काल से जुड़े थे कि लगा कि अगर यहीं साल-दो साल रहता गया तो आत्मकथा का चौथा खण्ड भी पूरा हो जायेगा। पर जब पिछले बढ़े किराये की रक़म अदा कर दी गयी और आगे बढ़ा किराया देने की स्वीकृति दे दी गयी, तो एस्टेट आफ़िस से हमें दूसरी नोटिस मिली कि मकान 15 दिन के अन्दर खाली कर दें। अब मुझे स्पष्ट हो गया था कि इस प्रकार जनता सरकार मुझे एमर्जेंसी का समर्थन करने की सज़ा दे रही है, और मुझसे गाँधी-परिवार का मित्र होने और अब पड़ोसी होने की क़ीमत वसूल कर रही है, गो श्रीमती गांधी को मेरे पड़ोस में लाकर बिठाने का काम खुद जनता सरकार का था। दोनों परिवारों में आना-जाना होता ही था, जो सरकार की नज़रों में छिपा न था। पता नहीं किस आधार पर मुझ निरीह लेखक का श्रीमती गाँधी के इतने निकट होना ख़तरे से खाली नहीं समझा गया और मुझे वहाँ से हटने का हुक़्म दे दिया गया।

उन्हीं दिनों अमिताभ को जांडिस (पालिया) की बीमारी लग गयी थी और बम्बई के उपचार से लाभ न होते देखकर हम उन्हें दिल्ली बुलाकर यहाँ के अपने पूर्व परिचित डाक्टरों से उनका इलाज करना चाहते थे। वस्तुतः हमने उन्हें बुला लिया था और डॉ. करौली और डॉ. मुखर्जी ने उनका इलाज शुरू कर दिया था। उनकी राय थी कि इलाज कुछ लम्बा चलेगा, और यहाँ सिर पर तलवार लटक रही थी कि बंगला पन्द्रह दिन के अन्दर खाली कर देना है। आत्मकथा लेखन की बात गौण थी, अब हमें अमिताभ का इलाज कराने के लिए इस बँगले में बने रहने की अवश्यकता थी। उस समय आवास मन्त्री मियाँ सिकन्दरबख़्त थे। समय लेकर तेजी के साथ मैं उनसे मिलने गया। उनसे प्रार्थना की कि दो साल नहीं, तो कम-से-कम एक साल हमें इस बंगले में रहने दें। वे इसके लिए नहीं तैयार हुए, बोले, अधिक-से-अधिक एक महीने का समय आपको दिया जा सकता है, 15 दिसम्बर तक बंगला खाली कर दें।

छह वर्ष पूर्व इसी घर से चौदह वर्ष की जमी-जमाई गिरिस्ती उखाड़ने, समेटने की झंझट हम झेल चुके थे। अब वही मुसीबत फिर हमारे सामने खड़ी थी। इस आशा और विश्वास से कि सामान्य परिस्थितियों में अब हमें यहाँ से न हटना पड़ेगा, हमने अपनी गिरिस्ती कुछ और फैला ली थी कि अगर परिवार के लोग बम्बई से यहाँ कुछ दिनों के लिए आयें तो उन्हें कोई असुविधा न हो। पिछले दो जाड़ों में जया और रमोला अपने बच्चों के साथ यहाँ आकर कुछ समय ठहरी ही थीं और दिल्ली के जाड़े-धूप का आनन्द लिया था। फिर हमारी उम्र का भी सवाल

था। मैं सत्तर पार कर चुका था, तेजी साठ के निकट थीं। छह वर्ष पहले भी जो ताक़त हममें थी, वह बढ़ी तो न थी, घटी ही थी। और सारे का सारा सामान समेटने, पैक कराने, दूसरी जगह भेजने का बखेड़ा हमीं को उठाना था, मुझसे कहीं ज़्यादा तेजी को, जबकि उनका स्वास्थ्य भी अच्छा नहीं था और भविष्य की अनिश्चितियाँ भी उन्हें कम व्यग्र नहीं कर रही थीं।

एक जगह छोड़ने का सवाल उठे तो दूसरी जगह जा बैठने का सवाल फौरन उठता है। हम 13 विलिंगडन क्रिसेंट छोड़ें, तो कहाँ जायें? अमित उन दिनों हमारे साथ ही थे। जब से 'प्रतीक्षा' का घर उनका बनकर तैयार हुआ था उनकी बड़ी इच्छा थी कि माँ और मैं वहीं जाकर रहें। वे नहीं चाहते थे कि दिल्ली में कोई दूसरा मकान हम किराये पर लें। ख़र्च का विचार ही नहीं था, देश में विधि-व्यवस्था की बिगड़ती हुई स्थिति के साथ हम दो एकाकी वृद्धों की सुरक्षा का प्रश्न भी था। पिछले दिनों विलिंगडन क्रिसेंट में ही कुछ ऐसी घटनाएँ घटी थीं कि सुरक्षा का समुचित प्रबन्ध वहाँ कराना पड़ा था। अब तो अमित की जिद थी कि हम सीधे बम्बई चलें और वहीं स्थायी रूप से रहें। हमें उनकी जिद रखनी पड़ी। छोटे-छोटे पोते-पोतियों का आकर्षण भी कम न था। चाहे थोड़े दिनों के लिए ही, जब वे यहाँ आकर रह जाते थे, एक अपूर्व जीवनोल्लास-रस बरसा जाते थे—तन-मन तृप्तिकर।

अब जब यह निश्चित हो गया था कि महीने के अन्दर हमें यह मकान छोड़ देना है, तो हमें जल्दी-से-जल्दी सामान समेटने में लग जाना था। तभी सूचना एवं प्रसारण मन्त्रालय को सूझी कि मेरे दिनानुदिन के जीवन रहन-सहन पर टेलीविज़न के लिए एक फ़ीचर फ़िल्म तैयार कराई जाये। टेलीविज़न के कर्मचारियों ने आकर हमसे आग्रह किया कि जब तक फ़ीचर तैयार न कर लें, तब तक हम घर को ज्यों का त्यों रहने दें। भीतर से विभाजित जनता सरकार का यह छोटा-सा नमूना था। मियाँ सिकन्दरबख़्त मुझे इतना नाचीज़ समझ रहे थे कि अविलम्ब मुझे दिल्ली से निकाल बाहर करें, और लालकृष्ण आडवाणी—सूचना एवं प्रसारण मन्त्री—मुझे इतना महत्त्व दे रहे थे कि मुझ पर एक छोटी-सी फ़ीचर फ़िल्म बनवाना चाहते थे। कई दिनों तक टेलीविज़न के कर्मचारी कैमरा और लैम्प और लम्बे-लम्बे तार लगाकर उस घर की और हमारी तस्वीरें खींचते रहे—डॉ. महीपसिंह ने मुझसे और तेजी से साक्षात्कार किया। संपादित कर अन्तिम रूप देने में कोई 45 मिनट की फ़ीचर फ़िल्म बनी, जो बाद को दिल्ली और कई टेलीविज़न केन्द्रों से दिखाई गयी।

27 नवम्बर को मेरी 71वीं वर्षगाँठ मनाकर अमिताभ बम्बई चले गये। किताबों को समेटने का काम मेरा था, बाक़ी घर के सामान को, तेजी का। तेजी ने मुझसे कहा, ज़रूरी-ज़रूरी पढ़ने-लिखने का सामान और किताबें एक बक्से में बन्दकर साथ ले तुम बम्बई चले जाओ। बाक़ी किताबें, सामान पेटीबन्द करा, ट्रक से भेज मैं 15 दिसम्बर से पहले बम्बई आ जाऊँगी। हम दोनों एक-दूसरे की आँखों में देख रहे थे और जान रहे थे कि एक-दूसरे के मन किन भावों से भरे हैं। मैं किताबों की ओर देखता, तो देखता ही रह जाता। 'प्रतीक्षा' के मेरे कमरे में एक बेड

था, एक मेज़-कुर्सी, एक कपड़े रखने की आलमारी। किताबें रखने की वहाँ कोई जगह न थी। किताबें इस बार पेटियों में बन्द हुईं, तो जाने कब खुलेंगी। बम्बई में तो शायद जीवन को ऐसा बनाना पड़ेगा जिसका पढ़ने-लिखने से ज्यादा सम्बन्ध न हो। तेजी भी अपने सामान को ऐसे ही देखतीं—'प्रतीक्षा' में उनका कमरा भी छोटा ही था—एक बेड, एक सिंगारमेज़, कपड़े की दो आलमारियों का; आगे के बारजे में वे अपना पूजास्थान बना सकती थीं। वे भी सोचा करती थीं कि बम्बई जाकर उन्हें भी अपने को बहुत सिमटी-सिकुड़ी होकर रहना पड़ेगा। पुरानी कहावत है, आबदाना जहाँ का होता है, वहीं आदमी को खींचे ले जाता है। और आबदाना अब हमारा बम्बई का था। मन में गिरावट भरने वाले इन विचारों के बीच यदि कोई चीज़ उत्कर्षित करती थी, तो यह कल्पना कि हमारे कमरे प्रायः प्रतिदिन श्वेता, नीलिमा, अभिषेक, नम्रता, नयना के क्रीड़ा-हास से गुंजरित होंगे और हम उनको दिन-दिन बढ़ते-बौरते देखेंगे। मैं जान रहा था कि तेजी मुझे सब तरह की झंझटों से दूर रखने के लिए पहले बम्बई भेज देना चाहती हैं। साथ ही, मैं यहाँ रहा, तो उनकी आधी चिन्ता तो मेरे ही लिए रहेगी; मैं चला गया तो वे अपने प्रति बेफ़िक्र हो बाक़ी सब कुछ से निपट लेंगी। फिर भी बम्बई पहुँचकर मैंने राजू को उनकी सहायता के लिए भेज दिया।

दिल्ली छोड़ने के पूर्व मैं श्रीमती गाँधी से मिलना चाहता था, पर वे दिल्ली से बाहर थीं; एक पत्र उनके नाम लिखकर छोड़ गया था—सार था—आपके बहुत कुछ किये को जनता सरकार अनकिया कर रही है, उनमें से एक यह भी है, आपने जिस मकान में मुझे बसाया था, जनता सरकार मुझे उससे निकाल रही है, फिर भी, मैं कहीं रहूँ, इस बात को सोचकर मैं गर्व और गौरव का अनुभव करूँगा कि—

'I was thy neighbour once thou rugged pile'

नीचे हस्ताक्षर कर दिये 'Another rugged pile'.

एक जगह से जब हज़ार मील पर जाकर बसना हो तो सोचना पड़ता है क्या ले जायें क्या छोड़ें। यह भी ख़्याल रखना पड़ता है कि जहाँ जा रहे हैं वहाँ कितनी जगह होगी अपना आमान-सामान रखने की। तेजी ने रज्जन को बुला लिया, कुछ गैरज़रूरी सामान, पर उपयोग में आने लायक उन्होंने बाँदा भेजा, कुछ फर्नीचर अपनी सहेलियों को दे दिये, कुछ किसी मित्र के यहाँ रखा दिया—क्या इस उम्मीद में कि शायद फिर कभी दिल्ली लौटना हो? फिर भी एक भरा ट्रक बम्बई आया और ज़रूरी-ज़रूरी सामान 'प्रतीक्षा' में उतरवाकर शेष अमिताभ ने अपने एक प्रोड्यूसर के गराज में रखा दिया जो मलाड में कहीं था। अमिताभ जानते थे कि मुझे और तेजी को भी किताबों से शौक है और जब तक किताबें हमारे चारों ओर या समीप न हों, हम अपने को अनुकूल परिस्थितियों में नहीं पाते। उन्होंने अच्छे फ़र्नीचर बनाने वाले हमारे चार्ज में रख दिये कि हम जैसी चाहें वैसी आलमारियाँ, टेबल, कुर्सी अपने कमरों के लिए बनवा लें।

मैंने अपने कमरे में चारों तरफ़ दीवार से लगी आलमारियाँ बनवाईं कि मेरी सारी किताबें उनमें आ सकें। कमरे के योग्य नयी मेज़-कुर्सी भी। एक तरफ़ की दीवार के साथ किताबों की आममारी के नीचे अकाई कासमिक सेट की जगह रखी, जो अमिताभ ने मुझे भेंट किया था कि जब मैं चाहूँ डिस्क या कैसेट चलाकर संगीत सुन सकूँ या अगर कोई कविता आदि रिकार्ड करना चाहूँ, तो कर सकूँ। उसके साथ ही एक आरामकुर्सी भी रखा दी—यानी मेरी ज़रूरत, सुविधा की सब चीज़ें उस कमरे में लग गयीं। तेजी के कमरे में भी एक तरफ़ की दीवार के साथ मैंने किताबों के लिए एक आलमारी लगवा दी। बारजे पर एक छोटी-सी आलमारी लगवाई कि उसमें कुछ किताबें और स्टेशनरी आदि रखी जा सके, और उसे बन्द करने के लिए ऐसा पटरा लगवाया कि जब उसे गिरा दिया जाये, उससे छोटी टेबल का काम लिया जा सके। कम जगह अधिक-से-अधिक इस्तेमाल करने में मैं समझता हूँ मैं सफल रहा। मलाड से पेटियाँ मँगाकर खुलवायीं गईं और किताबें आदि अपनी-अपनी जगह पर लग गयीं। इन सब कामों में मुझे चार महीने लग गये। इस बीच तेजी लखनऊ में एक सम्बन्धी के विवाह में शिरकत कर दो महीने बाँदा-चित्रकूट भी रह आयीं।

'79 तो मेरे लिए यात्राओं का वर्ष था। मई में अमिताभजी की एक फ़िल्म की शूटिंग दार्जिलिंग में होने वाली थी—'बरसात की रात' की। वे तो सपरिवार जा ही रहे थे—यानी जया-श्वेता-अभिषेक के साथ, हम दोनों को भी उन्होंने साथ ले जाना चाहा। मई में बम्बई में गरमी काफ़ी पड़ती है। दार्जिलिंग हमने कभी देखा भी न था, सुन रखा था कि बहुत सुन्दर हिल स्टेशन है। हम दोनों जाने को तैयार हो गये। हवाई-जहाज़ से पहले बम्बई से कलकत्ता पहुँचे; जहाँ से दूसरा जहाज़ ले बागडोगरा गये। विचित्र नाम। डोगरा तो रहने वाले हुए जम्मू के। कहाँ धुर पश्चिम बंगाल में जाकर उन्होंने ऐसा बाग लगाया कि एक नगर के रूप में ही परिवर्तित-प्रसिद्ध हो गया। बागडोगरा से कार से चढ़ाई के पहाड़ी रास्ते की ढाई घण्टे की यात्रा करके हम लोग दार्जिलिंग पहुँचे। हम बम्बई से 11 बजे दिन को रवाना हुए थे और शाम सूरज डूबते दार्जिलिंग पहुँच गये; ओबेराय होटल में ठहरे। कमरों में व्यवस्थित होते-होते रात हो गयी थी; दिन-भर के थके जल्दी खाना खाकर सब सोने चले गये। सुबह जो खिड़की खोली तो जो दृश्य दिखा, इस जीवन में शायद ही कभी भूल सकूँ। पूरब से पश्चिम तक नीलम-नील आकाश के नीचे और पन्ना-हरित धरित्री के ऊपर स्वर्ण-मेखला के समान हिम गिरिमाला फैली हुई थी, अपने सर्वोच्च शिखर कंचनजंघा के साथ जो गौरीशंकर (एवरेस्ट, सगरमाथा या सरगमाथा) के बाद संसार का सबसे ऊँचा पर्वत माना जाता है। किसी समय, कहीं से ऐसे ही दृश्य को देखकर या साकार कल्पित कर कालदिास के मुँह से निकल पड़ा होगा—

अत्स्युत्तरस्यां दिशि देवतात्मा
हिमालयो नाम नगाधिराज:।

पूर्वापरौ तोयनिधी वगाह्य
स्थितः पृथिव्या इव मानदण्डः॥[1] (कुमारसम्भव)

साथ ही पन्तजी की ये पंक्तियाँ कानों में गूँज उठीं, निश्चय कालिदास के उपर्युक्त मन्त्र-श्लोक से प्ररित–

मानदंड भू के अखंड हे,
पुण्य धरा के स्वर्गारोहण
प्रिय हिमाद्रि, तुमको हिमकण से
घेरे मेरे जीवन के क्षण!
कब से शब्दों के शिखरों में
तुम्हें चाहता करना चित्रित
शुभ्र शांति में समाधिस्थ हे
शाश्वत सुन्दरता के भूमृत! (स्वर्णकिरण)

फिर 'दिनकर' की पंक्तियाँ याद आयीं :

मेरे नगपति! मेरे विशाल!
साकार, दिव्य, गौरव विराट
पौरुष के पुंजीभूत ज्वाल,
मेरी जननी के हिम-किरीट,
मेरे भारत के दिव्य भाल।

कैसी अखण्ड यह चिर-समाधि,
यतिवर! कैसा यह अमर ध्यान,
तू महाशून्य में खोज रहा
किस जटिल समस्या का निदान।

कोई पन्द्रह वर्ष पहले, चीनी आक्रमण के समय, महादेवी वर्मा ने 'हिमालय' नाम का एक संकलन सम्पादित किया था, जिसमें वेदों से लेकर आधुनिक समय के कवियों तक के उद्‌गार हिमालय के विषय में एकत्र किये थे। हिमालय को देखते हुए बस मुझे केवल इन्हीं तीन कवियों की पंक्तियाँ याद आयीं। इकबाल का एक शे'र भी–

तू हिमाला! ए. फसीले-किश्वरे-हिंदोस्तां।
चूमता है तेरी पेशानी को झुककर आसमां।

1. पूर्व और पश्चिम सागर तक
भू के मानदंड-सा विस्तृत,
उत्तर दिशि में दिव्य हिमालय
गिरियों का अधिपति है शोभित। –अनु. महादेव वर्मा

यह दृश्य तो इस समय भी देखा जा सकता था। आकाशी शुभ्रता जैसे झुककर पर्वतीय सौन्दर्य का मस्तक चूम रही है।

मधुकाव्य लिखते समय मेरी कल्पना केवल यह देख सकी थी–

हिम श्रेणी अंगूरलता-सी फैली हिम जल है हाला,
चंचल नदियां साक़ी बनकर, भरकर लहरों का प्याला,
कोमल कूल-करों में अपने छलकाती निशि दिन चलतीं,
पीकर खेत खड़े लहराते, भारत पावन मधुशाला!

खे़द है कि यह दृश्य ज़्यादा देर नहीं ठहरा! पर्वत पर मौसम बदलते देर नहीं लगती। उगते सूरज के प्रकाश में कंचनजंघा की द्युति मंद पड़ने लगी थी और कुछ बादल भी उठकर उस पर पर्दा डालने लगे थे। प्रकृति जैसे कह रही हो, इस सौंदर्य को बहुत आँख गड़ाकर नहीं देखना चाहिए, उसे नज़र लग सकती है।

हमें बताया गया था कि टाइगर हिल से सूर्योदय बहुत भव्य दिखाई देता है और कंचनजंघा पर्वत शिखर भी, पर दुर्भाग्यवश उस दिन इतने बादल घिरे थे कि वहां से हम निराश ही लौटे।

दार्जिलिंग पश्चिमी बंगाल का सबसे उत्तरी-पश्चिमी जिला है जिसके उत्तर में सिक्किम है, पश्चिम में नेपाल और पूरब में भूटान। औसत ऊँचाई उसकी सात हज़ार फ़ीट होगी। मई में भी हम लोगों के लिए मौसम ठण्डा था, और बारिश होने पर ठण्ड बढ़ जाती थी। टूरिस्ट सीज़न था। इसलिए बाज़ारों में बंगाली बहुतायत से दिखाई देते थे, पर पहाड़ी, नेपाली, सिक्कमी, भूटानी और तिब्बती भी कम नहीं थे। हमने सुना था कि दलाई लामा के ल्हासा से निष्क्रमण के बाद हज़ारों की संख्या में तिब्बती शरणार्थी आये थे, जो दार्जिलिंग में अनुकूल जलवायु पाकर बस गये थे। बाज़ार में रंग-बिरंगे ऊन के बुने कपड़ों को बेचते तिब्बतियों की दुकानें अक्सर दिखाई पड़ती थीं। हमने तिब्बतियों का एक बड़ा शरणार्थी शिविर देखा था, जहाँ तिब्बती कला-कौशल की चीज़ें बनाई और बेची जाती थीं। तस्करी का माल दार्जिलिंग के बाज़ारों में खूब बिकता है। नेपाल, सिक्किम, भूटान की सीमाओं पर पुलिस चौकियाँ हैं, पर तस्कर न जाने कितने गुप्त पहाड़ी रास्तों से माल अन्दर लाते रहते हैं। बाजारों में हिन्दी सब जगह बोली और समझी जाती है।

बर्च हिल पर हमने इंस्टीट्यूट आफ़ माउन्टेनियरिंग देखा, जहाँ नवयुवक-नवयुवतियों को ऊँचे-बर्फीले पहाड़ों पर चढ़ने की शिक्षा दी जाती है। अब तो उसके अच्छे परिणाम देखने को मिल रहे हैं।

आपने पत्रों में पढ़ा होगा कि इस वर्ष एक भारतीय बिना ऑक्सीजन के एवरेस्ट पर पहुँचा और पहली बार एक भारतीय नारी भी वहाँ पहुँची। वहीं हम शेरपा तेनसिंह से मिले, जो हिलेरी के साथ एवरेस्ट पर पहुँचने वाले प्रथम भारतीय थे। वे एक दिन अमिताभ को देखने के लिए होटल आये थे।

दार्जिलिंग शहर से कुछ दूर पर संरक्षित पशु-विहार है, जहाँ हमने केवल भालू और भंडे घूमते देखे। श्वेता-अभिषेक के लिए वे कुतूहल की चीज़ें थीं।

बोटेनिकल गार्डेन से हम विशेष प्रभावित नहीं हुए। शायद पर्वत प्रदेश में यह फूलों की ऋतु नहीं थी। सुना था जब पद्मजा नायडू बंगाल की गवर्नर थीं तब उन्होंने इस गार्डेन में विशेष रुचि ली थी और उसे खूब विकसित किया था, वे प्रति वर्ष गरमियों में कुछ समय दार्जिलिंग में बिताती थीं। राजभवन हमने दूर से ही देखा।

घूम—जगह का नाम है—के एक बौद्ध मठ को भी देखने हम गये। कहते हैं सदियों पुराना है। वहाँ आगामी बुद्ध अवलोकितेश्वर की बहुत बड़ी प्रतिमा स्थापित है और लामा लोग उसके सामने विधिवत पूजापाठ करते रहते हैं। मूर्ति के सामने कड़ू तेल के दीयों की कतारें लगी रहती हैं। एक रुपया देने पर दस दीये आपके नाम से जला दी जाते हैं। हमने सौ दीये जलवा दिये। पता नहीं उससे अवलोकितेश्वर कितने प्रसन्न हुए होंगे, पर मठ में कुछ अधिक उजाला हो गया था। वहाँ एक बड़ी प्रार्थना चक्की (Prayer Wheel) गड़ी है—ताँबे की—जिस पर कई बार 'नमो मणि पद्मे हूम्' खुदा है—उसे घुमाने के लिए भी कुछ दक्षिणा देनी पड़ती है। जितनी बार चक्की घूम गयी, माना जाता है, उतनी बार उपर्युक्त मन्त्र जपने का पुण्य आपको मिल गया। पुण्य कमाने की यह तरकीब कुछ अपनी समझ में नहीं आयी। फिर भी मैंने प्रार्थना चक्की दो-चार बार घुमा दी। मठ बौद्धों का प्रसिद्ध तीर्थ माना जाता है। घूम दार्जिलिंग हिमालयन रेलवे का एक स्टेशन भी है, जो कहा जाता है, दुनिया का सबसे ऊँचा रेलवे स्टेशन है। नीले रंग के छोटे-छोटे डिब्बों की यह पहाड़ी रेल पतली-सी रेलवे लाइन पर धीमी चाल से छुक-छुक करती चलती बड़ी मनोरंजक लगती है, कहीं-कहीं तो उसकी लाइन मोटर रोड के किनारे-किनारे चली जाती है। केवल नवीन अनुभव के लिए हम उस रेल से एक स्टेशन से दूसरे स्टेशन तक गये। मोटर उस पर मँगवा ली थी, जो रेल से बहुत पहले वहाँ पहुँच गयी थी।

दार्जिलिंग का सेंट पाल कान्वेंट स्कूल बहुत प्रसिद्ध है। हमें वहाँ से निमन्त्रण मिला, और एक शाम हमने स्कूल के विद्यार्थियों, अध्यापकों के बीच बिताई। वहाँ मैंने कविता पाठ भी किया। ईसाई मिशनरियों द्वारा स्थापित स्कूल है, प्रिंसिपल हमेशा ईसाई हुआ करते थे, पर परम्परा को तोड़ पश्चिमी बंगाल सरकार ने वहाँ पहली बार एक हिन्दू को प्रिंसिपल नियुक्त किया था। त्रिभाषा फार्मूला वहाँ सफलतापूर्वक लागू है। विद्यार्थियों को अंग्रेज़ी के साथ हिन्दी और बंगला लेनी पड़ती है। स्कूल काफ़ी ऊँची पहाड़ी पर है और वहाँ से कंचनजंघा पर्वतमाला बहुत साफ़ दिखाई देती है, अगर बादल न घिरे हों। सुबह-शाम मुख्यत: स्वर्णिम और दिन को रजतवर्णी गिरिशृंखला वस्तुत: दिन-भर में कई रंग बदलती है। आपने शे'र की यह पंक्ति सुनी होगी, 'बदलता है रंग आसमां कैसे-कैसे'। अगर आप दिन-भर कंचनजंघा पर्वतमाला को देख सकें तो आप पायेंगे कि उपर्युक्त पंक्ति उस पर अधिक लागू होती है। चाँदनी रात हो और आसमान साफ हो तो चाँदी-से चाँद और चाँदी-सी चमकती पर्वतमाला में एक अजीब निकटता का सम्बन्ध मालूम होता है! दार्जिलिंग में रहते, कहीं भी आते-जाते आप कंचनजंघा को नहीं भुला सकते। शायद हम प्रवासियों को ही ऐसा लगता हो। दार्जिलिंगवासियों को तो शायद अति

परिचय के कारण यह अवज्ञा की वस्तु हो गया हो।

एक शाम हमें नगर के हिन्दी पुस्तकालय का निमन्त्रण मिला। बताया गया कि यह पुस्तकालय प्रो. व्रजराज द्वारा स्थापित किया गया था जो कायस्थ पाठशाला कॉलेज, इलाहाबाद में अंग्रेज़ी के शिक्षक थे। हाई स्कूल में स्वयं मैंने उनसे अंग्रेज़ी पढ़ी थी। किसी समय हिन्दी प्रचार के लिए कितना उत्साह था लोगों में! इलाहाबाद का अंग्रेज़ी का प्रोफेसर दार्जिलिंग जाकर हिन्दी का पुस्तकालय स्थापित करता है! वहाँ स्थानीय प्रथा के अनुसार हमारा स्वागत हुआ। हाथों पर अंगौछे की तरह का एक सफेद झीना वस्त्र रखते हैं। शायद ही किसी काम में यह वस्त्र लाया जा सकता हो। आदर-सत्कार के आदान-प्रदान में वह एक हाथ से दूसरे हाथ आता-जाता रहता होगा। वहाँ भी मैंने कविता पाठ किया। पुस्तकालय में मेरे प्रारम्भिक प्रकाशनों के पहले संस्करण मौजूद थे। वहीं मेरी भेंट स्वर्गीय राहुल सांकृत्यायन की पत्नी कमलाजी से हुई, जो स्थानीय किसी कॉलेज में हिन्दी की अध्यापिका थीं। राहुलजी ने स्थायी रूप से रहने को दार्जिलिंग को ही चुना था। वहीं एक अच्छा, बड़ा घर खरीद लिया था, जिसमें कमलाजी अब भी रहती थीं। एक दिन मैं राहुलजी का घर देखने भी गया था। राहुलजी की पुस्तकें, उनके पढ़ने-लिखने से सम्बद्ध बहुत-सी चीज़ें कमलाजी ने सँजोकर रखी थीं। उनकी योजना एक राहुल शोध संस्थान स्थापित करने की थी, जिससे वे चाहती थीं राहुलजी की समस्त कृतियाँ प्रकाशित हों और उन पर शोध कार्य किया जाये। पता नहीं उन्हें कहाँ तक सफलता मिली या उनकी योजना ने कितनी प्रगति की। राहुल साहित्य हिन्दी पुस्तक विक्रेताओं के यहाँ शायद ही कहीं देखा जाता हो। राहुलजी ने बहुत लिखा, बहुत उपयोगी लिखा, महत्वपूर्ण लिखा, प्रामाणिक लिखा। हम हिन्दी वाले अपने पूर्वज, अग्रज विद्वानों-मनीषियों, प्रतिभावानों को भुलाने में बड़े पटु हैं। ग्रन्थावलियों की प्रथा हिन्दी में चल गयी है। क्यों न कोई प्रकाशक सम्पूर्ण राहुल ग्रन्थावली प्रकाशित करे। हिन्दीभाषी प्रान्तीय सरकारें इस साहित्यिक यज्ञ में आहुति स्वरूप कुछ आर्थिक अनुदान देकर बड़ा पुण्य कमायेंगी। राहुल साहित्य निःसन्देह रक्षणीय है और आगे आने वाली पीढ़ियाँ उससे निश्चिय प्रेरित, लाभान्वित होंगी। आवश्यक है कोई लगन के साथ इस काम को उठाये। मुझे विश्वास है इसके लिए सहायता, सहयोग की कमी नहीं रहेगी।

'बरसात की रात' की शूटिंग कूच बिहार हाउस और उसके आसपास की ज़मीन पर हुई थी। कूचबिहार हाउस किसी समय अच्छा-ख़ासा रियासती महल होगा। अब वह प्राय: उपेक्षित-सा पड़ा था। बिहार कूच करते-करते कैसे पश्चिमी बंगाल पहुँच गया, इसके पीछे कोई कहानी होगी। नामों में बड़ा रहस्य छिपा रहता है। काश कोई बूढ़-पुरसिया बता सकता। 'बरसात की रात' हिन्दी, बंगला दोनों में 'डब' की गयी थी और बहुत लोकप्रिय हुई थी। शूटिंग देखने का लोगों को बहुत चाव होता है। मर्द-औरतों-बच्चों की भीड़ की भीड़ विचित्र रंगीन कपड़ों में जहाँ कहीं से भी शूटिंग दिखाई दे, जाकर जमा हो जाती थी। पहाड़ की भीड़ में अनुशासन बहुत दिखा। वे न कभी शोर मचाते थे, न इतने नज़दीक आते थे कि

शूटिंग में किसी तरह का व्याघात उपस्थित हो। इधर-उधर घूम-घामकर जगहों को देखने का लाभ तो केवल हम लोग उठाते थे, अमिताभ या जया के लिए बाहर निकलना असम्भव होता। पहचानते ही उन्हें भीड़ घेर लेती। शूटिंग के लिए निकलने और शूटिंग से लौटने के समय ही होटल के सामने कितनी भीड़ होती।

दार्जिलिंग में बिजली खुलकर आँखमिचौनी खेलती। दिन में आयी-गयी का यह खेल हमें न अखरता। हम ज़्यादातर बाहर रहते। रात को बिजली चली जाती, तो बड़ी तकलीफ होती। तेजी को देर से सोने की आदत है। लेटे-लेटे वे कई घण्टे पढ़तीं। रात को कभी नींद न आती तो भी पढ़ती रहतीं। बिजली न रहने की वजह से उन्हें बहुत असुविधा होती। होटल की ओर से हर कमरे में मोमबत्तियाँ रखी रहतीं। तेजी के लिए दो-एक मोमबत्ती की रोशनी पढ़ने के लिए काफ़ी न होती। वे सात-आठ बत्तियाँ जलातीं। होटल से जो मोमबत्तियाँ मिलतीं, उनके अलावा वे बाज़ार से अलग अपने लिए बत्तियों के बण्डल खरीद लातीं, तब उनका काम चलता। तेजी जब सफ़र पर चलती हैं तो काफ़ी किताबें अपने साथ रखती हैं। कुछ नयी अपनी रुचि की किताबें उन्होंने दार्जिलिंग में भी खरीदीं। माल रोड पर अंग्रेज़ी किताबों की बड़ी-बड़ी दुकानें हैं, हिन्दी, बंगला की किताबों की एक भी दुकान मैंने वहाँ नहीं देखी, शहर में भीतर गलियों में कहीं हों, तो मैं नहीं जानता।

दार्जिलिंग की ख़ास पैदावार चाय और चावल है। होटल की खिड़कियों से भी हम चाय के बागान देख सकते थे, कभी-कभी चाय की पत्तियाँ तोड़ती पहाड़ी लड़कियों को भी। पीठ पर वे एक लम्बी टोकरी बाँधे रहती हैं और पत्ती तोड़-तोड़कर उसमें डालती जाती हैं। दार्जिलिंग की अपनी विशेष कला शायद चित्रकला है। लकड़ी के फलक पर चटक तैल रंगों के चित्र बहुत जगह बिकते देखे। चित्र प्राय: दार्जिलिंग के प्राकृतिक दृश्य अथवा जन-जीवन के होते हैं। रेशम अथवा सूत के तारों से कपड़ों पर चित्र लगाने की कला वहाँ पर्याप्त विकसित है। कुछ चित्र तो बड़ी बारीकी से बनाये जाते हैं और बड़े ऊँचे दामों पर बिकते हैं।

अमिताभ ने दार्जिलिंग में होने वाली शूटिंग समाप्त की और हमारे लिए कंचनजंघा से विदा लेने का समय आ गया और मन उदास हो गया। क्या लगता है कंचनजंघा हमारा कि उससे अलग होते बुरा लग रहा है, क्या दिया है उसने, जो कल से हमें न मिल सकेगा और उसका अभाव हमें कचोटेगा। लगता है आभामय से, ऊर्ध्व से, सुन्दर से, सौम्य से, स्निग्ध-शान्त से मानव की आन्तरिक प्रवृत्ति का कोई अटूट नाता है। वह हमें जहाँ भी दिखाई देता है, मिलता है, हम उसकी ओर खिंच जाते हैं। उससे जुड़ जाते हैं। तीन सप्ताह कहीं अन्दर से हम कंचनजंघा से जुड़े रहते हैं और अब उससे अलग हो रहे हैं, पर उसका एक चित्र, उसकी एक याद तो स्मृति-पटल पर उकेरकर ले जा रहे हैं जो जीवन में शायद ही कभी मिटे, शायद ही कभी मद्धिम पड़े। क्या स्मृति में बसी विभूतियाँ हमारे व्यक्तित्व की अंग नहीं बन जातीं? क्या वे हमारे चरित्र को, हमारे व्यवहार को नहीं प्रभावित करतीं? नगाधिराज पृथ्वी का मानदण्ड बने या न बने, पर वह सौन्दर्य का, श्रेष्ठ का, महत्ता-महानता का मानदण्ड बनकर हमारे हृदयों में स्थापित है ही। आदि कवि ने

राम के लिए कहा—

'समुद्र इव गम्भीर्ये, धैर्येण हिमवानिव'

शायद वाल्मीकि ने धैर्य को महानता का पर्याय माना।

अगले तीन सप्ताह अमिताभ की दो और फ़िल्मों 'सुहाग' और 'दो और दो पाँच' की शूटिंग ऊटकामण्ड या ऊटी में थी। हम लोग दार्जिलिंग से बागडोगरा-कलकत्ता होते बम्बई पहुँचे और वहाँ एक दिन रुककर दूसरे दिन सुबह मद्रास के लिए रवाना हो गये। मद्रास से कोयम्बटोर आये और कोयम्बटोर से कार से दो घण्टे की यात्रा करके ऊटी।

कार से जितना दिखा उससे कह सकता था कि ऊटी दार्जिलिंग से कम सुन्दर नहीं है। ऊँचाई दोनों की बराबर, लगभग 7000 फ़ीट, आबोहवा में विशेष अन्तर नहीं—वैसी ही ठण्ड। अंग्रेज़ लोग तो ऊटी को 'Queen of hill stations' कहते थे। मुझे उसे यह विशेषण देते संकोच होगा। दार्जिलिंग के सिर पर जो कंचनजंघा का ताज है, वह ऊटी के सिर पर कहाँ! हाँ, ऊटी को बेताज की रानी कहा जाय, तो मैं मान लूँगा। वहाँ हम लोग ऊटकामण्ड होटल में ठहरे। होटल के लिए वह इमारत बनी नहीं थी। वह किसी देसी राजा का ग्रीष्मावास था। थोड़े ही समय पहले उसे होटल में परिवर्तित किया गया था, प्रबन्ध भी वहाँ का सन्तोषजनक न था। पर आठ रोज़ के पहले हम दूसरे होटल में न जा सके।

17 मई को अजिताभ भी अपनी पत्नी और तीन बेटियों को लेकर ऊटी आ गये। मुझे विशेष सुख-सन्तोष मिला नीलिमा को गले लगाकर। जिस दिन हम लोग 'प्रतीक्षा' से दार्जिलिंग के लिए रवाना हो रहे थे, वह दरवाज़े पर खड़ी थी; श्वेता, उससे केवल ७ महीने बड़ी, उसकी खेल-कूद की सबसे निकट सहेली दार्जिलिंग जा रही है, पर उसे छोड़कर, उसे साथ नहीं ले जा रही है; उसकी नादान निराशा, भोली असमर्थता और करुण कसक, सिसकी बनते-बनते रुकी, जो मैंने नीलिमा की आँखों में देखी थी वह दार्जिलिंग-प्रवास में हर समय जिसे अंग्रेज़ी में कहते हैं, मुझे 'हांट' करती रही थी—आँखों-आँखों नाच रही थी। 18 मई को हमने अजिताभ की 32वीं वर्षगाँठ मनाई। रात को अमिताभ ने एक बड़ा भोज दिया था, जिसमें 'सुहाग' फ़िल्म में भाग लेने वाले कई अभिनेता, अभिनेत्रियाँ भी सम्मिलित हुई थीं।

ऊटकामण्ड होटल से हम लोग बहुत असन्तुष्ट थे। पास ही के 'सेवाय' होटल की हमने बहुत तारीफ सुनी थी, वहीं सब लोग चले गये। वहाँ हम दो सप्ताह रहे। अमिताभ तो अपनी शूटिंग में व्यस्त हो गये और हमने ऊटी देखने का कार्यक्रम बनाया।

ऊटी सुन्दर तो है ही, स्वच्छ भी है। मुझे दक्षिणी रहन-सहन देखने, दक्षिण में कुछ समय रहने का अवसर मिला है। मेरा अनुभव यह है कि दाक्षिणात्य स्वच्छता का ध्यान स्वभावतया अधिक रखते हैं। सादगी और सफ़ाई उनमें व्यापक है।

इसमें सन्देह नहीं कि आज के प्रख्यात 'हिल स्टेशन्स' को खोजने और उन्हें विकसित करने का काम अंग्रेज़ों ने किया। हिन्दुस्तान के मैदान की गरमी से परेशान वे ऐसी जगहों की तलाश करते रहते थे, जहाँ की आबोहवा ठण्डी हो। ऊटकामण्ड की बस्ती तो शायद पुरानी होगी, निकटस्थ कस्बों, नगरों से पगडण्डी से जुड़ी। अंग्रेज़ों ने उन्हें पक्के रास्तों, रेलवे लाइनों से जोड़ा। ऊटी भी छोटी लाइन से कोयम्बटोर से जुड़ी है। इसकी तुलना में दार्जिलिंग की लाइन को नन्हीं लाइन कहेंगे।

पक्की पत्थरों की बड़ी इमारतें बहुत नहीं हैं, पर जो हैं वे भव्य और एक अपनी शैलीगत विशिष्टता लिये। इनमें सबसे पहले हमारा ध्यान आकर्षित करते हैं, सेंट थामस और सेंट स्टीफेन के गिरजाघर; हिन्दुओं का कोई मन्दिर या मुसलमानों की मस्जिद इनकी तुलना की नहीं हैं। फिर आते हैं गवर्नमेंट हाउस, जिसे आज का राजभवन कह सकते हैं और 'स्टोन हाउस' जिसमें पहली गरमी के दिनों में मद्रास सरकार का सचिवालय शिफ्ट कर दिया जाता था। अब मद्रास सरकार गर्मियों में ऊटी नहीं जाती। 'स्टोन हाउम' में किसी सैन्यशाखा का प्रशिक्षण केन्द्र बना दिया गया है। मद्रास के राज्यपाल जब ऊटी आते होंगे, तब राजभवन में ठहरते होंगे। ऊटी से तीन-चार मील दक्षिण 'लवडेल' स्टेशन के निकट लारेंस मेमोरियल स्कूल है—कान्वेंट स्कूल। शिक्षा का माध्यम अंग्रेज़ी है, तमिल दूसरी भाषा के रूप में पढ़ाई जाती है। 'दो और दो पाँच' की कुछ शूटिंग इस स्कूल की बिल्डिंग और उसके खेलने के मैदान में हुई थी।

यहाँ देखने की एक ख़ास चीज ईसाइयों का एक चर्च है, जो ऊटी से कुछ दूर पर एक पहाड़ी की पृष्ठभूमि में बनाया गया है। हिन्दू मन्दिरों की शैली पर ईसा मसीह के जीवन की घटनाएँ मूर्तियों में प्रदर्शित की गयी हैं। कुछ मूर्तियाँ पहाड़ की गुफाओं में स्थापित हैं। ईसा के जीवन की इन झाँकियों को कलापूर्ण तो नहीं कह सकते पर ग्रामीणों की ये आकर्षित करती होंगी और उन पर प्रभाव भी डालती होंगी। चर्चों में बैठने के लिए बेचें या कुर्सियाँ होती हैं। इस चर्च में फर्श पर बैठने का प्रबन्ध है। वस्तुतः यह चर्च पैंटधारी नागरिकों के लिए नहीं,, लुंगीधारी ग्रामीणों के लिए बना है। बाहर से आइये, जूते उतारिए और फर्श पर बैठ जाइये। पादरी जो वहाँ दिखे नंगे पैर थे। दक्षिण में जूते पहनने का रिवाज कम है। पहले तो बिलकुल नहीं था। बीसवीं सदी की प्रथम चौथाई तक नगरों में भी आप ऐसे लोगों को देख सकते थे, स्कूल-कॉलेज के अध्यापकों में, कचहरी के वकीलों में, दफ़्तर के अफ़सरों में, जो लुंगी पर कमीज़, कोट, टाई पहने हैं, सिर पर मद्रासी सफ़ेद पाग भी बाँधे हैं, पर पाँव नंगे हैं। नगरों में अब जूते पहनने की प्रथा बढ़ी है, ग्रामों में ऊँचे तबके के लोग भी अब तक नंगे पाँव रहते हैं। शायद इसलिए भी आवश्यक हो गया होगा कि वे अपनी पगडंडियों, वीथियों, पथों, मार्गों को, वस्तुतः सभी जगहों की, जहाँ आदमी के पाँव पड़ते हों सम-स्वच्छ रखें। दाक्षिणात्यों की स्वच्छता-प्रियता का रहस्य क्या उनके नंगे पाँवों में तो नहीं छिपा है? चर्च और गुफाओं के इस ग्राम को किसी स्थानीय गाइडबुक में 'पूर्व का जेरुसलम' कहा गया था। मैंने जेरुसलम

नहीं देखा, इससे नहीं कह सकता कि कहाँ तक इस जगह को ऐसा कहना ठीक है, पर निश्चय इसमें अतिशयोक्ति है। जेरुसलम में, जैसा पढ़ने में आया है, बहुत कुछ है, जिसका पासंग भी शायद इस चर्च के आसपास न हो। यहाँ एक छोटा प्राकृतिक झरना है, जिसके निकट ईसा के पट्ट शिष्य सेंट पीटर की आदमक़द मूर्ति खड़ी की गयी है—और भी सन्तों की मूर्तियाँ हैं। सबसे बड़ी और सबसे ऊँची मूर्ति ईसा की है क्रास पर टंगी।

बोटेनिकल गार्डेन भी यहाँ का कई सतहों पर लगाया गया बहुत सुन्दर है। बीच में एक वृक्ष का तना-सा गड़ा है, जो लाखों बरस पुराना है—जो जमीन में गड़ा-गड़ा 'फासिल' यानी पत्थर-सा हो गया है। पता नहीं यहीं मिला था, या कहीं और से लाकर यहाँ लगाया गया है। मैं चाहता कि उस पर कोई छोटे फूल, पत्तियों वाली एक सुकुमार-सी लता चढ़ा दी जाती!

पहाड़ पर झील का बड़ा सौन्दर्य व आकर्षण होता है। उत्तर प्रदेश में नैनीताल में एक छोटी-सी झील है। ऊटी में भी एक झील है—कोई दो-ढाई मील लम्बी। गरमी के दिनों में बड़ा मेला लगता है उस पर। मोटर-बोटों से उस पर घूमा जा सकता है। इसमें तैरते-नहाते मैंने लोगों को नहीं देखा। पता नहीं कितनी गहरी है। ऐसा लगता है कि प्राकृतिक छोटी झील को कृत्रिम उपायों से बड़ा किया गया है। इतनी नीचाई पर है कि चारों ओर का बरसाती पानी बहकर उसमें आता होगा और उसको सदानीरा रखता होगा। मुझे पता नहीं इस झील को कोई नाम भी दिया गया है या नहीं। अमिताभ की फिल्म का एक दृश्य इस झील के अन्दर भी शूट किया गया था। सिने प्रोड्यूसर अभिनेताओं से क्या-क्या सरकसी काम कराते हैं!

हमने ऊटी का गवर्नमेंट आर्ट्स कॉलेज भी देखा। वहाँ चित्रकला और मूर्तिकला की विशेष शिक्षा दी जाती है, पाँच बरस का कोर्स होता है। इसकी स्थापना स्वतन्त्र भारत में की गयी थी। अधिक विद्यार्थी नहीं आते। विद्यार्थी के सामने हमेशा प्रश्न बना रहता है। प्रशिक्षण प्राप्त करके रोजी-रोटी कमाने के क्या क्षेत्र खुलेंगे। चित्रकला प्रशिक्षित फिर भी छपाई के क्षेत्र में कमर्शल आर्टिस्ट की जगह बना लेते हैं, पर मूर्तिकारों की माँग बहुत कम होती है। फिर भी जिनका झुकाव इन कलाओं की ओर होता है, वे यहाँ आते हैं। पुरा काल से चित्रकला और मूर्तिकला हमारी संस्कृति के अभिन्न अंग रहे हैं और दोनों क्षेत्रों में हमारी उपलब्धियाँ विशिष्ट और उच्च कोटि की रही हैं। अजंता के भित्ति चित्रों को छोड़ दें, जो निश्चय धार्मिक भावना से बनाये गये थे, तो चित्रकला को संरक्षण और प्रोत्साहन मध्ययुगीन राजदरबारों में मिला। उस समय सम्पन्न और सम्भ्रान्त लोग भी चित्रों में रुचि रखते होंगे। घर के एक हिस्से को 'चित्रसारी' कहा जाता था, जो निश्चय 'चित्रशाला' का बिगड़ा हुआ रूप है, आज का ड्राइंग रूम, पर इस अन्तर के साथ कि चित्रशाला प्रायः शयनकक्ष होता था, ड्राइंग रूम बैठने और अतिथि-आगन्तुकों के स्वागत-सम्मान का स्थान माना जाता है। मूर्तिकला इस देश की निःसन्देह प्रतीकात्मक धार्मिक आस्था के कारण विकसित हुई। मेरी ऐसी धारणा है कि जितनी मूर्तियाँ इस देश में गढ़ी-ढाली गयीं—ढाली विशेषकर दक्षिण में—वे रोम

और ग्रीस की मिलकर गढ़ी-ढाली मूर्तियों से अधिक होंगी। मूर्तिभंजक मुसलमानों के आक्रमण के बाद इस देश की मूर्तिकला को भारी धक्का लगा होगा जिससे वह शायद अब तक नहीं उबर सकी है। मूर्तिकला के ह्रास का एक दूसरा कारण आधुनिक युग में प्रतीकात्मक धर्म के प्रति आस्था की क्षीणता भी है। कोणार्क के अश्वारोही सूर्य की प्रतिभा के जोड़ की कितनी प्रतिमाएँ हमने गढ़ीं या नटराज के जोड़ की ढालीं? धर्मनिरपेक्ष या सेकुलर मूर्तिकला के विकास के लिए अभी हमें बहुत कम समय मिला है। आगे भी चित्रकला के विकास की सम्भावनाएँ मूर्तिकला के विकास की सम्भावनाओं से अधिक हैं। सम्पन्नता बढ़ने के साथ चित्रकला विशिष्ट जनता तक पहुँच सकेगी, मूर्तिकला संस्थाओं का मुँह देखेगी।

कला के क्षेत्र का एक अद्‌भुत सत्य हमें जान लेना चाहिए। सामान्य योग्यता वाले प्रशिक्षण से लाभान्वित होते हैं। प्रतिभा प्रायः प्रशिक्षण से चमक उठती है। पर विलक्षण प्रतिभा को प्रशिक्षण की आवश्यकता भी नहीं होती। प्रशिक्षण प्रतिभा का स्थानापन्न नहीं हो सकता। ऐसे बीसों उदाहरण हैं, जहाँ उच्च कोटि के कलाकारों ने कहीं भी प्रशिक्षण नहीं लिया। दूर क्यों जायें? पूना में कुछ समय पहले तक अभिनय प्रशिक्षण का स्कूल था। आज भी इस स्कूल से प्रमाणपत्र-प्राप्त अभिनेता सिने क्षेत्र में हैं। पूना स्कूल के बन्द हो जाने के बाद कई छोटे-मोटे अभिनय-प्रशिक्षण स्कूल खुले हैं। लोग उनमें बाकायदा अभिनय कला सीखते हैं। पर अमिताभ ने—जो अभिनय-कला के अप्रतिम नहीं, तो कोई सामान्य नमूने नहीं—कभी, कहीं अभिनय में प्रशिक्षण नहीं लिया। अपनी प्रतिभा को पहचानना और उसे वांछित दिशा में उन्मुख करना भी प्रतिभा का ही काम है।

शूटिंग से एक दिन की छुट्टी में हम लोग अन्नमलाई संरक्षित पशु-वन-विहार देखने के लिए गये। ऊटी से पन्द्रह-बीस मील ढलान की सड़क से जाना पड़ा था, किस दिशा में, मुझे पता नहीं। घना जंगल था। हमसे कहा गया था वहाँ अन्य वन्य पशुओं के अलावा शेर-चीते भी घूमते दिखाई देते हैं। हम लोग यूनिट की मिनी बस से गये थे। हमने वहाँ केवल जंगली हाथी, हिरन, काले मुँह और लम्बी पूँछ वाले लंगूर और लाल मुँह और छोटी पूँछ वाले बन्दर देखे। वाल्मीकि द्वारा वर्णित किष्किंधापुरी कहीं निकट रही होगी। जंगल से बाहर निकलकर जब हम लोग वन-विहार के दफ़्तर में पहुँचे, तब उसके अहाते में एक पिंजड़े में हमने ज़रूर एक छोटा चीता देखा, और एक हाथी का बच्चा भी। जंगल में पिंजड़े लगाकर जानवरों को पकड़ते हैं और माँग होने पर उन्हें देश-विदेश के चिड़ियाघरों को बेचते हैं। दफ़्तर से थोड़ी दूर पर एक छोटी नदी थी, जिसमें हमने कुछ हाथियों को नहाते भी देखा। हाथी पानी का बड़ा प्रेमी होता है। पानी इतना गहरा न हुआ कि जिसमें वह डुबकी ले सके, तो अपनी सूँड में पानी भर कर अपनी पीठ पर फव्वारे की तरह फेंकता है। साथी हाथियों पर भी वह सूँड से उसी तरह पानी की बौछार करता है। वे एक-दूसरे से पीठ भी रगड़ते हैं। हाथियों की जलक्रीड़ा देखना एक अभूतपूर्व अनुभव था। बच्चे हमारी इस यात्रा से बहुत खुश हुए। अमिताभ ने जंगली जानवरों के कुछ चित्र भी लिये।

अमिताभ की ऊटी की शूटिंग ख़त्म होते-होते हमें एक पारिवारिक शुभ समाचार का संकेत मिला। रमू ने अपनी सास गोसाईं के कान में कहा कि सम्भवत: वह गर्भ से है और सास गोसाई ने चारों ओर के सुखद-सुन्दर परिवेश की ओर नज़र घुमाकर आशीर्वाद दिया कि 'इस बार तुम अपने चिर-प्रतीक्षित सुन्दर पुत्ररत्न की माँ बनो। वायु पुत्र होने के नाते पवनकुमार-बंधु 'भीम' का उन्होंने हार्दिक आह्वान कर दिया था। और यथासम्भव उनका यह आह्वान मूर्तिमान हुआ।

ऊटी से सारा बच्चन परिवार बहुत स्वस्थ सानंद बम्बई लौटा।

मेरी मेज़ पर डाक का ढेर लगा था और आते ही मैं उसे निबटाने में व्यस्त हो गया। उसी में एक तार मिला—'छठा एफ्रो-एशियाई लेखक सम्मेलन 26 जून से 3 जुलाई तक लुआंडा (अंगोला) में होने जा रहा है। आप उसमें सम्मिलित होने के लिए सादर आमन्त्रित हैं। आपका सारा व्यय कान्फ्रेंस वहन करेगी। विस्तार से जानने के लिए सोवियत राजदूतावास के सांस्कृतिक विभाग से सम्पर्क करें।'

तार देखते ही मेरे जी में आया मैं कान्फ्रेंस में भाग लेने के लिए चला जाऊँ। तेजी, अमिताभ, अजिताभ से भी सलाह की। मेरा जाने का बहुत मन था, उन लोगों ने अनुमति दे दी। मैंने स्वीकृति का तार सम्बद्ध संस्था को दे दिया। और तीसरे दिन उनका जवाब आ गया—आप पासपोर्ट और स्वास्थ्य-प्रमाणपत्र ले दिल्ली आ जायें।

अंगोला मध्य अफ्रीका का सबसे पश्चिमी भाग है। पन्द्रहवीं सदी के अन्तिम भाग में पुर्तगाली समुद्री व्यापारी उसके पश्चिमी किनारे पर पहुँचे और अपने बारूदी हथियारों और संगठित सैन्य शक्ति के बल पर उन्होंने पूरे प्रदेश पर अपना अधिकार कर लिया। धरती के नीचे तेल था, लोहा था, हीरे जवाहर थे, ऊपर बढ़िया लकड़ी के घने जंगल थे, ऐसे पेड़ों के भी, जिससे रबर निकाला जा सकता था, मिट्टी ऐसी थी, जिस पर काफ़ी, रुई, तम्बाकू और मिर्च की खेती की जा सकती थी, समुद्र तट मछलियों से भरे थे। पुर्तगाली शासकों ने पाँच सौ बरसों तक अपनी विकसित तकनीक, वैज्ञानिक विधि और मूल निवासियों के तन-तोड़ श्रम से इस देश की उपज, सम्पत्ति और जनबल का शोषण किया। उबरा जनबल श्रमिक गुलामों के रूप में दक्षिण अमरीका तथा अन्य गन्ने की खेती करने वाले द्वीपों में भेजा-बेचा जाता रहा। गुलाम व्यापार अन्तर्राष्ट्रीय स्तर पर बन्द किये जाने के पूर्व ऐसा अनुमान किया जाता है कि अंगोला की औसत पचास लाख की आबादी में से कम-से-कम दस लाख श्रमिक गुलाम उत्तरी और दक्षिणी अमरीका को निर्यात किये गये। इन श्रमिक गुलामों को किन कठिन परिस्थितियों में काम करना पड़ा और कैसी-कैसी क्रूर ताड़नाएँ सहते हुए उसकी लम्बी गाथा है और निश्चय पश्चिमी सभ्यता के इतिहास पर लगा बड़ा लज्जास्पद धब्बा। इससे अधिक शर्मनाक बात तो यह है कि आज बीसवीं सदी के अन्तिम चरण में भी पश्चिम इसके लिए पूर्ण प्रायश्चित करने को तैयार नहीं।

पर बीसवीं सदी के प्रभात से अफ्रीका के विभिन्न भागों में जन-जागरण की सुगबुगाहट प्रारम्भ हुई, साथ ही विरोधी शक्तियाँ भी सजग-सक्रिय हो गयीं। दासता की ज़ंज़ीरों को तोड़ने और स्वामित्व का अधिकार बरकरार रखने का संघर्ष छिड़

गया है; ज़ंजीरें टूट चली हैं। संघर्ष चलेगा, चलता रहेगा, जब तक कि सम्पूर्ण अफ्रीका योरोपीय शक्तियों के शिकंजे से मुक्त नहीं हो जाता।

अंगोला सदी के मध्य में जागा। 1960 से पुर्तगाली शासन से स्वतन्त्र होने के लिए नियमित युद्ध आरम्भ हुआ। इस संघर्ष में सबसे आगे था M. P. L. A.—Popular Movement for the Liberatin of Angola जो तब से अधिक सक्रिय हुआ जब से आगस्टीनो नेटो ने उसका नेतृत्व अपने हाथ में ले लिया। पेशे से वे डॉक्टर थे; पर देश की पुकार ने उनके कवि को जगाया। उनके शब्दों ने अंगोला में नयी उमंग, नया जोश, नया उत्साह भर दिया। उन्होंने एक हाथ में क़लम ली, तो दूसरे हाथ में बन्दूक भी संभाली। वे मेरे शब्दों में दावा कर सकते थे—

'मैं क़लम और बन्दूक चलाता हूँ दोनों
दुनिया में ऐसे बंदे कम पाए जाते हैं।'

नेटो की वाणी के इसी गुण, शक्ति और प्रभाव को देखकर ऐफ्रो-एशियन राइटर्स कान्फ्रेंस ने अपने 1970 के अधिवेशन में उन्हें लोटस पुरस्कार से सम्मानित किया, जो नयी दिल्ली में आयोजित किया गया था। वस्तुतः इसी अधिवेशन के बाद मेरी रुचि नेटो के कृतित्व और व्यक्तित्व में जगी और उनका जो कुछ अनुवादों के रूप में मुझे मिला, उसे मैंने पढ़ा। मुझे लगा, नेटो के व्यक्तित्व की कोई शिरा कभी मेरे व्यक्तित्व की शिरा में भी झंकृत हुई थी या शायद मेरे व्यक्तित्व की शिरा उनके व्यक्तित्व में—वे मुझसे 15 वर्ष छोटे थे।

विवश जीविकोपार्जन को मैं
हुआ न किस-किस पथ का राही,
पर मेरा वश चलता तो मैं
होता कवि के साथ सिपाही।

ये पंक्तियाँ निश्चय नेटो के कवि-सिपाही रूप में सामने आने के बहुत पहले लिखी गयी थीं। पर मेरी विवशता को उन्होंने वशीभूत कर लिया था। अंगोला के स्वातन्त्र्य समर-क्षेत्र में किसी मुहिम पर तैनात आगस्टीनो नेटो पुरस्कार लेने न आ सके थे; पर पुरस्कार-विजेता-परिचय पुस्तिका में उनके जीवन-वृत्त के साथ उनकी जो कविताएँ दी गयी थीं, उन्हें जिस किसी ने भी पढ़ा था, उनसे प्रभावित हुआ था। उनकी एक कविता आप सुनना चाहेंगे?

छायाओं का जलूस

मैं उन सड़कों को याद करता हूँ जिन पर कोई नहीं चला,
मैं दूर से आती उन आदमियों की आवाज़ें सुनता हूँ
जिन्होंने कभी नहीं गाया,
मैं उन सुखदायी दिनों की याद करता हूँ
जो कभी नहीं जिये गये,

मैं उस जीवन को चित्रित करता हूँ
जो कभी नहीं भोगा गया,
मैं उस जगह पर उजाला देखता हूँ जहाँ केवल अँधेरा है,
मैं काली रात में दिवस की सुस्पटष्ता हूँ,
मेरा चेहरा अतीत की झलक है।

अतीत की ललक!...
किस अतीत की? किसके अतीत की?
मैंने सूरज देखा ही कब है
जिसकी याद मैं जगा रहा हूँ?

आह!
ऐसी दुनिया, ऐसे लोग
ऐसी व्यवस्था, ऐसा प्रकाश,
ऐसे रास्ते जो कहीं नहीं पहुँचाते,
ऐसी अँधेरी रातों में
ऐसे उजले, चहल-पहल से भरे दिन
केवल कल्पना की उड़ानें हैं.....
अस्तित्वहीन अतीत की ललक
सिर्फ पागलपन है।

ओ स्वप्नद्रष्टा,
वास्तविकता की ओर लौटो।

देखो उस आदमी को जो सामने से गुज़र रहा है,
जिसकी आँखें धूप से झुलसी हैं,
जिसके बदन पर फटी हुई कमीज है,
जिसकी पीठ अज्ञान और भय के बोझ से झुकी हुई है,
जो अपनी इच्छाओं के चीत्कार को
इस डर से दबाए हुए है कि कहीं उससे
उस संसार की शान्ति भंग न हो
जो अपनी झूठी चमक-दमक से
उसे फुसलाए रखना चाहता है।

यही कवि और सिपाही नेटो जब 1975 के अन्त में अंगोला स्वतन्त्र घोषित किया गया, उसका राष्ट्रपति बनाया गया, और वही अब तीन वर्ष बाद एफ्रो-एशियन राइटर्स कान्फ्रेंस को अपने देश में आमन्त्रित कर रहा था। उससे मिलने और उसकी उठती हुई क़ौम को देखने का उत्साह ज्वार की तरह मेरे मन में उठा--

सब उठती चीज़ें मन मेरा हर लेती हैं--

दाहक निदाघ के बाद गगन उनये बादल...
उठती क़ौमें...

दिल्ली पहुँचने पर मालूम हुआ कि डॉ. भीष्म साहनी भी कान्फ्रेंस के लिए आमन्त्रित हैं। हम दोनों दिल्ली से मास्को गये। वहाँ पीकिंग होटल में एक दिन, एक रात रहकर दूसरे दिन तड़के अंगोला के लिए रवाना हुए। हमारा जहाज़ बेलग्रेड, डाकार, कोनाकरी—पिछले दोनों हवाई अड्डे अफ्रीका की भूमि पर थे—थोड़ी-थोड़ी देर के लिए रुकता हुआ बारह बजे रात को लुआंडा पहुँचा। मास्को से लुआंडा तक की हवाई यात्रा में बीस घण्टे तो लगे होंगे। इतनी लम्बी हवाई यात्रा मैंने जीवन में पहली बार की थी। लुआंडा की ज़मीन पर पांव रखे, तो बदन थकान का एक गट्ठर बन गया था—बैठे-बैठे भी आदमी कितना थकता है! हम लोग होटेल ट्रापिकल में ठहराए गये। यहाँ कान्फ्रेंस में भाग लेने के लिए आये हुए अन्य डेलीगेट भी ठहराये गये थे। दूसरा दिन आराम का था।

27 जून को 10 बजे कान्फ्रेंस का उद्घाटन समारोह था। उद्घाटन भाषण अंगोला के राष्ट्रपति कामरेड आगस्टीनो नेटो ने दिया था। नेटो के चित्र मैं देख चुका था, वे उससे बहुत भिन्न नहीं लगे। क़द ज़रूर मैं उनका लम्बा समझता था, वे नाटे थे; शरीर से भरे, पर मोटे नहीं, रंग स्लेटी, चेहरा चौकोर, बाल काले-छोटे-घुंघराले, मूल अंगोला निवासियों जैसे, नाक चौड़ी खुली-खुली, होंठ मोटे, आँखों पर काले फ्रेम का मोटा चश्मा, पर आँखें ऐसी लगतीं जैसे चश्मे से दूरबीन का काम ले रही हों। लाल टाई के साथ योरोपियन सूट में थे। अभिवादन के उत्तर में जब उन्होंने अपनी मुट्ठी बँधी भुजा उठाई, तो लगा कि उनके हाथ शरीर के अनुपात से बड़े हैं। वे आजानबाहु थे। उन्होंने अपना भाषण पुर्तगाली में दिया था, पर इयर-फ़ोन के ज़रिए उसका अनुवाद अंग्रेज़ी, फ्रांसीसी और रूसी में भी सुना जा सकता था।

उपनिवेशवादी अथवा साम्राज्यवादी शक्तियाँ कितनी ही प्रबल क्यों न हों, वे संस्था के बल पर अधीनस्थ देशों पर शासन नहीं कर सकतीं। वे अधीन देश में अपने प्रतिरूप एक वर्ग तैयार करती हैं, जो उनके प्रति वफादार हो और जिसके माध्यम से वे मूल निवासियों की सेवाएँ ले सकें। हिन्दुस्तान में अंग्रेजी शिक्षा का उद्देश्य क्या था? मैकाले इसको गुप्त नहीं रख सका था। उद्देश्य था, हिन्दुस्तानियों का एक ऐसा वर्ग तैयार करना, जो रंग छोड़ बाकी सब कुछ में अंग्रेज़ हो, काला अंग्रेज, जो अंग्रेजी शासन, शासन पद्धति के प्रति निष्ठावान हो, जो अंग्रेजी रहन-सहन, बात-व्यवहार, संस्कृति, यानी अंग्रेज़ियत का पैरोकार हो। अंगोला में भी पुर्तगालियों ने काले पुर्तगालियों का वर्ग खड़ा किया था। यह इतिहास की बड़ी भारी विडम्बना है कि यही वर्ग उपनिवेशवादी अथवा साम्राज्यवादी शासन को उखाड़ने में सबसे सक्रिय भूमिका अदा करता है। और यही वर्ग शासक-शोषक देश से जो भी श्रेष्ठ, श्रेयस्कर, हितकर, लाभकारी, उपयोगी लिया-सीखा जा सकता है उसको लेने-सीखने में सबसे सशक्त माध्यम सिद्ध होता है। और इसके साथ एक दुर्भाग्य यह भी है कि यही वर्ग मुक्त-स्वतन्त्र देश में विदेशी शासक की जगह अपने को स्थापित

करने का प्रयत्न करता है। सद्यः स्वतन्त्रता-प्राप्त देश में इस वर्ग का उपयोग करते हुए भी इससे बहुत सतर्क रहने की ज़रूरत है।

आटस्टीनो नेटो ने अपने भाषण में इसी वर्ग का आह्वान किया था कि अब जब अंगोला स्वतन्त्र हो गया है, तब इस वर्ग का काम है कि पुर्तगाल के और उसके माध्यम से योरोप के ज्ञान-विज्ञान को लाकर अंगोला की जनता की उन्नति-प्रगति और विकास में नियोजित करे। पुर्तगाली शासन से स्वतन्त्र होने के बाद भी पुर्तगाली भाषा को उन्होंने अपने देश की राजभाषा बनाया था, उच्च शिक्षा का माध्यम भी; साथ ही प्राइमरी और सेकेण्डरी शिक्षा के लिए उन्होंने माध्यम के रूप में ओविमबिंडू और किमबिंडू को स्वीकार कर लिया था, जो अंगोला की दो सर्वाधिक प्रचलित भाषाएँ हैं, पर जिनके विकास के लिए पुर्तगाली शासन ने कुछ भी नहीं किया था। पुर्तगाली भाषा के माध्यम से योरोप से सम्पर्क बनाये रखने को नेटो ने इतना महत्व दिया था कि स्वतन्त्र होने के बाद, हमें बताया गया था, उन्होंने अंगोला के शिक्षा संस्थानों में पढ़ाने के लिए 700 वरिष्ठ अध्यापक पुर्तगाल से बुलाये थे। पता नहीं राष्ट्र को राष्ट्रभाषा से अनिवार्यत: जोड़ने वाले नेटो की नीति को कितना समर्थन देंगे, पर निश्चय व्यावहारिकता इसी में थी। वस्तुत: उनकी भाषा नीति उनके ऐतिहासिक दृष्टिकोण की एक अंग थी, जिसे समझना और जिसे किसी रूप में अपनी राष्ट्रीय चेतना में समाहित करना शायद हमारे लिए भी अनुपयोगी न हो।

इसे नेटो की सहिष्णुता कहें, कि उनकी साहसिकता, कि दूरदर्शिता, कि बुद्धिमत्ता कि उन्होंने कहा था कि पुर्तगाली गुलामी और पुर्तगाली सम्पर्क के पिछले पाँच सौ वर्ष भी अंगोला की परम्परा के अंग हैं। यह प्रवृत्ति प्राय: देखी जाती है, और किसी हद तक समझी जा सकती है कि जातियाँ गुलामी के बन्धनों से निकलकर गुलामी की अवधि को भुला देना चाहती हैं, नकार देना चाहती हैं, पर यह कटु और अमिट सत्य है कि ऐतिहासिक घटित को न भुलाया जा सकता है और न नकारा ही, और इतिहास कागज़ पर और किताबों में न भी लिखा जाये तो भी बड़े सुस्पष्ट और सूक्ष्म तरीकों से वह अपना अस्तित्व प्रमाणित करता रहता है। विश्वास के साथ कहा जा सकता है कि अपने इतिहास की सहज स्वीकृति, उसकी कालबद्ध परम्परा का स्वाभाविक स्वीकार जहाँ हमें सत्यनिष्ठ और वस्तुनिष्ठ बनाता है, हमारे संस्कार को व्यवहारिकता से जोड़ता है, हमें विगत के अनुभवों से वर्तमान और भविष्य को सही राहें निकालने के लिए प्रेरित करता है, वहीं इतिहास की अस्वीकृति, उससे बँधी परम्परा की नकार हमें झूठा और मक्कार बनाती है, आरोपित संस्कारों की चादर ओढ़ाती है, जो हवा के हलके-हलके-से झोंके से उड़ जाती है और हमारी आँखों पर विकृतियों का ऐसा चश्मा चढ़ाती है कि हम न अपनी सही शक्ल देख पाते हैं और न दुनिया की। हमारी सैंतीस वर्ष की स्वतन्त्रता के पीछे हज़ार वर्ष की मुसलमानों और अंग्रेजों की गुलामी का इतिहास है। हम ज़रा रुककर सोचें कि विधर्मियों और विदेशियों की सम्पर्क-जनित परम्परा हमने कितनी अपनी मानी है, कितना अपनी परम्परा का अंग माना है, किस रूप में हमने उसे स्वीकार

किया है। हमारे देश में नकारने और स्वीकारने दोनों की प्रवृत्तियाँ देखी गयी हैं। प्रतीक रूप में, स्वतन्त्रता मिलने के बाद कन्हैया लाल माणिक लाल मुंशी सोमनाथ के मन्दिर के पुनरुद्धार की बात सोचते हैं, जिसे मुहम्मद गोरी ने ध्वस्त किया था, जवाहरलाल नेहरू भाखड़ानंगल और भाभा परमाणु संस्थान की नींव डालते हैं। हम सोमनाथ के मन्दिर से भविष्य की यात्रा नहीं आरम्भ कर सकते; हमें परमाणु संस्थान से अपना सफर शुरू करना होगा। परम्पराओं के साथ प्रायः रूढ़ियाँ भी जुड़ी रहती हैं। हमारी स्वतन्त्रता, स्वतन्त्र चेतना किस दिन काम आयेगी, अगर हम परम्पराओं में से स्वस्थ, उपयोगी और प्रगतिशील को अस्वस्थ, अनुपयोगी और प्रतिगामी से अलग न कर सकें। जो थोड़े दिन मैंने अंगोला में बिताये, उनमें भी मैंने यह देख लिया था कि आगस्टीनो नेटो और अंगोला निवासी इस बात के प्रति सचेत थे कि उन्हें अपनी पुर्तगाली परम्परा से क्या लेना और क्या छोड़ना है।

नेटो की राष्ट्रीय दृष्टि और व्यापक सार्वभौम दृष्टि के भी सबूत मुझे उनके कथन में मिले। उन्होंने अपने देश के लेखकों को आग्रह किया था कि वे मज़दूर-किसान-संस्कृति (prolet cult) के कठमुल्लापन से बचे रहें और अपने को अंगोला की पुरा संस्कृति से भी जोड़ें। रूस की अक्टूबर क्रान्ति के पश्चात् लेनिन ने भी इस खतरे को देखा था और उसका दृढ़ता से विरोध किया था। उनका आग्रह था कि अगर समाजवादी संस्कृति को रूसी जनगण में मान्य कराना है तो उसे रूस के प्राचीन सांस्कृतिक दाय की परिणति के रूप में प्रस्तुत करना होगा। मैं अपनी तरफ से एक प्रश्न उठाना चाहूँगा। क्या यह सदा सहज सम्भव हुआ है? हम क्यों न मान लें कि समाजवादी संस्कृति में कुछ ऐसा था जो सर्वथा नवीन था? क्या नवीन हमेशा पुराने की साखी या बैसाखी का मोहताज बना रहेगा?

नेटो की व्यापक दृष्टि का इससे बड़ा सबूत क्या होगा कि उन्होंने देख लिया था कि Life is a succession and sum total of contradictory facts, which, according to their nature, may or may not be resolved...the writer cannot ignore the reality, above all, those dramatic aspects of reality which constitutes its contradiction. (जीवन परस्पर विरोधी तत्त्वों की शृंखला या सम्मिश्रण है, जो अपनी प्रवृत्ति के अनुसार आपस में मिल भी सकते हैं और नहीं भी..., लेखक वास्तविकता की उपेक्षा नहीं कर सकता, विशेषकर वास्तविकता के उन नाटकीय पक्षों की, जो एक-दूसरे के खिलाफ डटकर खड़े होते हैं!)

मेरी दृष्टि में लेखन का सबसे बड़ा खतरा है लेखक की पक्षधरता और प्रतिबद्धता जिसके फलस्वरूप वह जीवन को उसकी पूर्णता में नहीं देख पाता। पक्षधर और प्रतिबद्ध लेखक सामान्यतया अपने पक्ष, अपने सिद्धान्त के विरोधी तत्त्वों को दबाता या उनकी उपेक्षा करता है। ऐसा लेखक जीवन-सत्य को विकृत रूप में प्रस्तुत करता है। नेटो जीवन की वास्तविकता को देखने की सिफारिश करते हैं और जोर देते हैं कि वह विशेषकर उसके परस्पर-विरोधी तत्त्वों को देखें। जीवन सत्य को इससे अधिक स्पष्ट रूप में देखने का शायद कोई दूसरा तरीका नहीं।

ऐसे अधिवेशनों में लेखक को उसका कर्तव्य बताने, समाज के प्रति उसका दायित्व समझाने, लेखन को पाठकों के लिए ग्राह्य बनाने, उपनिवेशवाद, साम्राज्यवाद, जातिवाद, रंगभेदवाद का विरोध करने, विश्वशान्ति-प्रयत्नों में योग देने आदि-आदि की बातें इतनी बार दुहराई जाती हैं कि सुनते-सुनते आदमी ऊब उठता है। मैं तो यह मान कर चलता हूँ कि व्यापक अर्थ में जीवन सत्यों पर आधारित लेखन अथवा साहित्य प्रगतिशील और शांतिकर्मी होने के सिवा दूसरा हो नहीं सकता। प्रचारात्मक लेखन—अगर प्रभावकारी बन सका—समयोपयोगी होकर भी साहित्य की गरमा नहीं प्राप्त कर पाता।

दिन के सत्र में विभिन्न देशों से आये प्रतिनिधि अपने-अपने देश में प्रगतिशील साहित्य की स्थिति-प्रगति के ब्यौरे देते थे—भारत के, विशेषकर हिन्दी के, ऐसे साहित्य का ब्यौरा डॉ. साहनी ने दिया था। सन्ध्या समय प्रतिनिधियों के मनोरंजनार्थ सांस्कृतिक कार्यक्रम रखे जाते थे। एकाधिक सन्ध्याओं में अंगोली नृत्य-गान हुए थे। एक सन्ध्या काव्य-पाठ के लिए रखी गयी थी। मैंने अपनी कविता 'खून के छापे' सुनाई थी जो 'दो चट्टानें' (1965) से थी। उसका अंग्रेजी अनुवाद डॉ. साहनी ने किया था, उसका पुर्तगाली अनुवाद किसी अंगोली कवि ने। उसके इस पद पर देर तक हर्ष और करतल-ध्वनि की गयी थी।

सुबह-सुबह उठकर क्या देखता हूँ
कि मेरे द्वार पर
खून-रंगे हाथों के कई छापे लगे हैं।
यह मासूम खून किनका है?
क्या उनका
जो अपने श्रम से धूप में, ताप में
धूलि में, धुएँ में सनकर, काले होकर,
अपने सफ़ेद-खून स्वामियों के लिए
साफ़ घर, साफ़ नगर, स्वच्छ पथ
उठाते रहे, बनाते रहे,
पर उन पर पाँव रखने, उनमें बैठने का
मूल्य अपने प्राणों से चुकाते रहे।
उनके रक्त की छाप अगर लगनी थी तो
किसके द्वार पर?

एक स्वर से जनता से आवाज़ उठी थी 'पुर्तगाली गवर्नमेंट हाउस के द्वार पर'। प्रसंगवश बता दूँ कि जिस हॉल में यह कविता पढ़ी गयी थी वह ऐसा ही था जिसमें पुर्तगाली शासन काल में अंगोला के मूल निवासियों का प्रवेश वर्जित था। कामरेड आगस्टीनो नेटो उस काव्य-सन्ध्या में किसी कारण उपस्थित न हो सके थे, पर उन्होंने अपनी एक कविता भेजी थी, जिसका अंग्रेजी अनुवाद वितरित किया गया था—मैं यहाँ उसका हिन्दी अनुवाद प्रस्तुत कर रहा हूँ—

वह अभागा काला

वह बेच दिया गया,
वह नौकाओं में अज्ञात देशों को भेज दिया गया,
कोड़ों से पीटा गया,
बड़े नगरों में मुक्कों-मार घसीटा गया,
पाई-पाई से महरूम किया गया,
वह बिलकुल मिट्टी में मिला दिया गया,
उसने क्या-क्या नहीं सहा,
वह जहाँ भी रहा पराजित-धराशायी रहा।

उसे इन्सान और भगवान
दोनों का हुक्म बजाने को मजबूर किया गया,
उसे अपने देश, अपनी धरती से दूर किया गया,
वह जहाँ भी रहा खोया-खोया,
अपने आप से भी बिगोया-बिगोया।

एक फटा-पुराना चिथड़ा।
जिसका रंग-ढंग अपने-सा न पाकर,
जिसने जहाँ भी उसे देखा
उस पर कसा फ़िकरा।

काला-कलूटा चिथड़ा,
देश-काल में जिसका कहीं नहीं ठिकाना,
जिसे दीन-हीन-मलीन देख
धीमे से कहता है ज़माना,
(पता नहीं व्यंग्य से
कि दया से)

बेचारा नीग्रो!

और वह है बेज़बान!
जबकि कवि मानते हैं उसे भाई के समान!

उनकी कविता की वाहवाही में मेरी कविता की वाहवाही डूब गयी थी।

एक दिन प्रतिनिधियों को अंगोला के मध्य का कोई प्रदेश दिखाया गया था, जहाँ पानी का एक बड़ा झरना था। हम लोग हवाई-जहाज़ से गये थे और फिर बसों से; वहाँ एक विशाल रेस्ट हाउस में हमारे लंच का प्रबन्ध था। रेस्ट हाउस के बरामदे से झरने को देखना और उसका झर-झर निनाद सुनना बड़ा ही सुखकर अनुभव था। निर्झर मुझे हमेशा काल का प्रतीक लगा है—'लव, निमेष, परमानु, युग, वर्ष, कल्प' महाकाल के निर्झर से अनवरत झरते चले जाते हैं—कोई भी क्षण झरकर

फिर न कभी ऊपर चढ़ने के लिए...

प्रदेश के निवासियों ने रेस्ट हाउस के सामने अपने स्थानीय वाद्य-यन्त्रों पर नृत्य-गान का कार्यक्रम आयोजित किया था। वाद्य-यन्त्रों में एक बाजा था जिसे मैं 'तूंबीतरंग' कहना चाहूँगा, अपने यहाँ के जल-तरंग के जोड़ का। बड़ी-छोटी 17 तूंबियों का मुँह काटकर एक क्रम में बाँधा गया था, तूंबियों के मुँह पर किसी ख़ास लकड़ी के बड़े-छोटे टुकड़े क्रम से बाँधे गये थे। जब दो डण्डियों से लकड़ी के टुकड़ों पर चोट की जाती थी, तब सरगम के आरोह-अवरोह में तूंबियों से स्वर निकलते थे। आघातों के क्रम को नियन्त्रित कर कई तरह के राग-ताल निकाले जाते थे। अंगोली भाषा में उसे 'मारिम्बा' कहते हैं। इसके साथ खड़ा ढोल बजता है जो दोनों हाथों से एक ही तरफ़ा बजाया जाता है। यह 'एंगोमा' कहलाता है। इन्सान के संगीत प्रेम ने भी कैसी-कैसी चीजों को श्रुति-मधुर ध्वनियों का उपकरण बनाया है। जब उनके सामूहिक नृत्य में हमारे साथ के कुछ प्रतिनिधि भी शामिल हो गये, तो उनके हर्ष का ठिकाना न रहा। उन्होंने उनको ठीक 'स्टेप्स' सिखाये और बीच-बीच में निकाली जाने वाली विचित्र ध्वनियाँ भी बताईं। नाचने वालों में अंगोली स्त्रियाँ भी थीं। कई तो अपने बच्चों को पीठ पर बाँधे हुए नाच रही थीं। अंगोली स्त्रियाँ काम करने भी जाती थीं, तो बच्चे को पीठ पर बाँधकर। पीठ पर बँधे किसी बच्चे को मैंने रोते नहीं देखा। शायद वे उनको सोने की कोई बूटी खिलाती हैं।

सद्य: स्वतन्त्र हुई कौमों के प्रारम्भिक वर्ष प्राय: उल्लास-उत्सव के होते हैं। अंगोली इस उत्सव-उल्लास में भूल नहीं गये थे कि उन्हें अपने देश का पुनर्निर्माण करना है। मुल्क छोड़कर जाते-भागते पुर्तगालियों ने 'स्काच्र्ड अर्थ' पालिसी अपनाई थी, यानी वे जो कुछ तोड़-फोड़, नष्ट-भ्रष्ट कर सके थे, करके गये थे। और अंगोली जनता लग गयी थी, उनका फिर से निर्माण करने में।

नाश के दुख से कभी
दबता नहीं निर्माण का सुख;
प्रलय की नि:स्तब्धता से
सृष्टि का नवगान फिर-फिर।
नीड़ का निर्माण फिर-फिर।

होटेल ट्रापिकल सिविल लाइन्स में था, जो कभी अंगोलियों के लिए वर्जित क्षेत्र था; मैं अपने कमरे की खिड़की से देखता था झुण्ड-के-झुण्ड मजदूर काम करने के लिए सड़कों से गुजरते थे। लोगों ने 'स्वेच्छया काम करने के दिन' बाँध लिये थे; पहले उन्हीं लोगों के लिए 'ज़बरन काम कराने के दिन' नियत थे। श्रम तो शायद वही था, पर उद्देश्य ने कितना अन्तर कर दिया था! पहले वे काम करते थे दूसरों के लिए, अब वे काम कर रहे थे अपने लिए। हमें बताया गया था कि कितने ही उद्योग-संस्थानों, ख़ानों, खेतों, कारख़ानों में लोग इतवार को भी काम करने आते थे, जिसके लिए वे कोई मज़दूरी नहीं लेते थे। नीग्रो लोगों में अपार कष्ट-सहन-श्रम

क्षमता है। सही पथप्रदर्शन मिलने पर दुनिया का कोई ऐसा मुश्किल काम नहीं, जो वे न कर सकते हों।

सिविल लाइन के होटल में ठहरे हुए कोई अन्दाज़ा नहीं लगाया जा सकता था कि लुआंडा का सामान्य नागरिक कैसा जीवन जीता है। एक दिन होटल के एक कर्मचारी को साथ ले, जो थोड़ी-बहुत अंग्रेज़ी समझता था, मैं शहर चला गया, जिसे 'शैंटी-टाउन' कहते थे। क्या आपने बम्बई का धरावी क्षेत्र देखा है, जो एशिया का सबसे बड़ा स्लम (झोंपड़पट्टी) समझा जाता है? शैंटी टाउन उसी का प्रतिरूप था—बच्चे, काफ़ी उम्र तक के प्राय: नंगे, मर्द-औरतें क्षीणतम वस्त्रों में। उनको देखकर दुखी होना स्वाभाविक था, पर इस बात की खुशी भी थी कि मैंने किसी को बेकार बैठा, सुस्त नहीं देखा। लोग चुप, बगैर शोरगुल-शिकायत के कामों में लगे थे। झोपड़पट्टी के कुछ हिस्सों की सफ़ाई हो गयी थी, कुछ की हो रही थी, कहीं-कहीं नयी डिज़ाइन के मकान खड़े हो रहे थे, नालियाँ डाली जा रही थीं, गलियाँ, सड़कें साफ़, बराबर की जा रही थीं। मालूम होता था, जैसे किसी ने उनके सामने कोई सपना रख दिया है और उन्हें विश्वास दिला दिया है कि वह साकार किया जा सकता है।

अधिवेशन के अन्तिम दिन 'पैनोरमा होटल' में रात्रि भोज था, खुले में; कामरेड आगस्टीनो नेटो भी उसमें पधारे थे।

दो दिन विदा की तैयारी के लिए थे।

दूसरे दिन शाम को राष्ट्राध्यक्ष ने भारतीय डेलीगेशन को चाय पर निमंत्रित किया था। उनके निवास से मोटर आयी थी और डॉ. भीष्म साहनी को और मुझे वहाँ ले गयी थी। अध्यक्ष-भवन बहुत बड़ा नहीं था, पर चारों ओर टैंकों-सैनिकों से सुरक्षित। वे हम दोनों से अपने पुस्तकालय में मिले थे। कमरे में हम तीनों के अतिरिक्त केवल दुभाषिया था, जो हमारी बात उन्हें पुर्तगाली में और उनकी बात हमें अंग्रेज़ी में बताता था। हम लोगों ने अपना परिचय दिया। उन्हें इस बात की स्मृति थी कि उनके साथ ही मुझे भी 1970 का लोटस पुरस्कार मिला था। मैंने उन्हें 'मधुशाला' का रिकार्ड भेंट किया जो मैं साथ ले गया था, भीष्म साहनी ने अपनी कुछ पुस्तकें दीं। नेटो साहब ने हम दोनों को अपनी कविताओं के अंग्रेज़ी अनुवाद का संग्रह भेंट किया। बातचीत के दौरान उन्होंने बताया कि अंगोला की स्वतन्त्रता के बाद भारत की प्रधानमन्त्री श्रीमती इन्दिरा गाँधी ने दोनों देशों ने राजदूतीय सम्बन्ध स्थापित करने का प्रस्ताव किया था, पर इसके पूर्व कि वह कार्यरूप में परिणत हो, उनकी सरकार गिर गयी और नयी सरकार इस विषय में अभी तक चुप है। उस सन्ध्या को नेटो ने अधिक बात न की थी। वे गम्भीर और चिन्ताग्रसत लगे। होगी कोई राजनैतिक समस्या उनके सामने। चाय-समाप्ति पर दुभाषिये ने हमसे कहा, राष्ट्राध्यक्ष का और कार्यक्रम है। यह संकेत था हमें उनसे विदा लेने का। धन्यवाद, अभिवादन, परस्पर शुभकामना प्रकाशन के बाद जब हम बाहर निकले, तो राष्ट्राध्यक्ष हमें मोटर तक छोड़ने आये। हमें बाद को मालूम हुआ कि अध्यक्ष-निवास में चाय पर बुलाकर समादर-अभिव्यक्ति का यह गौरव भारतीय डेलीगेशन के

अतिरिक्त और किसी को नहीं दिया गया था।

अंगोला से लौटे साल नहीं बीता था कि एक दिन अखबारों में मैंने पढ़ा कि आगस्टीनो नेटो की मास्को में मृत्यु हो गयी। उन्हें कैंसर हो गया था और उपचार के लिए वे मास्को लाये गये थे। मौत पर किसी का वश नहीं। आशा है नेटो का सपना साकार करने में अंगोला आज भी लगा हुआ है। और नेटो की वाणी बहुत दिनों तक अंगोला निवासियों को ही नहीं, अफ्रीका के सभी दलित-दमितों, शोषित-पीड़ितों को उठने, उभरने और अपना भाग्य बदलने के लिए प्रेरित-प्रोत्साहित करती रहेगी।

हम एक दूसरे रास्ते से अंगोला से लौटे। लुआंडा से हमारा हवाई-जहाज़ सीधे बेलग्रेड आया और वहाँ से मास्को। कोई चार घण्टे की बचत हुई। मास्को से मैं दिल्ली होता हुआ बम्बई लौटा।

इस बार मैं अपने पोते-पोतियों के लिए लुआंडा, बेलग्रेड, मास्को से बहुत-सी गुड़ियाँ खरीद कर लाया था और लाटरी से मैंने सबों में बाँटीं। और पूरे एक सप्ताह खाने की मेज़ पर मैंने अपनी अंगोला यात्रा के अनुभव सुनाये।

एक सुखद आश्चर्य की बात बताना तो भूल ही गया था। जिस रात मैंने ट्रापिकल होटल में पहुँच अपना पासपोर्ट दिखाया था, काउंटर-क्लार्क ने मुझसे पूछा था, क्या आप अमिताभ बच्चन के पिता हैं? अमिताभ बच्चन की एक फ़िल्म शहर में लगी है। क्लार्क किसी गोवा-निवासी का पुत्र था, जिसका स्थानान्तरण पुर्तगाली शासन में गोवा से लुआंडा कर दिया गया था और वह वहीं बस गया था। हिन्दी फ़िल्में हिन्दी को कहाँ-कहाँ ले गयी हैं।

एक दिन मज़ाक-मज़ाक में मैंने कह दिया था कि मैं अपनी डाक्टरेट की रजत जयन्ती केम्ब्रिज में मनाना चाहता हूँ। कहकर मैं भूल भी गया था, पर अमिताभ ने उसे गाँठ बाँध लिया था और कुछ योजना बना रहे थे कि '79 में किसी समय वे मुझे इंग्लैण्ड ले जा सकें—मैंने केम्ब्रिज से डाक्टरेट '54 में की थी। उनकी फ़िल्म 'दोस्ताना' के कुछ दृश्य इंग्लैण्ड में शूट किये जाने वाले थे। उन्होंने कार्यक्रम अगस्त-सितम्बर '79 के लिए रख लिया और मुझे, तेजी और अजिताभ को साथ चलने के लिए आमन्त्रित कर दिया—हम परिवार के चार ही थे, जब मैंने डाक्टरेट की थी। तेजी की तबीयत बहुत अच्छी नहीं थी, पर मेरा और लड़कों का उत्साह देखकर वे तैयार हो गयीं। अपने इच्छा-बल से वे बहुत कुछ कर लेती हैं।

हम लोग बम्बई से चलकर दिल्ली, फैंकफ़र्ट रुकते लन्दन पहुँचे थे। 27 बरस पहले जब मैं लन्दन गया था, तब भी हवाई-जहाज़ से गया था। जहाज़ में बैठे-बैठे मुझे अपनी वह पहली यात्रा याद आ रही थी। जहाज़ के उठते ही मुझे तेजी और बच्चों की याद सताने लगी थी, अपने इन प्यारों, आँख के तारों को छोड़ कहाँ जा रहा हूँ! और वही प्यारे, आँख के तारे अब मेरे साथ बैठे थे। पर याद आने को दूसरी चीज़ें थीं—दोनों बहुएँ, पाँच पोते-पोतियाँ! तब तो दो साल के लिए गया था, अब तो 10-15 दिन में लौट रहा हूँ।

हम लोग लंकास्टर होटल में ठहरे थे।

अमिताभ दूसरे ही दिन से अपनी शूटिंग के लिए जाने लगे।

हम लोग दिन को लन्दन घूमने के लिए निकलते। ओंकारनाथ श्रीवास्तव बी.बी.सी. में काम करते थे। उन्हें हमने सूचित कर दिया था। उन्हें छुट्टी होती, तो वे आ जाते, वे न आ सकते,तो उनकी पत्नी कीर्ति आ जातीं। कभी पति-पत्नी दोनों आ जाते।

पहले-पहल लन्दन मैंने मार्जरी बोल्टन के साथ देखा था—मेरी 'मधुशाला' की अनुवादिका। देखने योग्य संस्थान, जगहें, इमारतें क्या बदलनी थीं। हमीं बदल गये थे। बार-बार उन्हें पहली बार देखने की यादें जग जातीं। 45 बरस की आँखों से चीज़ों को देखने का कुछ और अनुभव होता है और 72 बरस की आँखों से देखने का कुछ और। अन्तर बताना बहुत कठिन है। सड़कों, बाज़ारों, दुकानों के सामने वह अन्तर नगण्य मालूम होता है, पर किसी ऐतिहासिक, किसी कलाकृति के सामने वह बहुत बढ़ जाता है। कहना तो मैं चाहूँगा कि उनमें जीवन का एक स्पन्दन होता है, जो कालगति का अनुभव करता है; पर शायद यह कवित्व की भाषा समझी जाये। गद्य की अभिव्यक्ति शायद यह होगी कि इस स्पन्दन-इस अनुभव को हम आरोपित करते हैं, पर आरोपित करने की प्रेरणा कलाकृतियों से ही आती है; उनमें कलाकार अपने प्राणों का कोई अंश छोड़-बस जाता है, जो हमारे प्राणों से कोई सम्बन्ध स्थापित करता है, हमें सम्बोधित करता है, तुमने हमें कई बार देखा हो, पर हमें पूरी तरह नहीं देखा, हममें बहुत कुछ अनदेखा रह गया है। और अगर हम सहृदय हों और उसको सुनें, तो हम निश्चय हर बार उसमें कुछ नया पायेंगे—'दिने-दिने यन्नवतामुपैति तदैव रूपम रमणीयतायाम' लन्दन में बहुत कुछ ऐसा है, जिसे रमणीय की श्रेणी में रखा जा सकता है।

अमिताभ शूटिंग से घर वापस आने पर प्रायः शूटिंग की चर्चा नहीं करते। वहाँ की बात वहीं छोड़ आते हैं, उचित भी यही है। पर हम लोग पूछते, तो बताते। कौतूहल तो होता ही था कि ऐसा क्या दिखाना था, जिसे शूट करने के लिए यूनिट लन्दन आयी। यहाँ शूटिंग पर जो वे खतरे उठाते, उन्हें सुनकर हमारे रोंगटे खड़े हो जाते। अमिताभ ने अपनी फ़िल्मों की शूटिंग के दरमियान क्या-क्या खतरे उठाये हैं, उसकी कथा तो कभी वे ही कहेंगे। 'दोस्ताना' में एक दृश्य था, जिसमें उड़ते हेलीकाप्टर से लटकते हुए उन्हें नीची भागती एक ट्रक पर कूदना था। अमिताभ कहते हैं उन्हें जोखिम उठाने में मजा आता है, वे एक अद्‌भुत thrill का अनुभव करते हैं। हम लोग किसी दिन उनकी शूटिंग देखने न गये—वे तो खतरा उठाने का मज़ा लेते और हमारी जान सूखती।

लंदन की सिर्फ़ दो बातें मुझे याद हैं—तेजी के साथ क्लैरिजेज़ में शॉपिंग की और बी.बी.सी. में कवि सम्मेलन की। क्लैरिजेज़ की कई मंज़िलों की इमारत है। विक्रय केन्द्रों की संख्या ही हज़ार के करीब होगी। दुनिया की कोई चीज़ नहीं जो आप वहाँ न खरीद सकते हों।

एक शाम ओंकार ने बी.बी.सी. में मेरा काव्यपाठ रख दिया था। उन दिनों

'सारिका' के सम्पादक कन्हैयालाल नन्दन लन्दन में थे और ओंकार के साथ ही ठहरे थे। साथ काव्य-पाठ करने के लिए ओंकार ने उन्हें भी बुला लिया था; लन्दन स्थित दो-एक और कवियों को। काव्य-पाठ को अधिक सजग-सजीव बनाने के लिए उन्होंने 40-50 श्रोताओं को भी निमन्त्रित कर दिया था। एक प्रकार से यह मिनी कवि सम्मेलन ही था। डेढ़-दो घण्टे का रोचक कार्यक्रम हुआ। बाद को ओंकार ने उसका कैसेट मुझे भेज दिया था, जो मेरे पास कहीं रखा है। वहाँ मैंने मधुशाला' की कुछ रुबाइयाँ, 'जीवन की आपाधापी में', 'हंस की विदा'—'चार दिन मेरा तुम्हारा हो चुका है, हेम हंसिनि, और इतना भी यहाँ पर कम नहीं है', गीत—'इसीलिए खड़ा रहा कि तुम मुझे पुकार लो', 'तुम गा दो मेरा गान अमर हो जाये', और 'रूस की गुड़िया' शीर्षक कविता सुनाई थी।

ओंकार की इच्छा थी उनकी कुछ प्रिय कविताओं को मैं उनके लिए ख़ास अलग रिकार्ड कर दूँ। रेकार्डिंग का सारा इन्तज़ाम उन्होंने मेरे होटल के कमरे में कर दिया। जाने कहाँ-कहाँ से उन्होंने मेरे काव्य-संग्रह एकत्र कर अपनी प्रिय कविताओं पर निशान लगाये। दो नये कैसेट लाये थे। अगर पूरी रिकार्डिंग होती, तो तीन घण्टे की होती। नाश्ते के बाद मैं रिकार्डिंग करने बैठा, मगर आधे घण्टे के बाद मेरी आवाज़ चली गयी।

'अहह प्रथम बल मम भुज नाहीं'—कहना चाहिए था
'अहह प्रथम बल मम गर नाहीं'—'गर' यानी गला।

हम विशेष उत्सुक थे आक्सफर्ड और केम्ब्रिज जाने के लिए। मिस मार्जरी बोल्टन डी.फिल. करने के बाद आक्सफ़र्ड युनिवर्सिटी में लेक्चरर नियुक्त हो गयी थीं और वहीं रहने के लिए एक मकान खरीद लिया था। वह आक्सफ़र्ड की स्नातिका थीं और आक्सफ़र्ड उसे बहुत प्रिय था, उसके सुन्दर दृश्यों के कारण और अपने जीवन के अनेक मार्मिक प्रसंगों से सम्बद्ध होने की वजह से भी। वह बहुत सन्तुष्ट थी कि अन्त में वह जाकर आक्सफ़र्ड में व्यवस्थित हुई। उसने शादी नहीं की थी। मैंने जब उसे फ़ोन पर बताया कि आजकल मैं लन्दन आया हूँ, अपनी पत्नी और दोनों बेटों के साथ, और एक दिन के लिए आक्सफ़र्ड आना चाहता हूँ, तो वह बहुत खुश हुई। उसने कहा, 'आप सुबह वहाँ से चलें, लंच मेरे यहाँ लें, मैं आप सब लोगों के लिए हिन्दुस्तानी खाना अपने हाथ से बनाऊँगी, फिर आपको आक्सफ़र्ड दिखाऊँगी, शाम को आप वापस जा सकते हैं।' मैंने उससे कहा, 'लंच बनाने का बखेड़ा तुम न उठाओ, हम पहुँचें तो हमें एक-एक प्याली चाय या कॉफी पिला देना, फिर हमें आक्सफ़र्ड दिखाना, लंच हम किसी होटेल या रेस्ट्राँ में कर लेंगे, लंच पर तुम हमारी मेहमान होगी।' वह मान गयी।

हम लोग कार से गये थे। साठ मील की यात्रा थी, कोई डेढ़ घण्टे की। सीधे मार्जरी के घर गये। वह हमारी प्रतीक्षा में थी। हम एक-दूसरे को पच्चीस वर्ष बाद देख रहे थे, एक मिनट हम एक-दूसरे को देखते चुपचाप खड़े रहे, जैसे आँक रहे हों कि इन पच्चीस वर्षों में काल ने हममें क्या शारीरिक परिवर्तन किया है। फिर

मार्जरी ही बोली,

'आप बहुत नहीं बदले हैं।'

मुझे भी कहना था, 'और तुम भी बहुत नहीं बदली हो।'

पर मार्जरी बदल गयी थी। बदन से वह भरी पहले भी थी। अब कुछ भारी हो गयी थी। आँखों पर उसके चश्मा चढ़ गया था। बाल उसके लाली लिये सुनहले थे, अब लाली का कहीं पता न था, सुनहले बालों पर चाँदी के बालों ने अपना जाल फैलाना शुरू कर दिया था। चेहरा उसका पहले-सा ही गोरा-चिट्टा-चिकना था, पर उस पर एक अकादमीवी संयत गांभीर्य छा गया था। मैंने तेजी और अमिताभ और अजिताभ का परिचय दिया। अमिताभ को वह कई फ़िल्मों में देख चुकी थी—हिन्दी फ़िल्में अब इंग्लैण्ड में खूब चलती हैं। अमिताभ को ऊपर से नीचे तक देखकर बोली, 'पर्दे पर तुम जैसे दिखते हो, उससे अच्छे तो तुम वास्तविक जीवन में लगते हो!' फिर अजिताभ को देखकर कहा 'तुम थोड़े से और लम्बे होते, तो तुम दोनों को साथ देखकर लोग समझते कि तुम दोनों जुड़वाँ हो।' वे दोनों एक ही तरह का सूट पहनकर गये थे। तेजी की साड़ी की उसने तारीफ की, उनके एकाध आभूषणों की भी। इसी तरह तेजी ने मार्जरी के कपड़े, गले में पड़ी चेन की तारीफ की। स्त्रियाँ मिलती हैं, तो एक-दूसरे के परिधान की या गहनों की तारीफ़ करती हैं, उनके रूप की कभी नहीं—

'नारि न मोह नारि के रूपा'

हमने मार्जरी को एक नीली साड़ी भेंट की जो हम उसके लिए ले गये थे। वह अपने भारतीय प्रेमी की याद में कभी-कभी साड़ी पहनती थी। उसके गोरे बदन पर नीली साड़ी खूब फबती थी—उसके दो भारतीय प्रेमियों का मुझे पता है। शादी किसी से भी न हो सकी थी। दोनों की मृत्यु हो चुकी थी। प्रेम के मामले में मार्जरी अभागिन रही है। उसके बारे में मैं पहले लिख चुका हूँ।

मार्जरी ने अपना घर हमें दिखाया। घर छोटा था, पर बहुत सुन्दर, सुरुचि-सुसज्जित। सारा घर, जैसा कि आक्सफ़र्ड के लेक्चरर का होना चाहिए था, किताबों से भरा! घर दुमंजिला था। नीचे बेडरूम, ड्राइंग-डाइनिंग रूम, किचेन, बाथरूम। ऊपर स्टडी और गेस्ट रूम। मुझसे बोली, 'आप आइये और कुछ दिन मेरे गेस्ट के रूप में यहाँ रहिये।' मैंने कहा, 'इस बार नहीं, अगली बार आऊँगा तब।'

और हम आक्सफ़र्ड देखने निकले।

सिर्फ़ बाधम कालेज में मैंने गाइड का काम किया। जब मैं रायल इण्डिया सोसाइटी के मेहमान के रूप में पहली बार केम्ब्रिज से आक्सफ़र्ड आया था तब मुझे बाधम कॉलेज में ठहराया गया था।

फाटक से प्रवेश कर कोर्टयार्ड में दाहिनी ओर ज़ीना था।

'देखो, इस ज़ीने से चढ़कर जो पहला कमरा आता है वहाँ मैं ठहरा था, कोर्टयार्ड के दाहिने ओर जो बड़ा कमरा है, वहाँ सोसाइटी का सेमिनार होता था।' सामने डाइनिंग हॉल है। हम डाइनिंग हाल पार कर दूसरी ओर जाते हैं। ऊँची

चाहरदीवारी से घिरा बाग़ है। 'यहाँ दाहिनी ओर लान पर मेरा कविता पाठ हुआ था। चित्र उसका घर पर रखा है। यहीं मैं अंग्रेज़ी लेखक डेनिस और उनकी पत्नी पैट्रीशिया से मिला, जो मन्मथशायर में रहते थे और मैं एक बार मन्मथशायर जाकर कुछ दिन उनके साथ ठहरा था। कोर्टयार्ड के बाईं ओर जो कमरा है, उसमें उस समय के आक्सफ़र्ड के वाइस-चांसेलर सी.एम. बावरा की स्टडी थी। यहीं मैं उनसे मिला था। उन्होंने साल-भर के लिए मुझे आक्सफ़र्ड में प्रवेश दिया था, पर मैं केम्ब्रिज में ऐसा रमा कि आक्सफ़र्ड न आ सका।...यहीं से, अमित, तुम्हें मैंने आक्सफ़र्ड पर एक सचित्र पुस्तक भेजी थी, कुछ याद है?...

शेष आक्सफ़र्ड हमें दिखाने का काम मार्जरी ने किया, विशेष तो तेजी, अमित, अजित को दिखाना था, मेरा तो पहले का भी देखा था, पर देखे को देखने का कुछ और आनन्द होता है। देखने योग्य कुछ भी देखने के लिए पुराना नहीं होता। द्रष्टा के बदलने से दृश्य बदल जाता है। कम-से-कम आप दूसरी आँख से देखते हैं।

मार्जरी आक्सफ़र्ड की चलती-फिरती इतिहास थी।

उसने हमें कुछ ऐसी बातें बतायीं, जो मेरे लिए भी नयी थीं। सच तो यह है कि आक्सफ़र्ड की चार दिन की पहली यात्रा के बाद न मैं आक्सफ़र्ड फिर गया था, न मैंने उसमें विशेष रुचि ली थी। केम्ब्रिज में ही मुझे सीमित समय में बहुत करने-धरने को था।

एक इमारत दिखाकर मार्जरी ने बताया कि उसमें आक्सफ़र्ड इण्डियन मजलिस और आक्सफ़र्ड पाकिस्तान मजलिस की बैठकें होती हैं। प्रारम्भ में आक्सफ़र्ड इण्डियन मजलिस का नाम 'नौरतन' था, शायद विक्रमादित्य की सभा के नौ रत्नों की याद में। हो सकता है कि मजलिस के संस्थापक सदस्य केवल नौ रहे हों। बाद को सदस्य संख्या नौ से अधिक बढ़ने पर भी 'नौरतन' ही नाम चला। उसकी बैठकें बंकिम के 'वन्दे मातरम' और इक़बाल के 'सारे ज़हाँ से अच्छा हिन्दोस्ताँ हमारा' के गान से आरम्भ होती थीं। अब आक्सफ़र्ड इण्डियन मजलिस की बैठकों में शायद ही 'वन्दे मातरम' या 'सारे जहाँ से अच्छा' गाया जाता हो। शायद भारत का राष्ट्रगान 'जनगण मन' गाया जाता हो। आक्सफ़र्ड पाकिस्तान मजलिस में पाकिस्तानी राष्ट्रगान गाया जाता होगा। मुझे पाकिस्तान के राष्ट्रगान का पता भी नहीं।

'टाम टावर' देखने की याद भी मुझे न थी। कम-से-कम यह नहीं मालूम था कि हर रात 9 बजकर 5 मिनट पर यहाँ से 101 घण्टे बजाये जाते हैं, उन 101 सदस्यों की याद में जिन्होंने इसकी स्थापना की थी। इस टावर का नक़्शा सर क्रिस्टोफर रेन ने तैयार किया था, जो आक्सफ़र्ड और केम्ब्रिज की कई प्रसिद्ध इमारतों के निर्माता थे।

इंग्लैण्ड की ऊँची इमारतों पर प्रायः हवा का रूख जानने के लिए weather cock (मौसमी मुर्ग) लगा रहता है। हवा जिधर को बह रही हो, उधर ही मुर्ग का मुख हो जाता है। weather cock मुहावरा हो गया है उस आदमी के लिए, जिसका अपना कोई सिद्धान्त न हो; जो देश-दुनिया की हवा के साथ अपना रुख,

अपने विचार बदल देता हो। ऐसों के लिए हिन्दी में भी एक कहावत है, 'जैसी बहै बयार पीठ तब तैसी दीजै'—आधुनिक भारतीय राजनीति का 'आया राम, गया राम'। मार्जरी ने एक ऊँची इमारत दिखायी, जिस पर weather cock की जगह पर weather elephant लगा था, यानी जिधर की हवा होती, उधर हाथी अपनी सूँड कर देता था। किसी ऐसे इंजीनियर की कल्पना होगी जो कभी भारत में कुछ दिन रहा होगा और गणपति के प्रतीक से प्रभावित उसने मुर्गे की जगह हाथी लगा दिया होगा।

आक्सफ़र्ड के विश्वप्रसिद्ध वोडलियन पुस्तकालय से—जहाँ से कभी कोई किताब बाहर ले जाने के लिए इशू नहीं होती—और ऐशमोलियन अजायबघर से तो जैसे हम बस होकर निकल गये—walked through—आधे-आधे घण्टे से अधिक हमने क्या दिया होगा उनको—उनमें कोई हफ्तों गुजारे तो उनके वैभव का कुछ आभास पाये। आक्सफ़र्ड की प्रसिद्ध सड़क 'हाई स्ट्रीट' से गुजरते हुए हमने बस जाना कि इस नगर को जो City of Spirals (गुम्बदों का नगर) कहा जाता है, वह कितना सटीक है।

अपराह्न हो चला था। हमने एक रेस्ट्राँ में लंच लिया। वहाँ कुछ लोगों ने अमिताभ को पहचान लिया था। देखते-ही-देखते रेस्ट्राँ के सामने भीड़ लग गयी। अब पैदल चलकर कुछ देखना असम्भव था। मोटर में बैठकर हमने आक्सफ़र्ड की एक परिक्रमा की और मार्जरी को उसके घर पर छोड़कर हम लन्दन के लिए रवाना हो गये।

रास्ते में अमित-अजित कहते रहे—काश हम लोगों को पढ़ने के लिए आपने आक्सफ़र्ड भेजा होता! मैंने कहा, मुझमें तो अर्थ-सामर्थ्य नहीं था, तुम अपने बेटे-बेटियों को भेजना!

इसी तरह एक ही दिन में केम्ब्रिज भी देखने का कार्यक्रम बना। अमित तो केम्ब्रिज पहले भी देख चुके थे, फिर उनको शूटिंग से छुट्टी नहीं मिल सकी; अजित को भी कोई ज़रूरी काम आ गया, और आख़ीर वक्त पर उन्होंने केम्ब्रिज जाने का इरादा छोड़ दिया। मैं तो चाहता था कि जब मैं अपनी डाक्टरेट की रजत जयन्ती मनाने को केम्ब्रिज जा रहा हूँ तो दोनों मेरे साथ होते। ख़ैर, तेजी मेरे साथ थीं। मैंने ओंकार-कीर्ति को साथ चलने को आमन्त्रित कर लिया। कार से ही हम लोग गये। 90 मील की दूरी हमने दो-ढाई घण्टे में तय की।

सबसे पहले मैं अपने शोध-प्रबन्ध के निदेशक डॉ. हेन की पत्नी से मिलना चाहता था। डॉ. हेन की मृत्यु हो चुकी थी। सीधे हम लोग सेंट केथरीन्स कॉलेज गये। कालेज वैसे ही अपने पुरातन अकादमीवी गौरव के साथ खड़ा था—मेरे दो बरस की कितनी-कितनी याद जगाता हुआ! पोर्टर से हमने मिसेज हेन के निवास का पता लिया। हेन की मृत्यु के बाद उन्होंने हेन का पुस्तकालय कैथरीन्स कॉलेज को दान कर दिया था, मकान को बेच दिया था और एक वृद्ध-निवास में रहने चली गयी थीं। उनके एकमात्र लड़के ने हेन के जीवनकाल में ही आत्महत्या कर ली थी

और उनकी एकमात्र लड़की बैरिस्टर के रूप में लन्दन में व्यवस्थित हो गयी थी। इंग्लैण्ड में जवान लड़के-लड़कियाँ अपने वृद्ध माता-पिता को साथ रखना नहीं चाहते।

मिसेज़ हेन को देखकर मुझे बड़ी तकलीफ हुई। वृद्ध-निवास का वातावरण ही उदास-उदास था, जिसमें यह लगभग पचासी बरस की वृद्धा-विधवा, बहुत से वृद्धों के बीच भी अकेली-सी अपने जीवन के दिन काट रही थी। महाभारत में गांधारी कृष्ण से कहती है—

वासुदेव जरा कष्टं, कष्टं जीवन निर्धनं।
पुत्रशोक महाकष्टं कष्टातिकष्टं क्षुधा॥

मिसेज़ हेन को निर्धनता और क्षुधा का कष्ट न था, पर जरा कष्ट और पतिशोक-पुत्रशोक का महाकष्ट तो था ही। मैंने उन्हें अपना, तेजी का, ओंकार-कीर्ति का परिचय दिया। उनकी स्मृति बहुत क्षीण हो चुकी थी। मुझे उन्होंने नहीं पहचाना। खैर, मुझे तो पच्चीस वर्ष बाद देख रही थीं; तेजी को भी नहीं पहचाना, जो उनसे दस वर्ष पहले मिल चुकी थीं। हम उन्हें कई विगत प्रसंगों की याद दिलाते रहे, पर वे अतीत को न पकड़ सकीं। कभी मुझे ओंकार समझतीं और ओंकार को अपने पति का पुराना शोधार्थी-विद्यार्थी; कभी कीर्ति को तेजी समझतीं। उनकी दशा दयनीय थी। हम उनके लिए कुछ रेशमी कपड़ा ले गये थे। भेंट पाकर उन्होंने हमें कई बार धन्यवाद दिया। मैं हेन की समाधि पर चढ़ाने के लिए फूल ले गया था, पर मिसेज़ हेन की यह हालत देखकर मैंने उचित न समझा कि उनसे पूछूँ कि हेन की समाधि कहाँ है। पता नहीं वृद्धा पर क्या प्रतिक्रिया हो।

'बड़ी उम्र अभिशाप सिद्ध होती है सबको'

वैदिक ऋषि सौ वर्ष जीने की कामना करते थे—

'जीवेम शरदः शतम्'

पर वे सौ वर्ष जीना एक विशेष दशा में चाहते थे, जिसे प्रायः लोग भुला देते हैं; वे कहते थे—

'अदीनाः स्याम शरदः शतं भूयश्च शरदः शतात।'

'जियें, मगर अदीन रह कर। ऐसा भी जीना क्या कि आदमी स्मृतिदीन, बुद्धिदीन या दीनता की अन्य अवस्थाएँ भोगता हुआ जिये। प्राचीन यूनानियों में एक कहावत प्रसिद्ध थी, 'Those whom gods love die young.' जिन्हें देवता प्यार करते हैं, उन्हें यौवन में ही उठा लेते हैं। पर जिजीविषा आदमी की चेतना में शायद सबसे प्रबल तत्त्व है। इसीलिए इस कमज़ोरी पर विजय पाने वाले को सन्त की पदवी दी जाती है। सन्त ज्ञानेश्वर ने जीवित-समाधि ली थी। जैन मुनि 'संथारा' करते हैं, अन्न, पानी छोड़ देते हैं, आमृत्यु। विनोबा भावे ने यही किया था। आत्महत्या करने वाला सन्त नहीं कहलाता, क्यों ? आत्महत्या वास्तव में उद्दाम जिजीविषा का ही दूसरा रूप होती है।'

'जीने की उत्कट इच्छा में था मैंने 'आ मौत' पुकारा।
वरना मुझको मिल सकता था मरने का सौ बार बहाना।
प्यार-जवानी-जीवन इनका जादू मैंने सब दिन जाना।'

वहाँ से यह बड़ी अनुभूति लेकर लौटा, यादों को जी लेना कोई छोटा वरदान नहीं।

और अब केम्ब्रिज में उसी वरदान का सुख उठाना चाहता हूँ।

...देखो, यह 7 जासस लेन, केम्ब्रिज आकर पहले-पहल मैं इसी मकान में ठहरा था, ऐटिक में, यानी सबसे ऊपर वाली मंज़िल के कमरे में। एक-एक के पाँवों की आहट पहचानता था—यह ओदेत दबे पाँवों, पंजों के बल ऊपर आ रही है, यह व़जां और कोभे खिखिलाती खटर-खटर नीचे उतर रही हैं—तीन फ्रेंच लड़कियाँ जो उसी डिग में रहती थीं; उन्होंने मुझे थोड़ी फ्रेंच सिखाई थी। (उनकी आवाज़ों की प्रतिध्वनियाँ सीढ़ियों से अब भी आ रही हैं!)

...यह माडलिन ब्रिज...नीचे कैम नदी बह रही है...नहर-सी...इस पर हम कभी-कभी पंटिंग करते थे—नौका विहार—नदी में कोई तैरता-नहाता नहीं। देखो कैसे सुन्दर-सुन्दर हंस इस पर तिर रहे हैं...मेरे हंस गीतों की प्रेरणा।...प्रेरणा उतनी नहीं जितनी रूपक-योजना। प्रेरणाएँ तो भावानुभूतियों में थीं।

...और यह देखो 'कासिल क्रे', वो जो सामने खिड़कियाँ दिखाई देती हैं वे उसी कमरे की हैं जिसमें जाड़ों में रहने को मैं आ गया था; क्योंकि जीसस लेन के मकान में न आतशदान था, न गैस की अंगीठी; और बिजली के हीटर से कमरा गरम नहीं होता था। यहाँ आतशदान था, जिसमें कोयले-लकड़ी की आग जलती थी और ठण्ड में कमरा भी गरम होता था और सामने बैठना बड़ा सुखकर लगता था, मैं तो अंगीठी के सामने बिस्तर लगाकर फ़र्श पर सोता भी था।

'आज गीत मैं अंक लगाए, भू मुझको, पर्यंक मुझे क्या'।
भर्तृहरि की 'क्वचिद् भूमौ शय्या क्वचिदपि च पर्यंक शयन' की ध्वनि समेटे। खतरा तो था कि अंगीठी से कोई चिनगारी चिटके और बिस्तर में आग लग जाये, पर ऐसा कभी हुआ नहीं।

...कासिल क्रे के पीछे देखो, एक छोटी-सी पहाड़ी है। इसने मुझे एक गीत लिखने की प्रेरणा दी थी, 'प्रणय पत्रिका' में मैंने वह गीत दिया है—'चढ़ चल मेरे साथ, करें हम इस पर्वत पर प्यार, सहेली!' गीत का अन्तिम पद था—

वे दयनीय बड़े हैं जिनकी
दर-दीवारें लाज बचातीं,
जिनकी जिह्वा उनके मन को
मुखरित करती भी शरमाती,

और सहमती जिनकी आँखें
अपने ही को देख मुकुर में,
हम निर्भय, अभिमानी, हमको देखे सब संसार, सहेली!

चढ़ चल मेरे साथ, करें हम इस पर्वत पर प्यार, सहेली।

एक 'निर्भय-अभिमानी' ग्रामीण प्रेमी का गीत मुझे याद आ रहा है—कहारों का गीत है—

'छउबै डिहवा पर मड़ैया गोरिया तोहके लैके ना'

अर्थात्—गोरी, तुझको लेकर अपनी झोंपड़ी डीह पर—यानी ऊँचे टीले पर—छाउँगा—कि सारा गाँव देखे। वहीं अंदाज़ 'मुग़ले आज़म' के गीत का था—जब प्यार किया तो डरना क्या!

...और यह देखो, मेड्स काज़वे की डिग। कासिल क्रे मुझे इसलिए छोड़ना पड़ा क्योंकि वहाँ के प्रबन्धक मुझे अकेले के लिए शाकाहारी भोजन और आगे नहीं दे सकते थे और न वहाँ स्वयं अपना खाना बना लेने की सुविधा थी, यानी वहाँ गैस की अंगीठी न थी। मेड्स काज़वे में बाबा ने मुझे गैस के चूल्हे पर खाना बनाना सिखाया था। पर इस डिग को मैं इसलिए याद करता हूँ कि इसमें मैंने हँस प्रतीक से गीत लिखने शुरू किये थे। अन्तिम गीत जो मैंने लिखा था, वह था—'वाणविद्ध मराल-सा मैं आ गिरा हूँ अब तुम्हारी ही शरण में'। उसका अन्तिम पद था—

पंख टूटा है, मगर यह ख़ैरियत है
पाँव जो टूटा नहीं है,
जल तरंगों से चपल सम्बन्ध मेरा
तो अभी छूटा नहीं है,

रक्त बहता जाय, कहता जाय जीवन
की पिपासा की कहानी,
जान लो यह, मुक्ति अपनी माँगने
आया नहीं हूँ मैं मरण में।

वाणविद्ध मराल-सा मैं आ गिरा हूँ अब तुम्हारी ही शरण में।

इसी डिग में एक सुन्दर लड़की रहती थी—पोलियो की मरीज़—मार्था—उसे इस गीत का यह पद बहुत पसन्द था। वह कहती थी, इसमें मेरे लिए भी एक सन्देश है। उसका ज़िक्र मैंने 'प्रवास की डायरी' में किया है।

मेड्स काज़वे में ही, यहाँ से थोड़ा आगे, विश्वनाथ दत्त की डिग थी। किसी-किसी शाम को मैं उनके यहाँ चला जाता था।

यहाँ कमरा कुछ बड़ा था। मेरा लिखने का काम बढ़ गया था। कुर्सी पर बैठे-बैठे पीठ अकड़ जाती थी। यहीं मैंने एक ऊँची मेज़ बनवाई थी, खड़े होकर काम करने के लिए।

यह डिग आस्ट्रेलिया के एक विद्यार्थी की पत्नी चलाती थी। वह पास हो गया, तो वहाँ से चला गया। मुझे वह डिग छोड़नी पड़ी।

...और यह देखो चेस्टरटन रोड की डिग! फ़र्शी मंज़िल पर। जब मैं यहाँ रह रहा था, तभी क्वीन एलिज़ाबेथ द्वितीय का राज्यारोहण समारोह मनाया गया था। उस

सम्बन्ध में मेरे पास भी बंकिघम पैलेस से एक शाम ऐट होम का निमन्त्रण-पत्र आया था। और डिग का मालिक मुझे बहुत बड़ा आदमी समझने लगा था– celebrity.

...और देखो यह चेस्टरटन रोड पर दूसरी डिग। यहाँ पहले बावा रहता था, तीसरी मंज़िल पर। जब वह ट्रेपिंगटन रोड पर साहनी के साथ रहने को चला गया, तो मुझे यहाँ टिका गया। मेरी थीसिस का सबसे बड़ा भाग इसी डिग में लिखा गया था। इसी में पाकिस्तान के हमीद अहमद खान रहते थे, जिन्होंने वर्ड्सवर्थ पर एम. लिट्. की डिग्री ली थी। एक बार दिल्ली आये थे, मेरे साथ ठहरे थे। लाहौर युनिवर्सिटी के वाइस-चैंसेलर हो गये थे। जा चुके हैं।

...और यह देखो, ट्रेपिंगटन की डिग। जब साहनी, पी.एच-डी. लेकर अमरीका चले गये, तो बावा ने मुझे यहाँ रहने को बुला लिया था। हम और बावा सबसे ऊँची मंज़िल पर बराबर के कमरे में रहते थे। वहाँ रहते मैंने अपनी थीसिस को अन्तिम रूप दिया था। यहीं से थीसिस सबमिट की थी। यहीं से वाइवा के लिए गया था, यहीं से अपना रिज़ल्ट जानने, यहीं से सेनेट हाल में डिग्री लेने; और यहीं से केम्ब्रिज से विदा हुआ था। रिज़ल्ट आने के पहले और बाद को मैंने दो गीत लिखे थे। केम्ब्रिज में लिखी ये मेरी अन्तिम रचनाएँ थीं। वे मेरे किसी संग्रह में नहीं हैं। रिज़ल्ट की प्रतीक्षा में लिखा गीत था–

अब मैं केवल जोग तुम्हारे।
दर्पन हँसकर बोला, 'बाउर जो तुझपर तन वारे!
अन्दर पैठ बैठ गया मन लाज-हया के मारे।
साधन करते सब दिन बीते जीते जो सो हारे।
जैसा हूँ वैसा ही मुझ को ऐसा कौन दुलारे!

रिज़ल्ट आने के बाद का गीत था–

तुमने मेरी लाज बचा ली।
जड़ हठ में मैं माँग पड़ा था तुमसे भेंट निराली।
गड़ पथ में ही जाता आता हाथ लिए जो खाली।
रख मन मेरा तुमने रख ली मेरे मुख की लाली।
कौन बिगाड़े उसकी जिसकी तुम करते रखवाली!

...यह देखो युनिवर्सिटी लाइब्रेरी। केम्ब्रिज में मेरा अधिकतम समय इस पुस्तकालय में बीता।...वो देखो, जो खिड़कियाँ दिखाई देती हैं, ऐंडरसन रूम की हैं। शोधार्थी प्रायः यहीं बैठते हैं। वहाँ एक आलमारी में केम्ब्रिज युनिवर्सिटी में सबमिट की गयी डाक्टरेट की थीसिसें रखी हैं। अब तो उस आलमारी में एक थीसिस मेरी भी रखी होगी। जी चाहता है कुछ देर को अन्दर जाऊँ और ऐंडरसन रूम में बैठूँ।

...यह क्राइस्ट कालेज; यहाँ मैं मि. हफ से कुछ समय के लिए शोध सम्बन्धी

निर्देशन लेने आता था। वे मेरे एक परीक्षक भी थे। यहीं मेरा वाइवा हुआ था। वाइवा में पसीने छूट गये थे। वाइवा के बाद कितने शंकास्पद दिन!

...यह रजिस्ट्री, यहीं मैं बाबा को लेकर अपना रिज़ल्ट सुनने आया था। और यह जानकर कि मुझे डाक्टरेट दी गयी है, मारे खुशी के मैं बावा से लिपटकर रोने लगा था—आँसू किन-किन भावों की भाषा हो सकते हैं।

...यह सेनेट हॉल, यहीं मुझे डिग्री मिली थी। हेन-मिसेज-हेन साथ थे। बावा ने कुछ चित्र यहाँ लिये थे, तुम लोगों ने देखे हैं।

...और अब लौट चलें सेंट कैथ—अपने कॉलेज। वह दूसरी मंज़िल पर कोने में जो खिड़की दिखाई देती है वह उस कमरे की है जिसमें डॉ. हेन की स्टडी थी। यहाँ मैं उनसे निर्देशन के लिए आता था, कितनी शामों को तो उनके घर जाता; पर अब उनके घर मिलिंगटन रोड पर न जाना चाहूँगा। उनका अब है भी कहाँ। देखकर मुझे तकलीफ होगी। पता नहीं कौन वहाँ रहता होगा। 'ना घर मेरा ना घर तेरा चिड़िया रैन बसेरा है'। यह युनिवर्सिटी भी तो एक रैन बसेरा है। यहाँ सात सौ बरसों से विद्यार्थी आते रहे हैं, पढ़कर चले जाते रहे हैं; अध्यापक आते रहे हैं, पढ़ाकर चले जाते रहे हैं, युनिवर्सिटी खड़ी है—कॉलेज खड़े हैं—कालेज के गिरजे खड़े हैं।...

कितनी आई और गई भी इस मदिरालय में हाला,
टूट चुकी है कितनी अब तक मादक प्यालों की माला,
कितने साकी अपना-अपना काम ख़तम कर दूर गए;
कितने पीने वाले आए किन्तु वही है मधुशाला।

पच्चीस बरस पहले कितने चेहरों की परिचित मुसकानें आते-जाते मुझे मिलती थीं, आज यहाँ बिलकुल अजनबी हूँ। सोचा था अपनी डाक्टरेट की रजत-जयन्ती पर यहाँ आकर खुश हूँगा। यहाँ आकर उदास हो गया हूँ। फिर भी यह उदासी कितनी कल्पना-समृद्ध है। कितना कुछ मेरी आँखों के सामने से नहीं गुज़र रहा है। फिर दुहराना चाहूँगा, अपनी यादों को जी लेना, जी सकना, कितना बड़ा वरदान है।

अपराह्न हो चला था। एक रेस्ट्राँ में जाकर हमने लंच लिया। खाने की चीज़ों में वही केम्ब्रिज का कुछ पुराना स्वाद लगा, कुछ पुरानी सुगन्ध लगी। क्राकरी-कटलरी वैसी ही पुरानी लगी, बेयरे वैसे ही पुराने लगे। मैं भी वैसा ही पुराना लगा। लगा मेज पर बावा, साहनी, दत्ता, कमला, हमीद बैठे हैं। उनकी बातें, उनकी कहानियाँ, उनकी खुश-बयानियाँ, उनकी चुहलबाज़ियाँ, उनके हँसी-ठट्ठे सब पुरानी आवाज़ों में, पुराने अन्दाज़ों में सुनाई पड़े। क्या मैं मेसमेराइज़्ड था—स्वप्नाविष्ट?

जब डिग्री ली थी, इतने पैसे नहीं थे कि पी.एच-डी. का गाउन खरीद सकूँ। अब दिल में अरमान जगा। पी.एच-डी. का गाउन खरीद लूँ और पहनकर ज़रा देखूँ कि कैसा लगता हूँ। जो गाउन पहले बीस पाउण्ड का था, अब सौ पाउण्ड का मिलता था। पर तेजी ने मेरी ललक देखी, तो खरीद दिया। मैंने गाउन पहना, चेहरे पर सनतोष की मुसकान आ गयी, कुछ प्रसन्नता की, कुछ विनोद की...कुछ

अरमान पूरे होने के लिए कितना इन्तजार कराते हैं।

तेजी कह रही हैं, नाम के अनुरूप, बच्चन में कहीं एक बच्चा भी छिपा बैठा है! मैंने सेंट कैथ के सामने खड़े होकर फ़ोटो खिंचाई।

दिन ढल गया है। लौटना चाहिए। एक बार सेंट कैथ के फाटक पर खड़े हो केम्ब्रिज की भव्य इमारतों पर नज़र डालता हूँ और मोटर में बैठ जाता हूँ। विदा सेंट कैथ! विदा केम्ब्रिज!! एक बार फिर...

केम्ब्रिज हो आने के बाद लन्दन में मेरे लिए कोई आकर्षण न था। तेजी की तबीयत खराब हो रही थी और वे भारत लौटना चाहती थीं। अमित का अपने एक प्रोड्यूसर के साथ अमरीका जाने का प्रोग्राम था, अजित भी उनके साथ जाने वाले थे। उन्होंने हमारे लौटने का इन्तज़ाम कर दिया। हम दोनों रोम-दिल्ली होते बम्बई वापस हुए। यहाँ पोते-पोतियाँ सब सकुशल थे। कई दिन यात्रा की थकान मिटाने और परिवर्तित समय के साथ सामंजस्य बिठाने में लगे। बम्बई-लन्दन के बीच साढ़े पाँच घण्टे का फ़र्क है। तेजी धीरे-धीरे सामान्य हुईं।

अक्टूबर से जगदीश राजन की चिट्ठी पर चिट्ठी आने लगी थी--पिताजी द्वारा स्थापित आर्य कन्या पाठशाला, बाँदा, की हीरक जयन्ती नवम्बर '79 में पड़ती है, इस अवसर पर हम चाहेंगे सारा बच्चन-परिवार बाँदा आए। सब लोग न आ सकें, तो आप दोनों तो आयें ही और अमिताभ ज़रूर-ज़रूर आयें। अमिताभ के नाम अलग चिट्ठियाँ आ रही थीं। हम दोनों यानी तेजी और मैं तो कुछ ज़्यादा दिन के लिए जा सकते थे। अमिताभ जाने को तैयार थे पर सिर्फ़ एक दिन के लिए। उनको इससे ज्यादा की फुसरत कहाँ। हम दोनों अक्टूबर के अन्त में ट्रेन से गये थे—बम्बई से सीधे मानिकपुर, मानिकपुर से कार से बाँदा। अमिताभ नवम्बर के पहले सप्ताह में बम्बई से दिल्ली, दिल्ली से खजुराहो हवाई-जहाज़ से आये थे, और खजुराहो से बाँदा 60 मील मोटर से तय करके। अमिताभ का बाँदा पहुँचना हंगामा था। किसी को स्वप्न में भी उम्मीद न थी कि उस कोरदेह में अमिताभ बच्चन ऐसा अभिनेता आ सकेगा। जगदीश राजन का घर अपार भीड़ से घिर गया था। पुलिस का खूब इन्तज़ाम था, पर अधिकारियों का कहना था कि जब तक अमिताभ सार्वजनिक रूप से जनता के सामने न आयेंगे भीड़ को वश में करना सम्भव न होगा। परिणामस्वरूप, जल्दी-जल्दी एक खुले मैदान में ऊँचा मंच बनाया गया, लाउड स्पीकर लगे और अमिताभ ने मंच पर खड़े होकर जनता को सम्बोधित किया। तीस हज़ार जनता इकट्ठी हो गयी थी।

रात के समारोह में प्रवेश निमन्त्रण-पत्र से था। पंडाल के चारों ओर पुलिस तैनात थी, फिर भी बाहर अपार जनता इकट्ठी थी। अमिताभ ने एक भाषण दिया था और अपने कुछ गीत प्रस्तुत किये थे। दूसरे दिन खजुराहो होते उन्हें दिल्ली-बम्बई वापस भेज दिया गया था।

दूसरी रात को कवि सम्मेलन था। बरसों से मैंने कवि-सम्मेलन में भाग लेना बन्द कर दिया था, पर जगदीश राजन के आग्रह को कैसे टाल सकता था। बाहर के

कुछ और कवि बुलाए गये थे। मैंने सबके अन्त में कविता पढ़ी थी। कुछ कविताएँ सुनने के बाद जनता की माँग 'मधुशाला' की थी। मैंने इस रुबाई से काव्य-पाठ समाप्त किया था—

यह अन्तिम बेहोशी, अन्तिम साक़ी, अन्तिम प्याला है,
पथिक प्यार से पीना इसको फिर न मिलेगी मधुशाला।

मेरी टिप्पणी थी, बरसों बाद ऐसे सार्वजनिक कवि सम्मेलन में भाग लेना मेरे लिए अपवादस्वरूप है—पर निश्चय यह मेरा अन्तिम कवि सम्मेलन है।

यह अन्तिम बेहोशी, अन्तिम साक़ी, अन्तिम प्याला है!

जनता ने 'नहीं-नहीं' के तुमुल नाद से इसे मानने से इनकार कर दिया था, पर उसके बाद आज पाँच बरसों में मैंने किसी सार्वजनिक कवि सम्मेलन में भाग नहीं लिया। हाँ, एक बार इण्डिया इण्टरनेशनल सेंटर, दिल्ली में मैंने अकेले ज़रूर अपनी कुछ नयी कविताएँ चुने हुए श्रोताओं के समक्ष प्रस्तुत की थीं। हास्य-व्यंग्य-हुड़दंग के तुकबन्दों ने सार्वजनिक कवि सम्मेलन का वातावरण इतना बिगाड़ दिया है कि निकट भविष्य में शायद ही कभी वह उच्च कोटि की कविताओं का फ़ोरम बन सके। कविता लिखने-पढ़ने की योग्यता-क्षमता चाहिए, तो कविता सुनने-समझने की योग्यता-क्षमता भी चाहिए। मेरी राय में इस आधार पर एक नए प्रकार के अर्हताप्राप्त कवि-श्रोताओं की परम्परा शुरू की जानी चाहिये। कवि-सम्मेलन की जगह कविता सम्मेलन हों; अर्थात् कुछ समय-सिद्ध कविताएँ अच्छे पाठकों द्वारा जनता के सामने प्रस्तुत की जायें। इससे सत्काव्य के लिए सुरुचि जगाने में निश्चय सहायता मिलेगी।

'76-'77 की प्रतिनिधि श्रेष्ठ कविताएँ की जन-स्वीकृति से प्रोत्साहित होकर दीनानाथ मल्होत्रा ने '78-'79 की 'प्रतिनिधि श्रेष्ठ कविताएँ' भी प्रकाशित करनी चाही और सम्पादित करने का काम मुझे सौंपा। उसके चयन और सम्पादन के लिए मैंने अजित कुमार का सहयोग लिया। जिन दिनों मैं इस काम में व्यस्त था, परिवार में एक बड़ी खुशी का मौका आया।

रमोला रानी ने 23 जनवरी '80 को पुत्ररत्न को जन्म दिया। तीन कन्याओं के बाद घर में पुत्र का शुभागमन हुआ था, हमारी खुशी का ठिकाना न रहा। नामकरण की बात आयी तो सबने यही सोचा अजिताभ की इच्छा को मान दिया जाये। वे शुरू से सोचते थे कि उनके यहाँ तो उनकी हृष्ट-पुष्ट बलिष्ठ काठी के अनुरूप भीम आयेगा। और तीन बार भीम की आशा लगाई जाती रही और आती रही भीमनी। मैंने सत्यनारायण के साक्ष्य में नवजात को 'भीमकर्मा' नाम दिया—गीता का 'भीमकर्मा वृकोदर:' याद करके। भीम स्वस्थ बच्चा है। आशा है वह बल से ही नहीं, बुद्धि और विद्या से भी भीम होगा। मैंने रमोला से मज़ाक किया, तुमने तीन कन्याओं को जन्म देकर परिवार में लड़के-लड़कियों का सन्तुलन बिगाड़ा है, तुम

अभी दो पुत्रों को और जन्म दो तो बात बने—पता नहीं मैं देखने को ज़िन्दा रहूँगा कि नहीं, पर अगर तुम्हारे दो पुत्र और हों ही, तो उनके नाम विश्वकर्मा और यज्ञकर्मा रखना। 'कर्मा' से पीढ़ियों तक नाम दिये जा सकेंगे—दान कर्मा, दुस्यकर्मा आदि आदि।

प्राय: चार महीने मैं '78-79 की प्रतिनिधि श्रेष्ठ कविताएँ' सम्बन्धी काम में व्यस्त रहा। कविताओं का चुनाव तो मुख्यतया उस अवधि में प्रकाशित संग्रहों से करना था। कुछ संग्रह मेरे पास थे, कुछ मित्रों से मिले, कुछ मैंने खरीदे। अजित कुमार के साथ सहयोग का रूप यह था कि जो संग्रह मैं देख रहा हूँ और जो चयन मेरा हो, उसकी सूचना मैं उन्हें दे दूँ, इसी तरह जो संग्रह वे देख रहे हों और जो चयन उनका हो, उसकी सूचना मुझे दे दें जिससे कि काम में दोहरकम न हो। चुनाव में मेरी और अजित कुमार की रुचि ही मानदण्ड थी। यह मैंने मान लिया था, और उसके लिए समुचित कारण था कि मेरी उनकी रुचि में साम्य है। मार्च के अन्तिम सप्ताह में दिल्ली में प्रेमचन्द जन्मशती जयन्ती मनाई जा रही थी जिसके लिए मैं आमन्त्रित था। सोचा 'एक पन्थ दो काज़' को चरितार्थ करूँ। संकलन के सम्बन्ध में जो काम मैं कर चुका था, उसे लेकर मैं दिल्ली गया। अजित कुमार ने जो काम किया था, उन्होंने मेरे सामने रखा और तीन-चार रोज़ में, हम दोनों ने मिलकर संकलन को अन्तिम रूप दिया, एक छोटी-सी भूमिका लिखी, चयन के लिए अपनी रुचि और दृष्टिकोण को थोड़ा स्पष्ट करते हुए; और थोड़ा रचनाकाल की पृष्ठभूमि को भी संकेतित करते हुए। उचित था कि यह संकलन हम दोनों के नाम से प्रकाशित होता। प्रकाशक ने किसी असावधानी से अजित कुमार का नाम न दिया। इसका मुझे अफ़सोस रहा। उसी समय दीनानाथजी ने हम से कहा कि वे संकलनों की शृंखला में 8वें दशक की प्रतिनिधि श्रेष्ठ कविताओं का संकलन भी प्रकाशित करना चाहते हैं, हम दोनों के सम्मिलित सम्पादकत्व में। हमने उनका प्रस्ताव स्वीकार कर लिया।

प्रेमचन्द जन्मशती समारोह का उद्घाटन विज्ञान भवन में हुआ था—उद्घाटन भाषण हाल के चुनाव में बहुमत प्राप्त कांग्रेस (इ) की नयी सरकार में सूचना एवं प्रसारण मन्त्री श्री वसंत साठे ने दिया था। मुझे देखकर दु:ख हुआ कि प्रेमचन्द के लिए हिन्दी लेखकों में, ख़ासकर राजधानी के हिन्दी लेखकों में—और वे बहुत बड़ी संख्या में हैं—जिस उत्साह की प्रत्याशा मैंने की थी, उसका कोई चिह्न मुझे समारोह में न दिखाई दिया। हिन्दी के प्रसिद्ध लेखकों में जिनके नाम सबसे पहले जिह्वा पर आते हैं, इक्के-दुक्के ही वहाँ दिखे। हिन्दी-प्रेम के नाम पर शोर मचाने वाली नगर की जनता भी इतनी कम थी कि विज्ञान भवन का बड़ा हॉल जैसे अपने खालीपन से समारोह प्रबन्धकों की प्रत्याशा पर व्यंग्य कर रहा हो। दूसरे दिन से समारोह की बैठकें फिक्की आडिटोरियम में की जाने लगीं। बाहर से—मुख्यत: साम्यवादी देशों से--सौ-डेढ़ सौ डेलीगेट ज़रूर आये थे। ज़ाहिर था कि समारोह रूसी दूतावास के सांस्कृतिक विभाग की संरक्षता में आयोजित किया गया था। अगर केवल इसी कारण समारोह के प्रति हिन्दी वालों में उदासीनता थी तो काशी नागरी प्रचारिणी

सभा, हिन्दी साहित्य सम्मेलन या स्वयं भारत सरकार के शिक्षा एवं संस्कृति मन्त्रालय को ऐसा समारोह आयोजित करने से किसने रोका था? प्रेमचन्द के प्रति उदासीनता और उपेक्षा की जड़-मूल में क्या है, इस पर गम्भीरता और बारीकी से सोचने की आवश्यकता है। अक्लमंदाना इशारा काफ़ी अस्त।

बम्बई से चलने लगा था, तो तेजी ने श्रीमती इन्दिरा गाँधी के लिए एक उपहार भेजा था—एक चाँदी की कटोरी और चम्मच—'इस शुभकामना के साथ कि इससे आप अपने नवजात पौत्र (संजय के पुत्र) को खीर खिलाएँ'।

'77 का चुनाव हारने पर मोरारजी देसाई ने उन्हें जिस मकान से निकाला था, '80 का चुनाव जीतने पर उसी मकान में फिर से उन्हें व्यवस्थित देखकर खुशी हुई। उपहार पाकर वे प्रसन्न हुईं और धन्यवाद दिया और तेजी के स्वास्थ्य के विषय में बार-बार पूछा, 'बम्बई तो उनके दमे के लिए बड़ी खराब जगह है, दिल्ली में वे अच्छी रहती थीं'...शायद उनका संकेत था कि अगर तेजी चाहें, तो दिल्ली का बँगला वे उन्हें फिर दिला सकती हैं। वस्तुत: वह बँगला अभी खाली ही पड़ा था। वह 'शादीघर' बना दिया गया था—बारात-स्वागत-भोज के लिए, जिनके घर छोटे पड़ते थे, उन्हें आठ-दस दिन के लिए किराये पर दे दिया जाता था। एक तो मैंने तेजी और बेटों से सलाह न की थी, दूसरे अमित की इच्छा थी कि हम उन्हीं के साथ रहें और उन्होंने हमारे कमरों को हमारी हर सुविधा के अनुरूप फ़रनिश करा दिया था, तीसरे बम्बई से फिर सारा सामान पैक कराने और दिल्ली लाकर लगाने की कल्पना से मन में घबराहट पैदा होती थी, और चौथे पोते-पोतियों के मोह ने हमें ऐसा बाँध लिया था कि स्वास्थ्य-स्वार्थ के लिए तेजी या मैं शायद ही उनसे अलग होना चाहते थे। मैं चुप ही रहा। श्रीमती गाँधी ने समझ तो लिया होगा कि अब हमारी रुचि दिल्ली वापस आने में नहीं है। तब मुझे क्या मालूम था कि आज नहीं, तो तीन वर्ष बाद हमें दिल्ली ही लौटकर आना पड़ेगा; क्योंकि शायद—शायद?—आप कल्पना कर लें। मेरा कहना मेरे प्रियजनों को अच्छा न लगेगा। पर मैं इस बात को कैसे छिपाऊँ कि मेरे कानों में एक ग्राम्य गीत गूँज उठा है—

'न जानौ राम कहाँ लागै माटी हो!'

बाँदा से लौटने के बाद तेजी प्राय: बीमार रहीं और बम्बई के डाक्टरों द्वारा उनका इलाज होता रहा।

मैंने 'आठवें दशक की प्रतिनिधि श्रेष्ठ कविताएँ' पर काम करना शुरू कर दिया था।

संकलन की रूपरेखा मैंने इस प्रकार कल्पित की। 100 कविताएँ चुनी जायें, 10 प्रति वर्ष के हिसाब से। काम को मैंने दो भागों में बाँटा— '71 से '75 तक की कविताएँ अजित कुमार चुनें; मैं '76-'77 और '78-'79 के संकलनों से बीस-बीस कविताएँ चुनूँ और दस कविताएँ '80 की लूँ।

कभी हम जिस काम को सरल समझते हैं वही मुश्किल हो जाता है। मैंने सोचा था चार बरस के संकलन मौजूद हैं; सिर्फ '80 का मुझे करना पड़ेगा। बाद

को अजित कुमार और प्रकाशक की भी राय हुई कि जो कविताएँ पिछले दो संकलनों में जा चुकी हैं, उन्हें न दुहराया जाये, यह खरीदार पाठक के प्रति अन्याय होगा कि जिन कविताओं का दाम वह दे चुका है, उनके लिए फिर दाम दे। बात तर्कसंगत थी। अब '76-'79 के संग्रहों को फिर से इस दृष्टि से देखना था कि उनमें से कुछ ऐसी कविताएँ चुनी जायें जो श्रेष्ठता और प्रतिनिधित्व की कसौटी पर ख़री उतरती हों, पर पहले न जा चुकी हों। दूसरी मुश्किल यह खड़ी हुई कि कतिपय कृत्रिम व्यावसायिक कारणों से '80 में 100 से अधिक काव्य-संग्रह प्रकाशित हुए। उनका प्रतिनिधित्व केवल दस कविताओं से न हो सकता था। सन्तुलन के लिए '80 की कविताएँ बढ़ायें, तो पिछले वर्षों की कम करें। पिछले दो संकलनों के समान कविताओं का चुनाव संग्रहों से किया गया; अपवादस्वरूप इनी-गिनी कविताएँ पत्र-पत्रिकाओं से ली गयीं। 100 की जगह 118 कविताएँ चुनी गयीं। इनमें केवल दस कवियों की दो-दो कविताएँ ली गयीं। इस प्रकार आठवें दशक के 108 कवियों को इस संकलन के द्वारा प्रस्तुत किया जा सका। साथ हमने छोटी-सी भूमिका दी, जिसमें चुनाव के सम्बन्ध में हमने अपना दृष्टिकोण स्पष्ट किया और सामान्य रूप से दशक की कविताओं में व्याप्त विशेष प्रवृत्ति का संकेत दिया। आपकी रुचि हो, तो संकलन कभी देखें। कवियों की अनुमति मिलने में इतना विलम्ब हुआ कि नवम्बर 1982 के पहले यह संकलन प्रकाशित न हो सका। हमने प्रेस कॉपी सितम्बर '81 में दे दी थी; इसी सम्बन्ध में जब दिल्ली आया था, ख़बर मिली थी कि भगवती बाबू इण्डियन मेडिकल इंस्टीट्यूट में जिह्वा कैंसर का इलाज करा रहे हैं और हम उन्हें देखने गये थे। थोड़े दिन बाद उनका देहावसान हो गया। संकलन हमने वर्ष के चार प्रसिद्ध साहित्यकार दिवंगतों की पुण्यस्मृति में समर्पित किया था—रायकृष्णदास, किशोरीदास वाजपेयी, हंस कुमार तिवारी और भगवतीचरण वर्मा को।

राय साहब और भगवती बाबू की मृत्यु से मैं विशेष दुखी हुआ। दोनों से ही मेरे कुछ निकट-निजी सम्बन्ध थे। महाकाल से क्या शिकायत हो सकती थी, दोनों ही एक प्रकार से पूर्णायु भोगकर गये थे। राय साहब नवें दशक में थे, भगवती बाबू आठवें दशक में। कला और साहित्य के क्षेत्र में दोनों को जो देना, दे चुके थे। दोनों का अनायास स्नेह मुझे मिला था और दोनों के प्रति मेरे मन में बड़ा आदर था। सदी के तीसरे दशक की समाप्ति पर जब मैं अपनी नयी-नयी कविता के साथ हिन्दी संसार पर टूट पड़ा था, तब मुझे अपने बड़ों से उपेक्षा और समवयस्कों से ईर्ष्या की ही प्रत्याशा थी। राय साहब की गणना उस समय भी बड़ों में थी और साहित्य और कला-पारखियों में वे अपना विशेष स्थान बना चुके थे। वे पीढ़ियों से मान्यताप्राप्त रईसों के खानदान से थे और उन्हें सुरुचि-सौन्दर्यबोध परम्परागत संस्कार के रूप में मिले थे, जिन्हें उन्होंने अपने अनुभव, स्वाध्याय, चिन्तन से यथेष्ट परिष्कृत किया था। पर अभिजात्य का दम्भ-दिखावा उनमें बिलकुल न था। उनके ठोस गुणों को इन सतही चीजों से किसी को आतंकित या प्रभावित करने की क्या आवश्यकता थी। शुरू-शुरू में अपने लज्जालु स्वभाव के कारण किसी बड़े प्रसिद्ध से मिलने

जाने में मुझे संकोच होता था। याद है, मेरे किस प्रारम्भिक कविता पाठ से प्रभावित हो राय साहब स्वयं मुझसे मिलने को आगे बढ़े थे और साथ में मैथिलीशरण गुप्त को लाये थे, जो उनसे कम प्रख्यात नहीं थे। मैं धन्य हो गया था। तब से वे बराबर मेरी प्रगति-विकास पर नज़र रखते थे और प्राय: मेरी हर कृति पर अपनी प्रतिक्रिया देते थे। अन्तिम बार उन्होंने मेरी 'क्या भूलूँ क्या याद करूँ' पर अपनी राय दी थी—'...आत्मकथा साहित्य में आपकी कृति क्रान्तिकारी है...सर्वोपरि विशेषता यह है कि कृति वस्तुनिष्ठ है, जो आत्मनिष्ठ सूत्र में ऐसी खूबसूरती से पिरोई गयी है कि कहीं भी अहं नहीं उभरता—हार्दिक साधुवाद।' एक बार उन्होंने मुझे लिखा था, आपके युग के कवियों में मैंने सबसे अधिक आपको पसन्द किया। मैं जानता हूँ कि किसी के लिए किसी कवि का favourite या प्रिय हो जाना केवल काव्य गुणों पर निर्भर नहीं करता। पर ऐसे सम्मान्य, सुरुचि-सम्पन्न व्यक्ति का favourite बनने पर गौरवान्वित अनुभव करना मेरे लिए स्वाभाविक था। जिन दिनों मैं एडेल्फी में रहता था—सन् '46-'47 में--मैंने उन्हें खाने पर बुलाया था। तेजी ने खीर बनाई थी। थोड़ी-सी चखकर उन्होंने कहा था कि यह पूरा कटोरा तो मेरे ही लिए चाहिए। तीस बरस बाद जब मुझे पद्मभूषण मिलने पर उन्होंने मुझे बधाई का पत्र भेजा था, उस खीर का स्वाद याद किया था। मेरी 'बुद्ध और नाचघर' कविता जब प्रकाशित हुई, तो उन्हें इतनी पसन्द आयी कि तेजी से उसका पहला ड्राफ्ट भारतीय कला भवन के लिए माँग ले गये। उनके कुछ रोचक पत्र सुविधा से मिले तो परिशिष्ट में देना चाहूँगा। अपने प्रारम्भिक कवि-जीवन में उनसे और पं. बनारसी दास चतुर्वेदी से जो प्रशंसा, प्रोत्साहन मुझे मिला, वह मैं कभी नहीं भूल सकता।

भगवती बाबू मुझसे तीन वर्ष बड़े थे—एक प्रकार से समवयस्क—उनका मेरा प्रथम काव्य-संग्रह एक ही साल निकला था, सन् '32 में। हम दोनों की काव्यात्मक उद्‌भावना में समता थी। हम दोनों के बीच स्पर्धा अथवा प्रतिद्वन्द्विता बड़ी जल्दी ईर्ष्या-द्वेष को जन्म दे सकती थी—पन्त, निराला एक दूसरे को बर्दाश्त नहीं कर सकते थे—पर भगवती बाबू में गुणग्राहकता का माद्‌दा बहुत जबरदस्त था और अपना हित, अपना स्वार्थ, अपना हीन-बोध भी उसके आड़े नहीं आ सकता था। उन्होंने खुलकर मेरी प्रशंसा की, मुझसे नहीं, औरों से, मुझे कई विश्वसनीय लोगों ने बताया। मैं उनके सशक्त कवि-व्यक्तित्व का हमेशा कायल रहा। अवस्था के कारण भी वे मेरे अग्रज थे और अपने से बड़ों के प्रति मान मेरे संस्कारों में था; और अपने से छोटों का ख़ास खयाल बाबू के चरित्र की विशेषता थी। मेरे संघर्ष के दिनों में उन्होंने कई बार ऐसे संकेत दिये कि अगर उनकी सहायता से कुछ हो सकता हो तो मैं उनसे माँगने या बताने में संकोच न करूँ। जब वे भद्री नरेश के सम्पर्क में थे, तो एक बार उन्होंने मुझे भद्री भी बुलाया था और मैं गया था, पर वे मेरे तेवर से समझ गये थे कि मैं किसी राजा-वाजा की छत्र-छाया में पनपने वाला पौधा नहीं, और वास्तविकता तो यह है कि वे भी नहीं थे। भद्री उन्हें ज़्यादा दिन नहीं रोक सकी। मेरे प्रति अपनी करुणा में ही कहना चाहिए एक बार ऐसा प्रयत्न गिरिधर शर्मा नवरत्न ने भी किया था, मुझे झालरापाटन नरेश की छत्रछाया में ले जाने का।

झालरापाटन नरेश मेरे मधु काव्य से इतने प्रभावित हुए थे कि उन्होंने उसके अनुकरण पर कुछ कविताएँ भी लिखीं और प्रकाशित की थीं—एक संकलन में—जो उनके मुसाहिबों में ही वितरित होकर रह गया। इस प्रसंग पर मैं 'नये-पुराने झरोखे' में लिख चुका हूँ।

अपने प्रति भगवती बाबू के ममत्व का एक बड़ा उदाहरण मुझे अपने विवाह के बाद मिला। जाति-पाँत तोड़कर विवाह करने के कारण मेरे ही परिजन और सम्बन्धियों ने मेरा बाइकाट कर दिया था। उसकी परवाह तो मुझे नहीं थी, पर उसकी भाँख मुझे थी, विशेषकर तेजी को। भगवती बाबू मेरे विवाह के बाद मेरे घर आये, तेजी को अपनी पुस्तकों का उपहार दिया और डॉ. प्यारेलाल श्रीवास्तव के यहाँ—वे उनके कोई निकट सम्बन्धी लगते थे—हमारे स्वागत में एक बड़ा भोज दिया, जिसमें नगर के सभी उदारवादी और तरक्की पसन्द कायस्थों को उन्होंने निमन्त्रित किया। तेजी इस बात को कभी नहीं भूलीं और इसके लिए उनके प्रति हमेशा कृता रहीं।

अपनी आख़िरी बीमारी में, नन्दिताजी ने मुझे बताया, जब वे अस्पताल गये और उनसे बताया गया कि उन्हें कैंसर है, तो उन्होंने फौरन कहा, बच्चन को ख़बर दो। कुछ आन्तरिक तार ऐसे मिले थे कि मैं अपने आप उनके पास पहुँच गया और मुझे देख उन्होंने बड़े सन्तोष का अनुभव किया। आँखों-आँखों में कह गये—हम कभी-कहीं झुके नहीं; और मुझे लगा मृत्युशैय्या पर भी पड़े अकड़ के इस आदमी के साथ मैं कांधा-से-कांधा मिलाकर चलने योग्य नहीं; मैं तो इसका पिछलगा ही हो सकता हूँ।

मई-जून '80 में अमिताभ की फ़िल्म 'लावारिस' की शूटिंग कश्मीर में होने वाली थी। पूरा बच्चन परिवार साथ गया। हम लोग ओबेराय पैलेस होटल में ठहरे। मैं कश्मीर इतनी बार हो आया था और उसके प्राकृतिक दृष्टि से सुन्दर स्थलों को इतनी बार देख चुका था कि अब उनमें मेरी रुचि न रह गयी थी। मैने वहाँ कुछ काम करने की योजना बनाई। आठवें दशक की प्रतिनिधि श्रेष्ठ कविताओं का काम सिर पर था। '76 से '80 तक के प्राय: सौ काव्य संग्रह एक बड़े बक्स में भरकर ले गया था। मई भर मैं उन्हें पढ़ता रहा और हर संग्रह की दो-तीन सर्वश्रेष्ठ कविताओं पर निशान लगाता रहा। जून के प्रथम सप्ताह में अमित और तेजी को छोड़कर सारा बच्चन परिवार बम्बई लौट आया। अमिताभ की शूटिंग पूरे जून चलने वाली थी। साथ के लिए हमने तेजी को वहीं छोड़ दिया। उनका स्वास्थ्य भी अच्छा न था। सोचा गया बम्बई की बरसात से कश्मीर की गरमी उनके लिए अधिक अनुकूल पड़ेगी। बम्बई की बरसात जून से शुरू हो जाती है।

सामान्य मनुष्य के जीवन में
सुबह होती है, शाम होती है
उम्र यों ही तमाम होती है।

जीवन के एकरस-उबाऊ क्रम पर मैंने भी कहीं लिखा था

लो दिन बीता, लो रात गई,
सूरज ढलकर पच्छिम पहुँचा,
डूबा, संध्या आई, छाई
सौ संध्या-सी वह संध्या थी
क्यों उठते-उठते सोचा था
दिन में होगी कुछ बात नई
लो दिन बीता, लो रात गई।

पर जीवन में कभी-कभी ऐसा भी दिन आता है, जब कुछ 'बिन बादर बिजली कहाँ चमकी'—कड़की-की तरह सर्वथैव अप्रत्याशित घटित होता है और हमको विस्मय-विमुग्ध, स्तब्ध, अवाक् छोड़ जाता है।

23 जून, 1980 का दिन ऐसा ही था।

अजिताभ ने अपने घर से फ़ोन किया था—

'संजय की हवाई दुर्घटना में मृत्यु हो गयी। मैं दिल्ली के लिए जहाज़ पकड़ने जा रहा हूँ...'

दुर्घटना के विषय में कुछ और जानने के लिए रेडियो के अतिरिक्त कोई दूसरा माध्यम न था।

अपराह्न को पैलेस होटल, श्रीनगर से भी किसी का फ़ोन आ गया।

'सुबह हवाई दुर्घटना में संजय की मृत्यु हो गयी। तेजी जी और अमिताभ दिल्ली के लिए रवाना हो गये।'

दिन मुश्किल से कटा। सारा वक्त मैं संजय के विषय में सोचता रहा। उसे मैंने छुटपन से देखा था, जब वह सुकुमार-शर्मीला, दुबला-पतला लड़का था। कैशोर में—सम्भवत: परिवार में पुरुष-नियन्त्रण-अनुशासन के अभाव में; पिता और नाना की मृत्यु हो चुकी थी; उसके स्वभाव में कुछ उग्रता आ गयी थी, जिसने कतिपय कुमित्रों के संसर्ग में कुछ अवांछित शरारतों का रूप लिया था, पर उन्हें उभरती यौवन की स्वाभाविक क्रियाशीलता समझा गया था। इंग्लैण्ड से मोटर मिकेनिज़्म में प्रशिक्षित हो जब वह लौटा था, बहुत बदल गया था, सृजन की कल्पना उसकी आँखों में थी और हाथ श्रम-लगन के साथ उसे रूप देने को उद्यत थे। मुझे याद है मोतियाखान में उसने एक गराज लिया था, जहाँ उसने गरमी, धूप-धूल में काम करते हुए मारुति का पहला नमूना तैयार किया था। दिन-भर काम करके जब वह लौटता, उसका बदन, उसके कपड़े उसकी मेहनत की गवाही देते। तेजी जब कभी उसको ऐसी हालत में देखतीं उसकी प्रशंसा करतीं। मारुति का नमूना जब तैयार हुआ था, तो पहले-पहल वह उसे चलाकर हमारे घर लाया था--13 विलिंगडन क्रिसेंट में—और हमने पहली बार उस पर सवारी की थी। मैं राज्यसभा का सदस्य था, जब उसे मारुति का बड़ा कारखाना बनाने-चलाने की अनुमति मिली थी। राजनीति के क्षेत्र में वह आपातकालीन स्थिति के साथ आया और आया तो धूमकेतु के समान आया। उसके स्वभाव की उग्रता, जो उसके व्यावसायिक कार्यकलापों में

दब गयी थी फिर उभरी और उसने उतावलेपन का रूप लिया। कर्मठता उसकी जाग ही चुकी थी। उसका सिद्धान्त हो गया—जो कुछ अच्छा किया जाने को है जल्दी किया जाना चाहिए, किसी भी तरह किया जाना चाहिए, यानी वह साध्य देखता था, साधन नहीं। केवल बातों से उसे वितृष्णा थी, जिसका वह 'बात-इ-बातॉं' कहकर मज़ाक उड़ाता था। युवा शक्ति को संगठित करने की कल्पना शायद उसकी अपनी थी। राजनीति में प्रविष्ट हुआ था, वह केवल अपनी माँ के सहायक के रूप में, पर उसने कुछ मौलिक सोचना भी आरम्भ किया। और सोचकर बैठने वाला आदमी वह नहीं था; वह उसे जल्दी-से-जल्दी कार्यरूप में परिणत करना चाहता था, उसका परिणाम देखना चाहता था, युवा काँग्रेस के माध्यम से उसने जो काम किया वह वस्तुत: लोकहित में था, पर साधन और तरीकों के प्रति लापरवाह होने के कारण वह लोकप्रिय न रह गया। फिर भी चुनाव हारने पर उसके चरित्र का एक नया पहलू देखा गया। कमीशन और कचहरियों के द्वारा जनता सरकार ने उस पर जो दर्जनों मुक़दमे चलाये उनका सामना उसने अपूर्व दृढ़ता, निर्भीकता और कुशलता से किया। सामान्य जनता उनसे अवश्य प्रभावित हुई और '80 के चुनाव में वह बहुमत से लोकसभा के लिए चुना गया। आपातकालीन स्थिति के अनियन्त्रित अधिकारियों से, जाहिर है, वह असन्तुलित हो गया था, पर इसकी बड़ी सम्भावना थी कि सामान्य संवैधानिक शासन में सन्तुलित रहकर वह देश-समाज के लिए बहुत कुछ नया, क्रान्तिकारी, कल्याणकारी सोचता और जनता को साथ लेकर उसे कार्य रूप में परिणत करता। पर...अवांछित अघट घटित हो गया था और उसके साथ कोई जवाब-तलबी नहीं की जा सकती थी।

बिजली बहुत परिचित है, पर जब भी वह तड़पती है कंपा देती है। बस यही मृत्यु के सम्बन्ध में कहा जा सकता है। शायद जीवन का कोई सत्य इससे अधिक जाना नहीं है कि 'जातस्य हि ध्रुवो मृत्युः', फिर भी बिरला ही मृत्यु को जीवन की स्वाभाविक परिणति के रूप में स्वीकार करता है, विशेषकर अकाल मृत्यु को। पका हुआ फल गिरना ही चाहिए पर कच्चा क्यों? हम व्याख्या चाहते हैं और विधि, भावी, भाग्य, कर्म—'कर्म' को भी हम भाग्य के अर्थ में प्रयोग करने लगे हैं—'करम लिखा जो बाउर नाहू'—या 'पूर्व जन्म कृतं कर्म' में, गो पूर्व जन्म सुनिश्चित तो नहीं—देवताओं के कोप, यहाँ तक कि मनुष्यों की आह, ईर्ष्या-द्वेष में कारण की कल्पना करते हैं। कल्पना शब्द मैंने जान-बूझकर लिखा है क्योंकि प्रमाणित आज तक कोई भी नहीं हो सका है। साफ़ कहूँ, तो मुझे इनमें से कोई सन्तुष्ट नहीं करता। हम जीवन के क्रम में घटना या दुर्घटना को भी स्थान क्यों न दे दें? कारण के साथ अकारण का अस्तित्व भी क्यों न मान लें? हमारे पूर्वज कारण की खोज में बहुत दूर तक गये, पर जहाँ कारण की मूल स्थापित करनी थी वहाँ लीला अथवा 'कौतुक' ही देख सके। 'कौतुक निधि कृपाल भगवाना'—लीला, कौतुक, खेल सकारण नहीं होते। जब अकारणता 'भगवान' अथवा समग्रता अथवा cosmos के मूल में है, तो अगर वह किसी डार-पात में अपने को अभिव्यक्त करती है, तो हम उसे अनहोनी की संज्ञा क्यों दें? होनी ही क्यों न मान लें?

मनुष्य से अपेक्षा मैं यह करूँगा कि होनी-अनहोनी जो भी आये, उसका सामना वह धैर्य और साहस और शान्ति से करे।

गाँधी-परिवार ने ऐसा ही किया, जैसी कि उससे प्रत्याशा थी।

इस सम्बन्ध में सबसे मार्मिक प्रसंग यह था कि जिस हवाई-जहाज़ को संजय चला रहा था, उसमें एक को-पाइलट भी था और उसकी भी मृत्यु हो गयी थी। उसकी माँ घटनास्थल पर आयी थी और अपने बेटे को दुर्घटनाग्रस्त देखकर विकल-विह्वल हो उठी थी और इन्दिराजी उसे सान्त्वना दे रही थीं...

तर्क मस्तिष्क को समझा-बुझा लेता है। हृदय को शान्त नहीं कर पाता। मैं बहुत दिनों तक उद्विग्न रहा। उद्विग्नता का सबसे बड़ा इलाज है कि किसी काम में लग जाओ। खैरियत थी कि मेरे पास काम था।

'80 के काव्य-संग्रहों का अन्त न था। हर मास नये-नये प्रकाशनों का पता लगता, उनको मँगाता, पढ़ता, उनमें एक या दो सर्वश्रेष्ठ कविता पर चिह्न लगाता। दिसम्बर तक के प्रकाशनों पर विचार करना था और कितने संग्रह तो निकले 1981 के प्रारम्भिक महीनों में, पर प्रकाशन की तिथि 1980 ही उन पर दी जाती रही।

दिसम्बर-जनवरी में अमिताभ की फ़िल्म 'सिलसिला' की शूटिंग दिल्ली में होने वाली थी। गर्मियों में या जाड़ों में जब अमिताभ की शूटिंग बम्बई से बाहर होती, वे चाहते कि सारा बच्चन-परिवार साथ रहे, बच्चों की भी उन दिनों छुट्टियाँ होतीं, सबका बम्बई से बाहर घूमना-फिरना हो जाता, अमिताभ को भी सारे परिवार के साथ रहने का मौका मिलता। इस बार हम लोग ओबेराय होटल में ठहरे।

दिल्ली हिन्दी-प्रकाशनों का एक बड़ा गढ़ हो गया है। यहाँ आकर और भी '80 के काव्य-संग्रहों के प्रकाशन का पता लगा। शूटिंग देखने से जो समय बचता, मैं नये-नये काव्य-संग्रहों को देखने में लगाता। दिल्ली में मेरे-तेजी के, अमिताभ-अजिताभ के भी मित्रों-परिचितों की संख्या बहुत बड़ी थी। प्राय: लोग हमसे मिलने होटल आते। बहुत से शूटिंग देखने के लिए लालायित होते। उन्हीं दिनों राजकमल प्रकाशन की स्वामिनी श्रीमती शीला संधू हमसे मिलने आयीं। उनसे हमारी पारिवारिक मैत्री तो थी, पर मेरी कोई किताब उनके यहाँ से प्रकाशित न हुई थी। इस बार उन्होंने प्रकाशन का एक प्रस्ताव भी मेरे सामने रखा। मेरा कोई अच्छा काव्य संकलन बाज़ार में उपलब्ध न था। 'अभिनव सोपान' '64 में निकला था। उसका संस्करण समाप्त हुए कई वर्ष हो गये थे और उसके प्रकाशक ने दूसरा संस्करण न निकाला था। शीलाजी कोई ऐसा संकलन निकालना चाहती थीं जो मेरे पिछले पचास वर्ष की कविताओं का प्रतिनिधित्व करे, साथ ही वे संकलन को बहुत बड़ा भी बनाना न चाहती थीं। बड़ा होने से दाम अधिक रखना पड़ता है, जो सामान्य पाठक के क्रय-सामर्थ्य से बाहर हो जाता है। मैंने उनका प्रस्ताव स्वीकार कर लिया—मैंने सोचा संकलन का नाम दूँ—'मेरी कविताई की आधी सदी'—'आगे के सुकवि रीझिहैं तौ कविताई'—वास्तव में कविता समझने के लिए कवि होना ज़रूरी है, कम-से-कम कवि हृदय। उसमें पचास वर्षों की पचास या इक्यावन कविताएँ दूँ। ऐसी कविताएँ लिखना जो प्रकाशित रूप में आयें, मैंने 1929 से

आरम्भ किया था। तब से 1979 तक की कविताएँ देनी थीं। यों तो '73 में मैंने 'जाल समेटा' से कविता का जाल समेटने की घोषणा कर दी थी, पर कभी-कभी कुछ लिखने को विवश होता था, गो उसे प्रकाशित नहीं करता था। इस संकलन में '73- '79 के बीच लिखी कविताओं से भी कुछ देने का इरादा मैंने किया। यह उस संकलन की नवीनता होगी। ऐसी ही कुछ परिकल्पनाओं के बीच मैंने शीलाजी से वादा किया कि संकलन की प्रेस कॉपी मैं महीने बाद दे सकूँगा, वे मान गयीं। प्राय: मैं one thing at a time (एक वक्त पर एक ही काम) में विश्वास करता हूँ। इस काम के लिए मैंने तय किया कि पहले इसे कर डालूँ, फिर दशक वाला काम पूरा करूँगा।

दिल्ली की इस यात्रा में एक नये संकलन का अनुबन्ध हुआ, अच्छा काम हुआ। पर उससे ज़्यादा अच्छा एक और काम हुआ। गुलमोहर पार्क की अपनी ज़मीन पर मकान की नींव रखी गयी।

गुलमोहर कालोनी कोआपरेटिव सोसाइटी उस समय स्थापित हुई थी जब मैं विदेश मन्त्रालय में था। यह मुख्य रूप से लेखक-पत्रकार कालोनी बनाई जाने वाली थी। मैं स्वयं तो उसका सदस्य न बना था, पर तेजी को बनवा दिया था। मुझे याद है, जब खाली ज़मीन पर प्लाट के निशान लगाए गये थे, उनके नम्बर दिये गये थे और लाटरी से कोओपरेटिव के सदस्यों के प्लाट एलाट हुए थे, हमारे नाम 8-बी का प्लाट पड़ा था और यह देखकर खुशी हुई थी कि हमारे मकान के दो तरफ़ सड़कें और पीछे बाइलेन पड़ेगी और सिर्फ एक तरफ किसी पड़ोसी से घर मिला होगा। हमारे प्लाट के सामने हमें बताया गया था एक पार्क बनेगा। कालोनी के विकास क्रम में सड़क, सीवरेज, पाइप लाइन, बिजली लाइन के लिए समय-समय पर जो राशि सदस्यों से माँगी जाती रही, हम अदा करते रहे। फिर नगर निगम की ओर से एक अवधि बना दी गयी, जिसके अन्दर लोग अपने-अपने मकान बना लें; न बना सकने की हालत में निगम को प्रति वर्ष कुछ जुर्माना वसूल करने का अधिकर होगा। हमारे जीवन में कुछ ऐसी परिस्थितियाँ आती गयीं कि हम मकान बनवाने की ओर ध्यान न दे सके। और कई वर्षों तक जुर्माने की राशि भी भरते रहे।

एक समय तो हमने ऐसा भी सोचा, बेटे बम्बई में व्यवस्थित हो रहे हैं, हमारा जीवन कितना है, जिसके लिए हम मकान बनवाने की झंझट झेलें। कुछ ऐसी ही झंझट की कल्पना कर मैंने एक कविता लिखी थी—'घर बनाने का बखेड़ा' जो **दो चट्टानें** में है। तेजी के मन में कभी अगर मकान बनवाने की सुगबुग होती भी, तो मैं अपनी कविता सुनाकर उन्हें शान्त कर देता—

'कौन बनाए आज घरौंदा
हाथों चुन-चुन कंकड़-माटी।'

'नवीन' (हम अनिकेतन)

शत शरद जब मानवों के बीतते हैं,
देवताओं का दिवस तब एक होता;
इस तरह से देवता सौ वर्ष जीते।

शत शरद जब देवताओं के गुज़रते,
दिवस ब्रह्मा का ख़तम तब एक होता,
और ब्रह्मा इस तरह सौ वर्ष जीते।

और ब्रह्मा के शरद शत बीतते जब,
दिवस लोमश का ख़तम तब एक होता;
और लोमश इस तरह सौ वर्ष जीते।

और लोमश ऋषि रहा करते धरा में खोद गड्ढा!
एक दिन उनसे किसी ने कहा,
'मुनिवर, घर बना लेते कहीं पर!'
क्वचित अन्यमनस्कता से कहा मुनि ने,
'कौन इतने अल्प जीवन के लिए
घर खड़ा करने का बखेड़ा सिर उठाए!'....

हम इस दृष्टि से एक बार नगर निगम अधिकारी तक पहुँचे भी थे कि अगर हम मकान न बनवाना चाहें तो उस हालत में हम ज़मीन का क्या कर सकते हैं—क्या हम स्वतन्त्र रूप से बेच सकते हैं या ज़मीन नगर निगम को लौटानी होगी और अगर लौटानी होगी, तो हमें क्या मोआविज़ा मिलेगा। नगर निगम के अधिकारी हमारे हितेच्छु थे। उन्होंने बताया, नियमानुसार, आप ज़मीन को स्वतन्त्र रूप से नहीं बेच सकते। आपको उसे नगर निगम को लौटाना होगा और नगर निगम आपको उतनी ही राशि लौटायेगा, जितनी आपने उसके लिए जमा की है। पर आप ज़मीन को लौटाएँ क्यों? इसमें आपका नुकसान ही नुकसान है। जिस ज़मीन पर आप लोग पच्चीस-तीस हजार खर्च कर चुके हैं, उसकी कीमत आज दो लाख रुपए है। इस क्षेत्र में आप कोई ज़मीन ख़रीदना चाहें, तो आपको इससे कम में न मिलेगी। दूसरे, रुपये की कीमत बहुत घट गयी है। आपको जो पच्चीस हज़ार मिलेंगे, उसकी कीमत आठ-दस हज़ार से अधिक की न होगी। आप मकान का एक नक़्शा बनवाएँ। मैं उसे जल्दी पास कराने में आपकी मदद करूँगा। आप केवल एक गराज-भर बनवाकर प्लाट को चहारदीवारी से घिरा दें, फिर आपको न कोई जुर्माना देना होगा, न कोई आप से मकान का विस्तार करने का आग्रह करेगा। आप जब चाहें, मकान बनाएँ या आपके पुत्र-पौत्र बनवाएँ। आप ज़मीन लौटाने की गलती न करें, आप बाद को पछताएँगे। आपके ज़मीन छोड़ते ही बीसों आदमी उसे लेने को कूद पड़ेंगे और कोई भारी रिश्वत ले नगर निगम के दिखाऊ दामों पर इस ज़मीन को हस्तान्तरण कर देगा।

बात समझ में आयी। तेजी ने एक नक़्शा बनवाया और उपर्युक्त अधिकारी ने, आप विश्वास न करेंगे, एक घण्टे के अन्दर नक़्शा पास भी करा दिया। जब कोई बात होने की होती है, तब उसके सहायक भी मिल जाते हैं।

अमित-अजित को जब यह बताया गया, तब उन्होंने भी ज़मीन न लौटाने का

औचित्य समझा और प्लाट पर मकान बनवा देने को तैयार हुए। इस बार जब हम दिल्ली आए, तो तय हुआ कि अमिताभ के हाथों मकान की नींव डलवा दी जाये।

तेजी ने मुझसे पूछा इस सम्बन्ध में क्या-क्या करना होगा। मुझे याद आया, राधा से मैंने सुना था कि उनके बड़े भाई यानी मेरे परदादा ने इलाहाबाद के चक वाले क़िल्ले-से मकान का शिलान्यास किया था तो नींव में एक तलवार और एक क़लम रखी थी। मिट्ठू लाल हमारे परिवार में पहले क्रान्तिकारी थे और हर विषय पर लीक से हटकर सोचते थे। उन्होंने मरते समय गोदान नहीं, अश्वदान किया था। इस प्रसंग पर 'क्या भूलूँ क्या याद करूँ' में लिख चुका हूँ। चित्रगुप्त के जिस चतुर्भुजी रूप की कल्पना की गयी है, उसमें उनके एक हाथ में तलवार है, एक में ढाल, एक में क़लम है, एक में दावात। परबाबा ने सम्भवतः चित्रगुप्तवंशी होने के नाते अपने आदिपुरुष के दोनों हथियार नींव में रखवा दिये थे! शायद उनके प्रभाव से घर में उनके वंशज खड्गवीर और क़लमवीर हों। उनके तलवार चलाने के किस्से तो मैंने सुने थे, पर उनके क़लम चलाने की चर्चा कभी न आयी थी, लेकिन कायस्थ होने के नाते क़लम चलाने की क्षमता नहीं तो आकांक्षा तो ज़रूर उनके मन में रही होगी। मेरे बाबा भोला नाथ तलवार और क़लम दोनों चलाते थे। 1857 के गदर में उनके

'सुना फिरंगी फ़ौजें आतीं
ले तलवार जगत पर बैठे'

की बात मैंने 'आरती और अंगारे' की एक कविता में लिखी है। क़लम चलाना उनका खुशखत लिखने तक सीमित था। मालूम होता है, आगे चलकर तलवार के लोहे में जंग लग गयी, पर क़लम में अंकुर फूटे। पिताजी के जमाने में केवल नवरात्र में तलवार की पूजा होती थी और घर में शिशु जन्म पर उससे नवजात की नाड़ काटी जाती थी—पिताजी ने जन्म-भर क्लर्की की, क़लम तो वे भी घिसते रहे। अपने दफ़्तर के 'बास' पण्डित रामचरण शुक्ल के प्रभाव में कुछ पद्य-गद्य लिखने का प्रयास उन्होंने ज़रूर किया था। पिंगल पर एक किताब उनके पुस्तकालय में थी और मुझे याद है, मेरी बड़ी बहन की शादी का वर्णन उन्होंने रोचक गद्य में लिखा था। अंकुरित क़लम पलुहाई तीसरी पीढ़ी में। क़लम को पलुहाने में पीढ़ियाँ लगती हैं। पिताजी ने सदी के तीसरे दशक के प्रारम्भ में मुट्ठी गंज के मकान की जब नींव रखी, तो केवल क़लम रखी। वातावरण में गाँधी की अहिंसा गूँज रही थी, तलवार भुला दी गयी। पर शायद मिट्ठू लाल की तलवार का लोहा बन्दूक की नलों में बदल गया था। मैंने लिखा—

'मैं क़लम और बन्दूक चलाता हूँ दोनों'

पर वह बन्दूक यू. टी. सी. के ट्रेनिंग कैम्पों में ही चलकर बैठ गई, और क़लम चलती रही। मैंने तेजी से कहा, भूमिपूजन पुरोहित जिस रीति से कहे करा दिया जाये, पर अमिताभ के हाथों एक लेखनी भी नींव में रखा देनी है। तदनुसार तेजी ने

करा दिया। शायद उसका ही प्रभाव है कि इस मकान में बैठकर मेरी बहुत दिन से शिथिल लेखनी फिर सक्रिय हो उठी है।

अमिताभ ने मकान बनवाने का काम अजिताभ को सौंपा और उन्होंने आर्कीटेक्ट और ठेकेदार को बुलाकर काम शुरू करा दिया।

दिल्ली से लौटकर पहले मैंने 'कविताई की आधी सदी' पूरी की; समर्पित की मैंने उसे कविवर अनन्त कुमार पाषाण को, जिन्होंने मेरी प्रथम कृति से मेरी आजतक की रचना में सहजभावेन रस-रुचि ली है। आजकल सिद्धा कॉलेज बम्बई में अंग्रेजी के प्रोफेसर हैं। फिर दशक-संकलन पर लगा और अप्रैल तक मैंने अपने चुनाव को अन्तिम रूप दे दिया; पर अजित कुमार की अपने भाग के बारे में रिपोर्ट न आयी, पत्र लिखने पर भी उनका उत्तर न आया। मैं समझ गया वे अपना काम पूरा नहीं कर सके हैं। अजित कुमार या तो दीर्घसूत्री हैं या बहुधंधी। इसलिए समय पर कोई काम नहीं कर पाते। इधर मई-जून में अमिताभ जी की फ़िल्म 'सत्ते पर सत्ता' और एक दूसरी फ़िल्म के कुछ दृश्यों की शूटिंग कश्मीर में होने वाली थी। सारा बच्चन परिवार डेढ़ महीने के लिए श्रीनगर चला गया।

इस बार कश्मीर प्रवास मैंने पूरी छुट्टी के रूप मे बिताया। पिछले साल-भर से मैंने पढ़ने पर बहुत आँखें गड़ाई थीं। मुझे कैटेरेक्ट की शिकायत हो गयी थी। डॉक्टर ने रात को पढ़ने को तो बिलकुल मना कर दिया था। दिन को भी मैं कम-से-कम पढ़ता—शायद अख़बारों को देखने के अतिरिक्त कुछ नहीं। कश्मीर ऊबने की जगह नहीं—कभी पिकनिक, कभी डल पर शिकारे की सैर और ज़्यादातर अपने पोते-पोतियों के साथ खेलने-खेलाने में डेढ़ महीने बात-की-बात में बीत गये। रेडियो कश्मीर के निदेशक श्री नैयर के आग्रह पर मैंने रेडियो के लिए केवल एक प्रोग्राम स्वीकार किया, जिसमें कश्मीर के कुछ साहित्यकारों से मेरी बातचीत रखी गयी। उन्होंने मुझसे कुछ प्रश्न किये और मैंने उनके उत्तर दिये। उसी में किसी ने मुझसे पूछा, 'बच्चन साहब, एक वक्त था, बल्कि अब भी है कि आप 'बच्चन' के नाम से जाने-पहचाने जाते हैं, लेकिन वह वक्त भी आया कि आपके साहबज़ादे फ़िल्म इंडस्ट्री में आये। तो बाप की हैसियत से यह अच्छा लगेगा कि बच्चे ने इतनी तरक्की की। लेकिन जब वह अपने बच्चे के नाम से पहचाना जाने लगे, तो कैसा महसूस होता है, आपको कैसा महसूस होगा कि कोई कहे कि आप अमिताभ बच्चन के बाप हैं।'

मेरा जवाब था, 'साहब, मुझे बहुत खुशी होती है और मैं अपनी सारी कविता अपने बेटे के ऊपर, अपने बेटे की कला के ऊपर निछावर कर सकता हूँ। अगर मुझसे कोई पूछे कि आपने सबसे अच्छी कविता कौन लिखी है तो मैं कहूँगा मैंने अमिताभ लिखा। आप कहेंगे, बाप बोल रहा है, मगर बाप क्यों न बोले।'

बाद को मैंने सोचा कि मेरी बात शायद मोह-भ्रमित है। पिता के नाते अमिताभ पर गर्व करना एक बात है, और अमिताभ के निर्माता का श्रेय लेना दूसरी बात। शायद मैं अपनी बात से अमिताभ के निर्माता होने का श्रेय ले रहा हूँ जो पूरी तरह ठीक नहीं है। क्या अमिताभ केवल मेरी लिखत है, अपनी भी लिखत नहीं?

अपने निर्माण में क्या अमिताभ ने स्वयं एक बड़ी भूमिका नहीं निभाई? क्या मैं स्वयं पूर्णतया अपने पिता की निर्मिति हूँ, अपनी निर्मिति नहीं? अमिताभ ने मुझसे केवल कुछ संस्कार पाये; जैविक आधार पर उससे अधिक अपनी माँ से—शेष तो वह अपनी साधना, अपने तप का स्वरूप है।

कश्मीर के साहित्यकारों, कवियों से वह बातचीत बहुत रोचक थी और वह पूरी की पूरी रिकार्ड कर ली गयी थी। बच्चन रचनावली के नवें खण्ड में वह दी गयी है। उसके प्रति आपकी रुचि हो तो कभी देखें।

सितम्बर के पूर्व अजित कुमार जी अपने हिस्से के काम को समाप्त करने की सूचना न दे सके, जब मैंने दिल्ली जाकर उनके-अपने सम्मिलित कामों के आधार पर प्रेस कापी तैयार की और प्रकाशक को दी। लगभग साल उन्होंने प्रकाशित करने में लगाया।

बम्बई से चलने लगा था तो अजिताभ ने कहा था, गुलमोहर पार्क जाकर अपना बनता मकान भी देखते आइयेगा। मकान का काफ़ी हिस्सा बन चुका था, फिर भी ठेकेदार ने बताया था, अभी साल-भर का काम है। एशियाड की तैयारी में जो नगर में बहुआयामी निर्माण हो रहा था, उसकी वजह से न मज़दूर मिलते थे, न सामग्री। बीच-बीच में लम्बे अरसे के लिए काम बन्द कर देना पड़ता था। एक बात जो बुरी लगी वह यह थी कि हमारे प्लाट के सामने जो खाली ज़मीन पार्क के लिए थी, उस पर पंचमंज़िली इमारतें उठ रही थीं, जिनसे हमारे मकान की प्राइवेसी जाती रही थी—साथ ही वहाँ रहते हम बन्द-बन्द, घिरे-घिरे से अनुभव करते, पर अब कर क्या सकते थे।

अक्टूबर में फिर अमिताभ ने सारे परिवार को कश्मीर ले जाने का प्रोग्राम बनाया। 'सिलसिला' फ़िल्म के कुछ दृश्यों की शूटिंग कश्मीर में होने को थी। इस बार हमने दीपावली वहीं मनाई। इस बार भी रेडियो कश्मीर ने मेरा एक प्रोग्राम रखा—आमन्त्रित श्रोताओं के सामने मेरे एक व्याख्यान और प्रश्नोत्तर का—विषय था, 'कैसे-कैसे दिन कैसे-कैसे लोग'—जो बाद को सम्पादित कर वहीं से प्रसारित किया गया। वह भी पूरे का पूरा रिकार्ड कर लिया गया था और बच्चन रचनावली के नवें खण्ड में दे दिया गया है।

'77 में 'बसेरे से दूर' समाप्त करने के बाद पिछले चार बरसों से मैं कोई विनियोजित सृजनशील काम नहीं कर सका था—हाँ, यदाकदा कुछ कविताएँ लिखी थीं, पर उन्हें प्रकाशित करने के कोई विशेष इच्छा नहीं थी। चार संकलन ज़रूर सम्पादित किये थे—जिनकी चर्चा ऊपर कर आया हूँ। पता नहीं क्यों तभी मुझे अपने हंस प्रतीकों से लिखी कविताएँ याद आने लगीं। 'कविताई की आधी सदी' तैयार करते समय उन्हें पढ़ते एक विशेष मार्मिक अनुभूति से गुज़रा था। जी में आया, उनका एक छोटा-सा संकलन अलग निकाला जाये। ऐसी सात कविताएँ 'प्रणय पत्रिका' में थीं, दो 'आरती और अंगारे' में, एक 'चौंसठ रूसी कविताएँ' में—यह याकोव पोलोन्स्की लिखित 'हंस की मौत' का अनुवाद था। पर उसकी संगति मेरे हंस गीतों से इतनी बैठती थी कि सृजनात्मक अनुवाद के नाते मैंने उसे

अपनी मौलिक-सी मान अपने संकलन में ले लिया और इस प्रकार हंस-प्रतीकी दस एक संकलन मैंने प्रकाशित करने को दिया 'सोऽहं हंसः' नाम से। अर्थ स्पष्ट है—'वह हंस मैं ही हूँ'—जैसे मैं संकेत करना चाहता हूँ कि इन गीतों का हंस जिन स्थितियों से गुज़रता दिखाया गया है, उनसे मैं भी गुजर चुका हूं। गीतों का क्रम मैंने ऐसा लगाया कि उनसे एक हंस की क्रमिक जीवन यात्रा का ही आभास मिले—'हंस का प्रयाण', 'हंस का प्रवास', 'हंस की चेतावनी', 'हंस की प्रतीक्षा', 'हंस की मनुहार', 'हंस की विदा', 'हंस का पुनरागमन', 'हंस का मोहभंग', 'हंस का घाव', 'हंस की मौत'। ऐसी किवदन्ती है कि मरने के पूर्व हंस एक उड़ान भरता है और एक गीत गाता है--swan song अंग्रेज़ी में अन्तिम गीत या सर्वश्रेष्ठ गीत के लिए मुहावरा बन गया है। पोलोन्स्की की 'हंस की मौत' शीर्षक कविता बड़ी सहानुभूति और सूझ से लिखी गयी है। वह कहता है, हंस मरण निकट जान किसी सरोवर के नरकुल घिरे कोने में जा बैठता है और अपनी अन्तिम निद्रा में केवल स्वप्न देखता है कि वह गगनस्पर्शी उड़ानें भर रहा है और उड़ते हुए गा रहा है!

कल्पना की वे उड़ानें बे-उड़ी थीं,
कल्पना का गीत अनगाया हुआ था,
कल्पना की रागिनी ही मन्द होकर,
मन्दतर होकर, हुई थी शान्त;
पंछी मर गया था!...

संकलन छपकर आया, तो भीतर से कोई बोला, 'क्या तेरा भी अब 'हंस गीत' गाने का समय निकट नहीं आ गया है, क्या वही संकेत इधर हंस प्रतीकों से कविताएँ लिखने को मुझे प्रेरित कर रहा है?...जो समय-समय पर पत्र-पत्रिकाओं में आती रही हैं।

बम्बई में सुबह-शाम दोनों वक्त घूमने का नियम मैंने बना लिया था। 'प्रतीक्षा' से निकलकर नरसी मेहता उद्यान तक जाता, एकाध चक्कर वहाँ लगाता और लौट आता। दिसम्बर की किसी शाम को घूमने के लिए निकला तो थोड़ा दूर चलने के बाद ऐसा लगा कि मुझे चक्कर-सा आ रहा है और मैं आगे न जा सकूँगा। कुछ देर के लिए खड़ा हो गया और फिर धीरे-धीरे घर की ओर लौटा। फाटक पर पहुँचते-पहुँचते मैं इतना थक गया कि लगा मैं अन्दर अपने कमरे तक न जा सकूँगा। फाटक पर वाचमैन के बैठने का स्टूल रखा रहता है, मैं उसी स्टूल पर बैठ गया। कुछ सुस्थिर हुआ तो सोचा तेजी को चलकर अपना हाल बता दूँ। उनका कमरा ऊपर था। किसी तरह सीढ़ियाँ चढ़ गया। तेजी का कमरा अन्दर से बन्द था। वे किसी काम से व्यस्त थीं, मुझसे अन्दर से ही रुकने को कहा। उन्हें मुश्किल से दो-तीन मिनट लगे होंगे दरवाज़ा खोलने में, पर इतने में ही लगा मैं खड़ा न रह सकूँगा और पास पड़ी चौकी पर बैठ गया। मेरी हालत देखकर तेजी ने डॉ. शाह को फ़ोन किया। वे हमारे फेमिली डॉक्टर थे—आकर उन्होंने मेरा ब्लड प्रेशर लिया,

बहुत बढ़ा हुआ था, हालाँकि सामान्यतया मेरा ब्लड प्रेशर मेरी उम्र के हिसाब से कम ही रहता है। उन्होंने कोई इंजेक्शन दिया, कुछ गोलियाँ खाने को दीं और मैं तेजी के बिस्तर पर ही लेट गया। रात ज़्यादा हुई, तो थोड़ा दूध लेकर सोने को मैं अपने कमरे में नीचे ही आ गया।

सुबह मैंने एक दूसरी ही तकलीफ महसूस की। मुझे लगा मेरी कमर के नीचे का हिस्सा जैसे बेजान हो गया है और मैं अपने से उठकर चार क़दम भी न चल सकूँगा। तेजी ने मेरी सेवा में रहने को गुलाबचन्द को बुला लिया। वह उन दिनों अजिताभ के यहाँ काम कर रहा था। जब हम पहले-पहल बम्बई से दिल्ली आये थे, वह हमारे साथ आया था और चार वर्ष हमारे साथ दिल्ली में काम कर चुका था। इलाज डॉ. शाह का ही होता रहा। डाक्टर लोग कभी-कभी बड़ी विचित्र बात कहते हैं। शाह के अतिरिक्त एक दूसरे विशेषज्ञ ने भी आकर मेरी परीक्षा की थी। दोनों का कहना था कि कमर के नीचे का जो मेरा हिस्सा बेकाबू हो गया है, उसका कारण मेन्टल टेन्शन है—यानी दिमाग़ी तनाव। और अजीब बात यह है कि मेन्टल टेन्शन का कोई कारण मैं नहीं देख रहा था। दिल्ली से आने के बाद तेजी प्रायः बीमार ही रहती थीं, पर उन दिनों वे भी अपेक्षया अच्छी हालत में थीं। अमित अपनी जांडिस से पूर्णतया मुक्त हो चुके थे। पोते-पोतियाँ भी स्वस्थ-सानन्द थे। जया भी ठीक थी। अजिताभ और रमू तो स्वास्थ्य के बारे में बहुत सचेत रहते हैं—आसन, व्यायाम, घूम-घाम उनके दैनिक कार्यक्रमों में रहता है। उनके लिए भी किसी प्रकार की चिन्ता नहीं हो सकती थी। लिखने-पढ़ने का जो काम मैंने कई वर्षों से ले रखा था, वह भी पूरा हो गया था। मेरी आँख की परीक्षा बम्बई के सबसे बड़े नेत्र विशेषज्ञ डॉ. श्राफ ने की थी। केटेरेक्ट के ऑपरेशन की ज़रूरत उन्होंने नहीं बताई थी। सिर्फ चश्मा बदलवाने और एक दवा डालने से मेरी आँखों का कष्ट भी कम हो गया था। तब मुझे मेन्टल टेन्शन किस बात का था? मुझे तो अब डर था कि कहीं इस मेन्टल टेन्शन की खोज में मुझे मेन्टल टेन्शन न हो जाये!

मैं या मेरा दिमाग़ ऐसा पहुँचा-पारसा नहीं कि छह-सात महीने बाद आने वाली आपदा या संकटापन्न स्थिति का आभास पा ले और उसके लिए चिन्तित होना शुरू कर दे। पर अपने दिमाग़ को भी आदमी कितना जानता है!...

दस-पन्द्रह रोज़ जैसे तैसे मेरा इलाज होता रहा। कुछ फ़ायदा मैंने महसूस न किया। गुलाबचन्द मुझे नहलाता धुलाता रहा। मेरे पाँवों में सुबह-शाम क्रीम की मालिश करता रहा, मुझे पकड़कर 'प्रतीक्षा' के लॉन में दो-चार चक्कर घुमाता भी रहा। डाक्टरों ने कहा था कि मैं इस बीमारी को लेकर लेट न जाऊँ—उठता, बैठता, चलता-फिरता रहूँ। वह मैं कर रहा था और साथ ही अपने मेन्टल टेन्शन का कारण खोज न पाने का मेन्टल टेन्शन भी भोग रहा था।

दिसम्बर-जनवरी में अमिताभ की फ़िल्म 'महान' की शूटिंग दिल्ली में होने वाली थी। सारे परिवार को साथ जाना था। सोचा गया मुझे दिल्ली में पूर्व परिचित डाक्टरों को दिखाया जायेगा। आल इण्डिया मेडिकल इन्स्टीट्यूट के डाक्टरों की सलाह ली जायेगी और वहीं विधिवत् इलाज कराया जायेगा। हम लोग अशोका

होटल में ठहरे। वहाँ मेरी तरह-तरह की परीक्षा की गयी। दर्जनों एक्सरे लिये गये। लम्बे अरसे से मेरे स्वास्थ्य-रोगों से परिचित डॉ. करोली ने मुझे देखा, फ़िज़ियोथिरेपी के विशेषज्ञ डॉ. चन्द्रा ने मुझे देखा। कई तरह की गोलियाँ, पाउडर, मिक्सचर दवाओं के रूप में दिये गये। कई तरह के इंजेक्शन लगे। एक डॉक्टर आकर मुझे ख़ास तरह की कसरत कराता। पर मेरे कमर के नीचे की ताकत न लौटी। अलसर का मरीज मैं पहले से, एलोपेथिक दवाओं से मेरी एसिडिटी बढ़ती; उसके शमन के लिए कुछ दूसरी दवाएँ दी जातीं। मैं दवाओं से ऊब उठा। होटल का खाना अलग मुझे अनुकूल न पड़ता। एक दिन राजीव मुझे देखने आये, तो मैंने उनसे कहा, 'देखो, मरीज़ की जगह होटल नहीं, अस्पताल है। मुझे अमिताभ पर जोर डालकर किसी अस्पताल में भरती करा दो।' एक दिन इन्दिराजी भी मुझे देखने आयीं। मैं डॉक्टरों से कहता, दवा-परहेज़ मैं सब तरह का कर रहा हूँ, पर मुझे कोई लाभ नहीं हो रहा है। वे कहते अपने को relax करिये और मैं कहता कोई tension हो, तब तो मैं relax करूँ। सच तो यह है कि relax करने की कोशिश में मुझे tension होने लगा था। मेरी बीमारी सारे परिवार की चिन्ता हो गयी।

अन्त में अपना इलाज बदलने का निर्णय मैंने ही लिया। जनवरी के दूसरे सप्ताह में बच्चों की जाड़े की छुट्टियाँ समाप्त होने को थीं और उनके स्कूल खुलने को थे। सारे परिवार को बम्बई लौटना था। अमिताभ की फ़िल्म की शूटिंग जनवरी भर और शायद फरवरी में भी कुछ दिनों को चलने वाली थी। अमिताभ चाहते थे कि मैं और मेरे साथ तेजी दिल्ली रुकी रहें और मेरा इलाज चलता रहे। मैं दिल्ली के इलाज से निराश हो चुका था और बम्बई लौटकर किसी दूसरे तरह का इलाज शुरू करना चाहता था। तेजी के लिए मैं ज़रूर चाहता था कि वे दिल्ली में अमिताभ के साथ रुकी रहें; अमिताभ महीने-भर की लगातार धुआँधार शूटिंग से काफ़ी थक गये थे, उनके दमे की शिकायत बढ़ गयी थी; उनके साथ किसी के रहने की ज़रूरत थी और माँ से अधिक तत्परता से न कोई उनकी देखरेख कर सकता था और न उनके लिए अनुकूल संग-साथ हो सकता था। माँ मनोविभाजन की-सी हालत में थीं—पति के साथ बम्बई जायें कि पुत्र के साथ दिल्ली रहें। मेरी दृष्टि में उनकी ज़रूरत अमिताभ के निकट अधिक थी। मेरे आग्रह पर वे दिल्ली रुकी रहीं, मैं बम्बई लौट गया; मैंने उनको आश्वासन दे दिया था कि अपना हाल-चाल देता रहूँगा, और अगर किसी दर्जे पर मैंने समझा कि उनका मेरे निकट रहना ज़रूरी है, तो उन्हें बुला लूँगा।

बम्बई पहुँचकर मैंने एलोपैथी की सारी दवाएँ फेंक दीं, नुस्खे फाड़ दिये; डॉ. भाटिया को बुलवाया। वे पास के ही इरला स्थित होमियोपैथिक मेडिकल कॉलेज के प्रिंसिपल थे; बच्चों के इलाज के लिए उन्हें यदा-कदा बुलाया जाता था और बच्चों को उनकी दवा से फायदा होता था। उन्होंने मेरी परीक्षा की और कहा वे होमियोपैथिक दवा से मुझे अच्छा कर सकेंगे। मैंने उनका इलाज शुरू किया। मेरे खाने-पीने में उससे कहीं ज़्यादा परहेज़ था, जितना वे मुझसे कराना चाहते थे।

मैंने मालिश के लिए एक दूसरे डॉक्टर को याद किया। ये थे डॉ. शैल कुमार

जैन। वे एक अद्‌भुत प्रतिभा थे। कम उमर में ही शायद चेचक से उनकी आँखें जाती रही थीं, पर उन्होंने अपने अन्धेपन को अपने जीवन की प्रगति में बाधा मानने से इनकार कर दिया। प्रकृति कभी-कभी बड़े विचित्र सन्तुलन का उदाहरण प्रस्तुत करती है। शैल कुमार की आँख चली गयीं, पर उनकी याददाश्त परवान चढ़ी—जो कुछ भी उन्हें पढ़कर सुना दिया जाता, वह उनकी स्मृति में सदा के लिए बैठ-पैठ जाता। दूसरों से पढ़वा-पढ़वा कर, सीख समझकर, दूसरों को लिखवा-लिखवा कर उन्होंने हाई-स्कूल से लेकर एम.ए. तक की पढ़ाई की, हिन्दी लेकर एम.ए. पास किया; इतना ही नहीं, उन्होंने भारतेन्दु पर शोध-प्रबन्ध लिखाकर बम्बई विश्वविद्यालय से पी.एच-डी. की डिग्री ली। पर दुर्भाग्य कि उनकी यह उपलब्धि जीविकोपार्जन की साधन न बन सकी। उन्हें कोई शिक्षा संस्था नौकरी देने को तैयार न हुई। क्या शैल कुमार हारे? नहीं। उन्होंने बेंत की बुनाई का काम सीखा—बेंत की कुर्सियाँ, मेज़, बक्से, डोलचियाँ आदि वे ऐसी उम्दगी से बना सकते हैं कि आपको देखकर हैरत हो। पर उससे भी सुविधाजनक जीवन जीने योग्य आमदनी नहीं हो सकती थी। वे फिर भी नहीं हारे। उन्होंने डॉ. जस्सावाला से वैज्ञानिक मालिश की शिक्षा ली जिससे कई तरह के शारीरिक रोग अच्छे किये जा सकते हैं। आज वे ऐसी मालिश के विशेषज्ञ के रूप में बम्बई में व्यवस्थित हैं। उनसे मेरा परिचय प्रसिद्ध हिन्दी कवि-लेखक श्री वीरेन्द्र कुमार जैन ने कराया था। कई वर्ष पूर्व, मेरे घुटनों में दर्द की तकलीफ हो गयी थी और उनकी मालिश से पन्द्रह दिन में मैं ठीक हो गया था। उनकी मालिश जोर से घिस्से लगाने वालों की नहीं होती। वे कुछ नसों को पहचानते हैं जिनको वे अपनी उँगलियों से तेज़ी से छूते हैं। जांडिस की बीमारी से उठने पर शारीरिक दुर्बलता को दूर करने के लिए अमिताभ ने भी उनकी मालिश एक महीने ली थी।

उन्होंने मेरे शरीर को टटोल कर कहा, वे मुझे तीन महीने में दौड़ा देंगे। अन्धा क्या चाहे दो आँखें। उनका इलाज शुरू हुआ। कुछ दिनों तक सुबह-शाम दोनों वक्त उन्होंने मेरी मालिश की, फिर एक वक्त; और तीन महीने बाद मैं दौड़ा तो नहीं, पर बिना सहायता के बाथरूम जाने, नहाने-धोने और थोड़ा-बहुत चलने-फिरने लायक हो गया। उतना भी बहुत था। गुलाबचन्द मेरे साथ रहता, पर चलने-फिरने में उसका हाथ पकड़ने की ज़रूरत मुझे न होती। मैं तीन-चार फर्लांग सुबह, तीन-चार फर्लांग शाम घूमने लगा और मुझे कोई विशेष थकावट का अनुभव न होता।

अप्रैल-मई में अमिताभ की 'महान' फ़िल्म के कुछ दृश्यों की शूटिंग काठमाण्डू-नेपाल में होने वाली थी। उस साल गर्मियों में अजिताभ ने अपने परिवार के साथ योरोप भ्रमण का कार्यक्रम बनाया था। अमिताभ के साथ जया-बच्चे तो जाने-वाले थे ही। मेरा मन नेपाल जाने से डरता था; इतनी नाजुक बीमारी से थोड़ा-बहुत राहत पाने के बाद मैं इतनी लम्बी यात्रा से घबराता था—पता नहीं वहाँ का जलवायु, भोजन-पान अनुकूल पड़े कि न पड़े। पर तेज़ी के साथ मैं बम्बई रुकता, तो दोनों बेटों की अनुपस्थिति में बहुत अकेला पड़ता, फिर बम्बई की गरमी तेजी को सहन न होती। अमिताभ का आग्रह था, हम उनके साथ जायें। उन्होंने यह भी

आश्वासन दिया कि अगर ज़रूरत पड़ी, तो वे डॉ. भाटिया या शैल कुमार को भी काठमाण्डू बुलवा सकेंगे। तेजी ने भी समझाया, वायु परिवर्तन से लाभ भी हो सकता है और अगर मालूम हुआ कि नेपाल स्वास्थ्य के लिए प्रतिकूल पड़ रहा है, तो लौट तो किसी वक्त सकते हैं। अन्ततोगत्वा अमिताभ के साथ चलने के लिए ही हिम्मत बाँधी।

बम्बई से रवाना हो कुछ घण्टे दिल्ली में रुकते हम हवाई-जहाज़ से काठमाण्डू पहुँचे।

अमिताभ के साथ तो एक हुजूम चलता है। पता नहीं, कैसे लोगों को पता लग जाता है कि कब अमिताभ घर से निकलते हैं, कहाँ जाते हैं, कहाँ रुकते हैं, कहाँ उठते-बैठते हैं और बात की बात में भीड़ की भीड़ उन्हें देखने, उन्हें छूने, उनसे ऑटोग्राफ़ लेने को उन्हें घेर लेती है। बम्बई में यही हाल था, दिल्ली में यही हाल था, काठमाण्डू में यही हाल था। दिल्ली में तो अधिकारियों ने अमिताभ के साथ हमें भी वी.आई.पी. रूम में बिठाकर बाहर पुलिस खड़ी करा दी। जहाज़ छूटने के पाँच-सात मिनट पहले हमें निकाला गया। कहीं भीतर अमिताभ की इतनी लोकप्रियता पर बड़ी खुशी भी होती है, साथ ही धक्का-मुक्की से परेशानी भी कम नहीं होती।

काठमाण्डू में हम लोग एवरेस्ट होटल में ठहराये गये। वहाँ भी ख़बर फैल गयी थी कि अमिताभ आने वाले हैं और इसी होटल में ठहरने वाले हैं। होटल नेपाली भीड़ से घिरा था—मर्द-औरतों-नवयुवक-नवयुवतियाँ-छोटे-छोटे बच्चों की भीड़। पारम्परिक हिन्दू रीति से होटल में हमारा स्वागत किया गया—तिलक, माल्यार्पण, आरती से। जब अपने-अपने कमरों में पहुँचे, तब जाकर कुछ शान्ति मिली।

काठमाण्डू की यह मेरी चौथी यात्रा थी। पहली बार मैं अगस्त, 1954 में स्वतन्त्रता दिवस पर आया था, भारतीय दूतावास द्वारा आयोजित कवि सम्मेलन में भाग लेने के लिए, दूसरी बार मई '55 में तेजी, अमित, अजित के साथ, जब मैंने अपने मित्र महाराजकृष्ण रसगोत्र के मेहमान के रूप में पूरी गरमी की छुट्टी बिताई थी—रसगोत्र उन दिनों दूतावास में सेक्रेटरी थे, तीसरी बार 1963 में, जब मैं विदेश मन्त्रालय की ओर से नेपाल के किसी सांस्कृतिक समारोह में भाग लेने के लिए भेजा गया था। याद है, साथ श्री सुनीतिकुमार चाटुर्ज्या और उनकी पत्नी थीं। कुछ ऐसा हुआ कि दो बार पटना से काठमाण्डू जा-जाकर हमारा जहाज़ लौट आया—उतरने में कुछ बाधा खड़ी हो जाती थी। श्रीमती चाटुर्ज्या ने कहा नियति हमें आगाह कर रही है—उतरने में कुछ अनिष्ट होगा, और वे अपने पति को लेकर कलकत्ता लौट गयीं। मैंने कहा, मैं तो सरकारी ड्यूटी पर हूँ, जहाज़ जायेगा तो मैं भी जाऊँगा। तीसरी बार हमारा जहाज़ गया, तो बजुज़ कुछ खराबी के सही सलामत उतर गया।

अमिताभ दूसरे दिन से ही अपनी फ़िल्म-शूटिंग के काम में व्यस्त हो गये। अब कुछ ऐसा प्रबन्ध हो गया था कि शूटिंग के दरमियान अमिताभ अपने फोटोग्राफ़र से अपना वी.डी.ओ. तैयार करा लेते और शाम को जब आते, तब हम उसे अपने कमरे में बैठकर टेलीविज़न पर देखते।

तेजी, जया, बच्चे दिन में काठमाण्डू के दर्शनीय स्थानों को देखने का कार्यक्रम बनाते। पाँवों की कमजोरी के कारण मैं अधिक बाहर न जा सकता। नेपाल मेरा कई बार का देखा था, विशेष उत्सुकता भी नहीं थी—बाहर घूमने-फिरने की; हाँ, मोटर से जाकर जहाँ ज़्यादा पैदल न चलना पड़े, वहाँ के लिए मैं तैयार भी रहता। कमरे में अकेले पड़े-पड़े ऊब होती।

बीस बरसों में काठमाण्डू में बहुत कुछ बदला था और बहुत कुछ बिलकुल नहीं बदला था। हमारा एवरेस्ट होटल उस हाईवे पर था जिसे चीनी सरकार ने बनाया था—यह पक्की-चौड़ी, टार्ड रोड नगर के चारों ओर गयी थी—एक दिन हमने कार से उसकी पूरी परिक्रमा की थी। उस पर नयी-नयी इमारतें खड़ी हो गयी थीं, नये-नये बँगले खड़े हो रहे थे। हमें दिखाया गया था, एक जगह से यह सड़क तिब्बत की सीमा तक चली गयी है, जहाँ यह लासा और लासा से पीकिंग जाने वाली सड़क से जुड़ जाती है। हमें बताया गया कि नेपाल के विभिन्न भागों में लगभग 1000 मील पक्की सड़कें भारत सरकार ने भी बनवा दी हैं। बिजली का उत्पादन भी खूब बढ़ा है। हाईवे पर बिजली के तारों की सहायता से बसें चलती हैं। नगर में कोई जगह ऐसी नहीं, जहाँ बिजली न पहुँच गयी हो, पर नगर से मिले गाँवों में शायद अभी नहीं; ऐसे गाँव कहीं-कहीं हाईवे से जुड़े हुए भी देखे जा सकते हैं, जहाँ माटी के दीये जलते हैं। शहर के बाज़ारों की दुकानें जैसी अब विदेशी माल से लदी देखीं, वैसी पहले कभी नहीं देखी थीं—शहर की सड़कों पर इम्पोर्टेड कारें दौड़तीं। बताया गया चीन से होकर बड़ा विदेशी माल नेपाल पहुँचता है, वहाँ से स्मगल होकर भारत के बाजारों में भी।

पुराना काठमाण्डू तो मन्दिरों की नगरी है। शायद ही आप किसी जगह पर खड़े हों, जहाँ से कोई मन्दिर न दिखाई देता हो; सड़क, गली, चौराहों, तिराहों, ओने-कोने जहाँ भी जगह मिली है, लोगों ने छोटे-बड़े मन्दिर खड़े कर लिए हैं, वेदियाँ, चौरियाँ बना दी हैं। यहाँ पूजा-स्थान बनाने में हिन्दू कल्पना खुल खेली है। बौद्ध मन्दिर, स्तूप, स्मारक भी कम नहीं हैं। मन्दिर क्षेत्रों में कुछ भी नहीं बदला है। इनके चारों ओर वही गाय, गोबर, गन्दगी, कोढ़ी, कंगले, भिखारी, तीर्थयात्री, पण्डे-पुजारी, भीड़-भड़क्का-धक्का जो सौ बरस पहले था, अब भी है और निश्चय सौ बरस बाद भी ऐसा ही रहेगा।

पशुपतिनाथ के मन्दिर पर तो 'महान' का एक दृश्य ही शूट किया गया था। उनके प्रोड्यूसरों ने अमिताभ से पशुपतिनाथ की विशेष पूजा कराई थी। वहाँ की भीड़ से बचकर निकल आये—यह पशुपतिनाथ की क्या कम कृपा थी।

गुह्येश्वरी मन्दिर पर भी हम लोग गये थे। पौराणिक कथा है—जब दक्ष-यज्ञकुण्ड में कूदकर सती ने अपने प्राण दे दिये थे तब मोहाविष्ट शिव सती के शव को काँधे पर डालकर जगह-जगह घूमते-फिरते थे। जहाँ-जहाँ सती के अंग टूट-टूटकर गिरे, वहाँ-वहाँ देवी-तीर्थ बनाये गये। किंवदन्ती है, यहाँ सती का गुह्यांग गिरा था। धुर अतीत में किसी जोगी-जती ने दिव्य-दृष्टि से यह स्थान पहचाना होगा। उसके आत्मविश्वास से प्रभावित किसी धनी-धर्मात्मा या राजा ने उसे मन्दिर

बनवा दिया होगा। गहराई में अष्टधातु का योनि-प्रतीक बना है, जिस पर समय-समय पर सोने का पानी फेर दिया जाता होगा। जल-पुष्प-सिन्दूर-आरती और द्रव्य से उसकी पूजा होती है। आदि मातृ-योनि पूज्य होनी ही चाहिए–'जगत् मातु पितु शम्भु भवानी।'

बूढ़ा नीलकण्ठ में एक छोटे से जलाशय में संगमूसा की बनी शेषनाग पर लेटी भगवान् विष्णु की दीर्घ-दिव्य प्रतिमा है। मेरा ध्यान भगवान् से पहले उस मूर्तिकार की ओर जाता है, जिसने यह प्रतिमा गढ़ी होगी। किसी युग में किसी बड़े कलाकर ने इस उजाड़ खण्ड में कोई बड़ा काला पत्थर देखा होगा। अपनी कल्पना-कला-श्रम से उसने इस काली चट्टान को काट-तराश कर उसके अन्दर से शेषनाग पर लेटे विष्णु भगवान् को निकाला होगा–फिर उसके चारों ओर एक जलाशय बनाया होगा–क्षीर सागर के प्रतीक के रूप में। निकट के किसी झरने की धार भी लाकर इस तालाब में गिराई होगी। कोई नहीं जानता वह कलाकार कौन था, कैसा था, कहाँ रहता था, कितने वर्ष-मास लगे थे उसको अपनी कल्पना को मूर्तिमान करने में–वह तो बस अपनी कृति में ही जैसे समा गया। मैं उसकी पुण्य स्मृति को पुनः-पुनः नमन करता हूँ और विश्वास करता हूँ ऐसा नमस्कार निश्चय ही 'केशवं प्रतिगच्छति।'

लौटते समय बोधनाथ का बृहत स्तूप देखता हूँ। प्राचीन है, पर बहुत अच्छी हालत में है। समय-समय पर इसकी मरम्मत-पोताई होती रहती है। बीच-बीच में ताक जैसी जगह बनाकर सिद्धासन में बुद्ध मूर्तियाँ रखी हैं। एक जगह बड़ा प्रार्थना-चक्र भी लगा है। जैसे सब प्रार्थना चक्रों पर, इस पर भी अंकित है–'ॐ नमो मणि पद्मे हुं'। चारों ओर भोटियों की बस्तियाँ हैं–तिब्बती लोगों को यहाँ भोटिया कहा जाता है। कई तिब्बती कला-कारीगरी की दुकानें भी हैं। जानना चाहता हूँ बोधनाथ कौन थे। कोई नहीं बता सकता। कोई बुद्धत्व प्राप्त सन्त होंगे, जिनके अस्थि-अवशेष इस स्तूप में रखे होंगे। सम्भव है भगवान् बुद्ध का ही कोई अस्थि खण्ड इस में स्थापित हो। एक लामा कहता है–

'ॐ तस्सऽ भगवतो अरहतो सम्मा सबुद्धस्सऽ'

स्वयम्भू नाथ भी देखने जाता हूँ। ऊँची पहाड़ी पर बना स्तूप है। स्तूप पर जो चौकोर मीनार-सी बनी है उसके एक पहलू पर दो बड़ी-बड़ी आँखें बनी हैं। नाक की जगह प्रश्नवाचक चिह्न बना है। सीढ़ियाँ चढ़कर स्तूप तक पहुँचा जा सकता है। कभी ऊपर गया था। अब हिम्मत नहीं। ऊपर एक बड़े कक्ष में बुद्ध की बड़ी-सी प्रतिमा है, जिसके आगे अखण्ड घृतदीप जलता है। बगल में एक पंक्ति में बैठे बौद्ध भिक्षु सस्वर कोई पोथी पढ़ते रहते हैं।

इस बार नेपाल की कुमारी देवी (Living Goddess) के दर्शन का भी अवसर मिला। मन्दिर क्षेत्र में एक पुराने मकान में उन्हें रखा जाता है। नीचे आँगन में लोग खड़े होते हैं, कुमारी के जी में आता है तो वे पहली मंज़िल के काष्ठ-वातायन से दर्शन दे देती हैं। हम लोग आँगन में खड़े हुए तो उन्होंने वातायन से हमें देखा ही नहीं, हमें ऊपर बुला लिया। शायद अमिताभ से हमारे सम्बन्ध की सूचना ऊपर

पहुँच गयी थी। अवस्था उनकी 6-7 के बीच में होगी, शरीर से भरी, गौर वर्ण, दीर्घ नेत्र, सुन्दर, प्रसन्न मुख, चांचल्य रहित मुद्रा। बोली कुछ नहीं। हमने प्रणाम किया, तो बताशे का प्रसाद दिया। बताया गया किसी उच्च वर्ण से एक सर्वांग पूर्ण सुन्दर बालिका कुमारी देवी के लिए चुनी जाती है, जो नीरोग हो, जिसके शरीर पर कोई दाग न हो, जिसके शरीर से किसी चोट के कारण रक्त न निकला हो। उसकी निर्भीक प्रवृत्ति और सात्विक स्वभाव की पहचान के लिए कुछ और परीक्षण भी किये जाते हैं। वांछित रूप-गुण-स्वभाव की कसौटी पर खरी उतरने पर उसे कुमारी देवी का पद दिया जाता है और उसे लाकर इस भवन में रखा जाता है। कुछ वयस्क और कुछ प्रौढ़ स्त्रियाँ देवी की सेविका-संरक्षिका के रूप में रखी जाती हैं। देवी को प्रति प्रभात में नहला-धुला, उनका श्रृंगार कर सिंहासन पर बिठाया जाता है और विधिवत् उनकी पूजा होती है। इस मकान से उन्हें बाहर नहीं जाने दिया जाता। साल में एक बार उनकी रथयात्रा निकलती है, जिसे इन्द्र यात्रा कहते हैं। तब महाराज नेपाल स्वयं उनकी पूजा करते और उनके चरण छूते हैं। नेपाली सेना की एक टुकड़ी यात्रा के आगे-आगे चलती है। कुमारी देवी का यह पद तब तक रहता है जब तक कि वह रजस्वला न हो जायें या उन्हें कोई ऐसी चोट लगे, जिससे रक्त प्रवाह हो। पता नहीं उस बालिका को पढ़ाया-लिखाया जाता है या नहीं। अपनी उम्र के बच्चों के साथ खेलने दिया जाता है या नहीं; बाल-विनोद-मनोरंजन के साधन उपलब्ध कराये जाते हैं या नहीं। शायद नहीं। कितना अप्राकृतिक, कितना कृत्रिम जीवन होता होगा उस बालिका का! सुना, देवी-पद मुक्त लड़कियाँ विवाहित हो सामान्य नारी-जीवन बिताती हैं।

नेपाल महाराज की बहन राजकुमारी शारदा अमिताभ की फ़ैन है। एक दिन उन्होंने हम लोगों को अपने निवास स्थान पर खाने पर बुलाया था, जहाँ राजमाता से भी मिलाया गया। स्व. महाराज महेन्द्र की पत्नी मेरी पिछली नेपाल-यात्रा में मेरा काव्य-पाठ सुन चुकी थीं, जिसकी स्मृति उन्हें थी; स्वर्गीय महाराज स्वयं अच्छे कवि थे और एक गोष्ठी में उनकी कविता सुनने का भी अवसर मुझे मिला था। राजमाता को वह दिन याद था।

हम लोगों के स्वागत-सत्कार में एक भोज भारतीय राजदूतावास में भी दिया गया था—जहाँ के कम्पाउण्ड में—अमिताभ को याद था 27 वर्ष पूर्व वे उस समय के राजदूत श्री भगवान सहाय के लड़के अमरजीत के साथ दिन-भर खेला करते थे। भोज में नेपाल सरकार के कई मन्त्री भी आमन्त्रित थे। कइयों को तो मेरी कविता की कितनी ही पंक्तियाँ याद थीं—अचरज ही था—जो उन्होंने मुझसे बरसों पहले सुनी थीं।

काठमाण्डू के बाद अमिताभ की 'शक्ति' फ़िल्म की शूटिंग ऊटी में थी—एक बार फिर हम धुर उत्तर से धुर दक्षिण पहुँचे—एक रात दिल्ली और एक रात बंगलौर रुकते हुए।

ऊटी के बाद अमिताभ की शूटिंग—शायद 'महान' की अवशिष्ट या कोई और बंगलौर में थी। उसके बाद वहीं 'कुली' की शूटिंग होने वाली थी।

वहीं जया के चाचा हिमांशु भादुड़ी की गम्भीर बीमारी का समाचार मिला था और वह उन्हें देखने के लिए लन्दन चली गयी थी। हिमांशु जी बी.बी.सी. के हिन्दी समाचार प्रसारण विभाग में काम करते थे।

श्वेता-अभिषेक के स्कूल खुलने वाले थे, तेजी मैं उन्हें लेकर बम्बई चले आये और अमिताभ अकेले बंगलौर में रह गये। इधर रमू-अजिताभ भी अपने बच्चों को लेकर योरोप-यात्रा से बम्बई लौटे। जया को लन्दन में कुछ ज़्यादा ही दिन लग गये। उसके चाचा को कैंसर था। वे बचाए न जा सके। उनकी मृत्यु के कुछ दिनों बाद जया भी लन्दन से सीधे बम्बई आयी। अमिताभ के फ़ोन नियमित रूप से बम्बई आते थे हमारा समाचार पूछने को, अपना हालचाल बताने को। 'कुली' की शूटिंग विधिवत् चल रही थी, अमिताभ अपने काम से सन्तुष्ट-प्रसन्न थे, स्वास्थ्य भी सामान्य था। बंगलौर की आबोहवा उन्हें अनुकूल पड़ती थी। क्या मालूम था कि बंगलौर ही उनके लिए भीषण रूप से प्रतिकूल पड़ने वाला था।

इतवार के साथ कोई त्यौहार पड़ा था। बच्चों के स्कूल तीन दिन को बन्द थे। अमिताभ ने जया और बच्चों को उस अवधि के लिए बंगलौर बुला लिया। तीन दिन बाद श्वेता और अभिषेक को तो उन्होंने किसी के साथ बम्बई वापस भेज दिया, और जैसे किसी दैवी संकेत से जया को बंगलौर में ही रोक लिया।

तभी कुली की शूटिंग के दरमियान अमिताभ को वह चोट लगी, जिससे सारा देश, सारी दुनिया हिल उठी।

मेरे परिवार ने मेरे कवि को जितना स्नेह-संवेदन-समादर दिया उतना शायद ही किसी अन्य कवि के परिवार ने दिया होगा। मेरे प्रारम्भिक कवि जीवन में मेरे माता-पिता, मेरे छोटे भाई, मेरी पत्नी श्यामा मौजूद थीं। मध्य-वित्त सम्मिलित परिवार में परिपक्व युवक का कोई ऐसा काम, कोई ऐसा शुग़ल न पसन्द किया जाता है, न उसका स्वागत किया जाता है जो अर्जनसक्षम न हो। मेरी प्रारम्भिक तुकबन्दियाँ या कुछ सत्य और कुछ कल्पना के जोड़-तोड़ से लिखी कहानियाँ कौड़ियों के मोल भी महंगी ही कही जा सकती थीं। मुझे याद है स्वर्गीय पण्डित चन्द्रशेखर शास्त्री नवयुवक 'मुक्त' के लिए कहा करते थे, मेरा लड़का तो कवि निकल गया—जैसे कोई कहे, मेरा लड़का तो आवारा निकल गया। ऐसा व्यंग्य मैंने अपने माता-पिता से कभी नहीं सुना। भाई मेरे मुझसे छोटे थे, पर पिताजी की पेंशन बन्द होने पर घर-खर्च चलाने के लिए नौकरी पहले उन्होंने की। और मुझे कविता-कामिनी का मर्ज़ लेने के लिए छोड़ दिया।

श्यामा ने भी मेरे कवि को कम नहीं दुलराया। मेरी कामचलाऊ आमदनी से सन्तुष्ट थी। दस वर्ष के वैवाहिक जीवन में कभी कोई माँग मेरे सामने नहीं रखी कि मुझे अर्थ-चिन्तित होना पड़े। अपनी रोग-व्याधि भी मुझसे छिपाती रहीं कि कहीं वह मेरे कवि के लिए व्यग्रता के विषय न बनें और मेरे सृजन में बाधक सिद्ध न हो।

तेजी के साथ अर्थ-चिन्ता से तो मुक्ति मिल गयी थी, पर परिवार में सौ तरह की चिन्ताएँ होती हैं, समस्याएँ उठती हैं जिन्हें दूर करने के लिए, जिनका समाधान

खोजने के लिए ध्यान, समय, श्रम देना होता है। मेरा कवि स्वभाव, मेरी कवि प्रकृति, इससे कितनी उद्विग्न होगी और उससे मेरे कवि कर्म में कितना व्याघात उपस्थित होगा, इसको तेजी ने जितना पहचाना उतना किसी और ने नहीं। अपने 42 वर्ष के संसर्ग में उन्होंने मुझे गार्हस्थ जीवन के इस पक्ष से एक तरह से अछूता रखा—मैं कहना चाहूँगा दोष की सीमा तक। उनकी इस प्रवृत्ति में कभी-कभी मुझे दुराव की भी आशंका हुई। अपने बेटों के सामने भी उन्होंने मेरी यह तस्वीर रखी है मैं कवि हूँ, कलाकार हूँ, भावप्रणव हूँ, थोड़ी-सी अप्रिय स्थिति मुझे बहुत परेशान कर देती है—अब तो बहुत दिनों से अलसर का मरीज हूँ—किसी भी अशुभ घटित या समाचार से मुझे अनभिज्ञ रखना चाहिए; क्योंकि उससे मेरा मानसिक तनाव बढ़ेगा—एसिडिटी बढ़ेगी, मैं बीमार पड़ जाऊँगा। नतीजा उसका यह हुआ कि तेजी के जीवन में, मेरे बेटों के जीवन में बहुत कुछ कष्टकर-चिन्ताजनक आया है, रहा है और कानों-कान मुझे खबर नहीं दी गयी। घर भर अभिनय-कला में दक्ष है, किसी ने अपने चेहरे-मोहरे से, बात से यह संकेत नहीं दिया कि अन्दर-अन्दर क्या हो रहा है, क्या बीत रही है। कभी-कभी तेजी और अपने बेटों के इस रवैये को मैंने अपनी उपेक्षा समझी है, अपने प्रति अन्याय समझा है। मैं परिवार का एक अंग हूँ और कोई छोटा अंग नहीं—मानो तो सबसे बड़ा—तो मुझे परिवार के सुख-दुख-दुरवस्था में साझीदार होना चाहिए—सबका सुख-दुःख बँटाना चाहिए। मुझे लगता है कि मेरे प्रति लगाव की अतिशयता में घर के लोगों ने मेरी ग़लत तस्वीर बना रखी है। माना कि मैं कवि हूँ, कलाकार हूँ, भावप्रणव हूँ, पर छुई-मुई नहीं हूँ। बहुत जगह कोमल होकर भी कहीं बहुत कठोर भी हूँ—वज्रादपि कठोराणि मृदूनि कुसुमादपि; मुझमें बहुत कुछ सहने, बर्दाश्त करने, झेलने की शक्ति है, शायद घर भर में सबसे ज़्यादा—किसने इस घर में इतना दुःख-दारिद्रय, इतनी कष्ट-चिन्ताकर स्थितियाँ, इतनी मौत-बीमारियाँ देखी हैं जितनी मैंने। मेरे व्यक्तित्व के पक्ष को नहीं देखा-समझा गया तो मुझे ग़लत समझा गया है। इस पर सबसे ज़्यादा झुंझलाहट मुझे उस समय हुई जब अमित को बंगलौर में चोट लगी, पर वह मुझसे छिपा रखी गयी।

अमिताभ को पेट में चोट शनिवार को अपराह्न में लगी थी। शायद उसे गम्भीर नहीं समझा गया था।

पर रात-भर जिस पीड़ा, जिस कष्ट में वह तड़पता रहा उससे जया को स्पष्ट हो गया था कि चोट सामान्य नहीं है, जिसके कारण कोई बाह्य उपचार कारगार नहीं हो रहा है।

इतवार को अजिताभ को फ़ोन आ गया था कि वह फ़ौरन बंगलौर पहुँचे और साथ फेमिली डाक्टर—डॉ. शाह को लेकर। चोट की साधारणता का भ्रम तो अब नहीं रह गया था; अजिताभ डॉक्टर को साथ लेकर गये—रमू, माँ को बताकर। मुझे कोई भनक तक नहीं दी गयी। मैंने समझा इतवार छुट्टी का दिन है; अजिताभ योरोप से लौटकर भाई से नहीं मिला था, मिलने चला गया।

सोमवार को तेजी को फ़ोन आया—अमिताभ को फ़िलोमिना अस्पताल में दाखिल करा दिया गया है, वे ब्रीच कैंडी, बम्बई से एक विशेषज्ञ फिजीशियन और

एक विशेषज्ञ सर्जन को साथ लेकर बंगलौर पहुँचें। अब ख़बर मुझसे छिपी नहीं रखी जा सकती थी। तेजी ने फिर भी चोट की गम्भीरता से मुझे अनभिज्ञ रखा। यह नहीं बताया कि वे दो डॉक्टरों को साथ लेकर जा रही हैं।

मंगल को जब वे बंगलौर पहुँचीं, अमिताभ का आपरेशन हो चुका था, घटना-क्रम जो बाद को सुना यों था। अस्पताल में अमिताभ का एक्स-रे लिया गया, पर उसे देखकर न अस्पताल के डॉक्टरों को, न अपने फैमिली डॉक्टर को यह पता लगा कि आँत कट चुकी है और घाव में पस आना शुरू हो गया है। वे बाहर-बाहर दवा लगाते रहे, पीड़ा-शामक इंजेक्शन देते रहे।

दैववशात मंगल को सबेरे वेलोर के एक ब्रेन-सर्जन डॉ. भट्ट किसी का ब्रेन का ऑपरेशन करने के लिए फिलोमिना हास्पिटल पहुँचे थे। सोचा गया, उन्हें भी अमित को दिखा दिया जाये। एक्स-रे देखते ही उन्होंने कहा कि मरीज की आँत फट चुकी है, पस हार्ट तक पहुँच चुका है, ब्रेन तक पहुँचने पर मरीज़ के बचने की आशा नहीं रहेगी, ऑपरेशन फौरन होना चाहिए। हास्पिटल के डॉक्टर को अपनी गलती महसूस हुई। डॉ. शाह को अपनी गलती पर इतना जबरदस्त धक्का लगा कि वे बेहोश हो गये। (या बेहोश होने का अभिनय किया?)। ब्रेन के मरीज ने कहा, पहले अमिताभ का आपरेशन किया जाये, उसका दूसरे दिन हो जायेगा। तेजी मंगल को अपराह्न में पहुँची थीं, तब तक ऑपरेशन हो गया था—कहा गया सफलतापूर्वक।

अब तो अख़बारों में ख़बर छप गयी थी। पढ़कर मुझे जो धक्का लगा, वह डॉ. शाह को क्या लगा होगा, पर मैं बेहोश नहीं हुआ। शायद, शुरू से मुझे चोट की गम्भीरता से अवगत रखा जाता तो खबर का अचानक आघात इतना दिल-झिंझोड़ न होता।

घर में जया नहीं, तेजी नहीं। मुझे बच्चों के सामने कोई घबराहट नहीं दिखानी थी, यथाशक्ति सामान्य-सा रहना था, कुछ प्रसन्नता का अभिनय भी करना था। उधर रमू अपने बच्चों को बहला रही थी। फिर भी हमें लगा बच्चों को किसी रहस्यमय मानसिक प्रक्रिया से आभास हो रहा है कि परिवार में कुछ गम्भीर हो गया है। वे रहते चुप-चुप, सहमे-सहमे, खोए-खोए!...

फ़ोन से खबर दी जाती है कि घबराने की बात नहीं है, धीरे-धीरे अमिताभ की दशा सुधरेगी।

अख़बारों में आ रहा है कि उपचार के लिए जिन उपकरणों, औषधियों, जिस प्रकार के रक्त की आवश्यकता है, वह फिलोमिना अस्पताल में, बंगलौर में उपलब्ध नहीं है, मंगाने के लिए मद्रास, बम्बई के अस्पतालों से सम्पर्क किया जा रहा है। आदमी दौड़ाए जा रहे हैं।

वास्तविक स्थिति यह थी—बाद को तेजी ने बताई—कि अमिताभ की हालत काबू के बाहर हो गई थी, डॉक्टर ने उनके बचने की आशा छोड़ दी थी। और यह कह दिया था कि अमिताभ के पिता और बच्चों को बुला लें कि वे अन्तिम...तेजी ने न जाने किस निष्ठा से, दृढ़ता से ऐसा करने से इनकार कर दिया था, डॉक्टर से कह दिया था, आप अपना दाय-उपाय करते रहें, मैं अपने इष्टदेव की शरण में जाती

हूँ।...

उधर बम्बई के डॉक्टर देख रहे थे कि बंगलौर की परिस्थितियों में अमिताभ को बचाना असम्भव है, क्यों न उनको उसी हालत में बम्बई ले चलने का ख़तरा उठाया जाये।

मंगल को ऑपरेशन हुआ था और शुक्रवार को डॉक्टरों ने, परिवार के सदस्यों की सहमति से, यह निर्णय किया कि अमिताभ को रात के हवाई-जहाज़ से बम्बई ले जाया जाये। 9 बजे रात को चलने वाला जहाज़ 1 बजे रात को चल सका। रातों-रात यहाँ-वहाँ के अधिकारियों से सम्पर्क कर उनकी अनुमति से जहाज़ के एक्जीक्यूटिव क्लास की सीटें उखाड़कर इस योग्य बनाया गया कि अमिताभ को स्ट्रेचर पर अस्पताल से लाकर फ़र्श पर रखा जा सके। अस्पताल के आगे भीड़ इकट्ठी हो गयी थी, पीछे के दरवाज़े से चुपचाप स्ट्रेचर पर अमिताभ से लाकर एम्बुलेंस में रखा गया और किसी तरह एरोड्रोम पहुँचाया गया। फ़िल्म यूनिट के कुछ सदस्य, डाक्टर, नर्स, परिवार के लोग, ऑक्सीजन सिलिंडर, ग्लूकोज़ की थैली, रक्त की बाटल संभालने साँस रोक के बैठे...पाइलट ने जहाज़ को इस सतर्कता से उठाया और उतारा कि कम-से-कम धक्का लगे। इधर ब्रीच कैंडी के डॉक्टर एम्बुलेंस लेकर बम्बई के सान्ताक्रूज हवाई अड्डे पर मौजूद थे। बंगलौर हवाई अड्डे से किसी ने बम्बई के हवाई अड्डे पर फ़ोन कर दिया था कि अमिताभ गम्भीर स्थिति में मुम्बई जा रहे हैं। हवाई-जहाज़ के सैकड़ों कर्मचारियों, फ़ोटोग्राफरों, अख़बारनवीसों ने उतरते ही जहाज़ को घेर लिया और जैसे-तैसे उनसे बचाकर अमित को स्ट्रेचर पर डालकर एम्बुलेंस में रखा गया। जुलाई का अन्त, बम्बई का मानसूनी मौसम, जोरों की वर्षा को भी उसी समय आना था। नियति, प्रकृति और अन्ध जनभीड़ से मिलकर थके-माँदे, भय-चिन्ता-आशंकाग्रस्त अमिताभ के साथियों की कितनी क्रूर-कठिन परीक्षा ली थी। पर शाबाश, अमिताभ को किसी भी कष्ट-कीमत पर बचाने के लिए दृढ़ संकल्प उन्होंने किसी शौर्य-धैर्य के साथ सामना किया था! शनिवार को 4 बजे अमित ब्रीचकैंडी के इंटेसिव केयर यूनिट में दाखिल हो गये और डाक्टरों-नर्सों ने उनके लिए यथावश्यक करना शुरू कर दिया।

और बंगलौर और बम्बई में होने वाले इस त्रासद नाटक की कोई सूचना मुझे नहीं दी गयी थी।

सुबह अख़बार में पढ़ने पर कि बेहोशी ही हालत में अमिताभ को बंलगौर से लाकर बम्बई के ब्रीचकैंडी में रखा गया है, मुझे अपनी आँखों पर विश्वास नहीं हुआ। शोक, आश्चर्य, आक्रोश और उतावले-बावलेपन का ऐसा मिश्रण मैंने अपने स्वभाव में कभी नहीं देखा था।

ब्रीचकैंडी में फ़ोन करने पर पता लगा ख़बर ठीक है। पहुँचने पर देखा, वहाँ भीड़ इकट्ठी है, जो भी डॉक्टर-नर्स दिख जाते हैं, उन्हें घेरकर लोग अमिताभ के बारे में पूछ रहे हैं। अपना अता-पता देने पर मुझे ऊपर जाने की अनुमति मिल गयी।

इंटेसिव केयर यूनिट के सामने लाउंज में तेजी, जया, अजिताभ—उनके चेहरे

उड़े हुए, उनकी आँखें पथराईं—उन्हें शब्दों से बताने की ज़रूरत नहीं कि अमिताभ की हालत गम्भीर है। क्या सार्थकता रह गयी है इसे जानने या पूछने में कि घटनाक्रम से क्यों मुझे बेख़बर रखा गया। मुख्य बात थी जहाँ अमिताभ का समुचित उपचार हो सके वहाँ उसे पहुँचाना। मालूम हुआ डॉक्टर लोग सुबह किसी को मिलने की इजाज़त न दे सकेंगे। तेजी ने जैसे-तैसे बताया अमिताभ को कैसे यहाँ लाया गया। दूसरे वक्त दो-दो, चार-चार मिनट के लिए परिवार के लोगों को अमिताभ से मिलने दिया गया, उनका पूरा बदन चादर से ढका था, सिर्फ चेहरा खुला था, पीला पड़ा, निस्तेज, आँखें सही-झेली पीड़ा-व्यथा की बिम्बित करतीं। ...मुझे देख उन्होंने एक सयत्न मुसकान दी और आँखें मूँद लीं। मैंने उनके सिर पर हाथ रखा और बाहर निकल आया—धीरे-धीरे चलकर—दिल भारी, दिमाग़ खाली महसूस करते। दुःखद स्थिति है, दुर्भाग्यपूर्ण स्थिति है, हृदय विदारक स्थिति है। नयी तो नहीं है। कोई अपना, प्राणप्रिय, प्राणों का प्राण, आहत, घायल, रोग-पीड़ाग्रस्त सामने पड़ा है और हम उसके लिए कुछ नहीं कर सकते। यह असमर्थता का बोध मृत्यु का पूर्व स्वाद है—कई बार जाना। जब आदमी की मौत आती होगी, तब असमर्थता का ऐसा ही बोध होता होगा—हम कुछ नहीं कर सकते—मनुष्य की अन्तिम पराजय, उसका अन्तिम आत्मसमर्पण। जो प्रार्थना करते हैं, मन्त्र जपते-जपाते हैं, मानताएँ मानते है, वे सच पूछो तो—बड़ा कटु सत्य है—अपनी घबराहट, अपनी परेशानी का इलाज खोजते हैं; कष्ट-भोगते-झेलते प्राणी के कष्ट-निवारण से उसका कोई सम्बन्ध मेरी दृष्टि में नहीं होता। मैं अपनी असमर्थता का बोध कर रहा हूँ—दारुण- निदारुण—शायद अपनी वृद्धावस्था के कारण और दयनीय रूप में—जो अमिताभ के लिए किया जा सकता है वह मैं नहीं कर सकता और जो मैं कर सकता हूँ, उससे अमिताभ को कुछ लाभ होने वाला नहीं, कुछ राहत मिलने वाली नहीं। मैं उस तरह का कुछ करके सिर्फ अपने को धोखा दे सकता हूँ। फिर भी ऐसा कुछ करते लोगों ने मुझे देखा होगा, पर वह, शब्द साक्षी रहें, अपने असमर्थता-बोध को पूरी तरह अनुभव करने का मेरा उपक्रम था, तरीका था।

दूसरे दिन अमिताभ की हालत ज़्यादा गिरी हुई थी—कारण तो डाक्टर ही जानते होंगे। निराकरण करने का उपाय भी कर रहे होंगे।

तीसरे दिन सुबह तेजी ने घर आकर बताया, आज अमिताभ का दूसरा ऑपरेशन होने जा रहा है। डॉक्टर की राय है बंगलौर का ऑपरेशन सफल नहीं हुआ, घाव से पस अब भी जा रहा है। तेजी, जया, अजिताभ रात को भी अस्पताल में ही रहते थे, वहीं एक कमरा ले लिया गया था; तेजी सिर्फ कुछ देर को घर आती थीं, नहाने-धोने, पूजा करने। वे जल्दी ही लौट गयीं। पीछे-पीछे मैं गया—शूटिंग में पेट पर इतनी भारी चोट कि आँत फट गयी—दुःसह पीड़ा-चीत्कार के तीन दिन—गम्भीर ऑपरेशन—तीन ही दिन बाद बदतर हाल में बंगलौर से बम्बई की यात्रा—फिर तीन दिन बाद दूसरा ऑपरेशन!—शरीर कितना सहेगा!!...

मोटर में बैठने लगा तो यन्त्रवत् मैंने रामचरितमानस का गुटका उठा लिया—रास्ते भर पढ़ता रहा—अस्पताल पहुँचकर भी—अपराह्न में एक नज़र देखा, बेहोश अमिताभ

को ऑपरेशन थियेटर से निकालकर स्ट्रेचर पर इंटेसिव केयर यूनिट में ले जाया जा रहा है—फिर मानस पर आँख लगा दी—लौटते समय भी मानस पढ़ता घर आया। इसके बाद जब तक अमिताभ अस्पताल में थे आते-जाते अस्पताल के अपने कमरे में मेरी आँखें गुटके पर ही लगी रहतीं—न मैं किसी से बोलता, न कोई मुझसे बोलता। गुटका बन्द करता तब, जब अमिताभ से मिलने जाने की अनुमति मिलती। मेरे मानस पाठ से भगवान् रामचन्द्र अमिताभ पर कृपा करेंगे, उनका कष्ट काटेंगे, उनको निरोग करेंगे, उनका मंगल करेंगे, ऐसा कुछ भी मेरे मन में नहीं आया। मैं मानस का इतने के लिए ऋणी हूँ कि उन तन-झिंझोड़, प्राण-निचोड़ घड़ियों के अपने असमर्थता बोध को मैंने उसके बल पर सहा-झेला!

ऑपरेशन के बाद अमिताभ की हालत गिरती ही गयी—कई अख़बारों की सुर्खी थी—Amitabh is sinking—एकाध हिन्दी पत्र ने—समाचार देने की अगुवाई की होड़ में—छाप दिया—'अमिताभ दिवंगत:'। उनकी घड़ी-घड़ी नाजुक होती हालत का समाचार विदेशी पत्रों में छपा। राजीव गाँधी जो उन दिनों सपरिवार अमरीका-यात्रा पर थे, ऐसे ही समाचार से घबराकर, अपना कार्यक्रम भंग कर बम्बई लौटे और ऐरोड्रोम से सीधे ब्रीचकैंडी आये और अमिताभ को देखा आधी रात को।

उन्होंने दिल्ली लौटकर अमिताभ के बारे में जो रिपोर्ट इन्दिराजी को दी उस पर वे भी दो दिन बाद अमिताभ को देखने बम्बई आयीं। उनके आने से जहाँ एक ओर अमिताभ की हालत की गम्भीरता रेखांकित हुई; हमने बड़ा मनोबल भी संचित किया। अमिताभ के लिए अब जो कुछ भी किया जा सकेगा, उठा न रखा जायेगा अगर आयुर्बल शेष है...

दो-दो ऑपरेशन के बाद भी पस का बनना बन्द न हुआ तो दो विश्वविख्यात डॉक्टर लन्दन से बुलाये गये। वे साथ में अपने विशेष उपकरण लाये और किसी सूक्ष्म वैज्ञानिक प्रक्रिया से उन्होंने आँतों के घाव को बिजली से जलाकर बन्द किया। जाते समय मरीज़ के बचने-न-बचने की सम्भावना 50-50 बता गये। इसके बाद भी अमिताभ प्राय: दो सप्ताह ज़िन्दगी और मौत के बीच झूलते रहे। इस बीच एक से अधिक बार उनकी नाड़ी-हृदयगति एकदम रुक गयी—दस-दस, पन्द्रह-पन्द्रह मिनटों के लिए, पर किसी डॉक्टर की सूझ से, किसी इंजेक्शन, किसी औषधि के प्रयोग से उनमें फिर प्राणों का संचार हुआ—कई बार दस-दस, बारह-बारह डॉक्टरों की टीम रात-रात-भर उनके उपचार में लगी रही...अगस्त के अन्त में डॉक्टरों ने घोषित किया कि अब वे ख़तरे से बाहर हैं...

अमिताभ की बीमारी से मालूम हुआ कि फ़िल्म का माध्यम कितना लोकव्यापक है—देश में भी, विदेश में भी। अमिताभ ने जो लोक-स्वीकृति, लोकप्रियता प्राप्त की है, वह केवल फ़िल्म के माध्यम से। उनकी बीमारी ने दूसरी बात यह सिद्ध की कि अमिताभ अपने अभिनेता रूप से जनजीवन के कितने स्तरों को भेदते कितने गहरे जा पैठे हैं। अन्दाजा लगाना मुश्किल है कि उनकी बीमारी से देश-दुनिया में कितने लोग चिन्तित-व्यग्र हुए। जिन लोगों ने अपने को अभिव्यक्त किया—चिट्ठी

से, तार से, उपहार से, गेट-वेल-कार्ड से, गण्डे, ताबीज़, प्रसाद, भभूत से—उन्हीं की संख्या लाखों में होगी। उनके लिए 'हिन्दू, बौद्ध, सिख, जैन, पारसिक, मुसलमान, क्रिस्तीनी'—सभी लोगों ने अपने-अपने धर्म-स्थानों में प्रार्थनाएँ कीं; उनमें नवयुवक, नवयुवतियों के अलावा कितने बूढ़े और कितने-कितने बच्चे रहे होंगे। कितनों ने उनके लिए व्रत किये, रोज़े रखे, मनौतियाँ मानीं, तीर्थयात्राएँ कीं। एक विचित्र मनौती थी एक बड़ौदा के मराठी नवयुवक की—उसने प्रतिज्ञा की थी कि अगर अमिताभ अच्छे हो जायेंगे, तो वह बड़ौदा से उलटे पैरों चलता हुआ बम्बई जाकर वहाँ के सिद्धि-विनायक मन्दिर में पूजा करेगा। बड़ौदा से बम्बई दो सौ मील तो होगी। दो सौ मील उलटा चलता हुआ सिद्धि विनायक मन्दिर जाने से पूर्व वह 'प्रतीक्षा' आया। मैं उसकी सद्‌भावना से इतना अभिभूत हुआ कि मैंने झुककर उसके पाँव छुए, बिलकुल यह न मानते हुए कि उसके उलटे चलकर सिद्धि विनायक की पूजा करने और अमिताभ के अच्छे होने में कोई दूर का भी सम्बन्ध हो सकता है। उलटकर उसने मेरे पाँव छुए, जिसके लिए मैंने यह व्रत ठाना, उसके आप पिता हैं।

ब्रीचकैंडी के सामने अमिताभ का ताज़ातर हाल जानने के लिए भीड़ लगी रहती। अधिकारियों ने सुबह-शाम उनकी हालत का बुलेटिन बाहर बोर्ड पर लगाना शुरू कर दिया था। किसी ऐसे वक्त मैं वहाँ से नहीं गुज़रा जब बीस-पच्चीस आदमी बुलेटिन बोर्ड के सामने न खड़े हों। अमिताभ के लिए रक्त देने वालों की लाइन लगी रहती। जिनका ब्लड ग्रुप उससे न मिलता वे निराश होते। समान ब्लड ग्रुप के कई नवयुवक रात-रात अस्पताल में पड़े रहते—किसी समय अमिताभ को ताज़े रक्त की ज़रूरत पड़ सकती है। अमिताभ के लिए उनका प्रेम, उनकी श्रद्धा, उनका त्याग, उनका बलिदान देखता तो उनके प्रति कृतज्ञता से आँखें भर आतीं। ये जो उनके लिए अपरिचित हैं, इतना कुछ कर रहे हैं, और हम जो उनके सगे हैं, निकट के हैं, हम क्या कर रहे हैं। हमारी तरफ़ से जो करना था, जो किया जा सकता था उसका दायित्व, उसका भार अजिताभ ने अपने कन्धों पर ले लिया था और हममें से हर एक को विश्वास था कि अजिताभ पल-पल सजग-सचेत और सतर्क हैं और शुरू से लेकर आखीर तक अगर अमिताभ के उपचार में जो होना चाहिए था, वही किया गया और कहीं भूल-चूक के लिए पश्चाताप की जगह नहीं छोड़ी गयी, तो उसका श्रेय केवल अजिताभ को दिया जाना चाहिए। अमिताभ के अच्छे होने में अगर उनके इच्छा बल का बहुत बड़ा हाथ है तो कोई छोटा हाथ नहीं है, उनके अन्दर इस आश्वस्ति का कि उनके लिए जो कुछ अच्छे-से-अच्छा किया जा सकता है, उसे उनका छोटा भाई उठा नहीं रखेगा—उसके लिए कोई भी कष्ट उठाना पड़ेगा, उसके लिए कोई भी कीमत चुकानी पड़े। इस घटना के बाद पड़ने वाले अजिताभ के जन्म दिवस पर मैंने उनके लिए कुछ पंक्तियाँ लिखी थीं, जो मुझे याद आ गयी हैं और उन्हें आपको सुनाना चाहूँगा—

हमारे प्राण-प्रिय अजिताभ

बहुत-से सम्बन्ध जिनसे किया जा सकता तुम्हें है याद,
लेकिन मैं करूँगा याद तुमको आज कह—
अमिताभ के प्रिय भ्रात, जैसे राम के संग, रहे लक्ष्मण राज,
जिनके वास्ते
वाल्मीकि ने ऐसा कहा था—
'रामस्य दक्षिणी बाहुर्नित्यं प्राणी वहिश्चरः'
राम की जो दाहिनी हैं बाँह, उनके प्राण जो बाहर विचरते,
साम्य अन्तर से बिठाए, हर समय, हर परिस्थिति में—
दु:ख-सुख में,
शान्ति में, संघर्ष में,
सर्वत्र उनके साथ।
अभी कल ही, जो बवण्डर था उठा
उसमें गया था घिर हमारा एक तारा—बड़ा प्यारा—
और हम पल-पल
भयंकर संशयों से थे प्रताड़ित और पीड़ित!....
तब तुम्हें ही देख
यह विश्वास था हमको संभाले
मानवी संघर्ष, श्रम और सजगता से,
जो असम्भव नहीं, सब कर, तुम उबारोगे हमें इस आपदा से—
और तुमने की हमारी आस पूरी।

इस घातक-मारक दुर्घटना से अमिताभ के जीवित-जाग्रत निकलकर आ सकने में ब्रीचकैंडी के डॉक्टरों-नर्सों के निष्ठापूर्ण उपचार, सेवा-सुश्रूषा के बाद मैं अमिताभ के दृढ़ इच्छाबल और अजिताभ की लाक्ष्मणी भ्रातृ-परायणता को मुख्य कारण मानता हूँ। मान-मनौतियाँ तो तेजी और जया और शायद रमू ने भी की होंगी; वे बुरा न मानें, पर सचमुच क्या उनमें अपनी ही घबराहट, परेशानी, चिन्ता की शामिका खोजने की आतुरता न थी? इसमें मुझे सन्देह है कि इन मान-मनौतियों ने अमिताभ के अच्छे होने में कण भर भी योग दिया होगा। इनका महत्त्व इतना ही था कि उनके आत्मियों ने इनके द्वारा अमिताभ के चारों ओर आशा, विश्वास, भविष्य मंगल का एक वातावरण प्रस्तुत किया। चलो, इसका भी महत्त्व मान लेता हूँ। मैं अगर बीमार पड़ूँ और देखूँ कि मेरे चारों ओर सब लोग घबराए हैं तो वह घबराहट मेरे लिए भी संक्रामक सिद्ध होगी—मुझमें भी दहशत पैदा होगी कि मेरे ऊपर कुछ अनिष्ट होने वाला है और यह आशंका, यह भय अनिष्ट न भी होने वाला हो, तो अनिष्ट करके रहेगा।

शायद हमारी ग्रामीण स्त्रियाँ अपनी सहज बुद्धि से इन मान-मनौतियों के उपयोग और उनके सीमित महत्त्व को बखूबी पहचानती हैं।

मैंने अपनी माँ से एक किस्सा सुना था। एक गाँव में एक बहुत गरीब स्त्री

रहती थी। उसके एक ही लड़का था। वह गम्भीर रूप से बीमार पड़ गया। माँ तरह-तरह की मानताएँ मानने लगी—हे हनुमानजी, मेरा लड़का अच्छा हो जायेगा, तो तुम्हें सवा सौ लाल रेशमी लंगोट चढ़ाऊँगी, हे गणेशजी, तुम्हें सवा पाँच मन लड्डू, हे शंकरजी, तुम्हारी पिण्डी पर सवा सात मन दूध, हे गंगा माई, तुमको एक-सौ आठ जोड़ी पियरी, हे फलां पीर, हे ढिकां पीर, तुम्हारी तुरबतों पर मखमली कामदानी चादरें, हे माता, हे भवानी, हे कालभैरव, हे डीहबाबा, हे पिपरहा बरम, तुमको इतना-इतना-इतना...। लड़के ने एक दिन अपनी माँ से पूछा, माई, 'तैं इतनी लम्बी-चौड़ी मानताएँ मान रही है, जो मैं अच्छा ही हो गया, तो तू कैसे इन सबको पूरी करेगी?' मां ने उसके कान में कहा, 'हे बेटवा, तुम अच्छे होय जाव, हम सबको ठेंगा दिखाय देब!'

इसके माने यह नहीं कि मैं न चाहूँगा कि मानी मानताएँ पूरी न की जायें। अन्ततोगत्वा ये मानताएँ अपने से प्रतिज्ञाएँ हैं, और अपने प्रति मनुष्य को झूठा नहीं होना चाहिए। इसका दूसरे पर न हो, अपने पर ही बुरा असर होगा।

इस देश में प्रचलित अन्ध-विश्वासों से अपरिचित तो न था, पर अमिताभ की बीमारी में उनके फैनों, स्नेहियों, भक्तों ने उनके अच्छे होने के लिए इतने टोने-टोटके लिख-लिखकर भेजे कि सबको लिखना चाहूँ, तो एक अच्छी खासी किताब तैयार हो जाये। कुछ विचित्र तो अब तक याद हैं—एक लखौरी ईंट अमिताभ के बदन पर सात बार फेर कर उनकी चारपाई के पाये के नीचे रख दें, तो वह उनका सब रोग-बलाय ले लेगी, जब वे अच्छे हो जाएँ तो उसको तोड़ दें। एक ने लिखा था, अमिताभ के वज़न का भीगा चना बन्दरों को खिला दें तो वह तुरन्त अच्छे हो जायेंगे। एक ने लिखा था कि अमिताभ के पहने कपड़े उनके सिर पर वारकर किसी नदी में सरा दें, तो उसके साथ उनका सब रोग-दु:ख बह जायेगा। एक और ने लिखा था कि अमिताभ के सिरहाने चिराग जले एक मिट्टी के सकोरे में काले उड़द की दाल, कडू तेल और पाँच पैसे रख दें और सुबह मुर्गा बोलने से पहले उसे चौराहे पर डाल दें—ऐसा सात रात करने से उनकी सारी ईमारियाँ-बीमारियाँ रफू-चक्कर हो जायेंगी, वगैरह, वगैरह, वगैरह...

और अन्त में अमिताभ की बामारी से एक और कटु अनुभूति हुई—इस देश में पण्डे-पुजारियों, तान्त्रिकों, ज्योतिषियों, सामुद्रिकों, संख्याविदों, संहिता-विशेषज्ञों का एक बहुत बड़ा दल है, जो आदमी की नाजुक स्थिति में उसका शोषण करने की बहुत-सी तरकीबें जानता है। यह पूजा कराइये, यह पाठ बैठाइये, यह अनुष्ठान साधिये, यह बलि दीजिये, यह ग्रह-शान्त कराइये, इसको दान दीजिये, उसको भोजन कराइये। वे डराते भी हैं, आशाएँ भी बँधाते हैं; न पूरी होने पर कौन जाता है उनसे जवाबतलबी करने। इन सारे कर्मकाण्डों में कुछ निठल्लों, धूर्त, चंट-चालाकों का पेट भरता है या टेंट गरम होती है। इस देश के भोले-भाले कितने उनके शिकार न होते होंगे।

अमिताभ जानते थे कि उनके परिजन, हितू-मित्र, सम्बन्धी उनके लिए दुखी हैं, हजारों उनके लिए प्रार्थनाएँ कर रहे हैं, दुआएँ माँग रहे हैं; लाखों उनके दिनानुदिन

का समाचार जानने को उत्सुक हैं, इतने व्यग्र हैं वे उनके दुर्घटनाग्रस्त होने पर; और अनगिनत लोगों की संवेदनाएँ उनके साथ हैं, फिर भी, फिर भी उनकी पीड़ा-व्यथा का एक लघु अंश भी कोई कम करा सका? 'कोई नहीं, कोई नहीं'। 29 अगस्त को इंटेंसिव केयर यूनिट के बिस्तर पर लेटे-लेटे उन्होंने अंग्रेजी में एक कविता लिखी थी, जिसमें उनके अपने कष्ट के अकेले सहने की वेदना बड़ी मार्मिकता से व्यक्त हुई थी–

Breach Candy Hospital
I. C. U. Room No. 1—Bombay
29th August 1982
Outside—Inside

Outside
Black
Granite ugly rocks,
Turbulent mud-laden sea—
Dark frightening clouds hovering above—
Inside
Whiteness, purity
Clean sheets, soft pillows
Gentle care, soft words
Solitude
And my agony—

Amitabh Bachchan

ब्रीचकैंडी अस्पताल समुद्र तट पर है और इंटेंसिव केयर यूनिट के कमरे से समुद्र तटीय दृश्य दिखाई देता था–बरसात का मौसम था ही। इसका अनुवाद मैंने हिन्दी में किया था–

बाहर–
ऊपर, मँडराते, डरपाते
अंधियाला छाते-से बादल।
नीचे, काली, कठोर, भद्दी चट्टानों पर
उच्छल, मटमैली जलधि-तरंगों की क्रीड़ा।
भीतर–
सब उज्ज्वल, शुद्ध साफ़
चादर सफेद, कोमल तकिये,
धीमे-धीमे स्वर से सिंचित
ममतामय सारी देख-रेख
औ' मेरी एकाकी पीड़ा।

दुर्घटना के फलस्वरूप सम्भावित भयद परिणामों की आशंका, उसका निराकरण करने के लिए डॉक्टरों-नर्सों का दुर्दभ, अथक, अनवरत संघर्ष, पर कितनी स्वच्छता, कितनी शान्ति, कितनी स्निग्धता के वातावरण में। और इन सबके बीच पीड़ा को सहने वाला एक है—अकेला है—उसका कोई संगी-साथी नहीं है जो उस पीड़ा को बँटा सके, जो उस दर्द का साझीदार हो। पीड़ा की सघनता जैसे अंग्रेजी की अन्तिम पंक्ति के प्रत्येक शब्द के स्वराघात में बोल रही है, वैसे ही हिन्दी अनुवाद की अन्तिम पंक्ति के प्रत्येक अक्षर में—मात्राओं की दीर्घता से—

औ-मे-री-ए-का-की-पी-ड़ा!—

मूल की प्रतीकात्मकता, भावनात्मकता और ध्वनि-व्यंजकता को अनुवाद में भी उतारने का मैंने प्रयत्न किया है।

मुझे अपनी एक कविता की कुछ पंक्तियाँ याद हो आयी हैं—

क्यों न हम लें मान, हम हैं
चल रहे ऐसी डगर पर,
हर पथिक जिस पर अकेला
दुख नहीं बँटते परस्पर...

फिर भी शायद सहानुभूति, संवेदनाओं का महत्त्व हो, पीड़ित, दुखित को अपनी अवांछनीयता का विश्वास जगाने में; और वह विश्वास उसे पीड़ा-व्यथा से ऊपर उठने में किसी हद तक सहायक सिद्ध हो।

जिस दिन अमिताभ अस्पताल से घर आये, उन्होंने इच्छा-व्यक्त की कि 'कुली' की शूटिंग जहाँ तक हुई है, उनके सामने स्क्रीन की जाये—कि स्पष्ट हो सके कि चोट कैसे लगी; क्योंकि चोट लगते समय कैमरा तो चल ही रहा था।

दुर्घटना के बाद तरह-तरह की खबरें अखबारों में छपी थीं कि जिसने अमिताभ को पेट में घूँसा मारा था, वह कराटे विशेषज्ञ ब्लैक बेल्ट था, कि उसने जान-बूझकर घूँसा मारा था, कि कोई षड्यन्त्र था, कि ऐसी चोट से अमिताभ को खत्म करा के फिल्म संसार से हटा दिया जाय—उनसे द्वेष कम को था? घूँसा मारने वाले की तरफ से यह सफाई दी जा रही थी कि अमिताभ को चोट उसके घूँसे से आयी ही नहीं थी, बल्कि टेबल के कोने से, जिससे वे टक्कर खा गये थे; एक अखबार ने तो यहाँ तक लिख दिया था कि अमिताभ के पेट में गोली मारी गयी थी, जब ऑपरेशन हुआ तब गोलियाँ निकलीं! हमारी चिन्ता चोट को अच्छा करने में थी; किसने चोट की, क्यों चोट की, कैसे चोट की इसमें नहीं। कैमरे ने साफ बताया था कि चोट पेट में घूँसे के लगने से ही आयी थी—शायद इरादतन नहीं थी, आकस्मिक थी, भूल से थी, अनुभवहीनता की थी, लड़ने वाला नौसिखुआ था; जिसे नकली रखना था, उसे उसने असली बना दिया था। प्रोड्यूसर को देखना था कि ऐसे अल्हड़ से ऐसे खतरे का काम न कराये। खैर, 'जो बीत गयी सो बीत

गयी'।

अमिताभ ने दो महीने बम्बई में ही आराम किया। रोज़ सन्ध्या समय हज़ार-पाँच सौ आदमी फाटक पर उनके दर्शनों के लिए इकट्ठे होते और वे थोड़ी देर के लिए निकलकर उनकी इच्छा पूरी करते।

बम्बई की आबोहवा तो बहुत अच्छी नहीं। डॉक्टरों ने राय दी कि अमिताभ को कुछ दिन ताजी-खुली हवा में रखा जाना चाहिए। अजिताभ ने दिल्ली से बाहर सतबड़ी गाँव में एक फार्म पर सारे परिवार के रहने का प्रबन्ध किया। वहां हम लोग दो मास रहे। वहाँ के निवास से निश्चय अमिताभ को लाभ हुआ। उन दिनों दिल्ली में एशियाड की धूम थी। अमिताभ एकाध दिन एशियाड भी देखने गये। और मध्य जनवरी में जब वे बम्बई लौटे तो उसी जगह से शूटिंग शुरू की, जहाँ से उन्होंने चोट खाकर बन्द की थी।

फार्म से गुलमोहर पार्क बहुत दूर नहीं था। दिल्ली में रहने का लाभ लेकर अजिताभ ने पार्क में बनते हमारे मकान—सोपान—के काम को जल्दी-जल्दी पूरा कराया और थोड़ा-बहुत फरनिश भी कर दिया कि रहने काबिल हो जाये। तानिया फार्म से जब-तब आकर हम मकान को देखते भी रहे। मकान सुन्दर-सुरुचिपूर्ण, सुविधाजनक था। हमारा इरादा अभी स्थायी रूप से यहाँ आकर रहने का नहीं था, पर कुछ ऐसा संयोग बना कि यहाँ आना पड़ा, और आये, तो अब लगता है यहाँ से बम्बई जाना न हो सकेगा। क्यों न बम्बई को भी यहीं बुलाया जाये?

तानिया फार्म में एक दिन राजकमल प्रकाशन की स्वामिनी शीला संधू मुझसे मिलने आयीं और उन्होंने मेरे सामने मेरी सम्पूर्ण रचनावली प्रकाशित करने का प्रस्ताव रख दिया। हिन्दी में जिनकी रचनावलियाँ प्रकाशित हो चुकी हैं, वे लोग दिवंगत हो चुके हैं—सुमित्रानन्दन पन्त, सूर्यकान्त त्रिपाठी निराला, हजारी प्रसाद द्विवेदी, गजानन माधव मुक्तिबोध, रांगेय राघव। मैने मज़ाक में शीलाजी से कहा, मुझे भी दिवंगत होने दीजिये, फिर निकालियेगा। पर वे बोलीं, आपके साथ हम कुछ मौलिक करना चाहते हैं। मैं उनके हठ को न टाल सका। वस्तुत: जब यह रचनावली निकलनी थी, तो मुझे सारी सामग्री लेकर दिल्ली आना ही था। मैं अकेले तो 'सोपान' में आकर रह नहीं सकता था। मैंने तेजी को भी यहाँ आने के लिए तैयार किया—'रचनावली के लिए सामग्री संजोने का काम बिना तुम्हारी सहायता के नहीं हो सकता'। रचनावली प्रकाशन को उन्होंने इतना महत्त्व दिया कि एक बार फिर बम्बई से मेरा और अपना बहुत कुछ सामान लाद-लूद यहाँ आने का बखेड़ा सिर उठाया। शुरू-शुरू में अपने भरे-पूरे परिवार से दूर आकर यहाँ रहना अच्छा तो नहीं लगा। पहली फरवरी को हम यहाँ आये थे, मार्च में होली पड़ी, बुन्देलखण्ड के कवि ईसुरी की फागों के अनुकरण पर मैंने तेजी के विनोदार्थ एक फाग लिखी—

तेजी, दूर हो गए बेटे।
चले बम्बई से हम अपना सब सामान समेटे।

स्वप्न हो गईं पोते-पोती औ' बहुओं से भेंटें।
दिल्ली में हम पढ़ते रहे लेटे गालिब-गेटे।
बैठ 'प्रतीक्षा' में बच्चन जी अब न करेंगे टेंटें।
तेजी, दूर हो गए बेटे।

खैर, दिल्ली आकर हमें अभी गालिब-गेटे पढ़ने की फुरसत नहीं थी। वे तो तुक से खिंचे हुए आ गये थे, और 'प्रतीक्षा' में बच्चनजी 'टें-टें' करने के अलावा और भी बहुत कुछ करते रहते थे। रचनावली के सम्बन्ध में बहुत काम था। उन दिनों की दिनचर्या पर भी एक तुकबन्दी लिखी थी—'सोपान'—सुनेंगे?—

नई दिल्ली
नई दिल्ली में गुलमोहर पार्क
गुलमोहर पार्क में 'सोपान'
घर का नाम,
'सोपान क्या?'—सीढ़ी—
घर में बसने वालों का मोटो रहे—
ऊपर उठने का अरमान।

इसमें रहते हैं—बच्चन जी
हिन्दी के कवि
अंग्रेजी के विद्वान,
यह है गुज़रे कल की बात
आज की सिनेमा-पीढ़ी के लिए वे हैं
केवल 'अमिताभ के बाप'।

सुबह घूमने को निकलते हैं रोज़
खेलगांव से सिनेमा 'उपहार'
सिनेमा 'उपहार' से खेलगांव
आते-जाते हैं कई बार
फिर थक कर
लौट आते हैं घर
फिर दिन भर
मिलती नहीं उनकी कोई खबर-खोज।
घर है कि गढ़-निकुंज,
ऊंची-ऊंची लताओं से घिरा,
जैसे चारों तरफ हो हरा पर्दा पड़ा।
लोहे का फाटक,
फाटक के सामने खाकी वर्दी में खुखरी धारी
नेपाली दरबान खड़ा।

बच्चन जी के घूमकर आने के बाद
अन्दर से आती है आवाज़-
टन-टन-टन-टन-टना-ना-ना।
चारों तरफ से उड़-उड़ कर आती हैं चिड़ियाँ
शायद श्रीमती तेजी बच्चन चुगाती हैं उनको दाना।

दोपहर या शाम
मिलने आते हैं कुछ लोग
भेजते हैं अन्दर नाम-काम की पर्ची
मिल लेते हैं उनको अगर हुई उनकी मर्जी
कभी बाहर आकर
कभी भीतर बुलाकर।

कोई नहीं जानता
दिन भर
करते हैं क्या काम,
आदमी बैठनेवाला नहीं,
कुछ पढ़ता होगा, कुछ लिखता होगा,
जैसे करता रहा है उमर भर,
जो समय पर होगा उजागर।

सन्ध्या को फिर
अन्दर से आती है आवाज़,
टन-टन-टनन-टन–
(जय-जय जगन्नाथ!)
बजता है शंख साथ;
शायद लान में कोई है छोटा-सा मन्दिर,
जहाँ होती है आरती,
बाहर तक आती है अगरबत्ती की सुगन्ध,
आते-जाते आस्थावान
झुका देते हैं माथ!

कभी-कभार जब फाटक पर खड़ी होती है
कोई लम्बी-सी कार
पास-पड़ोस में फैल जाता है समाचार
कि आ गए अमिताभ।
बात की बात में जुट जाते हैं उनके फैन हज़ार
होने लगती है उनके लिए पुकार;
वे बाहर आते हैं,

बार-बार हाथ हिलाते हैं,
करते हैं नमस्कार, अन्दर चले जाते हैं,
पर लोग खड़े रहते हैं घंटों करते
फिर उनके निकलने का इन्तजार।

फिर भी जब काम से फुरसत होती, तो यहाँ का दुकेला-अकेलापन और परिवार से दूरी बहुत अखरती। ऐसी मन:स्थिति को वाणी देने के लिए एक शाम को एक कविता लिखी :

'उड़ि चलो हंसा और देस हियां नाहीं कोऊ हमाऽऽर...'
अस्त रवि,
लालोंछ-रंजित पच्छिमी नभ;
क्षितिज से ऊपर उठा सिर यत्न करके
एक तारा,
मन्द-आभा,
उदासी जैसे दबाये हुए अन्दर,
आर्द्र नयनों मुस्कराता,
एक सूने पन्थ पर
चुपचाप एकाकी चले जाते
मुसाफिर को कि जैसे कर रहा हो कुछ इशारा।

ज़िन्दगी का नाम
यदि तुम दूसरा पूछो,
मुझे
'सम्बन्ध' कहते
कुछ नहीं संकोच होगा।

किन्तु मैं पूछूं
कि सौ सम्बन्ध रखकर
है कहीं कोई
नहीं जिसने किया महसूस
वह बिलकुल अकेला है कहीं पर?—
जिस 'कहीं' में
पूर्णतः सन्निहित है
व्यक्तित्व औ' अस्तित्व उसका।

और ऐसे कूट एकाकी क्षणों में
क्या हृदय को चीर करके
है नहीं फूटा अभी आह्वान यह अनिवार
''उड़ि चलो हंसा और देस

हियां नाहीं कोऊ हमाऽऽर!"

और क्या
इसकी प्रतिध्वनि
नहीं उसको दी सुनायी
इस तरह के सान्ध्य तारे से कि जो अब
कालिमा में डूबती लालौंछ में
सिर को छिपाये
माँगता सायं बसेरा
पच्छिमी निद्रित क्षितिज से झुक
नितांत एकांत प्रेरा?

'सोपान' की भूमि पर लिखी यह पहली गम्भीर कविता थी। रचनावली सम्बन्धी सामग्री प्रेस भेजी जा चुकी तो में अक्सर इस कविता की पहली पंक्ति दुहराया करता—'उड़ि चलो हंसा और देस हियां नाहीं कोऊ हमाऽऽर।'

'औरे देस' की खोज-कल्पना में हंसा को सृजन का ही प्रदेश दिखाई दिया, जहाँ उसके मन को किसी तरह की शान्ति मिल सकती थी।

और वह इस स्मृति-यात्रा पर निकल पड़ा, जिसमें आप भी उसके साथ चलते रहे हैं।

साथ ही वर्तमान भी अतीत के साथ-साथ चलता रहा है, गो अतीत को शब्द-प्रक्षिप्त करने के प्रयास में वर्तमान ने अपने को आगे नहीं आने दिया; अर्थात् लेखन-काल एवं प्रकाशन-प्रक्रिया के दौरान घटित यहाँ चर्चित नहीं है।

किसी भी सफ़र में साथी का बड़ा महत्त्व होता है।

वह अपने बात-व्यवहार-उपस्थिति से आपके सफ़र को इतना सुखमय बना सकता है कि आपको पता भी न चले कि कब आपकी यात्रा आरम्भ हुई और कब समाप्त हो गयी; और इतना दुखमय भी कि आपको एक-एक क़दम उठाना भार लगे।

पता नहीं आपको यह सफ़र या मेरा संग-साथ कैसा लगा।

कैसा भी लगा हो, मैं तो उस पर चलते-चलते अपनी आयु के 77 वर्ष 7 महीने 7 दिन पर पहुँच गया हूँ, जब महाभारत के अनुसार मनुष्य देव कोटि में चला जाता है।

व्यासजी महाराज की आत्मा मुझे क्षमा करे, मैं तो ऐसे किसी चमत्कारी परिवर्तन का अनुभव नहीं कर रहा हूँ।

सच तो यह है कि अपने अदेवत्व, अपनी मानवता, मानवी अपूर्णता की जितनी अनुभूति मैं आज कर रहा हूँ, उतनी मैंने पहले कभी नहीं की।

शायद देवता होना यही है कि मनुष्य अपने दाग, दोष, दूषण, एक शब्द में, अपनी अपूर्णता के प्रति पूर्णतया सचेत हो जाये।

अगर मैं ठीक हूँ, तो जनार्दन के समक्ष जब प्रस्तुत होना होगा तब होगा; मैं

नहीं जानता कि होना होगा भी कि नहीं, पर मैं जानता हूँ कि जनता-जनार्दन के सामने मेरी सृजनशील लेखनी ने मेरी सम्पूर्ण अपूर्णताओं के साथ मुझे प्रस्तुत कर दिया है।

...sent to my account
With all my imperfections on my head.

(Hamlet I : V)

अपनी सारी अपूर्णताएँ सिर पर लादे
उत्तरदायी जिनके लिए मुझे होना है।...

(हैलमेट I : V)

आभार-प्रकाश

अब जब यह स्मृति-यात्रा-यज्ञ पूर्ण हुआ है—कई-कई रूपों में राक्षसों द्वारा बाधा देने पर भी—तो मैं कुछ लोगों के प्रति आभार प्रकट करना चाहूँगा।

सबसे पहले में आभारी हूँ अपने सुपुत्रों अमिताभ और अजिताभ के प्रति, जिन्होंने अपने श्रमार्जित धन और सुरुचि-सुपुष्ट कल्पना से मेरे लिए एक ऐसा सुविधाजनक भवन निर्मित करा दिया, जिसमें बैठकर मैं यह यज्ञ सम्पन्न कर सका।

इसके बाद अमिताभ और अजिताभ की माँ के प्रति, जो इस यज्ञ की प्रमुख प्रेरणा रही हैं और जो सम्पूर्ण यज्ञ-काल में मेरे बाएँ बैठी भी मेरे दाहिने रही हैं।

इसके बाद श्री शरच्चन्द्र चतुर्वेदी के प्रति जिन्होंने मेरी घसीट को ठीक-ठीक पढ़कर उसकी सुस्पष्ट शुद्ध टाइप प्रेस-कॉपी तैयार की।

इसके बाद श्री सत्येन्द्र शरत् के प्रति, जिन्होंने इस पूरी पाण्डुलिपि को ध्यान से पढ़कर उसके सुधार-संवार के सुझाव दिये, जिनके प्रकाश में मैं उसे अन्तिम रूप दे सका।

इसके बाद डॉ. जीवन प्रकाश जोशी के प्रति जिन्होंने पूरी प्रेस-कॉपी पढ़कर मुझे आश्वस्त किया कि वह पूर्णतया सटीक है।

इसके बाद अपने प्रकाशक श्री विश्वनाथ के प्रति जिन्होंने इसे यथेष्ट रूपाकार दे आपके समक्ष प्रस्तुत किया।

और अन्त में, पर कम नहीं, मैं आभारी हूँ आप, पाठक, के प्रति, जो शब्द-शब्द मेरे ध्यान में रहे हो, और जो यदि यथास्थान-यथावसर अपनी सहानुभूतिपूर्ण कल्पना से सहयोग न दोगे, तो मेरी यह स्मृति-यात्रा अधूरी ही रहेगी।

—बच्चन

4 जुलाई, 1985

(मेरी आयु के 77 वर्ष, 7 महीने, 7 दिन पर)

'सोपान'
बी-8, गुलमोहर पार्क,
नई दिल्ली-49

परिशिष्ट-1

स्फुट शे'र

किसी ने ग़म में तुझे तो किसी ने शादी में
मैंने घबराके तुझे याद किया।

है उसी बुत का इन्तज़ार हमें
जो न आया न आने वाला है।

शराबे इश्क पीकर हम तेरे दर पर कभी बैठे,
हम अपने घर पे अब खूनेजिगर पी करके बैठे हैं।

हम जहाँ हैं, जो हैं, जैसे हैं तेरी मर्ज़ी से हैं,
हो ग़रज़ तेरी तो हो, पर हम तो बेग़रज़ी से हैं।

सिफ़ारिश तुम्हारी करा देते लेकिन
खुदा तब हमारी रसाई नहीं है।

अपनी तक़लीफ किसी से भी नहीं अब कहनी,
नहीं खुदा से भी, क्या खुद उसे मालूम नहीं।

जब से अपने से शिकायत का गुमां मुझको हुआ
किसी से कोई शिकायत नहीं मुझको बाकी।

आखिरी बूँद भी बाक़ी नहीं मैखाने में
साक़िया जान क्यों अटकी हुई पैमाने में।

लोग पत्थर भी नहीं फेंकते हैं बे-मतलब
कुछ तो यारों को नज़र आया है दीवाने में।

जिसने जीने की मुसीबत झेल ली,
उसको मरने की मुसीबत कुछ नहीं।

ग़म ग़लत करने को पी तुमने शराब,
और आँसू ग़म के हम पीते रहे।

मैं तो फ़रिश्ता बनने के ख़तरे में था पड़ा,
कमजोरियों ने कुछ मुझे इंसां बना दिया।

ज़िन्दगी एक चूहेदानी है,
सब फँसों की महज़ कहानी है,
एक जो राह है निकलने की,
उसपे बिल्ली की हुक्मरानी है।

अदाये ज़िन्दगी देखा किया मैं,
अदाये मौत मुझको देखती है।

जिन्दगी खुशगवार है, प्यारे,
मौत का इन्तज़ार है, प्यारे।

मौत का हो या कि महबूबा का हो,
इंतज़ारी का मज़ा दोनों में है।

मौत ने इस क़दर देर की,
ज़िन्दगी बेहया हो गयी।

ज़िन्दगी तो छोड़ने का नाम ही लेती नहीं,
अब तो मरने की कोई तरकीब सोचा चाहिए।

कुछ न अब ज़िन्दगी में करने को,
खूब फुरसत मिली है मरने को।

नही जीने की अब कोई तमन्ना
जिलाया जा रहा हूँ जी रहा हूँ।

ज़िन्दगी पाई उसको जीते हैं,
मौत आएगी उसको मर लेंगे।

कोशिशें आराम से जीने की करके थक गया,
अब तो मैं आराम से मरने की तैयारी में हूँ।

मौत में भी ज़िन्दगी-सा ही दिखूँ,
इक क़फ़न मैला उढ़ा देना मुझे।

मैले बदन पे मैला क़फ़न ओढ़ के हाज़िर
क्या इसको मेरी साफ़दिली तुम न कहोगे।

★

दर्द हमको दबाए बैठा है,
दर्द को हम दबाए बैठे हैं।

कमर में दर्द है, मैं क्या करूँ,
ज़माना सर्द है, मैं क्या करूँ,
हकीमों की चली कोई न हिकमत,
खुदा नाकर्द है, मैं क्या करूँ।
डाक्टर औ' इलाज अपनी जगह,
मर्ज़ अपनी जगह पे क़ायम है।

वक्त मेरे जाने का नज़दीक है,
मौत को भी कुछ बहाना चाहिए।

★

प्रजातन्त्र की आड़ आगे बनी है,
मगर पीछे डिक्टेटरी चल रही है।

अब तो अच्छे काम सब सरकार ही करने लगी,
आओ हम-तुम कुछ बुरा काम कर डालें मियाँ।

हमने यह माना कि अब लिखने की आज़ादी नहीं,
जब थी आज़ादी तभी क्या तीर मारे आपने।

परिशिष्ट-2

दो पत्र

राय कृष्णदास

सीता निवास,
का. हि. वि.,
बनारस-5
मार्च 26, 1976

प्रियवर,

सप्रेम मिलन।

आज पूरे साठ दिन पर यह पत्र लिख रहा हूँ, कहते हैं—साठा तब पाठा। साथ ही 'देर आयद दुरुस्त आयद' भी मेरा सम्बल है।

आपसे बादवाली पीढ़ी के साहित्यिकों में मेरे जी ने जितना आपको चाहा, उतना अन्य को नहीं। फिर भी, दैवी विचित्रा गतिः। हम बहुत ही कम निकट सम्पर्क में आये। केवल दो मौके याद आते हैं—एक तो एडेल्फ़ी में, जब सौ. तेजी जी ने ऐसी खीर खिलाई थी, जैसी फिर कभी न खायी, हम देर तक रमे रहे—ऐसा लगा कि वह नेह का नाता जन्मान्तर से चला आ रहा था।

दूसरे, प्रयाग में ही आप और मैं, एक साथ कहीं जा रहे थे...मेरी एक बात पर आप की आँखें भर आयीं और आपने इसका इज़हार किया।

बस, तीसरा सुयोग न आया, मैं तरसता ही रह गया। जब पहलेपहल आपको देखा, इलाहाबाद में ही, तभी से दिल में कशिश पैदा हो गयी—कोई साहित्यिक समारोह था। भाई मैथिलीशरण और मैं साथ ही बैठे थे। आप पण्डाल के बाहर खड़े थे। साहित्य क्षेत्र में आये डेढ़ साल भी न बीता था। जब समारोह हो चुका, तो मैथिलीशरण ने मुझसे कहा—'यह एक उदीयमान प्रतिभा है, चलो इनसे मिलें'। वही पहली भेंट थी...मेरी ऐसी धारणा है कि आप सदैव संकोचशील रहे। खैर।

आपके पद्मभूषण होने से मुझे जो प्रहर्ष हुआ उसे व्यक्त करने के लिए अपने शब्द-भण्डार में देर तक भरमता रहा, लेकिन उसे जितना बड़ा समझता था उतना ही छोटा पाया। बस इतना ही कह पाता हूँ कि मन का साक्षी मन है—"अपने मन तें जानियो, मेरे मन की बात"।

बधाई कभी बासी नहीं होती, हो जाय तो बधाई नहीं। और, अब तो दुहरी बधाई स्वीकारिये—पद्मभूषण होने की (सरकार तो लम्बी नींद में रही) और चि. पद्माभ के दादा होने की। आप लोग उसे चाहे जो पुकारें, मैं तो पद्माभ ही पुकारूँगा—दादा को पद्मविभूषण करता हुआ आया है।

आपका पता ज्ञात न होने के कारण श्री भारती जी को कष्ट दे रहा हूँ कि इसे आप तक पहुँचा दें।

सौ. तेजी जी को मेरा सस्नेह स्मरण दिलायें। आप लोग बम्बइया हो गए, किन्तु इलाहाबाद को भी दिल के एक कोने में जगह दिये रहिय। वहाँ की रंगत और ही है, गो फ़ीकी पड़ रही है। आज एक सुजन आये थे। कल्याणी जी के मेले की चर्चा में कहने लगे कि अब बिलकुल उतार पर है। दुखी हुआ।

वत्सरारंभ की, सब कुटुम्ब के प्रति हार्दिक शुभकामना सहित,

सादर,

स्नेही,
कृष्णदास

श्री डॉ. हरिवंशरायजी बच्चन, योग्य,
मुम्बई।

पाण्डेय बेचन शर्मा 'उग्र'

बी-7/7, कृष्णनगर,
पो. गाँधीनगर, दिल्ली
19-2-65

प्रियवर,

जय हो।

आपकी शान्तिरस की मर्मस्पर्शिनी कविता 'यात्रांत' मुझे यथासमय मिल गयी थी। करेक्शन वाला कार्ड न भी आया होता, तो भी रचना में जो सार्थक प्रवाह 'नीचे' से होता है वह 'नीच' से नहीं। फिर भी, सावधानी सदा ही सही होती है। इधर मेरी तबीयत कुछ गड़बड़ चल रही है, अतः उत्तर देने में विलम्ब हुआ, एतदर्थ क्षमाप्रार्थी हूँ।

दिनों से मैं आपको यह लिखना चाहता था कि यदि मेरे सौभाग्य में अनायास मरण हो और अवसर रहते आप जान पायें, और सम्भव हो, तो कोशिश यह करेंगे कि मेरी लाश बस्ती से दूर किसी नदी में बहा दी जाये, भले ही हरिजन लोग ही यह काम क्यों न करें। यह बात कही तो कइयों से है मैंने, लेकिन लिख आप ही को रहा हूँ।

आशा है आप स्वस्थ, सुप्रसन्न हैं। बस।

आपका,

पाण्डेय बेचन शर्मा 'उग्र'

सेवा में,

कवि श्री बच्चन जी की

बच्चन की रचनाएँ

(प्रकाशन क्रम में)

1. तेरा हार (काव्य)	1932
2. बच्चन के साथ क्षण भर (चयन)	1934
3. मधुशाला (काव्य)	1935
4. खैयाम की मधुशाला (अनुवाद)	1935
5. मधुबाला (काव्य)	1936
6. मधुकलश (काव्य)	1937
7. निशा निमन्त्रण (काव्य)	1938
8. एकान्त संगीत (काव्य)	1939
9. आकुल अंतर (काव्य)	1943
10. प्रारम्भिक रचनाएँ—पहला भाग (कविताएँ)	1943
11. प्रारम्भिक रचनाएँ—दूसरा भाग (कविताएँ)	1943
12. सतरंगिनी (काव्य)	1945
13. हलाहल (काव्य)	1946
14. बंगाल का काल (काव्य)	1946
15. प्रारम्भिक रचनाएँ—तीसरा भाग (कहानियाँ)	1946
16. खादी के फूल (काव्य)	1948
17. सूत की माला (काव्य)	1948
18. मिलन यामिनी (काव्य)	1950
19. सोपान (संकलन)	1953
20. प्रणय पत्रिका (काव्य)	1955
21. धार के इधर-उधर (काव्य)	1957
22. मैकबेथ (अनुवाद)	1957
23. आरती और अंगारे (काव्य)	1958
24. बुद्ध और नाचघर (काव्य)	1958
25. जनगीता (अनुवाद)	1958
26. ओथेलो (अनुवाद)	1959
27. उमरखैयाम की रुबाइयाँ (अनुवाद—पाकेटबुक)	1959
28. कवियों में सौम्य संत (पंत-काव्य समीक्षा)	1960
29. आज के लोकप्रिय हिन्दी कवि : सुमित्रानंदन पंत (संकलन—बच्चन-सम्पादित)	1960

30. आज के लोकप्रिय हिन्दी कवि : बच्चन (संकलन—चं० गु० विद्यालंकार सम्पादित) 1960
31. त्रिभंगिमा (काव्य) 1961
32. आधुनिक कवि (7) (संकलन) 1961
33. नेहरू : राजनैतिक जीवनचरित (अनुवाद) 1961
34. चार खेमे चौंसठ खूँटे (काव्य) 1962
35. नये-पुराने झरोखे (निबन्ध) 1962
36. अभिनव सोपान (संकलन) 1964
37. चौंसठ रूसी कविताएँ (अनुवाद) 1964
38. दो चट्टानें (काव्य) 1965
39. डब्ल्यू० बी० ईट्स ऐंड अकल्टिज़्म (अंग्रेजी शोध प्रबन्ध) 1965
40. मरकत द्वीप का स्वर (अनुवाद) 1965
41. नागर गीता (अनुवाद) 1966
42. बहुत दिन बीते (काव्य) 1967
43. बच्चन के लोकप्रिय गीत (संकलन—पाकेटबुक) 1967
44. कटती प्रतिमाओं की आवाज़ (काव्य) 1968
45. क्या भूलूँ क्या याद करूँ (आत्मकथा-1) 1969
46. उभरते प्रतिमानों के रूप (काव्य) 1969
47. हेमलेट (अनुवाद) 1969
48. कवि श्री (संकलन—डा० दुर्गाप्रसाद झाला-सम्पादित) 1969
49. नीड़ का निर्माण फिर (आत्मकथा-2) 1970
50. भाषा अपनी भाव पराए (अनूदित कविताएँ) 1970
51. बच्चन पत्रों में (सं० डा० जीवन प्रकाश जोशी) 1970
52. पंत के सौ पत्र (बच्चन-सम्पादित) 1970
53. प्रवास की डायरी 1971
54. पंत के दो सौ पत्र (बच्चन-सम्पादित) 1971
55. किंग लियर (अनुवाद) 1972
56. बच्चन के पत्र (सम्पादक : निरंकारदेव सेवक) 1972
57. जाल समेटा (काव्य) 1973
58. टूटी-छूटी कड़ियाँ (निबन्ध) 1973
59. बसेरे से दूर (आत्मकथा-3) 1977
60. '76 '77 की प्रतिनिधि श्रेष्ठ कविताएँ (सम्पादित) 1978
61. '78-'79 की प्रतिनिधि श्रेष्ठ कविताएँ (सम्पादित) 1981
62. मेरी कविताई की आधी सदी (संकलन) 1981
63. सोऽहं हंस: (संकलन—हंस प्रतीकी कविताओं का) 1981
64. आठवें दशक की प्रतिनिधि श्रेष्ठ कविताएँ (संकलन) 1982
65. बच्चन रचनावली (9 खण्डों में) 1983

LOVE YOU PAPA (DAD)

ACKNOWLEDGMENT

I hereby gratefully acknowledge the contribution of my loving father Late Mr. Sudhakar Datar, my caring mother Mrs. Alka Datar, my lovely wife Archana, my beautiful daughter Ishita, my playful son Ishaan, my fun loving sister Pranjali, my enthusiastic nephew Priaunsh, my beloved Guru Mahatria and my Divine.

I also acknowledge the contribution of my family members, my extended families, my relatives, my friends from childhood to schools to service to business, my clients, my fellow coaches, my mentors, my books, my experiences and everyone who has crossed my life.

Special thanks to my blog readers who kept reading for months together, which gave me the impetus and motivation to keep going for a year.

I gratefully acknowledge the presence of anyone, who has been missed by me above. Thank you for coming into my life. Special thanks to all those who are about to read or have already read this book. Your life is just about to change and I wish you all the best.

Thank You! Thank You! Thank You!

Foreword

It's a delight to introduce my coach and now an author Vaibhav Datar to you. Thanks Vaibhav for giving me this opportunity to introduce you. It's a privilege to have you as my coach and my journey with you has been a revelation.

I remember the times, when you were in the Information Technology field and you wanted to help people with your skills and abilities. You had a terrific attitude then, maybe it is because of your surname, which literally means the Giver. Throughout your career you have been a giver and your books are no exception.

As a coach, your vision has helped a number of business people, working professionals and housewives almost equally. Be it an occupational challenge, a working relationship or a separation, Vaibhav has been instrumental in client's success, helping the client blossom and grow in his life.

Vaibhav is a coach cum consultant. Once he takes up a client, the client's success becomes his responsibility equally. He has been a patient listener, a curious questioner, an amazing friend, a positive critique and a great person to be with in times of crisis or fun.

Vaibhav, being an author, has been a huge leap of faith for you, from where I have seen you in the past. Your clients have got enormous success and have exceeded their expectations.

This is an amazing book, full of short stories and your personal experiences. I have seen you walk the talk. I have experienced your coaching first hand and this book is no exception to the brilliance.

It was quite challenging for me to initiate a conversation with you when I met you for the first time, but your pleasant personality and equally awesome conversational style helped me break the ice and discuss my life challenges.

Guys, the coaching sessions with Vaibhav were like food for the soul. They helped me build my confidence, and today I face the world with ease and grace. Thank you Vaibhav for what you carved out of me.

I wish you all the best and lots of success in your future endeavors.

All the best!

Anonymous[1]

---

1 name withheld for privacy

Contents

Look Inside

Where do you find all the answers?

Look inside.

All the answers to why you should read this book, why this book has the potential to change your life lie inside the next few chapters.

Come, let us explore starting with my story on why I wrote this book?

My Quest

A beautiful Sunday morning. I was listening to Infinipath, with my eyes closed. Nothing much to do today as life had given me more than enough. When suddenly, out of the blue, my tooth started aching.

I fixed an appointment with my dentist, who asked me to check my blood sugar levels. I was shocked and surprised at this. Why would a dentist want to check sugar levels?

I reluctantly got my sugar checked, and when I received my report, I was angry and sad.

Flashback! 38 years, no exercise, no games, no control on food. I ate what I wanted. I did a little yoga, that's it. I used to have sweets after every meal and in between meals.

I was high on sugar and suddenly, thoughts of why did it happen to me? Troubled me.

Flash forward, I saw myself at the bedside. People in and around me, talking of how good I was, how a great coach I was, how I changed many lives.

This was not a dream, but reality. I decided to change. I decided to go on a voyage of changing people's lives. I decided to first choose a better life for myself. I immersed myself in exercising, eating nutritional food and deep life coaching. At this moment who else could understand the value of life, but me?

The quest of my life began. I started researching about myself with me being the main subject. Why did I eat so much junk food? What made me drink, though occasionally? Why did I not exercise?

I did find the answers. The answer was "I wanted to get HIGH". These were immediate boosters for me. I felt a pump of energy and forgot everything else in the process.

That's when I decided, I will help millions of lives find answer to

- How can I get high without getting drunk?
- How can I get high without eating junk food?
- How can I get high on life every day?

This book is one of the many ways to help you get your answers, and help you with a few suggestions to implement change.

If you will believe in it, it will help you build a great future, an amazing career, a fantastic old age and a loving family.

Why Me?

We complicate our life too much. We make meaning out of everything. We keep on asking "Why Me?" for every wrong that happens to us. We are always on the boil, always on the run, always doing something or the other.

Wait. Is this really what life is all about? Can we not simplify our life, become smarter and improve our life, health, family, relationships, business and career by doing a little less.

This book is my attempt to help many of us to step forward and become smarter. Please take any personality test to know your current level. It's my challenge that you would feel far better about yourself once you are through this book and take the tests again. Believe me, the result will improve. If scores don't improve, I think you love being who you are and I love you being this way, for now I can write another edition for my captive reader.

This book has daily exercises at the end of each chapter. I insist that you run through the exercise for the day and practice it. The amount of realization you will receive by the end of the book would be enormous. Nothing less than a NIRVANA like feeling. Oh yes! Am I getting too overboard? May be! May be not! So let's move to the first exercise.

Simple Test:

The biggest & the smartest question which is always a little tricky.

Are You Smart?

Think again, nobody's watching you, so you can be truthful to yourself.

There Was Nothing

And then there was everything which came from nothing.

Sounds philosophical, right?

As babies, we have nothing in mind. Life is beautiful. Life is gorgeous. Life is abundant. Life is full of life. There is nothingness to everything. Everyone is lovable and everyone loves you.

There were three monkeys sitting on a tree. Monkeys are the only animal beings which are able to communicate in different voice messages. The only other evolved beings are humans. So monkeys were talking to each other about a lion across the river. Their communication ended there. There is danger at the river side. Don't venture near it.

No emotions. Plain communication.

Humans added the flavor of emotions to this communication language. They first created an image of the lions as demons or like, added a few stories around how demons killed humans in the past and how they have grouped together at the river side again to demolish the humans and how as humans we should get together to fight them out. We then created weapons and used those weapons to kill. The emotions kept adding up.

The stories started growing longer and so did our beliefs and our convictions in our beliefs.

And so there was nothing "Lions had come to drink water". "Everyone else had an internal correct to the point communication about this plain simple fact".

"Humans stated the fact. Humans added references of the past and created a belief system around it, so strong that it could be backed by several references. These beliefs were so convincing that they convinced themselves and build a conviction around that. All lions who come to have water are making plans to attack humans".

The same goes with our own system.

"Money is hard to come by". Fact - plain and simple. Money is an exchange system. You give to get. You give your time and effort and you get it. Some, equate it to "Only if I do hard work, I will get it". Laborers do far more hard work than us yet they receive far less for their effort. Each one of us has his/her own set of references and a belief is formed "Hard Work Equates Money". We take massive actions to support our belief and it becomes conviction.

No doubt, not only hard work is necessary but also is smart work. In fact, far more important is how much you value your own work.

With this book, I attempt to SIMPLIFY your life with small, little, doable changes.

Smart Assignment

Buy a 200 page notebook or diary. Pull out an old diary given to your father in the 80's (I still have some, really!)

1. Write your own beliefs – general statements, If…then…else
2. Start questioning your own beliefs. Do they really serve you?

One More Reason

One more reason on why I wrote this book?

Am I giving my reader something different from what he does not already know? My reader is smart. He already believes he knows everything. Pardon my use of gender in text here. But had to stick to one instead of continuously doing he/she or (s)he. This just kills my creativity.

Coming back to, why did I write this book? I felt, we do the same thing over and over again without realizing what a waste of time we have had in so many years. Tell me, is there anyone who has not yet told you, not to pick your nose in public? Still, whenever you have the opportunity like when nobody's looking at you, you still the pick your nose and like to move it around in your two fingers. Man is a habit animal. You just can't ask him to change his habits. It's not easy unless you give them enough pain, in this case social strip tease. If you show him CCTV footage, he would be embarrassed. The pain of someone looking at you while you pick your nose is huge and higher than the pleasure associated with it.

Same is the case with any individual habit for that matter. Unless you put the person through the painful process of (looking like an "idiot"), he is not going to change. The homeostasis state (or inertia in plain language) does not allow the person to change easily.

So what to do? Well, write a book, to help people realize how smart they can be, by simplifying their life.

Wow! The pen just flows and beautiful words just come out. Let each chapter be a chapter for learning and implementing. Not all may be true for you for these are my experiences. You may choose to learn from them, discard them, or throw this book away. In either ways, relax and be peaceful.

If this was a gift from someone, thank that friend for gifting you. If not, you have anyways made a smart informed choice so why not go ahead and implement a few things. It has the potential to change your life.

Smart Assignment

Create a new section in the book titled

"Why am I still not smart? Find twenty reasons to justify you are one amongst the many?"

Done. Now look at the list in disgust. How can you be such a bore all your life? Tear it off, yes tear it off and be in the state of happiness that you no longer choose to be one. You have made a difficult choice of being smart and mind you, it's not easy to tear the page off. After all, it has served you and protected you for so long

Now create a new section in the book titled

"Why do you believe you are smarter or can be one in the next few days?"

Come on! Come on! You can find the answers.

What! You could not find one?

My suggestion: Make this a live diary and keep on adding as you go through the next chapters.

Feeling Grateful

A grateful heart, a thankful attitude leads to a peaceful life. Be grateful to everything in your life. Be blessed.

Let it Begin and End with Gratitude

It's the little things that count - Unknown

Say "Thank You" as you get ready to sleep or as you get out of bed in the morning. Start saying "Thank You" for all those who slept yesterday, are awake today. For not all can see this beautiful day as you can.

Say Thank You to life, to your world (friends, family, relatives), to your space (where you live), to your food, to everyone and everything around you. As you start expressing gratitude for all the things around you, you will start feeling better with every passing day.

My own journey into Gratitude started in early 2015. As I went deeper into expressing my gratitude, life started gifting me things which I was grateful for. Gratitude is expressed for what you already have so that you can have more of it in the future. It's one way of telling the universe that you love it.

Let you day begin with Gratitude. It can be as simple as saying "Thank You" the moment you open your eyes, say "thank you" as you walk each step, as you look up to the sun, as you bath and brush, as you eat, as you drink, as you watch, as you listen, as you talk and as you feel and interact. Let thank you be the mantra every moment of your time.

I do not say I have achieved this but I am on my way. I express gratitude almost every time. I have boards in my house on Gratitude, I have books in my house around Gratitude, the screen saver on my mobile talks Gratitude and I have Gratitude flashed wherever I can. The importance of Gratitude and its benefits itself calls for another book, which I may write in the near future but for now, just go ahead and express Gratitude.

Smart Assignment

Give yourself a hug, if you said thank you yesterday. If you did not, just say out loud or in your mind and give yourself a hug. A one minute tight hug. I am not joking. I have done it so many times in my life.

In your journal, write down all the things that you are grateful for starting with

"I am truly blessed and grateful ..."

"I am so thankful..."

Don't stop. Keep going. Start with yourself, your parents, your family, your schooling, your graduation, your books, your information, your career, your finances, your health, your materialistic gains and your life in general.

If you are good in thumbing and "*apping*", then open notepad or a simple note creator in your phone and go thumbing but don't stop, for today is the day of ultimate salvation, of proving why your life is the best life of all.

Are You Happy?

Happiness isn't a consequence of living a successful life; success is a consequence of living a happy life – Shaa Wasmund

Isn't this quote so beautiful? A lot of studies are being conducted to find what makes people happy. The truth is we are all so unique that each one has his own definition of happiness. I used to feel happy when I used to meditate, jog and coach my clients. Now things have changed. I feel happy any moment of time because I feel grateful for everything in life. The moment you are grateful for whatever you have received, how can you not be happy.

Still some people postpone their happiness in the pursuit of success. Only when I will achieve this particular thing, I will be happy. The moment they reach there, they find a new success goal and the cycle continues.

The Grant Study, which followed hundreds of male undergraduate students over seventy-five years, was interested in factors that most contributed to "human flourishing" and discovered that there is a strong correlation between the warmth of relationships and your health and happiness.

Dr. Dan Siegel created the "Healthy Mind Platter" to illustrate that there are a number of areas we need to encourage if we are to look after our mind and our wellbeing. These areas are:

- Sleep
- Physical Activity
- Focus
- Time For Relationship

- Relaxation
- Play
- Connection

If we nurture each of these areas a little every day, our life will be simpler and we will be able to achieve far more. The recipe may be different for each of us, but if we are able to mix all the ingredients in our daily life, we will be able to create a happy world/workplace.

As Shaa rightly says in her book[1], "It's the people who make themselves happy by prioritizing the tasks they enjoy and the people they love who are often most successful". If you sacrifice or defer your happiness in the quest for success, you're doing yourself a huge disservice. So go ahead and create the perfect blend of work and life.

Make sure you love what you do and do what you love. Happiness will never leave you and success will never elude you.

Smart Assignment:

Get your journal out and ask yourself a question.

What do you love to do every day of your life? What would you do if someone woke you up in the middle of night? What makes you happy? When was the last time you were happy and what was the feeling?

1 Do Less, Get More: How to Work Smart and Live Life Your Way by Shaa Wasmund

Life in Five Year Slots

A longer term view of your past means living a life full of gratitude.

– Vaibhav Datar

When I really sat down and jotted all those things that I have done in last 5 years, I was amazed. I have achieved so much that it's unbelievable.

For the records, in last 5 years (and a little more than that)

- I have moved from service to business as a service.
- I have moved to a larger house and a better car.
- I have more knowledge and more information at hands.
- I am a coach, hypnotherapist and trainer. Earlier, I was just an IT guy.
- I have more friends and more customers to reach out to.
- I have become outgoing, smart and can speak at events and training programs.
- I can network, I can reach out to people.
- My son's birth and closer relationships with family and friends (thanks to WhatsApp)

I have received more festival, birthday and anniversary wishes than combined over the years and more importantly, I have failed, burnt my hands and learned it the hard way.

Even though I am successful as a coach today, there was a time, when I had quit my job and had no clients literally. At one point of time, I had invested enough in a business, which went down spirally for me. At one point, I was having an identity crisis. This story for some other time but the crux of the matter is when I look back at these events in 5 years chunks, my failures look insignificant in front of the successes I have had.

I have more clients now, I impact many of them. I approach each relationship with an attitude to serve, an attitude to what I can give without any thought of what I would gain out of it.

If you happen to meet me, please feel free to ask me about my failures and what you can learn from it? I have a list I would love to share.

So from now on, look at your entire life in chunks of 5 and you would be amazed. In fact, look at what you are creating today, add to it your horizon of 5 years and you will be far more effective in your delivery.

Smart Assignment:

Pull out your smart diary and start listing down. Keep a timer of 10 minutes or less and start listing down all the things that you have achieved in last 5 years and share your answers with your near and dear ones.

...???

Quality of Life is all about asking the right and evolutionary questions...
– Vaibhav Datar

This chapter is not a theory about questions. In fact it is not a theory at all. This chapter is about practical applications. It is about what a powerful question can do and how a bad question can ruin your life.

So what are questions after all? What questions do we ask ourselves each day? Do we ask the right set of questions? Do we ask curious questions? Do we ask questions which energize us? Do we ask questions which let us down?

Let me share a personal experience. I was coaching a powerful and amazing business woman a few weeks back. She had just shut down her business. She was on a quest of redefining herself. Who am I and what am I going to do with my life? She was feeling excited as well, as she had too many options. She could choose from a variety of skills she had acquired with experience. Every opportunity she thought of picking was of equal value to her...

As a coach, you are always curious of, what is going on in your client's mind. So you are trained to ask the right questions, which will help your client develop, think big and feel happy. I ask questions to seek more information, get clarification and be non-judgmental at the same time.

So as I started asking her questions like "What makes her happy?" "What would she do even if no money was paid to her?" "When was the last time she faced a challenge and successfully overcame that with ease?" and so on. Each question led her to a deeper understanding of what she wanted to do in life. My take is if you are not ready with your purpose (why am I here?), then you are still not doing justice to your potential.

One of the most powerful questions I have asked is "What can I learn from this?" another being "What all can I do to make this successful? <Fill with your success parameters>" for e.g. "What all can I do to make this a million dollar business?" Your mind will just magnify and it will be on the lookout of finding answers from nowhere. People will meet or call you out of the blue. They would want to do business and sign cheques. I have seen this happening and so can you.

Smart Assignment

Start asking yourself powerful questions every moment.

Power of Questions

As long as you keep asking questions, you are in charge of the conversation.

– Vaibhav Datar

Your life is made out of the questions you ask yourself every day.

Really, I mean how much of the above statement is really true. I did not believe this at all and why should I? This statement never made sense to me. How can questions make your life?

I started contemplating, going deep down. I did my coaching certification and as a part of the syllabus you are taught to ask the right questions with curiosity and non-judgment. That's when I dived even deeper to find yet another invaluable resource. Anthony Robbin's set of morning and evening questions. Tony started his career in quest of finding the answer to a powerful question "What makes people do what they do? What makes them drive forward?" and he unleashed a powerful set of tools to humanity. We use so many of his tools every day and all because he asked himself a powerful question.

I started searching for clues and I found bountiful of them. Like in every situation, during every event, I experienced it based on the question I asked. For e.g. if I want to make one million in the next one year, I can ask two questions

- **Can I make** one million in a year?
- **What can I do today** to make one million in a year?

Both are questions, but the first will lead me to negativity and a downward spiral, giving me all the previous instances when I failed. The second one will open me up for possibilities, opportunities and creativity. I will lose million in the first question, whereas I will gain millions from my second question.

Then there are distinctions wherein you can ask powerful sets of morning and evening questions. My request to you is "Can you create a set of morning and evening questions for yourself?" I am giving you a sample list of questions I have created for myself. For the whole list, you can email me and I will happily share it with you.

Morning

- What can I be grateful for today?
- Whom can I serve today?
- What do I love to do?

Evening

- What was my greatest learning today?

Smart Assignment

So what are you waiting for? Get ready to ask yourself some powerful questions. Look out for Anthony Robbins powerful questions or create your own. Whatever it is, take three copies of print outs, laminate and paste them in your washroom (where you brush your teeth), in your bedroom and in your work place. Keep asking these questions to yourself daily.

Feeling High

There is power in being high in energy. There is an inherent power when you work from higher energy. The stories ahead talk about how you can raise your levels of energy with ease.

Say Good Things about Yourself

Beauty is when you can appreciate yourself. When you love yourself, that's when you're most beautiful.

- Zoe Kravitz

Can you breathlessly talk only good about others? Oh forget others, can you talk good only about yourself, the person you have known right from the start for at least ten minutes continuously? No! No! Oh really! You should be. Really not. If you can't find the right words in English, then maybe your own language.

Still no! Was it difficult? Shouldn't have been, right?

Funny as it may sound, but it is effective. Start doing this for 1 minute of your day. Just 1 minute of your 18 waking hours and then start increasing your practice by one minute a week... and soon you would be having a great blissful time.

You came alone into this world, you stay and leave alone. You are with yourself 24 * 7. So why not give yourself the much required attention, the love, the appreciation it requires.

First step is to breathe consciously... Breath is the only thing which connects us with the present moment. Present moment is the moment of action, moment of transformation, moment when you are with yourself. So when you breathe consciously, you are in the moment with yourself and who better to be with.

So take a deep breath... thank and love yourself, say good things to yourself and breathe out fully.

Till next time, let's keep consciously breathing and saying good things to the world.

Smart Assignment

Don't do anything extravagant today. Just go out, breathe, talk good and make it a conscious habit to do it daily.

I Love! I Love! I Love!

This day, I vow to myself to love myself, to treat myself as someone I love truly and deeply - in my thoughts, my actions, the choices I make, the experiences I have, each moment I am conscious, I make the decision I LOVE MYSELF.

- Kamal Ravikant

This is what Kamal said to himself few years ago and today, he has taken this message across to millions. I was reading Kamal's book[2] and was taken aback by how simple it is to transform your world.

You just have to say "I Love Myself". Mind you, it looks simple but it's one of the hardest things to do. We find it silly to stand in front of the mirror and express love to ourselves. Oh, I love myself. Where is the need to keep on saying this continuously?

My friends, there is a difference. The difference is in the act itself. When I did this for the first time, I gazed into my eyes and started saying "I Love Myself"... and it was mind blowing.

Tears trickled down my eyes. Seemed like I had not known myself for so many years. I got in touch with my inner self which cried not for attention but for the love which I had never really expressed. We take our body, mind and everything about us for granted, without really thanking and loving it. We find it silly because society feels so.

If you really want to experience, go ahead and grab a copy of the book, read it through or discuss with me on how it has made a

2 Love Yourself Like Your Life Depends On It by Kamal Ravikant

difference. Go ahead and do it once or twice and feel the magic. If nothing improves, dump the entire thing. Maybe it is not for you now but do share it with your close friends and they will thank you for ever.

Smart Assignment:

No prizes for guessing today's assignment. Go ahead and share your experience of loving yourself.

Take Mini Vacations

A vacation is what you take when you can no longer take what you've been taking.

– Earl Wilson

Go on. Celebrate yourself. Life is too short to not be joyful. Take mini vacations. Don't wait for the ultimate "jab main settle ho jaoonga"... Life will never allow you to settle. It will always throw challenges and you will soon find yourself stuck with them and working over them, forgetting to take these mini getaways.

Even if you do take one, you will end up working; either conference calls or an email update or a WhatsApp reply. Things can wait. Things can really wait. 99.9% of us do not work on mission critical projects like a rocket launch. Even they must be having a backup resource.

Delegate, give away your responsibilities for the times you are not there in office and relax. Nothing's going to change, nothing's going to happen.

Chill out. Have a relaxing time, enjoy with your kids and family, sip fresh fruit juices, savor the food, run partly naked on the beach, open your arms and inhale fresh air when on mountain tops.

It has now been a daily practice for me to go in my local garden and with my arms raised sideways, breathe fresh air and express my gratitude to the almighty for giving me so many things.

I now follow a daily ritual to connect with the universe. I visit my local garden and stand with my arms stretched sideways. I fill my lungs with fresh air as I try to inhale life and express gratitude to the almighty for gifting me such a beautiful life.

Even you can do such small things. You should give yourself a treat too. Your soul will give you opportunities to celebrate and ultimately life will become a big celebration

Smart Assignment:

Have you planned your mini-vacation yet? It need not be extravagant. Just a simple visit to a nearby park, resort for 3-4 hours will do. What you would do after having lots of money, you should do even when you don't have that much money. This is a simple way to tell your mind that you love this and you want more of it next time, Better, Bigger and Joyful!

Disconnect Yourself from the World

Go on an information diet for a week. You will be surprised with the results. Nothing significant ever happens.

– Vaibhav Datar

When I went on my spiritual retreat with my beloved Mahatria, I was in for a surprise. I was celebrating the word go. Right from the time, I took my taxi to the airport in Mumbai, till the time I returned, I was in a celebrative mode. Well! Celebrations are celebrations and I was celebrating in the remotest location, with no internet connectivity. I was in bliss. No connection means more peace. Literally.

Have you ever wondered what would happen to you if ever you were disconnected from the connected world for a mere week? Do you want to know the answer what happened to me when I was asked to shut off my mobile for a week? Absolutely, no touching it. The answer is NOTHING. Yes, nothing happened. No one ever needed to call me or get in touch with me. No one needed me. My fallacy that I was all important was broken and that really started a new era in my life.

I decided to have lesser programs in my life. Why would you want people to call you every now and then? Why would you want to be updated so often? Why?

Are connected people happier than disconnected ones? Does knowing that your friends are having a good time make you feel down? Do you feel you are not doing enough for your family while the world is enjoying?

I wanted to write on celebration but as thoughts started flowing,

I ended up writing about having lesser programs and being less connected with the outer world and more with your inner world.

Every day is a day of celebration and festivities. A day of joy and happiness. May every day be a day of celebration for all of you. May every day be fun and joyful. May every day be filled with excitement and full of surprises.

From now on, celebrate each day. Let every moment be filled with Gratitude and Bliss. Let there be immense happiness and joy all around and May all of you have lesser programs each day.

Smart Assignment:

Plan the art of disconnecting. Go on a WhatsApp Diet. Make one day of the week, as your social media, newspaper and all online offline diet day. Don't read, don't drink and give your brain a break.

Brag Yourself

Self-esteem is made up primarily of two things: feeling lovable and feeling capable.

– Jack Canfield

Why is self-appreciation not recommended?

Yes, maybe not on a social site or why not? You do some amazing work in your life, for your family and your clients. You make a difference to people's lives. You are an inspiration to many. You enjoy, you have fun.

So why not talk about it. Isn't self-promotion good? After all, are you not selling yourself as much every day? Whom are you doing it for after all?

Whatever job or business you have, other than the side effects of making money, you are contributing, you are serving the society. So what if, you talk about your service on social media?

Won't that provide an inspiration to a few others to join your cause? Maybe, it is inspiration for a fence sitter to go ahead and start his own business. If you can do it, so can he. You feel good after appreciating yourself.

Before waiting for social proof or acceptance, have you accepted yourself? Do you feel worthy of appreciation. If you do, just go ahead and do it all out. Talk about yourself with your ego in check. Express Gratitude to all who helped you in your journey and believe me, life will never be same again.

Keep your self-appreciation in check. Do not overdo it. Make sure, you have benefitted the society as well. It will serve your ego well. You will be self-motivated to repeat those good deeds. Your friends will appreciate you and your work and that is definitely a great morale booster.

Smart Assignment:

Time to show your smart a$$ off to public. Whether you are doing something good for the society or just have a good hairdo, go ahead and post it. Appreciate yourself, add a little humor and the post will go viral.

So from now on, brag about yourself. Don't overdo it. Do it a little though. I have already started doing it and feel good about it.

Feeling Gracious

Grace - with beauty, ease and poise. Have you ever stopped to notice the grace with which the birds fly, the cats walk, the child smiles? There are too many things in life which are gracious. Why can't we pass the same grace to others in our life? Let us do everything with grace from today.

The Art of Writing

More than kisses, letters mingle souls.
– John Donne

I was attending a spiritual retreat in January 2015, when Mahatria asked us to write 5 letters to our near and dear ones. At first, I thought the idea was insane and I got the following questions in my mind

- Why should I write a letter when I can talk?
- Does writing letters really make sense? I mean will the person really understand what I have written.
- Will the other person understand my handwriting?
- Will he or she like it?
- Will I be able to express myself truly?
- The best of all, what will I write? A4 is a big sheet when it comes to writing your own thoughts.

As I believed in HIM, I just started writing. The ink flowed and I was asking for supplements. Yes really, I wanted to write more and continue writing. I wanted to express myself as much as I could. It was unbelievable. I wrote almost 10 letters in those 3 hours and it was a miracle. I have not written for a long time, except for some goals that I have scribbled here and there. We have been typing all our way through or should I say fingering on our mobiles. So we have forgotten the art of writing.

I got answer to all the questions I have mentioned above.

Yes writing is quite different from talking. In writing, you can express your deepest feelings with ease. There is pure love in it. Writing makes so much more sense, a person can read and re-read it innumerable times and feel elated. In the world of quick social messaging and archiving, letters can be stored for years and generations together. Just imagine if someday unexpectedly, you find a letter written by your grandfather to your grandmother in an old closet. The love expressed. I always have this curiosity to know about their relationship and letters would be the perfect way to discover the feelings they shared.

The other person will understand your handwriting and why not. You are writing so that someone can read, right? When the expression comes from your inner core, it has to be lovely. It cannot be anything else. Hence there is no doubt whether someone will like it or not. You should like what you have written and feel happy about it.

Start penning down your thoughts and I am sure, A4 will be a small paper to express yourself.

So what are you waiting for? Go ahead and express your thoughts, make a list of 5 people whom you want to write to.

Write those letters... and yes... please don't forget to post... because they deserve it.

Smart Assignment:

Go ahead and start writing at least 5 letters to your near and dear ones. Don't worry about what they will think of you, whether you will be able to fill the entire page or not, what you would write. Just let your imagination flow.

You may not want to post these letters. It is your wish completely. You may tear them off, though unlikely, but sometimes you want to be that smart a$$ who does not want to show his emotions because you feel hiding emotions will make you seem stronger.

Contribute!

The most important thing is contribution because the secret to living is giving. If you catch on to that you start realizing that there's nothing you can get that comes close to what you can give. Life is calling all of us to be more than just about ourselves and that is when we get that spiritual hilt.
– Tony Robbins

I am sure you have heard of this story. This is a common expression, generally used rhetorically to indicate that a particular situation could be a cause for optimism (half full) or pessimism (half empty), or as a general litmus test to simply determine an individual's worldview.

I was recently reading an article by John Morgan Jr and it completely changed my perspective of the glass of water. Thank you John for this wonderful understanding. You can read the article here (Jr, 2015).

When you are facing scarcity, you look for a way to feel "secure". So when you look at a half empty glass or "What We Need", we look at finding ways to feel secure. So I continued creating side projects/businesses to feel secure so that my regular expenses were paid off.

That's scarcity thinking. I may not have needed that money at all to survive and I could have survived with the minimum that I had.

When I look at it from an Abundance Mentality, "What do I already have?" I look at the filled water and feel abundant and grateful. I do practice gratefulness daily.

Here's a fresh perspective. Look at the glass as "half full" and not "half empty" with the only change. When you look at "half empty", you are into scarcity thinking. When you make more money, you are trying to fill the other half or what is NOT there in the glass. When you look it from an abundant thinking, you feel that the Universe will fill it for you.

However, now shift your attention closely to what's there in the glass. It is there, not for me but for others. The moment you look at giving away your talents, your knowledge, your information as a service to others, you shift your attention from security (of not having) to capacity (of having more than enough). As John says "*from what I'm not able to have for myself* to *what I am able to do for others*"

Just by shifting from scarcity to capacity, I am now able to serve others effectively and efficiently. My quality and performance as a coach has increased manifold.

Make your shifts daily and one day, you would move from Scarcity to Abundance to Capacity. For me, the decision is already made and it is "work in progress". What would it be for you?

Smart Assignment:

Don't do anything. You have been working quite hard. Just sit back and relax and enjoy your half full glass of water or wine.

Jaadu Ki Jhappi!

There's a long life ahead of you and it's going to be beautiful, as long as you keep loving and hugging each other.
– Yoko Ono

Hug! Jhappi! Embrace! When was the last time you were hugged? Yesterday or day before, or a week back, or probably a month back when you were seeing off your friend?

Hugging is a way of expressing love to your loved ones. Love, in its purest form. Basically, out of the 5 sensory receptors we have, touch is by far the best way of expressing self. When you hug (and a non-sexual hug) your friend, your near and dear ones, your neighbors or someone whom you just met at a party, it brings you closer.

Hugging is the most effective non-verbal communication. For example, if your friend's father dies at a very young age and you go to the funeral. You often wonder what questions to ask, whether you should say something or keep quiet, what would be more appropriate. It's a difficult and uncomfortable situation to be in. On one side, you wish to show your support to your friend and on the other side, just because you are there, there is an impulse to start a conversation.

In a situation like this, no matter what you say at that moment of time, your friend is just not receptive to listening. What he needs from you at that moment is support. The best way to express, rather than ask him painful questions, is to give him a tight and warm hug. A hug shows you are there. It communicates what you mean and that you understand. Don't speak anything, if possible try to emote through hugs. Your friendship will now be even stronger.

Contrast this to a happy situation at home. You have just come home from office. Instead of throwing tantrums at your family, just go on and hug your partner or your kids or your dog. They may express surprise because they will be taken aback and won't know how to react. I am sure that you will be treated as the best person on this earth with a "just the way you like" tea or coffee and a terrific dinner. Let's not forget to add a good night sleep.

Go and hug your parents. Initially, they will get still and won't know how to react. They have never seen you like this before and they have never been hugged by their adult kids before. Your relationship will grow, love will rekindle and you will have the best of times with your ageing parents who now need nothing but love and care.

Don't believe me? Try it and share the experience. I did it and life has become bliss. So "Go and Hug your Loved One" and do it often.

Smart Assignment:

Go and hug everyone you meet and are close to.

Celebrate Your Successes

Cakes are special. Every birthday, every celebration ends with something sweet, a cake and people remember. It's all about the memories.

– Buddy Valastro

Any festival is a significance of abundance of gifts and happiness. It is all about celebrations! Any festival for that matter is a way to celebrate. It seems our country India has the maximum number of celebrations in a year. Maybe it's in our tradition to celebrate continuously, unlike others who have fixed days to celebrate.

Why not? Isn't it our culture to find happiness in everything we do? I came across this concept a couple of days back, while I was listening to Mahatria. He was talking about how life is a celebration and how we should continue finding good in every situation. We should just keep finding reasons to celebrate.

So I decided to implement this and Bingo! I have been doing so, since my trip to Indore last Diwali. Almost every weekend, we are enjoying and celebrating occasions, with family and friends and there are so many lined up.

I also realized that I enjoy myself most at a party, if I am into it at that moment and not thinking about something else. I tend to have more joy and delightful experiences.

Smart Assignment:

Go out and indulge yourself in your favorite food; cake, chocolate, ice cream, pizza and then find a reason for the celebration or best don't try to find any.

Make Way for Something New In Life

Remember that the happiest people are not those getting more, but those giving more.

– H. Jackson Brown, Jr.

I was a happy giver last week.

I gave away my clothes which no longer fit me. I was 78 a few months back and today I am 69 kilograms. Naturally, I have grown out (or I should say grown down) out of my attire. I no longer look nice in those clothes, and best described as "shirt on a hanger" when I wear them.

Naturally, it was time to move them out of my wardrobe. Our tendency is to hold on to things. There are times when there is a lot of emotion attached. This shirt was given by "so and so" during "so and so". So we don't want to part with it. "It looks so good on you. Remember I got it for you as a souvenir from Singapore."

Another, rather dangerous feeling is "What if I gain weight again?" Would I not consider wearing this again? So let me save it for a rainy (oops "weighy") day.

I moved myself away from these thoughts and lovingly packed almost 15 shirts and a few trousers and inspired my wife to do the same with her wardrobe. I searched for an ashram online and delivered those clothes myself. The joy of giving was immense. I gave away it with love and happiness.

Maybe the giver instinct has come to me naturally or because of my surname, which literally means "the giver" in Hindi, or because I give so many motivational sessions for free or because I joined Rotary. Whatever the reason, I felt lighter, nicer and better after this act.

Thanks for receiving my gifts with love. Who knows maybe, my clothes may land someone a job at the interview, maybe he will cross my road sometime. Who knows it may give cover to someone from scorching sunlight or biting wind on a cold night. Whatever purpose it may fulfill, it would definitely be more useful than just lying down idly in my wardrobe.

Smart Assignment:

Give away your old clothes, items, things with love and you will make way for something new in life

Open Your "Tap"

Football is a simple game based on the giving and taking of passes, of controlling the ball and of making yourself available to receive a pass. It is terribly simple.

- Bill Shankly

I made giving a big part of my life but then reality struck me. It's not only giving that I can be fixed to. Assume that you have a box of sweets. What happens when you continuously, day in and out, just give away sweets? You are going to feel happy, but sooner rather than later, the sweet box is going to be empty. Its then you will start feeling low, like why is the Universe not supporting you.

That's when you realize that you have blocked your receiving path. Meaning, you do not allow anyone to add more sweets to the box. In fact, even if someone wants to fill you up with money, so that you can go ahead and buy more sweets, you promptly refuse. Reason being, you feel that it's not right to receive money for a good deed.

It's here that you lose out on the basic law of nature. Unless you have your receiving tap open, how can you fill up and give resources to others. You are soon going to be out of water.

I realized this a few months back, when I gave a small motivational session at a friend's place. It was a family gathering and the session was wonderful. When I was offered money for the time spent, I refused as I felt it was not right for me to charge for such a good and noble cause.

However, my friend insisted that I charge for the session and it helped me realize something different about myself. Am I blocking my own way to success? Why am I refusing to receive? Why am I blocking my receiving channel? Everyone needs money, so do I, to contribute more to society, but I am soon going to run out if I do not open my receiving channel. Therefore I did.

I ventured into finding books around this subject and literally, changed the way I manage my money. I am on my way to financial freedom with these newly discovered techniques.

So nothing comes for free other than my learning. The transaction needs to be complete. So from now on, I am open to receiving. Are you open as well?

Smart Assignment

Open your receiving tap. Feel grateful for what you receive. Make a note of every instance each day, when you received beyond expectations.

Help Someone with Your Strengths

You have power over your mind - not outside events. Realize this and you will find strength.

- Marcus Aurelius

It's been a beautiful morning. I have just finished meditating and I am on my way to exercise. I have found this little time gap to share my views on how we can beautifully build our strengths.

In April 2016, I officially launched my Meditation workshops for a group of 15 people to start with. I have been meditating for more than a couple of years now, almost every day. It has become a daily chore for me. We all know we should do it but then "excuisitis" takes control. We do not have enough time, we cannot sit in a posture for more than 2 minutes, we have so much to do and breathing is not my cup of tea, and here's the best one - "I don't know how to do it".

Here's the secret, meditation is not what all you think of. You have just allowed the devil to grow humongous in your mind. Fear has taken you away from the most beautiful part of your life.

I decided to build upon my strengths and help people/ professionals who do not know how to do it. I have a dream to put 1 million people on this path, and I know I can count on you for help.

While building upon my strengths, I have realized my core strength is to be a coach/consultant, to be a listener and to be a curious questioner. As a Sagittarius, I can become an uncomfortable mirror which is very essential during the coaching process. I know I can help people build strong relationships with their partners, customers, employees, families, relatives and friends and so on.

Smart Assignment

So what is your core strength? What is that you can give back to society? For me it has been coaching and meditation, what is it for you? Speak to me, if you have difficulty finding one.

Receive the Energy with Grace

Happiness cannot be traveled to, owned, earned, worn or consumed. Happiness is the spiritual experience of living every minute with love, grace and gratitude.

- Denis Waitley

Summer time, is that time of the year, when there is more than enough light. The sun rises early and sets late. This is such a wonderful opportunity. We have more than enough time to take energy from this distant star.

Sun is the creator of all, it is one of the main sources of livelihood. Even though you cannot see it, you feel its presence, you feel its radiance. It is the source of energy for all of us. It is graceful. I have made "praying to the Sun" a daily ritual since the last 5 months and it has made significant changes to my life.

In meditation, I discuss about why and how you can take white light in your body. White light means compassion, peace and love for me and who else is a greater source of light than the Sun. My personal recommendation is to absorb light into yourself, daily.

Smart Assignment:

Be ready to take more of life into you. Breathe consciously, walk slowly, be aware of what is happening around you, be grateful and be kind to everyone you meet.

Play Happiness Game

I've missed more than 9000 shots in my career. I've lost almost 300 games. 26 times, I've been trusted to take the game winning shot and missed. I've failed over and over and over again in my life. And that is why I succeed.

– Michael Jordan

I received a really sweet WhatsApp message. It really touched my heart. Life is so simple but we make it so complicated. This message was a game being played by a trainer in his workshop.

The story goes like this. The trainer asked the participants to write their name on one balloon. All the balloons were of same color and attached to a string. He then asked them to release all of them in the neighboring room and he continued with his session.

After some time, he asked the participants to find their own balloon in one minute. This resulted in chaos... Participants rushed to the other room, started pulling down balloons and if it wasn't theirs, released them back. After a few minutes of chaos, sanctity regained and people got exhausted with the monumental effort.

As they settled back, the trainer just asked one question. How are you feeling? And everyone was down and out. The trainer said, this is what happens in your life as well. We all want to find our own happiness in this world. Just like the balloons, we keep on finding our own balloon (own happiness) and we keep on hitting on what could bring happiness to others.

Wouldn't it be better, if we could find the owner of the balloon instead and hand the balloon to him/her? Wouldn't it be a simple and an effortless exercise to do? Can we not find happiness for others and just give them that, knowing very well, that we will get our own happiness in return. The participants were zapped by this realization and so was I.

Thank you to the person who forwarded me this message. So from now on, I have decided to give happiness to others and eventually I will find mine. My happiness will automatically come to me.

Smart Assignment

I am going to play the happiness game... how about you? Start finding ways in which you can give happiness to others and go ahead and implement those this week.

Discover the Gems around You

There are little gems all around us that can hold glimmers of inspiration.
– Richelle Mead

I have been having some amazing insights and lots of positive vibrations. Me and my co-author (for another project) Sneha were discussing about inspiring people.

I had just met Manjushree once but something within me (I call it intuition) stirred and I fixed an appointment with her. I told Sneha that we should meet this lady, founder of Aatman Academy[3], Thane, a school which gives specialized and customized learning experience to students. Definitely a school with a difference.

Manjushree was dynamic, energetic, inspiring and at the same time very simple and easy to talk to. The way she eased into the conversation and inspired us with her story was a sight to see. Aatman is soon going to become an iconic school. Take my word for it.

We interviewed her to understand what keeps her going. With the challenges of being a working mother, a loving wife and a professional how was she able to multitask with such ease. What unfolded was no less than a miracle. I could see a live example of surrender, power packed vision, actions and determination in front of me and it just boosted my conviction about the entire process.

After meeting her, I was convinced that we have so many gems around us. Each one has a story to tell, each one has been through different experiences, events and upbringing. Everyone has a story of struggle, strive and courage, including rich kids born with

3 Aatman Academy - http://aatmanacademy.org/

silver spoon. Even they have their share of jealousy, animosity and happiness.

At times, we are so engrossed in our own daily chores that we forget to see and acknowledge these gems around us. Forget looking beyond your parents. Your parents are the first couple of gems you have along with you.

If you want to look no further, look at yourself in mirror. You are a gem, you have had your own struggles and challenges. Just go through your entire life in real quick succession and you will be amazed. I salute the "gem" in you. All the best!

Smart Assignment:

Write your life history, successes and learning in 2 pages. Be quick, keep a timer in front and write.

Next think of 5 people in your immediate circle who have influenced you and you see them as gems. Write 10 things about each of them that inspires you.

Feeling Playful

Maximum learning happens when we are in a playful mode. A child learns by experimenting and playing. When we play, we keep our minds, our consciousness aside and get involved. Find out many ways to feel playful with your life, your career, and your relationships

You Win Many! You Lose Some!

Just play. Have fun. Enjoy the game.

- Michael Jordan

Life is a song – sing it. Life is a game – play it. Life is a challenge – meet it. Life is a dream – realize it. Life is a sacrifice – offer it. Life is love – enjoy it.

- Sai Baba

I chanced upon this idea in a coaching conversation and it was so enlightening.

I had a coaching client visiting me the other day. The client is an IT professional, project leader working and having a good time. He is content working in IT because he has nothing else to do. Though he wants to get into a new job or business, but he is stuck in his current occupation.

As we were deep in our session, we realized that he has got a lot of affinity towards sports or games. He manages to squeeze time from his busy schedule to play any sports. Obviously he is totally involved into sports on a weekend.

The realization dawned upon him. He was not satisfied with his IT job but was doing it because it had become habitual. He was interested in sports. So why not integrate sports into his IT job. Why not turn an IT project into a game?

He leads a team of 10, so why not consider them as players, him the captain of the team and play a game. A game has a goal, players, points, rules, referees, audience and challenge. This is what you need in your life to move on. We respond differently when we are playing a game which is challenging and as a team when we are finding a solution to a problem.

So for example, let's take football and compare with a normal team of players.

Game / Activity	**Equivalent in IT**
Football	IT Development
Goal	Target
Tournament	Client Project
Rules	Processes and Guidelines
Audience	Client
Claps and Cheers	Testimonials
Players	Software Developers, Testers, etc.
Captain	Project Manager
Ball	Code
Referee	Audit Team
Points	Scorecard

You can keep adding to the list. Create your own game, your own set of rules and PLAY.

It will be so much fun to do it. The creation, the action and the results. So what are you waiting for, from now on, think of business or service as a game and go ahead, get creative and PLAY.

If you write back to me after reading this chapter, I can sit with you for FREE and design a customized game for you, literally.

Smart Assignment:

Pull out your journal, write down your game, complete with set of rules, objectives, points system. Make it a personal game. It might be as simple as doing one thing daily and rewarding yourself every week for the work done.

Power of Visualization

I'm a very driven, ambitious, positive person. But I'm a spiritual person as well. I believe in creative visualization. So for me to go to America – which I find such a positive place - well, I took to it like a duck to water.
– Victoria Beckham

Sit back... Yes, sit back and relax. Sit back and relax and visualize your future.

Simple it may sound, but difficult it is to visualize your future. I started this practice in early 2016 and its working wonders.

Man is bestowed with an immense faculty which no other living being has been. The faculty of imagination. Animals see things as they are but only man can go around the world and come back using the immense power of visualization.

We can be physically present at one place and at the same time be mentally present somewhere else. When I say mentally, I am talking about our thoughts. We can be in the present, in the past or in the future. We can be anywhere in the world, with anyone in the world, doing whatever we want to.

It's such an immense power, that often we fail to realize and acknowledge.

I think time has come to give some thought, start acknowledging this power. Maybe, you want to just plainly say "Thank God for blessing me with this power of visualization" to start with.

When you are in a relaxed state of mind and when you start visualizing your future, you have the power to make it true. The secret is no more a secret. It's reality. It's the projection of our mind. It's true.

Smart Assignment:

Start small, for two minutes a day, sit back and relax and visualize the future with a flavor of emotions added and enjoy the delicacy.

This and That

Why settle for less, when I am the child of an abundant king

- Vaibhav Datar

One more beautiful day gone... wasted? Don't know. I had to do this and that... and I could do neither this nor that... In fact I did something which was never planned at all. Do you guys face a similar situation in life as I did some days back, then let me share a hack which is sure to improve your productivity and satisfaction levels.

Simply, hacks are things which you do to make your life easier, better and smarter. Forget the negative connotation that this word evokes. Look at it from an ethical and positive perspective. Hacking is doing the same thing, in a smarter way.

We have been learning linear management techniques all our life. Meetings are lined up and we have so much to do and so little time. So we rush through our work, picking up the easiest one first and postponing or procrastinating that important customer call to a thing in the future. With all the tasks piling up and nothing achieved in the day, we end up feeling stressed about how we are going to achieve our goals and success then starts looking like a distant dream.

What if we create our life from what we want and spend rest of our life doing things we like? I was reading a book from Steve called the Time Warrior[4] in which he suggests to have laser like focus on activities which take you closer to your goals. So daily, create time

4 Time Warrior: How to defeat procrastination, people-pleasing, self-doubt, over-commitment, broken promises and chaos by Steve Chandler

for goal focused activities and eliminate activities which do not serve your purpose. It's these daily actions which will form habits.

So from now on, create your day and just keep on doing this every day. Create time for your goal focused activities and soon your calendar will only have activities which serve you well. You will achieve THIS and THAT and THAT too.

Smart Assignment

Take out your smart journal and start jotting down how you would like your tomorrow be? Happy, Peaceful, loving, abundant, sexy and all of that. What meetings you are planning to attend and are they taking you towards your goal or away? What more can you do to move towards your goal and what less can you do to move away from things not taking you towards your goals.

Eliminate Tasks

Let's keep finding and doing MORE with LESS. More quality work within less time. Serve more people with less efforts.

– Vaibhav Datar

Do you think rich people like Richard Branson, Bill Gates write a long to-do list and work on the same? Do you think these people tick or cross off their list? Aren't they doing something smarter which we are not aware of? I was recently reading an article on LinkedIn, in which the author actually surveyed successful people and asked them if they work out of their to-do list. Not so surprisingly, the answer was NO. So what do these people do?

Successful people work out of their calendar rather than to do list. Yes, it's that simple and doable. Look at your calendar critically and drop of all the tasks and activities which do not take you towards your goal. What will remain are only productive tasks.

The disadvantage of having a long to-do list is it doesn't account for time, doesn't distinguish between urgent and important and more importantly adds up to your stress levels.

I myself have reorganized my calendar a couple of weeks back and it has changed my life. I now spend my time only in success producing activities, saying NO to everything else. This has allowed me to be more focused, more qualitative than before.

There are beautiful apps available online. Like the one I use for scheduling my calendar and putting it online. With YouCanBookMe[5], I can add available times for clients and meetings, so anyone wanting

5 www.youcanbook.me

to speak with me, can have a look at his own calendar and decide. My calendar is open. The client looks at his calendar, books my time and we both get confirmation emails. We meet at the fixed time. I have also linked it to my Google Calendar. So whatever activities I put on my calendar, it checks and automatically schedules my client meets. This way, I am able to effectively serve my clients and the free version of YouCanBookMe ends up being cost effective.

Smart Assignment

Open Google Calendar synced with your phone or any other calendar which syncs with your phone and rewrite all the important events/meetings for yourself. Put up a to-do list where you can see it and write the words "Thank You. Thank You. Thank you for..." and add gratitude to the list.

You will be able to witness magic, which will not only make your to do list shorter but also turn your day beautiful and productive.

Envision!

In order to carry a positive action we must develop here a positive vision.
– Dalai Lama

Since the time I have read the book "The Secret" by Rhonda Byrne, I was fascinated with John Assaraf's story of the vision board. John had created this vision board and had almost forgotten about it. When he and his son were going through some stuff, they hit across this vision board. He was astonished to see that he was staying exactly in the same house that he had envisioned a few years back. This cannot be a coincidence. There has to be some super natural power behind it. Maybe we do not realize what it is, but there is.

Our sub conscious mind does not understand the difference between what is being imagined and what is real. If we are able to superimpose imagination as reality, the sub conscious mind will work overnight to help us make our dream come true.

I always wanted to create a vision board, so when my friend and I were having a conversation about her future, we zeroed in on our action to create a vision board. We worked upon it, for almost two days. I must admit here, we created one of the best vision boards. It's magical, it's attractive, it's fun and it's so amazing. We were so happy that we wanted to take it back to the world and we were ready.

We have all heard about how vision boards are a great way to envision our future. How things we visualize really come true for us if we put enough feelings and emotions in them.

So the first step is to create a vision board. I have crafted one for myself and if you are interested, I can help you create one too. It is simple and easy if you have a coach to guide you.

There is nothing more interesting that envisioning our future with vivid reality and involving our five senses. Feel free to design one for yourself.

Smart Assignment:

Create a vision board for yourself. If you can't, take a crash course from me or someone you know and believe me, you will never regret doing so. Results guaranteed.

Who's Your Ideal?

Parents are the ultimate role models for children. Every word, movement and action has an effect. No other person or outside force has a greater influence on a child than the parent.

- Bob Keeshan

Since childhood, we learn by modeling (or following) someone. We have always imitated our parents to start with. Like how they behave, they act, they do their daily chores, they work, they play, they manage and they lead. We tend to pick up their thought processes for they are our ideals and who we would like to be in the future.

As time passes, we move on and start modeling our teachers and school friends. We pick up a lot from them, their styles, their thought processes. We want to feel accepted and hence we modify our behavior to suit group requirements

Then comes adolescence and then just because it's cool to hang out and do all those things, we do it. We derive who we are from the people we most associate with.

Then in our adult life, we just repeat this process, the DNA, doing whatever we think is right and at times knowingly or unknowingly following our manager, leader at work. Most of us have gone through this without our knowledge.

What I am asking you today is to find your ideal. Who is your model? Whom would want to become like when you grow old. It can be the richest man on earth, to the most inspirational, to a downright humble guy. Whoever it is, just find him consciously.

Keep on asking this question to yourself daily. Who would I

want to become like? Trust and allow the universe to answer your question. Trust me, it never fails.

Once you find your answer, just follow your model. Talk the way he talks, walk the way he walks, work the way he works and soon you would be just like the way he is... albeit in your own sweet little world.

Smart Assignment

Start finding your role model. Mind you, there could be more than one role models... since a role model for each role can be different. Keep finding your ideal in every walk of life, be it parenting, career choice, profession, passion, relationships and so on.

Are You Uncomfortable?

I felt extremely uncomfortable as the focal point, in the spotlight. I really like the behind the scenes role, because all my freedom is there.

- Brian Eno

I like to quickly get comfortable. If it is a new job, I quickly want to find someone whom I know, a familiar face. At a party, I look around to find someone to quickly get comfortable with. This has always been the case till my recent experience.

In April 2016, I did something which I have never done before. I stood at my stall in a local exhibition in Vrindavan society, Thane called Milaap. I have stayed in this society for more than 25 years now and I know most of the people (at least by face) here. It was going to be uncomfortable for me to sell my services.

What kept me going though is what I have to offer. I was offering my coaching services, meditation workshops and personality development training here. With coaching, you can overcome any challenges be it health, wealth or relationships. With meditation, you can be peaceful and relaxed and at higher state of vibrations daily. With personality development, the youth can feel and communicate confidently. More info on (www.procentria.com and www.blissathon.in)

The very knowledge that my services can be useful to many out there keeps me going. I can already predict the benefit's my first batch at Vikas Complex is about to receive. Participants are just amazed by the outcome of meditation and they just can't get over it.

For years, I have been a person who would like to stay in his own comfort zone, out and away from the world. So much so, that

I did not change my IT job for 6 years, twice in my career. Whether I was afraid of giving interviews or was happy in my organization, I really don't know. What I know is, I did not want to move away from my friends, my workspace and my organization.

Somehow I changed. I took a big leap from a corporate job to business. This was my first step out of my comfort zone, followed by many other changes....

Smart Assignment

So are you ready? Are you ready to break away from your comfort zone and dive deep? What are things that you fear? Are you ready to overcome those fears and be uncomfortable?

Feeling Great

You have to start somewhere. If you don't take actions or steps, you are not going to reach your destination. Important is are you taking the right steps in the right direction. The stories ahead will give you ways to reach your destination faster.

You Lazy Bum! Get Up

People are not lazy, they simply have goals that don't inspire them.
– Anthony Robbins

Oh! But I am really a lazy bum. Really. I can prove that to you and so it can be proven as well that you have lazy goals. "I am smart, you see, I do all my work efficiently". Oh really, then you can do even more work for the society, by not being lazy and having inspiring goals.

Oh but I don't have the time. Then create it. Create it by waking up 15 minutes early. That's it. Ideally, the chapter is over. You are on your way to do what's most important to you. You may not want to read any further. Thank You...

The rest of the post is justifying why waking up 15 minutes early can make all that difference.

Well, I went through the same phase as you. Lots of things to do and not enough time. As I started procrastinating activities that I wanted to do, it started to build pressure on me. It was overwhelming. My sugar levels went up. Though there were no outward symptoms of it, I was feeling the stress build within. My weight went up and soon I was seeing a doctor.

I did find the way. I got up 2 hours earlier than I normally do. I started waking up as early as 4 am to start with. I got into meditation and slowly I was released from medication. I started working out, getting myself focused on fitness and health and oh-boy, the results are here to see. I am fitter now, have lost weight as a by-product, doing real quality work and able to work for more hours.

Though, you may not want to make a radical change as waking up 2 hours earlier, but waking up just 15 minutes earlier than your usual wakeup time will make a huge difference.

So what do you plan to do in these 15 minutes?

Meditate, go out for a jog or walk, read a good book, write a blog, complete unfinished work, have fun. It doesn't matter whatever you choose, do what makes you happy.

Smart Assignment:

Choose an activity that you always procrastinated about and did not like doing but very well knew that it was useful to you in the long run. The easiest reason was "I do not have the time". So now is the time to show yourself that you can create time if you wish to. Just go ahead and invest these 15 minutes doing an activity you love. Start your day 15 minutes early. Don't worry, you are not going to die of sleep deprivation. In fact, you would be more energized than before.

1 2 3 ... Done for the Day

I learned that we can do anything, but we can't do everything... at least not at the same time. So think of your priorities not in terms of what activities you do, but when you do them. Timing is everything.
– Dan Millman

3 Major Activities Complete. I am done for the day. Who says you have to keep on doing a lot of work, every day. Even if you are able to stretch yourself and complete 3 activities which take you towards your goals, you are done for the day.

It is too easy to get into the trap of saying yes to a few requests and end up doing it for someone. I realized it the hard way. I had a personal challenge of focus but then I allowed myself to drift away and when I used to look back at my week, I did not move an inch towards my planned goals. I ended up getting caught up in completing someone else's goal. Though it gives you satisfaction, it does not help.

So essentially, we are running programs. Programs are short activities that we do for achieving a larger goal or project. For e.g. we run a program of going to the gym every day, whose long term impact is a healthy and fit body. We run programs of going to work, reading a newspaper, reading books, playing games, building relationships, growing our network, attending a seminar and so on. The list is endless.

Why do we run so many programs - because we want to be busy? At least we want to sound busy. So we want our brain to be occupied, our mind to work continuously. What happens if we keep a machine working non-stop daily. It's going to wear and tear out sooner rather than later. Instead, what if the machine focuses only on a few programs daily and takes rest/time off in between. It's going to be more effective, productive and will last longer.

I realized this a couple of months back. I occasionally do get drifted away from my goals even today but I correct my course immediately.

So what I have started doing regularly is reducing my list of activities or programs that I do in a day, focus on each activity completely and intend to do only 3 meaningful activities in a day. So it might be coaching someone or writing my book or meeting someone for business. It is working wonders. I feel more satisfied and happy. It's more productive as well.

So what programs or activities you do on a regular basis? Which programs can you remove completely?

Smart Assignment:

Like me, decide to focus on three major activities daily and leave the rest for some other day and your life will never be same again.

Make Health Your Priority

Looking beautiful isn't just about what you apply on your face. It's the little things you do that matter. A combination of a good diet, exercise, healthy habits, discipline, dancing etc. is what my beauty routine consists of. Also, I have no bad habits; I don't drink or smoke. All these contribute to me being fit and looking good.

– Madhuri Dixit

I was doing a value hierarchy mapping with my client. I have done this multiple times before but this time, it was different. We soon got into a very intellectual discussion around this.

My client is slightly overweight. His BMI is high and he is absolutely comfortable with it. Though he feels, he should have put health on priority, he was not able to come to terms with it, as to why should he really put it on top of the value hierarchy when there was no problem. He was able to do all his regular chores with ease.

That's when this idea dawned upon him. Though he is able to do most of the work with ease today, what will happen 10 years down the line? Would he be able to do the same things with the same amount of energy and zest? Would he not get tired easily? The thought of an unhealthy future immediately made him switch to a healthy lifestyle. He instantly changed his eating and sleeping habits.

This is my thought process… Take it or leave it. If you are not health conscious, then you are amongst those 95% of the population who do not value life. Yes, because, if you really did, you would have valued the beautiful creation called human body. You would have taken good care. You would have nourished your body, not in spurts, but on a regular basis.

Seriously. Even I was just like you a few years back, when I received my first jolt. A dis'ease' which required me to control my food habit's and keep myself fit through regular exercise. It was a blessing in disguise. I have come out of it powerfully and I pray that none of you go through the suffering that I have endured at my age. Everything looks normal from the outside. No one in their wildest dreams could have imagined that my sweetness had reached such high levels that it was slowly corroding my body from inside. If I would have not taken the required measures, things would have never been the same.

HIS ways are HIS ways. I was intuitive (rather open) for the signals (omens) and today, I am proud to be 8 kilograms less, with blood and sweetness levels back to normal.

So what changed last year?

To be precise, My Focus. I focused back on regaining my health. I focused consciously on choosing the right food and juices. I focused on nourishment. I focused on dedicating one hour out of the twenty four hours to my body. I focused on fitness and discipline. I focused on nature and I focused on long term results, which worked wonders for me.

So what's my daily morning routine?

I Get up at 4, meditate for an hour till 5, go out by 5.30 and jog till 6, be with nature and natural elements till 6.30. That's it.

Smart Assignment:

Get up as early as possible and give your precious time to your body and dance your way to a happy, healthy and loving life. So from now on, go out walk and/or jog.

Brainercise–Exercise Your Brain

Solving Puzzles/Quizzes is to the mind what exercise is to the body.
– Vaibhav Datar

I am a big fan of Sudoku and Scrabble. I adore these games. They give my brain mental exercise, fun and distraction from the regular routine. Games give me excitement, joy and happiness.

We are always curious. We want to always complete the story. Have you ever tried getting out from the middle of an unsolved Sudoku? Your mind just does not want to. You want to finish the puzzle, get that momentary happiness of completing the task and then moving on to another task.

In life, you plan and start so many projects, but how many projects have you completed / brought to a logical conclusion. Hardly, a few. That is because, you never see life's challenges / problems as puzzles to solve. You only move from one puzzle to a higher puzzle and life goes on.

What if we start training our mind to solve life's mysteries and complete tasks by taking life as a game? Every move you make, every piece will fit in seamlessly. So my request to you is, from now on, solve a puzzle or start playing a game every week and you will find answers to the unsolved mysteries of your life.

I call this Brainercise. Exercise for the Brain. We so easily get into the trap of doing and repeating the same things again, that our brain no longer wants to work. We have given it too much of ease and comfort. Now is the time to exercise our real power. We have the power of the brain and if I am not mistaken we hardly use 5% of it. Such a huge potential gone waste.

Why not train it, exercise it and polish it in such a manner, so that when we need it. We can utilize its true potential.

Smart Assignment

What do you like to solve? Which puzzles excite you? Can you download puzzle and quiz apps on your smartphone?

Habits

The people you surround yourself with influence your behaviors, so choose friends who have healthy habits.

– Dan Buettner

Not so long ago, I was 78 kilograms (BMI> 25), I was extra sweet (high on sugar) and at the age of 37 years, it was totally unexpected for me. It was a reality check and a complete shock for me. I had gone for a dental checkup, as I had a bad tooth ache. My doctor advised me to go for a blood test and blood sugar checkup. The results were shocking, but true. When I look back, I can visualize myself eating almost anything, letting myself loose and enjoying sweets at the end of every meal. Adding to it, I hardly exercised. All of this resulted in me being overweight, too sweet and dis'eased'.

I was habitual to this lifestyle from the past so many years but only when you get a shock of your life, its only then you change your habits quickly. When you realize you have two school going kids, a family who needs you and when you see yourself low on health, you realize that so many people depend on you.

I chose to change my behavior, chose to get up early in the morning and go for a jog. It is not easy for a person to adapt to an exercise routine, who is not able to even jog for a minute, and not able to climb stairs up to 6 floors. For me jogging for half an hour was out of the question. Life has its own ways to impart lessons. As I never considered my health as a priority, life decided to show me how to value things by making me extraordinarily sweet and an extra baggage (overweight) to carry during my jog.

It was 5:30 in the morning, with me trying to wake myself up for a jog. It was not easy. I was reminded what Anthony Robbins once spoke in one of his books "Repetition is the mother of Skill". I never understood what he meant until today, when I am 8 kgs lighter and younger with balanced sugar levels.

No matter how much I tried to convince myself that I was better and feeling younger and lighter, I was not feeling so. Something was missing. My soul and my heart was there but my body was amiss. The moment, I put my body through physical exertion and pushed my limits (exercise and diet), I achieved miraculous results. Unfortunately, I went back to my old routine of getting up late, staying in bed for some more time, etc.

That's when I realized the power of "Awareness". Awareness is that state when you suddenly become aware of pain and pleasure, right and wrong and take tough decisions and immediate actions. I became aware of what would happen if I continued to remain in this inactive state for long. I became aware of how beautiful life could be on the other side of pain. I chose the other side.

Remember to repeat your actions and remembrance comes from awareness of the moment. I started repeating my actions, acknowledging and appreciating myself all the way through.

During the workshop, we carefully grasp what the trainer is trying to convey. By the end of week, you have already forgotten the learning in the workshop. Why? Because you have never repeated what has been learnt. Why? Because you failed to remember that you could apply the newly learnt skill.

Smart Assignment:

So my take, from now on, be aware and remember to repeat your actions daily. Form the habit.

Bring Discipline into Your Life

Without hard work and discipline it is difficult to be a top professional.
– Jahangir Khan

Discipline - we so very hate this word. Right from our childhood, we have been asked to be disciplined and I never understood the meaning of this word completely till last week when I was listening to Mahatria on Sunday Infinipath (www.infinitheism.com/infinipath)

We are in a world of instant gratification, instant likes (and dislikes), instant noodles and what not. So we look for instant pleasures. An extra 10 minute of sleep in the morning, a free ride to office, a vadapaav as evening snack and this is even applicable for large things.

So what are we getting? Instant pleasures. What are we losing? Lots of things. We have more pain than pleasure. If we delay the instant pleasures a little bit, then on the other side are great pleasures which are a reward of our patience.

According to Mahatria, the delay of instant gratification is discipline. A healthy walk / jog in the garden will give us long term pleasure of good health and fitness rather than those 10 minutes of extra sleep. That is what we call discipline.

Therefore I decided to instill discipline into myself. I decided to delay the instant gratification, in things I used to indulge earlier and have had miraculous results. You can too! You can stop watching TV (except a good film) and stop reading newspapers. In return you will receive a lot of time and peace.

Smart Assignment:

Just get a little discipline into your life, just delay the gratification a little and receive huge benefits. So pull out your journal and note down all the things which you do, that do not serve you in the long run. Drop all those for a week and see the difference.

Wait! Wait! Wait!

Patience is not simply the ability to wait – it is how we behave while we're waiting

– Joyce Meyer

Have you done everything that you had to do or you could do? Then probably the best thing to do is "Wait!"

If you are at a Doctor's clinic and you are 10th in line, what do you do? You "Wait".

If you are at the Bank (which you generally no longer are) and you are 5th in line to deposit cash, what do you do? You "Wait".

If you are on a signal and the signal timer shows 180 seconds, what do you do? You "Wait".

Life gives us ample opportunities to do everything that we can do. After completing whatever needs to be done, you need to just "wait"

What do we do when we wait? Prepare for what's going to come and be patient. This is what I learned a couple of days back when I was coaching my SME client. We went from understanding requirements to preparing huge plans. We created the processes and updated the team about our plans but things were not moving according to what we had planned.

So we had to play the waiting game. We had a breakthrough almost magically. Negativity suddenly flew out of the window. People left, new team mates joined in and we welcomed a number of clients on board.

Smart Assignment:

Just replay your past week mentally. How many times have you felt compelled, stressed, worried and anxious because things were not working the way you thought they should?

How many times, you cursed the people at the counter, waited impatiently and checked your watch while standing in the line?

Can you reduce the number of times you do that? Can you patiently wait for your turn? If so, note down all the instances every day when you patiently waited for something and how did that make a difference to your life?

Be On the Winning Side

Happiness comes from knowing that no matter whether you are failing or succeeding, you are always learning

– Vaibhav Datar

I have been watching IPL with my family. The enthusiasm and energy was catching up. It's such a blessing to see it with my kids. Ishaan (my son) is very vocal, very loud and very forthcoming about his emotions. Every shot played, every ball bowled - he jumps from his couch. Every ball flying towards the sky is a six for him, every ball hit is a four for him and every ball on the pads is out for him.

So when I asked him, which team he wishes to support, and his answer was simple "The Winning Team". Revelation! I initially resisted asking him to choose one. He simply said, why I should choose when I am loving the process. I was surprised.

This changed my thought process as well. Shouldn't I be enjoying the game rather than worrying about whether my team will win or not. Shouldn't I be enjoying every ball played, hit or bowled over? Should I not be choosing my fun and joy?

So I chose. I choose to be happy irrespective of who wins. I choose to be on the winning side. I choose to be on the side of the game, irrespective of which side wins. I choose to win over my emotions. I choose to have fun and joy. So I no longer feel whether an IPL team wins or loses. Thank you Ishaan.

I could see a major difference within a week. We play UNO as a family and I really enjoyed irrespective of whether I was losing or winning. Just to see my family laugh and play, and how my kids tease each other was sheer bliss. This kept the energy high. Later, I enjoyed almost all events at my club.

I feel blessed and I am grateful to Ishaan for showing me this beautiful side of life. So from now on, let's be on the beautiful side, let's be on the winning side and let's enjoy the process.

Smart Assignment:

In life, which side are you on? Are you on the winning side? Or are you on the losing side but still feel like a winner? Are you making yourself better? Are you challenging yourself? Are you competing with yourself?

I Thought You Would...

Don't Make Assumptions. Find the courage to ask questions and to express what you really want. Communicate with others as clearly as you can to avoid misunderstandings, sadness and drama. With just this one agreement, you can completely transform your life.

– Don Miguel Ruiz

As a part of my first session with a client, I always run across expectation vs agreement. I have found that so many relationships were unsuccessful because the couples or partners fail to agree to disagree. They have high expectations from each other. He will do this for me and she will do that for me. Guys, chill!

We are not talking about high or low expectation or debate whether we should expect or not expect. It's good to have expectations but do remember, not all our expectations are fulfilled. Some may and some may not. The expectations which are fulfilled leave us just plainly happy, but which do not get fulfilled let us down. We feel bad about it and keep harping about it every day.

What if, we did not have any expectation, life would have been so great. Everything would turn out to be a happy moment. Practically it is not possible to do it. So what do we do? Let us set AGREEMENTS instead.

Agreements are done, when both parties agree on a point. These are clear statements. When we agree, we have agreed with our heart and soul. As an internal rule, we generally do not like to violate agreements. So if we say and agree, we will be at a coaching session 15 minutes early, we do. Else we feel we have cheated ourselves. If a client does not come on time, even though he has agreed, that itself can become part of the coaching session.

So from now on, don't expect, just agree. Please understand this agreement may not only be between coach and client or business and employees but between partners, families, son and father and so on. Believe me, life will never be the same again.

Smart Assignment:

Pull out your smart journal and put down all agreements you have with yourself.

Do you agree to be disciplined in time?

Do you agree to ...?

Then find your partner, employer, colleague and clients. Set up an agreement with them.

Be Crazy

The truth is you don't know what is going to happen tomorrow. Life is a crazy ride and nothing is guaranteed.

– Eminem

I wanted to go on a trek this weekend. My cousin was supposed to join me from Nasik, but a last minute change in his plan left me alone. My family was out of town, so I had the whole weekend for myself. Suddenly a crazy struck me.

I had anyway made the necessary arrangement for the planned trek, so I thought why not go to the nearest possible destination, me with myself and explore nature. So I packed my bags and headed to Yeoor hills. I had heard a lot about the waterfalls at Yeoor but had not got a chance to be there in the last 25 years. As I reached the foothills, I stopped as I did not know the exact way.

As luck would have had it, two morning walkers were also heading towards the waterfalls and they readily helped to direct me. Incidentally, one of them was a senior coach, which I found during my conversation with them when we were returning. Till then, we were three human beings wanting to be a little adventurous in the forest.

It was a great walk. Though the river had dried up, we had an amazing sight of flora and fauna. The mystical natural sounds of breeze through the trees, the occasional howls, all added to the excitement and fun. As we sat on the banks of the non-existing river, we talked, we meditated and we enjoyed the bounty of nature.

It was an unforgettable experience. I may have gone against the societal acceptance of "at least you should have someone to go along with", but does that really matter. I found someone interesting there as well. As I bid adieu to my friends, I sat and enjoyed the rain which had just started pouring in.

My suggestion, be a little crazy this week. Go ahead and do what you have never done before and what society will never expect from you.

Smart Assignment:

No points for guessing this assignment. How do you want to be crazy? What makes you uncomfortable? What you always wanted to do but never found the time, the energy and the enthusiasm to do it?

- Have you ever watched a film/drama alone?
- Have you ever been to the beach alone?
- Have you secretly visited your favorite restaurant (mostly junk food) and enjoyed your favorite dishes without telling your spouse?
- Did you always want that haircut?

These are just some ideas I would like you to implement. What else comes to your mind when you hear the word "crazy"? Just do it.

Feeling Me

Start feeling yourself. Start loving yourself more. Surprise yourself. Have the desire and start accepting whatever comes your way. Be the light and be light as well. Be brave and be courageous.

Be You

We all have a social mask, right? We put it on, we go out, put our best foot forward, our best image. But behind that social mask is a personal truth, what we really, really believe about who we are and what we're capable of.

– Phil McGraw

Yes, as simple as it sounds. Don't be someone else. Don't wear a mask around. Just decide to BE YOU.

There is tremendous power in being yourself. There is enormous amount of energy, when you are you and not someone else.

For a moment, imagine you are allowed to wear for lifetime, a mask of any celebrity. Who would you choose and why? After the honeymoon period is over, you will start feeling heavy because you are not the one what people see. Behind the mask is a completely different personality and people will soon realize the hypocrisy and start alienating?

Instead, imagine you are perfect and always expressing yourself the way you are. No masks, no put on smiles and people will accept your ingenuity. People will accept the way you are and more than that you will grow, you will feel happy as you have nothing to hide.

I was reading Deepak Chopra's book on Spiritual Laws[6]. Excellent book. The very first law talks about the "Law of Pure Potentiality". The author goes on to describing the law as our essential nature, our pure consciousness. Pure consciousness is our natural spiritual essence. Being infinite and unbounded, it is

6 The Seven Spiritual Laws of Success: A Practical Guide to the Fulfilment of Your Dreams by Deepak Chopra

also pure joy, pure knowledge, infinite silence, perfect balance, invincibility, simplicity and bliss.

The idea is to keep knowing self and keep expressing yourself as who you are. Your pure self is immune to criticism, unfearful of any challenge and it feels beneath no one.

So from now on, just be you. No masks, no hidden agenda, nothing to hide. Just be you and the world will be at your feet.

Smart Assignment:

Be Smart today. List down all those things that you have been putting on, which you never are. Like being very nice to a grumpy boss. If you feel the need, go ahead and put up your point and come back, but don't sulk behind that "I am so lucky to have a boss like you" face.

Vow to eliminate each one of these things one by one. You may not do it at once as you might just feel naked and depressed. Undress yourself one at a time. Let people around you absorb the shock and surprise easily.

Give a Surprise

Each day holds a surprise. But only if we expect it can we see, hear, or feel it when it comes to us. Let's not be afraid to receive each day's surprise, whether it comes to us as sorrow or as joy it will open a new place in our hearts, a place where we can welcome new friends and celebrate more fully our shared humanity.

– Henri Nouwen

Yes, give a surprise by saying something different today. If someone asks you "how are you?" say something different. Don't say the usual "Fine". The questioner - is he really interested in asking this question to you. Maybe Yes, but 95% No. It is just a conversation starter. So why not start with a little different note.

Say "I am doing fantabulous" or "I am loving my life" or "Beautiful". Say anything but fine. This will not only interest the questioner, it will give you a fresh breath of energy. Really, start saying something different today and see miracles unfold. You will have closer and enhanced relationships.

So, surprise someone today. Gift someone a bouquet of flowers or just a rose, smile at a stranger, help someone cross the road, present someone a book, get home early, play with your kids, take a day off suddenly.

Life will give you surprises at every moment. People will help you out of the blue. You will suddenly receive surprise gifts.

Now let me share a trade secret with you. If you ever call me on my mobile and I am busy, I do not reply with the boring messages "I'll call you back" or "In a meeting, call you later". These are the most dry, uninspiring messages. You have disconnected the call anyway, so might as well cheer the other person and try not to lose the marketing opportunity.

So my return messages can be any of these:

"Happy Morning (or Afternoon or Evening, depending on the time of the day), I am in midst of an awesome coaching session. You can expect my call in 2 hours." OR

"I am driving like crazy, riding high and touching high speed. Call you as soon as I come back to normalcy"

So the message is simple but surprising enough. For people not known to me, I reply with a standard but a little standout message.

So what is your surprise quotient? How do you want to surprise someone and enjoy life?

Smart Assignment:

Whom are you going to surprise today? How do you plan to surprise them? How do you plan to make surprise an everyday phenomenon for you?

Younique

The more you like yourself, the less you are like anyone else, which makes you unique.

– Walt Disney

Yes, just be original. Don't try to imitate or copy someone else. Just be you.

Even though I love myself. Even though I love to talk to people. Even though I am doing well in coaching and consulting people and even though I have received exceptional feedback about my services, there was a time, when I was shy and timid. I used to never like facing the crowd, leave alone speaking at an event. I would cry at the drop of a hat, as soon as someone raised their voice, even a decibel. There was a time, when a call from my project manager would send chills down my spine.

I used to be petrified of facing my supervisors (including teachers). I used to sweat heavily and my breath used to be shallow. I seemed alright from the outside, but seemed almost lifeless from within.

Soon, I realized where this would all lead to. A downhill into depression, a more vicious circle of negativity and a lost self. That's when I decided to take control. Someone asked me to imitate and "fake it till you make it". It worked for a few days and I did get back to my old mode, but not for long

That's when I received guidance from my fellow coach and mentor (project manager at that time) Manoj. Manoj was the first person who instilled confidence in me. He believed in me, more than I believed in myself. He helped me overcome my fears and face the world with ease and grace. Later I realized, the more I was imitating someone else or not recognizing my fears, the more I was moving into "this is not real me" trap.

I started to believe that we are a part of big jigsaw puzzle where the picture is complete only when each piece rightly fits into the other. This meant, I need not be someone else. I just needed to be myself or "Be You". There will always be someone who needs my services, who is looking out for exactly what I offer. The only action being, to be out in the open, so that the master solver can see you.

So I have decided to be more active on social media now. I have decided to express myself completely. Otherwise how else would the world know about me? If I am doing something which can be of help to others, I will not stop myself from talking about it. Why should I? Isn't that for everyone's benefit? I may invite comments, likes and dislikes and those will inspire me even more.

I have decided to live by my mantra "BE YOU". From now on, I will only write about or forward messages which I truly practice myself.

Smart Assignment:

Are you carrying a mask around? Then drop the mask and unleash the real you. Believe me, the world needs a real you and not a fake one.

Are You Always Wanting?

The greatest weapon against stress is our ability to choose one thought over another.

– William James

I was coaching a high profile client for his dream goal and I realized we were missing some link. We were working on a particular goal for past few weeks, but no matter what, we were not able to achieve it. It was a case of missing last pieces of the puzzle, which kept us in "wanting" state.

Then suddenly we had eureka moment, when we realized the "Power of Words". Yes, there is an immense power in the words we speak. I was reading a book the other day and came across a chapter about desires.

First distinction was between "having" and "wanting". The more you "have to", the more it is stressful and strenuous. As if, you have to do it for someone else. Better vocabulary was "I want to". So it becomes your decision to go for it.

For e.g. When you plan an exercise regime, it's different when you say "I have to go to the gym" versus "I want to go to the gym". The first is done under pressure, whereas the other option is out of interest!

The second distinction is power packed "I want to" and "I desire to" or "I choose to". You feel empowered with the second set of statements because you choose to or you desire. You know you are making a choice and that is in your control. The outcome is not in your control. The first one would have kept you in a "state of wanting" because that's what the Universe understands.

So I have changed my life and my statements to "I desire" and "I choose". What happens when results are not as per my expectations? Simple. I make another choice. I do not get attached with the results but get attached with the power to make choices. That's a powerful way to build upon.

Smart Assignment:

Start desiring the best, start choosing a better life and if life does not give you what you desire, choose an even better desire.

, . ; : ' " ( )

Don't forget to put your punctuation marks.

– Vaibhav Datar

You may be wondering what all these characters in the heading are. If you look intently, these characters give meaning to the sentence, paragraph. These are semi colons, full stops, spaces, colons, brackets, opening and closing quotes. The language becomes even more beautiful when you have these pauses. Without these pauses, it would be merely impossible to communicate effectively.

Same goes with our life. We are too busy people not stopping enough to reflect back, pause and relax. So I thought of talking about 2 minute breaks from regular routine.

Meditation is a natural extension of you. Just like you can breathe, eat, brush, drink, you can meditate. It's that easy. I bet you never thought so, right. You always found it mystical, a set of breathing patterns, something to be scared of.

The most common excuse - I cannot sit for even five minutes. There are so many thoughts that go through my mind. I feel restless and impatient. Meditation is not my cup of tea.

I agree, it is challenging but not impossible. Who says, you need to stop all thoughts from coming or meditation means sitting in a lotus like posture for ten minutes. Yes, these are ideal methods/ practices, but these are not the only practices.

Do what you feel is comfortable. Do as taught in guided meditations or any other learned methods. Do it under supervision of a professional, so that it is easy to get in and out of a meditative state. Remove all your doubts.

The end goal should be peace and happiness.

Smart Assignment:

Reflect back, are you rushing through your life or do you take time to pause and reflect?

Are you just growing incessantly or are you regularly wondering and being grateful for the life you have?

If not yet then please start pausing on a regular basis, be it meditation or just closing your eyes. Whatever you do, just sit back, relax and perform no action at all for at least 2 times a day to start with.

Be Light

Be a shining bright white light of pure healing and loving consciousness.
– Vaibhav Datar

I learnt that in life, if you have to progress upwards, you have to give up. If you have to be healthy, you have to give up sleep. If you want to be wealthy, you have to give up scarcity thoughts. If you want to grow in your career, you have to give up lethargy. If you have to be successful, you have to give up negativity.

Basically, if you want to go up, you have to become lighter. If you have to become light, you have to give up everything that puts you down. Means, you have to give up negativity, negative emotions and negative state of mind. Give Up to Go Up!

A rocket sheds its extra weight as it goes up. It is easy to get pulled down. Gravity is naturally working on you. Being light means being quicker, active, nimble. So shed off those extra kilos, extra negativity, unnecessary talks and embrace silence, peace, love and harmony.

Being Light has another equally strong meaning as well. During meditation or meditative pose, think or feel a white light entering through the top of your head and moving down. This white light is a great cleansing conscious light, which takes along with it all your issues and challenges. Being light means carrying this light along with you wherever you go.

I was coaching a client last week and she was stuck with her problems. She was not ready to leave them behind as they formed her identity. Then during the coaching sessions she realized how light and easy it was to move on, to forgive and to have highest thoughts and she has moved on since then.

Smart Assignment

Start feeling light. Start being light. Start experiencing light. Drop all the extra layers of skin, negative thoughts around people. Think of yourself as a balloon on which gravity has no control. Be a bird and fly in the sky.

Angels and Guides, Help Me

Yes, I'm a great believer in angels.

- Anna Lee

Thank You for I received my first direct proof of intuition. Not that I did not believe it exists, I just used to feel it, but probably mine is not that developed or I do not have a strong sixth sense.

We all know about our five senses i.e. touch, smell, sight, hear and taste. This is the way our physical body interacts with the outer world. Intuition is often a neglected sense - like a neglected child right from birth. Since we cannot see, touch, taste, hear or smell it, we ignore it. We do not give it the importance it rightfully deserves.

Intuition is very powerful. We open ourselves to our sense of feeling. We get a sense of direction to move forward. Whether a project is beneficial or not, whether we should work with a client or decide to move on can all be intuitively arrived at.

If you do not know, how to listen to your intuition, take the help of an expert. I can also teach you to tune into your inner mind. So what are you waiting for, go ahead and tune yourself to higher self-awareness and design you future.

So why intuition? Intuition is that inner calling. When you leave your conscious out of the way, you tend to take better decisions. I remember, risking my life for not listening to intuitions. You may also call them as guided messages. When too many people come into your life suddenly, with only one similar message, just think about it. Are they guides and angels in human form trying to tell you what to do? Are you open to listening to them and at least thinking of doing what they are requesting you to?

Smart Assignment:

Call your angels and guides to help you improve your life, relationship, career, business or anything that is of importance to you.

Competing Against Whom?

Compete against self, not others. Go as far as you can go and reflect and strive to go even further, next time.

– Vaibhav Datar

I learnt swimming when I was in the 5th standard, almost 30 years back. Back then, I remember my mom used to take me and my sister to the new pool in town that had been recently inaugurated. I thought I was a good swimmer. So when I donned my new swimming shorts and entered the pool around two years back, reality struck. I was only able to float whereas kids as young as 5, easily swam past me. I could do nothing but sheepishly laugh, as if I had come to enjoy the pool and not swim.

It did not matter much until my kids started swimming ahead of me. I took it upon myself to learn again and probably my ego prevented me from taking help of the trainer. I dived, I swam across, but nothing seemed to work. My kids always won.

With a heavy heart, I asked my pool trainer, to point out my mistake and with a big grin he replied "You are folding your legs and your hands are not going long enough". That was valuable feedback. I decided to make changes one by one. Soon, I was able to swim faster and break my own record. I started swimming and emulating a fish, a graceful fish and things were so easy.

That's when I realized, things in life are sometimes so easy. It's our blocked thought process and the fear of so-called extra efforts, which prevent us from achieving. We feel we are doing it, but unfortunately, we are just executing it, we are being driven by someone else. That driver is our thought process which comes in the way of our super driver – our divine.

The moment, my movements became graceful, they became very easy. My legs were straight, my hands went farther back and I was able to get more time to breath. My movements were near to perfect and I started enjoying being in water even more.

So my request to you, from now own, be a little more graceful and life will be ever so easy.

Smart Assignment:

Find out things and events, in which you are taking efforts but are not successful. You have been trying incessantly but do not receive the desired results. Check where you're going wrong and rectify your mistakes. Don't shy away from accepting

Know Your Quotient

When you assume negative intent, you're angry. If you take away that anger and assume positive intent, you will be amazed. Your emotional quotient goes up because you are no longer almost random in your response.

– Indra Nooyi

I remember first hearing about quotient in college. What is your Intelligent Quotient? As if people not having a high IQ were not intelligent? It made you feel timid, as if you are not enough. Then a few more quotients were added to my vocabulary. You had emotional quotient, life quotient, career quotient and so on. I understood later that it was just a measure of how well you knew about the topic. A low quotient means you have less awareness about it and the higher it goes, the more you become aware of it. Now that was brilliant.

I started applying it to my own life and found that I had low business quotient but high commitment quotient. My leadership quotient was average earlier but grew as time passed. My relationship quotient was low during my school days but as I progressed on my love life, my love quotient went from graduating to being a Boyfriend to Husband to Father and so my relationship quotient also grew.

My sales quotient was zero during my employment days but as I got into business, my sales quotient has grown exponentially. Not all quotients have grown though. Some also go down, like my junk food quotient has gone down and my sugar quotient is quite low now.

So in short, quotient is a matter of fluctuations just like stock market. Nothing to be ashamed of. You can always increase your quotient but maybe the ideal way is to know your quotient beforehand. So what is your quotient on matters of interest for you?

Smart Assignment:

Find out which quotients matter to you and which do not. Work on increasing your quotient on a consistent basis

At the End of It

Memories are the key not to the past, but to the future.

– Corrie Ten Boom

At the end of it, nothing matters except our memories. The reason for writing this book has always been inspiring a few of us to go for it. Each chapter has been carefully selected and assignments put in. Practicing the assignments on a regular basis would increase our Simplification Quotient or rather focusing on the positive side of it, make us a little smarter.

I am sure you would have loved this book, or at least will remember this book from this amateur author. My style of writing is free and so is my life. I want your feedback, on how this book has positively influenced your life. Give me a feedback only if you go ahead and implement at least two of the chapters here. That way, I know I have inspired a few to become smarter.

I am already on my way to writing a new book and an online coaching model at a real throwaway cost. If you wish to know more, please feel free to write back to me.

About the Author

Be Blessed. Feel Grateful. Raise Your Vibrations.

Be Kind and Take Care.

– Vaibhav Datar

I am Vaibhav Datar, an accomplished coach with several coaching engagements over the past 5 years. I have helped clients in building their confidence; inspiring them to take their life to the next level and helping them make significant changes to their life and business. All this has happened with HIS grace, the client's effort, open mind and my coaching.

Clients generally come to me for a life challenge they are currently facing, be it career choice, emotional issue, strained relationships with spouse, customers or colleagues, or generally feeling de-motivated. I am a patient listener and share my experiences with them. You can check more of me on my website www.vaibhavdatar.com.

I am a very calm and composed person, who can listen deeply, work on solutions and an uncomfortable mirror. My questioning skills and ability to remain silent have been well appreciated by my clients.

Generally, I help clients in relationships (clients, employees, friends, family), behavioral, emotional and business / career aspects.

I also actively practice and teach meditation. My meditation is my belief and does not belong to a particular caste, religion, following or guru. I have my own style of delving within and making all the changes.

I am a management and engineering graduate. Experience wise, I have more than 19 years of solid experience handling international customers and teams of more than 100 people. I am the Founder and Director of Procentria Private Limited.

If any of you wishes to get in touch with me for a life changing coaching conversation, please feel free to contact me or use the link to check my calendar and book an appointment www.youcanbook.me/vaibhavdatar

My top influencers are My Parents, Family, Mahatria, Tony Robbins, Richard Branson, Tim Ferris, Robert Kiyosaki, Vishen Lakhiani, Rich Litvin and many people whom I have interacted with personally.

Thanks.

With Immense Gratitude

Vaibhav Datar

Vaibhav Datar

About MID LIFE Coaching

Mid Life Coaching is to help people in mid-life, overcome their challenges of Relationship, Career and Health through focused coaching program. According to a UK National Statistics Report, the happiness levels dip during our mid-age.

These are the common problems associated with mid-life (not in any particular order)

- Work or career (or lack thereof)
- Relationships (or lack thereof)
- Maturity in children (or lack thereof)
- Aging or death of parents
- Physical challenges associated with old age
- Health (or lack thereof) - wrinkles, aging, sagging skin, weight gain/loss and graying of hair
- Financial burdens

The end result of this is more stress, loss in confidence and early aging.

Then there are other set of people, who are financially free, happy with their career, relationships and health but are generally bored with the sameness. They want fresh perspectives, fresh life and something new to do.

I have developed a Mid Life Transformation Program, which has the following benefits

- Focus on what you want, rather than what the society wants from you

- Impact larger society, because of the work you do
- Feel happy, by incorporating the attitude change
- Create your own life, by envisioning and incorporating right actions

Carefully designed after studying various coaching models, this 90 Day program will take you to the next level in your health, career and relationships. When you join the Mid-Life Transformation Journey, you will go beyond the traditional goal setting program into an outcome focused, reward based intense 90 Day program, learn how to incorporate SMART boards into your life and so many more things.

So please join me and help yourself carve a new future. Visit www.midlifecoaching.in for more details

Thanks.

With Immense Gratitude

Vaibhav Datar

Vaibhav Datar

Forgive Me (Disclaimer!)

The book is a little hard on us for being less smart. Request all to not take it literally but in the same vein as it has been written. It is with a little funny bone, a comical satire on human behaviors. If you decide to take it seriously, you will realize a huge potential, an amazing transformation. I apologize beforehand for hurting anyone's sentiments as well as express gratitude for accepting the book as it is.

Just in case, you are absolutely not satisfied with the book, please feel free to pass it on to anyone you feel could get help with this book. In case you do not find one, please pass it back to me and I would be more than happy to accept.

Seriously, forgive me in advance if you don't like it or doesn't suit your taste. Maybe you were not the right audience. Maybe it landed accidently on to you, maybe a surprise gift. Seriously thank the other person and enjoy. Forget a book like this ever crossed your path.

With Immense Gratitude

Vaibhav Datar

Vaibhav Datar

Connect With the Author

Website:

www.midlifecoaching.in

Facebook

www.facebook.com/LifeCoachVaibhavDatar

LinkedIn

www.linkedin.com/in/vaibhavdatar

Email

vaibhav@midlifecoaching.in

Twitter

www.twitter.com/vaibhavdatar

Google+

www.plus.google.com/c/VaibhavDatar

Youtube

https://www.youtube.com/user/vaibhavdatar